KOREYSCHA-O'ZBEKCHA LUG'AT

한국어-우즈베크어 사전

김춘식
A. 이스마일로프
G. 미르탈리포바
R.노르무로드
김문욱

KOREAN-UZBEKISTAN

문예림

KOREYSCHA-O‘ZBEKCHA LUG‘AT
한국어-우즈베크어 사전

초판 1쇄 인쇄 2019년 3월 28일
초판 1쇄 발행 2019년 4월 5일

편저자 김춘식, A.이스마일로프, G.미르탈리포바, R.노르무로드,
감수자 김문옥
펴낸이 서덕일
펴낸곳 문예림

출판등록 1962.7.12 (제406-1962-1호)
주소 경기도 파주시 회동길 366 (10881)
전화 (02)499-1281~2 **팩스** (02)499-1283
전자우편 info@moonyelim.com
홈페이지 www.moonyelim.com

ISBN 978-89-7482-901-8(11790)
값 35,000원

머 리 말

타슈켄트국립동방학대학교에서 한국어 강의가 시작 된지도 이미 15년이 되었다. 그 동안 배출된 한국학 전문가들은 한국과 우즈베키스탄간의 경제문화교류 분야에서 현저한 기여를 해오고 있다. 한-우즈벡 양국 간의 다각적 교류의 현주소는 우즈베키스탄국어교육체계의 중등교육을 받고 대학에 들어온 (러시아어를 구사하지 못하는) 현지 우즈벡 젊은이들을 위한 한국어교육을 촉구하고 있다. 특히 최근에 와서는 고등학교나 대학들에서 뿐만이 아니라 해마다 수백 수천 명의 우즈벡 젊은이들이 한국의 중소기업들에서 산업연수를 받기위한 한국어교육 붐이 더욱 활성화 되고 있는 상황이다. 바로 이러한 시대적 재경과 현실의 요구에 수응하기위한 목적으로 본 한-우즈벡 사전이 나오게 되었다.

사전의 개발목적이 말해주듯이 본 한-우즈벡 사전은 한국어와 우즈벡어를 체계적으로 연구하는 학생들과 교수진들을 포함한 학계, 한-우즈벡 외교통상 분야의 외교관들과 비즈니스인들, 한국의 중소기업들에서 산업연수과정에 있는 우즈벡어 권의 연수생들을 대상으로 하고 있으므로 사저의 표제어는 금성출판사의 국어 대사전을 기준으로 상용학술 및 기술 용어, 고유명사, 현대첨단과학 분야의 상용외래어들을 추려서 약 3만 단어를 수록하였다.

본 사전의 특징은 다음과 같다.

1. 활용빈도가 높은 일반어 전문용어 외래어를 추려서 표제어로 선정하고 상용 우즈벡어로 대역했다.
2. 우즈벡어 문자표기는 독립 후 점진적으로 언어생활에 도입되기 시작한 라틴문자를 채용했다.
3. 구 러시아권에서나 북한에서만 활용되는 용어나 단어들은 표제어에서 삭제되었으며 단순한 우즈벡어 대역이 아니라 단문 예문으로 설명을 첨부했다.
4. 한국어문법에 관한 개요를 부록으로 실었다.
5. 독도 혹은 동해와 같은 한국고유명사들은 우즈벡어 대역에 한국어발음대로 수록한 후 주석을 첨부했다.

우즈벡사전 개발에는 타슈켄트국립동방대학교의 한국어문학과, 우즈벡어문학과 교수진들과 학생, 대학원생들의 3년여에 걸치는 근면하고 집요한 집단적 노력이 스며져있다. 사전개발에 정식 투입된 교수진들을 후원한 한국어문학과의 N. 말리코바, S. 플림클로바, N. 쇼키로바, Z. 라쉬도바 학생-연구원들과 원고의 교정과 컴퓨터 입력에 헌신적인 노력을 아끼지 않은 대학원생 G. 미르탈리포바 양에게 사의를 표한다. 끝으로 본 사전이 나올 수 있도록 물심양면으로 지원한 도서출판 문예림의 사장님과 관계직원들에게 충심으로 감사를 드린다.

2019년 3월 저자 대표 김춘식

So'z boshi

Mana 15 yildirki, Toshkent Davlat Sharqshunoslik Institutida koreys tili o'rgatilib kelinmoqda. Shu davr mobaynida quriyashunoslik fakultet bitiruvchilari Janubiy Koreya va O'zbekistonning iqtisodiyoti va madaniyati sohalariga o'z xissalarini qo'shib keldilar. Koreya-O'zbekiston, bu ikki tomonning har taraflama almashinuvi hozirda O'zbekistonda ona tilida o'rta-maxsus ta'limini olib, oliygohga kirayotgan (rus tilini mukammal egallay olmaydigan) hozirgi o'zbek yoshlari uchun koreys tili bo'yicha bilim olish juda zarur bo'lmoqda. Ayniqsa, hozirgi kunlarga kelib, maktab yoki oliygohlardagina emas, har yili 100mingdan ortiq o'zbek yoshlari Koreyaning o'rta kichik korxonalarida sanoat sohasini yanada mukammal egallashlari uchun koreys tilini mukammal o'rganish talab qilinmoqda. Aynan ana shunday davr talabiga javob berish maqsadida ushbu "Koreyscha-o'zbekcha lug'at" tuzildi.

Lug'atni tuzishdan maqsadimizni ko'radigan bo'lsak, ushbu koreyscha-o'zbekcha lug'at koreys tili va o'zbek tili tizimini tadqiqot o'tkazayotgan talabalar va professorlarni birlashgan ilmiy dunyosi desak mubolag'a bo'lmaydi. Ushbu lug'atga diplomatik aloqala tarmoqlarining diplomatlar va ishbilarmonlar, Koreyaning o'rta kichik korxonalarida ishlamoqchi bo'lganlar Koreya Benera nashriyotini darajasidagi lug'at orqali texnika terminlari, ilg'or ilm tarmoqlarining boshqa tillardan o'zlashgan so'zlarni tanlab 30mingdan ortiq so'zlar kiritilgan.

Lug'atning o'ziga xos tomonlari quyidagilardan iborat:

1) Fe'l, sifat va predikativ qo'shimchaning tuslanish tezligi yuqori bo'lgan ixtisoslik termini boshqa tillardan kirib kelgan so'zlarni tanlab o'zbek tili bilan almashtirilgan.
2) O'zbek tili alifbosi mustaqillikdan so'ng asta-sekinlik bilan hayotda kirib kelgan lotin tilida yozilgan.
3) Rossiya yoki Shimoliy Koreyadagina qo'llaniladigan termin yoki so'zlarni o'chirilib, oddiygina qilib o'zbek tili bilan almashtirish bilan cheklanmay, misollar yordamida tushuntirib yozilgan.
4) Koreys tili grammatikasiga aloqador qisqacha izohlarni ilova qilib kiritilgan.
5) Tokdo, hamda Tonghega o'xshash koreys tilidagi atoqli otlar o'zbek tiliga koreys tilida talaffuz qilingani kabi yozgandan so'ng, u so'zga izoh berilgan.

Lug'at tuzishda foydalangan adabiyotlar ro'yxati:

Koreys Davlat Almashinuv Fondining yordamiga tayangan holda ilgari surilgan koreyscha-o'zbekcha lug'atiga Toshkent Davlat Sharqshunoslik Institutining koreys tili va o'zbek tili kafedralari, hamda professor va talabalar, magistrantlarning 3 yillik mehnatlari va qat'iy va mustahkam guruhiy kuch-g'ayratlari singan.

Lug'atni tuzishda professorlarga yordamlashgan koreys tili kafedrasining tadqiqodchi talabalari Malikova N, Pirimqulova S, Shokirova N, Rashidova N, shu bilan birga lug'atga tuzatishlar kiritgan va kompyuter bilimlariga ega fodokor, o'z kuchini ayamagan magistratura talabasi Mirtalipova G. ga o'z minnatdorchiligimizni bildiramiz. Nihoyat ko'rib turgan lug'atingiz tahrir qilinishiga moddiy va ma'naviy yordamlari uchun Koreys Davlat Almashinuv Fondiga chin yuragimizdan minnatdorchilik bildiramiz.

Kim Mun Uk, Ismoilov A, Kim Chun Sik, Muhamedjanova S
2006 yil 24 fevral

사전개발에 참고한 문헌은 다음과 같다.

1. 국어대사전. 금성출판사. 서울. 1999.
2. 새 한-러 사전. 베델사. 서울. 2002.
3. Uzbek-English Dictionary. OFSET. New York. 2004.
4. Ruscha-Uzbekcha Lugat. Ukituvichi. Toshkent. 2002.
5. 프라임 한영사전. 두산동아. 2000.
6. Russian-English Dictionary. Oxford University. London. 2000.
7. 일본어 우즈벡어 사전. 백영사. 동경. 1995.
8. O'bek tilining kirill va lotin alifbolarikagi imlo lug'ati. Toshkent. Sharq. 1999.
9. Ruscha-O'bekcha lugat. 1-2 tom. Tochkent. 1983-1984.

일 러 두 기

어휘수록

1. 이 사전에는 사회에서 늘리 쓰이고 있는 표준어를 중심으로 일상학습과 실무에 필요한 학술어. 전문어. 외래어. 신어. 외래어. 의성어. 의태어. 숙어. 옛말. 속담. 속어 및 관용구 등을 총망라하였음.
2. 중요어휘와 외래어는 표제어를 대역하는 한자 또는 영어의 표기로 수록하였음.
3. 교과서에 나오는 중요한 인명. 지명. 사건명 등을 간추려 실었음.

어휘의 배열

1. 표제어는 구분하기 쉽게 견명조체로 표기하였음.
2. 표제어는 일어(一語) 일표제어(一標題語) 방식을 취하여 이어(二語) 이상의 복합어도 각각 독립된 표제어로 올림을 원칙으로 하였음.
3. 동음이의어(同音異議語)는 별도의 올림말로 처리하고 그것이 한자말인 경우에는 한자로( )안에 표기하였음

예) 강의(剛毅) I sabotli, matonatli, og'ishmas.
강의(講義) II ma'ruza;
강의(講義) III ⇒ 강좌(講座)

4. 어휘의 배열
 1) 초성의 배열
 ㄱㄲㄴㄷㄸㄹㅁㅂㅃㅅㅆㅇㅈㅉㅊㅋㅌㅍㅎ
 2) 중성(모음)
 ㅏㅐㅑㅒㅓㅔㅕㅖㅗㅘㅙㅚㅛㅜㅝㅞㅟㅠㅡㅢㅣ
 3) 종성(자음)
 ㄱㄲㄳㄴㄵㄶㄷㄸㄹㄺㄻㄼㄽㄾㄿㅀㅁㅂㅃㅄㅅㅆㅇㅈㅉㅊㅋㅌㅍㅎ
 4) 같은 자모로 표기되는 어휘의 경우는 그 쓰이는 빈도에 따라 수록 수위를 정하여 표제어 로마체를(I II III IV) 붙여 두었음.

맞춤법

1. 순 우리말과 한자어의 맞춤법은 한글학회의(한국맞춤법 통일 개정안)에 의하였음.
2. 고어는 출전에 적힌 원형대로 적었음

외래어. 관용어

1. 외래어 표기는 원칙적으로 교육인적자원부 제정 로마자 한글화 표기법에 따랐음.
 예) 프로그램(예정(豫定) program) reja, dastur.
2. 어원이 달리 변하여 쓰이는 일반화된 말 및 관용되어온 말들은 관용되는 대로 표기하였음.

Lug'atning tuzilishi haqida

Leksikaning qayd qilinishi

1. Lug'at ijtimoiy-siyosiy leksika, shu jumladan, ilm-fan, texnika, qishloq xo'jaligi, san'at fizkul'tura-sportga oid maxsus terminlarni o'z ichiga qamrab olgan. Lug'atga ko'plab fraziologik birliklar, asosan turg'un so'z birliklari, idiomatik iboralar, maqol va matallar kiritilgan.
2. Tub va o'zlashgan bosh so'zlar bilan birga ingliz va xitoy tillari shaklida berilgan.
3. Joy nomlari va bosh so'zlar sarlavhalar lug'atda qisqartirilgan shaklda berilgan.

So'zlarning joylashish o'rni

1. Lug'atda bosh so'zlar kyonmyonjo tartibida joylashgan.
2. Bosh so'zlar bitta so'z shaklida berilgan. Shuning uchun qo'shma so'zlar mustaqil bosh so'z sifadida berilgan.
3. Omonimlar alohida mustaqil lug'at maqolasi sifatida ajratiladi. Lekin ayrim hollarda xanja (xitoy tili) mazkur so'zlar qavsda beriladi.

예) 강의(剛毅) I sabotli, matonatli, og'ishmas.
강의(講義) II ma'ruza;
강의(講義) III ⇒ 강좌(講座)

4. So'zlarning joylashishi
   1) Boshlang'ich undoshning joylashishi tartibi
   2) Unlilar
   3) Undoshlar
   4) Agar bosh so'zlar bir necha ma'noga ega bo'lsa, ular o'zlarining tez-tez qo'llanishiga muvofiq ravshan (yorug') rim raqamlari bilan belgilanadi.

Orfografiya

1. Sof xitoy va koreys tillari orfografiyasi koreys tilining birikkan orfografik qoidalariga asoslangan.
2. Qadimgi so'zlar o'zining ibtidoiy shakllaridabosilgan.

Frazeologik tipdagi o'zlashgan turg'un so'z birliklari

1. O'zlashgan so'zlarning belgisi asosan koreys-rim belgisiga to'g'ri keladi.
2. Umumlashgan so'zlar hech qanday o'zgarishsiz bosilgan.

약어표(Shartli qisqartmalar)

av. aviatsiya 항공(航)
avto. avtomobil' sanoati 자동차 제조 공업(工), 운수
anat. anatomiya 해부학(解剖學)
ingl. igliz tili 영어(英語)
arx. arxaizm 고어(古語)
arxeol. arxeologiya 고고학
arxit. arxitektura 건축(建築)
astr. astronomiya 천문학(天文學)
biol. biologiya 생물학(生物學)
bot. botanika 식물학(植物學)
budd. buddizm 불교(佛敎)
so'zma-so'z. so'zma-so'z tarjima 문자 그대로
hurm. hurmat shakli 존대말
tushum.k. tushum kelishigi 대격
harb. harbiy 군사
geogr. geografiya 지리학
geol. geologiya 지질학
gidr. gidrologiya 수리학
konch. konchilik 광산
grek. grek tili 희랍어
gram. grammatika 문법
daos. daosizm 도교
qar.k. qaratqich kelishigi 여격
rav. ravishdosh 용언의 접속형
dial. dialektizm 방언
t.-y. temir yo'l transporti 철도
taql. taqlid so'zlar 의성어
zool. zoologiya 동물학
intim. intim qo'shimcha 반말
inf. infinitiv 부정법
it. italiya tili 이태리어
kino. kinomatografiya 영화
hit. hitoy tili 중국어
kit. kitobiy uslub 글체
konf. konfusiylik 유교
kor. koreys tili 한국어
kor.med. koreya meditsinasi한의
erka. erkalash shakli 애칭형
lot. lotin tili 라틴어
lingv. lingvistika 언어학
mat. matematika 수학
med. medetsina 의학
meteor. meteorologiya 기상학
mex. mexanika 기계학
mong. mongol tili 몽골어
mus. musiqa, musiqiy 음악
m-n. masalan 예
nem. nemis tili. 독일
qo'sh. qo'shimcha 어미
aniq. aniqlovchi 규정
inkor. inkor shakli 부정
k. kelishik 격(格)
ko'chma. ko'chma ma'no 전의
poligr. poligrafiya 출판
s. son 수사
tartib s. tartib son 서수사
matal. matal 성구
maq. maqol 속담
old qo'sh. old qo'shimcha, prefiks 접두사
psixol. psixologiya 심리학
radio. radioelektronika 라디오
og'z. og'zaki nutqda ifodalash말체
din. diniy 종교
rus. rus tili 러시아어
baliq. baliqchilik 수산업
sanskr. sanskrit 범어
shim. shimoliy 북쪽
qar. qarang 보라
qisq. qisqartma 준말
sport. fizkul'tura va sport 체육
sanoq.s. sanoq son 기수사
ot. gapda ot vazifasini bajaradi명사
q.h. qishloq ho'jaligi 농업
teatr. teatr termini 연극
tekst.tekstilga oid termin섬유공업
tex. texnika 공학
feod. feodalizm 봉건사회
fiz. fizika 물리학
fiziol. fiziologiya 생리학
filol. filologiya 어문학
fals. falsafa 철학
foto. fotosurat 사진술
fran. fransuz tili 불어
kimyo. kimyoga oid so'zlar 화학
ipak. ipakchilik 양잠업
evf. evfeizm 완곡어
iqt. iqtisod 경제학
el. elektrotexnika 전기공학
epist. epistolyar 서간문
etn. etnografiya 민속
adl. adliya 법률

기본자음 14개			
ㄱ	[k/g]	가	
ㄴ	[n]	나	
ㄷ	[t/d]	다	
ㄹ	[r/l]	라	
ㅁ	[m]	마	
ㅂ	[p/b]	바	
ㅅ	[s/sh]	사	
ㅇ	[ŋ/ŋg]	아	
ㅈ	[ts/dz]	자	
ㅊ	[tsh/ch]	차	
ㅋ	[kh]	카	
ㅌ	[th]	타	
ㅍ	[ph]	파	
ㅎ	[h]	하	
된 소리 5 개			
ㄲ	[k']	까	
ㄸ	[t']	따	
ㅃ	[p']	빠	
ㅆ	[s']	싸	
ㅉ	[ts']	짜	

기본모음 10 개			
ㅏ	[a]	아	
ㅑ	[ya]	야	
ㅓ	[ə]	어	
ㅕ	[yə]	여	
ㅗ	[o]	오	
ㅛ	[yo]	요	
ㅜ	[u]	우	
ㅠ	[yu]	유	
ㅡ	[ɨ]	으	
ㅣ	[i]	이	
복합모음 11 개			
ㅐ	[æ]	애	
ㅒ	[yæ]	얘	
ㅔ	[e]	에	
ㅖ	[ye]	예	
ㅘ	[wa]	와	
ㅙ	[wæ]	왜	
ㅚ	[we]	외	
ㅝ	[we]	워	
ㅞ	[we]	웨	
ㅟ	[wi]	위	
ㅢ	[ɨi]	의	

ㄱ

ㄱ koreys alifbosining birinchi harfi; k undoshni bildiradi; **k**; ㄱ, ㄴ, ㄷ, ㄹ 순으로; alifboni ketma-ketligi ㄱ, ㄴ, ㄷ, ㄹ 순으로 배열하다 alifbo ketma-ketligi bo'yicha joylashtirmoq; 가; 1) ~가[이] 없는 cheksiz; bepayon; 강가 daryoning qirg'og'i; 길가 yo'l cheti (chekka-si); 2) *ot.* yaqinda; yaqin orada; 우물가 quduq yaqinida.

가(加) I qo'shish ko'paytirish; kengaytirish; 가와감 qo'shish va ayirish.

가(可) II ot. 1) yaxshi; mayli; yomon emas; 2) "rozi" (saylovda); 3) qoniqarli; o'rta.

가-(假) I kor. qo'sh. 1) qalbaki; 가의사 firibgar shifokor; 2) vaqtincha; 가건물 vaqtinchalik imorat; 3) dastlabki; oldingi; 가계약 dastlabki rozilik.

가-(加) II kor. qo'shimcha. qo'sh- ish; kengaytirish; 가속도 tezlik; 가일층 yanada.

-가(家) 1) kasb-hunar namoyandasi: 역사가 tarixchi; 2) biror bir sohaning arbobi: 예술가 san'at arbobi; 3) qobiliyat; layoqatga ega bo'lgan odam: 전략가 strateg; 4) biror fazilatga ega odam: 낙천가 optimist.

가 1) bosh kelishik qo'shimchasi quyidagilarni ifodalaydi: a) ega: 이제는 우리가 나라의 주인이다 davlatning ho'jayinlari endi bizmiz; b) to'ldiruvchi natija ma'nosi bilan 되다 f'eli bilan birgalikda: 그는 기사가 되었다 u injener bo'ldi; 2) ~가 아니다 bilan birga keladigan ot: 영철이는 어린애가 아니다 Yongchyol yosh bola emas; 집으로가 아니라 공장으로 가는 길이다 uyga emas zavodga ketaya-pman; 3) kuchaytiruvchi qo'sh. axir; endi;-ku,-ok,-yok; 어디에 그런게 있느냐? Bunday narsa qa- yerda bor endi?

가가(家家) qar. 집집; ~ 문전 har bir uyning hiligi oldda.

가감법(加減法) 1) qo'shish va ayirish; 2) algebraik qo'shish usuli.

가감산(加減算) qo'shish va aytirish.

가게(<假家) 1) magazin, do'kon, kiosk; ~를 내다 do'kohga ega bo'lmoq; ~를 보다 sotmoq; ~기둥에 입춘 qar. 개 [발에 주석 편자] III; 2) vaqtinchalik turar joy

가격(價格) narx; ~정책 narx siyosati; ~차금 narxlar farqi; ~표시 우편물 e'lon qilingan narxda pochta orqali yuborish.

가결(可決) qabul qilish; ma'qul-lash; ~에 부치다 saylovga qo'ymoq; ~원칙 birdamlik prinsipi; ~하다 qabul qilmoq; 10표 차로 ~하다 ko'pchilik bo'lib 10ta ovoz bilan qabul qilmoq.

가계(家計) oilaviy byudjet; ~부기 oilaviy kirim-chiqim kitobini tutish.

가공(加工) qayta ishlash; 수지~ qayta ishlangan saqich; ~직장 qayta ishlovchi korxona; ~처리 bezak;~여유 ishlova qo'shimcha job; ~하다 qayta ishlamoq.

가구(家具) mebel; ~공장 mebel fabrikasi; ~를 짜다 mebelni yig'moq.

가까운 yaqin.

ㄱ

가까이 1) yaqinida,yonida; 소리가 ~서 난다 yaqin atrofda tovush chiqmoqda; ~하다 yaqinlashmoq; 2) yonida,yaqin; ~ga; 학교 ~로 maktabga; 정류소 ~에 bekat yaqinida; 저녁~ kechga yaqin; 가까이 오다 yaqinlashmoq.
가깝다 1) yaqin; 가까운 년간 yaqin yillarda; 가까울수록 회계(계산)는 바로 해라 maq. do'sting yaqinlashgan sari, ogoh bo'l; 2) taxminan; o'shash; 나이 오십에 가까운 중늙은이 50 yoshlar atrofidagi odam; 삼 만명에 ~ taxminan 30000 ta odam.
가끔 gohida; goh-goh.
가난 I qashshoqlik; ~에 쪼들리다 qashshoqlikka uchramoq
가난 II ayriliq, qashshoqlik; ~[이] 들다 a) kambag'al bo'lmoq; b) yetishmaslik, kam bo'lmoq; e) kam (hosil); ~이 (~을) 파고들다 yomonlashmoq (moddiy ahvol); ~에 쪼들리다 ayriliqni boshdan kechirmoq; ~한 집안에 제사 돌아오듯 maq. ahvolning kundan-kunga qiyinlashishi.
가난(家難) III <-> **부유(富有)** kambag'allik <-> boylik.
가느다랗다(가느다라니,가느다라오) nozik; 가느다란 미소 bilinar-bilinmas tabassum .
가능(可能) imkoniyat; ~하다 qilsa bo'ladigan; 실행이 ~하다 bajarsa bo'ladigan.
가능하면 imkoniyat bo'lsa.
가능성(可能性) imkoniyat
가능한 bajarsa bo'ladigan.
가다 1. ketmoq; bormoq; 1) 가는(가던) 날이 장날 maq. bir tiyinsiz, aytinga ega bo'moq; 가는 방망이는 홍두깨 maq. birovga chuqur qazima, o'zing unga yiqilasan; 간다간다 하면서 아이 셋 낳고 간다 maq. nomusni bilish vaqti keldi; 갈수록 심산(수미산)이라 maq. uzoqlashgan saring qiyinlashadi; 2) yonib kelmoq (yangiliklar, mishmish- lar); 3)majbur bo'lmoq; 4) o'ziga qaratmoq (e'tiborni); 5) paydo bo'lmoq; 관심이 ~ qiziqib qolmoq; 짐작이 ~ fikr kelmoq; 6) sotilmoq; 얼마나 갈까요? necha pulga sotilayapti? 7) kelmoq (vaqti, payti); 8) yo'q bo'lib ketmoq; 9) o'lmoq; 10) o'chmoq; 11) buzilmoq; 맛이 ~ ta'mni yo'qotmoq; 12) qiyshayib ketmoq; 13) talab qilinmoq, ishlatilib yubormoq; 가나오나(오나가나) borish yoki bormaslik, baribir; ~ 오다 tasodifan; ayngancha; 간데 족족 qayerda bo'lmasa ham; hamma yerdar; 간데 온데 없이 izsiz; 2. jadallashayotgan harakati bildlradi: 꽃이 피어가오 gullar gullamoqda; 죽어 가는 자본주의 o'layotgan kapitalizm.
가득 to'la, bunutlay; ~붓다 chetigacha quymoq; ~싣다 to'ldirib solmoq; 두 눈에는 눈물이 ~고여있다 ko'z-yoniga to'la ko'zlar; ~하다 to'la, juda to'ldirilgan.
가득하다 to'la bo'lmoq.
가득히 to'la; ~담다 mahkam o'ralgan; 한 잔 ~ 붓다 stakanni chetigacha to'ldirmoq; ~채우다 to'ldirmoq; 그릇에 물을 ~채우다 idishni suvga to'ldirmoq; 트럭에는 가구가 ~ 실려 있었다. yuk mashinasi mebelga to'la edi; 주전자를 ~ 채워라 choynakni chetigacha to'ldirmoq.
가뜬히 oson; osongina; tez; ~차리다 yupqa kiyingan bo'lmoq; 몸 ~ 여행하다 osonlikcha sa-yohat qilmoq; ~ 들어올리다 osongina(qiyinchiliksiz ko'tar-moq) ko'tarmoq; 말은 시내물을

~ 뛰어넘었다 ot soy ustidan osonlikcha sakrab o'tdi.

가라앉다 cho'kmoq; 깊이 ~ chuqur o'yga cho'mmoq; 물 속으로 ~ suv tagiga g'arq bo'lmoq; 바다 밑으로 ~ dengiz tubiga tushmoq; 배와 함께 ~ kema bilan birga g'arq bo'lmoq; 성이 ~ ko'ngli joyiga tushmoq; 부기가 ~ ishgani ketdi; 아픔이 ~ og'riq kamaydi.

가라앉히다 cho'kmoq; suv tubiga tushmoq; 배를 ~ kemani cho'ktirmoq; kemani suv tupiga cho'ktirmoq; 성을 ~ tinchlantirmoq; hotirjam qilmoq; 마음을 ~ hotirjam bo'lmoq; 흥분을 ~ asablarni joyiga keltirmoq; 진통을 ~ tinchlantirmoq (og'riqni, hayajonni).

가락 I 1. 1) ip tayorlaydigan moslama; 2) iplar o'ramasi; ~국수 uy ugrasi; ~을 내다 yog'ochlarni ustalik bilan toshlamoq (yut o'ynida); ~[이] 나다 qo'l kelishmoq; 2. sanoq so'z. 1) mayda, uzunchoq narsalarga: 엿 다섯 ~ 5ta koreys; 2) 명주실 한 ~ ipak iplar o'ramasi; 3) bir necha dona.

가락 II 1) kuy, ohang, melodiya; ~ 을 맞추다 kuyni ilib olmoq; 2) ritm; ~[이] 맞게 ton, ritm, taktga tushish; ~[을] 떼다 ishga birinchi bo'lib kiri- shmoq.

가렵다 qichishmoq.

가로 I gorizontal.

가로 II 1) ko'ndalang, gorizontal; ~ 돌무덤 틀 qabr qo'rg'oni; ~ 메리야스 기계 ko'ndalang to'qiydigan to'quv mashinasi; ~자리표 gorizontal koordinat; ~이동 대위법 gorizontal harakatgan kontrapunkt; 2) ko'ndalang; gorizontal; ~ 놓이다 ko'ndalangiga qo'yilgan bo'lmoq; ~놓다 ko'ndalang qo'ymoq; ~눕다 a) ko'ndalang yetmoq; b) tekis yetmoq; ~지르다 a) bir joydan boshqa joyga olib qo'ymoq; ko'ndalangiga qo'ymoq; b) kesib o'tmoq; ~지나 세로지나 baribir; shundoq ham.

가로막히다 1) to'silgan bo'lmoq; 길이 눈에 가로막혔다 yo'l qor bilan qoplangan; 2) to'sqinlikka uchramoq.

가로세로 gorizontal va vertikal; 머리속에 생각이 ~얽힌다 boshda fikrning chalkashib ketadi.

가로채다 1) burnini tagidan olib ketmoq; 2) gapga aralashmoq; gapni bo'lmoq.

가루 un, poroshok, kukun; ~담배 tamaki changi; ~비누 kir sovun; ~사탕 shakar kukuni; ~소금 mayda tuz; ~우유(분유)qar.가루젓

가르다(가르니, 갈라) I 1) bo'lmoq, ajratmoq; 부부의 의를 ~er xotinni ajratmoq; 2) anglamoq; tush-unmoq; 흑백을 ~ kim haq, kim nohaqligini anglamoq; 갈라맡다 ishning bir qismini o'z bo'yniga olmoq; 갈라붙이다 bo'lmoq, ajratmoq; 머리를 갈라붙이다; 갈라서다 a) ajralib turmoq; b) bo'linmoq, buzmoq (do'st- likni, tanishlikni).

가르치다 1) o'rgatmoq; dars bermoq; 글을~ yozishni o'rgatmoq; 2) odatni tashlattirmoq; 버릇을 ~ (yomon) odatni tashlattirmoq.

가르침 o'qitish, ta'lim,; nasihat, ko'rsatilgan.

가리키다 1) ko'rsatmoq; belgilamoq; ~을 가리켜 belgilab, nazarda tutib; 2) qar. 가르치다

가마 1. 1) kulolchilik pechi; 2) tex. qozon; 3) qar. 가마솥; ~가 많으면 모든 것이 헤프다 maq.

qozoning qanchalik ko'p bo'lsa, shunchalik befoydadir; 4) qar. 솥; 2.sanoq so'z. gruda.
가마득한 옛날 uzoq o'tmish.
가만 1) boricha; shundoqligicha; ~두다 a) shundoqligicha qoldirmoq; b) qoldirmoq, tashlamoq; 2) kirish so'z: to'xta(ng); ~있다 a) tinch, jim; 여기저기 돌아다니지 말고 이곳에있는 게 좋겠다 uyoq, bu yoqqa yurgandan ko'ra, shu yerda tinch(jim) o'tir; b); ~있거라(있자) og'z. to'xtab tur(ing); ~하다 tinch, jim; bilinmas; eshitilmas; ~한 가운데 jimjitlik ichida.
가만가만[히] sekin; asta-sekin; yashirincha.
가만있다 harajatsiz bo'lmoq; jim-jitlikni saqlamoq; ishlamaslik (za-vodda); 그는 아무것도 하지 않고 집에 ~ u uyda ishlamay dangasalik qilyapti.
가맹(加盟) kirish, qo'shilish (ittifoqqa va b.q.), ishtiroq; ~년 월 일 qo'shilish sanasi; ~단체 (itti-foqqa) qo'shilayotgan tashkilot; ~수속 qabul qilish protsedurasi; ~하다 qo'shilmoq (ittifoqqa).
가문(家門)과혈통(血統) qonqarindoshlik tizimi.
가물다 (가무니, 가무오) juda quruq bo'lmoq.
가뭄 qurg'oqchilik; qisq. 가물음; ~ 더위 qurg'oqchilik paytidagi issiq harorat.
가방 I to'sib olingan xonaning issiq qismi.
가방 II sumka; xalta; portfel.
가벼운 yengil.
가벼이 1)yengil; 2) ehtiyotsizlik bilan; yengil- taklarcha .
가볍다 1) yengil; 마음이 ~ ko'ngilda yengil; 2) ozgina; jiddiy emas; 가벼운 두통 kuchli bosh og'rigi; 3) yengiltak; 4) kuchsiz; 5) 가볍게 oddiy; 가볍디 가볍다 juda yengil(oddiy).
가뿐하다 yengil; 가뿐한 기분 yaxshi kayfiyat.
가사(家事) 1) uy yumushlari; uy ishlari; ~노동 uy ishlari; ~싸움(쌈) oilaviy janjal; ~를, 돌보다 uy ho'jaligini olib bormoq; ~형편으로 oilaviy ahvolga ko'ra; 2) uy ho'jaligi.
가상(嘉祥) I yaxshi belgi.
가상(假想) II hayol, uy; tasavvur; taxmin; ~적 tasavvur qilinadigan; hayolparast; ~하다 tasavvur qilmoq; taxmin qilmoq; ~한 yaxshi.
가수(歌手) 1) ashulachi, xonanda; 독창~ solist, yakka ijrochi; 민요~ xalq artisti; 2) noprofessional xonanda.
가스 gaz; ~가감변 tex. drossel zaslonka; ~기관(발동기, 엔진) gazli dvigatel; ~계량기 (메트) gazometr; ~난로(스토브) gazli pech; ~도관 qar. 가스관; ~대사 gaz almashinuvchi; ~람프 qar. 가스등; ~마스크 qar. 방독면; ~발생기 gazogenerator; 발생기식 트럭 gazogeneratorli traktor; ~발생로 gazogeneratorli pech; ~방전 qar.기체[방전]; ~분석 gaz analizi; ~전구 gaz chirog'i; ~중독 gaz bilan zaharlanish; ~청소기 gaz tozalaydigan; ~ 탱크 gazgolder; ~터빈 gaz turbinasi; ~파이프 *qar.* 가스관; ~한난계 qar. 기체[온도계]; ~해체 degazasiya; ~압착용접 gaz presslaydigan payvand.
가스관(-關) gaz o'tkazgich.
가스등 1) gaz isitgichi; 2) gaz lampasi.
가슴 1) ko'krak; ~연락ko'krakdan uzatish (koptokni basketbolda); ~ 지느러미 ko'krak

qanoti(baliqlarda); ~ 수영(헤엄) batterflay (suzish usuli); ~운동 sport. nafas harakatlari; ~으로 멈추기 sport. koptokni ko'krak bilan to'xtatmoq; 2) yurak, ko'ngil; ~을 짖찧다; ~을 헤쳐놓다 ko'ngilni ko'ngilga berib gaplashmoq; ~을 앓다 yuragi achishmoq; ~을 에이다 yurakni havotirga solmoq; ~이 달다 havotirlanmoq; ~이 내려앉았다 yurakning tovonga tushib qolishi; ~이 미어진다 yurakning parcha-parcha bo'lishi; ~이 뜨끔하다 yurakning tovonga tushib qolishi; ~이 찔리다 vijdoni qiynalmoq; ~이 아프다 yurak og'rimoqda; 3) qar. 옷가슴, 가슴 설레는 느낌 yurakni hayajonga soluvchi.

가압류(假押留) vaqtincha bosib olish; ~하다 vaqtincha bosib olmoq.

가옥(家屋) I uy; yashash joyi.

가옥(假玉) II qimmatbaho toshning qalbaki nusxasi.

가운데 1. o'rta, o'rta qism; ~모음 tilsh. o'rta qator unli tovushlari; ~ 삼촌 otaning o'rtancha ukasi; ~손가락 o'rta barmoq; 2. 1) o'rtasida; 2) ravishdan keyin. 일하는 ~에 ish davomida (mobaynida).

가요(歌謠) qo'shiq;~적 qo'shiqli.

가요곡(歌謠曲) qo'shiq kuyi.

가을, 추기 1) kuz; ~누에 kuzda boqiladigan ipak qu'rti; ~작물 q.h. kuz madaniyati;~장마 kuzgi yomg'irlar; ~하늘 kuzgi osmon; ~식은 밥이 봄 양식이다 maq. so'-zmaso'z. ≅ kuzda yig'ilmay sovib qolgan guruch bahorda yig'iladi; 2) yig'ishterish; ~하다 yig'moq.

가장(家長) I 1) oila boshlig'i; ~제도 patriarxat; 2) ho'jayin (eri haqida);

가장(假葬) II 1) vaqtincha ko'-mish; 2) o'likni ko'mish; 3) bolani ko'mish marosimi; ~하다 ko'mmoq(o'likni); ~좋은 것 eng yaxshi; ~신나는 날이었다 bu kun eng yaxshi kun bo'ladi.

가정(家庭) oila; ~적 oilaviy; ~공업 qar. ~가내[공업]; ~교사 uyga kelib dars beradigan o'qi-tuvchi; ~교훈 otaona nasihati; ~교육 uyda olingan ma'lumot; ~노동 uy yumushlari; ~방문 o'quvchilar oilasiga tashrif; ~부인 uy bekasi; ~살림 uy xo'ja-ligini; ~성분 qar. 출신[성분] ~생활 oilaviy vaqt; ~고양 oilaviy tarbiya; ~환경 oilaviy sharoit; ~을 꾸리다 oila qurmoq.

가져가다 olib bormoq; olib ket-moq.

가져다주다 yetkazib(eltib) bermoq.

가져오다 olib kelmoq.

가족(家族) oila, oila a'zolari; ~식당 oilaviy oshxona; ~제도 qarindoshlik munosabzti; ~적 oilaviy; ~생활 oilaviy hayot.

가죽 teri; ~숫돌 ustara ucun tasma; ~잠바 charm kurtka; ~조끼 feod. charm kamzul.

가지 I shox; ~많은 나무가 바람 잘날 없다 maq. qalin daraxtning shoxlarida shamol o'ynamagan kun yo'q; ~를 치다 a) shoxni kesmoq; b) (o'tni) o'rmoq; ~를 치다 shoxni kesmoq; ~가 벌다 yomonlashmoq; ~를 꺽다 shoxni sindirmoq.

가지 II 1) nav; tur; xil; 여러 ~[의] turli xil; 2) sanoq s. 세 ~ 방법 uchta usul; 부탁 한 ~ bitta iltimos.

가지고 1) 그 사람 ~ 너무 그러지 마시오 가뜩이나 성난 사람 ~ 왜 그래 Nega sen uning jahlini yana

ㄱ

chiqaryapsan? 2) bilan, birga; 공 ~놀다 koptok bilan o'ynamoq; 무얼 ~그리 싸우느냐 Nimadan (nima sababi) urush- moqdasiz? 한 달에 백 불을 ~ 어떻게 삽니까? Qanday qilib oyiga 100 dollar ishlatib yashay olasan?

가지다 1. 1) olmoq (o'zi bilan); 2) ega bo'lmoq, ushlamoq (qo'lida); 3) olmoq, ega bo'l- moq; 4) o'tkazmoq (majlis, yig'ilish); 5) chatish-tirmoq; 새끼를~ xomilani ko'tarib yurmoq (hayvonotlarda); 아이를~ bo'yi- da bo'lmoq; 알을~ tuxum bilan birga bo'lmoq(tovuq haqida); ikrali bo'lmoq(baliq haqida); 기대를 ~umid bog'lamoq; ~을/를 가지고 a) qo'lda biror bir narsa bilan; b) harakat quroliga ko'rsatadi; 톱을 가지고 나무를 베다 o'tinni arralamoq; e) harakat ob'ektini ko'rsatadi; 허 참 어째다고 날 가지고 트집이요 To'g'risida, siz nimaga mendan kamchilik qidiryapsiz? 2. ravi- shdan so'ng. (아/어/여) qo'shim- chasi bilan birga yakunlangan harakatni bildiradi. Odatda 가지고 shaklida, harakatning natijali tugallanganlik ma'nosini bildi- radi; 그는 꿩 세 마리를 잡아 가지고 돌아 왔다 u uchta qirg'- ovulini o'ldirib qaytib keldi; 가져가다 o'zi bilan olib ketmoq; 눈길을 가져가다 nigohni boshqa joyga qatarmoq; 가져다주다 bermoq, olib kelmoq; 가져오다 o'zi bilan olib kelmoq.

가지런히 tekis, barobar, teng; 집을 ~하다 yaxshi ho'jayin bo'lmoq; ho'jalikni yaxshi olib bormoq; yaxshi uy bekasi bo'lmoq.

가치가 높은 qimmatbaho narsalar.

가치관(價値觀) qimmatbaho nar- salarga qarash.

각(角) I 1) xitoy grammasining uchinchi darajasi; 2) uchinchi nota(sharq musiqasida beshta notadan); 3) nay(musiqa asbobi).

각(刻) II 1) o'ymaqorlik, naqsh solish; 2) qar. 조각 II; 3) qar. 물시계 1); 4) chorak, to'rtdan bir; 5) etn. 14daqiqa 24 soniya; 6) tovush uzunligining birligi (kor. muciqasida).

각-(各) kor.qo'sh. 1) har, har bir, har qaysi; ~국가 har bir davlat; 2) bir nechta.

각각(各各) I har bir; muvofiq; alohida.

각각(刻刻) II ~으로 har bir da- qiqa.

각국(各國) har bir mamlakat, har bir millat, turli xil mam- lakatlar; ~사절 chet el diplo- matik vakilligi; 세계 ~ dun- yoning hamma mamlakatlari; 세계 ~ 의 대표 butun dynyo vakillari; ~에서 대표 한 사람씩 har bir mamlakat vakilligi; ~의 무역 사정을 시찰하러 가다 har xil mamlakatlarga tijorat ishlari bo'yicha bormoq; ~은 2명의 대표를 대회에 파견한다 har bir mam-lakat poyga uchun 2tadan vakil jo'natdi.

각선미(脚線美) oyoq chizig'i.

간(肝) anat. jigar; 간이라도 빼어 먹겠다 maq. Do'sti deb har narsaga tayyor; 간에 붙었다 쓸개에 붙었다하다, 간에 붙고 쓸개에가 붙다 maq. ≅ so'zmaso'z. burninni shamol esayotgan tarafga qaratmoq; 간을 녹이다 kuydirmoq (ko'ngilni); 간을 졸이다 qiynalmoq; 간이 덜렁하다 qo'rqib ketmoq; 간이 뒤집혔다 sababsiz kulmoq; 간이 마르다 qar. 애가 마르다 II;간이 콩알만해

졌다 yuragi tovoniga tushib ketdi (qattiq, qo'rqib ketdi); 간이 크다 qo'rqmas, dovyurak; 간이 타다 qar. 애가 타다 간에 기별도 안간다 chuvalchangni o'ldir- moq; 간에 기별을 하였다; 간에 바람이 들다 qar. 허파에 바람이 들다 간에 불붙다 melonxoliyaga tushmoq.

간, 간장 jigar. **-간**(間) xona

간격(間隔) 1) masofa, interval, oraliq; ~을 두다 oraliq(interval) qoldirmoq; ~의 ~을 두고 ning oralig'ida; ~이 없이 oraliqsiz, to'la; 2) uzoqlashish.

간결하게 qisqa va aniq.

간섭(干涉) 1) aralashuv; interventsiya; ~하다 aralashmoq; 2) fiz. interferentsiya; ~분석 xim. interferometrik analiz; ~적 a) intervent; b) interferension.

간식(間食) 1) ~하다 orada u bu narsa yeb olmoq (mas. tushlik va kechki ovqat o'ralig'ida); 2) qar. 곁두리.

간음(姦淫) ~하다 naqonuniy amoqada bo'lmoq.

간장 I soyali sous; ~종구래기(쪽박) soyali sous uchun idish.

간장(肝腸) II ~이 녹다 mahliyo bo'lmoq; og'rimoq(ko'ngil).

간장(肝臟) III anat. jigar; ~경화증 jigar sirrozi; ~지스토마 jigar so'radigan parazit; ~요법 gepa-toterapiya; ~질환 jigar kassaligi.

간절히 chin ko'ngildan, ishontirib.

간접(間接) ~적 ko'chma, notekis; ~거름(비료) egri o'g'itlar; ~노동 qo'shimcha mehnat; ~노력 xohishsiz bo'lgan harakatlar.

간판(看板) 1) do'koncha; niqob, parda 2) ko'chma. pana joy; 간판이나 배경이 등용의 수단(手段)이 될 수 없다 "pul" yoki "biror" odam ishda oldinlab ketishda senga yordam bermaydi.

갈매기 baliqchi qush.

갈비 1) qovurga; 2) qar. 가리 ~가 휘다 qo'ldan kelmaydigan tashvishni o'z bo'yniga olmoq.

갈비대 qovurg'a.

갈색(褐色) jigarrang; ~고미 gul sxirasi; ~목탄 toshko'mir; ~조류 suvda o'sadigan o'simlik; ~철광 limonit; ~인종 malay-polineziy irqi.

갈수록 vaqt o'tgan sari; ~태산이다 baxtsizlik ketidan baxtsizlik; ~고향이 그립다 vaqt o'tgan sari o'z uyimni yanada ko'proq sog'inyapman; 형세가 ~ 나빠진다. ishlar yomonlashib ketyapti.

갈아타다 peresadka qilmoq; boshqa joyga o'tirmoq; joyni almashtirmoq; ko'chib o'tirmoq; 말을 ~ otni almashtirmoq; ...행으로~ tez yurarga almashtirmoq.

갈잎 kesilgan qamish.

갈증(渴症) chanqoq; ~이 나다 chanqamoq; ~을 풀다 chanqoqni bosmoq.

감 xurmo; 감 단자 xurmo va guruch unidan tayyorlangan pishiriq; 감도 꼭지가 물러야 떨어진다 maq. ildizi qurisa, xurmo ham yiqiladi.

감기(感氣) shamollash; ~가 들다, ~를 앓다, ~에 걸리다 shamollamoq; ~ 기운이 있다 o'zini shamollagandek his qilmoq; ~고뿔도 남을 안 준다 matal. undan qishda ham qorni tilab ololmaysan; ~는 밥상머리에 내려앉는다 maqol ovqatlanishga o'tirishing bilan ham-ma shamolash ham ketadi.

감기다 I 1) yopilmoq; yumilmoq; 2) yopmoq; yumdirmoq (ko'zni).

감기다 II 1) o'ralgan bo'lmoq; 2)

ㄱ

yopishmoq; 3) qotishmoq; 4) yoqtirmoq; 술에 ~ vinoga ruju qo'ymoq.
감다 I yuvmoq; 미역을 ~ cho'-milmoq.
감다 II yopmoq; yummoq (ko'zni); 감은 눈 못보다 kechqurun ko'ra olmaslik.
감다 III o'ramoq; 1) 붕대를 ~ bint o'ramoq; 몸을 ~ yig'ilib olmoq 태엽을 ~ ishga solmoq (soatni; 2) oyog'i bilan ilintir-moq(kor. kurashida); 3) didsiz kiyinmoq.
감당(堪當) ~하다 o'z bo'yniga olmoq(javobgarlik).
감독(監督) 1) nazorat, tekshi-rish, kontrol; ~기관 nazorat organi; ~관청 inspektsiya, tekshiruv; 2) nazoratchi; inspe-ktor; 3) usta; 영화 ~ kinore-jissyor.
감동(感動) chuqur taasurot; ~을 주다 chuqur taasurot qoldirmoq; ~시키다 hayajonlantirmoq, ta'sirlantirmoq; ~하다 chuqur taas-surotda bo'lmoq; ~적 hayajonga soluvchi; ~적으로 ta'sirli.
감사(感謝) tashakkur, minnat-dorchilik;만만(천만)~ tashakkur so'zlarini topa olmaslik; ~무지 qanday minnatdorchilik bildiri-shni bilmaslik; ~하다 1) qar. 고맙다; 2) minnatdorchilik bildir-moq; 3) tashakkur. **감사의 인사를 드리다** minnatdorchilik so'z-larini gapirmoq.
감사합니다 Rahmat.
감소(減少) kamayish; qisqarish; tushish; 수열~ mat. kamayotgan progressiya; ~함수 mat. kama-yotgan funktsiya; ~하다 ka-maytirmoq, tushirmoq, qisqar-tirmoq.
감속(減速) sekinlashmoq; pa-saytirish; tex.deseleratsiya; ~적 sekinlashgan; ~장치 tex. demultiplikator; ~운동 sekinla-shgan harakat.
감시(監視) tekshirish; nazorat; inspektsiya; ~구역 harb. nazorat qilinayotgan rayon; ~램프 qar. 감시등; ~신호 nazorat signali; ~초소 nazorat qiluvchi post; ~위치 tekshirish polit- siyasi; ~하다 tekshirmoq; nazorat qilmoq.
감싸다 1) o'ramoq; 2) qopla-moq; himoyaga olmoq; 죄인을 ~ jinoyatchini qoplamoq.
감아올리다 o'ramoq; ko'tarmoq; 돛을 ~ yelkanni ko'tarmoq; 발을 ~ ekranni bir chetga yig'ishtirmoq.
감자 kartoshka; ~경작 mayda-langan kartoshka, guruch va kunjutdan tayyorlangan shirin taom; ~국수 kartoshka unidan tayyorlangan kuksu; ~다식 asal qo'shilgan kartoshkali quymoq; ~된장 kartoshkadan tayyorlan-gan achchiq ziravor; ~만두 kartoshka va guruch unidan tayyorlangan taom; ~수확기 kartoshka yig'adigan mashina; ~장아찌 soyali sousda tay-yorlangan kartoshka; ~볶음 qovurilgan kartoshka; ~찌개 soyali sousda pishirilgan kartoshka.
갑니다 ketmoq,bormoq.
갑시다 tiqilmoq; bo'g'ilmoq.
갑자기 to'satdan, tasodifan, birdan.
갑작스럽다 tasodifiy.
갑작스레 to'satdan, tasodifan.
갑판(甲板) kema sahni, paluba; 견습~ kema sahniga old o'quv mashqlari; 여객~ kema sahnida ketayotgan yo'lovchi; 성원~ qar. 갑판원; 지휘~ kema sahni- dan boshqarish; ~화물 paluba yuki;

~유리 kema sahni illyuminatori.

값, 가격 1. 1) narx; 값도 모르고 싸다 한다 maq. narxlarni bilmasdan arzon deb aytmoq; 값싸다 a) arzon; 싼 것이 갈치 자반, 값싼 것이 비지떡 maq. qimmat narsa-yaxshi, arzoni- rasvo: b) haqiqiy; 값을 놓다 narx belgilamoq; 값을 매다 narx qo'ymoq; 값을 보다 a) narx bermoq; b) narx so'ramoq; 값을 부르다 narx aytmoq; 값을 치다 o'z narxini belgilamoq(xaridor); 값가다(값이 나가다) qimmat; qimmatbaho; 값이 나다 narx-navo olmoq; 값[이] 닿다 savdolashmoq; 값이 없다 a) juda arzon; b)oddiy; e) qimmatbaho; 값이 있는 죽음; 2) muhimlik; 3) natija; 4) mat. ma'nosida; 2. -da; bo'lsa-da; bo'lsa ham; 싼~ arzon; ~을 치르다

값지다 qimmat.

강(江) daryo; 강 건너 불구경 maq. so'zmaso'z. yong'inga daryoning narigi qirg'og'idan qarab turish.

강-(强) qattiq; kuchaygan; 강호령 qattiq so'kinish; 강행군 ritmli marsh; ~하다 qattiq.

강남(江南) uzoq janub.

강변도로(江邊-) qirg'oq.

강세(强勢) urg'u; urg'u belgisi; aksent; ~(가) 있는 음절 urg'uli bo'g'in ~를 두다 urg'u qilmoq; ~로 나오다 tajovuzkorona holatni egallanmoq; ~주 katta qism.

강수량(降水量) yog'inlar miqdori; 여름에는 ~이 적었다 yozda yog'ingarchilik kam bo'ldi.

강아지 kuchuk; ~한테 메주 멍석 맡긴 것 같다 maq. echkiga karamni ishonmoq.

강압(降壓) I zo'riqishni pasayishi; ~냉각장치 reduktsion-sovutuvchi moslama; ~변전소 pasaytiruvchi podstantsiya; ~변압기 elektrni pasayiruvchi o'tkazgich (transformator); ~하다 pasaytirmoq.

강압(强壓) II majbur etish; zo'rlash; ~에 ~을 가하다 najburlash; ~적 majbur etuvchi; ~적으로 majbur etib; ~하다 majbur qilmoq.

강의(剛毅) I sabotli, matonatli, og'ishmas.

강의(講義) II ma'ruza; ~하다 ma'ruza qilmoq

강제(强制) majburiyat; ~수단 majburlovchi vosita.

강조(强調) urg'u.

강타(强打) uzatish(volleybolda).

강화도(江華島) Kanxvado.

갖가지 언어가 난무하다 har xil tillarning aralashuvi.

갖고 있다 ega bo'lmoq.

갖다 vaqt o'tgan bilan oson emas.

갖추다 1) tayyorlamoq; 방어태세를 ~ mudofaa pozitsiyasini egallamoq; 2) ega bo'lmoq; 몸을 ~ a) o'zini ushlamoq, b) o'ziga qarab yurmoq.

갖추 쓰다 ierogliflarni aniq qilib yozmoq.

같다 1) bir xil; xuddi o'sha;, 똑 ~ bir xil, 꼭 ~ xuddi shunday; 같지 않다 a) bir xil bo'lmagan; b) adabsiz ,nojo'ya; hunuk; e) e'tiborga loyiq emas; jirkanch; 같은 값이면 bir xil bo'lsa; bir xil narxda bo'lsa; 같은 값에 nima bo'lganda ham; 같은 값에 다홍치마(검둥 송아지) maq. nimasani tanlaysan, baxosi bir xil; 2) 새것과 ~ yangidan; 아래와 같은 quyidagi; 이와 같은 shunga o'xshash; 3) 비가 올 것 ~ yomg'ir yog'adiganga o'x-

ㄱ

shaydi; 4) 집에서 책을 읽느니만 같지 못하다 kitobni uyda o'qigan afzalroq.

같이 1) bir xil, xuddi o'xshash; 2) birga; 3) 과/와 ~ga o'xshab; 4) 내일 ~떠나려는데 마침 네가 왔다 ertaga jo'namoqchi edim, bi rdan sen kelib qolding.

같이하다 birgalikda qilmoq; 고락을 ~hursandchilik va qayg'uni bo'lishmoq; 의견을~ fikr almashmoq.

갚다 1) (qarzlardan) qutulmoq, qaytarmoq; 2) to'lamoq, qaytarmoq; 은혜를 ~ yaxshilik uchun qaytarmoq; 3) qasos olmoq; (o'ch) qasd olmoq.

갚음 1) to'lash(qarzlarni); 2) qaytarish(yaxshilikni); 3) qasd; ~하다 qar. 갚다.

개 I botqoqlik, balchiq.

개 II it; 개가 콩엿 사먹고 버드나무에 올라간다 maq. ko'zbo'yamachilik qilmoq; 개 핥은 죽 사발 같다 matal. xuddi kuchuk yalagan idishga o'xshab; 개가 웃을 일이다 g'aroyib ish; 개 눈에는 똥만 보인다 maq. och tovuq tariqni tushda ko'radi; 개도 나갈 구멍을 보고 쫓는다 maq. bo'ri terisini 7marta shilib bo'lmaydi; 못된 개가 부뚜막에 먼저 올라간다 maq. qo'lingdgan kelmaydigan ishga qo'l urma. 개발에 편자 matal. sira yarash- mayd (kiyim haqida); 개 패듯 하다 kuchukni urganday savala- moq.

개강(開講) ~ 하다 boshlamoq (ma'ruza va b.).

개교(開校0) ~하다 a) ochmoq (maktab); b) boshlamoq(darslarni).

개교식(開校式) o'quv yurtining ochilish marosimi.

개구리 qurbaqa; ~헤엄 brass usulida suzish; ~ 움처려야 뛴다 maq. har bir ish harakatdan boshlanadi; ~ 올챙이적 생각을 못한다 maq. qurbaqa kichkina chuvalchang bo'lganini eslay olmaydi; ~볶음 qurbaqadan tayyorlangan qovurma taom.

개근(皆勤) ~하다 ishga muntazam bormoq.

개근상(皆勤賞) muntazamlik bilan chin ko'ngildan qilingan mehnat uchun mukofot .

개발(開發) 1) rivojlanish; 2) o'zlashtirish; ishlov berish; ekspluatatsiya; ~하다 a) rivojlan-tirmoq; b) o'zlashtirmoq; ishlab chiqmoq.

개방(開放) 1) ochilish; ~정책 "ochiq eshiklar" siyosati; 제진실 ~ ochiq kamera; 2) bo'shatish; 3) o'chirish (chiroqni); ~적 ochiq; ozod; ~하다 a) ochmoq; ochiq qoldirmoq; b) bo'shatmoq; e) o'chirmoq.

개업(開業) ~하다 a) ochmoq (korxona va b.q.); b) yangilamoq (savdo-sotiq. ish va b.q.).

개인(個人) individum; shaxs; ~적 shaxsiy; ~감정shaxsiy tu'g'u; ~경리 shaxsiy xo'jalik; ~교수 yakka qilib o'qitish; ~기업 korxonoga xususiy egalik; ~농민 xususiy xo'jalikni yurituvchi; ~이기주의 egoizm, xudbinlik; ~상업 xususiy savdo; ~소유 xususiy mulk; ~소유권 xususiy mulkka egalik; ~작업량 xususiy ishlab chiqarish; ~적 소비 shaxsiy iste'mol; ~영웅주의 shaxs rolini bo'rttirish; ~영웅주의자 xalqqa qarshi qo'yilgan "qahramon"; ~우월감 shaxsiy ustunlik; ~위생 shaxsiy gigiena.

개척(開拓) o'zlatirish(yerni); egallash; ~하다 o'zlashtirmoq (yerni); egallamoq; 자기 길을 ~하다 o'ziga yo'lni ochmoq.

개학(開學) ~하다 a) boshlamoq (dars va b.q.); b) ochmoq(uquv yurtini).
개항(開港) ~하다 port ochmoq (tashqi savdo uchun).
개혁(改革) islohat, tub o'zgarishlar; 토지~ agrar islohatlar; ~하다 isloh qilmoq; o'zgartirmoq.
객원(客員) 1) mehmon(majlisda); 2) arx. shtatga oid bo'lmagan amaldor(chinovnik);~교수 taklif qilingan o'qituvchi.
객체(客體) 1) ob'yekt; 2) sizning (uning) sog'lig'i.
갯밭 puxta qirg'oqlari yaqinidagi dala.
갱(坑) shaxta, kon; ~을 달다 a) 늦교다~ qazilmoq; b) oltin koni qidirmoq(qazimoq);~입구 shaxtaga kirish; ~내 shaxta ichida; ~내 작업 shaxta ichidagi ish; ~도 yer tagi yo'li; ~문 shaxtaga kirish; ~부 shaxtyor.
갱생(更生) hayotga qaytish; tirilish; ~하다 hayotga qaytmoq; to'g'ri yo'lga qaytmoq; ~자력 o'z kuchi bilan hayotga qaytmoq.
갱신(更新) yangilanish.
갸름하다 uzunchoq, cho'zinchoq; oval; 갸름한 눈 cho'zinchoq ko'zlar; 갸름한 얼굴 uzunchoq yuz;
갸름한 코 uzunchoq burun.
갸우뚱 ~하다 egilmoq; ~거리다 bir tomondan ikkinchi tomonga tebranmoq; bosh bilan qimirlatmoq; 고개를 갸웃뚱 숙이다 boshni chetga egmoq.
걔 (그 아이) bu bola
거 og'z. 1)(그것dan qisqma) bu; 거 누구냐? kim bu?; 거 봐라 (보오, 보시오, 보십시오, 보게, 보아라, 보지) shunday emasmi? men haq emasmanmi?; 2) undov so'z. Voy!
거기(倨氣) o'ziga bino qo'ygan.
거꾸러지다 1) qulamoq, jabr ko'rmoq; 3) o'lmoq.
거꾸로 oyog'-osti; ostinustun; tartibsiz; teskari.
거기로, 저기로 u yerga, ana u yerga.
거나 shaxsi no'malum gapda ishlatiladi: 가거나 말거나 상관없다 borasanmi yoki yo'qmi menga baribir; 크거나 작거나 가릴 것 없다 kattami kichikmi baribir.
-거나 (아무래도 괜찮음을 나타내는 접미사) 많~ 적~ 마찬가지다 ko'pmi kammi - baribir; 그가 오거나 말~ 우리는 갈 것이다 u keladimi yoki yo'qmi-baribir biz ketamiz; 오거나 가~ 내 생각은 그렇다 to'g'rimi yo'qmi-mening fikrim shunday.
-거늘 (이유) shuning uchun(하물며) u yoqda tursin; to'g'risida gapirmasa ham bo'ladi; 날이 이미 늦었~ 그곳서 머물기로 하였다 kech bo'lgani sababli, biz bu yerda qolishga rozi bo'ldik; 그아이는 걷지도 못하~ 하물며 뛰기까지야 bu kichkintoy yugurish u yerda tursin, yurishni ham bilmaydi.
-거니 (까닭) 나는 아직 젊었~ 돌인들 무거우랴 toshlar menga og'ir bo'lishi mumkinmi, axir men hali yoshman-ku; (추측) 비가 오겠~ 하고 우산을 가져왔다 yomg'ir yog'adi deb taxmin qilib, soyabonni olib keldim; 주거니 받거니 ham bermoq-ham olmoq; 그것이 좋~ 나쁘다 ~말도 많다 bu narsa yaxshi yoki yomonligi haqida bahxlar ko'p.
거드름 o'ziga bino qo'ygan fe'l-atvor; mag'rur ko'rinishi; ~[을] 브리다 mag'rur ko'rinishga ega bo'lmoq; ~[을] 피우다 mag'rurlikni ko'rsatmoq; ~[을]

ㄱ

빼다 mag'rur ko'rinishli bo'lmoq; ~스럽다 mag'rur.
-거든 his-hayajon gap qo'sh. 1) 땅을 잘 다루어야만 많은 소출을 낼 수 있거든 yerga yaxshi ishlov berilsagina, katta daro- madga ega bo'lish mumkin!; 2) shart rav.ning qo'sh. 아버지께서 오시거든 말씀 otam kelsalar, ularga aytib qo'yaman.
거래(去來) 1)savdo-sotiq, aloqa; ~수입금 mahsulot olmashinuvi solig'i; 2) qar. 왕래; 서신 ~ yozishma; 3) ma'ruza, doklad; xabar (boshliqqa); ~하다 a) savdo-sotiq qilmoq; b) (doklae) xabar bermoq.
거래처(去來處) xaridor; oshnalik; ~가 많다 ko'p aloqalarga ega bo'lmoq.
거래하다 bitishmoq; til biriktirmoq.
거리 I 1) xom mol, xom-ashyo; 국~ sho'rva uchun ashyolar; 김치~ chimchi tayyorlash uchun ishlatiladigan sabzavotlar; 2) ob'yekt, mavzu; 자랑~ mag'-rurlik predmeti; 웃음거리 mas-xara ob'yekti; 이야기~ muloqot mavzusi.
거리(距離) II 1) masofa, oraliq, interval; ~측정기 dalnomer; 2) farq; 3) davomida, ichida; 하루 ~ bir kun ichida; 해 ~ 1 yil ichida.
거리, 대로(大路) III prospekt.
-거라 buyruq gap qo'sh.: 일어 가거라 Bor! 자거라 Uxla!
거스름돈 qaytim pul.
거슬러 올라가다 ketmoq; suv oqimiga qarshi ketmoq; 강을 ~ suv oqimi bo'yicha suzmoq; 과거로 ~ o'tmishga qaytmoq; 근원에 ~ yaratilishidan boshlab kuzatmoq.
거울 oyna;
거울삼다 misoldagidan; namuna-dagidek; o'rganmoq; 선인의 덕행을 ~ donishmandlar namuna-sidagidek yaxshi bo'lmoq; 다른 사람의 잘못을 ~ birovlarning xatosida o'rganmoq
거의 차이가 없다 deyarli farqi yo'q.
거절(拒絶) rad qilish; qaytarish; ~하다 rad qilmoq; 정중하지만 단호한 ~ qat'iylik bilan muloyi-mona rad qilish; 딱 ~ 하다 umuman rad qilmoq; 면회를 ~하다 ko'rishdan bosh tortmoq; 요구를 [신청을] ~ 하다 ilti- mosni rad qilmoq; 약속을 ~하다 javobgarlikdan bosh tortmoq; ~증서 qarshilik ko'rsatmoq.
거절당하다 rad javobini olmoq.
거절하다 rad qilmoq; bosh tortmoq.
거짓말 yolg'on; ~하다 aldamoq; 새빨간 ~ ochiq yolg'on; 그럴 듯한 ~ haqiqatga yaqin yolg'on; 빤히 들여다보이는 ~ g'irt yolg'-on; 죄없는(악의없는) ~ to'qima; ~투성이 yolg'on qo'shiqlar girdobi; ~같다 ishonib bo'lmay-digan; 천연스럽게 ~하다 haqi-qatni gapirayotganday aldamoq; ~이 아니다 yolg'on emas; 암만해도 ~같다 ishonib bo'lmay-diganday; ~할 사람이 아니다 u yolg'onchiga o'xshamaydi; ~쟁이 yolg'onchi; 상습적 ~쟁이 g'irt yolg'onchi; ~탐지기 yolg'onni aniqlaydigan asbobdan test qilinmoq; ~탐지기로 조사하다 yolg'onni aniqlaydigan asbobdan test qilinmoq.
거처(居處) yashayotgan; ~하다 1) yashamoq; 2) turar joy; ~를 알아내다 turar joyni aniqlamoq; ~를 자주 바꾸다(옮기다) bir joydan ikkinchi joyga ko'chmoq; turar joyni tez-tez almashtir-

moq.

거치(据置) chetlatish; ~하다 (qarz) to'lovini chetlamoq; qoldirmoq; ~의 bajarilmagan va'da; to'lanmagan qarz; 3 년~의 보험 sug'urtani 3 yilga qoldirmoq; 10년 ~의 차관 10yil davomiga qarzni to'lay olmaslik; 3 년~5 년 상환 5 yil davomida 3 yillik chetlatish bilan qarzni qaytarish; ~기간 qarzni to'lash kuni; ~저금 jamg'armalarni saqlab qo'ymoq.

거치다 1) qoqilmoq; tegib ketmoq; 2) yengib o'tmoq; 3) e'tiborsiz qoldirmoq; yonidan o'tmoq; yo'lyo'lakay ko'rib o'tmoq; 많은 사람의 손을 ~ ko'p qo'llardan o'tmoq; 세관을 ~ bojxonadan o'tmoq.

거친 말 so'kinish.

거칠다 qo'pol, tarbiya ko'rmagan.

걱정 xavotir; ~을 끼치다 xavotirga qo'ymoq; ~도 팔자 xavotirga tushgan ko'ngil.

걱정스럽다 noqulaylikni sezmoq; tinchsiz bo'lmoq.

걱정, 염려(念慮) (불안. 근심) xavotir; notinchlik;(신경씀)g'am; soluvchi (나무람) so'ginish; ~ 스럽다 xavotirli; ~하다 xavotirlanmoq; (신경씀) g'amxo'rlik qilmoq; (나무람) sog'inmoq; ~시키다 bezovta qilmoq; ~스레 xavotirli; ~ 없이 g'amtashvishsiz; ~도 팔자 xavotirga tushgan; ~거리 xavotir sababi; ~ 꾸러기 xavotir chiqargan odam.

건강(健康) sog'lik; ~하다 sog'-salomat;~에 좋은(나쁜) sog'liqqa yaxshi(yomon); ~에 조심하다 sog'liqqa e'tibor bermoq; ~을 회복하다 sog'aymoq; ~은 그 무엇과도 바꿀 수 없다 sog'liqni xech narsaga almashtirib bo'l- maydi; ~진단을 받다 tibbiy ko'rikdan o'tmoq; ~미 sog'lom go'zallik; ~진단 tibbiy ko'rik; ~체 sog'lom organizm.

건강 상태 organizmning holati.

건강을 해치다 sog'liqqa zarar qilmoq

건강한 sog'-salomat.

건국(建國) hukumat asosi; ~하다 hukumatga asos solmoq; ~기념일 hukumatga asos solingan kun; ~자 hukumat asoschisi; ~훈장 hukumat oldidagi xizmatlari uchun mukofot.

건너 orqali; boshqa tomonda; 강~에 daryoning narigi betida; ~가다(길을) yo'ldan o'tmoq; ~뛰다 sakrab o'tmoq; navbatni o'tkazib yubormoq; ~오다 biror narsadan o'tmoq; ~지르다 bir tomondan ikkinchi tomonga o't- moq; gori-zontal chiziq o'tkaz- moq; ~짚다 bilib olmoq; top- moq; ~마을 qo'shni qishloq;~편 teskari, qarama-qarshi tomon; 건넛집 qarama-qarshi uy.

건너가다 kesib o'tmoq; o'tmoq.

건너다 yo'ldan o'tmoq.

건너뛰다 ...dan sakrab o'tmoq; 개울을 ~ ariqdan sakrab o'tmoq; 담을 ~ devordan olib tushmoq; 3 페이지를 ~ 3 betni o'tkazib yubormoq.

건널목 kesib o'tish(daryodan).

-건대 1) qanchalik; qanday; 듣~ eshitishimcha; 2) so'roq gap qo'shimchasi, gapda savolni keltirib chiqargan holatni bildiradi: 무엇을 하~ 자네를 볼 수가 없나? Sen rosa band bo'lganga o'xshaysan? Umuman ko'rinmay ketding?

건물(建物), 건축물(建築物), 집 II bino; 고층 ~ baland bino .

건설(建設) qurilish; konstruktsiya, bino qilish; qurmoq. ~적

ㄱ

konstruktiv; ~하다 qurmoq; bino qurmoq; 국가를 ~하다 hukumatga asos solmoq; ~비 qurilish harajati; ~자 quruvchi.

건축(建築) qurilish; bino; ~하다 qurmoq; bino qilmoq; ~용의 qurilish uchun; qurilishga mo'ljal-langan; ~가 arxitektor; ~공사 qurilish ishlari; ~공학 qurilish texnologiyasi; ~과 arxitektura va qurilish fakulteti; ~기사 muhandis-quruvchi; ~면적 qurilish maydoni; ~물 qurilish binosi; ~미 qurilish chiroyi; ~비 qurilishga ketadi- gan mablag'; ~사 arxitektura tarixi; ~사무소 qurilish kons- truktsiyasi; ~양식 arxitektura uslubi; ~업자 quruvchi; ~재료 qurilish mollari;~학(술) arxitek- tura; ~학자 arxitektor; ~현장 감독 ishchilar boshlig'i.

건축(乾縮), 건설(建設) qurilish.

건축가 quruvchi arxitektor

건축하다 qurmoq.

걷다 I 1) kamaymoq, tarqalmoq (bulut); 2) tugamoq(yomg'ir); 3) yig'moq; yig'ishtirmoq; 4) chaqirmoq; yig'moq; 5) tugatmoq.

걷다 II piyoda yurmoq; qadam tashlamoq; 다니다 yurmoq; 걷기도 전에 뛰려 한다. yurishdan oldin sakrashni o'rganishga intilmoq; 걷기 yurish.

걷다 III 커튼을 ~ pardani ko'-tarmoq; 걷어 들이다 ko'tarmoq, yig'moq; termoq.

걷다 IV 세금을~ soliq yig'moq; 회비를~ a'zolik mablag'ini yig'moq.

걸- I ozgina; ko'p ham emas; 걸맞다 ozgina yarashmoq; 걸뜨다 suzmoq.

걸- II old qo'sh. juda; 걸차다 juda hosildor; 걸싸다 chaqqon.

걸다 I osmoq; 농담을~ hazil qilmoq; 말을~ murojat qilmoq.; 목숨을~ hayotini havf ostiga qo'ymoq; 목에 새끼를 ~ kimnidir bo'yniga arqon osmoq; 문에 빗장을~ eshikni tamba bilan yopmoq; 시비를~ arz qilmoq; 싸움을~ urushmoq; 연애를 ~ sevib qolmoq; 전화를 ~ telefon (qo'ng'iroq) qilmoq; 최면술을~ gipnoz qilib qo'ymoq (ishontirish kuchi ta'siri natijasida uyqu holatida bo'lish); 희망을 ~ ishonch bog'lamoq; 걸고넘어지다 (전가하다) ayb(javob- garlik)ni kimgadir yuklamoq.

걸다 II 음식상이 ~ to'kin-sochin dasturxon.

걸리다 I (갈리다) osilgan bo'lmoq; 감기에 ~ shamollamoq; 귀에 ~ ko'ngilda aks-sado ber-moq; 눈에 ~ ko'zga ko'rinmoq; 마음에 ~ xavotirga solmoq; 목에 ~ tomoqqa tiqilmoq; 병에 ~ kasal bo'lmoq.

걸리다 II piyoda yurishga majbur qilmoq.

걸맞다 mos.

걸음 qadam; 바쁜 ~ tez qadam; ~을 걷다qadam tashlamoq; ~을 내딛다 oldinga qadam tashla-moq; ~을 늦추다 qadam tash-lashni sekinlashtirmoq; ~을 멈추다 to'xtamoq; ~을 서두르다 sxoshilmoq; sxoshmoq; ~이 빠르다 (느리다) qadami tez (sekin) bo'lmoq; 한 ~ 물러서다 bir qadamga siljimoq; 한 ~도 물러서지 않다 bir qadam ham silji-maslik; 한 ~ 앞으로 oldinga qadam; 두 ~ 뒤로 ikki qadam orqaga; ~아 날 살려라 Xudo oyoqqa kuch bergin; ~걸음 qadam-maqadam; ~걸이 qadam tashlash; ~ 마 qadam tashlashni o'rganmoq; ~짐작 masofani

qadam bilan o'lchamoq.
걸음, 일보 qadam
걸작(傑作) qiziq xulqatvor; shedevr; qiziq.
걸치다 biror narsadan (narsa ustidan, osilgan) otilgan bo'lmoq; ~에 걸쳐 davomida; mobaynida; 걸쳐놓다 osilganday qoldirmoq.
검(劍) qilich; ~가(객) qilichboz; ~광 qilichning yarqirashi; ~극 qilich va nayza; ~기 o'tkir qilichning ko'rinishi.
검- juda, juda ham; me'yordan ortiq; 검붉다 to'q-qizil.
검다 qora; 검은 깨 qora kunjut; 검은 돈 xaram pullar; 검은 마음 qora ko'ngil; 검은 피 qunoq qon; ~ 희다 말이 없다 na ha, na yo'q demaslik; 검은머리 흰머리 될 때까지 qariguncha; 검은 머리 파뿌리 될 때까지 bir umr; butun umr; yoshligidan qari- gungacha.
검도(劍道) qilichbozlik.
검문(檢問) savol-javob; so'rov; ~하다 so'roq qilmoq; ~소 so'rov o'tkazish punkti.
검버섯 yuzidagi qora dog'lar.
검붉다 to'q qizil.
검사(檢査) I tekirish; nazorat; ko'rik; ~를 받다 ko'rikdan o'tmoq; ~하다 tekshirmoq; ko'rib chiqmoq; nazorat qilmoq; ~관 inspektor; revizor; imtihon oluvchi; ~대 nazorat stendi; ~제 nazorat sistemasi; ~중 ko'rik akti; 체력 ~ tibbiy ko'rik.
검사(檢事) II prokuror; ayb- lovchi; 부장~ bosh prokuror.
검역(檢疫) karantin; ~하다 karantinga duchor qilmoq; tibbiy ko'rikdan o'tmoq; ~소 karantin; sanitariya punkti; ~원 karantin xizmatchisi; ~의 karantin qiluvchi vrach; ~ 증명서 vaktsinatsiya haqidagi guvohnoma; ~항 karantin porti.
검열(檢閱) reviziya, taftish, tekshirish; senzura; ~하다 senzuraga duch kelmoq; tekshirmoq; ~을 받다 senzuradan o'tmoq; ~ 제도 nazorat qilish sistemasi.
검열(檢閱), 감독 inspektsiya.
검인(檢印) viza; nazorat haqidagi muhr; ~을 찍다 viza yoki imzo qo'ymoq;yozma ruxsat bermoq.
검진(檢診) tibbiy ko'rik; sudtibbiy ekspertizasi; ~하다 tibbiy ko'rikdan o'tmoq.
검토(檢討) tekshiruv; tadqiqot; ko'rib chiquv; ~ 하다 ko'rib chiqmoq; tekshirmoq; tadqiqot olib bormoq; 재~ qayta tekshiruv; qayta ko'rib chiqish; qayta imtihon topshirish.
겁 qo'rquv; ~을 내다 qo'rqmoq; cho'chimoq; ~쟁이 qo'rqoq; 응~결에 qo'rquvda; ~나 하다(~이 많다) qo'rqoq; cho'chiydigan; hurkovuch; ~이 없다 dovyurak; ~을 내다 qo'rqmoq; cho'chimoq; ~이 나다 qo'rqmoq; ~을 먹다 qo'rqmoq; cho'chimoq; ~ 먹기 qo'rquv hissi; xavotirlik; parishonxotirlik; qo'rquv.
것 narsa; u; balkim; bo'lishi mumkin; 이~ bu; 그~ o'sh; 어느 ~ nimanidir; 아무~ hech narsa; 저~ (ana u) ana u; 새~ yangi; 헌 ~ eski; 이 책은 내~ 이다 bu mening kitobim; 나는 네가 모르는 ~을 안다 men sen bilmay- digan narsalarni bilaman; 잠자지 말 ~ uxlama! 내일은 비가 올 ~ 이다 ertaga yomg'ir yog'ishi mumkin.
것 1) ot. 이 책은 내 것이다 bu kitob meniki (kitob); 2) sifat. 좋은 것 yaxshi (narsa); 늙은 것 eski(narsa); 3) ko'rsatish olmoshi: 이것 bu; 그것 u; 저것 ana u; 4) fe'ldan so'ng. narsa; 나는 네가 모르는 것을 안다 men

ㄱ

sen bilmagan narsalarni bilaman; 5) kelasi zamon sababi bilan buyruqni bildiruvchi formani tashkil qiladi. 담배를 피우지 말 것! chakilmasin!; 6) rav.dan keyin bog'lovchi fe'l 이다 bilan birga qo'llanilib, biror bir harakatni bajargandan so'ng, so'zlovchining o'ziga butunlay ishonishini bildiradi: 오직 꾸준한 노력으로써만 과학의 높은 봉우리에 도달할 수 있는 것이다 faqat tinmas mehnat bilan fanda yuksak cho'qqiga erishish mumkin; 7) agar ega 3-shaxsda bo'lib, rav. bilan birga 이다 bog'lovchi fe'l qo'llanilsa. chamasi; 저 산 너머는 지금 비 가 올 것이다 hozir ana u tog'lar ortida chamasi yomg'ir yog'adi; 8) bir xil joylarning tarkibiga kiradi; 어느 것 bir narsa.; 아무것 hech narsa.

-것 predikativ asosiga birikib, quyidagi ma'nolarni ifodalaydi: 1) so'zlovchining o'zida ishonganligini: 김씨 친구는 바로 저 집에 살것이다 birodar(mister) Kim aynan ana shu uyda yashaydi; 2) majburiylik: 오늘은 강물도 얼어붙것다 daryo ham muz bilan qoplanishi kerak; 3) qat'iy tasdiq: 책이 있것지, 실험실이 좋것지, 무슨 불편이 있겠는가 kitoblar bor, laboratoriya ham yaxshiku, qanday noqulayliklar bo'lishi mumkin?

겉 tashqi taraf; sirt; tashqi ko'rinish; ~ 다르고 속 다르다 yumshoq bo'lsa ham uxlashi qattiq.

겉- tashqi; tashqiy; qo'pol; ~대중 qo'l bilan chamalamoq; aniqlamoq; ~늙다 o'z yoshidan katta ko'rinmoq; ~마르다 tashqaridan(ko'rmoq; ko'rib qolmoq)

겉장(-張) 1) ustki varoq; 2) kitobning ustki tarafi; muqovasi.

게 I dengiz qisqichbaqasi, krab; 마파람에 ~눈 감추듯 sigir tili bilan yalagandek; ~걸음치다 yon tomon bilan yurmoq, (chaqqon bo'lmaslik), imillagan bo'lmoq; ~거품 dengiz qisqich- baqasining og'zidan chiqadigan ko'pik,(so'lak), kuchli hayajonlanishda chiqadigan ko'pik; ~살 dengiz,qisqichbaqasining go'shti, dengiz qisqichbaqasining quritilgan go'shti; ~장 tuzlangan dengiz qisqichbaqasi, soyada (sous) tayyorlangan, tuzlangan dengiz qisqichbaqalari, tuzlangan dengiz qisqichbaqalari bilan soya (sous), dengiz qisqichbaqa ikrasi.

게 II (거기) o'sha yerda, u yerda.

게 III (에게) kimgadir, kimdadir; 내~ 돈이 있다 menda pul bor.

게시 e'lon, byulliten, bildirish, xabar berish; ~하다 e'lon qilmoq, xabar bermoq, e'lon bermoq; ~판 e'lonlar taxtasi.

게임 o'yinlar.

겨우 zo'rg'a, qiyinchilik bilan, zo'rg'a-zo'rg'a; ~ 두 사람 남았다 faqat ikki odam qoldi; ~ 살아가다 bo'linib ketmoq; ~열차 시간에 댔다; poyezdga zo'rg'a ulgurdim.

겨우내 qish bo'yi, qish davomida.

겨우살이 hamma zarur bo'lgan narsalar qishga; ~를 장만하다 qishga kerakli narsalarni tayyorlamoq.

겨울, 겨울철,동계(冬季),동절(冬節), 동기(冬期) qish; ~의 qishki; ~을 나다 qishni o'tkazmoq, qishlamoq; ~날 qish kuni; ~날씨 qish obhavosi; ~맞이 qishga tayyorgarlik; ~바람 qish sha-

moli; ~ 밤 qish tuni; ~방학 qishki ta'tillar; ~옷 qishki kiyim; ~철 qish, qishki vaqt, (davr);
겨자 gorchitsa, (muruch); ~가루 quruq gorchitsa, (muruch); ~기름 gorchitsadan tayyorlangan yog'; ~즙 gorchitsa sousi.
격(格) ~이르다 boshqa jamiyatga tegishli bo'lmoq; ~이 떨어지다 to'g'ri kelmaslik; 아니 땐 굴뚝에 연기 나랴는 ~으로 olovsiz tutun yo'q deyilgandek.
격노(激怒), 분노(忿怒) jahl, g'azab; ~한 jahli chiqqan, g'azabi kelgan; ~하다 g'azabi kelgan bo'lmoq, jahli chiqmoq, qahri kelmoq; ~한 군중 g'azabi kelgan omma.
격려(激勵) qo'llab quvvatlov, ruhlantirish; ~하다 g'ayrat bag'sh etmoq, qo'llamoq, ruhlantirmoq; ~금 qo'llab quvvatlov; ~사 ruhlantiruvchi nutq.
격렬(激烈) ~하다 shiddatli, alangali, qutirgan, jo'shqin; ~한 논쟁 shiddatli bahs munozara.
격리(隔離) ajratib qo'yish, ayirib (yakkalab) qo'yish; ~하다 ajratmoq, izolyatsiya qilmoq, ajratib(ayirib) qo'ymoq, tanlamoq; ~벽 to'siq, devor; ~병실 izolyator; ~사육 karantinda asrash (parvarish qilish); ~실 ajratilgan bino, uy; ~판 separator, ajratuvchi(bo'luvchi); ~처분 izolyatsiya, ajratib qo'yish; ~환자 ajratilgan (izolyatsiya qilingan) yuqumli kasalga ega yo'liqqan bemor.
격분(激忿) g'azab, nafrat, jahl; ~하다 g'azablanmoq, g'azabga kelmoq; ~시키다 g'azablantirmoq, jahlini chiqarmoq; ~하여 g'azab bilan, jahl bilan; ~하지않고 g'azabsiz, nafratsiz.
결 I qavat, qatlam, to'qimaning qurilishi, to'qima qalinligining darajasi.
결 II 1) qar. 성결 II; 결이 바르다 to'g'ri, dili toza; 2) qar. 결기; 결[이] 나다 jahli chiqib ketmoq; 결이 삭다 tinchlanmoq.
결과(結果) natija, oqibat; ~적으로(~의 ...로) bir narsaning natijasida (oqibatida); ...한 ~가 되다 bir narsa bilan tugamoq, bir narsaga olib kelmoq.
결국(結局) natijada, ohir oqibatda.
결근(缺勤) ishga chiqmaslik, sababsiz ishga yoki o'qishga kelmaslik; ~하다 ishga chiqmaslik; ~계 ishga chiqmaslik haqidagi tushuntirish xati; ~자 ishga chiqmagan (odam).
결단(決斷) (qat'iy) qaror; ~하다 (kategorik) qarorga kelmoq; ~적 qat'iy, keskin; ~코 qat'iyat bilan, kategorik, albatta; ~력 qat'iyat; ~성 qat'iyat, jasurlik;
결론(結論) xulosa, yakun, yakuniy so'z; ~을 짓다 xulosa qilmoq, yakuniy so'z bilan chiqmoq; ~이 나다 tugamoq, yakunlamoq;
결말(結末) yakun, xulosa, natija; ~이 나다 tugamoq, yakunlamoq; ~을짓다 tugatmoq, yakunlamoq, ~을 내다 tugatmoq, yakunlamoq
결산(決算) hisobot; ~하다 hisobot bermoq, hisoblashmoq, hisobini amalga oshirmoq; ~보고 (balans) hisobi; ~분배 hisob, hisob-kitob; ~총회 hisobot yig'ilishi;
결산보고(決算報告) hisobot.
결석(缺席) I yo'qlik, kelmaslik sababsiz kelmaslik; ~하다 yo'q bo'lmoq, kelmaslik; ~계 yo'qlik to'g'risidagi ariza; ~률 kelmaganlar foizi (yo'qlar); ~생 darsga kelmagan talaba; ~자

ㄱ

kelmagan, yo'q bo'lgan;
결석(結石) II toshlar; ~증 tosh kasali, litiaz.
결손(缺損) yetishmaslik, zarar, yo'qchilik, defittsit, yo'qotuv; ~을 메우다 difittsitni qoplamoq; ~이 나다 zarar ko'rmoq, yoqchilikni kechirmoq; ~액 zararning qiymati, yetmagan pul qiymati, pul summasi; ~처분 difittsitni yo'q qilish uchun oshiriladigan choralar;
결승(決勝) final; ~선 finishning chizig'i; ~전 final uchrashuv, final musobaqa, hal qiluvchi jang; ~점 finish; 준 ~ yarim final;
결승전(決勝戰) finish.
결시(缺試) ~하다 imtihonga kelmaslik.
결실(結實) mevalarni bog'lamoq, mevalarning pishishi, tugash, oqibat, yakun; ~하다 bog'lamoq, pishmoq, tugamoq, yakunlamoq, meva bermoq; ~기 mevalarni bog'lash davri, vaqti; ~량 unum.
결심(決心) I xulosa, qaror; ~하다 qaror qilmoq.
결심(結審) II ~하다 sud ko'rib chiquvini tugatmoq(yakunlamoq) ~을 다지다 qattiq xulosaga kelmoqlik.
결여(缺如) yo'qchilik, yetishmovchlik, kamchilik; ~하다 yo'q bo'lmoq, yetishmaslik, yo'q bo'lish, biror narsaga zor bo'lmoq;
결의(決意) I jur'at, jasorat, dadillik; ~하다 bir narsaga jur'at etmoq; ~문 (yozma) majburiyat.
결의(決議) II qaror, xulosa, rezalyutsiya; ~하다 qaror qilmoq, qaror qabul qilmoq.
결정(決定) I qaror, aniqlov, xulosa; ~적 jasur, dadil; ~하다 qaror qilmoq, aniqlamoq, xulosaga kelmoq. ~권 aniqlaydigan ovoz huquqi; ~론 determinizm; ~론자 determinist; ~서 qaror, xulosa, rezalyutsiya.
결정(結晶) II kristall; ~의 결정 harakatlar mevasi; ~체 kristal, krisalli tana; ~화 kristalizatsiya; ~화하다 kristalizatsiyalamoq.
결코(決-) mutlaqo, aslo, hech bir, hech, sira.
결함(結銜) kamchilik, defekt, nuqson; ~이 있는 defekti bor, kamchiligi bor; 성격 ~ fe'lning kamchilik tomoni;
결합(結合) aloqa, qo'shilma, yig'im, to'qnashish, birlashish, kombinatsiya;~하다 qo'shilmoq, bog'lanmoq, birlashmoq; ~력 ulanish, tirnalish kuchi, aloqa kuchi.
결핵(結核) sil; tuberkulyoz; ~성 결절 sil; tuberkulyoz; ~성 고정 관염 sil ko'ksovi; ~성 관절염 sil artriti (tuberkulyoz artriti); ~성 뇌막염 sil miningiti; ~성 소인 sil diatezi.
결혼(結婚) to'y, nikoh; ~식 to'y marosimi, nikoh ahdi; ~의 nikohiy; ~하다 uylanmoq, erga tegmoq; ~을 신청하다 kimgadir turmush qurmoqlikni taklif qilmoq;~신청을 받다 taklifni olmoq; ~을 거행하다 to'yni nishonlamoq; ~기념일 turmush qurilganning 1 yilligi, to'yning 1 yilligi; ~식 to'y marosimi, turmush qurish marosimi; 연애 ~ sevib turmush qurmoq.
결혼(結婚), **혼례**(婚禮) to'y.
겸 va, birato'la, buning ustiga, yo'l yo'lakay; 수상~ 외상 bosh vazir va (shu vaqtida, buning ustiga) tashqi ishlar vaziri; 거실 ~ 침실 kishilar yashaydigan

xona(yotoqhona bilan mehmon-xona birgalikda); 밥도 먹을~ 쉴 ~ ovqatlanish va dam olish uchun.
경 I eltib berish, tarqatish, qayd qilish; ~치게 juda;
경(徑) II diametr; 반~ radius; 직 ~ diametr.
경계(境界) I chegara, marra; ~선 chegara chizig'i, chegaraning belgisi (ustuni).
경계(警戒) II ogohlik, saqlash, avaylash, qo'riqlash, nazorat; ~하다 kimnidir biror bir narsadan ogohlantirmoq.; ~망을 펴다 saqlash sistemasini yaratmoq, soqchilarni, qo'riqchilarni qo'y-moq; ~경보 hujum xavfi to'grisidagi signal; ~경보발령 hujum havfi to'g'risidagi e'lon; ~근무 soqchilik xizmati, qo'riq-chilik xizmati; ~망 qo'riqchlik postlari tarmog'i; ~ 신호 ogohlik signali, biror havf haqidagi berigan signal; ~심 ogohlik, havfsirash, xushyorlik.
경고(警告) ogohlik, hayfsan.
경고하다 kimnidir bir narsa to'g'risida ogohlantirmoq, kim-nidir biron narsadan saqlamoq..
경공업(輕工業) yengil sanoat
경과(經過) borish, protses, jarayon.
경금속(輕金屬) yengil metal; ~합금 yengil metallar qoplamasi
경기, 경쟁(競爭) musobaqa.
경기도(京畿道) kyongido provintsiyasi (qishlog'i).
경기장(競技場) stadion
경력 (經歷) biografiya.
경로사상(敬老思想) keksalikka hurmat; ~하다 keksalarga hurmat bilan munosabatda bo'-lmoqlik, keksalikni hurmatlash, hurmat qilish.
경영(經營) boshqaruv; ~학 boshqaruv fani.
경영(經營) ~하다 boshqarilmoq.
경영인(經營人) boshqaruvchi ishchi.
경영자(經營者) boshqaruvchi, mudir, xo'jayin, boshliq.
경우가 드물다 kamdan kam uchraydigan voqea, tasodif; ~에 따라 voqeaga, tasodifga qarab, binoan.
경작(耕作)- 소유권 shaxsiy mulk va urlarga ishlov berish huququ.
경쟁(競爭) I raqobat.
경쟁(競爭) II musobaqa; 생존~ yashash uchun kurash.
경제(經濟) iqtisod; ~정책 iqtisodiy siyosat.
경주(傾注) ~하다 a) (kuch, e'tiborni bir narsaga) qaratmoq; 힘을 ~하다 kuchni (bir narsaga) ishlatmoq; b) o'zini (biror narsaga) bag'ishlamoq; v) to'kmoq, to'kib bo'shatmoq; g) arx. chelaklab quyayotgandek yog'ayapti (yomg'ir to'g'risida).
경찰(警察) politsiya (davlat havfsizligini saqlovchi organ).
경찰서(警察署) politsiya.
경축(慶祝) bayram qilish, tab-riklash, tabrik; ~대회 tantanali yig'ilish; ~연회 ahamiyatli sana bilan o'tkazilayotgan sana; b) qutlamoq, tabriklamoq.
경축(慶祝)하다 tabriklamoq.
경험(經驗) tajriba, falsafa, empiriya; ~교환 tajriba alma-shuvi; ~비판론 empiriokratizm; ~을 쌓다 tajribani yig'moq; ~적 tajribaga asoslangan; ~적 단계 (bir narsani) praktikada tekshiruv etapi; ~하다 boshdan kechirmoq, tajribasidan bilmoq, tajribasidan kechirmoq; ~을 쌓다 tajribani yig'moq. qar. 시험
곁 1) ~에 yonida, yaqinida; 2) ko'chma. homiy; ~[이] 비다

yolg'iz, himoyasiz, ot. qaramoqsiz bo'lmoq; 3) tarmoqlanish; 결[을] 주다 (kimgadir) ko'nglini ochmoq.

계 o'zaro yordam, jamiyati.

계곡(溪谷) anhor, ariq.

계급(階級) sinf.

계란(鷄卵) 달걀 알, 계단(階蛋), 계자(鷄子) qar. 닭알; ~ 송병 qar. 알송편; ~장아찌 guruchga soya sousida pishirilgan tuhumlardan tayorlangan garnir; ~찌개(찜.탕) guruchga tuzlangan krevetka tuxum bilan, piyoz, garimdori va bosh. nar. tayorlangan garnir. ~에도 유골 muroj. kutilmagan qiyinchlik.

계산(計算) sanoq, hisob. cho't

계속(繼續) davom.

계속하다 davom etmoq.

계시 I arx. o'quvchi.

계시(啓示) II haqiqat; ~하다 haqiqatni ochmoq.

계약서 shartnoma(kontrakt)

계원(係員) sektor(bo'lim, sektsiya) xizmatchisi

계절(季節) yil vaqti, davr, sezon.

계좌번호 joriy hisob raqami.

계주 estafeta, (sport) musobaqasi.

계층(階層) qavat, qatlamlash, tabaqa, toifa; 상인 ~ savdogar toifasi.

계획, 예정안 plan (reja), loiha, programma

계획성(計劃性) loihalilik, planomerlik.

계획하다 planlashtirmoq, loiha tuzmoq.

곗돈(契-) o'zaro yordam jamiyati tomonidan yig'ilgan pul.

고(高) yuqori. baland; ~속 yuqori tezlik.

-고(-高) hajm, mablag', pul, jami; 어획~ baliq ovi(tutish).

고가(高價) I yuqori narx; ~의 물건 qimmatbaho buyum; ~품 qimmat (baho) narsa, buyum.

고가(高架) II ~의 yer ustki, bahoriy, havoli; ~다리 viaduk; ~도로 estakada; ~철도 yer usti temir yo'li.

고개 I bosh, kalla; ~를 끄덕 boshni qimirlatmoq; ~를 돌리다 orqaga qarab qo'ymoq; ~를 들다 boshni ko'tarmoq; ~를 숙이다 boshni egmoq; ~ 방아를 찧다 mudramoq, burun bilan cho'qimoq, uyqusiramoq.

고개 II a) davon; b) yuqorilik, cho'qqi; eng yuksak cho'qqi, kuliminiatsion punkt; ~오십 고개를 넘다 50 yoshdan oshmoq; ~길 dovondan o'tuvchi yo'l; ~마루 tog'ning qirrasi, tepa- likning qirrasi; ~턱 dovonning eng baland nuqtasi.

고개가 아프도록 boshning og'rishi.

고개가 절로 숙여지다 o'zidan o'zi boshi sajdaga egildi.

고개를 수그리다 boshini tushurmoq.

고개짓 boshning liqilatilishi, (rozi bo'lgani to'g'.); ~하다 boshni liqillatmoq.

고객(顧客) xaridor, klent, mehmon

고결(高潔) ~하다 oliyjanob bo'lmoq, yuksak bo'lmoq; ~성 oliyjanoblik, yuksaklik; ~한 oliyjanob, toza.

고구려를 세우다 Koguryo (mamlakati)ni tashkil qilmoq, asoslamoq.

고구마 shirin kartoshka.

고국(故國) vatan, ona yer, ona vatan, ona yurt; ~을 그리워하다 vatanni sog'inmoq, qumsamoq.

고급(高級) oliy unvon (razryae) nav, sinf; ~ 공무원 katta, oliy lavozimdagi shaxs, odam; ~장교

oliy afitserlar tarkibi; ~차 oliy sifatli mashina; ~품 oliy navli tovar.

고급유리 xrustal.

고기 1) go'sht; 2) baliq; ~잡이 baliq ovi; ~를 굽다 baliq (go'shtini) qovurmoq; ~잡이 하다 baliqni tutmoq; ~잡이 배 baliqchilar qayig'i, baliq ovlovchilar kemasi; ~조림 mayda qilib to'g'ralgan go'sht, sous bilan; 돼지 ~ cho'chqa go'shti; 말 ~ ot go'shti; 쇠~ mol go'shti; 양 ~ qo'y go'shti; 고깃국 go'shli sho'rva; 고깃덩어리 go'sht bo'lagi.

고기통조림 (go'sht) konservalari.

고기잡이, 어업(漁業) baliq ovi.

고기압(高氣壓) yuqori atmosfera bosimi; ~ 지대 antitsiklon, yuqori atmosfera bosimi sohasi.

고까지로 ko'chma. (deyarli) shunday (shu darajagacha); ~ 뭘 울고 있냐 nima to'g'risida shuncha yig'laypsan?

고등(高等) oliy sinf (nav, razryae); ~ 하다 yuqori olib; ~ 교육 oliy ta'lim; ~법원 oliy sud; ~수학 oliy matematika; ~식물 oliy o'simliklar; ~학교 oliy maktab.

고등어 yapon skumbryasi.

고딕(Gothie) gotik; ~식 건축 gotik arxetektura, gotika; ~양식 gotik stil; ~체 gotik shirift.

고려(高麗) I Koryo dinastiyasi (918-1392 y.); ~청자 Koryo davridagi mansab.

고려(考慮) II aql, idrok, o'y, fikr; ~하다 bir narsani e'tiborga olmoq, hisobga olmoq

고려하다 hisobga, e'tiborga olmoq.

고령(高齡) katta ulug' yoshli odam; ~자 ulug', qari, katta yoshli odam.

고르다 1) tanlamoq, ajratmoq, tekislatmoq, to'g'irlatmoq; 2) to'g'ri, bir xil, normada;

고립(孤立),격리(隔離) izolyatsiya, yorug'lik; ~적 yolg'iz, izolyatsiyalangan; ~되다 izolyatsiyalanmoq; ~시키다 izoliyatsiya qilmoq; ~무원 yol'iz va ojiz, nochor bo'lmoq; ~주의 izolyatsionizm; ~주의자 izolyatsionist.

고맙다(고마우니.고마와) minnaddorchilikni biluvchi, minnaddorchilikka arziydigan; 대단히 ~ katta rahmat; 고맙습니다 kimgadir, kim uchundir rahmat, kimgadir rahmat aytmoq; 고맙게 받다 minnaddorchilik bilan qabul qilmoq.

고맙습니다, 감사합니다 rahmat.

고모(姑母) otaning opasi, amma; ~부 otaning opasi, eri.

고무(鼓舞) I ilhom, rag'batlantirish, ruhlanish; ~적 rag'batli, ilhomli; ~하다 ilhomlantirmoq, rag'batlantirmoq; 사기를 ~하다 ruhni ko'tarmoq.

고무 II rezinka, kauchuk; ~공 rezinka koptok; ~신 rezinkali poyafzal;~장갑 rezinka qo'lqop; ~줄 rezinkali bog'ich; ~지우개 rezinka o'chirg'ich; ~풍선 aerostat, havo shari; ~호스 rezinka shlangi; 인조(합성)~ sintetik kauchuk; 자연~ tabiiy kauchuk; 재생 ~ rennerativ kauchuk.~판 rezina prakladkasi.

고무관을 갈다 rezina prakladkasini almashtirmoq.

고생(苦生) qiyinchilik, ayriliq, qiyin hayot; ~스럽다 qiyin, azobli, qiynoqli, falokatli; ~하다 balo, falokatli, boshidan kechirmoq, o'tkazmoq, ko'p narsani boshdan kechirmoq;~스레 katta qiyinchilk, azob(ayriliqlar) bilan;

~ 끝에 낙이 온다 qiyinchiliklardan so'ng xursanchilik, baxt keladi; ~길 ayriliqlarga to'la qiyin yo'l; ~담 qiyinchiliklar to'g'risidagi hikoya; ~살이 qiyin hayot; ~살이 하다 yetishmovchlikda yashamoq.

고소(告訴) I ariza, arz qilish, norozilik, ariza berish, sudga arz;~하다(kimgadir) arz qilmoq, davo; ~를 기각하다 davodan voz kechmoq; ~인 davoni qilgan odam, davochi; ~장 arz.

고소(苦笑) II (haqiqiy bo'lmagan, tabiy bo'lmagan) iljayish; ~하다 o'zini kulishga majbur etmoq.

고속(高速) yuqori tezlik; ~도로 avtostrada; ~버스 ekspress aftobusi; ~화 도로 avtomagistral.

고속도로(高速道路) avtostrada, tezlik shassesi.

고시(考試) I imtihon; ~원 davlat imtihonini topshirish uchun tayorlanayotgan talabalar uyi; 국가 ~ davlat imtihonlari; 고등 ~ yuqori davlat xizmatiga kirish uchun imtihon.

고시(告示) II e'lon, xabar; ~하다 kimdir nimadir haqida xabar bermoq, xabar bermoq (qilmoq) kimgadir e'lon qilmoq. ~가격 belgilangan narxlar.

고심(苦心) harakat, intilish; ~하다 intilmoq, harakat qilmoq; ~참담 berilish, intilish; ~참담 하다 qo'lidan kelgan barcha harakatni qilmoq.

고아(孤兒) I yetim; ~가 되다 yetim bo'lib qolmoq; ~ 생활 yetim hayoti; ~원 yetimlar uyi.

고아(高雅) II ~하다 jozibador, chiroyli.

고액(高額) katta pul; ~권 yuqori, qimmatli qog'oz pul; ~납세자 katta soliqlarni to'lay- digan odam; ~소득자 katta pul ishlaydigan odam.

고양이 mushuk; ~새끼 mushuk bolasi.

고요 1) tinchlik, sokinlik; 2) tinchlik holati; ~하다 tinch, sokin, osoyishta; ~한 tinch; ~해지다 tinchlanmoq.

고용(雇傭) ishga olish; ~하다 ishga olmoq; ~계약 bitim, sulh (kontrakt) ishga olish haqida; ~노동자 ishga olingan ishchi; ~인 ishga olingan; ~주 ishga oluvchi (boshliq); ~조건 ishga olish to'g'risidagi shartlar; 불완전 ~ to'liq bo'lmagan bandlik; 완전 ~ to'liq bo'lgan bandlik.

고용(雇傭)의 기회(機會) ishga olish imkoniyati.

고위(高位) 1) yuqori (oliy); 2) yuqori mansab, katta mansab, yuqori o'rin; ~관리 yuqori mansabdor shaxs; ~급 oliy;~급 인사 yuqori mansabga ega bo'lgan shaxslar; ~급 회담 yuqori darajadagi yig'ilish, majlis; ~성직자 yuqori mansabdor; ~층 oliy tabaqa, yuqori tabaqa.

고유(固有) ~하다 xos, o'ziga xos, tipik; ~명사 shaxsiy ism; ~성 o'ziga xoslik.

고유의 글자 o'ziga xos harflar.

고유의 민속놀이 o'ziga xos xalq o'yinlari.

고유하다 o'ziga xos bo'lmoq, xarakterli.

고의로, 일부러 jo'rttaga, ataylab.

고의적(故意的) atayin qilingan (bo'lgan).

고이(古爾) 1) chiroyli; 2) oliyjanob, ulug'; 3) tinch, to'la; ~ juda chiroyli, juda ulug', juda oliyjanob, juda tinch.

고자(鼓子) I ~ 처가집 다니듯 muroj. bekorga bormoq.

고자(孤子) II kitob. (aza

davomida otasini yod etgan odam o'zi haqida)
고자질하다 (gap so'zni) yetkazib turmoq, chaqma-chaqarlik qilmoq
고작 ~해야 nari borsa.
고장(故障) I halokat (avariya); 전화가 ~이다 telefon ishlamayapti; ~이 나다 buzulmoq, yomonlashmoq; ~을 내다 shikast yetkazmoq, avariyani keltirib chiqarmoq.
고장 II atrof, tuman (rayon), viloyat, qishloq, ishlab chiqarish joyi, area, vatan; 내 ~사람 mening yurtdoshim; 본 ~팀 maydon egalari (komandasi) jamoasi; 대구는 사과의 본~ Tegu shahri shirin olmalari bilan mashhur.
-고저 maqsad: 이 달안으로 이 과업을 완수하고자 세밀한 계획을 세웠다 bu oy davomida masa- lani yechish, bajarish uchun (ular) detal bo'lgan loihani (planni) ishlab chiqishdi.
고전(古典) 1) klassika, qadimiy (eski) asarlar, adabiy haykallar; 2) qadimiy tadbirlar, qadimiy qoidalar; ~적 klassik; ~경제학 klassik siyosiy iqtisod; ~극 klassik dramma; ~문학 klassik adabiyot; ~미 klassik go'zallik; ~역학 klassik mexanika; ~주의 klassizm; ~파 klassistlar, klassizmga rioya qiluvchilar.
고정(固定) mustahkamlov, fiksatsiya; ~적 mustahkam, doimiy, ~하다 fiksatsiya qilmoq, mustahkamlamoq, (stabil) mustahkam qilmoq; ~불변 doimiylik va o'zgarmaslik; ~가격 o'zgarmas (doimiy) narxlar; ~관념 steriotip, doimiy mustahkam fikr; ~목표 qimirlamas nishon, mo'ljal; ~수입 doimiy oylik; foyda; ~ 자본 umumiy (asosiy) kapital; ~자산 ko'chmas mulk; ~화 fiksatsiya, mustaxkamlanish; ~화하다 fiksatsiyalamoq, mustaxkamlamoq, stabil qilmoq; ~시키다 mustaxkamlamoq
고조(高潮) kuliminatsiya nuqtasi, bo'limi, apogey; 최 ~에 달하다 kuliminatsiya (hal qiluvchi nuqtaga yetmoq); 싸움이 ~된 상황에서 tortishuvning(urishishning) eng qizigan paytida; ~기 ko'tariluv payti; ~점 kuliminatsiya.
고집(固執) qaysarlik, qat'iyat; ~쟁이 qaysar; ~스럽다 qaysar bo'lib qolmoq (qat'iy, o'z bilganidan qolmaydigan); ~스레 qaysarlik bilan, qat'iylik bilan; ~하다 qaysarlik qilmoq, o'z bilganida turmoq; ~을 부리다 qaysarlik qilmoqlik; ~(을) 세우다 o'z bilganida qat'iylik bilan turmoqlik.
고체(固體) qattiq, qo'pol tana; ~연료 qattiq yoqilg'i.
고추 qizil garimdori; 고춧가루 maydalangan qizil garimdori; ~장 maydalangan qizil garimdorili soya pastasi.
고출력 yuqori chiquv kuchi
고충 ruhiy og'riq, og'ir o'ylar; ~을 털어놓다 ichidagi gapni to'kib sochmoq (solmoq).
고층(高層) yuqori (oliy) qavat; ~건물 yuqori qavatli binolar.
고치 ipak qurti pillasi; ~에서 비단실을 짓다 pilla o'rmoq; ~섬유 ipak matosi; ~실 ipak tolasi.
고치다 tuzatmoq, sozlamoq.
고통(苦痛) azob, uqubat, qiyinchilik; ~스럽다 azobli, qiyin; ~을 주다 qiynamoq.
고프다(고프니, 고파) 배가 ~ qorin ochmoq, och bo'lmoq, yeyishni xohlamoq.
고함, 외침소리 baland qichqiriq;

~(을)지르다 baland baqirmoq, qichqirmoq, baqirmoq;~(을)치다 juda baland qichqirmoq, baqirmoq.

고향(故鄕) vatan, ona yer; ~을 그리워하다 vatanni qumsamoq, sog'inmoq; ~마을 ona qishloq; ~사람 yurtdosh.

고혈압(高血壓) yuqori qon bosimi; ~증 gipertaniya kasali, gipertaniya; ~환자 gipertonik.

고희 yetmish yosh, yetmish yoshlik.

곡(曲) musiqa, ashula, bir kecha musiqa(ashula); ~을 연주하다 musiqiy asarni ijro etmoq; ~명(~목) musiqiy asar nomi, kontsert dasturi; 몽환~ fantaziya; 행진~ marsh.

곡괭이 kirka, kaylo, cho'kich, metin; ~질하다 metin bilan ishlamoq.

곡선(曲線) egri chiziq; ~계 kurvimetr; ~미 meandir, chiziqlar go'zalligi; ~운동 egri chiziqlar bo'ylab qilingan harakat; ~좌표 egri chiziqli kordinatlar.

곡예(曲藝) sirk san'ati; ~연습 akrobatik mashq; ~비행 boshni aylantiruvchi parvoz; ~단 sirk truppasi; ~사 sirk artistlari; ~술 sirk san'ati.

곡절(曲節) qiyinchilik, sabab, to'siq, hol; 우여~ qiyinchilik, to'siq; 운명의 ~ taqdir qiyinchiliklari sinovlari; 인생에는 ~많다 hayotda qiyinchilik, to'siqlar ko'p.

곡창(穀倉) 1) don saqlaydigan joy, omborxona; 2) ~지대 don tumani, rayoni (davlatning).

곤경(困境) qiyin(mushkul) vaziyat; ~에 빠지다(처하다) qiyinchilikka duch kelmoq, mushkul vaziyatga tushib qolmoq, qiyinchilikka tushib qolmoq.

곤고(困苦) ~하다 mushkul, og'ir, baxtsiz; 곤궁(困窮) ~하다 baxtsiz, yo'qchilikka ega.

곤돌라(ang. gondola) gandola.

곤두박질 ag'anash, tez yuguruv; ~하다 bosh oyog'i bilan ag'anamoq

곤란(困難) qiyinchilik; ~하다 qiyin, og'ir.

곤란하게 만들다 qiyinchilik yaratmoq qiyinchilik.

곤욕(困辱) og'ir haqorat; 죽을 ~ o'limli xafalik; ~을 치루다 juda og'ir bo'lgan xafalikni olmoq; ~을 당하다 og'ir haqoratni eshitmoq, og'ir haqoratni boshdan o'tkazmoq; ~을 참다 qattiq xafalikka chidamoq.

곤하다 1) charchagan, toliqqan; 2) uyquli; 3) (charchagan odamning uyqusi to'g'risida) qattiq; 곤히 잠들다 qattiq uyquga ketmoq, qattiq uxlab qolmoq.

곧 hoziroq, birdaniga; ~은 바로 aynan.

곧 tez orada, yaqin vaqt ichida.

곧, 금방, 즉시 shu vaqtning o'zida.

곧, 즉시, 바싹 birdan.

곧게 to'g'ri.

곧다 to'g'ri; 곧은길 to'g'ri yo'l.

곧바로 hoziroq, kechiktirmasdan, shu vaqtning o'zida; 일을 끝내자 나는 ~집에 돌아갔다 ishdan so'ng men shu vaqtning o'zida uyga qaytdim.

곧바르다(곧바르니, 곧발라) to'g'ri. 곧은 to'g'ri.

곧장 1) to'g'ri; 2) hoziroq, kechiktirmasdan, shu vaqtning o'zida; ~가다 hoziroq bormoq.

골(머릿골, 골머리, 골치, 골패기) I 1) anat. miya; 2) bosh; ~아픈 일 bosh og'riydigan ish; ~이 비

다 aqlsiz, nodon.
골(성, 노여움, 부아, 심술, 화(火), 심통, 노기(怒氣)) II jahl chiqish; ~을 내다 jahl chiqmoq, hayajonlanmoq; ~이 나다 g'azablanmoq; ~이 오르다 o'zidan ketmoq, o'zidan chiqmoq.
골 III **1.** 1) dara, vodiy, jar; 2) farq (soch); 3) okrug; 4) paz; **2.** 1) qar. 골짜기; 2) qar. 고랑; 골(을) 지르다 uchinchi marta qazimoq; 골을 타다 a) egat o'tkazmoq; b) *qar.* 가리마를 타다.
골(goal) IV darvoza, finish, gol, to'pning savatga tusxushi; ~을 얻다 gol urmoq; ~을 지키다 darvozaga turmoq; 세 ~차로 이기다(지다) 3:0 hisobi bilan yutmoq(yutqazmoq);~라인 darvoza chizig'i; ~키퍼(문지기) darvozabon; ~킥 darvozaga berilgan zarba; ~포스트 shtanga.
골격 1) anat. skelet; 2) suyak, karkas; ~근 suyak mushagi.
골고다 Golgofa. peshonaning joyi.
골머리 1) bosh; 2) miya; ~를 앓다 qattiq xavotir olmoq, xavotirlanmoq.
골목 tor ko'cha;~길 tor ko'cha; ~대장 1) boshliq, otboqar; 2) boshlovchi.
골몰 ~하다 (bir narsaga) bosh bilan ketmoq,(sho'ng'ib ketmoq), berilib ketmoq; 독서에 ~하다 o'qishga berilib ketmoq; 일에 ~하다 ishga berilib ketmoq.
골짜기 dara, vodiy, jar.
골치 bosh; ~아픈 일 xavotir, muammo; ~를 앓다 (kimdir, nimadir haqida) xavotirlanmoq, (kimdir, nimadir bilan), (kimdir, nimadir ustida) qiynalmoq,; qar. 골 I.
골프(ingl. golf) golf; ~를 치다 golf o'ynamoq; ~공 golf o'yini uchun koptok; ~장 golf o'ynash maydoni; 골퍼 golf o'yinchisi, golf o'ynaydigan odam.
곪다 yiringlamoq, yetilmoq, pishmoq; 상처가 곪았다 yara yiringlamoqda.
곬 1) yo'l. ko'chma; 한 곬을 잡다 yo'lni tanlamoq; 2) (baliq- ning) migratsiya yo'li; 3) qar. 골짜기.
곯다 yeb to'ymaslik; 배를 ~ och qolmoq.
곯리다 I 1) yomonlashtirmoq, yiringlashtirmoq; 2) xavotirlantirmoq.
곯리다 II 배를~ och qoldirmoq, to'yib yedirmaslik.
곰 ayiq; ~가죽 ayiq terisi; ~새끼 ayiq bolasi; 불 ~ qo'ng'ir rangli ayiq; 흰(백) ~ oq polyar ayiq.
곰곰이 e'tibor bilan, boshidan oxirigacha; 생각하다 o'ylamoq.
곰팡이 mog'ol; ~슬다 mog'ol bilan qoplanmoq; ~가 나다 mog'ollamoq; 습기로 ~가 생겼다 zax bo'lgani uchun mog'ol bilan qoplandi.
곱 marta; 세 ~ uch marta; 열 ~ o'n marta.
곱다 I 1) chiroyli; 2) sevikli, xushmuomala; 3) yumshoq; 4) silliq; 5) mayda; 고이~ boricha, o'zgarishlarsiz; 고운정 미운정 buzilmaydigan do'stlik.
곱다 II muzlab, qotib qolmoq (barmoqlar to'g'ri).
곱다 III bukilgan, qiyshiq; 허리가 곱다 bukilgan, beli bukilgan.
곱빼기 ikkilamchi ish.
곱셈 ko'paytiruv.
곱슬곱슬하다 (sochlar va boshqa nar. haq.) jingalak.
곱절 ikki marotaba; 세 ~ uch marotaba; ~몇 bir necha marta.
곳 joy; 이~ bu yerda, shu yerda; 저~ u yerda; ~ 에 따라

joyga qarab; ~에 hamma yerda.
곳곳 u yerda va bu yerda.
공 I to'p; ~에 바람을 넣다 to'pni shishirmoq, puflamoq, (havo bilan to'lg'izmoq); ~을 몰다 to'pni olib bormoq; ~을 받다 to'pni ushlamoq; ~을 빼았다 to'pni olib qo'ymoq; ~을 주다 to'pni uzatmoq; ~을 차다 to'pni urmoq; ~놀이를 하다 to'pni o'ynamoq; 가죽~(고무~) charm to'pi; 축구 ~ futbol to'pi.
공(空) II nol; ~으로 돌아가다 ahamiyatsiz darajaga keltirmoq, yo'qqa chiqarmoq, ~을 치다 omadsizlikka erishmoq.
공(功) III 1) xizmat; 2) harakat; ~을 세우다 (bir narsa bilan) ajralmoq, jasorat ko'rsatmoq; ~을 들이다(쌓다) bir narsaga, bir narsa uchun) katta harakatni amalga oshirmoq, katta harakat qilmoq.
-공(-工) ishchi; 용접~ svarkachi; 인쇄~ harf teruvchi.
공간(空間) joy, interval, bo'sh joy; ~적 joyli; ~기하학 stereometriya; ~도형 joyli figura; ~재료 poligr. ochiq material; ~예술 o'rin joy san'ati; ~지각 joyni his qilish.
공갈(恐喝), 협박(脅迫), 위협(威脅) havf, qo'rqitish, shantaj; ~하다 qo'rqitmoq, shantaj qilmoq; ~죄 shantaj; ~죄의 혐의로 shantaj qilganligi ayiblovi bo'yicha.
공감(共感) (kimgadir, nimagadir) ta'ziya, simpatiya; ~하다(kimgadir, nimagadir) ta'ziya bildirmoq.
공개(公開) ~적 ochiq, publik.
공격(攻擊) hujum, bostiruv; ~적 bostiruvli, hujumli; ~하다 hujum qilmoq, bostirmoq; ~대 hujum (qiluvchi) qism; ~력 hujum kuchi; ~로 hujum qilish yo'llari; ~수 hujumchi; ~자 bosmachi, hujumchi; 기습~ kutilmagan hujum; 정면~ frontal hujum; 측면~ flang hujumi, (flanglardan, chetdan uyushtirilgan hujum)
공고(公告) rasmiy e'lon, xabar; ~하다 rasmiy xabar bermoq, xabar bermoq, bosib chiqarmoq, tarqatmoq.
공공(公共) ~의 publik, ommaviy, jamoaviy; ~건물 jamoaviy bino; ~기관 jamoat tashkiloti; ~사업 jamoat ishi; ~시설 jamoat ishlatadigan yerlar; ~요금 kommunal xizmatlar uchun to'lov; ~위생 sog'liqni saqlash; ~재산 jamoat boyligi.
공공연 ~하다 ochiq, oydin; ~히 ochiq, ochiq oydin; ~한 비밀 hammaga ma'lum bo'lgan sir.
공구, 도구 qurol, asbob; ~강 asbob po'lati; ~실 asbobiy; ~함 asboblar uchun yashik.
공군(空軍) harbiy havo kuchlari, harbiy aviatsiya; ~기 harbiy samolyot; ~기지 harbiy havo (aviatsiya) bazasi; ~력 harbiy havo kuchlari.
공권력(公權力) davlat (jamiyat) hokimiyati.
공금(公金) jamiyat (davlat, g'aznasi) pullari; ~을 횡령하다 davlat pullarini o'zlashtirmoq; ~횡령 davlat pullarini o'zlashtirish; ~횡령자 davlat pullarini o'zlashtiruvchi odam.
공급(供給) ta'minlov, uzatuv; ~하다 (kimnidir nima bilandir) ta'minlamoq, (kimgadir nimadir) uzatmoq; ~계약 olib kelish to'g'risidagi shartnoma; ~가격 zavod narxi; ~과다 qayta ishlab chiqaruv; ~관 oziq trubkasi; ~자 eltib beruvchi, olib keluvchi; ~지 ta'minlovchi, olib keluvchi.

공급(供給)<－>**수요**(需要) taklif <－> talab.

공급하다 (kimnidir, nimanidir) ta'minlamoq.

공기(空氣) I havo, atmosfera; 신선한 ～ toza havo; 오염된 ～ ifloslangan havo; 타이어(바퀴)에 ～를 넣다 shina (g'ildirakka kiydiriladigan rzina yoki temir chambar)ni shishirmoq; ～가열기 kalorifer; ～냉각기 havosovutgich; ～압축기 kompressor; ～여과기 havo filtri; ～오염 havoning ifloslanishi; ～요법 aeroterapiya; ～정화기 havotozalagich; ～총 pnevmatik miltiq; ～펌프 havo (velosipee) nasosi.

공기(空器) II bo'sh idish, guruch uchun idish.

공동(共動) ～의 birlashgan, umumiy, kollektivli, jamoaviy, publik; ～체 jamoa.

공동생활 birgalikda kechiriladigan hayot.

공동체(共同體) jamoa; 원시 ～ ibtidoiy jamoa; ～[적] jamoaviy; ～토지 jamoaviy yerlar.

공로(功勞) 1) xizmat; 2) jasorat; ～가 있는 xizmat ko'rsatgan; ～를 세우다 jasorat ko'rasmoq, yutuqlarga ega bo'lmoq; ～에 의해 ulushiga yarasha; ～메달 xizmat ko'rsatganligi uchun nishon(medal); ～상 xizmat ko'rsatganligi uchun mukofot; ～자 xizmat ko'rsatgan odam.

공무 xizmat ishlari (burchlari); ～여권 chet el pasporti; ～출장 xizmat yuzasidan komandirovka.

공무원(公務員) (davlat) hodimi.

공문서(公文書) ofitsial hujjatlar

공범(共犯) ommaviy jinoyat; ～하다 ommaviy jinoyatni qilmoq.

공법(公法) I yur. ommaviy, publik huquq.

공법(貢法) II yer solig'i to'g'risidagi qonun.

공부(工夫) I o'quv; ～하다 o'qimoq, shug'ullanmoq; 수학을 ～하다 matematika bilan shug'ullanmoq.

공부(工部) II quruv ishlari va qo'lda ishlangan hunarmandchilik buyrug'i (Koryoda).

공사(工事) I qurilish ishlari, qurilish; 토목 ～ qurilish ishlari; ～하다 qurmoq.

공사(公私) II jamoaviy va shaxsiy; ～량편 jamoaviy va shaxsiy qiziqishlar(foydalar)garmoniyasi.

공사(公事) III 1) esk. davlat, ommaviy ishlar; 2) idora, boshqarma ishlari; 3) qar. 소송.

공사비(工事費) qurilishga ketadigan chiqimlar, qurilish narxi.

공산주의(共産主義) kommunizm; ～[적] kommunistik; ～ 교양 kommunistik tarbiya; ～도덕 kommunistik ahloq; ～전사 kommunizm kurashchisi; ～적 노동 kommunistik mehnat; 전시 ～ harbiy kommunizm; ～적 토요노동 kommunistik shanbalik.

공설(公設) ot. ommaviy, munitsipal; ～시장 bozor; ～운동장 stadion; ～하다 qurmoq.

공손(恭遜) ～스럽다 kamtar va hurmatli bo'lib ko'rinmoq; ～하다 kamtar va hurmatli.

공습(空襲) havo hujumi; ～하다 havodan hujum qilmoq; ～경보 havo trevogasi.

공시(公示) rasmiy xabar(e'lon); ～하다 rasmiy xabar bermoq (e'lon bermoq); ～가격 rasmiy narx.

공식(公式) formula, chizma; ～적 rasmiy; ～발표 xabar, e'lon; ～방문 rasmiy tashrif; ～성명 rasmiy e'tirof; ～화 formalizat- siya, sxematizatsiya; ～화하다 formula

shaklida taqdim etmoq.
공업(工業) sanoat, industriya; ~의(적) sanoat; ~가 sanoatchi; ~계 sanoat doiralari (tabaqalari); ~부기 sanoat korxonasidagi buhgalter hisobi; ~용수 sanoat suvi; ~지대 sanoat hududi; ~품 sanoat tovarlari, mollari.
공업단지 sanoat zonasi.
공업분야 sanoat tarmog'i.
공업화(工業化) sanoatlashtirish; ~수준 sanoatlashtirish darajasi; ~하다 sanoatlashtirish.
공연(公演) I tomosha, spektakl, chiqish; ~하다 (spektakl) bermoq, ko'rsatmoq, chiqmoq.
공연(空然) II kitobiy. ~하다 keraksiz, ortiqcha, foydasiz, omadsiz, sababsiz;~히 bekorga, sababsiz; ~한 말씀! Nima siz!
공연스레 bekorga.
공연히 bekorga.
공예(工藝) ishlab chiqarish (texnikasi) san'ati; ~가 usta; ~품 badiiy mahsulot, badiiy buyum.
공예(工藝) san'at.
공용(公用) I 1) umumiy ishlatish; 2) umumiy boylik; ~어 umumiy til.
공용(共用) II ~하다 birgalikda ishlatuv; ~안테나 umumiy antenna
공용어(公用語) rasmiy til.
공원(公園) I bog',(park), xiyobon; 국립 ~ davlat parki.
공원 II zavod(fabrika) ishchisi.
공유(公有) I umumiy ishlatuv. ~물 umumiy xalq boyligi, mulki;~의 umumiy, jamoa; ~재산 umumiy mulk; ~자 ega, xo'jayin; ~지 umumiy yer.
공유(共有) II qo'shma mulk; ~[적] umumiy, qo'shma, qo'shma egalikda bo'lgan; ~결합 *kimyo.* kovalent bog'liqlik; ~하다 (bir narsaga) birgalikda ega bo'lmoq
공익(公益) umumiy foyda; ~단체 jamoa, umumiy tashkilot; ~법인 jamoa huquq tashkiloti; ~사업 jamoa ishi; ~정신 umum foyda ruhi.
공임(公任) esk. hizmatchilik burchi, xizmat vazifasi.
공작(工作) I ishlab chiqarish, chiqarish, qurilish, qurilish joyi, qo'l ishi, operatsiya, tayyorgarlik, tayyorlov, manyovr; ~하다 chiqarmoq, ishlab chiqarmoq, qurmoq, ishlamoq, manyovrga murojaat etmoq; ~기계 uskuna; ~물 odam qo'li bilan yaratgan narsa, buyum; ~비 ishlab chiqarish harajatlari;~실 shogirdlik ustaxonasi;~원 ishchi.
공작(公爵) II qirol; ~부인 qirolicha.
공작실(工作室) ustaxona.
공장(工場) zavod, fabrika; korxna; ~의 korxona ...si; ~법 fabrik qonunchilik; ~위원회 fabrika-zavod komiteti; ~주 fabrika egasi, zavod egasi; ~지대 fabrika-zavod (sanoat) rayoni; ~폐쇄 lokaut, (zavoe) fabrikaning yopilishi.
공장건물 korpus.
공저(共著) birgalikda yozilgan ish; ~자 ishni birgalikda qilgan odam.
공정(公正) I ~하다 to'g'ri, haqiqiy; ~성 haqiqat.
공정(公定) II ot. ~의 rasmiy tasdiqlangan(o'rnatilgan); ~가격 taksa, ofitsial o'rnatilgan narx.
공정(工程) III protsess, ish yurishi, ko'chishi; ~계획 texnalogik protsess plani (loihasi); ~도 texnologik sxema; ~손실 ishlab chiqarish yo'qatuvlari.
공제(控除) ayiruv, ajratish, chi-

qarish; ~하다 ayirmoq, ajratmoq; ~금 ajratib olingan pul, ushlab qolingan pul; ~액 ushlab qolingan qiymat(summa)
공존(共存) birgalikda kun kechirish; ~하다 birgalikda yashamoq, kun kechirmoq; ~공영 birgalikda yashash va taraqqiy etish.
공중(公衆) umumiylik, jamoat, publika; ~도덕 jamoat ahloqi, jamoat nasihati; ~변소 umumiy hojatxona; ~위생 jamoat gigienasi; ~전화 telefon avtomat; ~전화실 telefon budkasi.
공중(空中) osmonlar;~의 havoli; ~에 havoda, osmonda; ~곡예 havo akrobatik nomeri; ~누각 havo qasri; ~열차 havo poyezdi; ~전 havo urushi; ~제비 qo'lga tayangan holda bosh orqali ag'darilish.
공중전화 telefon avtomat.
공증(公證) isbot; ~사무소 notarial tasdiqlov; ~사본 notarial ko'chirma, kopiya; ~하다 (hujjatni) ishontirish.
공직(公職) esk. mansab, xizmat burchlari; ~생활 xizmatchining hayoti; ~자 mansabdor, mansabdor shaxs, davlat xizmatchisi.
공짜 tekinga olingan narsa; ~로 tekinga, mehnatsiz; ~의 tekin.
공책, 필기장, 노트(note), 기입장(記入帳), 학습장 daftar, bloknot, yozuv-chizuv daftari.
공탁(供託) ~하다 saqlashga topshirmoq, saqlagani bermoq, depozitga olib kirmoq, kiritmoq; ~금 depozitdagi pul; ~물 saqlashga topshirilgan narsa; ~자 depozitor, deponent.
공통(共通) ~의 umumiy; ~성 umumiylik; ~어 umumiy til; ~점 a) umumiylik; b) yaqinlik; ~인수 mat. umumiy ko'pay- tiruvchi.
공통되다 biror bir narsada umumiy bo'lmoq.
공통적으로 umuman olganda, umuman.
공판(公判) jamoat sudi, ochiq sud majlisi; ~하다 ochiq sud bilan sudlamoq; ~정 ochiq sud majlisi o'tkaziladigan joy.
공포(公布) rasmiy e'lon, nashr qilish; ~하다 e'lon qilmoq, rasmiy e'lon qilmoq, nashr qilmoq.
공포(恐怖) qo'rquv, hayajon, vahima; ~감 qo'rquv xissi; ~심 qo'rquv.
공포(空砲) paxtavan otish; ~사격 paxtavan otish.
공학(工學) I texnik fanlar, texnologiya;~부 texnik fakultet; ~연구소 texnik ilmiy izlanishlar instituti; 전기 ~ elektrotexnika.
공학(共學) II birgalikda o'qitish; 남녀 ~ birgalikda o'qituvchi maktab, (erkak va xotinqizlar aralashgan maktab.
공항(空港) aeroport.
공해(公害) I atrofmuhitning ifloslanishi, jamoaviy ziyon; ~산업 atrofmuhitni ifloslantiruvchi sanoat.
공해(公海) II ochiq dengiz; ~항해 ochiq dengizda kemalar qatnovi.
공허 ~하다 bo'sh, parvarishsiz, bo'shatilgan, xarob qilingan; ~감 xarobalik xissi; 정신적 ~감 ruhiy xarobalik, vayronagarchilik.
공헌(貢獻) qo'ymoq; ~하다 (bir narsaga) hissa qo'shmoq.
공화(共和) respublika; ~정치 respublika rejimi; ~국 respublika; ~당 respublika partiyasi; ~제 respublika tizimi; ~주의자 respublikachi.

공화국(共和國) respublika.
공회장 majlislar (yig'ilishlar) o'tkaziladigan joy.
공휴일(公休日) umumxalq dam olish kuni.
-곶 mis.
과(科) I 1) bo'lim; 2) sinf; 3) tur, nusxa; 4) soha, tarmoq; 역사학 ~ tarix bo'limi
과(課) II 1) bo'lim, sektor; 2) dars; 제1 ~ birinchi dars; 교무 o'quv bo'limi.
과, 부 bo'lim.
-과 (그리고) kor. qo'sh. old...에 대해 kimdir, nimadir bilan; 아들 ~ 아버지 o'g'il va ota; 적 ~ 싸우다 dushman bilan kurashmoq; 그 여자는 꽃~ 같다 u qiz gulga o'hshaydi.
과감 ~하다 mard, dovyurak, jasur, qo'rqmas; ~하게 qo'rq-masdan, jasurlik bilan; ~성 jasurlik, mardlik; ~한 qo'rqmas, jasur, mard ~히 mardlarcha, jasurlarcha.
과격 ~하다 a) radikal, ekstremistik; b) shiddatli; ~분자 radikal, ekstremist; ~파 radikallar, ekstremistlar.
과다 ~하다 juda ham katta; 공급 ~ talabdan katta taklif.
과로(過勞) holdan toyish; ~하다 juda charchamoq, holdan toyi-moq; ~사 juda charchash, holdan toyish natijasida bo'lgan o'lim.
과립(顆粒) don; ~형성 granul-yatsiya.
과목(科目) predmet, fan; 선택 fakultativ predmetlar; 필수 ~ shart bo'lgan fanlar.
과민 ~하다 haddan tashqari (og'riqni) sezuvchi, ko'ngli yumshoq; 그 여자는 나이에 대해 매우 신경~이다 u yosh to'g'ri-sida bo'lgan gaplarni og'riq bilan xis etadi; ~성 yuqori sezgirlik; ~성의 juda sezgir; ~증 giperesteziya, og'riqni had- dan tashqari qattiq his etishlik.
과밀(過密) aholi ortiqligi.
과반수(過半數) ko'pchilik; ~를 얻다 ko'pchilik(ovozlarni)olmoq; ~로 통과되다 ko'pchilik (ovozlar) bilan (tasdiqlangan) qabul qilingan bo'lmoq; 절대 ~ absolyut ko'pchilik.
과세(課稅) soliqlarni solish; ~하다 soliq solmoq; ~률 soliqlar miqdori.
과수원(果樹園) mevali bog'.
과외(課外) ot. ~의 fakultativ, darsdan tashqari, sinfdan tash-qari; ~수업 sinfdan tashqa-ridagi fanlar; ~지도 fakultativ darslar; ~활동 ommaviy tadbirlar.
과용(過用) II ~하다 juda ham ko'p sarflamoq; 약을 ~하다 dorining juda ham katta miqdorini qabul qilmoq.
과음 ~하다 juda ham ko'p ichmoqlik.
과일 meva; ~술 meva vinosi; ~즙 meva sharbati; ~졸임 kompot; ~잼 murabbo, povidlo.
과잉(過剩) ortiqlik, ortiq, ortiq-cha; ~하다 ortiqlikda bo'lmoq; ~생산 ortiq ishlab chiqmoq; ~생산공황 ortiq ishlab chiqarish krizisi; ~ 인구 aholi ortiqligi
과자 konditer mahsuloti; ~점 konditer do'koni, shirinliklar do'koni.
과장 oshirib yuborish, giper-bola; ~의 giperbolik; ~하다 kattalashtirib yubormoq;~법 giperbola.
과학(科學) ilm, fan; ~자 olim, fan hodimi; ~적 ilmiy; ~계 ilm, fan doiralari, ilmfan dunyosi; ~성 ilmiylik.

관(管) I 1) truba, quvur; 2) *anat.* tomir.
관(冠) II toj.
-관(-官) I old. kor.; mansabdor, mansabdor shahs; 사령~ qo'mondon; 외교~ diplomat.
-관(-館) II kor. old. qo'sh. bino; 대사~ elchixona; 영화~ kinoteatr.
-관(-觀) III kor. old. qo'sh. fikr, qarash; 세계~ dunyoqa- rash; 인생~ dunyoqarash.
-관(管) IV kor. old. truba.
관개(冠蓋) sug'orish; irrigatsiya; ~하다 sug'ormoq; ~공사 irri- gatsion qurilish; ~망 irrigatsion sistema; ~수리 gidromiliorat- siya; ~용수 sug'orish uchun suv; ~용수량 sug'orish uchun suv miqdori.
관객(觀客) 1) tomoshabin; 2) muxlis; ~석 tomoshabinlar uchun joy.
관계(關係) 1) aloqa; munosabat; qatnov; 2) olib tashlash; ~하다 kimdir bilan aloqada bo'lmoq; munosabatda bo'lmoq; ~의(적) aloqador; tegishli; ~가 없다 hech qanday aloqada bo'l- maslik; ...한 ~로 munosabati bilan; ganligi sababli; ~와 ~없이 biror narsaga tegishli bo'lmay; 역사~ 서적 adabiyot tarixi; 그것은 나와 아무런 ~가 없다 menga buning aloqasi yo'q; meni bu bilan ishim yo'q; 친척 ~에 있다 qarindosh bo'l- moq.
관공서 idora; qatnashmoq.
관광(觀光) turizm; ~하다 turis- tik sayohat qilmoq; ko'rkam joylarni ziyorat qilmoq; ~가이드 turistik ma'lumotnoma; ~객 turist; ekskurtsiyachi; ~버스 turistik avtobus; ~업체 sayohat idorasi (byurosi); ~여행 turizm, ekskurtsiya; ~열차 turistik poyezd; ~지 ko'rkam joylar; ~객 turist, 관광 안내소가 어디있습니까? Turbyuro qayerda bor?
관념(觀念) 1) tushuncha, fikr; 2) qarashlar; konsepsiya; ~론적 idealistik; ~론 idealizm; ~론자 idealist.
-관데 비가 얼마나 왔관데 물소리 저다지 요란하뇨? suv qattiq shildillayapti, yomg'ir o'tganga o'x-shaydi.
관람(觀覽) ko'rish; ~하다 ko'r- moq. qarab chiqmoq; ~객 tomoshabin, ziyoratshi; ~료 kirish to'lovi; ~석 tomosha- binlar o'rni; ~자 tomoshabin; ~실 tomoshabinlar joyi
관련(關聯) (o'zaro) munosabat; ...와(과) ~되다 kim(nima) bilan aloqada bo'lmoq; kim(nima)dan c; ...와(과) ~하여 nimaningdir munosabati bilan.; ~성 (o'zaro) munosobat, o'zaro aloqa, 관련이 많다 o'zaro munosobatning ko'pligi.
관례(慣例) an'ana; urfodat; jamoa qoidalari; ~법 umumiy huquq.
관료(官僚) ma'murlik, byurokra- tiya; ~적 byurokratik; ~치 buyrokratizm; ~제(주의) byuro- kratizm; ~ 주의자 buyrokrat; ~ 주의체제 byurokratik tizim; ~화 byurokratizatsiya; ~화하다 byurokratizatsiyalamoq; ~주의 byuborkratizm
관리(官吏) I amaldor .
관리(管理), 통치(統治), 처리(處理), 관할(管轄), 관구(管句) II boshqarma; tashkilot;~하다 nimanidir bosh- qarmoq, nazorat qilmoq; ~하에 두다 nazorat ostiga olmoq; ~기관 boshqarma; ~법부 metod, usullar; boshqarish usullari; ~비 boshqarma harajatlari; ~소 boshqarma; ~자 mudir; ma'mur shaxs 사무~ ish yuritish bosh

boshqarma.
관리과(管理課)boshqarma bo'limi.
관리인(管理人) mudir, ma'muriy shaxs.
관세 bojxona poshlinasi; ~동맹 bojxona ittifoqi; ~법 soliq qonuni; ~율 bojxona tatifi; ~장벽 bojxona to'siqi; ~전쟁 boshxona urushi; ~협정 tarif maqulligi.
관습(慣習) odat; ~적으로 odat bo'yicha; ~이 되다 odatlanmoq, odat bo'lib qolmoq.
관심(關心) qiziqish, diqqat; ~을 가지다 kim(nima) bilan qiziqmoq.; ~을 돌리다 kim (nima)ga e'tibor bermoq; ~을 보이다 qiziqmoq; ~사 qiziqish ob'yekti; 중대 ~사 katta ahamiyatga ega bo'lgan ish.
관절(關節) bo'g'in; ~강직; bo'g'inning harakatsizlanishi, ankiloz; ~낭 bo'g'in kapsulasi; ~류마치스 bo'g'in revmatizmi; ~절개술 artrotomiya; ~연골 bo'gin kemirchagi; ~염 artrit; ~통 artralgiya.
관중(觀衆), 청중(聽衆), 군중 xalq, tomoshabin; ~석 tomoshabinlar o'tiradigan joylar.
관찰(觀察) nazorat, ko'rik; ~력 nazorat; ~하다 nazorat qilmoq, ko'rikdan o'tqazmoq; ~자 nazoratchi
관측(觀測) nazorat, observatsiya; fol, oldindan aytilgan narsalar; ~하다 nazorat qilmoq; ~대 nazoratni olib boradigan tepalik; ~소 observatoriya; ~자 nazoratchi.
관통(貫通) ~하다 o'tib ketmoq (kirib ketmoq); ~상 bunutlay o'tib ketgan o'q jarohati.
관하여 kim(numa)ningdir to'g'risida, haqida.
관할(管轄) yurisdiksiya, kirish; ~하다; ~에 속하다 kompitent tashkil qilmoq; ~권 yurisdiksiya.
관행(慣行) urf-odat; ~을 따르다 urf-odatlarga rioya qilmoq; ~대로 하다 urf-odat bo'yicha bajarmoq.
관현(管絃) asbob-uskunalari; ~악 arkestr musiqasi; ~악단 arkestrning asboblari.
관형사(冠形詞) atributiv sifat; atributiv so'zlar(aniqlovchi).
괄약근(括約筋) anat. sfinkter.
괄호(括弧) qavs(qovus).
광 I kladovka.
광(光) II fanat; ~을 내다 yarqiratmoq.
광(鑛) III ma'dan; shaxta.
-광(-鑛) I kor. qo'sh. ruda; shaxta; ma'dan; 자석 ~ magnit rudasi; 철 ~ temir rudasi.
-광(-狂) II kor.qo'sh. havaskor; manyak; 속도 ~ katta tezlikni yoqtirish; 예술~ san'at havaskori; 절도~ kleptoman; 축구 ~ futbol fanati.
광고(廣告) reklama, e'lon;~하다 reklama qilmoq; e'lon qilmoq; 신문에 ~를 싣다 gazetaga e'lon bermoq; ~란 e'lonlar bo'limi;~료 e'lon(reklama) uchun to'lov; ~문 e'lon (reklama) matni; ~방송 tijorat eshittirishi; ~지 e'lon; ~탑 e'lonlar uchun joy; ~판 e'lonlar(reklamalar)uchun taxta.
광고(廣告) anons; reklama;e'lon.
광물(鑛物) mineral; ruda; ~채집 minerallar yig'ini; ~계 mineral hayoti; ~명 mineral nomi; ~성 mineral; ~성 섬유 mineral tola; ~성 염료 mineral buyog'i; ~수 mineral suv;~질 mineral modda
광물학 mineralogiya; ~적 mineral; ~학자 mineralogiya bilan shug'ullangan olim.
광범위(廣範圍) keng fazo; keng

doira (masshtab).
광부(鑛夫) tog'da uruvchi shaxs, shaxtyor, ruda qazib oluvchi.
광산(鑛山) ruda bor joy; kon, shaxta; ~ 권양기 ruda qazib oluvchi mashina; ~도시 shaxtyorlar qishlog'i; ~꼼바인 ruda kombainyor; ~압축기 kon kompressori.
광산업(鑛産業) tog' ishi; tog' harakati
광석 ruda, mineral; ~감정학 mineralografiya; ~검파기 kristal detektori; 광물 ruda minerali; ~매장량 ruda zapasi; ~층 ruda plasti.
광업(鑛業) tog'da qazib olishlar uchun yuritiladigan qonun; ~권, ~소 ruda qazib olinadigan joy; ~주 tog' sanoatchisi; ~지구 tog' sanoati olib boriladigan hudud.
광역(廣域) keng tuman; ~도시 megapolis, shaharlar, oglomeratsiyasi, shaharlar birlashishi.
광택(光澤) yaltiragan nur; losk; ~이 나다 yaltillagan; ~이 없는 yarqiramagan; xira.
광통신 fotonika.
광폭(廣幅) anchagacha cho'zilgan eni; ~영화 eniga keng bo'lgan oynayi jahon ekrani.
광학(光學) optika; ~적 optik; ~고온계 optik pirometr; ~기계 (기구) optik asbob; ~성 optik xususiyat; ~스펙트르 optik spektr; ~유리 optik oyna; ~자 optik; ~조척 optik mo'ljal, nishon;~투영 optik proyektsiya; ~활성 optik faollik; ~적 등방체 optik izotrop tana; ~적 녹음 optik ovoz yozuvi; ~적 이방체 anizatropik tana.
광합성(光合成) fotosintez.
광화학(光化學) fotokimyo; ~반응 fotokimyoviy holat.
광활(廣闊) kenglik, kattalik; ~하다 keng, keng qamrovli; ~대지 keng yerlar; ~한 평원 keng tekisliklar.
괘(卦) I 1)Itszin trigrammasi va geksagrammasi; 2) fon ochmoq.
괘 II biya, baytal.
괘(罫) III tipografik material qatorlarni yig'ish uchun.
괘념 ~하다 xavotirli bo'lmoq; ~치 않다 xavotirlanmaslik.
괘도(掛圖) devor va o'quv qurollari.
괘씸스럽다 yomon bo'lib ko'rinmoq, nafratli(jirkanch) bo'lib ko'rinmoq.
괘씸하다 nafratlik, jirkanch, manfur.
괜찮다 I hech qisi yo'q.
괜찮다 II yomon emas, chakki emas; eson-omon; tinch; ~들어가도 괜찮을까요? Kirsam maylimi? 괜찮으시다면 Mumkin bo'lsa; 괜찮습니다 Hechqisi yo'q.
괜하다 kerak emas; tinch, aybsiz; 괜한 말씀 Nimalar deyapsiz? 괜한 욕 sababsiz haqorat (tahqir).
괭이 ketmon.
괭이농사(-農事) ketmon bilan qilinadigan ish.
괴(塊) I qattiq shish qorin bo'shlig'ida; 괴[를] 배다 paydo bo'lmoq.
괴(魁) II 1) qar. 우두머리; 2) yulduzlar turkumidagi birinchi.
괴기 ~하다 g'alati, ajoyib; ~소설 hayratlantiruvchi kitob.
괴다 I 눈에는 눈물이 괴었다 ko'zlar jiqqa yosh.
괴다 II tentirab yurmoq; 괴여 오르다 ko'pirmoq (pivo haqida).
괴다 III ostiga qo'ymoq; rag'batlantirmoq; ~손으로 턱을 ~ dahan ostiga qo'lini qo'ymoq.
괴다 IV sevmoq, xush ko'rmoq.
괴력(怪力) ajoyib kuch.

괴로움 qiynoq, qiyinchiliklar; ~을 주다 kimnidir qiynoqqa solmoq; ~을 당하다 nimadandir siqilmoq; 양심의 ~ vijdon azobi; 죽음의 ~ o'lim oldidagi azoblar.
괴로워하다 qiynalmoq, azoblanmoq.
괴롭다(-苦-) qiynoqli, azobli.
괴롭히다(-苦-) qiynamoq, azoblanmoq.
괴물(怪物). 괴귀(怪鬼), 벽자(僻字), 괴짜 ajoyib, hayratlantiruvchi narsa.
괴벽(乖僻) ajoyiblik, g'aroyiblik; ~하다 ajoyib, g'alati, injiq, tantiq; ~한 사람 ajoyib inson.
괴벽스레(乖僻-) g'allati, ajoyib.
괴상(乖常, 怪常) ~하다; ~망측 juda g'alati (ajoyib).
괴상스레(乖常-) g'alati; g'aroyib.
괴상야릇하다(乖常-, 怪常-) odatdan tashqari, ajoyib, g'aroyib.
괴팍(乖愎) ~스럽다 ishonuvchan; ~하다 injiq.
굄 bir nimaning tagiga qo'yiladigan narsa.
굄대 tirgovuch, taglik, tirgak.
굄목(-木) taxtali tirgovich; daraxtdan tayyorlangan tirgak.
굉음 gumburlash, gumburlagan ovoz.
굉장하다 buyuk, kattakon.
굉장히 juda.
교(巧) I aldashni bilish, ayyorlik.
교(教) II 1) qar. 종교 2) kanonlar sektasi.
교(絞) III bir qancha o'rimlar.
-교(橋) I ko'prik; 인도교 faqat odamlar o'tadigan ko'prik.
-교(教) II din; 기독교 xristian dini.
교과(教科) fan, intizom ~ 과정 o'quv jarayoni.
교과목(教科目) o'quv fanlari.
교과서(教科書) darslik.
교관(教官) ofitser-o'qituvchi, maxsus fan domlasi.
교내(校內) o'quv maskani ichida, o'quv maskanda; ~규칙 maktab tartibi.
교대(交代), 교체(交替) I navbatchilik, smena; ~하다 almashmoq, almashtirmoq; ~로 galmagal, navbatma-navbat; ...와 ~되어 오다 kim bilandir almashmoq; ~작업 navbatchilikdagi ish; ~작용 metasomapizm; ~제 navbatchiligi bor ish; 삼 ~제 3 smenali ish.
교대(橋臺) II ko'prik buqasi.
교대제(交代制) navbatchiligi bor ish; 삼 ~ 3 smenali ish.
교도소(矯導所) qamoqxona; ~장 qamoq kattasi(boshlig'i).
교란(攪亂) ~하다 tartibsizlik qilmoq; ~공작 yaramas ish; ~자 buzg'unchi.
교류(交流) almashinuv;~하다 u-bu narsa bilan almashmoq; ~발전기 altyernator; elektr energiyaning almashinuv generatori; ~전동기, ~전압 yuqori kuchlanish almasinuv toki; 문화 ~ madaniy almashinuv .
교리(教理) o'qish, talimot.
교만(驕慢) g'ururlik, manmanlik; ~하다 manman, takabbur; ~을 부리다 o'zini g'ururli tutmoq.
교만성(驕慢性) manmanlik, takabburlik.
교묘 ~하다 a) mohir, mahoratli; ustalik; b) ajoyib go'zal, eng yaxshi.
교무(教務) o'quv-tarbiyaviy ishlar; din ishlari; ~과 o'quv bo'limi; ~실 o'qituvchi xonasi; ~주임 direktor o'rinbosari; ~처 o'quv maskandagi bosh boshliq;
교문(校門) o'quv maskanidagi eshiklar.
교미(交尾) I hayvonlarning qo'shilishi; ~하다 qovushmoq; ~

기 qo'shilish(qovushish) vaqti, payti.
교미(嬌媚) II tannozlik, noz, san'atchilik, oliftalik, noz karashma.
교사(教師) I domla, o'qituvchi.
교사(校舍) II o'quv talim binosi, maktab binosi, o'quv binosi, o'quv korpusi.
교섭(交涉) muzokara; bitishuv, bitim; ～하다 muzokaralarni olib bormoq, bitimni olib bormoq; 단체 ～ birgalikdagi bitimlar.
교수(教授) 1) ta'lim, tarbiya; 2) domla, o'qituvchi; ～하다 dars byermoq, o'rgatmoq; ～안 dars rejasi; 정～ domla; 조～ dotsent; ～진 domlalar tarkibi; 명예 ～ mukofotga sazovor bo'lgan domla; 지도～ rahbar, kurator.
교수론(教授論) didaktika.
교수법(教授法) dars berish usuli
교실(教室), 강당 1) sinf, auditoriya; 2) maktab.
교양(教養) ta'lim-tarbiya; ～이 있는 ta'lim olgan; tarbiyali; madaniyatli; ～이 없는 tarbiyasiz; madaniyatsiz; qo'pol; ～학부 ta'lim bo'limi.
교외(郊外) I shahar atrofida qatnaydigan; shahar chekasi; ～열차 shahar tashqaridagi poyezd.
교외(校外) II sinfdan tashqari ta'lim; ～수업 repetitorlik; ～실습 sinfdan tashqari praktika; ～활동 jamoat tadbirlari; maktab- dan tashqari faoliyat.
교육(教育), **교양**(教養) tarbiya; ta'lim; maorif; ma'rifat; mashq qilish; ～적(의) ta'limli; tarbiyali; o'quvli;～하다 tarbiyalamoq; ta'lim bermoq; ～가 ma'rifatchi; pedagog; ～계 pedagogik soha; ～과 xalq ta'limi bo'limi; ～기관 ta'lim maskani; ～대학 pedagogik oliy o'quv yurti; ～부 ta'lim vazirligi; ～사 tarixiy ma'rifat; ～사업 pedagogik ish; ～심리학 pedagogik psixologiya; ～영화 o'quv filmi; ～자 pedagog; ～제 maorif tizimi; ～탄 o'quv snaryadi; ～학, ～행정 pedagogika; ～회 maorif jamiyati; 가정 ～ uy tarbiyasi; 의무～ majburiy ta'lim; 직업 ～ professional ta'lim.
교제(教弟) do'stona munosabatlar; muloqot; ～하다 kim bilandir do'stona munosobatlarga kirishmoq; kim bilandir muloqotda bo'lmoq; tanishib olmoq; ～가 넓다 ko'p do'stlarga ega bo'lmoq; ～가 odamshavanda, dilkash shaxs; ～비 do'stona munosobotlardagi sarfxarajatlar; ～술 muloqatni bilish, muloqatda bo'lish.
교직(教職) I o'qituvchi;～원 o'qituvchilar soati va texnik ishchilar(personali);～자 o'qituvchi, domla.
교직(交織) II turli xil iplardan qilingan mato; ～물 aralashib ketgan mato.
교차(交叉) kesib o'tish; ～개념 bir-biri bilan kesib o'tuvchi tushunchalar; ～하다 sig'inish; ～로 chorraha; kesib o'tish joyi; ～사격 kesishib o'tgan o't; ～점 chorraha; kesishish nuqtasi.
교착(交錯) I ～개념 qar. 교차 [개념]; ～하다 aralashmoq.
교착(交着) II yopishish; ～하다 yopishmoq; ～력 yopishish darajasi; ～성 1) yopishish; 2) agglyutinativ hu'lqatvor; ～어 *a*gglyutinativ til.
교체(交替) smena, almashinuv, navbat; ～하다 almashtirmoq, almashmoq, navbatma-navbat almashmoq.

교태(嬌態) yoqimli qiliq; tannozlik, noz, oliftalik; ～를 부리다 yoqimli qiliq(xattiharakatlat) ga ega bo'lmoq, tannozlik qilmoq.
교통(交通) ko'cha harakati; transport; axborot, darak; ～량 yo'l harakatning tezligi; ～로 axborot yo'llari,kommunikatsiya; ～망 transport tarmoqlari; ～의 편리 transport qulayliklari; ～을 정리하다 yo'l harakatini tartibga solmoq; ～난 tiqin, to'planib qolish; ～법규 yo'l harakatini tartibga solmoq; ～사고 yo'l harakati hodisasi, voqeasi; ～상 axborot yo'llari; ～선 axborot yo'llari vazirligi; ～성 axborot yo'llari vazirligi; ～순경 DAN (davlat avtomobil nazorati);～신호 svetofor; ~방송 yo'l harakati eshittirishi.
교통비 transport sarfxarajatlari.
교통수단 transport harakati.
교통신호(交通信號) yo'l xabari.
교통(交通)이 두절되다 yo'l harakati yakunlayapti.
교통정리 yo'l harakatini tartibga solmoq.
교편(敎鞭) ko'rsatkich tayoqcha, ukazka; ～을 놓다 pedagoglik ishini tashlamoq.
교포(僑胞) vatandoshlar, o'zga yurtda yashovchilar.
교환(交換) I almashinuv; abonentlar birlashuvi; ～하다 almashmoq; birlashmoq; ～기 kommutator.
교환(交歡,交驩) II ～하다 do'stlashmoq; do'stona kechalarni o'tkazmoq; do'stona salomlashish.
교활한 ayyor.
교회(敎會) cherkov
교회당, 예배당 cherkov.
교훈(敎訓) ta'lim-tarbiya; dars berish; dars; ～적 didaktik, o'rgatish; ～를 주다 dars bermoq; ～을 얻다 darsdan olmoq.
구(九) I (9) to'qqiz.
구(區) II rayon, tuman, nohiya.
구(求),(공) III shar, doira, sfera.
구-(舊) eski, qadimgi; 구(옛)졸업생 oldingi bitiruvchilar.
-구(口) I teshik, yoriq; 접수창구 oyna (birornarsani qabul qilish uchun); 출입~ kirish va chiqish.
-구(區) II rayon, tuman, nohiya; 노동자구ishchilar hasharchasi; 선거구 ovoz berish uchastogi.
-구(具) III vosita; qurolaslahalar; 문방~ yozuv qurollari; 운동~ sport vositalari
구 백 (900)to'qqiz yuz.
구개음(口蓋音) tanglaydan chiqadigan ovozlar.
구개음화(口蓋音化) yumshoqlik, tanglaydan chiqayotgan; ～하다 yumshamoq.
구경 I 1) ko'rik; tanishuv; 달 ～ oyni tomosha qilmoq; 2) tomosha; ～속 좋다 tomoshadan bahramand bo'lmoq; ～[이] 나다 chiqmoq, yuz bermoq; 3) ～못 하다 ko'rmaslik, umuman tasavvurga ega bo'lmaslik; ～스럽다 qiziq, diqqatga sazovor; ～하다 ko'rikdan o'tkazish, tanishmoq; bahramand bo'lmoq; ～을 가다 tomosha qilishga bormoq; 영화를 ～하다 filmni tomosha qilmoq; 가극을 ～하다 operani eshitmoq; ～거리 (qiziq) tomo- sha; 꾼 ～ tomoshabin .
구경(球莖) II ～식물 ildizmeva.
구국(救國) vatan himoyasi; ～투쟁 vatan himoyasi uchun kurashish; ～항쟁 vatanni qutqarish; ～적 vatanparvar;～하다 Vatanni himoya qilmoq.
구금(拘禁), 억류 xulosa; ozodlik (erkinlik)dan mahrum bo'lmoq; ～하다 (ozoe) mahrum qilmoq;

qamoqqa o'tkazmoq.
구급(救急) Birinchi yordam; ~약 birinchi tez yordam uchun beriladigan doridarmonlar; ~차 tez yordam mashinasi.
구급약(救急藥) birinchi tez yordam paytida beriladigan dori-darmonlar;~약통 aptechka, dorilar turadigan (saqlanadigan) quticha.
구급차(救急車) tez yordam mashinasi
구급책(救急策) sxoshilinch (keyinga qoldirilmaydigan) ishlar.
구급처(救急處) tez yordam punkti.
구급품(救急品) avariya materiali.
구급함(救急函) avariya materiallari uchun maxsus quticha.
구김 g'ijimlik; ~방지가공 almashinmaydigan oziqlanish; ~이가다 g'ijimlanmoq; burishmoq; ~을 보이지 않다 ruhini tushurmaslik.
구김살 ajin; to'planish; qiyinchaliklar; ~투성이[의]; ~이 가다 ajini ko'payib ketgan; ~을 펴다 ajinlarni tekkislamoq; qiyinchiliklardan chiqib ketmoq.
-구나 벌판이 넓~! Keng dalalar!! 잘 일하는구나! Yaxshi ishlayaptilar!
구내(區內) tuman ichida; nohiyada.
구내선(構內線) bekatli yo'l; temir yo'llar.
구독(購讀) I ~하다 gazeta(jurnal, kitob)ga yozilmoq; ~료 gazeta(jurnal, kitob)ga yozilmoq uchun to'lov; ~자 yoziluvchi, o'quvchi.
구독(溝瀆) II soydagi qirg'oqlar.
구두 I tufli; ~끈 oyoq kiyim bog'ichlari; ~닦이 oyoq kiyim tozaluvchilari; ~약 qishki oyoq kiyim ucun krem; ~을 칠하다 oyoq kiyimni tozalamoq; ~주걱 oyoq kiyim qoshiqchasi; ~창 tagcharm; ~코 paypoqcha.
구두(口頭) II ~의 og'zaki; ~계약 og'zaki gaplashib olmoq; ~로 og'zaki; ~설명 tushuntirish; ~심리 protokolni rasmiylashtirmasdan olib bajariladigan sud tahlili.
구두닦이 oyoq kiyimni tozalash, oyoq kiyimni tozalovchi.
구두쇠 qizg'anchiq odam.
구라인다(<ingl. grinder) 1) qar. 연마돌; 2) egovlovchi stanok.
구르기 1) oyoq bilan toptash; 2) oyoqlar uchun mashq.
구르다(딩굴딩굴) I yumalamoq; 구르는 돌은 이끼가 안 낀다 o'z-o'zidan hech narsa bo'lmaydi; 굴러온 돌이 박힌 돌 뺀다 eskini yangi yengadi; 뒤구르다 굴러다니다 bir joydan boshqa joyga siljimoq; 굴러들다 bir joyga yana tushib qolmoq.
구르다(발을) II toptamoq; 발을 구르며 기뻐하다 xursandchilikdan oyoqlarni toptamoq.
구름 bulut; 차일~ quyoshdan saqlovchi kattagina parda.
구름다리 1) ko'prik; 2) butaforiya, sahnadagi zinalar.
구릉(丘陵) tepalik, tepa, qir, do'ng.
구리 mis; ~빛 asal rang; ~줄 misdan tayyorlangan sim.
구린내 yomon hid, sassiq hid, badbuy hid; ~가 나다 sassiq hidni taratmoq; sasimoq; (수상하다) shubhani uyg'otmoq.
구매(購買) I xarid, sotib olmoq; ~하다 sotib olmoq;~가격 narx-navo; ~력 sotib olish mahorati; ~자 sotib oluvchi; ~품 mol, tovar.
구매(毆罵) II ~하다 urmoq va urishmoq.

-구먼 비가 오겠구먼 yomg'ir baribir yog'adi.
구멍 teshik, tuynuk, yoriq, in, ul, chuqurlik, zindon, lyuk; ～돌결 yumshoq tekstura; ～봐 가며 쐐기 깎는다 birovlarga o'z qonun qoidalarni o'rgatmaydi; ～은 깎을 수록 커진다 o'zini xatalari o'stidan ishlamagan odam yana o'sha hatalarni qayptaradi; ～이 나다 (뚫어지다) kesilmoq; buzilmoq(ish haqida)
구멍가게 do'koncha.
구명(救命) I ～하다 qutqarmoq; ～대 qutqaruv belboqchasi;～삭 sim, kanat, yordam uchun kanat; ～정 qutqaruv qayig'i; ～조끼 qutqaruv jileti.
구명(究明) II aniqlash, oydinlashtirmoq; tyekshirish; tadqiqit; ～하다 oydinlashtirmoq; o'rganmoq; tadqiqat o'tkazmoq.
구물거리다 erinuvchanlik bilan harakatlanmoq, sekinlikning paydo bo'lishi.
구박(驅迫) ezilish, siqilish, haydov, quvib chiqarish; ～하다 ezmoq, siqmoq, quvib chiqarmoq.
구별(區別) har xillik, farq; ～하다 farqlamoq, bir nimani bir narsadan farqlamoq.
구보(驅步) yugurish; ring; ～로 갓! Yugur(ing)!; ～하다 yugurmoq.
구부러지다 egilmoq, qayrilmoq, bukilmoq; qiyshaymoq.
구분(區分) tabrik; farqlik; klassifikatsiya, tahlil, bo'linish; ～하다 turkumlamoq, bo'lmoq.
구상력(構想力) tasavvur kuchi .
구상하다 o'ylab olmoq; o'ylab qo'ymoq.
구설(口舌) tuxmat, bo'xton; ～수 hayot, tuhmatda qolib ketgan.
구성(構成) turkum, tuzilish.
구성되어있다 tuzilmoq.
구속(拘束) cheklanish, chek; ushlab olish, arest; qamoqdagi joylashish; ～하다 cheklanmoq, siqib(qism)qo'ymoq; ushlab olib qolmoq; ～을 받다 siqib qo'yilgan bo'lmoq; ～력 bog'liq kuch; ～영장 arest uchun order.
구수하다 ishtahali, mazali, mazasi shirin.
구술(口述) og'zaki tushuntirish; ～하다 og'zaki izohlamoq, so'zda ifodalab (so'lab) bermoq; ～시험 og'z. imtihon.
구슬 marjoncha; qimmabaho buyum; marjon; ～땀 teri tomchilari.
구심력(求心力) markazga harakatlanuvchi kuch.
구심점(求心點) tortishish kuchining markazi.
구워내다 ku'ydirmoq.
구워지다 qizdirmoq, kuydirmoq; qovurmoq, qovurilmoq.
구원(救援) I yordam, xalos (qutqaruv); ～하다 qutqarmoq, yordamlashmoq, kimgadir nimadir yordam bermoq; ～을 요청하다 yordam (talab qilmoq) so'ramoq; ～하러가다 yordamga bormoq; ～대 yordam otryadi; ～병 madad, yordamchi kuch; ～자 qutqaruvchi; 예수 그리스도의 피로써 죽음에서 구원받다 Iso Payg'ambar qoni bilan o'limdan qutqarilmoq.
구원(舊怨) II yurakdagi nozorlik, eski ozor (ranj, xafalik).
구이 jarkop, qovurilgan go'sht, qovurilgan baliq; 통닭 ～ qovurilgan tovuq.
구인(求人) I ishchi kuchi to'plashi; ishga taklif; ～하다 ishchilarni qidirish; ～광고 ishchi kuchini to'plash(nabor) e'loni; ～란 ishchi kuchini to'plash

haqidagi e'lonlar varaqasi.
구인(拘引) II～하다 qamoqqa olmoq.
구입 I juda kichik oylik maoshi; ～장생 yarim yillik tirikchilik; ～하다 nonga ham qiyinchiliklar bilan pul topish; juda kam oylik maoshini olmoq.
구입(購入) II sotib olish; ega bo'lish; ～하다 sotib olmoq; ega bo'lmoq.
구절(句節) ibora, jumla.
구제(救濟) I moddiy yordam; ～하다 moddiy yordam ko'rsatmoq; 빈민을 ～하다 kambag'allarga moddiy yordam ko'rsatmoq; ～책 yordam ko'rsatish choralari.
구제(驅除) II dezinfektsiya; ～하다 turli qurt-qumursqalar (hasharot)ni qirmoq; ～약 hashalarni qirmoq uchun kimyo moddalari
구제품(救濟品) yordam berish uchun narsa va buyumlar.
구조(救助) I yordam, qutqaruv, xalos; ～하다 qutqarmoq; kimgadir yordam bermoq; 인명을 ～하다 kimnidir hayotini saqlab qolmoq; ～대 qutqaruv otryadi; ～선 qurqaruv kemasi; ～신호 sos signali, falokat signali; ～작업 qutqaruv meshi (qopi).
구조, **구성**(構) II konstruktsiya, tashkilashtirish.
구조대(救助袋) qutqaruv meshi (qopi).
구조망(救助網) asragich to'ri (tramvay va poyezd oldidagi to'r).
구직(求職) ish qidiruvchi; ～하다 ish qidirmoq; ～신청을 하다 ish qidirishda kimgadir murojat etmoq; ～자 ish qidiruvchi.
구직함(具職銜) ～하다 lavozimni yozib olmoq.
구차(苟且) ～미봉 hayotni zo'rga kechirish; ～투생 boylikka intilmaslik; ～스럽다 kambag'al bo'lib ko'rinmoq; ～하다 kambag'al bo'lmoq, gadoy bo'lmoq, ayanchli holatda yashamoq.
구체(具體) I ～적 aniq, konkret; ～성 aniqlik, konkretlik; ～화 aniqililik, konkretizatsiya; ～화하다 aniqlashtirmoq, konkryetlashtirmoq.
구체(求體) II doirasimon buyum.
구축(構築) I qurish, inshoot; 하다 qurmoq; ～물 inshoot, bino.
구축(驅逐) II surgun;～하다 haydamoq, surgun qilmoq, badarg'a qilmoq.
구출(驅出) I surgun; ～하다 haydamoq, surgun qilmoq.
구출(救出) II qutqaruv, qutqarish; ～하다 qutqarmoq, yordam bemoq.
구충(驅蟲) ～(업) dezinfektsiya; ～약(～제) chuvalchanglarni haydaydigan (chiqarib yuboridagan) dori-modda.
구타(毆打) urish, kaltaklash; ～하다 urmoq, kaltaklamoq.
구토(嘔吐) ko'ngil aynash; ～하다 ko'ngli aynamoq, qusmoq; ～설사 ko'ngil aynash va ich ketish; ～제 ko'ngil aynash vositasi; ～증 ko'ngil aynash bilan bog'liq kasallik
구하다(求-) I qidirmoq, topmoq.
구하다(救-) II kimnidir nimanadir qutqarmoq.
구하다(灸-) III teshmoq, qizdirmoq (dorini).
구호(口號) I shior, parol.
구호(救護) II yordam, qutqaruv, kasalga parvarish; ～의 qutqaruv; qutqaruv bo'yicha; ～하다 yordam bermoq, qutqarmoq; kimnidir parvarish etmoq; ～물자 moddiy yordam; ～미 guma-

nitar yordam uchun mo'ljallangan; ~반 qutqaruv komandasi; qutqaruv otryadi; ~소 Birinchi Yordam punkti.
구황(救荒) ~식물 (yovvoyilab) tez o'sadigan o'simliklar; ~작물 qishloq xo'jaligi madaniyati; boshqa madaniyat o'rnida ishlatiladigan; ~하다 qorni ochlarga yordam bermoq.
구획(區劃) seksiya, yer, bo'lim; ~하다 chegaralamoq; ~선 chegara chiziqlari; 행정~ administratorlik bo'linish; 행정 구획선 tuman chegaralari.
국 I sho'rva; 국에 덴 놈 물 보고도 분다 ovqatdan og'zi kuygan qatiqni ham puflab ichadi.
국(局) II departament, boshqaruv bo'limi, byuro; 보도~ informbyuro.
국(國) III davlat; mamlakat; ~적 davlatli; 계획~ davlat rejasi; 관세~ davlat poshlinasi; 구조~ davlat tuzumi; 규격~ davlat standarti; 기관~ davlat organi; 기구~ davlat apparati; 사업~ davlat ishlari; 승인~ davlat mulki; 시험~ davlat imtihoni; 안보~ davlat xavfsizligi; 연합~ davlatlar birlashmasi, fedyeratsiya; 예산~ davlat byudjeti; 재정~ davlat finanslari; 제도~davlat tuzumi; 주권~ davlat hukumati.
국가(國歌) I davlat gimni.
국가(國家) II mamlakat; davlat.
국경(國境) davlat chegarasi; ~경비대 chegara askarlari; ~분쟁 chegara mojarosi; ~선 chegara chizig'i. ~수비병 chegarachi.
국경일(國慶日) milliy bayram
국고(國庫) davlat g'aznasi; xazina; ~금 rasional pul fondi.
국군(國軍) koreis armiyasi.
국기(國旗) davlat.
국내(國內) I ~에 davlat ichida, mamlakat ichida; ~법 davlat qonun chiqarishi; ~산 o'z yurtining mahsuloti; ~상업 ichki savdo;~수송 suzish;~수역 ichki suvlar; ~외 mamlakat ichkarisi va tashqarisida; ~적 mamlakat ichida va tashqarisi; ~ 전쟁 fuqarolar urushi; ~화물 davlat ichidagl yuk tashilishi.
국내(局內) II ~[에] departamentda; boshqarmada; ~배선 stansion ulama (telegrafda);~까벨 kabel.
국도(國道) I davlat yo'li, sxossesi.
국도(國都) II poytaxt.
국력(國力) davlat kuchi; mamlakat qudrati; davlat resurslari.
국립(國立) ~의 davlat; milliy; davlat tomonidan tashkil topgan; ~공원 milliy bog'; ~극장 davlat teatri; ~대학교 davlat universiteti;~묘지 milliy mozor; ~박물관 davlat muzeyi; ~병원 davlat kasalxonasi.
국무(國務) davlat ishlari; ~를 행하다 davlat ishlarni olib bormoq; ~성 davlat departamenti; ~위원 vazir; vazirlar mahkamasini a'zosi; ~장관 davlat kotibi; ~총리 eks-vazir; ~회의 vazirlar mahkamasining majlisi.
국문(國文) I koreys milliy yozuvchisi; ~소설 koreys tilidagi roman; ~과 ona tili bo'limi, filologiya bo'limi; ~법 ona tili grammatikasi; ~학 milliy adabiyot; ~학사 milliy adabiyot tarixi.
국문(鞠問) II favqulodda vaziyatda sud ishtiroki bilan muhim jinoyatchining so'rovi.
국민(國民) xalq;~의 xalq, milliy; ~경제 milliy xo'jalik; ~교육 milliy ta'lim; ~부 milliy boylik; ~성 milliy xulq-atvor; ~소득

milliy daromad; ~연금 nafaqa; ~투표 referendum.
국방(國防) I davlat xavsizligi; ~부 xavfsizlik vazirligi; ~부 장관 xavfsizlik vaziri; ~비 davlat xavfsizligi harakati.
국방(局方) II ~택일 astrolog tomonidan tanlangan quvonchli kun; ~의원 diplomli vrach.
국사(國史) milliy tarix; mamlakat tarixi.
국세(國稅) davlat soliqlari;~청 davlat soliqlari departamenti.
국수 koreys lag'moni; 분통~ kuksu tayorlash uchun maxsus silindr idish; 비빔~ pripravalar bilan tayyorlangan kuksu; 장국~ issiq sho'rva bilan kuksu; ~ 장국밥 So'ya sousi bilan suvda parlangan issiq sho'rva bilan kuksi; ~잘 하는 솜씨가 수제비 못 하랴? kuksini bilgan nahotki oddiy lag'monni qila olmaydi; ~를 먹다 to'y o'tkazmoq; ~먹은 배 yeb to'ymas qorin.
국수물 1) kuksu pishirilgan suv; 2) un bilan tayyorlangan kuksuli sho'rva.
국악(國樂) milliy klassik musiqa; ~국립국악원 koreys klassik musiqa instituti.
국어(國語) yil, ona tili, koreys tili; ~학 ona tili; ~학사 tilshunoslik tarixi; ~사 ona tili tarixi.
국영(國營) ~의 davlatning, davlat qo'lida joylashgan; ~화 milliylik.
국외(國外) I ~의 chet ellik; ~로 chet elga; ~에서 chet el.
국외(局外) II mustaqillik mavqei; aloqasi yo'q; ~의 aloqasiz, ishtiroksiz, neytral; ~에 서다 bir nimadan chetda bo'lmoq; ~에서 관찰하다 bir chetdan kuzatib turmoq; ~자 begona, neytral (aloqasi yo'q_shaxs).
국유(國有) davlat mulki; ~림 davlat o'rmoni; ~지 davlat yerlari; ~철도 davlat temir yo'llari.
국익(國益) davlat foydasi; davlat qiziqishlari haqida g'amxo'rlik qilmoq; ~을 생각하다 davlat qiziqishlari (manfaati); ~을 위해 일하다 davlat foydasiga ishlamoq.
국적(國籍) fuqarolik; ~불명기 ma'lum bir belgilarsiz samolyot; ~법 fuqarolik haqida qonun; ~변경 fuqarolik almashinuvi; ~상실 fuqarolikdan voz kechish.
국제(國際) I ~적 xalqaro; internatsional; ~가격 dunyo bozoridagi narx-navolar; ~경기 xalqaro birlashuvlar; ~경제 xalqaro xo'jalik; ~공법 xalqaro huquq; ~관계 xalqaro munosabatlar; ~교류 xalqaro almashinuv; ~교섭 xalqaro muzokaralar; ~노동기구 xalqaro mehnat tashkiloti; ~노동운동 xalqaro mehnat harakati; ~단체 xalqaro tashkilot; ~도시 dunyoviy poytaxt, kattakon shahar; ~무대 xalqaro maydon; ~박람회 xalqaro ko'rgazma; ~법 xalqaro qonun; ~부흥개발은행 xalqaro qayta qurilish va taraqqiyot banki; ~사법 xalqaro shaxsiy qonun; ~선 xalqaro doimiy havo yo'llari; ~시장 xalqaro bozor; ~에너지 기관 xalqaro energetik tashkilot;~연맹 xalq- lar ligasi; ~의회 연맹 parla- mentlararo birlashma; ~저작권 xalqaro mualliflik qonuni; ~정세 xalqaro ahvol; ~주의 internatsionalizm; ~통화기금 xalqaro valuta fondi; ~항로 xalqaro kema yo'llari; ~화 internatsionalizasiya; ~회의 xalqaro majlis

국제(國制) II 1) davlat tizimi; 2) feodalchilik paytida kiyiladigan davlat kiymi.
국제공항 Xalqaro aeroport.
국제법(國際法) Xalqaro huquq.
국제화 internatsionalizasiya.
국지(局地) ～적 bir tuman bilan chegaralangan;～전 lokal urush.
국토(國土) davlat maydoni; mamlakat; ～관리 yerga joylashish; ～분단 davlat territoriyasining ikki qisimga bo'linishi.
국화(菊花) I xrizantema; ～석 qattiq bo'lib qolishlik; ～주 hind tilla gulidan tayyorlangan aroq.
국화(國花) II milliy gul.
국회(國會) kongress; parlament; milliy kengash; ～도서관 milliy kutubxona; ～의사당 palata; ～의원 parlament deputati; parlament a'zosi; ～제도 parlamentarizm.
군(軍) I armiya; qo'shin.
군(郡) II uye'zd; uyezdli shahar.
군- pref. ortiqcha; ～말 ortiqcha so'z; ～사람 ortiqcha odam; ～식구 bironing qarovidagi odam.
-군(-軍) I armiya; qo'shin; 공～ harbiy havo yo'llari kuchlari; 육～ kema yo'llari kuchlari; 해～ harbiy suv kuchlari.
-군(-君) II 1) sen; 2) janob; 김～ janob Kim.
군것질 ～하다 chuvalchangni o'ldirmoq.
군대(軍隊) armiya; qo'shin; ～식으로 harbiychasiga; ～에 들어가다 harbiy xizmatga kirmoq; ～생활 harbiy hayot.
군데 joy; ~군데 bu erda ham u erda ham.
군말 yolg'on; oddiy gap; ～하다 valdiramoq ko'p gapirmoq.
군밤 kashtan.
군사(軍事) harbiy ishlar; ～적 harbiy; ～교육 harbiy ta'lim; ～기지 harbiy baza; ～동맹 harbiy birlashuv; ～분계선 harbiy demarkatsion yo'nalish; ～비 harbiy harajat; ～용어 harbiy termin; ～우편 pochta; ～원조 harbiy yordam; ～위원회 harbiy kengash; ～재판소 harbiy sud; ～정권 harbiy tartib; ～조약 harbiy bitishuv; ～학 harbiy ilmiy fan; ～행동 harbiy ishlar; ～행정 harbiy administrasiya; ～협정 harbiy bitishuv; ～화 militarizatsiya; ～훈련 harbiy tayorgarlik.
군산(群山) Kunsang.
군읍(郡邑) uyezd va uyezdli shahar.
군인(軍人) harbiy; harbiy xizmatchi; askar; ～생활 askar hayoti; harbiy xizmatchilarning hayoti; ～정신 harbiy ruh.
군중(群衆) I to'da; omma; xalq; ～대회 ommaviy chiqish; ～심리 omma psixologiyasi; ～집회 yig'ilish; majlis.
군중(軍中) II ～에 armiyada.
굳게 qattiq;
굳게 약속하다 ishontirib so'z bermoq.
굳다 qattiq.
굳은살 quruq qadoq.
굳세다 qattiq, kuchli, yo'g'on.
굳어지다 qattiq bo'lib qolmoq.
굳은, 딱딱한 qattiq, mustahkam.
굳이 qattiy, qattiq, mustahkam.
굳히다 qattiq, mustahkam, mustahkamlamoq.
굴 I ustrisa; ～껍질 ustrisali chig'anoq; ～양식 ustrisachilik; ～양식업 ustrisachilik (kasbi); ～양식업자 ustrisachi; ～양식장 ustrisa o'stiruvchi joy; ustrisa zavodi.
굴(窟) (터널) II g'or, tunel; 사자 ～ sher g'ori; 여우 ～ tulki ini.
-굴(窟) g'or; in; 빈민굴 haroba

joylar.
굴곡(屈曲) bukilish; qiyshiqlik; ~이지다 bukilgan; ~진 해안선 qirg'oq chizig'ining bo'linib ketishi; ~운동 to'lqinsimon tasavvur.
굴곡성(屈曲性) to'lqinsimonlik.
굴다(구니, 구오) o'zini tutmoq; kimbilandir munosabatda bo'lmoq; 돼지처럼 ~ cho'chqaga o'xshab qiliq qilmoq; 못되게 굴다 o'zini yomon tutmoq; 못살게 ~ birov bilan o'zini yomon tutmoq.
굴뚝 (mo'ri) truba; ~아니 땐 나랴 olovsiz tutun yo'q.
굴욕(屈辱) kamsitish; xo'rlash; uyat; ~적 kamsitilgan; ~을 당하다 xo'rlanmoq; ~을 참다 kamsitishlarga chidamoq; ~을 주다 kimnidir xo'rlamoq; hafa qilmoq; ~감 kamsitilgan tuyg'u.
굴절(屈折) burilish; qayilish; refraktsiya; difraktsiya; flektsiya; ~하다 qayrilmoq; ~각 qayrilish burchagi; ~망원경 refraktor; ~성 sinish; ~어 flektiv tillar.
굴착(掘鑿) vaqirlash; ~하다 burg'ulash; ~공 burg'ulovchi; parmalovchi; ~기 vaqirlaydigan mashina; ekskavator.
굴하다 egilmoq; itoat etmoq; 굴하지 않고 qo'rqmasdan; hech narsaga e'tibor bermasdan;.
굵다 1) semiz; 2) yirik; katta; 3) shovqin suronli; 4) qudratli 5) qo'pol.
굵다랗다 (굵다라니, 굵다라오) 1) semizgina; 2) anchagina katta; 3) baxsli; shovqinsuronli; 4) qudratli; 5) qo'polgina.
굵어지다 1) semiz(yirik) bo'lib qolmoq; 2) baxsli.
굵은 yirik.
굵직굵직 ~하다 anchagina semiz; anchagina katta; baxsli; anchagina qo'pol.
굶기다 och qoldirmoq.
굶다 och qolish; ovqat emaslik.
굶주리다 och qolish; to'ymaslik; 돈에(사랑에)~ boylikka(sevgiga) o'ch bo'lmoq; 배움에 ~ o'qishga borishni xohlamoq.
굶주림 ocharchilik.
굽 1) poshna; 2) tuyoq; ~을 갈다 poshnani almashtirmoq; 높은(낮은) ~ baland (post) poshna kiymoq.
굽다 I qovurmoq; 설구워지다(안구워지다) qovurilmagan; 너무 구워지다 qattiq qovurilgan; 구워삶다 har xil yo'llar orqali quloq soldirmoq.
굽다 II bukilgan; qiyshiq.
굽다 III 1) bukilgan; qiyshiq; 굽은 나무는 길마가지가 된다 xatto qiyshiq o'sayotgan daraxt ham bir kuni yaramog'i mumkin; 굽도 젖도 할 수 없다 qiyin ahvol- ga tushib qolmoq; 굽은 구슬 oyga o'xshagan marjon; 굽은 선(곡선);2)굽어보다 qiyshaymoq; bukilmoq; bukchaymoq; 굽어 살피다 hissa qo'shmoq; sherik bo'lmoq;
굽신거리다 chuqur ta'zim qilmoq; boshini egmoq.
굽실 ~하다 boshini egmoq (salomlashganda).
굽실거리다 tez salomlashmoq.
굽이치다 bukilmoq; egilmoq.
굽히다 qo'l va oyoq bukilishi (raqsda).
굽히기 1) buklamoq; egmoq; 2) joy bermoq; ~입장을 o'zining joyini topshirmoq.
굽힐 줄 모르는 의지와 신념 bukilmas iroda va g'oya.
굿(俗) I shamanlar marosimi; ekzorsizm; tomosha.
굿 II 1) tog' ishlari; 굿[을] 꾸리다 qal'ani qo'ymoq; 2) go'r

uchun chuqurlik; 굿[을] 짓다 go'r qazimoq.
굿하다 shamanlar marosimini o'tkazmoq; 굿해 먹은 집 같다 shamanlar marosimi o'tkazilgan uy.
궁(宮) koreys gramatikasining birinchi qadami.
-궁(宮) saroy.
궁궐(宮闕) qirollar saroyi.
궁금 ~하다 bezovtalanmoq; xavotirlanmoq; ochlikni sezmoq; ovqat yeyishni xoxlamoq; ~증 bezovtalanish; tashvish xavotir; hayajon; ~하여 xavotirlanmoq.
궁핍(窮乏) kambag'allik; qassh-shoqlik; muhtojlik; ~하다 kambag'al; qashshoq; ~하게 kambag'al; ~해지다 muhtoj bo'lmoq; kambag'allashmoq; qashshoqlashmoq; qashshoq bo'lmoq; ~화 qashshoq bo'lib qolish.
궁합(宮合) kelin va kuyov taqdirini sanaga qarab bashorat qilmoq.
궂다 I ko'r bo'lib qolmoq.
궂다 II yomon; bema'ni; iflos; ~은 말 bema'ni so'z; 궂은 일 bema'ni ish; ~은 날씨 yomon ob-havo.
권(權) I kengash; tavsilot; ~하다 maslahat bermoq; kengashda maslahat bermoq; ~커니 잣거니 bir birini vino bilan mehmon qilmoq; 이 약은 보사부가 ~한다 ushbu dori sog'liqni saqlash vazirligi tomonidan tavsif etil-gan; 의사가 치료를 ~한다 vrach davolashshni tavsiya etdi.
권(券) II kitob; tom; 20 varaqli qog'oz; 백지 두~ 40 varaqli toza qog'oz; 제 2 ~ I ikkinchi tom; 조선사 2 ~ Cxoson tarixining ikkinchi kitobi; 새 전집은 11 ~으로 이루어져 있다 yangi to'la insholar majmuasi 11 tomdan tash- kil topgan.
-권(-券) I bilet; dokument; 승차 ~ avtobus chiptasi; 정기~ aboniment; 초대~ u-bu erga taklifnoma.; 항공 ~aviabilet.
-권(-權) II huquq; hukumat; 공민 ~ fuqarolik huquqi; 선거~ aktiv tanlash huquqi; 입법~ qonun chiqarish hukumati; 저작~ muallif huquqi; 주~ oliy hukumat; suveren; huquq; 투표 ~ovoz berish huquqi; 피선거 ~ passiv tanlash huquqi.
-권(-圈) III doira; sfera; 북극~ shimoliy polyar doirasi; 세력~ ta'sir doirasi; 성층~ stratosfera.
권력(權力) hukumat; ~의 huku-matning; ~없는 kushsiz; huku-matsiz;~이 있는 obro' -e'tiborli; ta'sirli; ~을 잃다 hukumatni yo'qotmoq; ~을 장악하다 huku-matni qo'lga olmoq; hukumatda bo'lmoq; ~을 행사하 hukumatni tatbiq etmoq; ~가 obro'li odam; ~기관 huquqli organ; ~투쟁 hukumat uchun kurash.
권리(權利) huquq; ~가 있다 huquqqa ega bo'lmoq; ~를 갖다 bir narsaga huquqi bo'lmoq; ~를 되살려주다 kimnidir huquqini qayta qaytarmoq; ~를 박탈하다 huquqdan mahrum qilmoq; ~를 부여하다 huquqni tiklamoq; ~를 축소하다 kimnidir huquqini kesib tashlamoq; ~를 행사하다 o'zining huquqiga ega bo'lmoq; 한마디로 그녀는 그렇게 말할 권리가 없다 bir so'z bilan aytgan- da uni bunday deyishga haqqi yo'q.
권리자(權利者) haqhuquqini bila-digan shaxs; huquqiy layoqatli.
권리회복 reabilitatsiya.
권세(權勢) hokimiyat; ta'sir; kuch; ~ 있는 ta'sir o'tkazuvchi; kuchli; ~를 탐하는 hokimiyat-

parast; ~를 부리다 hokimlik qilmoq; o'z kuchini ko'rsatmoq.

권투(拳鬪) I boks; ~의 boks-yorcha; ~하다 boks tushmoq; boks bilan shug'illanmoq; ~선수 bokschi; ~장 ring; ~장갑 boks qo'lqopi.

권투(圈套) II 1) qopqon; tutqich; tuzoq; 2) obr. aldov narsasi.

권한(權限) huquq; huquqiy layoqat; vakolat; ~이 있는 vakolatga ega; vakolatli; kompitentli; ~밖에 있다 vakolatdan chetga chiqmoq; birovning kompetensiyasidan tashqarida; ~을 갖다 biror narsa uchun vakolatga (huquqqa) ega bo'lmoq; ~을 부여하다 vakolat bermoq.

궐(闕) 1) o'tkazilib yuborilgan; 2) vakantsiya;궐(을)내다 ochmoq (vakantsiya); 궐(이) 나다 paydo bo'lmoq; ochilmoq(vakantsiya); 궐(을) 잡다 hisoblamoq (o'tkazib yuborilgan narsa, bo'sh joylar, vokantsiyani).

궐기(蹶起) qo'zg'alish; qar. ~하다 bosh ko'tarmoq; jangga shay bo'lmoq; 민중이 독재자의 억압에 항거하여 ~했다 xalq diktatorining qiynoqlariga qarshi bosh ko'tarmoq; 무장~ qurolli qo'zg'alon.

궤(櫃) I sandiq; yashik.

궤(几) II 1) istefoga ketayotgav vazirga podsho taqdim etadigan va tirgovuchi bor o'rindiq; 2) to'g'ri to'rtburchakli qurbonlik stoli; 3) uch oyoqli oval stol (qabrga marhum bilan qo'yilgan)

궤도(軌道) 1) orbita; rels; 2) yo'ldagi chuqur iz; ~의 orbitaning; b) koleyaning; ~를 일주하다 orbita bo'yicha yo'l bosmoq; ~에서 탈선한 객차 relsdan chiqib ketgan poezd; 생활이 제 ~에 올랐다 hayot oddiy yo'lga kirdi; 과학자들은 우주선을 지정된 ~에 올려놓았다 fan ishchilari kosmik kemani orqa orbitaga chiqarishdi; ~론 orbitani aniqlash; 지구 ~ yer orbitasi.

궤멸(潰滅) quruq qolish; xonavayronlik; ~하다 buzulmoq; qulamoq; xonavayronlikka yuz tutmoq; ~시키다 buzmoq; 본건주의의 이념적 ~ feodalizmning mafkuraviy qulashi.

궤변(詭辯) paradoks (umum tomonidan qabul qilingan fanga asoslanganfikrdan keskin farq qiladigan yoki to'g'ri, sog'lom fikrga qaramaqarshi bo'lgan o'ziga xos fikr); ~의 o'ziga xos fikrli; ~을 부리다 haqiqatga yaqinlashmoq; isbotsiz narsani isbotlashga tirishmoq; ~가 haqiqatgo'y; ~술 haqiqatgo'y.

궤양(潰瘍) yara; oshqozon yarasi; yazva; yara; ~의 yaraning; ~환자 oshqozon yarasi bor kasal; 십이지장 ~ 12 bar- moqli ichak yazvasi; 위~oshqozon yarasi; ~성 yazvali; ~성질환 oshqozon yarasi kasali.

궤짝 sandiqcha; sandiq; yashik; yashikcha ~의 sandiq; ~제조자 sandiqchi; 나무 ~taxta sandiq.

귀 I quloq; ~가 가렵다 quloq qizimoq; ~의 quloqning; ~가 먹다 kar bo'lib qolmoq;~가 밝다 aniq eshitadigan quloq; ~가 어둡다 qulog'i og'ir; kar bo'lgan; ~ 담아듣다 butun qulog'i bilan eshitmoq; 귀 구멍이 넓다 aytilgan gapga osonlikcha ishonmoq; 귓볼이 넓직하다 quloq suprasi katta bo'lmoq; 귓전을 울리다 qulog'i shang'illamoq; ~에 거슬린다 eshitish uchun yoqimsiz; ~에 쟁쟁하다 qulog'i yana shang'llamoq; 한 ~로 듣고 한 ~로 흘린다 bitta qulog'iga kirib ikkinchisidan chiqmoq; ~에 걸면 ~걸이, 코에 걸면 코걸이 qulog'ingga zirak, burningga uzuk taqasan; ~지(에지) quloq oltingugurti; ~후비개 quloq tozalash uchun lopatkacha; 귓구멍 eshitish yo'li; 귓바퀴 quloq chanog'i; 귓병 quloq kasali; 귓볼 quloqning pastki yumshoq qismi; 귓전 quloq cheti.

귀(<句) II 1) gap; fraza; bo'lak; 2) strofa (xanmundagi she'rda).

귀-(貴-) sizning; baland; mehribon; qimmat; martabali; ~국 sizning mamlakatingiz; ~빈 hurmatli mehmon.

귀가(歸家) uyga qaytish; ~하다 uyga qaytmoq; 장기 여행을 마치고 귀가하다 uzoq sayohatdan uyga qaytmoq.

귀걸이 zirak; sirg'a; 금 ~ oltin sirg'a; 보석 ~ qimmatbaho toshli sirg'a.

귀국(歸國) I vatanga qaytish; repatriatsiya; ~하다 vatanga qaytmoq; ~시키다 vatanga qaytarmoq; 대통령은 전쟁포로를 자기나라로 ~시키기로 결정했다 prezident urushda tushgan asirlarni vataniga qaytarishga qaror qildi; ~동포 repatriatsiya qilingan vatandosh; ~선 repatriatsiya qilinganlar uchun kema; ~자 repatriant.

귀국 II sizning mamlakatingiz; sizning davlatingiz.

귀금속(貴金屬) qimmatbaho metal; ~상인 qimmatbaho metallar sotuvchisi.

귀납(歸納) induktsiya; ~적 induktiv; ~하다 induktivlashtirmoq; ~논리 induktiv ma'no; ~법 induktiv usul.

귀뚜라미. 귀뚜리, 실솔(蟋蟀), 청렬(蜻蛚), 촉직(促織) chigirtka; ~의 chigirtkali; ~가 울다 chirillamoq; 호수주위에서 ~가 큰 소리로 울어댄다 atrofida ko'p chigirtkalar qattiq chirillaydi.

귀머거리 kar; ~의 kar; ~노인 kar chol; ~삼년이요 벙어리 삼년이다 to'ydan so'ng ayol 3yil karsoqov bo'lishi kerak.

귀빈(貴賓) aziz mehmon; ~석 aziz mehmon uchun joy; ~실 aziz mehmon uchun dam olish xonasi.

귀뿌리 yuz (quloq oldidagi); ~까지 빨개지다 qulog'igacha qizarib ketmoq.

귀속(歸屬) orqaga qaytmoq; eks-propriatsiya;~되다 egasiga qaytarilgan bo'lmoq; ~시키다 ekspropriatsiya qilmoq; ~재산 eks-propriatsiya qilingan mol-mulklar.

귀속말 pichir-pichir.

귀신(鬼神) (망자의 넋. 악령.사탄.혼백) marhumning ruhi; ~한테나 잡혀가라 yo'qol ko'zimdan! ~이 곡할 노릇이다 shayton ham bundan yaxshi qilolmaydi; ~씨나락 까먹는 소리한다 nima deb ming'illayapsan?

귀여워하다 erkalamoq; yaxshi ko'rmoq; 모든 할머니는 자기 손자를 귀여워 한다 hamma buvilar nabiralarini yaxshi ko'rishadi.

귀염 erkalatish; jozibadorlik; ~둥이 muloyim bola; shirin bola; ~성 mehribonlik.

귀엽다 yoqimtoy; xushro'y; 귀엽게 yoqimli; xushro'ygina; 그녀의 얼굴은 ~ uning yuzi yoqimtoy.

귀의(歸依) I ~하다 qaytmoq va kimningdir oldiga yordam so'rab bormoq, buddizm yoki boshqa dinga murojaat qilmoq; 노년에 들어서 그는 종교에 ~했다 qariganda dinga murojaat qildi; ~법 Budda ta'limoti (buddizmning 3 xazinasidan biri); ~불

Budda; ~승 Budda monaxi; ~심 buddizmga ishonish.
귀의(貴意) II hurm. Sizning fikringiz (istagingiz).
귀족(貴族) aristokrat; aristokratiya; oqsuyak; ~적 oliy nasabli; aristokratik; ~적으로 aristokratik; oliy (yuqori) mansabli; ~화되다 yuqori mansabli odamga aylanmoq; ~계급 oliy; ~성 oliy nasablilik; 노동 ~ ishlovchi oliy nasablilar.
귀중(貴重) I ~하다 qimmat; qimmatbaho; ~하게 qimmat; qimmatbaho; ~히 여기다 qimmat hisoblamoq; qimmat narxlamoq; 나는 그녀의 충고를 ~히 여긴다 men uni maslahatini qadirlayman; ~품 qimmatbaho; (보통복) ~품함 qimmatbaho buyumlar uchun quticha.
귀중(貴中) II sizning firmangizga; sizning nashriyotingizga.
귀착(歸着) nihoya; yakun; ~되다 biror nima bilan yakun topmoq; yakunlanmoq; 이 사건의 본질은 이 점으로 ~된다 bu voqeaning negizi ~ga taqaladi ~점 oxirgi bo'lim; xulosa.
귀찮다 mashaqatli; bezor qiladigan; shilqim; 귀찮게 mashaqqatli; jonga tegadigan; 귀찮게 하다 joniga tegmoq; 귀찮은 일 mashaqqatli ish; 그녀는 곤란한 부탁을 해서 나를 귀찮게 하곤 한다 u qiyin iltimoslari bilan mening jonimga tegdi.
귀천(歸天) I ~하다 narigi dunyoga jo'namoq.
귀천(貴賤) II boylik va kambag'allik; baland va past; oliyjanob va jirkanch; yuqori daraja va quyi daraja; ~을 두지 않고 ijtimoiy kelib chiqishi ahamiyatsiz.
귀하다 qimmat; (-baho); baland; kamdan -kam (형) ~귀하게 olijanob; qimmat; kamdan-kam; 가장 귀한 qimmatdan-qimmat; balanddan baland; kamdan kam; 귀한 물건을 수집하다 kam uchraydigan narsalarni yig'moq; 귀한 물건 qimmat baho.
귀화(歸化) tabiiylashtirilgan; ~한 tabiiy; ~하다 tabiiylashmoq; ~시키다 tabiiylashtirmoq; ~절차를 통해 시민권을 획득하다 tabiiy tartibda fuqarolik olmoq; ~민 tabiiy; ~증명 tabiiyligi haqida guvohnoma; ~집단 guruhli naturalizasiya.
귀화(鬼火) II adashtiradigan olov; tushunarsiz falokat.
귀환(歸還) vatanga qaytush (xizmat joyiga); ~하다 vatanga qaytmoq; ~시키다 kimnidir vataniga qaytarmoq; 민간인과 전쟁 포로를 ~시키다 asirga tushgan va fuqaroligi bor shaxslarda repatriasiya o'tkazmoq, ~병 repatriatsiyalangan asiralar; ~자 repatriant.
귓속 quloqning ichki qismi; ~에 대고 이야기 하다 quloqqa shivirlamoq; ~말 pichirlash; shivir-shivir.
규격(規格) nusxa; trafaret; tip; etalon; ~의 nusxaning; tipning; ~화된 nusxa; ~에 맞게 제작하다 nusxaga qarab chiqarmoq; ~화하다 nusxalashtirmoq; ~설계 tipovoy proekt; ~자재 standart materiallar; ~지 standart o'lchovdagi qog'z; ~품 standart narsa; standart tovar; ~화 standartizatsiya; 국가 ~ Davlat standart; 표준공업 ~ normativ texnik standart.
규격품(規格品) standart tovar.
규격화(規格化) standartizatsiya; ~하다 standartlashtirish.
규모(規模) masshtab; kengash;

ko'lam; ~의 masshtabning; 대로 ~ katta masshtabda; 전국적 ~로 katta mamlakat masshtabida; ~ 있게 살다 hisob-kitob bilan yashamoq; 최근에 미국의 원조는 군사 원조 ~를 늘이기로 결의했다 oxirgi vaqtda AQSH parlamenti harbiy yordam masshtabini kengaytirishga qaror qildi.

규범(規範), 표준(標準) I norma; o'lchov; me'yor; ~적 normativli; ~을 따르다 normaga rioya qilmoq; ~을 정하다 norma (me'yor) o'rnatmoq; ~ 화하다 me'yorlashtirmoq; ~에 따라 me'yor bilan muvofiqlikda; ~성 me'yorlik; ~화 me'yorlashtirish; 국제관계 ~ davlatlarararo munosabatlar me'yori; 사회~ ijtimoiy me'yor; 언어 ~ til me'yori; 윤리 ~ahloq me'yorlari.

규범(閨範) II og'z. o'zini tutish me'yori (ayollar uchun); ~내칙 o'zini tutish qoidasi (ayolla uchun).

규율(規律) intizom; tartib; ~의 intizomning; ~이 잡힌 intizomli; ~을 잡다 intizom; ~을 지키다 intizomga rioya qilmoq; ~성 intizomlilik; ~위반 intizomning buzilishi; 강철 ~ temir intizom; 내부 ~ ichki tartib qoidasi; 조직 ~ tashkillashtirish intizomi.

규정(規定) qoida; nizom; buyruq; reglament; amir; ~하다 aniqlamoq; buyruq bermoq; majlis o'tkazmoq ~을 지키다 qoidaga rioya (buzmoq); ~에 따라 발표자에게는 각 20분의 시간이 주어졌다 reglament bo'yicha har bir ma'ru-zachiga 20minut ajratilgan edi; ~론 determinizm; ~화 reglamentasiya; 납세 ~ soliq to'lash qoidalari; 노동법 ~ mehnat haqidagi qonun.

규제(規制) I tuzum; uklad; tartib; sistema.

규제(規制) II tartibga solish; nazorat; ~의 teksxiradigan; tartibga soladigan; ~하다 tartibga solmoq; nazorat qilmoq; ~ 권한을 행사하다 administratsiyaning nazorat huquqidan foydalanmoq; ~를 강화하다 nazoratni kuchaytirmoq; 생산을 정부의 ~하에 두다 ishlab chiqarish ustidan davlat nazoratini o'rnatmoq; 국가 임금 ~ davlatning ish haqini tartibga solish; 물가 ~ tovar narxini tartibga solish; 환경 ~ atrof muhitning holatini nazorat qilish, 규제의 완화 qonunning kuchsizlanishi.

규칙(規則) I qoida; qonunchilik; ~ 적인 qoidaviy; qonuniy; doimiy; ~을 지키다 qoidaga bo'ysinmoq (buzmoq).

규칙(糾飭) II ~하다 tartibga solmoq; kuzatmoq.

규탄(糾彈) qoralash; tanbeh; ~받다 tanbeh eshitmoq; ~하다 yomonlamoq; koyimoq; 정치가의 파렴치한 행동을 ~하다 siyosatchilarning bezbetlarcha harakatini qoralamoq.

규탄당하다 qoralangan bo'lmoq.

균(菌) bakteriya; mikrob; basilla; zamburug'; ~의 bakteriyali; mikrobli; basillali; 기회 ~등의 원칙 teng huquqlilik prinsipi; ~류학 bakteriologiya; mikofogiya; ~류학자 bakteriolog; mikolog; 발효 ~ achitqi zamburug'i; 발효우유 ~ qatiq zamburug'i.

균등(均等), 평등(平等) paritet; tenglik;~하다 teng bo'lmoq;~히 teng; ~히 하다 tenglashtirmoq; ~히 배분하다 teng ajratmoq; 권리를 ~히 부여하다 huquqini tenglashtirmoq. ~한 조건에서 teng sharoitda; ~성 tenglik; ~

제 tenglashtiruvchi; ~화하다 tenglashmoq.
균렬(龜裂) ~하다 1) yorilmoq; yoriqqa o'ranmoq; 2) ixtilof bo'lmoq.
균렬선(龜裂線) qurg'oqchilikdan yerning yorilishi.
균열(均熱) yoriq; ~이 있는 yorilgan; ~하다 yorilmoq; yoriqqa qoplanmoq; ~음 yoriq.
균일(均一) ~하다 bir jinsdan bo'lmoq; bir turda bo'lmoq; ~하게 bir jinsli; bir turli; 성분에 있어서 ~하다 tarkibi bo'yicha bir turli; ~한 반응 gomogen reaktsiyasi; ~성 bir jinslilik; bir turlilik; ~체계 bir turdagi sistema.
균형(均衡) muvozanat; tenglik; balans; ~의 muvozanatli; vazmin; ~을 이루다 tenglashtirmoq; balanslashtirmoq; 수요와 공급의 ~ talab va taklif o'rtasidagi balans; ~론 muvozanat nazariyasi~장치 balansir; ~추 balanslovchi yuk; ~축 tenglashtiruvchi valik.
균형(均衡), 평형(平衡) muvozanat.
귤(橘) mandarin;~의 mandarinli; ~껍질 mandarinning po'sti; ~나무 mandarin daraxti; ~차 mandarinli choy.
그 I ki (kor. ㄱ harfining nomi)
그 II u, ana u, bu, mana bu; ~대신 uning o'rniga; 때까지 o'sha vaqtgacha;~때부터 지금까지o'sha vaqtdan hozirgacha; ~를 uni; ~에게 unga; ~에 대해 uhaqida; ~와 함께 u bilan bir- ga; ~와 같이 shunga o'xshash; shu kabi; ~위에 uning ustida; ~도 그럴 것이 shuni ham; ~도 저도 아니다 u ham bu ham emas.
그, 그 사람 u; u kishi.
그, 그 여자 u; u ayol.
그, 저 u, ana u.
그간(-間) o'sha vaqtda; qar. 그동안.
그것 u; bu; 누가 ~을 네게 가져다 주었니? buni senga kim olib keldi?
그곳 u yerda; ~도 u yer ham; ~이나 여기나 u yerda ham, bu yerda ham; ~에는 희망이 자란다 u yerda umid o'smoqda.
그까짓 arzimas; ahamiyatsiz; ~것 arzimas narsa; 나는 그녀와 ~일로 다투었다 men u bilan arzimas narsani deb urishib qoldim.
그끄저께 uch kun oldin.
그나마 bu ham, u ham; 하나 남은 사과라고 ~ 있는 것이 썩은 사과다 1 ta olma qoluvdi, u ham chirigan.
그날그날 har kuni; bayramiy; maqsadsiz ~그녀는 ~자기의 임무를 초과 달성했다 u o'z majburiyatini ortig'i bilan bajardi.
그냥 boricha, avvalgicha; oldindagiday; uzluksiz; to'xtamay; oddiy; ~ 내버려 두다 qanday bo'lsa shunday qoldirmoq; 비가 ~ 줄곧 내리고 있다 yomg'ir to'xtamay yog'yapti; 저는 ~그녀를 만나보고 싶었을 뿐입니다 meni shunchaki u bilan uchra- shgim keldi, 그냥 지나치는 법이 없다 hech qachon shunchaki o'tib ketib bo'lmaydi.
그녀 u (ayol); ~를 uni; ~에게 unga;. ~에게는 unda; ~에 대해 u haqida; ~와 함께 u bilan birga; ~의 uning; 나는 ~의 생일을 맞아 ~에게 꽃다발과 함께 책을 선물했다 men uning tug'ilgan kuniga guldasta va kitob sovg'a qildim.
그늘 1) soya; ~구역 radio; o'lik zona; ~식물 soyaki o'simliklar; ~의 밀짚 같다 xipchadak; 2) qorong'ulik, zimiston; 3) g'am-

ho'rlik; homiylik; ~진 sersol; qorong'u; zimiston;~지다 soyalashmoq; qorong'u bpo'lmoq; soyaga qoplanmoq; ~진 구석 soyali burchak; ~진 얼굴 g'amgin yuz; 그는 부모님의 ~밑에 살고 있다 u ota-onasining himoyasida yashaydi; 그의 얼굴에 ~이 스쳐 지나갔다 uning yuzidan soya o'tdi;~건조 soyada quritish; ~건조법 soyodagi quritish uslubi; ~면 soyali tomon.

그늘에 말리다 soyada quritmoq.

그다지 shunday; shunchalik; unchalik emas; unchalik emas; 그는 이것을 살 수 있을 정도로 ~ 부자는 아니다 u bu narsani sotib oladigan daragada boy emas; 나는 이 책에 ~흥미가 없다 men bu kitob bilan unchalik qiziqmayapman.

그다지 멀지 않은 곳 unchalik uzoq joy emas.

그대 1) hur.siz 2) kich. sen.

그 대신에, 그러나 uning o'rniga.

그대로 qanday bo'lsa shundayligicha; ~두다 shunday qoldirmor; 있는 ~사실을 말하다 haqiqatni qanday bo'lsa shundayligicha aytmoq.

그동안 o'sha paytda; shu paytda; ~어떻게 지내셨습니까? o'sha paytda davomida siz qanday yashadingiz?

그득그득 ~하다 to'liq bo'lmoq; to'lib ketgan bo'lmoq

그들 ular; ~과 함께 ular bilan birga; ~에게 ularga; ~에 대해 ular haqida; ~을 ularni; ~의 ularning

그때(에) o'sha paytda; o'shanda; 바로~ o'sha paytning o'zida; o'shaning o'zida.

그라인더 egov; ~의 egovning; ~로갈다 egovlamoq; o'tkirlamoq

그라프 jadval; grafik; diagramma.

그람 rus. gramm; ~당량 xim. grammekvivalent'; ~분자 gramm-molekula; ~자 gramm-atom.

그래 ha; shunday; shundaymi?; rostmi; xuddi shunday ~ 네가 옳다 ha, sen haqsan; 이것이 정말 ~? bu rostdan ham shundaymi? ~그가 너에게 밀리겠니? rostdan ham u sendan nari ketadimi? 내가 막 나서려하는데 마침 내 친구가 들르더군 ~ men endi kemoqchi edim do'stim esa kirib kelyapti.

그래도 shunday; shunda ham; baribir; ~ 나는 너를 믿는다 sunda men senga ishonaman.

그래서 shuning uchun; ~ 그녀는 교활한 여자라, ~ 나는 그녀의 말을 믿지 않는다. u ayol, shuning uchun uning so'ziga ishonmayman.

그래저래 o'sha paytda; sezilarsiz.

그래프 jadval; jadvalcha; diagramma; ~의 jadvalning; ~로표한 jadvalda.

그래픽 grafika; ~의 grafikaning; ~예술 grafik san'at; 컴퓨터 ~ kompyuter grafikasi.

그램 gramm; ~의 grammaning; ~당량 gram-ekvivalent; ~분자 gramm-molekula; ~원자 grammatom; ~이온 gramm-ion; ~중 gramm-og'irlik; ~칼로리 gramm-koloriya.

그러나 lekin; biroq; ~그런 상황에서 그는 아무 것도 할 수가 없다 bunday paytda u hech narsaga qodir emas; ~나는 그녀를 잊을 수가 없다 biroq men uni esdan chiqara olmayman.

그러지 말라 kerak emas; qoldir.

그랬다 저랬다 har qanaqasiga

qilib ko'rmoq.
그러다가 keyin; so'ng.
그러면 unday bo'lsa; shunday qilib unaqada; ~다시 만날 때까지 안녕 shunday qilib ko'rish-guncha.
그러므로, 때문에 shu sababdan; shunga ko'ra.
그러잖아도 1) aks holda; 2) qanday bo'lishiga qaramay
그러찮다 (그러하지 아니 하다) 1) unday emas; 2) yolg'on.
그러하다 shunday; ~그럼에도 불구하고 hach narsaga qaramay; baribir; 그럴 수가 없다 bunda bo'lishi mumkin emas.
그럭저럭 zo'rg'a; o'ng kelgan-cha; chidasa bo'ladigan; o'z-o'zidan; sezmasdan; ~살아가다 zo'rg'a yashamoq; (oldinga intilmoq) ~하다 biror nimani zo'rg'a qilmoq.
그런데 biroq; ~ 그는 러시아어로 말할 줄을 전혀 모르더구나 u rus tilida gapirishni umuman bil-maydi.
그런즉 shunday qilib; demak.
그럴듯하다 haqiqatgo'y; xuddi yaxshiday; 그럴듯하게 haqiqatga yaqin; 그럴듯한 거짓말 haqi-qatga yaqin yolg'on; 그럴듯한 것 haqiqatga yaqinlik.
그럼 ha; albatta; shunday; ~에도 불구하고 shunga qaramay; 그러면 ning qisqartirilgan shakli.
그렇다(그러니, 그러오) shunday; shunaqa; 그녀 역시 ~ u ham huddi shunday.
그렇듯 shu darajada; shuncha-lik.
그렇듯이 shunaqa; shunday qilib.
그렇잖다 bunday emas; unaqa emas; noto'g'ri; 그렇잖으면 agar bunday bo'lmasa; 이것은 그렇잖다 bu noto'g'ri; bunday emas.
그려 kuchay. qo'sh. ~chi. 여기 앉읍시다 그려 shu erga o'tiraqolaychi.
그로기 ~상태인 mustahkam oyoqda emas; 강하게 맞은 뒤 그는 ~상태에서 다리가 풀렸다 qattiq zarbadan u zo'rg'a oyoqda turibdi.
그루 to'nka; ~의 to'nkaning; ~가 파내진 sug'irilgan; 나무 밑 ~를 파내다 to'nkani ko'chirib (sug'irib) olmoq; ~터기 to'nka.
그르다(구르니,글러) nohaqlik; noto'g'ri; aybdor; umidsiz; yomon; yaxshi emas; zararli; 그릇되게 no to'g'ri; xato; 그릇된 보도 noto'g'ri xabar; 심보가 그른 사람 yomon ko'ngilli odam; zararli odam; 누가 옳고 누가 그른가? kim haq va kim aybdor? 일이 완전히 글렀다 ish amalga oshmadi; ~ 그름 nohaqlik; aybdorlik.
그르치다 noto'g'ri qilmoq; buzmoq.
그릇 I idish; iste'dod; ~의 idi-shning; ~을 씻다 idishni yuv-moq; ~을 닦는 사람 idishchi; ~이 큰 사람 katta iste'dodli odam; 국수 두 ~ 2 chashka karis lapshasidan; 사기~ farfor idish; 유리 ~ shisha idish.
그릇 II adashib, noto'g'ri; ~되다 noto'gri (adashgan) bo'lmoq; ~된 생각 adashish; ~하다 notoqri (adashib) qilmoq.
그릇되다 noto'g'ri (adashgan) bo'lmoq; 그릇된 견해 noto'g'ri (ada-shgan) nigoh; 그릇된 생각 adashish; noto'g'ri hayol.
그릇된 방향으로 이끌다 noto'g'ri yo'nalishda olib yurmoq.
그리 I shunday; shunday qilib; shu darajada ~하다 shunaqa; ~하여 shunday; shunday qilib.
그리 II u yoqqa; 그도 ~간다 u ham u yoqqa ketyapti; ~가든 말

든 나는 상관이 없다 sen u yoqqa borasanmi, yo'qmi menga baribir.
그리고 va; shuning dek; shundan so'ng; 그대 ~나 sen va men; 그들은 다투고 나서 원수가 되어 결별했다 ular urushib dushman bo'lib ajralishdi
그리기 mat. figura tuzilishi.
그리다 I 1) sog'inmoq; 집을 ~ uyni sog'inmoq; 2) sevmoq.
그리다 II rasm chizmoq; bo'yoq bilan yozmoq; chizmoq; aks ettirmoq; tasvirlamoq; tasavvur etmoq; tasavvur qilib chizmoq; 지도를 ~ geografik xaritani chizmoq; 이 소설에는 19세기 초반의 전형적인 러시아 농민계급의 형태가 잘 그려져 있다 bu romanda IX asrning 1 chi yarmidagi haqiqiy rus dehqoni yaxshi tasvirlangan; 그녀는 간혹 마음속으로 자신을 미인이라고 그려보곤 한다 ba'zan u hayolida o'zini go'zal deb tasavvur qiladi.
그리 많지 않다 unchalik ko'p emas.
그리스도 Xristos; ~의 Xristosning; ~를 믿는 Xristosga ishonadigan; ~교의 nasroniycha; ~교 식으로 nasroniychasiga; ~를 믿다 Xristoschasiga ishonmoq; ~교 화하다 nasroniylashtirmoq; ~교 nasroniylik; ~교도 nasroniy; 예수 ~ Iso payg'ambar; 사람의 몸을 입으신 ~ odam-nudo; ~의 출현 Xudoday vahiy; ~의 강림 Xudoning tug'ilishi.
그리스도인 nasroniy.
그리운, 사랑하는 sevimli.
그리움 doska.
그리워하다 kimnidir sog'inmoq; 고향에 대한 그리움을 달래다 vatav sog'inchini qondirmoq; 죽은 아내를 ~ o'lgan xotinini sog'inmoq.
그림, 회화(繪畵) rasm; surat; chiroyli manzara; ~의 rasmning; suratning; ~같이 suratiy; ~을 그리다 ~ni chizmoq; ~같은 풍경 suratdagi manzara; ~처럼 아름다운 것 suratday chiroyli narsa; ~엽서 badiiy ochilma (otkritka) 이야기 suratli ertak; ~쟁이 rassom; ~책 suratli kitob; ~판 suratlar uchun devoriy osma.
그림자 soya; aks; iz; barmoq izi; ~의 soyaning; 물에 비친 나무의 ~ daraxtning suvdagi aksi; 슬픔의 ~ hafachilik soyasi; 수상한 사람의 ~ shubhali odam soyasi; ~를 감추다 issiz yo'- qolmoq; isni bekitmoq; ~가 지다 xo'mraymoq; 제 ~에 놀라다 o'z soyasidan qo'rqib ketmoq; 창에 ~가 비쳤다 derazadan soyalar ko'rinardi; ~하나 얼씬하지 않는다 hech kim yo'q.
그림자처럼 따르다 soyadek ergashmoq.
그림책 suratli kitob.
그립다(그리우니, 그리워) sevimli; aziz; yoqimli; 그리운 고향땅 sog'inayotgan vatan; 벗들이 ~ do'stlarni sog'inmoq.
그만 I yetarli; bilmasdan; shunday; bunday ahvolda; bo'ldi; eng yaxshi; eng mazali; ~자라 uxlashni bas qil; 그럼~ 가겠습니다 bo'lmasa, men ketdim; 우연하게도 나는 ~그녀의 이름을 혼돈하고 말았다 men uni ismini bilmasdan adashtirib yubordim; 이제는 추수만 하면 ~이다 endi faqat hosilni yig'ish qoldi xolos; 만두 맛이 ~이다 naqadar mazali chuchvara.
그만 II 그만한; dan qisq. 그만[하다] I ~ 사람 oddiy odam.
그만그만하다 huddi shunday; deyarli birxil.
그만두다 tashlamoq; qilmoq; bir

narsa qilishni to'xtatmoq; qoldirmoq; 음악을 ~ musiqa darsini tashlamoq; 직장을 ~ xizmatni tashlamoq; 그만두시오 bas qiling!
그만저만 1) shunday; 2) oddiy; ~하다 shunaqa; 그 일이 ~하게 끝날 일이 아니다 bu ish bun- chalik tez tugamaydi.
그만큼 shuncha; ~씩 shunchadan; 그는 받은 만큼 ~주었다 u qancha olgan bo'lsa shuncha berdi.
그맘때 xuddi o'sha paytda; xuddi o'shanda; qachon.
그물 to'r; ~의 to'rli; ~로 잡다 to'r tashlamoq; ~에 걸리다 to'rga tushmoq; ~을 끌다 to'rni tortmoq; ~을 던지다 to'r tashlamoq; ~질하다 baliq tutmoq; ~바늘 to'r to'qiydigan igna; ~채 baliq tutadigan to'rning cho'pi; ~코 to'rning teshigi.
그믐 oyning oxirgi kuni.
그믐날 ~께 oyning oxiriga; 동지 ~ oyining oxirgi 11chi kuni; 섣달~ oyning oxirgi 12-chi kuni; ~밤 oy oyining oxirgi tuni.
그사이 shuning orasida; ~에 점심이 준비되었다 shuning orasida tushlik tayyor edi.
그야 1) xuddi shu; 2) ha; ~더 말할 나위가 없지 aytgani gap ham yo'q; ~말로 rostdan ham; haqiqatdan ham.
그야말로 rostdan ham.
그 어떤 ba'zi.
그어지다 aniq bo'lmoq; aniq chizilmoq; 1945년에 38선이 그어졌다 1945 yilda 38 chi parallel qabul qilindi.
그윽이 sekin; zo‘rg' ilg'yadigan; mayin.
그윽하다 sekin; jim; yashirin; chuqur; mayin; kuchsiz; ~그윽하게 sekin; jim; yashirin; chuqur; mayin; kuchsiz; 그윽한 골짜기 sokin vodiy; 그윽한 감정 chuqur hissiyot; 그윽하고 향긋한 냄새가 풍겨왔다 yoqimli, zo‘rg'a seziladigan ifor taralar edi.
그을다(그으니, 그으오) dudlamoq; ozgina kuydirmoq; 그으린 dudlangan; 그을리다 ozgina kuydirilgan bo'lmoq; 그을음 ~ qozonning qorasi; qurum.
그저 1) haligacha; avvalgiday; 2) shunchaki; o'ylamasdan; ~두다 shunday qoldirmoq; ~오다 hech narsasiz kelmoq; 3) juda, ko'p, sanoqsiz 내 ~그럴줄 않았지 shunday bo'lishini bilardim; ~그만[이다] bundan yaxshi bo'lishi mumkin emas; ~ 열넉냥금 shoshilinch xulosa; sxoshilib ayiblash.
그저께 avvalgi kun.
그적거리다 1) hunuk yozmoq; chizmoq; 2) ovqatni yaxshi farqlaydigan bo'lmoq; ovqatdan burnini jiyirmoq.
그전(-前) ~에 avval; oldin.
그전날 yorug' kunlar.
그제 o'shanda; o'sha paytda; avvalgi kun; ~서야 faqat o'shandagina; 그~ (그그저께) uch kun oldin.
그제야 faqat o'shanda; ~ 마음을 놓다 endi ko'ngli joyiga tushdi.
그중 ular orasida.
그지없다 nihoyasiz; chegarasiz; cheksiz; 그지없이 nihoyasiz; chegarasiz; cheksiz; keragidan ortiq; 그지없는 사랑 cheksiz muhabbat; 무례하기 그지없다 o'ta surbet; 당신을 만나니 반갑기 그지없군요! men sizni ko'rganimdan juda xursandman.
그지없이 nihoyasiz; chegarasiz; cheksiz.
그치다 to'xtamoq; tugamoq; chegaralanmoq; 그칠 사이없이

to'xtamasdan; bir daqiqa ham to'x-tamasdan; 그칠 줄 모르다 chegara bilmaslik; 그칠 줄 모르는 박수소리 to'xtamaydigan qarsak; 비가 그쳤다 yomg'ir yog'ishdan to'xtamadi; 말을 다 gapirishdan to'xtamoq; 그의 집에는 손님이 그 칠새 없다 ularnikidan mehmon arimaydi;

그침 to'xtash; chegara.

그칠 줄 모르다 nihoyasiz; chegara bilmaydigan.

극(劇) I pesa; drama; teatr; ~의 teatrning; dramli; ~으로 만들다 sahnalashtirish; ~문학 dramaturgiya; ~영화 badiiy film; ~예술 teatr san'ati; ~작가 dramaturg; ~화 sahnalashtirish; 가면 ~ niqob teatri; 단막 ~ 1 aktli pesa; 무언 ~ pantamima.

극(極) II biror nimaning yuqori nuqtasi; chegara; plus ~의 qutubli; ~성 qutublilik; ~지 qutub nohiyasi; ~지방 qutub orqasi; 남~ janubiy qutub; 북 ~ shumoliy qutub; 북~ 탐험 shimoliy qutubga ekspedisiya; 양 ~ ijobiy qutub; anod; 음~ salbiy qutub.

극-(極) I chetki; kuchli; butunlay; ~히 chetki; kuchli; butunlay; ~소수 juda kamsonli; ~한 kuchli sovuq.

극-(劇) II dramatik. 극(劇) pesa; teatr; 가면극 niqob teatri; 무언극 pantamimo; 무용극 balet.

극구 har xil so'z bilan; butun kuch bilan; har qanaqasiga; ~칭찬하다 har xil so'zlar bilan maqtamoq; ~말리다 har xil so'zlar bilan qaytarmoq.

극단(極端) chekka; chegara; nihoya; ~적 chegarali; ~으로 ko'p; chegaradan; oshiq; ~적인 경우에 juda bo'lmaganda; ~에서 ~으로 기울다 bir holatdan ikkinchi holatga o'tmoq; ~으로 기울다 boshqa holatga tushmoq; 양~은 서로 통한다 2 ta tomoni o'xshamoq; ~성 chegara; kamchilik; ~주의 ekstremizm; maksimalizm; ~주의자 ekstrimist; maksimalist.

극도(極度) oxirgi daraja; chegara ~로 yuqori darajada; chetki.

극동(極東) Uzoq Sharq; chetki sharq; ~에서 Uzoq Sharqda; ~여행 Uzoq Sharqqa sayohat.

극락(極樂) jannat; ~의 jannatning; ~에 대해 생각하다 jannat haqida o'ylash; ~에서 살다 jannatda yashamoq; ~발원(불교) jannatga tushishga harakat;~정토 Amitaba Buddashning qirolligi; ~조 jannat qushi.

극렬(極烈) ~하다 bag'ritosh; shaf- qatsiz; g'azabli; qaynoq; ~하게 shafqatsizlarcha; ~한 논쟁 shafqatsiz baxs; ~성 shafqatsizlik; jaxldorlik.

극복(克服) yengib o'tib; ~할 수 있는 yengib o'tsa bo'ladigan; ~하다 yengib o'tmoq; yutmoq; uddalay olmoq; ~되다 yengib o'tilgan bo'lmoq; 어려움을~하다 qiyinchiliklarni yengib o'tmoq.

극본(劇本) voqea batafsil tasvirlangan badiiy asar bo'lib, uning asosida film olinadi.

극소(極小) minimum; mikro;~의 minimal;~량 minimum; eng kam miqdor; ~로 minimal; ~수 minimal miqdor; eng ahamiyatsiz raqam; ~한 minimal chegara; minimum; ~형 mikrotip; ~화 minimalizasiya.

극장(劇場) teatr; kinoteatr; ~의 teatrning; 어제 우리는 ~에 갔었다 kecha biz teatrga bordik; ~표 teatr chiptasi; 연극 ~ drama teatri; 오페라 ~ opera teatri.

극적(劇的) dramatik; ~으로 dramatik; ~갈등 dramatik to'qnashuv; ~장면 dramatik lahza.
극진(極盡) sevinch; hursandchilik; ~하다 sevinmoq; hursand bo'lmoq; ~히 hursand; ~히 대하다. biror kimga boshqacha munosabatda bo'lmoq; ~한 대접 quvnoq qabul qilish.
극형(戟形) eng qattiq jazo; o'lim jazosi; ~에 처하다 qatl qilmoq; ~에 처해지다 qatl qilinmoq; ~을 선고하다 o'lim jazosiga hukm qilmoq.
근(根) I yiring quyuqasi(yaradagi); ildiz; ~의 ildizning; ~을 구하다 ildizni kovlab (chiqarib) olmoq; 평방(제곱) ~ kvadrat ildizi; 입방(세제곱) ~ kub ildiz.
근(筋) II muskul; mushak; ~의 muskulli; ~섬유 mushak tolasi; 이두박~ yelkaning ikki boshli mushagi.
근(斤) III kin (kor. o'lchov bir.= 0,6 kg go'sht yoki 0,375 kg meva va sabzavotlar uchun)
근(近) IV deyarli; taxminan; ~10 년 전에 deyarli 10 yil avval.
근거(根據) tayanch punkti; baza; tayavch; negiz; argument; ~있는 asoslangan; ~없는 asoslanmagan; ~하다 asoslanmoq; tayanmoq; suyanmoq; 아무 ~도 없이 hech qanday asossiz; 사실에 ~하다 faktga asoslanmoq; ~지 baza; tayanch punkti; 게릴라 ~지 partizanlar bazasi.
근거리(近距離) yaqin (qisqa) masofa; yaqin oraliq; 그의 실험실은 서울로부터 ~에 위치하고 있다 uning laboratoriyasi Seulga yaqin joylashgan; ~정찰 yaqin oraliqni tekshirish.
근대(近代) I yangi vaqt; ~의 yangi; zamonaviy; ~화된 modernizatsiya... ~i(-si); ~화 되다 modernizasiya qilingan bo'lmoq; ~화하다 modernizatsiyalashtirish; ~극 zamonaviy drama; ~사 yangi tarix; ~성 zamonaviylik; ~식 zamonaviy; ~인 zamonaviy odam; ~화 modernizatsiya.
근대 II lavlagi; ~의 lavlagili; ~국 lavlagili sho'rva(soyali pasta va qizil qalampir solingan).
근로(勤勞) mehnat; ~의 mehnat ~하다 mehnat qilmoq; 사회를 위해 ~하다 o'z jamiyatiga mehnat qilmoq; 자신을 위해 ~하다 o'zi uchun mehnat qilmoq; ~대중 mehnat qiladigan massa; ~성 mehnatsevarlik; ~성과 mehnat yutug'i; ~소득 mehnat foydasi; ~인 mehnakash; ~자 ishchi; ~조건 mehnat sharoiti; ~조건 개선 mehnat sharoitining yaxshilanishi.
근면(勤儉) mehnatsevarlik;~하다 harakatchang; mehnatsevarlik; ~하게 일하다 astoydil ishlamoq; bir kuch bilan harakat qilmoq; ~성 harakat qilish.
근무(勤務) xizmat; ish; ~의 xizmat ~i; ish ~i;~하다 xizmat qilmoq; xizmatda bo'lmoq; ~를 마치고 돌아오다 xizmatdan qaytmoq; 당직 ~를 하다 navbatchilik qilmoq; ~시간 xizmat vaqti; xizmat soati; ~연한 mehnat shtati; ~자 xizmatchi; ~지 xizmat joyi; ~처 xizmat xonasi ofis.
근무일(勤務日) ish kuni.
근본(根本) asos; ildiz; o'tmish; o'tgan hayot; ~적 asosiy; ildizli; asoslangan; radikal; ~적으로 ildizda; radikal;~적인 문제 asosiy savol; ~적인 전환 ildizdagi to'ntarilish; ~이 되다 biror narsaning asosiga solmoq; ~부

터 잘못하다 ildizda adashmoq.
근사 I 1) eks. sodiq hizmat (chinovnik); 2) harakat; ~[를] 모으다 doimiy kuchni sariflash.
근사(近似)(그럴싸하게괜찮다) II~하다 deyarli bir xil; o'xshash; xuddi yaxshiday; haqiqatga yaqin; chiroyli; yaxshi; zamonaviy; ~하게 deyarli bir xil; o'xshash; xuddi yaxshiday; haqiqatga yaqin; chiroyli; yaxshi; 그녀의 옷은 ~하다 uning ko'ylagi chiroyli; ~근 mat. taxminiy ildiz;~계산 taxminiy ayrish;~법 yaqinlashish; approksimatsiya; ~성 yaqinlik; o'xshashlik; ~식 yaqinlashgan formula; ~치 yaqin ma'no; ~해 yaqin qaror; 어림 ~법 qo'pol yaqinlashish; 축자 ~법 interatsiya usuli bilan yaqinlashish.
근성(根性) I qat'iyat; ~있는 qat'iyatli; ~있는 사람 qat'iyatli odam; qat'iy xarakterli odam.
근성(芹誠) II samimiylik; ochiq ko'ngilli.
근속(勤續) uzluksiz xizmat; ~하다 uzluksiz xizmat qilmoq; (ishlamoq); ~수당 bir joyda ishlash staji; ~연한 uzluksiz xizmat muddati; (staji).
근시(近視) miopiya; uzoqni ko'ra olmaslik; ~의 uzoqni ko'ra olmaydigan; ~안적 정책 uzoqni ko'rmaydigan siyosat; ~안 uzoqni ko'raolmaydigan ko'z; ~안경 uzoqni ko'ra olmaydiganlar ko'zoynagi.
근심 I g'amxo'rlik; bezovtalik; hayajon; havotir; asabiylik; ~스럽다 bezovtalangan; havotirlangan; ~스레 bezovtalik bilan; havotir bilan; ~하다 bezovtalanmoq; havotirlanmoq; ~스런 표정 bezovtali(havotirli) ko'rinish; ~걱정없이 살다 g'amtashvishsiz yashamoq; ~에 싸이다 bezovtalangan bo'lmoq; ~거리 havotir; havotirga solayotgan narsa; ~걱정 g'amho'rlik va havotirlik.
근심(謹審) II hurmat bilan ko'rib chiqmoq.
근육(筋肉) muskul; mushak; ~의 muskulning; mushakning; ~질의 muskulli; ~세포 miotsid; ~요법 mioterapiya; ~조직 muskulatura; mushak tolasi; ~종 miosarkoma; ~주사 mushak ostiga in'ektsiya; ~학 miologiya; ~학자 miolog; ~통 tib. mio- deniya.
근절(根絶) kovlab olish; ildizi bilan sug'urmoq; yo'q qilish; ~된 kovlab olingan; ildizi bilan sug'urilgan; yo'q qilingan; ~하다 kovlab olmoq; ildizi bilan sug'urmoq; yo'q qilmoq; ~되다 ildizi bilan sug'urilmoq; yo'q bo'lmoq; 뇌물 수수행위를 ~하다 poraxo'rlikni ildizini yo'q qilmoq.
근처(近處) I yon-atrof; ~에 yon-atrofda; yaqinda; 도시 ~ shahar yon atrofida.
근처 (근방) II yaqin joyda.
근친(近親) yaqin qarindosh; ~교배 yaqin qarindoshlar orasidagi ko'payish;~상간 qon qo'shilishi; ~상간자 qon qo'shuvchi.
근하(謹賀) iliq tabrik; ~신년 yangi yil bilan iliq tabriklash; ~하다 iliq tabriklamoq.
근황(近況) hozirgi ahvol.
글 yozuv; xat; matn; bilim; ~로 쓴 yozilgan; ~을 배우다 yozishni o'rganmoq; ~이 깊다 chuqur bilimga ega bo'lmoq; ~로도 말로도 이루다 표현 할 수없다 yozib ham bo'lmaydi, tariflab ham; ~잘 쓰는 사람은 붓을 탓하지 않는다 yaxshi yozuvchi mo'- yqalamdan shikoyat qilmaydi; ~동무 maktabdagi o'rtoq; ~말 yozuv

tili; ～재주 yozish qobili- yati; ilm olish qibiliyati,공부하다 shug'ullanmoq; ilm olmoq; yod-lamoq.
글라이더 planyor (motorsiz uchadigan apparat); ～의 plany-orning; ～를 타고 비행하다 planyorda; uchmoq; ～ 경기 planyor sporti; ～비행 plane-rizm; ～ 비행사 planerchi; ～활공장 planedrom; planerodrom.
글러브 qo'lqop; ～의 qolqopli; ～를 끼다(벗다) qo'lqopni kiymoq; yechmoq; 권투～ bo'kschilar qo'lqopi; 야구～ beysboll qo'lqopi.
글리세린 glitserin; ～의 glitse-rinli; 화상을 입은 피부에 ～을 바르다 kuygan teriga glitserin surtmoq; ～연고 glitserin mazi (surtmasi); 정제 toza glitserin; 천연 ～ hom glitserin.
글리코겐 glikogen; ～을 합성하고 분해하는 재생과정은 신경체계와 호르몬에 의해 이루어진다 sintezni normallashtirish va glikogenni tushishi asab sistemasi gor-monlar tomonidan bajariladi.
글썽거리다 yugurmoq; aylan-moq; 그의 눈에는 눈물이 글썽거렸다 uning ko'zida yosh aylandi.
글썽하다 aylanmoq (yosh).
글쎄 1) ha; balki; 2)shunday bo'lsada.
글씨 xat; xusnixat; ～가 곱다 chiroyli yozuv; 알아보기 쉬운 ～ oson tushunadigan yozuv; ～교본 xusnixat; ～체 yozuv; xat.
글자 harf; yozuv belgisi; ～의 harfning; ～그대로 harf; aniq; o'z ma'nosida; ～체 yozish uslubi; yozuv; ～판 siferblat.
글짓기 insho; bayon; ～하다 to'qimoq; insho yozmoq.
글피 2 kundan so'ng; ～에 3chi kuni; 그 ～ 3 kundan so'ng; 4 chi kun.
긁다 qashlamoq; ko'chirmoq; tilmoq; sindirmoq; tegib ket-moq; kimnidir tuyg'ulariga teg-moq; qoralamoq; olib qo'ymoq; 뒷통수를 긁적이다 ensani qash-lamoq; 등을 긁다 orqani qash-lamoq; 쇠스랑으로 낙엽을 긁어내다 quruq bargni xaskash bilan yig'ishtirmoq; 비위를 긁다 hafa qilmoq; kayfiyatni buzmoq; 지주가 소작인에게서 마지막 한줌의 쌀까지 긁어 갔다; yer egasi ijara-chilardan hamma guruchni tortib oldi.
긁어 부스럼을 만들다 o'z ahmoqligi bilan o'ziga-o'zi tashvish ortirmoq; 긁적이다 qashlamoq. 긁어모으다 qirib olmoq.
긁적거리다 qashlamoq.
긁히다 tilingan bo'lmoq; 긁힌 상처 tilinish, yulinish.
금(金) I 1) (oxirgi) narx; 금도 모르고 싸다 한다 q. 값(도 모르고 싸다 한다); 금(을)뵈다 o'z narxini aytishni so'ramoq; 금(을 맞추다) 금[을] 치다 narxni belgilamoq; oldindan bilmoq; 금[이] 나다 narxlangan bo'lmoq; 금[이] 닿다 ma'qul(narx haqida); 2) qar.인끔
금 II chiziq; yoriq; ～의 yoriqli; ～가다 yoriq qilmoq; ～을 긋다 chegarani aniqlamoq; 사소한 일로 친구사이에 금이 갔다 bekorchi narsani deb do'stlar orasidagi munosabat buzilmoq.
금(金) oltin; ～의 oltinli; ～이 섞인 oltin koni; ～이야 옥(玉)이야 애지중지하다 ko'z qorachig'i dek asramoq; (속담) 반짝인다고 모두다 ～은 아니다 hamma yaltiroq narsa ham, tilla emas; ～가락지 tilla uzuk; ～가루 tilla kukun; ～관 tilla toj; ～광 tilla koni; ～괴 oltin yombi; ～도끼 oltin bolta;

~메달 oltin medal; ~박 oltin folga; ~본위제 oltin standart; ~붕어 oltin baliq; ~비녀 oltin soch qisqich; ~시계 tilla soat; ~시계줄 tilla(tilla yugurtirilgan) zanjir (soat uchun) ~실 tilla ip; ~언 oltin so'zlar; aforizm; qanotli so'zlar; ~제품 tilla buyumlar; ~테 tilla(tilla yugurtirilgan) obodok; ~테 안경 tilla oprava; ~혼식 oltin to'y; ~화 tilla tanga; ~환본위제 oltin valyuta standarti.

금(金), 황금(黃金) III 1) oltin, tilla; 금[이]야 옥[이]야 katta qimmatbaho kabi; 2) kit. pul; 3) metal; ~파오다 1 ch oy oyining 15 chi kuni Seuldagi Chonno ko'chasidagi savdo qatoridan bir xovuch tuproq olib osh- xonasi qo'ymay(boyish uchun)

금강산(金剛山) olmos tog'lar.

금고(今古) I xozir va avval; xozirgi zamon va o'tmish.

금고(金庫) II seyf; yonmas shkaf; ~의 seyfli; 은행 ~ bankning seyfi; 철제 ~ po'lat.

금기(金器) I 1) oltin idish; 2) metal idish.

금기(禁忌) II taqiq; ~시 되는 mumkin emas; 류머티스 환자에게 ~시 되는 약 revmatik uchun taqiqlangan dorilar.

금년(今年)(올해) u yil (xozirgi); ~에 u yilda; ~도 계획 u yil uchun uchun reja.

금리(金利) foiz; ~의 foizli; 고~로 돈을 대출해주다 pulni katta foizga; 고~ katta foiz; 단기대출 ~ o'z muddatga qars berish uchun foiz; 법정~ qonuniy foiz; 연~ yillik foiz.

금메달(金-) 1) oltin medal; 2) oltin yulduz.

금방(今方) hozir; hoziroq; hozirgina; ~버스가 따났다 avtobus xozirgina ketdi.

금번(今番) bu safar; endi.

금붕어 oltin baliq.

금빛 oltinnig rangi; tillarang; 넘실대는 ~물결 oltinday jilovlanadigan to'lqin; ~노을 oltinday tovlanadigan shafaq.

금상첨화(錦上添花) yaxshidan yaxshiga.

금세(今世) hozirgi olam; bugungi dunyo (asr).

금세기(今世紀) hozirgi (davom etayotgan) asr; ~에 shu asrda.

금속(金屬) metall; ~의 metalli; ~이 함유된 metall koni; ~가공업 metallni qayta ishlovchi sanoat; ~건자재 metall qurilish mollari; ~결정 metall kristalli; ~공업 metallurgiya sanoati; ~공학, ~관 metall truba; ~물리학 metal-lofizika; ~ 산화물 ~성 metall xususiyati; ~전자관 ~절삭공구 metall radiolampasi; ~판 metall plastinka(plita); ~피복 metall qoplash; ~ metall-shunoslik; metallografiya; ~화학 metallo ximiya.

금시(今時) hozir; ~발복 tez natija; ~초견이다 birinchi marta ko'rmoq; ~초문이다 birinchi marta eshitmoq.

금액(金額) summa; ~의 summaviy; 상당한 ~ katta summa; 전체 ~ umumiy summa; ~으로 표시하여 summaga o'girganda.

금연(禁煙) chekishni ta'qiqlash; ~하다 chekishni tashlamoq; 우리 업소에서는 ~입니다 bizda chekish mumkin emas.

금요일(金曜日) juma.

금욕(禁慾) o'zini ushlash; ~적인 asketik; ~하다 o'zini ushlamoq; asketik hayot kechirish; his-tuyg'uni jilovlamoq; 성생활에 대한 ~ jinsiy o'zini ushlash; ~주의 asketizm; ~ 주의자(생활자)

asket.
금융(金融) pul munosabatlari; moliya; pul aylanishi; ~의 moliyaviy; ~감독관 moliyaviy inspektor; ~공황 moliyaviy krizis; ~계 moliyaviy aylana; ~기관 moliya organi; ~시장 moliya (pul) bozori; ~자본 moliya kapitali; ~전문가 moliyachi ~정책 moliya siyosati.
금은(金銀) oltin va kumush; ~방 zargarlik do'koni; ~보화 qimmatbaho qazilmalar; qimmatbaho narsalar; xazina; ~세공술 zargarlik san'ati; ~화 oltin va kumush tanga.
금전(金錢) pul; ~의 pulli; ~욕 pulga o'chlik; ~출납부 kassa kotibi
금주(禁酒) spirtli ichimlik ichishga ta'qiq; spirtli ichimlikni ta'qiqlamoq; spirtli ichimlik ichishdan o'zini tutmoq ~하다 spirtli ichimlik ichishni ta'qiqlamoq; ~법 spirtli ichimlikni ta'qiqlovchi qonun.
금지(禁止) ta'qiqlash; ta'qiq; ~하는 ta'qiqlangan; ~된 ta'qiqlangan; ~하다 ta'qiqlamoq; ~되다 ta'qiqlanmoq; 치를 해제하다 ta'qiqni olib ashlamoq; ~구역 ta'qiqlangan joy; ~령 taqiqlangan qonun; ~조치 ta'qiq choralari; 관계자외 출입~ begonalarga kirish man etilgan; 출입 ~ kirish ta'qiqlangan.
금지령(禁止令) qonun (armon), qilishni taqiqlaydigan.
금품(金品) pul va narsa (tovar); pora; ~을 건네다 pora bermoq; ~을 수수하다 pora olmoq.
금하다 ta'qiqlamoq; o'zini ushlamoq; 놀라움을 금할 수 없다 hayronligimni tutib tura olmayapman.
급(級) I sinf; guruh; rang; daraja; ~의 sinfiy; 고~ 기능공 yuqori gurun ishchisi; 제 1~ 비밀 maxfiy xabar; 제 1~ 훈장 1chi daraja ordeni; 최고~ 회담 yuqori darajadagi muzokara; 최하~ quyi guruh; 순양함~ 1chi rangdagi kreyser(harbiy tezyurar kema).
급(急) II 1) tezlik; 2) sxoshilinch ish; 3) havfli vaziyat.
급-(急-) keskin; tez; sxoshilinch; o'tkir; tik; favqulotta; ~경사 tik yon bag'ir; ~류 tez oqim; ~ 보 favqulotta xabar.
급강하(急降下) 1) qulash; 2) tez tushish (harorat) ~하다 qulamoq; tez tushmoq;(harorat) ~의 qulayotgan; ~폭격 tez tushayotgan bomba.
급격하다 ildam; keskin; tik; 급격히 chaqqon; ildam; keskin; tik; 정세의 급격한 변화 holat(vaziyat) ning keskin o'zgarishi; 상황이 급격히 반전되었다 vaziyat keskin o'zgarib ketdi.
급급하다 biror nimani ichiga kirib ketmoq; judayam sxoshil; 작년에는 그는 돈 벌이에 급급했다 o'tgan yili u butunlay pul topishga sho'ng'ib ketgan edi.
급기야 va nihoyat; ~ 그들은 이혼하고 말았다 va nihoyatda ular ajrashishdi.
급락(急落) keskin tushish; ~한 keskin tusgan; ~하다 keskin (tez) tushmoq; 주가가 ~했다 aktsiyalar narxi keskin tushib ketdi.
급류(急流) 1) tez oqim; ~하다 tez oqmoq; 2) keskin burilish; ~용퇴 karera qilib, o'z vaqtida mansabidan ketish; 3) qar. 급류수.
급매(急賣) sxoshilinch sotuv; ~의 tez sotiladigan; ~하다 zudlik bilan sotmoq; 현금가로 ~하다

naqd pulga zudlik bilan sotmoq; ~가 sxoshilinch sotuv amalga oshiriladi.

급박하다 sxoshilinch; favqulotda; qoldirib bo'lmaydi; 급박한 정세 favqulotda holat.

급변(急變) to'satdan o'zgarish; kutilmagan burilish; kutilmagan hodisa; ~하다 kutilmaganda o'zgarmoq.

급선무(急先務) qoldirib bo'lmaydigan ish; 1chi o'rindagi masala; 무엇보다도 이 일이 ~이다 hammadan ham bu bizning 1chi masalamiz.

급성(急性) o'tkir; ~염증 o'tkir shamollash; ~위장염 o'tkir gastroenterit; ~위염 o'tkir gastrit.

급소(急所) hayot uchun muhim organ; ojiz (zaif) joy; ~를 찌르다 og'riq joyiga tegib ketmoq.

급속하다 tez; sxoshilinch; 급속히 tezda; sxoshilinch; 급속도로 tezda; katta tezlik bilan; 급속도 katta tezlik;

급수(給水), 물공급 suv bilan ta'minlash; ~하다 suv bilan ta'minlamoq.

급식(給食) ovqat bilan ta'minlash; ~하다 o'vqat bilan ta'minlamoq.

급유(給油) yoqilg'i (benzin) quyish; ~하다 yoqilg'i quymoq.

급하다 tez; intiluvchan; chaqqon; ildam; ravon; tezdan zarur; subutsiz; jiddiy; xavfli; kritik, shiddatli, kuchli; qattiq; ~ 급히 tez; zarur; sxoshib- pishib; apiltapil; naridanberi; 급한 걸음 hovliqma(sxoshma- sxoshar) qadamlar (yurish); 성미가 급한 사람 yengil (o'zini tuta bilmagan) odam; 급한 불을 끄다 eng avvalo, zarur ishni qilish kerak; 급히 돈이 필요하다 tezlik bilan pul kerak bo'lishi; 급한 볼일이 있다 mening zarur ishim bor; 환자의 병세가 급하다 kasalning ahvoli havfli; 급하다고 바늘허리에 매어 쓸까 qanchalik sxoshilmagin, ipni ignaga kirgizishinga to'g'ri keladi; 급하면 업은 아이도 찾는 법 sxoshilib, bolasini qidirib yotibdi, bolasi esa uning orqasida turibdi; 급할 수록 돌아가라 sxoshilsang, aylanib bor.

급행(急行) ~료 pora; ~열차 tezkor poyezd; ekspress; ~열차권 tezkor poyezdga chipta.

급히(빨리) tezkor; sxoshilinch.

긋다 I 1) tindi; tinmoq (yomg'ir haqida) 2) kutib turmoq yomg'irni.

긋다 II (그으니, 그어) chiziq o'tkazmoq(parallel); chaqmoq (gu-gurtni); 직선을 ~ to'g'ri chiziq o'tkazmoq; 성냥불을 ~ gugurt chaqmoq, gugurt yoqmoq

긍정(肯定) tasdiqlamoq; ~적 ijobiy; ishonarli; ~적으로 ijobiy; ishonarli ~하다 tasdiqlamoq; ~적 주인공 ijobiy qahramon; 낡은 것에 대한 부정과 새것에 대한 ~ eskini rad etish va yangini tasdiqlash; ~판단 ijobiy fikr.

긍지(矜持), 자랑 g'urur; ~를 갖다 biror narsa bilan g'ururlanmoq; 민족적 ~ milliy iftixor; 조국에 대한 ~ Vatan bilan faxrlanish.

기(氣) I quvvat; kuch; tetiklik; ~가 살다 tetiklashish; kayfiyatni yaxshilash; ~가 죽다 tushkunlikga tushmoq; ~가 질리다 ikkilanmoq; cho'chimoq; yuragi tovoniga tushmoqт; ~가 차다 nafasi tiqilmoq' hayajonlanmoq; ~를 쓰다 jig'iga tegish; o'zidan chiqmoq (jahl ma'nosida).

기(旗), (깃발) II belgi; bayroq; bayroqcha; ~를 달다 bayroq osmoq.

-기(期) I davr; 백악~ bir davri; 빙하~ muz bosish davri.
-기(-機) II mashina; samolyot; 발동~ yurgizgich (dvigatel); 전투 ~jangovar samolyot.
-기(-器) III ko'rsatgich; apparat; organ; 가열~ isituvchi moslama; 소화~ hazm qilish organi.
-기(記) IV yozuvlar; ocherg; 여행~ yo'lovchi belgilar; 연대~ qo'lyozma.
-기(氣) V kor. old. xissiyot; sezgi; 기름기 yog'lamalik.
기간(期間) davr; muddat; sessiya; ~만료 후에 muddat o'tgach; 일정 ~동안 ma'lum muddat ichida; 시험~ imtixon; 회계~ hisobot davri.
기계(機械),(기구) I mashina (mexa-nizm); ~의 mashinaviy; ~적인 mashinali; ~화하다 mexanimlashtirish; ~공학 mashina boshqarish; ~농사 mashinaviy er ishlovi; ~론 mexanik ashyoviylik; ~론자 mexanikachi; ~설비 mashinaviy uskuna; ~실 mashinaviy; ~체조 sport gimnastikasi;~화 mexanizatsiya; ~화 부대 = 기갑.
기계(器械) II uskuna; asbob; aparatura; sport. snaryadi; ~체조 snaryad bilan mashq qilish; 의료 ~ tibbiy uskuna.
기계식(機械式) mexanik turdagi; mashinaviy; ~부선기 tog'. mexanik ishlov beruvchi mashina; ~분급기 tog'. mexanikaviy turlovchi; ~충진 tog'. mashinaviy uskuna; ~측심기 mexanik ekolot.
기관(機關) I 1) dvigatel; motor; apparat; 2) bo'linma; tashkilot; ~사 mashinachi; ~실 mashina zali; mashina bo'limi; ~장 bosh mexanik; 과학연구 ~ olmiy tekshiruvchi tashkilot; 권력 ~ boshqaruv organi; 내연 ~ ichki yonish dvigateli; 보건 ~ sog'liqni saqlash tashkilotlari; 상업 ~ savdo apparati; 지도 ~ boshqaruv tashkilotlari.
기관(器官) II organlar; 감각~ sezgi organlari; 소화 ~ hazm qilish organlari; 호흡 ~ nafas olish organlari.
기관지(氣管支) bronxlar; ~의 bronxli; ~염 bronxit;~임파선염 bronxoadenit; ~절개술 bronxotomiya; ~촬영술 bronxografiya; ~천식 bronxialastma; ~협착 bronxostegoz; ~확장증 bronxoektaziya; 모세 ~ bronxiola.
기관차(機關車) lokomativ; ~의 likomativli; 견인 ~ lokomobil; 내연~ teplovoz; 전기~ elektrovoz; 증기 ~ parpvoz.
기구(器具) I qurol; asbob; ko'rsatgich (pribor); jihoz; ~의 qurolli; asbobiy; jihoziy; ~주의 instrumentalizm; ~제작공 asbobchi; 농~ qishloq xo'jaligi quroli; 실험~ tajriba uskunasi; 운동~ sport jihozi; 제도~ chizma chizish uskunasi; 휴대 ~ asbob uskuna yig'inmasi.
기구(機構) II 1) mexanizm; 2) moslama; struktura; qurilma; 3) organ; apparat; ~개편 apparat reorganizatsiyasi; ~조직표 shtat jadvali; 국가~ davlat qurilmasi; 국제~ xalqaro organ.
기구(氣球) III havo shari; aerostat; ~의 aerostatli;~를 띄우다 aerostatni ishga tushirish; ~에 가스를 채우다 aerostatni to'ldirish gaz(bilan); ~학 aerostatika; 무인 ~ uchuvchisiz aerostatika; 풍선 ~ havo shari.
기금(基金) jamg'arma; ~의 jamg'armaga oid; 사회보장 ~ ijtimoiy ta'minot jamg'armasi; 산

업진흥 ~ industralizatsiya jamg'armasi; 생산확충 ~ ishlab chiqishni kengaytirish jamg'armasi; 실업구제~ ishsizlar jamg'armasi.

기급(氣急) qattiq qo‘rqish; ~절사 qo’rquvdan xushdan ketmoq; ~스럽다 juda ham qo‘rqib ketmoq; ~하다 1) qo'rqqan; qo’rqitilgan; 2) qo'rqib ketmoq; ~할 ajabtovush.

기껏 kuch borligi; imkoni qodir; ~ 해야 nari borsa; eng ko'pi; ko'pi bilan; ~해야 그녀는 열여섯 살 밖에 안된다 u ko'pi bilan 16 yoshda.

기내(畿內) 1) poytaxt atrofi; ~[에] 2) Kyongida tumani.

기념(記念) qutlov; nishonlash; xotira; ~의 eslashga arziydigan muhim; ~하다 biror nima bilan qutlamoq bayram qilmoq; ~으로 biror kimni nimani xotirasiga; ~의 표시로 xotiralash belgisi ~관 me'moriy bino; muzey; ~논문집 maqolalar to'plami; ~비 haykal; monument; yuqori hur- mat taxtasi; ~식 tantanali marosim; ~식수 xotirlab biror nimani eslash; ~일 yubiley kuni; yillik; yillik muddat; xotira kuni; ~품 suvenir; esdalik sovg'asi; ~호 yubiley soni; ~회 tantanali (yubiley); ~관 memorial.

기능(機能) I funktsiya (vazifa); ~적 funktsiyali; ~을 수행하다 funtsiyalashtirish; 국가~ davlat vazifasi; 생리적 ~ jismoniy vazifa; 문체~ funktsiyaviy usul; 의미론적~ funktsiyaviy kelib chiqish; ~장애 funktsiyaviy buzilish; ~저하 qattiq ruhiy tushkinlik.

기능(技能) II o'quv; ustalik; ~적 malakali; ~자격을 부여하다 biror kimni malakasini oshir- moq; ~공 usta; malakali ishchi; ~급수 malakali razryadlar.

기다 emaklamoq; emaklash; lagan bardodlik (biror nimaga qattiq e'tibor, ruju qo'ymoq); 기어서 emaklab; 설설기다 kimningdir oyog'iga bosh egmoq; 뱀이 굴에서 기어 나왔다 indan ilon o'rmalab chiqdi; 아기가 마루를 기어 다닌다 bola polda emaklab yuribdi.

기다랗다 (기다라니, 기다라오) ancha uzun(uzoq); 기다란 연설 cho'zilib ketgan nutq.

기다리고 있던 참이다 aynan kutgandim.

기다리다 nimani; nimanidir kutmoq; kutib turmoq; 기다리고 기다리던 날 intilib kutilgan kun; 기다리게 하다 biror kimni kuttirmoq; 애타게 kutib etishmaslik; intizorlik bilan kutmoq; 잠깐만 기다려 주세요 bir oz kutib turmoq.

기대(企待) kutish; umid; ~하다 kutmoq; umid qilmoq; biror nimadan umid qilmoq; biror kimga, nimaga ishonmoq; ~하여 biror kimga umid qilmoq; ~를 걸다 umid qilmoq (kimgadir); ~에 보답하다 umidlarini oqlamoq; ~에 어긋나다 umidlarini oqlamaslik; 그에 대하 ~가 크다 undan umidimiz katta; 남의 도움을 ~하지 말아라 birovning yordamiga ishonma(umid qilma); ~치 hisob(ishonch).

기대다 biror narsaga suyanmoq; 기대어 앉다 biror narsaga suyanib o'tirmoq; 지팡이에 ~ xassaga (tayoqqa) tayanmoq; 책상에 ~ stolga suyanmoq.

기도(企圖) I urinish; muddao; ~된 o'ylab qo‘yilgan; ko'zlangan; ~하다 urinib ko'rmoq; ko'zlamoq; o'ylamoq.

기도(祈禱) II sig'inish; tilanish; ~의 sig'inuvli; ~하듯이 sig'inuvchan; ~하다 sig'inmoq; ~를 드리다 duo o'qimoq (sig'inmoq); ~하러가다; 고인의 명복을 ~하다 o'lgan ruhi tinchi uchun duo o'qish; ~문 duo (sig'inish); ~서 sig'inma; ~실 sig'inish uyi; cherkov.

기동(起動) I 1). 기거 [동작]; 2) boshlamoq; ishga tushmoq; faoliyat boshlamoq; ~권선 elektron aylantirish; ~보상기 elektron aylantirish; ~시간 boshlovchi soat; ~장치 boshlovchi; ~저항기 boshlovchi reostat; ~전류 boshlovchi to'k; ~하다 o'rindan turmoq (bemor haqida); ishga tushirmoq.

기동(機動) II maqsadli harakat; ~적 harakatchan; ~하다 ayyor harakatlanish; ~력 ayyor harakat qila olish; ~부대 ayyor harakatli qo'shin; ~성 ayyorlik; ~ 작전 ayyor harakatli hatti-harakat.

기둥 1) ustun; bino ustuni; 2) uriluvga turgan; ustun; temir ustun; ~의 ustunli; tirgakli; ~을 세우다 ustun qo'ymoq; 나라의 ~ mamlakat tayanchi; ~감 ustunga mos xom ashyo; ~뿌리 ustun asosi; ~그물 ustunlar qatori(to'ri); ~도표 ustun jadvali; ~머리 yig'moq; ~을 치면 보장이 울린다 ustunga ursang, devor qimirlaydi; daraxt kessang, qinigi uchadi; oyoq hidlasang boshing og'riydi;

기득권(既得權) qo'lga kiritilgan qonuniy huquq; ~을 포기하다 qo'lga kiritilgan qonuniy huquqdan voz kechmoq.

기록(記錄) protakol tuzmoq; rekord; protokol; ~의 qaydnoma; protokolli; rekordli; ~하다 ro'yxatga olmoq; qayd qilmoq; ~을 더듬다 protokol varaqlamoq; ~을 갱신하다 rekord qo'ymoq; ~을 깨뜨리다 rekord o'rnatmoq; ~을 세우다 rekord yaratmoq; ~계기 qayd qiluvshi uskuna; rekorder; o'ziyozar; ~광 rekord bilan qiziqish; ~부 protokol kitobi; ~수립 rekord o'rnatish; ~영화 hujjatli film; 세계~ dunyo rekordi; ~원 yozuvchi kitobi.

기류(氣流) I havo oqimi; havo harakati; ~를 따라 위로 havo oqimi bo'ylab yuqoriga (pastga).

기류(旗類) II belgilar; bayroqlar; ~신호 bayroqlar bilan signal (imo) qilmoq.

기르다(기르니, 길러) o'stirmoq; parvalishlamoq; boqmoq; tarbiyalamoq; emlamoq; 아이들을 ~ bila o'stirmoq; 우수한 전문가를 ~ malakali mutaxassis etishtirmoq; 음악에 대한 취미를 ~ musiqaga tushuncha hosil qilmoq.

기름 yog'; charvi; salo; ~의 yog'li; ~지다 yog'lama; ~을 먹이다 yog'lamoq; ~을 바르다 surkalamoq; ~을 짜다 yog'ini siqmoq; ~칠하다 yog' surtmoq; ~걸레 yog'lama latta; ~기 yog'lilik; ~덩어리 salo bo'lagi; ~때 salo yog'ining dog'i; ~칠 surtki; 옥수수 ~ jo'xori yog'i; 콩 ~ no'xot yog'i.

기리다 mahtamoq; ko'kka ko'tarmoq.

기만(欺瞞) yolg'on; ~적 yolg'on, qalbaki; ~하다 aldash; ~당하다 aldanish; ~성 yolg'onchilik; qalbaki, aldanuvchanlik; ~술 ayyorlik; ~책 ayyor qiliqlar; aldash usuli.

기묘하다 izlanuvchan; ajoyib; ~ 기묘하게 ajoyibot; 기묘한 생김새

의 바위 ajoyib qoya.
기물(棄物) I idish; buym; ～의 idishli; 부엌～ oshxona anjomi; 살림 ～ uy anjomlari.
기미, (점) I xol; to'q rangli dog'i; ～가 끼다 to'q rangli dog'lar paydo bo'lmoqda.
기미(氣味) II 1) intilish va did; ～상적(상합) intilish va didning umumiyligi; ～가 통하다 til topishmoq; 2) dori tarkibi va ta'sirini aniqlash; 감기 ～가 있다 sezishimcha shamollagan.
기미(幾微) III belgi; simptom; ko'rinish; ～가 보이다 belgilari ko'rindi; ～를 알아차리다 tushunib yetmoq; biror nimani belgisini sezmoq.
기밀(機密) sir; sinoat; ～의 sirli; ～로 하다 yashirncha biror nima qilish; ～을 누설하다 sirni oshkor qilmoq; ～문서 maxfiy hujjat; ～비 maxfiy xizmat xarajatlari; 군사 ～ harbiy sir.
기반(基盤) asos; tayanch baza; ～을 두다 biror nimaga; asoslanmoq; biror narsa asosiga qo'ymoq 국가의 경제적 ～ davlatning iqtisodiy asosi.
기발하다 ajoyib o'ziga xos; zehnli; 기발하게 antiqa; o'ziga xos; zehnli; 기발한 생각 ajoyib fikr.
기복(起伏) I notekislik; relef; ～이 있는 notekis; to'lqinsimon; ～이 심한 지대 notekis, adirli joy; ～지대 kesishmali hudud (joy).
기복(起復) II ～[출사 (행공)] aza vaqtida amalga oshiriladigan harakatlar; ～하다 aza vaqtida amalllarni bjarishga kirishmoq.
기본(基本) asos; tayanch; baza; ～적 asosiy; fundamental; bazaviy; umumiy; ～적으로 asoslangan holda; tayangan holda; ～급 asosiy maosh; ～법 asosiy huquq; ～형 asosiy shakl; ～비 asosiy harajatlar; ～실 teks. elementar.
기본적, 중요한 asosiy; muhim.
기분(氣分) I kayfiyat; xo'sh; o'zini xis qilish; ～을 망치다 kayfiyatni buzmoq; ～을 전환하다 ko'ngil ochmoq; ～이 나쁘다 kayfiyati yo'q; yomon; kimningdir kayfiyati yomon bo'lmoq; ～이 매우 좋다 o'zini juda yaxshi xis qilmoq; ～이 좋다 ruhiyati yaxshi bo'lmoq, kayfiyati yaxshi bo'lmoq; ～에 치우쳐 행동하다 o'zini kayfiyatiga ko'ra tutish; ～파 kayfiyat kishisi; ～이 어떻습니까? o'zingizni qanday xis qilmoqdasiz?
기분(幾分) II esk. 얼마 얼마쯤
기분주의(氣分主義) erinchoqlik; kayfiyatga ko'ra ishlash odati; ～적 kayfiyatiga bog'liq kishisi.
기쁘하다 xursand bo'lmoq (quvonmoq) biror kim (nima) ga; ～그녀는 나를 보고 기뻐했다 meni ko'rib xursand bo'lmoq.
기쁘다 xursand; ～기쁨 xursandchilik; 기쁘게 xursand; 기쁘게 하다 xursand qilmoq; so'yintirmoq; quvontirmoq; 아들은 좋은 성적을 받아와 어머니를 기쁘게 해 주었다 O'g'il onasini a'lo baholari bilan xursand qildi.
기사(記事) I maqola; korrespondentsiya; ilova; ～를 보내다 biror nimani sharhlamoq; 신문 ～ gazeta maqolasi.
기사(技士) II muxandis; ～의 muxandislik; 광산～ tog' muxandisi; 건축～ quruvchi muxandis; 전기～ elektrotexnika muxandisi.
기사(騎士) III chavandoz; bahodir; ～의 bahodirlik; ～도에 따라 bahodirlarcha; ～로 행동하다 botirlik; ～단 botir; ～도 botirlik

me'yorlari; ~문학 Kurtuaz adabiyoti.

기상(起床) I turish(uyqudan); ~하다 o'rindan turmoq; ko'tarilmoq; ~나팔 uyg'onmoq; ~체조 ertalabki badantarbiya.

기상(氣象) II meteor; obhavo; meteorologik hodisa; ~의 meteorologik; ~관측 meteorologik kuzatuvlar; ~관측소 meteorologiya stantsiyasi; ~관측 시스템 meteotizim ~대 meteorologik observatoriya; ~로켓 meteopologik raketa; ~예보 obhavo; ~위성 meteosputnik; ~통보 meteorologik hisobot; obhavo ma'lumotlari; ~학 meteorologiya; ~학자 meteorolog.

기색(氣色) I yuz ko'rinishi; ko'rinish; 우울한~ charchagan ko'rinish;~이 좋지않다 ko'rinishi yomon; kimnidir ko'rinishi yomon; ~을 보이지않다 ko'rinish bermaslik (bildirmaslik).

기색(起色) II ~이 보인다 1) hozir o'rnidan turib ketadi; ~을 보이다 o'rnidan turishga tayyorlanmoq; 2) konyunktura (savdoda).

기생(寄生) parazitlik; bezorilik; ~의 parazit bo'lmoq; bezori; ~적 parazitlarga; ~하다 parazitlik qilmoq; bezorilik qilmoq; ~균 parazitlik qiluvchi bakteriya; ~생활 parazitlik; parazitlarcha hayot kechirmoq; ~충 parazit; parazit qumursqa; ~충학 parazitologiya; ~충 학자 parazitolog.

기선(汽船) I paraxod; ~의 paraxodli; ~으로 여행하다 paraxodda sayyohat qilmoq; ~을 타다 paraxodga chiqmoq.

기선(機先) II birinchi yurish; ~을 제압하다 birinchi bo'lib hujum qilmoq.

기세(氣勢) xush (iroda); ruhiyat ~가 등등하다 tantana qiluvchi; o'z kuchudan mag'rurlanmoq; ~가오르다 kimdadir ko'tarilmoqda; ~가 충천하다 ishtiyoqqa to'la bo'lmoq;qanotlanmoq; jo'shmoq.

기소(起訴) I ayblovchi; da'vo qilmoq; sud ishini qo'zg'atmoq; ~의 ayblov; ~하다 ayb qo'ymoq; biror nimada ayblamoq; da'vo qilmoq; ~를 취하 하다 aybni soqit qilmoq; 살인죄로 ~하다 biror kimni biror nimada ayblamoq; 이 사건은 ~되지 않았다 bu ishning sud jarayoni ashyoviy dalillar etishmagani sababli kechikmoqda; ~유예 ayblovni qoldirmoq; ~장 ayblov xulosasi; ayblov akti.

기소(欺笑) II esk. ~하다 laqillatmoq; kalaka qilmoq; masqara qilmoq; ustidan kulmoq.

기숙(寄宿) ~학교 maktabinternat; ~하다 yotoqxonada yashamoq(shaxsiy kvartirada yashamoq)

기숙사(寄宿舍) yotoqxona; ~의 yotoqxonaniki;~사감 yotoqxona nazoratchisi.

기술(技術) I texnika; texnologiya; ustalik; ~적 texnikaviy; ~적으로 texnika jihatidan; 선진~ ilg'or texnika; ~교육 texnik ma'lumot (o'qish); ~자 texnik; texnolog; texnik muxandis (ishchi); ~진 texnik kadrlar; ~혁신 ishga yondashuv.

기술(記述) II izoh; bayon; yozuv; ~하다 izohlamoq; bayon qilmoq; yozib bormoq; 역사적 사실의~ tarixiy faktlar izohi; ~언어학 deskrintiv lingvistika (tilshunoslik).

기습(奇襲) I ko'tarilgan hujum; hamla; ~의 hujumli; ~하다 kutilmaganda hujum qilmoq; ~작전 hamla qilish operatsiyasi.

기습(奇習) II 1) ajoyibot; 2) g'alati udum.
기승(氣勝) I ~을 부리다 qa'tiyatli bo'lmoq; ~을 피우다 o'jar bo'lmoq;~스럽다 o'jar(qa'tiyatli) bo'lib tuyulmoq; ~하다 murosasiz; o'jar; qa'tiyatli bo'lmoq.
기승(氣勝) II jahl; jahldorlik; qo'lga olib bo'lmas; ~스럽다 jahldor; ashaddiy; jizzaki;~스레 jahldorlarcha; ashaddiylarcha; jizzakilarcha; ~을 부리다 jahldorlik qilmoq; to'palon qilmoq.
기압(氣壓) I atmosfera bosimi; ~단위의 atmosfera; ~계 barometr; ~조정기 barostat.
기압(汽壓) II bug' bosimi.
기어이(期於-) nima qilib bo'lsa ham; albatta; va nihoyat; nihoyat.
기억(記憶) es; xotira; ~하다 eslamoq; xotirlamoq; 희미한~ esi past; kalta; ~에 따라 xotira bo'yicha; ~에 남다 xotirada qolmoq; ~에 생생하다 xotirada yangi; ~해 두다 esda saqlab qolmoq; eslab qolmoq; 그는 ~력이 나쁘다 uningxotirasi yomon(zaif); 만일 내 ~이 틀리지 않았다면 7년 전에 나는 그와 한 기숙사에서 살았다 agar esim menga pand bermayotgan bo'lsa, biz u bilan etti yil avval yatoqxonada birga turganmiz; ~력 xotira; eslab qolish qobi- liyati; ~장치 xotira bloki; xoti- ra; eslab qoluvchi uskuni.
기업(企業) I tashkilot; korxona; ~가 tadbirkor (ayol va erkak); ~경영 tashkilotni boshqarmoq; ~활동 tadbirkorlik faoliyati; ~국영 davlat tashkiloti ~대 yirik tashkilot(korxona); 중소~ kichik va o'rta tashkilot.
기업(基業) II 1) meros qoldirgan ish; 2) asosiy ish.
기여(寄與) ulush; ~하다 biror nimaga ulush qo'shmoq; 그는 국제 평화와 안전을 공고히 하는 데에 비준 있는 ~를 했다 u xalqaro tenglik va xavfsizlikka o'zining salmoqli xissasini qo'shdi.
기역 kiyok(kor tilidagi ㄱ harfining nomi).
기온(氣溫) havo harorati; ~관측 haroratini kuzatmoq; ~연교차 havo haroratining yillik akplitudasi; ~일교차 havo haroratining 1 sutkalik amplitudasi.
기와(起臥) sopol ashyo; ~의 sopol ashyoli; ~로 만든 sopol ashyoli; ~를 굽다 sopol ashyoni kuydirmoq; 지붕에 ~를 이다 sopolli ashyo bilan tomni yopmoq; ~장이 tom yopib bermoq; ~지분 sopol ashyoli tom.
기용하다 biror kimni biror mansabga tavsiya qilmoq; xizmatga tiklash; 대통령은 그를 법무부 장관에 기용했다 prezident uni adliya vaziri mansabiga ko'tardi.
기운(氣運) kuch; quvvat;tetiklik; xissiyot; sezga; tendentsiya; kayfiyat; ~차다 quvvatli; jo'shqin; ~차게 jo'shqin; ~없이 lanj; charchagan; ~을 쓰다 bor kuchini sarflamoq; ~찬 ~이 풍기다 sovuq otmoq; 나는 감기~이 있다 shamollaganga o'xshayman (shamol-laganman shakilli).
기울다(기우니, 기우오) egilmoq; bukilmoq; yomonlashmoq; biror nima bilan qiziqmoq; biror nimaga ko'ngil bermoq; 기울게 qiyshiq; 옆으로 기울어진 저녁 해가 서쪽으로 기울었다 kechki quyosh g'arbga botardi; 그녀는 최근에 음악에 마음이 기울기 시작했다 so'nggi paytlarda u musiqaga qiziqmoqda.
기울어지다 1) yomon qaramoq;

egilmoq; botmoq (quyosh); 2) yomonlashmoq (ish yuzasidan).
기울이다 yo'naltirmoq; egmoq; diqqatni yig'moq; 고개를 ~ boshni egmoq; 귀를 ~ quloq solmoq; biror nimaga quloq tutmoq; 힘을~ biror nimaga harakat qilmoq; biror nimaga ko'ngil bermoq.
기웃거리다 chayqatmoq; aylantirmoq; qaramoq; poylamoq (qarash); 고개를 ~ boshni qimirlatmoq.
기웃기웃 ~들여다 보다 faqat kuzatish; ~하다 qar. 기웃거리다.
기원(紀元), (연대) I era ~전 eramizgacha; ~전 700년 eramizdan avvalgi 700 chi yil; 인류 역사의 신 ~을 열다 inson tarixida yangi era ochmoq; 신(그리스도)~ yangi(bizning) era.
기원(起源) II kelib chiqish; boshlanmoq; genezis manba; ~의 genetik ~하다 o'z manbasiga ega bo'lmoq; biror nimadan bosh olmoq.
기원(祈願) III iltijo; iltijo qilmoq; ~하다 o'tinmoq; iltijo qilmoq; ~을 들어주다 biror kimsanin iltijosini eshitmoq; 그는 고인의 명복을 ~했다 u o'tgan odam ruhi shod bo'liashi uchun iltijo qildi.
기이하다 g'alati; ajoyib; hayratli; 기이함 g'alati; ajoyib; hayratli; 기이하게 ajoyibot; g'alatilik; hayratomuz; 기이한 옷차림 ajoyib kiyim.
기입하다 yozib olmoq; yozmoq; 수첩에 전화번호를~ kitobchaga telefon raqamini yozmoq.
기자(記者), (언론인) I jurnalist; matbuot xodimi; ~의 matbuot xodimi ... si; ~단 matbuot xodimi guruhi; ~회견 press konferenrtsiya; 여~ muhbir; jurnalist (ayol); 전문~ maxsus muhbir; 종군 ~ harbiy muhbir.
기자(奇字) II ieroglif usuli (uslibi).
기적(奇蹟) I mo'jiza; ~적 mo'jizaviy; ajoyib; ~적으로 hayratli; mo'jiza; ~을 행하는 mo'jiza yaratuvchan; ~을 행함 mo'jiza yaratuvchi; ~을 창조하다 mo'jiza yaratmoq; 그는 ~적으로 살아났다 u mo'jiza tufayli omon qoldi.
기적(汽笛) II xushtak; gudok (signal beradigan xushtak); ~의 xushtak ...si;~을 울리다 xushtak chalmoq; signal bermoq.
기절(棄絶) xushdan ketmoq; ~의 xushdan ketuvchan; ~하다 xushdan ketib qolmloq; xushiga kelmoq.
기존(既存) mavjud; bor; ~공식 mavjud formula; ~설비 mavjud uskuna.
기준(基準)(규칙(規則)) I kriteriy; standart; me'yor; me'yoriy; ~의 standartlashgan; me'yoriy; ~하다 biror nimaning me'yorini hisoblamoq; ~을 세우다 me'yor o'rnatmoq; me'yorlashtirmoq; 임금 계산의 ~ oylik maosh me'yori; 진리의 ~ haqiqat chegarasi; ~가격 standart narx; ~량 me'yor; ~원가 narxlash me'yori;~점 xisobot boshlamoq; koordinat boshlamoq; ~화 normallashtiruv; standartlashtiruv.
기지(基地) fundament; asos; baza; ~의 asosiy; bazaviy; ~에서 bazada; ~를 두다 biror nimaga asoslanmoq; ~망 bazalar tarmog'i; 군사~ harbiy baza; ~원료 xomashyo bazasi; 전진~ ilgarilanma baza; 항공~ aviatsion baza; aviabaza; 해군~ harbiy dengiz bazasi.
기질(氣質) jismoniy holat; sog'liq; fe'latvor; temperament;

mijoz; 다혈적 ~ songvinistik temperament; 담즙질적~ xolerik temperament; 우울~ melanxolik temperament; 점액~ flegmatik (oqqon) temperament.
기차(汽車) poyezd; ~를 타다 poyezdga o'tirmoq; ~를 타고가다 poyezdda ketmoq; ~에서 내리다 poyezddan tushmoq; 기찻길 temir yo'l; ~승무원 poyezd (konduktor) brigadasi; ~시간표 poyezdlar jadvali; ~표 temir yo'l chiptasi.
기체(氣體) gaz; gazsimon jism; ~의 gazli;~를 함유한 gazlangan; ~를 분리시킨다 gazlamoq; ~화시키다 gazlashtirmoq; biror nimani gazga aylantirmo; ~화하다 gazlanmoq; gazga aylanmoq; ~방전 gazli razryad; ~분석기 gaz analizatori; ~여과기 gaz filtri; ~연료 gaz yoqilg'isi; ~온도계 gaz termometri; ~정량 gazometriya; ~채취기 gazifer; ~화 gazlashtirmoq; gazga aylanmoq.
기초(基礎)(토대(土臺) sos; fundament; ~의 asosiy fundamental; ~적 asoslangan; ~하다 asoslanmoq; ~를 쌓다 biror nimaga asos solmoq; ~위에서 biror nima asosida; biror nimaga tayanib; biror nima bazasida; 건물의 콘크리드~ binoning beton fundamenti; 이론적~ teoretik asos; ~공제 asosiy chetlashtiruv;~과학 fundamental fanlar; ~대사 asosiy almashuv; ~지식 asosiy bilimlar.
기침 yo'tal; ~이 나다 yo'talmoq; tomoq qirmoq; 헛(마른) ~을 하다 quruq yo'tal; ~하다 yo'talmoq.
기타(其他) I boshqa; shunga o'xshash; 사과, 배와 ~과일 olmalar, noklar va boshqa mevalar.
기타 II gitara.
기탁(寄託) topshiriq; ~하다 topshirmoq; ~증서 topshiriq xati.
기특하다 munosib; maqtovga munosib; 기특히 maqtovli; 기특히 여기다 maqtovli hisoblanmoq; yaxshilab gapirmoq (maqtamoq).
기포(氣泡) ko'pik; ko'pik pufagi; ~가 생기다 ko'pirmoqda; ~성 ko'pikli; ~제 ko'pik hosil qiluvchi; ko'pirtiruvchi.
기피하다 qochmoq; biror nimadan o'zini olib qochmoq; 책임을~ javobgarlikdan qochmoq; 기피자 qochuvchi.
기필코 albatta; ilojsiz; ~ 이 어려운 상황을 극복하겠다 albatta bu qiyinchiliklarni yengaman.
기하(幾何) geometriya; ~급수 geometrik progressiya; ~적 geometrik; ~급수적으로 늘어나다 geometrik progressiya o'sishi; ~학자 geometrik; 고등~ oliy geometriya.
기하다(期-) 1) muddatli; biror nimani boshlang'ich vaqt sifatida olmoq; 이 날을 기해서 bu sana munosabati bilan vada bermoq; 1) so'z bermoq; bashorat qilmoq.
기한(期限)(기간) muddat;~이 끝나가다 muddat o'tmoqda; ~을 앞당기다 biror nimani muddatigacha qilmoq; ~을 연장하다 muddatni cho'zmoq; ~을 정하다 muddat o'rnatmoq; belgilamoq; ~을 초관하다 muddatidan o'tib ketmoq; ~내에 muddatida; ~만료 전에 muddatgacha; muddati kelguncha; 3년~으로 3 yillik muhlatda.
기호(記號) I belgi; simvol; ~의 belgili; ~체계 belgilar tizimi; ~학 semiotika; semiologiya; ~학자 semiolog.
기호(嗜好) II did; yondashuvchanlik; ~에 맞다 biror kimning didiga mos kelmoq; ~에 맞지 않

다 didiga to'gri kelmaslik; ～품 tabak mahsulitlari va choy.
기혼(旣婚) I nikohdagi; ～남성 uylangan erkak; ～여성 turmushga chiqqan ayol; ～자 uylangan; turmushga chiqqa.
기혼(氣昏) II ～하다 xira; xiralashgan; xiralashmoq.
기화 I gaz hosil qilmoq; bug' hosil qilmoq; bug'lanmoq; ～하다 gazga aylanmoq; uchib ketmoq; ～시키다 biror nimani gazga aylantirmor; uchirmoq; gazlashtirmoq; ～기 uchirib yuboruzchi; karbyuratr.
기화(奇貨) II 1) qimmatbaho; noyop; 2) qulay sharoit; bahona; ...을 ～로 [하여] biror nimaga asoslanib; biror nima bahonasida; ～가거 qulay fursatdan foydalanish mumkin.
기회(機會) hodisa; qulay fursat; imkon; ～를 놓치다 imkonni boy bermoq; ～를 이용하다 fursatdan foydalanmoq; ～가생기면 agar imkoni bo'lsa; ～가 있을 때마다 har qanday qulay sharoitda; ～를 보아서 qulay sharoitda.
기획(企劃) rejalashtirmoq; ～하다 rejalashtirish; ～초안을 잡다 reja tashlamoq; 비용～ hara- katlar rejasi; 영역별～ yo'nali- shdagi rejalashtiruv; ～부서 rejalashtiruvchi.
기후(氣候) iqlim; ～의 iqlimiy; ～에 적응하다 iqlimlashmoq; 대륙(성)～ kontinental iqlim; ～구 iqlim rayyoni; ～요법 iqlimiy terapiya; ～학 klimotorogiya; ～학자 iqlimshunos; ～조건 iqlimiy sharoit.
긴급(緊急) ～동의 navbatdan tashqari; savoldan ko'rib chiqish taklifi; ～회의 sxoshilinch yig'ilish.
긴급하다 tezkor; sxoshilinch; (ekstrenniy); 긴급히 tez; sxoshilinch; 긴급명령 favqulotda buyruq bermoq; 긴급모임 favqulotda yig'ilish; 긴급조치 tezkor choralar; 긴급한 favqulotda.
긴밀하다 yaqin; zich; 긴밀히 yaqin, zich; 긴밀한 관계 yaqin aloqa; 긴밀한 의존관계에 있다 biror kimga nimaga bevosita bog'liq bo'lmoq.
긴장(緊張) kuchlanmoq; qizimoq; ～된 kuchlangan; qizigan; tortilgan; ～하다 kuchlanmoq; 몹시 ～하여 katta kuchlanish bilan; ～된 정국 qaltis siyosiy ahvol; ～도 qaltislik; qizg'inlik; intensivlik.
길 I 1) yo'l; yo'lak; 2) usul; ashyo; ～의 yo'l niki; ～떠날 차비를 하다 yo'lga tushmoq; ～을 내다 yo'l solmoq; ～을 뚫다 yo'l qidirmoq; ～을 막다 biror kimni yo'lini to'smoq; ～을 잃다 yo'lni yo'qotmoq; ～을 잘못 들다 yo'ldan adashmoq; ～을 재촉하다 sxoshmoq; sho-shilmoq; ～이 늦다 kechikmoq; yo'lda ushlsnib qolmoq; 그것을 알 ～이 없다 bu haqda bilishning iloji yo'q; 다른 ～은 없다 boshqa yo'l yo'q; boshqa iloji qolmadi; 배움의 ～ bilimga yo'l; 성공의～ omadga yo'l; 전인미답의 ～ noaniq yo'l; 평탄한～ ravon yo'l; 가는～에 yo'l yo'lakay; 돌아오는～ 에 qaytishda; ～가 yo'l cheti; ～목 yo'lning tarmoqlanishi; asosiy yo'l; ～손 yo'lovchi; sayohatchi; mehmon; ～잡이 yo'l boshchi.
길 II ～이 들다 1) yaltiroq bo'lmoq; yaltiroq; 2) o'rganmoq; o'rgatilmoq; 3) qulay bo'lmoq; ～들이다 a) tilla yurgizmoq; b) hayvonlarni o'rgatmoq; ko'niktirmoq

길길이 yuqori; yuqoriga; ~쌓이다 yuqori betartiblik; ~자라다 yuqoriga o'smoq; ~뛰다 kuchli bo'lmoq; kuchli hayajonlanmoq; to'lqillanmoq.

길다(기니, 기오) uzun; uzaygan; davomiy uzoq; 길다랗다 yetarlicha uzun; 길다랗게(다라니) yetarlicha uzun; 길이 uzoq; uzoq vaqt; uzoq vaqt mobay- nida; 길이길이 uzoq uzoq asrlarda; butunlay; 긴 밧줄 uzun arqon; 긴 시간 uzoq vaqt; 다리가~ uzun oyoq; 수염이~ uzun- soqol.

길드 gildiya; ~의 gildiylarniki (oqim); ~사회주의 gildiylar sotsializmi.

길들이다 o'ragtmoq; qo'lga o'rgatmoq; jilovlamoq.

길이(거리) uzunlik; davomiylik; oraliq; ~가 300킬로미터인 강 uzunligi 300kmli daryo; 낮과 밤의 ~ kun va tunning davomiy- ligi.

길하다(吉-) yaxshilikka xizmat qiluvchi; baxtdan xabar beruvchi; 길일 baxtli kun; 길조 yaxshi yangilik; 길흉화복 baxt va baxtsizlik.

길흉(吉凶) baxt va baxtsizlik; omad va omadsizlik; taqdir.

김 I bug'; bug'lanmoq; ~의 bug'lanmoq; ~을 올리다 bug'da pishmoq;~이 나가다(빠지다)maza yo'qotmoq; nafasi qaytmoq; ~빠진 소리 achinarli hol; 입 ~을 불다 biror nimani uflash; og'zidan bug' chiqarmoq; 맥주 ~이 빠졌다 pivo dimiqib qoldi.

김 II yovvoyi o't; ~을 매다 o't yulmoq; yagana qilmoq; ~매기 yagona.

김밥 porfir bargiga qilingan do'lma; muruch solingan ziravorli (xom yeyiladi).

김장독 tuzlamalar uchun sopol idish (gan).

김장밭 dala; tuzlama tayorlash uchun sabzavot yetishtiriladigan joy.

김장철 mavsum (vaqt); tuzla- malar mavsumi.

김치 chimchi; 김칫독 kimchi saqlanadigan loy idish.

김치국 1) chimchi rassoli; ~부터 마신다 [줄 사람은 아무 말도 없는데 김치 국부터 마신다] kimchi solingan sho'rva.

깁다 (기우니. 기워) ko'klamoq; tikmoq, yamamoq; to'ldirmoq; 옷을~ kiyim tikmoq; 양말을~ paypoq yamamoq.

깁스 gips; ~의 gipsli; ~를 하다 oyoqni gipsda ushlamoq; ~붕대 gipsli bog'lam.

깃 I pat; ~을 다듬다 qush ini; ~을 다듬다 yaxshilanmoq; ~털이 자라다 patlamoq;~털 patlanmoq.

깃 II 1) pat, patlanmoq; 깃[을] 다듬다 yaxshilanmoq; yasanmoq (qushlarda); 2) patlamoq; 3) qush ini; uyasi.

깃 III 1) somon to'shak; (hay- vonga); ~에 들다 inda o'tirmoq; 고기깃, 깃[을] 주다 hayvonga somon to'shamoq; (suvga) ko'p tashlamoq; o't tashlamoq (baliq tutish uchun).

깃들다 (깃드니,깃드오) uya qurmoq; in yasamoq; yashamoq; mavjud bo'lmoq; 건전한 정신은 건전한 신체에 깃 드린다 sog' tanda sog'lom aql .

깃들이다 istiqomat qilmoq; yashamoq; in qurmoq (qush).

깊다 1) chuqur; 2) kar; 3) qattiq; mahkam; 4) quyuq; 깊다랗다 ancha chuqur; 깊디깊다 chuqur-chuqur; 깊이 chuqurlik; 깊게 chuqur; 깊이하다 chuqur- lashtirmoq; chuqur qilmoq; 깊은 밤 chuqur tun; 깊은 병 jiddiy kasallik; 깊은 비밀 chuqur sir; 깊

은 숲 qalin o'rmon; 깊은 생각 chuqur fikr; 깊은 안개 quyuq tuman; 깊은 인상 chuqur taasurot; 깊은 잠 chuqur uyqu; 깊이가 있는 사람 jiddiy inson; 깊이가 있는 연설 chuqur ma'noli chiqish; 깊이 잠들다 chuqur uyquda; qotib uxlamoq; 감명이 kuchli ta'sirlanishda bo'lmoq. 깊숙이 chuqur (juda).

깊은 juda chuqur.

깊이 1) chuqurlik; 2) jiddiylik; 3) chuqur; ~잠이 들다 qattiq uyquga ketmoq.

깊이깊이 juda chuqur.

까놓다 ochiqchasiga; 까놓고 말해서 ochig'ini aytganda.

까다 I 1) ozmoq; 2) qisqarmoq; o'ldirmoq (holat, buyum).

까다 II tozalamoq; qoqmoq; ochmoq(jo'jani); tuxum bosmoq; urmoq; qattiq urmoq; shikast yetkazmoq; 병아리를 ~ jo'ja ochirmoq; 사과 껍질을 ~ olma tozalamoq; 적을 ~ dushmanga zarar (shkast) yetkazmoq.

까다로운 nozik.

까다로이 1) oddiy emas; murakkab; 2) tanqidiy; injiq.

까다롭다 qiyin; murakkab; tadqidli; injiq; nozik; 까다롭게 qiyin; oson emas; noziklik; 까다롭게 굴다 tanqid qilmoq; 까다로운 질문 nozik masala; 까다로운 사람 injiq odam.

까닭 sabab; bahona; ~없이 besabab; 이러한 ~에 shu sababli; shu tufayli.

까마득하다 juda uzoq; uzoquzoq; yetib bo'mas; ~한 목포 yetib bo'lmas maqsad; ~한 옛날 oqsoch qariya.

까맣다 (까마니, 까마오) juda qora; juda uzoq; yetib bo'lmas; 까맣게 잊다 umuman unutmoq.

까먹다 tozalamoq va yemoq; 자기 재산을 야금야금 asta-sekin o'z davlatini sovurmoq.

까무러치다 xushdan ketmoq; xushdan ketib yiqilmoq; ~갑자기 birdan xushsiz yiqilmoq.

까발리다 topmoq; ochmoq; ochib tashlamoq; 음모를 ~ fitnani ochib tashlamoq.

까불다 (까부니. 까부오) 1) chayqalmoq; tebranmoq; (tepadan pastga); 2) lipillamoq (chiroq); 3) jiddiy emas; yengiltak bo'lmoq; 4) sho'xlik; to'palon qilmoq; nojiddiy bo'lmoq; 경망스럽게 ~ yengiltaklarcha sho'xlik qilmoq.

까지 -gacha; -ga; -hattoki; 그때 ~ u vaqtgacha; 아침부터 저녁 ~ ertalabdan kechgacha; 어린아이~도 모두 다 hamma; hatto bolalar ham; 1917년부터 1991년 ~ 1917 yildan 1991yilgacha.

까칠하다 notekis; qattiqroq; 까칠까칠 ba'zi joylari notekis; ba'zi joylari qattiqroq; 까칠한 머리털 qo'polroq sochlar; 까칠한 살갗 quruqlashgan teri.

까탈 to'siq; ziddiyat; tantiq; ~을 부리다 to'siqlik qilmoq; 사소한 일로도~을 부리다 biror kimga arzimagan sabab bilan tanqid qilmoq.

깍두기 tuzlangan turup, to'rt burchak qilib kesilgan holda.

깍듯이 muloyim; mulozamatli.

깍듯하다 muloyim; hisobga oluvchi; mulozamatli; 깍듯함 muloyimlik; 깍듯하게 muloyim; yumshoq munosabat; 깍듯한 태도 hisobga oluvchanlik odati.

깍쟁이 qizg'anchiq; baxil; ~노릇을 하다 qizg'anchiqlik; pulga sotilmoq; ~짓 qizg'anchiq; baxillik.

깎다 to'g'irlamoq; charxlamoq; tuzatmoq; tozalamoq; kesmoq;

o'rmoq; kamaytirmoq; buzmoq; buzib tashlamoq; 깎이다 kesilmoq; kamaymoq; eqilmoq; 값을 ~ narxni tushirmoq; 이를~ sochni kesmoq; 연필을 ~ qalamni ochmoq; 체면을 ~ obro'ni to'kmoq; 판자를 ~ taxta kesmoq.
깐 hisoblar; maqsadlar; 제깐에 meni hisobim bo'yicha; 깐[을] 보다 yoddan o'lchamoq; hisoblamoq.
깐깐하다 toliq; tarkibli; sinchiklab.
깐깐하게 to'liq; tartibli; sinchiklab.
깔개 yotqiziq.
깔깔 ~웃다 kulib yubormoq.
깔깔거리다 qotib kulmoq.
깔끔하다 toza va silliq; epchil; chaqqon.
깔끔히 toza; silliq; epchillik; chaqqonlik; 깔끔히 일을 처리하다 ishni epchil uyushtirmoq.
깔다 (까니, 까오) solmoq; yotqizmoq; bosmoq; 식탁에 식탁보를 ~ stolga dastuxon solmoq.
깔때기 1) o'rama idish (suyuqliklarga mo'ljallangan); 2) bosh kiyim, konvoira konus simon bosh kiyim; 3) suv uchun mo'ljallangan yog'langan qog'ozli askar idishi.
깔려 있다 yopilmoq.
깔리다 solinmoq; 자동차에 ~ mashina tagida qolmoq.
깔보다 yoqtirmaslik; ko'z kiri bilan qaramoq; (mensimaslik; pastga urmoq).
깔아뭉개다 yerga urmoq; yashirmiq va berkitmoq; biror nimadan ko'z yummoq; 여론을 ~ jamiyat fikrini qo'zg'atmoq; yo'ldan urmoq.
깜둥이 1) qoratanli odam; 2) qora kuchukcha.
깜박 bir zumda; birdan; kutilmagan.
깜박거리다 1) lipillamoq; 2) yaltiramoq; 3) xushdan ketib qolmoq.
깜박(깜빡)하다 lipillamoq; yaltiramoq; ko'zni pirillatmoq; birdan xush(es) ni yo'qotmoq; 깜빡임 yaltirash; lipillash; pirpirash; 눈 깜빡(깜짝)할 사이도 없이 kuzini ochib yumishga ham ulgurmay; 눈 하나 깜빡 안하다 ko'zini ochib yummoq; 멀리서 불빛이 깜빡였다 uzoqda olov lipirillar edi.
깜작 ~하다 lipillamoq.
깜찍하다 muloyim; muloyim ko'rinishli; 깜찍하게 yumshoq; yumshoqli; 그녀는 깜짝하게 생겼다 uning ko'rinishi muloyim.
깡그리 umuman qoldiqsiz (istisnosiz).
깡통 bo'sh bonka; bo'sh odam; ahmoq; farosatsiz; 통조림 ~ bo'sh konserva bonkasi; ~을 차다 kambag'al bo'lib qolmoq; 그는 음악에는 ~이다 u musiqada hech narsa tushunmaydi.
깡패 bosqinchi; zo'rovon; ~의 bosqinchilarga; zo'ravinlarga; ~짓을 하다 bosqinchilik qilmoq; ~짓 bosqinchilik qilmoq; bosqinchilik; 정치~ siyosiy bosqinchi; zo'ravon.
깨 kunjut; ~의 kunjutli; ~가 쏟아지다 o'ziga xos, qiziq, ajoyib; 깻묵 kunjut po'stlog'i; 깻잎 kunjut bargi.
깨끗이 1) toza; tartibli; pokiza; 2) umuman; to'liq; butunlay.
깨끗하다 toza; toza va yangi; tartibli; pokiza; 깨끗함 tozalik; tartiblik; pokizalik; 깨끗하게 toza; yoqimli; batartib; tozaligicha; 깨끗히 하다 tozalamoq; ~한 toza.

깨다 I sindirmoq; shikast yetkazmoq; yaralamoq; buzmoq; 깨어지다 buzilmoq; sinmoq; bo'linmoq; uzilmoq; 낡은 관습을 ~ eski udum (odat)larni buzmoq; 정적을 ~ tinchlikni buzmoq.
깨다 II uyg'onmoq; o'ziga kelmoq; tetiklashmoq; xushyor tortmoq; tushunmoq; tushunib yetmoq; 깨우다 uyg'otmoq; o'ziga keltirmoq; 깨우치다 biror nimaga ko'zni ochmoq; biror nimani tushuntirmoq; 잠에서 ~ uyqudan uyg'onmoq.
깨닫다(깨달으니.깨달아) tushunmoq; tushunib yetmoq; 계급모순을 ~ sinfiy qaramaqarshilikni tushunmoq; 진리를 ~ haqiqatga yetishmoq;
깨달음 tushunish; tushuncha.
깨우치다 ko'zini ochmoq (biror nimaga) ongiga yetkazmoq; uyg'otmoq.
깨지다 singan idish bo'laklarini jamlamoq.
꺼내다 chiqarmoq; sug'urmoq; gap boshlamoq; 호주머니에서 손수건을 ~ dastro'molni cho'ntakdan chiqarmoq.
꺼림칙하다 biroz yoqimsiz; 어쩐지 이 일을 하기가 ~ nimagadir qilish ozroq yoqimsiz.
꺼지다 tushib ketmoq; cho'kmoq yiqilmoq; 마룻바닥이 ~ pol tushib ketmoqda; 눈이 움푹 ~ ko'zi chiqib ketmoq.
꺼칠꺼칠 ~하다 ba'zi joylari notekis(qattiq), juda notekis.
꺼칠하다 notekis; quruqlashgan (teri soch haqida).
꺾꽂이 vegetativ ko'paymoq.
꺾다 sindirmoq; yulmoq; yo'nalishni o'zgartirmoq; o'rtasidan qayirmoq; taxlamoq; gapirishga qo'ymaslik; gapini bo'lmoq; ~ 꺾임 sindirish; 꺾이다 sinmoq; bo'linmoq; 고집을 꺾지 않다 o'zinikida turib olmoq; 꽃을 ~ gul uzmoq; 꺾임각 sinish burchagi; 꺾쇠 bukilma; sinish.
꺾쇠괄호(-括弧) to'rtburchak qavs.
꺾어지다 1) sinmoq; bo'linmoq ; 2) o'rtadan bo'linmoq; ikkiga taxlamoq;
껍데기 po'stloq; po'choq; chig'anoq; ~의 po'stloqli; qoplamli; 이불 ~ ko'rpa soladigan choyshap.
껍질 po'st, po'choq; qoplama; ~을 벗기다 po'stidan tozala- moq; 귤~ mandarin pochog'i; 빵~ non qoplamasi;
-께 atrofida taxminan; 보름 ~에 taxminan oyning o'rtasida.
-께 1) 형님께 편지를 쓰다 akasiga xat yozmoq; 2) 권고된 대로 mehmonlar tomonidan tafsi- ya etilgan; 3) 그 따위 실은 어머니께 많다 onamda bunaqa iplar ko'p.
-께서 hurm. 1) 아버지께서 말씀하셨다 ota(m) dedi; 2) 아버지께서 온 편지 ota(m) dan (kelgan) xat.
껴안다, 포옹하다 1) quchmoq; 2) o'ziga bir qancha ish olmoq; 꽉 ~ qattiq quchmoq; 몇몇 일의 책임을 ~ bir qancha ish uchun javobgarlik olmoq; 아이를 ~ bolani quchoqlamoq.
꼬다 to'qimoq; buramoq; tekkizib gapirmoq; qo'pollik qilmoq; 꼬이다 buralmoq; yigirilmoq; 몸이 아파서 ~ og'riqdan buralmoq; 새끼를 ~ arqon eshmoq.
꼬드기다 1) uyg'otmoq; jonlantirmoq; turtki bo'lmoq (biror nimaga); 2) qayramoq; olovga yog' sepmoq; 3) ipni qattiq (birdan) tortmoq(varrakni ipini).
꼬리 dum; ~가 드러나다 ochilmoq; echinmoq; ~를 감추다

izlarni yo'qotmoq; ~를 물다 bir birini ortidan poylamoq.
꼬리표(-票) birka; qog'ozga (jo'natuvchi va oluvchining) manzili ko'rsatilgan; ~[가] 붙다 (달리다) yorliq; osmon.
꼬마 kichkina; kichkintoy; ~자동차 kamlitrli avtomabil.
꼬부라지다 egilmoq; bukilmoq. 꼬부랑길 qing'ir yo'l; 꼬부랑 노인 bukchaygan qariya.
꼬시다 tortmoq; qiziqtirmoq.
꼬이다 I injiq bo'lmoq; ~일이 꼬였다 ish to'xtab qolmoq; 그는 성격이 꼬였다 u injiq bo'lib qolgan; 꼬임에 넘어가다 aldan- moq; qoqonga tushmoq; 꼬임 extiros.
꼬이다 II qaynamoq; to'planmoq; 개미떼가 마루에 ~ polda chumolilar to'planyapti.
꼬집다 yulmoq; tegmoq; sanchib olmoq; 꼬집히다 kamsitilmoq; 서로 ~ aytishmoq; 아픈 곳을 ~ biror kimni ko'nglini og'ritmoq.
꼭 반드시 I mahkam; qattiq; zich; mustahkam; sabrli; 눈을 ~감다 ko'zni qattiq yumib olmoq; 배고픔을 ~참다 ochlikka sabr bilan chidamoq.
꼭 II aniq; aynan; albatta; ~같다 huddi shunaqa; biror nima (kim)ga juda o'xshamoq; 몸에 ~맞는 옷 yaxshi yarashgan kiyim; 약속을 ~지키다 vadani qattiq bajarmoq; 이표현이 여기에 ~들어맞느다 bu gap ayni o'rinli.
꼭지 ushlagich; qopqoq ushlagichi; ~의 tutqichli; ~를 따다 tutqichni uzmoq.
꼴 ko'rinish; surat; manzara; 이런 ~로 shu ko'rinishda; ~불견이다 yoqimsiz qarash; ~사납다 jirkanch yoqimsiz.
-꼴 pul birligidan keyin odatda tarjima qilinmaydi: 연필 열 자루에 20 전이면 한자루에 2 전꼴이다 to'qqizta qalam 20chon tursa, unda bittasi 2 chon turadi.
꼴찌 oxirgi o'rin tartib bilan.
꼼꼼하다 sinchiklab; e'tibor bilan; nozik.
꼼꼼함 sinchkovlik; e'tibor;
꼼꼼한 준비 puxta tayyorgarlik;그는 금전문제에 대해서는 매우꼼꼼하다 u pul masalasida juda nozik.
꼼짝 ~하다 zo'rg'a qimirlamoq;
꼼짝못하다 qimirlay olmaslik; oyoq-qo'li bog'liq bo'lmoq; ~안하다 cho'chimaslik; fikrni o'zgartirmaslik; o'zinikini maqullamoq; hech nima qilmaslik; barmoqni barmoqqa urmaslik; birovga qarshi so'z aytmaslik.
꽁무니 dumg'aza; dumba; eng oxiri; biror nimaning dumi; ~를 빼다 sekingina qochib ketmoq; ~를 사라지다 qo'rqandan qochib ketmoq; cho'chimoq.
꽂다 tiqishtirmoq; kirgizmoq; quymoq; buramoq; ~바늘을 ~ biror nimaga igna sanchimoq; 전구에 소켓에 ~ patronga lampochka buramoq.
꽃 gul; chiroy; ajoyib; ~의 gulli; ~답다 gulday chiroyli (go'zal); ~피다 gullamoq; ~가지 gulli shox; ~구경 gullarga maxliyo bo'lmoq; ~나무 gullagan daraxt; bezak daraxti; ~다지 eng birinchi bodiring hosili; ~무늬 gulli naqsh; ~밭 gulchi; ~병 guldon; ~씨 gul urug'lari; ~장수 gulchi; ~향기 gullar isi; ~봉오리 g'uncha; ~송이 gul; gulcha; ~잎 bargcha.
꽉 mahkam; qattiq; oxirgacha; to'liq; 생각이 머리에 ~차다 bosh fikrga to'la; 숨이 ~막히다 nafas qaytmoq; 가방에 책을 ~채우다 portfelni kitobga to'ldirmoq.
꽝이다 ex; attang; o'xshamadi.
꽝 ~하다 tashlamoq; 그는 주먹으

로 방문을 ~쳤다 u mushti bilan eshikni urdi.
꽤 yetarli. 꽤 많다 juda ko'p.
꽤 진지하게 yetarlicha jiddiy.
꾀 ayyorlik; reja; makr; 꾀[를] 쓰다(내다) ayyorlik qilmoq; 꾀[가] 바르다 ayyor; makrli; 꾀[를] 부리다 a) makr ishlatmoq; b) bahona qilmoq; 꾀[를] 피우다 ayyorlik ishlatmoq; ~를 쓰다 hiyla qilmoq; ~돌이 kichik hiylakor.
꾀까다롭다 juda(o'ta) tadqidchan (injiq).
꾸다 I tush ko'rmoq; tushda biror nima ko'rmoq; orzu qilmoq; o'ylamoq; 꿈을 꾸는 사람 orzumand; xayolparast; 내가 그런 것을 할 수 있으리라고는 꿈도 꾸지 않았다 men bu narsani qila olishim yushimga ham kirmagan.
꾸다 II qarz olmoq; 꾼돈 qarzga pul olmoq; 잠시 돈을 ~ biror kimdan vaqtincha pul olmoq; 어디 ~놓은 보릿자루 umumiy fitnada qatnashmaydigan kishi.
-꾸러기 잠꾸러기 uyqichi; 장난꾸러기 to'polonchi. 꾸물거리다 erinib harakatlanmoq; zo‘rg'a qimirlamoq; kovlashtirmoq; 정리하는데 ~ yig'ishtirishni cho'zmoq; 무얼 거리 꾸물거리고 있니? buncha uzoq kovlashtirding?
꾸준하다 harakatchan; qat'iy; 꾸준함 qat'iylik; 꾸준히 qat'iyatli; charchamas; 꾸준히 실천해나가다 amalda qat'iy ko'rsatmoq.
꾸짖다 biror kimga biror nima yuzasidan tanbeh bermoq; so'kmoq; urushmoq; 호되게 ~ biror kimni ta'na, malomatlarga ko'mib tashlamoq.
꿀 asal; ~의 asalli; ~맛 asal mazasi; juda shirin maza; ~물 asalli suv; juda shirin suv; ~벌 asal ari; ~잠 shirin tush; ~참외 shirin qovun; ~맛이다 asalday shirin; ~먹은 벙어리 asal yegan soqo‘v; ~벌 ari asali; 아카시아 ~ akatsiya asali.
꿇다[무릎을] tiz cho'kmoq; tizzalamoq; 꿇어(무릎)사격 tizadan otmoq.
꿈 tush; tush ko'rmoq; orzu; umid; armon; ~꾸다 tush ko'rmoq; orzu qilmoq; ~속에서 tushda; ~에도 aynan; ~결같다 fantastik; tez oquvchan; bir zumlik; ~에 보이다 tushga kirmoq; ~자리가사납다 yomon tush ko'rmoq; ~보다 해몽이 좋다 tush mazmunini chaqish tushning o'zidan yoqimliliroq; ~은 아무렇게 꾸어도 해몽만 잘하여라 qanday tush ko'rma yaxshi tomondan o'ylash kerak.
꿩 fazan; ~고기 fazan go'shti; 암(까투리)~ fazan (urg'ochisi); ~대신에 닭이라 baliqsiz joyda qisqichbaqa ham baliq; ~먹고 알먹는다 bir o'q bilan ikki quyonni urmoq.
꿰다 sanchmoq; taqmoq; o'tkazmoq; 꿰어지다 sanchilgan bo'lmoq; sanchmoq; 진주에 실을~ durni ipdan o'tkazmoq.
꿰매다 tikmoq; to'g'irlamoq; hal qolmoq; 셔츠에 달 단추를 ~ pidjakka tugma qadamoq; 헤어진 외투를 ~ yirtilgan paltani tikmoq.
끄나풀 yugurdak; ayg‘oqchi agent; dum; ~노릇 laganbardor; ~노릇을 하다 laganbardorlik qilmoq.
끄다 I o'chirmoq; 불을 ~ olovni o'chirmoq; 텔레비전을 ~ televizorni o'chirmoq.
끄다 II sindirmoq; buzmoq; teshmoq (muzni).
끄떡 까딱; ~없다 a) qimirlamas;

mahkam turgan; b) qarshiliksiz; e) butun; tegilmagan.

끄집다 mahkam ushlab olib tortmoq; 끄집어내다 a) sug'urmoq; chiqarmoq; 기침을 끄집어내다 yo'talib olmoq; 이야기를 끄집어내다 so'zlab berishni boshlamoq; b) aniqlamoq(kamchilikni); e)qilmoq (xulosa); 끄집어들이다 a) sudramoq; b) qo'shmoq; ilashtirmoq.

끈 arqon; ip; bog'ich; ~으로 맨 bog'ichli; ~으로 묶다 bog'ichlamoq; ~으로 묶어서 끌고 가다 biror kimni bog'liq holda olib kelmoq.

끈기(-氣) tirishqoqlik; intiluvchanlik; ~있다 tirishqoq; intiluvchan; ~가 부족하다 kimdadir tirishqoqlik yetmaslik.

끊다 uzmoq; yirtmoq; kesmoq; to'xtatmoq; tashlamoq; sotib olmoq; sotib qo'ymoq; 소식을 ~ xabarsiz bo'lmoq; 끊어지다 uzilmoq; to'xtamoq; 끊어졌다 이어졌다 하다 uzilishli; 끊임없다 uzluksiz; 또박또박 끊어 말하다 qisqa va tushunarli gapirmoq; 목숨을 ~ hayotni uzmoq; o'zini o'ldirmoq; 수돗물 공급을 ~ suv berishni to'xtatmoq; 술을 ~ ichishni tashlamoq; 왕복표를 ~ qaytish chiptasini sotib olmoq; 외교관계를 ~ diplomatik munosabatlarni to'xtatmoq; (buzmoq); 저의 퇴로를 ~ ortga yo'lni to'sib qo'ymoq; 갑자기 자기 말을 ~ o'zini nuyqini uzib qo'ymoq (uzmoq).

끊이다 1) uzilmoq; to'xtamoq; 생명이 ~ uzilish (hayot haqida); 2) tugamoq (magazin tovarlari); 끊임없다 uzluksiz; doimiy.

끌 uskuna; usta anjomi; 둥근 ~ yumaliq uskuna; ~을 사용해 동판에 새겨 넣다 mis o'ymakorligi; ~날 o'tkir uskuna.

끌다(끄니,끄오) udramoq;tortmoq; ergashtirmoq; chiqarmoq; ~끌리다 tortilmoq; sudralmoq; 끌어내다 sug'urmoq; chiqarmoq; 끌어내리다 pastga tortmoq; 끌어당기다 cho'zmoq; tortmoq; 끌어안다 quchmoq; ko'ksiga bosmoq; 끌어올리다 tepaga tortmoq; ko'tarmoq; 시간을 ~ vaqtni cho'zmoq; 옷자락을 마룻바닥에 ~ ko'ylak etagini sudrab yurmoq; 인기를 ~ mashhur bo'lmoq; 자기 편으로 ~어 들이다 o'ziga tortmoq; 전화선을 ~ telefon liniyasini tortmoq.

끓다 qaynamoq; biqirlamoq; isimoq; qizimoq; qaynatilmoq; chiyillab nafas olmoq, hirillamoq; ~끓어오르다 qaynamoq.

끓이다 qaynatmoq; pishirmoq; 끓는 물 qaynayotgan suv; 끓어오르는 분노 g'azab qaynashi; 구더기가 우글우글 ~ urug'i qaynamoq; 물을 끓이다 suv qaynatmoq; 방구들이 절절 끓는다 pol isimoqda; 피가 끓어오른다 qoni qaynamoq.

끔직하다 ajoyib; hayratli; dahshatli; favqulotda; daxshatga solmoq; ~끔직하게(히) hayratomuz; ajoyib; dahshatli; 끔직한 광경 dahshatli ko'rinish; 엄마는 끔직하게 제 자식을 사랑한다 ona bolasini juda ham yaxshi ko'radi.

끝, 마지막 oxiri; uchi; uchli; tepasi; chekkasi; natija; ~의 so'nggi; oxirgi; ~나다 tugamoq; tamom bo'lmoq; yopilmoq; ~내(마치)다 tugatmoq; oxirlamoq; tamomlamoq; yopmoq; ~모르다 cheksiz; chegarasiz; ~없다 chegarasiz; ~장나다 hammasi tamom; ~까지 oxirgacha; ~내 va nihoyat; ~무렵에 oxiriga; 이 ~에서 저 ~까지 bir boshidan narigisigacha; 처음부터 ~까지 boshidan oxirigacha; ~없이 cheksiz; ~ 마무리 cheksiz; nihoyasiz; ~판 oxiri; final.

끝장 tamom; nihoya; ~[을] 내다 tamomlamoq; tugatmoq; ~[을] 보다 tugallamoq; ~[을] 쥐다 oxiriga etkazmoq; ~[이] 나다 a) tugamoq; tamom bo'lmoq; b) buzilmoq; qulamoq.

끼다 qo'ymoq; solmoq; aralashtirmoq; qo'ymoq; yuvmoq; biror kimdan yordam olmoq; biror kimdan o'z manfaati yo'lida foydalanmoq; qo'shmoq; ~끼움 qo'yuv; qo'shuv; 끼우는 창틀 qo'yiladigan oyna romi; 결혼반지를 손가락에 ~ barmoqqa nikoh uzugini taqmoq; 모스코바 시는 강을 끼고 있다 moskva shahrini daryo yuvadi; 부록을 끼워서 책을 비싸게 팔다 qimmatbaho kitobni ilovasi bilan sotmoq; 창틀에 유리를~ deraza romiga oyna qo'ymoq.

끼우다 qo'ymoq; kirgizmoq; biror nimada qatnashmoq; 땅에다 말뚝을~yerga qoziq qoqmoq.

끼이다 I 1) kirmoq(tikan zirava; qaqida); aralashmoq; xalqqa) aralamoq; tiqilib olmoq.

끼이다 II yoqtirmaslik; odamlardan o'zini olib qochmoq.

끼치다 I g'oz terisi bilan qoplanmoq; 고약한 냄새가 확 ~ yoqimsiz hid burunga urildi.

끼치다 II yetkazmoq; tekkizmoq (shikast); qiyinlashtirmoq; ta'sir ko'rsatmoq; ~폐를 yetkazmoq; 폐를 끼치게 되어 송합니다 bezovta qilganim uchun uzur. 후손에게 좋은 영향을 ~ avlodlarga yaxshi ta'sir o'tkazmoq.

끽(끽하다) ayanchli qichqirmoq; o'tinchli baqirmoq.

낄낄거리다 jimgina (bosiq) kulmoq; ichida kulib qo'ymoq; 낄낄거림 xiring-xiring (ovozi); 실패한 사람 앞에서 ~ omadsizni ustidan ichida kulmoq.

낌새 belgi; simptom; piching; ~를 채다 faxmlamoq.

낑 ~하다 xiqqillamoq; ingramoq (og'riqdan).

낑낑거리다 xiqqillamoq; ingramoq; 낑낑거림 xiqqillash; ingrash; 아파서 ~ og'riqdan ingramoq; 아기가 사소한 일로~ bola bo'lmag'ur narsalarga g'inshiydi.

ㄴ

ㄴ koreys alifbosining ikkinchi harfi, "N" undosh fonemani bildiradi.
-ㄴ -koreys tilida hozirgi zamon suffiksi, fe'lga qo'shilib keladi; 비가 내린다 yomg'ir yog'yapti.
-ㄴ 1) O'tgan zamon fe'lining sabab qo'shimchasi: 어제 간사람 kecha ketgan odam; 2) sifatning aniq qo'sh., fe'lning hozirgi zamon qo'sh.: 눈부신 성과 zo'r natija.
-ㄴ **가** qo'sh., sifat va bog'lovchi fe'lning so'roq shakli. 래금냐: 그게 누군가? bu kim? 기분이 좋은가? Kayfiyat yaxshimi?
-ㄴ **감** og'zaki nutqda ishlatiladigan predikativ qo'sh., begonaning nutqiga qaratiladi va gapiruvchi tomonidan maz- mun inkor etiladi: 아니, 까마귀가 바로 흰감 검지 yo'q, qarg'a aytganingdek, oq emas, balki qora.
-ㄴ **1** intim qo'sh., sifat va bog'lovchi fe'lining zamon undov shakli: 걸 I 날이 찬걸! Kun sovuq!
-ㄴ **걸** og'zaki nutq qo'sh., ravishdoshga qarshi sifat bog'lovchi fe'l: 아주 좋은 사람인걸 아직까지 몰라보고 있었지 u juda yaxshi inson, lekin men bu haqida hanuzgacha bilmas edim.
-ㄴ **데** og'z. 1. ravishdosh qo'shimcha: 날씨가 이렇게 찬데 가시려고 합니까? Ko'cha juda sovuq, siz ketmoqchimisiz? 2 Intim qo'shimcha sifat va bog'lovchi fe'lining undov shakli: 참 놀라운데! Haqiqatdan ham hayratlanarli!
-ㄴ **들** ravishdoshning qo'sh.: 죽은들 잊을 수야 있으랴! Axir o'la-o'lguncha unutish mumkunmi!
-ㄴ **바** izohlovchi ravishdosh qo'sh.: 이 제품은 질이 좋은바 그것은 노동자 동무들의 극진한 노력의 결과이다 bu sifatli mahsulot, u ishchilarning tinimsiz mehnatini mahsuli.
-ㄴ **저** qo'sh. sifat va fe'l bog'lovchinig undov shakli: 금강산의 산봉우리 참으로 기이한 저! Kimgan tog'i cho'qilari haqiqatdan ham ajoyibdir!
-ㄴ **저이고** qo'sh. sifat va bog'lovchi fe'lining undov shakli 그 마음 한없이 어진 저이고! Uning qalbi cheksiz mehribondir!
-ㄴ **즉** sabab rav. qo'sh: 이젠 여기까지 왔은즉 앞길은 어렵지 않다 biz bu yergacha etib kel- dikmi, demak oldimizdagi yo'l unchalik qiyin emas; 사실인즉 haqiqatda esa; 말인즉 gapi- radigan bo'lsak.
-ㄴ **지** sifat va fe'l bog'lovchi qo'sh., u yana fe'ldan oldin ergash gaplarda ham ishlatiladi: 누가 키가 더 큰지 모르겠어요? kimning bo'yi uzunroq ekan bilolmayapman.
-ㄴ **지고** sifat va fe'l bog'lovchisining undov shakli qo'sh.: 이상한 사람인지고! g'alati odam!
-ㄴ **지라** sabab rav.ning kitobiy qo'sh: 비가 온지라 길바닥이 젖어 있었다 yomg'ir yog'ganligi sababli, yo'l ho'l edi.
나 **I** Men; ~의 mening; ~는 바담

풍 해도 너는 아니 바담풍 해라 maq. ≅ o'zi ichadi, odamlarni esa ichkilikbozlik uchun jazolaydi; ~로서는 men uchun; ~를 meni; ~에게 menga; ~에 대해 men haqimda; ~와 함께 men bilan birga; ~의 조국 mening Vatanim; ~는 딸을 둘 두었습니다 mening ikkita qizim bor; ~먹자니 싫고 개 주자니 아깝다 o'zi emas, itga bermas; ~부를 노래를 사돈 집에서 부른다 kozi' qiymaydi, o'zi qilmaydi, o'zga- larga to'nkaydi.

나 II yuklama 1) yoki; 아침에나 저녁에 만날 수 있습니다 ertalab yoki kechqurun uchrashamizmi?..나 ...나 yoki... yoki, yo... yo; ...ham... ham 네나 내나 sen ham men ham; 2) hech bo'lmasa, loaqal; 만년필이 없으면 연필이나 주십시오 ruchka bo'lmasa, loaqal qalam bering; 3) taxminan, qariyb, yaqin; 사흘이나 걸린다 taxminan 3 kun kerak.

-나 I fe'lning so'roq shakli qo'sh.: 자네 어디 가나? Sen qayerga ketyapsan?

-나 II qarama-qarshi rav. qo'sh.: 비록 몸은 크나 발은 작다 o'zi katta, oyog'i kalta; ...나 마나 har xil ma'no anglatuvchi rav.: 물어 보나마나 so'rasang ham, so'ramasang ham baribir.

-나 III har xil ma'no anglatuvchi rav.: 자나깨나 불조심 하자 ertayu kech olovdan ehtiyot bo'lamiz (so'zma-so'z. uxlab ham tetik bo'lmoq).

나가다 1. 1) chiqmoq, chiqib ketmoq, jo'namoq; 나간 사람 몫은 있어도 자는 사람의 몫은 없다 maq. ≅ ishlagan tishlaydi; 나갔던 파리 왱왱한다 maq.≅ uyga qayt- gan landovur, hammadan ko'p shovqin ko'taradi; 직장에~ ishga tushmoq; 직장에서~ ishdan ketmoq; 2) mashhur bo'lmoq, chiqmoq; 3) 말이~ ma'lum bo'lmoq, oshkor bo'lmoq (m-n. *sir haqida*); 말이 나가지 않다 bir og'iz s'oz ham aytishga holi yo'q; 4) yo'q bo'lib ketmoq, yo'qolib qolmoq; 정신이~o'zini yo'qotmoq, boshi qotmoq, 넋(혼)이~ xushni yo'qotmoq; 5) ishlatmoq, (kiyib) eskirtmoq; 물릎팍이 ~ shimning tizzasi ishqalanib teshildi; 값이~ turmoq, 무게가~ tortmoq; 나가 넘어지다, 나가자빠지다 a) cxalqanchasiga yiqilmoq, b) rad qilmoq 나가동그라지다 cxalqanchasiga yiqilmoq (orqasi bilan yiqilmoq) (katta bo'lmagan jonzod haqida); 나가 번지다 dialektga qar. 나가 넘어지다, 나가자빠지다 a) qulamoq, cxalqanchasiga yiqilmoq (orqaga), b) oyog'idan tolmoq(m-n: charchaganda); 나가 빠드러지다 a) cxalqanchasiga yotmoq (yiqilgan odam haqida), b) oddiy, xursinmoq, nafas chiqarmoq, joni uzilmoq; 나가쓰러지다 a) o'lik yiqilmoq, b) holdan tol- moq, charchamoq; 2. asosiy fe'l rav.dan keyin sekinasta rivojlanayotgan ishharakatini ko'rsatadi, ya'ni kelajakka yo'nalgan ish-harakatni: 이 문제는 풀려 나간다 Bu muammo astasekin hal qilinyapti.

나가떨어지다 yiqilmoq; holdan toymoq; 피곤하여 ~ charchagandan yiqilmoq.

나가세요 chiqib keting.

나그네 1) sayohatchi, yo'lovchi, darvish; 외로운 ~ yolg'iz sayyoh; ~ 주인 쫓는 격 mehmon ho'jayinlik qilyapti; ~ 귀는 석 자

라 maq.≅ mehmonda pichirlama (baribir eshitib qolishadi); 3) erkak (qo'pol).

나날 kun, vaqt; 행복한 ~ baxtli kunlar; 괴로운 ~을 보내다 og'ir kunlarni boshdan o'tkazish; ~이 har kuni, kundan kunga, kun sayin. ~이 kundan kunga; ~이 새로워지다 kundan kunga yangilanmoq.

나누다 bo'lmoq; sherik bo'lmoq; tarqatmoq; almashishmoq; 고랑을 과 길을 4를 2로 ~ 4 ni 2 ga bo'lmoq; 사이좋게 반씩~ do'slarcha teng bo'lishmoq; 슬픔을 친구와 함께~ g'amini do'sti bilan sheriklashmoq; 인사를~ bir-biri bilan salomlashmoq; 감독이 배우들에게 다양한 배역을 나누어주었다 rejisyor aktyorlarga har hil rollarni bo'lib berdi; 빅또르와 나는 정말로 피를 나눈 형제지간이다 haqiqatdan ham, biz Vik- tor bilan qondosh akaukalarmiz; ~기 bo'linish; 나늣수(제수) bo'luvchi; 나뉨수(피제수) bo'linuvchi; 점심을 ~ ovqatni bo'lishib yemoq; 한잔씩을 ~ bir ryumkadan ichmoq; 이야기를~ taasurotlar bilan bo'ishmoq, gaplashmoq; 피를 나눈 형제 qondosh aka-uka; 피를 나눈 동포 qondosh aka-uka, opa- singillar (yurdoshlar haqida).

-나니 kit. betakkaluf. predikativning undov shakli: 봄은 가나니 Bahor ketyapti!

-나니 II kit. sabab rav.ning qo'sh. 나아가는 곳에 광명이 있나니 젊은 그대여 나아가자 oldinda yorug' kelajak, shunday ekan yoshlar olg'a!

나다 paydo bo'lmoq; yuzaga kelmoq; tug'ilmoq; olmoq; kirishmoq; eslamoq; ega bo'lmoq; mashhur bo'lmoq; joriy bo'lmoq; tugatilmoq; berilgan bo'lmoq; kasal bo'lib qolmoq; buzilmoq; kimni vaqti bor; bo'shamoq; bo'sh bo'lmoq; chiqmoq; amalga oshmoq; o'tmoq, o'tib ketmoq; kelishgan; chiroyli; bashyang; o'tkazmoq; 겨울을~ qishlamoq; 결말이~ tugamoq; 고장[이]~ buzilib ketmoq; 구멍[이]~ teshilib ketmoq; 기침[이]~ yo'talib qolmoq; 기억[이]~ esga tushmoq; 끝이~ tugamoq; 능률이 ~ mahsuldor bo'la bosh- lamoq; 눈병이~ ko'z kasalligi bilan og'rimoq; 두통이 났다 bosh og'rib qoldi; 땀내가~, 땀 냄새가~ ter hidi kelmoq; 맛이~ ta'm kirmoq; 맛이 났다 ishtaha ochildi; 소문이 났다 eshik qilingan edi; 병[이]~ kasal bo'lib qolmoq; 빈 자리가~ joy bosha'-di; 새싹이~ kurtaklar yorilib chiqyapti; 성[이]~ jahli chiqib ketmoq; 소문이~ mishmishlar tarqalmoqda; 야단[이]~ sodir bo'lmoq (kulfat), bo'lib o'tmoq (janjal haqida); 이가~ yorilmoq (tish haqida); 이름[이]~ mashhur bo'lmoq 효과가~ samara bermoq; 흥이~ qiziqib qolmoq; 그녀의 이름이 기억이 나질 않는다 uning ismini eslay olmayapman; 너는 그런 용기가 어디서 나니? Bunga bunday jur'atlilik qayerdan olyapsan? 다섯 살이 났다 상처에서 피가 난다 yaradan qon ketyapti; 시베리아에서는 석탄이 풍부하게 난다 Sibirda ko'mirning boy qatlamlari bor; 이 소년은 겨우 네 살 났다 bu bola endigina 4 yoshga to'ldi 창문이 화단으로 나 있다 deraza bog' tomonga qaragan; 석탄이 난다 komir qazib olinadi; 인삼이 난다 jenshen yetishtiriladi; 값이 났다 narxlar belgilangan; 자리가 났다 joy bo'shadi; 난 거지든 부자 ot. o'zini qashshoqqa soluvchi; 난 부자 든 거지 ot. o'zini boy qilib ko'rsatuvchi; 난 대로 있다 qanday bo'lsa, shundayligicha qolgan. -아(-어,-여) ish harakatini bajarilishini ko'rsatadi; 쫓기어 나다 haydalgan bo'lmoq; ~고 oldingi harakatni tugallanganligini bildira-di; 아침을 먹고 나서 집을 떠났다 nonushta qilib bo'lib, uydan chiqib ketdi.

나다니다 sayr qilmoq; sayr qilib chiqmoq; 한가하게~ bayramona sayr qilmoq.

나대다 1) o'tdan-bo'tga yurmoq; 2) 나부대다 ga qarang.

나돌다(나도니, 나도오) sayr qilmoq; sayr qilib chiqmoq; aylanib yurmoq; yoyilmoq; namoyon bo'lmoq; 기운이~ kayfiyati ko'tarilmoq; 입에서 입으로 소문이 ~ og'izda og'izga o'tmoq (mish-mish); 정신이 나도는 눈 ma'noli qarash.

나뒹굴다 (나뒹구니, 나뒹구오) 1) uchmoq, dumalab yotmoq; 2) yoyilib yotmoq, tartibsiz yotmoq.

나들이 ~하다 uydan chiqib ketmoq; mehmondorchilikka bormoq; mehmonga kirmoq; 부모님 댁에 ~가다 ko'rishga bormoq (otaonasini); ~옷 ko'chalik kostyum; bayram ko'ylagi.

나라(국가) mamlakat; davlat; dunyo, olam; qirollik, podshohlik; 꿈~ orzular (tushlar) olami; 사회주의~ sotsiolistik davlat; 어린이~ bolalar olami; 어둠의~ qorongu podshohlik; 우리 ~에서 bizning mamlakatimizda, bizni mamlakatimizda.

나란이 bir qator; yonida; yelka-ma-yelka, yonma-yon; ~앉다 yonma-yon o'tirmoq.

나란하다 tekis; 나란히 qator; yonida; tekis; yonma-yon; 나란히 서다 bir qator bo'lib turmoq; 나란히 줄을 맞춰 가다 qatorlashib bormoq; 세계 적인 학자들과 나란히 jahon olimlari qatorida; 우로 나란히! O'nga tik turing!

나란히 yoniga bir qatorga; yoniga; yonma-yon.

나루 kechuv; tashish, tashib keltirish; ~에서 kechib o'tishda; ~를 건너다 kechib o'tmoq; 나룻배 bug' bilan; ~터 jo'natish; tashib o'tish;~를 건느다 kechib o'tmoq (daryodan, m-n. yassi kemada).

나르다 tashish; tashib o'tish; olib yurish; olib o'tish; 트럭으로 화물을 ~ yukni yuk mashinasida tashib o'tish; 트렁크를 방안으로~ chemodanni xonaga tashib o'tish

나른하다 bo'shashgan; quvvatsizlangan; charchagan; kraxmallanmagan; yumshoq (mato haqida); 나른히 bo'sh; charchab; 나른함 bo'shlik; bo'shlik; 나른해지다 bo'shashmoq; charchamoq; o'zini kuchsiz xis qilmoq; 강훈련 뒤에 몸이 나른해지다 uzoq jismoniy mashqlardan so'ng bo'shashmoq; 더위에 몸이 ~ issiq qiynaydi;

나름 yordamchi so'z., ism va sifatdosh fe'lining kelasi zamonidan keyin ~이다 bilan ga bog'liq, orqali aniqlanadi; 각자 ~ 대로 kimga-qanaqa; 이것은 하기 ~이다 bu qanday ishlashga bog'liq; 일이 며칠이나 걸릴 가요? 그것이야 일할 ~이지요 Ish qancha vaqt olar ekan? Bu qanday ishlashga bog'liq.

-나마 ravishdosh qo'sh.:맛이 좋지 못하나마 먹어보게 uncha mazali bo'lmasa-da, yeb ko'rgin.

나머지 qoldiq; ortiq, ortiqcha;

qolgani; nimanidir natijasida; 도매로 팔고 남은 ~상품 ulgurji savdodan keyingi qoldiq tovarlar; 심사숙고한 ~ uzoq o'ylardan son'g; ~ 사람들은 아직 도착하지 않았다 qolganlar hali kelishmadi; 생각하던 ~ o'ylar natijasida.

나무 daraxt; o'rmon materiallari; o'tinlar; yoqilg'i; 과일~ mevali daraxt; 어린~ yosh daraxt; ~밑에서 daraxt tagida; ~를 때다 o'tin yoqmoq; ~를 베다 o'tin yormoq; ~를 심다 daraxt ekmoq; ~에서 내려오다 daraxtdan tushmoq; ~에 오르다 daraxtga chiqmoq; ~하러가다 o'tin terishga bormoq; 나뭇가지 daraxt shoxi; ~껍질 daraxtning po'sti; ~꾼 o'tinchi; daraxt kesuvchi; 나뭇단 o'tinni bog-lash; 나뭇잎 daraxt barglari; ~젓가락 ovqatlanish uchun yog'-och cho'plar; ~토막 daraxtning bir kesimi (bo'lagi); ~구조 yog'ochli konstruktsiya; ~그릇 yog'och idish; ~다리 a) yog'och arava; b) oyoq uchun yo'g'och protez; ~줄기 daraxt tanasi; ~에 오르게 하고 흔든다 maq.. so'zma-s'oz. ≅ (kimnidir) daraxtga chiqartirib qo'yib, daraxtni silkitmoq; ~에도 못 대고 돌에도 못 대다 maq.≅ cho'lda ingrayotgan odamning ovozi; ~도 쓸만 한 것을 먼저 벤다 maq. ≅ eng avval qobiliyatli va iste'-dodlilarni saylaydilar; ~하다 yoq'ilg'i tayyorlash.

나뭇가지 (나뭇가지) daraxtning shoxchasi.

나무라다 biror narsa uchun urushmoq; ayblamoq; tanbeh bermoq; 나무람 dashnom; tanbeh; urinish; 나무라듯 tanbeh bilan; 나무란데 없다 mukammal, aybsiz; 무례하다고 kimgadir yomon xulq atvori uchun tanbeh bermoq.

나무람(꾸중) tanbehlar; ~[을] 타다 a) tanbehni og'ir qabul qilmoq; b) yovvoiylik qilmoq (bolalar haqida); ~하다 tanbeh bermoq.

나무(뭇)잎 barg (daraxt bargi).

나물 yesa bo'ladigan ko'kat; ~을 무치다 ko'katdan salat tayyorlamoq; ~을 캐다 ko'kat termoq; 고사리~ paporotnikdan tayyorlangan salat; 미나리~ petrushkali salat; 시금치~ shpinatdan tayyorlangan salat; ~하다 yesa bo'ladigan o'tlarni termoq; ko'katlardan salat tayyorlamoq.

나발 I 1) metalldan tayyorlangan puflama cholg'u asbobi; 2) urush so'zi: aljirash; ~을 불다 a) aljiramoq; b) pashshadan fil yasamoq, ishirmoq; 3) rav. otga iltifotsizlik ko'rinishini bildiradi: 칼이든 ~이든 shuncha- ki pichoqcha; 미군이고 ~이고 amerikalik urush qatnashchilari.

나부대다 qimirlamoq, tinch o'tira omaslik (bir joyda).

나비 I kapalak; ~넥타이 kapalak-galstuk; ~수집가 kapalaklarni kollektsiya qiluvchi.

나비 II matoning eni.

나쁘다 (나쁘니, 나빠) yomon; ozg'in; bo'sh; yoqimsiz; qo'pol; zararli, havfli; ahmoqona; yaxshi emas; yetarli emas; 나쁜 말 so'kish, haqorat; 그것은 눈에 ~ bu ko'z uchun zararli; 머리가 ~ ongi past; 한 그릇으로서는 나쁘지 않소? Bitta likopchada sizga ovqat yetadimi?

나쁜 ~날씨 yomon havo; ~버릇 yomon odat; 나쁘게 여기다 yomon deb hisoblamoq; yomon ma'noda tushunmoq; 기분이 ~ yomon kayfiyatda bo'lmoq; yoqimsiz; 기억력이 ~ xotirasi past bo'lmoq(kimdadir); 나쁜 짓 하다 o'zini ahmoqona tutmoq; 흡연은 건강에 ~ chekish sog'liq uchun zararlidir.

나사 vint, burama mix; ~의 burama, aylanma; ~를 조이다 burab qo'ymoq; ~를 풀다 burab chiqarib tashlamoq; burab chiqarmoq; ~돌리게 otvyortka (vintni buraydigan asbob); vintli kalit; 숫~ bolt; 암~ gayka; ~절삭반 vint kesadigan stanok; ~층층대 vintli zina; ~틀개(드라이버) otvyorka.

나사렛 예수 Iso Nazarinin.

나서다 chiqmoq; boshlamoq; birornarsani boshlamoq; paydo bo'lmoq; topilmoq, ma'lum bo'l-moq, chiqib qolmoq; aralashmoq; burnini suqmoq; 군중 속에서~ olomon orasidan chiqmoq; 마땅한 혼처가 ~ mos juftlik paydo bo'ldi (kelin- kiyov haqida); 남의 일에 ~ birovning ishiga aralashmoq; 혁명가의 길로 ~ inqilobchining yo'lini tutmoq.

나선 vint; spiral(burama chiziq); ~의 vintli; vint tuzilishli; spiralli; ~으로 vint bilan; vintga o'xshash; spiralli; ~형 강하 spiralli qaytish; ~형 계단 vintli (spiralli) zina; ~식 강하를 하다 spiral qilmoq (yasamoq).

나아가다 oldinga harakatlanmoq; 그는 무대로 나아갔다 U sahnaga chiqdi; 나아가[서] keyingisi.

나아오다 yaqinlashmoq, yoniga kelmoq; asta-sekin harakatlanmoq; (asta-sekin) rivojlanmoq (hodisa haqida).

나아지다 yaxshilanmoq; 건강이 ~ sog'lig'i yaxshilandi; 관계가 ~ munosabatlari yaxshilandi (kim bilandir).

나약하다 kuchsiz; bo'sh; yumshoq; 나약함 qat'iyatsizlik; bo'shlik; yumshoqlik; 나약한 성격 tabiati bo'sh; 나약해지다 erkalanmoq, bo'shashmoq.

나열 ~하다 harbiy tartibda tizilib turmoq; qatorma-qator qo'ymoq; tartib bilan sanab chiqmoq; 종류별로~ turlari bo'yicha nimanidir qator qilib qo'ymoq.

나오다 chiqib kelmoq; chiqmoq; topshirmoq, bildirib qo'ymoq; paydo bo'lmoq; o'zini ko'rsatmoq; kelib chiqmoq; ketmoq; kelmoq; ishdan ketmoq; kelib chiqmoq; ogizdan chiqib ketmoq; ishlab chiqilmoq; qazib olinmoq, topmoq; o'sib bormoq; chiqmoq; ishlab chiqarmoq; o'rnatilgan bo'lmoq; tugatilmoq; vazifa qilib berilmoq; berilgan bo'lmoq; tugatmoq; 그는 고등교육기관을 나왔다 U oliy o'quv yurtini bitirdi; <논증과 사실>지 최신호가 나왔다 "Asoslar va dalillar" jurnalining so'ngi soni chiqdi; 세상에 ~ dunyoga keladi, tug'iladi; 암초가 수면 위로 나와 있다 suv osti qoyalari suv yuzida korinib turibdi; 애매한 태도로 ~ o'zini tushunarsiz tutmoq; 이 공장에서는 일년에 30만 대의 자동차가 나온다 Bu korxonada 300 mingta engil avtomobil ishlab chiqariladi; 이 단어는 라틴어 어원에서 나왔다 bu so'z lotin etimologiyasidan kelib chiqqan; 자기도 모르게 그 말이 입에서 나왔다 bu so'z beihtiyor og'zimdan chiqib ketdi; 증명서가 나왔다 guvohnoma berilgan; 가슴이 불룩이 ~ ko'kragini oldinga chiqarmoq; 결재가 나왔다 sankciya berilgan; 신문이 나왔다 ro'znoma bosib chiqarildi; 샘물이

나온다 manba otilib chiqyapti; 집을 (집에서) ~ uydan chiqmoq; 친절한 태도로 ~ o'zini muloyim tutmoq; 피가 나왔다 qon keldi; 싹이 ~ so'limoq (o'simlik haqida); 필요성에서 ~ kerakli deb bilmoq; 저 힘이 어디서 나오는지 du kuchni qayerdan oladi?

나위 xizmat so'z "kelasi zamon ma'noli fe'li + 나위 + 없다 "konstruktsiyasida ishlatiladi ~ ham hojati yo'q; 더말할 ~가 없다 gapirishni ham hojati yo'q.

나이 I yosh; yillar; ~가 들다 katta bo'lmoq; o'smoq; ~가 어리다 yoshqarimoq; ~를 먹다 qarib qolmoq; katta bo'lmoq; ~ 순으로 yoshiga qarab; ~에 어울리지 않게 yoshiga mos emas; 그녀는 나와 ~가 같다 biz u bilan tegdoshmiz/ uning yoshi men bilan barobar/ biz u bilan tengmiz; 그는 ~ 값을 못한다 u o'zini yoshiga qarab tutmayapti; 이 여인은 이미 결혼할 ~를 넘겼다 bu ayol allaqachon balog'at yoshidan chiqqan; ~가 아깝다 o'zini yoshiga monand tutmaslik; ~가 차다 balog'at yoshiga yetmoq; ~테 yilda bir marta chiqadigan to'plam; 어린 ~ yoshlik yillari; ~덕이나 입자 ~값 maq. ≅ faqat uzun soqoli uchun hurmat qilmoq; ~대접 yoshi kattalarga hurm.;~[가] 많다 yosh emas, katta yoshdagi.

나이(挪移) II og'z. ~하다 qisqa muddatga olib turmoq.

-나이까 fe'lning so'roq shaklining kit. hurm. qo'sh: 노래 소리를 들으시나이까? siz ashulaning ovozini eshityapsizmi?

-나이다 fe'l kitobiy darak shaklining hurmat qo'sh.: 어머니가 그리워 아침저녁으로 생각하나이다 onamni sog'inyapman erta-yukech ular mening o'ylarimda.

나이론 (ingiz. nylon) neylon.

나일론 neylon; ~의 neylonli; ~수지 neylonli qatron (smola); ~실 neylonli iplar; ~천 neylonli mato.

나자빠지다 1) yiqilib tushmoq, orqa bilan yiqilmoq; 2) tashlandiq bo'lmoq (qarovsiz qoldirilgan bo'lmoq); 3) 나자빠져 ishsiz aylanib yurmoq.

나중에 keyin; natijasida; so'ng; nimadandir keyin; oxirida; ba nihoyat; 맨~ eng oxirida; hammadan keyin.

나체(裸體) kiyimsiz (yalang'och) badan; ~의 yalang'och; yap-yalang'och; qip-yalang'och; ~로 yap-yalang'och holi bilan; yalang'och badan bilan; ~로 수영하다 qip-yalang'och ahvolda cho'- milmoq.

나타나다 ifodalamoq; aks etmoq; paydo bo'lmoq; ko'rin- moq; aniqlanmoq, topilmoq; yuzaga kelmoq; 나타내다 ifoda- lamoq; aks ettirmoq; ko'rsat- moq; ayon bo'lmoq; 그에게 음악에 대한 재능이 나타났다 unda musiqaga bo'lgan qobiliyati paydo bo'ldi; 그이 얼굴에는 격노한 분노의 감정이 나타났다 uni yuzida g'azab ko'rindi; 장점과 단점이 동시에 나타났다 bir vaqtning ozida munosib fazilati ham, kamchiliklari ham aniqlandi.

나타내다 topmoq, paydo bo'l- moq, ifodalamoq; 두각을 ~ ajralib turmoq (boshqalar orasida); 이름을 ~ mashhur bo'lmoq, dong chiqarmoq, shuhrat qozonmoq. 나태 dangasalik; ~하다 dangasa; ~하게 xush yoqmaslik bilan, dan- gasalik qilib; ~한 사람 dangasa; 그는 ~한 편에 든다 u dangasalardan.

나팔 truba; gorn; musiqa asbobi;

~을 불다 karnay chal- moq, trubaga puflamoq; ~바지 keng-pochali shim; tor shimlar; ~수 karnaychi; gornchi; ~소리 karnay ovozi; ~꼭지 mus. mundshuk, ambushyur
나팔꽃 gulsavat; ~이 핀다 gullar savat bo'lib ochilmoq; ~과 savatlilar oilasi.
나풀거리다 bir tekisda xilpira- moq (tebranmoq), silkimoq, tebranmoq.
나흘 to'rt kun; ~간의 to'rt kunlik; 동지 나흗날 oy kalendari bo'yicha 11 oyning to'rtinchi sanasi (to'rtinchi kuni).
낙(樂) baxt; saodat, roxat, xursandchilik, quvonch; 나의 유일한~ mening yagona quvon- chim; 인생의 ~ hayot quvonchi.
-낙 bo'linish ravishining qoshimchasi: 얼굴이 붉으락푸르락 한다 yuzi bir qizarib, bir oqaryapti.
낙관(樂觀) optimizm, nekbinlik; ~적 optimistik; ~적으로 opti- mistik ruhda; ~하다 ...mavzuda optimistik bo'lmoq; ~론 optimizm; ~론자 optimist (odam haqida); ~성 optimistik.
낙낙(落落) ~난합 og'z. shunday otib tashladiki, yig'ib olomaysan ham; ~장송 keng yoyiladigan qayin daraxti; ~장송도 근본은 종자 maq. so'zma-so'z ≅. baland qayin ham (kichik) urug'dan o'sgan; ~하다 a) osilib turgan; b) har tomonlama yoyilib yotgan; e) tarqaladigan, to'g'ri (duch) kelmay qolgan; e) sif. ochiq kongillik bilan.
낙농(酪農) sut xo'jaligi; ~의 sutli; ~농장 sut fermasi; ~업자 sut fermasi xo'jayini; ~제품 sut mahsulotlari.
낙서(落書) qog'ozdagi no'noq surat (yozuv)lar; yozuv; ~하다 a) xatda tushirib qoldirmoq; b) qog'ozni iflos qilmoq (bulg'a- moq); haqorat so'zlarni (ko'ri- narli joyga) yozmoq (yozib qo'ymoq); 2) qog'ozdagi no'noq yozuvlar (yozilgan yozuv ha- qida); 3) haqorat so'zlar (kori- narli joyda); 벽에다 ~하다 devorga haqorat so'zlarni yozmoq.
낙엽(落葉) xazonrezgilik, xazon to'kilish payti; 가을 ~ kuzgi xazonrezgilik; ~이 질 때에 xa- zonrezgilik paytida; ~을 긁다 to'kilgan barglarni yig'ish; ~이 졌다 barglar to'kildi; ~송 tilog'och; ~수 bargi to'kiluvchi daraxt; ~식물 barg to'kuvchi o'simlik.
낙오(落伍) ~하다 orqada qolmoq (nimadan, kimdan); 대오에서 ~하다 safdan orqada qolmoq; ~자 keyinda qolib ketgan; orqada qolgan.
낙원(樂園) jannat; baxtli o'lka; 지상~ yerdagi jannat.
낙인(烙印) tamg'a; belgi; muhr; ~이 찍힌 muhrlangan; ~을 찍다 tamg'alamoq; muhr bosmoq; 말에 ~찍다 otga tam'ga qo'ymoq; ~하다 tamg'ani kuydirib yo'q qilmoq; to'g'ri va qiyosiy ma'noda tamg'alamoq.
낙지 sakkizoyoq; ~잡이 배 sak- kiz oyoq (sprut) larni ovlovchi qayiq; ~회 ziravorlar bilan sakkiz oyoq (sprut)larning mayda to'g'ralgan xom go'sht; ~백숙 qaynatilgan sakkizoyoq; ~저냐 klyarda tayyorlangan sakkizoyoq; ~전골 sabzavotlar va qo'ziqorinlar bilan sak- kizoyoqdan tayyorlangan ragu; ~어채 sakkiz oyoqdan tayyor- langan qayla.

ㄴ

낙타(駱駝) tuya; ~의 tuya ...si; ~털 tuya juni; 단봉~ bir o'rkachli tuya; 쌍봉~ ikki o'rkachli tuya.
낙태(落胎) bola tushish; abort; homiladorlikni to'xtaish; ~하다 bola oldirmoq
낙하(落下) qulash; tushish; ~하다 qulamoq; tushib bormoq; ~각도 qulash (tushish) burchagi; 자유~ erkin (oson) qulash.
낙하산(落下傘) parashut; ~의 parashutli; ~을 타고 내리다 parashutdan sakramoq; ~부대 parashut-desant qo'shinlar.
낙후(落後) qolmoq; ~하다 qoloq; orqada qolmoq; ~된 기술 orqada qolgan texnologiya; ~성 qoloqlik.
낚다(낚시하다) qarmoq solmoq; qarmoqqa ilmoq(tushirmoq); 물고기를 ~ baliq ovlamoq; 저녁에는 고기가 잘 낚이지 않는다 kechqurun baliq qarmoqqa kam ilinadi; 적절한 기회를 ~ qulay vaziyatni poylamoq.
낚시 baliq ovlaydigan qarmoq; baliq ovi; qarmoq dastasi; qarmoq; tuzoq; qistirma qopqon; ~하다 baliq tutmoq; ~ 바늘에 지렁이를 꿰다 chuval-changni qarmoqqa o'rnatmoq; ~를 던지다 qarmoqni tashlamoq; ~에 걸려들다 qarmoqqa ilinmoq; ~꾼 baliqchi; ~터 baliq ovlanadigan joy; 낚시대 qarmoq dastasi; 낚싯밥 yem, xo'rak; 낚시줄 qarmoq ipi; ~어업 qarmoq bilan baliq ovlash.
낚아채다 tutib olmoq; ushlab olmoq; qo'pollik bilan tutib olmoq.
낚았습니다 tutdi.
낚이다 1) ovlangan bo'lmoq; 2) ko'chma. qarmoqqa ilingan bo'lmoq.
낛 un qilish uchun g'alla bilan haq to'lash (tegirmonda).
난(蘭) I 난초 ga qarang.
난(欄) II ustun, stun; 신문~ ro'znoma ustuni; 사전은 두~ 으로 되어있다 ikki ustun qilib nashr etilgan lug'at.
난(亂) III qo'zg'olon; g'alayon; isyon; fitna; ~의 isyonkor; g'alayonli; notinch, betinch; ~을 일으키다 g'alayon ko'tarmoq (qo'zg'olon; isyon); 뿌카쵸푸의 ~ soxta g'alayon.
난-(難-) qiyin; og'ir, mashaqqatli; beso'naqay, qo'pol; ~문제 qiyin savol.
-난(難) kor. t. suffiksi; 식량난 oziq-ovqat bilan bog'liq qiyinchiliklar, oziq-ovqatdan qiynalish.
난간(欄干) to'siq; panjara; tutqich; naqshinqor panjara; ~의 panjarali; balyustradli; ~에 기대다 panjaraga suyanmoq; ~을 붙잡다 tutqichni ushlab turmoq.
난감하다 mushkul; chidab (toqat qilib) bo'lmaydigan; 난감해 하다 qiynalib qolmoq; qiyin ahvolga tushib qolmoq; 답변하기가 난감합니다 javob berishga qiynalmoq.
난관(難關), 곤란(困難) qiyinchilik; g'ov; ~에 봉착하다 qiyinchilikka duch kelmoq; ~을 극복하다 qiyinchiliklarni yengmoq.
난국(難局) qiyin (og'ir, mushkul) ahvol; qiyin (og'ir vaziyat); 정치적 ~ og'ir siyosiy vaziyat; ~에서 빠져나오다 qiyin vaziyatdan chiqib ketmoq; ~을 타개하다 og'ir vaziyatni yengmoq.
난데없다 qayerdan kelgani noma'lum; kutilmagan (birdan, tusatdan).
난데없이 kutilmaganda,to'satdan. birdaniga.
난동(亂動) tentaklik; o'zboshimchalik; ~의 tentak, o'zboshim-

cha; ~을 부리다 tentaklik (oʻzboshimchalik) qilmoq; janjal (to'polon) ko'tarmoq.
난로(煖爐) pechka; o'choq; manqol; ~의 pechkali; manqolli; ~를 피우다 pechkaga o't yoqmoq; 남비를 ~위에 얹다 oʻchoqqa kasilkani qo'ymoq; ~연통 pechka trubasi; 전기~ elektr pechi.
난리(亂離) urush; gʻalayon; fitna; tartibsizliklar; tartibsizlik; to'sto'polon; ~를 평정하다 tartibsizliklarni(isyonni) bosmoq; 방안이 ~ 법석이다 xona juda tartibsiz.
난립(亂立) uyushmagan (tashlik etilmagan) stixiyali siljish; ~하다 uyushmagan holda chiqmoq; o'zlarini ko'rsatmoq; 선거후보가 ~했다 saylovlarda nomzodlar uyushmagan holda chiqish qildilar.
난무하다 raqsga tartibsiz tushmoq; yechinmoq; tartibsizlikda yoyilmoq; 눈발이 바람에 ~ qor uchqunlari shamol bo'ylab to'zimoqda; 유언비어가 난무한다 mish-mishlar tartibsiz tarqalmoqda.
난민(難民) qochoqlar; qochish; 정치적 ~ siyosiy qochoqlar; ~을 본국으로 송환하다 qochoqlarni reportatsiya qilmoq; ~을 후송하다 qochoqlarni evakuatsiya qilmoq.
난방(煖房) isitish asbobuskunalari; ~하다 isitmoq; ~이 필요한 계절 isitish mavsumi; ~시설 (장치) isitish uskunasi(qurilmasi) 가스~ gaz isitish qurilmasi; 중앙~ markaziy isitish qurilmasi.
난봉 ahloqsizlik; ~을 부리다 (피우다) ahloqsizlik qilmoq; ~[이] 나다 faxsh yo'liga kirmoq, yomon yo'lga kirib qolmoq; ~자식이 마음 잡아야 사흘이다 maq. ≅ a) bukrni go'r tuzatar; b) so'zmas. ahloqsiz odam aqlini 3 kungagina yig'ib oladi; ~꾼 xotinboz.
난소 I xotinboz.
난소(卵巢) II tuxumdon; 난자는 ~에서 형성되고 숙성된다 tuxumdonda tuxum hujayra shakllanadi va yetiladi.
난시(亂視) aksning xiralashib ko'rinishi.
난잡(亂雜) tartibsizlik; chalkashlik; ahloqsizlik; buzuqlik; faxsh; ~하다 tartibsiz (bo'lmoq); ahloqsiz; beodob; buzuq; xotinboz; ~하게 tartibsiz holda; ahloqsizlarcha; sayohlarcha; yo'ldan ozgan; ~한 행동을 하다 buzuqlik qilmoq; sayyoh yurmoq; faxsh yo'liga kirmoq.
난처(難處) ~하다 qiyin (vaziyat, holat haqida); ~한 모양으로 a) mushkul vaziyatga tushib qolgan odamga oʻxshab; b) ikkilanib, jur'atsizlik bilan.
난처하다 mushkul; 난처하게 되다 mushkul(qiyin) vaziyatda qolmoq; 난처해하다 o'zini noqulay sezmoq, uyalib qolmoq; hijolat bo'lmoq.
난초(蘭草) orxideya; gulsapsar; 금 ~ gulchang boshchasi; 나리 ~ liparis; 은~ to'gʻri turuvchi gulchang boshchasi.
난초(蘭蕉) shoyigul; 장식용 화초로 ~를 재배한다 shoyigullarni bezash savlati uchun yetishtirishadi.
난치(難治) ~의 tuzatish qiyin bo'lgan; ~병 davolash qiyin bo'lgan kasallik; ~병환자 tuzalishi qiyin bo'lgan bemor.
난타(亂打) qirg'in, kaltak; ~하다 kaltaklamoq; tog'ri kelgan joyiga urmoq; 그는 의식을 잃을 정도로 ~당했다 u xushini yo'qotguncha

ㄴ

ㄴ

kaltaklangan edi.
난투(亂鬪) katta jang, shafqatsizlarcha yoqalashish; ~ 가 벌어졌다 shafqatsiz mushtlashish boshlandi; ~극 ayovsiz olishuv joyi(sahnasi); mushtlashish manzarasi.
난가리 g'aram.
낟알 don; urug' (lar); ~을 탈곡하다 maydalamoq; ~건이 hosil yig'ish; g'alla (don) yig'im-terim; ~구경을 못 하다 hattoki guruch ta'mini ham bilmaydi (kambag'al odam haqida).
날(日) I kun; sutka; ob-havo; sana; kun; vaqt; davr; hodisa; 불행한~ qora (og'ir) kun; 지난~ o'tgan kunlar; 쾌청한~ quyoshli kun; ~로 kun sayin; kundan kunga; kunlar o'tgan sayin; ~마다 har kuni; 어느 날 bir kuni; kunlarning birida; bir marta; ~이 갈수록 vaqt o'tishi bilan; vaqt o'tgan sayin; 고통의 ~을 거듭하다 og'ir kunlarni boshdan o'tkazmoq; 비라도 오는~ 은 견학여행을 취소해야 한다 yomg'ir yog'adigan bo'lsa, ekskursiyani qoldirish kerak; 오늘은 ~이 궂다 bugun havo yomon; ~이 개기 시작한다 osmon yorishib bormoqda; ~일 밝는다 tong yorishyapti; 혼사 ~을 잡다 to'y kunini belgilamoq; 날을 가리다(받다) baxtli kunni belgilamoq (fol ochish yo'li bilan); to'y kunini belgilamoq; 날[이] 들다 aniqlamoq (ob-havo haqida); 젊은 날 yoshlik; 날에는, 날이면 agar (mobodo, bordi-yu) bo'lsa 발각되는 날에는(날이면) agar aniqlanadigan bo'lsa.
날 II tig', dam, qirra; o'tkir uch; ~을 세우다 charxlamoq; qayramoq; ~이 서다 o'tkirlashmoq; qayramoq; ~이 무딘 칼 o'tmas tig'li pichoq; 면도~ ustara piskasi; 칼~ pichoq ti'gi; 날 잡은 놈이 자루 잡은 놈을 당할가 날이 서다 maq.≅ qaychi bilan bolg'ani urib sindirolmaysan (so'zma-so'z. pichoq tig'idan ushlab turgan, pichoq sopidan ushlab turganga qarshi tura oladimi?).
날- xom; g'or; yetilmagan; ishlov berilmagan; tayyorlanmagan; surbet; kutilmagan; nogahoniy; ~가죽 pishitilmagan teri; ~감자 xom kartoshka; ~강도 surbet o'gri; ~벼락 to'satdan yashin urishi; ~로 xomligicha; ~로 먹다 xomligicha emoq; ~것 xom; yangi; tayyor bo'lmagan; pishmagan; ~고기 xom go'sht; xom baliq; 날계란 xom tuxum; 날밤 pishmagan kashtan; 날상제 motamda boshchilik qiluvchi (tobutni uydan olib chiqqunga qadar).
날개 qanot; qanotlar; kurak; botinkaning ipini bog'laydigan qismi; ~가 달린 qanoti bor; ~가 있는 qanotli; barqanot; ~모양의 qanot shaklida; 양 ~가 달린 ikki qanotli; 풍차의 ~ shamol tegirmonining qanotlari; ~를 접다 qanotlarni yig'moq (tushirmoq) ~를 펴다 qanot yozmoq; ~를 흔들다 qanot qoqmoq; 날갯죽지 yelka bo'gimi; ~바퀴 tex. qanotli g'ildirak; ~치다 a) qanot yozmoq; b) ruhi ko'tarilmoq; ~ 부러진 매 qanoti singan lochin (odam haqida) ~[가] 돋치다 a) yaxshi ketmoq (savdo haqida); b) tez yig'ilmoq (pul haqida); e) qanot chiqargan bo'lmoq.
날다 I (나니.나오) uchmoq; parvoz qilmoq; baland sakramoq; tez harakatlanmoq; qochib ketmoq; ko'zdan g'oyib bo'lmoq; 나는 ~

(~수 있는) uchadigan; uchar; 난다 긴다 하다 biror narsa bilan ajralib turmoq; 마음이 날것 같다 yurakda yengillik; 소매치기는 군중 속에 경찰이 있는 것을 눈치 채고 그대로 날았다 cho'ntakkesar - o'g'ri odamlar orasida mirshabni ko'rishi bilan darrov qochib ketdi; 시간이 나는 듯 빨리 지나간다 vaqt tez o'tmoqda; 학이 안개 속을 날아 간다 turna tumanda uchmoqda; 날면 기는 것이 능하지 못하다 uchishni bilgan, o'rmalay olmaydi; 날아들다 uchib kirmoq; qo'nib o'tmoq; uchib kelmoq; to'satdan paydo bo'lmoq; birdan bostirib kelmoq; 날아오르다 uchib ko'tarilmoq; parvoz qilmoq; 나는 새도 깃을 쳐야 날아간다 날고 뛰다 maq. ≅ mehnat qilsang, rohat ko'rasan; 날아가다 uchib ketmoq; yo'qolmoq; g'oyib bo'lmoq; tarqalib ketmoq; 날아 예다 og'z. qar. 날아가다.

날다 II aynimoq; qurib qolmoq; yo'q bo'lib qolmoq; g'oyib bo'lmoq; 붉은 색은 쉬 난다 qizil rang tezda uchib ketadi; 휘발유가 날아갔다 benzin uchib ketdi.

날뛰다 qutirmoq; g'azab otiga minmoq; zahrini sochmoq; 날뛰는 qutirgan; telba; 기뻐~ shodlikdan sakramoq; 아들이 시험을 잘못 봐서 아버지는 무섭게 날뛰었다 o'g'li imtihon topsxira olmagani uchun, ota g'azablanib ketdi; 사납게 ~ quturmoq, qahrg'azabini sochmoq.

날렵하다 jonli; epchil; chaqqon; uddaburon; 날렵하다 jonlilik; epchillik; chaqqonlik; uddaburonlik;

날렵하게 epchillik bilan; chaqqonlik bilan; uddaburonlik bilan; 날렵한 걸음 tez qadam; 날렵한 도약 yengil sakrash.

날리다 ko'tarilmoq; tarqalmoq; xilpiramoq; qimirlamoq; shopillatmoq; havoga chiqarmoq; tepaga ko'tarmoq; apil-tapil qilmoq; pala-partish ish qilmoq; batamom sarf qilmoq; vaziyatni qo'ldan chiqarmoq; biron narsa bilan shuhrat qozonmoq; 새장에서 새를 ~ qushni qafasdan chiqarib yuborish; 좋은 기회를 ~ yaxshi imkoniyatni boy bermoq; 깃발이 바람에 날린다 bayroq shamol esayotgan tomonga xilpiramoqda; 남의 돈을 완전히 날렸다 birovning pulini sarflab yubormoq; 눈발이 바람에 날린다 qor uchqunlari shamolda tarqalmoqda; 모형비행기를 공중으로 날렸다 samolyot maketini parvozga chiqarmoq; 방안에 먼지가 날린다 xonada chang ko'tarildi; 유명한 학자로서 이름을 날렸다 u olim sifatida shuhrat qozondi; [펄펄] ~ xilpiramoq; xilpiramoq (bayroq haqida); 이름을 ~ o'ziga nom ortirmoq, shujrat qozonmoq.

날림 pala-partish qilingan ish; ~의 yengil-yelpi qilingan; rejasiz qilingan; ~으로 pala-partish;apil-tapil; sxosha-pisha; ~으로 하다 pala-partish (apil-tapil)qilmoq; ~공사 pala-partish qurilish.

날씨, 일기 ob-havo; 변덕스러운 ~ o'zgaruvchan havo; 온화한 ~ mo'tadil ob-havo; ~가 어떻든 간에 har-qanday ob-havoda; ~에 관계없이 havoga qaramas- dan; ~에 따라 havoga qarab; ~를 예보하다 ob-havo ma'lumot- larini bermoq; ~가 풀리다 ilimoq

날씨가 좋습니다 havo yaxshi

날씬하다 ingichka; ozg'in, nozik; 날씬한 몸매 nozik qad-qomat; 날씬한 허리 nozik tana. 날씬한

nozik, kelishgan.

날아가다 uchmoq; uchib ketmoq; uchib chiqmoq; g'oyib bo'lmoq; ketib qolmoq; tarqalib ketmoq; 모든 희망이 날아갔다 barcha umidlar yo'qolmoq; 비행기가 모스크바에서 서쪽으로 50km를 날아갔다 samolyot Moskvadan 50 km g'arbga o'chib o'tdi. 날아 갑니다 uchib ketyapti.

날인(捺印) muhr; ~하다 muhr qo'ymoq; muhr bosmoq; ~란 muhr bosilgan to'rtburchak.

날조(捏造) soxtalashtirish; ~의 qalbaki; soxta; ~하다 soxtalashtirmoq; uydirma to'qimoq; ~되다 soxtalashtirilgan (to'qilgan) bo'lmoq; ~된 역사 uydirma (yolg'on) hikoya; 헛소문을 ~하다 yolg'on hikoya voqea)larni to'qimoq.

날 1) kunlar sanasi; kun; sana; ~로 적히다 sanasi yozilgan bo'lmoq; sanasi ko'rsatilgan bo'lmoq; ~를 적어 넣다 biron narsani sanasini yozmoq; sanasini belgilamoq (qo'ymoq); 떠나기 까지는 아직 ~가 남아있다 jonashgacha yana bir necha kun qoldi; 신청서에 어제 ~ 기입하십시오 arizaga kechagi sanani qo'ymoq; ~변경선 geogr. sanani o'zgartirish chizig'i, sanalar chegarasi; 2) sana.

날카롭다(날카로우니.날카로와) o'tkir, nozik; sezgir; asabiy; keskin (shiddatli); 날카로움 o'tkirlik; noziklik; keskinlik; 날카롭게 o'tkir; ingichka; asabiylik bilan; keskinlik; 날카로운 목소리 kuchli (o'tkir)ovoz; 날카로운 비판keskin tanqid; 날카로운 시선 zaharli qarash; 날카로운 창 o'tkir nayza; 끝이 날카로운 메스 uchi o'tkir sakalpel; 날카로운 주목 jiddiy e'tibor berish; 신경이 ~ sezgir, asabiy.

낡다 eski; qadimgi; eskirib qolgan; avvalgi; umrini yashab bo'lgan; 낡은 것 eski narsalar; 낡은 관습 eski odat, qadimgi urfodat; 낡은 옷 eski ko'ylak; 사진이 빛이 바래 낡았다 surat o'chib ketdi; 낡아빠지다 umu- man eski; puturdan ketgan; kiyib yedirilgan; to'zgan; 사진이 ~ rasm o'chib ketdi.

남 (타인) begona; musofir; yot; o'zga; boshqa; ~의 begona; yot; o'zga; boshqa; ~의 나라 begona yurt; musofir joy; ~의 물건 yot narsalar; ~들 앞에서 begona odamlar oldida; ~의 마를 듣고 birovning so'zi bilan; ~을 등쳐먹고 살다 birovning hisobiga yashamoq; birovning boshiga chiqib olmoq; 너는 우리 일과 상관없는 ~이다 bizning ishimizda sen begonasan; 우리들은 이제 서로 남남이다 endi biz birbirimizga yetti yot begona- miz; ~이 장에 간다고 하니 거름 지고 나선다 masqarabozlik qil- moq; ~좋은 일을 하다 faqat boshqa odamga foydali ishni qilmoq; 남모르게(몰래) yashirin- cha, berkinib, zimdan, sezdir- masdan; 남다르다 boshqa- lardan ajralib turmoq, farq qil- moq; 남 볼 상 obro', shuhrat; 남 잡이가 제 잡이 남을 물에 넣으려면 저 먼저 들어 간다 maq.≅ birovga chog' qazima, o'zing yiqilasan; 남이 눈 똥[찌]에 주저 앉다 maq. ≅ qarmoqqa ilinmoq; 남에 없는 o'ziga xos; boshqa- lardan farqli; 남에 없는 일처럼(일 같이) huddi yaxshiroq ish yo'qdek; 남의 군불에 밥 짓는다, 남의 발에 감발한다. 남의 불에게 잡기, 남의 팔매에 밤 줏는다, 남의 싼 불에 게 잡는다 maq. ≅ boshqa- larni ishga solib, o'zi rohatini ko'rmoq; 남의 굿 보듯

maq. ≅ menga aloqasi yo'q; 남의 다리를 긁다 maq. ≅ birovning xizmatini qilmoq; 남의 달 잡다 oy o'tmoq (xomiladorlikda); 남의 등을 쳐 먹다 birovlarning hisobiga yashamoq; 남의 말하기는 식은 죽 먹기 maq. ≅ begonaniki ko'ri- nadi, o'ziniki bilinmaydi; 남의 바지 입고 새 벤다 maq. ≅ to'ng'izni siyla-sang, dasturxonga o'tirib oladi; 남의 살 같다 sezgirlikni yo'qotmoq, oqib ketmoq; 남의 잔치에 감 놓아라 배 놓아라 한다, 남의 잔치 감이야 배야 birovning ishiga burnini tiqmoq; 남의(남이 친)장단에 궁둥이 춤춘다 birovning nog'orasiga o'ynamoq; 남의 집 살다 batrak bo'lib yashamoq; yollanma ishchi bo'lmoq; 남의 제상에 배 놓거나 감 놓거나 maq.≅ birobning ishiga burningni tiqma; 남의 친기도 우기겠다 에 단지 maq. ≅ o'z g'aminga sherik yo'q; 남의 흉이 한 가지면 제 흉이 열 가지라 maq. ≅ boshqalarni qo'y, o'zingni bil; avval o'zingga boq, keyin nog'ora qoq; 남의 떡함지에 넘어진다 sorab olmoq; tilab olmoq; 남의 싸움에 칼 빼기 birovning ishiga aralashni yoqtiruvchi odam; 남의 열 아들 부럽지 않다 maq. ≅ hammaniki o'ziga, oy ko'rinar koziga; 남의 염병이 내 고뿔만 못하다 maq. ≅ birovnikiga jon achimaydi; 남의 일은 오뉴월에 도 손이 시리다 maq. ≅ birovning ishiga yozda ham qo'l muzlaydi; 남의 일을 보아 주려거든 삼년내 보아 주어라 kimgadir yordam berishga kirishdingmi, oxirigacha yordam ber.

남(南), 남쪽 II Janub; janubiy tomon; ~쪽의 janubiy; ~녘 땅 mamlakatning janubiy qismi;~단 janubiy chekka; biron narsaning janubiy qismi; ~도 Koreyaning janubiy viloyatlari; ~동풍 janibi-sharqiy shamol; ~반구 janubiy yarim shar; ~서풍 janubi-g'arbiy shamol; ~풍 janubiy shamol; janubdan esayotgan shamol.

남-(男) I old.qo'sh. erkak kishi; erkaklarga mansub; 남학생 talaba (o'g'il bola talaba).

남-(南) II old. qo'sh. janubiy; 남반구 janubiy yarimshar.

-남(男) kor.qo'sh. erkak; 동정남 iffatli kishi.

-남 og'z. ritorik savol ma'nosini qo'pol yakunlovchi ibora: 귤이 빛남 mandarin axir oq rangdami?!

남극(南極) 1) janubiy qutb; ~거리 astr. Janubi qutbli masofa; ~기단 Antarktika havosining massalari; qar.~노인성. 남극성; 2) Janubi magnitli qutb.

남극(南極)의 길목 janubiy qutb; Antarktika; ~권 janubiy qutbli doira; ~성 Kanopus; ~대륙 Antarktida; ~식물구 Antarktika florasi; ~조약 Antarktika haqida xalqaro shartnoma; ~지대 janubiy mintaqa; ~탐험 janubiy qutbga ekspediciya; ~해 Janubiy muz okeani.

남기다 1) qolishga majbur qilmoq; ruxsat bermoq (qolishga); qoldirmoq; 기록을 ~ yozuv (qaye) qoldirmoq; 남김없이 barchasi, butunlay, to'liq, qoldiqsiz; 2) foyda ko'rmoq, foyda olmoq; 50원 남기고 팔았다 50 von foydasi bilan sotdi.

남김없이 qoldiqsiz.

남남북녀(南男北女) janubda erkaklar, shimolda ayollar chiroyli.

남녀 erkaklar va ayollar; ~공학 o'g'il va qiz bollarni birgalikda o'qitish; ~관계 jinslarni o'zaro munosabati; ~노소 erkaklar va ayollar; katta vakichiklar; ~평등 erkak va ayollarning teng huquqligi; ~동권(동등권, 평등권) erkak va ayollarning teng huquqligi; ~노소 kichigidan kattasigacha hammasi; ~동등 (평등) erkak va ayollarning tengligi; ~유별 arx. ~가마 va ayollar o'rtasida farq bor.

남다 qolmoq; topshirilgan bo'lmoq; qolgan yordam; 남은 ortgan; qolgan; ortiqcha; 남은 돈 biror narsadan qolgan pullar; 남은 표 ortiqcha chipta; 충분히 남는다 yetib ortadi; keragidan ortiq; 남아돌다 qolmoq; ortiq bo'lmoq; ortiqcha bo'lmoq; 기억에 ~ xotirada saqlanib qolmoq; 남아넘치다 a) to'lib ketgan bo'lmoq; b) to'lib toshgan bo'lmoq; 얼굴에 남아넘치는 웃음을 띠다 astoydil kulmoq; 남아돌다, 남아돌아가다 ortiqcha bo'lmoq; ortiq bo'lmoq.

남대문(南大門) Namdemun(janubiy darvozalar); ~구멍 같다 mun. katta (teshik haqida)

남매(男妹) aka-uka; aka-ukalar.

남모르다(남모르는) noma'lum(kimgadir); 남모르게 a) yashirincha, bildirmay; b) tanib bo'lmas darajada.

남북(南北) 1) shimol va janub; 2) peshana va ensa; 3) biron narsaning chiqib turuvchi qismi; ~[이] 나다 chiqib turmoq, bilinib turmoq.

남빛 to'q ko'k rang.

남성(男性) erkaklar jinsi; erkak; ~답다 erkak kishiga xos, mard.

남용(濫用) noto'g'ri foydalanish; biror narsani suiste'mol qilish; ~하다 tog'ri kelgancha ishlatish; biror narsani suiste'mol qilish; 직권을 ~하다 hokimiyatni suiste'mol qilish; 직권~ hokimiyatni suiste'mol qilish.

남쪽 janub.

남편 I er, turmush o'rtoq, rafiq; ~의 증조모 erning katta buvisi.

남편(南便) II janubiy tomon, janub.

납(<臘) qo‘rg'oshin.

납기(納期) to'lov muddati (yetkazib berish muddati).

납니다 kurtak yozmoq.

납부 to'lov; ~하다 to'lamoq; badal qo‘ymoq; ~되다 to'lamgan bo'lmoq; 전액을 ~하다 pulni hammasini to'lamoq; 회비를 ~하다 a'zolik badalini to'lamoq; ~금 kiritiladigan (to'lanadigan) pullar; badal.

납부금(納付金) kiritiladigan pul, badal.

납세(納稅) soliq to'lov; ~하다 soliq to'lamoq; ~능력이 있는 soliq to'lashga qodir; ~능력 soliqlarni to'lashga qodirlik; ~액 soliq miqdori; ~의무 soliqlarni to'lash majburiyati; ~자 soliq to'lovchi. ⇒ 고지서(告知書)

납시다 arx. chiqib ketmoq.

납입(納入) osotilish; yetkazib berish (mahsulotlarni); ~ 하다 a) 납부[하다] ga qarang; b) sotmoq; yetkazib bermoq (mahsulotlarni). ⇒ 납부

납작 1) ~먹다 bir zumda yutib yubormoq; ~대답하다 javoban to'rsillatib gapirmoq; ~엎드리다 uzala tushib yotmoq; ~들어붙다 mahkam yopishmoq (yopishib turmoq).

낫 I o'roq; ~모양의 o'roqqa o'xshash; o'roq shaklida; ~으로 베다 o'roq bilan o'rmoq; ~과 망치 o'roq va bolg'a; ~놓고 기역자도 모른다 birorta ham harf bilmaydi; ~질하다 o'roq bilan o'rmoq; ~자루 o'roq dastasi;

o'roq sopi; ~질 o'roq bilan o'rish; 낫과 마치(망치) o'roq va bolg'a; 낫놓고 기역자도 모른다 maq. ≅ harf tanimaydi(so'ma-so'z. "ㄱ" harfi tuzilishi jihatidan o'roqqa o'xshashini ham bilmaydi); 낫으로 눈 가리기 matal. ≅ tuyaqush singari boshini qanotlari ostiga yashirmoq (so'ma-so'z. o'roq bilan ko'zlarni yopmoq). 낫과 망치 o'roq va bolg'a.

낫다 I (나으니, 나아) tuzalmoq; bitmoq; yaxshilanmoq; o'tib ketmoq; 고질병이 완전히 나았다 uzoqqa cho'zilgan kasallik o'tib ketdi; 곪은 상처가 나았다 yiringli yara o'tib ketdi; 병을 앓고 난 뒤에 환자는 완전히 나았다 kasallikdan keyin bemor butunlay tuzalib ketdi.

낫다 (나으니, 나아) yaxshiroq; ~아무것도 없느니 보다는 그래도 이것이 더 ~ har holda xech nar- sadan ko'ra, shu yaxshiku; 택시로 가는 것보다는 지하철로 가는 것이 ~ taksidan ko'ra, metroda borgan yaxshiroq.

낭독 ovoz chiqarib o'qish; ifodali o'qish; ~의 deklamat- siyaga oid; ~하다 baland ovozda o'qimoq; o'qib bermoq; ifodali o'qimoq; 그녀는 낭랑한 목소리로 자작시를 낭독했다 u o'z she'rini jarangdor ovoz bilan o'qidi; ~자 oovoz chiqarib o'quvchi; ifodali o'quvchi.

낭떠러지 tik jar; tik qoya; ~의 tik ko'tarilgan; tik qoyali; ~에서 떨어졌다 tik jardan qulab tushmoq;

낭비(浪費) isrofgarchilik; pulni sovurish; ketkazmoq ~하는 isrofgar; ~하다 isrof qilmoq; pulni sovurmoq; o'rinsiz sarf qilmoq; 사소한 일에 돈을 ~하다 madachudaga pulni sarf qilmoq; 시간을 헛되이 ~하다 bekorga vaqtni ketkazmoq; ~성 o'rinsiz sarflash. **낭비의 문화** isrofgap-shilik madaniyati.

낭비하다 <－> **아껴쓰다** isrof qilmoq <－> tejamoq.

낭송 deklamatsiya; ommaviy o‘qish; ~의 deklamatsiyalashtiril- gan; ~하다 deklamatsiya qilish; 그는 시를 잘 ~한다 u she'rni ifodali o'qiydi; ~자 deklamatsiya qiluvchi.

낮 kun; ~의 kunduzgi; ~에 kunduzi; 밤~ kun va tun; 밤~으로 kunda ham, tunda ham; 한~ tush mahal, kun o'rtasi; ~교대 kunduzgi smena; ~잠 kunduzgi tush; 낮 말은 새가 듣고 밤 말은 쥐가 듣는다 maq. so'zmaso'z ≅ kunduzi aytilgan gapni qushlar eshitadi; 낮에 난 도깨비 surbet, hayosiz.

낮다 past; baland bo'lmagan; qoniqarsiz; kichkina; pastki; sokin; 낮게 past; baland emas; pastroq; sekin; baland emas; 낮은 목소리 past ovoz; 낮은 울타리 baland bo'lmagan (past) devor; 낮은 점수 qoniqarsiz baho; 낮은 지대 pastlik; 낮은 학년 quyi sinf; 질이 낮은 상품 sifati past mahsulot; sifatsiz mahsulotlar; 효율이 낮은 기계 sifatsiz apparat.

낮아요 past; 낮아지다 pasaymoq; sustlashmoq; 가격이 ~ narxning pasayishi; 지위가 ~ mansabdan tushish. 낮은 past.

낮추다 pasaytirmoq; o'zini past qo‘ymoq; kamtarlik qilmoq; kamaytirmoq; pastga urmoq; sensirab, gaplashmoq (so'zla-shmoq) 목소리를 ~ ovozni pasaytirmoq; 속도를 ~ tezlikni kamaytirmoq; 원가를 ~ o'z baxosini tushirmoq; 말씀을 낮추

시지요 men bilan "sen" lab gaplashing;
낮추보다 kimdirni nazarga ilmasdan qaramoq; nafratlanmoq.
낮춤말 1) mensimasdan(iltifotsiz, nazarga ilmasdan) gaplashish., 2) hurmatsiz shakl.
낯 yuz; obro'; qadr-qimmat; ~을 가리다; odamlarga har-xil munosabatda bo'lmoq; ~이 간지럽다 o'zini noqulay sezmoq; ~이 두껍다 uyatsiz; surbet; ~이 뜨겁다 uyalmoq; ~이 설다 notanish; ko'zga noqulay; ~을 못들다 uyalgandan ko'zni yashirmoq; ~을 붉하다 jahl dan o'zini qo'ldan chiqarmoq; ~가림 하는 아이 yovvoyi bola; ~선 환경 noqulay muhit; ~빛 yuz ko'rinishi; afti-rangori; ~짝 bashara; afti-bashara; ~을 돌리다 yuz o'girmoq; e'tibor bermoq, qiziqmoq; ~을 알다 (kimdirni) tanimoq); ~을 익히다 tanishtirmoq; ~이 익어지다 ko'zga ko'rinmoq; ~이 간지럽다 o'zini noqulay his qilmoq; 낯가죽 [이 두껍다]; uyalmoq; ~이 부끄럽다 uyalmoq; ~이 설다 notanish, ko'zga noqulay;~이 떳떳하다 vijdoni pok; ~이 뜨뜻하다 (얼굴이 뜨뜻하다) ga qarang); 낯[이] 없다 uyalmoq, ko'zga qaramaslik; ~이 있다 tanish; ~을 내다 o'zini ko'rsatmoq; ~을 묻히다 obro'siga dog' tushir- moq; ~을 깎다 badnom qilmoq, nomini bulg'amoq; ~이 나다 obro'-e'tibor ortirmoq, hurmat-ga sazovor bo'lmoq; ~이 깎이다 obro'si (qadr-qimmati) ni yo'qotmoq.
낯선 notanish.
낯설다 notanish.
낯이 설다 yuzi notanish.
낯이 익다 notanish.
낯익다 yuzi tanish.
낱 dona; ~낱이 ikir-chikirlari bilan; ~개로 donadonalab (alo-hida-alohida, donalab) sotmoq; ~소리 alohida tovushlar.
낱낱 har bir donasi.
낱낱이 rav. donasi; donalab, alohida-alohida.
낱말 so'z; ~풀이 so'z ma'nosini chaqmoq.
낳다 tug'moq; tuxum qo'ymoq; urug' tashlamoq (sochmoq); yaratmoq; chaqirmoq; 기적을 ~ mo'jiza yaratmoq; 아이를 ~ bola tug'moq; 의심은 불신을 낳는다 shubha ishonchsizlikni tug'diradi.
낳다 II 1) ip yigirmoq; 2) to'qimoq.
-낳이 geofrafik joy nomlaridan keyin qo'llaniladi, mato ishlab chiqaruvchi joyni anglatadi: 강진~천 kanjin matolari.
내 I tutun.
내 II hid; is; ~가 나다 hid kelmoq; 어디선가 탄 ~가 심하게 난다 qayerdandir kuygan hid kelmoq; 땀 ~ ter hidi; ⇒ 냄새
내 III soy; anhor; ariq; 냇물이 흐른다 soy oqmoqda; 냇가 sohil; 내 건너 배 타기 maq. *so'zm-so'z.* ≅ daryodan o'tib qayiqqa o'tirmoq. ⇒ 시내물
내(内) IV ichida; ~의 ichki; 공장~에서 zavodda; 국~의 vat-anning; 금년 ~에 shu yil davo-mida; 기한 ~로 o'z vaqtida, muddatida.
내 (나의) V men; mening; ~가 한 일 men tomonimdan qilingan ish; ~고향 mening ona yurtim; ~조국 mening Vatanim; (속담) ~가 할 말을 사돈이 한다 o'zini aybini o'ziga to'nkash; 내가 할 말을 사돈이 한다(내 노래를 사돈이 부른다) maq. so'zm-so'z. ≅ mening gapimni sovchi gapiradi; 내 남

없이 menmi, boshqasimi, menga baribir; 내 노라 하다 baland ketmoq; 내 미락 네 미락 하다 qo'ymoq (boshqa joyga); birovning zimmasiga yuklamoq; 내 밑들어 남 보이기 o'zini hamma kamchiliklarini bildirmoq; 내 밥 먹은 개가 발뒤축 문다 maq. so'zm-so'z.≅ sening noningni yegan it, baribir seni tishlaydi; 내 코가 석 자, 내 코가 대 자 오치 maq. ≅ och qornim, tinch qulog'im (og'ir vaziyatga tushib qolgan odam haqida).

내- tez; kuch bilan; ~ 달리다 tez yugurmoq; ~몰다 haydab yubormoq; itarib yubormoq; ~ 쉬다 nafas chiqarmoq; puflab chiqarmoq; ~오다 chiqarmoq; chiqarib tashlamoq; ~배다 chiqmoq (ter va boshq.).

내-(來-) keyingi; ~달 keyingi oy; ~ 학기 keyingi semestr.

-내 ols. qo'sh. mobaynida; 겨우 ~ kish mobaynida; 봄내 butun bahor mobaynida.

내가 daryo (soy) sohili.

내가다 olib chiqmoq; 관을 방안에서 ~ o'likni tobutda xonadan olib chiqmoq; 쓰레기를 손수레에 실어 마당에서 ~ axlatni aravada hovlidan olib chiqmoq.

내각(內閣) I Vazirlar mahkamasi; ~을 구성하다 Vazirlar mahkamasini shakllantirmoq; ~ 불신임 parlamentni hukumatga nisbatan ishonchsizligi; ~책임 Vazirlar mahkamasining parlament oldida javobgarlik tizimi; 일당~ bir partiyali mahkama; 전시~harbiy mahkama; ~결정 Vazirlar mahkamasining qarori; ~명령 Vazirlar mahkamasining buyrug'i; ~성원 Vazirlar mahkamasining a'zosi; ~수상 Vazirlar mahkamasining raisi.

내과(內踝) I to'piqning ichki qismi

내과(內科) II terapiya; terapevt bo'limi; ~ 의 terapevtning; ~병동 terapevt bo'limi; ~의사 terapevt; ~질환 ichki kasallik; ~학 terapiya.

내구(耐久) ~성이 있는 mustahkam; chidamli; ~하다 uzoq chidamoq; mustahkam bo'lmoq; 압축에 견디는 ~성 siqqandagi mustahkamlik; 충격에 견디는 ~성 zarbga bardoshlilik; ~성 mustah-kamlik; chidamlilik; bardoshlilik; ~재 mustahkam (chidamli) mato.

내국(內國) mamlakat ichkarisida; ~의 Vatanining; ichki; ~ 무역 ichki savdo; ~산 o'z mamlakatimizda ishlab chiqarilgan; ~시장 ichki bozor.

내기 garra; bahs; ~하다 garra o'ynash; bahslashmoq; ~로 garraga; bahsga; ~를 걸다 garra boylash; ~에 이기다(지다) garra (bahs)ni yutmoq (yutkaz- moq); 죽을 ~로 o'z kuchini ayamasdan, butun kuchi bilan.

내깔기다 1) tashlamoq, tashlab yubormoq; 2) kuch bilan tashlamoq (tashlab yubormoq).

내년 (이듬해) kelasi yil; ~에 kelasi yilda; ~이맘 때 kelasi yilning huddi shu paytida.

내놓다 olib chiqmoq; ko'rgazma qilmoq; nashr etmoq; bermoq; yon bermoq; o'chirmoq; chiqarmoq; istisno qilmoq; 내놓고 말하다 ochiqchasiga gapirmoq; 물건을 팔려고 ~ sotishga chiqar- moq; 신작시 세 편을 ~ 3 ta yangi she'rni nashr etmoq; 우선권을 ~ birinchilikni boy ber- moq; 증거를 ~ dalil keltirmoq; 책상을 복도 가운데로 ~ stolni yo'lak o'rtasiga qo'ymoq; 내놓고는

istisno qilib.
내다 I tutun chiqmoq (gaz plitasi, olov haqida).
내다 II yaratmoq; ishlab chiqarmoq; chiqarmoq; o'g'it solmoq; qayta ekmoq; jon fido qilmoq; mehmon qilmoq; ovqatni dasturxonga tortmoq; tasavvur etmoq; nashr etmoq; qarz olmoq; 찾아 ~ qidirib topmoq; 가루를 ~ poroshok ishlab chiqarmoq; 벼모를 ~ guruchni ekmoq; 세금을 ~ soliq to'lamoq; 속력을 ~ tezlikni oshirmoq; 시간을 ~ vaqt bermoq; 신고서를 ~ ariza yozmoq; 연기를 ~ tutun chiqarmoq; 용기를~ kuchga to'lmoq; dadil (jasur, jur'atli) bo'lmoq; 입장료를 ~ kirishga to'lamoq; 짬을 ~ vaqt topmoq; 편지를 ~ xat yubor- moq; 한턱을~ mehmon qilmoq (kimdirni); 빛을 ~ yoruqlik taratmoq; 먼지를 ~ chang ko'tarmoq; 의견을 ~ fikr bildir- moq; 명령을 ~ buyruq bermoq; 희생을 ~ jon fido qilmoq; 자리를 ~ joy bo'shatmoq; 끄집어내다 chiqarib tashlamoq; 내[다]... va 내여... ichkaridan tashqariga qilinayotgan harakatni ko'rsatadi; 내[어]놓다 chiqarmoq; 내[어]주다 tarqatmoq; 아, 어, 여 harakatning tugallanganligini bildiradi: 끓어내다 qaynatmoq; 견디어 내다 chiqarmoq, chidamoq; 내다 보다 1) boshini chiqarib qaramoq; 2) oldinga (uzoqqa) qaramoq; 내어가다 ga qarang 내가다; 내어놓다 내놓다 ga qarang; 내어 버리다 내버리다 ga qarang; 내어 쫓다, 내쫓다ga qarang; 내어오다 qar. 내오다.
내다보다 boshini chiqarib qaramoq; oldinga (uzoqqa) qaramoq; kelajakka boqmoq; oldindan e'tiborga olmoq; 내다보는 구멍 ko'rik teshigi? 내다보는 창문 kuzatuv (qarash) oynasi; 모든 상황을 미리 ~ oldindan hamma vaziyatni e'tiborga olmoq; 창문 밖으로 아름다운 거리가 oyna ortida chiroyli ko'cha ko'rinyapti;
내다보인다 ko'rinmoq.
내닫다 (내달으니. 내달아) yugurib chiqmoq; oldinlab ketmoq.
내던지다 tashlamoq; tashlab yubormoq; irg'itmoq; otmoq; orqa-oldiga qaramasdan gapirmoq; 시작한 일을 ~ boshlagan ishni tashlamoq; 담배꽁초를 ~ tamaki(sigaret) qoldig'ini oynadan tashlamoq.
내동댕이치다 otmoq; tashlab yubormoq
내두르다 (내두르니) 1) silkitmoq (biror-narsa bilan); 2) yon olmoq.
내둘러 silkitmoq (biror-narsa bilan); yon olmoq.
내디디다 oldinga qadam tashlamoq; qadam tashlamoq; qadam tashlashni tashlamoq; birornarsada birinchi qadam qo'ymoq; biror narsa qilishga kirishmoq; 그는 한 걸음 한 걸음 내디뎠다 u qadamba-qadam yurdi; 우리는 학문의 세계에 첫걸음 내디뎠다 biz fan olamida birinchi qadamlarni qo'ydik; 걸음을 ~ yurib ketmoq.; 내딴 ~은, ~에, ~으로 menimcha, meni shaxsiy fikrimcha.
내려가다 tushmoq; tushirmoq; poytaxtda qishloqqa bormoq; pasaymoq; yiqilmoq; avloddan-avlodga o'tmoq; hazm qilmoq; 기온이 영하 10도로 ~ harorat 10 daraja sovuqqa tushmoq; 산에서 ~ tog'dan tushmoq.
내려다보다 yuqoridan pastga

qaramoq, yuqoridan qaramoq (mensimasdan qaramoq ma'nosida); yerga chizib qaramoq; 옥상에서 밑을 ~ tomdan pastga qaramoq; 부자는 가난한 이를 내려다 본다 boylar kambag'allarga yuqoridan qarashdi.

내려앉다 tushmoq; ag'darilmoq; 건물의 기초가 내려앉았다 binoning fundamenti tushdi; 새가 나뭇가지에 내려앉았다 qush daraxt shohiga qo'ndi; 천장이 내려앉았다 ship (potolok) tushib ketdi.

내려오다 tushmoq; chiqmoq; poytaxtdan qishloqqa ko'chmoq; bizning davrgacha yetib kelmoq; 예로부터 내려오는 풍습 qadimgi urfodatlar; 감사가 지점까지 내려왔다 tekshiruvchi firmaning filialiga keldi; 승강기를 타고 ~ liftda tushmoq.

내력(來歷) I o'tmish; biografiya; sabab; zaxira; ildiz; 모든 일에는 ~이 있다 hamma narsaning o'z sababi bor; ~을 알아보다 kimningdir o'tmishini bilmoq

내력(內力) II ichki kuch; ichki tirishish. 내렸습니다 tushirdi.

내륙(內陸) 1) ichki tumanlar;~의 ichki; ichki mintaqaviy; ~국 mintaqa ichidagi mamlakat; ~권 mintaqa ichidagi doira (davra, soha); ~지대 dengizdan uzoqda joylashgan tumanlar; ~지방 dengizdan uzoqda joylashgan joylar; ~하천 ichki hovuzning daryosi; ~호 ichki ko'l; 유역 geogr. daryoning ichki ko'li; 2) 대륙ga qarang; ~기후 대륙[기후] ga qarang.

내리 tepadan pastga; ketmaket; uzluksiz(tinimsiz); to'g'ri kelgancha; ~ 쓴글 tepadan pastga yozilgan xat; ~ 짓밟다 bosib tashlamoq; ~ 칠일동안 비가 내렸다 yomg'ir yetti kun tinimsiz yog'di; ~공급 markazlashtirilgan ta'minot.

내리- old qo'sh. tepadan pastga; ketmaket; uzluksiz (tinimsiz); kuch bilan; qattiq; to'g'ri kel-gancha; ~까다 urmoq; ~ 뛰다 pastga sakrab tushmoq; ~ 쓸다 supurmoq; ~읽다 ko'z uzmasdan o'qimoq; ~사랑 ota-onaning farzandlariga bo'lgan sevgisi (muhabbati); 내리닫다 yugurib tushmoq (zina haqida).

내리갈기다 tepadan pastga qarab urmoq.

내리구르다(내리구르니, 내리굴러) 1) tepadan-pastga qarab ezmoq; tortmoq (azob haqida); 2) ezmoq, siqmoq; jabrlamoq.

내리긋다 (내리그으니, 내리그어) 1) vertikal chiziqni o'tkazmoq; 2) shtrixlamoq; uzluksiz chiziqlar chizmoq.

내리누르다 (내리누르니, 내리눌러) tepadan pastga ezmoq; jabr-zulm qilmoq; siqmoq; ~ 백성을 xalqni siqmoq.

내리다 tushmoq; o'tirmoq; yurmoq; tushib qolmoq; hazm bo'lmoq; yiqilmoq; ozmoq; yechmoq; buyruq bermoq; xulosa chiqarmoq; uqmoq; o'zlashtirmoq; adabini bermoq; 막을 ~ pardani tushirmoq; 말에서 ~ otdan tushmoq; 물건값이 내린다 mahsulot narxlari tushmoqda; 버스에서 ~ avtobusdan chiq- moq; 법령을 ~ qonun chiqar- moq; 부기가 내렸다 shish tushdi; 비가 내린다 yomg'ir yog'yapti; 비행기가 공항에 내렸다 samolyot aerodromga ko'ndi; 수레에서 짐을 ~ aravadan yukni tushirmoq; 이슬이 내린다 shudring tushdi; 판결을 ~hukm chiqarmoq; 명령이 ~chiqarilgan bo'lmoq (buyruq haqida); 살이 ~ ozmoq; 명령을

~ buyruq chiqarmoq; 결론을 ~ xulosa chiqarmoq;

내려가다 a) borib kelmoq, tushmoq (tog'dan, zinadan va boshq.); b) ko'chmoq(shahardan qishloqqa);

내려긋다 a) biror narsaning tagidan chiziq chizmoq; tagiga chizmoq; b) qar. 내리긋다; 내려놓다 tushirmoq(yerga va b.q.); tepadan pastga (pastroqqa) qo'-ymoq; 내려 누르다 qar.~ 내리누르다; 내려다 보다 a) tepadan pastga qaramoq; b) ko'zni olibqochmoq; e) tepadan qaramoq(kimdirga); 내려디디다 borib kelmoq, tushmoq; 내려 먹다 lavozimdan tushmoq (pasaymoq); 내려 먹이다 a) buyruq bilan ko'mib tashlamoq; b) ish bilan ko'mib tashlamoq; 내려치다 내리치다ga qarang; 1) 내려꽂다 a) tiqmoq, biror narsani ko'ndalangiga qo'yib qo'ymoq; b) bosib olmoq;

내려쓰다 I a) yozmoq, imzo qo'ymoq; a) 내리쓰다 ga qarang.

내려쓰다 II peshonaga pastlatib kiymoq (bosh kiyimni); 내려앉다 tushmoq, o'tirib qolmoq; 가슴이 내려앉았다 yuragi tushib ketdi; 내려오다 a) tushmoq; borib kelmoq; b) ko'chib kelmoq; e) tartibga rioya qilmoq; 이상에서 말해 내려 온 바와 같이 yuqorida aniq aytib o'tilgandek; e) bizning kunlargacha yetib kelmoq.

내리막 og'ish; qiyalik; 가파른(밋밋한) ~ tik qiyalik(og'ish); ~ 표지 "tushish" yo'l belgisi; qiyalik belgisi; ~길 pastlatib ketayotgan yo'l.

내리세요 qo'lingizni pastga tushiring.

내리치다 tepadan pastga qaratib urmoq; 주먹으로 탁자를 세게 ~ stolga musht bilan qattiq urmoq.

내립니다 tushirmoq, tushyapti.

내막 sahna orti; 사건의 ~ voqeaning sahna orti ko'rinishi; ~일에는 나름의 ~이 있다 bu ishning boshqa tomoni ham bor.

내면 ichki kuch; ~적 ichki; yashirin(mahfiy); ruhiy (ma'naviy); ~독백 ichki monolog;~묘사 ichki(ma'naviy, ruhiy) duyosining ko'rinishi; ~생활 ichki (ma'naviy, ruhiy) hayot; ~세계 ichki(ma'naviy, ruhiy) dunyo; ~연마 선반 randalaydigan uskuna; ~나사 ichki o'ymakorlik; ~선삭 arralovchi; ~선삭반 arralovchi uskuna; ~연마반 randalaydigan uskuna; ~으로 qalbda.

내몰다 (내모니, 내모오) haydamoq; tez haydamoq; sxoshiltirmoq; ~ 가축 떼를 들판으로 ~ podani dalaga haydamoq; 게으름뱅이를 ~ dangasani sxoshiltirmoq; 차를 ~ mashinani tez haydamoq; 내몰리다 haydalgan bo'lmoq;

내무(內務) ichki ishlar; ~부 ichki ishlar vazirligi; ~부장관 ichki ishlar vazirligi.

내밀다 (내미니, 내미오) chiqmoq; chiqarmoq; uzatmoq; to'nkamoq; 가슴을~ ko'krakni chiqarmoq; 손을~ qo'lni uzatmoq; 자신의 책임을 남에게~ o'z javobgarligini birovga to'nkamoq; 창문 밖으로 머리를 ~ boshni derazadan chiqarmoq;혀를~tilni chiqarmoq.

내밀리다 1) chiqarilgan bo'lmoq; 2) itarilgan bo'lmoq.

내밀치다 kuch bilan itarmoq.

내받다 1) qattiq itarmoq (bosh bilan); suzmoq; 2) qarshilik ko'rsatmoq, o'jarlik qilmoq.

내뱉다 tuflamoq; oldiorqasiga qaramasdan gapirmoq; 가래침을 ~ balg'am bilan tuflamoq; 욕설을 툭~ so'kinib gapirmoq.

내버리다 tashlab qo'ymoq.
내버려두다 tegmaslik; teginmaslik; ahamiyat (e'tibor) bermaslik; o'z holiga tashlamoq; e'tiborsiz qoldirmoq; 내버려두어라 tegma; 방을 치우지 않고 ~ xonani yig'ishtirilmagan holda qoldirmoq.
내보내다 chiqarmoq; yubormoq; tashlab yubormoq; haydab chiqarmoq; 담배 연기를 코로 ~ burundan tutun chiqarmoq; 대표단을 국제회의에 ~ delegatsiyani shaharlararo konferenciyaga yubormoq; 마을에서 ~ qishloqdan haydab chiqarmoq; 직장에서 ~ ishdan haydab chiqarmoq; 상품을 시장으로 ~ mahsulotni bozorga chiqarmoq.
내복약(内服藥) ichiladigan dori-darmonlar; ~을 복용하다 ichiladigan dorilarni ichmoq.
내부(内部) I ichki qism (taraf); teskari; teskarisi; ~의 ichki; ~적으로 ichida; ~로 biror narsaning ichki qismi; ~로부터 ichidan; ~에 biror narsaning ichida; 당은 ~로부터 와해되었다 partiya qaytatdan tashkil etildi; 외부는 깨끗한데 ~는 지저분하다 usti yaltiroq, ichi qaltiroq; ~마찰 ichki ishqalanish; ~모순 ichki ziddiyat;~저항 ichki qar- shilik; ~층 ichki qavat; ~[적] ichki; ~골격 anat. skelet; ~굴절 tilshun. ichki flekciya; ~마찰 ichki ishqalanish; ~채산제 xo'jalik hisob-kitobi; ~예비 ichki rezervlar; ~원천 ichki resurslar.
내부(乃父) II sening otang, men (ota o'zi haqida); uning otasi; ~내자 otasi qanday bo'lsa, o'gli ham shunday bo'ladi.
내부딪치다 kuch bilan urilmoq (uchib kelmoq).
내부딪히다 duch kelmoq; uchib kelmoq; urilmoq
내분(内分) I bo'linish; tormoq, yorib bo'lak-bo'lak qilmoq; ~ 하다 ichki nuqtadan bo'lmoq.
내분(内紛) II ichki kelishmovchilik; oilaviy kelishmovchiliklar; ~의 씨 kelishmovchilik urug'i (sababchisi); ~을 일으키다 kelishmovchilikni keltirib chiqarmoq.
내분비(内分泌) inkretsiya; ichki secretsiya; ~물 inkretlar; gormonlar; ~선 ichki sekretsiya temir moddalari; endokrit temir moddalari.
내붙이다 osmoq; yopishtirmoq; kuch bilan tashlamoq; kuch bilan urmoq; ko'chma. to'rsilatib gapirmoq; tez yetmoq (bormoq) (maqsadga).
내비치다 yoritmoq; ozgina gapirib bermoq; 등불이 커튼 너머로 내비친다 parda orqasidan lampa chirog'i yoritmoqda; 나는 내 생각을 내비쳤다 men o'z fikrimni bildirdim.
내빈(内賓) I mehmon; tashrif buyuruvchi; ~의 mehmonxona; tashrif xonasi; ~을 대접하다 mehmonlarni qabul qilmoq;~을 맞이하다 mehmonlarni kutmoq; ~을 배웅하다 mehmonlarni kuzatmoq; ~석 mehmonlar uchun joy; meh-mon uchun joy.
내빈(耐貧) II ~ 하다 muhtojlikka chidamoq.
내빼다 qochib qolmoq; 그는 내뺄 사이가 없었다 u qochib qolishga ulgurmadi.
내뿜다 chiqarmoq; otilmoq; 화산에서 용암이 내뿜어졌다 vulqondan lava(vulqon otilganda chiqadigan olovsimon suyuq massa) otildi;
내사(内查) I maxfiy qidiruv; ~하다 maxfiy qidirmoq.

내사(內賜) II shaxsiy hadya.
내색(-色) yuz ko'rinishi; ~하다 yuzda aks etmoq; ~하지 않다 ko'rsatmaslik, bildirmaslik; ~을 내다 yuzda aks etmoq.
내성(內省) I o'z-o'zini ko'rsatish; ~적 yashirin; ochiq emas; ~적 기질 yashirin tabiat; ~적인 사람 yashirin inson.
내성(耐性) II mustahkamlilik; chidamlilik; ~이 있는 mustahkam, chidamli; 산에 ~이 있는 kislotaga chidamli; 습기에 ~이 있는 namlikka chidamli; 염분에 ~이 있는 issiqqa chidamli; 내산성 kislotaga chidamli; 내열성 issiqqa chidamli.
내세(來世) o'lgandan keyingi hayot; narigi dunyo; ~의 o'lgandan keyingi; ~에서의 고인의 명복을 빌다 ruhini taskin topishi uchun duo qilmoq (o'qimoq); ~관 narigi (u) dunyoga nazar solish.
내세우다 chiqarmoq; qo'ymoq; belgilamoq; yuqori baholamoq; 개인의 이익보다 집단의 이익을 더 ~ jamoa manfaatlarini shaxsiy manfaatlardan ustun qo'ymoq; 대표자로 ~ kimnidir vakil qilib ko'rsatmoq; 이 싸구려 소설에는 새롭게 내세울만한 아무 것도 없다 bu arzimagan romanda, e'tibor- ga arzigulik narsa yo'q; 대열 앞에 ~ safga qo'ymoq; 사회적 이익을 개인적 이익보다 더 높이 ~ jamoatchilik manfaatarini, shaxsiy manfaatlardan ustun qo'ymoq.
내수(內需) ichki bozor talabi; ~가 증가(감소)하다 ichki bozor talabining oshishi (tushishi); ~를 충족시키다 ichki bozor talabini qondirish.
내숭 ayyorlik; ~스럽다 ayyor; ~스레 ayyorona; ~떨다 aldamoq.
내쉬다 nafas chiqarmoq; 내쉬는 nafas chiqaruvchi; 깊이 숨을 ~ chuqur nafas chiqarmoq; 내쉼 nafas chiqarish.
내시경 endoskop; 기관지 ~검사법 bronxlar endoskopiyasi; ~ 검사 endoskopik tabiiy ko'rik; ~ 검사법 endoskopiya.
내심(內心) I ko'ngil; fikr; ko'ngilda; ichida; ~ 기대하다 ko'ngilda (ichida) umid qilmoq; ~을 털어놓다 kimgadir ko'nglini yozmoq (ochmoq)
내심 II aylana markazi; (수학) ~을 구하다 aylana markazini topmoq.
내오다 chiqarmoq; olib chiqarmoq; chiqarib tashlamoq; 과일을 쟁반에 담아 부엌에서 ~ meva to'la padnisni oshxonadan olib chiqmoq.
내외(內外) I ichki va tashqi tomon; taxminan; 국~에 Vatanda va chet elda; 국~ 정세 mamlakatning ichki va tashqi holati; 40명 ~ taxminan 4ta odam; 이삼 년~ taxminan 2-3 yil; ~어물전 Seulda baliqchilik bilan shug'ullanadigan firmalar.
내외(內外) II er va xotin; er-xotin; ~하다 erkak (ayol)lardan o'zini olib qochmoq; ~간 er bilan xotin orasida; er-xotin o'rtasida; ~술집(주점) xizmatchilari yo'q mayxona;
내외간(內外間) er-xotin o'rtasida; ~싸움은 칼로 물 베기 *maq.* ≅ erxotinning urishi - doka-ro'molning qurishi.
내용(內用) I maznun; ma'no; ~이 풍부하다 ma'noli; mazmunli; ~적 mazmuniga tegishli; ~을 담다 tarkibida bo'lmoq; o'z ichiga olmoq; ~이 빈약한 책 ma'nosiz kitob; ~이 풍부한 기사 mazmunli

maqola; ~을 깊이 파고들다 ma'nosiga chuqur kirib ketmoq; ~물 mazmuni; ma'nosi; ~과형식 shakl va mazmun;~과 형식의 통일 shakl va mazmu- ning birligi.
내용(內用) II 1) maishiy ehtiyojning sarf-harajati; 2) qar.내복 II.
내용물(內容物) mazmuni; ma'nosi.
내의(內衣) I ich kiyim; 겨울~ qishki ich kiyim; 춘추~ kuzgi ich kiyim; ~를 갈아입다 ich kiyimini almashtirmoq; ~를 입다 ich kiyimni kiymoq.
내의(內醫) II saroy xizmatidagi shifokor.
내일(來日) ertaga; ertangi kun; kelajak; ~의 ertangi; ~할 일 ertangi ish;~아침(저녁)에 ertaga ertalab(kechqurun); ~은 해가 서쪽에서 뜨려나 보다 ertaga qizil qor yog'adi. 내일 아침 6시에 나를 깨워주십시오 Meni ertaga ertalab soat 6 da uyg'otib yuboring.
내장(內臟) I ichki organlar; ichak-chavoqlar; ~의 ichki; 생선 ~을 긁어내다 burdalamoq; ~하수증 viskeroptoz; splanxnop- toz; ~학 splanxnologiya; ~반사 viskeral reflekslar; ~신경증 viskeral nervoz; ~탈출 ichki organlarni tushib qolishi.
내장 II ichki tuzilishi; ~ 하다 tarkibida bo'lmoq; bor bo'lmoq; 모뎀은 컴퓨터에 내장되어 있다 modem kompyuter ichidadir.
내젓다(내저으니, 내저어) eshmoq; silkitmoq; 노를~ eshkak bilan eshmoq; 팔을~ qo'lni silkitmoq.
내정(內政) I davlatning ichki ishlari; uy ro'zg'ori; oilaviy hayot; ~에 간섭하다 ichki ishlarga aralashmoq; ~간섭 ichki ishlarga aralashish; ~불간섭 ichki ishlarga aralashmaslik; ~범절 oilaviy hayot qonun-qoidalari.
내정(內定) II norasmiy saylovlar; ~하다 norasmiy hal qilmoq; 사전에 대의원 후보를 ~하다 deputatlikka nomzodni norasman saylamoq.
내주다 bermoq; topshirmoq; 수건을 ~ sochiqni bermoq; 자리를 ~ joy bermoq; 통행증을 ~ ruxsatnomani topshirmoq.
내지(內地) I 1) mamlakat ichki chegaralari; 2) dengizdan uzoqda joylashgan ichki rayonlar; 3) o'zining mamalakati.
내지(乃至) II dan...gacha; yoki; va; 이 백 ~ 삼 백 킬로미터 200 dan 300 gacha; 한국 ~ 중국 Koreya va Xitoy.
내지르다(내지르니, 내질러) 1) itarmoq; kuch bilan urmoq (itarmoq); 2) baqirmoq; tug'moq; 냅다 욕을 ~ so'kinmoq (baqirib); 주먹을 ~ kuch bilan musht urmoq; 줄줄이 자식을 ~ ketma-ket bola tug'moq; 소리를 ~ baqirmoq; 3) 낳다ga qarang; 4) 누다 ga qarang
내쫓기다 haydalgan bo'lmoq.
내쫓다 haydamoq; haydab chiqarmoq; 직장에서 ~ ishdan haydamoq; 집에서 ~ uydan haydamoq; 내쫓기다 haydalgan bo'lmoq.
내차다 1) tepmoq; 2) kuch bilan tepmoq.
내치다 1) tashlamoq; tashlab yubormoq; 2) tashlamoq; 3) haydamoq; 내치락들이치락 a) nomutassil bo'lmoq; injiqlik qilmoq; b) goh kuchaymoq, goh susaymoq (kasallik haqida); 내친걸음 birinchi qadamlar; boshlang'ich.
내키다 yoqmoq; xohlamoq; ko'ngli tusamoq; 나는 그녀의 행실

이 썩 내키지는 않는다 menga uning hulq-atvori yoqmayapti; 마음이 내키지 않다 ko'ngli sovumoq; sovib ketmoq; 내켜놓다 a) oldinga qo'ymoq; b) keyinga qoldirmoq (ishni); biror narsani qoldirmoq.
내한(來韓) I Koreyaga kelish (tashrif); ~하다 Koreyaga kelmoq (bormoq); ~ 사절단 Koreyaga tashrif buyurgan delegatsiya.
내한(耐寒) II sovuqqa chidamli; ~성 sovuqqa chidamlilik; ~작물 mustahkam madaniyat; ~비행 past haroratdagi parvoz; ~하다 sovuqdan qo'rqmaslik; sovuqni (oson,bardoshlilik bilan) chidamoq.
내화(內貨) I ichki valyuta.
내화(耐火) II ~의 o't (olov) ga chidamli; ~구조 olovga chidamli konstruktsiya; ~연와(벽돌) olovga chidamli g'isht; ~성 olovga chidamlilik; ~시멘트 olovga chidamli sement; ~재(료) olovga chidamli; ~피복 olovga chidamli qoplov; ~가공 tekst. olovga chidamli; ~점토 olovga chidamli loy (gil).
내후년 ikki yildan so'ng; ~에 내 딸은 대학에 입학한다 ikki yildan keyin mening qizim universitetga kiradi.
냄비 kastlyulka; ~의 kastryulkali; 범랑~ emalli kostryulka; 알루미늄 ~ alyumin kastyulka.
냄새 hid; ~가 나다 hid kelmoq; hid chiqarmoq; hid taratmoq; ~를 맡다 hidlamoq; ~를 피우다 o'xshamoq; ko'rinish bermoq; 그에게선 범죄자 ~가 난다 u jinoyatchiga o'xshayapti; 좋은 ~가 난다 yaxshi (yoqimli) hid kelmoqda.
냅킨 salfetka; qog'ozli salfetka; qo'l sochiq; 식후에 ~으로 입을 닦다 ovqatdan so'ng og'izni salfetka bilan artmoq.
냇가(내) ga qarang. daryo sohili.
냉(冷) qorin pasida sovuqni his qilinishi; shamollash kasalliklari; og'riqlar; ~하다 sovuq; qorin pasida sovuqni his qilinishi; ~을 치료하다 shamollashni tuzat- moq
냉-(冷-) sovuq; ~기 sovuq; sovuq havo; ~면 nengmyong (ugra oshi); ~차 muzdek ichimlik.
냉각(冷却) sovutish; muzlatish; ~하다 sovutmoq; ~되다 sovumoq; salqinlashmoq;~기 sovutkich; muzlatgich; ~수 antifriz; ~장치 sovutgich moslamasi; ~재 sovutgich.
냉대(冷待) sovuq qabul (qilish); ~하다 sovuq qabul qilmoq; ~를 받다 내편 qabul qilingan bo'lmoq.
냉동(冷凍) muzlatish; ~하다 muzlatmoq, muzlatib qo'ymoq; ~되다 muzlatilgan bo'lmoq; ~식품 muzlatilgan mevalar; ~실 muzlatgich; ~창고 muzlatgich ombor.
냉동고(冷凍庫) muzlatgich.
냉동기(冷凍機) sovutgich.
냉매(冷媒) sovutuvchli moslama.
냉면(冷麪) muzdek kuksu.
냉방(冷房) sovuq xona.
냉수(冷水)(찬물) ga qarang; ~마찰 sovuq suvga ishqalash; ~맛 같다 bemaza; ~먹고 된 똥 눈다 mun. hech narsadan biror narsani yaratmoq; ~먹고 이 쑤시기 maq.≅*so'zma-so'z.* sovuq suvni ichib, tishni kovlash; ~에 이 부러질 노릇(일) tasavvur qilib bo'lmaydigan ish; ~ 로 새워하다 sovuq dush qabul qilmoq; ~마찰을 하다 sovuq sochiqqa artinmoq.

냉장(冷藏) sovutgichda saqlamoq, sovutmoq; ~하다 sovutgichda saqlamoq; sovutmoq; muzlatmoq; ~고 xolodilnik, sovutgich; ~차 sovutgich; ~수송 sovutgichda tashish.
냉전(冷戰) sovuq urush; ~시대 sovuq urush davri; ~정책 sovuq urush siyosati.
냉정(冷靜) 냉담성 I sovuqqonlik; bamaylixotir; beparvolik; ~하다 sovuqqon; xotirjam; beparvo; ~히 tinchlik; xotirjamlik bilan; beparvolik bilan; ~을 잃지 않다 tinchlik(xotirjamlik)ni saqlamoq
냉정(冷情) II ~하다 sovuqqonlik bilan, berahm, bag'ri tosh; ~히 sovuqqonlik bilan; ~하게 대하다 sovuq muomala qilmoq.
냉혹하다 shafqatsiz, bag'ri tosh; sovuq; 그는 성격이 냉혹하기 그지없다 u juda ham shafqatsiz (bag'ri tosh).
-냐 물이 맑으냐? suv tiniqmi?
너 I 너이[서] 4 ta bo'lib.
너 II (-넌 qo'sh. bilan); (tush. kelishigida -널) sen; ~의 seni; ~로서 sen uchun; ~를 seni; ~에게 senga; ~에 대해 sen haqingda; ~ 와 함께 sen bilan; ~ 나 없이 hamma istisnosiz; ~도 나도 sen va men; sen ham, men ham; ~ 나 하는 사이다 "sen"-lamoq; 너 나 할 것 없이, 너 나 없이 너도나도 kim bo'lish- dan qat'iy nazar; hamma.
너그러이 muruvvatli; himmatli; oliyjanob.
너그럽게 keng yurak bilan.
너그럽다 muruvvatli; oliyjanob; himmatli; 너그럽게 muruvvatli; oliyjanoblik bilan; 너그럽게 대하다 birovga iltifotli munosabatda bo'lmoq; 너그럽게 용서하다 saxovat bilan kechirmoq.
너댓 to'rt-besh; ~명 to'rt-besh odam; ~새 to'rt-besh kun; ~째 tortinchi-beshinchi.
너더댓 to'rt-besh.
너더댓새 to'rt-besh kun.
너더댓째 to'rtinchi-beshinchi.
너덕너덕 yamog' ustida yamog'; ~하다 yamog'langan bo'lmoq.
너덜 ~[이] 나다 osilib turmoq; laqillab turmoq.
너덜거리다 kiyimning osilib turishi; kiyimning eskirishi; 너덜거리는 옷자락 eskirgan etak; 윗도리에 단추가 너덜거린다 kostyumning tugmasi osilib turibdi.
너덜너덜 ~하다 너덜거리다 ga qarang; a) ko'p kiyilgandan eskirgan; b) jiddiy bo'lmagan.
너덧째 taxminan to'rtinchi.
-너라 buyruq maylining qo'pol shakli. 이리 오너라 bu yerga kel!
너머 orqasiga; ~dan; orqasida; bo'ylab; juda ham; 담~로 devor ustidan; 저 산 ~에 ana u tog' orqasida; 한 달이 ~ 걸렸다 bir oydan ko'p vaqt ketdi; 산 너머에 tog' orqsida; 담너머로 devor orqasida; devordan.
너무 juda; juda ham; ~많이 juda ko'p (kam). 너무너무 juda ham. 너무 벅차다 juda qiyin. 너무도 juda ham.
너비, 폭 kengligi; ~ 6 미터의 골목길 6 metrli tor ko'cha; ~ 가 10미터이다 eni 10 metr.
너울거리다 1) sekin tebranmoq; 2) sekin silkitmoq.
너울지다 notinch (dengiz).
너절하다 yomon.
너희들(당신들) sizlar;~의 sizning; ~로서는 siz uchun; ~를 sizni; ~에게 sizga; ~에 대해 siz haqingizda; ~와 함께 siz bilan; 애들아 ~ 어디 가니? Bolalar, sizlar qayerga ketyapsizlar?
넉 *num.* to'rt; to'rtlik; 넉 장 4 varoq; 넉 동 다 갔다 a) to'rt

fishkalarning hammasi ketdi (yut o'yinida); b) hammasi qilinib bo'lindi; hammasi tugadi; 넉 장 뽑다 dadilsizlik bilan ish qilmoq; qat'iy emas; mujmal.

넉넉하다 yetarli; ko'p bo'lmoq; ortig'i bilan bo'lmoq; 넉넉한 ortig'i bilan; yetarli; 넉넉한 살림 ta'minlangan hayot; 돈이 넉넉하다 yetarlicha(ko'p) pulga ega bo'lmoq; 시간이 넉넉하다 yetarlicha (kop) vaqtga ega bo'lmoq.

넋 ko'ngil; qalb; ruh; kayfiyat; 애국의 ~ vatanparvarlik ruhi; ~을 놓다 o'zini yo'qotmoq; ~을 잃다 ruhan tushmoq; xushidan ketmoq; ~이 나가다 boshini yo'qotmoq;~이 빠지다(kimdirga) ishonchsizlik bilan qaramoq; 넋을 놓다 o'zini yo'qotmoq; 넋을 먹다 ~겁(을 먹다) ga qarang; 넋이야 신이야[하다] boshida nima bo'lsa, og'zida ham bor; 넋이 없다 a) o'zini yo'qotgan bo'lmoq; b) biror narsani ichiga kirib ketmoq (juda qiziqmoq); 넋이 없이 a) o'zini yo'qotmoq; b) kayfiyatsiz; 넋이 올라서yuksalish bilan; ko'tarinki ruhda.

넋두리 ming'ir; shikoyat; zarlanish; ~를 늘어놓다 ming'irlamoq; shikoyat qilmoq; hasrat qilmoq; nolimoq; 노파는 자신의 기구한 운명에 대해 ~를 늘어놓았다 kampir o'zining og'ir taqdiriga nolidi; ~하다 a) o'lganning nomidan gapirmoq; b) shikoyat qilmoq, nolimoq.

넌더리 jirkanch; jirkanish; naftar; ~가 나다 jonga teguv- chi; jirkanchli; ~ 나게하다 ko'ngilga urmoq; bezor qilmoq; 그는 그 여자에게 ~ 가 났다 u uning joniga tegdi; 그녀의 넋두리를 듣는 것도 이젠 ~ 가 난다 u o'zining hasrati bilan jonimga tegdi; ~[를] 내다 irganmoq; nafratlanmoq; ~를 대다 nafrat uyg'otmoq.

넌덕 shovqin; ~[을] 부리다 shovqin surmoq; ~스럽다 sifat. gap qaytarishga usta bo'lmoq.

넌덜머리 qar. ~넌더리; ~[가] 나다 jonga tegmoq; ~[를] 떨다 qattiq nafratni uyg'otmoq; juda ham jonga tegmoq.

넌센스 (ingliz. nonsens) bekor gap; safsata; behuda gap; ~의 behuda (bekor); ~한 행동(말)을 behuda ish (qiliqlar)ni qilish.

넌지시 bilintirmasdan; sekin; yashirincha; ~암시하다 yashirincha tekkizib gapirmoq; ~엿보다 yashirincha (bilintirmasdan, sekin) qaramoq.

널 I 1) 널판지 ga qarang; 널두께 같다 juda semiz; 2) 널판 ga qarnag; 3) 12-rang amaldori tomonidan saqlangan yozma qo‘lyozmalar sandig'i.

널 II taxta; tobut; ~뛰다 arg'imchog'da uchmoq; 미친년 ~ 뛰듯이 nomiga (zo‘rg'a) qilmoq.

널다 I (너니, 너오) osmoq; osib qo'ymoq; 빨래를~ kirni yoymoq; 널어놓다 quritish uchun yoymoq (qatorlab sepmoq, joy-joyiga qo'ymoq).

널다 II (너니,너오) g'ajimoq, g'ajib tashlamoq (hayvon haqida).

널다랗다 (널다라니,널다라오) yetarli darajada keng.

널려있다 osilgam; yoyilgan.

널리 keng; erkin; ochiq; 그의 명성은 소장학자들에게 ~ 알려져 있다 uning nomi (ismi) yosh olimlar orasida juda mashhur; 저희를 ~ 용서해주세요 bizga muruvvatli bo'ling (avf eting).

널리다 yoyilgan bo'lmoq; osilgan bo'lmoq; sepilib tashlangan bo'lmoq; 탁자 위에 신문과 잡지가 ~ 있다 stol ustida ro‘znoma va jurnallar yoyib qo'yilgan.

넓다 keng; erkin; ~넓이 maydon; kenglik; 널리 keng; 넓어지다 kengaymoq; yoyilmoq; 넓히다 kengaytirmoq; yoymoq; 넓은 대로 keng to'g'ri ko'cha (prospdi); 넓은면적 keng maydon; 넓은 마음씨 keng qalb (yurak); 교제범위가 넓은 사람 keng tanishlarga boy bo'lgan odam; 법률의 적용범위를 넓히다 qonun harakatlari chegarasini kengaytirmoq; 시야를 넓히다 dunyoqarashni kengaytirmoq; 그는 어깨가 ~ u keng yelkali odam; 최근 국제 무대에서 미국의 세력권이 현저하게 넓어졌다 so'ngi paytlar ichida xalqaro arenda AQShning ta'siri kengaymoqda;치마의 폭이 ~ yubka katta; 넓은 방 keng xona; 넓은 의미로 keng ma'noli (mazmunli); 마음이 넓다 ochiq ko'ngil;

넓다듬이[질]~하다 maxsus toshda (kiyimlarni dazmol qilishdan oldin) urmoq.

넓다라니 yetarlicha keng.

넓다랗다 keng, erkin.

넓습니다 keng.

넓이 1) maydon; joy; 2) kenglik; 사격~ harb. front olovi.넓이뛰기 uzunlikka sakrash

넘기다 yubormoq; ag'darmoq; olib o'tmoq; varaqlamoq; yutmoq; berib yubormoq; bermoq; qo'ldan boy bermoq; o'tkazmoq; 기회를 ~ imkoniyatni qo'ldan boy bermoq; 납부기한을 ~ to'lov muddatini o'tkazib yubor- moq; 고비를 넘겼다 tanglik o'tdi-ketti; 재판에 ~ sudga bermoq; 책임을 ~ javobgarlikni birovga yuklamoq; 책장을 ~ kitobni varaqlamoq; kitobning keyingi varoqni ochmoq; 추운 겨울을 ~ sovuq qishmi o'tkaz- moq; 국경을 ~ chegaradan o'tkazmoq; 사흘을 ~ uch kun- dan ko'p band qilmoq; 기한을 ~ muddatdan o'tkazib yubor- moq; 넘겨박다 a) yiqitmoq; b) yomonlik qilmoq; 넘겨다 보다 a) fikrlarni o'qimoq; b) tikilib qaramoq; termilib qaramoq; e) mo'ralamoq; 넘겨잡다 oldindan bilmoq; fahmlamoq;

넘겨짚다 oldindan ko'ra bilmoq;

넘겨쓰다 o'z bo'yniga olmoq.

넘나들다 (넘나드니, 넘나드오) u yoqdan bu yoqqa o'tmoq; bir-birini yo'qlamoq; 그들은 이웃에 살면서 서로 넘나드는 사이다 ular qo'shni bo'lganligi uchun, bir-birini yo'qlamoq; 두만강을 ~ Tumanganga borib kelmoq.

넘다 o'tmoq; oshirmoq; yuklamoq; yengib o'tmoq; qutulmoq; 국경을 ~ chegaradan o'tmoq; 기준을 ~ me'yordan oshmoq; 높은 산을 ~ baland tog'ni oshib o'tmoq; 문지방을~ ostonadan xatlamoq; 그녀는 마흔이 훨씬 넘었다 u qirqdan ancha oshgan; 닷새가 넘었다 5 kundan oshdi; 물이 넘는다 suv chetidan oqib tushmoqda; 그 사람은 마흔이 ~ noto'g'ri charhlangan bo'lmoq; 칼날을 ~ noto'g'ri charhlangan bo'lmoq; 넘어 가다 a) o'tmoq; oshmoq; 수중에 넘어가다 kimnidir qo'liga o'tmoq; b) ag'darilmoq; yiqilmoq; c) o'tmoq (ovqat haqida); d) aldovga ilinmoq; aldangan bo'lmoq; e) o'tib ketmoq; e) o'rganib qolmoq (kimgadir); f) cho'zmoq (baland notani);

넘어다 보다 mo'ralamoq; 넘어 박히다 urilmoq; 넘어서다 o'tmoq; 넘어뛰다 a) sakrab o'tmoq; b) sakrab o'tmoq(bir ishdan boshqasiga); 넘어오다 a) o'tmoq; og'moq; 손으로 넘어오다 a)

kimnidir qo'liga o'tmoq; 넘고처지다 b) osmoq; c) yiqilmoq, tushib ketmoq; d) ko'ngli aynimoq; qayd qilmoq.
넘보다 kimgadir yuqoridan qaramoq; yalinmoq; yalinmoq; hasad qilmoq; 그는 남을 넘보는 나쁜 버릇이 있다 uning boshqalarga yuqoridan qaraydigan qaraydigan yomon odati bor.
넘실거리다 to'lqinlanmoq (dengiz haqida).
넘어가다 yiqilmoq; ag'darilmoq; o'tmoq; tomoqqa tiqilmoq; o'zini topshirmoq; aldangan bo'lmoq; aldovga ilinmoq; qiziqmoq; 공격으로 ~ bosishga kirishmoq; 권리가~ huquq (kimgadir) o'tmoq; 산을 ~ tog'dan oshmoq; 제 꾀에 제가~ o'z aldovi (yolg'oni)ga ilinmoq; 토론으로 ~ diskussiyaga o'tmoq; 그녀는 첫눈에 그에게 넘어갔다 u uni bir ko'rishdanoq sevib qoldi; 울타리가 넘어갔다 devor yonga qiyshayib qoldi.
넘어뜨리다 yiqitmoq; ag'darmoq; 다리를 걸어 ~ qattiq charchamoq.
넘어오다 ag'darilmoq; yiqilmoq; qiyshaymoq; 공장은 채권자의 손으로 넘어왔다 kreditorlar zavodni xususiylashtirdi; 그는 우리편으로 넘어왔다 u bizning tarafga o'tdi; 먹은 것이 넘어올 것 같다 mening ko'nglim ayniyapti; 서류가 아직 유리에게 넘어오지 않았다 hujjat hali bizga yetib kelmadi. 넘어져서 (yiqilib) tushmoq.
넘어졌습니다 yerga yiqilib tushmoq.
넘어지다 yiqilmoq; omadsizlikka yuz tutmoq; tushib ketmoq; ~ 맨땅에 yerga yiqilmoq; 나는 하마트면 넘어질 뻔했다 yiqilishimga sal qoldi.
넘치다 chetdan oqib ketmoq; oqizmoq; to'lib toshmoq; 분에 넘치는 사치 qurbi yetmaydigan boylik; 기쁨이 넘친다 shodlik to'lib toshmoqda; 강물이 넘쳤다 daryo sohildan toshdi; 그녀의 얼굴은 기쁨에 넘쳤다 uning yuzi shodlikka to'la edi; 넘쳐[실 행(완수)]하다 ortig'i bilan bajarmoq;
넘쳐흐르다 a) chetidan oqmoq; sohildan toshmoq; b) ko'chma. to'lib toshmoq(masalan. shodlik).
넙적 darrov; o'sha zahoti; tezda; ~먹다 tez emoq; ~대답하다 tezda javob bermoq; ~엎드리다 tezda yotmoq; ~하다 tezda ushlab olmoq (yeb qo'ymoq).
넝쿨 hipchin; 호박~ qovoq palagi.
넣다 qo'ymoq; kirgizmoq; yoqmoq; bermoq; qo'shmoq, taxlamoq; 공기를 ~ havo kirgizmoq; 괄호 안에 ~ qavsga olmoq; 병에 물을 ~ shishaga suv to'ldirmoq; 아이를 유치원에 ~ bolani bolalar bog'chasiga bermoq; 일정에 ~ kun tartibiga qo'shmoq; 주머니에 손을 ~ qo'lni cho'ntakka tiqmoq; 책을 가방에 ~ kitobni sumkaga solmoq; 세면기에 물을~umival'nik (yuz-qo'lni yuvishda qo'llaniladigan asbob/idish)ni suvini yoqmoq; 얼굴을 물속에 ~ yuzini suvga tiqmoq; 힘을 ~ kuch sarflamoq.
넣어 hissa qo'shmoq.
네 I ha; '네'냐 '아니'냐 Ha-mi, yo'q-mi? 네, 알았습니다. Ha, tushundim.
네 II sen; sening; ~ 생각에는 seningcha; ~가 옳다 sen haqsan;
네 III to'rt; ~ 발의 to'rt oyoqli; ~ 번째의 to'rtinchi; 네 사람 to'rt odam; 네 개 to'rtta; 우리는 그 당시에 네 명이었다; o'shanda biz

to'rtta edik; ~발 to'rto- yoqlab.
-네 남정네 erkaklar; 순옥이 네 집 Sunok oilasining uyi.
내거리 chorraha; ~에서 chor-rahada; ~의 신호등 chorraha-dagi svetofor.
네다섯 to'rt yoki besh.
네댓새 1) to'rt-besh kun; 2) to'rtinchi-beshinchi sana.
네댓째 to'rtinchi-beshinchi.
네모 to'rtburchak; ~나다 kvadrat; ~ 꼴 to'rt burchak.
네발 1) to'rt oyoq; 2) 네다리 ga qarang; ~[을] 들다 qo'lini ko'tarmoq; ~[을] 타다 hayvon go'shtini yegandan? ovqat hazm bo'lishinining buzilishi. 네발걸음으로 to'rt oyoqda.
네온(ingliz. neon) neon; ~의 neonli; ~ 가스 neonli gaz; ~ 등 neonli lampa; ~사인 neonli e'lon.
네트(ingliz. net) voleyboll setkasi; ~터치 voleyboll setkasiga tegish.
네트워크(ing. network) kompyuter tarmog'.
네활개 qo'l va oyoq; ~[를] 벌리다 (tushda) alaqsiramoq; ~[를] 치다 a) ildam harakat bilan, qo'lni silkitib kirmoq; b) o'zini hunuk tutmoq.
넥타이(ing. tie) galstuk; ~를 메고 galstuk taqmoq; ~를 매다 galstuk taqmoq (boylamoq); 나비 ~ kapalakcha-galstuk.
넥타이핀(ing. necktie pin) galstuk uchun to'g'nog'ich.
넷 to'rt; 넷, 사 to'rt.
넷째 to'rtinchi.
녀-(女) ild. ayol so'zining old. qo'sh.; 여의사 ayol-shifokor.
-녀(女) kor.qo'sh. ayol; 유부녀 erga tekkan ayol.
년(年) I yil; 1 ~ 간의 yillik; 일 ~ (bir) yil; 이 ~ ikki yil; 십 ~ o'n yil; 수십년 년 bir necha 10 yil.
년 II ayol; 못돼먹은~ xotin (yomon so'zlaganda); 쌍~ ablahning qizi (so'kinish); ~놈 erkak va xotin.
년간(年間) 1) yil davomida; bir yil ichida; 2) yil; ~[적] yillik; ~계획 yillik reja.
년금(年金) nafaqa; ~보장 nafaqa bilan ta'minlash; ~증서 nafaqa kitobchasi.
년도(年度) yil; 학습 ~ o'quv yili.
년령(年齡)⇒나이 I; ~적 yoshiga qarab.
년말(年末) ⇒ 세밑; ~시험 o'quv yili oxiridagi imtihon.
년봉(年俸) yillik oylik.
년월(年月) yillar va oylar, vaqt.
년월일(年月日) sana.
년월일시(年月日時) sana va vaqt (soat).
년중(年中) yil davomida; ~무휴 bir yil ta'tilsiz; ~행사 har yili o'tkaziladigan bayram (yig'in).
년차 har yillik; ~대회 yillik yig'in (reja).
년차별 1) yoshga qarab; 2) yil bo'yicha; ~계획 yillik reja.
녘 tomon; joy; 동~ sharq tomon; 북~땅 shimol yerlari; 새벽~ tongga; 저녁~ kechga yaqin; 밝아 올 녘에 tongga yaqin.
노 I ip, arg'amchi; 노 드리듯 huddi tortilgan ipday (yomg'ir).
노 II shimol.
노(<櫓) III eshkak; ~를 저어 나아가다 eshkakda suzmoq; ~를 젓다 eshkak eshmoq.
노-(老-) qari, yoshi katta;~모 qari kampir;~부부 qari erxotin; ~송 qari qarag'ay; ~승 qari budda monaxi; ~처녀 qari qiz; ~총각 bo'ydoq.
-노(奴) 매국노 Batan xoini (sotqini).

-노 저 꽃이 붉노? Aba u gul qizilmi?
노가다판(<yapon. dogata) 1) qora ishchilar ishlaydigan joy; 2) urush, janjal.
노곤하다 charchagan; xoldan toymoq; 노곤히 charchab, xoldan toyib; 노곤함 charchoq.
노기(怒氣) nafrat; ~가 어리다 nafratli; ~를 띠고 jahl (nafrat) bilan; ~ 어린 얼굴 nafrat bilan.
노끈 ip; arg'amchi; 포장용 ~ bog'lash uchun arg'amchi;~으로 묶다 bog'lamoq; ~을 꼬다 argamchi to'qimoq.
노년(老年) 1) qarichilik, katta yosh; 2) qari odam, yoshi katta odam, qarilik, qariya; ~에 qarichilikda, yoshi oshib qolganda; ~에 접어들다 qarimoq; ~기 qarilik payti.
-노니 I fe'lning his-hayajon shakli. 우리는 길을 떠나노니 mana biz yo'lga otlanyapmiz.
-노니 II 고요한 밤 시냇가에서 이 노래 부르노니 벗이여, 나의 노래를 들으시라 bu qo'shiqni tinch oqshomda suv bo'yida aytyapman, (shuning uchun) ey do'stim, eshit meni.
노닥거리다 bemalol, ovoz qo'yib gapirmoq.
노동(勞動) mehnat ish; 강제 ~ majburiy mehnat; ~의 ishchi; mehnatkash; ~가설치 mehnat qiymati nazaritasi; ~가요 mehnat haqida qo'shiq; ~가치 설 mehnat qiymati nazariyasi; ~강도 mehnat jadallashuvi; ~계급 ishchi sinf; ~계급성 proletar sinfi; ~계급화 ishchi sinfi bo'yicha qayta yaralish; ~계약 mehnat kelishuvi; ~공급 mehnat ta'minoti; ~궁전 mada- niyat saroyi; ~귀족 ishchi aritokratiya; ~능력 mehnat(ish) ga yaroqlilik; ~당 mehnat (ishchi) partiyasi; ~대상 mehnat ob'-yekti; ~도구 mehnat quroli; ~력 ishchi kuchi;~법 mehnat haqidagi qonun; ~법령 mehnat qonun-chiligi; ~보험 mehnat sug'urtasi; ~보호 mehnat himoyasi; ~부 mehnat (ish) vazirligi; ~생산성 ishlab chi- qarish unimliligi; ~수단 mehnat quroli; ~수첩 mehnat daftar-chasi; ~숙련 malakali mehnat; ~시간 ish vaqti; ~시장 bozor(mehnat); ~운동 ish harakati; ~육체(정신) jismoniy (aqliy) mehnat; ~임금 ish haqqi; ~자 ishchi (odam); ~자원 mehnat resurslari; ~재해 ish vaqtidagi baxtsiz voqea, ish(mehnat) travmasi; ~쟁의(분쟁) mehnat (ish) baxsi(kelishmovchilik); ~절 1-May bayrami; ~조합 profsoyuz; ~조합원 profsoyuz ishchisi; ~하다 ishlamoq; mehnat qilmoq; ish; mehnat; ~학원 ishfak (mehfak); ~회관 madaniyat uyi.
노동권(勞動權) mehnat huquqi.
노동량(勞動量) mehnat soni.
노동력(勞動力) ishchi kuchi.
노동모(勞動帽) ishchining bosh kiyimi
노동안전기술(勞動安全技術) havfsizlik texnikasi.
노동일(勞動日) ish kuni.
노동자(勞動者) ot. ishchi; ~적 ishchi.
-노라 나는 그대들을 기다려 기나긴 밤을 새웠노라 ularni kutib uzundan-uzun uyqusiz tunni o'tkazdim
-노라면 이 길로 계속 가노라면 큰 내물에 다달을 것이다 agar shu yo'ldan yana yursangiz, katta daryoga chiqasiz.
노랑 I sariq rang; ~나비 sariqchalar;~머리 sariq(malla) soch.

노랑(老浪) II qari (yoshi katta) ayol.
노랗다 (노라니, 노라오) sap-sariq; ~얼굴이 노란 sariq yuzli.;피부가 노란 sariq terili; 노랗게 되다 sarg'aymoq; 노랗게 하다 sarg'aytirmoq; 노란 만병초 tilla rangli rododendron (Rhododendron aureum); 노란 팽나무 bot. yesa bo'ladigan karkas (Celtis edulis); 노란 목소리 a) siniq ovoz; b) qo'pol ovoz.
노랗습니다 sariq.
노래 ashula, qo'shiq; ~의 qo'shiqli; ~하다 ashula (qosjiq) aytmoq, kulamoq; ~를 짓다 ashula (qosjiq) to'qimoq; 감정을 담아 ~하다 hayajonli kuylamoq; 저음으로 ~하다 bas bilan kuylamoq(juda past ovozda kuylamoq); 노랫가락 ashula(qosjiq) musiqasi; 노랫소리 ashula (qosjiq) ovozi.
노래가락 1) ashula(qosjiq) kuyi; 2) shaman jodulari asosida yaratilgan xalq qo'shig'i.
노래소리 ashula (qosjiq) ovozi.
노략질 o'g'rilik; talon-tarojlik;~하다 og'irlamoq; talonchilik qilmoq; talan-talonchilik bilan shug'ullanmoq; o'g'rilik bilan shug'ullanmoq; ~한 재물 o'g'irlangan mulk.
노려보다 tikilib qaramoq; yomon (yovuz) ko'z bilan qaramoq; 매서운 눈초리로 ~ nafratli(vahshiy) nazar tashlamoq.
노력(努力) 1) harakat; mehnat; ish; ~하다 harakat qilmoq; bor kuchini sarflamoq; 다년간의 ~의 결실 ko'p yillik mehnat mevasi; 아무런 ~ 없이 hech qanday qiyinchiliksiz; biror-bir harakatsiz; 공연한 ~을 하다 befoyda harakat qilmoq; 전력을 다해 ~하다 bor kuch(harakat)ni sarflamoq (biror-narsaga); ~적 mehnatkash; ~기준량 ishlab chiqarish normasi; ~전선 mehnat fronti; ~훈장 mehnat ordeni (XXDRda); ~영웅 mehnat qahramoni; 2) ishchi kuchi; ~배치 mehnat kuchini joyiga qo'yish; ~폰드 mehnat kuchi fondi.
노력가(努力家) harakatchan; mehnatkash; 노력비 mehnat harakati.
노련하다 tajribali; chidamli; 노련해지다 malaka oshirish; tajribali bo'lish; 노련한 사냥꾼 tajribali ovchi;
노루 bug'u, kiyik; erkak, xo'roz.
노릇 ish; mashg'ulot; rol;vazifa; bechora ahvol; 목수 ~을 하다 duradgor bo'lib ishlamoq; 주인 ~을 하다 ho'jayinlik qilmoq; 저런 딱한 ~이 있나 Qanday ko'rgilik! 참 교육자 ~ 을 하기란 쉽지 않은 일이다 Haqiqiy pedagog bo'lish oson emas; 춘향 ~ Chunyan roli.
노모(老母) qari ona.
노선(路線) 1) chiziq; 2)(siyosiy) kurs; marshrut; ~의 marshrutli; ~버스 marshrutli avtobus; 지하철~ metro liniyasi (yo'li); 총~ bosh liniya(yo'l); 운행 ~도 marshrut xaritasi.
노소(老小) 1) qarilar va bolalar; 2) qarilar va yoshlar; ~를 막론하고 kichigidan kattagacha; hamma istisnosiz; ~동락 qariyu yosh quvnayapti.
노숙하다 tajribali; usta; mohir; 노숙하게 tajriba bilan; ustalik bilan; mohirlik; 그녀는 이제 노숙한 여인이다 두야 u yetilgan ayol.
노여움(怒-) ozor; hafalik; hafalik hissi; 노엽다 hafa qiladigan; 노엽게 hafagarchilik; alamli; 노여워하다 biror kimdan hafa

bo'lmoq (ranjimoq); 노엽게 하다 hafa qilmoq; ranjitmoq; ~을 잘 타는 사람 arazchi inson; ~을 사다 o'ziga qarg'ish ortirmoq; ~을 타다 hafa bo'lmoq; 그녀는 우리에게 노여워하고 있다 u bizdan hafa; 나는 무척

노여웠다 men juda ham hafa bo'ldim (ranjidim).

노여움을 사다 jahlni chiqarmoq.

노여워하다 jahl chiqmoq; joni chiqmoq.

노염(怒-) ~[이] 나다 (들다) hafa bo'lmoq; ~[을] 사다 birovni jahlini chiqarmoq; ~[을] 타다 norozilikni ko'rsatmoq; ~[을] 풀다 hafa bo'lishni to'xtatmoq; ~[을] 쓰다 juda hafa bo'lmoq; juda norozi bo'lmoq.

노예(奴隷) qul; ~의 qulning; ~짓을 하다 kimgadir qullik qilmoq; ~근성 qullik; ~무역 qul savdosi; ~상인 qul sotuvchi; ~제 quldorlik tuzumi; ~적 qulli; ~국가 quldorlik davlati; ~사회 quldorlik davlati;~노동 quldorlik jamiyati; ~소유 quldorlik; ~소유자 quldor; ~소유자적 quldorchilik; ~시대 quldorlik davri; ~제도 quldorlik tuzumi.

노을 tong; shafaq; 붉은 ~ qizil shafaq(tong); 아침~ tongi (kechki) shafaq; ~이 지고 있다 kun chiqyapti; ~졌다 kun chiqdi.

노인(老人) I ⇒ 늙은이, 영감; qartaygan, qatayib kuchquvvatdan qolgan; ~잔치 qarilar uchun ziyofat; qari odam; ~의 qarilik; ~다운 keksalarcha; ~성원시 qarilik kasali(uzoqni yaxshi ko'ra olmaslik); ~성 질환 qarilik dardi. ~성 치매 qarilikdagi aql sustligi.

노인(路人) II yo'lovchi.

노임(勞賃), 월급(月給) ish haqqi; ~을 동결 인상하다 ish haqqini oshirmoq; ~수준 ish haqqi miqdori (darajasi); ~체계 ish haqqi tizimi.

노천(露天) ~에 ochiq osmon tagida; ~극장 yozgi teatr; ~대회 ochiq joydagi yig'ilish (majlis); ~무대 ochiq sahna; ~채굴장 foydali qazilmalar qazib chiqariladigan joy (kar'yer).

노천시장(露天市場) ochiq bozor; ~에서 ochiq havoda; ~광상 foydali qazilmalar qazib chiqariladigan joy (kar'yer); ~무대 ochiq havo.

노출 ochilish; topilish; korsatish; ~의 topish; ~하다 ochish; topish; namoyish etish; ~되다 ochilmoq; topilmoq; ko'rsatilmoq; ~된 ochilgan; topilgan; ko'rsatilgan; 모순의 ~ qarama-qarshiliklarni topish; 알몸을 ~하다 badanni ochmoq; ~계 eskponometr (yorug'likni o‘lchaydigan uskuna).

노폐물(老廢物) 1) yaroqsiz(eski) narsa; 2) eski tashlandiq; 3) ajratish; ayirish.

노환(老患) qarichilik kasali; ⇒ 노인(老人); qartaygan, qatayib kuchquvvatdan qolgan;

노획 buyumni qo‘lga kiritish; ~하다 qo’lga olmoq; ~물 g‘oliblik natijasida qo’lga kiritilga buyum.

노후(老朽) I ⇒ 노폐; qartaygan, qatayib kuch-quvvatdan qolgan; ~하다 eski; yaroqsiz; ~한 장비 eski (yaroqsiz) jihoz.

노후(老後) II yoshi o‘tgan; keksachilik; ~의 생활 keksalik hayoti; ~를 대비하다 keksalikka tayyorlanmoq; ~연금 nafaqa.

녹(綠) I zang; ~슨 zangli; ~으로 뒤덮인 zanglab ketgan; ~슨 못 zanglagan mix; ~이 슬다 zanglamoq; zang qoplamoq; 쇠가 ~슨다 temir zanglaydi.

녹(祿) II oylik ish haqqi (davlat xodimiga oziq-ovqat va pul bilan beriladigan yillik oylik); ~을 먹다 davlat qaramida bo'lmoq.
녹다 erimoq; suzmoq; ilimoq; barbodlikka chidamoq; to'ntarilmoq; holdan toymoq; maftun bo'lmoq; biror narsa (kim) bilan mashg'ul bo'lmoq; 강철이 고로에서 녹는다 po'lat domnada eriydi; 그는 이번 시험에 녹아 났다 u bu imtihondan yiqildi; 눈이 녹는다 qor eriydi; 설탕은 물에 녹는다 shakar suvda eriydi; 얼었던 손이 녹았다 muzlab qolgan qo'llar isidi; 힘든 일을 하고 난 뒤에 그녀는 녹아 떨어졌다 og'ir ishdan keyin, u holday toyardi.
녹두(綠豆) ot. yashil rang loviya; ~비누 maydalangan mosh (sovun o'rnida ishlatiladi); ~전 mosh unidan tayyorlangan quymoq;~죽 guruch yormasi(krupa) qo'shilgan moshli bo'tqa.
녹말(綠末) kraxmal; ~의 kraxmalli; 감자 ~가루 kartoshka kraxmali.
녹색(綠色) yashil (rang); ~(의) yashil; ~으로 yashil rangli; ~으로 만들다 yashil rangli qilmoq; ~이 되다 yashil bo'lmoq; ~혁명 yashil inqilob; ~식물 yashil o'simliklar.
녹음(綠陰) I daraxtning quyuq soyasi; ~이 우거지다 quyuq ko'kat bilan qoplangan; 시원한 ~ daraxt soyasidagi salqinlik; ~방초 soyali daraxtning salqini va qalin ko'kat.
녹음(錄音) II ovoz yozish;
녹음기(錄音器) magnitafon.
녹이다 eritmoq; ilitmoq; qiynamoq; maftun qilmoq; 고문을 하여 반죽을 정도로 녹여 버리다 kimnidir chala o'lik holigacha qiynoqqa solmoq; 난롯가에서 손을 ~ qo'lni pechda isitmoq; 무쇠를 ~ temirni eritmoq; 미모로 남자들을 ~ erkaklarni chiroyi bilan maftun qilmoq; 설탕을 물에 ~ shakarni suvda eritmoq.
녹지(綠地) yashil burchak; yashil uchastka; ~대 yashil zona; ~면적 yam-yashil may- don.
녹차(綠茶) ko'k choy.
녹초 ~가 되다 a) judayam eskib ketmoq; asrlab turmoq; b) kuchdan qolmoq; kuchsizlanmoq; ~를 부르다 charchagandan yiqilmoq.
녹화(綠花) I ko'klam; ~하다 ko'klamlashtirish; 도시~ shaharning ko'klamlashtirilishi; 주택지구~ aholi punktlarini ko'klamlashtirilishi; ~사업 ko'klamlashtirish ishlari.
녹화(綠化) II ko'klam; ~근위대 ko'klamlashtiruvchilar; ~사업 ko'klamlashtirish ishlari; ~하다 ko'klamlashtirmoq.
논 [(sug'oriladigan) sholi poya; ~에 도랑을 치다 sug'orish zovuri (arig'i)ni tozalash va chuqurlashtirish; ~에 물을 대다 sholi poyani sug'urmoq; ~에 물을 빼다 suvni sholi poyadan olmoq; ~에 물을 채워 두다 sholi poyaga suv quymoq; ~을 갈다 sholi poyani haydamoq; ~을 매다 sholi poyani o'tamoq; ~갈이 sholi poyani haydamoq; ~고랑 sholi dalada jo'yak; ~길(두렁길) sholi daladagi kichik ariqchalar;~농사 sholichilik; ~도랑 sug'orish yo'li; ~두렁 sholi poyadagi yo'lkcha; ~물 sholi daladagi suv; ~바닥 suv quyilgan sholi dalaning osti; ~밭 suvli va suvli dala; ~배미 sholi dala maydoni; ~일 sholi dalada ishlamoq; ~을 (논으로) 풀다 suv quyiladigan sholi dalaga

aylantirmoq; 논 이기듯신 이기듯 하다 chaynamoq; aniqlamoq (tushunarli bo'lish uchun).

논(論) 1) traktat stili (hanmunda yozilgan asarlar); 2) traktat (hanmunda); 3) muhokama.

-논(論) teoriya; ilm; o'qish; ~유물론 materializm; 문장론 sintaksis.

논거(論據) 논증(論證) asos; sabab; argument; ~와 사실 asos va dalil; 설득력 있는 ~ ishonchli asos; ~를 제시하다 asos keltirmoq.

논리(論理) mantiq; ~적 mantiqiy; ~적 실증주의 ⇒ 신실증주의; ~적 악센트 mantiqiy urg'u; ~적 인식 mantiqiy anglash.

논문(論文) maqola; monografiya; dissertatsiya; 전문~ monografiya; 졸업~ diplom ishi; 학위~ dissertatsiya; 박사학위~ doktorlik dissertatsiyasi; 학술 ~ ilmiy maqola; 학위 ~을 발표하다 dissertatsiyani himoyalamoq; ~집 maqolalar to'plami.

논벼 sholi poyada o'stirilga guruch.

논설(論說) 논문(論文) maqola (ro'znomada, jurnalda); ~문 maqola matni; ~위원 sharhlovchi.

논스톱(ingl. nonstop) to'xtovsiz; bevosita axborot; ~으로 비행하다 to'xtovsiz uchmoq.

논쟁(論爭) janjal; baxs; ~적 baxsli; janjalli; ~하다 baxslashmoq; janjallashmoq; ~의 여지가 없다 baxssiz; e'tirossiz; ~에 끌어들이다 biror kimni baxsga jalb etmoq; ~에 말려들다 baxs- ga kirishmoq; ~에서 ~의 편을 들다 baxsda kimningdir tomoniga o'tmoq; ~을 걸다 kimdirni baxsga chaqirmoq.

논지(論旨) I maqola (dissertaciya, monografiya)ning tub ma'nosi; asos; dalil; 이 글의 ~는 이해하기 어렵다 bu matnning ma'nosini tushunish qiyin.

논지(論之) II ~하다 kimgadir tegishtirib gapirmoq.

논평(論評) sharhlov; sharh; ~하다 sharhlamoq; tanqidiy sharhlamoq; ~가 sharhlovchi.

논하다(論-) muhokama qilmoq.

놀 I jo'shqin to'lqin (dengizda); 놀이 지다 to'lqin bo'lmoq; 놀이 치다 jo'shqinlamoq (dengiz to'lqini).

놀 II hashorot (guruchning zarar-kunandasi); 놀[이] 들다 sarg'aymoq; so'limoq.

놀다 I (노니, 노오) o'ynamoq; sayr qilmoq; dam olmoq; bekorchi bo'lmoq; o'ylamay biror bir ish qilmoq; pol o'ynamoq; halaqit bermoq; 놀고 있는 설비 bekor turgan asbob; 크게 ~ katta rol o'ynamoq; 훼방을 ~ halaqit bermoq; to'sqinlik qilmoq; 그는 하루도 놀지 않는다 u 1 kun ham dam olmayapti; 남의 장단에 놀아나서는 안 된다 birovning nayiga o'ynamaslik kerak; 오늘 은행은 논다 bugun bank ishlamayapti; 우리는 문화의 공원으로 놀러갔다 biz madaniyat bog'iga sayr qilgani ketdik; 어금니가 논다 oziq tishi qimirlayapti; 저희 집에 좀 더 자주 놀러오세요 biznikiga tez-tez mehmonga kelinglar; 노는 입에 염불하기 maq. ≅ kichik ish katta bekorchilikdan afzal; 놀기 좋아 넉동치기 maq. ≅ bekorchilikdan it shamolga akillaydi; 역할을 ~ rol o'yna- moq; 이가 ~ qimirlamoq (tish); 작용을 ~ ta'sir qilmoq; 놀고 먹다 bekorchi bo'lmoq; bekorchi hayot kechirmoq; 놀아나다 a) buzuq bo'lmoq; b) yengiltak bo'lmoq; o'zini tentaklarcha tutmoq; 놀아 먹다

a) berkorchi bo'lmoq; yalqovlik qilmoq; b) buzuq (intizomsiz, ahloqsiz) hayot kechirmoq.
놀다 II (노니, 노오) siyrak; oz; noyob bo'lmoq.
놀라다 biror-narsadan qo'rq-moq; hayratda qolmoq; hayron bo'lmoq; qoyil qolmoq; 놀란 qo'rqqan; hayratlangan; cho'-chib tushgan; 놀랍다 hayrat-lanarli; ajoyib; g'aroyib; 놀라움 qo'rqinch; hayrat; 놀란 나머지 hayratdan; 놀라서 cho'chib; qo'rqib; 놀라운 소식 hayratlanarli yangiliklar; 그녀는 무엇에나 놀란다 u hamma narsadan qo'rqadi; 그는 놀라서 자기가 왜 거기로 갔는지 잊어버렸다 u qo'rqqanidan nima uchun u yerga kelganini esdan chiqarib yubordi; 나는 그녀의 희생정신에 놀랐다 men uning mardligiga qoyil qolaman; 우리 모두는 그녀의 아름다움에 놀랐다 biz hammamiz uning chiroyidan hayratda edik; 놀란가슴(혼) quyon yurak; 놀란 피 ko'kargan joy; momataloq; 놀란 흙 ishlov berilgan yer.
놀라울 정도로 hayron bo'larli darajada.
놀라움을 금할 수가 없다 hayrat-lanishni yashirish mumkin emas.
놀랍다(놀라우니.놀라와) 1) hayratli; ajablanarli; 2) qo'rqinchli.
놀래다 hayron qoldirmoq.
놀리다 I dam bermoq; o'yna-shga bermoq; beyramona hayot kechirishga yo'l qo'ymoq; kim-ningdir ustidan hazil qilmoq; qimirlatmoq; 놀림 mazah; piching; 공장을 ~ zavodni to'xtamga olib kelmoq; 놀림을 당하다 mazahgga uchramoq; 친구를 ~ do'stini ustidan hazil qilmoq; 놀림감 mazah qilina- yotgan ob'yekt; 역을 ~ rolni topshirmoq.
놀리다 II qayta yuvmoq.
놀아나다 yengiltaklik qilmoq; hayotga yengiltaklik bilan qara-moq; birovning nayiga o'ynamq; 놀아난 여편네 yengiltak xotin; 무사태평으로 ~ hayotda g'amsiz yashamoq.
놀았습니다 o'ynadim (di).
놀음, 유희(遊戲) o'yin; ko'ngil ocharlik; o'yinkulgi; fars; 꼭두각시 ~ qog'irchoqlar farsi. 성인용 ~ kattalar uchun o'yin-kulgi; *fe'l* + 하다 rav. dan keyin. gandek ko'-rinish qilmoq; 몇 숟가락 뜨는 ~을 하였다 bir necha qoshiq yegandek ko'rinish qilmoq (masalan. bo'tqa).
놀이 o'yin; ermak; ~하다 biror narsani o'ynamoq; 술래잡기 ~ gorelka o'yini; 숨바꼭질 ~ berkinmachoq o'yini; ~터 o'yin maydonchasi; 주사위 ~ oshiq o'yini; 카드 ~ karta o'yini; ~마당 o'ynash joyi.
놈 erkak (qo'pol, sokinish so'zi); iflos (so'kish); 믿을수 없는 ~ ishonch yo'q yigit; 수상한 ~ shubhali yigit; 세상엔 별이 별 ~이다 있다 dunyoda har qanday ifloslar bor; ~팽이 mujlan;
놉니다 o'ynayapti.
놋 I mis; latun; ~의 misli; ~그릇 misdan qilingan idish; ~숟가락 misli qoshiq.
-농(農) dehqon; 고용농 batrak; 소작농 (dehqon)yollovchi.
농-(農) qishloq ho'jaligi; dehqon agrar; ~기계 qishloq ho'jaligi mashinasi; ~기구 qishloq ho'ja-ligi inventari; ~대 qishloq ho'jaligi kulliyoti; ~약 aagrohi-ximikatlar; yadroximikatlar; ~어촌 qadimiy va baliqchilik qish-loqlari; ~작물 qishloq ho'jaligi madaniyati; 자영 ~ hususiy

dehqon.
농가(農家) dehqon oilasi; kulba; dehqoncha hovli; 잘사는 ~ boy kulba; ~소득 qishloq ho'jaligi daromadi; ~살림 a) dehqon ho'jaligi; b) dehqoncha hayot.
농간(弄奸) qarmoq; ilmoq;~을 부리다, ~하다 ilmoq tuzmoq; ~에 넘어가다 qarmoqqa ilinmoq; ~을 부리다 birovga qarmoq tuzmoq.
농경지(農耕地) qishloq ho'jaligi madaniyati
농과(農科) qishloq ho'jaligi bo'limi; qishloq ho'jaligi tarmog'i; ~대학 qishloq ho'jaligi instituti; qishloq ho'jaligi kulliyoti.
농구(膿球) basketboll; ~의 basketbollning; ~하다 basketboll o'ynamoq; ~공 basketboll koptogi; ~선수 basketbolist; ~팀 basketboll komandasi
농구장 basketboll maydoni
농구화(籠球靴) basketboll o'yini uchun sport oyoq kiyimi; keda.
농군(農軍) yer egasi; dehqon.
농기계(農機械) qishloq ħo'jaligi mashinasi; ~작업소 mashina-traktor stantsiyasi; ~임경소 mashinani ijaraga berish stantsiyasi.
농기구(農器具) qishloq ho'jaligi asbob-uskunalari; ~수리반 remontchilar brigadasi.
농담(弄談) hazil; hazil gap; ~하다 hazil qilmoq; hazil gap qilmoq; hazillashmoq; ~으로 넘기다 hazil bilan qutulmoq; ~으로 말하다 hazillashib gapirmoq; ~으로 여기다 hazilga olmoq; ~도 분수가 있지 hazilda ham me'yorni bilish kerak; ~이냐, 진담이냐? Bu hazilmi yoki rost?
농민(農民) dehqon; dehqonchilik; ~의 dehqonning; ~운동 dehqonlar qo'zg'oloni; 소작~ yollovchi dehqon; ~적 dehqoncha; ~동맹 dehqonlar birlashmasi; ~촌 dehqonlarning yerdan ketishi; ~문학 qishloq haqida adabiyot; ~봉기 dehqonlar qo'zg'oloni; ~시장 dehqon bozori; ~자위대 dehqonlarning o'zo'zini himoya qilish jamoasi; ~전쟁 dehqonlar urushi; ~조합 qishloq ho'jaligi uyushmasi; ~폭동 dehqonlar qo'zg'- oloni (isyoni); ~휴양소 qishloq ho'jaligi jamosi a'zolari uchun dam olish uyi;~은행 dahqonlar banki.
농부(農夫) dehqon; yer egasi; ~의 dehqonning; ~가 dehqoncha qo'shiq.
농사(農事) dehqonchilik; ~의 dehqonchilikning; ~짓다 dehqonchilik qilmoq; 올해는 ~가 잘 되었다 bu yil yaxshi hosil bo'ldi; ~꾼 dehqon; yer egasi; ~법 dehqonchilik uslubi; ~일 qishloq xo'jalik ishlari; ~철 qishloq ho'jaligi ishlari payti (sezoni); ~물정 안다니까 피는 나락 홰기 뽑는다(뺀다) o'zini bilag'- on deb ko'rsatsa ham, aslida guruchni kurmakdan ajrata olmaydi; ~를 짓다, ~하다 deh- qonchilik qilmoq.
농산물(農産物) qishloq xo'jalik mahsulotlari; ~가공 qishloq ho'jalik mahsulotlarini qayta ishlamoq; ~도매시장 qishloq xo'jalik mahsulotlarining ulgurji bozori; ~수매 qishloq xo'jalik mahsulotlarini tayyorlash.
농수산(農水産) dehqonchilik va baliqchilik; ~부 qishloq xo'jalik va baliqchilik vazirligi; ~장관 qishloq xo'jaligi va baliqchilik vazirligi.
농아(聾兒) I kar-soqov; ~학교 kar-soqovlar maktabi.
농아(聾啞) II kar va soqov; ~학

교 kar va soqovlar maktabi.

농업(農業) qishloq xo'jaligi; dehqonchilik; ~경제학 qishloq xo'jaligi iqtisodiyoti; ~계 qishloq xo'jaligi muhiti; ~국 agrar mamlakat; ~대학 qishloq xo'jaligi instituti; ~사 qishloq xo'jaligining taraqqiyot tarixi; ~상 qishloq xo'jaligi vaziri; ~성 qishloq xo'jaligi vazirligi; ~용수 dehqon- chilikda ishlatiladigan suvlar; ~자 yer egasi; dehqon; ~정책 agrar siyosat; ~협동조합 qishloq xo'jaligi uyushmasi; ~적 qishloq xo'jaligi; dehqoncha; qishloqcha; ~경제학 qishloq xo'jaligi iqtisodiyoti; ~경영학 qishloq xo'jaligi (fan sifatida); ~공동체 xo'jalik jamoasi; ~공산체 xo'jalik kommunasi; ~공황 qishloq xo'jalik krizisi;~공업 국가 agrarindustrial davlat; ~근로자 qishloq xo'jaligi mehnatkashi; ~기사 agronom; ~기상학 qishloq xo'jaligi metereologiyasi; ~도시 qishloq xo'jaligi rayonidagi shahar; ~노동 qishloq xo'jaligi mehnati; ~노동자 qishloq xo'jaligi ishchisi; ~부산물 qishloq xo'jaligining qo'shimcha mahsulotlari; ~지도 qishloq xo'jaligi rahbariyati; ~지도 체계 qishloq xo'jaligini boshqarish tizimi; ~식물 qishloq xo'jaligi madaniyati; ~정책 agrar siyosat; ~지구 qishloq xo'jaligi rayoni; ~지리학 qishloq xo'jaligi geografiyasi; ~집단화 qishloq xo'jaligi jamoasi; ~현물세 tabiiy qishloq xo'jaligi solig'i; ~협동 조합림 qishloq xo'jaligi jamoasiga qarashli o'rmon; ~협동화 qishloq xo'jaligini uyushtirmoq; ~화학 agrokimyo; ~아르쩰리 qishloq xo'jaligi arteli (birlashmasi); ~위원회 qishloq xo'jaligi bo'yicha kommitet.

농작물(農作物) qishloq xo'jaligi madaniyati.

농장(農場) ferma; xo'jalik; ~의 fermaning; xo'jalikning; ~의 부속건물 xo'jalik tuzilishi; ~경영 fermachilik; ~주 fermachi; 개인~ xususiy(shaxsiy) xo'jalik; 낙~ suv fermasi; 모범~ ko'rgazma fermasi; 집단~ kollektiv xo'jaligi (kolxoz); 축산~ hayvonchilik fermasi.

농지(農地) yer; ~의 yerning; yer; 비옥한~ hosildor yer; 척박한~ 벼겹 va hosilsiz yer; ~면적 yer maydoni; ~세 yer solig'i.

농촌(農村) qishloq;~의 qishloqli; xo'jalikli; ~에서 qishloqda; ~식으로 qishloqchasiga; ~문학 qishloq adabiyoti; ~경리 qishloq xo'jaligi; ~공동체 qar. 농업[공동체]; ~노력 협조반 bir-biriga yordam beruvchi qishloq ho'jaligi; ~문제 agrar savoli; ~부르죠아 qar. 부농; ~소비 협동조합 qishloq iste'molchilari uyushmasi; ~프로레타리아 yollangan qishloq xo'jalik ishchisi.

농한기(農閑期) qishloq xo'jaligi ishlaridan dam oladigan vaqt.

농협 *qar.* 농업협동조합 qishloq xo'jaligi kasaba uyushmasi.

농후하다 qalin; qattiq; quyultirilgan; konsentrlangan; biror narsani to'la shimib olmoq; 농후한 용액 konsentrlangan eritma; 사대주의 사상에 농후한 egilib ta'zim qilish ideologiyasi bilan singdirilgan.

높낮이 1) balandlik; 2) *tilsh.* ton balandligi [iyeroglifning].

높다 baland bo'lmoq; 높이 balandlik; 높은 정신세계 ko'tarinki ruhiy olam; 높은 직위 yuqori lavozim; 300미터의 높이

300 metr balandlikda; 70미터 높이의 탑 70 metr balandlikdagi minora; 깃발을 높이 들다 bayroqni yuqori ushlamoq; 높다라니 yaxshigina baland; 높다랗니 yetarlicha baland; 높이뛰기 balandlikka sakrash; 높은 나무에는 바람이 세다 *esk.* maq. ≅ lavozimi yuqori bo'lgan sayin, u yerda ushlanib qolish shuncha qiyin bo'ladi (baland daraxtda shamol kuchliroq); 높은 기둥 o'rtadagi ustun; 높은 밥 idishga tog' qilib solingan guruch; 높은 자세 sport. baland to'siq; 높디높다 balanddan baland; 높으락낮으락 bir baland, bir past; notekis; 나이가~ yoshi o'tgan bo'lmoq; 높은 사람 yuqori lavozimda ishlaydigan odam; katta odam.

높습니다 baland. 높아요 baland.

높아지다 ko'tarilmoq; 생활수준이 높아졌다 yashash darajasi ko'tarildi.

높은 baland. ~기품 yuqori tabiatli.

높이 I balandlik; 악센트~ tonli urg'u. ⇒ 고도(高度)

높이 II 1) baland; 2) baland (qattiq) ovozda; 영웅성을 ~ 시위하다 katta qahramonlikni ko'rsatmoq.

높이다 ko'tarmoq; hurmat qilmoq; oshirmoq; mustahkamlamoq; 목소리를 ~ ovozni ko'tarmoq; 생산성을 ~ ishlab chiqarishni oshirmoq; 신앙심을 ~ ishonch (imon, e'tiqoe) ini mustahkamlamoq; 윗사람에게 말을 ~ kattalarga hurmat bilan gapirmoq; 신심을 ~ ishonchni mustahkamlamoq.

높이뛰기 balandlikka sakrash; ~기둥 to'siq (sakrash uchun); ~틀 balandlikga sakrash uchun planka.

높임 hurmat so'zlar.

높임말 gapning hurmat shakli.

놓다 I qo'ymoq; o'rnatmoq; qurollanmoq; tikmoq; hisoblamoq; qoqmoq; yoqmoq; ukol qilmoq; kichkinalashtirmoq; arendaga bermoq; jo'natmoq; qo'shmoq; bermoq; tuzatmoq; 상황을 알아보기 위해 사람을 ~ holatni aniqlash uchun odam jo'natmoq; 수건에다 꽃무늬 수를 ~ sochiqqa gulli bezaklarni tikmoq; 시름을 ~ g'amho'rlikdan chalg'imoq; 아파트에 세를 ~ xonadonni ijaraga bermoq; 이불에 솜을 ~ ko'rpaga paxta tiqmoq; 일손을 ~ ishlashdan to'xtamoq; 전화를 ~ telefon o'rnatmoq; 접시를 식탁 위에 ~ likopchani stol ustiga qo'ymoq; 주판을 ~ cho'tda hisoblamoq; 침을 ~ igna terapiyasini qilmoq; 훼방을 ~ to'siqni tuzatmoq; 나는 어제 새장의 새들을 놓아주었다 kecha men qushlarni qafasdan chiqardim; 다리를 ~ ko'prik qurmoq; 구들을 ~ issiq pol qilmoq (koreys xonadonida); 둘에 셋을 ~ ikkiga uchni qo'shmoq; 수를 ~ tikmoq; 자개를 ~ qimmatbaho tosh termoq; 놓고 말하나면(말할진대) ga kelsak,..; oldindan o'qimoq; 미리 읽어 ~ oldindan o'qimoq; 불을 켜 ~ chiroqni yoqmoq.

놓다 II chiqarmoq; qo'yib yubormoq; ozod qilmoq; to'xtamoq; qoldirmoq; tashlamoq; chalg'imoq; tinchlanmoq; qiziqsinmoq; 속력을 ~ tezlikni qo'shmoq; 놓아기르다 ozodlikda o'stirmoq; 함부로 놓아 말하다 sensirab gaplashmoq; 마음을 ~ tinchlanmoq; ~에 대한 희망을 놓지 않았다 umid qoldirmaslik; noumid qilmoq; 권리를 ~ haqhuquqidan voz kechmoq; 주사를 ~ in'ektsiya (teri orasiga dori yuborish) qilish; 불을 ~ olov yoqib yubormoq; 북새를 ~ to's-to'polon ko'tarmoq; 훼방을 ~ to'siqni tuzatmoq; 놓아 가다 tez bormoq (harakatlanmoq); 놓아두다 tashlamoq; qoldirmoq; 놓아먹다 qarovsiz o'smoq; 놓아먹은 말 a) erkinlik (ozodlik) da o'sga ot; minilmagan ot; b) yovvoyi odam; 놓아먹이다 erkinlikda o'stirmoq (podani).

놓아두다 qoldirmoq; o'zi uchun tutmoq; tegmaslik; 다 되기 전에는 그냥 놓아두어라 tayyor bo'lmaguncha tegma.

놓아주다 qo'yib yubormoq; ozod qilmoq; 체포된 범인을 감옥에서 ~ qamalgan jinoyatchini qamoqdan chiqarmoq.

놓여 있습니다 turibdi; yotibdi.

놓으세요 qo'ying.

놓을까요 qo'yaymi?

놓이다 I qo'yvorilgan bo'lmoq; ozod etilgan bo'lmoq; tinchlanmoq; turmoq; yoqmoq; o'rnatilgan bo'lmoq; 기숙사 입구에 전화가 놓였다 yotoqxonaning kirishishida telefon o'rnatilgan; 나는 지금 곤란한 처지에 놓여있다 hozir men qiyin ahvoldaman; 마음이 ~ tinchlanmoq; 놓여나다 ozod bo'lmoq; 놓여나오다 ozod bo'lmoq.

놓이다 II 1) turmoq; yotmoq; 2) o'rnatilgan bo'lmoq; 전화가 놓였다 telefon o'rnatilgan; 3) tiqilgan bo'lmoq; 4) o'rnatishga ruxsat bermoq; 5) podani boqish (o'stirish) ga ruxsat bermoq; 6) chotta hisoblangan; 7) qo'shishga ruxsat bermoq; 8) joylashtirishga ruxsat bermoq

놓쳤습니다 qo'yib yubordim.

놓치다 o'tkazib yubormoq; qo'yib yubormoq; 좋은 기회를 ~ baxtli voqeani o'tkazib yubormoq; 그녀는 단 한마디도 놓치지 않고 강의를 주의 깊게 들었다 u ma'ruzaning bir so'zini ham o'tkazmasdan diqqat bilan eshitdi.

뇌 I yallig'langan tuproq.

뇌(腦) II 뇌수 miya; ~의 miya; miyaning; miyali; ~막 miyaning qobig'i; ~막염 meningit; ~수종 gidrocefaliya; ~신경 miya nervlari; ~염 encefalit; bosh miyaning shamollashi; ~일혈 miyaga qon quyulishi; ~졸중 insult; ~진탕 miya chayqalishi; ~하수체 gipofis; 간~ o'rta miya; 대~ katta miya; 소~ miyacha; ~ 경화증 serebroskleroz; ~절개술 serebtromiya; ~연화증 serebtromalyaciya.

뇌리(腦裏)~에 kallada; xotirada; aqlda; ~에 박히다 kimningdir xotirasiga joylashib olmoq;~에서 떠나지 않다 miyadan chiqmaslik.

뇌물(賂物) pora; ~을 받다 pora olmoq; ~을 상습적으로 수수하다 poraho'rli bilan shug'ullanmoq; ~수수 poraho'rlik; *qar.* 매수.

-뇨 지금이 어느 때이뇨? Hozir qanday yil fasli?

누 I zarar; ~가 오더라도 zarraga ketmoq; ~구나 할 것 없이 birovga zarar keltirmoq.

누 II kim; ~가 오더라도 kim kelsa ham; ~구나 할 것 없이 hamma beistisno.

누가(累加) I ~오차 summa xatosi.

누가 II kim. ~이겼나 kim yutdi.

누구 kim; ~ 의 kimning; ~든지 kim bo'lsa ham; ~에게나 kimga bo'lsa ham; ~의 코에 바르겠니 juda kam; yetarli emas; 너는 ~를 좋아하니? Sen kimni yaxshi ko'rasan? 이 방은 ~ 의 방이니?

Bu kimning xonasi? ~를 물론하고 hamma beistisno; ~가 올지라도... kim kelsa ham; ~인지, 누군지 kimdir; ~나 a) har qanday; har kim; b) ~에게나 har kimga; e) ~나 할 것 없이 [다] hamma beistisno; ~라도 kim bo'lishidan qat'iy nazar.

누구누구 1) kimda kim; yana kim bo'lardi; 2) ba'zilar; ba'zi.

누구세요 bu kim. 누구하고 kim bilan.

-누나 fe'lning his-hayajon qo'sh 야! 그가 정말 오누나! Hoy! U haqiqatdan ham kelyapti.

누그러지다 bo'shahsmoq; yumshamoq; isimoq; tarqalmoq; qaytmoq; 화가 누그러졌다 nafrati yumshadi; 추위가 누그러졌다 sovuq qaytdi; 병이~ yaxshilanmoq; 추위가~qaytmoq (sovuq haqida).

누나, 언니 katta opa (o'g'il bolalar uchun); katta opa (qiz bolalar uchun); 친~ tug'ishgan katta opa.

누님 opa. qar. 누나

누락 tushurib qoldirish; o'tkazib yuborish; ~하다 qoldirmoq; o'tkazib yubormoq; ~되다 o't-kazib yuborilgan bo'lmoq; qoldirilgan bo'lmoq; 명단에서 몇 명이 ~되어 있다 ro'yhatda bir nechta ism qoldirilgan (o'tkazib yuborilgan).

누렇다 (누러니, 누러오) sariq; 병을 앓고 나더니 그는 얼굴이 온통 누렇게 되었다 kasallikdan so'ng uning rangi sarg'ayib qoldi.

누르다 I (누르니, 누르러) ezmoq; bosmoq; siqmoq; ushlamoq; 단추를 ~ knopkani bosmoq; 흥분을 ~ hayajonni bosmoq; 국수를 ~ kuksu qilmoq (tayyorlamoq); 눌러듣다 a) sabr bilan tingla- moq; b) uzoq tinglamoq; 눌러 보다 a) sabr bilan qaramoq (o'qimoq); b) uzoq tikilib qaramoq (o'qimoq); 눌러 앉다 qolmoq; o'tirib qolmoq; 눌러 있다 uzoq mehmon bo'lmoq.

누르다 II (누르니, 누르러) sariq; 누르락붉으락 bir sarg'ayib, bir qizarib (jahldan).

누리 olam, jahon; 온~ butun dunyo; 온~에 떨치다 butun olamga tanilmoq.

누리다 I 1) baxtdan rohat-lanmoq; 2) biror narsadan rohatlanmoq; 부귀영화를~ go'-zal (boy) hayotdan rohat-lanmoq.

누리다 II 1) o'ziga xos hidga ega bo'lmoq; berib yubormoq; 2) jirkanchli.

누비다 o'tib ketmoq; 온 세상을 ~ butun dunyoni kezmoq; 이분을 ~ ko'rpani qavimoq; 누비이불 qavilgan kor'pa.

누설 I sirni ochilishi; ~ 하다 ochmoq; oshkor qilmoq; sotmoq; ~ 되다 ochmoq; 공무상의 비밀을 ~ 하다 xizmat sirini ochmoq; ~자 sotqin.

누설(漏泄) II sirni ochilishi; ~하다 a) toshmoq(suv haqida); chiqmoq(havo haqida); yoyilmoq (hid haqida); b) ochilmoq (sir); e) o'tkazmoq (havo haqida); chiqmoq (hid haqida); e) sotmoq (sirni).

누에 ipak qurti; ~를 치다 ipak qurtini boqmoq;~고치 tut bargi; ~농사 ipak qurtini ko'paytirish; ~번데기 ipak qurti qo'g'irchog'i; ~나비 ipak qurtining kapalagi; ~시렁 boqadigan etajerka; ~자리 boqadigan rom; ~가 오르다 bargni yoyish uchun o'rmalab chiqmoq.

누워 yotgan holda; yotib.

누이 katta opa; opajon; ~좋고 매부 좋다 sizga ham yaxshi

,menga ham yaxshi/ikkalamizga ham yaxshi; ~동생 singil; singil; 오~ aka va singil.

눈 I 1) ko'z; nigoh; qarash; 눈에 가시 jonga tekkan narsa; 눈을 밝히고 o'tkir ko'z; 눈도 거들 떠 보지 않다 ko'zni yummoq (biror-narsaga); 눈 먼 놈 이 앞장 선다 ahmoq oldinga chiqadi; 눈 여겨 보다 diqqat bilan qarab chiqmoq; 눈은 있어도 망울이 없다 ko'zi bo'lsa ham hech narsani ko'rmaydi; 눈 드고 도적 맞는다 maq.≅ kuchga qarshi borolmaysan; 눈에 넣어도 아프지 않겠다 juda sevimli; 눈[을] 감다 a) ko'zini yummoq; b) o'lmoq; e) ko'zni yummoq (biror-narsaga); 눈 딱 감다 a) ko'nikmoq; b) umuman ko'zni yummoq (biror-narsaga); 눈[을] 걸다 kuzatmoq (kimgadir); 눈을 곤두세운다 ko'zdan uchqun chiqmoq; 눈을 굴리다 ⇒ 눈방울[을 굴리다]; 눈을 기이다 (기다) berkitib qilmoq (nimanidir); 눈을 돌리다 a) nigohni qaratmoq (qayergadir); 눈을 뒤집다 qiziqmoq; 눈[을]맞추다; a) u yoq, bu yoqqa qaramoq, birbiriga nigoh tashlamoq; b) bir-biriga ko'z tashlamoq; 눈을 부라리다 jahl (nafrat) bilan kimgadir qaramoq; 눈을 붙이다 uhlab qolmoq; ko'zi ilinmoq; 눈[을] 속이다 adashtirmoq 눈[을] 주다 a) ko'zni qismoq (rozi bo'lganlik ma'nosida); 눈[을]팔다 a) ko'zni olib qochmoq; b) diqqatsizlik bilan qaramoq; 눈[을] 꺼리다 (피하다); kimnidir nigohidan qochmoq; 눈을 뜨다 a) ko'zni ochmoq; b) ko'zi ochilmoq; e) o'qimishli bo'lmoq; 눈이 가매지게 (까매지게, 가매지도록, 가매지도록) 기다리다 ko'zi to'rt bo'lib kutmoq; 눈[이] 높다 a) ziyrak; b) tepadan qaramoq; mensimasdan qaramoq; 눈이 둥그래지다(뚱그래지다, 둥그래지다, 똥그래지다) ko'zni katta qilmoq; hayron bo'lmoq; ko'zini katta ochmoq; hayratlanmoq; 눈이 뒤집하다, 눈을 뒤집어 쓰다 a) ko'zi qinidan chiqdi (jahldan); b) qiziqmoq; 눈이 많다 ko'z ostida bo'lmoq; 눈[이] 맞다 a) kozi ko'ziga tushmoq; b) bir- birini yoqtirmoq; 눈이 멀다 ko'zi ko'r (ojiz) bo'lib qolmoq; 눈이 먼 ko'r; ko'zi ojiz; 눈이 무디다 uzoqni ko'ra bilmaydigan; 눈이 무섭다 boshqalar ko'zidan havotirlanmoq (qo'rqmoq); 눈이 벌겋다 hasadgo'y bo'lmoq; 눈이 시다 qar. 눈꼴[이 시다]; 눈이 시게(시도록); biror narsaga befarqlik (qiziq-maslik) bilan qaramoq; 눈[이] 꺼지다 o'lmoq; tiqilmoq; 눈이 빠지게(빠지도록) a) ko'zi qorayguncha (kutmoq, qaramoq); 눈이 삐었나? Ko'zing ko'r bo'lib qolganmi sening? 눈이 어둡다; aqldan ozmoq; boshini yo'qotmoq (masalan: qizg'anchiqligidan); yoqimsiz bo'lmoq (m-n. *mansabdan*); 눈에 거슬리다 yoqimsiz bo'lmoq; 눈[에] 거칠다 jirkanch; 눈에 걸리다 a) qar. 눈에 거슬리다; b) ko'zga tashlanmoq; 눈에[밖에] 나다 ishonchni yo'qotmoq; 눈에 들다 a) ko'zga ko'rinmoq (tashlanmoq); b) yoqtirmoq; ko'zni quvontirmoq; 눈에 밝히다 ko'z oldiga kelmoq (unutib bo'lmas xotiralar haqida); 눈에 불이 나다 a) nafrat uyg'otmoq; kimgadir nafrat bilan qaramoq; 눈에 삼삼 귀에 쟁쟁 ko'z oldida turmoq (kimningdir yuzi); 눈에 선하다 ko'z oldida turmoq; xotirada qolmoq; 눈에 설다(서투르다) notanish, ko'z o'rganmoq; 눈에 차다 hursand bo'lmoq; qoniqmoq; 눈에 피대를 올리다 ko'zga qon quyilmoq; 눈에 헛거미가 잡히다 ko'z atroflari ishib qolgan (qorni ochligidan); 눈에 흙이들어 가기 전 o'lim oldidan; 눈에 뜨이다(띄다) ko'zga ko'rin- moq; ko'z ostida bo'lmoq; 눈에 쌍심지를 켜다 ko'zga qon quyil- moq; 눈에 쌍초롱을 켜달다 mun. ko'zga qon quyilgan ko'zlar bilan qaramoq; 눈[에] 어리다 ko'z oldida turmoq; xotirada gavdalanmoq; 눈[에]익다 ko'zga yaqin; 2) mulohaza; 3)yacheyka (tarmoqda);bog'lam (to'qiganda).

눈(雪) II qor; ~의 qorning; qorli; ~ 덮힌들판 qorli dalalar; ~이 오나 비가 오나 qorda ham, yomg'irda ham; ~이 내린다 qor yog'yapti; ~이 녹다 qor eri- yapti; ~길 qor qoplagan yo'l; qorli yo'l; ~덩이 qor uyumi; ~발 qor parchalari; ~비 ho'l qor; yomg'ir aralash qor; ~사람 qor odami; ~사태 qor ko'chmasi; ~송이 qor parchasi; ~싸움 qor- bo'ron o'yini; ~썰매 chana; 싸락~ mayda qor; 첫~ birinchi qor; 함박~ laylak qor; 눈 기약백 yog'ish vaqtiga moslash; 눈 집어 먹은 토끼 다르고 얼음 집어 먹은 토끼 다르다 maq. ≅ mala- kasiz odam darrov bilinadi.

눈(嫩) III kurtak; ~이 트다 kurtak ochmoq; 아직 나무의 ~이 트지 않았다 daraxtlar hali kurtak ochmagan.

눈가 ko'z qiri; ~에 기쁨이 어렸다 ko'zning qirida xursandchilik yotadi

눈곱 ko'z chetidagi yiring; ~ 만하다 mayda; kichkina; ~이 끼다 ko'zning cheti yiringlamoq.

눈금 bo'linma; 온도계의 ~ termometr bo'linmasi; ~을 속이다 kimnidir o'lchamoq; ~바늘 shkalaning ko'rsatkichi; ~자 bo'linmali chizg'ich.

눈길 I qarash; nigoh; 부드러운 ~ mayin nigoh; 의미심장한 ~ serma'noli nigoh; ~을 보내다 nigohini kimgadir qaratmoq; ~을 피하다 kiningdir nigohidan qochmoq.

눈꼴 ko'z tuzilishi (shakli); ~ 이 사납다 jirkanch bo'lmoq (ko'rinishi haqida); ~이 나다 (틀리다) biror narsaga hafrat (irganish) bilan qaramoq; ~이 시다 ko'zimga ko'rinmasaydi.

눈물 I ko'z yosh; ~을 흘리다 yig'lamoq; 기쁨의 ~ quvonch ko'z yoshlari; 뜨거운 ~ qaynoq ko'z yoshlari; ~로 지새다 qattiq yig'lamoq; ~을 닦다 ko'z yo- shini artmoq; ~을 짓다 yosh- lanmoq; ~을 참다 ko'z yosh- larini tutib turmoq; ~을 터뜨리다 yig'lab yubormoq; ~을 흘리다 ko'z yoshini to'kmoq; ~이 나도록 웃다 yig'lab yuborguncha kulmoq; ~이 앞을 가리다 ko'z yoshini berkitmoq; ~이 빰을 타고 흘러내린다 ko'z yoshi yuz bo'ylab yugurdi; ~ 이 핑돈다 ko'ziga ko'z yoshi keldi; ~ 한방울 흘리지 않다 bir tomchi yosh to'kmaslik; ~ 방울 tomchi yosh; ~샘 ko'z yosh chiqadigan joy; ~이 나다 yig'lamoq (yig'lab yubormoq); ~을 거두다 ko'z yoshini tutib turmoq; ~을 머금다 ko'zi yoshga to'lmoq;

눈물 II qordan erigan suv.

눈물겹다(눈물겨우니.눈물겨워) yig'lab yuboradigan darajada og'ir; ~ 눈물겹도록 yig'lab yuboradigan darajada achchiq; 눈물겨운 생활 achchiq hayot.

눈보라 bo'ron; qor bo'roni; ~ 치다 ko'z qorachig'i; ~ 가 세차게 휘몰아친다 qattiq esmoqda (bo'ron).
눈알 ko'z qorachig'i; ~을 부라리다 qar. 눈[을 부라리다] I 1); ~이 곤두서다 ko'zida nafrat uyg'onmoq.
눈여겨보다 kimgadir tikilib qaramoq; ~ 인상착의를 주의 깊게 ~diqqat bilan kimningdir yuz tuzilishiga qaramoq.
눈을 흘기다 ko'zini chetga g'illay-lashtirmoq
눈총 nafratli qarash; ~을 받다 jahldor bo'lmoq; ~을 보내다 jahldor nigoh tashlamoq; ~을 맞다 jahldor bo'lmoq; ~을 주다 nafrat bilan qaramoq; ~을 쏘다 nafratli nigoh tashlamoq.
눈치 ziyraklik; ~가 빠르다 ziyrak; ~가 없다 omi; ziyrak emas; ~를 보다 yechimini topishga harakat qilmoq; ~를 차리다 채다 anglab yetmoq; aha-miyat bermoq; 눈칫밥 birovning noni(nasibasi); ~가 다르다 ajoyib; g'ayri oddiy; ~가 빠르다 ziyrak; chaqqon; ~가 빠르면 절에 가도 젓갈 (새우젓)을 얻어 먹는다 maq. ≅ aqlli odam hor bo'lmaydi; ~를 살피다 birovning qalbiga suqilmoq; ~코치다 알다 hamma narsani bilmoq; hamma narsaga aqli yetmoq; ~코치도 모르다 hech narsani bilmaslik; omi bo'lmoqlik; ~빠르기는 도가집 강아지 ziyrak odam; ~가 안는 암탉 잡아 먹겠다 maq.≅ undan hamma narsani kutsa bo'ladi.
눋다 (눌으니, 눌어) ozgina kuydirib olmoq.
눌러쓰다 past kiymoq; 털모자를 귀까지 ~ shapkani qulog'igacha tushirmoq.
눌러앉다 o'tirib qolmoq; qolib ketmoq; 고향마을에 ~ ona qishlog'ida qolmoq.
눌리다 I bosilgan; siqilgan bo'lmoq; 눌려서 지내다 siquv ostida yashamoq.
눌리다 II kuydirmoq.
눌변 ravon bo'lmagan s'oz, gap; 그는 ~이다 uning so'zlari ravon emas.
눕다 I (누우니, 누워) yotmoq; 바로 (엎드려) ~ belga yotmoq (qoringa yotmoq); 병석에 ~ kasal bo'lib yotmoq; 옆으로 ~ yon boshlab yotmoq; (속담) 누울 자리를 봐 가며 발을 뻗친다 ko'r-pangga qarab oyoq uzat; 누워서 떡 먹기 Hamir uchidan patir bu; 누워서 침뱉기 birovga chog' qazima, o'zing tushasan; 느릿느릿 asta-sekin; 누워서 침뱉기 maq. ≅ Birovga chog' qazima, o'zin unga tushasan (ko'chma ma'nosi: yotib tuflamoq); 누운 소타기, 누워서 떡 (팥떡) 먹기 juda oson narsalar; 누울 자리보고 발 뻗는다 maq. ≅ ko'rpanga qarab oyoq uzat; 누워먹다 bekorchilik qilmoq; 누워 지내다 a) bekor-chilik qilmoq; b) yotib qolmoq (kasalligidan).
눕다 II (누우니, 누워) oqartirmoq (mato, kiyim).
눕히다 kimnidir yotqizmoq; 벽돌을 눕혀서 쌓다 g'ishtni taxlamoq; 환자를 침대에 ~ be'morni o'ringa yotqizmoq.
뉘 I guruch uyumidagi sholi.
뉘 II kelajak avlodning minnadorchiligi; 뉘[를] 보다 hurmat va izzatda bo'lmoq (yoshi katta).
뉘 III 누구[의]; 뉘 집에 죽이 끓는지 밥이 끓는지 모른다 maq. ≅ uyda nima bo'layotganini odam-lardan so'ra.
뉘앙스(<fran. nuance) nyuans;

발음상의~ talaffuzning nyuansi.
뉘엿뉘엿 botish chog'ida bo'lmoq (quyosh haqida).
뉘우치다 nimadandir afsus chekmoq; 자기가 지은 죄를 ~ qilgan gunohlaridan afsuslanmoq.
뉘우침 afsus.
뉴스(news) yangiliklar; 아침(저녁) ~ ertalabki(kechki) yangiliklar; ~를 방송하다 yangiliklarni namoyish qilmoq.
뉴안스(<fran. nuance) ko'rinish, nozik tomon; nyuans.
느긋느긋 ~하다 a) sifat. tez-tez ko'ngil aynash; b) 느긋거리다ga qarang.
느긋하다 I ko'ngil aynamoq.
느긋하다 II es-xushini yig'ib olgan; tinch; hotirjam; 느긋이 es-xushini yig'ib olgan holda; hotirjam; 느긋한 태도 namunali hulq-atvor; 마음이 ~ hotirjam bo'lmoq; es-xushini yig'ib olmoq.
느끼다 I o'ta yog'liq; ko'ngil aynatadigan; 느끼한 음식 o'ta (juda) yog'liq ovqat; 점심을 먹고 난 뒤에 속이~ ovqatlanganimdan so'ng ko'nglim aynaydi.
느끼다 II sezmoq; his qilmoq; tushunmoq; anglab yetmoq; o'ylamoq; 양심의 가책을~ vijdon azobini his qilmoq; 통증을 ~ og'riqni his qilmoq; 추위를 ~ sovuqni his qilmoq; 필요성을 ~ zarurat sezmoq; 나는 그녀가 옳다고 느껴진다 menimcha, uning gapi to'g'ri; 느낌 his- tuyg'u.
느낌 his, tuyg'u; sezgi. 감각 ~ga qarang.
-느냐 og'z. so'roq shaklining qo'pol qoshimchasi: 밖에 비가 오느냐? Tashqarida yomg'ir yog'yaptimi?
-느뇨 그를 본 사람들이 몇이였느뇨? nechta odam uni ko'rdi.
-느니 I 지난날에 그도 아주 가난하였었느니 oldin (men bilaman) u ham faqir bo'lgan.
-느니 II 보다 dan oldin ishlatiladi: 앉아서 축느니보다 차라리 일어 나싸울 것이다 tizzada jon bergandan ko'ra, tik turib kurashgan afzal.
-느니라 그 이는 아주 훌륭한 선생이였느니라 (men bilaman) u juda malakali o'qituvchi edi.
느닷없이 kutilmaganda; birdan.
-느라고 계산을 하느라고 들리는 소리에 주의를 돌리지 않았다 hisobkitob bilan band bo'lganligi uchun, eshitilayotgan tovushlarga ahamiyat bermadi.
느루 cho'zilib; kerilib; ~먹다 tejamkorona ishlatish; ~잡다 a) birornarsani qo'lda sekin (yumshoq) ushlash; 시간을 ~ 잡다 vaqtni belgilamoq.
느리다 sust; cho'zma; imillagan; bo'sh; sekin; asta; qattiq; yumshoq; qattiq emas; 느린 가락 cho'ma kuy; 느린 걸음 sust qadam; 느린 성장 sust o'sish; 느림보 imillagan odam.
느릿느릿 ~하다 a) sust; imillagan; qo'pol; ~걸어도 황소걸음 maq.≅ sabr tagi oltin.
-느면 og'z.; 그래도 막 가느면 shunga qaramasdan ham, baribir kelyapti; 비가 오느면, 어딜 가요? Ko'chada yomg'ir yog'yapti-ku, qayerga ketyapsan?
느슨하다 sekin; asta; kuchsiz; mustahkam emas; bo'sh; qattiq emas; so'laygan; 띠를 느슨하게 매다 bo'sh bog'lamoq; 밧줄을 느슨하게 당기다 dorni bo'sh tortmoq.
느지막이 1) qattiq emas; bo'sh; 2) kechroq; 3) 시간을 ~잡다 yetarlicha vaqt qoldirmoq.
느지막하다 1) kechki; 2) yetarli

(vaqt haqida).
늑간(肋間) ~신경 qovurg'a oralaridagi asab tolalari; ~신경통 qovurg'a oralaridagi asab tolalari kasalligi.
늑골(肋骨) 갈비ga qarang.; ~융기 tib. qovurg'a qiyshiqligi.
늑대 bo'ri (*Canis lupus coreanus*); ~의 bo'rining; 양의 탈을 쓴 ~ qo'y terisini kiygan bo'ri; ~는 ~ 끼리 노루는 노루끼리 maq. ≅ g'oz cho'chqaga do'st bo'la olmas.
늑막(肋膜) anat. plevra; ~염 plevrit; ~경검법 plevroskopiya; ~심낭염 plevroperikardit; ~절개술 plevrotomiya; ~폐염 plevropnevno- miya.
늑장(勒葬) ~하다 qonunga xilof ravishda birovning yerida dafn qilmoq; imillash; ~[을] 부리다 imillamaoq; qo'pollik qilmoq. 우리는 제때에 왔으나 박 동무는 늦게 왔다 biz vaqtida yetib keldik, lekin janob Pak kechga qoldi.
-는 바다가 보이는구나 dengiz ko'rinyapti.
-는 거리를 달리는 자동차 yo'l bo'ylab ketayotgan mashina.
-는가 무엇을 보는가? nimaga (qayerga) qarayapsan?
-는갑디다 그는 집에서 쉬는 갑디다 (hozir) u, balki, uyda dam olayotgandir.
-는걸 di, 참 어린 학생이 책을 아주 잘 읽는걸 ha, rostdan ham, yosh o'quvchi kitobni zo'r o'qir ekan; 아주 훌륭한 상품이었는걸 안 팔릴 리가 있어요? zo'r mol ekan, nimaga uni sotib olishmayapti?
-는고 코끼리에게는 무엇을 주는고? Filni nima bilan boqishyapti?
-는데 1) qarshilik: 그게 퍽 좋은 책이겠는데 우리가 잘 몰라보고 있나봐 bu juda ham, yaxshi kitob, o'ylashimcha biz adabi- yotni tushunmaymiz; 2) aniq- lovchi: 어머니께서는 지금 밭에 가셨는데 조금 있으면 오실게요 onam hozir daladalar, lekin sal turib keladilar; 비까지 오는데 hatto yomg'ir yog'yapti.
-는바 그는 소설 창작에 종사하는바 금년에 장편을 하나 썼다 u adabiyot bilan shug'ullanadi va bu yili roman yozdi.
-는새려 tugul..; hatto... ham; teskarisiga; 낫기는 새려 더한가 봅니다 yaxshilanish tugul, teskarisiga yomonlashayotganga o'xshaydi; 기러기는 새려 오리조차 날아오지 않는다 g'oz tugul, hatto o'rdaklar ham uchib kelyapti.
-는지 누가 노래를 잘 부르는지? Kim yaxshi kuylaydi? 누가 노래를 잘 부르는지 아십니까 Kim yaxshi kuylashini bilasizmi?
-는지고 노래도 참으로 아름답게 부르는지고 Qo'shiqni ham yaxshi kuylaydi-ya!
-는지라 날씨가 몹시추웠는지라 가는 나무가지들은 모두 얼었다 havo juda sovuq bo'lganligi uchun, ingichka daraxt shoxlari muzlab qoldi.
늘, (항상, 계속, 다만) har doim; doimo; hamma vaqt; ~ 그녀는 자기 아이들에 대해 염려한다 u har doim o'z farzandlari uchun qayg'uradi.
늘그막 qarilik.
늘다 (느니, 느오) ko'paymoq; o'smoq; ulg'aymoq; cho'zilmoq; oshmoq; boyimoq; 살림살이가 ~ boy bo'lmoq; 생산량이 두 배로 늘었다 mahsulot ishlab chiqarishi ikki martaga oshdi; 늘고 줄고 하다 a) uddaburonlik ko'rsatmoq(ishda); b) ko'nikmoq (sharoitga); 늘어나다 a) asta-

sekin o'smoq; kemgaymoq; cho'zilmoq; b) boyimoq; 늘어놓다 a) joylamoq (qator qilib); yonmayon qo‘ymoq; b) otib tashlmoq; e) har tomonga yubormoq (odamni); 말을 ~ keng joyga yoyilmoq; 늘어서다 bir chiziq bo'lib turmoq; 늘어앉다 bir qator bo'lib o'tirmoq.

늘리다 ko'paytirmoq; kattalashtirmoq; kengaytirmoq; 생산량이 세 배로 ~ mahsulot ishlab chiqarishni 3 barobarga oshirmoq; 인원을 ~ kadrlar sonini oshirish.

늘씬하다 ozg'in; kelishgan; 늘씬하게 때리다 qattiq do'pposlamoq.

늘어나다 cho'zilmoq; kengaymoq.

늘어놓다 otib tashlamoq; yoyilmoq; 말도 안 되는 소리를 ~ quloqqa lag'mon ilmoq; 온 방안에 온갖 잡동사니를 ~ xona bo'ylab narsalarni irg'itib yubormoq.

늘어뜨리다 cho'zmoq; kengaymoq; ko'paytirmoq; tushirmoq; boshni egmoq; cho'zmoq (oyoqni).

늘어서다 bir qator bo'lib turmoq; 이 열 종대로 ~ 2 qator bo'lib turmoq.

늘어지다 cho'zilmoq; osilmoq; sekinlashmoq; osuda; 늘어지게 잠을 자다 to'yib uxlamoq; 팔자가 ~ tinch yashamoq; 버드나무 가지가 늘어진다 iva daraxtining shoxlari osilib ketyapti.

늘이다 cho'zmoq; uzaytirmoq; tushurmoq; 기한을 ~ muddatini uzaytirmoq; 생가죽을 펴서 ~ pishmagan terini cho'zmoq; 소매 기장을 ~ yengini uzaytirmoq.

늘임새 so'zlarni cho'zib aytish qilig'i.

늙다 qarimoq; qarib qolmoq; qari bo'lmoq; 늙은 qari; yoshi ulug'; 늙어 꼬부라지다 munkil- lagan; 늙은 티 qarigan ko'rinish; 늙게하다 qaritmoq; 자기 나이보다 더늙게보이다 yoshiga nisbatan qriroq ko'rinmoq; 푸른색 넥타이는 당신을 늙어 보이게 합니다 ko'k galstuk sizni qarityapti; 늙은이 chol; qari odam; yoshi ulug' odam; 늙은 처녀 qari qiz.

늙은이 qari odam.

능동(能動) faollik; ~적 faol; ~적 대처 faol tayyorgarlik; ~ 적으로 만들다 faollashtirmoq; ~성 faollik; ~형 능동상 ga qarang.

능력(能力) qobiliyat; ~있는 qobiliyatli;~있는 간부 qobiliyatli kadrlar; 비범한 ~ misli ko'rilmagan qobiliyat; ~껏 kuchi (qobiliyati) yetganicha; 구매~ sotib oluvchilik qobiliyati; 생산~ ishlab chiqaruvchilik qobili- yati; ~자 qobiliyatli odam.

능률(能率) samaradorlik; ~적 samarador; 시간의 ~적 사용 vaqtni samarador o'tkazmoq; ~적으로 일하다 yuqori samaradorlik bilan ishlamoq.

능하다(能-) biror-bir sohaning ustasi; 그는 만사에 ~ qo‘lida qirq hunari bor; 그녀는 수학에 uning matematikaga qobiliyati bor.

늦- kechki; ~가을 kech kuz; ~겨울 kech qish; ~더위 kechki issiq (havoga nisbatan); ~봄 kechki bahor; ~여름 kechki yoz; 늦모 kechki guruch ko'chati.

늦다 kechki; kechikkan; kechga qolgan; kuchsiz; qattiq emas; tarang emas; kechikmoq; kechga qolmoq; 늦은 곡조 rom etuvchi kuy;때늦은 봄 kechikkan bahor; 밤이 늦도록 tungacha; 아침 늦게 ertalab kechroq; 제일 늦게 hammadan kech; 기차가 한 시간 늦게 왔다 poyezd 1 soatga kechikdi; 내 시계는 5 분 늦게 간다 mening soatim 1 soatga orqada qolyapti; 늦어도 eng kech; 잠이 ~ uzoq vaqt uxlamoq, kech turmoq.

늦추다 bo'shatmoq; yoymoq; yechmoq; ushlab qolmoq; vaqtni cho'zmoq; 걸음을 ~ qadamini sekinlashtirmoq.

늪 balchiq; botqoq; ~의 balchiqli; botqoqli; ~에 빠지다 botqoqqa botmoq(qiyin paytlarda); ~지대 botqoqlik.

닐리리 koreys puflama va chertma cholg'u asboblari tovushi; ~ 쿵덕쿵 koreys puflama va chertma cholg'u asboblari ovozi.

-니 I 누가 반장이니? guruh boshlig'i kim? 일이 어떻게 되었니? Ishlar qalay?

-니 II 1) sabab: 2) shart: 저희야 가니 무엇을 하겠습니까? agar biz borsak nima qilamiz? 3) 덕적산은 딴 이름이 덕물산이니 진달래꽃으로 이름 높은 진봉산 남쪽에 있다 Tochoksan tog'i, boshqacha qilib, Tomunsan deb ataladi, va u ro- dodendronlar bilan mashhur Chinbonsan tog'ining janubida joylashgan; 들으니 eshitishimcha; 생각하니 mening fikrimcha.

-니 III 1. 최군은 본받을 젊은이니 Janob Coy - o'rnak olsa bo'ladigan odam; 2. 빛이 붉으니 누르니 논의가 있었다 u narsa qizilmi, sariqligi haqida baxs olib borildi.

-니까 sabab: shart -니

-니라 소가 느리기는 하지만 착실한 짐승이니라 sigir qo'pol bo'lsa ham, (men bilaman) foydali jonivor.

니은(ㄴ) koreys alifbosining 2 chi harfi. undosh *n* fonemasini bildiradi.

니켈(ingl. nickel) nikel; ~의 nikelli; ~도금을 하다 nikellashtirmoq; ~광 nikel koni; ~합금 nikel eritmasi.

니코틴(fran. nicotine) nikotin.

님 suyukli (sevimli, qadrli) odam; 나의 ~ mening yaqinim; ~도 보고 뽕도 딴다 foydali hamda maroqli narsalarni birlashtirmoq.

-님 hurmatli; 부모~ hurmatli ota-onalar; 교수~ hurmatli domla (professor); 형~ akajon.

ㄷ

ㄷ koreys alifbosining ikkinchi harfi, "D" “T” undosh fonemani bildiradi.
다 다음[조] C/다장조[단조] C major [minor].
다가(多價) ko'p valentlik. ~의 ko'p valentli.
다가가다 yaqinlashmoq; yaqiniga kelmoq (bormoq); 등 뒤로 몰래 ~ orqa tomondan yashirincha yaqinlashmoq.
다가놓다 yaqin qo'ymoq; oldiga qo'ymoq.; 책을 ~ kitobni oldiga qo'ymoq.
다가붙다 yaqin yopishtirmoq.
다가서다 yaqin turmoq; yaqinlashmoq; yaqin kelmoq.
다가앉다 yaqin o'tirmoq; 좀 다가 앉아 주세요. Biroz yaqin o'tiring.
다가오다(접근하다) yaqinlashmoq; yaqin kelmoq; (시간적으로) oz qolmoq; yaqin qolmoq; 다가올 선거 yaqinlashib kelayotgan saylov.
다각(多角) ko'p tomonlilik; ~적 경영 turli xillik; ko'p tomonlik; biznes operatsiya.
다각적(多角的) ko'p tomlama; har tomonlama;
다각형(多角形) ko'pburchakli.
다각화(多角化) turli-tumanlik; xilma-xillik; rang-baranglik; ~하다 turlicha qilmoq; xilma-xil qilmoq.
다갈색(茶褐色) malla rang; jigarrang.
다국적(多國籍) ~의 ko'p millatli. ~군 ko'p millatli kuchlar.
다급하다 dolzarb; muhim; juda zarur; 다급한 문제 dolzarb muammo.
다기(多岐) ko'p butoq; shoxlar; (다방면) ko'p rad qilish (buzish, qaytarish).
다기지다(多氣—) jasur; botir; qo'rqmas.
다난(多難) ko'p qiyinchilik; ~하다 juda qiyin; juda og'ir. ~한 해 juda og'ir yil.
다녀오다 kelib ketmoq; borib kelmoq; kelmoq; 학교에 ~ maktabga borib kelmoq.
다년생(多年生) ko'p yillik. ~ 식물 [초본] ko'p yillik o'simliklar.
다뇨증(多尿症) tib. poliuriya.
다능(多能) ko'p tomonlama. ⇒ 다재(多才). ~하다 ko'p qirrali bo'lmoq.
다니다 1) borib kelmoq; qatnamoq. qatnamoq; yurmoq; 2) kirib o'tmoq; kelib ketmoq; 3) qatnamoq; bormoq; 4) borib turmoq; qatnamoq; 5) 자주 다니는 길 tez-tez yurib turadigan yo'l. 나는 자주 도서관에 다녔다 Men tez-tez kutubxonaga borib turaman.
다니엘 Daniel.
다다르다 yetib kelmoq; arang yetib bormoq; sudralib kelmoq; 적군이 성문에 다다랐다 Dushmanlar qasr darvozasiga yetib keldi.
다다미 yapon pol to'shamasi.
다다밋방 tatami polli xona.
다다이즘 Dadaizm; Dada (1차 대전 후에 일어난 유럽의 예술 운동).
다다익선(多多益善) ko'proq; yaxshiroq.
다닥다닥 zich; ~하다 zich joylashgan bo'lmoq.
다단식(多段式) ~의 ko'p

pog'onali.
다단하다(多端―) band; ishi ko'p bo'lmoq; ko'p qirrali. ⇒ 다사(多事)
다달의 har oylik; oylik; ~ 수입 har oylik import.
다달이 har [har oy] oy; oylik.; ~ 두 번씩 har oy 2 bor. 돈을 ~ 붓다 pulni har oy to'lamoq
다대(헝겊 조각) yamoq; yamamoq
다대기 fasliy qizil-qalampir pastasi.
다도(茶道) choy marosimi.
다도해(多島海) arxipelag.
다독(多讀) har tomonlama o'qish. ~하다 keng bilim olmoq.
다듬다 1) (매만지다) bezamoq; yasatmoq. tuzatmoq; oro bermoq. 2) (푸성귀.나무.돌 따위를) qirqmoq; bo'tamoq; qirtishlamoq; xom tok qilmoq. 3) (땅바닥을) tekislamoq; baravarlamoq; 4)(깃털을) patini tozalamoq; 5)(피륙을) daz-mollamoq; silliqlamoq; tekislamoq; silamoq; 6) (마무리하다) tugatmoq; nihoyasiga yetkazmoq; 잘 다듬은 머리 yaxshi turmaklangan soch; 나뭇가지를 ~ daraxt shohlarini butoqlamoq; 길을 ~ yo'lni tekislamoq.
다듬이질 dazmollash「kiyim」. ~하다 dazmollamoq.
다라지다 qo'rqmas.
다락 cherdak; tom. ~방 qiya shipli bolxona.
다락같다 (가격) juda baland. 물가가 ~baxosi juda baland.
다람쥐 olmaxon.
다량(多量) katta; ulkan; yirik hisobda; ko'p. ~생산 ulkan (katta) ishlab chiqarish.
다루다 1) (처리.취급) uddalmoq; boshqarmoq; eplamoq; yuritmoq; 2) (사람을) muomala qilmoq; muomalada bo'lmoq; 3) (손으로) ishlab chiqarmoq; 4) (매매하다) savdo-sotiq qilmoq.
다르다 I 1) (상이하다) farq qilmoq; ajralib turmoq. 2) (별개이다) o'xshamas. ⇒ 딴; 전혀 ~ mutlaqo farq qiladi. 성격이 ~ xarakteri ajralib turadi.
다르다 II har xil; turli; farq qiladigan; farqli; boshqa-boshqa; boshqa.
다름없다 farqi yo'q; farqsiz; befarq.
다리 I 1) (사람. 동물의) oyoq; panja; qo'l; 2) (물건의) oyoq. ~보호대(帶) kuzatuvchi. ~뼈 oyoq suyagi. ~통 oyoq og'rig'i. ~가 짧은 yog'i kalta.~가 셋 달린 테이블 oyog'i uchta kursi.
다리 II (교량) ko'prik. 돌~ tosh ko'prik.(판문점의) 돌아오지 않는 ~ qaytmas ko'prik.
다리 III (머리의) yolg'on; noto'g'ri; soxta soch; ~꼭지 yolg'on; noto'g'ri; soxta sochlar.
다리다 dazmollamoq. 다린 바지 dazmollangan shim.
다리미 dazmol. 전기 ~ elektr dazmol.
다림 (수직의) aniqlash; chamalab o'lchamoq.
다림질 dazmollash; tekislash. ~하다 dazmollamoq; tekislamoq. ⇒ 다리다.
다만 1) (오직) faqat; xolos; 2) (그러나)[접속부사] ammo; biroq; lekin.~한번 faqat bir bora.
다면(多面) ko'p tomon.
다모작(多毛作) bir necha hosilni yig'ish.
다목 bot. sezalpiniya.
다목적(多目的) universal.
다물다 yummoq; yopmoq; 입을 꼭 다물고 og'izni chirt yummoq.
다민족국가(多民族國家) ko'p millatli xalq. [davlat].
다발 bog'; bog'lam; dasta. 꽃~

ㄷ

gul bog'lami (F.) 한 ~ 에 5천원 bir dasta 5 mingtalik.
다방(茶房) choyxona; kafe,
다방면(多方面) ko'p mavze; ko'p yo'nalish; turli muammolar.
다변(多邊) ko'p tomonlilik. ~무역 ko'p tomonlama savdo [diplomatiya]
다변화(多邊化) turli-tumanlik; xilma-xillik; rang-baranglik. 외교의 ~ diplomatiyaning turliligi.
다보탑(多寶塔) Tabotap (minora).
다분히(多分—) ko'p; katta; o'lkan; azim; buyuk.
다붙이다 olmoq; tutmoq (bir-biriga yaqin tutmoq).
다뿍 to'la; to'liq, zich; liq to'la.
다산(多産) hosildorlik; serhosil-lik; mahsulotdorlik (물품의). ~하다 serhosil; hosildor.
다상(多相) multifaza; ko'pfazali.
다색(多色) turli ranglar.
다섯 besh.
다섯째 beshinchi.
다성음악(多聲音樂) polifoniya.
다세대주택(多世帶住宅) zich uy.
다소(多少) 1) (수) son; quantity; 2) (얼마간) birqancha; bir oz; ozroq; (어느 정도) qanchadir darajada. qanchadir.
다소곳이 tinch; indamay; osoyishta; gapga ko'nadigan; ko'ngilchan.
다수(多數) 1) (수) yirik raqam; (대부분) katta qism; 2) (과반수) majority.
다수결원리(多數決原理) ozchilikni ko'pchilikka bo'ysunish qonuni.
다스 bir o'ram.
다스리다 1) (통치하다) boshqar-moq; boshqarmoq; idora qilmoq; yuritmoq; 2) (통제하다) boshqarmoq; kuzatmoq; kuza-tuvga olmoq; g'amxo'rlik qilmoq; 3) (평정하다) tuzatmoq; to'g'rilamoq; 4) (병을) davol-lamoq; 5) (죄를) jazolamoq. 나라를 ~ mamlakatni boshqarmoq (idora qilmoq).
다습(多濕) nam; ~하다 nam bo'lmoq.
다시(또) yana; yangidan; qaytadan; tag'in; boshqatdan; qayta; ~ 한 번 yana bir bor; ~ 보다 yana qaramoq. ~시작하다 qayta boshlamoq.
다시마 qalin yo'sin(suvda o'sadigan ko'kat)
다식(多食) ko'p yeyish; ochko'zlik.~하다 ko'p yemoq.
다신교(多神敎) ko'pxudolik.
다실(茶室) choyxona. ⇒ 다방(茶房).
다액(多額) katta summa; yirik summa [hisob].
다양(多樣) turlichalik; turlitu-manlik; ~하다 turli; turlituman; xilma-xil. ~한 직업의 사람들 turli kasbdagi odamlar.
다양화(多樣化) turli-tumanlik; xilma-xillik; rang-baranglik; ~하다 turlicha qilmoq; xilma-xil qilmoq;
다언(多言) 1) (말 많음) ko'p gapiradigan; 2)(여러 말) har xil gap, ko'p so'zlar.
다염기산(多朴基酸) ko'p asosli kislota.
다용(多用) ko'p ketkazish; ko'p ishlatish; juda; ancha; katta; ko'p foydalanish. ~하다 ko'p foydalanmoq.
다운 nokdaun.
다원(多元) pluralizm. ~론 pluralizm.
다원발생(多原發生) 〖生〗 polygenez.
다원자(多原子) ~의 poliatomik. ~ 분자 poliatomik molekula.
다윈 (영국의 박물학자) Charlez Robert Darvin (1809-82).
다육(多肉) 〖植〗 suvli o'simlik.

다음 keyin; so'ng; so'ngra; keyinchalik; keyinroq; ikkinchi; kelasi. ~ 사람 keyingi odam; ~주 kelasi xafta.
다음가다 keyingi; kelajakdagi; kelasi; ikkinchi. 뉴욕 다음가는 대도시 Neyu York kelajakdagi eng katta shahar.
다음날(이튿날) keyingi kun; kelasi kun.
다음절(多音節) ko'p ma'noli (qatlamli).~어 ko'p ma'noli so'z.
다음해 kelgusi [kelasi] yil.
다음호(—號) keyingi raqam; kelasi nomer.
다의(多義) ko'p [turli; har xil] ma'noli; polisemiya.
다이내믹하다 dinamik; kuchli.
다이너마이트 dinamit.
다이렉트 메일 direct mail.
다이빙 suvga sakrash; sho'ng'ish. ~하다 suvga sakramoq; sho'ng'imoq「suv」.
다이아몬드 olmos; brilliant. ~반지 olmos uzuk.; ~결혼식 olmos to'y (60 yillik).
다이어그램 (도표)diagrama.
다이어트 parhez.~ 식품 parhez taomi; [past kaloriyali] ovqat.
다이얼 dial (tel. buralmasi); 전화[라디오] ~dial telefon [radio].
다이오드 〖電子工學〗 diod.
다이옥신 〖化〗(제초제 등에 포함된 발암물질) dioksin.
다이제스트 ovqatni hazm qilish.
다인 〖物〗 (힘의 단위) fiz. dina.
다재(多才) har tamonlama iqtidor; ko'p qobiliyatlilik. ~하다 ko'p qobiliyatli; keng iqtidorli; ~다능한 사람 keng iqtidor egasi.
다정(多情) 1) samimiylik; ochiq ko'ngillik; mehribonlik; rahmdillik.~하다 samimiy; ochiq ko'ngil; mehribon; rahmdil; 2)(친밀함) yaqin do'stlik.~하다 yaqin; do'stona; munosabati yaxshi.

다중(多重)~의 qavat-qavat o'rash.
다지다 1) (단단히) mustahkamlamoq; mahkamlamoq; kuchaytirmoq; 2) (다잡다) yasamoq; ishlab chiqmoq; 3) (고기·양념을) chopmoq; maydalamoq; to'g'ramoq. 4) (잠자게) zich qilib mahkamlamoq; 땅을 ~ yerni mustahkamlamoq; 고기를~ go'shtni to'g'ramoq.
다층 ~의 ko'p qavatli.
다치다 (부상하다) lat yemoq; shikastla(n)moq; urib olmoq. 다친 다리 oyog'i lat yemoq.
다큐멘터리 hujjatli (kino; drama shu kabi.). ~영화 hujjatli film.
다크호스 qora ot.(뜻밖의 결과를 가져오는 경주마·사람)
다투다 1) (말다툼하다) janjallashib (urushib) qolmoq; arazlashib qolmoq; tortishmoq; bahslashmoq; bahslashmoq; munozara qilmoq. 2) (겨루다) raqobatga kirishmoq; musobaqalshmoq [mukofot uchun]; 3) 사소한 일로 ~ janjalli ish bilan; 다툴 여지가 없는 bahsga sabab yo'q「fakt」
다툼질 tortishuv; janjal; (논쟁) bahs; munozara; mubohasa. ~하다 = 다투다.
다하다 I (떨어지다) ag'anamoq; qulamoq; bitmoq; tugamoq; tamom bo'lmoq. 힘이 ~ kuchi tugamoq.
다하다 II 1) (끝내다) tugatmoq; tamomlamoq. 2) boshatmoq; 3) (책임 등을) nishonlamoq; o'tkazmoq; 이야기를 ~ hikoyani tugatmoq; 책임을 ~ javobgarlik; ma'suliyat.
다한증(多汗症) 〖醫〗 tib. terlash.
다항식(多項式) 〖數〗 ko'p a'zoli.
다행(多幸) bormoq; ketmoq (omae); ~스럽다; ~하다 baxtli;

ㄷ

omadli.
다혈(多血) to'laqonlilik; serqonlilik. ~질 to'la qonlilik.
다홍(—紅) to'q qizil.
닥나무 〖植〗 tut daraxti (daraxt).
닥치다 (다가오다) yaqinlashib kelmoq; bosib kelmoq; kelib qolmoq; (임박하다) sodir bo'lmoq. 눈앞에 닥친 위험 ko'z oldiga kelib qolgan havf. 약속 날짜가 닥쳐왔다 Kelishgan kuni yaqinlashib qoldi.
닥터 doktor. ⇒ 의사, 박사
닦다 1) (윤내다) yaxshilab artmoq; artib tozalamoq; 2)(물로 씻다) yuvmoq; tozalamoq; artmoq; (훔침) yashirmoq. qurutmoq; 3)(길. 터를) improve; 4) (기술 등을) yaxshilamoq; o'stirmoq; rivojlantirmoq; (연습을 거듭하여) takrorlamoq; 5) (기반. 토대를) tuproqni tayyorlamoq; ishlov bermoq. 구두를 닦게 하다 tuflini tozaltib qo'ymoq; 눈물을 ~ ko'z yoshini artmoq; 물로 ~ suv bilan yuvmoq; 길을~yo'lni to'g'irlamoq; 기술을 ~ mahoratini o'stirmoq.
단 (묶음) I bog'; bog'lam; bog'lamoq; dasta 「bug'doy; qog'ozning」; ⇒ 다발. 단으로 팔다 dastlab sotmoq.
단(段) II 1) (지적의 단위) tan (= bout 0.245cres). 2) (인쇄물의) rukn; 3) (등급) tan; daraja 「qora belbog'」; sinf; rang; 4) (계단.층계등의) pillapoya;「zina; narvon」; 2단 조판 ikki rukn; 열두 단의 층계 12 zinali zina.
단(壇) III 1) (높게 가설한 자리) o'sish; ko'tarilish; abzats; odium; dais; altar; 2) (-계) dunyo; doira. 설교단 pulpit; 문단 adabiy doira.
단(斷) IV ma'qullash; quvvatlash; ma'qul topish; ~을 내리다 ma'qullamoq; quvvatlamoq.
단(單) V faqat. 단 하나의 faqat bitta. 단 혼자서 faqat yolg'iz.
단(但) VI ⇒ 다만.
-단(團) (단체) otryad; guruh; partiya; korpus (집단); kommanda (경기의); truppa (극단); banda (악단); qaroqchilar; 기자단 jurnalistlar guruhi; 관광단 sayohatchilar guruhi. 외교 사절단 diplomatik korpus.
단가(短歌) I (짧은 노래) qisqa tez notali qo'shiq; (시조) qisqa she'riyat turi.
단가(單價) II birlik; [baho; narx]. 생산~ ishlab chiqarish birligi.
단가(團歌) III rasmiy qo'shiq.
단감 shirin xurmo.
단강(鍛鋼) po'lat.
단거리 I yagona material.
단거리 II dastalangan; (단으로 파는) dastalab sotiladigan.
단거리(短距離) III qisqa masofa; (사격의).~에서 qisqa masofadan.
단검(短劍) kalta [kichkina] xanjar; [qilich].
단것 shirin narsalar; shirinliklar.
단결(團結) birlashish; qo'shilish. ~ 하다 birlashmoq; birikmoq; qo'shilmoq.
단경(短徑) 〖數〗 kichik o'q.
단경(斷經) 〖韓醫〗 tib. klimaks; ~하다 klimaks davrida bo'lmoq.
단계(段階) 1) (과정의 한 시기) daraja; bosqich; stage; faza; 2) (등급) unvon; daraja; martaba; rang. 예비적 ~ oddiy daraja.
단골 I (집) sevimli, doimiy do'kon (joy); doim biror-narsa sotib oladigan joy; ~손님 doimiy xaridor; mijoz.오랜 ~ eski mijoz.
단골 II anat. kalta suyak.
단공(鍛工) temirchilik.
단과대학(單科大學) kollej.
단광(單光) 〖物〗 monoxromatik.
단교경주(斷郊競走) qishloq

poygasi; musobaqa.
단구(短句) I (qisqa) fraza; ibora.
단구(短軀) II qisqa balandlik [bino].
단구(段丘) 〖地〗 terasa.
단군(檀君) Tangun; koreys millatiga asos solgan ota. ~신화 Tangun afsonasi.
단권(單卷冊) bir tomlik.
단궤(單軌) yakka relsli. ~철도 bitta relsli poyezd.
단근(單根)1) 〖化〗 oddiy raditsal; 2) 〖植〗 oddiy ildiz.
단급(單級) oddiy sinf.
단기(單記) I yagona qobiliyat; ~투표 yakka ovoz berish:
단기(短期) II qisqa muddat [muhlat; vaqt]; ~보험 qisqa muddatli omonat. ~ 시장 qisqa muddatli bozor.
단김에 nafas olish. ⇒ 단결에.
단꿈 shirin [baxtli] orzu .
단념(斷念) voz kechish. ~하다 voz kechmoq; bahridan o'tmoq; o'zini mahrum qilmoq. yuz o'girmoq. 난 성공을 ~하였다 Men muvaffaqiyatdan kechdim.
단단하다 1) (굳다) qattiq; mustahkam; pishiq. 2) (굳세다. 튼튼하다) kuchli; qat'iy; baquvvat; mustahkam; ishonchli; yirik; 단단한 돌 qattiq tosh; 단단해지다 qattiqlashmoq. 단단한 결심 qat'iy qaror; 단단한 약속 qat'iy va'da
단당류(-糖類) 〖化〗 kimyo. monosaxaridlar; monozlar.
단도(短刀) kalta xanjar.
단도직입(單刀直入) to'g'ri; rostgo'y; dangal; to point; to'g'ri; rostgo'y; dangal.
단독(丹毒) 〖醫〗 yallig'lanish.
단독(單獨) yolg'izlik; yakkalik; ~의 mustaqil; individual; (혼자) yolg'iz; yakka; yolg'iz qo'l; ~으로 mustaqil bo'lib; (각자) shaxsiy; yakka; alohida; yakka holda; o'z kuchi bilan.
단돈 kichkina summadagi pul.
단두대(斷頭臺) dor osti; jallod kundasi;bosh kesiladigan kunda.
단둘 ikki kishi.
단락(段落) paragraf; xotima; intiho. ⇒ 일단락(一段落)
단락(短絡) 〖電〗 qisqa tutashuv. ~하다 qisqa tutashmoq.
단련(鍛鍊) 1) (쇠붙이의) toblash. ~ 하다 toblamoq「temir」; pishitmoq. 2) (심신의) pishitish; chiniqtirish; mustahkamlash. ~하다 toblamoq; chiniqtirmoq; pishitmoq. 정신의 ~ ro'hiy chiniqtirmoq. 심신을 ~하다 ro'h va tanani chiqtirmoq.
단리(單利) 〖經〗 oddiy foyda.
단막(單幕) bir akt. ~극 bir aktli drama.
단말기(端末機) 〖컴퓨터〗 terminal (bog'lanish).
단맛 shirin ta'm; shirilik.
단면(斷面) kesim (비유적으로 많이 쓰임.) 수평[수직, 종] ~ gorizontal [vertikal, bo'ylama] kesim.
단명(短命) qisqa hayot. ~하다 qisqa yashamoq.
단명수 〖數〗 oddiy denominat son.
단모음(單母音) I yakka undosh; monoftong.
단모음(短母音) II qisqa tovush.
단무지 shirin sholg'om.
단박 birdan; tezda; hoziroq; zumda.
단발(單發) 1) bitta o'q uzish; bittali motor; 2) sochni kaltalatmoq; 3) kalta soch.
단발(短髮) kaltalash; qisqartirish.
단방(單放) ⇒ 단번(單番).
단배 kuchli [yaxshi] ishtaha.
단백(蛋白) albumin; tuxumni oqi. ~뇨증 〖病〗 albuminuria; ~석(石) 〖鑛〗 opal:
단번(單番) bir marta; bir bor.

ㄷ

단복(團服) formali kiyim.
단본위(單本位) 〖經〗 yakka standart [asos]; monometallizm.
단봉낙타(單峰駱駝) 〖動〗 Arab [bir o'rkachli] tuya.
단분수(單分數) 〖數〗 oddiy fraktsiya
단비례(比例) 〖數〗 oddiy proportsia.
단상(單相) 〖電〗 bitta faza.
단상(壇上) platforma; asos.
단상(斷想) xotira lavhalari.
단색(單色) bir ranglilik.
단서(但書) boshlang'ich punkt; boshi; pochin; birinchi qadamlar.
단서(端緖) (처음) boshlang'ich ip; boshlanish; kirish; birinchi qadam; (실마리) kalit; (범인 등의) dalil; isbot; iz. 문제 해결의 ~ muammoni yechilish sari ilk qadam. 범인 ~ jinoyatchilar izi.
단선(單線) 1) (외줄) yakka liniya; 2) (궤도) bir g'ildirakli.
단성(丹誠) chin yuraklilik.
단성(單性) 〖生〗 bir jinsli.
단세(單稅) yakka soliq tizimi.
단세포 〖生〗 ~의 bir hu'jayrali.
단소(短小) I ~하다 kichkina va kalta.
단소(短簫) II kichkina bambuk fleytasi.
단속(團束)I boshqaruv; kuzatuv; tartib; (감독) nazoratchilik. ~ 하다 boshqarmoq; kuzatmoq; idora qilmoq; yuritmoq. 엄격한 ~ 아래 qattiq nazorat ostida.
단속(斷續) II uzuqlik; to'xtab-to'xtab sodir bo'lishlik. ~하다 to'xtatib qo'ymoq; uzmoq; bo'lmoq.
단속곳(單—) ichki yubka.
단속적 uzuq-yuluq; uzuq-uzuq.
단솥 issiq temir choynak.
단수(單數) 〖文法〗 birlik; (홀수) birlik. 3인칭 ~ 3shaxs bilikda.
단순(單純) oddiylik; soddalik . ~하다 oddiy; sodda, oddiy fikr.
단순화(單純化) oddiylashtirish. ~하다 oddiylashtirmoq.
단시(短詩) qisqa doston.
단시간(短時間) qisqa vaqt.
단시일(短時日) vaqtning qisqa davri.
단식(單式) oddiy tarkib; 〖數學〗 oddiy ifoda.
단식(斷食) ro'za; ro'za tutish. ~하다 ro'za tutmoq.
단아(端雅) zebolik; orastalik; nazokat; nafislik. ~하다 nafis; nazokatli; nafosatli.
단안(單眼) 1) oddiy ko'z (hasharotlarda); 2) jar; chuqurlik.
단안(斷案) ma'qullash; quvvat-lash; ma'qul topish; xotima; yakun; xulosa; tamom.
단안경(單眼鏡) uzoqni ko'rsata-digan maxsus durbin.
단애(斷崖) jar; tik qiyalik; tik cho'qqi; tik jarlik; (해안 등의) tik qiyalik; tik jarlik. ⇒ 벼랑.
단어(單語) so'z; leksika ⇒ 어휘; 기본 ~ asosiy so'zlar.
단언(斷言) tasdiqlash; qayd qilish; guvohlantirish; bildirish. ~하다 tasdiqlamoq; qayd qilmoq; guvohlantirmoq.
단역(端役) minor[kichkina] partiya
단역(端役) ovozsiz rol.
단연(斷煙) chekishni tasdiqlash. ~하다 chekishni tashlamoq. ⇒ 금연.
단연(코) 1) qat'iy; keskin; jasur; qattiq; mutloq; 2) (훨씬) yaxshi-lanmoq; mukammallashmoq.
단열(斷熱) 〖物〗 himoya qoplamasi (qatlami).
단엽(葉) 〖植〗 oddiy barg; yaproq.
단원(單元) birlik.
단원제(單院制) bir palatali tizim.

단위(單位) birlik; (화폐의). 화폐~ pul birligi.
단위생식 〖生〗 partenogenez.
단위체(單位體) 〖化〗 monomer.
단음(短音) 〖音聲〗 qisqa tovush.
단음(單音) 〖物〗(최소단위의 음) yakka ovoz; 〖音樂〗 monoton; oddiy ton; 〖言語〗 fon. ~ 하모니카 monoton garmonika.
단음(斷音) ichishni tashlash.
단음절(單音節) bir bo'g'inli so'z.
단일(單一) yolg'izlik; ~ 하다 yolg'iz; yakka; birdan-bir.
단자(單子) 1) (부조 등의) yozib qoldirilgan xabar; 2)〖哲〗 ro'yxat.
단자 qar. 모나도.
단자(端子)〖電〗 terminal.
단잠 shirin [ovoz; tovush; chuqur; yaxshi] uyqu. ~을 깨다 chuqur uyquga ketmoq.
단장(丹粧) I 1) bezanish; bo'yanish; kiyinish; ~하다 bo'yanmoq; yasanmoq; oro bermoq; kiyinmoq; 2) (꾸밈) bezash; rasm chizish. ~하다 bezak bermoq; bezamoq.
단장(短杖) II tayoqcha; ~을 짚고 걷다 tayoqcha bilan aylanib yurmoq.
단장(團長) III delegatsiya boshlig'i.
단장(斷腸) IV zo'riqqan (toliqqan) yurak.
단절(斷切) I tugatish; to'xtatish; kesish; uzish; ⇒ 절단.
단절(斷絕) II 1) (종식) sindirish; buzish; ~하다 sindirmoq; buzmoq; 2) (중절) davom ettirish; davom qilish; ~하다 kesmoq; bo'lmoq.
단점(短點) nuqson; ayb; qusur; kamchilik; illat; kuchsiz no'qta; kuchsizlik. ⇒ 결점(缺點).
단접(鍛接) svarka; ~하다 svarka qilmoq.
단정(端正) aniq ahd qilish.
단조(短調) 〖音〗 monotonli funktsiya
단조롭다 monotonli; bir xil; bir turdagi.
단종(斷種) sterilizatsiya qilmoq; bepusht qilmoq.
단좌(單坐) bir o'rinlik. ~ (비행)기 bir o'rinlik samolyot.
단좌(端坐) ~하다 to'g'ri; rostgo'y; dangal; to'g'ri; rostgo'y; dangal.
단지 banka; ko'za. 꿀~ asal banka.
단지(但只) faqat; faqatgina. ⇒ 다만
단지(團地) I rayon; tuman .
단지(斷指) II 단지 ~하다 tor fikrlash.
단참에(單站—) bir nafasda; bittada. ⇒ 단숨에.
단채(單彩) bir rangli.
단처(短處) nuqson; ayb; qusur; kamchilik; illat. ⇒ 단점(短點)
단청(丹靑) (그림) ko'p ranglar va dizaynli rasm.
단체(單體) 〖化〗 oddiy badan.
단체(團體) 1) kompaniya; guruh; jamoa; 2)(조직체) organizatsiya; tashkilot; muassasa; birlashma. ~교섭(권) jamoa muzokarasi; 20명의 ~ 20 kishilik guruh.
단총(短銃) kalta qurol; qurol-yarog'; qo'l qurol.
단추 (옷의) tugma ilgak; ilma tugma; (장식의) ~를 채우다 tugmalamoq; tugmasini qadamoq.
단축(短縮) qisqartirish; qisqa qilish; qisqartma. ~하다 qisqartmoq; qisqartirmoq; kesmoq; bo'lmoq.
단출하다 1) (식구가) kichik; kichkina; 2)(간편) oddiy; 단출한 식구 kichkina oila.
단층(單層) bir qavatli. ~집 bir qavatli uy.

ㄷ

단층(斷層) 〖地〗 [yer] uzilma; ko'chish; uzilib tushgan tog' jinsi; ～산맥 tog'ning ko'chishi.
단칸(單—) yakkalik xona.
단타(單打) I dala; yer.
단타(短打) II qisqa masofa; ora; farq.
단파(短波) 〖物〗 qisqa to'lqin. ～무전 qisqa to'lqinli radio
단편(短篇) I (소설) qisqa hikoya; (영화) qisqa film.
단편(斷片) II uzuq-yuliq parcha; bo'lak, qism. ～적(인) 지식 chalayarim bilim.
단평(短評) qisqa sharx; qisqacha izoh.
단풍(丹楓) (나무) zarang (daraxt); qizil [sarg'ish] barglar; kuz; rangi.
단합(團合) ⇒ 단결(團結).
단행범(單行犯) 〖法〗 yagona jinoyat.
단행법(單行法) maxsus qonunlar.
단호하다 muqarrar; belgilangan; qat'iy; keskin; shiddatli; qattiq.
단화(短靴) 「juft」tufli.
닫다 I (달리다) yugurmoq; chopmoq (말이) sakrab chopish; yelish. ⇒ 달리다.
닫다 II 1) (열린 것을) yummoq; yopmoq; qulflamoq; 2) (영업) biznesni tugatmoq; faoliyatini to'xtatmoq; yopmoq; 문을 ～ eshikni yopmoq; 가게를 ～ do'konni yopmoq; 닫치다 yopmoq; yummoq; yumilmoq; yopilmoq.
닫집 pashshaxona.
달 I 1)(하늘의) oy; 2) (달력의) oy; 그믐달 to'lin oy; 맑은[밝은] 달 yorug' oy; 초생～ yangi oy; hilol.
달 II 〖植〗 yovvoyi qamish turi.
달 III (연의) varrakning asosi (tayog'i).
달가닥 taqur-tuqur; jarang-jurung. 부엌에서 그릇이 ～하는 소리가 났다 oshxonadan idishlarning taqur-tuquri eshitilardi.
달가당 taq etib; qars etib. 문이 ～ 잠겼다 eshikni qars qilib yopdi.
달갑다 ma'qul; maqbul; istalgan; matlub; kerak; 달갑지 않은 손님 nomaqbul mehmon.
달개 〖建〗 yonma-yon uy; taqab solingan imorat.
달걀 tuxum. ⇒ 계란
달구다 yumshatmoq; qizdirmoq.
달구지 arava.
달궁이 〖魚〗 dengiz balig'i.
달그락 taqur-tuqur; taq-taq; duk- duk; ⇒ 달가닥; ～거리다 taqillatmoq; dukurlamoq.
달나라 oy dunyosi; oymomo.
달다 I 1) (매달다) ilmoq; osmoq; (내달다) ilib qo'ymoq; osib qo'ymoq; 2)(붙이다) yopishtirmoq; qo'shimcha qilmoq; (꿰매붙이다) yopishmoq「plash」; (몸에) kiymoq. 3)(설비하다) o'rnatmoq; qo'ymoq; jihozlamoq; 4) (기입하다) yozib olmoq; ko'chirib olmoq; yozdirib olmoq; (첨가하다) qo'shmoq (qo'shib qo'ymoq); 5) (덧붙임) qo'shmoq; ilova qilmoq.
달다 II (무게를) o'lchamoq; tortmoq; 무게를 ～ vaznini o'lchamoq; 저울로 ～ tarozi bilan o'lchamoq.
달다 III 1) (졸아들다) obdon pishmoq; qaynayverib quyilib qolmoq; 2)(뜨거워지다) ilimoq; isimoq; (화끈해지다) qizimoq; 3) (마음. 몸이) notinchlanmoq; havotirlanmoq; hayajonlanmoq; asabiylashmoq; 쇠가 ～ temir isidi; 부끄러워 얼굴이 ～ uyatdan yuzlari qizimoq; 애인이 보고 싶어 몸이～ sevgilimni ko'rish uchun yuragim hapriqyapti.

달다 IV 1) (맛이) shirin; mazzali; 2)(맛있게먹다) mazza qilib yemoq; ochiq ishtaha bilan ovaqatlanmoq. 단 것 shirin narsa; shirinliklar.
달라이 라마 Dalay [Buyuk] Lama.
달라붙다 yopishib olmoq; bezor qilmoq; yopishmoq. ⇒ 들러붙다.
달라지다 (변화) turlicha bo'lmoq; o'zgarmoq; farqlanmoq; almashmoq. 날씨가 ~ ob-havo o'zgarmoq; 이야기가 ~ suhbat o'zagarmoq.
달래 〖植〗 bir gulli piyoz.
달래다 1) (좋은말로) eritmoq; bo'shashtirmoq, yumshatmoq; kishi; shaxs; odam; (비위를 맞추어) parvarish qilmoq; ovutmoq 「bola」; ko'ndirmoq, unatmoq, ishontirmoq, qiziqtirmoq; ko'ndirmoq; 2) (마음을 딴데로) ko'ngil yozmoq; vaqtini chog' qilmoq; ermak qilib vaqtni o'tkazmoq (vaqt) murosaga keltirmoq; 슬픔을 ~ g'amini unittirmoq; 무료함을 달래기 위해 쇼핑하다 vaqtni o'tkazish uchun narsa xarid qildim; 그들은 즐거운 대화로 긴 여행의 지루함을 달랬다 Ular ajoyib suhbat bilan uzoq sayyohatning zerikishidan saqladi.
달러 dollar (기호 $); baks.
달려가다 yugurib ketmoq; 학교에 ~ maktabga yugurib ketmoq.
달려나가다 yugurib chiqib ketmoq. 밖으로 ~ tashqariga yugurib chiqib ketmoq.
달려들다 sakramoq; tashlanmoq; hujum qilmoq; (일에) jahd bilan kirishmoq. 개가 사람에게 ~it odam tashlandi. 고양이가 쥐한테 ~ mushuk sichqonga sakradi.
달려오다 yugurib kelmoq; chopib yaqinlashmoq.
달력(-歷) kalendar (책력).
달리(다르게) boshqacha; o'zgacha; bo'lakcha; boshqacha qilib; turlicha (여러 가지로); o'ziga xos; o'zicha; (특수하게); turli yo'l bilan; (따로) alohida; (그밖에) bundan tashqari; (특별히) maxsus; ayniqsa; o'zgacha.
달리기 yugurish. ~선수 yuguruvchi
달리다 I 1) (매달리다) ilinmoq; ilmoq; osmoq; 2) (좌우되다) tutilib qolmoq; ilinib qolmoq; 3) (우수리가) ko'tarilmoq; o'smoq 「summa」. 사과가 가지에 ~ olma shohda ilinib qolgandi.; 나뭇가지에 뭔가 달려 있다 Shohda nimadir ilinib turardi.; 경우에 ~ holat tushib qolmoq; 대답에 ~ javobda tutilib qolmoq; 값이 만원 하고 귀가 달린다 narx yana ming wonga ko'tarildi.
달리다 II 1) (붙어있다) yopishmoq; qo'shimcha qilinmoq. o'rnatilmoq; qo'yilmoq; 2) (첨가되다) qo'shimcha qilinmoq.; 책에 주가 ~ kitobga qo'shimcha qilinmoq
달리다 III 1) charchamoq; lohas sezmoq; 2) (눈이) og'irlashmoq; yumilmoq; charchamoq; 잠을 자지 못해서 눈이 ~ yaxshi uxlay olmagani uchun ko'zi og'irlashib borardi.
달리다 IV 1) (부족하다) yetarli emas; yetmaydigan; kifoya qilmaydigan; (사람이 주어) yetarli bo'lmaslik; yetishmaslik; kam bo'lmoq; 2) (부치다) yetarlimas; kam; tanqis.; 돈이 ~ puli kam bo'lmoq; 힘이 ~ kuchi yetarli emas.
달리다 V 1) (질주하다) yugurmoq; yelmoq; chopmoq; 2) yugurtirmoq; choptirmoq; haydamoq. 달려 지나가다 yugurib

o'tmoq(uy); 말을 ~ otni yugurtirmoq.
달리아 〖植〗 kartoshkagul.
달마(達磨) 〖佛〗 Dxarma.
달마다 har oy.
달밤 oydin tun.
달변(—邊) (이자) oylik foyda.
달변(達辯) gapga chechanlik; so'zamonlik; notiqlik.
달삯 oylik ish haqi.
달성(達成) erishmoq; yetmoq; oxirigacha tugatmoq. ~ 하다 erishmoq「niyat; maqsad; o'y」. 목적을 ~하다 maqsadiga erishmoq.
달아나다 1) (빨리가다) tez ketmoq; yugurib ketmoq; uchib ketmoq.; 2) (도망가다) qochib ketmoq; qochmoq; (가축등이); uchib ketmoq. 3) (잠. 입맛이) ishtahani yo'qotmoq; uyqusiz bo'lmoq; 간수의 눈을 피해 ~ kuzatuvchining ko'zida yashirincha qochmoq.
달아오르다 1) (쇠가) juda qizimoq; qip-qizil bo'lmoq.; 2) (몸이) qizarmoq; qizimoq; 얼굴이 달아올라 화끈거리다 yuzi qazarib uyaldi.
달음박질 quvlashmachoq; yugurish. ~하다 yugurmoq.
달이다 damlamoq. 약을 ~ dorivor o'simlikni damlamoq. 차를 ~ choy damlamoq.
달짝지근하다 bir-oz shirinroq.
달팽이 〖動〗 shilliq qurt.
달포 taxminan oy; bir oy.
달하다 1) (도달하다) bormoq; yemoq; ko'tarilmoq; 2) (수량에) yig'ilmoq; oshmoq.; 3) (이루다) attayin; 전쟁 전 수준에 ~ urushdan avvalgi darajaga erishmoq; 프로 수준에 ~ professional darajaga erishmoq.
닭 (암탉) tovuq; (수탉) xo'roz; (병아리) jo'ja.
닭고기 jo'ja go'shti.
닭싸움 xo'roz oldirish.
닮다 o'xshamoq; o'xshash bo'lmoq. 꼭 ~ juda o'xshash. 닮은 점이 많다 o'xshash jihati ko'p.
닮은꼴 〖幾〗 o'xshash shakllar.
닳다 1) (해지다) yeyilmoq; eskirmoq; to'zmoq; yirtilmoq; 2) 닳아빠진 구두 yirtilgan tufli; 3) yonib ketmoq.
담 I (집의) devor; to'siq. 담을 두르다 devor bilan o'ralmoq.
담(痰) II 1)(가래) balg'am.; 2)(담병) o't pufagining yallig'lanishi. ~을 뱉다 balg'am tashlamoq.
담(膽) III 1) (해부) o't; safro; 2) (용기) mardlik; jasurlik.
-담(談) hikoya; tarix; ertak; 모험담 sargo'zashtli hikoya.
담관(膽管) o't yo'li (zarda oqib keladigan tomir).
담그다 1) (물에) botirmoq; solmoq; tiqmoq; sho'ng'itmoq; 2) (김치 따위를) tayyorlamoq「kimchi」; (절이다) tuzlamoq [tuz]「sabzavotlar」. 3)(술. 장 등을) achitmoq; yasamoq. 더운 물에 발을 담가라 Issiq suvga oyog'ingni tiq; 젓갈을 ~ baliqni tuzlamoq.; 술을 ~ vino yasamoq.
담금질 chiniqtirish; toblash. ~ 하다 chiniqtirmoq; toblamoq; pishitmoq.
담낭(膽囊) 〖解剖〗 o't pufagi.
담녹색(淡綠色) och yashil.
담다 1) (그릇에) solmoq; to'ldirmoq; (음식을) yordam, ko'mak, homiy; 2)(입에) so'kinmoq; behayo gapirmoq.; 3) (포함시키다) ushlamoq; tutmoq; 바구니에 과일을 ~ savatga meva- larni solmoq;
담당(擔當) tassaruf; ixtiyor; boshqarma.; ~하다 boshqarmoq; bilmoq; voqif bo'lmoq; ko'rmoq;

boshdan kechirmoq; idora qilmoq.
담론(談論) (jonli) suhbat; bahs; debat; ~하다 tortishmoq; bahslashmoq.
담배 tamaki; sigareta;tamaki o'simligi;(궐련)sigareta;(엽궐련) sigara;(잎담배) tamaki bargi;(씹는) chaynaladigan tamaki. 한국~ 인삼 공사 Korea tamaki va Jinshen Korporatsiyasi. (생략형 KT & G).
담뱃대 (tamaki) trubka.
담보(擔保) garovga qo'yish; garov; kafolat; sudxo'rlik; (담보물) kafolat; garov buyumi. ~인 sudxo'r.
담비 〖動〗 suvsar.
담색(淡色) och rang.
담석(膽石) o't pufagi (qopchasi) toshi.
담소(談笑) suhbat do'stona gurung. ~하다 suhbatlashmoq; gaplashmoq. 문제는 ~하는 사이에 해결되었다 Muammo suhbat vaqtida hal qilindi.
담수(淡水) ichimlik [chuchuk] suvi. ~어[호] toza suv baliq [ko'l].
담요(湏—) adyol.
담자색(淡紫色) binafsha rang.
담장 to'siq; devor.
담쟁이 〖植〗 pechak.
담즙(膽汁) o't; safro.
담청색(淡青色) och ko'k; moviy; havo rang.
담판(談判) muzokara; suhbat; kelishuv; gurung. ~하다 muzokara olib bormoq; suhbatlashmoq; kelishmoq; suhbat qilmoq.
담합(談合) (qonunsiz) kelishuv; oldindan kelishish; til biriktirish. ~하다 kelishmoq; til biriktirmoq.
담화(談話) 1) (이야기) suhbat; gap. ~하다 suhabtlashmoq; gaplashmoq; 2)(의견)qayd; belgi (yozma).
담황색(淡黃色) och sariq; sarg'ish.
답(答) javob.
-답다 o'xshash; kutmoq; umid qilmoq; orzu qilmoq; ishonmoq; taxmin qilmoq; ...deb o'ylamoq.
답답하다(沓沓—) 1) (가슴이) og'ir; dim; (숨이) qiynalib nafas olish;(날씨 등이) havosi buzuq; dim; 2)(갑갑하다)(장소가) dim; dam; og'ir; 3) (소식이 없어) g'amho'r; mehribon; jonkuyar; kuyinchak; 답답한 날씨 dim ob-havo.
답변(答辯) (대답) javob; ~하다 javob qilmoq; javob bermoq; (변호하다)himoya qilib gapirmoq; himoya qilmoq.
답사(答辭) I ~하다 qilmoq; yasamoq; ishlab chiqmoq.
답사(踏查) II tadqiq qilish; tekshirmoq; ~하다 tekshirmoq; o'rganmoq; tadqiq qilmoq.
답사(答辭) III javob so'z.
답서(答書) javob. ⇒ 답장(答狀).
답습(踏襲) siyosat; ~ 하다 kishi; shaxs; odam ning suit;
답신(答申) hisobot.;~하다 hisobot bermoq.; ~서 (yozma) hisobot.
답안(答案) (용지) javob [imtihon] qog'ozi; (해답) javob.
답장(答狀) javob xati.~하다 javob xati bermoq.
답하다(答—)javob bermoq.(반응).
닷 besh.
닷새 besh kun; oyning beshinchi kuni. ⇒ 5일 ⇒ 초닷새.
당(糖) I qand. 혈액 속의 당 qondagi qand.
당(黨) II (siyosiy) partiya(정당); faction(분파); guruh; gala; to'da (파벌); guruh(집단); liga(동맹). 당대회 partiya yig'ilishi.당정치국(옛 소련 공산당의) (kommunist)

ㄷ

ㄷ

partiya siyosiy byurosi.
당-(當) bu; anavi; ushbu; hozirgi; 당사(社) bu firma; 당역(驛) bu holat. 당 20세; 20 yosh.
당구(撞球) bilyard; ～장 billiard zali
당국(當局) avtoritar.
당근 〖植〗 sabzi.
당기(當期) partiya belgisi; partiya intizomi.
당기다 I 1) tortmoq; sudramoq; ushlab siltamoq; tortmoq.; 2)(켕기다) cho'zmoq; uzaytirmoq「ip」; 3) (기일을) cho'zmoq; sudramoq; galga solmoq[vaqt]. ⇒ 앞당기다; 밧줄을 ～ ipni tortmoq. 소매를 ～ yengini tortmoq. 결혼 날짜를 사흘 ～ to'y kunini uch kunga cho'zmoq.
당기다 II ishtaha; 입맛 당기는 음식 mazali; totli; shirin; ishtahani qo'zg'aydigan; yoqimli; ko'zni o'ynatadigan
당김음(—音) 〖音〗 qisqartirmoq (so'zni bo'g'in yoki tovushga).
당나귀(唐—) eshak.
당나라(唐—) 〖歷〗 Tangnara (Xitoyning eski nomi).
당내(堂內) yaqin qarindoshlar; ～에 partiya ichida.
당년(當年) bu[hozirgi] yil; ⇒ 금년
당뇨(糖尿) 〖醫〗 qandli; ～병 qandli diabet.
당당하다(堂堂—) 1) katta; ulkan; buyuk; azim; ajoyib; basavlat; salobatli.; 2) 당당한 풍채 basavlat ko'rinish.
당돌하다 mard, dovyurak; surbet; bezbet.
당략(黨略) siyosiy partiya.
당량(當量) 〖化〗 ekvivalent.
당로(當路) ⇒ 요로(要路).
당류(糖類) qand; 〖化〗 saxarid.
당면(當面) ～하다 sxoshilinch; tez; zarur; oshig'ich. ～한 문제 zarur muammo.
당무(黨務) partiya ishlari.
당밀(糖蜜) quyuq shinni; qiyom.
당번(當番) navbatchilik navbat (차례); (사람) navbatchi odam.
당분(糖分) qand miqdori.
당분간(當分間) (지금현재) hozir; shu vaqtgacha; hozircha; (얼마동안) qanchadir vaqt davomida.
당비름 〖植〗 Jozefning pal'tosi.
당사국(當事國) manfaatdor davlat.
당사자(當事者) manfaatdor shaxs; tomon.
당선(當選) 1) (선거에) saylash; tanlash. ～하다 saylanmoq; tanlanmoq.; 2)(현상에) g'oliblik mukofati. ～하다 g'olibni mukofatlamoq;
당수(黨首) siyosiy partiya lideri.
당숙(堂叔) amaki.
당시(唐詩) Tang she'riyati davri.
당시(當時) o'sha vaqtlar; shu kular.
당신(當身) siz; (부부. 애인 등의 호칭) azizim; jonim; ～의 친구 sizning do'stingiz.
당연하다(當然—) 1) xizmat qilib topilgan; qozonmoq; erishmoq.; 당연한 결과 erishilgan natija; 2) (물론) o'z-o'zidan ma'lum (ravshan; tushunarli). 3) qilmishiga yarasha; qilmish-qidirmish; ajab bo'pti.
당연히 o'z-o'zidan ma'lum (ravshan; tushunarli); tegishlicha; quyidagicha.
당원(黨員) partiya a'zosi.
당월(當月) bu oy.
당의(黨議) ma'qullash; quvvatlash; manzur ko'rish; ma'qul topish.
당의(糖衣) 〖料理〗 sir. ～를 입히다 sirlamoq.
당장(當場) hoziroq; birdan; tezda; shu zumdayoq.
당쟁(黨爭) musobaqa; raqobat;

kim o'zar; tortishuv; ziddiyat; kelishmovchilik.
당적(黨籍) hisob kartochkasi (partiya a'zosi).
당좌(當座) mavjud mablag' [hisob; sanoq].
당지(唐紙) guruch qog'ozi; Xitoy qog'ozi.
당지(當地) bu joy [tuman; hudud; nohiya; shahar; bu yer].
당직(當職) (사람) navbatchi; (일) navbatchilik.
당질(堂姪) tog'avachcha.
당집(堂—) ibodatxona.
당차다 kichkina bo'lsa ham, ko'p narsaga aqli yetadigan.
당첨(當籤) qur'a; chek. ~하다 qur'a tashlamoq; omadli raqamni aniqlamoq.
당파(黨派) fraktsiya (당내의 파벌) maktab(학파);(도당)guruh; to'da.
당하다 uchrashmoq; ro'para kelmoq; to'qnashmoq; boshidan o'tkazmoq; yo'liqmoq; duchor bo'lmoq; raqobatlashmoq; raqobatga kirishmoq. 사고를 ~ falokatga yo'liqmoq.
당헌(黨憲) provintsiya gubernatori qarorgohi ayvoni (u yerda gubernator o'z ishlari bilan shug'ullanar edi).
당혹(當惑) ~하다 xijolatga qo'yadigan; mushkul; o'ng'aysiz; qiyin.
당화(糖化) shakar solish; ~하다 qandga aylantirmoq; shakar solmoq.
당황하다(唐惶.唐慌-) o'ng'aysiz ahvolga tushmoq; uyalmoq; o'sal bo'lmoq; xijolat bo'lmoq; sarosimaga tushmoq; parokanda bo'lmoq; sxoshilib qolmoq. 뜻하지 않은 그의 방문에 모두 당황했다 Uning kutilmagan tashrifi hammani sarosimaga soldi.
닻 langar. ~을 내리다 langar tashlamoq.
닿다 (접하다) tegmoq; tegizmoq.; (도착하다) yetib bormoq; bormoq [ovoz; tovush].
닿소리 〖言語〗 undosh.
대 I 〖植〗 bambuk. 대껍질 bambuk po'stlog'i.
대 II shohcha; dasta; bo'toq (tamaki; sigareta) trubka. (줏대) ishonch; qat'iy ishonish. (담배의) sigaret; tamaki; zarba; 그는 ~가 세다 U qat'iyatli; 담배 한 대 bir dona sigareta.
대(大) III (큼) buyuklik; kattalik; o'lkanlik; (크기) katta; o'lkan; yirik o'lcham; (거대한) juda katta; buyuk; zo'r; ulug'; keng; bepoyon; (손해 따위의) og'ir; 대사고 katta hodisa; 대사업 ulkan sanoat; 대우주 makrokosmo; ~승리 katta g'alaba.
대(代) IV (시대) vaqt; davr; yosh; (세대) avlod; jarayon;(치세) sulola (왕조); oilaviy qator; (값) narx; baho; 5대 besh avlod; 도서대 kitobi to'lovi.
대(隊) V otryad; kommanda; partiya; kompaniya; korpus; guruh;(악대의)banda; 비행대 uchuvchilar korpusi; 대대 battalyon.
대(對) VI (짝) juft; parallel; egiz;(상대) qarshi; raqib (비율) -ga; 3대 1의 스코어 3ga 1 ochko.; 5대 3으로 한국 팀이 이겼다 5 ga 3 bilan Koreya kommandasi yengdi.
대(臺) VII (받침) taxtasupa; xontaxta(탁자); minbar; pedestal; (액수) daraja; belgi.
대가(大家) I (권위자)buyuk master; maestro; (비유) yulduz; (학문의) buyuk olim; yorug' yulduz.; (번창한 집안) katta oila; boy oila.; (큰 집) katta uy.
대가(代價) II baho; narx; ⇒ 값.

ㄷ

대가극(大歌劇) grand (katta) opera.
대가리 bosh; kalla. 소[돼지]~ sigir [cho'chqa] boshi.
대가족(大家族) katta [ulkan] oila.
대각(對角) 〖數〗 qarama-qarshi burchak; ~선 diagonal (chiziq).
대강(大綱) I ⇒ 대강령; (기본원칙) asoslar; (대충) xomaki holda; xomaki; (거의) deyarli; (대체로) asosan.
대강(代講) II yuzaki; katta daryo.
대갚음(對一) to'lash; uzish; ~하다 to'lab bo'lmoq; uzmoq; orani ochiq qilmoq.
대개(大概) (개요) birinchi galda; (일반적으로) asosan; odatda; (대부분) ko'pincha; ko'p hollarda;(거의) deyarli. ~의 경우에 ko'p hollarda.
대결(對決) qarama-qarshilik; adovat. ~하다 qarshi kurashmoq; adovatda bo'lmoq.
대경(大慶) I katta baxtli voqea.
대경(大驚) II hayrat; hayronlik; ~하다 hayratlanmoq; hayron qolmoq; qotib qolmoq; ~실색 hayratlanmoq; hayron qolmoq.
대계(大計) katta reja; katta loiha.
대고모(大姑母) buvi. ⇒ 왕고모
대공 〖建築〗 I shoh supa.
대공(大功) II buyuk xizmat; qahramonlik; ~을 세우다 qahramonlik ko'rsatmoq.
대공(對空) III havo hujumiga qarshi; ~레이더 havo qidiruv radari.
대공(大公) IV buyuk knyaz.
대과(大過) xato; yanglish; xato; yanglish; ayb; jinoyat.
대과거(大過去) 〖文法〗 tugallangan o'tgan zamon.
대관(大官) I baland; yuqori; oliy; yo'qori; rasmiy; katta yasama soch.
대관 ko'zdan kechirib chiqish; qarab chiqish.
대관절 umuman; umumlashtirib.
대교(大橋) katta ko'prik.
대구 1. Tegu shahri.
대구(大口) 〖魚〗 treska baliq.
대구(對句) antiteza;~법 parallelizm
대국(大局) I umumiy ahvol.
대국(大國) II buyuk davlat.
대군(大君) I (qirol) shaxzoda; knyaz.
대군(大軍) II katta [ulkan] armiya [kuch].
대군(大群) III katta; maktab.
대권(大圈) I buyuk sirk.
대권(大權) yuqori hokimiyat; (통치권) suveren hokimiyat boshqaruvi.
대궐(大闕) qirol qasri; shoh saroyi.
대규모(大規模) katta [o'lkan] masshtab.
대그릇 bambuk idish.
대근하다 majburiyatlardan bo'shatmoq.
대금(代金) I narx; pul; to'lov.
대금 II katta pul.
대기(大忌) I ~하다 qochmoq; bosh tortmoq; bo'yin tovlamoq;
대기(大氣) II havo; atmosfera. ~압 havo bosimi.
대기(大器) III (큰 그릇) katta idish. (인재) buyuk talant; geniy.
대기(待機) IV ko'rish; va kutish. ~하다 kumoq「qulay sharoit」; do'kon; ~실 kutish xonasi. ~기간 kutish vaqti.
대기권(大氣圈) atmosfera; ~ 밖 fazoda; kosmosda.
대기업(大企業) katta firma; yirik korxona [korporatsiya]; konglomerat
대기오염(大氣汚染) havo (atmosfera) ifloslanishi.
대낚시 baliq tutish.
대남(對南) dushman; raqib;

janubiy 「Koreya」.
대납(代納) to'lov ～하다 to'lamoq.
대낮 kunduzgi yorug'lik.
대내(對内) xonaki; uy; ichki; ～문제 ichki muammolar; ～정책 ichki siyosat.
대녀(代女) tutingan qiz.
대다 I 1) (연결. 대면하다) aloqa qilmoq; munosabatda bo'lmoq; bog'lanmoq; 2) (손을) tegmoq; tegizmoq; qo'l urmoq; 3) (입에) yemoq; ichmoq; 4) (갖다 대다) qo'ymoq; bosmoq; 5) (착수. 관계하다) qo'l urmoq; shug'ullanmoq; 6)(붙이다) sirmoq; tikmoq; qadamoq; 7) qiyoslamoq; taqqoslamoq; tenglashtirmoq; 8) (귀찮게 굴다) bajarmoq; qilmoq; yasamoq; ishlab chiqmoq; 9) (시간에) yetib kelmoq (때를 맞춰) [vaqtda(정각에)]. 10) (~을 향해서) maqsad; yo'nalish.; 11) raqib; 이마에 손을 ~ peshonasiga qo'l tegizmoq. 청진기를 가슴에~ stetoskopni ko'kragiga qo'ymoq; 정치에 손을 ~ siyosatga qo'l urmoq. 의복에 털가죽으로 안을 ~ kiyimga astar o'rnatmoq.
대다 II 1) (물을) sug'ormoq; suv qo'ymoq; 2) 공장에 자재를 ~ zavodni material bilan ta'minlamoq. 아들에게 학비를 ~ bolalarning o'qish pulini to'lamoq.
대다 III (일러주다) tushuntirmoq; ko'rsatmoq; ma'lum qilmoq; (사실대로) aytmoq (haqiqat); gapirmoq; tan olmoq; e'tirof etmoq.
대다 IV (배.차따위를) to'xtatmoq. 배를 선창에~ kemani bandargohda to'xtatmoq.
대단원(大團圓) yechim; yakun; xotima; pirovardi; oxiri.
대단하다 (많다) ko'p; ancha; bir qancha. (위대하다) buyuk; o'lkan; azim; katta; mashhur; favquloda. (중요·심각하다) muhim; jiddiy. (심하다) og'ir; kuchli; dahshatli; 대단한 금액 katta summa.
대단히 juda ko'p (juda는 주로 형용사· 부사·현재분사를; ko'p는 동사·과거분사를 수식함); juda; nihoyatda; judayam; haddan tashqari.⇒ 매우.
대답(對答) javob; ～하다 javob bermoq; javob qaytarmoq.
대대(大隊) I batalyon.
대대(代代) II avloddan avlodga.
대도(大道) (o'ng) yo'l; buyuk ahloq asoslari;' to'g'ri yo'l.
대도시(大都市) katta shahar.
대동(帶同) kishi; shaxs; odam; kishi; shaxs; odam(uzun).
대두(大豆) soya; soya o'simligi.
대들다 yopishib ketmoq; talab tashlamoq.
대들보(大—) ferma; to'sin.
대등(對等) tenglik; teng huquqlilik; baravarlik.; ～하다 teng; baravar; teng huquqli.; ～조약 teng shartnoma; ～한 관계에 있다 Teng munosabatda bo'lmoq.
대뜸 (즉시) birdan; tezda; hoziroq; zumda.
대략(大略) taxminan; taqriban; qariyib; (haqiqatga) bir muncha yaqin; deyarli. ～을 말하다 haqiqatga yaqin gapirmoq. [qisqa xulosa]
대량(大量) ko'pchilik; omma; anchagina; bir talay.
대령(大領) I 〖육군〗 polkovnik; 〖해군〗 kaptan (생략 kapt.); 〖공군〗 polkovnik; 1-rang kapitani.
대령(待令) II o'lgan odamning ruhini chaqirish marosimi.
대로(大怒) I ～하다 qattiq jahli chiqmoq; joni chiqmoq; ⇒ 격앙하다

대로(大路) II keng ko'cha; asosiy yo'l; prospekt.
대로 III 1)(~처럼. ~에 따라서) kabi; o'xshash; -day; -dek; 2)(~의 방법으로) ko'ra; qarab; 3) (~하면 곧) birdan; tezda; hoziroq; bo'lgandan; ~gandan. ~ 하고 싶은 ~ xohlagandek; 먹고 싶은 ~ 먹다 yeganingcha ye; 규칙~ qoidaga ko'ra; 글자 ~ yozilganday; 내 명령 ~ buyrug'imga ko'ra; 날씨가 좋아지는 ~ havo yaxshi bo'lgandan.
대륙(大陸) qit'a. ~간 탄도탄 qit'alararo ballistik raketa. (생략 ICBM). 아시아[유럽] ~ Osiyo [Yevropa] qit'asi.
대리(代理) (행위) lavozimga tayinlanmoq; lavozimni egallamoq; o'rnini egallash.; (대리인) muovin; o'rinbosar; agent (거래. 판매의); 소장 ~ direktor o'rinbosari; ~하다 vaqtincha o'rniga ishlamoq; o'rnida turmoq.
대리모(代理母) o'gay ona.
대리석(大理石) marmar. ~상(像) marmar haykal.
대리인(代理人) vositachi; dallol.
대립(對立) qarama-qarshilik; adov; (A va B o'rtasida); antagonizm; ziddiyat; kelishmovchilik; ~하다 qarshi kurashmoq; adovatda bo'lmoq; ~관계 qarama-qarshi munosabatlar; ~자 raqib.
대마(大馬) toshlarning katta guruhi
대마(大麻) 〖植〗 kanop; kanop tolasi; nasha o'simligi.
대막대기 bambuk tayog'i.
대만(臺灣) Tayvan; Formosa.
대망(大望) I buyuk ishonch.
대망(待望) II kutish; oldindan sezib zavqlanish.; ~하다 kutmoq; umid qilmoq; oldindan sezmoq.
대매출(大賣出) maxsus savdosotiq. 반액 ~ yarim narxga sotish.
대맥(大麥) bug'doy ⇒ 보리.
대머리 kallik; boshida sochi yo'qlik. ~가 되다 kal bo'lmoq.
대면(對面) interviyu; uchrashuv; suhbat; ~ 하다 uchrashmoq; suhbatlashmoq.
대명(大命) I Qirol buyrug'i.
대명(待命) II ~하다 kimdir uchun o'lmoq; kimdir uchun o'zining hayotidan kechmoq.
대명사(代名詞) olmosh; sinonim. 관계[지시; 의문; 인칭]~ [ko'rsatish; so'roq; kishilik] olmoshlari munosabati.
대모(代母) I cho'qintirgan ona.
대모(玳瑁) 〖動物〗 II toshbaqa.
대목 muhim davr; fasl.
대못 I tikan; tikanak; zirapcha.
대못(大—) II (큰 못) katta tikan.
대문(大門) katta darvoza; asosiy kirish joyi.
대문자(大文字) (웅대한 글) husnixat; (로마자의) bosh harflar.; ~로 쓰다 katta harflar bilan yozmoq.
대문장(大文章) 『글』chiroyli va katta yozish. 『사람』 xattot.
대바구니 bambuk savat.
대발회(大發會) 〖증권〗 Yangi yilning birinchi davri.
대배심(大陪審) katta hakamlar hay'ati.
대법관(大法官) Oliy sud adolati.
대법원(大法院) Oliy sud.
대변(大便) I najas; yozilish; ichni bo'shatish (동물의); ~검사 najas analizi.
대변(代辯) II o'zini tanishtirmoq
대변(貸邊) III 〖簿記〗 kredit(or). ~계정 kredit hisobi. ~잔액 kreditor balansi.
대변(對邊) IV 〖數〗 qarama-qarshi tomon.
대변동 kataklizm (tabiatda keskin

o'zgarish; ag'darto'ntar).
대변인(代辯人) vakil; namoyanda. 정부 ~ hukumat vakili.
대별(大別) qilmoq; yasamoq; ishlab chiqmoq.
대본(大本) I buyuk asos solish; 국가[인륜]의 ~ davlatga [insoniyat] asos solish.
대본(貸本) II (책(pulga beriladigan kitob; (빌려줌) qarz berish; pul berish; kredit berish. ~서점 qarz berish; pul berish; kredit berish.
대본(臺本) III 『극의』drama; 『영화의』 senariy; qo'lyozma. ~을 쓰다 senariy yozmoq.
대부(代父) cho'qintirgan ota.
대부(貸付) kreditlash.
대부분(大部分) asosan; ko'pincha; ko'p hollarda.
대분수(帶分數) 〖數〗 aralash son.
대비(大妃) I Qirolicha ona.
대비(對比) II qiyos; taqqos (비교); kontrast(대조); ~하다 qiyoslamoq; taqqoslamoq; tenglashtirmoq (kontrast); zid qo'ymoq; 번역문과 원문을 ~해 보아라 asliyat bilan tarjimani taqqoslang.
대비(對備) IV (준비) tayyorlamoq (물품 따위의); hujum qilmoq (qarshi hujum). ~하다 tayyorlamoq; tayyor qilmoq.
대사(大事) I (큰일) buyuk narsa; muhim hodisa; jiddiy ish. (우려할 만한); (큰사업) katta korxona; (혼인) to'y; nikoh; marosim; 이것은 국가의 ~다 bu milliy inqiroz.
대사(大使) II elchi; favqulodda vakil; 주한~ Koreyaga elchi.
대사(大蛇) III katta ilon; ajdaho; anakonda.
대사(大赦) IV amnistiya. ⇒ 사면
대사(代謝) V ⇒ 신진 대사(新陳代謝). ~ 작용[기능] metabolizm.
대사(臺辭) VI 『배우의』nutq; so'zlar; ~를 잊다 nutqini unutmoq.
대사관(大使館) elchixona; vakolatxona. 미국 ~ Amerika elchixonasi.
대상(大祥) I shaxsning o'limining ikkinchi marosimi.
대상(大喪) II qirolning o'limi.
대상(大賞) III katta mukofot (F.). 가요[가수] ~ eng yaxshi qo'shiq [qo'shiqchi]mukofoti. ~을 받다 mukofot olmoq.
대상(代償) IV baho; narx; ~하다 to'lamoq; ~하다 to'lamoq; kompensatsiya qilmoq.
대상(隊商) V karvon. 낙타 ~ tuyalar karvoni.
대상(對象) VI obyekt 「o'qish」; subyekt 「tadqiqot; ilmiy ish」; nishon 「tanqid」. 공격의 ~ hujum nishoni.
대서(大暑) I etn. "yoz o'rtasi" (qishloq xo'jaligida 24 sezondan bittasi); (더위) kuchli issiq; chilla.
대서(代書) II ~하다 yozmoq.
대서양(大西洋) Atlantik ummon (okean).~ 조약 Atlantika Pakt. 북~ 조약기구 Shimoliy Atlantika Ittifoqi.(생략 NATO).
대서특필(大書特筆) shov-shuvli maqola; ~하다 gazetani ilk sahifasida chiqarmoq.
대성(大聖) I 『현인』buyuk yosh; 『공자』 Konfutsiy; buyuk yosh.
대성(大聲) II baland ovoz (qichqiqriq). ⇒ 큰소리.
대성공(大成功) buyuk [o'lkan] muvaffaqiyat; ajoyib natija.
대성당(大聖堂) bosh cherkov.
대성황(大盛況) yutuq; (ulkan; katta) muvaffaqiyat.
대소(大小) (크기) katta va kichkina o'lcham.
대소동(大騷動) qiy-chuv; to's-to'poon; g'alva;

basaranjomlik; hayajon.
대소변(大小便) najas; axlat.
대소사(大小事) katta-kichik ishlar.
대손(貸損) katta qarzlar.
대수(大數) I katta; ulkan; yirik; azim; baland; yuqori; oliy; yuqori; son; buyuk baxt.
대수(代數) II 『수학』 algebra. ~함수 algebra funktsiyasi.
대수(對數) III 『수학』 logarifm. ⇒ 로그(log).
대수롭다 muhim qimmatbaho; foydali.
대수술(大手術) jiddiy operatsiya ~을 하다 jiddiy operatsiyani amalga oshirmoq.
대수식 algebraik ifoda.
대수학 algebra.
대수합 algebraik summa.
대승 katta (buyuk) g'alaba; ~하다 buyuk g'alabaga erishmoq.
대승리 buyuk g'alaba; triumf.
대시 ~하다 paytni poylamoq (kutmoq).
대식(大食) asosiy ovqatlar.; (많이 먹음) ko'p ovqat yeyish; ochko'zlik; to'ymaslik; ~하다 ko'p ovqat yemoq; ochko'zlik qilmoq.
대신(大臣) I vazir (davlat); kabinet a'zo. ⇒ 장관(長官).~직 portpolio; vazir o'rni.
대신(代身) II (대용. 대리) o'rnini bosuvchi; ornini oluvchi; o'rindosh; badal; evaz; o'rinbosar; (대리인) o'rnini bosuvchi; o'rindosh; o'rinbosar o'rnini o'zgartirmoq; ~하다 o'rnini o'zgartirmoq; o'rnini almashtirmoq.
대실(貸室) xona [hall].
대아(大我) 『哲學』 o'zini ko'ruvchi; egoist.
대안(代案) alternativa; qarshi taklif.
대안렌즈(對眼—) ko'z linzasi; ko'z oynak.
대야 toz; tog'ora
대양(大洋) ummon; okean.
대양주(大洋州) Okeanyia; Okeaniya yerlari.
대어(大魚) katta [ulkan] baliq.
대언(大言) baland so'zlar; katta suhbat.
대업(大業) buyuk ish [ish, xizmat]; buyuk mamlakat asosi.
대여(貸與) qarz berish; pul berish; kredit berish.~하다 qarz bermq; pul bermoq; kredit bermoq.
대역(大役) I 『임무』 muhim vazifa; 『역할』muhim rol; muhim qism;
대역(大逆) II baland; yuqori; oliy; yuqori; katta; ~사건 katta hodisa; katta tasodif; ~죄 katta jinoyat.
대역(代役) III dublor; 『연극의』 dublyor;『영화의』dublor. ~하다 dublor o'ynamoq; ikki kishi o'ynamoq.
대연습(大演習) bosh (katta, asosiy) repetitsiya.
대왕(大王) 『선왕』Janobi oliylari; (왕의 존칭) Janoblari; ... buyuk.
대외(對外) ~경제정책 연구원(한국의) Korea xalqaro iqtisodiy siyosat instituti; (생략 KIEP).
대욕(大慾) I katta haqorat (tahqir).
대욕 II kuchli his-tuyg'u; kuchli ehtiros; ehtirosli istak (xohish).
대용(代用) o'rnini bosuvchi; ornini oluvchi; o'rindosh; badal; evaz; o'rinbosar; ~하다 o'rnini bosmoq; o'rniga bo'lmoq (kimdirni).
대우(待遇) 『처우』 dori-darmon; 『취급』 muomala; murojaat. 『접대』qabul; qabul qilish (호텔 등의); 『급료』ish haqi; maosh (보

수). ~하다 qabul qilmoq; to'lamoq; ~개선 ish haqqining oshishi.
대우주(大宇宙) koinot olam; mak- rokosmos.
대웅성(大熊星) (yulduz) Katta Ayiq; Ursa Major.
대웅좌(大熊座) Katta ayiq. ⇒ 큰곰자리.
대원(大願) I iltijo qilmoq ibodat; nomoz.
대원(隊員) II a'zo 「kommanda」
대원(隊圓) III katta doira.
대원수(大元帥)kommanda boshlig'i
대위(大尉) 〖육군〗 kapitan; 〖해군〗 katta leytenant (생략 Lt.).
대위법(對位法) kontrapunkt; musiqaning ko'p ovozlilik asoslari haqidagi bo'limi.
대유(大儒) buyuk Konfutsianist; buyuk olim.
대음극(對陰極) antikatod.
대응(對應) qarama-qarshilik; qarshi turish; oppozitsiya. ~하다 qarshi ta'sir ko'rsatmoq; qarshilik ko'rsatmoq; qarshi harakat qilmoq. 『상응』 moslik; muvofiqlik; javob berish; simmetriya.; ~하다 mos kelmoq; muvofiq bo'lmoq; to'g'ri kelmoq; javob bermoq.; ~물 ekvivalent; ~어 mos so'z.
대의(大意) I 『개략』 asosiy g'oya [ma'no]; mazmun.
대의(大義) II maqsad; umumiy ish; 『정의』 adolat. ~를 위해 싸우다 adolat uchun kurashmoq.
대인(大人) I yosh bola, o'smirin, shaxs, odam; 『거인』 katta kishi; gigant; 『고관』 yo'qori; oliy; (davlat) rasmiy; (대인 군자) mashhur shaxs; buyuk kishi; sizning otangiz.
대인(代印) II o'rnini bosuvchi; o'rindosh; o'rinbosar.
대인기(大人氣) juda mashhurlik; katta muvaffaqiyat.
대인용(對人用) oskolkali; piyodalarga qarshi. ~지뢰 piyodalarga qarshi mina.
대입(代入) o'rnini bosuvchi; ornini oluvchi; o'rindosh; badal; evaz; o'rinbosar. ~하다 o'rnini bosmoq.
대입준비학원(大入準備學院) kollejga kirish imtihonlari; institutga tayyorgarik imtihoni.
대자 I bambuk daraxtidan qilingan chizg'ich.
대자(大字) II katta harf.
대자(帶磁) III magnitlashuv;~하다 magnitli bo'lmoq; magnitlashmoq.
대자(代子) IV cho'qintirilgan o'g'il.
대자색 to'q-qizil rang.
대자연(大自然) tabiat.
대작(大作) I buyuk ish, xizmat (걸작); katta xizmat; ulkan ish(대형의).
대작(代作) II ajoyib yozish. 『작품』 durdona (shoh) asar. ~하다 yozmoq. ⇒ 대파(代播).
대작(對酌) III shishadosh; ulfat. ~하다 birgalikda ichmoq.
대잠수함(對潛水艦) qayiqqa qarshi.
대장 I temirchi; chilangar; ~간 temirchilik do'koni; ~ 장이 temirchi; chilangar.; ~일 temirchilik ishi, xizmat.
대장(大將) II (육군. 공군) umumiy; 〖해군〗 admiral; 『두령』 boshliq; boss.
대장(大腸) III yo'g'on ichak.
대장(隊長) IV kapitan; kommandir; boshliq(지도자).
대장(臺帳) V asosiy kitob; jurnal; 등록~ registratsion jurnal; 주민등록~ uy-xo'jaligi jurnali.
대저(大著) buyuk ish, xizmat [kitobi].
대적(大敵) I ashaddiy dushman; azaliy yov; 『경쟁자』 katta

raqib; doimiy raqib. 민주주의의 ~ demokratiyaning azaliy dushmani.
대적(對敵) II qarshilik; qarshi borish; oppozitsiya. ~하다 qarshi bormoq; qarshilik ko'rsatmoq.
대전(大典) I (의식) Imperial marosim.
대전(大殿) II Oliy hazratlari. ~마마 ⇒ 대전(大殿).
대전(大戰) III jahon urushi; buyuk jang; ~전[후]의 urushdan oldin; [keyin]. 세계 ~ jahon Urushi; 제1(2) 차 세계 ~ Birinchi Jahon (Ikkinchi) Urushi.
대전(帶電) V elektrlashtirish.; ~하다 elektr bilan ta'minlamoq.; ~입자 zaryadlangan zarra.
대전(對戰) VI qarshi kurashmoq; kurashmoq, dushmanga; g'animga; raqobatlashish; musobaqa; bellashuv; bahslashuv.; ~하다(시합하다) qarshi o'ynamoq; raqobatlashmoq; raqobatga kirishmoq; jang qilmoq; kurashmoq.
대전차(對戰車) ~용의 tankka qarshi. ~방어 tankka qarshi himoya.
대접 I (그릇) (sho'rva) kosa; tovoq. 국 한 ~ sho'rva kosasi.
대접(待接) II (환대) mehmondorchilik; mehmon qilish. (대우) dori-darmon; resept; ~하다 mehmon qilmoq; ziyofat qilmoq.
대제(大帝) I buyuk imperator; 피터 ~ Buyuk Pyotr.
대제(大祭) II Katta festival.
대제사장(大祭司長) baland; yuqori; oliy; yuqori.
대조(對照) kontrast; antiteza; 『비교』qiyos; taqqos.~ 하다 keskin farqlanmoq, qiyoslamoq; taqqoslamoq; tenglashtirmoq; farqlanmoq. ~연구 kontrast tadqiqot.
대족(大族) katta mavqega ega oila; mashhur oila.
대종상(大鐘賞) Eng yaxshi film mukofati.
대좌(對坐) yuzma-yuz o'tirish;~하다 qarama-qarshi o'tirmoq 「odamga」; yuzma-yuz o'tirmoq.
대죄(大罪) kechirilmas gunoh; 『법률상의』oliy jazo.
대주(大酒) kuchli ichuvchi; alkash.
대주교(大主教) arxiepiskop; mitropolit.
대중(大衆) (umumiy) omma; jamoa; odamlar; odamlar ommasi; ko'pchilik; ko'plik; omma; ~과세 ommaviy soliq; ~문화 odamlar madaniyati; ~ 심리 omma psixologiyasi,
대지(大地) I yer; tuproq; ona yer. ~를 밟다 yerni bosmoq.
대지(大指) II katta barmoq.
대지(垈地) III hursandchilik; quvonch; o'rin, masofa; ora.
대지(帶紙) IV qog'ozli shpagat. ⇒ 띠지.
대지(臺地) V tog'li yerlar; balandlik(높은 언덕).
대지(臺紙) VI 『두꺼운 종이』karton; qalin qog'oz.
대지(對地) VII havo hujumiga qarshi; ~ 공격 havo hujumiga qarshi zarba bermoq.
대지주(大地主) katta yer egasi.
대지팡이 bambukli tayoq.
대질(對質) qarama-qarshilik; adovat; ~시키다 yuziga qaramoq.
대쪽 tarmoqlanmoq; ikkiga bo'linmoq bambuk.
대차(貸借) qarz va kredit; qarz va kredit berish. ~대조 kredit balansi.
대찰(大刹) yirik(katta) ibodat-

xona.
대책(對策) qarshi chora(tadbir; iloj)
대처하다 bilan; boshqarmoq; idora qilmoq; yuritmoq.
대천(大川) katta daryo.
대천사(大天使) arxangel.
대첩(大捷) buyuk; g'alaba. ～하다 ulkan g'alabaga erishmoq.
대청(大廳) asosiy xona; zall. ～마루 ⇒ 대청(大廳).
대체(大體) I 『요점』mohiyat; tub; tag; mag'iz;～의 뜻 asosiy ma'no.
대체(代替) II o'zgartirish; almashtirish; ～하다 almashtirmoq; o'zgartirmoq ; 나는 나사로 못을 ～했다 Men vint o'rniga mix qo'ydim.
대체(對替) III o'zgatirish; almashtirish; ～하다 almashtirmoq; o'zgartirmoq; ～계정 transfer hisob.
대초원 cho'l; dasht; sahro.
대추 『과실』Xitoy xurmosi.
대추야자 『식물』xurmo.
대축척 katta masshtab; keng miqyos.
대출(貸出) qarz; kredi;『도서의』kredit xizmati. ～하다 qarz bermq; kredit bermoq.
대충 『대강』 qo'pol; bo'sh; erkin; har taraflama; tez; xomaki; yuzaki; 『거의』deyarli; taxminan. ～ 말하면 qisqa gapirmoq; ～훑어보다 yashirincha qaramoq; 책을 ～ 읽다 kitobni nomiga o'qirdi.
대취(大醉) o'lguday mastlik.
대치(代置) I o'rnini o'zgartirmoq. ～하다 almashtirmoq.
대치(對峙) II qarama-qarshilik; adovat; yuzma-yuz bo'lish; ～하다 qarshi kurashmoq; adovatda bo'lmoq; qarshi qo'ymoq; yuzmayuz bo'lmoq「dushman; g'anim」.
대칭(對稱) simmetriya. (제2 인칭) ikkinchi shaxs.
대칼 bambuk-pichoq.
대토(代土) yerni o'zgartirish; yer almashlamoq.
대통(桶) I chilim; sigareta trubkasi.
대통(一筒) II bambuk-quvur.
대통(大通) III keng ochilish; muvaffaqiyat; yutuq; yaxshi natija. ～하다 keng ochilmoq; muvaffaqiyatga erishmoq; ～운(運) juda omadli.
대통(大統) VI Royal [Qirol].
대통령(大統領) Prezident (Respublika); Boshliq [Federal]. ～경호실 Presidentning mahfiy idorasi.
대퇴(大腿) son; tos.
대패 I 〖공구〗randa.
대패(大敗) II og'ir shikast; kuchli mag'lubiyat
대패질 randalash.; ～하다 randalamoq.
대포 I katta idishda ichmoq.
대포(大砲) II arteleriya; pushka; qurol-yarog'; aslaha; yolg'on gap; g'iybat; ertak.
대표(代表) vakil; delegat; delegatsiya(대표단); ～하다 vakil bo'lmoq; ko'rsatmoq; 외교～ diplomatik vakil. 무역～ savdo vakili; ～단 delegatsiya.
대푼 chaqa; kichik summa.
대품(代一) ishni almashtirish; xizmatini o'zgartirish.
대풍(大風) I ulkan [katta; kuchli] shamol; to'fon(질풍).
대풍(大豊) II hosil.
대하(大河) I katta daryo.
대하(大蝦) II qisqichbaqa.
대하다(對一) ro'parama-ro'para o'tirmoq; yuzma-yuz o'tirmoq; qarshi kurashmoq; adovatda bo'lmoq. murojaat qilmoq; qabul

qilmoq; qaramoq; qarshi bo'lmoq; 적을 ~ dushmanga qarshi kurashmoq
대학(大學) universitet; kollej.
대학살 qonli qirg'in; qirpichoq; xunrezlik.
대학생(大學生) talaba; o'quvchi.
대학원(大學院) aspirantura
대학자(大學者) buyuk olim; alloma.
대한(大旱) I buyuk qurg'oqchilik; uzoq vaqtli quruq obhavo.
대한(大寒) II etn. "katta sovuqlar" (20-21 yanvarlarda qishloq xo'jaligida 24 sezondan biri);『추위』 qishning kuchli sovug'i; qahraton qish.
대한(大韓) Koreya. ~ 민국 Koreya Respublikasi. (생략 KR):
대합(大蛤) a katta; ulkan; yirik; azim.
대합실(待合室) kutish xonasi;
대항(對抗) qarama-qarshilik; musobaqa; raqobat; kim o'zar; tortishuv; ~하다 qarshi kurashmoq; adovatda bo'lmoq; qarshi kelmoq; yuma-yuz kelmoq.
대해(大害) I ulkan yo'qotish.
대해(大海) II ummon; okean. buyuk dengiz (시어).
대행(代行) (행위) o'rnini egallash; vaqtincha o'rnida ishlash (사람) o'rinbosar; muovin; ~하다 o'rnini egallamoq; vaqtincha o'rnida ishlamoq; vazifasini bajarmoq.
대형(大兄) I Mr. ...; Siz.
대형(大形·大型) II katta o'lcham.
대형(隊形) III (harbiy) tartib; saf; buyruq.
대화(大火) I ulkan gulhan. ⇒ 큰 불.
대화(大禍) II katta yong'in.
대화(對話) III suhbat; dialog (두 사람의); gurung; chat (잡담). ~하다 suhbatlashmoq; gaplshmoq.; ~체 suhbat uslubi.
대회(大會) katta uchrashuv; yirik majlis; asosiy uchrashuv; majlis; konferentsiya; konventsiya; kongress; 『경기』 uchrashuv; musobaqa; turnir; 전국스키 ~ milliy chang'i musobaqasi.
대희(大喜) s'yezd; kongress.
댁(宅) koshona [qarorgoh; saroy];『가족』sizning oilangiz.; 『당신』 siz.; 『남의 부인』xotin; 「shaxs」; xonim; Misis.
댁내(宅內) sizning oilangiz.
댁네(宅—)sizning [uning] xotini.
댄서 raqqos (남자); raqqosa (여자)
댄스 raqs; o'yin tushish.
댐 damba; to'g'on; g'ov.
댓가 baho; narx.
댓진(—津) chilimli tamaki.
댕기물떼새 suvtarg'oq.
댕기다『불이』yonmoq; tutamoq; 『불을』yoqmoq. 마른 나무에는 불이 잘 댕긴다. Quruq daraxt yaxshi yonadi.
댕돌같다 qoya kabi mustahkam; mustahkam; ishonchli; salmoqli.
더(보다 많이) ko'proq (양); uzoqroq (시간); kattaroq; (...보다더) unga qaqraganda ko'proq. 더 많이(량) yana ko'p[bir qancha].
더구나 qo'sh. -dan tashqari; buning usiga; ⇒ 더군다나
더금더금 asta-sekin; borgan sari ortmoq.
더께 qavat-qavat chang (kir).
더넘스럽다 o'ta katta.
더넘스레 juda katta qiladi.
더넘이 birovning dardi.
더넣다 (ustiga) yana tashlamoq; yana biroz qo'shib qo'ymoq.
더느다 ip; arqon; tros; shnur.
더듬거리다 to'lov; gap topolmay tutilmoq; tutilib qolmoq.
더듬다 『말을』 gap topolmay tutilmoq; tutilib qolmoq (말이 막

혀서); duduqlanmoq (습관적으로); qaltiramoq (머뭇거리며);『손으로』 paypaslab (siypalab; silab) topmoq; silab (ushlab) bilmoq.; 말을 ~ gap topolmay tutilmoq; 잔돈이 있나 주머니를 더듬어 보다 mayda pul bormi deya cho'ntagini paypaslamoq.
더듬이 I (말더듬이) gap topolmay tutilish; duduqlik.
더듬이(물고기의). II antenna; paypaslagichlar; mo'ylovlar
더디 kech; kechikib.
더디게 sekin; asta.
더디다 sekinlatmoq; sekinlashtirmoq; cho'zmoq; kechikmoq; sekinlashmoq; kechikkan; sust; (늦다) kechikmoq; kechiktirmoq. 걸음이 ~ qadami sekinlashmoq. 돌아오는 것이 ~ qaytishni kechiktirmoq.
더러워지다 iflos qilmoq [kir; chang; loy; iflos; isqirt]; iflos qilmoq; bulg'amoq; bulg'atmoq(오염되다); (명예) nomini bulg'amoq; isnod keltermoq; 땀으로 더러워진 셔츠 ter bilan bulg'angan ko'ylak; 잉크로 더러워진 책상 siyoh bilan iflos bo'lgan parta.
더럭더럭 qizg'anib; ochko'zlik qilib.
더럽다 『불결』 iflos; kir; isqirt; bulg'angan; 『추잡』jirkanch; iflos; isqirt;『인색』ziqna odam; qurumsoq; xasis; 더러운 옷 kir kiyim; 더러운 돈 iflos pul; 더러운 이야기 yomon suhbat.
더럽히다 『불결하다』 iflos qilmoq; isqirt qilmoq; bulg'amoq.『이름·명성 따위를』 nomini bulg'amoq; nomiga isnod keltirmoq;『순결을』uyaltirmoq; sharmanda qilmoq; 「ayol; xotin; juvon」.
더미 uyum; to'plam; to'p; quchoq. 돌~ tosh uyumi; 쓰레기 ~ axlat uyumi.
더불다 birga qilmoq.
더불어 『함께』birga; birgalikda 『상대하여』bilan; qarshi.
더블 ikki marta; ikki bor; qo'sh; juft; ~ 베드 qo'sh karavot.
더블린 『아일랜드의 수도』Dublin.
더블유비시(세계 권투평의회)(WBe); [<Jahon Boks Konsuli] .
더블유비에이(WBA) (세계 권투 연맹) Jahon Boks Assotsiatsiyasi.
더블유에 이치오(WHO)(세계보건기구) Jahon Sog'liqni Saqlash Tashkiloti
더블유티오(WTO) (세계무역기구) Jahon Savdo Tashkiloti.
더빙 『필름· 테이프의 재녹음』 nusxasini olish. ~ 하다 nusxasini olmoq「kasseta」; ko'paytirmoq. (복제를 만들다). 비디오테이프를 ~하다 video kassetani ko'paytirmoq.
더욱 『한층 더』ko'p; ko'proq.
더워하다 to'lov;
더위 『날씨』 issiqlik; issiq ob-havo. 『병』isitma; harorat.
더이상 yanda ko'proq
더치다 『병세가』 yomon bo'lmoq; yomonlashmoq. ⇒ 덧들이다; 병이 ~ kasali yomonlashmoq.
더하기 〖수학〗 qo'shish; qo'shuv.
더하다 I『비교해서』 ko'proq; 더 한 값 yanada baland baho.
더하다 II yomonlashmoq; yomon bo'lmoq; qattiqlashmoq; kuchaymoq; jiddiylashmoq; qo'shmoq. 추위가 ~ sovuq kuchaymoq. 하나에 둘을 ~birga ikkini qo'shmoq.
덕(德) 1) xush fe'llik; ko'ngli ochiqlik; sodda dillik; 2) yaxshi ishlar; 3) ~에 (덕으로) yordami bilan; yaxshiligi orqali; yaxshiligi bilan.
덕담(德談) yaxshi talaklar.
덕분(德分) yordam; qarz;

homiylik. ⇒ 덕택(德澤).
덕석밤 katta tekis kashtan
덕성 I. qar. 목성.
덕성 II. 1) xush-fe'llik; 2) ochiqlik; mehribonlik.
덕성스레 xush-fe'llik bilan; ochiq ko'ngillik bilan.
덕수궁(德壽宮) Toksu Qasri.
덕스럽다 ochiq ko'ngil (sof dil, mehribon) bo'lib ko'rinmoq.
덕용 I. ot. qulay; zarur; kerakli.
덕용 II. mehrga to'la chehra (yuz).
덕우 esk. yaxshilik tilaydigan do'st.
덕육(德育) axloqiy ta'lim; odob madaniyati.
덕을 밝히다 yaxshilik qilmoq; mehribonlik ko'rsatmoq.
덕의(德義) odob-axloq;
덕택(德澤) qarz;『친절』 mehribonlik;『도움』 yordam; ko'mak; 『후원』 qo'llamoq; homiylik.
덕행(德行) moral axloq, hulq; fe'l atvor.
덖다 I 『찌들다』 bo'lmoq [kir; chang; loy; iflos; isqirt];
덖다 II 던지다 『내던지다』 tashlamoq;『세게』uloqtirmoq; otmoq; oqibat; natija; 돌을 ~ tosh otmoq; 볼을 ~ to'pni tashlamoq.
던지럽다 kir; chang; iflos; isqirt.
덜 kichikroq; ozroq; kamroq.
덜거덕 gumburlash; gumbur-gumbur.
덜다(빼다) olib tashlamoq; ayirmoq. 『경감하다』kamaytir-moq; ozaytirmoq; yengillash-tirmoq; kamytirmoq; yushat-moq; 『절약하다』 kesmoq; bo'lmoq. 그릇의 물을 ~ idishning suvini olmoq. 그렇게 하면 비용을 덜 수 있**다** Shunday qilsangiz harajatlarni kamay- tirasiz.
덜되다 yaroqsiz; yomon; foy-dasiz; tugamagan; oxiriga yetmagan; 『덜익다』pishmagan. 덜된 수작을 하다 befoyda so'zlamoq.; 덜된 과일 pishmagan meva.
덜미 bo'yinning orqasi; bo'yin-ning orqa tomoni. ⇒ 뒷덜미.
덜시머(악기) simbala (changsimon cholg'u asbobi).
덜커덕 (부딪쳐 나는 소리) ~하다 taqilamoq; taraqlamoq.『가슴이』 ~하다 urmoq; tegmoq; botmoq. 문이 ~하다 eshik taqirdab ochildi.; 그의 말에 가슴이 ~ 내려앉았다 Uning gapi yuragimga botdi.
덜커덩 jaranglash; dirillash; zirillash; taqir-tuqur; ~하다 zirillamoq; jaranglamoq; dirilla-moq; guldiramoq; qaltiramoq. 문을 ~ 닫다 eshikni zirillatib yopmoq.
덜커덩거리다 gumbillamoq (predmet haqida).
덜퍽스럽다 1) ko'p (yetarli) tuyulmoq; 2) jozibador ko'rinmoq; 3) to'la bo'lib ko'rinmoq; 4) basavlat bo'lib ko'rinmoq.
덜하다 bo'sh(boshqa narsa bilan taqqoslaganda).
덤 1) qo'shimcha; ustama; ustiga qo'yish; ustiga qo'shish; qo'shimcha haq; qar. 우수리.
덤덤하다 1) oddiy; sodda; 2) beparvo; 3) kam gap; 4) chuchuk; tuzsiz; ta'msiz (taom haqida); 덤덤히 beparvolik bilan.
덤받이 (xotinning) birinchi turmushidan tug'ilgan farzandi.
덤벙이다 hovliqmoq; sxoshmoq; sxoshma-sxosharlik qilmoq.
덤벼라 (kimdirning ustiga nimanidir) tashlab qo'ymoq.
덤불 chakalak; butazor;

changalzor.
덤비다(서둘다) sxoshilmoq; sxoshmoq; oshiqmoq.『대들다』hujum qilmoq; zarba bermoq; bormoq; ketmoq; 덤비지 말고 sxoshil- masdan; bamaylixotir.
덤프트럭 samosval.
덤핑 chet el bozorida molni arzon sotish; ～하다 arzon sotmoq; arzon narxga sormoq;
덥다 issiq; iliq; qaynoq.
덥석 tezlik bilan; birdan; tez.
덥히다 qizimoq; isimoq.
덧 『짧은 시간』 bir oz; bir on. ⇒ 어느덧.
덧나다 『병이』yomon bo'lmoq; yomonlashmoq; og'irlashmoq; 『곪다』 yiringlamoq; yiringlamoq.『성나다』yomon ta'sir qilmoq; fe'l; xulq; fe'l-atvor; tabiat.
덧날 qo'shimcha.
덧니 oziq tishlar; jag' tishlari.
덧달다 yopishmoq; kirishmoq; osilib olmoq.
덧대다 qo'shilmoq; birlashmoq; tagidan (ichidan) qo'yib tikmoq; 덧대는 것 himoya yostiqchasi (mashina).
덧문(—門) 『문·창의』[qo'sh] eshik [deraza; darcha] jalyuzi.
덧버선 paypoq.
덧붙다 qo'shimcha qilmoq.
덧붙이다 『더 붙이다』qo'shimcha qilmoq; yopishtirmoq.『보태어 말하다』qo'shimcha gapirmoq.
덧셈 qo'shish; ～하다 qo'shmoq.
덧소금 qo'shimcha tuz.
덧신 kalish; tufli; botinka.
덧신다 tufli kiymoq.
덧쓰다 boshiga kiymoq.
덧없다 qisqa; bir lahzali; tez o'tib ketadigan; o'tkinchi; bebaho; tez o'tuvchi; umidsiz; orzusiz; o'zgaruvchan; yo'qoladigan; asossiz; manbasiz; yolg'on; 덧없는 세월 uchar vaqt.
덧옷 yo'rgak.
덧이불 dasturxon.
덧입다 ustiga kiymoq.
덩굴 chirmovuq; yer bag'irlab o'sadigan o'simliklar.
덩어리 parcha; bo'lak (돌이나 나무의); bo'lak (고기·치즈의). 금 ～ oltin bo'lagi (주조되지 않은). uyum; to'p; to'da.
덩어리지다 to'planmoq; uyulmoq.
덫 qopqon; tuzoq; 쥐덫 qopqon.
덮개 『침구』 qoplama; g'ilof; jild; qopqoq (보호를 위한); qoplash (덮어씌우는 것). ～를 하다 qoplamoq; qopqoqlamoq.
덮다 『씌우다』qoplamoq; yopmoq 『뚜껑을』 qopqoqlamoq; yopmoq; (엄폐하다) yashirmoq; bekitmoq. 『펼쳐진 것을』 yummoq; yopmoq. 뚜껑을 ～ qopqoqni yopmoq; 산꼭대기를 덮은 구름 cho'qqini qalin bulut qoplagandi; 아들의 잘못을 덮어주다 bolalarni aybini yashirmoq; 책을 ～ kitobni yopmoq.
덮어놓고 asossiz; sababsiz; besabab.
덮어두다 ko'zlarini yummoq; qo'ymoq; bilmaslikka olmoq; 아무의 잘못을 ～ birovni aybini ko'rmaslikka olmoq.
덮이다 o'ralgan; yopilgan; (가리다) o'rab olmoq; qoplamoq; yashirilmoq. 뚜껑이 ～ qopqog'i yopilgan.
데 『곳』joy; o'rin; makon; qism; 『경우』holat; hol; vaziyat; 『경우에』 holatda; vaqtda. 위험한 데 havfli joy; 이것은 머리 아픈 데에 먹는 약이다 Bu bosh og'rigan vaqtda ichiladigan dori.
데다(불.열에) kuydirmoq; kuydirib olmoq; 덴 자국 kuygan iz.
데려가다 yetaklamoq; olib ketmoq; kuzatib bormoq.

데려오다 olib kelmoq; yetaklab kelmoq.
데리다 『거느리다』 yetaklamoq; olib bormoq. 아이들을 데리고 있는 부인 bolalarini yetaklagan ayol.
데모 namoyish(시위행진); ～하다 namoyish qilmoq.
데모크라시 demokratiya. ⇒ 민주주의; ～의 demokratik.
데뷔 debyut; ～하다 debyut qilmoq.
데스마스크 o'lim niqobi.
데스크 『책상』 parta.
데시그램 detsigram (생략 dg)
데시미터 detsimetr (생략 dm)
데시리터 detsilitr (생략 dl)
데시벨 detsibel (생략 dB; db).
데우다 iliq qilmoq; isitmoq; qizitmoq; kuydirmoq.
데이비스컵 〖테니스〗 Devis kubogi.
데이지 dastorgul.
데이터 ma'lumot; ～베이스 ma'lumot bazasi; ～통신 axborot vositasi.
데이트 uchrasuv; ～하다 uchrashmoq; ko'rishmoq (sevagni bilan).
데카당스 dekadentlik.
데탕트(긴장완화) qizg'inlik; jo'shqinlik.
덴마크 Daniya.
덴버 『미국의 도시』 Denver.
델라웨어(미국의주) Delavar (생략 Del.).
델타 〖지리〗 delta.
도(度) I (각도의) daraja.;(경위도) daraja; (온도) daraja; harorat; (정도) daraja; o'lchamoq; o'lchab chiqmoq; 75 도의 각 75 darajali burchak; 북위[남위] 38도, shimoliy 38。daraja; 체온이 40 도까지 올라갔다 Uning haro- rati 40 dajagacha ko'tarildi; 온도계는 그늘진 곳에서 섭씨 10 도이다 Harorat soyada 10 daraja.; 18도의 안경 18 darajali ko'- zoynak; 25도 소주 25% alkogolli so'ju; 25% quvvatli so'ju; 2색도 인쇄 ikki rangli nashr.
도(道) II (행정구역) viloyat; tuman; tuman; hudud; nohiya; 『도리』 yo'l; (도의.가르침) odob-axloq; axloq ta'limoti; [asosi]; odob nazariyasi; 『진리』 haqiqat; adolat;『종교상의』 din; doktrina; 『지켜야 할』 burch.; 『기예·방술의』 usul; san'at. 도행정(行政) hududiy boshqarma.
-도(역시) ham;『부정』 undaymas; (～도) ham..ham; yo; yoki; (～조차도, ～라 할지라도, 아직도) hamon; agarda; bordiyu.
-도(度) (연도) yil (vaqt); 금년도 bu yil ham.
도가니 I o'tga chidamli qozon; 쇠를 ～에 넣고 녹이다 temirni o'tga chidamli qozonga solib eritmoq.
도가니 II (쇠무릎) ho'kizning tizza suyagi.
도강(渡江) daryoni kesib o'tish. ～하다 daryoni kesib o'tmoq.
도개교(跳開橋) ko'prik.
도공(刀工) I xanjar; pichoq qilich.
도공(陶工) II kulol.
도관(陶棺) sopol idish; ko'za. ⇒ 옹관(甕棺).
도관(導管) (식물의) vessel. 『물따위의』 quvur; ichak; truba.
도구(道具) (공구) asbob; anjom; jihoz; uskuna(주방용);『무대의』 manzara; ko'rinish; peyzaj; (소도구). 주방～ oshxona anjomlari.
도국(島國) orol davlat; mamlakat (Kuba). ⇒ 섬나라.
도금(鍍金) zarhal (금도금); zarhallash; ～하다 zarhallamoq. ～공 zargar.
도급(都給) shartnoma(ish, xizmat)
도기(陶器) sopol idish; ko'za (도기·토기); keramika [총칭]; Xitoy

chinnisi; (도자기; 접시; 그릇 등).
도깨비 (요괴) ajina; alvasti (나쁜 아이를 잡아먹는다는); qo'rquv;『괴물』 shayton; 『유령』 arvoh; sharpa; ko'lanka.
도끼 bolta.
도난(盜難) o'g'rilik; boshqinchilik; talonchilik(야간의).
도넛 ponchik.
도뇨관(導尿管) kateter.
도달(到達) muvafaqqayatga erishish (달성); ~하다 erishmoq; qozonmoq; muvaffaq bo'lmoq; qo'lga kiritmoq; 목표에 ~하다 maqsadiga erishmoq;
도당(徒黨)(배타적인) guruh; gala; to'da; (범죄에 관계되는) banda; qaroqchi.
도대체(都大體) jahonda; Iblis; shayton; jin.
도덕(道德) odob-axloq; axloq (보통 복수형으로 단수 취급함); ~가 tarbiyachi; ~철학 axloqiy falsafa; etika.
도도하다 dimog'dor; manman; takabbur; mag'rur; beodob; qo'pol.
도두 baland; yo'qori. ~뛰다 baland sakramoq.
도둑 (사람) o'g'ri; boshqinchi; talonchi(강도); qaroqchi (밤도둑); kissovur(좀도둑); ⇒ 도둑질; ~의 씨가 따로 없다(속담) Jinoyatchi bo'lib tug'ilmaydilar. 자동차 ~ mashina o'g'risi.
도둑질 o'g'rilik; bosqinchilik; talonchilik; bosmachilik; o'g'irlash;~하다 o'g'irlik qilmoq; o'g'irlamoq; bosqinchilik qilmoq; talonchilik qilmoq.
도랑 『배수로』 ariq; zovur; ~을 파다 zovur kavlamoq; ~을 치다 ariq tozalmoq; ~에 빠지다 ariqqa yiqilmoq.
도래(到來) I kelish; yetib kelish (중요한 일 등의); ~하다 kelmoq; yetib kelmoq; 『기회가』 erishmoq.
도래(渡來) II dengizni kesib kelmoq『사람의』tashrif; ~하다 dengiz osha kelmoq(Koreyaga); tashrif buyurmoq(bu davlatga); 외국인의 ~ xorijlikning tashrifi.
도래떡 katta o'lchamli dumaloq guruch pishloq.
도래매듭 qo'sh; juft.
도량(度量) I marhamatlilik; iltifotlilik; iltifot; lutf; fazilat; qalbi keng.
도량(度量) II uzunligi va kengligi.
도량형(度量衡) og'irlik o'lchovlari.
도레미파 musiqiy nota; 『음계명』 do; re; mi; fa; sol; la va si.
도려내다 teshmoq; o'ymoq
도련 qism; bo'lak (qog'ozning); ~ [을] 치다, ~하다 kesmoq, tekislamoq (qog'oz chetlarini).
도련님 1) mullaka (o'z erining o'ylanmagan ukasiga nisbatan); 2) hurm. ukajon (o'z erining o'ylanmagan ukasiga nisbatan).
도련지 silliq qog'oz.
도련칼 qog'ozni kesish uchun pichoq.
도렬 ~하다 1) qator bo'lib tizilib turmoq; 2) uzun qator.
도렷도렷 ~하다 aniq; ravshan; deyarli aniq.
도로(道路) I yo'l ko'cha (가로); magistral; asosiy yo'l; (큰 길); yo'nalish(노정). ~ 교통법 yo'l (boshqaruv; kuzatuv) qoidasi.
도로 II (다시) iziga; qaytadan; (전처럼) avvalgiday; odatdagiday ~ 가다 iziga qaytmoq.
도로(徒勞) III behuda urinish; befoyda harakat(ishda).
도료(塗料) bo'yoq; rang.
도르래 (활차) chig'ir.
도르르 aylantirib o'rash; o'rab tashlash.

도리 〚建〛 I ko'ndalang qo'yilgan to'sin.
도리(道理) II aql(사리); to'g'ri (바른길); haqiqat (진리); adolat(정의); huquq(원리); 『의무』 bur- ch; vazifa. 『방도』 yo'l; qoida; uslub; usul; (대안); 『수단』 o'lchamoq; o'lchab chiqmoq.
도리깨 1) koreyscha zanjir; 2) kastet.
도리어 『반대로』 aksincha; aksiga; 『오히려』 yaxshiroq; durustroq.
도마 taxtakach; oshtaxta; sabzi taxta.
도마름(都-) bosh nazoratchi (dehqonlarning)
도마뱀 〚動〛 kaltakesak.
도망(逃亡) qochish; yugurish (탈영). ~가다, ~치다, ~하다 qochmoq; chizmoq; g'oyib bo'lmoq. ~꾼[자] qochoq.
도망범죄인(逃亡犯罪人) qochoq jinoyatchi; qamoqdan qochgan mahbus.
도매(都賣) ulgurji savdo [biznes] (도매업). ~하다 ulgurji (narxda) sotmoq.
도면(圖面) chizma; chizish.
도모(圖謀) rejalash; reja; loyiha; mo'ljal; (계획하다) rejalamoq; reja qilmoq; mo'ljallamoq. (궁리하다); o'rganmoq(연구하다); plot (음모 등을); (애쓰다) bajarmoq; ko'rsatmoq. ⇒ 꾀하다.
도목수(都木手) katta duradgor; duradgorlar boshlig'i.
도무지 mutlaqo; kichik; oz; ozroq.
도미 〚어류〛 dengiz tovonbalig'i; qizil tovonbaliq.
도미노 domino.
도미니카 Dominikan.
도박 I yetib kelmoq.
도박(賭博) II (노름) garov; bas; qimor; garov bog'lash; ~하다 garov o'ynamoq; bas boylamoq; qimor o'ynamoq; pul tikmoq. [비유적] havfga qo'ymoq; taxlikaga solmoq; xatarga qo'ymoq; ~꾼 garovchi; ~장 qimorxona; (비밀의); kazino.
도발(挑發) kishini g'ashiga tegadigan hulq-atvor. ~하다 g'ashiga tegmoq.
도배(島配) I surgun; badarg'a; quvg'in ~하다 surgun qilmoq. ~되다 surgun qilingan bo'lmoq (orolga).
도배(徒輩) II qaroqchilar to'dasi.
도배(塗褙) III gulqog'oz. ~ 하다 gulqog'oz yopishtirmoq.
도버 『영국의 항구』 Dover.
도벽(盜癖) qo'li egri; kisovur; 〚醫〛 kleptomaniya (o'g'irlikka moyil ruhiy kasallik).
도보(徒步) piyoda yurish; qadam; ~ 여행 piyoda sayohat.
도부상 mayda savdogar; olib sotar.
도불(渡佛) Fransiyaga tashrif. ~하다 Fransiyaga bormoq.
도사공(都沙工) qayiq kapitani.
도사리다 cho'kib o'tirmoq; cho'nqayib o'tirmoq.
도살(屠殺) qirg'in; xunrezlik; qotillik (학살); ~하다 qirmoq; o'ldirmoq; so'ymoq; bug'izlamoq. ~자 qassob. ~장 qushxona; qassobxona.
도서(島嶼) I orol.
도서(圖書) II kitoblar.
도서관(圖書館) kutubxona. ~ 사서 kutubxonachi.
도선(渡船) I sol; parom.
도선(導線) II sim.
도성(都城) poytaxt shahar(수도); qo'rg'on shahar.
도수(度數) I 『횟수』 (raqamning) chastota. 『온도 등의』 daraja; 『안경의』 daraja; 『알코올의』 quvvat.
도수(徒手) II bo'sh qo'l. ⇒ 맨손;

맨주먹.
도시(都市) shaharcha; shahar; 『대도시』 metropolis (katta shahar). ~가스 shahar gazi. ~경제 urban iqtisod.
도시계획(都市計劃) urban reja; shahar rejasi.
도시락 『옛날의』 kichkina savat; nonushta savat; 『현대의』 nonushta qutisi.
도식(圖式) diagramma; grafa; 〖哲〗 sxema; reja; loyiha; mo'ljal.
도신(刀身) xanjar; pichoq; qilich.
도안(圖案) reja; loyiha; mo'ljal; gazlama.
도야(陶冶) o'qitish; ta'lim; ta'limot. ~하다 o'qitmoq; ta'lim bermoq.
도약(跳躍) sakrash; irg'ish.~하다 sakramoq.
도어 eshik. ⇒ 문(門). ~맨 『호텔 따위의』 eshikbon.
도예(陶藝)kulollik san'ati; keramika.
도와주다(조력하다) yordamlashmoq yordam bermoq; ko'maklashmoq ko'mak bermoq; (후원하다) qo'llamoq; qo'llab quvvatlamoq; (구제하다) yengillashtirmoq; kamaytirmoq; qutqarish; xalos qilish; 숙제를 ~ uy ishiga yordamlashmoq; 소화를 ~ xazm qilishga yordam bermoq.
도요 〖鳥〗 bedanamashak.⇒ 도요새
도용(盜用)『금전의』 o'zlashtirmoq; egallab (o'ziniki qilib) olmoq; (물건 따위의) yashirincha foydalanish. (특허의) qonunsiz foydalanish; ~하다 o'zlashtirmoq; egallab (o'ziniki qilib) olmoq; 전기를 ~하다 elektrdan yashirincha foydalanmoq. 남의 아이디어를 ~하다 o'zganing g'oyasidan foydalanmoq.
도움 yordam; ko'mak; madad.
도읍(都邑) (서울) poytaxt. shahar.; ~하다 poytaxt qilmoq 「sulola」
도의(道義) (omma odobaxloqi); axloqiy adolat; axloq asoslari.
도의적책임(道義的責任) axloqiy javobgarlik;
도입(導入) kirirsh; kiritish. ~하다 kirmoq; kiritmoq. 외국으로부터 새 기술을 ~하다 Xorijdan yangi texnologiyalarni kiritmoq.
도자기(陶瓷器) kulolchilik;farfor; kulollik mahsulotlari.~공 kulol.
도장(道場) I mashq zali; 태권도[유도]~tekvondo [dzyudo] zali.
도장(塗裝) II bo'yash; rasm chizish; ~하다 bo'yamoq; ~공 bo'yoqchi.
도장(圖章) III muhr; shtamp; ~찍다 muhrlamoq; muhr bosmoq.
도적(盜賊) qaroqchi ⇒ 도둑.
도전(挑戰) I ~하다 da'vat qilmoq; undamoq; chaqirmoq; jang; kurash; harbiy harakatlar; ~자 da'vogar; talabgor.
도전(導電) II ~하다 elektr quvvatidan noqonuniy foydalanmoq.
도제(徒弟) shogird; o'quvci.
도주(逃走) ⇒ 도망; ~범 qonundan qochish.
도중(途中) jarayon; oqim; o'tish; 식사 ~에 ovqat jaroyonida; ovqatlanish paytida.
도지사(道知事) viloyat boshqaruvi.
도착(到着) I yetib borish; borish.; ~하다 yetib bormoq 「bekatga」; bormoq『편지.물건 따위가』qo'liga yetib kelmoq; 『항해』fetch.; ~성명 yetkazilgan xabar. 네 편지는 아직 ~ 하지 않았다 Sizning xatingiz xamon yetibborgani yo'q;
도착(倒錯) II (정신병) buzish; noto'g'ri talqin qilish; buzib

ko'rsatish; 성(性)~ jinsiy buzilish.
도처에 har yerda; har joyda; hamma joyda.
도청(盜聽) 『전화의』 quloq solish; yashirincha eshitish; 『엿들음』 sekin quloq solish; ~하다 yashirincha quloq solmoq; eshitmoq [dushman aloqa liniyasini].
도체(導體) 〖물리〗 o'tkazgich; o'tkazuvchi (열·전기의); medium (매개).
도축(屠畜) qirg'in; xunrezlik; qotillik. ⇒ 도살(屠殺).
도취(陶醉) 『술·승리 따위에 의한』 mastlik. ~하다 mast; machta bo'lmoq. 『사물에』 zavqshavq; hursandchilik. ~하다 zavqlanmoq「go'zallik; musiqa」; rohatlanmoq
도치(倒置) o'rin almashtirish. ~하다 o'rin almashtirmoq.~문 o'rin almashgan gap.
도큐멘터리 (영화, TV) hujjatli film.
도크 (조선) dok; langargoh; bandargoh.
도킹(우주선) tutashish; tutashtirish. ~하다 tutashtirmoq.
도태(淘汰) 〖生〗 tanlanish; saralanish. 자연~ tabiiy ko'rik.
도토리 cho'chqayong'oq (dub mevasi).
도표(圖表) grafik; chizma; loyiha; diagramma; rasm.
도피(逃避) qochish; bosh tortish; bo'yin tovlash; ~하다 qochmoq; qochib ketmoq; qochib qolmoq. 자본~ pulning chiqib ketishi.
도핑 doping; doridan foydalanish. ~테스트 doping tekshiruvi.
도학(道學) ahloqiy falsafa; etika.
도함수 〖수학〗 hosila; yasama.
도합(都合) jami summa.
도해(圖解) diagrama; sxema (설명용의); rasm (삽화).
도형(圖形) figura; diagram; chizma.
도화(桃花) shaftoli guli.
도화(圖恰) 『그리기』chizish (연필·펜으로 그린); rasm chizish; bo'yash (물감으로 그린); 『그림』 rasm chizish.
도화선(導火線) 『화약의』 olov o'tkazgich.『사건의 원인』 sabab.
독 I sopol idish; ko'za; bochka.
독(毒) II 『성분』zahar; zaharli moddalar 『독약』 zaharli dorilar; toksikant; 『동물의』 zahar; 강렬한 독 kuchli zahar.
독 III bandargoh; dok. ⇒ 선거(船渠). 독에들어가다 bandargohga kirmoq.
독가스(毒-) zaharli gaz. ~탄(彈) gazli bomba (폭탄).
독감(毒感) shamollash; tumov; gripp. ~에 걸리다 shamollamoq.
독과점(獨寡占) monopoliya va oligopoly.
독극물(毒劇物) zaharli ximikatlar
독기(毒氣) 『독기운』 zaharli bug'; 『독성』 zaharli xarakter; yomon xarakter.『악의』 yovuz niyat.
독단(獨斷) o'iga ishonch; aqidaparastlik; ~론 dogmatizm.
독도(獨島) Tokdo oroli mamlakatning eng sharqiy qismida joylashgan bo'lib, Ullingdodan janubi sharqiy tomonda 90km narida joylashgan. Ma'muriy joylashish joyi: 42-75 Ullingun, Kyonsan Shimoliy provintsiyasidir. Tokdo 2ta asosiy qoyali orollar-Tongdo (sharqiy orol) va Sodo (g'arbiy orol) lardan tashkil topgan bo'lib, ularning atrofida 32ga yaqin boshqa qoyalar ham bor. Umumiy maydoni 0,186 kv.km. ga teng.
독립(獨立) (자립) mustaqillik; o'zini boshqarish. ~하다 mus-

taqil bo'lmoq; ozod bo'lmoq.『정치적』 mustaqillik; ozodlik;～하다 ozod bo'lmoq; mustaqil bo'lmoq. (분리)yakkalanib qolish; yakkalab qo'yish (izolyatsiya)(고립). ～하다 bo'linmoq; ajralmoq; yakkalab qo'yilmoq. ～군 milliy mustaqillik armiyasi. ～부정사 〖문법〗 mutloq infinitiv.
독립국가연합(獨立國佳宴合) Mustaqil Davlatlar Hamdo'stligi (생략 MDH).
독립독행(獨立獨行) mustaqillik; o'z-o'zini boshqarish.
독무(獨舞) solo (raqs).
독방(獨房) yakka xona; bir kishilik xona.
독버섯(毒-) qurbaqasalla (zaharli zamburug').
독벌레(毒-) zaharli hasharot.
독법(讀法)(읽는 방법) o'qish uslubi「Shekspper」; o'qish; 『발음』 talaffuz.
독본(讀本) o'quvchi; o'qish kitobi.
독불(獨佛) Francend Germaniya; Olmoniya.
독불장군(獨不將軍) odamovi; so'q-qabosh(고집통이); (겉도는사람) yakkalab qo'yilgan kishi; yakka odam.
독사(毒蛇) qora ilon.
독서(讀書) o'qish. ～하다 kitob o'qimoq.
독서대 nota va kitob qo'yadigan moslama.
독서실 o'quv zali
독선(獨善) o'zboshimchalik. ～적 관료 o'zboshimcha byurokratlar.
독설(毒舌) zahar til; achchiq til.
독성(毒性) zaharlilik; zaharli xarakter. 〖醫〗 virulentlik (kasal yuqtirishlik).
독수리(禿-) Burgut.
독순술(讀脣術) lab bilan o'qish. ～로 해독하다 ovoz chiqarib o'qimoq
독습(獨習) mustaqil o'qish; o'zicha o'qish. ⇒ 자습(自習).
독식(獨食) monopoliya. ～하다 monopoliyalashtirmoq
독신(獨身) yolg'iz; bo'ydoq (남자); tul; beva (여자); bedin (종교적인).
독실(篤實) xudodan qo'rqish; xudoli. ～하다 sig'inmoq; iltijo qilmoq.
독심술(讀心術) fikrni o'qish; telepatiya.
독아(毒牙) (zaharli) tish.
독약(毒藥) zaharli dori.
독일(獨逸) Germaniya; Olmoniya.
독자(獨子) I yolg'iz o'g'il.
독자(獨自) II yakkalik.
독자(讀者) III kitobxon (독서계); 『신문·잡지의』 o'quvchi (구독자).
독재(獨裁) diktatorlik; diktatura. ～ 자 diktator; avtokrat.
독점(獨占) monopoliya; monopoliyalashtirish. ～하다 monopoliyalashtirmoq; bozor; ⇒ 독차지; ～가격 monopol baho. ～권 monopoliya huquqi.
독점판매(獨占販賣)～하다 qilmoq; yasamoq.
독주(毒酒) I (독한 술) kuchli spirt.
독주(獨走) II 『혼자 뜀』 yolg'iz yugurish.
독주(獨奏) III solo; ～자 solist.
독직(瀆職) (rasmiy) firibgarlik; firib; poraxo'rlik; 『수회』 poraxo'rlik; ～하다 poraxo'rlik qilmoq; pora olmoq; korruptsiya.
독창(獨唱) I (vokal) solo; ～ 하다 solo kuylamoq;
독창(獨唱) II asliyat; orginallik; ～적 asl; chin.
독촉(督促) bosim; tayiq; siquv (세금 등의); ～하다 tazyiq ko'rsatmoq; siquv ostiga olmoq; tazyiq o'tkamoq.
독탕(獨湯) shaxsiy xamom.

독특(獨特) ~하다 o'ziga xos; (고유한); farqsiz (달리없는); original; maxsus; xos; odatdagi; (특징있는).
독하다(毒-) (유독하다) zaharli; o'tkir. (맛·성질이)kuchli; o'tkir. 『표독하다』yomon; yovuz; buzuq; axloqsiz; serjahl. 독한가스 zaharli gaz. 독한감기 kuchli tumov. 독한 짓 axloqsiz qiliq.
독학(篤學) o'qishni sevish; mustaqil o'qish. ~하다 mustaqil o'qimoq.
독혈(毒血) qonning zaharlanishi. ~증 〖醫〗 toksema; qonning zaharlanishi.
독회(讀會) o'qish.
돈 I 『금전』 pul; 『현금』 naqd pul; 『금화』oltin; tilla; 『경화』 tanga. 돈만 있으면 개도 멍첨지라 「속담」 pul bo'lsa changalda sho'rva. 돈만 있으면 귀신도 부릴 수 있다 pul bo'lsa shaytonni ham chaqirsa bo'ladi. 많은[적은] 돈 katta [kichkina] pul. 돈 걱정 moliyaviy [pul] xavotir; 돈 문제 pul muammosi.
돈 II (무게) tonna (3.7565 grams).
돈궤(—櫃) kassa [pul] quti.
돈더미 pul uyumi.
돈모(豚毛) dag'al jun.
돈벌이 pul topish. ~ 하다 pul topmoq.
돈사(頓死) nogahoniy/ tasodifiy o'lim. ⇒ 급사.
돈아(豚兒) mening o'g'lim.
돈주머니 pul sumka, kartmon.
돈표(—票) check.
돋구다 (높이다) ko'tarmoq; (흙 따위를) quvvatlamoq; qo'llamoq; (자극하다) qitiqlamoq; kuchay- tirmoq. 흙을 ~ tuproqni ko'tarmoq. 식욕을 ~ ishtahani qitiqlamoq.
돋보기 『노안경』uzoqni yaxshi ko'ruvchilar uchun ko'zoynak. 『안경』 ko'zoynak.
돋보이다 ko'rinib turgan; ko'zga tashlanib turgan; ochiq.
돌 I 『첫돌』birinchi tug'ilgan kun. 주년(周年) bir yil. 돌을 맞다 birinchi tug'ilgan kunni nishonlamoq.
돌 II tosh;『조약돌』harasng; qoya (쌀 등에 섞인); chaqmoq (라이터 돌);『보석』 qimmatbaho tosh. 둥근 돌 dumaloq tosh.
돌감 yovvoyi xurmo.
돌격(突擊) hujum; ~하다 hujumga tashlanmoq.
돌계단(—階段) tosh zina (한 단).
돌계집 ayol; xotin; juvon.
돌고래 〖動〗 delfin; dengiz cho'chqasi; ~자리 〖天〗 Delfin.
돌기(突起) turtib chiqqan joy; bo'rtik.
돌능금 yovvoyi olma.
돌다 (회전하다) atrofida aylanmoq; aylanib chiqmoq. 『순회하다』 aylanmoq; 『유람하다』 aylanib chiqmoq; kezib kelmoq. 『몸의 기능이』 harakatlanmoq; harakat qilmoq;『약·술기운 등이』samara bermoq; ta'sir qilmoq;(현기증이 나다) aylanmoq; tinmoq; (회람되다) o'tmoq「qo'ldan qo'lga」;(돌아오다) aylanib kelmoq; (돌림병이)qaytalamoq; qayta kelmoq.(소문이) eshitilmoq; yurmoq;(방향을 바꾸다) burilmoq; qaytmoq;(우회하다) bormoq; ketmoq qaytib ketmoq; (경유하다) bormoq; ketmoq [kelmoq]; 독수리가 빙빙 ~ burgut aylanmoq; 공원을 한 바퀴 ~ bog'ni bir aylanmoq; 피는 체내를 돈다 Qon tanani aylanadi. 혀가 잘 ~ tili yaxshi aylanadi. 술기운이 ~ aroqni ta'siri sezilmoq. 내 차례가 돌아왔다 Mening navbatim keldi. 감기가 ~ tumov qaytalandi.
돌돌 『마는 모양』 gajak; o'ralish;

dumaloqlanish. 『구르는 모양』 dumaloqlash; 『뭉치는 모양』. 종이를 ~ 말다 qog'ozni dumaloqlamoq. ~말다 jingalak qilmoq; dumalolamoq; o'ramoq.
돌돔 〖魚〗 baliqning bir turi.
돌려주다 『반환하다』 qaytarmoq; qaytarib bermoq.
돌리다 (회전시키다) aylantirmoq; buramoq; g'ildiratmoq; pirillatmoq. (방향을 바꾸다) o'zgartimoq; almashtirmoq; yo'nalishini o'zgartirmoq. 『차례로』 taklif qilmoq; taqdim qilmoq; bermoq. (마음. 주의를 바꾸다) chalg'itmoq; alahsitmoq; burmoq; jalb qilmoq; adashtirmoq. 『원인·책임을 넘기다』 topshirmoq; yuklamoq; (가동·운영하다) ish, xizmat; niyat; maqsad; ahd; o'y; qasd; 다이얼을 ~ telefonni termoq. 발길을 ~ qadamini o'zgartirmoq. 뱃머리를 ~ qayiqni burmoq; 얼굴을 홱 ~ yuzini burmoq.
돌발(突發) kutilmaganlik; nogahoniylik; tasodifiylik; ~하다 to'satdan; qo'qisdan; nogahoniy; tasodifiy; ~적(으로) kutilmagan; nogahoniy; tasodif.
돌방 toshdan yasalagan xona
돌밭 toshli yer.
돌배 〖植〗 yovvoyi nok.
돌변(突變) nogahoniy o'zgartirish; keskin almashish. ~하다 to'satdan o'zgartirmoq; keskin o'zgarmoq.
돌보다 g'amho'rlik qilmoq; yordamlashmoq; yordam bermoq; ko'maklashmoq; qaramoq. o'z qo'liga olmoq. 아기를 잘 ~ bolaga yaxshi g'amho'rlik qilmoq.
돌비(—碑) tosh haykal; tosh qabr.
돌비 Dolbi. ~ 시스템 Dolbi tuzulma.
돌산(—山) tog' qoyasi.
돌아가다 (본래의 장소로) qaytmoq; qaytib bormoq; qaytib ketmoq iziga qaytmoq; jo'namoq; qaytmoq. 『끝나다』 tugamoq; 『죽다』 o'lmoq; o'tmoq; bu hayotdan ketmoq. 『우회하다』 uzoq yo'ldan aylanib bormoq. 『작동·작용하다』 ishlamoq; yurmoq. 집으로 ~ uyiga qaytmoq. 먼저 이야기로 [직업으로] ~ avvalgi gapga [oldingi ishga] qaytmoq. (죽어서) 흙으로 ~ tuproqqa qaytmoq. 다시 소년으로 돌아가고 싶다 Yana bolaligimga qaytishni xohlayman. 전쟁은 적의 승리로 ~ Jang dushmanning g'alabasi bilan tugadi.
돌아다니다 qayta-qayta bormoq; aylanmoq; yurmoq; tarqalmoq. 『병·사상 따위가』 tarqalmoq. 『유행하다』 mashhur bo'lmoq. 하는 일 없이 ~ bekor aylanib yurmoq.
돌아보다 (뒤를) qayrilib qaramoq; qaramoq. (회상하다) nazar tashlamoq; burilib qaramoq. 『반성하다』 o'zi haqida o'ylamoq; o'zini kuzatish. ⇒ 돌보다.
돌아서다 『등을 보이다』 qaytmoq; qayrilmoq; o'girilmoq; 『방향을 바꾸다』 burilmoq; 병이~ yaxshilanmoq; yaxshi tomonga o'zgarmoq. 그녀는 나를 보고 돌아섰다 U meni ko'rib qayrildi.
돌아오다 (귀환하다) qaytmoq; qaytib kelmoq; 『원상태로』 qaytmoq; 『제정신이』 aylanib kelmoq. 돌아오지 않는 다리 "Borsa kelmas"
돌연(突然) kutilmaganda; nogahon; tasodifiyan; to'satdan. ~변이 mutatsiya. ~한 방문 kutilmagan tashrif.
돌우물 tosh quduq.
돌이키다 ⇒ 돌아보다; 『고개를』 bosh

egmoq; egilmoq. 『회상하다』 orqaga qaramoq; nazar tashlamoq o'girilmoq. 『반성하다』 o'zini kuzatmoq; o'zini boshqarmoq. 『마음을』 o'zgartirmoq; almashtirmoq(fikrini); yaxshilanmoq; mukammallashmoq; 과거를 돌이켜보다 o'tmishga nazar tashlamoq.

돌진(突進) yugurish; yelish;~ 하다 yugurib ketmoq; yelmoq; biror tomonga tashlanmoq; yorib kirmoq; o'yib kirmoq. 적을 향해 ~하다 dushmanni yorib o'tmoq. 사슴이 숲속으로 화살처럼 ~해 갔다 bug'u o'rmon ichiga o'qday kirib ketdi.

돌쩌귀 oshiq-moshiq.

돌출(突出) 『튀어나옴』 do'ppayish; turtib chiqish; do'ng. ~하다 do'paymoq; tarvaqylamoq; hurpaymoq; ~하다 do'ppayib chiqmoq; turtib chiqmoq.

돌파(突破) (뚫고 나감) yo'rib o'tish; yorib kirish. ~하다 yorib o'tmoq; 적진을 ~하다 dushman liniyasini yorib o'tmoq.

돌팔이 savdogar; sotuvchi; malakasiz mutaxassis; ~ 의사 tabib.

돌풍(突風) (kutilmagan; nogahoniy; tasodifiy) qattiq shamol; bo'ron.

돔 〖建〗 gumbaz; qubba. ~ 구장(球場) gumbazlik stadion.

돔발상어 〖魚〗 it baliq.

돕다 『조력하다』 yordamlashmoq; yordam bermoq; ko'maklashmoq; ko'mak bermoq; (후원하다) qo'llamoq; qo'llab quvvatlamoq. (구조하다) qutqarmoq; xalos qilmoq; 길 찾는 것을 ~ yo'l topishga yordamlashmoq.

돗자리 bo'yra; bordon [총칭].

동 I 『묶음』 bog'; band; o'ram.

동 II (조리. 이치) mantiq; asos.; (동안) vaqt; davr; davomida;

동(東) III sharq.; 동향집 sharqqa qaragan uy.; 동아시아 Sharqiy Osiyo.; ⇒ 동쪽.

동(棟) IV 『집채』 uy; korpus. 두 동 ikki uy [bino].

동(棟) V (행정구역) tuman; ko'cha; mavze; qishloq.

동(洞) VI (갑옷의) uchastka; mikrorayon; eng kichik rayon.

동(胴) VII mis; (기호 Cu). 동전 mis (tanga); 동메달 bronza medal.

동(同) VIII bir xil; 동세대 bir xil jarayon.

동가(同價) bir xil baho.

동가리톱 eniga kesuvchi arra.

동갈하다(暗喝—) do'q qilmoq; tahdid solmoq; po'pisa qilmoq.

동갑(同甲) ten yosh; bir xil yosh. 그와 나는 ~이다 U bilan yoshimiz teng.

동강 bo'lak, parcha, burda, kesik.

동강동강 bo'lak-bo'lak; parcha-parcha.

동거(同居) birga yashash; ~ 하다 birga yashamoq; bir uyda yashamoq.

동격(同格) yenglik; bir xilllik; bir xil darajalik.

동결(凍結) muzlash; yaxlash; sovuq qotish; ~하다 sovuq qotmoq.; ~방지제 antfriz.

동경(東經) I Sharqiy uzunlik.

동경(銅鏡) II mis ko'zgu.

동경(憧憬) III sog'inish; qo'msash; intilish; ishtiyoq;~하다 sog'inmoq; qumsamoq; intilmoq.

동계(冬季) qish; qish fasli; ~ 방학; ~ 휴가 qishki ta'til [dam].

동광(銅鑛) 〖鑛物〗 mis koni.

동구(東歐) Sharqiy Evropa.

동구(洞口) qishloq kish joyi; qishloqqa yaqin.

동국(東國) Sharqiy davlat.

동굴(洞窟) g'or; kavak; teshik; 『동물의』 in; uya.
동그라미 (원) dumaloq; aylana; (영) nol. 『돈의 속어』 pul; zaruriyat.
동그랗다 dumaloq (원형의); aylana (환상의); 『공 모양의』 shar.
동급(同級) 『같은 등급』 bir xil daraja; 『학급의』 bir xil sinf.
동기(冬期) I ⇒ 동계(冬季).
동기(同氣) II aka va singil; opauka; ~간 og'a-ini qarindoshligi.
동기(同期) III bir xil vaqt; 『학교의』 bir xil sinf; 우리는 학교[대학] ~다 bizning maktabimiz [kollej] bir.
동기(動機) IV sabab; vaj; bois; ~론 『논리』 motivizm.
동기(銅器) V mis [bronza] asbob; mis jihoz; mis uskuna. ~시대 Bronza davri.
동남(東南) Janubiy Sharq(SE).
동남아시아 Janubiy Sharqiy Osiyo.
동네(洞-) qishloq; ovul.
동년배(同年輩) (deyarli) teng yosh.
동녘(東—) Sharq.
동등(同等) 『평등』 sifat; 『지위가』 teng unvon; tenglik 『수준이』 par; 『동일』 birlik; ~하다 bir xil darajali; teng martabali. ~한 권리 teng huquq.
동력(動力) 〖技〗 (tabiat; fe'l; xarakter) quvvat; 〖易〗 dinamik (kuch); 〖物〗 moment. ~계(計) dinamometr.
동료(同僚) ulfat; sherik; jo'ra.
동란(動亂) siljish; qo'zg'alish; o'zgarish.
동력(動力) dinamika. ~론 dinamizm; ~학 kinetika.
동리(洞里) qo'shni; ⇒ 동네.
동맥(動脈) 〖解剖〗 arteriya; 『주요 교통로』 asosiy qatnov yo'li; ~경화증 〖醫學〗 arterioskleroz; ~염 arterit; ~ 혈 arterial qon.
동맹(同盟) 『조약』 alians; ittifoq; birlashma; ~군 ittifoq kuchlari.
동면(冬眠) qishki uyqu; karaxtlik.
동명사(動名詞) 〖文法〗 gerundiya.
동무 do'st; o'rtoq; ulfat; oshna; ⇒ 친구.
동문(同文) I o'xshash; bir xil bo'lish [so'z].
동문(同門) II 『동창』 sinfdosh; 『졸업생』 kursdosh; bitiruvchi.
동물(動物) hayvon; jonzot; 『들짐승』 hayvonlar hayoti([총칭); ~계 hayvonot dunyosi; ~ 병원(가축병원) veterinar shifoxona; ~상 fauna; ~원 hayvonot bog'i; zooapark.
동물성(動物性) hayvonlar tabiati.
동박새 〖鳥類〗 oq-ko'z (qush).
동반(同伴) yo'ldosh; hamroh; ~하다 hamroh bo'lmoq; yo'ldosh bo'lmoq. ~자 yo'ldosh; hamroh.
동반자살(同伴自殺) ayol bilan sevgi; muhabbat; ikki marta; ikki bor; qo'sh; juft.
동방(東方) I Sharq (동양).
동방(東邦) II Sharqiy davlat/mamlakatlar.
동방(洞房) III 『침실』 yotoq xona.
동배 1) vazifalarni bo'lish; 2) o'rtoq; tengdosh.
동백(冬柏) 〖植〗 kameliya.
동병(同病) I bir xil kasallik.
동병(動兵) II harbiy safarbarlik; jalb etish; ~하다 safarbar qilmoq; jalb etmoq.
동복(東服) I qishki kiyim 『여성의』 qishki ko'ylak.
동복(東腹) II bir ota-onadan tug'ilgan bolalar.
동봉(同封) ~하다 qo'shimcha qilmoq (xatga).
동부 I Sharqiy qism; 『미국의』 Sharq.

동부(東部) II tana; jasad.
동분모(同分母) o'xshamoq; bir xil bo'lmoq.
동사(同社) I o'xshamoq; bir xil bo'lmoq.
동사(凍死) II muzlab qo'lish; ~하다 muzlab qo'lmoq; muzlab o'lib qolmoq.
동사(動詞) III 〖文法〗 fe'l; ~의 변화[활용] fe'lning tuslanishi.
동산 I bog'; 『산』qir (qishloq yaqini).
동산(動産) II ko'chirib bo'ladigan mol-mulk.
동산(銅山) III mis koni.
동상(凍傷) I sovuq olish; sovuq urish; ~하다 sovuq urmoq.; 손이 ~에 걸리다 qo'limni sovuq urdi.
동상(銅像) II bronza haykal.
동생(同生) uka; ini; singil.
동서(同書) I bir xil [said] kitobi.
동서(同棲) II (남녀의)birga yashash (nikohsiz); 『같이 삶』 birgalikda yashash; ~하다 birga yashamoq (nikohsiz); 젊은 남녀의 ~ yosh yigit va qizning birga yashashi (nikohsiz); 요즘은 결혼하지 않고 ~ 생활을 하는 것이 꽤 일반화된것 같다 Keyingi vaqtda nikoh qilmasdan birga yashash judayam odatga aylanib borayapti [Koreyada].
동서(同壻) III qayni uka; qayni singil; qayni opa.
동서(東西) IV 『동과 서』 Sharq va G'arb; ~ 간의 관계 Sharq va G'arb o'rtasidagi munosabat.
동성(同性) I (남녀의) bir xil jins; ~(연)애 bachchaboz; 『여성간의』 lesbianizm; sapfizm.
동성(同姓) II ismdosh; nomdosh; otdosh; [familiyadosh].
동소체(同素體) 〖化〗 allotrop.
동수(同數) bir xil son.
동숙(同宿) birga turish. ~하다 bir uyda yashamoq; 『호텔에』 bir xil mehmonhonada turmoq; 대학에서 그들은 ~했다 Kollejda ular bir xonada turishgan; ~인 『하숙의』 xonadosh; qo'shni hamxona.
동시(同時) I bir vaqt; ~녹음 sinxron ovoz yozuvchi.
동시(東詩) II bolalar qo'shig'i.
동시대(同時代) bir davr; hozirgi zamon.
동식물(動植物) hayvonlar va o'simliklar.
동심(同心) I 『같은 마음』 ko'ngli yumshoq;『마음이 같음』 yakdillik; birdamlik; hamjihatlik; 『중심이 같음』 bitta umumiy markazga egalik; ~하다 yakdil bo'lmoq; hamjihat bo'lmoq.
동심(童心) II bola(ning) qalbi (yuragi).
동아리 『부분』qism; bo'lak; 『무리』 guruh; to'da;『서클』 jamiyat; to'garak.
동안 I 『사이』makon(vaqt); davr; ora; oraliq; -da; 「hafta 3 kun」; davomida 「ta'til」; o'rta-sida; 『~하는 동안』 vaqtida; davomida. 한주일 ~ bir hafta oralig'ida.
동안(童顔) II bola yuzi.
동압력(動壓力) dinamik bosim; siquv.
동양(東洋) Sharq; ~학자 sharq-shunos olim.
동역학(動力學) kinetik; dinamik.
동요(動搖) I (물리적인 흔들림) qal-tirash; titrash; ~하다 titra-moq; qaltiramoq; xilpiramoq; ~하다 (마음이) o'zgartirmoq; ikkilanmoq; mulohaza qilmoq; o'ylanmoq; qarorga kelolmaslik.
동요(動搖) II bolalar qo'shig'i; ~작가 bolalar muallifi.
동원(動員) safarbarlik; jalb etish; ~하다 safarbar qilmoq; jalb etmoq; ~ 계획 safarbarlik rejasi;

국가 ~령 Milliy safar- barlik buyrug'i.
동원해제(動員解制) harbiy xizmatdan bo'shatish.
동위(同位) o'xshamoq; bir xil bo'lmoq.
동음(同音) bir xil tovush; 〖音〗 omonimiya; ~이 의(異義)어 omonim.
동의(同義) I bir xil ma'no; sinonimiya; sinonim.
동의(同意) II 『일치』rozilik; 『같은 의견』 bir xil qarash; bir nuqtai nazar; (승낙) marhamat; lutf. (찬성) ma'qullash; ma'qul topish. ~하다 rozi bo'lmoq, marhamat qilmoq; lozim topmoq, maqul topmoq; ma'qullamoq.
동의(胴衣) III erkaklar jaketi.
동의(動議) IV taklif; ~하다 taklif qilmoq; taklif kiritmoq; 긴급 ~ sxoshilinch taklif.
동인(同人) I 『뜻이 같은 사람』 guruh; doira; 『개인』 a'zo; to'garak a'zosi; 『그 사람』 bir xil odam.
동인(動因) II sabab; vaj; bois; ta'sir qilivchi kuch; qo'zg'atuvchi.
동인도(東印度) Sharqiy Hindiston. ~회사 〖歷〗 Sharqiy Hindiston Kompaniyasi.
동일시(同一視) ~하다 tenglashtirmoq; o'xshatmoq; teng qilmoq.
동일(同-) birlik; birgalik; bir xillik ~하다 bir xil; teng; shunday; shu kabi. ~화 tekislamoq; tenglamoq.
동자(童子) bola; o'g'il.
동작(動作) harakat; qimirlash; yurish (거동) muoamala; qiliq; o'zini tutish (몸짓); ~하다 qimirlamoq; harakatlamoq; o'zini tutmoq.
동적(動的) dinamik; kinetik.
동전(銅錢) mis tanga; 『경화』 chaqa.
동절(冬節) qish fasli qish; qish vaqt.
동점(同點) durang; durang bilan; ~이 되다 durang o'ynamoq.
동정(童貞) I qizlik; iffat;~녀 qiz.
동정(同情) II hamdardlik; dardiga sherik bo'lish; achinish(연민); ~하다 achinmoq; hamdard bo'lmoq; qayg'urmoq; ta'ziya bildirmoq.
동정심(同情心) yoqtirish; mayl.
동조(同調) (보조맞춤) birlashish; guruhlanish; ~하다 birlashmoq; guruhlanmoq; 〖電〗 aylanish; 〖映〗 sinxronizm.
동조자(同調者) tarafdor; yoqlovchi; hamkor.
동족(同族) 『종족』 qondosh qabila; 『동포』 urug'; 『혈족』 qondosh; 『일족』 bir oila. ~결혼 qarindoshlar nikohi; ~어 ona tili.
동종(同種) bir xil tur [sifat].
동죄(同罪) bir jinoyat.
동지(同地) II 『같은 곳』bir xil joy [tuman; hudud; nohiya;]; 『그곳』 bir joy.
동지(同志) III 『뜻이 같음』bir xil ma'noli; 『사람』 o'rtoq; do'st.
동질(同質) bir xil sifat; [tabiat]; 『개체』 polimorf; ~ 이체(異體) 〖化〗 allotropiya.
동쪽(東—) Sharq; sharqiy.
동창(同窓) sinfboshi. ⇒ 동창생.
동창생(同窓生) bitiruvchi.
동체(同體) I (한 물체) o'xshamoq; bir xil bo'lmoq.
동체(胴體) II harakatlanuvchi tana; gavda (조각상의); 착륙하다 qilmoq; yasamoq; ishlab chiqmoq.
동체(動體) III harakatlanuvchi tana; qimirlayotgan gavda.
동치(同値) 〖數〗 ekvivalent.

동태(凍太) I muzlagan mintay.
동태(動態) II harakat; ~경제 harakatdagi iqtisod.
동토(凍土) muzlagan yer.
동통(疼痛) tib. algiya.
동트기 tong otish; yorishish.
동트다 tong otmoq; yorishmoq.
동틀녘 tonggi shafaq.
동파(同派) (같은 파) bir xil maktab [guruh; gala; to'da].
동포(同胞) (형제) aka-uka; opa-singil;(겨레)vatandosh; yurtdosh.
동풍(東風) Sharqiy shamol.
동하다(動-) harakatlanmoq; sal qimirlab qo'ymoq; qimirlatmoq. (감동. 욕망 등이) qo'zg'almoq; to'lqinlanmoq; g'alayon qilmoq; 『병이 도지다』iziga qaytmoq.
동해(東海) I Sharqiy dengiz; Tonxe-Janubiy Koreyaning sharqiy qismida joylashgan dengiz nomi; bu dengiz Yaponiya va Janubiy Koreya o'rtasida joylashgan bo'lib, 1899 yilda davlat tomonidan Tonxe nom berilib, shu nom bilan atala boshlangan.
동해(凍害) II ~를 입다 sovuq urmoq (o'simliklar haqida).
동해안(東海岸) Sharqiy qirg'oq.
동행(同行) birga ketish; birga sayohat qilish; xamroh bo'lish; ~하다 birga ketmoq; hamroh bo'lmoq; birga sayohat qilmoq; xamrohlik qilmoq.
동향(東向) bir joy; bir tuman; bir hudud [shahar; qishloq].
동향(東向) I sharqqa qaragan; sharqqa yo'nalgan;~집 Sharqqa qaragan uy.
동향(東向) II an'ana; yo'nalish; harakat (움직임).
동화(同化) asimliyatsiya, o'x-shash; 『生』 singdirish; adap-tatsiya; ~하다 moslashmoq; singdirmoq; o'xshamoq.
동화(動畫) animatsiya;[multfilm]. ~ 제작자 animator; multipli-kator;
동화(童畫) sehrli ertak; sehrli afsona[hikoya]; ~ 작가 bolalar ertakchisi.
동화(童話) mis tanga;mis chaqa.
동회(洞會) dong [qishloq] idora; firma. ⇒ 동사무소.
돛 yelkan. 바람을 가득 받은 돛 shamolga to'la yelkan.
돛단배 yelkanli qayiq.
돛대 machta.
돛새치 『어류』 yelkanli baliq.
돼지 cho'chqa; cho'chqasifat kishi; ochko'z odam; ochbaqa.
됐다! bo'ldi!; yetar!; bas!
되강오리 『鳥』 ⇒ 농병아리.
되다 I (어떤상태. 위치. 지위 등에 이르다) bo'lmoq; aylanmoq; yetish-moq; (~하게 되다) boshlanmoq; qila boshlamoq; (~할 수 있게 되다) o'rgana boshlamoq.; (어느 시기에 이르다) bo'lmoq; (변화하여 ~이 되다) aylanmoq; o'zgartirmoq; rivojlanmoq; yaxshilanmoq; (지나다) o'tmoq; bo'lmoq; (어떤 수에 이르다) bo'lmoq; yetmoq; (무게가) og'irlashmoq; (결과가 되다) natija chiqmoq; yakun topmoq; (구성되다) tashkil topmoq; iborat bo'lmoq; (성취. 완성되다) tayyorlamoq; tugamoq; (준비가) tayyor bo'lmoq;(쓸모있다· 알맞다) yetarli bo'lmoq; (없이 때우다) bo'lmasada qila olmoq; (역할·구실을 하다) rol o'ynamoq; vazifa bajarmoq.
되다 II (되질하다) o'lchamoq.
-되다 (동사적 명사에 붙어) bo'lmoq; (형용사. 부사적 어근에 붙어) 걱정되다 g'amho'r bo'lmoq; 확인되다 aniqlamoq;시작되다 boshlanmoq.
되돌아가다 (길을) iziga qaytmoq; burilmoq; (본디 상태로) orqaga burilmoq; iziga qaytib ketmoq.

되돌리다 iziga qaytarmoq.
되돌아오다 iziga qaytmoq; burilmoq
되받다 qaytarib olmoq.
되부르다 qaytadan qo'ng'iroq qilmoq.
되사다 qaytib sotib olmoq.
되살다 1) qayta tirilmoq; 2) qaytmoq (his-tuyg'ular); 3) qayta birga bo'lmoq; yarashmoq (er-xotin haqida); 4) osh-qozonda og'irlik sezmoq.
되살리다 tiklamoq; eslamoq; xotiraga olmoq.
되새기다 (음식물을) chaynamoq; (소 등이) kavshamoq; obdon o'ylamoq; 소가 먹은 것을 되새기고 있다 Sigir yemishini kavsh qaytarardi; 그녀는 선생님의 말씀을 여러 차례 되새겼다 U o'qituvcining gaplarini bir necha bor obdon o'yladi.
되새김질 saqich; (소 따위의) kavsh; ~ 하다 kavshamoq.
되술래잡히다 kechirim so'rashni o'rniga, urushib bermoq.
되어가다 o'sib bormoq; ketmoq, o'tib ketmoq; tugamoq.
되지기 I『밥』 isitilgan guruch.
되지기 II tvechjigi (don ekiladigan maydonning o'lchov birligi).
되찾다 (다시찾다) qaytarib olmoq; qayta olmoq; tiklamoq; qayta izga solmoq;(호흡을)nafas olmoq.
되튀다 urilib qaytmoq; sapchimoq; 공이 벽에 맞고 되튀었다. Koptok devorga urilib sakradi.
되풀이 I (반복) takror; takrorlash; qayta-qayta;『노래의』 naqorat; ~하다 takrorlamoq; qaytadan boshlamoq; 말을 ~하다 gapni yana takrorlamoq.
되풀이 II sotish; savdo qilish.
두 I ikki; juft.
두(頭) II bosh; 소 100~ 100 bosh qoramol.
두각(頭角) farq; tafovut. ~을 나타내다 farqlanmoq; farq qilmoq.
두건(頭巾) kapishon (kiyim yoqasiga biriktirib tikilgan qalpoq)
두고보다 sabr qilmoq; qaramoq. ⇒ 지켜보다.
두고오다 tashlab kelmoq; qoldirib kelmoq.
두근거리다 titramoq; qaltiramoq; 그는 가슴이 두근거렸다 uning yuragi titrayapti.
두꺼비 〖動物〗 baqa
두꺼비집 〖전기〗 saqlagich, korobka.
두껍다 qalin; semiz; 두껍게 qalin; 두꺼운 책 semiz kitob. 두꺼운 벽 qalin devor; 두껍게 썰다 qalin kesmoq「go'sht」; 두껍게 입다 qalin kiyinmoq.
두께 qalinlik; yo'g'onlik; semizlik
두뇌(頭腦) (지력) aql; 〖解〗 miya; asab.
두다 I 『놓다』 qo'ymoq (옆으로); 『보존하다』 saqlamoq; asramoq; qo'riqlamoq; qoldirmoq; qoldirib ketmoq; (그대로 두다) shundoqligicha (o'zgartirmay) saqlanmoq; joy qoldirmoq「orada」; saqlamoq; qasam; va'da; so'z; hujjat; o'ynamoq; (shaxmat) yurmoq; (넣다) ekmoq; o'tqazmoq.『지칭하다』ism; nom; 책을 책상 위에~ kitobni parta ustiga qo'ymoq; 돈을 금고에 ~ pulni seyfda saqlamoq; 마음에 ~ qalbida saqlamoq; 장기를 ~ tosh surmoq [yurmoq]; 솜을 ~ paxta ekmoq.
두다 II (동작의 결과를 이어감을 뜻하는 말) 나 하는 것을 잘 봐 두게 Mening qilayotgan ishimga yaxshilab qarab tur.
두더지 〖動物〗 krot.

두둑하다 『두껍다』qalin; semiz. 『풍부하다』boy; ko'p; ancha.
두둔하다 himoya qilmoq (kuchsizni); himoyasiga olmoq.
두드러지다 aniq; ravshan; asosiy; do'kon; kesmoq; bo'lmoq; bo'lmoq baland; yuqori; katta; ulkan. 드러진 차이 aniq farq. 두드러진 특징 asosiy xususiyat.
두드리다(치다) taqillatmoq,urmoq; qoqmoq; chalmoq (eshikni); taqur-tuqur urmoq; 대문을(세게) ~ darvozani taqillatmoq; 북을 ~ barabanni chalmoq.
두들기다 qayta taqillatmoq; yana urmoq.
두렁 egat; jo'yak.
두려움 『공포』 qo'rqinch; vahima; dahshat; qo'rquv.
두려워하다 (무서워하다) qo'rqmoq; vahimaga tushmoq;『염려하다』 xavotirga solmoq; xavotirlanmoq; qo'rqmoq;『경외하다』 qo'rqinch; vahima; dahshat; qo'rqish; 죽음을 두려워하지 않다 o'limdan qo'rqmayman; 입시에 떨어질까 ~ imtihondan yiqildim deb xavotirlanmoq; 두려워하게 하다 qo'rqitmoq; vahimaga solmoq.
두렵다(무섭다) qo'rqinchli; vahimali; dahshatli; (경외스럽다) qo'rqib ketmoq; dahshatga tushmoq; (~하지 않을까) xavotirga tushmoq; kapalagi o'chmoq; 두려워서 몸을 떨다 [움츠리다] qo'rqqanimdan a'zoyi badanim qaltirayapti; 사고가 날까~ falokatdan qo'rqib ketmoq.
두루마기 an'anaviy koreys erkaklar kostyumi.
두루마리 qog'oz o'rami; o'ram; ~ 벽지 devor qog'oz o'rami.
두루미 〖鳥〗 turna.
두류(逗留) qolmoq; to'xtamoq. ⇒ 체류(滯留).
두르다 1) aylantirmoq; o'ramoq; 2) xilpillatmoq; 3) chetidan o'tmoq; o'rab olmoq; 4) qar. 에돌다; 5) o'rab olmoq; o'rab tikmoq; 6) kiymoq(kalta yubka); taqmoq (remen); 7) aylantirib tashlamoq (odamni); 8) topmoq; 9) o'rnini almashtirmoq (so'zni).
두리다 qo'rmoq; qo'rqoqlik qilmoq.
두리두리하다 dumaloq va katta (odamning yuzi haqida)
두리반 1) katta va dumaloq padnis; 2) dumaloq, ovqat yeydigan taxta (stolcha).
두리번거리다 눈을~ ko'zni aylantirmoq; 사방을~ yonatrofga qaramoq.
두만강 Tumangan(daryosi)
두메구석 tog'dagi odamovi joy.
두면 1) esk. bosh va yuz; 2) katta koreyscha shlyapa.
두목(頭目) boshliq; rahbar; shef; boss.
두 번 (2회의) ikki bor; ikki marta; 『다시』yana.
두부(豆腐) I. soyali tvorog.
두부(頭部) II. bosh.
두서(頭書) yozuv.
두서(頭緖) 『일의』 ibtido; birinchi qadam; boshi; boshlanish; 『조리』mantiqiylik; tartib; 일의 ~를 잡다 ishni boshini tutmoq; ~ 없는 이야기 mantiqsiz gap.
두약(杜若) 〖植〗 alpiniya daraxt.
두억시니 〖民〗 shayton.
두유(豆乳) soyali sut.
두절(杜絶) tanaffus; dam; to'xtash. ~ 하다 to'xtamoq; bas qilmoq; tanafus qilmoq.
두통(頭痛) bosh og'rig'i.
둑 damba; to'g'on; ko'tarma; 『논둑』 egat; jo'yak; ~을 막다 damba bilan to'smoq.
둔각(鈍角) 〖幾何〗 o'tmas burchak.
둔감(鈍感) o'tmaslik, ma'nosizlik.

~하다 o'tmas; ma'nosiz; befahmlik.
둔기(鈍器) o'tmas qurol; ~로 살해되다 o'tmas qurol bilan o'ldirmoq.
둔덕 tepalik; tepacha.
둔부(臀部) dumba; odamning dumbasi.
둔사(遁辭) hiyla; nayrang.
둔재(鈍才) ahmoqlik; telbalik; befahmlik, 『사람』 tentak, ahmoq; befahm.
둔탁하다(鈍濁-) (사람이) garang; kar; (소리 등이) bug'iq; jarangsiz. 둔탁한 소리 bug'iq ovoz.
둔통(鈍痛) karlik.
둔하다(鈍-) (성질. 머리가) anqov; bafahm; esi past. (동작.상태등이) sekin; sust. (소리가) jarangsiz. 동작이 ~ harakati sust. 둔한 소리를 내다 bug'iq ovoz.
둔화시키다 bosib ketmoq; bosmoq.
둘 (2. 이) ikki.
둘다 ikkisi; ikkovi.
둘러막다 to'smoq; o'ramoq; 돌담으로 집을 ~ tosh to'siqlar bilan ihotalamoq.
둘러보다 qaramoq; aylanmoq; aylanib qaramoq.
둘러서다 o'tib ketmoq.
둘러싸다 (빙) o'ralmoq; qurshab olinmoq; o'rtaga olmoq; 『사람들이』 o'ramoq; qurshamoq. (관계. 문제를) o'ramoq; qurshab olimoq. 적진을 ~ dushman pozitsiyasini qurshab olmoq.
둘레 quchoq; quloch.
둘째 ikkinchi; ikkinchi raqam (생략 No. 2).
둘하다 befahm; kaltabin.
둥구나무 ulkan soyali keksa daraxt.
둥글다 dumaloq; doira; aylana; shar.
둥글둥글 ~하다 1) dumaloq (predmetlar haqida); 2) dum-dumaloq.
둥글리다 dumaloq qilmoq.
둥글뭉수레하다 dumaloq; doira sifat.
둥글번번하다 dumaloq va silliq (m-n yuz haqida).
둥글부채 dumaloq yilpig'ich.
둥긋하다 bir oz dumaloq.
둥당하다 1) ovoz chiqarmoq (baraban); 2) ovoz chiqmoq (eshitilmoq).
둥지 uya; in. ~를 치다[틀다] uya [in] qurmoq.
둥치다 1) o'rab joylashtirmoq; 2)kesmoq; bo'lmoq ⇒ 깎아내다
뒈지다 oyoqni uzatmoq; oyoqni cho'zmoq.
뒝벌 〖昆蟲〗 tukli ari.
뒤 『뒤쪽』orqa; orqadan; orqa bilan: 『후원하다』 qo'llamoq; (시간적으로 나중.이후.앞으로) kelajakda; keyin; 뒤에: 뒤에 keyin; kelgusida.『순서적으로』(뒤의 일) kelajakdagi ish; (죽은 후(後)) o'limidan keyin; (몰래) mahfiy; (집착) qat'iylik; subutlilik; subut; sadoqat; sodiqlik; (결과. 뒤끝) nihoya; natija; oqibat; yakun; (후사) merosxo'r; voris; (돌봄. 대줌) xohlagan; kerak;(대변) axlat; najas. (나머지.여타)qolgan; qoldiq; 맨 뒤의 eng orqada; 뒤를 밟다 izini bosmoq; izdosh bo'lmoq; 뒤를 쫓다 izidan quvmoq; 그 뒤(로) undan keyin. 뒤에 가겠다 Keyin boraman. 뒤를 부탁하다 keyingi ishni so'ramoq; 처자식을 뒤에 남기고 죽다 bolalar va xotinini qoldirib o'lib ketmoq; 뒤를 보다 axlat chiqarmoq; bo'shanmoq.
뒤꿈치 tovon; 구두 ~ poshna.
뒤덮다 qoplamoq; o'ramoq; to'lmoq. 눈이 산을 ~ qor tog'ni qopladi.

뒤돌아보다 atrofga qaramoq; nazar taashlamoq; qayrilib qaramoq. 과거를~ o'tmishga nazar tashlamoq.
뒤따르다 izidan ketmoq; ketidan bormoq.
뒤떨어지다(처지다) orqada qolmoq (ishda; o'qishda; rivojlanishda); ortda qolmoq; (뒤에 남다) orqada qolib ketmoq; 문화가 ~ madaniyati orqada qolmoq. 군에서 ~marshdan ortda qolmoq.
뒤뚱거리다 oqsoqlanmoq; sudralmoq; kalovlanib yurmoq.
뒤뜰 orqa dala; tomorqa.
뒤범벅 aralash-quralash narsa; moshkichiri; qorishiq; ~되다 aralash-quralash; bulamiq; qorishiq; aralash; tartibsiz; betartib.
뒤섞다 aralashtirmoq; qorishtirmoq. 흙에 모래를 ~ tuproqqa qumni aralshtirmoq.
뒤숭숭하다 (혼란하다)(분위기등이) tashvishli; xavotirli; behalovat. (세상이) bezovta; (마음이) asabiy; (물건이) o'ng'aysiz ahvolga tushmoq; uyalmoq; o'sal bo'lmoq; hijolat bo'lmoq; 뒤숭숭한 도시 생활 tashvishli shahar hayoti; 뒤숭숭한 하루를 보내다 tashvishli bir kunni o'tkazmoq.
뒤얽히다 chuvalmoq; chuvalanib ketmoq; chalkashmoq.
뒤엎다 (사물을)joyidan siljitmoq; qo'zg'atmoq; (바꾸다) o'zgartirmoq. 『좌절』buzmoq; parokanda qilmoq; (결정) rad qilmoq; qaytarmoq. almashtirmoq(tartib); vazifasini o'zgartirmoq; o'z quroli o'ziga qarshi bo'lmoq; rad qilmoq; yolg'onligini isbotlamoq.
뒤적이다 titkilamoq; axtarmoq; tekshirmoq (책 따위를).
뒤죽박죽 aralashh-quralash; tartibsiz; qorishiq.
뒤지(—紙) hojat qog'ozi;
뒤지다 I 『찾다』qidirmoq; 아무의 몸을 ~ birovning tanasini qidirmoq「qurolini」.
뒤지다 II (처지다) orqada qolmoq.
뒤집다 buramoq; aylantirmoq; 『뒤엎다』qimirlatmoq; siljitmoq; 『바꾸다』 o'zgartirmoq; almashtirmoq; (좌절시키다) buzmoq; parokanda qilmoq; 『결정을』 rad qilmoq; 『순서를』 tartibini o'zgartirmoq; 『형세를』 o'z quroli o'ziga qarshi bo'lmoq; vazifasini o'zgartirmoq.
뒤집어씌우다 『덮다』 yopmoq', yashirmoq;『책임·죄를』aybdor deb bilmoq; jinoyatchi deb bilmoq.
뒤채 『집채』 biror joyning orqasida joylashgan uy; orqa uy.

뒤척이다 to'lg'anmoq; u yondan bu yonga ag'anamoq.
뒤축 tovon; tuflitovoni; poshna; ~을 달다 poshna qo'ydirmoq.
뒤틀다 (비틀다) egmoq; bukmoq; qiyshaytirmoq. (방해하다) halaqit bermoq; xalal bermoq.
뒤틈바리 befahm odam; anqov; laqma.
뒷걸음치다 uyalib qolmoq; dovdirab qolmoq;『무서워서』 gangib qolmoq; qotib qolmoq.
뒷골목 tor [jin] ko'cha.
뒷공론(—公論) (비평.험담) g'iybat; yolg'on-yashiq gaplar; ~ 하다 g'iybat qilmoq; orqasidan gapirmoq.
뒷대문(—大門) orqa darvoza.
뒷덜미 bo'yinning orqa tomoni.
뒷돈 『준비금』 qo'shimcha fond; yashirin pul; 『밑천』pul bilan ta'minlash; fond; kapital.
뒷동산 uy [bino] orqasidagi

bog'.
뒷마당 tomorqa; xovli.
뒷맛 boshqacha ta'm; og'izda qolgan ta'm; ko'ngilda qolgan og'ir (yomon) ta'sir; dog'.
뒷면(—面) 『이면』orqa tomon 『내면』ichkarisi.
뒷모습(—貌襲) orqadan ko'rinishi; orqa ko'rinish.
뒷문(—門) orqa [mahfiy] eshik.
뒷물 o'tirib qabul qilinadigan vanna.
뒷받침 (후원) ta'minlash; homiylik qilish; homiylik; qo'llsh; (증명) proof; substantiation. ～하다 homiylik qilmoq; qo'llamoq.
뒷발 (발)tovon; (다리)orqa oyoq.
뒷배보다 yordamlashmoq; ko'maklashmoq「kishi; odam」
뒷부분 orqa qisim.
뒷사람 kishi; shaxs; odam;
뒷산(—山) biror joyning orqasida joylashgan tog'.
뒷생각 kechikib kelgan fikr; sust fikrlash.
뒷소문(—所聞) bormoq; ketmoq.
뒷자리 orqa joy.
뒷조사 puxta (sinchiklab) qilingan tekshirish puxta [maxfiy] tadqiq qilish. ～하다 maxfiy tadqiq qilmoq.
뒷좌석 orqa o'rindiq.
뒷호주머니 orqa cho'ntak/kissa.
뒹굴다 dumalamoq; ag'anamoq; bulg'anmoq; yiqilib qorilmoq. 『빈둥대다』 bekor yotmoq.
듀랄루민 duralyumin.
듀스 〖테니스〗 teng hisob.
듀엣 〖音〗 『이중창[주]』duet.
드높다 baland; yo'qori; oliy; yo'qori.
드디어 nihoyat; oxir; oxiri; pirovard; natijada; axiyri; ⇒ 마침내.
드라마 drama; 인간～ inson dramasi.
드라이 quruq; ～ 아이스 quruq muz; ～ 클리닝 quruq tozalash; kimyoviy tozalash.
드라이버 『운전기사』 haydovchi;
드라이브 sayr; haydash. ～ 하다 sayr qil(dir)moq; aylanib kelmoq; haydamoq(mashina). 〖體〗 zarb(a). 포핸드～ ochiq zarba.
드라이어 quritgich; 헤어～ fen; soch quritgich.
드러나다 (알려지다) mashhur bo'lmoq [nomdor; atoqli]; (나타나다) (사물이) ma'lum bo'lmoq; ko'rinmoq; bilinmoq; (성질·표정이)ko'rinmoq; namoyon bo'lmoq. (감춘 것이) topilmoq; ma'lum bo'lmoq; ochilmoq. 이름이 세상에 ～ nomi dunyoga mashhur bo'ldi; 거짓말이 ～ yo'lg'oni bilinmoq; 비밀이 ～ siri ma'lum bo'lmoq.
드러내다 (보이다) ko'rsatmoq; namoyish qilmoq; ma'lum qilmoq; 『입증하다』 gapirmoq; ma'lum qilmoq.『명성. 두각을』yoymoq; mashhur qilmoq. (노출하다)(속엣것을) yalang'ochlamoq; [ochmoq]. (성질.본색을) ko'r- satmoq; namoyon qilmoq; (폭로하다) ma'lum qilmoq; ko'rsat- moq; ifodalamoq; ko'rsatmoq; 솜씨를 ～ qobiliyatini ko'rsat- moq;이름을 ～ nomini yoymoq; 가슴을 드러낸 ko'kragini ochib olgan; 비밀을 ～ sirni ma'lum qilmoq; 아무의 잘못을 ～xatosini ko'rsatmoq; 불만을 ～ norozi- ligini ifodalamoq.
드러눕다 yotmoq; yumalamoq. 잔디위에 ～ ajirq ustida yotmoq.
드럼 I 『북』baraban.
드럼 II 『통』bochka; 석유 세 ～ uch boshka neft.
드레스 kiyim; ko'ylak. ～를 입은 여성 kiyim kiygan ayol.
드레싱 〖料理〗 ziravor.
드리다 I (주다) bermoq; uzat-

moq; kuzatmoq; nazorat qilmoq; razm solmoq; o'rganmoq; 맥주 좀 드릴까요 Biroz pivo ichasizmi (beraymi)?
드리다 II (꼬다) ip; arqon; tros; shnur.
드리다 III 『방. 마루를』qurmoq; tuzatmoq; qayta qurmoq.
드리다 IV 『가게문을 닫다』 yopmoq; qulflamoq.
드리우다 (늘어뜨리다) pardalamoq; bezamoq. 『주다』bermoq. 『남기다』qoldirmoq.
드릴 parma; parmadasta. (치과용) bormoshina. (큰) burg'u. ~로 뚫다 parmalamoq; o'ymoq; (크게) burg'ulamoq.
드맑다 juda toza.
드물다 (흔하지 않다) odatdan tashqari; nodir; kamyob 『적다』 juda oz; sanoqli; kam. 드물게 yakam-dukam; ba'zan. 드물게 아름다운 물건 nodir go'zal buyum.
드잡이 (격투) mushtlashuv; olishuv; yoqalashish; urishish. ~하다 olishmoq; yoqalashmoq.
득실(得失) (얻음과 잃음) topish yo'qotish;(이익과 손해)foyda va zarar; 『성패』muvaffaqiyat; va muvaffaqiyatsizlik; (장단점) yaxshi va yomon jihat.
득실거리다 g'ij-g'ij qaynamoq; g'ujg'on o'ynamoq. 그의 옷에는 이가 득실거리고 있다. uning kiyimida bitlar g'ujg'on o'ynardi.
득의(得意) ⇒ 의기양양; ~만면 zavqlanish; shodiyona.
득점(得點) ball; baho; hisob; ~게시판 〖體〗 tablo; ~표 〖體〗 musobaqa qatnashchilari kartochakasi; ~하다 baho olmoq; ball olmoq.
득표(得票) ovozlar soni. ~하다 ovoz olmoq.
든벌 uy kiyimi; dam olish kiyimi.
듣다 I tommoq; tushmoq; tomchilamoq. 빗방울이 ~ yomg'ir tomchiladi.
듣다 II 『소리를』 eshitmoq; quloq solmoq; 『소식 등을』 eshitmoq; tinglamoq; tushunmoq; anglamoq; fahmlamoq.
듣다 III ta'sir qilmoq; 약이 듣는다 dori ta'sir qiladi.
들 I (벌판) dala; o'zlashtirilmagan yer; 『농장』 ferma; 『전답』 dala; yer; 『야생의』 yovvoyi; 넓은 들 keng dala; 들꽃 yovvoyi gul.
들 II (등등(等等)) va boshqalar (생략 va b.q.;); va boshqa narsalar.
들- 몹시』ehtirosli; jo'shqin; otashin.
-들 [접미사] -lar 우리들 bizlar.
들개(집없는) yovvoyi it; daydi it
들고파다 qattiq o'qimoq.
들국화 yovvoyi xrizantema.
들길 dala; yer; dala; yer path.
들끓다(혼잡하다) g'uj-g'uj bo'lmoq. 『해로운 것이』to'lib toshmoq; tiqilib yotmoq; 시장에는 사람들이 들끓고 있다 bozorda odamlar qaynardi.
들놀이 sayr; dam; piknik.
들다 I (안으로)(들어가다·오다) kirmoq; qadam bosmoq; (물이) suv oqmoq; suzmoq (배가);(범위 안에) kirmoq; tushmoq; (집 따위에) joylashmoq; ko'chmoq; mehmonxona;(가입하다) topshirmoq. (시험 등에) imtihon; test; topshirmoq; (병이) kasal bo'lmoq; kasalga chalinmoq; 『담기다』turmoq; joylashmoq 『포함되다』saqlanmoq. (수용하다) sig'moq; joy bo'lmoq 「ko'p odam」; 『소요되다』talab qilmoq; kerak bo'lmoq;(상태로 되다) bo'lmoq; (악습에 물들다) bo'yalmoq; rang bermoq; (마음에) yoqmoq; mamnun bo'lmoq; [사물이 주어]

maqbul bo'lmoq; (맛이) pishmoq; yetilmoq; (시중.주선.편을) bajarmoq; 문틈으로 바람이 드는 방 eshik tirqishidan shamol kirib turadigan xona; 학교에 ~ maktabga top-shirmoq; 병이 ~ kasal bo'lmoq, og'rimoq; 이 홀에는 백 명이 들 수 있다 Bu zalga 100 kishi sig'adi; 돈이 얼마 들더라도 Qancha pul ketsa ham; 시간이 ~ vaqt ketmoq; 버릇이 ~ odat bo'lmoq; 잠이 ~ uyquga ketmoq; ...봄이 들면 bahor kelsa; 검게 물이 ~ qoraymoq.

들다 II 『날붙이가』 o'tkir; keskir; uchli; qirrali.

들다 III (나이가) yoshga kirmoq; yoshga to'lmoq; 나이 든 사람 keksa odam.

들다 IV (날씨가) ochilmoq; yorishmoq; 날이 들 것 같다 kun ochiladiganga o'xshaydi.

들다 V (손에) ushlamoq; olmoq; tutmoq; (올리다) ko'tarmoq. 『사실.예를』 (dalil) keltirmoq; guvohlik bermoq;(misol) keltirmoq; (먹다) yemoq; ichmoq; 손에 책을 ~ qo'lga kitobni olmoq; 그는 언제나 카메라를 들고 다닌다 U doim kamera ko'tarib yuradi; 머리를~ boshini ko'tarmoq; 예를~ misol qilmoq; 이유를 ~ sabab keltirmoq; 더 드시지요 Yana yeysizmi? 맛있게 드십시오. Yoqimli ishtaha!

들딸기 tog' qulupnayi. ⇒ 산딸기

들떠들다 qilmoq; yasamoq; ishlab chiqmoq.

들뜨다 (붙은것이) bo'shab qolmoq; 『마음이』 yengiltak; kaltabin.

들러리 『신랑의』 kuyov jo'ra; 『신부의』 kelinning dugonasi; ~ 서다 kuyov jo'ra bo'lib turmoq.

들러붙다(부착) yopishmoq; yopishib turmoq; 껌이 마루에 ~ saqich polga yopishibdi.

들르다 kirmoq; yo'l yo'lakay kirib chiqmoq.

들리다 I (사람이 주어) eshitmoq; (소리가 주어) eshitilmoq; (~같이) ovoz eshitilmoq; 소문이~ xabar yurmoq; xabar tarqalmoq; yetmoq; 천둥소리가 들린다 Momaqaldiroq ovozi eshilayapti. 그 말은 조금 이상하게 들린다 Bu gap g'alati eshitilayapti.

들리다 II 1)『병이』shamollamoq; kasal bo'lmoq; 2) sehrlangan bo'lmoq.

들리다 III 1) (위로) ko'tarilgan bo'lmoq (burni); 2) ishlatilgan bo'lmoq; 3) ko'tarilmoq (kayfiyat); ko'tarishga majbur qilmoq.

들보 〖建〗 to'sin.

들볶다 xafa qilmoq; tashvishga solmoq; azoblamoq; qiynamoq; azob bermoq.

들새 dala qushi; yovvoyi qush.

들소 yovvoyi xo'kiz; bizon.

들어가다 I 『안으로』kirmoq; kirib bormoq; kirb ketmoq. (틈.속.사이에) bormoq; ketmoq; (특정곳에) (입회.투신하다) kirmoq; joylashmoq; (회사에) kirmoq; topshirmoq.(입학하다) topshirmoq (수용하다) sig'moq; sig'ishmoq. 『포함.함유하다』 o'z ichiga o‘lmoq; qo'shilmoq.(돈이) ishla- moq; topmoq; ⇒들다;(움푹하다) cho'kib ketmoq; kirtayib qolmoq; 『시작되다』boshlanmoq; 방으로 ~ xonaga kirmoq.

들어가다 II (가져가다) olib bormoq; yetaklab bormoq; 남의 우산을 ~ birovning soyabonini olib bormoq.

들어오다 『안으로』kirib kelmoq 『도둑 등이』pisib kelmoq;『끼다』suqilmoq; suqilib kirmoq.『입학·입회』 qatnashmoq; topshirmoq; 『수입이』kelmoq;

topilmoq; (시설되다) yoqilmoq; o'rnatilmoq; qo'yilmoq.
들엉기다 qotmoq; muzlamoq.
들여가다 안으로~ olib kirmoq; 『사다』sotib olmoq.
들여다보다 mo'ralamoq; nazar tashlamoq; qaramoq.
들여보내다 qo'yib yubormoq; jo'natmoq. 뒷문으로 ~ orqa eshikdan jo'natmoq; 선물을 ~ sovg'a jo'natmoq.
들이다 안으로~ qo'ymoq; kirgizmoq; (입회시키다) qo'shilishga yo'l qo'ymoq; qo'shmoq; 『일꾼·양자를』yollamoq; farzand qilib olmoq; 『맛을』qiziqmoq; qiziqib qolmoq; mukkasidan ketmoq; 『길들이다』 xonakilashtirmoq; xonaki qilmoq; qo'lga o'rgatmoq; (힘. 노력. 비용을) sarflamoq; ketkizmoq; (뜸을) qotirmoq; sovutmoq; 집에 ~ uyga kirgizmoq; 돈에 맛을 ~ pulga qiziqmoq; 도박에 맛을 ~ qimorga mukkasidan ketmoq; 2 억원을 들여 집을 짓다 200 million pul sarflab uy qurdirdi; 땀 좀 들이고 일을 하자 Biroz terni sovutib ish qilamiz.
들이마시다 ichmoq; ketkizmoq; sarflamoq; (기체를) nafas olmoq; ichiga tortmoq; 물을 ~ suvni sarflamoq.
들이받다 suzmoq; suzib olmoq; shoxlab olmoq
들이쑤시다 (아프다) qattiq og'rimoq; (선동하다) g'alamislik qilmoq; ig'vo qilmoq; vasvasaga solmoq; gij-gijlamoq; (뒤지다) titkilamoq; kavlashtirmoq; qidirmoq; titmoq.
들이키다 ag'darmoq;ag'anatmoq; to'ntarmoq; to'nkarmoq.
들일 dala ishi, xizmat.
들장미(—薔薇) na'matak;itburun
들쥐 dala sichqoni.
들짐승 yovvoyi hayvonlar.
들창(—窓) yo'qoriga ko'tarilib ochiladigan deraza; ~코 ko'tarilgan/ qanqaygan burun.
들추다 (폭로하다) ochmoq; oshkor qilmoq; ma'lum qilmoq; 『뒤지다』 qidirmoq kavlashtirmoq; titmoq; 남의 비밀을 ~ birovning sirini oshkor qilmoq; 연필이 있나 하고 서랍을 ~ qalam bormi deya quttini titkiladi.
들추어내다(폭로하다) ochmoq; ko'rsatmoq; oshkor qilmoq; ma'lum qilmoq: titkilamoq; kavlashtirmoq; qidirmoq; titmoq.
들치기 『행위』do'konni o'marish; 『사람』do'kon o'g'irisi.
들키다 ushlanmoq; topilmoq; aniqlamoq; 우산을 훔치다가 ~ soyabonni o'g'irlayotganda ushlandi.
들판 dala; yer.
듬뿍 ko'p; juda; ancha; yetarli.
듬성듬성 onda-sonda (ahyon-ahyonda) bo'ladigan; tasodifiy.
듯이 [부사적] kabi; singari; -day; -dek. 기쁜 듯이 hursanddek.
-듯이[어미] o'xshash.
듯하다 (~인[할]것같다) o'xshash. (당장~할 것같다) tayyor bo'lmoq.
-듯하다 o'xshash.
등 I 『사람·동물의』orqa;『뒤쪽』 orqa tomon.
등(等) II 『등급』 sinf; tur; daraja. 『~따위』 va boshqalar (va boshq.); va shular. 1 등상 birinchi darajali mukofat.
등(燈) III chiroq. 백열~ cho'g'lanma lampa. 등불 chiroq nuri. 등을 켜다 chiroqni yoqmoq. 등을 끄다 chiroqni o'chirmoq.
등(藤) IV 〖植〗 qamish; 등의자 tayoq; 등지팡이 xassa.
등가(等價) teng qiymat; 〖化〗 ekvivalentlik.
등각(等角) 〖數〗 teng burchaklar

등감속 ~운동 tekis sekinlashgan harakat.
등갓(燈-) abajur.
등거리(等距離) teng masofa.
등걸잠 yechinmasdan uxlamoq
등고선(等高線) kontur chiziq.
등골 umurtqa atroflari (yoni)
등귀(騰貴) oshish, ko'tarilish (baho; narx). ⇒ 앙등(昂騰).
등글개첩(一妾) keksa kishining yosh xonimi.
등급(等級) sinf; tur; unvon; daraja; martaba; rang; nav; sifat; 『별의』 magnituda.
등기(登記) ro'yxatdan o'tkazish; registratsiya. ~하다 ro'yhatdan o'tkazmoq.
등꽃(藤-) qamish gul.
등나무(藤-) qamish.
등대(燈臺) mayoq. ~선 suzuvchi mayoq. ~지기 mayoq nazoratchisi.
등등(等等) va boshqalar(va boshq)
등록(登錄) ro'yhatdan o'tkazish; ro'yhat. ~하다 ro'yhatdan o'tkazmoq; qayd qilmoq; yozmoq.
등롱(燈籠) fonus; fonar; chiroq.
등받이 (의자의) suyanchiq. ⇒ 등거리
등변(等邊) 〖數〗 teng tomonlar.
등본(謄本) nusxa; dublikat.
등불(燈一) yengil chiroq.
등뼈 umurtqa;orqa suyak; orqa.
등사(謄寫) nusxa. ~하다 nusxalamoq; ko'paytirmoq; ~ 판; ~ 기 nusxalash mashinasi.
등산(登山) (tog') ko'tarilish; toqqa ko'tarilish.~ 하다 toqqa chiqmoq; toqqa ko'tarilmoq. ~가 alpinist.
등속(等屬) bir xil tezlik; ~ 운동 maxsus kiyim.
등식(等式) 〖數〗 tenglama.
등신(等身) I asl o'lchami.
등신(等神) II ahmoq; telba; jinni.
등심(一心) (쇠고기의) biqin go'shti; lahm go'sht.
등심(燈心) pilta.
등압선(等壓線) izobara (xaritada atmosfera bosimi bir hil bo'lgan joylarni birlashtiruvchi chiziq).
등에 〖昆蟲〗 pashsha.
등용(登用.登庸) ko'tarish. ~하다 ko'tarmoq; yo'qoriga olib chiqmoq;
등위(等位) unvon; daraja; martaba tur.
등유(燈油) chiroq moyi; kerosin.
등장(登場) (연극) rolga kirish.; ~하다 rolga kirmoq; o'z ishini xadisini olmoq.(리어왕)~ Kirmoq (Qirol Lir); (나타남) ko'rinish; paydo bo'lish; ~하다 ko'rinmoq; paydo bo'lmoq.
등재(登載) ro'yxatdan o'tkazish; yozish. ~하다 ro'yhatdan o'tkazmoq; yozmoq.
등정 yo'lga tushmoq, ketmoq (qayergadir).
등판(登板) bormoq; ketmoq.
등한(等閒) ~하다 g'am; tashvish; taxlika; ~히 하다 e'tiborsiz qoldirmoq; mensimalik; beparvolik bilan qaramoq; 교육을 ~히 하다 bilim olishga beparvo qaramoq.
등호(等號) tenglik belgisi; teng belgisi.
등화(燈火) nur; chiroq nuri; ~ 관제 yorug'lini to'sish (dushman ko'zidan panalash).
디기탈리스 〖植〗 digitalis (dorivor o'simlik).
디디개 pedal (mashina, musiqa asboblarining oyoq bilan bosiladigan qismi)
디디다 (땅을) oyoq qo'ymoq; bosmoq. qadam tashlamoq; 『누룩을』 to'qimoq achitqi; pirog; 땅을 ~ yerni bosmoq.

디딤대(臺) zina; zinapoya.
디딤돌 tosh yo'lak; (수단) zina.
디럭스 qimmatbaho. ~호텔 qimmat (lyuks) mehmonxona.
디룽거리다 tebranmoq; tebranib turmoq.
디렉터 direktor.
디밀다 tiqmoq.
디밀리다 tiqilgan bo'lmoq.
디스카운트 narxni tushurish.
디스코 〖音〗 disko.
디스코테크 diskoteka.
디스크 I 〖醫〗 gardish; 척추~ umurtqa siljishi.
디스크 II disk.
디스템퍼 〖醫〗 fe'l; xulq; fe'l-atvor; tabiat.
디스플레이장치(—裝置) 〖컴퓨터〗 (정보 표시 장치) displey birlik.
디아스타아제 〖生化學〗 diastase.
디자이너 dizayner; uslubchi; stilist.
디자인 dizaynlash; bezak; dizayn. (기계. 제품의) tuzilma. 〖洋裁〗 fason; ~하다 bezamoq; dizayn bermoq.
디저트 disert.
디젤 『독일의 기계 기사』 Rudolf Dizel (1858-1913).『기관』 dizel.
디지털 raqamli; dijital. ~ 비디오 디스크 raqamli video disk (생략형 DVe).
디테일 tafsilot; ikir-chikir; mayda-chuyda; detal.
디프테리아 〖醫〗 difteriya.
디플레 〖經〗 deflyatsiya.
디플레이션 〖經〗 deflyatsiya.
딜러 diller; karta tarqatuvchi.
딜럭스 deluks 「mashinas」.
딜레마 ikkilanish; taraddud.
딜레탕트 ishqiboz; muhlis.
따갑다 tikonli; tikondek sanchiladigan. ⇒ 뜨겁다; (쑤시다) juda issiq; qaynoq; 눈이 ~ ko'zda qattiq sanchiq (og'riq).
따개 konserva pichog'i.
따귀 (빰) shapaloq; shappati; tarsaki; ⇒ 빰따귀; ~를 때리다 tarsaki tushirmoq; shapaloqlamoq.
따끔거리다 sanchilmoq; kirmoq; botmoq; achishtmoq. 연기 때문에 눈이 ~거린다 tutundan ko'zim achishdi.
따님 sizning qizingiz.
따다 I (붙은 것. 달린 것을) uzmoq; termoq; to'dalamoq; yig'moq. 『터뜨리다』 ochilmoq; 『요약하다』 hisoblab chiqmoq; qo'shmoq; 『인용하다』 ko'chirmoq「kitobdan」; olmoq; 『표절하다』 ko'chirmachilik qilmoq; o'g'irlamoq;『얻다. 받다』 olmoq; yig'moq; 『돈을』 tikilgan pulni yutib olmoq; yutmoq. 꽃을 ~ gul termoq. 좋은 점수를 ~ yaxshi baho olmoq. 학위를 ~ ilmiy daraja olmoq. 노름에서 돈을 ~ o'yindan pul yutmoq.
따다 II (만나주지 않다) butunlay rad etmoq; rad qilmoq; rad etmoq; yo'qqa chiqarmoq. (따돌리다) adashtirmoq; chalg'itmoq; yo'ldan ozdirmoq.
따다 III (다르다) aloqasiz; turli; boshqa; farqli; ⇒ 딴. 딴 문제 aloqasi yo'q savol.
따돌리다 adashtirmoq; chalg'itmoq; yo'ldan ozdirmoq; buzib yubormoq.
따뜻하다 『덥다』iliq; issiq; 『음식이』qaynoq.『마음이』iliq; samimiy; ochiq ko'ngil; mehribon; rahmdil. 『색이』 따뜻한 날씨 iliq ob-havo. 따뜻한 옷 issiq kiyim. 따뜻한 가정 samimiy oila. 따뜻한 마음 mehribon qalb.
따라가다 (사람. 길 등을) izidan bormoq; ergashmoq.『함께』 birga bormoq; hamroh bo'lmoq. 『뒤를 밟다』 izini bosmoq.『남하는 대로』 qaytarmoq. ⇒ 따르다

(뒤지지 않게) quvib yetmoq; ushlamoq. (겨루다) raqobatlashmoq; raqobatga kirishmoq; tushunmoq. 개는 주인의 뒤를 따라 갔다 egasi ketidan o'rmalamoq.

따라다니다 (함께)birga ketmoq; hamroh bo'lmoq;『뒤를』 izidan bormoq; ergashmoq;『성가시게』 xiralik qilmoq; shilqimlik qilmoq; yopishib olmoq. 여자 꽁무니를 ~ qizning orqasidan bormoq.

따라 부르다 jo'r bo'lmoq; ashulaga qo'shilmoq.

따라붙다 quvmoq; quvib bormoq. 순찰차가 우리 차를 따라붙고 있었다. Militsiya bizning mashinani quvib bordi.

따라서(그러므로) binobarin; bas; demak.『맞추어』-ga muvofiq; -ga qarab. 그 물건은 품질이 좋고 ~ 값도 비싸다 Bu mahsulotning sifati ham yaxshi shunga qarab (demak) narx ham baland.

따로 (별개로) bo'lak; alohida. (여분.별도) qo'shimcha; bundan tashqari.『특별히』maxsus; xos. ⇒별로;~살다 alohida yashamoq. ~ 두다 alohida saqlamoq. 그에게는 ~ 20만 원의 수입이 있다 Unga qo'shimcha 20.000 von foyda bor.

따로따로 yakka-yakka; bo'lak-bo'lak; turli. 길을 ~ 가다 yo'l turli tomonga burmoq. ~ 행동하다 yakka harakat qilmoq.

따르다 I (따라가다) 뒤를~ izidan bormoq; ketidan ketmoq; ergashmoq; izidan bormoq; izini bosmoq. (수행하다) kuzatmoq; hamroh bo'lmoq; yo'ldosh bo'lmoq; (시류·유행 등을)bormoq; bilan ketmoq bilan; ketidan bormoq. (본뜨다) rioya qilmoq; amal qilmoq. (복종하다) ergashmoq 「kishi; shaxs; odam」; (준수하다) bo'ysinmoq; quloq solmoq; ergashmoq. (응하다) o'rnak olmoq; -ga qarab ish tutmoq.(견주다) raqobatlashmoq; musobaqalashmoq. (붙좇다) qiziqmoq; (수반하다) bormoq; ketmoq bilan; (의거하다) asoslanmoq. qaytarmoq; takrorlamoq. 아무의 뒤를 ~ birovning izidan bormoq; 엄마 뒤를 ~ onasining orqasidan ergashmoq.

따르다『액체를』suzmoq; quymoq. 찻종에 차를 ~ chashkaga choy quymoq.

따름 『...할』 farq.

따발총(—發銃) Rossiya avtomat quroli. (AKM).

따분하다 dim;(지루하다) zerikarli; charchatadigan; dim; 날씨가 더워 ~ ob-havo isib dim bo'ldi. 따분한 날씨 charchatadigan ob-havo.

따사롭다 yoqimli iliqlik; iliqlik.

따스하다 iliq; yumshoq. 따스한 물 iliq suv

따습다 qulay va issiq.

따위 (등등) va boshqalar (생략 va boshq.); shu kabi. (~같은) shunga o'xshash

따지다 qiynoq; dard; azob; qiynalish; uqubat; kulfat; olmoq; tutmoq; odam」; (셈하다) hisoblamoq; hisoblab chiqmoq; hisobga olmoq. 좋은 책과 그렇지 못한 책을 ~ yaxshi va yomon kitobni taqqoslamoq. 비용을 ~ harajatlarni hisoblamoq.

딱따구리 〖鳥〗 qizilishton.

딱딱하다 (물체가) qattiq; mustahkam; ishonchli; quruq va qattiq; (태도. 규칙. 분위기 등이) qat'iy; keskin; qattiq;『엄격하다』qattiq qo'l.『분위기가』noqulay; tig'iz; keskin; tang. 『문장 등이』 kitobi ish. 딱딱한 나무 qattiq daraxt; 딱딱한 법률 qattiq qonun. 딱딱한 분위기 noqulay muhit.

딱딱해지다 qotib qolmoq;

qattiqlashmoq. qovub qolmoq.
딱선 yig'iladigan yilpig'ich.
딱정벌레 qo'ng'iz.
딱지 I 『상처의』(qurigan) po'st; teri.『껍데기』po'stloq; qobiq. 『시계의』(soat) quti.
딱지 II rad qilish; rad etish.
딱지(—紙) III (우표·증지 따위) bilet; chipta, nakleyka; ~ 장수 『암표상』 chiptachi.
딱총(—銃) po'kak to'poncha.
딱총나무(—銃—) marjon (daraxt).
딱하다(가엾다) bechora; bechorahol; achinarli; faqir. 『난처하다』qiyin; og'ir; mushkul.
딸 qiz. 첫딸 birinchi qiz.
딸기 qulupnay. ~를 따다 qulupnay termoq.
딸꾹거리다 hiqichoq; hiqichoq tutmoq..
딸꾹질 hiqichoq; hiqichoq tutish. ~하다 hiqichoq tutmoq.
딸랑딸랑 jiringlatish; jaranglatish. ~하다 jiringlatmoq; jaranglatmoq.
딸자식(—子息) mening qizim.
땀 『흘리는』ter. ~을 흘리다 ter oqmoq. 식은땀 sovuq ter.
땀띠 〖病理〗 issiqli terlama.
땀방울 ter tomchisi.
땅 I (대지. 지면) yer; maydon. (영토) joy; hudud; yer. (토지) yer; bir bo'lak yer.『토양』 tuproq; yer. [비유적으로] 땅문서 yer sertifikati. 땅사기꾼 yer sotuvchi broker. 땅을 파다 yerni kavlamoq;『농사』 ishlov bermoq. 땅에 앉다[눕다] yerga o'tirmoq [yotmoq]. 땅을 넓히다 yerini kengaytirmoq 이국땅에서 죽다 begona joyda o'lmoq 땅부자 yerli boy. 그의 명성은 땅에 떨어졌다 Uning mashhurligi yer bilan bitta bo'ldi.
땅 II 『총소리』 bang; dong; jing.『쇳소리』jiring; diring.
땅강아지 dial. qar. 하늘밥도둑.
땅거미 I 『황혼』g'ira-sxira vaqt;
땅거미 II 〖動物〗 yer o'rgimchak.
땅딸막하다 to'la; miqti; semiz. ~한 아이 miqti bola.
땅뙈기 yer hududi; bir bo'lak yer.
땅벌 〖昆蟲〗 qovog'ari; qizil ari.
땅벌레 〖昆蟲〗 yer qo'ng'iz.
땅세(—貰) yer.
땅콩 yeryong'oq.
땋다 bog'lamoq.
때 I 『시간』vaqt; soat.『경우』 holatda. 『시기』 vaqtda; -da. 『기회』 imkoniyat; vaqt; qulay vaqt. 『그 당시』 vaqtda. 때가 지나면 vaqt o'tsa. 꽃필 때 gul ochilgan vaqtda. 전쟁 때 urushda. 때를 기다리다 vaqtini [imkoniyat] kutmoq.
때 II 『더러움』 kir; axlat. loy. 『오명』 yolg'on; noto'g'ri; soxta. 때투성이의 kir; chang; loy; iflos; isqirt.
때까치 〖鳥〗 koreys ko'k rangli hakkasi (zag'izg'oni).
때다 I (잡히다) ushlanmoq; qo'lga tushmoq; 『배척당하다』rad qilmoq; qaytarmoq; qabul qilmaslik; 소매치기가 경찰에 때들어갔다 Kissovur militsiya qo'liga tushdi.
때다 II (불을) yoqmoq; isitmoq; olov qilmoq. 난로를 ~ pechakni yoqmoq. 석탄[장작]을 ~ ko'mir [o'tin] yoqmoq. 방에 불을 ~ xonani isitmoq.
때다 III ⇒ 때우다.
때때로 ba'zi vaqtlar; ba'zan vaqti-vaqti bilan.
때려눕히다 bostirmoq; urmoq; urib (yotqizib) ketmoq. yerga yopishtirmoq.
때로는 ba'zi vaqtlar; ba'zan.
때리다(치다) urmoq; savalamoq; kaltaklamoq; shapatlamoq (손바

닥으로); zarba tushirmoq. 『비난하다』 hujum qilmoq; zarba bermoq; nazorat qilmoq; taqiq qilmoq. 머리를 ~ boshiga urmoq. 빰을 ~ yuziga shapatlamoq.
때마침 o'z vaqtida; ayni vaqtda; mavridida.
때문에 uchun; sababli; sababdan.
때묻히다 kir qilmoq; bulg'atmoq.
때아닌 bevaqt; bemavrid.
땜질 kavshar; kavsharlash. ~ 하다 kavsharlamoq. ⇒ 때우다.
땡 I 『땡땡구리』 kutilmagan baxt (omae). ⇒ 땡잡다.
땡 II 『소리』 taql. metallga biror narsa bilan urganda chiqadigan ovoz.
땡볕 quyosh nuri. quyosh issiqligi.
떠가다 suzmoq; yo'lga tushmoq.
떠나다 (출발하다) jo'namoq; jo'nab ketmoq; tashlab ketmoq. (열차 등이) ketmoq. (비행기가) uchib ketmoq; 『배가』 suzib ketmoq.『물러나다』 bo'shamoq; ketmoq「lavozimdan」.『떨어지다』qismga bo'linmoq; ajralmoq. 『머릿속. 마음에서』ketmoq; o'chmoq; yo'q bo'lmoq『잊다』 unutmoq.『죽다』 고향을 ~ vatanini tashlab ketmoq. 광주로 ~ Kwangjuga jo'namoq. 회사를 ~ firmadan ketmoq(bo'shamoq). 그 아이는 엄마곁을 떠나지 않는다 Bu bola onasi yonidan ajralmaydi. 그녀의 얼굴이 내 마음에서 떠나지 않는다 Uning yuzi hayolimdan ketmadi. 세상을 ~ bu dunyodan ketmoq.
떠다니다 『공중.물 위를』 suzmoq; havoda suzmoq; uchib yurmoq. ⇒ 떠돌다.
떠돌다 (방랑하다) daydimoq; daydib yurmoq; aylanib yurmoq; kezib yurmoq; tentiramoq; izg'imoq. 『소문이』 yurmoq; tarqamoq. 떠도는 사람 ⇒ 떠돌이
떠돌이 daydi; darbadar; miskin; jahongashta; betayin.
떠들다 I (시끄럽게) shovqin qilmoq; shovqin solmoq; to'polon qilmoq. (하찮은 일로) qilmoq; yasamoq; ishlab chiqmoq; qilmoq; yasamoq; ishlab chiqmoq; (요구.반대(하다) qichqirmoq; qilmoq; yasamoq; ishlab chiqmoq; (소문나다) xabar kelmoq; xabar yurmoq; xabar tarqalmoq.『신나게』bormoq; ketmoq; qilmoq; yasamoq; ishlab chiqmoq; 신문에서~ gazetada shovqin solmoq.
떠들다 II 이불을 떠들고 어린애를 들여다보다 qavimoq; qaviq qilmoq.
떠들썩하다 I o'tib ketmoq; ochilmoq; o'tmoq; 이불귀가 qavimoq; qaviq qilmoq.
떠들썩하다 II (시끄럽다) shovqinli; sershovqin; (소문이) ovoza bo'lgan; yoyilgan; 떠들썩한 교실 shovqinli sinfxona.
떠맡기다 ishonmoq; inonmoq; ishonib topshirmoq; qabul qilmoq.
떠맡다 (일을) o'z qo'liga olmoq; qabul qilmoq.『계승하다』olmoq (biznesni);『책임을』javobgarlikni olmoq; bo'yniga olmoq; 책임을 ~ javobgarlikni bo'yinga olmoq.
떠밀다 turtmoq; turtib yubormoq. ⇒ 떼밀다.
떠받다 (머리나 뿔로) tushmoq; yiqilmoq (boshi bilan); 『뿔·엄니로』 bormoq; ketmoq.
떠받들다(쳐들어 올리다) ko'tarmoq; ko'tarib yubormoq; (공경하다) hurmatlamoq; ulug'lamoq; izzat qilmoq; (옹립하다) qo'llamoq; 부모를 ~ ota-onani hurmat

qilmoq.
떠받치다 tiramoq; tirab qo'ymoq; tirgovuch qo'ymoq. 벽을 기둥으로 ~ devorga tirgovuch qo'ymoq.
떠보다 『달아 보다』 o'lchamoq; o'lchab chiqmoq; og'irlik; vazn. 『남의 속을』 sekingina (ehtiyotlik bilan) sir olmoq. qo'yniga qo'l solib ko'rmoq. 나는 그녀의 얼굴을 쳐다보면서 속마음을 떠보려고 했다 Men uning yuziga o'g'irincha qarab qalbiga qo'l solib ko'rdim.
떠오르다 ko'tarilmoq; qalqib chiqmoq; chiqmoq. cho'qilamoq. osmon; samo; ob-havo; (생각 등이) fikr kelmoq; hayoliga kelmoq.『웃음 따위가』 ko'tarilmoq.『표면화하다』(가라앉은) 배를 떠오르게 하다 (o'tirib qolgan) Kema yana suv yuzasiga ko'tarildi. 해가 수평선 위로 떠올랐다 Quyosh ufqdan ko'tarildi. 생각이 ~ fikr keldi. 입가에 웃음이 ~ labiga kulgi yugirdi.
떡 guruchli pirog.
떡가루 guruch uni.
떡갈나무 〖植物〗 dub (daraxt).
떡갈잎뎅이 may qo'ng'izi.
떡값 guruchli pirog narxi; (보너스) bonus; (뇌물) (kichik summadagi) pora; pora puli.
떡소 guruchli pirog ichiga solinadigan nachinka.
떡암죽 guruchdan tayyorlangan suyuq bo'tqa.
떡잎 〖植〗 urug'palla.
떡판 baxtli joy.
떨구다 egmoq; quyi solmoq.
떨다 I 『몸을』 qaltiramoq; titramoq. 『목소리를』 titramoq. 무서워서~qo'rquvdan qaltiramoq
떨다 II (공제하다) olib tashlamoq; ayirmoq; 『우수리를』 e'tiborsiz qoldirmoq; mensimalik; beparvolik bilan qaramoq.
떨다 III 『애교. 엄살 따위』qilmoq; o'ynamoq; ko'rsatmoq; 극성 ~ haddan tashqarilik; ashaddiylik; g'irt.
떨어뜨리다 tushirib yubormoq; tushirmoq; tashlamoq.『고개를』 egmoq; pasaytirmoq. 『놓치다』 pasaymoq; tushmoq. (분실하다) yo'qotmoq; tushirib qo'ymoq.『하락시키다』(가치. 신용. 인기. 지위 등을)pasaytirmoq; tushirmoq; kamaytirmoq (narx); (정도.질을) yomonlashtirmoq pasaytirmoq; tushirmoq; kamaytirmoq; pastga urmoq. (속도등을) kamaytirmoq; sekinlatmoq. (소비하다) sarflamoq; harajat qilmoq.(시험에서) yiqitmoq. (경매인이); qilmoq; yasamoq; ishlab chiqmoq; (웅찰인이). 고개를 떨어뜨리고 bilan boshini egmoq. 잔을 ~ chashkani tushirib yubormoq. 폭탄을 ~ bomba tashlamoq. 값을 ~ narxini pasaytirmoq. 위신을 ~ obro'sini tushurmoq. 속력을 ~ tezlikni pasaytirmoq. 외국 관광객이 떨어뜨리고 가는 돈 Turistlar sarflagan pul. 지원자의 반수를 ~ nomzodni yiqitmoq; 경주에서 다른 선수를 ~ musobaqada boshqa sportchini yengdi.
떨어지다 tushmoq; yiqilmoq. yiqilib tushmoq; shaloplab tushmoq. (비행기가) ag'anamoq. (액체가) to'kilmoq.(몸에서) tomchilamoq; tommoq. (해가지다) botmoq; pasaymoq; tush- moq; yog'moq; (온도. 열이) tushmoq pasaymoq; (값이) tushmoq pasaymoq; arzonlash- moq. (가치.신용.품격 등) pasay- tirmoq; tushirmoq; kamaytirmoq pastga urmoq; qisqatirmoq.(감퇴하다) kamaymoq; ozaymoq; kichraymoq; yo'qotmoq.(성적이) yiqilmoq; tushmoq; tushib ket-

moq (지위.계급이) pasaytirmoq; tushirmoq; kamaytirmoq; darajasini pasaytirmoq; (질 따위가) yomonlashtirmoq; pasaytirmoq; tushirmoq; kamaytirmoq;『거리가』masofa bo'lmoq;『떨어져있다』ajralmoq;ayrilmoq.『간격이』saqlanmoq;『붙은것이』bo'lmoq;『헤어지다』bo'linmoq; ajralmoq『함락하다』taslim bo'lmoq; topshirilmoq;『손에 넘어가다』qo'liga tushmoq; qo'liga o'tmoq. (술수에) aldamoq; firibgarlik qilmoq; tovlamachilik qilmoq; pand bermoq;『남다』qolmoq; qolib ketgan bo'lmoq; (뒤떨어지다) pasaymoq; tushmoq;『해지다』eskirmoq; yirtilmoq; (끝나다) tamom bo'lmoq; tugamoq;『숨이』nafasi to'xtamoq,o'lmoq. (병.습관이) yo'qolmoq; tuzalmoq.(고립하다) yakkalab qo'yilmoq.『터지다』tarmoqlanmoq; ikkiga bo'linmoq.

떨치다 I (자동사) ovoz; tovush; (타동사) mohir bo'lmoq; malakaga ega bo'lmoq; ega bo'lmoq; boshqarmoq; o'z ta'siriga olmoq; 문명(文名)을 ~ qalami o'tkir bo'lmoq; kuchli yozuvchi bo'lmoq.

떨치다 II (먼지 따위를) qoqmoq; silkimoq;(몸을) silkitmoq; silkimoq. 그의 손을 떨치고 방을 나왔다 U qo'lini qoqib xonadan chiqib keldi.

떨치다 III yo'qotmoq; tarqatmoq; ko'ngildan chiqarmoq. 의심을 ~ shubhani yo'qotmoq.

떫다 nordon; taxir; achchiq. 떫은 감 taxir xurmo.

떼 I [일반적] guruh; ko'pchilik; ko'plik; omma; (폭도 따위의) qaroqchilar; mafiya.『동물의』poda (특히 소; 말 따위); otar (양 따위의); to'da (사냥개나 이리 등의); uyur (이동하는 동물); gala (바다표범 따위);『새의』to'da; gala (작은새 따위);『벌레의』gala (메뚜기 따위);『물고기의』gala. 떼를 짓다 to'plamoq. to'dalamoq.

떼 II (잔디) eori; maysa; gazon. 떼를 뜨다 maysa kesmoq;

떼 III sol; ⇒ 뗏목.

떼 IV『억지』imkoniyatsiz narsa talab qilish.

떼다 (걸린.끼운. 붙은 것을) yulmoq; yirtmoq; ko'chirib olmoq;『떼어놓다』bo'linmoq; ajralmoq;『공제하다』olib tashlamoq; ayirmoq; (젖을) ko'krakdan ajratmoq; ajratib olmoq; (봉한 것을) ochilmoq; [ochilmoq]; kesmoq;『거절하다』rad qilmoq; rad etmoq; yo'qqa chiqarmoq; rad qilmoq; qaytarmoq; qabul qilmaslik; (수표·어음 등을) qilmoq; yasamoq; ishlab chiqmoq; (끝내다) yuqoriga tugatmoq. ~에서 손을 munosabatini uzmoq; qo'lini yuvmoq; qo'lini olmoq.

떼어놓다『갈라놓다』bir-biridan ajratmoq; ayirmoq; judo qilmoq;『격리하다』yakkalab qo'ymoq;『이간하다』begonalamoq;『뒤에 남기다』orqada qoldirmoq.

떼어두다 saqlab qo'ymoq; ajratib qo'ymoq; asrab (atab) qo'ymoq.

떼죽음 ommaviy o'lim; ~ 하다 ommaviy o'lmoq.

또 (그리고. 또한) va; yana; shuningdek; (bugina emas).『다시』qayta; qaytadan; yana.『다른 한편』boshqa tomondan;『생각밖에』o'ylamagan.

또는 yo; yoki; yo bo'lmasa;『딴 말로』boshqacha aytganda.

또한 shuningdek; yana; ham... ham; [부정구문] o'yam; bu ham.

똑같다 o'xshamoq; bir xil bo'lmoq; shunday; teng.

똑똑하다(분명하다) aniq; ravshan.

(사람이) aqlli; farosatli; bilimdon. (빈틈없다).똑똑한 글씨 aniq yozuv. 똑똑한 아이 aqlli bola.
똑똑히 (분명히) yaqqol; aniq; tiniq. 『영리·현명하게』 aqlli; bama'ni. ~ 들리다 yaqqol eshitilmoq. 사람이 ~ 생기다 U odam aqlli ko'rinadi.
똑바로 (곧게) to'g'ri; birdan; tezda; zumda. 『바른대로』to'g'ri; dangal; bexato; aniq. ~ 집으로 가다 birdan uyiga ketmoq. ~말하면 ochiq gapiring.
똥 (대변) najas; axlat; bo'q; 똥을 푸다 yozilmoq; bo'shanmoq.
똥그라미 『원』doira; to'garak. (돈) pul; tanga.
똥파리 go'ng pashsha.
뙈기 『논밭의』 dala; yer; kichkina bo'lak yer.
뙤약볕 lovullayotgan nur; jazirama quyosh tig'i.
뙤창(—窓) kichkina darchali eshik. ⇒ 뙤창문(—窓門)
뚜껑 『덮개』qopqoq; (병·만년필의); quti (시계의).「속어」『모자』 shapka; shlyapa.
뚜렷이 aniq; tiniq; joyida.
뚜렷하다 yorqin; ravshan; ishonchli,(두드러지다) favqulodda benazir; ajoyib o'ziga xos; muhim. ⇒ 두드러지다.
뚜쟁이 qo'shmachi; dallol; 『중매인』dallol, vositachi.; ~짓하다 qo'shmachilik qilmoq.
뚫다 1) teshmoq, teshik qilmoq; 2) yo'l qurmoq; 3) yengib o'tmoq; 4) erishmoq; 5) yo'l topmoq; hal qilishga harakat qilmoq; 뚫어 맞히다 aniq topmoq; 뚫어 새기다 teshmoq; teshik qilmoq.
뚫고 나가다 yorib o'tmoq.
뚫어지게 보다 diqqat bilan qaramoq; razm solib qaramoq.
뚱뚱보 semiz odam; to'la odam; meshqorin.
뚱뚱하다 semirmoq; to'lishmoq. (중년이); vazni ortmoq.『배 따위가』to'lmoq; to'ymoq; semirmoq.
뚱뚱해지다 semirmoq; to'lishmoq.
뛰기 yugurish; chopish; sakrash. 멀리~ uzoqdan sakrash.
뛰다 I (달리다) yugurmoq; chopmoq ; (도약하다) yugurib o'tmoq; chopib o'tmoq. (물가가) birdan ko'tarilmoq; to'satdan qimmatlashmoq; 『뛰어넘다』 sakramoq; sapchimoq. 『순서를』 navbati kelishdan oldin o'tib ketmoq.
뛰다 II 『물 따위가』 sakramoq; sakrab yurmoq.
뛰다 III 『그네를』 tebranmoq;
뛰다 IV (가슴이) paypaslamoq; urib ko'rmoq; (맥박이) pulsni tekshirmoq.
뛰어가다 yugurib ketmoq.
뛰어나가다 yugurib chiqmoq.
뛰어나다 ajralib turmoq; zo'r bo'lmoq; ajoyib bo'lmoq.
뛰어넘다 『껑충.순서를』 sakrab o'tmoq; sakrab o'tib olmoq
뛰어들다 『도약』 yugurib kirmoq; sakrab kirmoq (물 속에). 『남의 일에』 birovlarning ishiga burnini tiqmoq.
뛰어오다 yugurib kelmoq.
뛰어오르다 sakrab ko'tarilmoq『물가가』ko'tarilmoq; qimmatlashmoq.
뜀뛰기 sakrash.
뜀박질 quvlashmachoq.; ⇒ 달음박질; ⇒ 뜀뛰기.
뜀틀 gimnastikada shug'ullanadigan ot.
뜀판 tramplin.
뜨개것 to'quv mahsulotlari [ish, xizmat].
뜨개바늘 to'qish ignasi; 『코바늘』 (to'quv) ilgagi.
뜨거워지다 issiq bo'lmoq; iliy

boshlamoq.
뜨거워하다 issiq bo'lmoq; qaynoq bo'lmoq; qaynamoq; isimoq.
뜨겁다 『무엇이』 issiq; qaynoq. (연애 관계가) iliq; yaxshi; do'stona. 뜨거운 국 issiq sho'rva. 두 사람은 뜨거운 사이다 Ularning munosabati do'stona.
뜨내기 『사람』 daydi; darbadar; miskin; jahongashta; betayin; 『일꾼』 bekorchi; ishsiz mehnatkash; ishchi; daydi xizmatchi.
뜨다 I 1) yuqoriga ko'tarilmoq; uchmoq; 2) suzmoq; uchmoq; 3) chiqmoq (oy; oftob haqida); 4) ozgina ajralmoq; 5) havotir bo'lmoq; notinch bo'lmoq; 6) yuzida ko'rinmoq (ifodalanmoq); 7) esiga tushmoq; 8) yo'qolmoq (narsa, buyum, pul va b.q.); 뜬 돈 tasodifiy (kutilmagan) pullar.
뜨다 II tashlab ketmoq; qoldirib ketmoq (joyni tashlab).
뜨다 III1) to'qimoq; 2) toza tikmoq (qo'lda); 3) tatuirovka (badanga rasm chizdirmoq) qilmoq.
뜨다 IV 포를~ mayda to'g'ramoq(kesmoq); 떠 엎다, 땅을 떠엎다 yerni qayta kovlamoq
뜨다 V 1. 1) sekin; 2) uzoq, uzoqlashgan; 3) uzoq; 4) xistuyg'usiz; sovuq; 2. o'tmoq (uzoq vaqt haqida).
뜨다 VI (뜨니, 떠) ko'tarmoq.
뜨다 VII 1) tarozida o'lchamoq; 2) ko'chma. paypaslab chiqmoq; 귀가~ eshita boshlamoq; 귀를 kuchanib eshitmoq; 뜬 눈으로 밤을 새다 kechasi bilan mijja qoqmay chiqmoq.
뜨다 VIII 떠 1) to'qimoq; 2) toza tikmoq; 3) tatuirovka (badanga rasm chiqdirmoq) qilmoq; 떠 넘기다 ishni birovga yuklamoq.
뜨다 IX taqlid qilmoq.
뜨다 X 뜸을~ kuydirmoq.
뜨락 bog'; dala. ⇒ 뜰.
뜨물 guruch yuvilgan suv.
뜨이다(눈에) sezilmoq; ko'rinmoq; bilinmoq. 눈에 잘 뜨이는 광고 ko'zga yaqqol tashlanadigan reklama.
뜨음하다 kamyob, ba'zan bo'ladigan, onda-sonda bo'ladigan, favqulodda.
뜯다 (떼어내다) so'tmoq; so'kmoq;『잡아떼다』 yulmoq; uzib olmoq; uzmoq; uzib yubormoq. 『뜯어내다』qo'lga kiritmoq; sog'ib olmoq; o'lja qilmoq. (뜯어먹다) bo'lib (ushatib) yemoq; uzib yemoq. 닭의 털을 ~ tovuq patini yulmoq.
뜰 bog'; hovli; dala.
뜸 kuyish. 뜸 자국 kuygan izi.
뜸부기 〖鳥〗 tartar qush.
뜻 『의향』 fikr; g'oya; tilak. (목적.희망) niyat; maqsad; ahd; o'y; umid; ilinj; imkon. (의미)ma'no; mazmun『취지』samara; oqibat; natija.
뜻글자(一字) ideograf.
뜻밖 kutilmagan; to'satdan; tasodifiy.
뜻하다 『마음먹다』 niyat qilmoq; maqsad qilmoq;『결심하다』 qaror qilmoq; ahd qilmoq. 『의미하다』 ma'no bermoq; ma'no anglatmoq.
띄어쓰다 ajratib yozmoq.
띄우다 I uchirmoq; havoga qo'yib yubormoq. (물위에) suzdirmoq; suvga qo'ymoq; tushirmoq; (얼굴에) ko'rinmoq.『편지를』 jo'natmoq; yubormoq. 연을~ varrak uchirmoq. 입가에 미소를 띄우다. labida kulgi ko'rinmoq. 편지를 ~ xatni jo'natmoq.
띄우다 II (훈김으로) achimoq;

qaynamoq; bijg'imoq. 누룩을 ~ achitqi bijg'imoq.
띄우다 III 『사이를』 joy qoldirmoq, bo'sh joy qoldirmoq. 두 줄씩 ~ ikkita chiziq qoldirmoq.
띠 I (허리의) belbog'; kamar; (여자·어린이용의).『물건 매는』 arqon; bog'.『아기 업는』 [bola ko'taradigan kamar. 『탄생한 해의』 burj ostida. 『화투의』 karta o'yinida beshtalik. 허리띠 belbog'. 그녀는 말띠이다 Uning burji ot.
띠 II qiyoq; qiyoq o't; bardi.
띠다 (띠를) taqmoq; bog'lamoq. (용무를) topshirilgan; zimmasiga yuklangan; 띠를 ~ belbog' bog'lamoq. 용무를 띠고 여행하다 topshiriq bilan sayohat qilmoq.
띠앗머리 aka-uka muhabbati; aka-ukadek sevish.
띠염띠염 1) masofa qoldirib; 2) kamdan-kam; 3) uzilib-uzilib.
띠집 dial. qar. 개간
띠철 lentali temir.
띠톱 lentali arra.
띵하다 『아파서』 og'rimoq kasal bo'lmoq.『머리가 흐리다』 tentak; ahmoq; aqli kam. 머리가 ~ boshim og'riyapti.
띵띵하다 qattiq; zich.

ㄹ

ㄹ koreys tili alifbosining l/r fonemasini ifodalovchi 4chi harfi.

-ㄹ I sifatdosh qo'sh. ifodalaydi: 1) nisbiy kelasi zamon:~행복할 생활 yanada baxtliroq bo'ladigan hayot; 2) muqarrarlik: 갈 사람들은 이미 떠났다 ketishlari kerak bo'lgan odamlar, allaqachon yo'lga tushishdi; 3) ehtimollik; 집에서 기다릴 사람들을 생각하였다 (uni) uyda kutishi mumkin bo'lgan odamlar haqida o'yladi; 4) imkoniyat: 들어 앉을 자리가 없다 egallash mumkin bo'lgan joy yo'q; 5) yordamchi so'zlardan oldin - atributiv (aniqlovchi) munosa- batlar: 젊은 때 yoshlik paytida; 6) kor. ieroglif lug'atlarida ieroglif ma'nosini anglatuvchi kor. so'zlarni uning koreyscha o'qilishi bilan bog'laydi: 움직일 동 "ma'no, mazmun - harakatlanmoq, o'qilishi - ton'".

-ㄹ II qisq. ~를.

-ㄹ가 so'roq shaklidagi predikativning eng ko'p ishlatiladigan qo'sh. quyidagilarni ifodalaydi: 1) taxmin, faraz: ~그 사람들이 지금 어디쯤 갈가? ular qayergadir ketishdi, shekilli?; 2) suhbatdoshni harakat qilishga undash: 이제 갈가? Xo'sh, ketamizmi?; 3) harakat bajarishga ijozat (ruxsat) so'rash: 더 물어 볼가? yana so'rasam maylimi?; 4) ish-harakatni amalga oshirishga imkon yaratib berish: 그 애가 읽을가? bu bola o'qiy olarmikin?

-ㄹ거나 og'z. so'roq shaklining ko'p qo'llanadigan qo'sh; so'zlovchining o'ziga ishon-masligini ifodalaydi: ~자 우리 산 보라도 갈거나 hech bo'lmasa, biz o'ta olarmizmi?

-ㄹ걸 og'z. darak shaklda qo'sh.: 1) taxmin, faraz: ~이 꽃은 피면 붉을걸 ehtimol, bu gullar ochilganda chiroyli bo'lar; 2) ish-harakatni tugallanishidan afsuslanish: 더 공부를 하여야 둘걸 men ko'proq shug'ullansam bo'lar ekan.

-ㄹ게 og'z. darak shaklini ko'p qo'llanadigan qo'sh1. ishharakatni tugallashga va'da berish ma'nosini ifodalaydi: ~내 가져다 줄게 men (senga) keltirib beraman; 2. ravishdosh qo'sh.: 내 일생 경력을 이야기할게 들어보려나? o'z hayotimdagi qiyinchiliklar haqida so'zlab beraman, sen eshitasanmi?

-ㄹ고 so'roq shaklidagi ko'p qo'llanadigan qo'sh. quyidagi ottenkalar bilan 1) gumon. : ~도 대체 그게 누굴고? umuman, bu kim bo'lishi mumkin?; 2) ish-harakatga istak, mayl, xohish: 어느 책부터 읽을고? o'qishni qaysi kitobdan boshlaymiq?; 3) imkon, imkoniyat: 거기까지 하루에 어이 갈고? qanday qilib bir kunda u yerga yetib borish mumkin?

-ㄹ는지 og'z. so'roq shaklidagi intim qo'sh. ifodalaydi: 1) gumon: 내일은 날씨가 따뜻할는지? ertaga, balkim(shubhasiz) iliq havo bo'ladi; 2) suhbat- doshni harakatga undash: ~자네가 내

말을 들어줄는지? qani, mani eshitasanmi?; 3) ish-harakatni bajarishni imkoni borli: 이 문제가 그렇게 풀릴는지 bu masalani shu tarzda hal qilish mumkinmi?

-ㄹ다 darak shaklning qo'sh.: ~울이 없었으매 뵈는 것이 다 뜰 일다 devor bo'lmagani uchun dala yaqqol nazarga tushdi.

-ㄹ더러 og'z. kishilik olmoqshing jo'nalish kelishigidagi qo'sh.: ~날더러 누가 무슨 말을 하던? kim menga aytdi, va nima dedi?

-ㄹ라 I og'z. darak gap shaklidagi intim qo'sh. ifodalaydi: 1) qo'rqish: ~이리 오너라, 넘어질라 beri kel, bo'lmasa yiqilasan; 2) gumon: 그 대로 두었다가는 썩을라 agar shunday bo'lsa, qoldiring, ehtimol chirib ketar.

-ㄹ라구 og'z. ayiruvchi ravishdoshning qo'sh. 1) shubha, gumon: ~그렇게 비가 왔는데 강물이 맑았을라구? shuncha vaqt yog'di-yu, daryodagi suv tiniq bo'ladimi?; 2) alohida tasdiqlash: 아무러면 소 잃고 외양간 고칠라구! nima bo'lganda ham, vaqt o'tgandan keyin chirinishning hojati yo'q!

-ㄹ락 ayiruvchi ravishdoshning qo'sh.: 먼 곳에서 뻐꾸기소리 들릴락 말락 사라진다 uzoqdan, kakkuning ovozi goh eshitiladi, goh eshitilmaydi.

-ㄹ랑 og'z.ta'kidlovchi yuklama: 널랑 여기앉아 있으렴 modomiki sen ekansan, shu yerda o'tir.

-ㄹ래 og'z. aniq mayldagi fe'lning qo'pol (dag'al) qo'sh.; niyat, maqsadni ifodalaydi: 나도 읽을래 men ham o'qimoqchi bo'lib turibman(o'qimoqchiman).

-ㄹ러냐 og'z. fe'lning so'roq shaklidagi dag'al qo'sh.: 1) fe'l negizidan so'ng ish-harakatning sodir bo'lishi mumkinligini: 네가 혼자 해 낼러냐? sen (buni) yolg'iz o'zing qila olasanmi? 2) fe'l negizi bog'lamasi va sifatdan so'ng belgining mav- judligiga qarab ishonchsizlik, ajablanishni: 물이 목욕하기에는 뜨거울러냐? yuvinish uchun suv yetarli darajada isiganmikin?; 어쩌면 파도 소리 저리도 요란할러냐! nimaga to'lqinning guvillashi shunchalik baland?!

-ㄹ러니 og'z. zidlovchi ravishdoshning qo'sh.: 아까는 비가 올러니 이젠 말끔하게 개였다 yaqinda yomg'ir yog'ayotgandi, hozir havo ochilib ketdi.

-ㄹ러라 kit. darak shakldagi dag'al qo'sh.: 1) fe'l negizidan so'ng ish harakatning sodir bo'lishi mumkinligi: 그 대로 먹을러라 uni shunday yeyish mumkin; 2) sifatning negizi va fe'l bog'-lovchisidan songgapiruvchining avvalgi tajribasi asosida o'rnatgan belgini ifodalaydi: 네가 헤엄치기 좋을 만큼 물이 깊을러라 [u yer] shunchalik chuqurki, sen bemalol suzishing mumkin.

-ㄹ런가 og'z. so'roq shakldagi intim qo'sh. ishharakatning sodir etishi imkoni mavjudligi masalasini ifodalaydi: 그렇게 맛있게 요리하면 앓는 이도 조금 먹을런가? Agar shunchalik mazzali tayyorlangan bo'lsa, kasal ham ozgina yeyishi mumkina?

-ㄹ런고 esk. baland. qar.-ㄹ런가

-ㄹ레 1) og'z. darak-xabar shaklidagi nasliy qo'sh.:1) gapiruvchining o'z tajribasi asosida o'rnatgan belgini:보름만 더 있으면 해곡을 먹을레 yana faqat ikki haftadan so'nggina yangi hosildan non yeymiz; 2) tajriba yoki kuzatishga asoslangan gumon, faraz: 봉오리를 보니 꽃이 붉을레 g'unchalaridan ko'rinib turibdiki, gullar qizildir.

-ㄹ레라 darak-xabar shaklidagi qo'sh.: 1) zavqlanish, tan olish ottenkali gumon, faraz: 바람도 훈훈할레라 hali shamol ham balki issiqdir!; 2) orzu, maqsad, imkoniyat: 이 몸은 죽어서도 임을 섬길레라 o'la-o'lguncha sevgilimga sodiq bo'laman

-ㄹ려고 qar. ~려고.

-ㄹ망정 to'siqsiz ravishdoshning qo'sh.: 비록 어린 동무일망정 애국적 열성은 어른에 지지 않습니다 u yosh bo'lishiga qaramay, unda vatanparvarlik hissiyoti kattalarnikidan kam emas.

-ㄹ뿐더러 bog'lovchi ravishdoshning qo'sh.: 바람이 불뿐더러 눈까지 쏟아진다 shamol esmoqda, buning ustiga qor ham yog'- moqda(yog'ayapti).

-ㄹ사 kitob. darak-xabar shaklidagi qo'sh. ifodalaydi: 1) fe'l negizidan keyin - maqsad: 집을 갈사 uyga ketmoqchiman; 2) sifat negizidan keyin - zavqlanish: 누른 국화 가을볕에 꽃다울사 kuzgi oftobning nurlari ustida xrizantemalar yaxshi bo'ladi.

-ㄹ새 ravishdosh shaklidagi predikativning kitobiy qo'sh.: 1) sabab: 길동이 비호 같이 걸을새 발자국 소리조차 없더라 Gil Don huddi sherga oxshab yurgani uchun uning oyoq tovushlari eshitilmasdi; 2) Ertakdagi yakulovchi ish-harakatni zamonaviy ish-harakat bilan mosligi.: 노래를 부를새 맑은 바람은 옷자락을 날리고 달은 얼굴을 비치더라 ular ashula aytayotgan payt- da maza havo dalada esadi, ularning kiyimini pirpiratadi, oy esa ularning yuzini yoritadi.

-ㄹ세 I og'z. darak-xabar shaklidagi fe'l bog'lovchisining nasliy qo'sh.: ~이다: 누구야?- 날세 u yerda kim? -bu men.

ㄹ세 II og'z. ravisgdoshning qo'sh. gipotetik shartni ifodalaydi: 종이가 없을세 말이지 agar qog'oz bo'lmaganda edi...

ㄹ세라 1. darak-xabar shaklidagi dag'al (qo'pol) qo'sh: 1) so'zlovchining bu belgining paydo bo'lishi yoki mazkur ish-harakatning sodir bo'lishidan xavotirlanish: 바람이 일었으니 물결이 높을세라 shamol ko'tarildi, ishqilib to'lqin ko'tarilmasin (dengizda); 2) undov, xitob: 날씨가 좋을세라! qanday yaxshi havo!; 2. sabab ravishdoshining qo'sh: 밤이 좋을세라 산보나 하자 Oqshom yaxshi bo'lgani uchun, yuringlar bir aylanib kelaylik.

-ㄹ소냐 kit. muqobil masalani ifodalovchi so'roq shaklidagi nasliy qo'sh.: 겉이 희다 하여 속까지 흴소냐 sen uni tashqaridan oq deyapsan, unda uning ichi ham oqmi?

-ㄹ손가 muqobil masalani ifodalovchi so'roq shaklidagi kit. qo'sh.

-ㄹ수록 kuchaytirish ravishdoshining qo'sh. 가면 갈수록 qancha ilgari ketsang; 물건이 좋을수록 값이 높아간다 mol (tovar) qancha yaxshi bo'lsa, shuncha uning narxi baland bo'ladi.

-ㄹ시고 so'roq shaklidagi sifatning qo'sh.: 아침 해 볕 고울시고! ertalabki oftobning erkalovchi nurlari!

-ㄹ작시면 shart ma'nosini

ㄹ

anglatuvchi ba'zibir fe'llarning ravishdosh shaklidagi qo'sh.: 그 자가 또 올작시면 필시 야단이 날 것 이로다 agar manavi nusxa yana kelsa, janjal chiqishi muqarrar.

-ㄹ지 I so'roq shaklidagi intim qo'sh. quyidagi ottenkalar bilan: 1) gumon, shubha: 솜 것이나 털 것 없이 밤을 지낼지? sen ehtimol issiq ko'rpa yopmay uxlarsan?; *2)* fe'l negizi bog'lovchisidan va sifatdan so'ng, so'zlovchi tomonidan o'zining shaxsiy tajribasi yoki zavq-shavq ottenkali gumon, shubha anglatuvchi savolga beriladigan javob: 운전하기 쉬운 기겔지? bu mashina boshqarilishi oson, shunday emasmi?

-ㄹ지 II og'z. so'roq shaklidagi qo'sh. quyidagi ma'nolari bilan: 1) xohish, istak, talab: 저게 비가 올 구름일지? narigi bulutdan yomg'ir yog'masmikin?; 2) niyat, maqsad: 그 대가 내 집을 찾아 줄 지? meni ko'rishga kelmoqchimisiz?; 3) ish-harakatni sodir etish imkoniyati: 이 배로 저런 강을 건늘지? bu qayiqda anavi daryodan suzib o'tish mumkinmi?

-ㄹ지나 zidlovchi ravishdoshning kit. qo'sh.: 이미 그는 다 달았을지나 어인 까닭인지 소식을 전하지 않도다 u yetib oldi (belgilangan joyga), lekin nima uchundir undan xabar yo'q.

-ㄹ지니 sabab ravishdoshining kit. qo'sh.: 내일 이침에 저 곳에 다 달을지니 그 때 만나기로 하리로다 ertaga ertalab biz u yerga yetib kelsak, o'sha yerda uchrashamiz

-ㄹ지니라 darak-xabar shaklidagi kitobiy yuqori uslubdagi qo'sh. belgining albatta mavjudligini ifodalaydi: 그 짐승이 숲 속에 숨었을지니라 bu yirtqich shubhasiz o'rmonga yashiringan.

-ㄹ지라 qar. -ㄹ지니라.

-ㄹ지라도 to'siqsiz shart ravishdoshining qo'sh.: 네가 갈지라도 일에는 별 지장이 없겠지? agar sen ketsan, bu ishga unchalik zarar keltirmaydimi?

-ㄹ지어다 darak-xabar shaklidagi kitobiy yuqori uslubdagi qo'sh. zarurlik, muqarrarlik ma'nosi bilan: 내 집을 찾을지어다 Siz, albatta, meni ko'rishga kelishingiz kerak.

-ㄹ지언정 to'siqsiz ravishdoshning qo'sh.: 산이 높을지언정 오를 수 있소 tog' qanchalik baland bo'lmasin, unga bir amallab chiqish mumkin.

-ㄹ진대 shart ravishdoshining kit. yuqori uslubdagi qo'sh.: 건강할진대 무엇이 두려우랴? Agar sog' bo'lsangiz, unda nimadan qo'rqasiz?

-ㄹ진저 undov shaklidagi yuqori kit. qo'sh.: 조국을 위하여 용감히 싸울진저! Vatan uchun jasurlik bilan kurashadilar!

라(鑼) I gong - bong, rang.

라(la) II (음악) mus. lya (notasi).

-라 I darak-xabar shaklidagife'l bog'lovchisining qo'sh.: ~이것은 책이라 bu kitob; otdan so'ng va atov fe'llardan oldin ham qo'llaniladi: 저는 김 탁경이라 부릅니다 Mening ismim Kim Txak Kyon.

-라 II darak-xabar shaklining kit. dag'al(qo'pol) qo'sh.: 읽으라! O'qi!

-라 III sabab rav. og'z. nutqidagi qo'sh.: 넓은 강이라 건느는 데 한참 걸립니다 Daryo keng bo'lgani uchun undan otish ancha vaqtni talab qiladi

-라고 I og'z. 1) so'roq

shaklidagi fe'l bog'lovchisining intim qo'sh. takror savolni ifodalaydi: 이게 만년필이라고 shunday gapiryapsanki, go'yo bu avtoruchkaday?; 2) fe'l bog'lovchisining sabab ravishdoshi qo'sh.; 3) otdan so'ng ularga mensimaslik, iltifotsizlik ottenkalarini beradi: 사람이라고 odamcha; 3) so'zlovchi fe'ldan oldin ko'chirma gapga ishora qiladi: 그를 음악가라고 말하는 이도 있다 ba'zilar aytishadiki, u musiqachi deb (ba'zilar uni musiqachi deb aytishadi).
-라고 II chetdan buyurishni ifodalovchi qo'sh: 오라고 말하다 kimdir kelsin deb aytdi.
-라구 I buyruq shaklining og'z. nutqdagi dag'al(qo'pol) qo'sh.: 더 좀 용감하라구 qani, ozgina dadilroq bo'lchi!
-라구 II og'z. so'roq shaklidagi intim qo'sh. qo'rqish ottenkasi bilan: 내가 떨어지라구? men yiqilib tushmaymanmi?
라듐(ingl. radium) kimyo. radiy.
라디오 radio; radioeshittirish; radiopriyomnik; ~방송 radioeshittirish; radio orqali eshittirish; ~방송을 하다 radio orqali eshittirish;radioeshittirishini olib borish; ~ 공학 radiotexnika
라디오공학(-工學) radiotexnika.
라디오방송국 radiostantsiya.
라디움 kimyo. radiy.
라마(喇嘛) diniy. lama.
라면 ramyon; tez pishiriladigan koreys lapshasi.
라벨(ingl. label) yorliq, etiketka, birka.
-라서 og'z. sabab fe'l bog'lovchisining ravishdoshi
라벤더(ingl.lavender) 〖植〗 lavanda guli.
라벨(ingl.letter, label) yopishadigan rasmli qog'oz (stiker)
라스베이거스(미국도시) Las Vegas
라스트 (ingl. last) oxirgi; o'tgan.
라오스 Laos.(인도차이나 북부의 나라)
라우드스피커(loud speaker) baland ovozli karnay. ⇒ 확성기.
라선(螺線) vintli chiziq.
라야 yuklama. faqat; 첫새벽에라야 집으로 돌아왔다 uyga faqat erta tongda qaytdi
라운드(ingl. roune) tur; raund, reys.
라운지(ingl. lounge) xoll, dam olish uchun xona.
라이거(liger) sher va yo'lbars.
라이벌(ingl. rival) konkurent; raqib. ~ 의식 raqobat; raqiblik.
라이브(live) jonli.; ~ 녹음 jonli ovoz yozish.
라이브러리(library) kutubxona.
라이선스(license) ro'hsat; litsenziya.
라이센스(ingl. license) lisenziya; patent
라이스(rice) guruch.
라이온(lion) sher.
라이카(Leica:상표명) Leika(kamera)
라이터(lighter) sigareta; 『문필가』muallif; ~돌 chaqmoqtosh.; zajigalka.
라이트(right) I 〖體〗 o'ng yer; 〖拳〗 o'ng zarba 「jag'iga」; (체급) yengil vazn; 턱에 강한 ~를 먹이다 jag' iga kuchli musht yemoq.
라이트(light) II (빛)nur; yorug'lik.(등불) chiroq.; ~를 *끄* [켜]시오 chiroqni o'chiring [yoqing]; ~급 선수 yengil vaznli bokschi.
라이트(right) III (비행기 발명가 형제) Vilbur Vrayt (1867-1912); Orville Vrayt (1871 -1948).
라이프(life) (생명. 인생) hayot; umr.; ~보트 hayot kemasi (구명정).

라이프사이언스(life sciences) 『생명과학』 hayotiy fanlar.
라이프사이클(life cycle) hayotiy doira.
라이프스타일(life-style) hayotiy uslub.
라인(line) (줄,선)chiziq; liniya.
라인강(Rhine River) Reyn (daryo).
라일락(lilae) 〖植〗 nastarin.
라켓 raketka (테니스, 탁구의).
라트비아 (동유럽의 공화국) Latviya.
라틴 Lotin. ～의 Lotin.; ～문학 Lotin adabiyoti.; ～아메리카 Lotin Amerikasi.
락토오스(lactose) 〖化〗 laktoza; sut qandi. ⇒ 젖당
란(欄) rukn; qator. (신문의) 스포츠～ sport rukni.
란셋(lancet) ⇒ 랜싯
란탄(Lanthan) 〖化〗 lantan.
람바다(lambada) 〖音〗 lambada.
람보 (영화의 주인공) Rembo.
랍비 (유대교 율법사) rabbi.
랑 yo; yoki; va; ham; va b.q. 『함께』 (birga) bilan
랑데뷰 tutashtirish; ulanish; uchma-uch ulash; birikish; 두 우주선의 ～는 성공적이었다고 보도되었다 Ikki kosmik kemani tutashtirish muvaffaqiyatli bo'ldi degan xabar keldi.
래커(lacquer) yaltiroqlik.
램프(lamp) I chiroq.; 석유～ moy chiroq.
랩(rap) I 〖音〗 (리듬에 맞춰 말하듯이 부르는 혹인 음악) rep (musiqa). 랩가수 repper (rep qo'shiqlar ijod qiluvchi).
랩(lap) II (연구실. 실습실) l aboratoriya; tajribaxona.
랩(wrap) III yopqich; yopinchiq.
랩소디(rapsody) 〖音〗 rapsodiya (xalq qo'shiqlari musiqasi).
랩톱 〖컴퓨터〗 ～형의 laptop
랭크(rank) (계급.지위) daraja; unvon; rang.
러너(runner) 〖體〗 yuguruvchi.
러닝(running) 〖體〗 yugurish.
러 버(rubber)(고무)rezina; kauchuk.
러브(love) sevgi; muhabbat; ～게임 『테니스에서』 sevgi; muhabbat o'yin ～ 레터 sevgi; muhabbat maktubi.
러셀(russell)(영국의 철학자) Bertrand Rossell (1872-1970).
러시아 노국(露國) Rossiya.
러시아워 tig'iz vaqt.
러키 omadli.
럭비(Rugby) (스포츠) Regbi futbol; qo'l to'pi(영구어).
-런가 qo'shni uy.
-런고 esk. kit. qo'sh.ning o'roq shakli.
런닝(ingl. running) (속옷 상의) yugurish; chopish; yugur-chop; ～ 셔츠 mayka.
런던(London) (영국의 수도)London.
런치 lanch. ～타임 lanch vaqti.
-력(力) kor.qo'sh. 1) kuch; quvvat; ～생산력 ishlab chiqaruvchi kuch; 원자력 atom quvvati; 군사력 harbiy kuch; 2) qobiliyat; 구매력 sotib oluvchanlik qobiliyati; 기억력 xotira (eslab qolish qobiliyati).
레귤러(regular) doimiy; (정식 선수) doimiy o'yinchi; chaluvchi
레더(leather) sharm; maftun (mahliyo; shaydo) qilmoq; teri; 『모조가죽』 momiqli joziba; tarovat; dilrabolik; dilbarlik; jozibadorlik; yoqimlilik.
레드카드(red care) 〖體〗 (주심이 퇴장을 명하는 카드) qizil kartochka.
레모네이드(lemonade) (레몬즙 음료) lemonad.
레몬(lemon) 〖植〗 lemon.; ～산(-酸) limon kislotasi.
레바논(Lebanon) 『중동의 공화

국』 Lebanon (Respublikasi).
레벨(level) daraja.
레스토랑(restaurant) restoran.
레슨(lesson) dars; mashg'ulot.
레슬러(wrestler) kurashchi.
레슬링(wrestling)(스포츠) kurash.
레이더(radar) radar; radiolokator.; ~에 잡히다 radarga tushmoq.
레이디(lady) ledi; xonim.; 퍼스트~ birinchi xonim ⇒ 숙녀
레이서(racer) yuguruvchi; haydovchi.
레이스(race) I (경주) poyga; musobaqa.; ~코스 poyga kursi.
레이스(lace) II (수예품) to'r; ~를 달다 to'r ilmoq.
레이싱카(racing car) musobaqa mashinasi.
레이온(rayon) 『인조견사』 rayon; artificial ipak.
레이저(laser) 〖物〗 『빛의 증폭 장치』 lazer; ~광선 lazer nuri; ~디스크 〖컴퓨터〗 lazer disk; ~병기 lazer qurol; ~수술 lazer jarrohlik;~프린터 lazerli printer.
레인슈즈(rain shoes) yomg'ir tuflisi.
레인지(range) oshxona plitasi; tova; qozon
레인코트(raincoat) yomg'ir plashi; yong'irpo'sh. ⇒ 비옷(우의)
레일(rail) temir yo'l, rels.
레임덕(lame duck) omadsiz; omadi yo'q. (집권 말기의 권력 누수 현상).
레저(leisure) bo'sh vaqt; bekorchi vaqt.
레지던트(resident) kasalxonada yashaydigan vrach.⇒ 전공의(專攻醫)
레즈비언(lesbian) 『여성 동성애자』 ayol bachchaboz.
레지스탕스(résistance) aks ta'sir; qarshi ta'sir. ⇒ 저항.
레지스터(register) 『등록(부)·등기』 ro'yxat; qabul.
레코드(recore) yozish; belgilash. ⇒ 기록(記錄). 『축음기의』 gramofon; ovoz yozish.
레크리에이션(recreation) ko'ngilxushlik; ~센터 ko'ngil ochish markazi.
레터(letter) xat.; 팬~ ishqibozlik xati.
레테르(letter) stiker. ⇒ 라벨. ⇒ 상표(商標)
레토르트(retort) 〖化〗 (실험용기구) dono javob.
레퍼리(referee) hakam.
렌즈(lens) linza; obektiv; 〖解〗 ko'z gavhari.
렌터카(rent-a-car) ijaraga olingan mashina; (상표이름).
로가리듬(logarithm) 〖數〗 logarifm. ⇒ 로그.
로고스(logos) 〖哲〗 『우주 법칙』 logos.
로그(log) 〖數〗 logarifm; log.
로듐(Rhodium) 〖化〗 rodium (기호 Rh).
로드게임(road game) 『원정 경기』 ko'cha o'yini.
로드레이스(road race) 『자전거의』 ko'cha poyga; musobaqa; ko'cha velopoygasi.
로드맵(road map) 『운전자용 지도』 ko'cha xaritasi.
로드쇼(road show) 〖映〗 ko'cha tasviri「filmning」
로드아일랜드 『미국의 주』 Rod Aylend; (생략 R.A.).
로드워크 (노상 트레이닝) ko'cha xizmat; (도로 공사) ko'cha ishi.
로란(LORAN) 『배. 항공기의 자기 위치 측정장치』 loran.
로마 『이탈리아의 수도』Rim.
로마자(Roma字) lotincha.
로마네스크 Roman, arxitektura
로맨스(romance) roman; romantik qissa; melodrama (연애 사건); muhabbat hikoyasi. 〖음악〗

ㄹ

romans.
로맨스어(Romance—語) Roman tillari.
로맨티시스트(romanticist) romantik. ⇒ 낭만파(浪漫派)
로맨티시즘(romanticism) romantizm. ⇒낭만주의(浪漫主義)
로맨틱(romantie) romantik. ⇒ 감상적인(感傷的-)
로봇(robot) robot; avtomat. 『허수아비 같은 사람』qo'g'irchoq.
로비(lobby) foye; vestibyul. (정치) muholif.
로빈후드 (영국의 의적(義賊) Robin Gud.
로빙 (테니스) lobbing. ~하다 lob 「to'p .
로션(lotion) losyon; 헤어~ soch uchun lasyon.
로스(loss) 『손실』yo'qotish. ⇒ 낭비(浪費)
로스앤젤레스 (미국의 도시) Los Anjelos (생략 LA).
로스타임(loss time) vaqt tugashi; yo'q vaqt.
로스트(roast) biqin (go'sht).
로스트제너레이션 Lost Generation.
로열박스(royal box) royal box. ⇒ 귀빈석(貴賓席)
로열젤리(royal jelly) shohona javohir.
로이터 Reyter.; ~ 통신사 Reyter Axborot agentligi.
로자리오(rosary) 〖가톨릭〗 rozari.
로제 qizil vino.
로제타석(Rosetta—石) Rosetta stone.
로젯 rozetka.
로즈메리 〖植〗 rozmarin.
로카 ROKA. [Korea Respublikasi Armiyasi] ⇒대한민국육군
로커(locker) 〖映〗 shkafcha. ~룸 yechinish xonasi.
로컬 mahalliy, lokal; ~타임 mahalliy vaqt (현지 시간).; ~뉴스 tarmoq yangiligi.
로켓 raketa. ~실험장 raketa poligoni. ~기지 raketa bazasi.
로코코(rococo) 〖建·美〗 rokoko 「arxitektura」.
로큰롤(rock'n'roll) (춤.곡) rokin roll. ⇒ 록(rok)
로키산맥(—山脈) (북아메리카의) Roki cho'qqisi.
로터리(rotary) transport (yo'l) xalqasi
로프(rope) ip; arqon;(선박) tros.
로힐(low-heelee)past poshnali tufli.
록(rock) 〖音〗 rok. ⇒ 로크롤
록클라이밍 『암벽 등반』 qoyaga [cho'qqiga] ko'tarilish.
록펠러(미국의 석유왕) Jon Devison Rokefeller (1839-1937).
론도(rondo) 〖音〗 rondo. ⇒ 회선곡(回旋曲)
론코트(lawn court) 『잔디 구장』 maysali kort.
론테니스(lawn tennis) chim ustidagi tennis.
롤러(roller) g'altak; rolik; g'ildirak; ~스케이트 rolikli chang'i.
롤링(rolling) (배의) rolling; roll. ~하다 roll.
롤빵 dumaloq non.
롱런(long-run) 〖映·演〗 uzoq yugurish.
롱비치 (미국의 도시) Long Bech.
롱스커트(long skirt) uzun yubka. ⇒ 긴치마
롱슛(ingl. long shoot) 1) uzoq masofadan darvozaga to'p urish; 2) uzoq masofadan savatga to'p tushirish (bas- ketbol o'yinida).
뢰트겐(ingl. Roentgen) rentgen; ~선 rentgenografiya.
뢴트겐(Röntgen: 독일의 물리학자) Wilyem Konrad Rentgen (1845-1923); (뢴트겐선) Rentgen nurlari; X= nurlar ⇒ 엑스선.

루마니아(Roumania) Ruminiya.
루브르(파리의 박물관) Luvr (muzey).
루블(rouble)(러시아 화폐) rubl.
루비(ruby) 〖鑛〗 la'l; qizil yoqut. ⇒ 홍옥(紅玉); 〖印〗 kichkina o'lchamdagi nashr; 51/2 pt. o'lcham.
루이지애나(미국의 주)Luiziana; La..
루주(프 rouge) lab bo'yoq.
루즈벨트 (미국 제26대 대통령) Teodor Ruzvelt (1858-1919).
루지(luge) (경기용 소형 썰매) luge; (Shveytsariya) toboggan.
루키(rookie) 『신인』 rookie.
루터(Martin Luther) (독일의 종교 개혁가) Martin Lyuter (1483-1546).
루테튬(lutetium) 〖化〗 lyutetsiy.
루트(route) I (경로) yo'nalish; yo'l.
루트(root) II 〖數〗 ildiz; ildiz osti.
루피(rupee) (인도,미얀마,네팔,파키스탄 등의 화폐 단위) rupiya (R; Re).
룩색 ryukzak.
룰(rule) (규칙) qoida; tartib. ⇒ 법(法)
룰렛(roulette) (도박) rulet; ruletka; 『양재용』 rulet.
룸(room) xona.
룸바(rumba) 〖音〗 rumba.
룸펜(Lumpen) daydi; darbadar; miskin; jahongashta; betayin; 『실업자』 ishsiz.
룻기(Ruth—記)(聖.句) Rut (kitobi).
류머티즘(rheumatism) revmatizm.
르네상스(Renaissance) Renessans. ~건축 Renessans arxitektura.⇒ 문예부흥(文藝復興)
르완다(아프리카의 공화국) Rivanda.「Respublikasi」
르포(reportage) reportaj; report. ⇒ 르포르타주
르포르타주(reportage) reportaj; report
리골레토(rigoletto) 〖音〗 rigoletto (It.)
리그(league) 「beysbol」 liga.
리넨(linen) linen.⇒아마포(亞麻布)
리놀륨(linoleum) (마루용 합성재) linoleum; ~을 깔다 linoleum to'shamoq.
리더(leader) boshliq. ⇒ 지도자(指導者); (책의) o'quvchi.
리듬(rhythm) ritm; marom; maqom; sur'at.
리라(lira)(이탈리아의 화폐 단위) lira (L).
리리시즘(lyricism) lirisizm. ⇒ 서정주의(敍情主義)
리릭(lyrie) (서정시(敍情詩)) lirik.
리모컨 ⇒ 리모트컨트롤.
리모트컨트롤(remote control) 〖機·電〗 boshsaruv pulti.
리무진(limousine) 『고급 대형 승용차』 limuzin.
리바이벌(revival) 『재생』 xushiga kelmoq, qayta tug'ilmoq.
리벳(rivet) parchin; ~을 박다 parchinlab biriktirmoq.
리본(ribbon) tasma; lenta.
리볼버(revolver) (회전식 연발 권총) revolver.
리뷰 qayta ko'rmoq; qaytarib ko'rmoq.
리비도(Libido) 〖心〗 『성(性)본능』 libido.
리비아(아프리카의 공화국) Liviya.
리빙키친(living kitchen) (취사 겸용 거실) yashash xonasi.
리서치 qidiruv; qidirish; izlash; ~하다 qidirmoq; izlamoq.
리셉션(reception) qabul.
리스크(risk) havfga qo'ymoq; tahlikaga solmoq; xatarga qo'ymoq
리스트(list) ro'yhat; list. ⇒ 목록
리얼(real) haqiqiy; mavjud; chin; real;
리얼리스트 realist.
리저브(reservation) dastlabki, ilk

buyurtma bermoq, tuzmoq; dastlabki kelishuvni; ~하다 oldindan xona buyurtirmoq. ⇒ 예약(豫約)
리조트(resort) qayta saralash. ⇒ 휴양지
리코더(recorder) 『녹음기』 ovoz yozish apparati.
리코딩(recording) ovoz yozish.
리콜(recall) (소환·해임·결함 상품의 회수) qayta qo'ng'iroq qilish.
리큐어(liqueur) 『술』 likyor. ⇒ 혼성주(混成酒)
리크 (새는 것. 구멍. 양) oqishi; tarqalish; taralish; yoyilish.
리타이어 ketmoq, chiqib ketmoq, chiqarib tashlanmoq (musobaqada)(경기에서).
리터 『용량 단위』 litr (l.; lit.).
리투아니아(Lithuania) (동유럽의 공화국) Litva (Respublikasi).
리튬(lithium) 〖化〗 litiy.
리트머스(litmus) 〖化〗 litmus.
리포터(reporter) (보조기자·통신원) reportyor.
리포트(report) 『학생의 제출물』 qog'oz; report; 『보고』 hisobot.
리프트(lift) lift.
리허설(rehearsal) repititsiya; tayyorgarlik. ⇒ 예행연습
리히터지진계(Richter 地震計) Richter seysmografi.
릴리프 relef.
림프(lymph) 〖解〗 limfa.
립스틱(lipstick) lab bo'yoq. ⇒ 루주. 입술연지
리바이벌(ingl. revival) qayta dunyoga kelish; qayta tug'ilish; yangilanish.
리브레토(it. libretto) libretto.
리얼리스트 realist.
리얼리즘(ingl. realism) realizm.
리얼리티(ingl.. reality) haqiqat.
릴레이(ingl. relay) estafeta (yugurish, suzish komandalarining musobaqasi).
-림(林) kor. qo'sh. o'rmon; 국유림 davlat o'rmoni.
링(ingl. ring) 1) sport. ring; maydon; 2) qar. 반지 I; 3) qar. 바퀴.
링크(ingl. link) yaxmalak.
링컨 (미국 16대 대통령) Abraham Linkoln (1805-65).

ㄹ

ㅁ

ㅁ koreys alifbosining 5 chi harfi, "m" undosh fonemasini bildiradi.
ㅁ세 fe'lning tugallangan qo'sh., va'dani ifodalaydi: 오늘밤에 다 읽음세 bugun kechqurun hammasini o'qib chiqaman.
-ㅁ에랴 ritorik savolni bildiradi.
마 I bot. batat dioskoreyasi (*DIoscorea batatus dencne*).
마(魔) II shayton; yovuz ruh; achinarli holat; ~가 들다 kutilmaganda qiyinchiliklarga duch kelmoq.
-마 fe'lning tugallangan qo'sh.: va'dani ifodalaydi.
마감(磨勘) tugash; oxir; final; 시작과 ~ bosh va oxir; ~에 oxirida; so'ngida; xulosasida; oxirgi; tugallovchi; ~하다 oxirlamoq; tugallamoq; ~짓다 tugamoq; oxiriga yetmoq; ~시간 tugash payti (vaqti); ~하다 oxirlamoq; tugallamoq.
마개(麻稭) po'kak; probka; tiqin; 병~ shishaning tiqini; ~를 막다 tiqib qo'ymoq; ~를 열다 shishani ochmoq; ~계지 kalibr-probka.
마구 tartibsiz; to'g'ri kelganicha; qattiq; kuchli;~덤벼들다 ustiga tushmoq; otilmoq; uchib tushmoq; 돈을 ~쓰다 pulni ayamasdan sarflamoq (pulni havoga sovurmoq); 땀방울이 ~흘러내린다 terlab suv bo'lmoq; ~생긴 돌 tekislanmagan tosh; ~난 (뚫은) 창구멍 suyaksiz til.
마구 떠들다 shovqin ko'tarmoq.
-마냥 dek, kabi otdan keyin ishlatiladi; 물결~ to'lqindek (to'lqin kabi).
-마는 da, bo'lsa-da, bo'lsa ham, xatto; 그는 가끔 게으름을 피웠지만는 공부를 잘했다 U erinchoqlik qilib tursa ham, yaxshi o'qirdi; 시간이 있다마는 가지 않는다 Vaqt bo'lsa ham, borgim kelmayapti.
마늘 sarimsoq piyoz; ~쪽 sarimsoq piyozning bir qismi (bir bo'lagi); ~만두 vino uchun gazak; ~숙주나물 sarimsoq piyozdan tayyorlangan salat.
-마다 otdan keyin: har bir; har qaysi; 사람~ har bir odam; 해 ~ har yili; 10분 ~ har 10 daqiqa.
마당 1. 1) maydon; hovli; ~에 holatida; ~에 삼을 캐었다 maq. 2) harakat joyi; arena; 전투~ jang maydoni; 2. sanoq son: qo'shiqlar uchun.
마디 1) o'simlikning tutashgan shoxi; bo'g'im (bambuk va boshqalar); 뼈~ suyak bo'g'imlari; 무릎~ tizza bo'gimi; 2) tugun (ipdagi); 3) yurak dardi (og'irligi); 4) so'z; ibora; kuplet; band; 한 ~로 말하면 bir so'z bilan; 한 ~의 변명도 하지 않다 o'zini oqlash uchun bir so'z ham demaslik.
마디마디 1) har bir bo'g'im; har bir bo'g'in; 2) har bir so'z; har bir ibora; har bir kuplet.
마땅하다 1) mos; to'g'ri keladigan; 2) to'g'ri; zarur; 마음에 ~ yoqmoq; ko'ngilga mos kelmoq.
마력(魔力) I g'ayri tabiiy kuch; ~을 지닌 maftunkor.
마력(馬力) II 1) ot kuchi; 10 ~

ㅁ

의 모터 10 ta ot kuchiga to'g'ri keladigan motor; 견인~ ot quvvati; 2) fiz. ot kuchi; 3) quvvat; ~계수 quvvatning koeffisienti.

마련 1) tayyorgarlik; moslama; ~하다 tayyorlamoq; tuzmoq; 자금을 ~하다 kapital to'plamoq; 죽기 ~이다 o'lishi kerak; ~을 대다 o'ylab amalga oshirmoq; ~하다 a) rejalashtirmoq; b) tayyorgarlik ko'rmoq; tayyorlab qo'ymoq, tuzib qo'ymoq; 2) -게,-도록 qo'sh. keyin ~이다 bilan birga; kerak; mahkum; 3) ~게 qo'sh. keyin ~이다 ning o'tgan zamonida; yaqxshi ham..., bo'lmasa..; ~이 아니다 gap yo'q; so'zlashga gap yo'q; ~이없다 yomon ahvolda bo'lmoq.

마련하다(磨鍊-) rejalashtirmoq; tayyorlamoq; tayyorlanmoq; uyushtirmoq.

마련이다 albatta.

마련했던 tayyorlangan.

마렵다(마려우니,마려워) biror narsa qilgisi kelmoq; 오줌이 ~ siygisi kelmoq.

마루(바닥) I yog'ochli pol; ~를 놓다 pol taxlamoq (qurmoq); ~를 닦다 polni yuvmoq; ~판 pol taxtachalari. ⇒ 바닥

마루 II 1) otcha (tomning); 2) tog' cho'qqisi; ~넘은 수레의 세 mushkul ahvol; 3) asosiy punkt; qism.

마르다(마르니, 말라) I 1) qurimoq; qurib qolmoq; qurib ketmoq; 빨래가 마른다 kirlar qurimoqda; 입술이 마른다 lablar qurimoqda; 병으로 몸이 말랐다 kasalligidan ozib ketdi; 마른기침 마른벼락 quruq yo'tal; 마른땀 sovuq ter; 마른 가래질하다 koreys kuragi bilan quruq yerni qazimoq; 마른 걸레질하다 quruq latta bilan artmoq; 마른 고기 a) quritilgan go'sht; b) quritilgan baliq; 마른 구역 변 qayt qilgisi kelmoq; 마른 구역질하다 ko'ngli aynamoq; 마른 국수 a) suvda qaynatilmagan kuksu; b) quruq kuksu; 마른기침 quruq yo'tal; 마른과자 quruq pishiriq (pechenye); 마른 날 quy oshli kun; 마른 논 quruq guruch dalasi; 마른 눈 quruq qor; 마른 바가지 don-dun uchun idish; 마른 반찬 벼겹 mahsulotlardan tayyorlangan garnir; 마른 밥 a) quruq guruch (sho'rvasiz); b) bo'lak-bo'lak guruch; 마른번개 bulutsiz osmonda chaqmoq chaqnashi; 마른벼락 yorug' kunda momaqaldiroqli jala; 마른 신 a) yog'lanmagan charmli oyoq kiyim; b) yorug' kunda kiyiladigan oyoq kiyim; 마른자리 quruq joy; 마른장 kukun ko'rinishidagi quruq soyali sous; 마른 찬합 gazak uchun tayyorlangan taom; 마른천둥 oydin osmondagi momaqaldiroq; 마른침이 났다 tomog'i qurib ketdi; 마른타작 maydalangan quruq guruch; 마른 하늘 yorug' osmon; 마른 행주질하다 quruq sochiq bilan idishlarni artmoq;마른빨래 quruq tozalash; 마른 써레질하다 quruq yerni tekislamoq; 마른안주 aroq uchun gazak; 마른일 "quruq ish" (tikish, to'qish, bichishga o'xsh- ash ayollarning ishi); 말라비틀어지다 a) quruq bo'lib qolmoq, bo'shab qolmoq; b) yumshab qolmoq; 말라빠지다 ozib ketmoq; qurib qolmoq; 마른나무에서물내기 maq. quruq daraxtga suv quygandek; 마른나무에 꽃이 피랴 maq. 마른 나무에 좀 먹듯 a) kundan kunga o'zini yomon xis qilmoq; b) asta-sekin hona- vayron bo'lmoq;마른하늘에 날벼락 matal.

oydin osmonda momaq- aldiroq kabi; 마른 이 죽이듯 astoydil; sinchiklab; 2) ozmoq; 3) yo'q bo'lib qolmoq.
마르다(마르니, 말라) II bichmoq; o'lchov bo'yicha qilmoq.
마름모(-模) romb.
마름모형(-形) mat. romb.
마리(단위) I sanoq so'z. 1) hayvon; qush; hashorat va boshqalar; 2) bir nechta hayvonlar(qushlar, baliqlar, hasharotlar)
마리 II sanoq s. she'riy asarlar uchun.
마무리 1) tugashi(ishning); 2) mus. kadans, kadentsiya; ～하다 tugatmoq.
마무리되다 tugamoq.
마법(魔法) mo'jiza; sehr; sehrli; mo'jizakor; ～을 부리다 sehrlamoq; ～사 sehrgar; jodugar.
마비(痲痹) 1) paralich; shol; falaj; 2) ko'chma ma'no. qotib qolish; ～시키다 falajlamoq; shollamoq; ～되다 shol bo'lib qolmoq; falaj bo'lmoq; qotib qolmoq; ～환자 falaj (shol) bo'lgan kishi; paralich; falajlangan; hissiyotsiz; 소아～ yosh bolalar paralichi (tug'ma paralich); 심장 ～ yurakning to'satdan ishdan chiqishi.
마비성(痲痺性) tib. *ot.* shol; falaj; ～졸중 insul't falaji.
마사지, 안마 massaj; ～를 하다 massaj qilmoq, uqalamoq; ～술 (안마술) massaj (uqalash) qabuli.
마시다 1) ichmoq; 2) nafas olmoq; hidlamoq; 신선한 공기를～ toza havodan nafas olmoq.
마우스(ingliz. mouse) sichqoncha (kompyuter).
마을 1) qishloq; 2) ～을 다니다 qo'shnilarni yo'qlamoq; mehmonga bormoq; ～사람 qishloqda yashovchi kishi; ～가다 qo'shnilarni ko'rgani bormoq.
마음(心) 1) qalb; fe'l; xarakter; ko'ngil; yurak; 2) sezgi; tuyg'u; kayfiyat; 3) xohish; ～이 불안하다 ko'ngli notinch bo'lmoq; ～이 괴롭다 ko'ngli og'ir bo'lmoq; ～이 가지 않는다 ko'ngli tortmaslik; ～이 넓다 bag'ri keng; ochiq; ～이 좁다 bag'ri tosh; mayda gap; tosh yurak; ～이 곱다 mehribon; yaxshi; xush fe'l;～이 순하다 quloq soluvchi; odobli; ～을 합쳐 birgalikda; bir yoqadan bosh chiqarib; do'stona; ～에 들다 yoqmoq, ko'ngildagidek bo'lmoq ～에 만족하다 mamnun bo'lmoq; ～이 통하다 bir-birini tushunmoq fe'li to'g'ri kelmoq; 무서운 ～이 생기다 qo'rquvni his qilmoq; ～이 헝클어지다 ikkilanmoq; ～대로 o'z xohishi bilan; ko'ngli istaganicha; ～만 있으면 못할 일이 없다 Xohish bo'lsa, hamma narsani qilsa bo'ladi; 돌려보낼 ～으로 qaytarish niyati bilan; ～은 굴뚝 같다 (judayam) qiziqmoq; ～을 돌리다 fikrini o'zgartirmoq; o'z fikrini o'zgartirmoq; ～을 두다(품다) qiziqmoq, ～을 끌다 qiziqtirmoq,～을쓰다 qayg'urmoq, notinch bo'lmoq;～이 가라앉다 tinchlanmoq; ovunmoq; ～이 들뜨다 havotirlanmoq ～고생 (qalb) havotir; ～공부 odobli bola; ～한 번 잘 먹으면 북두 칠성이 굽어본다 maq. mehrli qalb-eng asosiysi; ～이 달다 hafa bo'lmoq; ～이 붙다 butun qalbi bilan bog'lanib qolmoq; ～이 상했다 ko'ngli og'ir ～이 좋다 yaxshi (odam); ～이 크다 a) bag'ri keng; b) mehribon; ～이 아프다 ko'ngli achimoq,～이 약하다 ko'ngli bosh ～이 한 줌만 해지다 ko'ngli bezovta bo'lmoq; ～에 짚이다 a) oldindan bilmoq

ㅁ

(sezmoq); b) vijdoni qiynalmoq; 2) tuyg'u; kayfiyat; ~이 변하다 o'zgarmoq (kayfiyat)~을 내다 niyat qilmoq; ~을 먹다 qaror qilmoq; ~이 나다 paydo bo'lmoq(xohish, istak) ~에 없다 a) yoqtirmaslik; b) xohlamaslik; ~에 있다 a) yoqtirmoq; 2) xohlamoq; ~잡아 개장수 behuda urinish; ~을 놓다 xotirjam bo'lmoq; ~을 붙이다 a) bog'lanib qolmoq (kimgadir); b) ko'ngli joyiga tushmoq; xotirjam bo'lmoq; ~을 잡다, ~이 잡히다 aqli kirmoq; ~을 졸이다 chidamsizlikni his qilmoq; ~은 딴 곳에 가 있다 hayoli uzoq bo'lmoq, ~이 돌아서다 aqli ko'- rmoq, ~이 조이다(죄다) chiday olmaslik; ~이 쏠리다 qiziqmoq, rom bo'lmoq, ~이 쓰이다 qiziq- moq, ~에 걸리다 havotirlanmoq~이 그립다 sog'inmoq; ~에 차다 rozi (mamnun) bo'lmoq. ~ 든든해하다 o'zida ishonmoq. ~먹었습니다 qaror qildi. ~속에 새기다 ko'ngliga yoqmoq.

마음대로 ko'ngli tusagancha.

마음속으로 o'zi haqida.

마음씨 qalb; ko'ngil; ~가 곱다 bag'ri keng; ~가 나쁘다 bag'ri tosh.

마음에 꼭 들다 juda yoqtirmoq.

마음에 들다 yoqtirmoq.

마이너스(ingliz. minus) minus, ayiruv; 10 ~ 4는 6이다 O'ndan to'rtni ayirsa olti bo'ladi; 미누스 ga qarang.

마이크(ingliz. mike) mikrofon.

마이크로(ingliz. micro-) mikro-; ~메터 mikrometr; ~버스 mikroavtobus; ~파 mikroto'lqin (mikrovolna); ~필름 mikrofil'm.

마일(ingliz. mile) mil (masfa o'lchovi *1609 m.ga teng*)

-마저 hatto; ham... 너 ~ 떠나다니! Hatto sen ham ketyapsan! 이젠 만나기 어렵게 되었다 endi uchratish ham qiyin.

마주 1) to'g'ri; ~보다 yuzga (ko'zga) tik qaramoq; 2) yuzma-yuz; bir-biriga; ~서다 yuzma-yuz turmoq; 3) qarama-qarshi; ~가다 손을 uchrashuvga bormoq; 4) o'zaro'; 손을 ~잡다 qo'l berib ko'rishmoq.

마주잡이 1) yelkada biror-narsani birgalikda ko'tarish; 2) ko'z-ko'zga tushmoq.

마주쳤습니다 uchrashmoq.

마주치다 1) to'qnashmoq; 2) 시선이 ~ ko'z-ko'ziga tushmoq; 문에서 아버지와 ~ eshik oldida otaga duch kelmoq.

마지막 (최후의) 1) oxirgi, oxirgi etap, yakun, ~순간 so'ngi daqiqa, ~으로 nihoyat; xulosa qilib; 2) oxirgi marta; ~으로 보다 oxirgi marta ko'rmoq; ~숨 so'ngi nafas,~숨을 거두다 so'ngi nafasini chiqarmoq; ~숨을 지우다 o'lmoq; jon bermoq. ⇒ 끝

마찬가지 1) baribir; o'sha-o'sha; huddi shunday; bir xil; ~로 bir xil; ~아닙니까? baribir emasmi?; 2) ...과 ~로 ~day; o'xshab; ~ga o'xshab; 꼭 ~이다 mutlaqo bir xil; ~에 대해서도 ~이다 bu ish ham, huddi anavi ishday.

마찰(摩擦) 1) ishqalanish; ~하다 ishqalanmoq; tushunmovchilik; ~력 ishqalanish kuchi; ~열 ishqalanish issiqligi; ~음 frikativ undosh; ~계수 ishqalanish koeffisiyenti; ~선별 kon. ishqalanish bo'yicha separaciya; ~시험 ishqalanish bo'yicha imtihon; ~전달 tex. friktsion ko'rsatuv; ~활차 tex. friktsion polispat; ~용접 ishqalab payvandlash; 2) ko'chma ma'no, nizo, ixtilof.

마취(痲醉) narkoz; anesteziya; og'riqni qoldirish; ～시키다 narkozdan o'tmoq; uxlatmoq; ～제 og'riqni qoldiruvchi vosita; anestetik; ～하다 a) og'riqni qoldirmoq; uxlatib qo'ymoq; b) ko'chma. boshini aylantirib qo'ymoq; jinni qilmoq.

마치 huddi; ~dagidek; naq; ~ga o'xshaydi; ～꾀꼬리처럼 노래하다 bulbuldek sayramoq; ～같다 huddi; ~ga o'xshab; ～처럼 huddi; ～춤이나 추듯이 뱅뱅 돌고 있다 raqsdagidek aylanmoq.

마치고 tugatib; yakunlab.

마침 ayni; huddi; aynan; 자네가 ～왔군 Ayni paytida kelding; ～맞다 a) aynan mos kelmoq, to'g'ri bo'lmoq; b) ayni bo'lmoq; ～몰라 Olloh hamma narsadan xabardor.

마침내 oxir oqibat; va nihoyat.

마케팅(ingl. marketing) marketing

마파람 (남쪽에서 불어오는 바람《본디 뱃사람 말》) janubiy shamollar; ～에 게 눈 감추듯 matal. sigir yalab qo'yganday. ⇒ 마풍(痲風). 앞바람.

마흔, 사십(40) qirq.

마흔째 qirqinchi.

막(幕) I 1) palatka, chodir, kapa 2) parda; tugamoq; boshlanmoq; harakat, akt; ～을 치다 a) chodirni buzmoq; b) parda osmoq, ～을 내리다 pardani tushirmoq(yopmoq); ～을 올리다 pardani ko'tarmoq; ～의 뒤에서 sahna ortida; ～을 닫다 (내리다) a) yopmoq; pardani tushirmoq; b) tugamoq; tamomlamoq; ～을 열다(올리다) a)pardani ko'tarmoq b) boshlanmoq; 3) teatr. harakat; akt.

막(膜) II yupqa parda; parda; membrana;횡격～tex. diafragma.

막 III yaqinda; hozirgina; endigina; 그는 ～가려던 참이었습니다 U hozirgina ketmoqchi bo'lib turgan edi.

-막 내리～ qiyalik; 오르～ ko'tarish; 늙으막에 qarigan chog'ida.

막내 1) oxirgi; kichik; ～아들 (eng) kichik o'g'il; ～딸 (eng) kichik qiz; ～동생 kichik uka; ～누이 (eng) kichik singil; ～며느리 (eng) kichik o'g'ilning turmush o'rtog'i; ～사위 (eng) kichik qizning turmush o'rtog'i; ～삼촌 otaning (eng) kichik ukasi; ～손자 (eng) kichik nabira; ～자식 oilada (eng) oxirgi farzand; ～아우 (eng) kichik aka; 2) (eng) oxirgi uka.

막내둥이(-童-) erkal. oxirgi farzand (oilada); ～응석 받듯 matal. so'zma-so'z. oiladagi eng kichik erkalatadigan farzanddek.

막노동 jismoniy mehnat; qora ish; ～하다 qora ish qilmoq.

막다 1)yopmoq; tiqmoq; to'smoq 수도물을 ～ suvni yoqmoq; 공격을 ～ hujumni qaytarmoq; 사고를 ～ baxtsiz hodisani oldini olmoq; 숨을～ nafas olishni qiyinlashtirmoq; 일끝을 ～ ishni tugatmoq; 2) bermaslik; taqiqlamoq; to'sqinlik qilmoq; 고지를 막아내다 balandlikdan o'tmoq; 막아서다 to'sqinlik qilmoq, yo'l to'smoq; 3) rad qilmoq; ogohlantirmoq.

막대기 yog'och; ～자석 brusmagnit; ～의 교훈 xipchin bilan tarbiya qilmoq; ~질 하다 yog'och bilan silkitmoq.⇒몽둥이

막히다 1) to'silgan bo'lmoq; 기가 막힌다 etning jimirlab ketishi; 숨이 막혔다 nafas olish qiyinlashib ketdi; 코가 막혔다 burunni qotib qolishi; 막힐데 없이 to'sqinliklarsiz; 앞길이 yopilgan

ㅁ

(berkitilgan) bo'lmoq; 2) to'xtab qolmoq(so'zlashuvda) 3) erkin harakat qila olmaslik.
만(灣) I ko'rfaz; qo'ltiq.
만(萬) II o'n ming; 만 분지 일 a) o'n mingdan bir qismi; b) kichik; ozgina; 수십만 bir necha yuz ming.
만(滿) III butun, butunlay; to'la; 만 스무 살 20 yil butunlay; 만 일년 butun yil (bir yil); 만으로 몇 살인가? sen nechi yoshga to'lding?
만 IV faqat; faqatgina; 집에서만 읽었다 faqat uyda o'qidi; 소리를 질러만 보지 faqat baqirib ko'rgin.
-만 -마는 ning qisqartirilgan holi.
만고(萬古) 1) eski qadrdon; ~불멸 o'lmaydigan; ~불멸의 진리 cheksiz haqiqat; ~풍산 uzoq azoblar; ~에 빛나다 abadiy yarqiramoq; 2) ~에 asrlar davomida; ~불멸 barhayot; 3) ~의 tengsiz; ~열녀 eng vafodor xotin; ~명장 mashhur boxodir; ~절색 a) go'zallarining go'zali; b) mashhur go'zallik.
만기(滿期) I muddatning tugashi; to'liq muddat;~제대(퇴역) hizmat muddatining tugashi bilan qaytarish; ~가 되어 muddatning tugashi bilan; ~되다 tugamoq (muddat); ~가 되어가고 있다 muddat tugamoqda; ~로... muddat tugashi munosabati bilan.
만기(晩期) II kechki payt; ~작물 kechki madaniyat; ~파종 kechki ekin; ~암장 광상 geol. kechki gematik tug'ilish joyi.
만나다 uchrashmoq; ko'rishmoq; 소나기를 ~ jalada qolib ketmoq; 남편을 잘 ~ yaxshi odamga turmushga chiqmoq;그와 만날 일이 없다 u bilan uchrashishga sabab yo'q,감기를~shamollamoq; 합숙자를 ~ yaxshi yotoqxona topmoq; 야단을 맞다 ko'ngilsizlikka uchramoq.
만나서 uchratib.
만나요 uchrashguncha.
만날 kundan kunga; doim; har doim; har doim; har kun; ~뗑그렁 matal.
만날까 uchrashguncha.
만남 uchrashuv; ko'rishuv; uchrashish.
만년(晩年) so'ngi yillar
만년설(萬年雪) muz qoplami.
만년필(萬年筆) avtoruchka.
만능(萬能) hamma narsaga qodirlik.
만단(萬端) turli ish;『온갖 방법』 har qanday (imkoniyati bo'lmoq) usulda.
만담(漫談) kulgili suhbat[dialog]
만대(萬代) butun avlod-ahdod.
만두(饅頭) mandu; manti.
만들다 (~을 재료로, 제조·생산하다) qilmoq; yasamoq; ishlab chiqmoq; (양조) sharob, vino; 음식을~ tayyorlamoq; pishirmoq; (되게하다) qilib qo'ymoq; yetishtirmoq ~로 몰다 ~ga aylantirmoq; ~로 바꾸다 ~ga o'zgartirmoq; almashtirmoq; (작성하다) tuzmoq; ishlab chiqmoq; ijod qilmoq; yozmoq 「hikoya; qissa」 (시문·가사 등을) (건설하다) qurmoq; barpo qilmoq; tuzmoq; (조직·창립·형성하다) asos solmoq; tashkil qilmoq; tashkillashtirmoq; tuzmoq.『조작하다』 qilmoq yasamoq; ishlab chiqmoq;(창조하다) yaratmoq; tuzmoq(창제); ~하게 하다 qila boshlamoq. olmoq; ishlamoq; ega bo'lmoq; orttirmoq. siqib (suvini) chiqarmoq; siqib (suvini) olmoq; tikmoq. 나무로 책상을 ~ yog'ochdan parta yasamoq; 아무를 도둑으로 ~ birovni o'g'iri qilib

ㅁ

o'stirmoq. 아들을 의사로 ~ bolasini doktor qilib katta qilmoq. 밥을 죽으로 ~ guruchni kuydirib qo'ymoq; 서류[계약서]를 ~ hujjatlarni [shartnoma] tuzmoq; 책을 ~ kitob qilmoq [yozmoq]; 공원을 ~ park barpo qilmoq; 학교를 ~ maktabni tashkil qilmoq. 사업체를 ~ biznes kompaniya tashkil qilmoq. 음악을[노래를] ~ qo'shiq yaratmoq [bastalamoq]. 하느님께서 이 땅 위에 만물을 만드시다 Xudo yerdagi barcha mavjudotni yaratdi. 가게 ~ keta boshlamoq 믿게 ~ ishona boshlamoq. 영화를~ film olmoq. 그는 여기서 많은 적을 만들었다 U bu yerda ko'p dushman orttirdi. 오렌지로 주스를 ~ apelsindan sharbat siqib olmoq. 그녀는 자기 옷을 자신이 만든다. U o'z ko'ylagini o'zi tikadi.

만료(滿了) oxirgi muhlat; so'ngi muddat. ~하다 muhlat tugamoq; muddat tamom bo'lmoq.

만리(萬里) uzoq masofa. ~장성(長城) Buyuk Xitoy devori. ~ 창파를 건너서 오다 Uzoq dengizlar osha kelmoq.

만면(滿面) butun yuz. ~에 미소를 띄우다. yuzida jilmayish ko'rinadi.

만물(萬物) barcha narsa; hamma narsa. ~ 박사 qomusiy olim; alloma; olim; fuzalo. ~상(商) umumiy magazin.

만발(滿發) gul ochish; gullash. ~하다 gullamoq; gul ochmoq.

만방(萬方) barcha yo'nalishda; turli yo'l; hamma imkoniyat.

만병(萬病) turli kasallik; barcha kasallik. ~통치약 panatseya.

만병초(萬病草) 〖植〗 fotodendron.

만복(滿腹) butun oshqozon; butun qorin; ~이 되도록 먹다 bo'kib qolguncha yemoq.

만사(萬事) barcha narsa; barcha ish.

만삭(滿朔) tug'ish vaqti. ~하다 tug'ish vaqti kelmoq.

만산(滿山) butun tog'. ~하다 butun tog'ni qoplamoq.

만성(晩成) I yetilishi sust; rivojlanishi sekin. ~하다 sekin rivojlanmoq.

만성(慢性) II 〖醫〗 tuzalmaslik; surunkalilik; ~의; ~적 tuzalmas; surunkali; suyakka singib ketgan; mahkam o'rnashgan.

만세(萬世) I barcha yosh; 『영겁』 abadiy.

만세(萬歲) II 『만년』 o'n ming yillar; uzoq vaqt.

만시지탄(晩時之歎) afsuslanmoq; o'kinmoq; achinmoq; pushaymon qilmoq.

만신 ayol shomon; azayimxon.

만신(滿身) butun tana.

만신전 panteon.

만약(萬若) agar ⇒ 만일.

만연(蔓延) yoyilish; tarqalish ~하다 yoyilmoq; tarqalmoq. 지금 악성 감기가 ~되고 있다 Hozir yomon tumov tarqalgan.

만용(蠻勇) beandisha, o'ylamay qilingan, beparvo qilingan.

만우절(萬愚節) 1 aprel ahmoqlar kuni. [우즈베키스탄에] kulgi kuni.

만원(滿員) tiqilinchlik; zichlik; to'lalik.

만월(滿月) to'lin oy.

만이(蠻夷) varvarlar.⇒만인(蠻人)

만인(萬人) har bir kishi; har bir erkak; har odam.

만일(萬一) (만의 하나·극히 드문 일) o'n mingdan bir; ko'p hollarda; ko'p imkoniyat. 만일의: 만일을: [부사적](만약) agarda; bordiyu agar mabodo; (~의 경우에는); biror imkoniyat bilan. ~의 경우 ko'p hollarda. ~ 그렇다면 나는 얼마나 행복할까 Agar shunday bo'lganda

ㅁ

qanchalar baxtli bo'lardim.
만장(輓章.挽丈) II qayg'uli qo'shiq; dardli ashula; dafn qo'shig'i.
만장(滿場) III butun uy.
만장일치(滿場一致) yakdillik; birdamlik; hamjihatlik.
만전(萬全) mutloq maxfiy.
만점(滿點) (득점) oliy baho; eng baland ball. (그만임) xotima; yakun. ~을 받다 baland baho olmoq.
만져보다 paypaslab topmoq; silab topmoq; ushlab [ko'rib] bilmoq.
만조(滿潮) suvning ko'tarilishi.
만족(滿足) qoniqish; mamnuniyat lazzatlanish; qonganlik. ~하다; ~스럽다 qoniqqan; mamnun; lazzatlangan; qongan; qanoat-langan. (충분) yetarli; kofoya qilarli. ~케 하다[시키다] qondirmoq; mamnun qilmoq; hursand qilmoq. 나는 그 결과에 ~하고 있다 Men bu natijadan mamnunman. 소망을 ~ xohishini qondirmoq.
만족(蠻族) varvarlar qabilasi.
만주(滿洲) Manjuriya.
만지다(손·손가락으로) qo'l tegizmoq tegmoq, silamoq, ushlab ko'-rmoq; siypalamoq. 『만져서 알아냄』 his qilmoq.『손대어 고침』 qo'l ushlamoq. 책을 ~ kitobga tegmoq. 수염을 ~ mo'ylovini silamoq. 배를 ~ qornini silamoq. 만지지 마시오 Qo'l tegizma!
만지작거리다 sudramoq; sudrab yurmoq. (초조해서) tortmoq; tortqilamoq. 자물쇠를 ~ qulfni tortmoq. 콧수염을 ~ muylovini tortmoq.
만찬(晩餐) tushlik; nonushta; kechki ovqat. ~을 갖다 tushlik qilmoq.
만천하(滿天下) butun jahon.
만추(晩秋) kech kuz.
만춘(晩春) kech bahor.
만큼 (비교) ~day; ~dek; [부정] undaymas; bunaqamas (~만큼 ~하지 않다). miqyosda; daraja; ~할 정도(원인.이유.근거) shu darajada, shunchalar. 오늘은 어제~ 춥지않다 Bugun kechagiday sovuq emas.
만판 (마음껏) to'la; chin yurakdan; butun qalbdan. (오직. 마냥) muqtlaqo; mutloq.
만하(晩夏) kech yoz.
만하다(족하다) yetarli; yetadigan; kifoya qiladigan.『때가』pul qo'ymoq; pulga o'ynamoq; pul tikmoq; 먹을 ~ tanovul qilmoq; totmoq; totib ko'rmoq; iste'mol qilmoq.
만학(晩學) kech [yoshi o'tgach] o'qish.~하다 kech o'qimoq.
만행(蠻行) yovuzlik; vahshiylik. ~을 저지르다 yovuzlik qilmoq.
만혼(晩婚) kech turmush qur. ~하다 kech turmush qilmoq.
만화(漫恰) karikatura (인물 풍자만화); qiziq rasmlar (시사 풍자만화); (보통; 연속된 4컷의) hajviy rasmlar; [일반적] komiks; kulgili rasmlar.
만화경(萬華鏡) kaleydeskop; tez-tez o'zgarish; almashina borish.
만회(挽回) qaytarib yutib olish; mushkul ahvoldan chiqish. ~하다 qaytarib yutib olmoq; moq; mushkul ahvoldan qutilib chiqmoq「omad」; tiklamoq 「obro', e'tibor」;『따라잡다』 ushlamoq.
많다 『수가』ko'p; ancha; bir talay;『양이』ancha bir muncha; yetarli; to'la. 『잦다』tez-tez; ko'pincha. ko'p hollarda. 많은 사람 ko'p odam; 이 병은 어린이에게 ~ Bu kasallik bilan bolalarga ko'p yuqadi.
많이 『다수·다량』 ko'p; ancha.

너무 ~ juda ko'p; o'ta. 돈을 ~ 쓰다 pulni ko'p sarflamoq.
만- (첫째) birinchi bor; birinchi.
만물 birinchi (produkt).
만아들 birinchi tug'ilgan farzand.
만형(—兄) eng katta aka.
말 I (곡식을 되는) mal; 18 litrga teng o'lchov. (단위) mal; o'lchov birligi.
말 II 〖動〗 ot; poni (몸집이 작은 조랑말 따위).
말 III『장기.윷 따위의』 shashka; piyoda.
말 IV 『언어』 so'z; gap (낱말); term (용어); til (국어); dialekt(방언).『담화』 suhbat; gurung; 『언사』aytish; izhor qilish; bildirish. 말에. 말로. 말을. 말을 하다 ⇒ 말하다: 『잔소리』 tanbeh; koyish; tanbeh berish; (훈계조의); janjal (말다툼의); tanqid (불만); 『소문』 xabar. 『이야기』 hikoya; tarix.『전갈』xabar.『의미.경우』 ma'no; 외국말 xorijiy til. 표준말 adabiy til; 말로 나타내다 so'z ilan ifodalamoq.; 말을 내다 gapirib bermoq; 옛말 qadimgi hikoya; 그거 어떻게 된 말이요 Bu nima deganing?
-말(末) oxir; yakun; xotima. 4월 말에 aprel oxirida.
말가죽 ot terisi.
말갈기 (otning) yoli
말갛다 tiniq; yorug'; shaffof; toza.
말개지다 tiniqlashmoq, tozalashmoq, yorug'lashmoq; oydinlashmoq.
말거머리 〖動〗 ot zuluki.
말고[보조사] (아니고) ~dan boshqa; -dan tashqari.
말고기 ot go'shti; qazi.
말고삐 tizgin; jilov.
말곰 〖動〗 Manjuriya ayig'i.
말괄량이 bezbet qiz; epchil ayol; to'plonchi ayol; shumtaka; amazonka.
말구유 manger; ot trough.
말굳다 gap topolmay tutuilmoq; tutilib qolmoq; gap topolmay tutilmoq; tutilib qolmoq.
말굽 『발톱』 otning tuyog'i. 『편자』 taqa. ⇒ 말굽쇠
말꼬투리 so'zlar.
말끔 『남김없이 모두』 barcha.
말끔하다 『옷차림 따위가』toza; ozoda; pokiza; 『용모 따위가』 yoqimli; sevimli. 말끔한 용모의 소녀 sevimli [yoqimli] kichkina qiz
말다 I 『둘둘』 dumaloqlamoq; o'rmoq; yig'ishtirmoq (기. 텐트 따위를); o'ramoq(실을). 담배를 ~ sigaret o'ramoq. 융단을 ~ gilamni o'ramoq. 돛을~ yelkanni yig'ishtirmoq.
말다 II (국. 물에) sho'rvaga solmoq; sho'rva bilan aralashtirmoq.
말다 III 『그만두다』 to'xtamoq; tugatmoq; bas qilmoq.(단념하다). 비가 오다 말았다 yomg'ir yog'ib tugadi.
말다툼 bahs; tortishuv; janjal; ~하다 tortishmoq; bahslashmoq.
말단(末端) oxir; yakun; xotima.
말대꾸 『응수』e'tiroz; e'tiroz bildirish; qarshi chiqish.(반박).~하다 qarchi choqmoq; e'tiroz bildirmoq. ⇒ 말대답.
말더듬다 gap topolmay tutulmoq; tutulib qolmoq; gap topolmay tutulmoq; tutilib qolmoq. 그는 몹시 말을 더듬는다. U gapini mutlaqo topolmaydi.
말동무 suhbatdosh; ulfat; sherik; jo'ra.
말되다 (사리에 맞다) qilmoq; yasamoq; ishlab chiqmoq; 『합의되다』 tushunmoq; anglamoq; fahmlamoq.
말똥가리 〖鳥〗 sor(yirtqich qush)
말똥풍뎅이 go'ng qo'ng'izi.

ㅁ

말뚝 tayoq; qoziq (울타리용).
말뜻 so'zning ma'nosi.
말라깽이 oriq, ozg'in, kamchil, siyrak; kishi; shaxs; odam;
말라리아 〖醫〗 bezgak.
말라붙다 qurib qolmoq; qaqrab (qovjirab) ketmoq.
말라위 (아프리카의 공화국) Malavi.
말라죽다 so'l(i)moq; qurimoq; so'lib qolmoq; xazon bo'lmoq.
말랑거리다 yumshoq bo'lmoq.
말레이 Malayziya ~군도 Malayziya arxipelagi.
말레이시아(동남아 나라) Malayziya.
말려들다 aralashmoq; qoshil-moq; aralashib qolmoq. 분쟁에 ~ bahsga aralshmoq. 싸움에 ~ janjalga aralashib qolmoq.
말로(末路) xotima; yakun「hayotning」;『운명』 tugash. 인생의 ~ kareraning tugashi.
말리(茉莉) 〖植〗 jasmin.
말리(아프리카의 공화국) Mali (Republikasi).
말리다 I (만류하다) biror ishdan qoldirmoq; qaytarmoq. 말리는 것도 듣지 않고 Uni aynitsam ham quloq solay.『금지하다』 taqiqlamoq; man qilmoq; ruxsat bermaslik; yo'l qo'ymaslik.
말리다 II (건조시키다) quritmoq「kiyim」(바람에); quruq qilmoq;「sut」.『물을 빼다』 말린 물고기 qoqlangan baliq.
말리다 III (둘둘) o'ralmoq; chirmamoq; cho'lg'amoq. 치맛자락이 ~ yubkaning etagi o'ralmoq.
말마디 gap;『꾸지람』 tanbeh; tergash. 그처럼 늦게 귀가하면 어머니한테 ~깨나 듣겠군 Unga o'xshab kech uyga qaytsang onangdan tanbeh eshitasan.
말머리 so'zboshi; gapnng boshi; muqaddima.
말문(—門) og'iz. 공포로 ~이 막히다 qo'rquvdan og'zi gapga kelmay qoldi.
말미 ta'til. ~를주다 ta'til bermoq.
말미(末尾) xotima,yakun, tugash.
말미잘 〖動〗 dengiz aktiniyasi; dengiz guli.
말방울 ot qo'ng'irog'i.
말버릇 gapirishdagi odat; (늘하는 말) doim ishlatadigan gap[ibora]
말버짐 〖韓醫學〗 bakteriya, mikrob zamburug'.
말벌 〖昆蟲〗 qovog'ari; qizil ari.
말복(末伏) Yozniing eng issiq kuni. jazirama.
말본 grammatika. ⇒ 문법(文法).
말살(抹殺) (삭제·말소) o'chirib tashlash; yo'q qilish; (숙청·살해) olib tashlash. ~하다(삭제하다) o'chirib tashlamoq; yo'q qilmoq; (숙청·살해하다) yo'q qilmoq, o'ldirmoq.
말상(—相) 『얼굴』uzun yuz;『사람』 uzunchoq yuzli odam.
말석(末席) 『끝자리』oxirgi o'rin;『낮은 지위』 eng past daraja; past mavqe.
말세(末世) oxir, so'ng; jahon.
말소(抹消) o'chirib tashlash; o'chirish; chizib tashlash. ~하다 o'chirib tashlamoq; yo'q qil-moq; o'chirmoq; chizib tashlamoq.
말소리 ovoz; tovush.
말속 so'z ma'nosi.
말솜씨 gapirish(so'zlash,notiqlik) qobiliyati.
말수(—數) ~가 적다 kamgap.
말승냥이 『늑대』 bo'ri; 『키가 큰 사람』 baland bo'yli odam; darroz.
말실수(—失手) gapirganda xatoga yo'l qo'ymoq.
말썽 qiyinchilik; og'irlik『논쟁』 janjal; bahs.
말쑥이 toza; ozoda; pokiza.
말쑥하다 toza; ozoda; pokiza.

말쑥한 방 toza xona.
말씀 so'zlar; gap; gapirish; 말ning hurmat shakli; ~하다 gapirmoq; so'zlamoq. ⇒ 말
말씨 so'zlash uslubi, intonatsiya; talaffuz; gapirish usuli; nutq; aksent.
말초(末梢) 1) daraxt uchidagi (eng igichka) shoxlar; 2) anat. pereferiya; ~적 pereferik; ~신경 pereferik nerv.
말하다 1) gapirmoq; 말하자면 ya'ni; 말할 것도 없다 gapirishning ham keragi yo'q; o'z-o'zidan ma'lum; 말 할 수 없이 ta'riflab bo'lmaydi; 2) gapirib bermoq; 3) atamoq; ~하세요 ayting; ~했습니다 aytdi.
맑다 1) ravshan; toza; shaffof; 2) aniq (yuz tuzilishi); 3) nozik (die); 4) ochiq ko'ngil; 5) kamtar; 맑은 술 aroqning 6) quyumdan qolgan qoldiq; 맑은 장국 a) mol go'shti bul'yoni; b) soyali sous solingan bul'yon; 맑습니다 ravshan, tiniq; 맑아졌습니다 ravshan bo'ldi. 맑은 강물 tiniq daryo.
맑히다 1) tozalamoq, fil'trlamoq; 2) tartibga solmoq.
맘 qisq. 마음; 맘 잡아 개장수 bukrni go'r to'g'irlaydi.
맛(未) I 1) mazza, ta'm;~을 내다 ta'm bermoq; ~을 보다 mazasini ko'rmoq, his qilmoq, sezmoq; ~이 있다 mazzali; ~이 없다 bemaza; ~이 나다 mazza kirmoq; ~좋고 값 싼 갈치자반 matal. arzon va o'tkir; ~을 들이다 a) mazza bermoq; b) to'g'ri kelmoq; ~을 봐라 mazzasini ko'r; ~이들다 berilmoq; ~이붙다 kayfiyat; muhit; 2) 명절 맛 bayramona muhit; 3) qiziqish; 너 혼자 바다로 갈맛이 있느냐? dengizga yakka borishning nima qizig'i bor?; ~을 부리다(피우다) uyatsiz bo'lmoq.
맛 II yeb bo'ladigan malyuskalar; 가리맛 맛있게 ga qar. 맛있는 shirin.
맛있습니다 shirin, mazzali.
맛있어요 mazzali bo'ldi.
망(網) to'r; to'qima; ~을 뜨다 to'r to'qimoq.
망(望) II ~을 보다 kuzatmoq; ~을 서다 qorovullikda turmoq; qar. 명망; 3) qar. 천망.
망(望) III 1) to'lin oy; 2) to'lin oy kuni; 15 chi kun (oy kalendari bo'yicha).
-망(網) kor.qo'sh. tarmoq; ~교통망 aloqa yo'li tarmog'i.
망명(亡命), 이주(移駐) 1) chet elga qochish; siyosiy emigratsiya; ~하다 emigratsiya qilmoq (siyosiy muammolar sababli); ~생활 emig- ratsiyadagi hayot; ~객 (siyosiy) emigrant; ~지 emigrant keladigan mamlakat; 2) ~도주 og'z. og'ir jinoyat qilib qochmoq; ~죄인 qochoq jinoyatchi.
망명하다 emigratsiya qilmoq.
망원(望遠) ~렌즈 teleobektiv; ~분광기 telespektroskop; ~사진술 telesurat; ~초소 tepalikdagi kuzatish joyi
망원경(望遠鏡) teleskop; durbin; 굴절~ refraktor; ~대물렌즈 teleobektiv; 쌍안 telebinokol.
망정(望定) ba'zi fe'llardan so'ng, bog'lovchi fe'l. ~이지 ...ni yaxshi bo'ldi; 여비가 와야 ~이지 그러지 않으면 돌아 갈 수가 없게 되었다 pul kelgani yaxshi bo'ldi, aks holda qaytib keta olmas edik.
망치 bolg'a; kuvalda; ~질 하다 bolg'a (kuvalda) bilan urmoq.
망치다(亡-) 1) nobud qilmoq; 2) yaroqsiz holga keltirmoq.
맞- old. qo'sh. 1) tog'risida; yuzmayuz;to'g'rima-tog'ri, birga

맞바꾸다 almashmoq; 2) baravar; teng; 맞적수 bir-biriga munosib raqib; 3) qarshidan kelayotgan; 맞바람 qarshidan kelayotgan shamol.

맞걸다 (맞거니, 맞거오) 1) biror narsani bir-birining to'g'risiga osmoq; 2) bir-biriga ilmoq;

맞교대(-交代) ikki smena; ~작업 ikki smenali ish; ~하다 bir birini o'rnini bosmoq (almashtirmoq).

ㅁ

맞다 I 1) tushib qolmoq; olmoq (musht); qabul qilmoq; 비를 ~ yomgi'ir tagida qolmoq; 매를 ~ urib tashlan(gan bo'l)moq; 총알이 바로 맞았다 O'q nishonga tegdi; 폭풍을 맞다 bo'ronga uchramoq; 눈보라를 맞다 qor bo'ronga uchramoq; 봄을 맞다 bahorni kutib olmoq; 뺨을 맞다 tarsaki olmoq; 총을 맞다 o'q yemoq; 주사를 ~ ukol olmoq; 손님을 ~ mehmon kutmoq; 2) duchor bo'lmoq; 도적을 ~ tunalmoq; 도장을 ~ qo'yilmoq (muhr); 퇴짜를 ~ rad etilgan bo'lmoq; 3) kutib olmoq; 남편을 ~ erga tegmoq; 아내를 ~ o'ylanmoq; 사위를 ~ qizni erga bermoq; 맞은바람 qarama-qarshi shamol; 맞은 바래기 oldinda ko'rinayotgan narsa; 맞은 편(쪽) qarama-qarshi taraf; 맞은 혼인 ~맞혼인ga qarang.

맞다 II 1) mos kelmoq; to'g'ri kelmoq; to'g'ri bo'lmoq; 이 옷이 너에게 맞는다 Bu kostum senga to'g'ri (mos) keladi; 맞아 떨어지다 butunlay mos kelmoq; 2) ravishdoshdan keyin sifat kuch: 급해~ juda sxoshilinch.

맞들다 (맞드니, 맞드오) 1) birga ko'tarmoq; 2) qilmoq (birgalikda).

맞불 1) javobiy o'tishma; 2) qarama-qarshi yong'in (o'rmondagi yong'inga qarshi); 3) papiros olovi; ~을 놓다 a) javoban o't qo'ymoq; b) qarama-qarshi o't qo'ymoq; e) o't yoqmoq.

맞서다 1) ro'parama-ro'para turmoq; 2) bir-biriga qarshi bormoq (chiqmoq); 3) yuzma-yuz to'qnashmoq.

맞이 uchrashuv; qabul; kutish; 설~ yangi yilni kutish; ~하다 kutib olmoq; qabul qilmoq; 남편으로 ~하다 erga tegmoq, turmushga chiqmoq; 아내로 ~하다 o'ylanmoq.

맞이하다 kutib olmoq; 손님을 ~ mehmonlarni kutib olmoq.

맞추다 1) qo‘ymoq; olib kelmoq; o'rnatmoq; sozlamoq; 시계를 ~ soatni qo’ymoq (o'rnatmoq); 입을~ opib qo‘ymoq; 간을~ (biror narsaga) o'tkir (achchiq) ta'm bermoq; 맛을 ~ tegishli ta'm bermoq; 아노를~ royalni sozlamoq; 뼈를~ suyakni to'g'irlamoq, 소리를 맞추어 birgalikda; xor bo'lib(qo'shiq aytayotganda) 장구 소리를 맞추어 baraban ovozi ostida; 구두들 발에 맞추어 짓다 oyoqda poyafzal yasamoq; 2) birlashtirmoq; biriktirmoq; 3) bermoq (to'g'ri, aniq javob); 4) kelishmoq; shartlashmoq.

맞춤법(-法) yozish qoidasi, orfografiya.

맞히다 I itarmoq; qo'zg'atmoq; olib bormoq (biror narsa ostiga); 매를 ~ urishga majbur qilmoq (ro’xsat bermoq); 주사를 ~ukol qilishga majbur qilmoq (ruxsat bermoq); 도장을 ~muhr qo'yishga majburlamoq.

맞히다 II olib kelmoq; xohishday qilmoq; 주사를 ~ ukol olishga majburlamoq.

맡는 va **던** dan so'ng: ~dan

keyinoq; 집으로 오는 길에 이야기 했다 uyga kelganimdan keyinoq so'zlab berdim.
맡기다 1) topshirmoq; ishonmoq; 임무를 ~ topshiriqni yuklamoq; 자신의 운명을 ... 에게~ o'z taqdirini birovga top- shirmoq; 주문을 ~ buyurtma bermoq; 2) hujjatni havola qilmoq; 3) joy egallashni topshirmoq.
맡다 I 1) o'ziga olmoq; qabul qilmoq; olmoq; 맡은일 top-shirilgan ish; 맡아 놓고 ham-masiga javob berib; 2) saqlashga olmoq; 3) egallamoq (joy); 4) qabul qilmoq (m-n, buyurtma); 5) olmoq (m-n, ruxsat).
맡다 II hidlamoq.
매 I kaltak; tayoq; ~를 맞다 kaltak yemoq; jiddiy tanqid; 매도 먼저 맞는 게 낫다 O'limni kutish o'limning o'zidan ham battardir.
매 II 1) qar. 매기; 2) bog'lam; 3) go'sht bo'lagi.
매 III to'g'ri va ko'chma. sokol; ~를 꿩으로 보았다 maq. so'zma-so'z. tustovuqni lochin deb o'ylamoq.
매-(每) har bir; har...; 매 공장 har bir zavod.
-매 qo'sh. tuzilish; qoplam; 눈~ ko'zning kesik joyi; 몸~ tana tuzilishi; qomat (figura); 옷~ kiyim bichimi.
-매 그 사람이 왔으매 같이 길을 떠났다 u keldi va ular birgalikda yo'lga chiqishdi.
매각(賣却) sotuv; ~하다 sotmoq.
매개(媒介) o'rtachilik; ~하다 o'rtachilik qilmoq; ~체 o'rtachi; agent; 전염병의~ yuqumli kasal tarqatuvchi; ~체 yuqumli kasalliklarni tarqatuvchi.
매기다 1) baholamoq; belgi-lamoq; 등급을 ~ razryad bo'lmoq; 점수를 ~ baho qo'ymoq; 2) belgilamoq.
매다 I 1) bog'lamoq; 넥타이를 ~ galstuk bog'lamoq; 파란넥타이를 ~ ko'k galstuk bog'lamoq; 목을 ~ o'zini osib qo'ymoq; 붓을~ mo'y qalam qilmoq; 책을~ kitob tikmoq; 2) o'ramoq (ip); 3) boqmoq (mol); 4) 매기다ga qar.; 1) 매어달다 ~매달다 ga qar
매다 II o'tamoq; 김을 ~ egatni o'tamoq.
매달다 (매다니, 매다오) 1) osmoq; 2) bog'lamoq; bog'lab qo'ymoq.
매달리다 1) osilib turmoq; mahkamlangan bo'lmoq; qo'-shilgan bo'lmoq; 매달린 개가 누워 있는 개를 웃는다 maq. ≅ yig'i orasidagi kulgu (bog'langan it yotgan itning ustidan kuladi); 2) mahkamlangan (qo'shilgan) bo'-lmoq; 3) ko'chma. bog'langan bo'lmoq; tiranmoq; bog'liq bo'lmoq (biror kimga).
매듭, 마디 1) tugun; bog'lam; ~을 풀다 tugunni yechmoq; ~없는 그물 tugun (bog'lam)siz tar-moq, ~자반 qovurilgan va qora muruch sepilgan dengiz o'sim-ligi; 2) ishkallik; 3) tugallash; ~을 짓다 a) tugun tugmoq; b) ishni tugatmoq.
매듭점(-點) mat. tugun nuqtasi.
매듭짓다 tugun tugmoq; tugat-moq.
매매(賣買) I oldi-sotdi; savdo; ~하다 olmoq va sotmoq; ~계약 savdo kelishuvi; ~결혼(혼인) kelin uchun qalin.
매매(昧昧) II ~하다 og'z. to'q, qorong'i.
매사(每事) har qanday ish; ~가감 og'z. har qanday ishni bajarmoq; ~불성 har bir ishda omadsizlik; ~는 간주인 mun. xo'jalik ishi; ~ 불여 튼튼 matal. yaxshi yakun ishga toj.

ㄷ

매스게임(ing. mass game) jamoat raqsi; ritmik gimnastika.
매스껍다(매스꺼우니. 매스꺼워) ko'ngli aynamoq; 속이~ ko'ngli ozmoq; 메스껍다 ga qar.
매스컴(ingl. mass communication) OAV(Ommaviy axborot vositalari).
매슥거리다 to'xtamay ko'nli aynamoq.
매애애 me-e-e.
매우(梅雨) I yoz boshidagi yomg'ir.
매우 II juda.
매워요 achchiq.
매이다 I 1) boylangan bo'lmoq; 2) qaram (bog'langan) bo'lmoq; 영어에 매인 몸 qamoqqa tashlangan odam; 매인 목숨 bog'liq holat.
매이다 II maydalangan bo'lmoq.
매일(每日) har kuni; kuniga; ~같이 (deyarli) har kuni.
매일 되풀이되다 har kuni qaytarilmoq. 매일매일~ har kuni.
매입(買入) harid; sotib olish; ega bo'lish; ~하다 sotib olmoq; ega bo'lmoq.
매장(埋葬) I 1) janoza; dafn marosimi; 2) odamni (siyosiy tomondan) chetlashtirish; ~하다 a) ko'mmoq; b) ajratmoq (jamiyatdan).
매장(埋藏) II ~하다 ko'mmoq; yerga berkitmoq; ~량 yer ostidagi taxminiy g'aram.
매장(買贓) III arx. ~봉적 o'girlangan narsani sotib olgan va narsani o'g'irlagan odam; ~하다 o'g'irlangan narsalarni sotib olmoq.
매트리스(ingl. mattress) matras; to'shak.
매표(買票) chipta sotuvi; ~구 kassa; g'azna; ~원 g'aznachi; ~하다 chipta (talon) sotmoq.
매화(梅花) 1) olxo'ri guli; 매화도 한철 국화도 한철 maq. so'zma-so'z. olxo'ri o'z vaqtida, o'z vaqtida gullaydi; ≅ a) hammasi ham vaqt soatigacha; b) hamma narsaning vaqt-soati bor; ~빙열 bezagi olxo'ri guli ko'rinishi berilgan sopol buyum; ~타령 olxo'ri haqidagi (xalq) qo'shig'i; ~강정 ustiga asal surtilgan, guruch unidan qilingan qushtili; ~산자 ustiga asal surtilgan, yengil guruch sepilgan, guruch unidan qilingan koreys shirinligi; ~편문 yirik bezak (soplodagi); 2) ~나무 olxo'ri daraxti.
맥 I jo'yak; qator.
맥(脈) II 1) puls; 혈맥 ga qar.; 2) 맥락 ga qar.; ~을 보다 a) pulsni paypaslamoq; b) ko'ch. hidlamoq; paypaslamoq (kimnidir) 3) etn. tog' tizmasi (uy yoki qabr uchun yaxshi joy tanlanganda ishlatiladigan termin); 4) kuch; ~없이(놓고) a) kuchsiz; b) hech qanday sababsiz; ~을 놓다 bo'shashmoq; ~을 쓰다 a) zo'r bermoq; b) ruhlanmoq; o'zini qo'lga olmoq; 5) tomir; 맥도 모르고 침통 뺀다(흔든다) ko'r kuchukka o'xshab burni bilan tiqilmoq; ~도 모르다 hech narsa bilmaslik (tushunmaslik); ~을 추다 a) tuzalib ketmoq; oyoqqa turmoq; 맥을쓰다,맥이나다 a) charchamoq; holdan toymoq; b) ruhan cho'kmoq; tushkunlikka tushmoq.
맥락(脈絡) 1) qon tomiri; qon aylanish sistemasi; 2) o'zaro aloqadorlik; ~관통 og'z. aloqaning aniq (ravshan)ligi.
맥박(脈搏) puls; pulsaciya; pulsning urishi; ~치다 puls urmoq; ~계 sfigmometr; qon bosimini o'lchaydigan asbob; ~

묘사기 tib. sfigmograf; ～완서 tib. bradikaodiya.
맥주(麥酒) pivo. ～의 거품 pivo ko'pigi. ～를 한잔 하다 pivo ichmoq.
맥추절 Bug'doy o'rish bayrami.
맨- I eng; ～끝에 eng oxirida; axir; 맨 마감에 eng oxirida.
맨- II faqatgina; bor-yo'g'i; bitta; butun; yalang'och; bo'sh; 앞산에는 ～소나무뿐이다 Tog'da uy oldida faqatgina qarag'ay o'sadi; 맨머리 teppa kal; 맨발 yalang oyog'; 맨손 bo'sh qo'l.
맴 I ～을 돌다 aylanmoq.
맴 II ovoz taqlid.
맵시 chiroyli shakl; chiroyli ko'rinish; go'zallik
맷집～이 좋은 사람 gavdali odam.
맹 chuchuk; toza; ～물 toza suv.
맹-(猛) kuchli; darg'azab; shafqatsiz; ～공격 shafqatsiz (kuchli) bosqin; ～연습 kuchli (qattiq) shug'ullanish; ～활동 aktiv faoliyat.
맹랑(孟浪) ～하다 a) foydasiz; bo'sh; b) kamgap; e) 일이 ～하게 되었다 ish uzildi (to'xtadi); ～스럽다 a) foydasizdek ko'rin- moq; b) qiyin tuyulmoq; e) kamgapdek ko'rinmoq; ～치 않다 zehnli; aqlli.
맹렬(猛烈) ～하다 bag'ri tosh; shafqatsiz; darg'azab; quturgan; ～한 비등 qattiq qaynash; ～한 속도 juda katta tezlik.
맺다 1) bog'lamoq; to'qimoq; 2) boshlamoq; paydo bo'lmoq; 이슬이 ～ paydo bo'lmoq (shudring); 3) boshlamoq (munosabat); tuzmoq (shartnoma); 4) tugatmoq; 5) sir tutmoq; oziqlantirmoq; 맺고 끊은 듯 puxta; butunlay.
맺히다 I 1) bog'langan (mahkamlangan) bo'lmoq; 2) mahkam yopilgan bo'lmoq; 3) to'planmoq; yig'ilmoq; 눈물이 맺혔다 ko'z yoshi to'plandi; 4) yig'ilgan (tortilgan) bo'lmoq.
맺히다 II tiqilib qolmoq.
머금다 1) og'izda ushlamoq; 2) o'zida ushlamoq; tuzmoq; sir tutmoq; his qilmoq; 3) tutib turmoq; ushlab turmoq; 눈물을 ～ ko'z yoshini ushlab turmoq.
머리 1) bosh; kalla; ～곡예 boshida ko'rsatiladigam sirk nomeri; ～단 조기 tex. o't-qizadigan mashina; ～로 멈추기 sport. topni bosh bilan to'xtatmoq; ～위에서 두 손 넣기 sport. bosh teppasidan ikki qo‘llab otmoq; ～위에서 두 손 연락 sport. bosh teppasidan ikki qo’llab uzatish; ～를 삶으면 귀까지 익는다 maq. so'zma-so‘z. kallani qaynatsa, quloq ham qaynaydi; ～없는 놈 댕기 치레한다 maq. so'zma-so‘z. fahmsiz odam, o'zini lenta bilan bezaydi; ～피도 마르지 않다 ona suti og'zidan ketmagan; ～는 끝부터 가르고 말은 밑부터 한다 eng avvalo mantiqli bo'lish kerak; ～가 굵다(크다, 커다랗다) a) katta bosh; b) katta; katta bo'lgan (bola); ～가 무겁다 boshi og'ir; ～를 굽히다(숙이다) to'g'ri va ko'chma. boshni egmoq; ～를 들다 (쳐들다) to'g'ri va ko'chma. boshni ko'tarmoq; ～를(가로) 흔들다 boshni qimirlatmoq (norozilik belgisi); ～를 끄덕이다 boshni qimirlatmoq (rozilik belgisi); 2) soch (boshda);～가 모시바구니가 되다 mun. sochi oqarmoq;～에 서리가 앉다 sochiga oq tushgan bo'lmoq;～에 서리 발을이다 sochi oqarib ketmoq; ～끝 soch uchi; ～끝에서부터 발끝까지 *to'g'ri va ko'chma.* boshdan oyoq; tishgacha;화가～끝까지 kuchli nafratda;

~를 풀다 sochni tushirmoq (otaonasiga azador bo'lganda); ~를 깎다 a) sochni kesmoq; b) monaxlarlardek sochni olmoq; e) qamoqqa tushgan bo'lmoq;
머리(頭部) (두부) bosh; kalla. 머리가:머리를: (두뇌) miya; bosh; aql; (정신).머리가: 머리에: 머리를:『끝·꼭대기』boshi; uchi; oxiri.『첫머리』boshi; oldi; boshlanish. 『머리털』soch.『위에 서는 사람』boshliq「bo'limning」.~를 긁다 boshini qashlamoq. ~를 때리다 boshiga urmoq. 수학의 ~가 있다 matematika uchun aql kerak. ~를 쓰는 일 aqliy mehnat. 책상 ~ parta boshida. 끝~ eng oxirida. ~말을 쓰다 so'z boshini yozmoq. ~를 가르다 sochini parvarishlamoq. ~를 깎다 sochini qisqartimoq.
머리갈기 peshana gajak. (oldiga tushirilgan soch).
머리감다 soch yuvmoq; bosh yuvmoq.
머리글자 katta xarflar; bosh xarflar. ~를 쓰다 bosh xarfda yozmoq.
머리끄덩이 jingalak soch; zulf; gajak.
머리끝(머리털의 끝) soch uchi.
머리띠 obodok (sochga taqadigan oysimoq sochturmaglagich)
머리맡 bosh tomon; yostiq tomon; bosh.
머리모양 soch uslubi. qisqartirish.
머리빗 taroq. ~질 soch tarash; ~질하다 soch taramoq.
머리숱 soch miqdori. 그는 ~이 많다 uning sochi qalin.
머리염색(—染色) soch bo'yog'i; (자연) soch rangi. ~하다 soch bo'yamoq.
머리장식 bosh kiyimi.
머리치장(—治粧) turmak; turmaklash; soch bezahi; soch bezash. ~하다 soch turmaklamoq.
머리카락 soch (bosh). ⇒ 머리칼 ⇒머리털. 그는 ~이 곤두섰다 Uning sochi tikka turdi.
머리타래 qar. ⇒ 머리끄덩이.
머리핀 soch qistirgich; shpilka.
머릿골 〖解〗 miya; bosh.
머릿살 bosh asablari.
머릿수(—數) odam son; kishi soni.
머릿수건 ro'mol; durra; (3 각형) qiyiq ro'mol.
머무르다 to'xtamoq; qolmoq;『직책 따위에』mehmon bo'lmoq. 친구 집에 ~ do'stimning uyida to'xtaymiz.
머무적거리다 ikkilanmoq, mulohaza qilmoq; o'ylanmoq; qarorga kelolmaslik. 얼른 대답을 못하고 ~ tez javob berolmasdan ikkilanib qoldi.
머슴 dehqon; ishchi, mehnatkash.
머시 nimaydi; nima deb atading.
머위 〖植物〗 butterbur (o'simlik).
머저리 ahmoq; tentak.
머줍다 ahmoq; sustkash; sust; lanj.
머플러 (소음장치. 목도리) ovozni, shovqinni pasaytiradigan asbob.
먹 『먹물』 hind [xitoy] siyoh; qora siyoh 『고체의』siyoh; qora siyoh mo'yqalam.
먹구름 qop-qora bulut.
먹다 I (음식을) yemoq; ovqatlanmoq; tanovul qilmoq; totmoq; totib ko'rmoq; iste'mol qilmoq. 『먹고살다』yashamoq. 『물·약 따위를』ichmoq.『벌레 따위가』 chaqmoq; yemoq; yeb qo'ymoq.『남의 것·재물을』 olib qo'ymoq; yeb qo'ymoq; tortib olmoq[qonunsiz].『이문·구문을』 olmoq; yig'moq; undirmoq. 『욕·겁을』 boshdan kechirmoq; (totib

ko'rib) bilmoq.『나이를』to'lmoq; kirmoq.『더위를』 issiqdan lohas bo'lmoq; issiqqa tobi qochmoq.『판돈 따위를』yutib olmoq「garov」.『주먹 따위를』 yemoq.『녹(祿) 따위를』 olmoq.『마음을』 qaror qilmoq; ahd qilmoq. sarflamoq; ketkaz- moq. 아침을 일찍먹었다 Nonush- tani erta yedim. 먹고살기가 어렵다 yashash qiyin. 먹기 위해 일하다 yashash uchun ishlayman. 약[술]을 ~ dori [vino] ichmoq; 좀 먹은 책 kuya yegan kitob. 남의 재물을 ~ birovning mulkini olib qo'ymoq. 겁을 먹고 소리지르다. qo'rquvdan baqirmoq. 나이를 먹다 yoshga kirmoq. 5달러의 판돈을 ~ 5 dollar yutib olmoq. 한 대 ~ bir musht yemoq. 녹을 ~ stipendiya olmoq. 나는 끝까지 싸우기로 마음먹고 있다 Men oxiri- gacha olishishga ahd qilganman. 이 차는 기름을 좀 먹는다 Bu mashina benzinni kam yeydi.

먹다 II 『맷돌이』tuymoq; yanchmoq 『색깔·풀 따위가』 bo'yoq, rang; 먹지 않는 씨아에서 소리만 난다 「속담」 qilmoq; yasamoq; ishlab chiqmoq.

먹다 III kar bo'lmoq; qulog'i og'ir bo'lmoq. 한쪽 귀가 ~ bitta qulog'i kar.

먹빛 siyoh; qora siyoh.

먹은금 narx; baho.

먹음직스럽다 mazali; totli; shirin; ishtahani qo'zg'aydigan.

먹이 『사료』 ovqat. 『물고기·새의』 yemish; ozuqa (미끼). 가엾은 염소는 늑대의 ~가 되었다 bechora echki bo'riga yemish bo'ldi.

먹이다 I (음식을) yedirmoq; ovqatlantirmoq; oziqlantirmoq; (부양·사육) boqmoq; katta qilmoq; o'stirmoq. (뇌물을) pora bermoq; poraho'rlik qilmoq; urdirmoq; do'pposlatmoq. (피해. 겁. 욕을) boshdan kechirmoq; totmoq. 소에게 풀을 ~ molga maysa bermoq. 어린애에게 젖을 ~ chaqaloqqa ko'krak bermoq; bolani emizmoq. 개를 ~ it boqmoq. 당신은 정말로 이 박봉으로 7인 가족을 먹일 수 있다고 생각하는가? Siz chindan bu oylik bilan 7 kishilik oilamni boqish mumkin deb o'ylasangiz? 아무에게 돈을 ~ birovga pora bermoq. 귀싸대기를 한 대 ~ qulog'ini tagiga urdirmoq.

먹이다 II 『색을』 bo'yatmoq. 『기름을』 moylaoq.

먹지(—紙) nusxa olish qog'ozi (turli xil rangda bo'lishi mumkin (kopirka).

먹칠(—漆) qoraga bo'yash. ~하다 qoraga bo'yamoq; dog' qilmoq.

먹칼 taxta tayoqcha.

먹통(—桶) siyohdon; ahmoq; tentak; (목수의) muhr yostiqchasi.

먹황새 〖鳥類〗 qar. 흑두루미.

먼길 uzun yo'l (uzoq sayohat)

먼나라 uzoq mamlakat; olis yerlar.

먼눈 I 『소경의』ko'r ko'z.

먼눈 II 『먼 곳을 보는』uzoqni ko'radigan ko'zlar.

먼동 sahardagi sharqiy osmon.

먼바다 baland dengiz; ochiq dengiz.

먼산(—山) olis tog'.

먼저 (앞서) eng birinchi; boshida. 『우선』eng birinchi. 『미리』erta; oldindan; avvaldan. 『전에』oldin; ilgari. ~ 가다 boshida ketmoq, birinchi bo'lib ketmoq. 돈을 ~ 지불하다 oldindan to'lamoq. ~ 빌려 간 돈 ilgari mendan olgan pul.

먼지 qum; chang (티끌).

멀다 I (거리가) uzoq; yiroq; olis. 『관계가』uzoq. 『시간적으로』 uzoq; olis. 『정도가』uzoq; -dan uzoq; kam; 『미숙련』 tajribasiz; mahorati kam 먼 거리 uzoq masofa. 자주 안 보면 마음조차 멀어진다. Tez-tez uchrash- masa qalblar ham uzoqlashib ketadi. 먼 옛적 olis o'tmish. 먼 장래 olis kelajak. 내 영어 실력은 형을 따라가려면 멀었다 Mening ingliz tilidan qobiliyatim akam- dan kam.

멀다 II 『눈이』ko'r bo'lmoq; 『귀가』kar bo'lmoq.

멀리 uzoq; yiroq; olis.

멀리뛰기 uzunlikka sakrash.

멀리하다『경원하다』 uzoq olmoq; o'zini chetga olmoq; begona qilmoq; chetda yurmoq; qoch- moq; (절제하다) chetga olmoq 「ichishdan」그는 요즘 그녀를 멀리한다. U hozir undan qochib yuribdi.

멀미(배·차 따위의) ko'ngil aynish; behuzur bo'lish; qayt qilgisi kelish. ~하다 qayt qilmoq. o'qchimoq; behuzur bo'lmoq. 뱃 ~ dengiz behuzurligi. 비행기 ~ fazodagi ko'ngil aynishi (samol- yotda uchganda ko'ngil aynash kasalligiga ega bo'lganlarga nisbatan qo'llaniladi).

멀어지다 『거리가』 uzoqlashmoq. 『소리가』 uzoqlarga ketmoq; uzoqlarga yetmoq. 『관계가』 begonalashmoq; uzoqlashmoq; begona bo'lmoq 「~dan」. 비행기는 이륙하자 점점 시야에서 멀어져 갔다 samolyot ko'tarilib uzoqlashib ketdi. 그들의 목소리는 점점 멀어져 갔다 Ularning ovozi sekin-asta uzoqlashib bordi. 도시 생활에서 ~ shahar hayotidan uzoqlashmoq. 두 사람 사이는 점차 멀어졌다 Ikkovini orasi asta-sekin yiroqlashib bordi.

멀티- (다수의; 많은) ko'p-; multi-; ~내셔날(다국적의) ko'p millatli; ~미디어 (혼합미디어) multimedia (TV·슬라이드·테이프 등의 병용); ~채널『다채널』 ko'p kanalli.

멈추다 (-dl) to'xtab qolmoq;『정지』to'xtamoq;『엔진이』o'chib qolmoq;『~을』 to'xtatmoq. 비가 ~ yomg'ir to'xtamoq. (기계 장치가) 자동적으로 ~ o'z-o'zidan o'chib qoldi. 버스가 갑자기 멈춰섰다 Avtobus to'satdan to'xtadi. 발걸음을 ~ qadamini to'xtatmoq. 이야기를 ~ suhbatni to'xtatmoq. 차를 ~ mashinani to'xtatmoq.

멋(운치.아취) did, zebolik, oras- talik; bashanglik; xushbichimlik; mahliyolik; shaydolik;(짜릿한 맛) chiroyli; nozik; nafis. 『맵시』 zebolik; orastalik; bashanglik; xushbichimlik; 멋없는 연주 didsiz namoyish. 멋있는 사람 xushbi- chim odam; 안경을 멋으로 쓰다 ko'zoynakni bashang taqmoq.

멋거리 zebolik; orastalik; bashanglik; xushbichimlik.

멋대로(마음내키는 대로) xohlagan- dek; istaganday.

멋쟁이 olifta; bashang.

멋지다(근사하다) chiroyli; yoqimli; 『훌륭하다』 yaxshi; ajoyib; zo'r; 『맵시· 태도 등이』 zamonaviy; bashang; zebo; orasta. ⇒ 멋들어지다.; 멋진 미인 zebo go'zal. 멋진 생각 ajoyib fikr.

멍 ko'kargan joy; ko'kariq; mo'mataloq. ⇒ 멍들다; 눈에 멍이 들다 ko'zi ko'karmoq. 멍이 들도록 때리다 ko'karguncha urmoq.

멍멍 vov-vov; ~거리다 vovullamoq; hurmoq.

멍석 somondan qilingan to'shak

멍석딸기 〖植〗 qulupnayning bir turi

멍에 jabr; zulm; istibdod. ~를 벗

다 jabr- zulmdan qutilmoq.
멍청이 jinni; ahmoq odam; tentak kishi.
멍청하다 ahmoq; tentak; jinni; telba; befahm.
멍하니 (넋잃고) bo'shlik; bo'shliq; bo'mbushlik.『하는 일 없이』 bo'sh; bekor. ~ 바라보다 bo'shliqqa qarab o'tirmoq.
멍하다 parishon; baparvo; ma'no. 멍한 얼굴 parishon yuz.
멍해있다 qorong'ulikda qolganday; zulmatda qolgandek.
멎다 tinmoq; to'xtamoq; (엔젠) o'chib qolmoq. 비가 ~ yomg'ir to'xtamoq. 바람이 ~ shamol to'xtamoq.
메 『망치』to'qmoq.
메가바이트 〖컴퓨터〗『정보의 기억 단위』 megabayt (생략 MB).
메가사이클 〖物〗 ⇒ 메가헤르츠.
메가톤 『100만 톤』 megaton (생략 MT).
메가폰 『확성기』megafon.
메가헤르츠 〖物〗『주파수 단위』 megagerts (생략 MHz).
메갈로폴리스 『거대 도시』azim shahar (megalopolis).
메귀리 〖植〗 arpa.
메기 〖魚〗 laqqa baliq; som.
메꾼 temirchi.
메뉴 『차림표』menyu. ~를 좀 보여[갖다]주세요 Menyuni ko'rsatib yuboring.
메다 I 『막히다』 to'lib qolmoq; bitib qolmoq. [타동사] ⇒ 메우다 하수구가 ~ quvur to'lib qolibdi. 코가 ~ burni bitib qolmoq.
메다 II 『어깨에』 ilmoq; taqmoq; yelkasiga olmoq; osmoq. ⇒메우다2. 총을 메고 miltiqni taqmoq.
메달 medal.
메달리스트 medalist; nishondor.
메들리 〖音·競〗『그러모은 것. 혼성곡 따위』 medley.
메뚜기 〖昆蟲〗 chigirtka.
메리노 『양모』 merinos; ~양 merinos qo'yi.
메리야스 trikotaj.
메린스 『면직물의 하나』muslin.
메모 maktub; xat; yozuv; memorandum. ~장 yondaftar.
메모리 xotira; yod; hayol.
메밀 〖植〗 marjumak; grechixa.
메소포타미아 〖地〗Mesopotamiya.
메스 skalpel; operatsiya pichog'i.
메스껍다 『역겹다』 qayt qilmoq; behuzur bo'lmoq. 메스꺼운 냄새 ko'ngilni aynitadigan hid.
메슥거리다 behuzur bo'lmoq; ko'ngli ko'tarilmoq.
메시아 missiya.
메시지 xat; xabar; aloqa.
메신저 aloqachi; xat eltuvchi; (옛) chopar; pochtachi.
메아리 sado (tog'da). ~치다 sado chiqarmoq.
메역취 〖植〗 (Evropa)goldenenrod
메우다 I 『구멍·틈 등을』bekitmoq; suvamoq; tekislamoq.『안 통하게』 to'latmoq; olmoq (모래 등이). 『모자라는 것을』 o'rnini to'ldirmoq; qoplamoq;『벌충하다』to'ldirmoq; to'lg'izmoq. 구멍을 ~ teshikni bekitmoq. 독서로 시간을 ~ kitob o'qib vaqtni to'ldiraman.
메우다 II (테를, 북을, 쳇불을, 멍에를) yoke; put yoke 「onn ox」; put 「an ox」to yoke.『짐을』qilmoq; yasamoq; ishlab chiqmoq.
메이데이(노동절) Birinchi May kuni.
메조 yopishqoq bo'lmagan tariq.
메조소프라노 metso-soprano.
메지다 yopishqoq bo'lmagan tariq.
메질 bolg'a. ~하다 qoqmoq, bolg'a bilan ishlamoq.
메추라기 bedana.
메카 『이슬람교의 성지』 Makka.

메커니즘(기계장치.기구) mexanizm.
메탄 〚化〛 metan.
메탄올 〚化〛 metanol; metill alkogol.
메트로놈 〚音〛 metronom.
메틸 〚化〛 metil.
멕시코 Meksiko. ~만류 Golfstrim.
멘델(식물학자) Gregor Johann Mendel (1822-84) ~법칙 〚生〛 Mendel qonuni.
멘스 〚生〛 oy ko'rish; hayz.
멘톨 〚化〛 mentol.
멘히르 〚考古學〛 『선돌』 menhir.
멜대 tirgak.
멜라닌 〚生化學〛 melanin.
멜로드라마 〚演劇〛 melodrama.
멜로디 〚音〛 kuy; navo; qo'shiq.
멜론 〚植〛 qovun.
멜빵 kiyimni yelka osha ushlab turuvchi tasma; qurol tasmasi.
멤버 a'zo. 위원회의 ~이다 komitet a'zosi.
멥쌀 bir maromdagi guruch.
멧닭 〚鳥〛 qarqur; qur.
멧대추 jujuba.
멧도요 〚鳥〛 o'rmon loyxo'ragi.
멧돼지 〚動〛 yovvoyi to'ng'iz.
멧새 『산새』 tog' qushi; 〚鳥〛 dehqonchumchuq.
멧종다리 〚鳥〛 tog' chumchug'i.
며느리 kelin.
며느리발톱 〚動〛 xo'rozlarning oyog'idagi pixi
며느리밥풀 〚植〛 mol yemi.
며칟날 qaysi kun; nechanchi kun.
며칠 ⇒ 며칟날.; 『일수』 qancha kun; necha kun. 그녀는 ~ 전부터 병으로 누워 있다 U bir necha kundan buyon kasal.
멱살 tomoq; 『옷깃』 bo'yin.
멱씨름 tomoq kurashi.
면(面) I 『얼굴』 yuz; bet. 『가면』 niqob. 『국면』 tomon; jihat. 『표면』 sirt; 『평면』 yuza; 『곡면』 bet; ust. 『신문·책의』 sahifa. yuza.
면(面) II 『행정구역』 shaharning bir qismi.
면(綿) III paxta. ⇒ 무명.
-면 agar; gar; -sa; ⇒ ...으면.; 비가 오면 yomg'ir yog'sa.
면경(面鏡) qo'l ko'zgusi; kichkina oyna.
면담(面談) interviyu; suhbat. ~하다 uchrashib gaplashmoq; interviyu olmoq.
면도(面刀) 『칼』 qirish; ollish; 『면도질』 qirtishlagich. ~하다 qirmoq; 『이발관에서』 qirmoq; qirtishlamoq.
면류(麵類) ahmoq; telba; jinni.
면류관(冕旒冠) (qirol) toj.
면마(綿馬) qirqquloq (erkak).
면모(面貌) 『얼굴의 예쁜 모양』 yuz; chehra; (나쁜) bet; aft.
면목(面目) 『모습』 qiyofa; ko'rinish. ⇒면모; 『체면』 obru; e'tibor; nufuz
면밀(綿密) ~하다(세밀하다) puxta (sinchiklab) qilingan; diqqat bilan bajarilgan; puxta; 『세심하다』 diqqat bilan qaraydigan; ziyrak; xushyor; sinchkov; ~한 puxta tayyorgarlik.
면방(綿紡) paxta yigirish. ⇒ 면방적(綿紡績).
면사(免死) o'limdan qochish. ~하다 o'limdan qochmoq.
면사(綿絲) kalava, yigirilgan ip. paxta yigirmoq (바느질용).
면사포(面紗布) nikoh ko'ylagi; to'y libosi.
면상(面上) yasama, soxta, qalbaki
면상(面相) aft; bashara; bet.
면세(免稅) soliqdan ozod bo'lish. ~하다 soliqdan ozod bo'lmoq.
면수(面數) sahifa raqami.
면식(面識) tanish, tanishuv.
면실(棉實) chigit.
면실유 paxta yog'i; chigit yog'i.
면양(綿羊·緬羊) qo'y.

면업(綿業) paxta sanoati.
면역(免役) 『노역의』 ozod qilish; xalos qilish; qutqarish; bo'shatish; xoli qilish;『병역의』 harbiy xizmatdan ozod qilish; ~하다 ommaviy ishlardan ozod bo'lmoq; xalos bo'lmoq.
면역(免疫) 〖醫〗 emlash; immunitet (kasallikdan) ~기간 immunitet vaqti; ~시키다 emlamoq. ~유전학 immunogenetika.
면욕(免辱) ~하다 kamsitish; yerga urish; kamsitilish; xo'rlanish; xo'rlik; haqorat; uyaltirish.
면장(免狀) 『면허장』 litsenziya; sertifikat;『졸업.개업의』 diplom.
면적(面積) maydon; kvadrat o'lchovi.
면접(面接) suhbat; interviyu; interviyu olish. ~하다 interviyu olmoq; suhbatlashmoq.
면제(免除) ozod qilish; xalos qilish; qutqarish; bo'shatish; xoli qilish (책임; 의무의). ~하다 ozod qilmoq; xalos qilmoq
면제품(綿製品) paxta mahsulotlari.
면죄(免罪) oqlash; oqlash haqidagi hukm; 〖가톨릭〗 indulgensiya. ~하다 oqlanmoq.
면지(面紙) 『책의』 forzats (kitob varaqlarini muqova bilan biriktirib turuvchi qog'oz yoki latta).
면직(免職) ishdan bo'shatish. ~하다 boshatmoq.
면직물(綿織物) ip gazlama [tekstil; kiyim].
면질(面質) yuzlashtirish. ⇒ 대질(對質).
면책(免責) immunitet; dahlsizlik; javobgarlikdan xoli bo'lish.~하다 javobgarlikdan xalos bo'lmoq dahlsiz bo'lmoq. ~특권 『외교관의』 diplomatik dahlsizlik.
면포(綿布) paxta kiyimi[gazlama].
면하다 a) 『피하다』 qutilmoq 「havfdan」; chiqmoq; b)『회피하다』 olib qochmoq「ma'suliyat」; qochmoq; bosh tortmoq; bo'yin tovlamoq; 「vazifadan」.(면제되다[하다]) ozod qilmoq; xalos qilmoq 「soliqdan」; dahlsiz bo'lmoq. (겨우 ~하다) zo'rg'a boshqarmoq; qiynalib idora qilmoq. 위기를 ~ inqirozdan chiqmoq. 죽음을 ~ halokatdan qutilmoq. 책임을 ~ javobgarlikdan qutilmoq.
면허(免許) litsenziya; ro'hsat; huquq; litsenziya. ~를 발급하다 litsenziya bermoq. 운전 ~ haydovchilik ro'hsati.
면허증(免許證) litsenziya,sertifikat (증명서); ro'hsatnoma (허가증); 『자동차의』 haydovchilik guvohnamasi.
면화(棉花) 〖植〗 paxta.
멸구 〖昆蟲〗 mita.
멸균(滅菌) sterillash; tozalamoq. ⇒ 살균; ~하다 sterillamoq; mikroblardan tozalamoq.
멸도(滅度) 〖佛教〗 Nirvana.
멸망(滅亡) buzilish; barbod bo'lish. ~하다 pastga tushmoq, yiqilmoq; buzilmoq; barbod bo'lmoq.
멸시(蔑視) mensimaslik; iltifotsizlik; e'tiborsizlik; ~하다 mensimaslik; tahqirlamoq; haqoratlamoq; e'tiborli bo'lmoq.
멸족(滅族) oilani yo'q qilish; oilani buzish. ~하다 oilani yo'q qilmoq; butun oilani barbod qilmoq.
멸종(滅種) qirg'in; qirib bitirish; butunlay yo'q qilish; buzish. ~하다 qirib tashlamoq; yo'q qilmoq.
멸치 〖魚類〗 anchous.
멸하다(滅—) qirmoq; yo'q qilmoq; qirg'in qilmoq; buzmoq.

명(名) I 『odamlar uchun sanoq so'z』 kishi; odam. [접두어] mashhur; nomdor; atoqli. 40~ 40ta odam.
명(命) II (목숨) hayot. ⇒ 운명. (명령) buyruq; (지시) ko'rsatma; instruktsiya. 제 명에 죽다 o'z ajali bilan o'lmoq.
명(銘) III 『예술품 등의 작자명』 imzo; tahallus. 『묘비명』 yozuv. 명을 새긴 칼 xanjar; pichoq qilich bilan yasamoq; ishlab chiqmoq.
명가수(名歌手) mashhur qo'shiqchi buyuk qo'shiqchi.
명각 kesish; tilish; ~하다 kesmoq; tilmoq. 돌에 ~하다 toshga o'yib yozmoq.
명견(名犬) ajoyib; [yaxshi] it.
명곡(名曲) ajoyib qo'shiq; mashhu'r kompozitsiya.
명공(名工) mahoratli ishchi; mohir xizmatchi; usta.
명관(明官) rasmiy hokimiyat; hukumat.
명군(明君) dono qirol.
명궁(名弓) mashhur; nomdor; atoqli.
명금(鳴禽) 〖鳥〗 sayroqi qushlar.
명기(名器) I mashhur [ajoyib] maqola.
명기(明記) II ~하다 yozmoq
명당(明堂) qirolning qabul zali.
명도(明渡) bo'shatmoq; ozod qilmoq. ⇒ 인도(引渡). ~하다 bo'shatmoq「uy」; ozod qilmoq「shahar」; qaytarib olmoq(qasr)
명동(鳴動) gumburlash.
명랑(明郞) vaqtichog'lik; quvnoqlik; bardamlik; yorqinlik. ~하다 tetik; quvnoq; yorqin,
명령(命令) buyruq; ~하다 buyruq bermoq; ko'rsatma bermoq. ~문 〖문법〗 buyruq gap ~법 〖문법〗 buyruq mayli.
명망(名望) obro'; e'tibor; nufuz; mashhurlik (인망).
명멸(明滅) milt-milt yonish; miltirash.; ~하다 miltiramoq; milt-milt yonmoq.
명명(命名) atash; nomlash.~하다 ism bermoq; nomlamoq.
명명일 ism to'yi.
명목(名目) (명칭) ism; nom; bahona; sabab; ro'kach. ~론 〖哲學〗 nominalizm.
명문(名文) I ajoyib hikoya; yaxshi asar.
명문(名門) II aslzoda oila; oqsuyak oila; kelib chiqishi zodagon.
명문(明文) III asosiy talab; qo'shimcha shart.
명물(名物)(명산물) mashhur mahsulot; (특산물) maxsus mahsulot.
명민(明敏) ziyrak; aqlli; sezgir.
명백(明白) ~하다 ochiq; oydin; yaqqol; ayon; aniq. ~한 설명 ochiq izoh.
명부(名簿) ismlar ro'yhati [list]. ⇒ 명단. 선거의 후보자 ~ saylov ro'yhati.
명분(名分) ahloqiy ish.
명사(名士) muhim shaxs; zot; siymo; arbob. 문단의 ~ mashhur yozuvchi.
명사(名詞) I 〖文法〗 ot. 보통 ~ turdosh ot; 고유~ atoqli ot.
명사(名辭) II 〖論理〗 termin; ism; nom.
명상(瞑想) o'ylash; mushohada; mulohaza; fikr qilish. ~하다 o'ylamoq; mushohada qilmoq; fikrlamoq. ~에 잠기다 mulohazaga cho'mmoq
명석(明晳) aniq; ravshan; ochiq; pishiq; puxta; o'tkir. ~한 두뇌 o'tkir aql.
명성(名聲) mashhurlik; nomdorlik atoqlilik; dongdorlik
명세(明細) tafsilotlarigacha

ta'riflash (tasvirlash); ～하다 batavsil tasvirlamoq; aniq va ravshan;『시방서』 tasniflash.
명소(名所) mashhur joy,diqqatga sazovor joylar. (명승지).
명수(名手) usta; mahoratli kishi; (바둑·장기 등의 수) ajoyib yurish.
명수(命數) 『운명』taqdir; tole.『수명』(tabiiy) hayotning qisqa yo'li; kunning uzunligi.
명수(名數) nomli son.
명승(名勝) chiroyli joylar; ～고적 tarixiy va tabiiy chiroyli joylar.
명시(明示) ochiq aytish; bildirish. ～하다 ayon qilmoq; ko'rsatmoq; ochmoq.
명심(銘心) ～하다 eslamoq; esda saqlamoq; yodlamoq.
명아주 〖植〗 yovvoyi ismaloq.
명암(明暗) nur va soya, yorug'lik va qorong'ulik. ～법 〖美術〗 qoraytirish.
명역(名譯) ajoyib tarjima.
명예(名譽) 『명성』obro'; e'tibor; yaxshi nom, mashhurlik. ～욕 yulduzlik kasali.
명왕성(冥王星) 〖天文〗 Pluto.
명의(名義) 『이름』ism; nom;『명분』 ahloqiy burch.
명의(名醫) mashhur fizik; buyuk doktor; 『유명한 의사』 atoqli doktor.
명인(名人) nomdor kishi; buyuk shaxs; mashhur odam; mohir.
명일(名日) bayram kuni; milliy bayram.
명일(明日) ertaga. ⇒ 내일.
명일(命日) ta'ziya.
명작(名作) ajoyib ish (adabiyotda), yaxshi asar; durdona.
명장(名匠) usta [hunarmand; kosib]; mahoratli xizmatchi.
명장(名將) obro'li general; nufuzli [mashxur; nomdor; atoqli] admiral.
명저(名著) (훌륭한 책) buyuk [ajoyib] kitob.
명절(名節) 『날』bayram;『명분과 절의』ahloqiy burch.
명제(命題) 〖論理〗 tezis; izhor; bildirish; 『제목』 mavzu; gap; fikr
명주(明紬) ipak. ～실 ipak ip; ～옷 ipak kiyim.
명주(銘酒) mashhur likyor, sifatli likyor, oliy ta'mga ega likyor.
명중(命中) ～하다 nishonga tegmoq; mo'ljalga urmoq. 목표에 ～하다 maqsadga erishmoq. 돌멩이가 그의 머리에 ～ 했다 tosh to'g'ri uni boshiga tegdi.
명찰(名札) 『이름표』ismi sharifi yozilgan taxtacha;『가슴에다는』 ism kartochkasi; 『문패』 eshik taxtachasi;『짐·옷의』yorliq.
명찰(名刹) mashhur ibodatxona.
명창(名唱) mashhur qo'shiq; 『사람』mohir qo'shiqchi;
명칭(名稱) ism; nom; mavzu.
명패(名牌) ism taxtachasi. ⇒ 명찰.
명함(名銜) tashrif qog'ozi.『업무용』 biznes kartochkasi.
명화(名花) 『아름다운 꽃』 go'zal gul. 『미인』sohibjamol.
명화(名畵) (훌륭한 그림) ajoyib rasm; (널리 알려진 그림) mashhur rasm.
명확(明確) aniq; ravshan; burro; tushunarli. ～히 하다 aniqlamoq; oydinlashtirmoq; tasdiqlamoq.
몇 『얼마나』 qancha「kun」(수); necha; nechta(양·금액); qancha (거리); qanchalik(시일); qancha vaqt (시간); 『다소』 bir qancha; bir oz. 몇 자 적다 bir necha harf yozdi. 그는 몇 시냐고 물었다 U soat necha bo'ldi deb so'radi.
몇 번(—番) 『번호』necha bor/ qancha marta; 『횟수』bir qancha; bir necha bor.

몇시(一時) qachon; qaysi vaqt
모 I 『벼의』 sholi o'simligi. 모를 심다 sholi ekmoq.
모 II (각) burchak. 모가 나다 ⇒ 모나다. 『모서리』 burchak; ko'rish burchagi. 모가 난 burchakli; 세모(꼴) uch burchak
모 III 『윷』 yut o'yinida 5 ball.
모(毛) IV 『털』 jun, yung; soch.
모(母) V ona.
모(某) VI (모씨) qandaydir; kimdir; qanaqadir; allakim.
모계(母系) ona tomon.
모교(母校) maktab Universitet]ni tugatmoq; bitirmoq.
모국(母國) ona yer; Vatan; yurt. ~어 ona tili.
모권(母權) onalik huquqi.
모금 『마실 것의』 yutum (차 따위의); 『한 모금』 qultum.
모금(募金) pul yig'imi; ~하다 pul yig'moq.
모기 〖昆蟲〗 chivin; iskabtopar. ~가 물었다 chivin chaqqan.
모꼬지 yig'ilish; majlis.
모나다 『모양이』 burchakli; yig'ilgan.
모나리자 (Mona Lisa) Mona Lisa; G'akonda; (1500년경 이탈리아의 화가 다빈치가 그린 여인상. 신비적인 미소로 유명함.)
모나코 Monako.
모내기 sholi ekish.
모노그램(monogram) monogramma. (두 개 이상의 글자를 한 글자 모양으로 도안화(圖案化)한 글자. 합일 문자(合一文字).)
모노드라마 〖演劇〗 monodrama.
모노레일 『궤도』 bir relsli yo'l. 『차량』 bir relsli poyezd.
모노타아이프 monotip
모놀로그 monolog.
모니터 monitor.
모닥불 gulhan.
모더니스트 zamonaviylik.
모더니즘 modernizm; 포스트 ~ postmodernizm.
모던 zamonaviy; ~댄스[발레] zamonaviy raqs [balet]; ~아트 zamonavi san'at.
모델(model) namuna; 화가의 ~ rassom modeli.
모뎀 〖컴퓨터〗 modem.
모독(冒瀆) tahqir; haqorat; xo'rlik. ~하다 tahqirlamoq; haqoratlamoq; xo'rlamoq.
모두 [명사적] hamma; barcha; har kim [부사적] hamma birga; birgalikda.
모듈 modul.
모든 hamma; barcha; har kim; birga.
모들뜨기 egri ko'z odam.
모라토리엄 〖금융〗 『지불유예』 moratorium.
모란(牡丹) 〖植〗 (daraxt) peon.
모랄 『도덕』 ahloq; odob.
모랄리스트 『도덕가』 tarbiyachi.
모래 qum (굵은); ~밭 qumli sohil. ~시계 qumsoat. ~욕(浴) 『동물의』 qumli vanna; ~톱 qumli sayozlik.
모래무지 〖魚〗 zool. ljepeskar.
모래집 〖解〗 biol. amnion.
모레 ertadan keyin.
모로 『비껴서』 diagonal bo'yicha; 『옆으로』 yondan; yon tomondan.
모로코 Marokash.
모롱이 『산의』 tepalik uchi.
모르다 (알지못함) bilmaslik; bexabarlik. (이해못함) tushunmoq; anglamoq; fahmlamoq; g'oya; 『인식못함』 tanimaslik; 『깨닫지 못함』 anglab yetmaslik; 『느끼지 못함』 his qila olmaslik; his eta olmaslik.
모르는 것이 약 maq. Kam bilsang, ko'p ko'rasan (ko'p bilsang tez qariysan).
모리타니(아프리카공화국) Mauritania
모멘트 〖物理〗 bashorat; karomat.
모면(謀免) qochish; bosh tortish;

bo'yin tovlash; qochish; bosh tortish; bo'yin tovlash. ~하다 qochmoq; bosh tortmoq; bo'yin tovlamoq.
모반(母斑) hol.
모반(謀叛) inqilob; g'alayon; qo'zg'olon; ~하다 g'alayon (qo'zg'olon) ko'tarmoq.
모발(毛髮) soch. ⇒ 머리카락
모방(模倣) 1) koreys uylarida ayollar xonasiga tutashib ketadidan kichkina; 2) taqlid; ~하다 taqlid qilmoq; ergashmoq; nusxa olmoq.
모범 I misol; namuna; ~을 보이다 namuna ko'rsatmoq; ~적인 namunali; ~이 되다 namuna bo'lmoq; ~생 namunali o'quvchi; ~하다 namunali hisoblanmoq.
모범 II esk. ~하다 noqonuniy ishlarni amalga oshirmoq.
모병(募兵) jalb etish; tortish; ~하다 askarlarni jalb etish.
모본단(模本緞) damask(ipak); satin damask.
모빌 〖美術〗 harakatchan; chaqqon.
모사(模寫) I nusxa olish; ~하다 nusxa olmoq.
모사(毛絲) II ingichka jun gazlama.
모사 III qar. 털실.
모사 IV 1) qar. 모옥; 2) kit. hurm. mening uyim.
모사 V 1) tejab-tergap sarflaydigan; ishning ko'zini biadigan; 2) esk. yaxshi maslahatdosh.
모사 VI ~하다 rejalar tuzmoq.
모사 VII esk. qandaydir ish.
모사탕(—砂糖) qand bo'lagi. ⇒ 각설탕.
모새 mayda qum.
모색(模索) paypaslash; ~하다 paypaslab (siypalab; silab) topmoq; silab (ushlab) bilmoq.
모색도 soch qalinligi.
모색약 soch o'stiradigan dori.
모서리 burchak.
모성(母性) onalik.
모세 1) esk.kit. so'nggi paytlardagi tinchlik; 2) esk. so'nggi yillar (kunlar).
모세 kapillyarlar.
모세혈관(毛細血管) 〖解〗 qon tomirlari.
모션 harakat.
모순(矛盾) qarama-qarshilik.
모스크 『이슬람교 사원』 maschit.
모스크바 (러시아의 수도) Moskow.
모습 tashqi ko'rinish; qiyofa.
모시 1) rom gazlama; 2) qachonlardir, bir paytlar.
모시다 1) g'amxo'rlik qilmoq; qaramoq; 2) hurmat qilmoq; bosh egmoq; ta'zim qilmoq; 3) kuzatib qo'ymoq; kuzatmoq (o'zidan kattani); 4) o'tqizmoq; sig'dirmoq (m-n. mehmonni).
모시조개 zool.filippin venerkasi. 가막조개, 가무라기, 바지라기, 애기 모시조개, 황합(黃蛤)
모암(母岩) 〖鑛山〗 asl zot.
모양(模樣·貌樣) I 1) (tashqi) ko'rinish; ~이 나다 ko'rinishga ega bo'lmoq; ~이 개잘량이다 mun. sharmanda bo'lmoq; ~이 사납다 a) yomon; qo'rqinchli (tashqi ko'rinishi haqida); b) sharmanda; ~이 아니다 a) o'zini yomon his qilmoq; yomon holatda bo'lmoq; b) ko'rinishi yomon bo'lmoq; ~을 부리다 yasanmoq; o'ziga oro bermoq; 강이 거울~ 반짝인다 Daryo oynadek yarqiramoqda; 2) figura; turish; vaziyat; holat; 3) otdan so'ng. go'yo; go'yoki; huddi; 이 ~으로 shunday qilib; 4) ravishdan so'ng. ~이다, 같다 bilan birgalikda kelganda. belgining ehtimolliligi ma'nosini

anglatadi: 강추위가 조금 풀린 ~이다 izg'irin, shuning uchun holingiz yo'q bo'lsa kerak.
모양(暮樣) II esk. qandaydir usul.
모어(母語) ona tili. ⇒ 모국어.
모욕(侮辱) badnom bo'lish; haqoratlanish; sharmandalik; badnomlik; kontempt; badnom bo'lish; haqoratlanish; ~하다 insult bo'lmoq; badnom bo'lmoq; haqoratlanmoq; sharmanda bo'lmoq.
모우(暮雨) kechqurun yog'adigan yomg'ir.
모유(母乳) onaning ko'krak suti
모으다 1) yig'moq; 2) 돈을~ pul yig'moq; 2) hayolini bir joyga qo'ymoq (jamlamoq); 모아 들다 yig'ilmoq.
모음(母音) 〖音聲〗 unli (ovoz; tovush)
모의(謀議) repetitsiya; ~하다 repetitsiya qilmoq.
모의(謀議) majlis; yig'ilish.
모이 qush uchun yegulik.
모이다 (집합하다) to'planmoq; yig'ilmoq; 모엿! Saflan!
모임 majlis; yig'in.
모자(母子) ona va bola.
모자(帽子) shlyapa; bosh kiyimi; shapka; kepka; furajka.
모자라다 『부족하다』 yetishmaslik
모자반 〖植物〗 bot. sargassum (o't nomi).
모자이크 mozaika(bolalar o'yini).
모정(母情) ona muhabbati.
모제르총(—銃) (nem. Mauser) 『상표명』 harb. Mauzer.
모조(模造) taqlid, taqlid qilish; qalbaki; ~하다 taqlid qilmoq; qilmoq; yasamoq; ishlab chiqmoq.
모조리 hammasi butunlay; butunlay.
모종 〖農〗 ko'chat, urig'dan ko'kargan daraxt ko'chati; 『나무의』 yosh o'simlikni parvarish qilmoq; ~하다; ~내다 ko'chat, urug'dan ko'kargan daraxt ko'chatini o'tkazmoq.
모직(毛織) junli, yungi, jundan qilingan narsa (mahsulot).
모집(募集) 『사람의』 qabul qilish; olish; ~하다 yig'moq; to'plamoq; qabul qilmoq.
모체(母體) (어머니 몸) ona badani (tanasi); 『주체』 ota-ona badani.
모춤 〖農業〗 bir bog' ko'chat.
모춤하다 biroz ko'proq.
모터 motor.
모토 diviz; lozung.
모퉁이 burchak
모티브 『동기』 asosiy mavzu; asosiy fikr; sabab; vaj.
모판(—板) 〖農業〗 parvarish
모포(毛布) qalin adyol. ⇒ 담요.
모피(毛皮) mo'yna, teri.
모함(謀陷) ayblash; qoralash; ~하다 ayblamoq; qoralamoq.
모험(冒險) avantyura (shubhali, qaltis ish; qaltis tavakkal; hiyla-nayrang bilan qilinadigan harakat); sargo'zasht; ~하다 qaltis ishga qo'l urmoq.
모형(模型) namuna; model; maket
모호하다(模糊—)(애매하다) noaniq; bulutli; noravshan.
목 I 1) bo'yin; dimoq; hiqildoq; xalqum; bo'g'iz; ovoz; hayot; ~[이] 마르다 tomog'im qurib ketdi (issiqdan); 목마른 사람이 우물판다 suv ichishni xohlasang, quduq qaziysan (tuyaga yantoq kerak bo'lsa, bo'ynini cho'zadi); ~(이) 마르게 betoqat, chidamsiz; sabrsiz, ~이 막히다 (메[이]다) a) tomog'ida tiqilib qolmoq(tiqilmoq); ~메인 개 겨 탐하듯 matal. ≅ yeyishga yeyolmayman, qoldirish esa uvvol; ~을 걸다 jonini bermoq; b) 목[이 맺히다];

목짜른 강아지 겨섬 넘어다보듯 mun. bo'ynini cho'zib qaramoq (bo'yi past odam haqida); ～안소리 past(ovoz); ～을 놓아(놓고) butun ovozi bilan; baland; ～을 축이다 chanqog'ini bosmoq; tomog'ini ho'llamoq; 2) bo'yin; bo'g'iz; 3) tor o'tish yo'li; ～을 베다(자르다.떼다) ishdan bo'shatmoq, hisob-kitob qilmoq; ～이 간들거리다(간들간들하다) a) hatar bilan yuzma-yuz ko'rishmoq; b) bo'shatilish xavfi bo'lmoq; ～이 갈리다 xirillab qolmoq; ovozi bo'g'ilib qolmoq; ～이 곧다 tajang; ～이 달아 나다 (날아 나다, 떨어지다) a) o'lmoq; o'lim bilan ko'rishmoq; b) bo'shatilgan bo'lmoq; ～이 잘리다 bo'shatilmoq; ～이 붙어 있다 a) tirik qolmoq; b) zo'rg'a ishda qolmoq; ～이 쉬다 bo'g'ilgan ovoz; ～이 잠기다 bo'g'ilmoq; ～이 빠지게 (빠지도록) juda; qattiq; ～에 피대를 세우다 kuchli his tuyg'ular bilan qurshab olinmoq.
목 II 〖鑛山〗 oltin; tilla.
목(目) III 『항목』 qism; bo'lak.
목각(木刻) o'ymakorlik; naqsh solish; o'yma naqsh.
목검(木劍) taxtadan xanjar; pichoq, qilich.
목격(目擊) guvoh, shohid. ～하다 o'z ko'zi bilan ko'rmoq; guvohlik bermoq; shohid bo'lmoq.
목구멍 tomoq; hiqildoq.
목금(木琴) 『악기』 ksilofon (musiqa asbobi).
목대잡이 direktor; nazoratchi.
목덜미 bo'yinning orqa tomoni
목도리 sharf.
목동(牧童) podachi bola; otboqar.
목련(木蓮) 〖植〗 (lily) magnolia.
목록(目錄) ro'yxat; katalog.
목마(木馬) taxtadan ot.
목발(木—) qo'ltiq tayoq.
목석(木石) (나무와 돌) daraxt yoki tosh.
목선(木船) taxtadan qayiq; kema.
목성(木星) 〖天〗 Yupiter.
목소리 1) nutq ovozi; nutq; fikr; talab; 2) ovoz tembri; ovoz.
목숨 『생명』 hayot.
목양(牧羊) qo'y boqmoq.
목요일(木曜日) payshanba.
목욕(沐浴) cho'milish; ～하다 cho'milmoq.
목우 esk. shalabbo bo'lmoq.
목재(木材) taxtali.
목적(目的) niyat; maqsad; ahd; o'y; qasd.
목초(牧草) o't, ko'kat, o'tloq.
목축(牧畜) poya ko'tarmoq; ildiz otmoq.
목측(目測) ko'z [visual] me'yor. ～하다 o'lchampq bilan ko'z.
목침(木枕) taxta yastiq (balish).
목표(目標) 『표지』 belgi; yozuv.
목하(目下) zamonaviy; hozirgi kundagi.
목형(木型) taxtadan andaza.
목화(木花) paxta.
몫 1) qism; baham ko'rish; 2) tarmoqlash; ikkiga bo'lish; 내 몫 mening bo'lagim.
몬순 〖氣像〗 musson (yomg'ir yo'g'adigan davr).
몬태나 (미국의 주) Montana (생략 Mont.).
몬트리올(캐나다의 도시) Montreal.
몰 〖化〗 molekula.
몰다(모니, 모오) 1) haydamoq; haydab kirgizmoq; 2) qo'rqitmoq; haydamoq (qushlarni); 3) ketidan yurmoq; izmaiz yurmoq; 4) boshqarmoq; haydamoq; 5) yo'l ko'rsatmoq; boshqarmoq; qayrilmoq; 6) urushmoq; 7) ～으로 ... deb hisoblamoq (qaramoq; munosabat qilmoq); 몰아넣다 jalb qilmoq; 몰아내다 haydab chiqarmoq;

몰아붙이다 haydamoq; haydab yubormoq;
몰아치다 a) haydab yubormoq; b) esmoq (shamol); e) sho-shiltirmoq; e) urushmoq
몰두(沒頭) [-ttu] ~하다 boshi bilan sho'ng'ib ketmoq; 공부에 ~하다 o'qishga berilmoq; 일에 ~하다 ishga berilmoq; 그는 수년간 이 일에 ~하였다 U bir necha yillar mobaynida bu ishga berilgan edi.
몰두하다 sho'ng'imoq; berilmoq.
몰라보다 tanimaslik; hurmatsiz munosabatda bo'lmoq; 어른을 ~ kattalarga behurmat bo'lmoq; 몰라보게 달라졌다 tanib bo'lmay-digan darajada o'zgarib ketdi.
몰락(沒落) cho'kish; talon-taroj bo'lish; bankrot bo'lish; ~하다 qulamoq; ag'darilmoq.
몰래 bildirmasdan; bildirmay; sekingina.
몰려가다 (쫓겨감) haydamoq, boshqarmoq; (떼지어감) ortiqcha yuklamoq.
몰리브덴 〖化〗 molibden.
몰사(沒死) o'lish.
몰살(沒殺) qirg'in; qirish; yo'q qilish; buzish; ~하다 qirmoq; yo'q qilmoq; qirg'in qilmoq; buzmoq.
몰아내다(내쫓다) haydamoq, boshqarmoq.
몰아넣다 haydamoq, boshqarmoq; 『전쟁 따위에』 rasm solmoq, rasm chizmoq.
몰아치다 『바람등이』 bo'ron, dovul; mavj urmoq, bo'ronli, dovulli, kuchli;
몰염치(沒廉恥) ⇒ 파렴치.
몰이 kaltak; ta'zir.
몰이해(沒理解) anglamoq; fahmlamoq.
몰취미(沒趣味) yemoq, ichmoq; ta'm; maza; tot; lazzat; ~하다 totib ko'rmoq.
몰타 『지중해의 섬나라』 achitqi; soloda.몰타 섬; 몰타 공화국(1964년 독립; 수도 Valletta).
몰하다(歿—) o'lmoq. ⇒ 죽다.
몰후(歿後) inson o'limidan so'ng.
몸 (몸뚱이) odam tanasi; *so'zl,* odam; (골격) ichki tuzilishi; skelet; gavda bichimi; jussasi; (체격) sistema; bino; (체질) tuzilishi; (몸통) odam tanasi. 『건강』 sog'; sog'lom.
몸이 (몸을. 몸에) mavqe, qadr-qimmat; obro'; e'tibor (사람). 『월경』 oy ko'rish; hayz; oy ko'rish; hayz.
몸가짐 (품행) ish; harakat; muomala; qiliq. ~을 조심하다 muomalasiga ehtiyot bo'lmoq.
몸값 fohishalar narxi.
몸꼴 badan; (체격) jismoniy tuzilish; ichki tuzilishi; skelet; gavda bichimi; jussasi.
몸단장(—丹粧)(biror kimni) yasatoq, chiroyli qilmoq. ~하다 (biror kimni) kiyintirmoq.
몸때 hayz ko'rish davri.
몸뚱이 odam tanasi; ichki tuzilishi; skelet; gavda bichimi; jussasi. ⇒몸
몸매 jussa.
몸살 toliqish oqibatida yuzaga kelgan kasallik.
몸소 o'zi shaxsan.
몸수색(—搜索) tintuv. ~하다 tintuv qilmoq.
몸쓰다 nishonlamoq; o'tkazmoq.
몸엣것 hayz ko'rgandagi qon.
몸있다 hayz ko'rmoq, hayz davrida bo'lmoq.
몸조리(—調理) sog'lig'iga e'tibor bilan qarash; (병후의). ~하다 sog'lig'iga e'tiborli bo'lmoq, o'zini ehtiyot qilmoq.
몸조심(—操心) (건강을 위해) birovning sog'lig'iga e'tibor. ~하

다 birovning sog'lig'iga e'tiborli bo'lmoq.
몸종 ayolning shaxsiy xizmatkori.
몸집 odam tanasi; ichki tuzilishi; skelet; gavda bichimi; jussasi.
몸짓 imo-ishora harakati; odam tanasi harakati. ~하다 imo-ishora qilmoq.
몸채 『집의』 uyning bir bo'lagi (qismi).
몸통 odam tanasi (yerga urib gapirilganda).
몹시(대단히) juda, qattiq, o'ta. 『심하게』 kuchli. ~ 가난하다 juda kambag'al.
못 I mix; 못 대가리 mixning boshi.
못 II (손발의) qadoq (odatda oyoqdagi qadoq tushuniladi). 못이 생기다[박이다] oyog'ida qadoq paydo bo'lmoq.
못 III (연못) ko'l, hovuz; ko'lmak; cho'miladigan hovuz (*basseyn*).
못 IV (불가·불능) (biror bir harakatni amalga osxira ololmagan vaqtda harakat fe'lidan so'ng qo'llaniladi). 못 가겠다 Men bora olmayman.
못나다 『어리석다』ahmoq (tentak; jinni; telba) bo'lmoq.
못난이 ahmoq (tentak; jinni; telba) kishi (shaxs; odam).
못내 doim; abadiy; har doim.
못되다 I 『덜되다』 tugatilmagan bo'lmoq.
못되다 II 『나쁘다』 yomon (notog'ri) bo'lmoq.
못마땅하다 yetarlicha bo'lmagan; qoniqtirmaydigan; yoqimsiz, yomon, noxush.
못보다 yuqoridan boqmoq (qaramoq).
못본체하다 『눈감아주다』 o'zini ko'rmaganlikka solmoq; 『돌보지 않다』 mensimaslik.
못비 guruchni qayta ekishda o'z vaqtida yog'adigan yomg'ir.
못뽑이 extraktor.
못살다 kambag'al (qashshoq; gado) bo'lib yashamoq.
못생기다 『얼굴이』 hunuk; 『어리석다』 ahmoq (tentak; jinni; telba) bo'lmoq. 못생긴 사람 hunuk odam, badbashara odam.
못쓰다 (행위가) to'g'ri kelmaydigan, yaroqsiz.
못자리 『모판』 go'r uchun joy.
못질 mix; ~하다 mixni buramoq (qoqmoq).
못하다 I 『비해서』 daraja; sifat.
못하다 II 『할 수 없다』qila olmaslik, iloji bo'lmaslik; 물이 맑지 ~ suv toza emas.
몽골 Mongolia.
몽구스 〖動〗 mongus.
몽근짐 og'ir yuk.
몽글다 『낟알이』 yo'l-yo'l.
몽글몽글하다 bukrlangan.
몽깃돌 (suv kelib ketganda) qayiqqa osiltirib qo'yiladigan tosh.
몽니 o'jar, injiq fe'l-atvor.
몽달귀(—鬼) o'ylanmagan yosh yigitning ruhi.
몽당붓 uchi bo'r mo'yqalam (ko'p chiqizlandan eskirgan)
몽당치마 kalta yubka.
몽둥이 yo'g'on tayoq, to'nka, kallavaram.
몽따다 bilmaganga solmoq.
몽땅 butunlay, hammasi, bari.
몽롱하다(朦朧—) rangsiz, yorqin bo'lmagan, gira-sxira, bulutli.
몽매(夢昧) qorong'ulik, ahmoqlik, kaltafahmlik, nodonlik.
몽매(夢寐) tush, tush ko'rish.
몽상(蒙喪) azador bo'lish, azadorlarning kiyimini kiyish. ~하다 azador bo'lmoq, orzu qilmoq, aqlga sig'mas ahmoqona fikr o'y yuritmoq.

몽설(夢泄) kechki tush.
몽실몽실 『통통함』 dumaloq va yumshoq.
몽유병(夢遊病) 〖醫〗 somnambulism; lunnatizm.
몽정(夢精) kechki tush ⇒ 몽설(夢泄)
몽치 yo'g'on tayoq, to'nka.
몽타주 montaj; ~를 만들다 fotomontajni amalga oshirmoq.
몽혼(朦昏) xushdan ketish. ⇒ 마취(痲醉).
몽환(夢幻) ushalmas orzu.
뫼(grave) qadimgi qo'rg'on; go'r; go'rtepa; mozor; qabr. (산) hill; tog'; ⇒ 무덤. 산소
묏자리 qabr uchun joy.
묘(妙) I mo'jiza, g'aroyibot, ajabsanda, ajoyibot.
묘(墓) II go'r, qabr. ⇒ 무덤.
묘(廟) III maqbara.
묘계(妙計) ⇒ 묘책(妙策).
묘구도적(墓丘盜賊) 『무덤을 파는』 qabrni o'g'irlash; 『송장을 파내는』 qabr ichidagi jasadni o'g'irlab, o'lgan odamning qarindoshlaridan pul talab qiladigan odam.
묘기(妙技) 『솜씨』 betakror qobiliyat, iste'dod.『연기 따위』 xayratlanish; lol qolish; xayron qolish. 『스포츠의』 ajoyib; zo'r o'ynamoq.
묘령(妙齡) gullagan davr.
묘막(墓幕) go'rni qorovullaydigan qorovul uyi.
묘망(渺茫) ~하다 keng; bepoyon; ko'lamdor; enli; katta; cheksiz; chegarasiz.
묘목(苗木) yosh o'simliklarni parvarish qilish.
묘미(妙味) maftun, shaydo; (맛. 매력) didi zo'r bo'lmoq.
묘방(卯方) 〖民俗〗 Sharqona yo'nalish.
묘방(妙方) 『약방문』 zo'r dorini tayyorlash usuli. ⇒ 묘법
묘법(妙法) 『방법』 zo'r usul.
묘비(墓碑) qabr ustidagi tosh.
묘사(描寫) tasvir, ifoda, aks; (그림으로)~ tasvir. ~하다 tasvirlamoq, chizib tashlamoq.
묘소(墓所: qabr. ⇒ 산소
묘수(妙手) 『사람』 expert; master; zo'r iqtidor egasi.
묘안(妙案) qoyilmaqom reja; ajoyib g'oya.
묘안석(猫眼石) 〖鑛〗 mushuk ko'z.
묘약(妙藥) g'aroyib dori; mo'jizaga boy dori.
묘지(墓地) qabriston; ko'mish; dafn etish; yerga ko'mish.
묘지기(墓—) go'r, qabr qorovuli.
묘책(妙策) ajoyib (zo'r) reja (loyiha; mo'ljal). ⇒ 묘안(妙案).
묘포(苗圃) 〖農〗 o'rmonchilik.
묘혈(墓穴) go'r, qabr.
무 I 〖韓醫〗 qo'ltiq.
무 II 〖植〗 turup.
무(戊) III 〖民俗〗 10lik son tizimining 5chi belgisi.
무(武) IV 『무예』 harbiy;『군사』 harbiy xizmatchi.
무(無) V 『없음』 nol', hech narsa.
무가내(無可奈) hech narsa qilib bo'lmaydi. ⇒ 막무가내. ⇒ 무가내하(無可奈何).
무가치(無價値) qimmati yo'q, qimmatga ega bo'lmagan. ~하다 qimmatsiz.
무간섭(無干涉) qo'shilmaslik, aralashmaslik.
무감각(無感覺) xushsizlik, bexushlik; ~하다 xushsiz bo'lmoq, bexush bo'lmoq. ~증 〖醫學〗 anesteziya.
무겁다 1) og'ir, vaznli. 2) muhim, vaznli, yuklijiddiy; 3) immillagan; 4) past (ovoz haqida); 5) o'ychan; 6) o'zini bosib olgan. 마음이 ~ qalyuragi notinch(og'ir); 입이 ~ sir saqlay oladigan

insonlarga nisbatan aytiladi(og'zi mahkam); 무거운 침묵을 깨다 chuqur tinchlik (sokinlik) ni buzmoq.
무결근(無缺勤) ⇒ 무결석(無缺席).
무계획(無計劃) rejada bo'lmagan.
무곡(舞曲) ⇒『무용곡』
무과(武科)〖歷史〗harbiy razryad bo'yicha davlat imtihoni.
무관(武官) I『陸軍·海軍』harbiy offitser.
무관(無關) II ma'lum bir ishga aloqasi bo'lmagan; munosabat-siz. ~하다 qarindoshligi yo'q; aloqasiz.
무관심(無關心) bee'tibor; qiziqmaslik; loqaydlik; apatiya. ~하다 behavsala bo'lmoq; beshavq bo'lmoq; bee'tibor bo'lmoq.
무국적(無國籍) fuqaroligi bo'lmagan.
무궁(無窮) cheksizlik, abadiylik. ~하다 cheksiz, abadiy, doimiy, beto'xtov, bepoyon; chegarasiz.
무궁무진(無窮無盡) cheksiz, bepoyon; tugamas, bitmas. ~하다 cheksiz; bepoyon; chegarasiz.
무궁화(無窮花)〖植〗gibisgus (Hibiscus syriacus) (Koreya milliy guli).
무균(無菌)〖醫〗sterillangan.
무극(無極) cheksiz; bepoyon; chegarasiz
무기(武技) I harbiy san'at.
무기(武器) II qurol; qurol-yaroq.
무기(無期) III chegaralanmagan.
무기력(無氣力) kuchsizlik. ~하다 ruhan kuchsiz; nimjon; holdan toygan.
무기음(無氣音)〖言〗undosh tovush.
무난(無難) oson ko'rinmoq, qiyin bo'lmaslik. (그런대로 좋은).
무너뜨리다 buzib tashlamoq; vayron qilin tashlamoq; yo'q qilmoq; sindirmoq.
무너지다) buzilmoq; vayron bo'lmoq; 2) ko'chma. uzoqlashmoq.
무녀(巫女) ayol shaman.⇒ 무당.
무농약야채(無農藥野菜) kimyoviy vositalarsiz bo'lgan mevalar.
무뇌증(無腦症)〖醫〗tib. anentsefaliya.
무뇨증(無尿症)〖醫學〗tib. anuriya.
무능(無能) qobiliyatsizlik; qo'lidan kelmaslik; ~하다 qobiliyatsiz; qo'lidan hech narsa kelmaydigan.
무늬『도안』naqsh; ~하다 naqsh chiqmoq.
무단(武斷) I militarizm (qurollanish).
무단 II o'z xohishi bilan, besabab. ~외출 o'z xohishi bilan tashqariga chiqmoq; ~결석하다 o'z xohishi bilan darsga kelmaslik. ~히 o'z xohishi bilan; o'z xohishicha.
무당 (ayol) shaman. ~춤 shamanlar raqsi; ~서방 shaman ayolning turmush o'rtog'i.
무당개구리〖動〗uzoq sharqda uchraydigan qurbaqa.
무당벌레〖昆〗xon qizi.
무당새〖鳥〗to'rg'ay.
무당질 shamanlik
무대 I dengiz oqimi.
무대(舞臺) II sahna, arena, dala. ~배우 sahna aktyori. ~생활 sahna hayoti; 회전 ~ aylanma sahna; ~ 감독 sahnalashtiruvchi rejisyor; ~장치가 sahna bezatuvchisi; ~ 조명 sahnani yoritish.
무더기 to'da; ~로 쌓다 bir joyga to'plamoq.
무더위 dim, jazirama; issiq.
무덕(無德) behayolik; beandishalik. ~하다 behayo bo'lmoq; beandishalik qilmoq.
무던하다 I yetarli bo'lmoq.
무던하다 II qoniqarli; yaxshi,

bo'ladigan.
무던하다 III ko'ngli ochiq.
무덤 qadimgi qo'rg'on; go'r; go'rtepa; mozor; qabr.
무덥다 (무더우니, 무더워) dim va issiq (havo haqida), dim. 무더운 날씨 dim havo.
무도(武道) harbiy jang san'ati.
무도(無道) ～하다 qattiqqo'llik qilmoq; behayolik qilmoq.
무도(舞蹈) o'yin; raqs; ～하다 raqsga tushmoq; bazm uyushtirmoq.
무두장 raqs tushish joyi.
무두질 I terini qayta ishlash.
무두질 II qorin og'rig'i, ko'krak og'rig'i.
무드(mooe) kayfiyat; hafsala; ruhiyat.
무디다 (날붙이가) o'tmas; anqov, ongsiz, bema'ni; 『소리 따위가』 xira, tushunarsiz. 『머리·감각·움직임이』 bema'ni; imillagan (움직임이). 『말이』 o'tmas qilib qo'ymoq.
무뚝뚝하다 rasmiy ravishda bo'lmoq; sovuq bo'lmoq. 무뚝뚝한 사람 sovuq odam.
무량(無量) ～하다 chegarasiz; bahaybat.
무력(武力) qurilish aslahalari.
무력(無力)(힘이없음) kuchsiz; bo'shang; yordamga zor.
무력 harbiy kuch.
무렵 vaqt, ayni vaqti;
무례(無禮: rudeness) qo'pollik, bezlik; baodoblik; (모욕). ～하다 baodob; bezbet; beor.
무뢰한(無頼漢: ruffian) bezori; qo'pol; bebosh; avbosh.
무료(無聊) I charchash; zerikish; siqilish; ～하다 charchamoq; zerikmoq; siqilmoq.
무료 II tekin, bepul; ～로 tekiniga, pulsiz; ～교육 bepul o'qish; ～ 봉사 bepul xizmat; ～ 치료 bepul davollash.
무료권 bepul chipta.
무르다 I (무르니, 물러) 1) qaytarib bermoq; qaytarib olmoq; 무를문서 to'lash muddati tugagunga qadar sotib olingan mahsulotni qaytarib berish huquqini beruvchi hujjat; 2) boshiga qaytmoq; qaytadan boshlamoq; 3) chekinmoq (orqaga); 무르와 가다 arx. katta odamga orqasini o'girmasdan ketmoq; 무르와 내다 arx. a) olib ketmoq; 물러가다 a) ketmoq; chekinmoq; b) kattaga orqasini o'girmasdan chiqib ketmoq; e) yo'q bo'lmoq, o'tib ketmoq (m-n. sovuq haqida); e) sotib olingan yoki almashtirilgan narsani qaytarib bermoq; 물러나다 a) chekinmoq; ketmoq; b) ishni tashlab ketmoq; e) uzilib ketmoq; uzilib tushmoq; e) tarqalmoq; tarqalib ketmoq; 물러서다 a) ketmoq; b) ishni tashlamoq; tashlab ketmoq; 물러앉다 a) o'rinni almashtirmoq; orqaga surmoq; b) o'rtasida tashlab ketmoq (ishni); e) buzilmoq, buzilib ketmoq (uy haqida).
무르다 II (무르니, 물러) 1) pishgan; 2) to'g'ri va ko'chma. yumshoq; suyuq (taom); ～ 무른 감도 쉬여 가면서 먹어라 maq. *so'zma- so'z.* yumshoq xurmoni ham, dam olib yegin(≅) ovqatni me'yorini bil; b) sxoshgan qiz, erga yolchimas.
무르익다 1) pishmoq; yetilmoq; 2) qizarmoq (daraxt barglari); 무르익은 yetilgan; pishgan.
무릅쓰다 (무릅쓰니, 무릅써) 1) nazarga ilmaslik; mensimaslik; iltifotsizlik; 생명의 위험을 무릅쓰고 o'z hayotini havf ostiga qo'ymoq; 2) ＝뒤집어 쓰다; qar. 뒤집다.

무릎 tizza; ~을 마주하다 yuzma-yuz o'tirmoq; ~을 다치다 tizzani urib olmoq; ~을 맞대고 이야기하다 yuzma-yuz gaplash- moq; ~을 꿇다 tiz cho'kmoq; ~을 꿇고 용서를 빌다 tiz cho'kib kechirim so'ramoq; ~걸음 tizzada emaklamoq; ~마디 tizza bo'g'ini; ~을 꿇다 to'g'ri va ko'chma. tiz cho'kmoq.
무리 I to'da; haloyiq; guruh;~를 지어 to'da; haloyiq; guruh bilan; 10명씩 ~를 지어 10 kishilik guruhlar; 강도 o'g'rilar guruhi.
무리 II oreol; 달 ~ oy atrofida oreol; 해 ~ toj; oreol.
무리(無理) III 1) aqlsiz; befahm; noma'qul; 2) mantiqqa to'g'ri kelmaydi; 네가 그렇게 말하는 것도 ~는 아니다 Sen gapirayotgan gaping (tushunarli) tabiiydir; ~수 irratsional son; ~식 irratsional ibora; ~하다 1) a) aqlsiz; b) haddan tashqari; 2) bir ishni xohlamasdan qilmoq; kuchlanmoq.
무리하다 befahm; aqlsiz; haddan tashqari; qilib bo'lmaydigan ishni qilishga urinmoq; 무리하게 cho'zib; tortib; 무리함 없이 tortmasdan.
무모(無謀) ~하다 befahm; jinni sifat; ~행동 befahm qiliq.
무법(無法) qonunsizlik; huquqsizlik; anarxiya; ~의 qonunsiz; maxfiy; yashirin; ~자 qonundan chetlangan odam; ~천지 anarxiya; ~천지다 huquqsizlik hukm surmoqda; ~하다 qonunsiz; huquqsiz.
무사(無事) ~하다 tinch; sokin; osoyishta; ~분주 sxoshilib qilmoq, ~태평 tinchlik; osoyishtalik; ~태평으로 살다 (abadiy) g'amtashvishsiz yashamoq.
무사하다 osoyishta; tinch.
무사히 osoyishta; tinch; muammolarsiz.
무상(無償) I bepul; ~으로 bepul; tekinga; ~원조 (bepul) yordam; ~분배 tekinga qilinadigan ish; ~몰수 musodara qilmoq; ~치료제 bepul davollanish.
무상(無常) II o'zgaruvchan; aynimachoq; qat'iyatsizlik; ~하다 o'zgaruvchan; ~출입 kirmoq va chiqmoq; bemalol qatnov; ~왕래 xohlagan vaqtda bormoq (qatnamoq).
무서운 qo‘rqinchli; dahshat.
무서워하다 qo‘rqmoq.
무선(無線) I simsiz; ~반작용 raqibning radio eshitirishlariga chora tadbirlari; ~방송 radio eshittirish; ~송신기 radio uzatgich; ~신호대 radiomayak; ~전보(전신) radiotelegraf; ~전파 radio to'lqin; ~전화 radiotelefon; ~항행법 radio qatnash mavsumi; ~원격 측정 radiotelemetriya.
무선(舞扇) II raqsda islatiladigan.
무섭다 (무서우니, 무서워) 1) qo‘r-qinchli, 무서워서 bir nimadan qo’rqqan holda; qo‘rqinch ustida; 아무것도 무서운 것이 없다 Hech narsadan qo’rqmaslik; ~하기가 무섭게 darhol; darrov; bir onda; 집에 돌아오기가 무섭게 그는 화를 냈다 Uyga qaytgan ondayoq, jahlim chiqdi; 나는 호랑이가 ~ men arslondan qo‘rqa- man; 무섭다니까 바스락거린다 ataylab qo’rqitmoq; qo‘rqitmoq; 2) odam gavjum; 3) o'ta; antiqa; 4) 무섭게 darrov; shu zahotiyoq.
무섭습니다 qo’rqinchli.
무소식(無消息) axborot (yangilik) lar yo'qligi; 그 후로 전혀 ~이다 O'sha paytdan beri u haqida hech narsa bilmayman; ~이 희소식 (호소식) eng zo‘r yangilik; ~

하다 noma'lum, xabarsiz.
무쇠(-釗) cho'yan; ~의 temirli; cho'yanli; ~가마 temirdan qilingan qozon; ~주먹 qattiq musht.
무슨 1) qaysi; qaysi biri; nima.; ~일인가? Nima bo'ldi? ~문제로? Nima masala bo'yicha?; ~일이 생기면 bir nima bo'lib qolsa; nimadir bo'lsa; ~일이든지 har qanday ish; qanaqadir ish bo'lsa ham; ~사람이요? qanaqa odam bu? 이게 ~물건이요? nima bu? ~일이요? nima bo'ldi? ~생각을 하느냐? nima haqida o'ylayapsan? 2) qandaydir; biror bir; ~분주한 일이 있다 u nimadir bilan band;~일이든지 har qanday ish; 3) inkor gapda. hech qanday; ~바람이 불어서? qaysi shamol uchirdi?
무식(無識), 1) nodonlik; savodsizlik; 2) qorong'ulik; madaniyatsizlik; ~하다 a) savodsiz; nodon; b) to'q; madaniyatsiz; qorong'u; ~쟁이 qo'pol; madaniyatsiz odam; savodsiz odam; ~소치 og'z. bilmay turib; qonong'ulik; madani-yatsizlik; ~스럽다 sifat. madaniyatsiz ko'rinmoq. ⇒ 몽매
무심(無心) ~하다 oldin ko'zlab olinmagan; befarq; sovuq; ~한 세월 ayovsiz vaqt.
무안(無顔) uyalchanlik; uyat tuyg'usi; ~하다 uyatchan; ~해하다 uyalib qolmoq; ~을 주다 uyaltirmoq; ~ 을 당하다 qattiq uyatni his qilmoq; ~스럽다 uyatchan bo'lib ko'rinmoq; ~스레 uyalib; uyatni his qilib; ~을 보다 uyatni his etish; ~을 타다 qattiq uyalmoq.
무어(撫御) og'z. 1) qisq. 무엇; ~니 ~니해도 nima demagin; nima ham gapirardim; 2) nahotki; nima? 그게 ~ 정말이니? nahotki shu rost bo'lsa?
무언(無言) indamas; jimjit; kam gap; ~부답 og'z. (har doim) gapirishga so'z topiladi; ~부도 og'z. dilda nima gap bo'lsa, so'z bilam ifodalasa bo'ladi;~하다 kam gap; jimjit; indamas.
무엇(-酳) 1) nima; 2) nimadir; ~이나 har narsa; ~이든지 nimadir; ~때문에 nimadan; nima sababdan; ~보다도 hammasidan oldin; eng avvalo; 누가 ~이라고 하든 kimki gapirmasin; ~이 ~인지 전혀 모르겠다 Gap nimadaligini umuman tushunmayapman; 마실 것 ~좀 주십시오 ichishga biror narsa bering; ~인지 nimadir; ~보다도 먼저 eng avvalo; ~하다 og'z. noqulay, noma'qul.
무엇보다도 eng ko'p.
무엇을 사겠습니까? Nima sotib olasiz?
무엇입니까? Nima bu?
무역(貿易) 1) tashqi savdo; ~하다 savdo qilmoq; ~사무관 savdo markaz; 2) og'z. boshqa o'lkalararo savdo-sotiq.
무용(舞踊) raqs; raqslar; balet; ~배우 balet artisti; ~조곡 xoreografik raqs; ~학교 xoreografik o'qish; ~써클 xoreografik to'garak; ~언어 raqs tili; ~예술 xoreografik raqs san'ati.
무(우) I ~강즙 sholg'om sharbati (dori sifatida); ~버무리 (시루떡) parlangan guruchli non; ~배추 sholg'om va karam; ~씨 sholg'om urug'i; 무(우)국 sholg'omli sho'rva.
무우(無憂) II ~하다 beparvo; beg'am;
무임(無任) I ~하다 sifat. *ish vazifalarining yo'q bo'lishi.*

무임(無賃) II bepul, tekin; ~승차하다 bepul chiptada ketmoq; ~승차 bepul yo'l; ~승차권 imtiyozli chiptalar; ~하다 bepul.
무자격(無資格) malaka yo'qligi; diplom yo'qligi; yaroqsizlik; ~의 malakasiz; diplomsiz; yaroqsiz; ~자 malakasiz xodim; ~하다 malakasiz; savodsiz.
무저항(無抵抗) qarshilik; ~으로 qarshiliksiz; ~주의 qarshilik qilmaslik prinsipi; ~하다 qarshilik qilmaslik.
무정(無情) ~하다 shafqatsiz; berahm; bag'ri tosh; histuyg'-usiz; ~스레 shafqatsizlarcha; rahmsiz.
무제한(無制限)무제한(無制限) 1) ~하다 chegaralanmagan; cheksiz; 2) ~으로 cheksiz.
무조건(無條件) ~적 shartsiz; ~반사 shartsiz refleks.
무지(無知) bilmaslik; savodsizlik ~하다 nodon; qo'pol; jahl; tarbiyasiz; beadab; dag'al; ~몽매 umuman qo'pol; ~문맹 savodsizlik; ~스럽다 a) savodsiz bo'lib ko'rinmoq; b) dovdir bo'lib ko'rinmoq; e) qattiq qo'l bo'lib ko'rinmoq; e) juda katta bo'lib ko'rinmoq (tuyulmoq).
무지개 kamalak; ~꽃 kamalak rangi.
무차별(無差別) ~적, ~하다 diffe-retsiyalanmagan; tartibsiz; ~로 befarq; beparvo; ahamiyatsiz; e'tiborsiz; tartibsiz; betartib.
무책임(無責任) ma'suliyatsiz; javobgarlikni sezmaydigan; ~하다 ma'suliyatsiz.
무족목(無足目) 〖動〗 Apoda.
무종교(無宗教) dinsizlik
무주택(無住宅) uysiz; uyi yo'q.
무중력(無重力) og'irlik; vazn yo'q
무지근하다 pul; to'lov; o'tmas; anqov, ongsiz, bema'ni.
무지기 ichki kiyim.
무직(無職) ishsiz.
무진장(無盡藏) ~하다 cheksiz; bepayon; chegarasiz.
무질서(無秩序:law-lessness) (혼란) tratibsizlik, besaranjomlik, alg'ov-dalg'ov; konfusion; 『혼돈』 xaos. ~하다 buzmoq.
무찌르다 yo'q qilib tashlangan bo'lmoq,chetlashtirilgan bo'lmoq
무참(無黲) I ~하다 uyalchang.
무참 II ~ 하다 yuragi tosh, tosh bag'r. ~ 스럽다 toshbag'r bo'lib ko'rinmoq.
무참 III ~하다 tuxmat qilmoq.
무책임(無責任) (책임이 없음) ma'suliyatsizlik; 『책임감이 없음』 ma'suliyatni sezmaslik. ~하다 ma'suliyatsiz bo'lmoq.
무척 juda; haddan tashqari.
무춤 ~하다 birdaniga to'xtab qolmoq, qotib qolmoq (chichigandan).
무취 ~의 hidsiz.
무탈 I sog'lom, muvaffaqiyatli. II iltifotli.
무탈 II iltifotli.
무탈 III bekamu ko'st, nuqsonsiz.
무태 esk. raqs tarovati. ~가 곱다 chiroyli raqsga tushmoq, tarovat bilan raqs tushmoq.
무턱 zo'rg'a-zo'rg'a, chala-chulpa, bo'ganicha. ~대고 tavakkaliga.
무통 ~수술 og'riqsiz operatsiya.
무트로 hammasi barobariga.
무편거리 mayda jenshen.
무한(無限) cheksiz, bepoyon; noaniq;~하다 cheksiz; bepoyon; chegarasiz.
무화과(無花果) anjir(열매); anjir daraxti (나무).
무휴(無休**)** yo'q bayram; ta'til.
묵계(默契) so'zsiz bir-birini tushunmoq (fahmlamoq).
묵과(默過) ~하다 jimjitlik bilan

chegaralanmoq, sukunat bilan cheklanmoq.
묵념(默念)⇒ 묵상(默想).묵도(默禱).
묵다 I 1) qarigan bo'lmoq; 2) dam olmoq; 묵은 솜 eski paxta; 묵은 닭 qari tovuq; ~해 eski yil; 묵은 장 쓰듯 pala-partish ishlatmoq.
묵다 II 『숙박』 qolish, turish; qolmoq, ushlanib qolmoq, turmoq;
묵도(默禱) jim; sokin; indamay; og'iz ochmay; so'zsiz; lom-mim demay.
묵례(默禮) jimlik, sukunat; jim; sokin; indamay; og'iz ochmay; so'zsiz; lom-mim demay; ~하다 qilmoq; yasamoq; ishlab chiqmoq (jim; sokin; indamay; og'iz ochmay; so'zsiz; lom-mim demay).
묵묵(默默) ~하다 jimlik, sukunat; jim; sokin; indamay; og'iz ochmay; so'zsiz; lom-mim demay.
묵살(默殺) ~하다 jim bo'lmoq.
묵상(默想: meditate) o'ylash; mushohada qilish; fikr qilish; ~하다 o'ylamoq; mushohada qilmoq; fikrlamoq.
묵시(默示) vahiy; payg'ambarlik bashoratlari; ~하다 ochmoq; ko'rsatmoq; oshkor qilmoq; ma'lum qilmoq; ~록(錄) ⇒ 계시록(啓示錄).
묵음(默音) ~의 jimlik, sukunat; jim; sokin; indamay; og'iz ochmay; so'zsiz; lom-mim demay.
묵이 eskirgan narsa; eski ish.
묵인(默認) sukunat bilan javob bermoq; jimgina rozi bo'lmoq; indamay ko'nmoq.
묵지(墨紙) karton qog'oz.
묵직이 salmoqli.
묵허(默許) litsenziya; ruxsat; huquq
묵다 I 1) qarigan bo'lmoq; 2) dam olmoq; 묵은 솜 eski paxta; 묵은 닭 qari tovuq; ~해 eski yil; 묵은 장 쓰듯 pala-partish ishlatmoq.
묶다 1) bog'lamoq; bog'lab tashlamoq; joylamoq; o'ramoq; 2) birlashtirmoq; bog'lamoq; biriktirmoq; yig'moq; tuzmoq;
묶어 세우다 yig'moq;
묶어 일으키다 tashkil qilib ko'tarmoq (kurashga).
묶음 bog'lam (kalit); bog'lam (o'tin); dasta (gul); pochka (pul, xat).
묶이다 bog'langan bo'lmoq.
문(門) I 1) eshik; darvoza; 2) kirish; o'tish joyi; oyna; 3) uy; oila; nasl; 4) zool. sinf; ~을 닫다 ishbilarmonlik bilan shug'ullanishni tugatmoq; ~을 잡다 chiqmoq (bola dunyoga kelayotganda boshi chiqishi haqida); ~을 열다 a) ochiq eshiklar siyosatini olib bormoq; b) qabulni chegaralamaslik (ishga qabul qilish paytida).
문(文) II taklif; 복합~ qiyin (murakkab) taklif.
-문(門) I kor. qo'sh. darvoza, eshik.
-문(文) II kor. qo'sh. 1) (yozma) tekst; 2) *tilsh.* taklif; 복합문 murakkab taklif; 3) adabiyot.
문답(問答) 1) savol-javob; dialog; 2)~하다 savolarga javob bermoq; ~식 dialog shakli.
문답법(問答法) dars davomida savol-javob.
문답식(問答式) dialog shakli.
문명(文明) I sivilizatsiya; rivojlanish; ~의 이기 zamonaviy qulayliklar; ~국 madaniy taraqqiy etgan davlat; ~인 madaniyatli odam; ~하다 a)

madaniy; taraqqiy; b) arx. yorqin, yaltiroq.
문법(文法) grammatika; ～적 grammatik; ～구조 grammatik tizim; ～적 범주 grammatik kategoriya; ～적 형태 grammatik shakl; ～적 의미 grammatik ma'no.
문사(文士) ⇒ 문인(文人).
문살(門―) ichki tuzilishi; skelet; gavda bichimi; jussasi
문상(問喪) ta'ziya, ta'ziya bildirish. hamdard bo'lish.
문서(文書)(서류) dokument; qog'oz
문설주(門) 〖建築〗 eshik darchasi.
문세(文勢) ta'sir kuchi (m-n.asar).
문소리(門―) eshik ovozi
문수 razmer; nomer; raqam.
문수(文數) tufli.
문안(文案) 1) sog'ligi haqidagi xabar; 2) salom; ～하다 salom aytmoq; ～편지 sog'ligi haqida xat; ～ 인사 sog'ligi xaqida salom xati; ～을 드리다 salom aytib yubormoq; 3) ～이 어떠하오? sog'lig'ingiz qanday?
문어(文語) adabiy, til;『낱말.표현』 adabiy so'z(ifoda).
문 얼 굴 (門 ―) 〖 建 築 〗 i c h k i tuzilishi; skelet; gavda bichimi; jussasi ish, xizmat eshik door ichki tuzilishi; skelet; gavda bichimi; jussasi .
문예(文藝) 1) adabiyot va san'at; ～비평 adabiyot sahifasi (ro'znomada); adabiyot bo'limi (jurnalda); ～부흥 qayta yangilanish; rennesans davri; 2) adabiyot; ～과학 qar. 문예학;～비평 (ababiy) tanqid; ～작품 adabiy asar; ～학자 adabiyotchi.
문의(問議) ～하다 so'ramoq; 서면으로 ～하다 yozma so'roqqa tutmoq.
문인(文人) adabiy odam; adabiyot namoyandasi
문자(文字) I 『글귀』 ifoda.
문자(文字) II 『글자』 harf; belgi
문장(文章) I 1) ifofa; tekst; taklif; insho; ～가 adabiyot namoyandasi; yozuvchi; ～부호 tutuq belgisi; ～성분 gap bo'lagi; 2) esk. yozuvchi.
문장(門長) II avlodida eng katta odam.
문전(門前) darvoza ro'parasida; ～에 darvoza oldida; ～옥토 uy yonida unumdor yer.
문전(文典) grammatika; grammatika kitobi.
문전 darvoza ro'parasida.
문재(文才) adabiy talant [qobiliyat].
문제(問題) savol; muammo; subyekt; topik.
문진(文鎭) og'irlik; vazn .
문체(文體) adabiy uslub.
문투(文套) adabiy uslub [shakl].
문틀(門―) ichki tuzilishi; skelet; gavda bichimi; jussasi.
문필(文筆) adabiy yozuv.
문하(門下) ～에 o'qituvchi boshchiligida; o'qituvchining ko'rsatmasi bo'yicha.
문학(文學) adabiyot; 영[불;국] ～ ingliz tili [Frantsuz; koreys] adabiyot.
문헌(文獻) adabiyot; hujjatlar.
문화(文化) I madaniyat. ～수준 madaniyat darajasi; ～ 예술 madaniya va san'at; ～혁명 madaniyat inqilobi; ～적 유물 madaniy yodgorliklar; ～ 유산 madaniy meros.
문화 II qar.=> 문담.
문화 III esk. past olov.
문화 IV 1) esk. ajoyib adabiy asar, shedevr. 2) yuqori madaniyat.
문화비 madaniyhordiq uchun ketadigan pul.

문화사 madaniyat tarixi.
문화사업 madaniy ish.
문화상 madaniyat vaziri.
문화성 I madaniylik.
문화성 II madaniyat vazirligi.
문화어 madaniy til.
문화사업 madaniy ish.
문화인 o'qigan inson, madaniy jihatdan boy odam.
문화재(文化財) madaniy boyliklar.
문화적 빈곤 madaniy tomondan kambag'al.
묻기 savol.
묻다 I 1) yopishmoq; yopishib olmoq; 기름이~ yog'lanmoq; 피 묻은 손 qonga belangan qo'llqr; 2) 묻어 (다니다, 가다, 오다 fe'llari bilan) o'zi bilan olib ketmoq; kimdir bilan ketmoq.
묻다 II (물으니, 물어) 1) so'ramoq; 2) tergov olib bormoq; 길을 ~ yo'lni so'ramoq; qanday o'tish mumkinligini so'ramoq; 책임을 ~ javobgarlikka tortmoq; 물어 내리다 esk. so'ramoq; iltimos qilmoq (o'zidan yoshi kattadan).
묻다 III 1) ko'mmoq; ko'mib tashlamoq; bekitmoq; 어머니의 가슴에 얼굴을 ~ onasining ko'ksiga yuzini tiqmoq; yuzini onasining ko'ksiga bekitmoq; 2) bekitmoq; qalbida saqlamoq.
묻었습니다 ko'mdim.
묻히다 I 1) yopiq bo'lmoq; ko'milgan bo'lmoq; ko'mib tashlangan bo'lmoq; 2) yer tagida joylashgan bo'lmoq.
묻히다 II surmoq; 가루를 ~ unda dumalatmoq.
물 I 1) suv; 음료수 (ichimlik) suvi; 더운~ iliq suv;~이 부글부글 suv buloq bo'lib oqmoqda; 물의 경도 suvning qattiqligi; ~을 맞다 a) boshini buloqdan oqayotgan suvga yuvmoq (bosh og'rigan paytda); b) buloqdan oqayotgan shaffof suvdan ichmoq; ~을 먹다 ta'sir qilmoq; ta'sir o'tkazmoq; ~을 잡다 a) to'xtatib turmoq (suvni); b) suvni quymoq; ~이 내리다 ruhan cho'kmoq; 2) suv; daryo; dengiz; ko'l.
물 II bo'yash; sirlash; ~ 들이다 bo'yamoq; sirlamoq; tus bermoq; 검게 ~들다 qora rangga bo'yalgan bo'lmoq; ~이 들다 a) bo'yalgan bo'lmoq; b) qar. 단풍[이 들다].
물 III yangilik;~이 나쁘다 yangi emas (eski); ~이 좋다 yangi (yangi tutilgan baliq haqida).
물 IV 1) kir yuvish; 첫 물 birinchi marta kir yuvish; 2) yig'im; ulov; 첫 물의 호박 birinchi hosil oshqovog'i.
물가 I qirg'oq.
물가(物價) narx; ~가 오르다 narxning ko'tarilishi; ~가 내리다 narxning tushishi
물감 sxirali xurmo
물개 〚動〛 dengiz mushukchasi.
물거미 〚動〛 suv o'rgimchak.
물거품 pufak; ko'pik
물건(物件) narsa; buyum.
물것 qon so'riydigan mayda hasharotlar.
물결 (파도) to'lqin, yuksalish; dengiz (yuksalish). (물결 같은 것) ariq; jilg'a; ~ 소리 ovoz; tovush; hilpiramoq, hilpillamoq; likillamoq.
물고기 baliq; ~를 잡다 baliqni tutmoq;~를 낚다baliqni ovlamoq.
물고늘어지다 (이빨로) yopishmoq; kirishmoq; osilib olmoq
물고동(수도꼭지) vodoprovod krani
물굽이 egilish[kurve] daryo [ariq; jilg'a].
물귀신(—鬼神) daryo demoni.

물기(一氣) 『습기』 nam; namlik
물기가 있다 nam
물기를 빼다 suvini (namini) qochirmoq.
물기둥 suv oqimi
물기름 ~젖제 farm. emul'siya.
물길 I qar. 말갈
물길 II daryo, suv yo'l.
물까치 〖조류〗 moviy; havo rang hakka; zag'izg'on
물꼬 suv sug'orish; suv inshoati
물난리(一亂離) 『홍수』 suv bosmoq; suv toshmoq; toshqin, og'z. daryo; dengiz, okean.
물놀이 (잔물결이 읾) qirg'oqda cho'milmoq.
물다 I (동물이) tishlamoq (*qopmoq; chaqmoq*)
물다 II 『돈을』 to'lamoq; qayta to'lamoq.
물동(物動) safarbarlik; jalb etish.
물동이 loydan yasalgan hurmacha (kuvacha, ko'za) (suv uchun).
물두부(一豆腐) qaynatilgan soyali tvorog.
물들다 『색깔이』 bo'yamoq.
물들이다 『물들게 하다』 bo'yamoq
물딱총(一銃) suv to'pponcha; qurol; qurol-yarog'; aslaha
물때 I 1) loyqa (suvda)
물때 II 『물의』 dengiz suvining ko'tarilishi va qaytishi (pasayishi)
물러나다 옆으로 ~ bir tomonga o'tmoq.
물러 나오다 qaytmoq.
물러나게 joydan(postdan) haydamoq.
물러나다 chekinmoq; orqaga qaytmoq.
물러서다 뒤로~ orqaga chekinmoq; 한걸음 ~ bir qadam orqaga qaytmoq. ⇒ 물러가다
물론(勿論) albatta; so'zsiz; shak-shubhasiz; 그야 ~이지 ha, albatta; ~하고 beistisno hamma(si).
물리(物理) 1) fizika; tabiat qonuni; 2) 물리학 ga qarang; ~적 fizik; fizio...; ~요법(치료) fizioterapiya; ~적 멸균법 sterelizatsiyaning fizik usuli; ~적 풍화 fizik shamollash; fizik kurash; ~적 약학제제 farmatsevt dorilar; bug'lash yo'li bilan tayyorlangan filtrlash va boshqalar; ~적 원자량 fizik atom og'irligi; ~화학 fizik kimyo; ~학부 fizika kulliyoti; 3) tushunish.
물리다 I jonga tegmoq.
물리다 II 1) tiqilib qolmoq (tishda); 2) ushlab olinmoq (tish bilan, tumshuq bilan); 3) tishlamgan bo'lmoq; 4) solmoq og'izga; 5) tishlatmoq; tishlashga yo'l qo'ymoq; 6) solmoq; kirgizmoq; tutilmoq; 젖을 ~ bolaga ko'krak bermoq; 아침에는 고기가 잘 물린다 ertalab baliq yaxshi ovlanadi; 물려 지내다 (kimgadir) bog'liq bo'lmoq.
물리다 III 1) majbur qilmoq; imkon bermoq; 2) orqaga qaytishga majbur qilmoq (imkon bermoq); 3) o'rnidan qo'zg'alishga majburlamoq (imkon bermoq); 4) meros qilib o'tkazmoq; 5) surmoq, o'tkazmoq (vaqtni); 6) etn. yovuz ruhni haydamoq; 물려받다 (kimdandir) meros qilib olmoq; 물려주다 (kimgadir) meros qilib bermoq.
물리치다 1) qaytarmoq; haydamoq (hujumni); 2) o'tmoq; yengmoq; 3) qabul qilmaslik; rad etmoq.
물씬물씬 ~하다 a) juda yumshoq; pishib o'tib ketgan; b) sifat. dumaloq bo'lib ko'tarilmoq (par; chang; bug'; tutun va b.q); e) o'tkir; kuchli (hie).

물의(物議) shovqin-suron; ~를 일으키다 yoqimsiz shovqin solmoq; shovqin qilmoq.
물질(物質) 1) narsa; buyum; ~적 moddiy; ~문명 taraqqiyot; ~문화 moddiy madaniyat; ~생활 moddiy hayot; ~적 관심의 원칙 moddiy manfaatdorlik principi; ~적 부(생활자료, 향리품) moddiy manfaat; ~요새 moddiy qal'a; 2) modda; ~대사 biol. metabolim; ~불멸의 법칙 narsa saqlash qonuni; 3) 재물 ga qarang.
묽다 1) suyuq; suvli; 묽게 타다 aralashtirmoq (biror narsani); 묽은 유산 suyultitilgan oltin gugurt eritmasi; 묽디묽다 juda suyuq; 묽은 치약 tish pastasi; 2) oriq; ozg'in; 3) sust irodai; xaraktersiz; badfe'l.
뭇 I 1) (biror narsaning) tutami; bog'lam (o'tin); 2) bir necha tutam (bog'lam).
뭇 II katta himoyalangan shahar.
뭇 III sanoq son. 1) 10 ta (baliq); 2) og'z. mut (maydon o'lchov birligi hosilga soliq); 3) bir necha o'n baliq; 4) bir necha daqiqa.
뭇- ko'pgina; ~별 yulduzlar (son sanoqsiz); 뭇 사람 ko'p odam
뭇다 (무으니, 무어) 1) yig'moq; termoq; qurmoq; yasamoq; 배를 ~ qayiq yasamoq; 떼를 ~ sol to'qimoq; 2) uyushtirmoq; 3) munosabatga kirishmoq; 사돈을 ~ xususiyatga kirishmoq.
뭉치다 1) tashkil topmoq; quyulmoq (qon); 2) yasamoq; yig'moq; 3) yopishtirmoq.
뭍 quruqlik.
뭍바람 qirg'oq sachratqilari.
뭐 og'z. 무엇ning qisqargan shakli; 뭐 말라빠진 (비틀어진, 죽은) 거야 arzimas narsa.
뭘(무얼) ning qisqartirilgan shakli; nima.
뭣 (무엇) ning qisqartirilgan shakli.
뭣하다 qar. 무엇하다.
뭬 (무에) ning qisqartirilgan shakli.
-므로 그가 갔으므로 방안은 조용해졌다 u ketgani uchun, xona jim-jit bo'ldi.
미(美) I go'zallik; chiroy; 고전~ mumtoz go'zallik.
미(*um.* mi) II mus. *mi.*
미(尾) III arx. jenshen o'simligining mayda yon tomirlari.
미-(未) I *hali ... emas*; 미성년 voyaga yetilmaganlik; qar. 미해결이다.
미-(微) II *mayda; mikroskopik*; **미생물** mikroorganizmlar.
미-(美) III kor. qo'sh. chiroyli; kelishgan; 미남자 kelishgan erkak.
미-(米) IV kor.qo'sh. 1) guruch; **미생산** guruch yetishtitish; 2) amriqocha; amerikacha; 미제국주의 amerika imperializmi.
-미(米) I kor.qosh. guruch; 격차미 oilada ishlaydigan oila a'zosi va boquvdagi oila a'zolariga tegishli guruch me'yori.
-미(美) II chiroy; go'zallik; 나체미 jismoniy chiroy (go'zallik).
미가공(未加工) ot. ishlov berilmagan; ~직물 qo‘pol gazlama; ~철 ishlov berilmagan temir.
미결(未決) qat'iyatsizlik; tergov qilinayotgan; ~수 vaqtincha ozodlikdan mahrum qilingan shaxs; ~구금 og'z. yurid. taxminiy xulosa; ~하다 hali hal qilinmagan.
미국(美國: Amerika) Qo‘shma Shtatlari.
미국인(美國人) amerikalik.
미꾸라지 amur v'yun balig'i; ~같

다 vyun balig'idek (odam haqida); ~천년에 용이 된다 maq. ≅ sabrning tagi oltin; sabr qilsang rohat ko'rasan (so'zma-so'z. ming yildan keyin v'yun ajdarhoga aylanadi; ~한 마리가 온 웅덩이 물을 다 흐린다 maq. ≅ tirroqi buzoq butun podani buzadi.

미끄러지다 1) sirpanmoq; sirpanib ketmoq; 2) yiqilmoq (imtihonda); 미끄럼 sirpanish; 미끄러진 김에 쉬어간다 maq. 3) egallab turgan joyidan (mansabidan) ajralmoq.

미래 I guruch sholisini tartiblovchi "T"simon moslama.

미래(未來) II kelajak; kelayotgan; kelasi zamon; ~완료 kelgusi zamon tugallangan ishi.

미련(尾聯) I ahmoqlik; nodonlik; ~스럽다 ahmoq (dovdir)ga o'xshamoq; ~하다 ahmoq; nodon; ~한 송아지 백정을 모른다 maq. so'zma-so'z. nodon buzoq, qassobni bilmas.

미련(未練) II 1) afsus; ~을 가지다 hali ham (kimgadir) bog'lanib yurmoq; (kimgadir) o'rganib qolmoq; (kimdirni) sog'inmoq; 2) ~하다 og'z. tajribasiz.

미루다 1) qoldirmoq; surmoq; 후일로 ~ keyinga qoldirmoq; 편지 회답을 ~ xat yozishga sxoshilmaslik; 후일에 ~ keyinga surmoq; 2) qo'ymoq; (birovga) yuklamoq; ...로 미루어 ...dan kelib chiqib; ...ni inobatga olib.

미리 oldindan; 돈을 ~ 주다 pulni oldindan bermoq.

미리미리 sal oldin; avvalroq.

미만(未滿) ...dan kam; to'liq emas; yoshroq; 5세 ~의 아이들 5 yoshga to'lmagan bolalar; 60세 ~ 60 yoshga to'lmagan.

미분(微分) I 1) differentsial; 2) ~법 differentsiyalashgan; ~학 differentsial hisob; ~기하학 differentsial geometriya; ~계수 differentsial koefficient; ~방정식 differentsial tenglik; ~회로 differentsial sxema.

미분(未分) II ~관인 (imtihondan keyin) davlat ishiga tayinlanishni kutayotgan odam;~노비 mol mulk bo'linishiga qadar ota-onaga tegishli mulk; ~하다 hali bo'linmagan.

미숙하다 xom; pishmagan, tayyor emas; malakasiz;

미숙성 xomlik; tajribasizlik.

미술(美術) tasviriy san'at; ~가 san'atkor haykaltarosh; ~관 suratlar galereyasi; tasviriy san'at muzeyi; ~품 san'at asari; ~적 badiiy; ~사진. 예술 [사진] ga qarang; ~전람회 badiiy ko'rgazma, suratlar galereyasi; ~인쇄 badiiy litografiya.

미안(美顔) I 1) chiroyli yuz; 2) yuz pardozi.

미안(未安) II ~스럽다 sifat. uyalgan ko'rinmoq; ~하다 a) sifat. hijolat bo'lmoq; hijolat bo'lmoq; ~하지만 ...uchun uzr, lekin...; b) og'z. norozi.

미안하다 o'zini noqulay his qilmoq;

미안하지만 uzr; kecxirasiz; iltimos; 늦어서 미안합니다 Kech kelganim uchun uzr; Kechikkanim uchun kechiiring.

미약하다(微弱-) bo'sh; kuchsiz; yetarli emas.

미역국 dengiz karami sho'rvasi; ~을 먹다 a) yiqilmoq(imtihonda) ishga qabul qilingan bo'lmoq; b) ishdan chetlatilgan bo'lmoq.

미연(未然) ~에 oldindan; avvaliga; ~방지 oldini olish.

미완성(未完成) tugatilmagan; tugallanmagan; ~품 yarim fabri-

kat; ~하다 hali tugatilmagan.
미용(美容) yuz(soch) parvarishi; ~사 kosmetolog; sartarosh; ayollar sartaroshi; ~실 ayollar sartaroshxonasi.
미워하다 nafratlanmoq; yoqtirmaslik; yomon ko'rmoq.
미인(美人) go'zal qiz; ~계 ayollik jilosi bilan rom qilmoq.
미적미적 ~거리다 oz-ozdan surmoq; kundan-kunga qoldirmoq; ~하다 ~미적거리다 ga qarang.
미정(未定) I kunduzgi soat 2; noaniq; ~계수법 mat. ~대명사 *tilsh.* noaniq omosh;~하다 hali hal etmaslik (belgilanmagan; aniqlan-magan).
미정(未正) II etn. kunduzgi soat ikki "qo'y soati"
미주알고주알 batafsil; maydalab; ~캐묻다 batafsil so'rab surishtirmoq.
미지(未知) noaniq; ~의 세계 noaniq dunyo; ~함수 mat. noaniq funktsiya; ~하다 hali bilmaslik.
미지근하다 1) iliqroq; 2) qat'iyatsiz; 미지근히 식히다 sal sovushga bermoq.
미지수(未知數) 1) qidirilayotgan (noaniq) son; 2) qat'iyatsiz; noaniq; ~이다 hali beri noaniq bo'lmoq.
미치다 I 1) aqildan ozmoq; 미친 개 quturgan it; muttaxam; ahmoq; 미친년 ot. ahmoq (qiz); 미친놈 ahmoq (yigit); aqli yo'q; 미친병(증) aqldan ozmoq; jinni bo'lmoq; 미친 듯이 tutqanoq; 미친개 눈에는 몽둥이만 보인다 maq. 미친개 물 본 듯 aqldan ozganga o'xshab; 미친 개 범 물어 간 것 같다 maq. ≅ yelkadan tog' ag'darilgandek (so'zma-so'z. xuddi arslon quturgan itni olib qochib ketgandek); 미친 개 친 몽둥이 삼 년 우린다 ~노루[친 막대 삼 년 우린다] ga qarang; 미친 년 널뛰듯 (미친 년 달래 캐듯, 미친 년 방아찧듯) sxoshiolinch qilmoq; 2) haddan oshmoq; chegaradan chiqmoq; 3) biror narsaga (ishga) shung'ib ketmoq; berilib ketmoq; berilmoq; 낚시질에 ~ baliqchilikka berilib ketgan; 미쳐 날뛰다 shiddat bilan.
미치다 II 1) yetishmoq; yetmoq; tegmoq; tegib o'tmoq; 못 미쳐 yetmay; yetmay turib; 생각이 못 미쳐 aqlan yetmoq; 때 미쳐 vaqtida; 힘이~ imkoni (kuchi) yetmoq; 2) ta'sir etmoq; yoyilmoq.
미행(尾行) I 1) ~하다 a) izma-iz yurmoq; b) (otidan) poylamoq; 2) qidiruvchi; 3) dum (ko'chma ma'noda dum bo'lib yurmoq).
미행(美行) II yaxshi hulq.
미행(尾行) III poyloqchilik; ~하다 izidan yurmoq; poylamoq; ~자 poyloqchi.
민(民) 1) og'z. 인민ga qarang; 2) men (yanban rasmiy tilda uyezd boshlig'i bilan so'zlashayotganda).
민- tabiiy; oddiy; yasatilmagan; 민낯 upalanmagan yuz.
-민(民) odamlar; xalq; 이재~ ofatlardan talofat ko'rganlar; 미개민 yovvoiylar; 이주민 ko'chmanchilar.
민간(民間) ~에서 xalq ichida; xalqda; ~의 shaxsiy fuqaroviy; davlatga tegishli bo'lmagan; ~요법 xalq tabobati; ~무용 xalq raqsi; ~물자 xalq boyligi; ~설화 xalq merosi;~신앙 xurofot;~어원 tilsh. xalq etimologiyasi; ~오락 xalq bayramlari; ~은행 xususiy bank.
민사(民事) I 1) yur. fuqaro ishi;

2) og'z. xalq ishi; ～사건 fuqaro arizasi;～소송법 fuqaro kodeksi.
민사(悶死) II ～하다 qiynalib o'lmoq (jon bermoq).
민속(民俗) I xalq urfodatlari; etnografiya; ～무용 xalq raqsi; ～학 etnografiya.
민속(敏速) II ～하다 tirik; jonli.
민심(民心) xalq kayfiyati; jamiyat fikri; mashhurlik; ～을 얻다 mashhurlik qozonmoq; xalq ishon-chini qozonmoq; ～을 잃다 mash-hurlik (xalq ishonchi)ni yo'qotmoq.
민족(民族) millat; xalq; ～국가 milliy davlat; ～문제 milliy savol; ～문화 milliy madaniyat; ～사 millat tarixi; ～성 millat xarakteri (fe'li); ～의식 milliy tushuncha; ～적 milliy; ～주의 milliylik; ～간부 milliy kadrlar; ～경기 urfiy sport o'yinlari; ～경제 milliy iqtisodiyot; ～고전 milliy mumtoz adabiyoti; ～공업 milliy ishlab chiqarish; ～무용 milliy raqslar; ～문화 milliy madaniyat; ～반역자 millat sotqini; ～배타주의 milliy shovinizm; ～자결 millat (o'z-o'zini)ni anglash; ～자결권 millatrlarning o'z-o'zini anglash huquqi; ～자본가 milliy burjuaziya; ～주체의식 milliy g'oya; milliy tushuncha; ～통일전선 yagona milliy front; ～해방 투쟁 milliy ozodlik urushi.
민주(民主) demokratiya; ～국가 demokratik davlat; ～당 demok-ratik partiya; ～주의 demokra-tiya; demokratizm; ～화 demok-ratizatsiya; ～기지 demokratik baza; ～개혁 demokratik islohat; ～진영 demokratik lager; ～혁명 demokratik inqilob.
믿다 ishonmoq; 믿은 만한 사람 ishonchli kishi (odam); 믿을 사람 ishonchga loyiq odam; ishonchli odam; 믿기는 신주 믿듯 ko'r-ko'rona ishonib; 믿는 낡에 곰이 핀다 maq. ≅ to'sqatdan parchalanmoq(umie); 믿는 도끼에 발등 찍힌다 maq. ≅ minnatli odam.
믿음 ishonch.
미음직하다 ishonchli; sodiq; ishonarli.
믿음직하게 qat'iyatlik bilan.
밀 I bug'doy; ～가루 bug'doy uni.
밀(蜜) II mum (arining).
밀 III ruda.
밀-(密) koreys tilidagi prefiks. mahfiy; sirli; ～밀수입 yashirincha olib kirmoq.
밀고(密告) chaquv; ～하다 chaqmoq; hufiya axborot bermoq; ～자 ayg‘oqchi; ～하다 maxfiy axborot bermoq; chaqmoq.
밀다(미니, 미오) 1) itarmoq; itarib tashlamoq; 2) silamoq; dazmol-lamoq; tekislab tashlamoq; 3) urmoq; do'poslamoq; 4) qirmoq; 5) nashr qilmoq; 6) surmoq; ko'chirmoq (sanani); 밀어내다 surmoq; surib chiqarmoq.
밀리다 1) turtki olmoq; surilgan bo'lmoq; 2) tekislamoq; 3) qirtishlanmoq; 4) yuvinmoq; 5) to'planmoq; yig'ilmoq; 6) ko'chirmoq; surmoq (muddat);
밀려나다 surib chiqarilgan bo'lmoq.
밀려나오다 surilmoq; yoppasiga kelish;
밀려다니다 orqadan turtilib kelmoq.
밀려들다 yopilgan bo'lmoq.
밀어내다 turtmoq; surtmoq; sug‘urmoq.
밀어붙이다 1) yopishtirmoq; 2) bir tomonga itarmoq.
밀접하다(密接-) 1) mahkam

yopishmoq; 2) yaqin; ...와 밀접한 관계에 있다 ...bilan yaqin aloqada bo'lmoq; yaqin munosabatda bo'lmoq.
밀집(密集) konsentratsiya; tarkib; ~하다 tarkiblanmoq; yig'ilmoq; to'planmoq; ~광석 ko'p rudalar; 주택의 ~지역 zich joylashgan; tuman; ~하다 a) tartiblanmoq; to'planmoq; b) siqilmoq; yig'ilmoq.
밀항(密航) maxfiy passajir, maxfiy yo'lovchi; ~하다 o'g'irlamoq
밀회(密會) 1) yig'in, majlis; yig'lish. ~하다 maxfiy ravisda uchrashmoq; axfiy ko'rishmoq. 2) mahfiy uchrashuv; maxfiy majlis.
밉다(미우니,무워) manfur; jirkanch; yoqimsiz; manfur; jirkanch; yaramas; xunuk; ablahona; 미운 사람 hunuk odam
밋밋하다 uzun va ozg'in; to'g'ri; rostgo'y; dangal.
밍크 〖動〗 mink. ~모피 mink.
및 va bog'lovchisining tugal-langan sanog'i.
밑 I asos, pasti, tagi, pastdan, kichigi. ~의 동생 kichik uka; ~바닥 tub, tag, ost; ~줄 so'zning tagiga chizilgan chiziq.
밑 II qar. 밑둥.
밑 I qar. 밑구멍.
밑에서 받치다 qo'llamoq
밑구멍 tubidagi teshik.
밑그림 reja.
밑동(lower part) ustunning pastki qismi.
밑면(—面) 〖數〗 asos, manba; pastki asos.
밑바닥 tag; tub, asos, manba.
밑받침 1) ot. (tagiga) qo'yilgan; podstavka; tirgovuch; tirgak; taglik; 2) yastiq; 3) tayanch; suyanch; suyanchiq; tirgak.
밑변(—邊) 〖數〗 asos, manba.
밑불 yulduz olov; ko'mir qilmoq; yasamoq; ishlab chiqmoq olov.
밑씻개 hojat qog'ozi.
밑알 qush iniga qo'yiladigan tuxum.
밑줄 tagiga chizish; chiziq o'tkazish.
밑지다 bo'sh(pul); azob tortmoq talafot ko'rmoq, yo'qotmoq.
밑창 tagcharm.
밑천 1)『자본』 kapital; mablag'; 2) asos; baza.
밑층(—層) pastki qavat
밑판(-板) taglik.

ㅂ

ㅂ kor. alifbosining oltinchi harfi; b va p fonemasini ifodalaydi.
바 I 〖音〗 F. 올림 바조 F sharp (기호 F#) 바 장조 F major; 바단조 F minor.
바 II 『밧줄』 arqon; arg'amchi; ter; 『끈』 arqon, ip, bog'ich.
바 III 『방법』 yo'l, vosita, usul; 『범위』 masofa, keng.
바 IV (술집) aroq ichiladigan xona; to'siq; ommaviy; jamoa; uy; ~걸 to'siq xostess; to'siq qiz. ~텐더 to'siq-tender; metallning chizig'i.
바 V (가로대·쇠막대기) metallning chizig'i (기상) to'siq. ⇒ 밀리바.
바가지 1) cho'mich (ushlagichi yo'q); 2) tex. kovsh (cho'mich shaklidagi yasama); ~를 긁다 erini arralamoq;~기중기 kovshli kran; ~(를) 차다 erini charxlamoq; ~를 쓰다 a) hammasini o'z bo'yniga olmoq; b) zarar yetmoq; ziyon yetmoq.
바겐 (특매품) muzokara; suhbat
바곳 I (송곳) yig'ma bigiz.
바곳 II 〖植〗 bot. koreys kurashchisi (Aconitum coreanum).
바구니 dumaloq savat.
바그너 『독일의 작곡가』 Wilhelm Richard Wagner (1813-83).
바그다드 (이라크의 수도) Bog'dod.
바깥 1) ot. tashqari; tashqi; tashqaridan; ko'chada; ochiq havoda; ~마당 tashqi hovli; ~바람 a) shamol; b) toza havo, ko'cha; ~소문 mish-mish; yangiliklar; 2) qar. 3) er, ho'jayin; olila boshlig'i; ~uy qarisi; shox uchun tushlik dasturxoni; ota; sovchi; ~oila a'zosi;
바꾸다 (변경하다) o'zgartirmoq; almashtirmoq;(보통)o'zgartirmoq; almashtirmoq; joyidan o'zgartirmoq; almashtirmoq; qayta tuzatmoq; o'zagartirmoq; isloh qilmoq 「tuzulma; tuzatmoq; to'g'irlamoq; qoida; siyosat; 『교환하다』 almashtirish; o'zgartirish; mol almashtirish; (전환하다) o'zgartirmoq; almashtirmoq; (변형. 변질하다) o'zgartirmoq; almashtirmoq; (갱신하다) yangilamoq, tiklamoq, o'rnatmoq, qayta, qurmoq; (대체하다) o'zjoyiga qo‘ymoq; o'rin almashmoq 「A bilan B」.
바꿈질 (물물. 의견) almashtirish; o'zgartirish; mol almashtirish; ~하다 qilmoq; yasamoq; ishlab chiqmoq almashtirish; o'zgartirish.
바뀌다 o'zgartirmoq; almashtirmoq; joyidan o'zgartirmoq; almashtirmoq.
바나나 banana.
바나듐 〖化〗 vanadium (기호 V).
바느질 tikuv. ~하다 tikmoq.
바늘 I tukish uchun nina, igna.
바늘 II to'qiganda qo'llaniladigan nina (shpitsa).
바늘 III o'q (masalan soatning).
바늘 IV shprisning ignasi. I
바다 dengiz ummon; okean.
바다거북 〖動〗 katta (dengiz) toshbaqa.
바다뱀 〖動〗 dengiz iloni.
바다사람 dengizchi, dengiz ovchisi.

바다사자(一獅子) 〖動〗 dengiz sheri.
바다표범 〖動〗 dengiz sheri, tyulen.
바닥 I tekis sirt, tekis yuz.
바닥 II pol (yer ma'nosida).
바닥 III pastki qism (bo'lim); tub.
바닥 IV qar. 밑바닥.
바닥 V tag charm (oyoq kiyimning).
바닥 VI shahar ko'chalari, kvartal, rayon.
바닷게 〖動〗 a dengiz qisqich-baqasi.
바닷물고기 dengiz baliq; tuz suv baliq.
바대 taglik.
바둑 paduk; bormoq; ketmoq.
바둑범 leopard.
바둑쇠 ust kiyim uchun tugma.
바둑은 eski dumaloq kumush chaqa (tanga).
바둑이 qora va oq dog'lari bor kuchuk.
바둑장기 koreyscha shahska va shaxmat.
바둑점 dumaloq dog'.
바둑판 shaxmat va shashka o'ynash uchun doska.
바디탑 컴퓨터 『음성 인식 컴퓨터』 boditop kompyuter.
바라다 I istamoq, tilamoq, kutmoq, xohlamoq.
바라다 II 바라(다) 보다 1) to'g'riga qaramoq; 2) uzoqqa boqmoq; 3) chettan tomosha qilmoq; 4) intikib kutmoq; 5) ko'ra olmaslik, ichi qoralik bilan qaramoq.
바라다니다 daydib yurmoq.
바라문(婆羅門) Braxman; Braxmanism.
바라보다(see)(건너다보다) qaramoq; ko'rmoq; tomosha qilmoq; 『기대하다』 kutmoq; umid qilmoq; orzu qilmoq; ishonmoq; taxmin qilmoq; ...deb o'ylamoq.

바라지다 I 1) paydo bo'lmoq (teshik); 2) ochilmoq, o'zmoq (barglar haqida); 3) kengaymoq (eniga); 4) yoyilmoq; 5) paydo bo'lmoq; boshlanmoq.
바라지다 II 1) keng (yelka, ko'krak haqida); 2) mayda va keng (idish); 3) chuqur bo'lmagan; jiddiy emas; 4) kelishgan, savlatli, aql bilan ish ko'radigan(yoshi jihatidan emas)
바라크(barracks) vaqtinchalik; boshpana, uyjoy.
바락 kutilmaganda, birdan.
바람 I shamol. ~우 shamol esmaydigan taraf; ~을 등지다 shamolga teskari turmoq; ~을 안다 shamolga yuzi bilan qarab turgan bo'lmoq; ~이 자다 shamol to'xtadi; ~불다 shamol esmoq.
바람 II zavq, ishtiyoq, qiziqish.
바람 III havo (kamera yoki shina ichida).
바람 IV moda, yangi rusm, odam.
바람 V qiyinchilik, to'siq.
바람 VI isyon, g'alayon.
바람 VII urf-odatlat.
바람 VIII ... sababli.
바람맞다 1) sabrsiz, beqaror, jonsarak, besaram. 2) aldangan bo'lmoq; aldanmoq; 3) falaj bo'lib qolmoq.
바람직하다 ma'qul; maqbul; istalgan; matlub; kerak.
바래다 1) gullab chiqmoq; 2) rangsizlantirmoq; oqartirmoq (matoni).
바래다 2) kuzatib qo'ymoq.
바로 I 『바르게.정당하게』 haqqoniy, ravishda, odilona; 『틀림없이』 tog'ri; 『진실되게』 haqqoniy; 『똑바로』 to'g'ri; rostgo'y; dangal; 『곧. 곧장』 birdan; tezda; hoziroq; birdan; tezda; hoziroq; zumda; 『꼭. 정확히』

ㅂ

xuddi shunday; to'g'ri; 『정말로』 kutilgandek o'ylagandek; aynan shunday; 『확실히』 albatta;
바로 II aynan shu, tog'ri.
바로미터 (청우계) barometer.
바로잡다 1) to'g'rilamoq; tekislamoq; 2) tog'rilamoq (kiyimni).
바륨 〖化〗 bariy (기호 Ba).
바르다 I (바르니, 발라) 1) surmoq, surtmoq, 빵에 버트를 ~ nonga sarig' yog' surtmoq; 2) kir qilmoq; 3) chaplamoq (loy); 발라 맞추다 laganbardoshlik qilmoq, paxta qo'ymoq.
바르다 II (바르니, 발라) 1) tekis, buklanmagan; 2) to'g'ri, 3) haqqoniy; adolatli; 바른 대로 haqiqat bo'yicha; 바른 말 to'g'ri so'z.
바르다 III ⇒ 발라내다. tozalamoq (yong'oq); 2) navnaviga ajratmoq (doni); 3) birovning sirii aytib qo'ymoq; 발라 먹다 terisini tozalab yemoq.
바르다 IV dial.qar. 부족(하다)
바르샤바 (폴란드의 수도) Varshava.
바른말 to'g'ri so'z.
바리 I 『밥그릇』 jezdan yasalgan idish (ovqat ucun). ⇒ 바리때.
바리 II ot orqasidagi yuk; bitta fishka (yut o'yinida).
바리케이드 barrikada, to'siq.
바리톤(baritone) 〖音〗 bariton (테너와 베이스 사이의 남성 음역. 또는 그 음역의 가수.)
바보(fool) ahmoq; tentak; jinni; telba kishi; 『멍텅구리』 ahmoq; telba; jinni; aqli zaif.
바빌로니아 (고대 제국) Vaviloniya.
바빌론(바빌로니아의 수도) Vavilyon.
바쁘다 (틈이없다) faol, serharakat, g'ayratli; 『급하다』 sxoshilinch; zarur.
바삐 (쉴 새 없이) sxoshilinch, tez, sxoshilinchda.
바삭바삭 shiqillamoq; shaqir-shuqur qilmoq; shitirlamoq (somon).
바소 〖韓〗 lantset.
바스 cho'milish; ~룸 hammom.
바스대다 sabrsiz (jonsarak, besaranjom) bo'lmoq.
바스러뜨리다 maydalab tashlamoq, mayda-mayda qilmoq, chil-chil qilmoq; chilparchin qilib tashlamoq.
바스러지다 I mayda bo'laklarga bo'linib ketmoq, maydalanib ketmoq.
바스러지다 II qurib burishib qolmoq (yuz haqida)
바스켓 savat.
바싹 I ~마르다 qurib ketmoq, qurimoq.
바싹 II tig'iz, zich. 띠를 ~죄다 kamarni zich taqmoq; ~마른 ozg'in, quruq suyak.
바싹 III zo'r diqqat bilan, berilib. 귀를 ~ 기울이다 berilib tinglamoq; 정신을 ~ 차리다 o'zini bosib tumoq, tutib turmoq.
바위 harsang tosh, katta tosh, qoya.
바위솔 〖植〗 bot. kotiledon (Cotyledon).
바이(virus) 감기~ ommaviylashgan shamollash virusi.
바이 umuman, butunlay. ~없다 juda qattiq, juda zo'r, haddan tashqari.
바이블(Bibliya) ⇒ 성경(聖經)
바이애슬론 『스키 경기』 biatlon.
바이어(buyer) xaridor.
바이없다 juda qattiq, juda zo'r, haddan tashqari.
바이오리듬 bioritim; marom; maqom; sur'at.
바이오세라믹스 biokulolchilik.
바이오테크놀로지 biotexnologiya.
바이올리니스트 skripkachi.
바이올린 skripka ijrochisi.~의 대

ㅂ

가 skripka o'qituvchisi.
바이칼호(—湖) ko'l Baikal.
바이트 〖컴퓨터〗 bait.
바자 I qamish.
바자 II bozor.
바자 III baza.
바지 shim.
바지락 ⇒ 바지락조개
바지락조개 filipin chig'anog'i.
바치다 bermoq, berib yubormoq, hadya qilmoq; 마음을 ~ butun vujudini baxsh etmoq; 목숨을 ~ o'zini qurbon qilmoq.
바캉스(vacances) (F.) vakansiya.
바퀴 I 『수레의』 g'ildirak.『도는 횟수』 burilish; 『회전』 burilish, aylanish. 자전거 ~ velosiped g'ildiragi.
바퀴 II 〖곤충〗 suvarak.
바탕 I asos, baza, holat, atrof-muhit.
바탕 II dala, fron, grunt.
바탕 III tabiat, xulq.
바탕 IV gavda tuzilishi.
바터 mol almashtirish;. ~ 무역 mol almashtirish; savdo. ~제(制) mol almashtirish; tuzulma .
바텐더 barmen.
바통 baton.
바티칸 『교황청』 Vatikan; ~시국(市國) Vatikan shahri.
박 I 〖植〗 tomosha qovoq (Lagenaria vulgarus) (호리병박).
박 II (긁거나 가는소리) koreys milliy urma cholg'udan chiquvchi ovoz.
박 III folga (yaltiroq qog'oz)
박 IV yo'sin.
박격포(迫擊砲) 〖軍〗 minomyot.
박국 tomosha qovoqdan tayyorlangan sho'rva.
박다 I bemaza choy. (=> 박차)
박다 II 1) qoqmoq, tiqmoq. 못을 ~ devorga mixni qoqmoq; 2) solmoq, otmoq, 소를 ~ nachinkani solmoq. 3) ildiz otmoq (o'simlik haqida). 4) urmoq, tiqib olmoq (kimdirni). 5) muxr bosmoq. 6) rasmga olmoq. 7) aniq so'zlamoq, dona-dona gapirmoq. 8) aniq yozmoq. 9) ro'yxatga kiritmoq. 10) tikmoq (tikuv mashinasida).
박달 〖植〗 Shmidta oq qayini. ⇒ 박달나무.
박대(薄待) ~하다 sovuq kutib olmoq, odamgarchiliksiz munosabatda bo'lmoq, iltifotsiz bo'lmoq.
박덕(薄德) yetarlicha xayrixoh emaslik. ~하다 yetarli darajada xayrixohlik bilan muomalada bo'lmagan ⇒ 부덕
박동(搏動) 『맥박』 pul'satsiya; 『심장의』 yurakning urishi.
박두(迫頭) ~하다 yaqinlashmoq, kelmoq, kirib kelmoq, yaqinlashib qolmoq (imtihon).
박람회(博覽會: exhibition) bozor, yarmarka, ko'rgazma.
박래품(舶來品) chet eldan keltirilgan tovarlar (yevropa va amerika tovarlari).
박력(迫力) ta'sir kuchi.
박리(薄利) arzimas foyda. ~로 팔다 arzimas pulga sotmoq.
박멸(撲滅) ildizi bilan yo'q qilib tashlash; tagi bilan yo'qotish; yo'q qilish; qirg'in; qiritish; buzish; ~하다 (stamp out) qirmoq; sug'urmoq; tagi bilan yo'qotmoq; yo'q qilmoq.
박명(薄命) baxtsiz, bebaxt (taqdir) ⇒ 단명 qisqa umr.
박물(博物)『넓은견문』 keng bilimga ega bo'lish. ⇒ 박물학.
박봉(薄俸) kichkina maosh; kam haq.
박빙(薄氷) ingichka muz.
박사(博士: doctor) doktor; Ph. D.; Dr. ...; shifokor.
박살 ~ 내다 o'lguncha urmoq.
박색(薄色) 1) ayolning hunuk

ㅂ

yuzi; 2) hunuk ayol (xotin; juvon).
박속 tomosha qovoqning o'rtasidagi urug'.
박수 erkak shaman.
박수(拍手) qarsak, olqish, chapak chalish. ~하다 chapak chalmoq, olqishlamoq.
박수갈채(拍手喝采) qarsaklar.
박식(博識: erudition) chuqur bilim, eruditsiya. ~하다 chuqur bilimga ega bo'lmoq.
박신거리다 to'dalanmoq, to'planmoq.
박애(博愛 benevolence) filantropiya.
박자(拍子: beat) 〖音〗 takt, ritm (musiqa).
박절기(拍節器) 〖音〗 metronom.
박절하다 『야박함』 bag'ri tosh.
박정(薄情) ~하다[스럽다] ba'g'ri tosh bo'lmoq, qahri qattiq bo'lmoq. ⇒ 박절하다.
박제(剝製) 1) hayvon terisiga somon tiqish; 2) ~품 qo'riqchi (hayvonlarni qo'rqitish maqsadida qo'llaniladi).
박쥐(bat) 〖動〗 ko'rshapalak.
박차 emaza choy.
박차다 1) oyog'i bilan tepmoq; 2) rad etmoq (kimdirni); 3) ahamiyat bermaslik.
박치다 qattiq otmoq.
박타하다 oylab do'pposlamoq.
박탈(剝脫) mahrum qilish, muhtoj qilish, konfiskatsiya qilish. ~하다 olib qo'ymoq, mahrum qilmoq.
박태기나무 Judas daraxt.
박테리아 bakteriya (pl. -ria). ⇒ 세균.
박토(薄土) hosil bermaydigan, yomon yer.
박판(薄板) mayda ingichka doska.
박피(薄皮) ingichka teri.
박하다(薄—) 1) arzimas (maosh); 2) mehmondo'st bo'lmagan, ochiq emas, yupqa. ⇒ 얇다.
박학(博學) 1) bilimlilik, bilim, ilm, eruditsiya; ~하다 bilimli. 2) konfutsiylik.
박해(迫害: oppression) azoq, uqubat. ~하다 azoblamoq; qiynamoq; azob bermoq.
박히다 1) tiqilgan bo'lmoq; 2) qo'yilgan bo'lmoq(nimadirni ichiga); 3) qirollik dalasining o'rtasiga qo'yilgan bo'lmoq; 4) ildiz otmoq; 5) ekilgan bo'lmoq; 6) kaltak yemoq(mush bilan); 7) bosilgan bo'lmoq (muhr haqida); 8) pechatlangan bo'lmoq; 9) olingan bo'lmoq(rasmga olingan bo'lmoq); 10) ro'yhatga kiritilgan bo'lmoq; 11) tikilib qaralmoq; 12) joylashgan bo'lmoq.
밖(outside) 1) tashqari, tashqi dunyo; tashqrida, tashqari tarafda; 2) dan tashqari. 1) 밖에 ko'chada, hovlida, ochiq havoda. 2) 이 ~에 bundan tashqari.
반 I ingichka qavatli paxta.
반(反) II padnis.
반(半: half) III yarim yarimta.
반(班: team) IV 학급 guruh, komanda, sinf (maktabda). 『동네의』 qo'shni; 〖軍〗 bo'lim; 영어반 ingliz tili guruhi.
반가움 hursandchilik; quvonch.
반감(反感) (나쁜 감정) dushmanlik, adovat.
반갑다 (반가우니, 반가워) xursand; yoqimli; quvonchli, sevinchli. 반가운 소식 xushxabar; 만나서 반갑습니다 Tanishganimdan xursandman;
반가워하다 xursand bo'lmoq.
반값(半—) yarim baho; narx.
반개(半個) I yarim, yarimta; yarim bo'lak. 사과 ~ yarimta olma.

ㅂ

반개(半開) II ～모음 tilsh. yarim ochiq unli; ～하다 yarim ochilgan bo'lmoq.
반격(反擊) zarba, qarshilik, hujum. ～하다 hujum qilmoq; zarba bermoq; qarshilik ko'rsatmoq.
반경(半徑: radius) *mat.* radius; biror narsaning harakat qilish doirasi.
반고체(半固體) o'rta suyuqlikdagi modda.
반공(反共) anti-Kommunizm.
반과(半過) mevalar (stolga 3 taom qilib).
반관반민(半官半民) aralash kapital.
반구(半球) yarimshar.
반국가적(反國家的) antihokimiyat.
반군(叛軍) xalq dushmani; isyonchi; g'alayonchi armiya.
반군국주의(反軍國主義) antimilitarizm (qurollanish).
반권위주의(反權威主義) antiavtoritarianism ～의 antiavtoritarian.
반금속(半金屬) 〖化〗 yarim metall.
반기 I ovqat qoldiqlari.
반기(反旗.叛旗) II g'alayon ko'tarmoq; qo'zg'olon qilmoq, qarshilik ko'rsatmoq.
반기(半期) Imuddatning yarmi.
반기생(半寄生) 〖生〗 tekinxo'r bo'lib yashash.
반날(半一) yarim kun.
반납(返納: return) qaytarish; qaytarib berish; ～하다 qaytib bermoq.
반년(半年) yarim yil; 6 oy.
반달(半一) 『달』 yarim oy; (보름 동안) yarim oy; kechqurun; qorong'i.
반당(反黨) (행위) partiyasizlik.
반대(反對) qarama-qarshi; 『반항』 qarshilik; norozilik; bo'y-sunmaslik; ～하다 to'sqinlik qlimoq; qarshilik qilmoq, qarshi harakat qilmoq, e'tiroz bildirmoq. ～방향 qarama-qarshi yo'nalish; ～세력 g'isht tirgovuch; ～심문 〖法〗 tajriba; ～심문하다 yur. bir yo'lda ikki yoqdan so'roq berib tergov qilish (cross-examine); xoch-savol.
반덤핑(反一) 〖經〗 antidumping; demping (chet bozorida molni arzon sotish).
반도(半島) yatimorol.
반도덕적(反道德的) beodobli.
반도미(半搗米) yarim-bashang; zebo; orasta; [toza] guruch.
반도체(半導體) 〖物〗 yarimo'tkazgich.
반독립(半獨立)yarim mustaqillik.
반동(反動: reaction) qarshi harakat
반드시 『꼭』 albatta, shubhasiz. 『늘』 har doim.
반듯하다 (바르다) to'g'ri; rostgo'y; dangal.
반등(反騰) 〖證券〗 yuqoriga tirmashish. ～하다 yuqoriga tirmashmoq.
반딧불 tilla qo'ng'iz; yaltiroq qo'ng'iz.
반락(反落) 〖證券〗 dam olmoq, rohatlanmoq, bayram qilmoq.
반란(反亂·叛亂) inqilob; g'alayon; qo'zg'olon.
반려(伴侶) I ulfat; sherik; jo'ra.
반려(返戾) II ～하다 yuz o'girmoq, teskari burilmoq.
반만(半萬) yarim milliard.
반모음(半母音) 〖音聲〗 yarimunli tovush.
반목(反目) dushmanlik, adovat. ～하다 adovat qilmoq.
반문(反問) peshtaxta-savol.
반물 qop-qora; to'q moviy (havo) rang.
반미개(半未開) yarim rivojlangan.
반민주적(反民主的) anti-democratik.

반바지(半—) yarim ishton; qisqa shim.
반박(反駁) raddiya; rad etish; rad qilish; 〖법〗 qaytmoq, birlashmoq; ～하다 raddiya bermoq; rad etmoq.
반반(半半) (절반) yarim-yarim.
반반으로 teng, barobar
반발(反撥: reboune) (되퉁김) *tex.* to'xtash nuqtasi; 〖物〗 repulsion. ～하다(repel) qaytarish; daf qilish; (반항) qarshilik; e'tiroz.
반보(半步) yarim qadam.
반복(反復: repetition) takrorlash, qaytarish; ～하다 takrorlamoq; qaytadan boshlamoq.
반봉건(半封建) semi-feodalizm.
반분(半分: halving) 『나눔』 tex. birikish(ulanish, qo'shilish) joyi. ～하다『나누다』 teng ikkiga bo'lmoq; yarimlatmoq; bo'linmoq
반비례(反比例) teskari proportsiya.
반빗(飯—) oshpaz ayol (guruchning yoniga garnir tayyorlayotgan)
반사(反射: reflection) 1) aks; 2) refleks. ～하다(reflect) aks bermoq.
반사회적(反社會的) odam ovi.
반상(飯床: set of dishes for table) tushlik; nonushta.
반상기 bir kishilik tushlik stoli.
반생(半生) yarim hayot; yarim hayot.
반성(反省: self-examination) (내성) tajriba; mulohaza ask; o'z-o'zini kuzatish; ichki kuzatuv; ～하다 o'z xatti-harakatlarini o'ylab chiqmoq; (후회하다) afsuslanmoq; o'kinmoq; achinmoq. ～하다 kuzatmoq; nazorat qilmoq; razm solmoq; o'rganmoq.
반세기(半世紀) yarim asr.
반소 yarim kuygan.
반숙(半熟) pishmagan, yetilmagan. ～하다 yarim pishgan, chala pishgan; ～ 달걀 chala pishgan tuxum.
반시(半時) 『반시간』 yarim soat.
반시료 javob xatni yuborish uchun ketadigan harajatlar.
반신반의(半信半疑) ～하다 yarim shubha; ishonish va ishonmaslik.
반실하다(半失—) yarimini yo'qotmoq; yarim-mahrum.
반암(斑岩) 〖地〗 porfirlar.
반양성자(反陽性子)(物) anntiproton.
반어(反語) ifoda-kinoyali, ibora-kinoyali.
반역(反逆·叛逆) xoinlik; sotqinlik. ～하다 xoinlik qilmoq, sotqinlik qilmoq.
반열(班列) unvon; daraja; martaba; rang.
반올림(半—: roune) ～하다 davra; aylanib chiqish.
반원(半圓: semicircle) yarim doira.
반음(半音) 〖音〗 (chromatie) yarim (*old qo'sh.*)- ovoz; yarim ohang; yarim qadam.
반응(反應: reaction) ta'sirlanish, sezish; (효과) samara; oqibat; natija. ～하다 ta'sirlanmoq.
반의반(半—半) chorak.
반의식(半意識) 〖心理〗 subconsciousness.
반의어(反意語) 〖言〗 antonim.
반일(半—) yarim kunli ish (xizmat).
반입(搬入) eltib berish; ～하다 eltib bermoq, yetkazib bermoq.
반자 〖建築〗 tom.
반자성(反磁性) 〖物〗 diamagnitism.
반작용(反作用) 〖物〗 ta'sirlanish, sezish.
반장(班長: squae) yetakchi, rahbar; (학급의) sinf boshlig'i.
반전(反戰) I urushga qarshi.
반전(反轉) II 『돎』 butunlay o'zgarish; keskin burilish; ～하다

butunlay o'zgarmoq, keskin o'zgarmoq; ～하다 teskari (qarama-qarshi) tomonga aylanmq, o'zgarmoq (holat).
반절(半—) I yarim ta'zim.
반절(半折) II fonetikaning o'rnidaiyerogliflarni qo'llash.
반절(半折) III ～하다 yarimidan bo'lmoq, yarimida kesmoq, ikkiga bo'lmoq.
반점(斑點) dog', tutuq belgisi. ～을 찍다 tutuq belgisini qo'ymoq.
반정립(反定立) 『哲』 fals. antitezis.
반제(反帝) anti-imperial(izm).
반제품(半製品) yarim tayyor mahsulot.
반주(半周) I yarim aylana, yarim doira
반주(伴奏) II musiqaga jo'r bo'lish, jo'rnavozlik; ～하다 jo'rnavozlik qilmoq.
반주(飯酒) III ovqatlanayotgan vaqtda tanavvul qilinadigan sharob.
반주권국(半主權國) yarim suveren mamlakat.
반죽 xamir. ～하다 xamir qormoq.
반죽음(半—) yarim-o'lik[-murda]. ～하다 yarim o'lik bo'lmoq; murda holatiga kelmoq.
반증(反證) qarshilik ko'rsatish.
반지(斑指: ring) (barmoq) uzuk, jaranglagan ovoz; 금[다이아몬드] ～ oltin; tilla uzuk.
반지 ingichka qog'oz (hajmi 25*35).
반지름(半—) 『數』 a radius; yarimdiametr. ⇒ 반경(半徑).
반직업적(半職業的) juda ham band bo'lmagan.
반짇고리 tikuv anjomlari uchun ajratilgan quti (idish).
반짝 1) yaltiramoq, tovlanmoq; 2) tez (ko'tarmoq).
반짝이다(shine) yaltirash; yarqirash; nur sochish.
반찬(飯饌) gazak, guruch yoniga garnir.
반창고(絆瘡膏) leykoplastr.
반체제(反體制) tashkil topishga qarshi. ～운동 tashkil topishga qarshi harakat (qo'zg'olon).
반추(反芻) kavsh qaytaruvchi hayvon. ～하다 kavshamoq.
반출(搬出) chiqarish, olib chiqish. ～하다 olib chiqmoq.
반칙(反則) qoidalarni buzish. ～하다 qoidalarga qarshi bormoq, qoidani buzmoq.
반토(礬土) 『化』 aluminium.
반품(半—) yarim ish (xizmat) kuni.
반품(返品) ytovarni qaytarish (qaytarib berish).
반하다 I lol bo'lmoq, yaxshi ko'rmoq, yoqtirib qolmoq, mahliyo bo'lib qolmoq, sevib qolmoq.
반하다 II 1) xira. 2) vaqtincha ochilgan (yomg'ir yoqqandan so'ng). 3) aniq, tushunarli, dona-dona. 4) bo'sh (vaqt haqida). 5) vaqtincha yaxshi bo'lib qolmoq (tuzalmoq).
반하다(反—) III qarshi bo'lmoq, qarshilik ko'rsatmoq, qarshi bo'lmoq.
반하다(叛—) IV sotmoq, xoinlik qilmoq, xiyonat qilmoq.
반항(反抗: resistance) 『저항』 qarshilik ko'rsatish; inqilob; g'alayon; qo'zg'olon; 『반대』 to'sqinlik qilmoq; 『도전』 bo'ysunmaslik, itoat qilmaslik; ～하다(저항하다) to'sqinlik qilmoq; (도전하다) chaqirmoq; itoat qilmaslik.
반향(反響) 1) yanbanlar yashaydigan qishloq xo'jalik tumani.
반향 II (음향) aks-sado;

반향 III kunning choragi.
반혁명(反革命) kontrrevolyutsiya.
반혓소리(半—) yarim-lingual tovush.
반환(返還: restoration) I qaytarish, tiklash, tuzatish, ta'minlash. ～하다 qaytarib bermoq.
반환 II keng, katta (saroy haqida)
받다(receive) I 1) olmoq, qabul qilmoq; 선물을 ~ sovg'ani olmoq; 2) ko'tarmoq (telefon go'shagini), qo'ng'iroqqa javob bermoq; 3) tutmoq (koptokni); 4) 받아쓰기 diktant; 5) 사랑을 ~ sevilmoq, sevgini qabul qilmoq; 6) qo'shiqqa jo'r bo'lmoq (hamnafas bo'lmoq); 7) to'ldirmoq 자루로 쌀을 ~ qopni guruchga to'ldirmoq; 8) optim sotib olmoq; 9) soyabonni ochmoq; 10) tagiga qo'ymoq; 11) ishtaha bilan yemoq; 받고 차기 baxs; 공격을 ~hujumga ro'para kelmoq, hujumga duchor bo'lmoq; 12) meros qilib olmoq; merosxo'r bo'lmoq; 13) yetkazib bermoq (bolani); 14) 『햇빛 따위』 isinmoq (*quyoshda, o'tda*).
받다 II (bosh bilan) itarmoq, suzmoq.
받다 III qabul qilmoq.
받아들이다 o'ziniki qilib olmoq, qabul qilmoq, quloq tutmoq, singdirmoq.
받아쓰기 aytib turish; diktant. ～하다 aytib turmoq.
받아쓰다 birov aytib turganini yozmoq, aytib berib turmoq.
받았어 oldim.
받으세요 oling, qabul qitilsh.
받을사람 oluvchi, qabul qiluvchi.
받자 1) ～하다 toqatli bo'lmoq, chidamli bo'lmoq, sabr-toqat bilan tinglamoq (masalan: kimdirning iltimosini); 2) feod. don-dunlarga soliq yig'iladigan kun.
받잡다 (받다) fe'lining hurmat shakli.
받치다 ostiga qo'ymoq, tirgovuch qo'ymoq; 적삼을 받쳐 입다 ko'ylakni kiymoq (biron nimaning tagidan); 『우산따위를』 ⇒ 받다.
받침 tirgak; tirgovuch, suyanchiq; 『책받침』(qog'ozda yozayotganda qog'oz tagiga qo'yib yoziladi); (언어) tilsh. bo'g'indagi oxirgi undosh harflar; ～대 tirgak; suyanchiq.
발(foot) I 『사람의』 1) oyoq. (발목 아래 부분); oyoq boldir (발목 윗부분); panja (개·고양이 따위의); 2) 『걸음』 piyoda yurish,yurmoq, sayr qilmoq; qadam (보조). 3) 『발걸음』 qadam; 4) 『물건의』 stol oyoqlari; 머리에서 발끝까지 boshdan oyoqgacha.
발 II 『가리는』 bambuk daraxtining tayoqlari. 발을 치다 bambuk daraxti shoxlarini osmoq.
발 III 『천의』 naqsh, bezak, gul. 발이 굵다 dag'al mato; 발이 곱다 [거칠다] chiroyli bezak (mato).
발(span) IV ikkala qo'lni yon tomonlarga cho'zganda qo'l-laning uzunligi (o'lchov birligi sifatida).
발(發) V o'q uzish vaqtida qo'llaniladigan o'lchov birligi.
발 VI yomon odat.
발(發) VII parda. ~을 치다 pardani tushurmoq.
-발(發) VIII 1) geogr. so'zlardan so'ng *~dan* qo'sh.ni bildiradi: 부산발 열차 Busandan kelayotgan poyezd.
발 IX o'q.
발가락 oyoq barmog'i; etik, tufli tumshug'i; 새끼～ jimjiloq barmoq; 엄지～ bosh barmoq.

ㅂ

발각(發覺: detection) bashoratlar qilish; ochilish, oshkor qilish, fosh qilish. ~되다 oshkor bo'lmoq, fosh qilmoq.
발간(發刊) bosish; bosilish; nashr qilish. ~하다 nashr qilmoq; bosmadan chiqarmoq.
발강이 〖魚〗 qizil rangdagi predmet.
발갛다 to'q qizil rang.
발개지다 qizarmoq (얼굴이).
발걸음 qadam; odim piyoda yurish.
발걸이 『의자 따위의』 to'sin, yakka cho'p; 『자전거의』 pedal (velosipedda oyoq bilan bosiladigan tepki).
발견(發見) topish, ochish, oshkor qilish, fosh qilish.~하다 topmoq, ochmoq, oshkor qil- moq, fosh qilmoq. ~자 ochgan odam, fosh qilgan inson.
발광(發光) I nurlanish, yorug'lik sochish, nur sochish.
발광(發狂: madness) II jinnilik, devonalik, aqli zaiflik; aqlni yo'qotish, beandishalik; ~하다 aqldan ozmoq, esini yo'qotmoq.
발굴(發掘: excavation) 『유적의』 topilgan narsa, topildiq. ~하다 kavlamoq, qazimoq; qazib olmoq; 『시체를』 yerdan qazib olmoq.
발굽 ⇒ 굽. tuyoq; 말~ 소리 otning tutoq tovushi.
발권(發券) banknot chiqaruv. ~하다 banknotlarni chiqarish.
발그스름하다 qizilroq, qizg'ish.
발급(發給) berish, topshirish. ~하다 bermoq, topshhirmoq. 여권을~하다 passport berish (topshi- rish)
발기 I esk. ro'yhat.
발기(發起) II 『솔선』 taklif; pochin; tashabbus; 『계획』 loyiha. ~하다(initiate) tashabbus ko'rsat- moq, biror bir ishni boshlab bermoq.
발기(勃起: erection) III 『음경의』 qo'zg'atish, jalb qilish, qo'zg'alish, hayajon, qizishish. ~하다 qo'zg'atmoq, jalb qilmoq, qo'zg'almoq.
발길 『차는 힘』 oyoq bilan tepish kuchi; 『걸음』 qadam.
발끈 kutilmaganda; nogahoniy; tasodifiy; ~하다 serjahl, achchig'i tez, jizzaki.
발단(發端) boshlanish, paydo bo'lish, tug'ilish. ~하다 bosh- lanmoq, paydo bo'lmoq, ochilmoq, tug'ilmoq.
발달(發達) (성장. 발육) rivojlanish; tarraqiyot; yuksalish. ~하다 rivojlanmoq; tarraqiy etmoq; yuksalmoq. (진보) progress. ~하다 rivojlanmoq, taraqqiy etmoq; ~심리학 psixologiya ilmining tarraqiyoti.
발돋움 oyoq uchi; ~하다 oyoq uchida turmoq.
발동(發動: motion) harakatga keltirmoq, ish-harakat, harakatchanlik, pusk. ~하다 harakatlantirmoq.
발동기(發動機: engine) motor (mashina).
발뒤꿈치 tovon (oyoqning).
발등 oyoq kengligi.
발라내다(shell) tozalamoq, archmoq, yechmoq.
발라먹다 po'stini tozalab yemoq.
발란 tinchlik va hotirjamlikni o'rnatmoq.
발랄 ~하다 jonli, harakatchan, hayotga chanqoq.
발랄성 jonli bo'lmoqlik, serharakatlilik, serg'ayratlilik.
발랄라이카 〖樂器〗 balalaika (rus xalqining musiqiy asbobi).
발랄하다(潑剌—) serharakat, serg'ayrat.
발레 balet.
발레리나 balerina.

ㅂ

발렌타인데이 Valentin kuni (Sevishganlar kuni)
발로(發露: expression) namoyon qilish, ko'rsatish, ifodalash, ko'rgazma, namoyish; ～하다 namoyish qilmoq, ko'rsatmoq, ma'lum qilmoq.
발로 차다 tepmoq
발로되다 ifodalanmoq, ko'rinmoq, namoyon bo'lmoq.
발록거리다 bir g'ujanak bo'lmoq, bir yana tiklanmoq. 2) qimirlatmoq (quloqlarini); qoqmoq (burunni). 3) seskanmoq.
발록구니 bekorchi, dangasa.
발록하다 qimirlayotgan, seskanayotgan.
발론(發論: motion) harakat, imo, ishora; ～하다 harakat, siljish, yurish; qilmoq; yasamoq; ishlab chiqmoq.
발름하다 bir ochilmoq bir yopilmoq, kengaymoq (burun teshigi haqida).
발리 『테니스·축구』 volley.
발리볼 『배구』 volleybol; 『공』 volleyboll.
발맞추다 bir xil qadam tashlamoq.
발매(lumber) o'tin tayyorlash (daraxt kesib o'tin qilish);⇒벌채(伐採).～하다 kesmoq, chopmoq, yormoq, tilmoq, arralamoq (daraxt).
발명(發明) ixitiro, kashfiyot. ～하다 kashf etmoq; o'ylab topmoq; qilmoq; yasamoq; ishlab chiqmoq.
발목 to'piq suyagi.
발바닥 tovon.
발발 I ⇒ 벌벌.
발발 II ketilmagan hodisa (voqea). ～하다 kutilmaganda paydo bo'lmoq, qo'qisdan ko'rinmoq.
발발(勃發) III oson yirtilmoq.
발병(—病) I esk. qo'shin yubormoq.
발병(發病) II kasallik, bemorlik. ～하다 kasal bo'lmoq, kasallanmoq.
발병 III charchagandagi oyoqdagi og'riq.
발부리 oyoq uchlari. ～를 채다 qoqilmoq, qoqilib ketmoq.
발뺌 (구실) oqlash, bahona, vaj; ～하다 oqlamoq; bahona topmoq, ishlab chiqmoq.
발사(發射) o'q otish, raketani uchirish; ～하다 otmoq, otib tashlamoq, raketani uchirmoq.
발산(發散) 『수증기·악취 따위의』 ajralib chiqqan narsa (*issiqlik, gaz va b,lar*); tarqalish; 『빛·열 따위의』 sodir bo'lish; ～하다 taratmoq, tarqatmoq, chiqarmoq; sodir bo'lmoq; 『정력 따위의』 portlash, avj olish; tez o'sish; ～하다 ozod qilmoq; xalos qilmoq; 〖數學. 物理〗 farq, tafovut, kelishmovchilik, to'g'ri kelmaslik; ～하다 tarqalib ketmoq; o'zini olib qochmoq.
발상(發想) fikr, tushuncha, g'oya, ibora.
발상지(發祥地) tug'ilgan joy, vatan; alla.
발색제(發色劑) tex. shatak; ulovchi mexanizm; ulovchi.
발생(發生) (일어남.생김) tug'ilish, paydo bo'lish, genezis; (비롯됨) ～생리학[심리학] psixo-logiya (psychology); ～학 psixologiya; ～학적 psixologik.
발설(發說) bildirish; xabarnoma; nashr; bosma; ～하다 sig'inmoq; ochmoq; ko'rsatmoq; oshkor qilmoq; ma'lum qilmoqing; e'lon qilmoq.
발성(發聲) bayon (*zikr*) qilish; gapirish; ～하다(utter) so'z bilan ifoda etmoq.

ㅂ

발소리 ovoz; tovush; oyoq tovushlari.
발송(發送) yuboruv, jo'natuv. ～하다(물품을) yuklamoq (kemaga); (우편물을) yubormoq, jo'natmoq.
발싸개 paypoq.
발씨름 oyoq bilan tepish.
발아(發芽) novda, nihol, kurtak.
발악(發惡)(모진짓) shafqatsiz, zolim; yovuz, hayvonlarcha muomala qilish; (버둥댐) nochor ahvolga tushmoq.
발언(發言) bayon(*zikr*) qilish; gapirish; aytish; izhor qilish; bildirish; 『제언』 taklif, taqdim; ～하다 gapirmoq; so'z bilan ifoda etmoq; ochilmoq.
발연(發煙) tutun, is; ～하다 chekmoq, tutatmoq.
발열(發熱) avlod issiqlik; ～하다 zurriyot harorat. ～하다 rivojlanmoq; tarraqiy etmoq; yuksalimoq
발원(發源) 『물의』 manba kalla, buloq bosh; (사물의) paydo bo'lish; boshlanish; ～하다 ko'tarilmoq.
발육(發育) rivojlanish; rivojlanish; tarraqiyot; yuksalish; ～하다 o'smoq; rivojlanmoq; tarraqiy topmoq; yuksalmoq.
발음(發音) talaffuz; ～하다 talaffuz qilmoq.
발의(發意) original g'oya, noyob fikr; ～하다 noyob g'oyani ishlab chiqmoq.
발의(發議) taklif, taqdim; ～하다 taklif qilmoq.
발인(發靷) ～하다 badanni tashqariga chiqarmoq; dafn qilmoq.
발자국(footprint) iz, oyoq izi.
발자취 (공헌) hayr-ehson; sadaqa; hadya; qurbonlik; (발자국) iz, oyoq izi.
발작(發作) huruj, tutish, tutib qolish; insult. ～하다 qamrab olmoq, tutib qolmoq.
발장구(수영에서) tipirchilash; ～치다 oyoqni ishlatmoq (suzish vaqtida).
발장단(―長短) to'pillash; ～을 치다 oyoqlar bilan to'pillatib yurmoq, to'pillatmoq.
발적(發赤) 〖醫〗 qon quyilishi natijasida yuz terisi qonga burkanishi, qizil dog' bilan qoplanish.
발전(發展) I 1) rivojlanish; tarraqiyot; yuksalish; ⇒ 발달(發達); ～하다 rivojlanmoq; tarraqiy etmoq; yuksalimoq. 2) (번영함) gullab, yashnash, farovonlik; ～하다 yashnash; unish; 공업의 ～ sanoat; 산업의 ～을 꾀하다 rivojlanish sanoat.
발전(發電) II (전기의) elektr quvvatini ishlab ciqarish; ～하다 elektr quvvatini ishlab chiqarmoq.
발전기(發電機) generator.
발전소(發電所) elektrostantsiya.
발정(發情) jinsiy extiros; 『동물의』 estrus; ～하다 jinsiy extirosda bo'lmoq, jinsiy qo'zg'alishga ega bo'lmoq.
발족(發足) yulduz; ～하다 boshlamoq, jo'namoq, asos solmoq.
발진(發疹) I 〖醫〗 otilib chiqish (*vulqon to'g'risida*); ～하다 oqmoq; chiqmoq; otilib chiqmoq; gullay boshlamoq.
발진(發進) II jo'nash, jo'nab ketish; ～하다 jo'nab ketish.
발진기(發振器) 〖物〗 ostsilyator, to'lqin hosil qiluvchi.
발차(發車) jo'nash, jo'nab ketish ～하다 sayohatga jo'namoq.
발착(發着) jo'nab qaytish (sayohat haqida); ～하다 jo'nab qaytmoq (sayohatdan).

발췌(拔萃) 『뽑아냄』ekstrak, sitata (*tekst parchasi*), chidam; 『골라냄』tanlov, saylov; 『뽑아낸 것』 tanlov;『적요』abstract,qisqacha mazmun; qisqa xulosa; 『선집』 saylov. ~하다 ekstrakt; saylamoq.
발칙하다 (무례하다) qo'pol; qo'rs; beodob; qo'pol.
발코니 balkon, ayvon.
발탁(拔擢) saylov; saralash. ~하다 saralamoq, saylamoq.
발톱 『사람의』tirnoq.
발트해 Baltiy dengizi.
발판(一板) tramplin.
발포(發布) I e'lon; ma'lumot, xabar. ~하다 e'lon qilmoq; ma'lum qilmoq; xabar qilmoq; xabar bermoq.
발포(發泡) II ko'pik; ko'pirmoq; ⇒거품; ~하다 ko'pirmoq; pufak; ko'pik.
발포(發砲) III qurol; qurol-yarog'; aslaha ~하다 o't och-moq; otmoq; o'q otmoq.
발표(發表) e'lon qilish; bildirish; xabarnoma; publikatsiya; 『성명』 aytish; izhor qilish; bildirish; ~하다 nashr qilmoq; izhor qilmoq; xabar qilmoq; bildirmoq; 신문~ haqiqatni chop qilish.
발하다(發—) taratmoq (gul); chiqarmoq; nashr qilmoq, hid taratmoq.
발항(發航) ⇒ 출항(出航).
발행(發行) (발간) bosish; bosilish, nashr qilish; chiqarish. ~하다 nashr qilmoq; chiqarmoq; olmoq tutmoq; tortish; chiqarish.
발행부수(發行部數) (신문의) gazata-ning bosilib chiqqan nusxalar soni.
발현(發現) ko'rsatish, namoyon qilish, yuzaga chiqarish.
발화(發火) alanga; birdan o't olish; yonib ketish; portlash; ~하다 o't oldirmoq; alanga olmoq'; portlamoq.
발효(發效) I ~하다 kuchga kirmoq.
발효(醱酵) II achish, ko'pish; ~하다 achitmoq.
발휘(發揮) paydo bo'lish, namo-yish. ~하다 namoyon bo'lmoq.
밝기 yorug'lik; ravshanlik; yorqinlik. ⇒ 광도(光度).
밝다 『빛이』 yorug'; 『빛깔이』 lovullab. (눈. 귀가) o'tkir zehni o'tkirlik, qulog'i o'tkir; (잘 알다) tushunmoq; (기분. 성격 등이) quvnoq; to'g'ri; baxtli; 『공정하다』 toza; ozoda; pokiza. (밝게) yengil; yorug'.
밟다 **1)** o'lchamoq (ikki qo'lni ham yon tomonlarga ochib o'lchamoq). 2) cho'zmoq. 3) qadamlar bilan o'lchamoq.
밟다 1) bosmoq, bosib olmoq (oyoq bilan); toptab tashlamoq; 무대를 sahnada oynamoq; 그림자를 ~ soyaga bosmoq; 길을 ~ yo'lga turmoq; 2) ko'rikdan o'tmoq; 3) kimningdir ketidan bormoq, izidan bormoq.약속을 ~ so'zini ustidan chiqmoq.
밟히다 bosib tashlangan bo'-lmoq; bosilgan bo'lmoq; toptalgan bo'lmoq; bajburan o'tkazmoq.
밤 I tun; kechqurun; qorong'u; qorong'u vaqt; 『저녁』 kech. 『행사』 kecha; 오늘밤 bugun kechasi.
밤 II 『열매』 kashtan. 밤을 까다 kashtanni chaqmoq.
밤거리 tungi ko'chalar; qorong'u kecha.
밤나무 kashtan daraxti.
밤낚시 tungi baliq ovi. ~하다 kechasi baliq ovlamoq.
밤낮 『밤과 낮』 tun va kun; doim, tinimsiz, erta-yu kech.

밤놀이 tungi sayr. ~하다 tungi sayrni uyushtirmoq.
밤눈 I 『보는 힘』 kechasi ko'rish.
밤눈 II (내리는 눈) qor; tungi qor.
밤느정이 chechak.
밤마다 harkuni tunda, doim kechqurun.
밤바람 『상쾌한』tungi izg'irin; 『좀 거센』 tungi shamol.
밤비 tungi yomg'ir.
밤사이 tungi oraliq. ⇒ 밤새.
밤새도록 tuni bo'yi; butun tun. ~일하다 tuni bo'yi ishlash; kechasi bilan ishlamoq; tongacha ishlamoq.
밤샘 tuni bo'yi mijja qoqmaslik.
밤안개 tungi tuman.
밤일 tungi ish; tungi xizmat. ~하다 tunda ishlamoq; tunda xizmat qilmoq.
밤잠 tungi uyqu.
밤차(—車) tungi poyezd (avtobus, tramvay).
밤참 tungi yaxna ovqat (gazak).
밤하늘 tungi osmoq.
밥 I 1) qaynatilgan guruch; bo'tqa; taom; yegulik; yashash uchun vosita; 2) yegulik; 3) kesak; qipiq, qirindi; 4) arg'imchoqdagi doska parchasi.
밥 II tan oldirmoq, tanm olishga majbur qilmoq.
밥 III qipiq, qirindi. 줄 ~ metal qirindi; 톱 ~ yog'oq qirindilari.
밥값 taom (ovqat) narxi.
밥그릇 qaynatilgan guruch uchun idish.
밥맛 qaynatilgan guruch mazzasi; ~이 있다 qaynatilgan guruchning mazzasi yaxshi, ishtahali.
밥벌이 yashash uchun puldan ayrilish.
밥상(—床) tushlik qilinadigan stol.
밥솥 guruch qaynatish uchun katta bo'lmagan qozoncha.
밥술 qaynatilgan guruchda bir necha qoshiq.
밥주머니 qaynatilgan guruch uchun katta taxta idish.⇒밥통.
밥줄 yashash vositasi.
밥통(—桶) qaynatilgan guruch uchun katta taxta idish.
밧줄 ingichka arqon.
방(房) I (거처하는) xona; do'kon; 방세 xonaning ijara puli; 셋방 xona ijara puli.
방(榜) II (방목) ro'yxatga kirgizilgan bo'lmoq (imtihon-larning natijasini e'lon qilishda).
방(放) III (탄알 수) aylana.
-방(方) (방위) yo'nalish; 동방 Sharqiy tomon.
방갈로 〖建〗 bungalo.
방값(房—) 『방세』 xonaning ijara puli; 『숙박료』 xonaning ijara puli narxi.
방공(防共) havo hujumiga qarshi mudofaa; ~하다 havo hujumiga qarshi jang qilmoq; kurashmoq.
방과(放課) darsning tugashi. ~하다 darsni tugatmoq.
방관(傍觀) beparvolik, bee'ti-borlik. ~하다beparvo bo'lmoq, bee'tiborlik qilmoq.
방광(膀胱) 〖解〗 bachadon.
방구들 pol osti isitish sestimasi.
방구리 suv uchun qo'llaniladigan loydan yasalgan katta idish.
방구석(房—) xona burchaklari.
방글라데시 Bangladesh.
방금(方今) hozirgina.
방긋 muloyim tabassum.
방긋이 (웃다) muloyimgina tabassum qilmoq; 『열다』 ochibroq qo'ymoq (eshikni), qiyalab qo'ymoq, qiya ochib qo'ymoq. ⇒ 방그레.
방년(芳年) gullaydigan davr,

ayolning eng gullagan davri 19 yosh; ~ 20세의 처녀 20 yoshlardagi qiz.
방뇨(放尿) peshob chiqarish, siyish, siydik chiqarish; ~하다 peshob chiqarmoq; siymoq.
방대(尨大) ~하다 ulkan; kattakon; azim juda ulkan; buyuk; zo'r.
방독(防毒) kimyodan saqlangan, himoyalangan.
방랑(放浪) darbadar, ovora, kezish; ~하다 darbadar kezmoq, ovorai jahon bo'lmoq, sargardon bo'lmoq; tentiramoq; izg'imoq.
방류(放流) ~하다 suvga qo'yib yubormoq, suvni tushurmoq.
방망이 so'yil; 『경찰관의』 to'qmoq; melitsiya tayog'i; 『무기로 쓰는』 tayoq.
방면(方面) I 『지역』tuman, okrug; 『방향』 tomon, yo'nalish; 『분야』 dala; yer; 제주 ~ Cheju tomonlar.
방면(放免) II (석방) bo'shatish, yukni tushirish; ozodlik; mustaqillik; erkinlik. ~하다 yukni tushirmoq; ozod qilmoq.
방명(芳名) 1) hurm. sizning ism sharifingiz; 2) sharaf, shon-sharaf.
방목(放牧) yaylov; ~하다 o'tlatmoq, boqmoq (hayvonlarni).
방문(房門) I xona eshigi.
방문(訪問) II tashrif; ~하다 tashrif buyurmoq.
방문(榜文) III rasmiy e'lon (ko'chada).
방바닥(房—) koreys xalqi xonadonida pol.
방범(防犯) jinoyatning oldini olish; qonunning buzishilishiga yo'l qo'ymaslik. ~하다 jinoyatning oldini olmoq; qonunni buzishga qarshi kurash olib bormoq. ~카메라 yashirin kamera.
방법(方法:way) vosita, usul; qoida; uslub; usul. 『방책』reja; loyiha; mo'ljal; tuzulma; 『방침』 reja; loyiha; mo'ljal; dastur. 새 ~ yangi qoida (uslub; usul).
방부(防腐) aseptik. ~하다 chirishning oldini olmoq; qurtlab ketishning oldini olmoq.
방비(房—) I supurgi.
방비(防備) II mudofaa, himoya; mudofaa; ~하다 mudofaa qilmoq; himoya qilmoq.
방사(房事) I jinsiy; shaxvoniy; ~하다 jinsiy aloqada bo'lmoq.
방사(放射) II 『빛·열의』 ajralib chiqqan narsa (*issiqlik, gaz va b.lar*); radiatsiya; (라듐 등의); ~하다 taratmoq, tarqatmoq, chiqarmoq; ⇒ 발사(發射);
방사(放飼) III ~하다 uy hayvonlarini ozodlikda ushlamoq.
방사능(放射能) radioaktivlik; ~의 영향 radioaktivning ta'siri (oqibati, natijasi).
방사선(放射線) radioaktiv nurlanish.
방사성(放射性) radioaktivlilik.
방석(方席) yerda o'tirish uchun qalin to'rtburchak sholcha (o'tirg'ich).
방세(房貰) xonaning ijara puli.
방세간(房—) xonada mebelni jihozi.
방송(放送)(radio;TV) radioeshittirish ~을 끝내다 radioeshittirishni tugatmoq; ~하다 radio orqali eshittirmoq; ~극 radio [TV] drama. ~기사 radio [televizor] injeneri.~순서[프로] radio [TV] dastur; ~프로 radioeshittirish dasturi.
방송국(放送局) teleradiostantsiya.
방수(防水) gidroizolyatsiya; suvdan muhofaza qilish. ~하다 toshqinga qarshi kurash olib

ㅂ

bormoq.
방술(方術) 『방법과 기술』 usul va texnika.
방습(防濕) namlikka qarshi kurash.
방식(方式) I 1) usul, uslub. 2) sistema, tartib, usul. 3) formula
방식(防蝕) II antikorrozionlik.
방심(放心) fikrning yo'qligi; hotirjamlik; ～하다 fikrga ega bo'lmaslik, hotirjam bo'lmoq. ⇒ 안심(安心).
방아 tegirmon; charhpalak.
방약무인(傍若無人) hech kim bilan umuman hisoblashmaslik.
방어(防禦) mudofaa, himoya; ～하다 himoya qilmoq. 지역～ 〖스포츠〗 mudofaa mintaqasi.
방언(方言) (표준어에 대하여) dialekt; sheva; ～의 shevaga oid; 지역[사회;계급] ～ mintaqalar shevasi; 호남 ～ Honam shevasi.
방역(防疫) karantin, zaharlanish, infektsiya; ～하다 kasallikning oldini olmoq.
방울 I kichkina qo'ng'iroq.
방울 II tomchi, bir tomchi.
방위(防衛) mudofaa, himoya. ～하다 mudofaa qilmoq, 자기 ～를 위해 o'zini himoya qilish maqsadida.
방음(防音) ovoz; tovush. ～하다 tovush (ovoz) chiqarmoq.
방자(放恣) surbetlik; bezbetlik; beorlik; uyatsizlik; yuzsizlik; ～스럽다[하다] surbet; shilqim; sulloh; gustox; bezbet; beor.
방재(防災) falokat (musibat)ning oldini olmoq. ～하다 falokatning oldini olmoq.
방정(方正) 1) yengil qarash, yengiltaklik qilish; 2) to'g'ri, tikka; kvadrat. 품행 ～한 사람 tabiati zo'r odam.
방정맞다 (경망스럽다) yengiltak; o'ylasdan, mulohazasiz qilingan, sxoshib qilingan, sxoshqaloqlik bilan qilingan
방정식(方程式) 〖數〗 tenglama.
방조(幇助) yordam, ko'mak, homiy. ～하다 yordam bermoq, homiylik qilmoq, ko'maklashmoq.
방조제(防潮堤) damba; to'g'on.
방종(放縱) fahsh; axloqsizlik; aysh-ishrat; ichkilikbozlik; ～하다 o'zboshimchalik qilmoq.
방주(旁註) II kitob chetiga yozilgan xoshiya, qirg'oq.
방죽(防—) damba; to'g'on.
방지(防止) ehtiyot chorasini ko'rish, oldini olish.
방직(紡織) tikuvchilik va to'quvchilik. ～하다 tikmoq. ～(공)업 tekstil sanoati.
방책(方策) plan, reja; o'y-fikr; 『방침』 siyosat.
방청(傍聽) tinglash, eshitish. ～하다 eshitmoq.
방초(芳草) yashil o't
방추형(方錐形) kvadrat piramida.
방치(放置) ～하다 qanday bo'lsa shundayligicha qoldirmoq.
방침(方針) kurs; chiziq; yo'nalish. 『계획』 reja; loyiha; mo'ljal; 『정책』 siyosat.
방콕 『타이의 수도』 Bankok.
방탄(防彈) bulletproofing.
방탕(放蕩) beboshlik, intizomsizlik, buzuqilik, ahloqsizlik; ～하다 bebosh.
방파제(防波堤) to'lqinqaytargich; qal'a, qo'rg'on.
방편(方便) joyidan o'zgartirmoq; almashtir- moq.
방풍(防風) shamol asraydigan.
방학(放學) ta'til; dam olish; ～하다 ta'tilga chiqmoq, dam olmoq, ta'til qilmoq.
방해(妨害) bezovta qilish, tinchini buzish; ～하다 bezovta qilmoq, tinchlikni buzmoq, tiqilishmoq,

aralashmoq.
방향(方向). 방면(方面). 행로(行路) I yo'nalish; tomon; taraf; oriyentatsiya; ~을 잡다(biror b. narsa) tomon yo'l olmoq; yo'l ushlamoq; ~을 바꾸다 yo'nalishni o'zgartirmoq; ~전환을 하다 yo'nalishni o'zgartirmoq; boshqa pozitsiyani olmoq; 바다 방향으로 dengiz tomon; 반대 ~으로 qarama-qarshi tomonda; ~전환 burilish; o'zgarish; ~정정기 qur. rixtovik qurilma; ~탐지기 pelengator; ~원자가 fiz. yo'naltirilgan valentlik.
방향(芳香) II ifor; xushbo'y hid; ~수제 farm. xushbo'y hidli suv; ~알콜제 farm. xush bo'y spirtlar.
방화(防火) I ~갈고리 yong'inli bagor; ~지대 yong'inga qarshi bo'lgan zona; doira; ~책임자 yong'inga ma'sul bo'lgan shaxs; ~하다 yong'indan himoya qilmoq; yong'inni oldini olmoq.
방화(芳花) II xushbo'y hidli gul.
밭 1) dala; maydon; ~에 밀을 뿌리다 dalani bug'doy bilan ekmoq; dalaga bug'doy sepmoq; ~고랑 egat; jo'yak; ~두렁 uvat; marza; chegara;~둑 ikki egat orasidagi oraliq; ~머리 egatning boshi; ~벼 guruch; 솔~ qarag'ayli osmon; 풀~ o'tzor; o'tloq; dalaning katagi; 호밀~ javdar dalasi; ~[을] 뒤다 qazimoq (maydon, dala); 2) maydonni katagi (misol uchun shaxmat taxtasi, doskasi).
배 (복부) I 1. 1) qorin; osh-qozon; me'da; ~가 고프다 och bo'lmoq; qorin ochmoq; 배가 부르다 qorni to'q bo'lmoq; to'ymoq; ~가[앞]남산만 하다 mun. (qorni to'g'risida) qattiq chiqib turmoq; 2) biror bir narsaning yo'g'on qismi; ~둥근 대패 yarim doira bo'lgan randa; ~둥근 끌 yarim doira shakliga ega bo'lgan asbob; ~[가] 맞다 a) fisqu-fasodning ijro (qatna-shuv) chisi bo'lmoq; b) ishqiy (jinsiy) munosabatda bo'lmoq; ~[가] 아프다(쏘다) hasad qilmoq; ~[를] 곯다(주리다) qattiq och qolmoq; qattiq och yurmoq; ~[를] 내밀다(퉁기다) qattiq turib olmoq; o'jarlik qilmoq; rozi bo'lmaslik; ~를 불리다 topmoq; boyimoq; ~를 따다 baliqni may-dalamoq (bo'lak-larga bo'lmoq); ~에 기름이 지다 behavotirsiz hayotdan semirmoq; 2. sanoq s. qo'yilgan tuxumlar uchun(otyol, oporoslar).
배 II qayiq; kema; poroxod; yelkan; flot; ~두 척 ikkita kema; ~를 젓다 qobiqlarda uchmoq; ~들이 항구에 들어왔다 kemalar gavan (dengiz bo'yida kemalar turadigan joy)ga kirishdi.
배 III (과일) nok; 소나무에 ~가 열린다면 qarag'ayda nok pishganda; tog'da qisqichbaqa xushtak chalganda; ~먹고 이 닦기 matal. ikki quyonni o'ldirmoq; ~주고 배속(속) 빌어먹는다 maq. so'zma s. nokni berib uning o'rtasini so'ramoq; ~나무 nok (daraxti).
배(胚) IV pusht, embrion; ~형성기 pushtlik holati.
배(倍) V ikki marotaba; 이것은 원래의 가격의~다 bu boshlang'ich narxdan ikki marotaba ko'p; qar. 곱절.
-배(輩) qo'sh. shaxslar guruhi; 강도배 kallakesarlar guruhi; bosqinchilar to'dasi.
배경(背景) fon; orqa plan; orqa qism, dekoratsiya, yordamla-shish, homiylik; ...을 ~으로 ...ning fonida; 나무를 ~으로 한 여인의 모습에는 daraxtlar fonida

ayol qaddi-qomati; 일어나는 국제적 사건의 ~에는 bo'lib o'tayotgan xalqaro voqealar vaziyatida (fonida)
배고프다 qorin ochmoq; och bo'lmoq.
배구(排球) volleybol; ~하다 volleybol o'ynamoq; ~선수 volleybolchi; volleybol o'yinchisi; ~장 volleybol maydoni.
배급(配給) taqsimlash, (kartochkalar bo'yicha) berish; ~의 taqsimli; ~하다 taqsimlamoq; 상품을 ~하다 tovarlarni taqsimlamoq; ~소 taqsimlov punkti; ~제도 kartochka tizimi.
배기(排氣) I chiqarish; chiqarilish; ~하다 chiqmoq; chiqarmoq; ~가스 zaharli gazlar; ~구멍 chiqish derazasi; ~수갱 tog'. boshqa tomonga yuboruvchi ustun (stvol).
배기(背鰭) II arx. orqa qismidagi suzgich.
배낭(背囊) yelkaga ilib yuruvchi xalta; qop; narsa olib yurish mumkin bo'lgan qop; ~을 매다 ryukzakni ilmoq (kiymoq).
배다 I 1) shimib olmoq; singip ketmoq; 2) o'tib kermoq; 3) yoqib qolmoq (qalbga tegmoq); 4) odat bo'lib qolmoq.
배다 II 1) (bolani) ko'tarib yurmoq; homilador bo'lmoq; 배지 않은 아이를 낳으랜다 maq. ≅ barmoqdan asalni topa olomaysan; 밴 아이 아들 아니면 딸이지 maq. ≅ bir gap bo'lar; 2) boshoq bermoq; boshoqlanmoq.
배달(配達) eltib berish; yetkazish; ~하다 eltib bermoq; olib borib bermoq; yetkazib bermoq; ~로 eltib berib; 물건을 지정된 장소로 ~하다 tovarlarni belgilangan joyga eltib bermoq; 집으로 화물 ~ uyga tovarlarni eltib beruv; ~부 pochtalyon; tarqatuvchi; eltuvchi; 우편 ~ pochta orqali eltib beruv.
배달부(配達夫) eltib beruvchi; 신문 ~ ro'znoma tashuvchi; 우편 ~ pochtachi; 우유 ~ sut tashuvchi.
배당(配當) taqsimlash; ajratish; ~하다 taqsimlamoq; ajratmoq; ~금 ulush, pay, divident; ~체 glyukozit; 이익~ foydalarni taqsimlov.
배려(配慮) I g'amxo'rlik; tashvish; xavotir; ~하다 g'amxo'rlik qilmoq; xavotirlanmoq; ~해 주어 감사합니다 g'amxo'rligingiz uchun raxmat; 환자에 대한 ~ bemorga g'amxo'rlik qilmoq; ~를 돌리다 xavotir (g'amxo'rlik)ni namoyon etmoq.
배려(背戾) II ~하다 qarshilik ko'rsatmoq (nimadirga).
배반(背反) 배신(背信) sotqinlik; xudbinlik; hiyonat; ~의 xoin; ~하다 xoinlik qilmoq; sotqinlik qilmoq; hiyonat qilmoq; 친구를 ~하다 o'z do'stini sotmoq; ~자 xoin; sotqin.
배분(配分) taqsimlov,distributsiya, ~하다 a) taqsimlamoq; tarqatmoq, 시간 ~ vaqt taqsimoti; 접시마다 먹을것을 ~하다 ovqatni taqsimchalarga solib chiqmoq; qar. 분배.
배상(賠償) I to'lash o'rnini to'ldirish; kompensatsiya; ~하다 to'lamoq; kompensatsiya qilmoq; o'rnini to'ldirmoq; ~금 kompensatsiya; kontributsion to'lovlar.
배상(杯狀) II ot. ryumka sifat; bakal sifat.
배석(拜席) I (marosim vaqtida) sajda uchun mo'ljallangan gilamcha.
배석(陪席) II ~하다 kattalar bilan o'tirmoq; yoshi ulug'lar bilan o'tirmoq; og'z. ~판사(sue)

maslahatchisi.

배선(配線) I 1) ~하다 qo'ymoq; o'rnatmoq; 옥내 ~공사 remont; uy ichida simlarni tortish; 2) qar. 배전선; ~단자함 el. taqsimlovchi quti.

배선(配船) II ~하다 kemalarni joylashtirmoq.

배송(拜送) I ~[을] 내다 a) *etn.* chechak ruhini kuzatish marosimini amalga oshirmoq; b) haydamoq; quvib chiqarmoq; ~하다 a) *etn.* (kasallikni 13 kunda) chechak ruhini kuzat- moq; b) *etn.* (qurbonlik qilib va tilsimni o'qib) ruhni kuzatmoq; e) (yovuzni, jinoyatchini) quv- moq; haydamoq.

배송(背誦) II *og'z.*:~하다 yoddan o'qimoq (o'qituvchiga teskari turib).

배수(倍數) I 1) suvni tortib oluv; drenaj; qurituv; vodop- rovod (suvni chetga buruv); ~량 tortib olinayotgan suv miq- dori; ~작업 suvni tortib olish bo'yicha ish; ~장치 drenaj moslamasi; 2) suvni (boror bir narsa buyum bilan) siqib chiqaruv; ~용적 kemaning suvga botadigan qismi, siqqan suv sig'imi; ~하다 a) (suvni) tortib olmoq; quritmoq; b) (suvni) siqib chiqarmoq.

배수(配水) II suv bilan ta'min- lash; suvni yuboruv; ~공사 suv bilan ta'minlash ishlari; ~본관 magistral vodoprovod; ~지관 tarmoqlanuvchi ajraluvchi vodoprovod; ~하다 suvni uzatmoq.

배신(背信) xoinlik; hiyonatkorlik; ~하다 hiyonat qilmoq; xoinlik qilmoq; ~자 xoin; hiyonatkor; ~행위 xoinlik akti; ~하다 sotmoq, hiyonat qilmoq.

배심(陪審) I ~재판 sud masla- hatchilari sudi; ~제도 sud maslahatchilari sistemasi; ~하다 sotmoq; hiyonat qilmoq.

배심 II 1) o'z kuchiga ishonuv; jasorat; ~[을] 대다 jasurlik bilan harakat qilmoq; ~[을] 부리다 ishonch bilan harakat qilmoq; ~[이] 좋다 jasur; o'z kuchiga ishongan; 2) jur'at; jasorat.

배양(排洋) I ~하다 g'arbiy bo'lgan hamma narsalarni rad etmoq.

배양(培養) II 1) o'stirish, ko'paytirish, ekuv; taraqqiy qildiruv; 2) tarbiya; ko'niktiruv; madaniyat; ~하다 a) o'stiruv; ko'paytiruv; rivojlantiruv; b) (birorbir narsaning ruhiyotida) tarbiya qiluv, odatlantiruv; 인재를 ~하다 kadrlarni tarbiyalamoq; ~액 shtamp.

배열(配列) I joylashuv (ma'lim bir ketma-ketlikda); qo‘yiluv; ~하다 ega bo'lmoq (ma'lum bir ketma-ketlikda) qo’yib chiqmoq.

배열(背熱) II kor. tib. (kasali) belda qattiq issiqlikni sezish bilan kuzatiladigan kasallik.

배열하다(配列-) ega bo'lmoq; ihtiyorida bo'lmoq.

배우(俳優) 1) aktyor; artist; aktrisa; 이 ~가 주연을 맡았다 bu aktyor bosh rolni o'ynamoqda; ~실 artistning xonasi; 무대~ estrada artisti; 서커스~ sirk artisti; 연극 ~ dramma artisti; 영화~ kino artisti; 2) arx. qar. 광대

배우다 1) o'qimoq; o'rganmoq; 당신은 어디서 한국말을 그렇게 잘 배웠습니까? Koreys tilida bunday yaxshi gapirishni qayerdan o'rgandingiz? 선배로부터 일을 ~ kattalardan o'rnak olmoq; 부모를 보고 ~ ota-onadan o'rganmoq; 대학에서 함께~ universitetda birgalikda o'rganmoq; 인생을 ~ hayotni o'rganmoq; hayotga o'rganmoq; 2) (biror bir narsaga) o'rganib qolmoq; odat chiqarmoq.

배정(配定) I taqsimlov; ~하다 taqsimlamoq; tarqatmoq; 수업시간~하다 dars vaqtini taqsimlamoq; 시간 ~ vaqt taqsimoti.

배정(拜呈) II og'z. ~하다 (sovg'ani) hurmat (ohtirom) bilan taqdim qilmoq.

배짱 1) iltifotsiz fikr, o'y, hayol 2) qat'iyatlik, o'jarlik; ~[을] 부리다 (내밀다) qattiq turib talab qilmoq; ~이 맞다; ~[을] 대다 (퉁기다) o'jar bo'lmoq; qat'iyatlilik qilmoq.

배추(<白-) bargli karam (*Brassica campestris*); 김치는 배추와 고춧가루로 만든다 Kimchini bargli karam va garimdoridan tayyorlaydilar.

배추(拜趨) II *og'z.*: ~하다 a) og'z. yoshi katta odamning oldiga bormoq, kelmoq; b) (yoshi katta odamni) yo'qlab kelmoq, yo'qlab bormoq.

배치(配置) I joylashuv; o'rnashtirish, joylashtirish, taqsimlash; ~하다 ega bo'lmoq; joylashtirmoq; o'rnatmoq; taqsimlamoq; ~도 joylasuv sxemasi.

배치(背馳) II qarama-qarshilik; ~하다 qarsilik ko'rsatmoq; teskari bormoq; qarama-qarshi bormoq; zid bormoq; zid kelmoq

배포(排布) I 1) plan, niyat, ideya; 그는~가 큰사람이다 Ulkan, katta rejalarga ega bo'lgan inson; ~하다 rejalashtirmoq; niyat qilmoq; 2) reja; niyat; 3) *qar.* 배치 II; 1) ~가 유하다 vazmin, sovuqqon; topqir.

배포(配布) II tarqatiluv, taqsimot, eltib beruv; ~하다 eltmoq, olib borib bermoq; tarqatmoq; 유인물을 ~하다 tirajni tarqatmoq.

배합(配合) 1) aralashtirish, birga bog'lab olib borish; ~하다 biriktirmoq,kombinatsiya qilmoq 사료를 잘~하다 mol uchun yemni yaxsi aralashtirmoq; ~비료 murakkab o'g'it; ~시료 kombikorm; 2) og'z. o'ylatish, nikoh ahdi; 3) tex. me'yor; dozirovka.

배합률(配合率) [-xamnyul] me'yor, dozirovka.

배합물(配合物) [-xam-] shixta.

배회(徘徊) ~하다 daydib yurmoq sargardon bo'lmoq; ~고면 og'z. daydib chet(yonatrof)larga qaramoq (ko'z olaytirmoq).

배후(背後) 1) ot. orqada(biror bir narsaning orqa tarafida); harb. orqa tomon; ~에서 비방하다 orqadan tanqid qilmoq; 2) orqa taraf.

백(白) I 1) oq rang; 2) qar. 백지 III.

백(百) II yuz; ~루불 yuz so'm; 가격을 ~달러나 더 올렸다 yuz so'm qo'shmoq(o'zining narxiga) 당신은 ~달러를 더 지불해야 한다 Senga yana yuz dollar qo'shishi kerak; 당신이 ~프로 옳아요 Siz yuz foiz haqsiz; ~번 듣는 것이 한번 보는 것보다 못하다 100 marta eshitgandan ko'ra, bir marta ko'rgan afzal; 백 번 듣는 것이 한 번 보는 것 만 못하다 maq. so'zma-so'z. 100 marta eshitgandan ko'ra, bir marta ko'rgan afzal; 백 세 후 hurm. sizning o'limimingizdan so'ng.

백과사전(百科辭典) ensiklopediya; ensiklopedik lug'at.

백금(白金) platina; ~은 장식품을 나드는데 사용 된다 platina - o'ymakor buyumlarni tayyorlashda keng ishlatiladi; ~도가니 Platinali tigel; ~사진 platina

tuzlari eritmasini ishlatish yordamida fotobosma.
백년(百年) 1) 100 yil; juda uzoq vaqt; ~가약 (er-xotinning) bir umr bir-biriga vafodor bo'lishi haqida qasam ichilishi; ~대계 uzoq kelajakka mo'ljallangan loiha; uzoqqa boruvchi loiha; plan; ~해로 baxtli oilaviy hayot; ~해로 keksalik paytigacha ahillikda yashamoq (er-xotin haqida); ~언약 bir umr birgalikda yashamoq (er-xotin haqida) 2) 백날 2.ga qarang.
백두산(白頭山) Pektusan tog'i.
백발(百發) oqargan sochlar; ~백중 (mo'ljalga) yuz foiz tegish; ~노인 sochi oqargan qariya; ~홍안 oqargan sochlar va pushti lunjlar (yuz).
백방(百方) I ~[의] har taraflama, umumjahon; ~으로 har taraflama, imkoni boricha; ~으로 수소문하다 har tomomga mish-mish tarqatmoq; ~천계 turli hil usul va choralar; ~효유 og'z. har taraflama (unday- bunday) tushun-tirmoq; ~으로 har taraflama, har tomonlama, imkoni boricha.
백삼(白衫) I qurbonlik keltirishda keltirishida ko'ylagi ostiga kiyiladigan oq kiyim.
백삼(白蔘) II oftob ostida qurigan jenshen.
백색(白色) I 1) oq rang; ~선철 (주철) tex. oq jo'yan; ~인종 ~백인종ga qar; ~왜성 astr. oq karliklar (pakanalar); 2) ot. kontrrevolutsion; ~공포 (테로) oq terror.
백색(百色) II og'z. xususiyatlar, specifik (o'ziga xos), belgi, taraf, xususiyat.
백성(百姓) xalq; ~의 목소리는 하나님의 목소리이다 Xalqning ovozi Tangrining ovozidir; 백성들을 깨우치다 Xalqni uyg'otmoq.
백신(vaccine) vaktsina; ~주사를 놓다 vaktsinatsiya qilmoq, emlamoq;~요법 vaktsinoterapiya
백열(白熱) oq chog'lanish, qizish ~등 cho'g'lanish(qizish) lampasi ~하다 oqarib ketgunga qadar qizimoq; ~전구(전등) el. cho'g'-lanish lampasi; ~적 shiddatli; qattiq; jangar.
백의(白衣) 1) oq kiyim; ~민족 koreys xalqi; ~종군 urushga oddiy jangchi bo'lib bormoq; ~천사 xamsxira; ~동포 koreys vatandoshlar; koreyslar; 2) davlat hizmatida turmaydigan odam; ~정승(재상) davlat kengashining birdaniga a'zosi bo'lib qolgan odam.
백일(白日) I 1) yorqin quyosh; ~청천 yorqin quyosh va ko'm-ko'k osmon;~하에 폭로하다 tiniq suvga chiqarmoq(olib chiqmoq); 2) (대낮) ga qarang; ~비승(승천) og'z. mif. kuppa kunduz kuni osmonga ko'tarish.
백일해(百日咳) ko'k yo'tal; ~는 어린애가 잘 거리는 호흡기 전염병이다 Ko'k yo'tal - yosh bolalar ko'pincha og'riydigan, nafas yo'llarining infektsion kasalligi.
백전(白戰) I ko'p sonli urushlar (janglar); ~노장 a) tajribali sarkarda; b) mun. o't, suv va mis quvurlarining, trubalaridan o'tgan odam; ~노졸 a) og'z. veteran; b) 백전[노장]ga qarang; e) ~백승 yengilmas, mag'lubiyat nimaligini bilmaydigan.
백전(白戰) II og'z. 1) qo'l jangi; qo'l to'qnashuvi (olishuvi) 2) mun. shoirlar bahsi.
백지(白紙) I 1) qog'oz daraxtining po'tlog'idan tayyor-langan qog'oz; 2) oq qog'oz;

toza qog'oz; 3) qar. 공지 II; ~동맹 *arx.* talabalarning birga- likda ish yozishdan bosh torti- shlari; 4) nodon bo'lish (biror bir ishda); 5) aniqlikning yo'q bo'lishi, mavhumiylik.

백지(白地) II 1) *og'z.* hosil bermaydigan yerlar; ~징세 hosil bermaydigan yerlarga soliq solinishi; 2) ~에 biror bir tayyorgarchiliksi, bo'sh joyda; ~애매 aybsiz jabrlanmoq.

백혈구(白血球) oq qon pufaklar; leykotsitlar; ~요법 leykotera- piya; ~모세포 leyko-blast; ~증다증 leykotsitoz.

백화점(百貨店) universal magazin; ~ 물건은 시장 물건보다 비싸다 univermag mahsulotlari bozor mahsulotlariga qaraganda qimmat turadi.

밴드(ing. bane) lenta; musiqiy ansambl; ~에 맞추어 노래 부르기가 쉽지 않다 Ansambl bilan taktda qo'shiq aytish oson emas; ~마스터 musiqiy ansambl boshlovchisi.

밸 ichak, qorin 1) ichak, qorin, ichak-chovoq; 2) jahl; 밸[이] 나다 부아[가나다]ga qarang; 3) qar. ~배짱; 밸[을] 부리다 a) qar. 배짱[을 부리다]; b) qat'iyatlilik ko'rsatmoq; qaysarlik ko'rsat- moq(qilmoq), 밸이 꼬이다 jirkan- moq, nafratlanmoq, jirkanish hissini his qilmoq.

밸런스(ing. balance) balans; ~가 맞지 않는다 no'to'g'ri.

밸브(ing. valve) klapan; ~를 꽉 조여라 kranni qattiq yop.

뱀 ilon; ~에 물려 죽다 ilonning chaqishidan o'lmoq; ~이 숲속으로 기어갔다 ilon o'rmon tomon o'rmalab ketti; 한국에는 약 9가지 ~종류가 있다 Koreyada 9ga yaqin ilon turi mavjud; ~이 오래 묵으면 용이 된다고 한다 aytishlariga qaraganda, ilon ko'p vaqt yashasa, ajdar bo'larmish; ~이 물을 마시면 독이 되고 소가 물을 마시면 우유가 된다 Ilon suv ichsa zahar bo'ladi, shir suv ichsa suv bo'ladi; ~을 그리고 발을 붙이다 mun. kerakli bo'lmagan ishni qilmoq; ~[을] 잡다 (보다) mun. baxtsizlikni o'ziga qaratmoq.

뱃길 suv (daryo) yo'li.

뱃노래 1) qayiqchilar qo'shig'i; 2) dengizchilar hayoti to'g'risi- dagi qo'shiq; 3) mus. barkarola.

뱃속 qorinning ichki qismi; ~이 좋지 않다 qorin og'rimoq; ~이 쓰리다 qorin sanchimoqda; ~을 알 수없다 birovning fikrini bilish qiyin.

뱅 (뱅 돌리다) a) aylantirmoq (misol uchun g'ildirakni); b) o'ralgan bo'lmoq misol uchun tog'lar bilan.

뱅크(ing. bank) bank; ~에 예금하다 pullarni bankka qo'ymoq; 국립 ~ Davlat banki; 외환 ~ valyuta banki; 주택 ~ uy-joy banki.

뱉다 1) tuflamoq; 2) qo'ymoq, surib chiqarib qo'ymoq, ko'rgazmaga qo'ymoq; 3) o'zidan siqib chiqarmoq (so'z va h.z); 침을 ~ tuflamoq; 기침을 ~ yo'talmoq.

버거(ing. burger) burger; 치즈~ chizburger; 햄~ gamburger.

버럭 1) qattiq, kuchli, juda; 화를 ~ 내다 g'azablanmoq; 2) tez, to'satdan; 소리를 ~ 지르다 baqirmoq

버럭버럭 kuchli, haddan tashqari ~성을 내다 g'azablanmoq; jahli chiqmoq; ~고함을 지르다 baqir- moq.

버릇 odat, zararli odat, zararli moyilliklar, xulq atvor qoidalari; ~없다 odobsiz, hurmat-ehtirom qilmaydigan, xushmuomila qilmaydigan; ~을 들이다 odatni ortir moq; ~을 떼다 odatni tashlamoq; ~을 가르치다 yomon odatlarni tuzatmoq; ~하다 a) odatlanmoq; b) (yomon) odat bo'lib qolmoq.

버리다 tashlamoq; qutulmoq (kimdan, nimadan) buzmoq, mayib qilmoq; 물을 ~ suvni to'kmoq; 생각을 버리다 fikrni rad qilmoq; 아/어/여 ish harakatning yakunlanishini bildiradi; 읽어 버리다 o'qib tashlamoq; 웃어 버리다 kulib tashlamoq.

버림 ~[을] 받다 a) tashlangan bo'lmoq, qoldirilgan bo'lmoq; b) rad javobini olmoq, rad etilgan bo'lmoq.

버물다(버무니, 버무어) jalb qilingan (tortilgan) bo'lmoq, aralashgan bo'lmoq.

버물리다 1) aralashgan bo'lmoq; 2) aralashgan(aralashib ketgan) bo'lmoq; 3) aralashtirmoq, qorishtirmoq.

버선 (koreyscha) paypoq; ~을 신고 다니다 koreyscha paypoqni kiymoq; ~신고 발바닥 긁기 qar. ~신[신고 발바닥 긁기] I.

버섯 qo'ziqorin; ~요리 qo'ziqorindan tayyorlangan ovqat; 독~ zaharli qo'ziqorin; 식용~ esa bo'ladigan qo'ziqorin; ~나물 qo'ziqorin; ~중독 tib. qo'ziqorin bilan zaharlanish.

버스(bus) avtobus; ~운전사 avtobus haydovchisi; ~의 avtobusning; ~로 통근하다 avtobusda yurmoq; ~를 타고 가다 avtobusda bormoq; 나는 종종 ~를 탄다 men ba'zan avtobusda yuraman; ~가 정류장에 들어선다 avtobus bekatga yaqinlashmoqda, ~노선 avtobus chizig'i; ~여행 avtobusda sayohat;~요금 avtobusda yurish uchun yo'l haqqi; 관광~ sayohiy turistik avtobus; 근교 셔틀~ shahar atrofiga chiquvchi avtobus; 마을 ~ tumanlarga chiqib yuruvchi avtobus; 시내~shahar avtobusi; 시외 ~ tashqi shaharlarga chiquvchi avtobus; 5번 ~ 5chi avtobus; 5chi raqamli avtobus; 좌석 ~ o'tirish joylari bor avtobus; ~정류장 avtobus bekati; ~표 avtobus chiptasi.

버스가 언제 갑니까? Avtobus qachon jo'nab ketadi?

버젓이 keskin, savlatli; ochiq, ochiqchasiga.

버튼(ing.button) tugma, qo'ng'iroq; ~을 누르다 tugmani bosmoq.

버티다 suyab qo'ymoq, qo'llamoq, bardosh bermoq, chidab olmoq, ko'tara olmoq, oxirgacha chida- moq (ushlab turmoq), itoat qilmaslik, qattiq turib olmoq, qarshilik qilmoq; 못 하겠다고~ oxirgacha qila ololmayman - deb gapirmoq.

벅차다 kuch-quvvat yetmaydigan, to'lib toshgan, qaynaydigan, jiddiy; 하루에 끝내기는 좀 ~ bir kunda tugatish mumkin emas; 가슴 벅찬 감격 qalbni o'rab olgan tuyg'u.

번(番) navbatchilik; bir; 한 ~ bir marotaba; 다섯 ~ 5 marta; 이 번에는 bu safar; 몇 번 a) bir necha bor; b) necha marta; 번갈아 galma gal; 번갈아 들다 o'zgarmoq, navbatma navbat o'zgarmoq; ~[을] 나다 navbatchilikdan qaytmoq; ~을 나들다 o'zgarmoq (navbatchilik haqida); ~[을]들다 navbatchilikka chiqmoq, ~[을] 서다 navbatchilikda bo'lmoq.

-번(番) qo'riqchi; 현관번 shveysar.

번개 yashin, chaqmoq; ~의 yashinning; ~형의 yashin (chaqmoq) sifat; ~치다 yarqirramoq, yaltiramoq; ~가 번쩍였다 yashin yorishdi, chaqmoq chaqdi; ~같은 속도로 yashin tezligi bilan; 마른~ shul'a uzoqda yalt eti ko'rinadigan; ~가(를) 치다 a) yaltiramoq (yashin haqida); b) yashin tezligida yonib o'chmoq; ~치듯 yashin tezligida; ~가 잦으면 천둥 한다(벼락 늦이라) maqol≅ yashin ursa, momaqaldiroqni kut; ~같이 a) yashin tezligida; b) to'satdan, kutilmaganda.

번개불 chaqmoq chaqishi; ~이(을) 치다; 번개[가치다] ga qarang; ~에 담배 붙이겠다, ~에 콩 볶아 먹겠다, ~에 회쳐먹겠다 mun. ko'zni ochib yunguncha.

번거롭다 juda og'ir (chigallangan, chalkashib ketgan); shovqinli, sershovqin.

번뇌(煩惱) qalb azobi (azobuqubat); qiynalmoq, azob uqubat ko'rmoq; ~하다 1) qiynalmoq, azob uqubat ko'rmoq; 2) azob-uqubatli.

번듯이 to'g'ri, tekis.

번듯하다 tekis, to'g'ri; 번듯하게 생긴 여자 yuz chiziqlar (tuzilishi) to'g'ri bo'lgan ayol.

번민(煩悶) xafagarchilik, azob-uqubat, qalb azobi; ~하다 xafa bo'lmoq, qiynalmoq, azoblanmoq

번번이 har safar, har gal, har doim, doimo; ~이 실패하다 har safar omadsizlikka yo'liqmoq.

번성(蕃盛) gullash, yashnash, yuksalish; ~하다 gullabyashnamoq, gullamoq, shiddat bilan o'smoq (ko'tarilmoq).

번식(繁殖) ko'payishi, o'sishi, ko'paytirish, o'stirish; ~하다 ko'paytirmoq, o'stirmoq; ~기 ko'payish davri; ~력 serhosillik, unumdorlik; 유성 ~ jinsiy ko'payish; ~기관 jinsiy a'zolar.

번역(飜譯) tarjima; ~하다 tarjima qilmoq; ~할 수 없는 표현 tarjima qilib bo'lmaydigan ibora; 이 번역은 원문과 아주 다르다 bu tarjima ma'no jihatidan asl mazmundan yuroq; ~가 tarjimoq; ~물 tarjima qilingan matn, tekst; ~자 tarjimon; ~문학 tarjima adabiyoti (tarjima qilingan adabiyot).

번영(繁榮) gullab-yashnash, gullash, yuksalish; ~하다 gullovchi, yashnovchi, gullab yashnash; 국가 ~ davlatning gullab-yashnashi.

번잡(煩雜) chigallashuv; ~하다 og'ir, qiyin, murakkab, sertashvish, mashaqqatli; ~해지다 chigallashmoq, qiyinlashmoq; ~스럽다 sif. a) qiyin (chigal) bo'lib ko'rinmoq; b) mashaqqatli.

번지(番地) yer uchastkasi raqami

번지다 I tarqalmoq, yoyilmoq, oqib ketmoq, g'ira-sxira bo'lib ketmoq, o'zgarmoq, tubdan o'zgarib ketmoq; 잉크가 종이에 번지다 siyoh qog'oz bo'ylab oqib ketmoqda; 상처가 ~ kattalashmoq (yara haqida).

번지다 II 1) varaqlamoq; 2) o'tkazmoq (navbatni); 3) boshqa tilda so'zlashmoq; gaplashmoq.

번지르르 얼굴에는 기름이 ~흘렀다 yuz yog'li bo'lgan edi; ~하다 a) yaltiroq; b) silliq, sirg'anchiq; e) chiroyli, go'zal (so'zlar).

-번째 첫~ birinchi; 두~ ikkinchi.

번쩍 1) ~하다 yaltiramoq, yalt etib ko'rinmoq, miltillamoq;~이다 yaltillamoq, yalt etmoq, birdan o't olmoq; ~거리다 yaltillamoq, miltillamoq,yalt etmoq, birdaniga o't olmoq; 2) birdaniga, kutilmaganda tez; 고개를 ~쳐들다

boshni pastga qaratmoq, tashlamoq; 정신을 ~차리다 tez o'ziga kelmoq (xushiga kelmoq, uyg'onmoq).

번쩍이다 yaltillamoq, miltillamoq.

번창(繁昌) yashnash, gullash; ~하다 yashnamoq, gullamoq, gullovchi, jonli; 장사가 ~하다 savdo-sotiq gullamoqda.

번호(番號), 번지(番地) raqam; ~판을 돌리다 raqamni termoq; 전화~를 말씀해 주세요 iltimos, o'z telefon raqamingizni aytib yuboring; ~부 raqamlar ma'lumotnomasi (spravochnik).

번화(繁華) ~스럽다 sif. a) yashnovchi bo'lib ko'rinmoq; b) jonli (jo'shqin) bo'lib ko'rinmoq; ~하다 a) gullab yashnagan; b) jo'shqin, tirik, serqatnov, serodam.

벌 I dala (o'tloq, o'tzor); tekislik.

벌(垈) II komplekt, poy, serviz; 양복 세 ~ 3ta kostyum.

벌 III asal ari, ari; 꿀~ asal arisi; 야생~ yovvoyi ari, o'rmon arisi; 일~ ishchi ari, ishni bajaruvchi, ishlovchi ari; ~에 쏘인 사람 같다 chaqib olinganga o'xshaydi; ~[에] 쐬다 ochilmoq, yorilmoq (kasallikka chalingan kashtan mevasi).

벌(罰) IV jazo, tanbeh; 그는 담배를 피운 죄로 ~을 받았다 uni chekkanligi uchun jazolashdi; ~을주다 jazolamoq, jazoga duchor etmoq; ~을 받다(쓰다) jazolanmoq; jazolangan bo'lmoq; jazoni olmoq; ~로써 jazo sifatida; 본보기로써 ~을 주다 jazolamoq (boshqalarga misol tariqasida); 천 ~ Alloh tarafidan berilgan jazo; ~[을] 서다 jazoni o'tamoq.

벌(閥) V qarindoshlik munosabatlari; 그는 나의 조카 ~이다 U mening jiyanim.

벌(閥) VI qarindoshlik aloqalari (munosabatlari); 그 분이 너의 무슨 벌이되느냐? U senga kim bo'ladi? **-벌** qarindoshlik; 아저씨 벌 amaki.

벌금(罰金) jarima;~의 jarima; ~을 물다 jarimani to'lamoq; ~을 메기다 jarima solmoq; ~형 pul jazosi, pul jarimasi.

벌다 I (버니, 버오) paydo bo'lmoq, katta bo'lmoq(teshik to'g'risida) dars ketmoq, bo'linib ketmoq, tarqalmoq, buzilmoq, yomonlashmoq, yoyilmoq, yaltiramoq, eshitilmoq, o'sib ketmoq; 줌이 벌게 (벌도록) 쥐다 to'la hovuch olmoq.

벌다 II (버니, 버오) loyiq bo'lmoq; ishlab topmoq; 생활비를 ~ tirikchilik uchun pul topmoq.

벌떡 birdaniga, birdan; ~일어나다 birdan turmoq; kuchaytirma ma'noda 발딱 deb yuritiladi.

벌렁 orqaga, orqasiga.

벌레 (곤충) hasharot; taxtakana, jo'lak.

벌리다 『열다』 ochilmoq; 『넓히다』 kengaymoq.

벌목(伐木) to'ldirish; kesish; ~하다 daraxtni kesmoq.

벌바람 dalalar (tekislik)ga esuvchi shamollar.

벌써, 이미 allaqachon. 우리가 도착했을 때 그는 ~ 떠났다 biz yeti kelganimizda u allaqachon ketib bo'lgan edi.

벌어지다 (틈이 생기다) ochilmoq; paydo bo'lmoq; 『넓어지다』 kengaymoq; keng bo'lmoq; enli bo'lmoq; 틈이~ gap kengaytirmoq; keng qilmoq; enli qilmoqs.

벌이 ish haqqi, ishlab topgan pul. ~하다 ishlab pul topmoq.

벌이다 (시작하다) ochmoq; boshlamoq; yasamoq; ishlab

chiqmoq; ko'rsatmoq, namoyish qilmoq; o'ynamoq.
벌점(罰點) jarima ochko (sportda).
벌집 asalari uyasi.
벌채(伐採) qurilish materiali; to'sin, xoda; (daraxt). ～하다 kesmoq; bo'lmoq; chopmoq.
벌충 ～하다 o'rnini to'ldirmoq, kompensatsiya qilmoq.
벌통(—桶) asalari uyasi; asalari qutisi (*arixona*).
벌판 dala; yer; ⇒ 벌 I.
범 yo'lbars; ⇒ 호랑이
범고래 qotil; o'ldiruvchi.
범람(氾濫) (넘쳐흐름) toshqin; *og'z.* daryo; dengiz, okean. ～하다 suv bosmoq; ～하다 *og'z.* daryo; dengiz.
범례(凡例) shartli belgilar.
범론(汎論·氾論)『개괄적』qisqacha mazmun; qisqa xulosa; umumiy izohlar. ⇒ 범론(泛論).
범법(犯法) qonun buzilishi; ～하다 qonunni buzmoq.
범사(凡事) odatiy ish.
범상(凡常)～하다 oddiy, odatdagi
범서(凡書) I o'rtamiyona, o'rtacha, oddiy, odatdagi (kitob haqida).
범서(梵書) II 『범어의』Sanskrit tilida yozilgan matn.
범선(帆船) yelkanli kema.
범신론(汎神論)〖哲學〗 fals. panteizm; ～ 적 panteistik. ～자 panteist.
범심론(汎心論) 범일론(汎一論), 만유신론(萬有神論)〖哲〗 fals. panpsixizm
범어(梵語) Sanskrit.
범용(汎用) I sarf qilmoq, ishlatmoq (birovning pulini).
범용(凡庸) II sodda, oddiy; ～하다 o'rtamiyona, o'rtacha; ～한 사람 oddiy odam.
범위(範圍) masofa, keng sath (정도·한도); 『지식· 활동 등의』 doira, soha; shar; viloyat; tuman; 『한정된 범위』 chegara; hudud; sarhad. 문학의 ～ adabiyot sohasi.
범의(犯意) jinoiy ish; kriminal harakat.
범자(梵字) Sanskrit yozuvi.
범죄(犯罪) jinoyat; qonunni buzish.
범주(帆走) yelkan; ～하다 suz-moq; bormoq; ketmoq yelkan.
범주(範疇) kategoriya; sinf; tur.
범천(梵天)〖불교〗Brahma.
범퍼 『완충 장치』 bamber.
범하다(犯—) amalga oshirmoq, buzmoq, kirishmoq.
범행(犯行) jinoyat; qonunni buzish. ～하다 jinoyat qilmoq; qonunni buzmoq.
법(法) 『법률』 qonun; hukmronlik (법규); 『법전』 kodeks; kod; 법에: (예법) odob (ahloq) usuli; 『방법』 qoida; uslub; usul; fe'l atvor; 『과정』 protses;『기술』 texnika. 〖수학〗bo'luvchi; 〖문법〗kayfiyat; muhit dimog'; avzo; hafsala; 〖佛教〗 ⇒ 불법(佛法).
법계(法系) I yuridik tuzulma; kodeks qonun; 로마 ～ Roman qonuni; 중국 ～ Xitoy qonunlar tuzulmasi.
법계(法界) II 佛教〗 borliq, dunyo, olam.
법과(法科) 『학부』 yuridik ilmlar (과정).
법관(法官) sudya, hakam; zobit.
법규(法規) qonun va tartiblar; huquq normalari (me'yorlari), qonunlashtirilgan, tartibga solingan.
법랑(琺瑯) emal.
법령(法令) qonun.
법률(法律) qonun; qonunchilik.⇒ 법(法).
법률상(法律上) yuridik tomondan, huquqiy jihatdan; huquq nu'qtai

nazaridan.
법리(法理) yuridik tamoyil (printsip, qonun; ～학 yuridik ilm (fan).
법무(法務) 〖法〗 sud (adliya) organlari faoliyati; ～관 qonun zobit; sudya, hakam; ～부 Adliya Vazirligi.
법문(法文) 『법률』 qonun matni.
법석 shovqin, to'polon; ～하다 shovqin; qilmoq; yasamoq; ishlab chiqmoq; qilmoq; yasamoq; ishlab chiqmoq muchdo.
법선(法線) 〖數學〗 normal.
법안(法案) (legislative) tumshug; hisob raqam.
법원(法院) qonun proyekti.
법의학(法醫學) yuridik tibbiyot.
법인(法人) yuridik shaxs.
법적(法的) yuridik, huquqiy.
법전(法典) qonun kodeksi.
법정(法廷) I sud zali.
법정(法定) II ～하다 qonuniy ta'minlamoq; ～의 qonuniy.
법제(法制) ～사(史) huquqiy tuzilma, qonunchilik.
법치(法治) konstitutsiyaviy tuzilma (hokimiyat).
법칙(法則) qonun.
법하다 ehtimolga yaqin, bo'lishi mumkin bo'lgan.
법학(法學) huquq, yurisprudentsiya; ～을 배우다 huquqni o'rganmoq.
벗 do'st; ulfat; sherik; jo'ra; ⇒ 친구; ...을 벗삼다 ⇒ 벗하다.
벗겨지다 ⇒ 벗기어지다. 1) tushib ketmoq (ko'rpa); uchib ketmoq (bosh kiyimi); 2) kal bo'lmoq.
벗기다 yechilgan bo'lmoq, tushib ketmoq, yechmoq.
벗다 yechmoq, yechib tashlamoq, bo'shamoq, rad etmoq, tashlamoq, o'zgarmoq.
벗어나다 tushmoq (biror narsadan).
벗어버리다 egnidan ko'ylakni yechmoq ⇒ 벗다
벗하다 do'st deb hisoblanmoq, do'st bo'lmoq, sensirab gaplashmoq.
벙실거리다 hursand bo'lib tabbasum qilmoq. ⇒ 방글거리다.
벙어리 I (말 못하는) soqov odam.
벙어리 II (저금통) kopilka (pul yig'adigan quti).
벙커 blindak (qurol uchun).
벚꽃 olcha guli; chechak.
벚나무 〖植物〗 olcha daraxti.
베 qar. 삼베;『무명베』 paxta gazlama.
베개 yostiq, bolish.
베고니아 〖植〗 bot. begoniya.
베끼다(옮겨쓰다) nusxa ko'chirmoq; yozib olmoq, ko'chirmoq.
베네수엘라 『남미의공화국』 Venesuella Respublikasi.
베다 I 『베개를』 qo‘ymoq; ～을 베고 자다 yostiq qo'yib yotmoq (uxlamoq).
베다 II (자르다) kesmoq; bo'lmoq, arralamoq.
베드(bee) ko'rpa-to'shak, karavat; 싱글[더블] ～ bir kishilik [ikki kishilik] karavat.
베란다(veranda) ayvon.
베를린 『동독일의 수도』 Berlin.
베릴륨 〖化〗 beriliy(기호 Be).
베스트(best) eng yaxshi;. ～를 다 하다 eng zo'rini qilmoq. ～ 멤버 eng yaxshi a'zo; ～셀러 eng yaxshi sotuvchi (savdogar); eng yaxshi sotish (savdo qilish); ～ 셀러 작가 eng yaxshi yozuvchi. ～텐 eng yaxshi o'ntalik.
베어먹다 tanovul qilmoq; totmoq; totib ko'rmoq; iste'mol qilmoq; 케이크를 ～ pirogni tanovul qilmoq.
베이다 qirqib olmoq; kesib olmoq.
베이스(base) I pastkash, yaramas

베이스(base) II 〖音〗 olabug'a (*baliq*); ～가수 olabug'a (qo'shiqchi).
베이스볼(baseball) beysbol ⇒야구.
베이징 『중국의 수도』 Pekin.
베일 paranji; chodra; ～을 쓰다 paranji tutmoq.
베짱이 〖昆蟲〗 yashil chigirtka.
베타 beta; ß. ～선 beta nurlar.
베테랑(veteran) veteran; ekspert (숙달자).
베트남(인도차이나의 공화국) Vetnam Sotsialistik Respublikasi.
베틀(loom) dastgoh; ～로 짜다 naqsh dastgoh.
베풀다 (잔치 등을) ushlamoq, tutmoq, tutib turmoq; bermoq; (은혜 따위를) nafaqa bermoq (topshirmoq).
벡터 〖物理·數學〗 vector.
벤젠 〖化〗 benzol.
벤진 〖化〗 benzin, yoqilg'i.
벤처기업 daromadli ish.
벤치 skameyka (asosan ko'cha, hovlilarda 2-3 ta odamga mo'ljallab qurilgan uzun stul).
벤틸레이터 ventilyator.
벨 qo'ng'iroq.
벨로루시(백러시아) Belarusiya Respublikasi.
벨벳(velvet)『옷감』baxmal, duxoba.
벨트(belt) 『밴드·기계의』 kamar, belbog'.
벵골 『본래 인도의 주』 Bengal.
벼 〖植〗 sholi; guruch.
벼농사(—農事) sholichilik.
벼락(thunder) gumburlaqmoq(천둥); chaqmoq(번개); ⇒벼락맞다.
벼락맞다 chaqmoq chqmoq.
벼랑 jar; tik qiyalik; tik cho'qqi; (특히 해안의); jar; tik qiyalik; tik cho'qqi; tik jarlik.
벼룩(flea)burga.
벼멸구 〖昆蟲〗 guruchdagi hasharot.
벼슬 amaldor mansabi.
벼슬아치 hukumat amaldorlari.
벽(壁)(plasteree) devor.
벽걸이(壁—) kiyim ilgich (osgich).
벽난로(壁煖爐) o'choq, toshplita; pechka.
벽돌(壁—) g'isht; 붉은 ～ qizil g'isht.
벽면(壁面) devor yuzi (sirti).
벽보(壁報) devor gazetasi; devoriy gazeta.
벽서(壁書) devorda e'lon; ～하다 devorga e'lonni osmoq.
벽시계(壁時計) devor soat.
벽신문(壁新聞) devoriy gazeta.
벽안(碧眼) moviy ko'zlar .
벽장(壁欌) 〖建〗 devoriy shkof.
벽지(僻地) I aholi kam joylashgan markazdan uzoq hududlar.
벽지(壁紙) II gulqog'oz.
벽창호(碧昌—) qo'pol va o'jar odam.
벽촌(僻村) uzoq (olis) qishloq.
벽토(壁土) suvoq; suvash.
벽해(碧海) moviy dengiz (ummon).
벽화(壁怜) devoriy rasmlar (suratlar).
변(便) I 『대소변』 bavl, chiqarindi (*najas, siydik*) 『대변』 yozilish; ichni bo'shatish; najas.
변(邊) II (數) tomon, taraf; mavqe (다각형의); a'zo (등식·부등식의).
변(變) III (돌발사) kutilmagan voqea (hodisa);『사고』 hodisa, tasodif; 『재난』 omadsizlik.
변(變) IV tex. klapan.
변경(邊境) I chegara (tuman; hudud; nohiya); (벽지) uzoq hudud (nohiya).
변경(變更) II o'zgartirsh,o'zgarish, almashinish, tuzatish; ～ 하다

o'zgartirmoq; almashtirmoq; o'zgartirmoq(일부를).
변고(變故) yomon tomonga o'zgarish; salbiy tomonga o'zgarish.
변광성(變光星) 〖天〗 o'zgaruvchan yulduz.
변기(便器) 『변소의』 hojatxona kursi; gorshok.
변덕(變德) injiq; tantiq, g'alati; ~스럽다; ~맞다 yengiltak, o'zgaruvchan, beqaror, betayin, subutsiz; (날씨) o'zgaruvchan.
변동(變動) o'zgarish; almashish; ~하다 o'zgartirmoq; almashtirmoq; o'zgarmoq; almashmoq;
변두리(邊—)(교외) atrof; tevarak; tevarak-atrof (hudue), chegara.
변론(辯論)(논의) muhokama; dalil-isbot; 『논쟁』bahs; munozara; tortishuv; debat; 『토론』 bahs; munozara; tortishuv; ~하다 muhokama qilmoq, bahslashmoq.
변리(辨理) I boshqarma; fe'l-atvor. ~하다 boshqarmoq; idora qilmoq; yuritmoq.
변리(邊利) II qiziqish, havas; ⇒ 변(邊).
변말(secret language) sleng; argotizm.
변명(辨明) tushuntirish, izohlash; ~하다 tushuntirmoq o'zicha.
변명(變名) ismni o'zgartirish; soxta nom; ~하다 ismini o'zgartirmoq; soxtalashtirmoq.
변박(辨駁) raddiya; rad etish; rad qilish; ~하다 rad etmoq; rad qilmoq. ⇒ 논박(論駁).
변방(邊方) (가장자리 쪽) tomon, taraf; ⇒변경(邊境).
변비(便秘) *tib.* ich qotish, qabziyat;. 만성~ *tib.* surunkali (azaliy; doimiy; odat bo'lib qolgan) ich qotish.
변사(辯士) I (연사) notiq; ma'ruzachi; (웅변가) notiq; ma'ruzachi.
변사(變死) II baxtsiz hodisa natijasida ro'y bergan o'lim; ~하다 baxtsiz hodisada o'lmoq.
변상(辨償) (배상) mukofatlash; (변제) to'lov; ~ 하다 mukofatlamoq; tuzatmoq.
변색(變色)『빛깔의』 o'zgartirish; almashtirish (바램). ~하다 o'zgartirmoq; almashtirmoq (rangni); bo'yamoq.
변성(變姓) I ~ 하다 tabiiylikni o'zgartirmoq.
변성(變性) II 〖醫〗 ism-sharifini o'zgartirish. ~하다 familiyasini o'zgartirmoq.
변성(變聲) III ovoz o'zgarishi. ~하다 ovozini o'zgartirmoq.
변소(便所) hojatxona, yuvinish xonasi.
변속(變速) o'zgaruvchan mexanizm tezligi.
변수(變數) 〖數〗 esk. chegara himoyasi.
변압(變壓) 〖電〗 o'zgartirish,trans-formatsiya; ~하다 o'zgartirimoq (el. quvvat, kuchni).
변이(變移) o'zgaruv; almashinuv; 〖化〗 biol. mutatsiya.
변이(變異) 〖生〗 o'zgarish; modifikatsiya (비유전성으로서 일시적인).
변장(變裝) niqoblash.; ~하다 niqoblamoq.
변전(變轉) o'zgaruv; almashinuv.
변절(變節) nuqson; ayb; qusur; kamchilik; illat.
변제(辨濟) qayta to'lov; ~하다 qayta to'lamoq.
변조(變調) 〖音〗 o'zgartiriash; almashtirish; 〖通〗 modulatsiya (ovoz; tovush) ~하다 o'zgar-tirmoq; almashtirmoq.
변주(變奏) ~하다 〖音〗 o'ynash; o'garish; ~곡(變奏曲) 〖音〗 (musiqiy) o'garish.

변증(辨證) namoyish. ~하다 namoyish qilmoq. ~법 dialektik.
변질(變質) o'zgartirish; almashtirish (품질 등의 악화). ~하다 o'zgartirmoq; almashtirmoq.
변칙(變則) betartibsizlik; nodoimiylik; notekis; noto'g'rilik; notekislik.
변칭(變稱) nomini o'zgartirish; yangi ism qo'yish; ~하다 nomini o'zgartirmoq.
변태(變態) 〖生〗 1) anomaliya; patologiya. 2) biol. metomorfoza; bot. anomorfoz.
변하다 o'zgarmoq; aylanmoq.
변혁(變革) o'zgarish, reforma, almashish; qayta tuzilish. ~하다 o'zgartirmoq; qayta tuzmoq; isloh qilmoq. 기술상의 ~ texnik o'zgartirish; texnik yangilash.
변형(變形)(형태를 바꿈) o'zgartirsh, qayta tuzish; (바뀐 형태) xilma-xillik; variant; ~하다 (바꾸다) o'zgartirmoq; almashtirmoq; (바뀌다) o'zgartirmoq; almashtirmoq.
변호(辯護) 『변명』 mudofaa, himoya ~하다 himoya qilmoq, yoqlamoq.
변호사(辯護士) advokat, yurist, oqlovchi; (사무 변호사) advokat, huquqshunos (qonun); [총칭] ommaviy; jamoa yuristi.
변화(變化) (바뀜.바꿈) o'zgartirish; almashtirish; xilma-xillik (변경) ~하다 o'zgartirmoq, almashtirmoq; o'zgarmoq; almashmoq; (변태. 변형) o'zgartirsh, qayta tuzish.
변환(變換) o'zgarish; almashish; aylanish; 〖數學〗 o'zgartirsh, qayta tuzish; ~하다 o'zgartirmoq; almashtirmoq; aylanmoq.
별 I (하늘의) yulduz.
별-(別) II (다른) turli, boshqa, o'zgacha; 별천지 turli jahon.
-별(別) soha.
별거(別居) (부부의) ajralish, ajratish, taqsimlash; ~하다 yashamoq; bo'linmoq; ajralmoq.
별관(別館) qo'shimcha, ilova (*hujjat*)
별나다(別—) o'ziga xos; xos.
별나라 yer; yulduz.
별납(別納) ~하다 alohida topshirmoq; boshqa-boshqa bermoq.
별다르다(別—) boshqa; o'ziga xos, o'zgacha.
별달리(別—) boshqacha; o'zgacha; bo'lakcha; boshqacha qilib; ayniqsa.
별도(別途) 1) boshqa usul; 2) boshqa taraf; 3) o'ziga xos vazifa.
별도리(別道理) boshqa yo'llar.
별똥 『운석』 uchar yulduz; ~이 떨어지다 uchar yulduz tushdi. ~별 『유성』 uchar yulduz.
별로(別—) unchalik emas; unday emas; ayniqsa, uncha.
별리(別離) ⇒ 이별(離別).
별명(別名) laqab; nom; taxallus (일명); psevdonim (필명).
별무늬 yulduzli naqsh.
별미(別味) 『맛』 o'ziga xos (xos) ta'm (maza; tot).
별박이 『말』 peshanasida yulduzi bor ot.
별봉(別封) alohida konvertni pechatlamoq.
별빛 yulduz yorug'ligi.
별사람(別—) g'alati odam.
별세(別世) bu dunyoni tark etish; qazo qilish; o'lish; ~하다 o'lmoq.
별세계(別世界) boshqa dunyo; u dunyo.
별수(別數) (행운) omad.
별식 1) (別食) delikates, noyob taom; 2) o'ziga xos namuna; 3) boshqa usul.

별실(別室) boshqa (o'ziga xos) xona.
별안간(瞥眼間) birdan; to'satdan; qo'qisdan; kutilmaganda; nogahoniy; tasodifiy.
별일(別—) kutilmagan hodisa; g'alati ish.
별자리 〖天文〗 yulduzlar turkumi.
별장(別莊) villa; dala hovli; shahardan tashqaridagi dala hovli.
별책(別冊) 1) alohida kitob; 2) turli xil kitoblar.
별천지(別天地) u dunyo. ⇒ 별세계.
별칭(別稱) boshqa nom.
별표(—票) yulduz belgisi (*); pentagrama(☆).
별호(別號) laqab; taxallus.
볍씨 guruch urug'i.
볏 『새의』 gultojixo'roz.
볏짚 guruch poxoli.
병(丙) I 『성적』 uchinchi rang.
병(甁) II 『담는』 guldon, vaza (화병); suzg'ichdan o'tkazmoq(목이 가는 양주병); banka, ko'za, xum (주둥이가 넓은 병); suvdon (실험실용); flagon (식탁용 포도주병); 병목 vaza bo'yni.
병(病) III [일반적] kasallik; hastalik; illat, dard; bemorlik; 『가벼운』 kasallik.
병가(病暇) esk. bemorning uyi.
병고(病苦) og'riq, dard, alam. ~하다azoblamoq; qiynamoq; azob bermoq; zo'riqmoq.
병구완(病—) parvarish qilish (kasal);~하다 parvarish qilmoq, parbarishlamoq; qaramoq
병권(兵權) harbiy quvvat.
병균(病菌) (kasallik) mikrob, virus..
병기(兵器) qo'l; qurol-aslaha.
병나다(病—) ⇒ 병들다.⇒ 탈나다.
병독(病毒) virus (kasallik; bemorlik), mikrob.
병들다(病—) kasal bo'lmoq; og'rimoq.
병력(兵力) I (군대의 힘) harbiy kuch (quvvat).
병력(病歷) II tib. anamnez.
병리(病理) patologiya. ~ 해부학 patalogik anatomiya.
병리학(病理學) patologiya (tibbiyot bo'limi).
병마(兵馬) I kurashchilar va otlar; armiya va safarbarlik.
병마(病魔) II illat; kasallik; bemorlik; hastalik.
병마개(甁—) shisha idish uchun qopqoq.
병명(病名) kasallik nomi.
병목(甁—) shisha idish bo'yini.
병무(兵務) harbiy xizmat.
병법(兵法) taktika; strategiya; harbiy san'at (전략).
병사(兵士) I soldat; oddiy askar; askar.
병사(兵舍) II kazarma; barak.
병사(兵事) III harbiy xizmat.
병사(病死) IV kasallik tufayli ro'y bergan o'lim. ~하다 kasallanib o'lmoq.
병상(病床) I kasalning karavoti (o'rni); kasalning yotadigan joyi.
병상(病狀) II kasal holat; bemorlik. ⇒ 병세.
병색(病色) kasal odamning o'rni; bemorning karavoti.
병석(病席) bemor karavoti. ~에 눕다 karavotda yotmoq (dard bilan).
병세(病勢) vaziyat kasallik; bemorlik; ~가 악화[호전]되다 bemor holati yomonlashib bor-moqda(yaxshilanib bormoqda).
병소(病巢) 〖醫學〗 markaz, manba
병술(甁—) shisha idishda sharob (vino).
병신(病身) (불구자) mayib; majruh (odam); 『병든 몸』kasal tana, illatli odam tanasi; invalid (만성

병자). 『바보』ahmoq; tentak; jinni; telba (kishi); [비유적] nuqson; ayb; qusur; kamchilik; illat.
병약(病弱) kasallik tufayli quvvatsizlangan; kasallikdan so'ng holsiz; ~하다 quvvatsiz bo'lmoq (kassalllik sabab).
병어 〖魚〗 hosil; baliq.
병역(兵役) harbiy xizmat.
병영(兵營) harbiy lager; kazarma; barak.
병원(兵員) I shaxsiy tarkib (qurollangan harbiylrning); qurollangan armiya tarkibi.
병원(病院) II kasalxona, harbiy kasalxona (gospital), shifoxona; klinika(진료소); doktorning idorasi(의원);
병원(病原) III 〖醫〗 kasallikning sababi; patogenesiz. ~학 etiologiya. ~체 patogen; patogenik organizm.
병자(病者) kasallik kishi; invalid; 『환자』 bemor[총칭].
병장(兵長) serjant; kapral.
병적(病的) kasal, kasalmand(변태적).
병정(兵丁) askar, harbiy.
병졸(兵卒) askar.
병종(丙種) uchinchi sinf.
병종(兵種) qo‘shin.
병진(兵塵) jang; urush; kurash; harbiy harakatlar.
병참(兵站) etap; bosqich.
병폐(病弊) nosog'lom ta'sir; yomon ta'sir. ⇒ 폐해.
병학(兵學) harbiy ilm-fan.
병행(竝行) ~하다 parallel; yondosh; bir-biriga o'xshash.
병화(兵火) harbiy harakatlar natijasida yuzaga kelgan yong'in.
병환(病患) kasallik; hastalik; illat, dard; bemorlik.
병후(病後) tuzalish.
볕 quyosh yorug'ligi; quyosh nurlari.
보(保) I 1) *qar.* 보증; 2) *qar.* 보증인; 보를 두다 a) kafil bo'lmoq; javobgarlikni o'z bo'yniga olmoq; javob bermoq (kimdirga); b) kafl bo'lgan odamni ismini aytmoq.
보(洑) II to'gon.
보(褓) III narsalarni bog'lash uchun dastro'mol; 비단~ shoyi ro'mol; 책상~ yozuv stolidagi dasturxon; 침대~ karovot ustidagi ko'rpa.
보 IV sanoq son. o't pufagi uchun.
보(步) V 1) qadam; 제일~ birinchi qadamlar; 일~ 전진 bir qadam oldinga; 속~ tez qadam; 삼 보 앞으로 uch qadam oldinga; 2) *arx. qar.* 평 II.
-보(-補) yordamchi; assistent; 서기~ yordamchi-sekretar; o'rinbosar yordamchisi.
보건(保健) sog'liqni saqlash; ~소 medpunkt; medshahobcha; ~체조 sog'lomlashtirish gimnas- tikasi; ~시설 sog'liqni saqlash organlari.
보결(補缺) to'ldirish; to'lg'azish; qo'shish; to'lish; ~모집 qo'shimcha qabul qilish; ~선거 qo'-shimcha saylovlar; ~선수 hozirlab qo'yilgan (zapas qilib qo'yilgan) o'yinchi; ~하다 qo'ldirmoq; to'lg'azmoq; qo'shmoq; to'lmoq.
보고(報告) I doklad; ma'lumot; xabar berish; hisobot; ~하다 ma'lumot bermoq; xabar bermoq; hisobot bermoq; 구두 ~ og'zaki hisobot; 대중~ ommaviy ma'lumot berish; 서면~ yozma ma'lumot; 출장~ komandirovka haqida hisobot; ~문학 ~증서 o'z ko'zi bilan ko'rgan odam (shohie) guvohlik berishi.
보고(保辜) II ~하다 qoldirmoq (biror bir ishni keyinga

qoldirmoq).
보고(寶庫) III xazina; 지식의 ~ bilimlar xazinasi; 경주는 우리나라 고유문화의 ~이다 Kyonju-bizning qadimiy madaniyatimiz xazinasi; 중동지방은 석유의 ~이다 Yaqin Sharq neft bilan boydir
보관(保管) I saqlash; saqlanish; ~하다 saqlamoq,saqlab qo'ymoq, ~시키다 saqlash uchun bermoq; 돈을 금고에 ~하다 pullarni seyfda saqlab qo'ymoq; 물래 ~하다 sir saqlamoq; 수하물을 ~시키다 yuklarni saqlashga bermoq; 술을 움막에 ~하다 vinoni podvolda saqlamoq; ~료 saqlanganlik haqi; ~비 saqlashu uchun xarajat (sarflash); ~소 narsalar saqlanadigan joy; ~자 narsalarni saqlovchi odam.
보관(寶冠) II toj; diadema.
보관증(保管證) saqlash uchun kvitantsiya (pul yoki boshqa biror qimmatbaho narsa qabul qilinganligi to'g'risida belgilangan rasmiy hujjat); deppozit kvitantsiyasi (qo'oz varaqasi); rasmiy hujjat; 수하물 ~ yuk uchun rasmiy hujjat; 저당료 lombard kvitantsiyasi; 가영수증 vaqtinchalik kvitantsiya.
보기 I misol; namuna; ~를 들다 misol keltirmoq; ~를 들어 설명하다 misolni tushuntirmoq; 어떤 것을 ~로 들다 biror narsani misol qilib ko'rsatmoq; 용맹의 본 ~를 보이다 mardlik (jasurlik, botirlik) namunasi bo'lmoq; ~좋은 떡이 먹기도 좋다 tashqi ko'rinishi chiroyli bo'lgan guruchli nonning mazzasi ham shirin bo'ladi; ~좋다 ko'rish zavqli(rohatbaxsh); qisq. 본보기.
보기(補氣) II ~하다 kor. tib. tonusni ko'tarmoq (dori iste'mol qilish orqali).
보내다 jo'natmoq; yubormoq; jo'natib yubormoq; kuzatmoq; 나는 집에 편지를 보냈다 대표자를 ~ u onasiga bir oyda bir marta pul yuboradi; 돈을 ~ pul yubormoq (jo'natmoq); 의사를 부르러 ~ shifokorni chaqirish uchun jo'natmoq; 전보를 ~치다 telegramma yubormoq; 가져오라고 ~ yubormoq (biror narsa olib kelish uchun); 인사를 ~ salom aytib yubormoq (kimgadir); 철도로 화물을 ~ temir yo'l orqali yuklarni yubormoq (jo'natmoq); 가스를 ~ gaz bilan ta'minlash; 물을 ~ suv yubormoq(masalan. dalaga); 시선을 ~ ko'z tashlamoq; qaramoq; 시집을~ erga bermoq; 심부름[을]~ topshiriq (vazifa) berib yubormoq; 장가를 ~ o'ylantirmoq; 그날그날~ bugungi kun bilan(gina) yashamoq; 박수를 ~ qarsak chalmoq; 비명에 ~ hayrlashmoq (o'lgan odam bilan); 보냄을 받은자 elchi; vakil; 예수 그리스도의 보내심을 받은자 JX Iso Payg'ambar elchisi.
보다 I 1) qaramoq; tomosha qilmoq; ko'rmoq; qilib ko'rmoq; 날아가는 새를 ~ uchayotgan qushni tomosha qilmoq; 영화를~ kinoni tomosha qilmoq; 선을~ uchrashuvga chiqmoq (sovchilik orqali); 음식의 맛을 ~ taomning mazzasini ko'rmoq; 사회를 ~ boshlovchilikni o'z qo'liga olmoq; 집을 ~ uyni qorovullamoq; 아이를 ~ bolaga qaramoq; 시험을 ~ imtihon topshirmoq; 손자를 ~ nabirasiga qaramoq; 며느리를 ~ kelinini kutib olmoq; 재미를 ~ qiziqmoq; 새서방을 ~ eriga xiyonat qilmoq; 결말을 ~ xulosa qilmoq (chiqarmoq); 좋지 않게 ~ ishonchsizlik bilan qaramoq; 만만

히 ~ mensimaslik (nazarga ilmaslik, iltifotsizlik) bilan qaramoq; 시장을 ~ xarid qilish uchun bozorga bormoq; 상을 ~ stolni yasatmoq; 자네를 보러왔지 seni ko'rish uchun keldim; 사정을 ~ vaziyatni e'tiborga olmoq; 보기 좋은 떡이 먹기도 좋다 matal. so'zma-so'z. did bilan pishirilgan nonnni yeyish ham yoqimli; 보잘 것 없다 yoqimsiz; 볼 만하다 ko'rishga arziydigan; 볼 낯이 없다 uyatli; juda noqulay; 내가 보건대 mening fikrimcha; menim- cha, ...으로 보아 ...dan kelib chiqqan holda; ...것으로 보아 ...dan kelib chiqqan holda; 보다 못해 ortiqcha ko'rishga kuchim yo'q; 보기 좋게 a) ajoyib; omadli; b) butunlay; batamom; 2) olib bormoq; bajarmoq; 대리를~ vaqtincha (kimdirning) vazifasini bajarmoq; 3) qidirib yurmoq; qarab yurmoq; 4) o'qimoq; qarab chiqmoq; 5) qaram chiqmoq; 6) o'rganmoq; tadqiqot o'tkazmoq; 7) boqib olmoq; 8) yetmoq (maqsadga); 결말을 ~ tamom bo'lmoq; 완치를 ~ butunlay sog'ayib ketmoq; 9) chidamoq; 10) ko'rishmoq; uchrashmoq; 계집을 ~ ayol bilan aloqaga kirishmoq; 볼장[을] ~ a) o'zining ishini yaxshi bilmoq; b)o'z maqsadiga yetmoq

보다 II ko'makchi fe'l. 1) harakat qilishga urinish: 읽어 보다 o'qib ko'rmoq; 2) 보고 shaklida, otdan keyin. harakar kim tomondan, kim tomonga bajarilishini ko'rsatadi: 노동자 보고 물었다 ishchidan so'radi.

보다 III yordamchi sifat, predikativning so'roq shaklidan keyin belgining ehtimolligini ko'rsatadi: 왔는가 (왔느냐) 보다 menimcha keldi.

-보다 IV nomlardan so'ng. ga qaraganda; 조국은 생명~ 귀중하다 Vatan hayotdan muhim (hayotga qaraganda muhimroq); 짐이 보기 ~ 무거웠다 yuk kutilgandan kora og'ir edi.

보답(報答) javob qaytarish (g'amxo'rlikka, e'tiborga); ~하다 javob bermoq (g'amxo'rlikka, e'tiborga); ..의 ~으로 (biror narsaga) javob qaytarmoq.

보도(報道) I korrespondent.

보도(報道),정보(情報) II ma'lumot; xabar berish; xabardor qilish; ~하다 xabar bermoq; ma'lum qilmoq; 믿을 만한 ~에 따르면 aniq ma'lumotlarga ko'ra; ~기관 ommaviy aloqa vositalariga ko'ra; ~기사 reportaj; ~문학 axborot xabarlari; ~실 yangiliklar bo'limi; ~원 reportuor; ~기자 reportyor; ~[적] axborot ... si.

보따리 ro'molga tugilgan narsalar; ~를 싸다 tashlamoq; tugatmoq; narsalarni yig'ishtirib ketmoq; ~장수 narsalarini tugun qilib olib yuruvchi savdogar; ~를 싸다 tashlamoq; tugatmoq; bo'ldi qilmoq.

보람 natija; ta'sirchanlik; foyda; ~이 없다 foydasiz; befoyda; ~하다 belgilamoq; belgi qo'ymoq; 책을 읽어서 ~이 있었다 kitobni o'qib foydasi bo'ldi; 사는 ~이 없다 yashashdan ma'no yo'q

보류(保留) ~하다 qoldirmoq.

보름 15-chi sana; 15 kun; qar. 보름날.

보리 I arpa; ~밥 bug'da pishirilgan arpa (guruch bilan birga); ~쌀 arpa yormasi; ~죽 arpali quyuq bo'tqa; ~차 qovurilgan arpa damlamasi; ~타작 arpaning yanchilgani;

yanchilgan arpa; 보릿고개 oziq-ovqat sababli bahorgi qiyinchiliklar; 가을~ arpa hosili; ~거름 arpa dalasi uchun o'g'it; ~소주 arpali kuchli aroq; ~숭늉 a) arpali bo'tqa tayyorlangandan so'ng, qozonga solingan iliq suv (choy o'rniga ichiladi); b) arpa damlamasi; ~[를] 타다 tayoqlar bilan urib tashlangan bo'lmoq.

보리(<菩提) II budd. abadiy rohat; huzur halovat; abadiy saodat (sanskr. Bodhi)

보물(寶物) I xazina(milliy madaniyatdan so'ng ikkinchi o'rinda turuvchi).

보물(洑-) II 1) hovuzdagi suv; 2) hovuzdan oqayotgan suv

보병(步兵) 1) piyoda askarlar; ~의 nayzali; ~대대 o'q otish batalyoni; ~사단 o'q otish diviziyasi;~연대 piyoda askarlar qo'shini; ~중대 o'q otish rotasi; ~전호 o'q otish okopi (xandaqi, chuquri); ~지원조 yordam guruhi; 2) piyoda askar; 3) esk. piyoda jangchi; 4) qisq.보병목.

보복(報復) I qasos; o'ch olish; ~당하다 qasos olmoq; *qar.* 앙갚음.

보복(報服) II *esk.* beshta azador kiyimning kiyish qonuniyati

보살피다 qaramoq, qarab yurmoq, g'amxo'rlik qilmoq; 집안일을 ~ uy ishlari bilan shug'ullanmoq; 사방을 ~ yonat- rofga qaramoq.

보살핌 e'tibor; g'amxo'rlik.

보상(報償) evas; badal; to'lash; o'rnini to'ldirish; ~하다 evaz (badal) to'lamoq; o'rnini to'ldirmoq; 비용을 ~하다 xarajat (chiqim) o'rnini to'lamoq; 부족액을 ~하다 yetmagan pulni to'lamoq; ~금 pullik badal.

보석(寶石) I qimmatbaho tosh; ~상 qimmatbaho buyumlar bilan savo qilish; qimmabaho buyumlar bilan savdo qiluvchi odam; ~반지 qimmatbaho toshli uzuk.

보수(報酬) 1) to'lov; mukofot (mehnat uchun); ~없이 haq olmasdan; mukofot olmasdan; 보수를 바라고 한일 아니예요 bu mukofotga loyiq bo'lgan ish emas; 2) tashshakurnoma); ~하다 a) mehnat uchun haq to'lamoq; b) esk. yaxshilik uchun haq to'lamoq.

보수(補修) II remont; yamash; tuzatish; ~하다 remont qilmoq; yamamoq; tuzatmoq; 둑을 ~하다 remontlamoq.

보수(保守) III konservativ; eskilik tarafdori; ~적 konservativ; ~와 진보의 투쟁 eskilik va yangilik o'rtasidagi kurash; ~당 konservativ partiya; ~성 konservativlik; ~주의 konservatizm; ~주의자 konservator; ~파 konservatorlar; ~세력 konservativ kuch; ~하다 eski udumlarni saqlamoq.

보안(保安) I jamiyat tinchligini qo'riqlash (himoya qilish); ~하다 qo'llab-quvvatlamoq, himoya qilmoq (jamoat tinchligini).

보안(寶案) II (qirol) qimmatbaho buyumlari uchun taglik.

보여주다 (열다) ochib tashlamoq; ko'rsatmoq.

보이다 1) ko'rinmoq; ko'ringan bo'lmoq; 산에서 마을이 잘 보인다 Qishloq tog'dan yaxshi ko'rinadi; 2) ko'rinmoq; 젊어 보이다 yosh ko'rinmoq; 3) ko'rsatmoq; demonstratsiya qilmoq; 의사에게 ~ shifokorga ko'rinmoq; 4) duchor qilmoq; yo'liqtirmoq; tortmoq; 시험을 ~ imtihon olmoq; 대리를 ~ o'zini o'rniga qoldirmoq (kimdirni); 다시 보여드리겠습니다 Yaxshi qoling(Xayr!) (katta yoshdagilar bilan xayrlashishda).

보장(保障) garantiya; kafolat; kafillik; kafil bo'lish; ta'minlash; ta'minot; ta'min qilish; ～하다 kafolat bermoq; ta'minlamoq; ta'min qilmoq; 이것은 세계평화를 ～할 것이다 bu narsa butun dunyo tinchligini ta'minlaydi; 신분～ barqarorlik kafolati; 평화～ dunyo ta'minoti; 전투～ harbiy ta'minlash; ～하다 ta'minlamoq; garantiya bermoq.

보장(報狀) II yuqori organga ma'lumot berish.

보전(保全) ～하다 butunligicha saqlamoq; 영토를 ～하다 territoriyani yaxlitligini saqlamoq.

보조(步調) I 1) qadam; 보조를 맞추다 qadamlarini moslamoq; ～를 맞추다 kelishgan holda ish tutmoq; 2) borish; rivojlanish.

보조(補助) II yordam; yordamlashish; quvvatlash; ～적 xizmatchi; yordamchi; ko'makchi; yordam beruvchi; yordamlashuvchi; ～하다 yordam bermoq; yordam ko'rsatmoq; 경비의 일부를 ～하다 xarajatning ma'lum qismini qoplamoq; 편집일 ～하다 redaktsiya qilish ishlarida ko'maklashmoq, ～시간 yordamchi operatsiyalar uchun vaqt; ～정리 mat. yordamchi teorema, lemma; ～적 단어 tilsh. yor- damchi so'z; ～적 동사 yordam- chi fe'l; ～적 품사 *tilsh.* nutq bo'laklari.

보존(保存) saqlash; saqlanish; tex. konservatsiya qilish; ～하다 saqlab qo'ymoq; konservatsiya qilmoq; 유물을 ～하다 madaniy yodgorliklarni asramoq; 영구 ～ uzoq muddatli saqlash; ～적 saqlashga loyiq; ～적 요법 tib. konservativ davolash.

보증(保證), 담보 garantiya; kafil bo'lish; javob berish; kafilligini olish; ~인 javobgarlikni o'z bo'yniga olgan odam; kafil bo'lgan odam; garant; ～하다 kafil bo'lmoq; javobgarlikni o'z bo'yniga olmoq; javobgar bo'lmoq; ～금 pul bilan ta'minlash; zalog; ～서 yozma garantiya; kafillik xati.

보직(補職) tayinlash; oldindan tayinlab qo'yish; oldindan belgilab qo'yish; biror bir lavozimga tayinlash; ～을 받다 vazifa olmoq; lavozimga tayinlanmoq; 국장으로 ～되다 boshqarmaga boshliq etib tayinlangan bo'lmoq.

보짐(褓-) [-chchim] ro'molga o'ralgan narsalar (buyumlar); ～장수 buyumlarni ro'molga o'rab olib yurgan sotuvchi (olib-sotar).

보채다 1) injiqlik qilmoq (bola haqida); erkalatmoq; 2) tegajonchilik qilmoq; joniga tegmoq; 보채는 아이 밥 한 술 더 준다=우는 애기 것 준다; *qar.* 울다.

보충(補充) to'ldirish; to'lg'azish; qo'shish; to'lish; ～하다 but qilmoq; to'ldirmoq; to'lg'azmoq; qo'shmoq; to'lmoq; ～적으로 qo'shimcha qilib; 결원을 ～하다 yetishmagan kadrlarni to'ldirmoq; 수업은 ～수업을 포함하여 4시에 끝납니다 qo'shimcha darslarni qo'shib darslar soat 4da tugaydi; ～대대 batal'on; ～병 qo'shimcha qo'shin; ～설명 qo'shimcha tushuntirish; ～수업 qo'shimcha dars; ～학습 qo'- shimcha dars; ～휴가 qo'shim- cha otpusk; ～[적] qo'shimcha; ～하다 to'ldirmoq; but qilmoq; qo'shmoq; to'lg'azmoq.

보통(普通) 1) oddiy; sodda; 나는 ～6시에 일어난다 men odatda soat 6da turaman; 이것은 흔히 있는 ～일이다 buoddiy hikoya; ～선

거 oddatiy saylovlar; ~수준의 o'rta darajadagi asar; ~열차 oddiy poyezd; ~예금 oddiy hissa(pul qo'yish); ~[의] oddiy; sodda; ~교육 umumiy ta'lim; ~명사 tilsh. turdosh ot; ~학교 6 sinfli boshlang'ich maktab (Koreyada 1945 yildan oldinr.); 2) odatda; ~때처럼 odatdagidek; ~대로 odatdagidek.

보편(普遍) universallik; ~적, ~하다 umumiy; umumbashariy; mashhur; ~성 universallik; mashhurlik;~주의 universalizm; ~주의자 universalist; hamma ish qo'lidan keladigan odam; ~상수 *fiz.* har taraflama (doim) barqaror; ~식물 keng tarqalgan o'zimliklar; ~타당성 universallik; har yoqlamalik.

보행(步行) 1) yurish; borish; ~하다 qadam tashlamoq; yurmoq; piyoda yurmoq; 자동차가 보행자를 치었다 mashina piyodani urib ketdi; ~자 sayyoh; 2) sxoshilinch maktub; 3) piyoda chopar (xabarchi).

보험(保險) sug'urta; ~에 들다 sug'urta qilmoq; ~계약하다 sug'urta qilinmoq; ~을 해약하다 sug'urtani bekor qilmoq; ~계약 sug'urta; sug'urta shartnomasi; ~금 sug'urta premiyasi; ~기관 sug'urta idorasi(muassasasi); ~료 sug'urta haqi(badali, to'lovi); ~업 sug'urta biznessi; ~업자 sug'urtachi; ~자 sug'urta agenti ~정책 sug'urta maydoni; ~회사 sug'urta kompaniyasi; 국가~ davlat sug'urtasi; 단체~ kollektiv sug'urta; 사회 ~ ijtimoiy sug'urta; 생명~ hayot sug'urtasi; 재해~ baxtsiz hodisadan sug'urtalash; 화재 ~ yong'indan sug'urtalash; 화재~회사 yong'in yuz berishda sug'urta qilish; ~계약자 sug'urta polisi egasi; ~증서 (증권) sug'urta polisi; ~에 들다 (~을 걸다), ~하다 sug'urta qilmoq.

보험금(保險金) sug'urta premiyasi.

보혈(寶血) qon aylanishi; ~제 qonni boyituvchi.

보호(保護) 수호 himoya; himoya qilish; qo'riqlash; saqlash; murabbiylik; g'amxo'rlik; ~하다 himoya qilmoq; g'amxo'rlik qilmoq; ~아래 himoya ostida; ...의 ~를 받다 himoya ostida bo'lmoq; 해양동물자원 ~ dengiz baliq resusrlari himoyasi; 해양환경 ~ dengiz atrofmuhiti himoyasi; ~구 qo'riqxona; taqiqlangan joy; ~국 protektorant (davlat) ~무역 protektsionizm; ~자 g'amxo'r; himoyachi; ~주의 protektsionizm; ~제도 protektorant; 어린이 ~구역 bolalar himoya qilinayotgan territoriya; ~교질(콜로이드)~관세 protektsionistik tariflar; ~무역정책(무역주의) protektsionizm; ~정치 protektoratlarni tuzuvchi siyosat

복 I qisq. 복어; 복치듯 taraptrup (urmoq).

복(伏) II ushta eng issiq kun (qar. 초복, 중복, 말복).

복(福) III 1) baxt; omad; yaxshilik; ~되다 baxtli; omadli; 2) aniqlovchidan so'ng. ko'p; mo'lko'llik; seroblik; mo'lchilik; farovonlik.

-복(服) kor. qo'sh. kiyim; kostyum; ko'ylak; 학생~ maktab kiyimi; maktab formasi; 위생~ tibiiy xalat; 평상~ har kungi kiyim.

복-(複) kor. qo'sh. ikkilangan; qo'shma; murakkab; 복본위 bimettalizm.

복구(復舊) qayta tiklash; restavratsiya qilish;~하다 qayta

tiklash; restavratsiya qilish.
복권(福券) I lotereya chipta.
복권(復權) II oqlash; reabilitatsiya; ～하다 oreabilitatsiya qilmoq.
복귀(復歸) qaytish; ～하다 qaytmoq.
복리(福利) I boylik, yaxshi yashash.
복리(複利) II murakkab prosentlar
복무(服務), 근무 xizmat; xizmat qilish; ～하다 xizmat qilmoq; ishlamoq; 장군이 될 때까지 ～하다 general bo'lgungacha ishlamoq;～[적] xizmat ... si; ～년한 xizmat muddati.
복사(複寫) I 1) nusxa olish; ko'paytirish; ～하다 nusxa olmoq; qayta pechatlamoq; 2) nusxa; kopiya; 서류를～하다 hujjatlardan nusxa olish; 사진을 ～하다 rasmlardan nusxa olish.
복사(輻射) II radiatsiya; emissiya; nurlanish; ～고온계 nurlanish pirometri; ～난방 radiatorli isitish, ～에네르기 nurli energiya.
복사기(複寫機) nusxa oluvchi apparat.
복수 I o'ch; qasd; ～하다 o'ch olmoq.
복수(複數) II 1) kompleks son; 2) *tilsh.* ko'plik (soni).
복숭아 shaftoli; ～나무 shaftoli daraxti.
복습(復習) qaytarish(yod olingan narsani); ～하다 qaytarish; yodlamoq; ～시간 o'tilgan darslarni takrorlash; ～시험 yozma ish.
복식(複式) I 1) ot. murakkab; ikkilangan; qo'shmoq; ～경기 qiyin o'yinlar; ～교수 kompleksli dars o'tish; ～화산 qar. 복성 [화산] VI; 2) arx. *qar.* 다항식; 3) ～[부기] ikkilangan buxgalteriya.
복식(復飾) II ～하다 hayoyga qaytmoq.
복싱(ingl. boxing) boks; ～하다 boks qilmoq; 쉐도우 ～ ruh bilan kurash; 아마추어～ boks ishqibozi, 아웃～ uzoq kurash; 인파이팅～ yaqin kurash; 프로 ～ professional boks; ～링 qar. 권투장
복용(服用) dori ichmoq; 하루에 세 번을 ～하다 bir kunda uch mahal dorini ichmoq
복음전도자 yevangelik.
복잡(複雜) ～하다 murakkab; qiyin; chalkash; havotirli; ～한 사정 qiyin ahvol (holat); 문제가 ～해졌다 muammo qiyinlashdi; 교우 관계가 ～하다 do'stlarning munosabati qiyin (bo'lmoq); 여자 관계가 ～하다 ayollar munosabati qiyin (bo'lmoq); ～성 qiyinchilik; qiyin xarakter; qiyin fe'l-atvor.
복지(福地) I yer bog'bo'stoni, baxt; yerdagi huzurhalovat; rohat; jannat.
복지(袱紙) II qar. 약복지.
복직(復職) lavozimini qayta tiklanish;～하다 lavozimida qayta tiklanmoq; ishga qaytmoq; 건강이 회복되어서 다시～하다 sog'lig'i butunlay tiklandi.
복합(複合) I ot. qo'shma ot; ～하다 birlashmoq; bitta bo'lmoq; ～개념 murakkab tushuncha; ～명사 qo'shma ot; ～박자 mus. murakkab takt; ～산형화서 bot. murakka soyabon; ～삼단론법 polisillogizm; ～통신 murakkab aloqa (munosabat); ～판단 murakkab hukm (muhokama); ～화서 bot. murakkab gullash.
복합(伏閤) II ～하다 iltijo qilib so'rab olmoq.
볶다 1) qovurmoq; dimlamoq; 볶은 고추장 qar. 고추장볶이 볶은 밥 go'sh va sabzavotlar bilan qovurilib, qaynatilgan guruch; 볶은 장

a) soyali pasta; b) qar. 고추장볶음; 2) havotirga solmoq; joniga tegmoq; qiynatmoq; 볶아대다 joniga tegmoq; 볶아치다, 볶아때리다 avom. a) sxoshiltirmoq; b) qiynatmoq.
본(本) I 1) namuna; misol; bichish; andaza; ~을 받다(따르다) namuna olmoq; ~을 따다(뜨다) bichmoq; 우리는 ~주제에서 벗어났다 biz asosiy masaladan chetlashdik; 2) qar. 관향(貫鄕); 3) *qar.* 본전*(本傳)* I.
본(本) II bir xil sharif (familiya)li ota-bobolarning tug'ilgan joylari.
-본(本) kor. qo'sh. kitob; 간행본 yangi tug'ilgan kitob; yangi chiqarilgan kitob.
본-(本) kor. qo'sh. 1) asosiy; negizli; 2) bu; ushbu; quyidagi; 본고향 vatan.
본격(本格) asosiy shakl; asl nusxa; ~적 haqiqiy; asosiy; ~적으로 haqiqatdan; rostdan; chin ma'noda; jiddiy; ~소설 shohid (o'z ko'zi bilan ko'rgan odam)ning hikoyasi;~으로 haqiqatdan; jiddiy.
본국(本國) I 1) vatan; 2) bu mamlakat; 3) sobiq vatan (fuqarolikni almashtirgandan so'ng).
본국(本局) II 1) department; 2) bu bo'lim.
본능(本能) instinkt; sezgi; ~적 instinktli; ~에 따라 행동하다 sezgirlikka bo'ysungan holda ish ko'rmoq (harakat qilmoq).
본래(本來) eng boshidan; boshidan; avvalidan; umuman; tabiatan; ishni mohiyati; qar. 본디.
본론(本論) 1) asosiy tekst(m-n. kitob); asosiy mavzu; ishning mohiyati; ~에 들어가다 asosiy mavzuni muhokama qilishga kirishmoq; 2) asosiy qism (kimdirning nutqida)
본부(本部) I 1) asosiy boshqaruv; shtab(-kvartira); ~석 asosiy boshqarmaning joylashuv manzili; 참모 ~ bosh shtab; 2)bu bo'lim.
본사(本社) I bosh idora; bizning kompaniya.
본사(本事) II esk. 1) asosiy ish; 2) bu ish.
본색(本色) 1) asosiy ranglar; 2) avvalgi ko'rinishi; 3) haqiqiy xarakter; asl fe'l-atvori.
본성(本性) 특질(特質) tabiat; fe'l-atvor; mohiyat; asl ma'no; ~을 드러내다 o'zining asl basharasini ko'rsatmoq; ~적 xos; odatdagi.
본시(本始) boshidan; tabiatan; qar. 본디; 본래(本來).
본적(本籍) doimiy propiska (yozilish); ~지 propiska manzili; doimiy turar joy manzili.
본점(本店) 1) markaziy idora; 은행 ~ markaziy bank; 2) bu (ushbu) magazin; 3) o'zining (mening) do'konim; o'zimning idoram.
본질(本質) 1) asosiy xususiyat; 2) fals. mohiyat; ~적 mohiyatli; ~에 있어서 ishning mohiyatiga ko'ra.
본체(本體) I 1) qar. 본바탕; narsalarning mohiyati; 3) fals. substantsiya.
본체(本體) II korpus.
볼 I yuz, bet, lunj, chakak; ~에 키스하다 yuzidan o'pmoq; ~먹다 g'azabga to'la (ovoz haqida); ~멘 소리 jahldor ovoz; 볼이 붓다 (볼에 밤을 물다) hafa bo'lmoq.
볼 II 1) kengligi (oyoq kiyimning); 2) yamoq (koreyscha paypoqda); ~을 받다 tuzatmoq; yapoq qo'ymoq; ~이 되다 g'ayratli (shijoatli; qat'iy

bo'lmoq); ～이 맞다 bir vaziyatda bo'lmoq; 3) koptok; shar; o'q; ～을 다투다 koptok uchun kurashmoq; ～을 멈추다 koptokni to'xtatmoq; ～을 차내다 koptokni olib qochmoq; ～을 빼았다 koptokni tortib olmoq; ～을 패스하다 koptokni olib bermoq; ～을 받다 koptokni qabul qilmoq (olmoq); 튀어나온 ～ sakrab ketgan koptok; 공중 ～ baland koptok; 스핀 ～ aylantirilgan koptok.

볼 III temir bo'lagi; ～을 달다 temir bo'lagi yordamida kesuvchi asbobni qaytarmoq.

볼긋하다 qizg'ish.

볼기 1) ort; orqa; ～를 막대기로 때리다 taxta bilan orqaga urmoq; 2) qar. 궁둥이; 3) qisq. 볼기긴 살; 4) qar. 태형.

볼륨(ingl. volume) ovoz; ovoz kuchi; ～을 낮추다 ovozini pasaytirmoq; ～조절 ovoz balandligini sozlovchi.

볼만하다 ko'rishga arziguli.

봄(Spring), 춘기(春期) 1) bahor; ～의 bahorgi; ～에 bahorda; 겨울이 가면～이 온다 qishdan keyin bahor keladi; 겨울이 가고 ～이 왔다 qish o'tib, bahor keldi; ～에 당신에게 갈 것이다 men sizlarni- kiga bahorda kelaman; 오늘 완전히 ～날씨다 bugun haqiqy bahor havosi;～기운 bahoriy kayfiyat; ～바람 bahor shamoli; ～볕 bahorgi nur; ～철 bahoriy mavsum; bahor; 이른 ～erta bahor; 2) qar. 한창때; 3) mun. umidga to'la kelajak.

봄눈 bahorgi qor; ～같이 huddi bahor qoriga o'xshab (erimoq); ～슬듯 a) qar. 봄눈 [같이]; b) mun. yaxshi moslashmoq

봄맞이 bahorga tayyorgarlik ko'rish; ～처리 bahorikorlik; lalmikorlik; ～하다 bahorni kutib ol-moq; bahorga tayyorlanmoq.

봅니다 ko'ryapman.

봇나무, 자작나무 qayin daraxti.

봉 I instruktsiya.

봉(封) II 1) qar. 봉지 II 1; 2) o'ram; 3) etn. kelinning ota-onasi uchun sovg'a qilib kuyovning ota-onasi yubora-digan pul.

봉 III sanoq s. paket va xatlar uchun

봉(峰) IV tog' cho'qqisi; qar. 산봉우리.

봉(鳳) V 1) qar. 봉황; 2) feniks (qaqnus); 3) sodda odam; ～을 잡다 soddaligidan foydalanmoq.

-봉(棒) VI kor.qo'sh. tayoq; ～체조 tayoq bilan mashq qilish.

봉급(俸給) maosh; ～날 maosh kuni; ～쟁이 oylik maoshiga yashaydigan odam; ～생활하다 faqat oylik maoshiga kun kechirmoq.

봉사(奉仕) I xizmat; xizmat qilish; xizmat ko'rsatish; ～하다 xizmat ko'rsatmoq; xizmat qil-moq, xizmatda bo'lmoq; 자신이 ～하겠다고 신청하다 o'z yorda- mini taklif qilmoq; 누군가를 ～자로 추천하다 kimdirni yordamchi sifatida tavsiya qilmoq; ～자 xizmatchi; jamiyatga xizmat qiluvchi odam; 사회적 ～ jamiyatho'jaligi xizmati; ～기관 madaniy xo'jalik xizmati idorasi.

봉사(奉事) II 1) 16 rangli amaldor; 2) arx. ko'zi ko'r; qar. 소경 I 1); 3) ～하다 esk. hurmat bilan xizmat ko'rsatmoq.

봉쇄(封鎖) 1) tiqib kekitish; jipslab bekitish; 2) qamal; qurshov; 3) sport. qurshov; ～하다 blakirovka qilmoq; qamal qilmoq; 경제적 ～ iqtisodiy qurshov; ～정책 qamal qilish

siyosati.
봉인(封印) I muhr; ~하다 muhrlamoq
봉인(鋒刃) II esk. pichoqqini.
봉투(封套) konvert(qog'oz paket) ~를 붙이다 konvertni muhrlamoq,~를 열다 konvertni ochmoq; ~에 우표를 붙이다 konvertning ustiga marka yopishtirmoq.
봉하다(封-) 1) muhrlamoq (konvertni); 2) tiqmoq (teshikka); 꼬냑병을~ konyak shishasini yopmoq; 편지를 풀로~ xatni kley bilan yopishtirmoq.
뵈다 1) qisq. 보이다; 2) kutib olmoq (o'zidan katta yoshdagi odamni).
뵈러 ko'rish uchun.
뵈옵다 esk. ko'rishga bormoq.
뵙게 ko'rmoq.
뵙다 ko'rmoq; kutib olmoq; uchrashmoq (o'zidan katta yoshdagi odamni); 대통령을 ~ prezidentni kutib olmoq; 어른을 ~ qariya bilan ko'rishmoq; 요즘참 뵙기가 힘듭니다 sizni shu kunlarda uchratish qiyin; qiaq. 뵈옵다.
부(部) I vazirlik; bo'lim; qism; 외교~ Tashqi Ishlar Vazirligi; 건설~ qurilish vazirligi; 교육~ maorif vazirligi; 교통~ temir yo'l transporti vazirligi; 내무~ ichki ishlar vazirligi; 노동~ mehnat vazirligi; 농림~ dehqonchilik va o'rmon xo'jaligi vazirligi; 농림수산 ~ qishloq, o'rmon va baliq xo'jaligi; 문화~ madaniyat vazirligi; 문화공보~ madaniyat va aloqa vazirligi; 문화관광~ madaniyat va turizm vazirligi; 미술~ san'at bo'limi; 법무~ adliya vazirligi; 보건사회~ sog'liqni saqlash va jamoat ishlari vazirligi; 사회보장~ ijtimoiy himoyalash vazirligi; 상공~ savdo va sanoat vazirligi; 안기~ milliy xavfsizlik vazirligi; 영업~ savdo bo'limi; 외무~ tashqi ishlar vazirligi; 재무~ iqtisod vazirligi; 지방자치~ mahalliy muhtoriyat vazirligi; 통산산업~ savdo va sanoat vazirligi; 체신~ aloqa vazirligi; 학예~ san'at va ilm-fan bo'limi 환경~ atrof-muhitni muhofaza qilish vazirligi.
부(府) II 1) arx. mahalliy hozirlik; 2) feod. okrug (administrativ birlik).
부(夫) III er.
부(富) IV boylik, beshta baxtdan biri; 물질적~ moddiy boylik; ~의 분해 boylikni taqsimlash; 물질적 부 moddiy boylik.
부(否) V qarshi bo'lish (saylovda).
부(父) VI ota; ~모 ota va ona; 부자(父子) ota va o'g'il.
부(不) VII 1) inkor; ~도덕 ahloqsiz; beadab; ~자유 mustaqil bo'lmaslik; ~적 kerakmaslik; **부**[의] mat. inkor; 2) esk. *qar.* 짐 I 3).
부(賦) VIII 1) she'r (xanmunda yozilgan); 2) oltita ieroglifdan iborat qator (she'rda)
부(附) IX sanalardan so'ng. ...dagi; 4월 15일부 신문 15 apreldagi ro'znoma.
부(部) X ekzemplyar, nusxa; 세~ uchta ekzemplyar.
-부(部) I kor.old. 1) qism; ~서북부 shimoliy-g'arbiy qism; 형태부 so'zning rasmiy qismi; 2) bo'lim; 조직부 jamoat bo'limi.
-부(符) II kor.qo'sh. belgi; 중점부 ikki nuqta belgisi, ikki nuqta.
-부(夫) III kor.qo'sh. davlar arboblari nomlariga qo'shilib yoziladi: 배달~ pochtachi; 잠수

~ g'avvoz.
-부(婦) IV biror bir ish-faoliyatidan keyin qo'shilib yozilib, shu ish bilan shug'-ullanadigan ayolni ifodalaydi: 가정~ uy bekasi; 간호~ xamsxira; 파출~ uy xizmatchisi.
부-(副) I old qo'sh. biror bir lavozimdan oldin yoziladi: ~사장 prezident o'rinbosari; ~회장 rais o'rinbosari; ~총장 prorektor; 부부장 bo'lim mudiri o'rinbosari; 부산물 qo'shimcha mahsulot; 부식물 oziqlanishning ikkinchi darajali mahsulotlari.
부-(＜不) II old qo'sh. no...; 부자연하다 notabiiy.
부가(附加) qo'shish; qo'shimcha; to'ldirish; qo'shilish; ~가치 qo'shimcha qiymat; ~세 qo'-shimcha soliq; ~적 qo'shimcha; ~하다 qo'shmoq, to'ldirmoq.
부각 I yog'da qovuriligan dengiz yo'sinlari.
부각(浮刻) II rel'ef (bo'rttirib ishlangan rasm) tasviri; ~시키다 rel'ef kesmoq; ajratmoq; 개성이 뚜렷이 ~되다 o'ziga xoslilik alohida ajralib turibdi; ~적 rel'efli; ~하다 a) rel'efli qilib tasvirlamoq; b) ajratib o'tmoq, ta'kidlab o'tmoq.
부감(俯瞰) ~촬영 tasvirga tushirish (yuqoridan); ~하다 yuqoridan qaramoq.
부강(富强) davlatning boyishi va mustahkamlanishi; 내가 태동령이 되면 우리나라를 ~한 국가로 만들겠다 agar men prezident bo'lsam, men bizning davlatimizni boy va mustahkam qilaman; ~하다 boy va kuchli bo'lmoq.
부결(否決) rad qilish; qaytarish; ~하다 rad qilmoq; qaytarmoq.
부과(賦課) I ~하다 yuklamoq, topshirmoq; ~금 qo'shimcha soliq; ~액 yuklangan haq.
부과(付過) II esk. ~하다 qayd qilib qo'ymoq.
부국(富國) I boy davlat; 미국이 세계 최대의 ~이다 AQSH dunyoda eng boy mamlakatdir; ~강병 esk. a) mamlakat qudrati va boyligi; b) boy davlat va kuchli armiya.
부국(富局) II esk. 1) yuzi badavlat odamlarnikidek; 2) ern. yaxshi joy.
부귀(富貴) boylik va hurmat; boylik va hurmat-ehtirom; ~스럽다 *sifat.* badavlat va hurmatli bo'lib ko'rinmoq; ~하다 boy va hurmatli.
부근(斧斤) I *esk.* katta bolta va boltacha.
부근(附近) II yon atrof; yaqin joy; qo'shnichilik; 서울~ Seul yaqini;~에 아무도 없었다 Atrofda hech kim yo'q edi; ~에 yaqin orada, yaqin joyda.
부글거리다 qaynamoq, jo'sh urmoq; 화가나서~ g'azabdan qaynamoq; 보글거리다 ning orttirma shakli.
부기 I ahmoq, dovdir.
부기(簿記) II buxgalteriya; ~하다 hisobot olib bormoq; 공업~ zavod buxgalteriyasi; ~장 hisobot kitob-chasi. qar. 회계.
부끄러움 uyat; ~을 타다 uyatchan bo'lmoq.
부끄럽다 uyalmoq.
부내(部內) bo'lim ichida (vazir-likda); ~의 비밀을 누설하다 vazirlik ichidagi sirlarni aytib bermoq.
부녀(父女) I ota va qiz; ~지간에 사이가 좋다 Ota va qiz orasidagi munosabatlar.
부녀(婦女) II ayol; ~를 희롱하지 말라 Ayolni xo'rlama; ~노래 ayollar haqidagi qo'shiq; ~동맹

ayol ittifoqi.
부닥치다 to'qnashmoq, to'qnashib qolmoq; 난관에 ~ qiyinchiliklarga duch kelmoq; 막 대문을 나서자마자 손님과 부닥쳤다 shundoqqina darvozadan chiqqan edim, mehmonlarga to'qnash keldim.
부담(腐談) I esk. keraksiz gaplar; foydasiz gaplar.
부담(負擔) II 1) tashvish; og'ir yuk; ~하다 tayuklamoq (tashvish); 2) otda tashiladigan yuk
부당하다 mos kelmaydigan; nohaq.
부대(部隊) 군대(軍隊) I komanda; harbiy bo'lim (qism)
부대(附帶) II ~면적 bo'sh maydon; ~사업 qo'shimcha ish.
부덕(婦德) I ayol vijdoni
부덕(不德) II badfe'llik; ~하다 esk. xushmuomalasiz.
부도(不渡) qarzdorlik; ~나다 tal-ontaroj bo'lmoq; qarzdor bo'lmoq; 그 사업가는 ~를 내고 도망갔다 bu korxona egazi talon-taroj bo'lib qochib ketdi; ~수표 to'lanmagan chek; ~어음 to'lanmagan veksel.
부동산(不動産) mol-mulk
부동액(不凍液) antifriz.
부두(埠頭) 선창 I prichal, sohil.
부두(符頭) II mus. ingichka boshcha.
부드럽게 하다 yumshatmoq.
부드럽다 yumshoq; mayda; 부드러운 감촉 mayin tegish; 부더러운 목소리 mayin ovoz; 살결이~ yum-shoq teri; 마음씨가~ qalbi yumshoq; qar. 보드럽다 ning kuchaygan shakli.
부득이(不得已) majburan; ~한 일 majburiy ish. ~하다 majburiy.
부딪다 to'qnashmoq; duch kelib qolmoq; urilmoq.
부딪치다 1) qattiq urilmoq; 문에 머리를 ~ boshini eshikka qattiq urmoq; 난관에 ~ qiyinchiliklarga duch kelmoq; 일에 ~ ishga duch kelmoq; 2) qar. 맞닥뜨리다; 3) uchrashmoq, to'qnashmoq.
부딪히다 to'qnashmoq; sinmoq; 배가 바위에 부딪혔다 kema qoyaga urilib ketdi.
부랴부랴 sxoshilinch; sxoshib; ~ 기차에 타다 sxosha-pisha poyezdga o'tirmoq; ~짐을 꾸리다 sxoshib yukni yig'moq.
부러운 havas qilmoq; hasad qilmoq; 그는 ~직업을 가졌다 uning havas qilgudek ishi bor.
부러워하다 hasad qilmoq; 타인의 성공을~ birovning omadini ko'ra olmaslik; 남의 재산을 부러워하지 말라 birovning mulkiga hasad qilma.
부러졌습니다 sindi.
부러지다 sinmoq; buzilmoq;
부러워하다 hasad qilmoq.
부르다 I (부르니,불러) 1) chaqirmoq; taklif qilmoq; chaqirib olmoq; 2) chaqirmoq; 3) chaqirmoq; 4) o'qimoq; 5) ashula aytmoq; baqirmoq; 6) belgilamoq (narxni); 손님으로 ~ mehmonga chaqirmoq; 불러일으키다 a) chaqirmoq(kurashishga); b) paydo qilmoq (tuyg'u).
부르다 II (부르니, 불러) to'q; homilador; shishgan; semirgan; 배부르게 먹다 to'ygumcha yemoq; 그 여자는 배가 부르다 bu ayol homilador; 배가~ qorni to'q bo'lmoq.
부르죠아(fr. bourgeois) 1) burjua; 2) *qar.* 부르죠아지; ~[적] burjua.
부르짖다 1) baqirmoq; chaqirmoq; 2) qattiq turib talab qilmoq; 크게 ~ qattiq baqirmoq; 임금 인상을 ~ oylik maoshini

talab qilmoq.
부르짖음 baqiriq.
부리 I 1) tumshuq; 2) o'tkir uchi (buyumning); tilcha; 3) bo'yni (shishaning); jo'mrak (choynakning); 4) yiqilmoq; past tushmoq; ~를 놀리다 tiliga erk bermoq; ~[를] 까다 a) gap sotmoq; b) qaytarmoq; tegmoq; ~를 따다 (떼다) kirishmoq (ishga); ~[가] 잡히다 yetilmoq.
부리 II 1) o'tmish avlodlar qalbi; 2) uy-joy himoyachisi.
부리다 I 1) ishlashga majbur qilmoq; 2) ishlatmoq; 3) ruhni chaqirib iltimos qilmoq; 4) haydamoq (mashina); boshqarmoq (otni); 5) namoyon qilmoq (xususiyatlarni); 많은 사람을 ~ ko'p odamni ishlashga majbur qilmoq; 재주를 ~ fokus ko'rsatmoq; 요술을 ~ sehrgarlik qilmoq; 고집을 ~ injiqlik qilmoq; 꾀를 ~ ayyorlik (mug'ombirlik) qilmoq; 요술을 ~ fokus ko'rsatmoq.
부리다 II 1) tushirmoq; 2) qo'yib yubormoq.
부모(父母), 양친(養親) ota-ona; ota va ona; ~슬하 ota-ona qanoti ostida; 요즘 신세대의 젊은이들은 ~를 공경하지 않는다 Songgi paytlarda yoshlar ota-onalarini hurmat qilishmaydi; ~상 ota-ona o'limi; 부모를 섬기다 ota-onaga g'amxo'rlik qilmoq; ~구존 hayot bo'lmoq (ota-onasi haqida).
부부(夫婦) er va xotin; er-xotin; ~간 er-xotin munosabatlari; ~싸움 er-xotin mojarosi; ~애 er-xotin muhabbati.
부분(部分) I qism; 조직을 5개 ~으로 나누어 관리하였다 korxonani 5 qismga bo'lib boshqarmoq; ~적 qisman; ~월식 astr. qisman tutilish (oyni, quyoshni).
부분(傅粉) II esk. ~하다 atrupa surmoq.
부산물(副産物) 1) nojo'ya (pobochniy)mahsulot;~직장 yordamchi sex; 2) ikkinchi darajali ishlar; 사건의 ~ voqeaning ahamiyatsiz tafsilotlari..
부산을 떨다 xovliqmoq.
부산하다 ovora bo'lmoq; urinmoq; 할 일없이 ~ besabab ovora bo'lmoq
부서(部署) II bo'lim.
부서지다 1) sindirmoq; maydalanmoq; sachramoq; 2) sinmoq; 3) buzilmoq; 산산이~ chil-chil qilmoq; 책상이~ stol sinmoqda; 4) qar.부스러지다
부설(附設) I qurilish.
부설(附設) II 사범대학 ~교원 양성소 pedagogika instituti qoshidagi malakani oshirish kurslari; ~하다 qo'shimcha tuzmoq (tashkil qilmoq).
부속(部屬) I esk. 1) sinf; kategoriya; 2) ~하다 sinfga qarashli (tegishli) bo'lmoq.
부속(附屬) II qo'shimcha; yordamchi; tegishli; ~물 attribut; asbob, jihoz, ashyo; ~품 qo'shimcha qisnlar; armatura; furnitura; ~건물 taqab qurilgan uy; bino; ~병원 shifoxona; ~하다 qo'shib qo'ymoq; ilova qilmoq,qarashli(tegishli) bo'lmoq
부수다 buzmoq; 산산이 ~ mayda bo'laklarga bo'lmoq; 자물쇠를 부수고 열다 qulfni buzib tashlamoq; 낡은 담장을 ~ eski darvozani buzmoq; qar.부시다 II.
부실(<不實-) ~하다 nosog'lom; turg'un bo'lmagan; kuchsiz; nohaq; yetarli emas; kambag'al; 몸이~하다 nosog'lom tana(badan)
부아(副芽) 1) qahr-g'azab; hafa bo'lish; ranjish; ~내지 말고 내말

잘 들어보게 hafa bo'lma, yaxshi; lab eshitgin; ~[가] 나다 jahli chiqmoq, hafa bo'lmoq; ~[가]동하다 qahr-g'azabga to'lmoq; [~]를 돋우다 jahlini chiqarmoq; 2) qar. 페 I.

부양(扶養) I birovning qaramog'-ida bo'lish; boqim bo'lish; asrash; boqish; parvarish qilish; saqlash; ~하다 boqmoq; tarbiyalamoq; parvarish qilmoq; 가족을 ~하다 oilani boqmoq; ~가족 birovning qaramog'ida yashayotgan oila; ~료 boqish haqqi; ~의무 kimdirni boqish bo'yicha majburiyatlar; ~가족 birovning qaramog'idagi odamlar.

부양(浮揚) II 침체된 경기를 ~하다 turib qolgan ahvolni yaxshi-lamoq; ~책 ahvol (holat)ni yaxshilash chorasi; 경기~ ahvolni yaxshilash.

부업(副業) yordamchi kasb; ~경리 yordamchi xo'jalik.

부엉이 boy o'g'li;

부연(附椽) I to'rtburchakli taxta brus.

부연(敷衍) II qo'shish; ~설명 qo'shimcha tushuntirish; ~하다 a) batafsil tushuntirmoq; b) keng tarqalmolq.

부유(浮游) I ~선광 konch. flotatsiya; ~선광법 konch, boyitishning flotatsion usuli; ~하다 bemalol (yengil) suzmoq.

부유(富裕) ↔ 가난(家難) II boylik; ~하다 boy; badavlat; ~하게 태어나다 boy bo'lib tug'ilmoq; ~층 boylar sinfi; ↔ kambag'allik.

부유한 boy.

부응(副應) qondirish; ta'minlash; muvofiqlik; moslik; ~하여 mos bo'lgan holda; 목적에 ~하다 maqsadga muvofiq bo'lmoq; 어머니의 기대에 ~하다 onasining umidini oqlamoq.

부의(賻儀) o'lgan odamning oilasiga yordam puli; ~하다 o'lgan odamning oilasiga moddiy yordam ko'rsatmoq.

부인(夫人) I hurm. Sizning (ularning) ayollari; qar. 아내, 처.

부인(婦人) II 1 turmushga chiqqan ayol; Sizning(ularning) ayollari; ~에게 자리를 양보하다 ayolga joy bermoq; ~병 (ayolar) kasalliklari; ginekologik kasalliklar; 가정 ~ uy bekasi

부인(否認) III inkor; qaqaytarish; rad qilish; ~하다 inkor qilmoq; rad qilmoq; 사실을 ~하다 dalilni inkor qilmoq.

부자(富者) boyvochcha; ~가 되다 boyvochcha bo'lmoq.

부자연(不自然) notabiiylik; maj-buriylik; ~ 스러운 행동 notabiiy hulq-qatvor; ~스럽다 notabiiy; ~하다 notabiiy; sun'iy.

부자유(不自由) noqulaylik; dis-komfort; mustaqillikning yetish-masligi; chegaralash; ~하다 nomustaqil; chegaralangan; 몸이 ~한 사람 jismoniy sust odam; ~스럽다 sifat. mustaqil emasdek tuyulmoq.

부정(不正) I nohaqlik; noin-soflik; vijdonsizlik; inkor; ~한 일 nohaq ish; ~사건 janjal; ~을 일삼다 nohaq bo'lmoq; ~하다 nohaq; noto'g'ri.

부정(不精) II ~하다 kir; iflos; isqirt; e'tiborsiz; pala-partish.

부정(不貞) III sadoqatsiz; beva-fo; 그녀는 ~한 여자이다 U - bevafo ayol; ~하다 bevafo; sadoqatsiz (ayol haqida).

부정(不定) IV 1) ~하다 noaniq, o'rnatilmagan; hal qilinmagan; 2) mat. noaniqlik.

부정(不淨) V isqirtlik; ifloslik; ~한 돈 iflos yo'llar orqali topilgan pullar; ~하다 isqirt; iflos; qar. 부

정풀이; ~[이] 나다 [들다] ro'y bermoq (baxtsizlik haqida).
부정(否定) VI inkor; ~하다 inkor qilmoq.
부조(扶助) I moddiy yordam; ~하다 moddiy yordam ko'rsatmoq.
부조(浮躁) I ~하다 nomuttasil; o'zgaruvchan; nomustahkam; yengil (hulq-atvor haqida).
부족(不足) I kamchilik; yetishmovchilik; difitsit;~하다 yetishmaslik; kamchilik; difitsit bo'lmoq; 노동력 ~ ishchi kuchi yetishmasligi.
부족(部族) II 1) qabila; 2) *qar.* 종족 I 1).
부주의(不注意) ahamiyatsizlik; ehtiyotsizlik; beparvolik; ~하다 ahamiyatsiz; ehtiyotsiz; beparvo.
부지(敷地) I qurilish ishlari olib boriladigan uchastka
부지(浮紙) II esk. ~하다 hunarmandchilikka asoslanib ishlab chiqarilmoq (qog'oz).
부지런하다 tirishqoq; g'ayratli.
부지런한 tirishqoq.
부지런합니다 tirishqoq; serharakat; quntli; serhafsala.
부지런해라 mehnatsevar bo'lmoq.
부지런히 tirishqoqlik bilan.
부질없다 1) be'mani; ahmoqona; 2) befoyda; keraksiz.
부질없이 1) befoyda; bekor; 2) ma'nosiz.
부채(負債), 차변(借邊) I qarz; 그 회사는 ~가 많다 Bu firmaning qarzi ko'p.
부채 II yelpig'ich.
부처 1) Budda; 2) halol, mehribon va dono odam.
부치다 I 1) yetishmaslik (kuch haqida); 2) kuckuch (qurb) yetmaydigan.
부치다 II yelpig'ich bilan yelpimoq.
부치다 III qovurmoq (yog'da); 달걀을 ~ tuxum qovurmoq.
부치다 IV jo'natmoq; yubormoq; 항공으로 ~ aviapochta orqali jo'natmoq.
부침(浮沈) uchish va qulash; ~을 함께하다 birgalikda uchish va qulash; ~하다 a) goh suzib chiqib, goh cho'kish; b) esk. goh yaxshilanmoq, goh yomonlashmoq; goh kuchaymoq, goh susaymoq; e) esk. yo'qolmoq (xat egasiga yetib bormasdan)
부케(ingl. buket) guldasta.
부탁(付託) 요청(要請) iltimos; ~에 응하다 iltimosga javob bermoq; ~하다 iltimos qilmoq; so'ramoq.
부탁하다 iltimos qilmoq.
부터 dan; 아침~ 저녁까지 ertalabdan kechgacha; 다음부터 조심하라 bundan keyin ehtiyot bo'l.
부풀다(부푸니,부푸오) 1) mayinlashmoq; 2) shishmoq; shishib ketmoq; mos kelmoq; 3) to'lishmoq; shishmoq; 4) ko'ngli to'lgan bo'lmoq; 5) havo to'lib tarang bo'lmoq.
부품(部品) qism; 기계의~ mashina qismlari.
부품 장치 qismlar.
부합(附合) I ~하다 mos kelmoq; to'g'ri kelmoq; kelishmoq; 의견과 ~하다 fikrlari mos tushmoq.
부합(附合) II ~하다 qo'shib qo'ymoq.
부호(符號) I belgi; kod; simvol; ramz; ~로 쓰다 belgilar bilan yozmoq; ~명칭 ismlarni kodlash.
부호(扶護) II ~하다 qo'llab-quvvatlamoq; yordamlashmoq; ushlab turmoq.
부화(孵化) I inkubatsiya; 인공~ inkubatsiya; ~하다 chiqarmoq (jo'jalarni)
부화(浮華) II ~방종 qurug'lanmoq; gerdaymoq; manmanlik qilmoq;

~하다 qurug'lanadigan.
부활(復活) 1) qayta jonlanish; qayta yangilanish; 2) din. qayta tug'ilish; 예수의 ~은 기적이다 Iso Payg'ambarning qayta jonlanishi -mo'jiza; ~하다 a) qayta tug'ilmoq, qayta yangulanmoq; b) din. qayta tug'ilmoq.
부활기(復活期) qayta tug'ilish davri.
부활절(復活節) Pasxa.
부흥(復興) jonlanish; qayta tiklanish; ~기 qayta jonlanish davri; ~하다 qayta jonlanmoq.
북 I mokki.
북 II 북을 돋우다(주다) chopmoq (o'simlikni).
북 III baraban, nog'ora; do'mbira; ~을 치다 nog'orada chalmoq; ~춤 no'g'ora o'yini
북(北), 북쪽 IV shimol, shimoliy taraf; ~으로 가다 shimolga bormoq; 1) qar. 북쪽; 2) qar. 북가.
북극(北極) Shimoliy qutb; ~곰 oq ayiq; ~지방 Arktika.
북돋우다 1) ko'tarmoq; qo'llab-quvvatlamoq; 2) rag'batlantirmoq; 기분을 ~ kayfiyatni ko'tarmoq.
북돋움 chopish; ~하다 chopmoq.
북부지방(北部地方) shimoliy provintsiya.
북적거리다 shovqin solmoq;
복작거리다 ning kuchaytirma shakli.
북진(北進) shimolga yurish; ~하다 shimol tomonga yurmoq (yura boshlamoq).
북쪽(北-) shimoliy qism; shimol; 러시아의 ~ Rossiyaning shimoli.
분(粉) I 1) upa; ~[을] 바르다 upa surmoq; 2) oq bo'yoq.
분(盆) II qar. 화분 I.
분(忿)유감(遺憾) III alam; achinish.
분간하다 farqlamoq; ajratmoq; 옳고 그름을 ~ nima tog'ri, nima notog'riligini farqlamoq (ajratmoq).
분개(分槪) I umumiy tomosha; ~없다 farqiga bormaslik; ~하다 ega bo'lmoq (taasurotga).
분개(憤慨) II g'azablanish, g'azab, nafrat; ~하다 g'azab- lanmoq, nafratlanmoq.
분광(分光) I spektr.
분광(粉鑛) II konch. chakana.
분권(分權) I [-kkvon] desentralizatsiya; ~하다 desentralizatsiya bo'lmoq (markazlashmoq).
분권(分捲) II ~전동기 el. shuntli elektrodvigatel.
분기(分岐) I tarmoqlanish.
분기(分期) II kvartal (shaharning bir qismi).
분기점(分岐點)[-chchom] tarmoqlanish tuguni.
분뇨(糞尿) ajratish, ayirish, chiqarish; qar. 똥오줌
분단(分段) bo'lish; ajratish; ~국 ajratilgan mamlakat; ~영토 ajratilgan territoriya; ~하다 bosqichlarga ajratmoq.
분담(分擔) ishni taqsimlash; ~하다 a) o'z bo'yniga olmoq (ishning ma'lum bir qismini); b) taqsimlamoq (ishni).
분란(紛亂) xaos, betartiblik; ~하다 betartib.
분량(分量) miqdor; og'irlik; kenglik; 약의 ~ dori miqdori; ~이 너무 많다 miqdori juda ko'p (katta).
분류(分類) I taqsimlash; ~하다 taqsimlamoq, ajratmoq.
분류(分流) II [pul-] 1) ~하다 uzoqlashmoq; 2) qirg'oq.
분류(奔流) III [pul-] ~하다 tez oqmoq; 2) oqar suv; 3) intilgan holda rivojlanish.
분리(分離) I bo'lim; qism; ~하다 ajratmoq; bo'lmoq, qismlarga

ajratmoq.
분리(分理) II [pul-] 1) ~하다 haqiqatni qidirmoq (izlamoq); 2) topilgan haqiqat.
분리하다 ajratmoq.
분명하다(分明-) yaqqol; aniq.
분배(分配) 1) ~하다 taqsimlamoq; 소득을 ~하다 foydani taqsimlamoq; ~금 taqsimlanadigan pul; 2) norma (belgilangan miqdor).
분별(分別) ~하다 farqlamoq, farqiga bormoq.
분사식(噴射式) ot. reaktiv; mushakli.
분산(分散) I ~하다 parishon bo'lmoq; ~적 parishon.
분산(墳山) II qabrlar joylashgan tog'.
분석(分析) I analiz; ajratish; bo'lish; ~하다 analiz qilmoq.
분쇄(粉碎) 1) bo'lish; maydalash; 2) tor-mor; tor-mor qilish; ~하다 tor-mor qilmoq.
분수(分數) 소수(小數) kasriy; ~방정식 kasriy tenglashish.
분양(分讓) tarqatish; taqsimlash; 주택 ~ uy taqsimlanishi; 아파트 ~ kvartira taqsimlanishi; ~하다 tarqatmoq; taqsimlamoq.
분열(分列) I [-yol] ayirish; ajratish; ~하다 ayirmoq, ajratmoq.
분열(分裂) II [-yol] ayirish; ~변식 bo'lish orqali ko'paytirish; ~하다 ayirmoq, bo'lmoq.
분열(分裂) III bo'lish; ~하다 bo'lmoq; ~되다 bo'lingan bo'lmoq.
분위기(雰圍氣) atmosfera; ~를 깨뜨리다 atmosferani buzmoq.
분유(粉乳) I sutli aralashma
분유(噴油) II neft favorasi.
분자(分子) I 1) kimyo. molekula; 2) element.
분자(-子) II parcha, bo'lak; 반동 ~ raqib; 열성~ past element.
분장(扮裝) 1) pardoz; 2) yasantirish; ~하다 a) pardoz qilmoq; sahnaga chiqishdan oldin pardoz qilmoq; b) yasantirmoq.
분쟁(分爭) I ixtilof; nizo; janjal; konflikt; ~을 해결하다 nizoni hal qilmoq; ~하다 janjallashmoq.
분쟁(分爭) II esk. fraksion kurash; ~하다 fraksion kurash olib bormoq.
분절(分節) 1) biol. metameriya; ~하다 taqsimlamoq; 2) biol. metamer; 3) alohida kuplet.
분점(分店) II [-chchom] taqsimlash nuqtasi.
분주(奔走) bandlik; band bo'lishlilik; ~하다 band; ~히 band; ~한 나날 band kunlar.
-분지(分之) qism(bir butunning); 오~ 삼 beshdan uch qism(3/5).
분출(噴出) otilib chiqish; chiqarib tashlash; ~하다 otilib chiqmoq; burkirab chiqmoq; chiqarib tashlamoq.
분통(憤痛) I 1) upa idishi; upa uchun idish; 2) qar. 국수분통; ~같다 toza.
분통(憤痛) II g'azab; qahr; jahl; achchiq;~이 터지다 jahli chiqmoq; ~하다 g'azabli; qahrli; jahldor.
분투(奮鬪) butun kuchi bilan tirishish; ~가 tirishqoq ishchi; ~하다 butun kuchi bilan tirishmoq (kurashmoq).
분파(分派) I 1) ajralib chiqish; tarmoqlanish; ~하다 ajralib chiqmoq; tarmoqlanmoq; 2) bo'lim, fraktsiya; ~주의자 fraktsiyachi; ~적 sektsiya ...si.
분파(分破) II esk. ~하다 maydalamoq, buzib tashlamoq.
분포(分布) I tarqalish; ajratish; ~하다 tarqalmoq; tarmoqlamoq.
분포(噴泡) *esk.* ~하다 a) og'zidan pufakchalarni chiqar- moq

(dengiz qisqichbaqasi haqida); b) chiqmoq (labdagi ko'pik haqida).
분풀이 ~하다 g'azabi qo'zimoq.
분필(粉筆) 백묵(白墨) bo'r; ~로 칠판에 글씨를 쓰다 bo'r bilan yozuv taxtasiga yozmoq.
분할(分割) I ajratish; tarmoqlash; ~하다 ajratmoq; tarmoqqa ajratmoq; ~하여 지불하다 ajratib (bo'lib) to'lamoq.
분할(分轄) II ~하다 ajratmoq, bo'lmoq (m-n. administrativ funktsiyalarni).
분해(分解) 1) bo'linish; ajralish; ajratish; yorish; parchalash; tarkibiy qismlarga ajratish; ~하다 tarkibiy qismlarga ajratmoq; bo'lmoq; 기계를~하다 mashinani qismlarga ajratmoq; 총을 ~하다 miltiqni qismlarga ajratmoq;~산물 tib. lizat; ~작용 tib. katabolizm; 2) ~[반응] kimyo. ajralish reaktsiyasi.
분홍(粉紅) pushti; ~색 pushti rang; ~치마 pushti rangli yubka.
분홍빛(粉紅-) [-ppit] pushti rang.
붇다 (불으니, 불어) shishmoq; kattalashmoq; o'smoq; 재산이 ~ mol-mulk ko'paymoqda.
불(火) I 1) olov; 담배에 ~을 붙이다 sigaretni yondirmoq; 아궁이에 ~을 지르다 o'choqni yondirmoq; ~을 끄다 olovni o'chirmoq; ~을 켜다 olov yoqmoq; 불 없는 화로 qar. 딸[없는 사위]; 불사르다 a) yondirmoq; b) yo'q qilmoq; 불을 넣다 yondirmoq; 2) chiroq (lampaning); 3) yong'in; olov; 불을 받다 tahqirlangan (haqorat qilingan) bo'lmoq; 불이 붙다(타다) ko'chma. yonmoq.
불 II 1) qar. 불알; 불을 까다 [치다] bepusht qilmoq; 2) anat. tuxumdon.
불(不) III 《qoniqarsiz》 (o'qish bo'yicha baho).
불(弗) IV dolar.
불- old qo'sh. juda kuchli; 불가물 juda kuchli qurg'oqchilik.
불-(不) kor. qo'sh. ...siz; 분만족하다 mamnuzsiz, qoniqarsiz.
불가능(不可能) ~하다 imkonsiz; mumkin emas; ~성 imkonsizlik; noilojsizlik; 내 사전에는 ~이란 없다 mening lug'atimda "mumkin emas" degan so'z yoq.
불가분(不可分) bo'linmas, ajralmas, ~의 관계 ajralmas aloqa; ~적 bo'linmas.
불가피(不可避) ~적으로 muqarrar; ~하다 muqarrar; so'zsiz bo'ladigan.
불경기(不景氣) turg'unlik(iqtisodiy)
불공평(不公平) ~하다 adolatsiz; nohaq; 불공평한 이사회 adolatsiz jamiyat.
불과(不過) ~하다 faqatgina; gina holos.
불구(不具), I 1) badbasharalik; mayiblik; ~자 mayib; oqsoq; nogiron; 2) esk. Sizga sodiq qulingiz (xat so'ngida yoziladi).
불구(佛具) II Buddaga qurbonlik paytida qo'llaniladigan riyual buyumlar.
불균등(不均等) notekislilik; notenglik; ~[적], ~[하다] notekis; baravar bo'lmagan; bir tekisda bo'lmagan.
불길하다 yomon; yaramas; hunuk; ko'rimsiz; badbashara.
불꽃 1) olov; alanga; o't; ~튀다 yondirmoq; ~이 이글거리다 alanga yonmoqda; ~놀이 salyut; 2) el. uchqun; 3) qar. 불똥 1).
불끈 ~하다 chiqib turmoq; bilinarli darajada chiqib turmoq; ~화를 내다 jiddiy jahli chiqmoq; 주먹을 ~쥐다 mushtni qattiq siqmoq; 볼끈 ning kuchaytirma shakli.

불능(不能) mumkin emaslilik; 교접~ impotentsiya; ~하다 a) noiloj; b) layoqatsiz; qobiliyatsiz; uddasidan chiqa olmaydigan.

불다(부니, 부오) 1) puflamoq; shishirmoq; esmoq; 바람이 ~ shamol esmoqda; 손을 호호 ~ qo'liga uflamoq; 휘파람을 ~ xushtak chalmoq; 2) chalmoq (asbobda); 3) 휘파람을 ~ xushtak chalmoq; 4) ochmoq (sirni); 5) aldamoq; 불어넣다 a) puflamoq; b) ta'sir qilmoq; uqtirmoq; ishontirmoq; e) sotib qo'ymoq (kimdirni); 불어 먹다 ishlatib tashlamoq; 불어 세우다 itarmoq; itarib tashlamoq.

불도저(ingl. bulldozer) rus. bul'dozer; 산을 ~로 밀어 버렸다 bul'dozer tog'ni qimirlatib yubordi.

불량(不良) I brak; sifatsiz va yaroqsiz mahsulot; buzilganlik; ~하다 yomon; yaroqsiz; sifatsiz.

불량(佛糧) II Budda sharafiga qurbonlik qilinadigan don.

불룩하다 shishgan; 불룩한 배 shishgan qorin; 불룩한 지갑 semiz hamyon.

불륜(不倫) ahloqsizlik; beadabsizlik; ~관계 ahloqsiz munosabat.

불만(不滿) norozilik; ~하다 norozi; ~스러운 표정 norozi yuz ifodasi; 마음에 ~을 품다 qalbida norozilikni his qilmoq (norozi bo'lmoq).

불모(不毛) ~의 bepusht.

불법(不法) I noqonuniylik; notenglik; ~감금 noqonuniy hibsga olish.

불법(佛法) II buddizm qonuniyatlari.

불변(不變) doimiylik; ~하다 doimiy; ~가격 mustahkam narxlar.

불복(不服) bo'ysunmaslik; ~하다 a) itoat etmaslik, bo'ysunmaslik; b) norozi bo'lmoq; e) aybini tan olmaslik.

불빛 1) shu'la; allig'; 2) qizil-olov rang; 희미한 ~ xira shu'la.

불성실(不誠實) samimiyatsizlik; ~하다 samimiyatsiz; munofiqona; riyokorona.

불손(不遜) [-sson] ~하다 adabsiz; andishasiz; ~하게 굴다 o'zini adabsiz tutmoq; ~한 언동 adabsiz hulq-atvor.

불시(不時) [-ssi] 1) nofasliy; ~의 kutilmagan; ~의 방문객 kutilmagan mehmon; ~[에], ~[로] kutilmaganda; birdaniga; 2) ~착륙 majburiy qo'nish.

불쌍하다 baxtsiz; ayanchli; nochor; 그의 처지가~ uning holati achinarli; 불쌍하게 여기다 achinmoq; 처지가 ~ achinarli holat.

불어나다 o'smoq; kattalashmoq; ko'paymoq; g'azablanmoq; havotir olmoq.

불온(不穩) quloqsiz; ~하다 mos bo'lmagan; nojo'ya; 태도가 ~하다 nojo'ya harakat; ~문서 havfli hujjat; ~사상 havfli fikr; qar. 불온당[하다]

불응(不應) to'g'ri kelmaslik; ~하다 to'g'ri kelmaydigan; 질문에 ~하다 savolga javob bermaslik; 검문에~ tekshiruvni rad qilmoq.

불의(佛儀) I buddiylik urfodatlari

불의(不意) II tasodifiylik; kutilmaganlik; ~하다 tasodifiy; kutilmagan; ~의 사고 kutilmagan fikr; ~[의] kutilmagan; ~침공 kutilmagan hujum; ~에 kutilmaganda; birdaniga; tasodifan.

불의(不義) III adabsizlik; ahloqsizlik; bevafolik.

불이행(不履行) bajarmaslik;

rioya qilmaslik; ~하다 rioya qilmaslik; bajarmaslik; 조약 ~ kelishuvga rioya qilmaslik.

불참(不參) qatnashmaslik; ~하다 qatnashmaslik; 행사에 ~하다 tadbirda qatnashmaslik.

불철주야(不撤晝夜) kechayu kunduz bardamlilik (tetiklik); ~ 일하다 kechayu kunduz ishlamoq; ~로 uxlashsiz, dam olishsiz; kechayu kunduz.

불충(不忠) bevafolik,sadoqatsizlik ~불효 ota-onaga sadoqatsiz va behurmat bo'lish; ~하다 1) sadoqatsiz; 2) sadoqatsiz bo'lmoq.

불충분(不充分) yetishmaslik; ~하다 yetishmas; yetarli bo'lmagan; 설명이~하다 tushuntirish yetarli emas.

불쾌(不快) a) yoqimsizlik; ~하다 yoqimsiz; ~감 yoqimsiz tuyg'u; b) 몸이 ~하다 o'zini yomon his qilmoq

불통(不通) tushunmaslik; anglamaslik; 소식~ yangiliklarning yo'qligi; 고집 ~ o'jar; ~하다 tushunmaslik; anglamaslik; o'ta olmaslik; 전화~ telefon aloqasining yo'qligi; ~하다 aloqaga ega bo'lmaslik.

불편(不便) noqulaylik; ~하다 noqulay; 교통이 ~하다 noqulay transport; ~스럽다 bir muncha noqulay.

불평(不平) nolish; shikoyat; ~하다 shikoyat qilmoq; ~분자 shikoyat qilayotgan.

불평등(不平等) notenglik,adolatsiz, nohaq; ~하다 adolatsiz bo'lmoq; nohaq bo'lmoq; ~한 제도 adolatsiz tizim.

불합격(不合格) talabga javob bermaslik; talabga to'g'ri kelmaslik; talabga mos bo'lmaslik; ~되다 layoqatsiz (keraksiz) bo'lmoq; talabga javob bermaydigan bo'lmoq; ~자 talabga javob bermaydigan; ~품 talabga javob bermaydigan mahsulot; ~하다 a) to'g'ri kelmaslik; b) o'ta olmaslik (imtihondan).

불합리(不合理) [-xamni] noratsionallik; befahmlik; ~하다 noratsional; befahm; aqlsiz; noma'qul;~성 noratsionallik; ~한 제도 noratsional tizim

불합의(不合意) *esk.* 1) o'zaro norozilik; 2) fikrlar tarqoqligi; ~하다 a) bir-biri bilan kelishmaslik; b) tog'ri kelmaslik (fikrlari).

불행(不幸) omadsizlik; baxtsizlik; ~하다 baxtsiz; omadsiz; qar. 행복(幸福)

불행(不幸),고난(苦難) balo, falokat, baxtsizlik.

불행한(不幸-) baxtsiz.

불허(不許) ~하다 ruxsat bermaslik; yo'l qo'ymaslik; taqiqlamoq; man etmoq; 입국을 ~ mamlakatga kirishni taqiqlamoq.

불화(不和) I janjal; nifoq; adovat; g'avg'o; nizo; 부부간의 ~ erxotinning urushi; 고부간의 ~를 해소하다 kelin va qaynona o'rta-sidagi nizoni tugatmoq; ~하다 1) adovatli; g'arazli; 2) adovatli bo'lmoq.

불화(佛畵) II Buddiylik syujetiga surat.

불황(不況) ziqlik; ruhiy azoblanish holati; depressiya; ~시대 depressiya davri.

불효(不孝) I ota-onaga hurmatsizlik; ota-onani hurmat qilmaslik; ~자 ota-onani hurmay qiluvchi (farzandlar); ~하다 1) behurmat; 2) hurmat qilmoq

붉다 1. 1) qizil; 붉은 광장 Qizil maydon; 붉디붉다 qip-qizil; 붉으락푸르락하다 goh qizrib, goh

oqarmoq; 2) ko'chma. qizil; revolyutsion; 붉은 군대 tarix. Qizil Armiya; 2. qizarmoq.
붉었습니다 qizarmoq.
붉은, 빨간 qizil.
붐비다 to'qnashmoq; to'planmoq; to'la; majburiy; tartibsiz; betartib; 시장이 몹시 ~ bozor odamlar bilan gavjum.
붑니다 esmoqda.
붓 1) bo'yoq qalam; 2) yozuv quroli; ~끝 bo'yoq qalamining uchu; ~질 bo'yoq qalami bilan ishlash; 붓 바치개 mushtebel'; 붓을 놓다 a) yozuv patini qo'ymoq; b) yozishni tugatmoq; 붓을 던지다 a) yozishni to'xtatmoq (yozuvchi haqida); b) adabiyotni tashlab harbiy san'at bilan shug'ullanmoq; 붓을 잡다 yozishga kirishmoq; 붓을 꺾다 qar. 붓을 던지다 a); 붓이 가볍다 yozish oson bo'lmoq; 붓이 나가다 tekis (silliq) yozilmoq.
붓 대신 칼 qalam o'rniga pichoq.
붓, 방언 ravish.
붓다(부으니, 부어) I 1) shishmoq; 2) jahli chiqmoq; g'azablanmoq.
붓다 II (부으니, 부어) 1) quymoq, sepmoq; 붓거니 작커니 bir-birini may bilan siylamoq; 2) turlanmoq; 3) urug' sepmoq; 4) fikrini jamlamoq; 5) joriy qilmoq; qo'llamoq; kirgizmoq; o'rnatmoq (ishonch, fikrni); 6) to'lamoq.
붕 I ovozga taqlid so'z. vishillamoq, vijillamoq, jiz-jiz qilmoq
붕(朋) II gazni chiqishi.
붕괴(崩壞) 1) o'pirilish; qulash; ko'chki; 2) o'pirilish; qulash; sinish; barbod bo'lish; halok bo'lish; ~하다 o'pirilmoq; barbod bo'lmoq; sinmoq; 건물이 ~하다 bino qulamoqda.
붕대(繃帶) bint (yara bog'laydigan doka, lenta); ~를 감다 bint bilan o'ramoq;~를 감다,~하다 bintlamoq, o'ramoq.
붙다 1) qo'shilmoq, birlashmoq, yopishmoq, tiqilmoq; 옷이 몸에 ~ kiyim badanga yopishmoq; 2) yopishmoq; 3) suyanmoq; 여인들은 붙어 다닌다 sevishganlar bir-birlariga suyanib yuradilar; 4) joylashmoq (qayergadir); 5) imtihonlarni topshirmoq; 입학시험에 ~ kirish imtihonlarini topshirmoq; 6) kirishmoq; boshlanmoq; 7) o'rnashmoq; joylashib olmoq; 8) ko'paymoq; kattalashmoq; 9) ro'y bermoq; 10) tegishli bo'lmoq; 11) ergashmoq; 마음이 ~ butun qalbi bilan ergashmoq (o'rganib qolmoq); 12) ildiz otmoq (o'simlik haqida); 13) 핑게 (구실) ~ bahona topmoq; 14) 불이 ~ yondirmoq; 붙는 불에 키질 a) so'zma-so'z. olovni yondirmoq; b) ko'chma. shox qo'ymoq; 붙은 돈 yaxlit pul; ‖붙어먹다 a) avom. qar. 간통[하다] 1.; b) birovning hisobiga yashamoq.
붙들다(붙드니.붙드오) 1) yopishmoq; yopishib olmoq; yordan bermoq; 달아나는 도둑을 ~ qochayotgan o'grini tutmoq; 손님을 ~ mehmon kutmoq; 2) *qar.* 붙잡다 2); 3) qo'llab-quvvatlamoq; yordam bermoq; 붙들어 매다=붙잡아 매다: *qar.* 붙잡다; 붙들어 주다 a) berib yubormoq; b) ushlab qolmoq; qo'llab-quvvatlamoq; e) parvarish qilmoq; g'amxo'rlik qilmoq.
붙박이 1) holatni mustahkamlamoq; 2) mustahkamlanib qo'yilgan buyum; ~로 a) o'zgarishlarsiz; o'zgarishsiz, doimiy; b) harakatsiz.
붙여서 bog'lamoq.

-붙이 I *qo'sh.* narsa; 가죽붙이 charmdan ishlangan narsa.
-붙이 II bir gutuh a'zosi.
붙이다 1) yopishtirmoq; 벽지를 벽에~ devorga oboylarni yopishtirmoq; 포스터를 다시 ~ shior yozilgan varaqani qayta yopishtirmoq; 2) suyantirib qo'ymoq; 3) jalb qilmoq, aniqlamoq, joylashtirmoq, ishga joylashtirmoq; 4) boshlamoq; 5) 몸을 ~ o'rnashib olmoq; 6) ko'paytirmoq, kattalashtirmoq, o'stirmoq; 7) sodir bo'lmoq, ro'y bermoq, yuz bermoq; 8) otmoq(ildiz); 9) 구실을 ~ bahona topmoq; 10) 불을 ~ yondirmoq; 11) bermoq; qo'shib bermoq; kuchaytirmoq; oshirmoq; 입맛을 ~ maza bermoq; 비밀에 붙이다 sirlilik bag'sh etmoq; 12) 빰(따귀)를 ~ yuziga tarsaki tushirmoq; 13)회망(기대)~umid qilmoq; 14) 말을 ~ gapni tugatmoq; 15) chiqarmoq (muhokamaga); 16) ...에 밥을 ~ ovqatlanmoq (uydan tashqarida); 17) *qar.* 부치다; ‖ 붙여 먹다 = 붙어먹다 b); qar. 붙다; 붙여 잡다 qar. 붙잡다; 붙여 지내다 tekinxo'r bo'lmoq; 붙여읽다 tushunarli qilib o'qimoq.
붙잡다 1) ushlab olmoq; qattiq ushlab olmoq; 2) kirishmoq (ishga); 3) egallamoq (lavozimni); 4) ushlab qolmoq; 5) ushlamoq; 6) *qar.* 붙들다; 3); ushlamoq; 손잡이를 ~ qo'lidan ushlab olmoq; ‖ 붙잡아 매다 a) ushlab bog'lab qo'ymoq; b) bog'lab qo'ymoq; mahkamlab qo'ymoq;
붙잡아 주다 ⇒ 붙들어 주다; ⇒ 붙들다.
붙잡히다 1) ushlanib olingan bo'lmoq; 감정에 ~ his-tuyg'ular bilan qamrab olingan bo'lmoq; 2) qo'llab-quvvatlamoq.
브라쉬(ingl. brush) chotka.
브라우스(<ingl. blouse) kamzul.
브레이크(ingl. break) tormoz.
브로카(ingl. broker) 1) makler; vositachi; 2) tekinxo'r.
블록(ingl.block) blok, qism, bo'lak.
비(雨) I yomg'ir; ~가 온다 yomg'ir yog'moqda; ~가 멎다 yomg'ir tugadi; ~를 맞으며 걷다 yomg'irning tagida yurmoq; ~를 만나다 yomg'irning tagida qolmoq; 작은 카페에서 ~를 피하다 kichik qahvaxonada yomg'irdan bekinmoq.
비 II supurgi.
비(碑) III monument.
비거주자(-居住者) mazkur joyda yashamaydigan odam.
비겁(卑怯) qo'rqoqlik; ~하다 qo'rqoq bo'lmoq; ~한 행동을 하다 o'zini qo'rqoqlardek tutmoq.
비공개(非公開) ~적 yopiq; sirli.
비관(悲觀) pessimizm; ko'ngil qolish; sovib ketish; ~적 pessimistik; ~하다 ko'ngli qolmoq; ~론자 pessimist.
비교(比較) solishtirish; qiyoslash; ~적 qiyosiy jihatdan; ~하다 qiyoslamoq; solishtirmoq; ~되다 qiyoslangan bo'lmoq; ~역사적 방법 tarixiy-qiyosiy uslub (metoe).
비구름 yomg'irli bulut.
비꼬다 1) qayiltirmoq; qayiltirib tashlamoq; burib tashlamoq; 2) qo'rslik qilmoq; 3) o'zini qo'pol tutmoq.
비난(非難) hukm qilish; jazolash; tanbeh; koyish; ~하다 hukm qilmoq; tanbeh bermoq; koyimoq.
비누 sovun.
비닐(<ingl. vinyl) vinil.
비다 1) bo'sh; 집이 ~ uyni qarovsiz qoldirmoq; 자리가~ joy

bo'sh; 주머니가 텅텅~ cho'ntak bo'sh; 빈 구멍(을) nozik joy; 빈 속 oshqozon bo'sh; 빈손을 들고 가다 bo'sh qo'l bilan ketmoq; 빈 손을 털다 a) bekor harakat qilmoq; b) bekorga harajat qilmoq; 빈주먹만 들다(가지다, 쥐다) boshidan boshlamoq; 2) bo'sh; vakant; 빈 이름 a) nobop nom; b) bitta nom; 2. bo'sh bo'lmoq.

비단(飛端) I ostona; bo'sag'a.

비단(緋緞) II shoyi.

비대(肥大).비만증 semizlik; to'lalik; ~증 gipertrofiya; ~세포 tib. sid; ~세포종 tib. mastotsitoma; ~하다 1) bulutli; 2) gipertrofivatsiya bo'lmoq.

비디오(ingl. video) video; ~찍다 videoga tushmoq; ~대여 videoprakat; ~복사 video nusxasi.

비뚤어지다 1) egilmoq; bukilmoq; 2) ataylab qilmoq; 비뚤어진 나무 egilgan daraxt.

비례(比例) proportsiya; ~하다 solishtirmoq; kirim-chiqimni yakunlamoq.

비로소 hozirgina; birinchi bor; birinchi marta.

비록(秘錄) I sirli yozuv.

비록 II ...sa ham; ~농담이라 해도 bu hazil bo'lsa ham.

비론리적(非論理的) nomantiqiy.

비론리주의(非論理主義) alogizm.

비롯되다 boshlanmoq.

비롯하다 ..dan boshlamoq; 비롯하여 ...dan boshlab.

비료(肥料) 두엄 o'g'it; go'ng; ~공장 o'g'it ishlab chiqaradigan zavod; qar. 거름.

비루스(<lot. virus) virus.

비루스성(<lot. virus + 性) ~감기 virusli tumov; ~노염 virusli ensefalit.

비리다 1) (xom) baliq (qoni) bilan berib yuboradigan; 2) xom araxis ta'mi bilan; 3) isqirt, badbo'y.

비린내 1) qon hidi; 2) (xom) baliq hidi; ~가 나다 bolalarcha.

비비만(肥滿) I 1) to'lalik; semizlik; ~하다 to'la; semiz; 2) ~증 tib. korpulensiya.

비만(痞滿) II qorinning shishishi.

비밀(秘密) sir; ~스럽다 sirli; ~스레 sirli; sir tutib; ~하다 sirni saqlamoq; ~로 간직하다 sir tutmoq.

비방(誹謗) I tuhmat; bo'hton; ~하다 tuhmat qilmoq; bo'hton qilmoq.

비방(秘方) II 1) sirli usul; 2) sirli resept.

비범(非凡) ~하다 maxsus; alohida; ajoyib; g'aroyib; alomat; 비범한 재주 ajoyib qobiliyat.

비비다 1) qirmoq; ishqalamoq; 2) solmoq (ovqatga); 3) dumalatmoq; 4) parmalamoq; 5) qar. 꼬다.

비빔밥 pipimpap (go'sht va sabzavotli bug'langan guruch).

비상(飛翔) I ~하다 uchmoq.

비상(非常) II ~하다 favqulotda; haddan tashqari; g'oyat zo'r; ~시 favqulotda holat.

비서(秘書) 1) kotib; kotiba; 그녀는~로 채용되었다 u kotiba bo'lib ishlaydi; ~실 kotiblik; 2) taqiqlangan adabiyot; 3) sirlar yozilgan kitob.

비양거리다 I istehzo bilan kulmoq; mazax qilib kulmoq; kinoya qilmoq; kesatmoq.

비양심적(非良心的) vijdonsiz.

비열(脾熱) taloq (qora jigar)ning shamollashi.

비열하다(鄙劣-卑劣-) past; noshud.

비옥하다(肥沃-) serhosillik; hosildorlik; mahsuldorlik.

비용(費用) harajatlar; ~이 많이 드는일 ko'p harajat talab qiluvchi

ish.
비우다 1) bo'shatmoq; harob qilmoq; qirib tashlamoq; vayron qilmoq; 2) qarovsiz qoldirmoq (uyni); 3) bo'shatmoq (uyni); 4) bo'shamoq (ishdan).
비웃다 kulmoq; 남을~ boshqalarning ustidan kulmoq.
비위(脾胃) 1) taloq va oshqozon; 2) ishtaha; 3) sabot; matonat; qat'iylik; ~가 상하다 kayfiyat buzilmoqda; ~맞추다 ko'ziga qaramoq; ~가 당기다 qiziqmoq (zavqlanmoq); ~를 거스리다 kimningdir kayfiyatini buzmoq; ~를 긁다 hafa qilmoq; ~를 부리다 (쓰다) bo'ridek sabrli bo'lmoq; ~를 팔다 hafalikni chidamoq; ~사납다 yoqimsiz.
비유(比喩) I metafora; allegoriya, ~하다 allegorik ifodalamoq.
비유(卑幼) II kichik qarindoshlar va yoshlar.
비자(査證)(ingl. visa) viza; ~를 발급 받다 viza olmoq; ~를 신청하다 viza uchun ariza yozmoq; ~를 연장하다 vizani uzaytirmoq; qar. 사증.
비좁다 yaxshigina tor; 비좁은 방에서 살다 tor xonada yashamoq
비죽비죽 ~하다 1. a) qar. 비죽거리다; b) 입술을 ~하다 labini qiyshaytirmoq; 2. oldinga chiqib turgan.
비준(批准) 1) ratifikatsiya; tasdiqlash; sanktsiya; ~하다 tasdiqlamoq; 2) qar. 비준서.
비준서(批准書) tasdiqlangan maqtov yorlig'i.
비즈니스(ingl. business) biznes; ish;~맨 ishbilarmon; biznesmen
비지 I 1) maydalangan soyali dukkakdan va ko'katlardan tayyorlangan taom; 2) qirg'ichdan o'tkazilgan dukkaklar qoldig'i (soyali sutda).
비지 II tarkibida ruda bor, maydalangan kukun.
비참(悲慘) g'am; alam; ~하다 g'amli; alamli; achinarli; ~히 achinarli; ~한 광경 achinarli hol; ~한 인생 achinarli hayot.
비추다 1) yorishmoq; yoritib turmoq; 2) yoritmoq; 3) aks bermoq; 전등으로 어두운 구석을 fonar yordamida qorong'u burchaklarni yoritmoq; 4) ~에 비추어 yorug'ligida.
비치다 1) yorishmoq; 2) aks bermoq; 3) yorishmoq; 4) aralashmoq; 5) so'rab olmoq; 얼굴이 ~ bir oz ko'rinmoq; 얼굴(눈치)~ bir oz vaqtga ko'rinmoq
비치하다 avvalidan tayyorlab qo'ymoq.
비키다 1) chetlashmoq; surilmoq; 2) surmoq; 길을 ~ yo'l bermoq; 자동차를 ~ avtomashinadan chetlashmoq (qochmoq); 비켜서세요 qoching! bo'shating!
비타민(ingl. vitamin) vitamin; ~제 vitamibli modda; ~결핍증 avitaminoz; ~부족증 gipovitaminoz
비탈 tik qiyalik; ~길 tik qiyalikdagi yo'l.
비판(批判) 1) kritikatanqid; tanqidchilik; ~적 tanqidiy; ~하다 tanqid qilmoq; 엄밀히 ~하다 qattiq tanqid qilmoq; ~력 tanqidiy kuch; ~론 tanqid teoriyasi; ~을 가하다 tanqidlamoq; ~적 사실주의(실재론) tanqidiy haqiqat; 2) sudlamoq.
비행(非行) I yomon harakat; 남의 ~을 들추다 chetdagi odamlarning yomon harakatini topmoq.
비행(飛行) II uchish; ~하다 uchmoq; ~기 samolyot; aeroplan; ~사 uchvchi; ~장 aerodrom; ~ 공포증 aerofobiya; ~ 기지 qar. 항공기지; ~중대 우편

qar. 항공[우편].
빈(賓) I balog'atga yetganlarga atab uyushtirilgan marosimda taqsimlovchi odam.
빈(嬪) II pin(1-rangdagi freilinning tituli).
빈곤(貧困) ofat; kambag'alchilik; yo'qchilik; ~하다 kambag'al; ~에 빠지다 kambag'al bo'lmoq; ofatga yo'liqmoq; ~한 가정에서 태어나다 kambag'al oilada tug'ilmoq.
빈민(貧民) kambag'al xalq; ~가 kambag'al ko'cha; ~학교 kambag'allar uchun maktab.
빈부(貧富) kambag'allik va boylik.
빈혈(貧血) tib. kamqonlik; anemiya.
빈혈성(貧血性) ot. kam qon.
빈혈증(貧血症) [-chchin'] anemiya, kamqonlik.
빌 hisob; hisob varaqasi.
빌기 iltijo (Xudoga iltijo qilish).
빌다(비니, 비오) I 1) tilamoq; 2) iltijo qilmoq, so'ramoq; 행운을~ omad tilamoq; ~에게 승리가 있을 것을 g'alaba tilamoq (kimgadir).
빌다 II 1) arendaga olmoq; qarzga olmoq; 2) yordam so'ramoq; 3) asoslanmoq; 4) so'rab olmoq.
빌리다 1) qarzga bermoq; 2) yordam so'ramoq; 3) asoslanmoq; 책을 ~ qarzga kitob olmoq; 돈을 빌려주다 qarzga pul bermoq; qar. 빌다 II 2), 3).
빌었습니다 uzr (kechirim) so'ramoq.
빔 I tekst. aylantirish; ~을 먹이다 aylantirmoq.
빔 II yumdirmoq, yopoq.
빗 I taroq; ~으로 머리를 빗다 sochlarni taroq bilan taramoq.
빗 II bo'lim.
빗- old qo'sh. egri, notekis; 빗나가다 qiyshaymoq (yonga).
빗기다 1) taratmoq; tarashga majbur qilmoq; 2) taramoq.
빗나가다 xato otmoq; mo'ljalga tegizmaslik; 화제가 ~ mavzudan chetlashmoq; 총탄이 ~ yonidan o'tib ketmoq(o'q); qar. 벗나가다.
빗맞다 1) tegizmaslik (mo'ljalga) chetlashmoq (maqsaddan); 2) o'xshatmaslik; ro'yobga chiqmaslik.
빗질 ~하다 taramoq.
빙 aylanma; ~빙돌다 aylanib bormoq.
빙그레 kulmoq; ~웃다 muloyim kulmoq; ~하다 muloyim kulmoq.
빙그르르 ~돌다 a) yig'ilmoq (ko'z yoshlar); b) aylanmoq.
빙빙돌게하다 aylantirib tashlamoq.
빙상(氷上) muzlik;~선수 hokkey o'yinchisi; ~에 muslikda.
빚, 의무(義務) qarz; ~을 갚다 qarzni to'lamoq; ~을 지지 마라 pulni qarzga olma; 빚[을] 내다 qarzga olmoq; 빚[을] 주다 prosentga qarzga bermoq; 빚[을] 지다 qarzga botmoq.
빚다(술.도자기.떡을) 1) yopishtirmoq, tayyorlamoq; 2) tayyorlamoq (guruchli aroqni).
빚을 갚다 qarzni qaytarmoq.
빚쟁이 kreditor.
빚지다 qarzga olmoq.
빛 I 1) svet; ~나다 yorug' bo'lmoq; yaltiramoq; ~내다 yaltirashga majbur qilmoq; 2) rang; ~살 yorug'lik nuri; 3) 빛이 나다 namoyon bo'lmoq; 빛을 내다 o'zini ko'rsatmoq; 4) yuz ifodasi; 5) 빛 다르다 boshqa naslga mansub bo'lmoq; 빛[이] 없다 uyalmoq.
빛 II nur. ⇒ 광선(光線)
빛깔 rang.

빛나다 yaltiramoq; tovlanmoq.
빛내다 1) tovlanishga majbur qilmoq; tovlantirmoq; 2) mashhur qilmoq.
빠끔빠끔 ~하다 1. chuqur yoriq bilan qoplanmoq; hamma yog'i teshik; 2. a) chuqur yoriqlar bilan qoplangan bo'lmoq; b) uzoq tortmoq (chekishda).
빠르다(빠르니, 빨라) 1) tez; 그는 이해가 u tez fikrlaydi; 2) erta; 3) o'tkir.
빠지다 tushib ketmoq; tushmoq; ozmoq; keyib qolmoq; yetishmaslik; 물에 suvga cho'kmoq; 이가~ tish tushmoqda; 살이~ ozmoq; 물에 ~ cho'kmoq; 낡아~ juda qarib ketmoq; 게을러 ~ juda erinchoq bo'lib qolmoq.
빨갛다(빨가니, 빨가오) 1) qizil; 2) 빨간 거짓말 ochiq yolg'on.
빨갛습니다 qizil.
빨개요 qizil.
빨갱이 qizil.
빨다, 세탁하다(빠니, 빠오) I kir yuvmoq; 옷을~ kiyimni yuvmoq.
빨다(빠니, 빠오) II 1) o'z va ko'chma. emmoq; 젖을 ~ ko'krakni emmoq (so'rmoq); 2) cho'zmoq (o'tkazmoq)(trubani).
빨다(빠니, 빠오) III o'tkir.
빨래하다 kir yuvmoq.
빵(<port. pao) I non; ~한 조각을 베어내다 bir bo'lak nonni kesmoq.
빵 II ~하다 1) shovqin solib portillamoq; 2) ovoz chiqarmoq (avtomobil haqida); 구멍이 빵 뚫어지다 teshilmoq.
빵크(<ingl. puncture) 1) teshik; ~가 나다 a) teshmoq (mashina shinasini); ~가 뚫리다 teshilmoq (kiyim); 2)~가드러나다 ochilmoq, fosh bo'lmoq (sir haqida).
빼내다 olib qo'ymoq; olib tashlamoq; olib chiqmoq; 가시를 ~ zirapchani olib tashlamoq; 좋은 것을 ~ eng zo'rini tanlamoq; 짐을 ~ yukni olib chiqmoq; 나는 반지를 빼냈다 men uzukni yechib qo'ydim.
빼놓다 qoldirmoq.
빼다 1) qochib qolmoq; 2) olib chiqmoq; 3) olib tashlamoq; 4) 명단에서 이름을 ~ ismni ro'yxatdan chiqarib tashlamoq; 5) 칼을 ~ pichoqni olib chiqmoq; 6) 이를 ~ tishni olib tashlamoq; 7) qar.뽑다 2); 8) 얌전을 ~ kamtar bo'lmoq; 9) 빼여 나다 ajralib turmoq; 10) 빼도 박도 못하다 boshi berk ko'chaga kirib qolmoq.
빼앗기다 olib qo'ymoq.
빼앗다 1) olib qo'ymoq, o'zlashtirib olmoq; 목숨을 ~ jonini olib qo'ymoq; 2) zavqlanmoq.
빼어나다 ajralib turmoq; 다른 사람보다 ~ boshqalarni oldida ajralib turmoq.
빼어난 mashhur.
뺄셈 ayiruv.
뺑소니 ~하다 yugurib borib kelmoq, qochib qutilmoq.
뺑소니치다 qochmoq.
뺨 1) yuz, lunj, bet;~을 때리다 yuziga urmoq; ~에 키스를하다 yuzidan o'pib qo'ymoq; 2) (biror narsaning) yonining kengligi.
뻐꾸기 kakku; ~의 kakkuli; ~시계 kakkuli soat; ~새끼 kakku qushi.
뻗다 1) kerishmoq; cho'zilmoq; cho'zmoq(oyoqlarni); 2) namoyon bo'lmoq, paydo bo'lmoq (his-tuyg'ular); 3) tarqalmoq; 4) og'z. oyog'ini chozmoq (o'lmoq).
뻗치다 1) qattiq cho'zilmoq; tortmoq; uzaytirmoq; 2) kuch bilan chiqib olmoq; 3) cho'zmoq; 구조의 손을 yordam qo'lini

cho'zmoq; qar. 버티다.
뼈 1) suyak; 2) qattiq (mustahkam) qism (biror narsaning); 3) ko'chma. yadroning asosiy qismi.
뽑다 tanlamoq; chiqarmoq; 권총을 ~ to'pponchani chiqarmoq; 잡초를 ~ o'tni yulmoq.
뽑히다 chiqarilgam (tanlangan, yulingan) bo'lmoq; 최고로 ~ eng zo'r sifatida tanlanmoq; qar. 뽑다.
뽕 I ~하다 a) xushtak ovozidek chiqib olmoq; b) teshilmoq; e) ochilmoq.
뽕 II 뽕을 놓다 ochmoq; 뽕이 나다 a) ochilmoq; b) qar. 뽕이 [빠지다]; 뽕이 빠지다 a) tugamoq, b) ziyon ketidan, ziyon ko'rmoq.
뿌리(단위) ildiz.
뿌리다 1) yog'moq (yomg'ir, qor); 2) sochib tashlamoq; 3) yarqiramoq; 4) tarqalmoq; 5) otmoq; 6) to'kmoq (yosh); 7) sochmoq (nur); 8) silkitmoq (avtoruchkani); 향수를~ atir sepmoq.
뿐 faqat; ~뿐만 아니라 ~도 faqat...emas, ... ham, 뿐만 아니라 또한 faqat...emas, ... ham.
뿔 1) shox; 뿔 뺀 소상이라 hokimiyatni qo'ldan boy bermoq; 2) (biror narsaning) uchli qismi
뿔뿔이 alohida; ~흩어지다 alohida tarqalmoq.
뿜다 1) ishlab chiqarmoq; sochmoq; 2) sepmoq; quyilmoq; 피를 qon to'kmoq.
쁘 ppi (ㅃ kor. harfining nomlanishi).
쁘랴니크 pranik (pishiriq).
쁠럭(<ingl. bloe) 1) blok; 2) rayon, kvartal.
쁠류스(plyus) 1) qar. 플라스; 2) chiqim; 3) to'lishuv; 4) pul qo'yish.
삐거덕 ~하다 g'archillamoq.
삐거덕거리다 g'archillamoq.
삐걱 ~하다 qattiq g'archillamoq.
삐걱거리다 chiyillamoq.
삐걱빼각 ~하다 g'archilab chiyillamoq.
삐걱삐걱 shitirlash; shitir-shitir ovoz
삐다 I kamaymoq, tushmoq.
삐다 II chiqarmoq; o'rnidan qo'zg'atmoq (oyoqni, qo'lni).
삐대다 joniga tegmoq.
삐딱 mqiya; qiyshiq.
삐딱하다 bir tarafga qiyshaymoq.
삐뚤다(삐뚜니, 삐뚜오) qiyshayib; qar.비뚤다.
삐뚤어지다 qiyshayib ketmoq.
삐뚤이 1) qiyshaygan buyum (predmet); 2) qiyshaygan odam; bukur odam;3)qiyshiq yo'lakcha.
삐라(<ingl. bill) varaqa.
삐라 II reklama e'lonlari.
삐삐 peydjer; ~를 치다 peydjerga xabar yubormoq.
삐죽빼죽 ~하다 1) qar. 비죽거리다; 2) chiqib turgan.
삐죽하다 o'tkir; 삐죽한 칼 o'tkir pichoq.
삐지다 jahli chiqmoq; hafa bo'lmoq; 삐진척 하다 jahli chiqqandek o'zini tutmoq; qar. 삐뚤어지다.
삐치다 I 1) kuchsizlanmoq; 2) hafa bo'lmoq.
삐치다 II elementni ieroglifda yozmoq.
삑삑거리다 chiyillamoq; qar. 빽빽거리다.
삔(ingl. pin) to'nog'ich.
삥 tevarak-atrof; qar. 빙
삥둘러서다aylanma qilib turmoq.
삥 둘러싸다 qurshab olmoq.
삥땅 pullarni berkitib(qorakunga) saqlab qo'yish(zanachka).

ㅅ

ㅅ koreys alifbosining yettinchi harfi, s fonemasini ifodalaydi.
사(私) I xususiy, shaxsiy; ~적인 shaxsiy; ~적으로 xususiy yo'l bilan; xususiy yo'l orqali; ~기업 xususiy korxona; ~적 관심 shaxsiy qiziqish; ~유재산 xususiy mulk; ~적인 이유로 shaxsiy sabablar tufayli; ~적인 일 shaxsiy ish; ~적견해 shaxsiy fikr; ~생활 shaxsiy hayot.
사(詞) II stanslar (Xanmunda).
사(師) III harbiy. diviziya.
사(砂) IV etn. qabr uchun qulay bo'lgan joy atrofidagi relef.
사(士) V shoh piyoda (koreys shaxmatida).
사(社) VI jamiyat, kompaniya; nashriyot; agentlik.
사(事) VII o'lim, vafot; 급~ to'satdan o'lib qolish; to'satdan vafot etish; 생리~ biologik o'lim; 임상 실험~ klinik o'lim; 자연~ tabiiy o'lim; 폭력~ majburiy o'lim; 횡~ zo'ravonlik natijasidagi o'lim
사(四) VIII to'rt; 4사람 to'rtovlon; 4점 to'rtlar; 4배 to'rta bo'lib; qarang 넷; 사 호 활자 poligr. 4 kattalikdagi shrift; 사 행정 기관 ichki yondashdagi 4 taktli dvigatel'.
사(絲) IX bitta o'nminglik.
사(辭) XII nutq; 송별~ hayrlashuv nutqi; 축~ tabrik nutqi (so'zi); 취임~ tantanali nutq.
사(史) XIII tarix; 한국발달~ koreys tilining rivojlanish tarixi; 미술~ san'at tarixi; 고대 러시아문학~ qadimgi rus adabiyoti tarixi.
-사(糸) I kor. qo'sh. ip; kalava; 견사 ipak ip; 면사 ip-gazlama kalavasi.
-사(辭) II kor. qo'sh. 1) so'z; 개회~ kirish so'zi; 2) tilsh. yordamchi so'z; morfema; affiks; 접미사 suffiks.
-사(詞) III kor. qo'sh. tilsh. gap bo'laklari; 감탄사 undalma; 형용사 sifat.
-사(事) IV kor. qo'sh. ish.
-사(社) V kor. qo'sh. kompaniya; birodarlik; firma; filial; bo'lim; 출판~ nashriyot; 통신~ telekomunikatsiya agentligi, 신문~ ro‘znoma agentligi; ro’znoma taxririyati; agentlik; 적십자사 Qizil Yarim Oy jamiyati; 통신~ telegraf agentligi.
-사(師) VI kor. qo'sh; ishharakatni bajaruvchi otni ifodalaydi: 사진사 suratkash; 재봉사 tikuvchi.
-사(士) VII kor. qo'sh; ishharakatni bajaruvchi otni ifodalaydi: 비행사 uchuvchi, pilot; 운전사 haydovchi.
사가(史家) taixchi; qarang 역사가.
사각(四角) I 1) to'rtta burchak; 2) to'rtburchak; ~모자 konfederatka.
사각형(四角形) mat. to'rtburchak; ~의 내각의 합은 360도이다 to'rtburchakning ichki burchaklar yig'indisi 360gradus.
사감(私憾) I shaxsiy norzilik.
사감(舍監) II 1) yotoqxona komendanti (internat); 2) saroy yerlari boshqaruvchisi.
사거리(射距離) I harb. otish uzoqligi.
사거리 II chorraha; qarang. 네거

ㅅ

리

사건(事件) 1) voqea; xodisa, holat, ish; 역사적 ~ tarixiy voqea, 국제적 ~ xalqaro xodisa; 상한 ~이 일어났다 g'alati hodisa ro'y berdi; 민사 ~fuqaro ishi; 유괴 ~ o'g'irlik bilan bog'liq hodisa; 현행 ~ kechayotgan voqea-hodisalar; 형사 ~ jinoiy ish; ~발전 adab. voqelik rivoji; 2) yur. ish; ~기각 ishning yopilishi; ~중지 ishning vaqtincha to'xtatilib turilishi; ~제기 ishning qayta qo'zg'alishi.

사건(事件) chigal (murakkab) hodisa. ⇒ 일. 사고(事故)

사격(射擊) otishma; o't ochish, olov; 사격을 개시하다 o't ochmoq; ~하다 otmoq; 목표를 ~하다 mo'ljalga otmoq; 사격장으로 ~하러 가자 yur tirda otib ko'ramiz; ~경기 o'q otish musobaqasi; ~부대 o'q otish polki; ~수 mergan; ~장 o'q otish maydoni; poligon; tir; 조준 ~ mo'ljalga olib otish; 직접 ~ to'g'ri otish; ~거리 otish uzoqligi; ~ 개시 o't ochish; ~ 계선 otish marrasi (chegarasi); ~지원 o'tli yordam; ~ 진지 otish holati.

사견(私見) I shaxsiy fikr; 나의 ~으로는 mening fikrimcha; 자기 ~을 지키다 o'zining fikrida turmoq.

사견(邪見) II noto'g'ri qarash; hato fikr.

사경(四境) I mamlakatning to'rt taraflama chegarasi.

사경(死境) II o'lim vaqti; ~에 처하다 o'lim changaliga tushib qolmoq; ~을 벗어나다 o'lim changalidan qutulmoq; ~에 o'lim yoqasida.

사계(四季) yilning to'rt fasli; to'rt mavsum; ~지불 mavsumiy to'lov; 춘계 bahoriy mavsum; 하계 yozgi mavsum; 추계 kuzgi mavsum; 동계 qishki mavsum; 1) qarang. 사철 III 1; 2) qar. 사계삭; 3) qarang. 월계화.

사고(事故) I fikr; fikr yuritish; ~하다 fikrlamoq; fikr yuritmoq; ~과정 fikrlash jarayoni; ~력 fikr yuritish qobiliyati; ~방식 fikr yuritish tarzi.

사고(四苦) II budd. azob-uqubat (tug'ilish, qarish, kasallik, o'lim); ~팔고 a) hamma azoblar (uqubatlar); b) budd. sakkizta azob. qar.팔고.

사공(沙工) 1) qayiqchi; 사공이 많으면 배가 산으로 올라간다 maq; 2) dengizchi.

사과, 능금 I olma; ~의 olmali; ~를 깎다 olmani tozalamoq; ~과수원 olmali bog'; ~나무 olma daraxti; ~케익 olmali tort; ~파이 olmali pishiriq; 재배 ~ uy olmasi; ~주(酒) olma nalivkasi; ~속 벌레(심식충) zool. olma qurti; ~진디물 ko'k olma sxirasi; ~집밤나비 olma kuyasi.

사과(謝過) II ~하다 kechirim so'ramoq

사과하다 kechirim so'ramoq, uzr so'ramoq.

사과후(事過後) og'z. ~에 ish tugaganidan so'ng.

사교(社交) I ijtimoiy o'zaro munosabat; jamoat majlisi; ~적 odam-shavanda; hamma bilan el bo'lib ketadigan; dilkash; ~계 ziyolilar davrasi; jamiyat;~성 dilkashlik; ~술 o'zini jamoa ichida tuta olish; ~적 인간 dilkash inson; ~무용(댄스) do'stlik raqsi.

사교(私交) II shaxsiy munosabatlar (tanishuv).

사귀다 muomalada bo'lmoq; do'stlashmoq; biron-bir kishi bilan tanishmoq; 사귀기 어려운 여자 muomala qilish qiyin bo'lgan

ayol; 사귀여야 절교하지 matal. ≅ olov-siz tutnu bo'lmaydi; shamol bo'lmasa, daraxtning uchi qimirlamaydi.
사귐성 dilkashlik, hamma bilan el bo'lib ketadigan xususiyat.
사규(社規) firma qoidalari.
사그라지다 chirimoq; o'chmoq; aynimoq; yo'q bo'lmoq; 불이 ~ olov o'chmoqda.
사글사글하다 a) muloyim; b) muomulali.
사글세(<朔月貰) kvartira uchun to'lov. qarang. 삭월세.
사기(詐欺) I aldov; firibgarlik; ~를 당하다 aldanmoq; ~꾼 firibgar; yolg'onchi; ~술 firibgarlik; ~죄 firibgarlik hiylasi (makkorligi, nayrangi, makkorligi).
사기(沙器) II chinni; chinni idish; ~ 그릇 chinni idish; ~ 그릇은 깨지기 쉽다 chinni idishning sinishi oson; qar. 사기그릇.
사기(社旗) III og'z. jamiyat bayrog'i (nashriyot, firma).
사기(士氣) IV harbiy ruh; ~가 떨어지다 harbiy ruhi cho'kmoq; ~가 높다 ko'tarinki (yuqori) harbiy ruh; ~를 북돋우다 harbiy ruhni ko'tarmoq; ~ 충천 ko'tarinki harbiy ruh.
사기(史記) V tarix; tarixiy yozuvlar, tarixiy xronika.
사기업(私企業) xususiy (shaxsiy) korxona; ~을 외국회사에 매각하다 shaxsiy korxonani xorijiy firmaga sotib yuborish.
사나이 erkak; ~답지 않은 것 erkaklarga xos bo'lmagan harakat; ~의 erkakcha, erkaklarcha.
사나이 기상 erkakcha ruhiyat.
사나흘 uch-to'rt kun; qar.사날 II
사납다(사나우니, 사나와) 1) jahldor; serjahl; yovuz; zolim; qahrli; jirkanch; qo‘rqinchli; 사나운 바다 shiddat bilan to'lqinlangan dengiz; 사나운 세상 yovuz dunyo; 사나운 개코등 아물 틈(날)이 없다 maq. ≅ a) urushqoq xo'roz semirmaydi; b) yomonlik qilsang, yomonlik ko'rasan; 2) kuchli; to'lqinli; 3) qo’rqinchli; jirkanch.
사내 I 1) qisq.; 2) iltifotsiz. er. ⇒ 사나이
사내(社內) II 회사내 firma ichida; ~에 yotoqxona ichida; ~규률 firmaning ichki tartibi.
사냥 ov; ~하다 ov qilmoq; 맹수 ~하다 yirtqich hayvonni ovlamoq; 여우를 ~하다 tulki (bo'ri, ayiq)ni ovlamoq; ~터 ovlash joyi; 매~ lochin ovi; 비둘기~ kaptar ovi; ~개 ovchi it.
사념(思念) I o'yga tolish; fikr yuritish; ~에 빠지다 o'yga tolmoq; qar. 사려.
사념(邪念) II noto'g'ri o'y-fikrlar.
사노비(私奴婢) krepostnoy dehqonlar.
사느랗다 (사느라니, 사느라오) 1) sovuq (buyum haqida); 2) sif. etim jimirlab ketdi (qo'rquvdan).
사늘하다 1) sovuq; salqin; yangi; 2) sif. sovib ketmoq (qo‘rquvdan).
사다, 구매하다 1) sotib olmoq; ega bo'lmoq; xarid qilmoq; 물건을 외상으로~ narsalarni kreditga sotib olmoq; 현금으로 ~ naqd pulga sotib olmoq; 잘 보지 않고 ~ qaramasdan (ko'z yumib) olmoq; 사는 사람 xaridor; 돈을 ~ pul ishlamoq; 병을 ~ kasallikni ortirib olmoq; 2) chidamoq; boshdan kechirmoq (judolik; haqorat); 3) o'ziga jalb qilmoq; o'ziga nisbatan tuyg'ularni qo‘zg'atmoq; 불만을 ~ norozilikni tug'dirmoq; 웃음(조소)

ㅅ

를 ~ kuldirmoq; kulgini qo'zg'atmoq.
사다리 zina; 줄~ arqonli zina; 접는~ taxlanadigan(yig'iladu- gan) zina (narvon);qar. 사닥다리
사닥다리 zina; ~로 올라가다 zinadan chiqmoq; ~로 내려가다 zinadan tushmoq; ~ 분하 og'z. adolatsiz ish.
사당(祠堂) ~양자 qar. 신주[양자] I; ajdodlarni eslatib turadigan taxtachalarni saqlaydigan uy shaklidagi quticha.
사돈 sovchi; sovchilar; ~댁 sovchili uyi; ~집 sovchili uyi; ~남 나무란다 maq. ≅ qizim senga gapiraman, kelinim san eshit; ~네 안방 같다 ≅ noqulay holat; ~하다 sovchi bo'lmoq.
사라졌습니다 ko'zdan g'oyib bo'ldi
사라지다, 없어지다 ko'zdan g'oyib bo'lmoq; yo'q bo'lib qolmoq; yashirinmoq; yo'qolib qolmoq; 모든 희망이 ~ barcha umidlar so'nmoqda; 군중속으로~ olomon ichida yo'q bo'lib ketmoq; 목숨(생명)이 ~ vafot ermoq.
사람, 인간(人間) 1) odam; ~의 삶 inson hayoti; ~답게 행동하다 insongarchilik qilmoq; odam-garchilik qilmoq; ~의 힘으로 불가능하다 inson kuchi bunga ojizdir; ~의 소리 odam ovozi; ~답다 insonga xos; ~됨 inson fe'l atvori; ombor; inson tabiati; 조선 ~ koreyalik; 평양~pxenyan odami (pxenyanlik); ~값에 들지 못 하다 odam deb atalishga arzimaydi; ~같지 않다 odam (inson) nomiga noloyiq; ~마다 저 잘 난 맛에 산다 maq. ≅ hammaniki o'ziga oy ko'rinar ko'ziga; ~살 곳은 골골 마다 있다 maq. ≅ dunyoda faqat yaxshi odamlar yashamaydi; ~은 죽으면 이름을 남기고 범은 죽으면 가죽을 남긴다 maq. ≅ so'zma-so'z. o'limidan so'ng insonning nomi qoladi, yo'lbarsdan esa faqat po'st; ~은 열 번 된다 inson doimo o'zgaradi; ~을 버리다 yomon odam bo'lib qolmoq; yomon tomonga o'zgarmoq; ~을 잡다 pichoqsiz so'ymoq; ~의 마음은 하루에도 열두 번 maq. ≅ odamzod qalbi o'zgaruvchan; ~의 혀는 뼈가 없어도 ~의 뼈를 부순다 maq. ≅ pichoqdan qo'rqma, tildan qo'rq; 2) ot. yoshi katta; 3) 이 ~ muloyim. sen.
사랑 I sevgi; ~하다 sevmoq; ~스럽다 sevimli; muloyim; keli-shgan; ~은 맹목 sevgining ko'zi ko'r bo'ladi; ~의 불길은 끄지 못한다 sevgi yong'in emas, lekin yonsa o'chirib bo'lmaydi; ~의 ishqiy;~에 빠지다 sevib qolmoq 노동에 대한 ~ mehnatga bo'lgan sevgi; 독서~ o'qish(mutolaa)ga bo'lgan sevgi; 시에 대한 ~ she'riyatga muhabbat; 정신적~ ongli sevgi; tushunib sevmoq; 조국에 대한 ~ Vatanga bo'lgan muhabbat; 첫 ~ birinchi sevgi; ~의 표시 muhabbat belgilari; 짝사랑 javobsiz muhabbat; ~싸움 sevishganlar o'rtasidagi nizo (urush); er-xotin urushi; ~을 속삭이다 a) sevgi izhor qilmoq; b) bir-birini sevmoq.
사랑(舍廊) II 1) mehmonxona; 2) uy ho'jayinining xonasi; ~ 양반 hurm. uy ho'jayini.
사려(思慮) o'yga tolish; fikrlash; ~하다 o'ylanib qolmoq; o'yga tolmoq; havotir olmoq; aql kiritmoq; 깊은~ chuqur o'y; chuqur o'yga tolish.
사려깊다(思慮-) g'amho'r.
사령(司令) I nozim boshqaruvchi; dispecher; ~관 qo'mondon; ~부

shtab; ~탑 kapitan ko'prigi; 1) qar. 사령관; 2) dispecher; nozim.
사례(私禮) I shaxsiy tabrik.
사례(謝禮) II tashakkur; minnatdorchilik; ~를 표하다 minnatdorchilik (tashakkur) bildirmoq; ~를 표하는 minnatdor; ~의 표시 minnatdorchilik (tashakkur) belgisi; ~편지 tashakkurnoma; ~하다 tashakkur (minnatdorchilik) bildirmoq.
사례(事例) III misol; ~를 설명하다 misollar orqali tushuntirib bermoq; ~를 들다 misol keltirmoq; 그의 ~에 따르다 uning misoliga tayanmoq; ~를 보이다 misol bo'lmoq; ~연구 misollarga tayangan izlanish.
사로잡다 tirikligicha tutmoq; asirga olmoq; qo‘lga olmoq; tutmoq; 범을~ yo'lbarsni tirikligicha tutmoq; 마음을 완전히 ~ butun qalbini to'ldirmoq.
사로잡히다 tirikligicha tutilgan bo'lmoq; asirga olingan bo'lmoq; 원수에게 ~ asir olingan bo'lmoq.
사료(飼料) I mol uchun yem; yem-xashak; ~용의 xashaki; yem-xashak bo'ladigan; ~를 주다 yem bermoq; ovqatlantirmoq; 말에게 ~를 주다 otga yemxa- shak bermoq; ~를 주는 것 oziqlantirish; 조잡한 ~ qo‘pol yem; ~용 식물 yem-xasjhak o'stirish; ~ 조리장 yem-xashak sexi; ~창고 yem xona; og'il xona; 농축~ yem-xashak ba'zasi; 생~ sxirali (suvli) yem; ~작물 yem-xashak o'stirish.
사료(史料) II tarixiy ma'lumotlar; ~를 수집하다 tarixiy materiallarni yig'moq (to'plamoq).
사르다 I (사르니, 살라) yoqmoq; yondirmoq; 아궁이에 불을 ~ pechkaga olov yoqmoq.
사르다 II (사르니, 살라) ekmoq; 쌀을 ~ guruch ekmoq.
사르르 1) asta-sekin; bora-bora; ehtiyotkorlik bilan; 2) oz-ozdan; bilintirmay; sezdirmay; 3) bir tekis; silliq.
사리다 bir o'ram qilib taxlamoq; dumaloq qilib o'ramoq; ruhan tayyorlanmoq; jonlanmoq; fikrni jamlamoq; xalos bo'lmoq; o'tirmoq; qisqarmoq.
사막(沙漠) I saxro; ~동물 saxro hayvoni; 모래~ qumli saxro; 고비~ Gobi saxrosi.
사막 II ~스럽다 sif. beshafqat (shafqatsiz, berahm) bo'lib ko'rinmoq; ~하다 shafqatsiz; beshafqat; berahm; rahmsiz.
사망(死亡) o'lim; vafot; qazo; ~하다 qazo qilmoq; vafot etmoq; o'lmoq; olamdan ko'z yummoq; ~률 o'lim darajasi; ~일 vafot kuni; ~자 o'lgan; bafot etgan (odam); 자연~ tabiiy o'lim; ~ 증명서 o'lim haqidagi guvohnoma; ~증서 o'lganlik haqidagi guvohnoma; qar. 서거(逝去); qar. 별세
사면(斜面) I qiyalik; yotiqlik; yon bag'ir; nishab; 산~ tog' yon bag'ri; 1) qar. 비탈; ~경작 yer haydash; ~보강 kuchay- tirmoq; 2) mat. qiya tekislik.
사면(辭免) I ~하다 nafaqaga chiqmoq.
사면(四面) II to'rt taraf; ~에서 둘러싸다 har tomondan o'rab olingan bo'lmoq; ~팔방 hamma tomonlar; ~초가 a) to'la qurshov; b) to'la (butunlay) ajratib qo‘yish (izolyaciya qilish); ~춘풍 qar. 두루 [춘풍].
사면(赦免) III amnistiya; ~하다 amnistiya qilmoq; ~을 받다 amnistiyaga tushmoq; ~장 amni- stiyaga chiqish to'g'risida iltimos; 개인 특별~ xususiy

amnistiya; 일반 ~ umumiy amnistiya.
사멸(死滅) o'lim; vafot; o'la borish; barham topish; yo'q bo'lish; ~하다 o'lmoq; yo'q bo'lmoq; barham topmoq; qurimoq; ~적 halokatli; o'limli.
사명(師命) I og'z. o'qituvchining ko'rsatmalari.
사명(辭命) II 1) arx. diplomatik vakilning nutqi (so'zi); 2) shoh buyrug'i; shoh varmoni.
사명(使命) III topshiriq; missiya; vazifa; burch; ~을 부과하다 vazifa topshirmoq (kimgadir); 숭고한~ olijanob (yaxshi fazilatli) topshiriq (vazifa); ~감 topshiriqni (burchni, vazifani) anglab yetmoq.
사모(師母) I o'qituvchining xotini (ayoli).
사모(思慕) II ~하다 a) sevmoq; sog'inmoq; hurmat bilan yodga olmoq; b) hurmat bilan yodga olmoq; hurmat qilmoq.
사모님 hurm. 1) ustozning ayollari (turmush o'rtoqlari); 2) Sizning ayolingiz; 3) hurm. rohibning ayoli.
사모하다 sevmoq; sog'inmoq; hurmat bilan tilga omoq.
사무(事務) I 1) ish yuritish; ish; ish boshqarish; ~적인 ishga doir; ishga aloqador; ishbilarmon; ~에 따라 ish bo'yicha; ~관 ish yurituvchi; ~국 ish yurituvchi idora; ~소 idora; ofis; ~실 idora; ofis; ~원 idora ishchisi; ~장 idora boshlig'i; ~처 ish yuritish joyi; ~간소화 ish yuritishni osonlashtirish; 2) ish; ~적 rasmiy; idoraviy.
사무소(事務所) idora.
사무실(事務室) kabinet; xona; idora; ~적 idoraviy; rasmiy.
사물(私物) I shaxsiy narsalar; ~은 각자의 사물함에 보관해야 한다 shaxsiy mulklar shaxsiy qutida saqlanishi kerak.
사물(事物), 물체(物體) II predmet; buyum; ~의 predmetli; buyumli; ~과 현상 predmet va hodisa; ~그 자체 fals. narsa o'zida.
사발(沙鉢) chinni kosa; ~밥 guruch idishda; 국~ sho'rva uchun idish; 밥~ guruchli idish; ~시금 oltinni chinni idishda yuvmoq (proba olinayotganda); ~시계 dumaloq stol soati; ~지석 epitafiyali chinni tovoq; ~안의 고기도 놔 주겠다 matal. ≅ o'rmonda o'tin topa olmadim (befahm, befarosat odam haqida)
사방(砂防) I ko'chishdan himoya.
사방(四方) II 1) dunyoning to'rt tomoni; atrofda; hamma joyda; har yerda; ~신장 etn. 4 tomon (janub, shimol, sharq, g'arb)ni qo'riqlab turuvchi muqaddas ruh; 2) to'rt burchak; ~모자 og'z. qar. 사각 [모자] I; ~제기 chegi (to'rtta odam qatnasha- digan valan o'yini); ~ 탁자 to'rtburchak stol.
사 백 to'rt yuz.
사백(詞伯) og'z. hurm. yozuvchi, shoir.
사범(師範) I pedagog; ~대학교 pedagogika instituti; ~학 pedagogika; 2) qar. 승; ~교육 pedagogik ta'lim (ma'lumot).
사법(司法) I sud; adliya; sud organlari faoliyati; ~적 sudyaviy; adliyaviy; ~부 sud adliyasi; sud organlari faoliyati ministrligi; ~기관 sud organlari.
사법(私法) II og'z. yur. shaxsiy huquq.
사법(師法) III og'z. 1) o'qituvchining o'zini tutish normasi; 2) ~하다 o'qituvchiga taqlid qilmoq.

사변(思辨) I 1) fikr yuritish; 2) fil. aqliy yetuklik; ~철학 aqliy nuqtai nazar falsafasi; ~하다 a) fikr yuritmoq; b) fil. yetuklikka erishmoq.
사변(四邊) II to'rt tomon.
사변(事變) III baxtsiz xodisa; halokat; ofat; falokat; 국가의 ~ milliy masshtabdagi falokat; buzish; buzilish; havotir; tartibsizlik; hayajon; qo'zg'atish; ~무궁 mojaro ketidan mojaro.
사본(寫本) nusxa; qo'lyozma kitob; ~을 만들다 nusxa olmoq.
사부(師父) I hurm. ho'jayin va ota; ustoz va ota. qar. ⇒ 스승.
사분오열(四分五裂) ~되다 bo'laklarga yorilmoq; portlamoq; bo'linmoq; parchalanmoq; sochilmoq; qismlarga ajralmoq.
사비(私費) I shaxsiy harajatlar; ~로 o'z hisobiga.
사비(社費) II korxona harajatlari.
사뿐 oson; yengil.
사뿐싸뿐 ~ 걷다 yengil qadamlar bilan yurmoq.
사뿐히 oson.
사사(私事) shaxsiy ishlar; qar. 사사일
사사건건(事事件件) har bir ish.
사살(射殺) I otib tashlash; ~하다 otib tashlamoq.
사상(思想) 이데올르기 I fikr; o'y; fikr yuritish; ideologiya; g'oya; mafkura; 1) dunyoqarash; mafkura; ~가 ideolog; mutafakkir; ~계 ideologiya sohasi; ~범 siyosiy jinoyatchi; ~교양 mafkuraviy tarbiya; ~개조 mafkuraviy islohat;~문화적 침투 ideologik va madaniy tarqalish; ~사업 mafkuraviy ish; ~성 g'oyabiylik; ~자 mutafakkir; ~적 g'oyaviy; mafkuraviy; ~적 요새 g'oyaviy mustahkamlik; ~전선 ideologik front; ~체계 ideologiya sistemasi; ~투쟁 mafkuraviy kurash; ~혁명 mafkuraviy revolyutsiya; ~의식 g'oyaviy (mafkuraviy) anglash; 2) fikr yuritish.
사상(事象) II predmet va hodisa.
사상(死傷) III 1) ~하다 o'ldirilgan va yaralangan bo'lmoq; 2) o'ldirilganlar va yaralanganlar; yo'qotishlar.
사색(思索), 사유 I fikr yuritish; o'ylash; ~하다 fikr yuritmoq; bosh qotirmoq.
사색(死色) II behol-oqargan yuz ko'rinishi; ~이 되다 oqarib ketmoq (yuz haqida).
사생(私生) I noqonuniy tug'ilish; ~아 noqonuniy tug'ilgan farzand (bola).
사생(死生) II hayot va o'lim; ~결단하고 적진에 뛰어들다 o'z jonini havf ostiga qo'yib dushman lageriga kirish; qar. 생사 I; ~결단 keskin tavakkal; ~동거 g'am va shodlik bilan bo'lishish; ~동고 ahil-inoq bo'lib yashahs (er-xotin haqida).
사생아(私生兒) noqonuniy tug'ilgan farzand.
사생자(私生子) noqonuniy tug'ilgan o'g'il farzand.
사생활(私生活) shaxsiy hayot.
사서(司書) I kutubxonachi.
사서(四書) II konfutsiychilikdagi 4ta eng asosiy hayot.
사선(死線) I 1) hayot va o'lim orasidagi chegara; 2) og'z. kirish man etilgan mintaqa (zona); 3) hayot va o'lim orasidagi chegara; ~을 몇 번 넘다 bir necha bor o'lim yoqasida bo'lish.
사선(紗扇) II yupqa ipakdan yolpig'ich.
사설(私設) I xususiy idora (muassasa); ~기관 xususiy

tashkilot (organ); ~단체 xuxusiy jamiyat; ~묘지 xususiy qabriston; ~회사 xususiy firma; ~교환 biron bir muassasadan tayinlangan kommutator (elektr toki o'rnatilganda yo'lini o'zgartirib turuvchi asbob); ~ 철도 xususiy temir yo'l; ~하다 tayinlanmoq; o'zining shaxsiy mulki hisobiga qurmoq.

사설(社說) II ilg'or maqola, ilg'or.

사수(查受) I og'z. ~하다 tekshiruvdan keyin qabul qilmoq (mol-mulkni, boylikni).

사슬(沙蝨) I zanjir 쇠~ 지어 zanhir bilan; zanjir orqali; 쇠~에 맨 개 zanjirga bog'langan ip; qar. 쇠사슬;~고리 zanjir xalqasi; ~시조 satirik sidjo.

사슬 II feod. кbelgili dumaloq yog'och birka.

사슴(Cervus nippon) bug'u (kiyik); ~의 bug'u...si; ~ 기르기의 bug'uchilik; ~고기 bug'u go'shti; ~뿔(녹각) bug'u shoxi; ~사육 bug'uchilik; ~ 사육자 bug'uchilik bilan shug'ullanuvchi kishi; 숫~ bug'u (erkak); 암~ kiyik (ayol); urg'ochi kiyik.

사신(史臣) elchi; vakil; diplomat.

사실(寫實) I haqiqat; ~적 realistik; ~하다 haqiqatni to'g'ri ta'riflamoq.

사실(事實) II fakt; haqiqat; reallik; haqiqiylik; haqiqatdan; ~적 real; haqiqiy; amalga oshadigan;~을 왜곡하다 faktlarni notog'ri ko'rsatmoq; ~에 근거를 두다 faktlarga tayanmoq; ~을 밝히다 faktlarni bayon qilmoq; ~그렇다 haqiqatdan ham shunday; ~ 무근 dalillarning yo'qligi; ~성 amaliy; realistik; ~주의 realizm; ~혼 ro'yxatga olinmagan nikoh; ~로 haqiqatdan ham; darhaqiqat.

사실(史實) III tarixiy fakt.

사실성(事實性) reallik; haqiqiylik; voqelik.

사십(四十) qirq; ~에 첫 버선 qar. 갓마흔[에 첫 버선].

사십객(四十客) qirq yoshlar atrofidagi odam (erkak).

사악(邪惡) I ~하다 yovuz niyatli; ziyon keltiradigan.

사악(肆惡) II esk. ~하다 o'zboshimchalik qilmoq.

사양(飼養) I ~하다 o'stirmoq, yetishtirmoq, boqmoq.

사양(辭讓) II yon berish; ko'nish; ~하다 yon bermoq; ko'nmoq.

사업(司業) I konfuciylikda yettinchi rangdagi lavozim.

사업(事業) II ish; vazifa; ~하다 ish o'tkazmoq; ~가 tadbirkor odam; tadbirkor; ~비 ish bilan bog'liq bo'lan harajat; ~소 tashkilot; byuro; ~장 ish joyi; ~주 korxona boshlig'i; ~체 korxona; tashkilot.

사역(寺役) I arx. 1) budda cherkovining majburiyatlari; 2) budda cherkovidagi ishlar.

사역(使役) II ishga yollash; ishga olish; ~하다 ishlashga majbur qilmoq; 2) qar. 사역상.

사연(事緣) I sharoit; vaziyat; dalillar; mazmun; ma'no; ~을 말해주시오 o'z holatinngiz haqida gapirib bering; ~편지 xatda keltirilgan dalillar.

사열(查閱) ~하다 a) sinchiklab tekshirmoq; b) tekshiruv o'tkazmoq (harb).

사오십(四五十) qirq-ellik.

사오월(四五月) 1) aprel va may; 2) aprel yoki may.

사욕(私慾) I manfaat, foyda, naf,; g'araz; shaxsiy qiziqish; ~을 채우다 o'z manfaatlarini qondirmoq; 사리~ shaxsiy foyda, shaxsiy manfaat.

사욕(沙浴) II ~하다 a) qumda

cho'milmoq (qushlar haqida); b) qar. 모래찜질[하다].

사용(司勇) I o'n yettinchi rang harbiy amaldori.

사용(使用) II iste'mol qilish; foydalanish; tadbiq etish; qo'l-lanish; ~가치 iste'mol qiymati, ~권 foydalanish huquqi; ~료 foydalanganlik uchun to'lov; ~법 qo'llash usuli; ~인 yollovchi; ijaraga oluvchi; ~자 foydalanuvchi. ~전류 foydalaniladigan tok; ~하다 iste'mol qilmoq; foydalanmoq; qo'llamoq. ~하게 되다 iste'molga kirmoq.

사우나(ing. sauna) sauna.

사운드(ing. soune) ovoz; shovqin; ~ 엔지니어 ovoz operatori; ~트랙 musiqiy yo'lak; ~효과 ovoz ta'siri.

사원(寺院) I budda ibodatxonasi; qar.절II

사원(社員) II firma (korxona) hizmatchisi; 신입~ ishga yangi qabul qilingan (korxonaga).

사위 I kuyov; qizning eri; ~를 보다 kuyov tanlamoq; ~감 kuyovlikka nomzod (kandidat); ~는 백년지객 matal. ≅ kiyovga g'amxo'rlik ko'rsatish kerak; ~도 반자식 matal. ≅ kuyov - o'g'il degani emas; ~와 토리개는 먹어도 안 먹는다 maq. ≅ kuyov qaynona uchun doim birinchi o'rinda.

사위 II 1) to'plash kerak bo'lgan ballar soni (o'yin o'ynayotganda); 2) qar. 큰사위.

사유(思惟) I 1) tafakkur; fikr yuritish; ~하다 fikr yuritmoq; ~기능 fikrlash funkciyasi; ~ 경제설 falsafa. nazariya《iqtisodiy fikr yuritish》; ~법칙 tafakkur qonunlari; ~형식 log. fikr yuritish usuli; 2) esk. ~하다 o'ylamoq; fikr yuritmoq.

사유(私有) II xususiy egalik; ~권 egalik huquqi; ~림 xususiy o'rmon; ~재산 xususiy mulk; ~토지 xuxusiy egalikdagi yer; ~하다 ega bo'lmoq.

사육(飼育) I ~하다 to'ydirmoq; ~자 chorvador; parrandakor; ipakchi; ~장 choevachilik va ipakchilik uchun joy.

사육(四肉) II jonivor go'shti.

사이 1) o'rtasida; 우리들 ~ bizlarning o'rtamizda; 일 사이사이 ish o'rtasida (orasida); 2시와 3시~에 soat ikki-uchlar o'rta- sida; 선생과 제자 ~ o'qituvchi va o'quvchi o'rtasida; 산 ~의 오솔길 tog' orasidagi yo'lakcha; 학생들~에 소문이 떠돌았다 o'quvchilar orasida gap tarqaldi; 쉴 ~없이 beto'xtov; ...를 ~두고 interval bilan; har...dan keyin; 2) pauza; 3) munosabat; ~좋게 살다 ahillikda yashamoq; yaxshi yashamoq; 4) bo'sh vaqt; 5) dial. qar. 새밥; 6) ~에 o'rtasida; orasida; fe'ldan keyin (bu paytda), ...gacha.

사이다(ingl. cider) saida (gazlik ichimlik).

사이드(ingl. side) tomon; ~라인 yon chiziq.

사이로 yorib; ...dan; orqasidan.

사이사이 oralig'ida; mobaynida; kitob o'qimoq; 일하는 ~ 책을 읽다 ish mobaynida, ora-chora kitob o'qimoq.

사이좋다 yaxshi kayfiyat.

사이즈(ingl. size) o'lchov; razmer.

사익(私益) shaxsiy foyda; shaxsiy qiziqish; ~과 공익 shaxsiy va ijtimoiy qiziqish.

사인(ingl. sign) imzo; ~하다 imzo chekish; qo'l qo'yish; ~펜 imzo chekish uchun ruchka.

사임(辭任) I nafaqaga chiqish; ~을 권고하다 nafaqaga chiqishni

ㅅ

tavsiya qilmoq; ~하다 ish tashlamoq; ishdan ketmoq; nafaqaga chiqmoq.
사임(寺任) II budda ibodatxonasining buyrug'i.
사자(獅子) I sher; arslon; voris; ~는 동물의 왕이다 sher-hayvonlar qiroli; ~어금이 betakror inson; ~ 어금이같이 아끼다 ko'z qora chig'idak asrash; ~없는 산에 토끼가 대장 노릇한다 qar.범[없는 골에 토끼가 스승이라] I.
사자(使者) II u dunyoga kuzatish; 꿈속에서 죽음의 ~를 만났다 tushda azroil bilan uchrashmoq; ~ 짚신 budd. o'lganlarni u dunyoga kuzatuvchi rux uchun somon; ~채반 budd. buddizmda o'limlarga bag'ishlab o'tkaziladigan marosim.
사자(死者) III o'lgan odam; vafot etgan odam; ~는 불가 부생이라 matal. ≅ nima ham qila olar edik.
사장 I diviziya komandiri.
사장(社長) II firma prezidenti; direktor; ~이 되다 prezident bo'lmoq.
사재(私財) shaxsiy mulk; ~를 털다 shaxsiy mulkni sarflamoq; 그는 ~를 국가에 헌납했다 u mamlakat uchun o'z shaxsiy mulkini sarfladi.
사전(事典) I lug'at; ~을 찾다 lug'atdan qidirmoq; ~을 찾으면서 읽다 lug'atdan qidirib so'zlarni qidirmoq; ~의 도움을 받다 lug'at yordamida; ~편찬 사업 lug'at chiqarish bo'yicha ish; ~ 편찬인 lug'at; 기술용어 ~ texnik lug'at; 백과 ~ entslopedik lug'at; 소 ~ lug'atcha; kichkina lug'at; 영한 ~ inglizcha-ruscha lug'at; 학술어 ~ terminologik lug'at; 해석~ izohli lug'at; ~ 편찬학 leksikografiya.
사전(私電) II shaxsiy telegramma.
사절(謝絶) I rad qilish; ~하다 rad etmoq; 근무~ ishni rad qilmoq; 여행~ safardan bosh tortmoq.
사절(斜截) II ~하다 rad qilmoq.
사정(私情) I shaxsiy his-tuyg'-ular;~없다 rerahm; shafqatsiz.
사정(事情) II sharoit; holat; situaciya; vaziyat; 가정 ~으로 oilaviy sharoitga ko'ra; ~을 보다 vaziyatni hisobga olgan holda; ~이 사촌보다 낫다 maq.; ~하다 vaziyatni tushunishni iltimos qilmoq; o'zini shu holatga qo'yib ko'rishni iltimos qilmoq.
사제(師弟) I o'qituvchi va o'quvchi; ~지간 o'qituvchi va o'quvchi o'rtasidagi munosabat.
사제(舍弟) II kit. 1) mening kichkina ukam; 2) hurm. sening kichkina ukang.
사족(四足) I to'rtta oyoq; tuyoq; ~을 못쓰다 nimagadir almashib qolmoq; ~동물 to'rt tuyoqli hayvon; ⇒ 사지 VIII; ~을 못 쓰다 nimagadir aralashib qolmoq; ~성한 병신 bekorchi.
사족(士族) III 1) taniqli oila; 2) konfuciy olimning oilasi.
사증(查證) viza(pasportda); ~하다 viza bermoq. qar. 비자.
사지 I ovurilgan go'sht bo'lagini oraydigan qog'oz lentasi (to'y va qurbonlik marosimlarida).
사지(邪智) II esk. 1) odamning donoligi (donishmandligi, oqilligi); 2) ishqibozlik, qiziqish, ishtiyoq; nohaqlik.
사지(四肢) I qo'l-oyoqlar; ~가 멀쩡한 사람 sog' odam bekorchi bo'lsada, ovqat yeyishni unutmaydi.
사지(死地) II o'lim changali; ~를 벗어나다 o'lim changalidan qutulmoq.
사직(辭職) I iste'fo; ~하다

iste'foga chiqmoq; ~청원 iste'foga chiqish haqida ariza.
사직(社稷) II 1) iste'foga chiqish haqida ariza; 2) qar. 국가 I; 3) qar. 조정 V.
사진(寫眞) 1) fotorasm; rasm; ~기 fotoapparat; ~첩 fotoal'bom; ~을 찍다 rasmga olmoq; ~가 rasmchi;~관 fotostudiya; fotoatel'ye; ~반 rasmxona; ~부 fotobo'lim; ~술 fotosurat; ~판 fotoplastinka; ~학 rasmga olish (fan sifaida); ~경위의 fotodeolit; ~동판 qar. 사진판; ~ 등급 astr. suratga olish kattaliklari (yulduzli); ~망원경 astr. astograf; ~석판 fotolitografiya; ~전송 foto-telegrafiya; ~제판 fotosteriotiplashtirish;~ 평면도 yerning yuqoridan olingan avtosurat; ~요판 surat rastri (chuqur pechat uchun); ~을 찍다 suratga olmoq; suratga tushirmoq; 2) arx. ~하다 rasm chizmoq.
사진가(寫眞家) rasmchi.
사진기(寫眞機) fotoaparat.
사찰(寺刹) I kit. qar. 절 II.
사찰(査察) II kuzatuv; ta'qib; 공중 ~ havodan kuzatish; 세무~ soliq kuzatuvi.
사체(死體) o'lik tana; murda; ~공포증 nekrofobiya; murdalar- dan qo'rqish; ~ 안치소 murda- xona; ~ 검안 o'likni yorib ko'rish.
사촌(四寸) to'rtta chxon(uzunlik o'lchovi ≅ 13sm.); 2) amakibochcha; xolavochcha; ~이 땅을 사도 배가 아프다 maq. ≅ birovning baxtiga hasad qilmoq.
사치(奢侈) dabdaba; ~하다 ortiqcha zebu-ziynat; ~스럽다 dabdabali; ~스럽게 살다 dabdabali hayot kechirmoq; ~품 hashamatli hayot predmetlari.
사칭(詐稱) qalbaki shaxsiy dalillar; ~하다 shaxsiy dalillarni soxtalashtirmoq.
사탄(ingl. Satan) I shayton; ~이 광야에서 예수를 시험하였다 shayton sahroda Isoni aldashga harakat qildi; ~의 원래 이름은 루시퍼였다 shaytonning haqiqiy nomi Lyucifer.
사탕(<砂糖),설탕 shakar; shirinlik; ~ 무우 qand lavlagi; ~ 수수 shakarqamish.
사태(事態) I ish holati; hodisa; 곤란한 ~ ishning og'ir ahvoli; 국가 비상~ davlat ishlarining favqulotta holati.
사태(沙汰) II o'pirilish; qulash; siljish; cho'kish; 이 ~에서 벗어날 수 있도록 도와주세요 bu vaziyatdan chiqib ketishimga yordam bering.
사택(舍宅) I kvartira; xonadon.
사택(私宅) II korxonaga qarashli uy.
사퇴(辭退) I nafaqaga chiqish; ~하다 nafaqaga ketmoq.
사퇴(仕退) II ~하다 ishdan ketmoq.
사투리 qar. 방언(方言) I dialekt; 그녀는 전라도 ~를 쓴다 U Chollado shevasida gapiradi; ~흉내내기 shevaga taqlid qilmoq.
사표(辭表) I iste'foga chiqish haqida ariza; ketish haqida ariza; ~를 재촉하다 ishdan bo'shash haqidagi arizani berish.
사하다(謝-) minnatdoechilik bildirmoq, rahmat aytmoq.
사항(事項) punktlar; maqola; paragraf; bo'lim; 관련 ~ mos keluvchi (to'g'ri keluvchi) punktlar (moddalar); 불만이 있는 ~ norozilik bildirilgan punktlar.
사행(射倖) chayqovchilik; ~심 qiziqish; berilib ketish; ~하다 a) omadga ishonmoq; b) hiylanay-rangga berilmoq; e) chayqovchilik bilan

ㅅ

shug'ullanmoq.
사혈(瀉血) I tib. qon tozalash, venepunktsiya; ~하다 qon tozalash.
사혈(死血) II kor. tib. quyulib qolgan qon.
사형(死刑) o'lim jazosi; ~수 o'limga hukm qilingan; ~장 qatl joyi; ~ 선고 qatl hukmi; ~하다 qatl qilmoq.
사환(使喚) I idora (korxona)ning yugurtagi; ~하다 a) yugurtak bo'lmoq; b) ish bilan jo'natmoq.
사환(仕宦) II ~하다 yugurtaklik qilmoq.
사활(死活) hayot va mamot; ~문제 hayot va mamot masalasi; ~적 kuchli; qattiq; qat'iy; keskin; ~적 문제 hayot va o'lim masalasi.
사회(司會) I 1) ~하다 raislik qilmoq; marosimni boshqarmoq; 2) qar. 사회자.
사회(社會) II 1) jamiyat; ~의 이익 jamiyat foydasi; ~적 지위 jamoat (ijtimoiy) holat; ~과학 ijtimoiy fan; ~관 ijtimoiy hayotga nazar; ~단체 ijtimoiy tashkilot; ~당 social ijtimoiy partiya; ~면 social tomon; ~문제 ijtimoiy muammo; ~보장 ijtimoiy sug'urta; ~복지 ijtimoiy farovonlik; ~부 ijtimoiy bo'lim; ~비난 ijtimoiy tanbeh; ~사업 jamoatchilik ishi; ~상 ijtimoiy shaxs; ~생활 jamoat hayoti; ~성 ijtimoiy xarakter; ~여론 jamoatchilik fikri; ~악 social yovuzlik; ~의무 jamiyat vazifasi ~인 jamiayat odami; ~자 yetakchi; boshqaruvchi; ~장 ommaviy (xalq oldidagi) dafn marosimi; ~제도 ijtimimoiy tuzum; tuzum; ~주의 socializm; ~주의 건설 sotsialistic tuzum; ~주의 사회 ijtimoiya jamiyat; ~주의 혁명 ijtimoiy revoluciya; ~질서 jamoat tartibi; ~ 체제 ijtimoiy tizim; ~학 sociologiya; jamiyat- shunoslik; ~화 sociallashtirish; ~활동가 jamoat arbobi; 과학적 ~주의 ilmiy jamiyatshunoslik; 부르조와 ~ burjua jamiyati; 봉건~ feodal jamiyati; 상류~ oliy (yuqori) tabaqa(jamiyat); 자본주의 ~ kapitalistik jamiyat; ~적 jamoatchilik; social; ~경제 구성태 ijtimoiyiqti-sodiy formaciya; ~교육 a) ijtimoiy tarbiya; b) fuqoro tarbiyasi; ~급양 umumiy ovqatlanish; ~ 개량주의 ijtimoiy islohat; ~ 계약설 ijtimoiy burch nazariya; ~과학원 ijtimoiy fanlar akademiyasi; ~ 다원주의 ijtimoiy darvinizm; ~ 노력 a) jamiyat mehnati; b) jamiyat uchun mehnat qilish; ~보험 ijtimoiy sug'urta; ~성분 ijtimoiy tarkib; ~혁명 ijtimoiy revolu- ciya; ~유기체설 ijtimoiy orga- nizm teritoriyasi; ~ 애국주의 ijtimoiy vatanparvarlik; ~적 노동 jamoatchilik mehnati; ~적 방언 ijtimoiy dialekt; ~적 생산 ijtimoiy ishlab chiqarish; ~적 존재 ijtimoiy turmush tarzi; ~적 의식 ijtimoiy ong; 2) jamoat; haloyiq; 3) olam; odamlar; 4) arx. xo'jalik.
사회생활(社會生活) ijtimoiy hayot.
사회주의(社會主義) socializm; ~적 socialistik; ~공업국가 socialistik(industrial) davlat; ~ 분배원칙 taqsimlashning ijtimoiy (social) principi; ~ 사회 ijtimoiy jamiyat; ~혁명 socialistik revoluciya; ~적 공업화 ijtimoiy (social) sanoatlashtirish; ~적 민족 socialistik (ijtimoiy) millat; ~적 사실주의 ijtimoiy realizm;~적 인도주의 socialistik gumanizm; ~적 애국주의 socialistik vatanpar-

ㅅ

varlik.
사회화(社會化) siyosat. ijtimoiylashtirish (sociallashtirish); ~하다 a) sociallashtirmoq; b) ijtimoiy xuxusiyatlarni kuchaytirmoq.
사후(事後) I ~에 amalga oshgan dalildan keyingi raqam; ~승낙 keyingi raqam bilan tasdiqlash.
사후(死後) II ~에 o'limdan so'ng; ~ 청심환 matal. ≅ so'zmaso'z. o'lgandan keyin dori bermoq.
사흘 uch kun; ~들이 har uch kunda.
사휼(詐譎) og'z. ~하다 yolg'on gapirmoq; aldamoq.
사흗날 uchinchi kun.
사흘 1) uchinchi kun (oyning); 2) uch kun; ~ 굶어 도적질 안 할 놈 없다 maq. ≅ qiyinchilik hamma narsaga o'rgatadi; ~ 굶은 범이 원님을 안다더냐 maq. ≅ so'zma-so'z. och qolgan yo'lbars uyezd boshlig'iga ham qarab o'tirmaydi; ~길을 하루 가고 열흘 눕는다 maq. ≅ sxoshgan qiz erga yolchimas; ~ 돌이로 deyarli tez-tez; ~이 멀다 하다 juda tez-tez bo'ladigan.
삭(朔) 1) yangi oy chiqadigan paytdagi oy; 2) oy tug'ilishi; yangi oy
삭감(削減) qisqartirish; ~하다 qisqartirmoq; kamaytirmoq; kesmoq; 예산을 ~하다 budjetni qisqartirmoq; 대~ katta qisqartirish.
삭발(削髮) kalga olish (sochni); ~하다 sochni oldirmoq (kestirmoq); 2) sochi olingan bosh; 3) daraxtlarni (o'tlarni) kesish.
삭월세(朔月貰) 1) xona ijarasi uchun har oy to'lanadigan pul; 2) har oylik to'lov sharti bilan ijaraga beriladigan bino.
삭월세집(朔月貰-) har oylik to'lov sharti bilan ijaraga beriladigan uy.
삯 1) ish haqqi; 하루의 ~은 4만원이다 har kungi to'lov 40ming von; ~ 바느질 pulga tikish; ~ 빨래 pulga kir yuvish; 2) qar. 세 III; ~을 내다 a) yollash, b) ijaraga olmoq; ~ 바느질하다 yollanib tikuvchilik.
삯군 yollama ishchi.
삯바느질 ~하다 yollanib tikuvchilik.
삯품 yollanma mehnat; ~을 팔다 yollanib ishlash.
산(山) 1) tog'; ~에 오르다 toqqa chiqmoq; ~에서 내려오다 tog'dan tushib kelmoq; 우리는 ~에 올라갔다 biz toqqa chiqdik; ~간 tog'da; tog'lar o'rtasida; tog' darasi; tog'lar oralig'ida;tog'li vodiy; ~골 uzoq tog'li rayon; tog'li vodiy; vodiy; ~골짜기 vodiy; ~기도 ibodat tog'i; ~기슭 tog' etagi; ~길 tog' yo'li; ~꼭대기 tog' cho'qqisi; ~나물 tog'dagi yovvoyi o'simliklar; ~더미 uyum; bir to'p; ~등 tog' qiya- liklari; ~등성이 tog' tizmasi;~록 tog' etagi; ~림 tog' va o'rmon; ~맥 tog' tizmasi; ~봉우리 tog' cho'qqisi; ~불 o'rmon yong'ini; ~사 tog'dagi ibodatxona; ~사나무 boyaroshnik (o'simliknomi); ~사람 tog'li aholi; ~사태 tog' ko'chkilari; ~삼 tog'li jenshen; ~새 tog' qushi; ~세 tog' rel'efi; ~속 tog'da; ~수화 peyzashli san'at asari; ~수유 kizil (tog'da o'sadigan daraxt nomi); ~신 tog' ruhi; ~신당 tog' ruhi yashaydigan ibodatxona; ~신제 tog' ruhi uchun diniy hizmat; ~악 tog'lar; ~악회 alpinistlar jamiyati; ~야 tog'lar va tekislar; ~양 tog' echkisi; ~울림 sado; ~자수명 suv va tog' ko'rinishining chiroyi; ~장

ㅅ

tog'dagi dala hovli; ~정 tog' cho'qqisi; ~줄기 tog' tizmasi; ~천초목 butun tabiat; ~촌 tog' aholisi; ~토끼 quyon; ~파 piyoz; 산 밖에 난 범이요, 물 밖에 난고기라 mat. ≅ a) quruqlikdagi baliqqa o'xshab; b) avjiga chiqqan holat; 산보다 골이 더 크다 sog'lom aqlga qarshi chiqmoq; 산 진 거북, 산 진 거북이요, 돌 진 자라(가재)라 kuchli qo'llab-quvvatlash; kuchli yordam; 산이 깊어야 범이 있다 maq. ≅ so'zma-so'z. faqat chuqur tog'lardagina yo'lbarslar bo'lishi mumkin (kutilmagan holatning birdan paydo bo'lishi); 산이 높아야 골이 깊다 maq. ≅ niyatlar qanchalik ma'noli bo'lsa, fikrlar shunchalik ma'noli bo'ladi (tog'lar baland bo'lgan sari, tog' daralari shunchalik chuqur bo'ladi; 산에 가야 범을 잡지 maq.≅ so'zmaso'z. yo'lbarsni utmoqchi bo'lsang, tog'ga bor (maqsadga intiluvchanlik haqida); 2) qisq. 산소I.

산(酸) II kislota.

산(算) III og'z. 1) hisob; 2) qisq. 산가지; 산을 놓다 (두다) a) cho'tda hisoblamoq; b) hisoblamoq; 산도 못 놓다 juda oz; juda kam.

산(産) IV 1) qora mol uchun sanoq so'zi; 2) qar. 산물.

산란(産卵) I tuxum qo'yadigan joy; ~하다 tuxum qo'ymoq.

산란(散亂) II 1) 무통~ tartibsizlik; ~하다 a) betartib; har tomonga sochilgan; xaos; b) sarosimaga tushib qolgan; 2) dispersiya, parishonlik; e'tiborsizlik; ~복사 tarqoq radiatsiya.

산림(山林) o'rmonlar; ~감수 o'rmonlar ho'jaligining mudiri; ~갱신(되살이) o'rmon-yangilash; ~계산학 taksatsiya (dendrologiya bo'limi); ~생물학 dendrologiya; ~ 천택 tog'lar, o'rmonlar, daryo va hovuzlar; davlat hizmatida turadigan konfutsiy olim; ~문하 konfutsiy bilimdonining shogirdi; ~ 처사 davlat hizmatida bo'lmagan, uzoq viloyatlarda turadigan konfutsiy olim.

산림녹화 (山林綠化) tog'larning ko'kalamzorlashtirish.

산림대(山林帶) o'rmon zonasi.

산모(産母) homilador ayol; ~가 훨씬 좋아 보입니다 homilador ayolning ko'rinishi yaxshiroq; ~의 상태는 어떻습니까? Homilador ayolning ahvoli qalay? Homilador ayol o'zini qanday xis qilyapti?

산문(山門) I 1) tog'dan o'tish; 2) budda ibodatxonasining tashqi darvozalari; 3) budda ibodatxonasi.

산문(散文) II nasr (proza); ~으로 쓰다 nasrda yozmoq; ~적 nasriy; ~시 oq sh'r; nasriy she'r.

산보하다 sayr qilmoq.

산부인과(産婦人科) 1) doyalik (akusherstvo) va ginekologiya; ginekologik bo'lim; ~ 의사 doya (akusher); ginekolog; 2) ginekologik bo'lim (kasalxonada).

산성(山城) I tog'dagi qo'rg'on.

산성(酸性) II biror narsadagi kislota miqdori; ~ 반응 kislota reaktsiyasi; ~비료 nordon (achchiq) o'g'it; ~ 백토 achchiq loy; ~ 산화물 kislotali okisel; ~식물 bot. oksilofitlar; ~ 탄산염 bikarbonat; ~ 토양 nordon tuproq; ~ 염료 kislotali bo'yoq.

산소(山所) I 1) qabrlar joylashgan joy; ~를 모시다 ko'mish; dafn qilish; ~등에 꽃이 피다 ko'payishi(naslning); 2) qar. 뫼.

산소(酸素) II kislorod; ~처리하다 achitmoq; ~결핍증 tib. anoktsiya; ~기아 kislorod yetishmasligi; ~ 요법 kislorod bilan davollash; ~ 부화법 kislorodli inkubatsiya; ~절단 gazli kesish; ~용접 avtogen(gazli) svarka.

산수(山水) I 1) tog' jilg'asi; 2) tog' va daryolar; manzara, peyzaj; 3) qar. 산수화; ~ 병풍 manzarali parda.

산수(算數),산술(算術) II arifmetika; ~공부를 하다 arifmetik masala yechmoq; ~적 arifmetik; ~문제 arifmetik amallar; ~급수 arifmetik tarraqiyot (rivojlanish, o'sish); ~ 평균 o'rta arifmetik; ⇒셈법.

산악(山岳) tog'lar; ~기상 ulug'vor, muhtasham; ~ 기후 tog' iqlimi; ~ 지대 tog'li yer, tog'li rayon.

산업(産業) sanoat; ~의 발달 sanoat rivojlanishi; ~계 sanoat doiralari; ~구조 sanoat tuzilishi (strukturasi); ~국 sanoatlashtirilgan davlat; ~체 sanoat korxonalari; ~혁명 sanoat revoluciyasi; ~화 sanoatlashtirish; ~적 sanoat; ~건물 sanoat korxonasining binosi; ~국유화 sanoatni milliylashtirish; ~자본 sanoat kapitali; ~ 조류 sanoat qushi; ~ 지리학 sanoat joylashtirish geografiyasi; ~혁명 sanoat revoluciyasi; ~예비군 zaxiradagi mehnat armiyasi;~적 가치 hunarmandchilik qimmati.

산업가(産業家) sanoatchi.

산유(産油) neft ishlab chiqarish; ~국 neft ishlab chiqaruvchi davlat.

산입(算入) ~하다 qo'shmoq.

산책(散策), 산보(散步) sayr; ~하다 sayr qilmoq; ~갑시다 yur(ing) aylanib kelamiz.

산출(産出) I ishlab chiqarish, o'lja qazib olish; ~량 ishlab chiqarish hajmi; o'lja; ~하다 ishlab chiqarilmoq, ishlab chiqarmoq, ishlanmoq.

산출(算出) II hisoblash, hisoblab chiqarish; ~한 금액 hisoblangan miqdori; ~하다 sanamoq, hisoblab chiqmoq.

산하(傘下) ...ga kiruvchi; ...da turuvchi (bo'luvchi); ~기관 quyi tashkilot (organ); ~기업 davlat korxonasi; 조국 전선 ~의 정당들 davlat frontiga kiruvchi siyosiy partiya; 교육성 ~의 학교들 maorif ministrligiga qarashli o'quv majmuasi.

산학(算學) esk. ~교수 12chi rangli amaldor; ~박사 a) konfutsiy kollegiyasida 18chi rangli amaldor (Koryoda); b) o'quv muassasasida matematika o'qituvchisi (Sillada); ~ 훈도 17chi rang amaldori.

산행(山行) 1) esk. tog' yollari bo'ylab yurmoq; 2) arx. qar. 사냥; ~ 포수 arx. qar. 사냥 [포수]; ~하다 a) tog'li yo'llar bo'ylab yurmoq; b) qar. 사냥[하다].

산행하다 tog' so'qmoqlaridan yurmoq.

산호(珊瑚) I marjon; ~섬 marjon oroli; ~목걸이 marjon munchoq; ~모래 qar. 산호사; ~바다 marjon to'la dengiz; ~앙금 marjon qatlamlari; ~기둥에 호박 주추 hashamatli uy.

산호(山弧) II tog' tizmasidagi burilish.

산화(山禍) I etn. ajdodlarning baxtsiz koyda ko'milganliklari sababli kelgan baxtsizlik.

산화(酸化) II achitish; ~하다 achishtirilmoq;~시키다 achimoq; ~물 achitqi; ~ 알루미늄 alumin achitqisi; ~제 achitqi; ~철 achittirilgan temir.

산화(散花) III 1) har taraf

(tomon)ga sochilgan gullar; 2) ~하다 gullarni sochib tashlamoq.

살 I 1) go'sht; mushak; muskul; teri; ~을 빼다 ozmoq; 돼지는 ~이 올랐다 cho'chqa semirib ketdi; ~과 피 qon va yog'; 살이 내리다(빠지다) ozib qolmoq; 살이 오르다 semirmoq; to'lishmoq; 살이 찌다 a) semirib ketmoq; b) lazzatlanib yashamoq; 살 찐 놈 따라 부으랴 maq. ≅ qarg'a o'rdakka o'xshamoqchi bo'lib oyog'ini sindirdi; 살을 에이다 a) suyaklargacha kirib bormoq; b) titramoq; 살이 살을 먹고 쇠가 쇠를 먹는다 maq. ≅ esk. odam odamga bo'ri; 2) qar. 피부 I; 3) laxm joy; 4) dalaning ekin ekiladigan qismi; ~을 붙이다 qo'shmoq; to'ldirmoq; e) to'qimoq; o'ylab topmoq; ~이 닿다 ziyon ko'rmoq

살 II 1) spisa; 구김~ ajin; 빗~ taroq tishlari; 살같이 intiluvchanlik bilan; ~살 맞은 뱀 같다 ari chaqqanga o'xshab; 살을 먹이다 kamonga o'qni qo'yib ipni tortmoq; 2) bug'da pishirilib koreys noniga tushirilgan bezak; 3) qar. 어살; 4) oqlangan kirlarning jilvasi; 5) oqlangan(kraxmallangan) kirlarning qattiqligi; ~박아 치다 qattiq urmoq; ~을 잡다 qar. 살잡이[하다]; ~이 잡히다 a) g'ijim bo'lmoq; g'ijimlanmoq (ko'ylak haqida); b) ozgina sovimoq.

살 III qo'shimcha miqdor (qimor o'yinlarda).

살(煞) IV 1) etn. yomon ko'z; ~을 맞다 yovuz kuchlarni deb azob chekmoq; ~이 가서(갔다) shayton yo'ldan urdi; ~이 돋다 qar. 독살[이 나다] II; ~이 박히다 yovuz, yomon (ko'z, qarash); ~이 서다(뻗치다, 끼다) yovuzlikka duchor bo'lmoq; 2) qarindoshlar o'rtasidagi yomon munosabat.

살 V (나이) yoshni bildiradigan sanoq so'z; 한 ~ bir yil; 두 ~ ikki yil; 스무 ~ yigirma yil; 당신이 몇~입니까? Necha yoshdasiz? Yoshingiz nechida?

살 VI o'q; 손~같이 빠르다 o'qday tez.

-살(殺) kor. qo'sh. qotillik; 과실살 uyushtirilmagan qotillik.

살가죽 teri.

살갗 teri qoplamasi; teri.

살균(殺菌) ~하다 zararsizlantirmoq; sterillamoq; ~제 zararsizlantiradigan vosita; ~력 zararsizlantirilganlik; bakteritsidlik; ~작용 insektsion harakat.

살그머니 yashirincha; berkitib; sekingina; ~ 다가오다 sekingina yaqinlashmoq; bildirmasdan yaqinlashmoq; ~ 쳐다보다 yashirincha (berkitib, sekingina) qaramoq.

살다 I (사니, 사오) yashamoq; umr kechirmoq; 검소하게 ~ sodda yashamoq; oddiy (kamtarin) hayot kechirmoq; 사이좋게 ~ ahil-inoq bo'lib yashamoq; 산에 ~ barhayot; mavjud; hozirgi; 산 불 yonuvchi olov; 살아생전 kuch. uslub. 산 사람 눈빼 먹겠다 qo'rqinchli; havfli; 산 호랑이 눈섭 qush suti; 산 호랑이 눈섭도 그리울 것이 없다 matal. ≅ faqat qush sutigina yetishmayapti; 산 입에 거미줄 치랴 maq. ≅ har doim yashash mumkin; 살 구멍[을] 뚫다 kun kechirish uchun mablag' qidirmoq; 살아나다 a) tirik bo'lmoq; b) tirilmoq; jonlanmoq; e) najot topmoq; e) qayta alanga olmoq.

살다 II (사니, 사오) sif. ozgina ko'proq.

살래살래 ~젓다 boshini qimir-

latmoq; ~흔들다 dumini likillatmoq; ~하다 irg'itmoq; silkitmoq; qimirlatmoq; likillatmoq (dum bilan).
살림 1) uy xo'jaligi; hayot; turmush; ~을 하다 xo'jalik yuritmoq; 근근히 ~을 꾸려가다 soz'rg'azo'rg'a ro'zg'or yuritmoq; ~꾼 xo'jayin; uy bekasi; yaxshi xo'jayin; yaxshi uy bekasi; ~살이 ro'zg'or; xo'jalik; ~집 yashash uchun yaroqli uy-joy; ~터 xo'jalik; ro'zg'or; ~하다 xo'jalik yuritmoq; 2) hayot; turmush; umr; ~이 넉넉하다 to'qchilikda hayot kechir- moq; ~이 꿀리다 og'ir sharoitda hayot kechirmoq; qashshoqlikda ayshamoq; ~을 나다 oiladan ajralib chiqmoq.
살살 I sekingina; bilintirmay; sezdirmay; ~닿다 engilgina tegmoq; 1) ~ 녹다 sekingina erib ketmoq; 2) ~ 불다 esmoq (daraxt shoxlari haqida); 3) ~ 달래다 ko'ndirmoq; 4) 눈웃음을 ~ 치다 ayyorlik bilan kulmoq; 5) 눈치를 ~보다 sekingina (bildirmasdan) poylamoq (qaramoq); 6) ~기다 sekingina ehtiyotkorlik bilan emaklamoq; ~걷다 ehtiyotkorlik bilan (sekingina) yurmoq.
살살 II 1) 물이~끓다 nomigagina qaynamoq; 2) ~ 고개짓을 하다 boshini irg'atmoq; qimirlatmoq; 3) 벌레가 ~기어 다니다 sudralib yurmoq(mayda hasharot haqida)
살수(撒水) I suv bilan purkash; ~차 suv uchun arava; ~하다 sachratmoq; sachratib tashlamoq; suv sepmoq.
살수(殺手) II esk. 1) qilich olib yuruvchi (jangchi); 2) qar. 망나니 2).
살아가다 yashamoq; 세상을 ~ bu dunyoda yashamoq.
살아나다 qayta jonlanmoq; 회복돼서~ kasallikdan keyin yashab ketmoq (jonlanmoq).
살아남다 jonlanmoq; yashab ketmoq.
-살이 hmavjudlik; hayot; kun kechirish; 고생~ hayot qiyinchiliklari; 객지~ o'zga yurtdagi hayot.
살인(殺人) qotillik; ~범 qotil; ~적 vahshiy; yalmog'iz; ~하다 o'ldirmoq; ~기도 suiqasd qilish; ~마 qotil; o'g'ri; bosmachi; ~자 qotil; ~죄 qotillik; ~강도 bosmachi; kallakesar; ~미수 qotilning hayotga suiqasd; ~차첩 qo'lga olinishi uchun ro'xsatnoma (order); ~을 내다 (치다) o'ldirmoq; qotillik sodir etmoq; ~을 메다 qotillikni o'z bo'yniga olmoq; ~이 나다 sodir bo'lmoq (qotillik haqida); ~적 만행 misli ko'rilmagan yovuzlik; ~적박해 shafqatsiz ta'qib qilish.
살짝 1) sekingina; bildirmay; yashirincha; ~ 도망가다 bildirmasdan qochib ketmoq; 방에서 ~ 나가 버리다 xonadan chiqb ketmoq (sekingina)
살찌다 semirmoq; to'lishmoq; 살찐 송아지 do'mboq buzoqcha.
살충(殺蟲) zararli hasharotlarni yo'qotmoq; ~제 insektitsidlar; ~하다 yo'q qilmoq; qirib tashlamoq.
살펴보다 ko'zdan kechirmoq; qarab chiqmoq; tekshirmoq; 지도를 ~ xaritani qarab chiqmoq.
살피다 (보다) I ko'zdan kechirmoq; 창밖을 ~ oynadan qaramoq; 방안을 ~ xonani ko'zdan kechirmoq.
살피다 II yupqa; noyob (mato).
삵 삵괭이; 삵의 상 qo'pol. yoqimsiz bashara; 삵의 웃음 boshqa-

larning baxtsizligidan shodlanuvchi kulgi.
삶 hayot; 어렵게 ~을 이어가다 og'iq (qiyin) hayot kechirmoq.
삶다 1) qaynatmoq; tayyorlamoq; ishlab tayyorlamoq; ishlov bermoq; 고기를 ~ go'shtni qaynatmoq; 삶은 닭이 울까? maq. ≅ so'zma-so'z. qaynatil- gan tovuq ovoz chiqaradimi? 삶은 소가 웃다가 꾸러미 터지겠다 matal. ≅ tovuqlarga kulgi bo'lib; 2) ishlov bermoq; ishlab tayyorlamoq; 3) boronalamoq va tekislamoq.
삼(蔘) I jenshen.
삼(三) II uch; uchinchi; qar. 셋; ~권선 변압기 uch obmotali transformator; ~호 활자 uch keglaning tipografik shrifti (5,54 mm. balandligida); ~년 결은 노망태기 ko'p yillik mehnatning hosili.
삼백(三白) uchyuz.
삼각(三角) I 1) uchburchak; trigonometriya; ~대 shtativ; ~자 delta; ~형 uchburchak; qar. 삼각형; ~ 관계 a) muhabbat uchligi; b) uch inson (uyushma) o'rtasidagi munosabat; ~ 동맹 uchlik birlashmasi; ~ 정규 arx. qar. 삼각자; ~ 지대 qar. 삼각주II; ~측량 mat. triangulaciya; 2) qar. 삼각법; ~방정식 trigono- metrik ifoda; ~ 시차 astr. trigonometrik parallaks; ~ 함수 trigonometrik funktsiya; ~ 함수표 trigonometrik funktsiyalar jadvali; ~ 항등식 trigonometrik o'xshashlik.
삼각(三脚) II 1) ~ 의자 uch oyoqli stul; 2) qar. 삼각가; 3) qar. 비경이.
삼년(三年) uch yil; ~부조 esk. uch yillik motam davrida marhumning oilasiga ta'ziya bildirmaslik; ~초토 qar. 삼년상.
삼다 [-tta] I 1) qilmoq (hisoblamoq); 며느리로 ~ kelin dem hisoblamoq; 고아를 양자로 ~ yetimni asrab olmoq; 아내로 ~ xotin qilmoq; 2) hisoblamoq, qaramoq.
삼다 [-ттa] II 1) to'qimoq (oyoq kiyim); 2) yigirmoq (ip).
삼림(森林) [-nim] o'rmon; ~ 곤충학 o'rmon entomologiyasi; ~ 동토대 o'rmon-tundra; ~보호 o'rmonni qo'riqlash.
삼면(三面) 1) uch tomon (yuza); 2) uchinchi bet (ro'znomaning); ~ 기사 uchinchi betdagi qayd.
삼분(三分) uchtalik bo'lish; ~법 uchtalik bo'lish usuli; ~하다 3 qismga bo'lish.
삼위일체(三位一體) Muqaddas Uchlik; uch birlik; 성~ Muqaddas Uchlik.
삼일(三日) 1) uchinchi san (oyning); 2) uch kun; ~ 내에 uch kun davomida; ~신행 etn. to'ydan keyin uchinchi kuni kelin (kiyov) nikiga borish; ~점고 ishga kirgandan keyin uyezd boshlig'ining yangi ishchilarning ro'yxatini tekshirishi; a) davlat boshqaruvining qisqa vaqtga bosib olish; b) yuqori lavozimni qisqa vaqtga egallash (vaqtincha); ~유가 davlat lavozimiga imtihon topshirgandan keyin uch kun davomidagi tashrif; ~안 새색시 yaqinda turmushga chiqqan ayol.
삽 1) belkurak; ~으로 땅을 파다 yerni belkurak bilan chopish; 2) yerdan qazib olinadigan boshlarga nisbatan sanoq so'z.
-삽- (-사오니-,-사와-) hurmat shakli qo‘sh.
삽시간(霎時間) bir zumda; ko'z ochib yumguncha; ~에 bir

zumda.
삽입 qo'yish; kiritish;～문장 qar. 삽입문; ～자모 a) esk. bo'g'inlar orasiga qo'yiladigan harf; b) so'z birikmalari orasiga qo'yiladigan undosh harf; ～하다 qo'ymoq; joylashtirmoq (biror narsaning orasiga).
상(床) I 1) stol; ～을 차리다 dasturxon yozmoq; 밥～ ovqatlanadigan stol; 2) qar. 소반 I; 상을 보다 dasturxon yasatmoq.
상(常),상금(償金) II mukofot; garov nishona; 노벨～ Nobel mukofoti; 우등～ birinchi mukofot.
상(相), 장관(長官) III ministr; 상서기 ministr sekretari.
상(上) III 1) yuqori, birinchi; 상반년 birinchi yarim yillik; 상 반부 yuqori (birinchi) yarmi; 2) qisq. 상감 II.; 3) yuqori; ～부 yuqori qism; ～등 yuqori sinf; ～의 분류에 속하다 yuqori sinfga tegishli bo'lmoq.
-상(像) I tasvir; surat.
-상(商) II savdogar.
-상(傷) III yara, lat yegan joy.
-상(狀) IV obrazli; tasvirli; jonli.
-상(上) V otdan sifat yasovchi kor. qo'shimcha: 경제～ iqtisodiy (iqtisoe).
상공(商工) havo territoriyasi; ～부 savdo-sotiq va sanoat ministrligi; ～업 savdo va sanoat; ～에 osmonda; ...tepada.
상공업(商工業) savdo-sotiq va sanoat.
상관(相關) I 1) o'zaro munosabat; o'zaro bog'liqchilik; ～[적] nisbiy;～개념 fals.nisbiy tushuncha; ～계수 mat. nisbat koeffitsiyenti; ～관계 mat. nisbiy bog'liqlik(tobelik); ～작용 biol. nisbat; ～함수 mat. nisbiy funkciya; ~없다 a) biror narsaga hech qanday aloqada bo'lmaslik; 남의 일에 ～ 마시오 birovning ishiga aralashmang; ～성 o'zaro munosabat; b) havotirga hojat yo'q; 2) jinsiy aloqa; ～하다 a) aloqada bo'lmoq; bog'liq bo'lmoq (biror narsa bilan); b) jinsiy aloqaga kirishmoq.
상관(商館) II esk. 1) firma; savdo uyi; 2) chet-ellik boshqaradigan do'kon.
상권(商圈) [-kkvon] I savdoga ta'sir qiluvchi muhit.
상권(商權) [-kkvon] II 1) savdo huquqi; 2) savdo sohasida hukmronchilik.
상극(相剋) 1) ikki tomonning o'zaro istisno qilishi; ～하다 bir-birini istisno qilmoq; 2) murosasizlik; kelishtirib bo'lmaslik; 3) kuchli tabiiy ofat; 물과 불은 상극이다 suv va olovikki qarama-qarshilik.
상금(賞金) I pullik mukofot; ～제 mukofot tizimi.
상금(償金) II to'lash; o'rnini to'ldirish; pullik badal.
상급(賞給) I 1) ～하다 mukofatlamoq; mukofot bermoq; taqdirlamoq; 2) mukofot.
상급(上級) II 1) yuqori sinf (razrae); ～기관 yuqori tashkilot; 2) yuqori simf; ～생 yuqori sinf o'quvchisi; ～학교 yuqori maktab; 3) yuqori lavozimdagi komandir; katta boshliq; ～군관 katta oficer; katta oficerlat tarkibi.
상납 1) soliq to'lash; ～하다 soliq to'lamoq; ～금 to'lanadigan summa (miqdor); 2) sovg'a qilinib beriladigan narsa.
상냥스럽다 sif. muloyim bo'lib tuyulmoq. 상냥스레 muloyim, yo'qimtoy, jozibali, dilkash.
상냥하다 mehribon, yumshoq, ko'ngli bo'sh; 마음이 상냥한 사람 muloyim (yoqimtoy) inson; 상냥

히 미소짓다 ochiq ko'ngillik bilan kulmoq.
상담(相談),협의(協議) I koncul'tatsiya, maslahat; ~하다 maslahatlashmoq; ~료 maslahat uchun pul to'lash; ~소 maslahatxona; ~역 maslahatchi; 법률 ~소 yuridik maslahatchi.
상담(常談) II 1) kundalik (har kungi)dagi til; 2) dag'al (qo'pol, adabsiz) so'zlar.
상당(相當) ~하다 mos keladigan; nisbiy; mos;
상당히 yetarlicha; yaxshigina.
상대(相對) 1) ~하다 kutib olmoq; uchrashmoq; qarshi chiqmoq; 2) boshqa (qarshi) tomon; 나는 ~ 편의 계획을 파악했다 men raqib (dushman)ning niyatlarini fosh qildim; ~방 boshqa (qarama-qarshi) tomon; ~자 boshqa tomon (hamkor); 3) teskarilik; zidlik; 4) ~[적] nisbiy; ~성 nisbiylik; ~주의 aloqadorlik; ~높이 nisbiy balandlik; ~적 과잉 인구 nisbiy aholi ortiqligi; ~적 시칭 tilsh. nisbiy vaqt; ~적 지질 연대 nisbiy geologik xronologiya; ~적 진리 nisbiy haqiqat.
상류(上流) [-nyu] 1) yuqori oqim; 2) jamiyatning yuqori (sinfi) qatlami; ~계급 oliy nasab; ~사회 jamiyatning oliylari; yuqori jamiyat.
상륙(商陸) [-nyuk] I kor. tib. lakonosning ildizi (dori sifatida qo'llaniladi).
상륙(上流) II tushirish (qirg'oqqa); desant; ~하다 tushirmoq (qirg'oqqa); ~을 허가하다 qirg'oqqa tushirishga ruxsat bermoq; ~기지 harb.
상반(上半) I birinchi yarimtalik
상반(相反) II ~하다 teskari bo'lmoq; qarama-qarshi bo'lmoq qarshi bo'lmoq; 성격이 ~ teskari harakter (hulq-atvor).
상반기(上半期) (biron-bir) davrning birinchi yarmi.
상벌(賞罰) mukofot va jazo; 공죄에 따라 ~을 주다 qilmishiga yarasha mukofotlash va jazolash.
상법(相法) [-ppop] I fiziognomika.
상법(商法)[-ppop] II savdo huquqi, savdo kodeksi; savdosotiq to'g'risidagi qonun
상봉(相逢) uchrashuv; ~하다 uchrashmoq; 오랜만에 ~ uzoq vaqtdan keyin uchrashmoq.
상부(上部) 1) yuqori qism; ~구조 fals. ustiga qurish(ustqurma); 2) yuqori organ; ~의 지시에 따르다 yuqori organ buyrug'iga bo'ysunmoq; 3)yuqori lavozimda ishlaydigan odam (boshliq).
상비약(常備藥) tayyor dori (m-n. dorixonada)
상상(想像) I hayol; tasavvur; ~하다 hayol qilmoq; tasavvur qilmoq; ~의 hayoliy, tasavvuriy; 밝은 미래를 ~하다 yorqin kelajakni tasavvur qilmoq; ~력 fantaziya; tasavvur kuchi; ~외 kutilmaganda; ...ga qaramasdan; hayol bavor qilmaydigan; ~화 surat, tasavvur orqali yozilga (hayolda yozilgan).
상상(上殤) II esk. ~하다 14-19 yoshlarda olamdan ko'z yummoq.
상설(常設) I ot. doimiy; statsionar; ~관 jixoslangan (uskunalangan) bino; ~탁아소 statsionar bolalar yaslisi; ~회의 doimiy maslahat; ~위원회 doimiy komitet.
상설(詳說) II ~하다 batafsil tushuntirmoq.
상세(詳細) ~하다 batafsil; tafsilotlar bilan.
상세하게 알리다 xabardor qilmoq; aytib bermoq.
상세하다 batafsil; tafsilotli.

상속(上訴), 공소(公訴) meros; ~하다 qilib olmoq; merosxo'r bo'lmoq; 아버지의 재산을 ~하다 otaning mol-mulkiga merosxo'r bo'moq (vorislik qilmoq); ~권 merosiy huquq; ~세 meros uchun soliq; ~인 merosxo'r; ~재산 meros.
상속분 meros ulushi.
상속자(相續者) merosxo'r.
상수도(上水道) suv jo'mragi; suv chiqaruvchi inshoot.
상습(常習) odatiy hol, odat; ~적 oddiy, ko'nikimli; ~범 retsidivist; ~자 tuzalmas (o'nglanmas) odatli odam; ~이 되다 odatiy bo'lib qolmoq, odatga kirmoq.
상승(上昇) ko'tarilish; yuksalish; rivojlanish; ~하다 yuksalmoq; ko'tarilmoq; o'smoq; ~적 ko'tarma, yuksak; ~기 yuksalish (rivojlanish)davri; ~력 yuksalish (ko'tarilish) kuchi; ~기류 havoning ko'tarilish toki; ~비행 uchish; parvoz; ~운동 yuksalayotgan (ko'tarilayotgan) harakat.
상시(常時) I oddiy vaqt; ~고용 doimiy yollash; qar. 평상시; ~에 먹은 마음 취중에 난다 maq. ≅ mast odamyosh boladek: o'ylaganini gapiradi; ~적 oddiy; har kungi.
상시(嘗試) II esk. ~하다 sinamoq, tekshirib ko'rmoq, urinib ko'rmoq, boshdan kechirmoq, sinab ko'rmoq.
상식(相識) elementar(boshlang'-ich) bilimlar; ~적 boshlang'ich, sodda, oddiy; ~이 없는 사람 aqlsiz inson; ~하다 bilmoq, tanish bo'lmoq (kim bilandir).
상실(詳悉) I ~하다 batafsil (yaxshi) bilmoq.
상실(喪失) II yo'qotish; judoli; mahrum bo'lish; ~하다 yo'qotmoq; mahrum bo'lmoq; 부모를 ~하다 ota-onani yo'qotmoq; 기억력 ~ xotirani yo'qotmoq; ~자 birornarsani yo'qotgan inson.
상어(<沙魚) nahang baliq (akula).
상업(商業) savdo-sotiq; savdo, savdo sanoati; ~도시 savdo shahri; ~디자인 sanoat dizayni; ~미술 sanoat san'ati; ~은행 savdo banki; ~주의 merkantilizm; ~학교 savdo maktabi; ~화 savdolashtirish; ~부가금 torital; ~신용 savdoda arzonlashtirish; ~자본 savdo kredit; ~할인금 savdo mablag'i (kapitali);~원가 savdo tannarxi; ~적 savdo;~형태 savdo shakli.
상업가(商業家) savdogar; kommersant.
상업계(商業界) savdo dunyosi; savdo doirasi.
상여(賞與) I 1) mukofotlash; taqdirlash; 2) mukofot.
상여(喪輿) II dafn marosimida ishlatiladigan zambillar; ~꾼 tobutni ko'tarib yuruvchi.
상연(上演) I ko'rinish; sahna; ~하다 qo'ymoq (sahnada); 지금 이 연극은 극장에서 ~중이다 bu tomosha hozir teatrda qo'yil- moqda; ~할 때에 무대로 연기를 고의로 뿜었다 tomosha paytida sahnani ataylab tutun bilan to'ldirmoq; ~권 tomoshani namoyish etish huquqi.
상연(爽然) II kit. ~[히] salqin; yangilangan; ~하다 yoqimli
상용(常用) ~하다 odatda foydalanmoq; 마약을 ~하다 narkotik moddalar iste'mol qilmoq; 아편 ~자 opium iste'mol qiluvchi giyohvand; ~ 로그수 mat. oddiy logarifm.
상임(常任) doimiy lavozim; ~서기 doimiy (o'zgarmas) kotiba; ~이사

ijro etuvchi direktor; ~집행 위원회 doimiy ijro etuvchi komitet; ~위원회 prezidium.
상자(箱子) qop, yashik, bochka, quticha; 술 한 ~ bir yashik aroq; 사과 한~ bir yashik olma; 사육 ~ ipak qurtini yashikda boqmoq (ovqatlantirmoq).
상쟁(相爭) tortishuv; baxs; munozara; konflikt; kelishmovchilik; 동족 ~ aka-ukalar urushi; ~하다 kurashmoq; baxslashmoq; raqobat qilmoq.
상점(商店) do'kon; ~을 열다 do'kon ochmoq; 나는 ~ 마다 돌아다니고 싶다 men do'konlarni aylanmoqchiman; 담배를 사기 위해 ~에 들렀다 men tabaka sotib olish uchun do'konga kirdim; ~에 손님이 들어왔다 do'konga xaridor kirdi.
상중하(上中下) 1) tepa, o'rta va past; 2) ot. birinchi, ikkinchi va uchinchi (razryad haqida); 3) ot. yuqori, o'rta va past (nav haqida).
상징(象徵) ramz, simvol; ~하다 ramziylashtirmoq; ~어 taqlid va tasnif so'zlar; ~적 ramzli; ~화 ramziylashtirish; ~주의 ramz (ramziylik).
상처(傷處) I 1) yara; jarohat; ~를 입다 yaralanmoq; jarohat olmoq; ~난 곳에서 피가 흐르고 있다 yaradan qon oqmoqda; ~를 치료하다 yara (jarohat)ni davolamoq; ~가 아물었다 yara (jarohat) tuzaldi; 2) ko'chma m. iz, jarohat.
상처(喪妻) II ~하다 ayolidan ajralib qolmoq, beva bo'lib qomoq.
상추(爽秋) I salat bargi.
상추, 생채(生菜) II salat.
상추밭 salat o'stiriladigan dala; ~에 똥 싼 개 maq. ≅ bir marta xatolikka yo'l qo'ysang, bir umr aybdor o'tasan.
상쾌(爽快) ~하다 tetik, bardam, quvnoq.
상쾌하다(爽快-) tetik; 상쾌한 기분 quvnoq kayfiyat.
상쾌합니다 tetik, bardam.
상큼 ~건다 sakrab yurmoq (oqsoq odam haqida).
상큼하다 uzun oyoqli; yengil.
상타다 sovg'a (mukofot) olmoq; 최고의 성적으로 ~ eng yaxshi muvafaqqiyat uchun sovg'a (mukofot) olmoq.
상태(常態) I odatiy (kundalik) holat.
상태(狀態), 형편(形便) II sharoit, holat; 위험한 ~ havfli vaziyat; 건강 ~ sog'iqning holati; 경제 ~ iqtisodiy holat.
상통(相-) I turq, aft, angor
상통(相通) II 1) o'zaro almashinuv; 2) o'zaro tushinuv; 3) aloqa; ~하다 a) bir-biri bilan almashmoq; b) 의사가 ~하다 bir-birini tushunmoq; e) bog'lanmoq, ulanmoq.
상품(商品), 물품 I mahsulot; 상점에 새로운 ~들이 들어왔다 do'konga yangi mahsulotlar keltirildi; 많은 ~들을 전시장으로 옮겼다 ko'rgazmaga ko'plab mahsulotlar keltirildi; ~권 mahsulotga egalik qilish uchun talon; ~유통 tovar oboroti, tovar (mahsulot) munosabati; ~덤핑 demping; ~[적] mahsulot; ~적 형태 mahsulot shakli.
상품 II mukofot; sovg'a.
상하(上下) 1) qar. 위아래; yuqori va past; ~수도 vodoprovod va kanalizatsiya; 2) ot. katta va kichiklar (yoshi va lavozimi bo'yicha); ~노소 boshliqlar va xizmatchilar; qariyalar va yoshlar; hamma odamlar; ~불급

qar. 상하사 [불급]; ~상몽 esk. kattalar kichiklarni va kichiklar kattalarni aldashlari; ~순설 hammaning og'zida bo'lmoq.

상하다(傷-) 1) jarohat olmoq, yaralanmoq, yaralamoq; 2) eskirmoq, o'z holidan chiqmoq; 3) buzilmoq, ishdan chiqmoq, chirimoq; 4) ozmoq, ozib ketmoq; 5) hafa bo'lmoq; qalbini tirnamoq, xavotirlanmoq.

상하부(上下部) yuqori va pastki qismlar.

상호(相互) I 1) qar. 호상; ~감응 (유도) el. o'zaro indukciya; ~관계 o'zaro munosabatlar; ~작용 o'zaro harakat; ~원조 o'zaro yordam; ~보험 o'zaro sug'urta; ~원조조약 o'zaro yordam to'g'risida bitim; ~의존 o'zaro tobelik; ~이익 o'zaro foyda; ~작용 o'zaro harakat; ~주의 ikki tomonning o'zaro munosabati, o'zaro do'stlik; ~통신 o'zaro kommunikatsiya; 2) ikki tomonning birbiriga munosabati.

상호(相呼) II esk. ~하다 bir-birini chaqirmoq.

상환(償還) II o'zish, to'lash; ~하다 o'zmoq, to'lamoq; ~금 to'lanadigan summa.

상황(商況) I esk. savdo-sotiq holati

상황(狀況) II odatiy holat, oddiy baziyat (sharoitlar).

샅 ~에 a) oyoqlar orasida; b) mobaynida, oralig'ida.

샅샅이 1) mukammal, batafsil; ~ 뒤지다 batafsil ko'rib chiqmoq; 2) hamma yoqda, har yerda.

새 I qush; ~의 깃 qush pati; ~를 기르다 qushni boqmoq; 나는 새장에서~를 내보냈다 men qushni katalakdan uchirib yubordim; ~들이 더운 나라에서 날아왔다 qushlar issiq o'lkalardan uchib kelishdi; ~들이 사방으로 날아갔다 qushlar har tomonga uchib ketishdi; ~집 qush uyasi; 새는 (새도) 앉은 곳마다 깃이 떨어진다 har bir ko'chganda, mol-mulk- ning ma'lum bir qismi yo'qoladi (so'zma-so'z. qush qayerga qo'nsa, o'sha yerda bir nechta patini yo'qotadi); 새를 보다 qushlarni qo'rqitib yubormoq; 새까 먹은 소리 isbotsiz ovozalar.

새 II yangi; 새 직원들이 잘 협력하며 일해 나갔다 yangi xodimlar yaxshi ishlab ketishdi; 새사람 a) ilg'or odam; b) yangi odam (ishchi); e)yosh; 새 집 yangi uy.

새것 1) yangi, eng yangi; ~과 낡은 것과의 투쟁 yangi narsaning eski narsa bilan kurashishi; 2) yangi narsa; 3) yangilik.

새겨듣다 diqqat bilan tinglamoq.

새기다 I kesmoq, kesib tashlamoq.

새겨듣다 taasurot qoldirmoq, qalbidan joy olmoq.

새기다 II 1) tushuntirmoq, izohlab bermoq; 2) tarjima qilmoq; 새겨듣다 quloq osmoq.

새끼 I poxol arqon; ~에 맨 돌 yaqin munosabatlar; uzib bo'lmas munosabatlar.

새끼 II chaqaloq; bolacha.

새다 sizib o'tmoq, teshib o'tmoq, yo'l ochmoq, yo'q bo'lmoq; 가스가 샌다 gaz chiqmoqda yangidan.

새로 boshqatdan; ~네시 ertalab soat to'rt.

새로운 yangi.

새롭다 yangi; 새로운 계획 yangi reja; 기억이 ~ hali yodida; 한 분이~ har bir daqiqa muqaddas; 사람 하나가 ~ odam judayam kerakli odam.

새벽 tong, tong otar; ~녘 sahar, subxidam; ~달 tongotardagi oy; ~밥 tongdagi nonushta; ~별

tongdagi yulduz; ~잠 tongdagi qattiq uyqu; ~같이 erta tongda, erta saharda; ~호랑이다 ximoyasizlik, kuchsizlik; ~호랑이 중이나 개를 헤아리지 않는다 sxoshganda qo'lga tushganini olasan.

새우 I krevetka; ~로 잉어를 낚는다 krevetka va krab tutishmoqda; ~벼락 맞던 이야기 allaqachon esdan chiqqan, hech kimni qiziq-tirmaydigan hikoya.

새우 II cherepitsaning tagiga qo'yiladigan loy.

새우다 kechasi bilan uxlamaslik; 공부로 밤 ~ kechasi bilan dars tayyorlash.

새파랗다(새파라니,새파라오) ko'k; 새파란 하늘 ko'm-ko'k osmon; 새파랗게 va 새파란 so'zlari 젊다 va 젊은이 so'zlaridan oldin kelganda - juda yosh; 새파랗게 되다 a) sarosimaga tushib qolmoq; b) yirtmoq va otmoq irg'itmoq.

새하얗다 (새하야니, 새하야오) I oppoq.

새하얗다(새하야니, 새하야오) II ko'zni qamashtiradigan darajada oppoq.

새해 Yangi Yil; ~를 맞이하다 Yangi Yilni kutib olmoq; ~를 축하하다 Yangi Yilni nishonlamoq; ~전갈 xizmatkor ayol orqali sovchi qo'yilgan uyga Yangi Yil tabrigini yubormoq; ~차례 Yangi Yilning birinchi kunida keltiriladigan qurbonlik.

색, 색깔 I rang; hil; tur; sort; 화려하지 않은 ~ sodda rang; 어두운 ~ to'q rang; 얼굴~ yuzning rangi; 인종~ milliy rang; 청~ ko'k rang; 피부~ teri rangi.

색깔 rang; 이 ~은 오래 가지 않는다 bu rangni ko'tara olmaydi.

색동(色-) I 1) har hil rangdagi chiziqlar; 2) qar. 색동천.

색동(色動) II ~하다 rangi o'chib ketmoq (qo'rqqandan yoki joni chiqqandan).

색상(色相) I gul; naqsh; rang; 넥타이의 ~ galstukning rangi; 좋은 ~ yaxshi rang (naqsh).

색상(色傷) II 1) ~하다 jinsiy aloqa natijasidagi kasallik; 2) jinsiy munosabat tufayli kelib chiqadigan kasallik.

색소(色素) biol. pigment; ~형성 pigmentaciya; ~검사법 xromoskopiya; ~결핍 axromiya; ~결핍증 axromatoz; axromaziya; ~세포 pigment katakchalari.

색시 1) ot. yosh juvon; turmushga chiqmagan qiz; kelin; ~걸음 qo'rqib-qo'rqib bosilgan qadam; ~그루는 다홍치마 적에 앉혀야 한다 a) esk. yosh xotinni birinchi kundanoq o'rgatish kerak; b) yomon odatlarni to'g'irlashni boshidan boshlash kerak; 2) qar. 신부 I; 3) qar. 처녀.

샐러드(ingl. salae) salat; 파와 감자가 들어 있는 토마도 ~ piyoz, kartoshka va pomidordan tayyorlangan salat; ~용 소스 salat uchun ziravorlar.

샘 I 1) buloq; quduq; ~의 chashma...si; ~이 솟다 a) urmoq (kalit haqida); b) ko'chm.m. kalit bilan urmoq; e) buloq bo'lib oqmoq (ko'z yosh haqida); ~물 buloq suvi; ~터 buloq; kalit; buloq chashmasi; 샘[이] 터지다 qayta urmoq (kalit haqida); 2) dial. qar. 우물 I; 샘에 든 고기 oxshatish. to'rga ilingan baliqdek.

샘 II nafrat va hasad; ~내다 hasad qilmoq; ~바르다 hasadgo'y; qasq. 새암.

샘이 나다 hasad qimoq; ko'ra olmaslik.

샘터 1) buloqcha; chashma; 2)

ko'chma m. bitmas-tuganmas manbai; 3) kir yuvish uchun joy (buloq yonida).
샘플(ingl. sample) namuna; misol.
샛길 yo'lning ajralib ketishi; qisqa yo'l.
샛별 tonggi yulduz; Venera.
생(生) 1) hayot; 2) ot. xop; pishmagan; ~으로 tayyor bo'lmagan (xom) holatda; 3) tug'ilgan kun sanasidan keyin...1953년 ~ 1953 yilda tug'ilgan; 4) ~후에 tug'ilgan kundan keyin.
생-(生) 1) tabiiy; 생오이 yangi bodring; 2) xom; pishmagan; 생장작 xo'l o'tinlar; 3) ishlanmagan; 4) asoslanmagan; dalilsiz; 생거짓말 g'irt yolg'on; 생고집 be'mani o'jarlik; 5) tirik; 6) befoyda; besamara; 생고생 buhuda azob- uqubatlar.
-생(生) 1) yozgi (o'simliklar haqida); 다년생 ko'p yillik; 일년생 bir yillik; 2) do'st; o'rtoq; hamkor; 3) o'qiyotgan (talaba, o'quvchi); 연구생 aspirant; 대학생 talaba.
생각 I 1) o'y; hayol; fikr; 2) xotiralar; ~하다 a) o'ylamoq; hisoblamoq; qaramoq; 무엇을~합니까? Nima haqida o'ylayapsiz? 그녀가 곧 돌아올 것이라고 ~한다 Menimcha u yaqinda qaytib keladi; b) eslamoq; ~컨대 mening o'ylashimcha; 3) istak; 국수 ~있나? kuksi istaysanmi?; 4) fikr; muloxaza; 내 ~에 mening fikrimcha; 5) taasurot; ~이 나다 a) esga tushmoq; hayolga kelmoqy; b) paydo bo'lmoq (istak haqida); e)paydo bo'lmoq (qiziqish haqida); ~이 돌다 qar. 머리[가 돌다].
생각(生角) II 1) bug'uning kesilgan shoxlari; 2) ishlov berilmagan shoxlar(hayvon shoxi).
생각과 느낌 hayol va tuyg'u.
생각과 느낌을 살지게 하다 fikr va tuyg'ularni boyitmoq.
생각나다 esga tushmoq; hayolga kelmoq.
생겼다 paydo bo'ldi.
생겼습니다 paydo bo'ldi; vujudga keldi.
생겼어요 paydo bo'ldi; vujudga keldi.
생계 1) kun kechirish uchun mablag'; ~를 근근히 유지하다 uchini uchiga zo'rg'a yetkazish; kun kechirish uchun pul topish; ~비 turmush harajatlari; ~를 이루다 yashash uchun pul ishlamoq; ~무책 kun kechirish uchun mablag' yo'qligi; 2) kun kechirish; turmush.
생기(生氣) 1) tiriklik; quvvat; ~가 없는 jonsiz; ruhsiz; hayotsiz; ~가 있는 tirik; jonlashtirilgan; ~발랄 tetik; g'ayratli; shijoatli; 2) etn. baxtli kun; ~복덕일 etn. baxtli kun va baxtli tug'ilgan kun; ~[를] 보다 etn. baxtli kunni oldindan aytib bermoq; ~[를] 짚다 etn. taqdirga pol ochmoq.
생기다 1) paydo bo'lmoq; vujudga kelmoq; sodir bo'lmoq; 근심이 ~ havotirni his qilmoq; 그 사람은 어디서 돈이 생겼다? U odamda qayerdan pul paydo bo'ldi? 무서움이 생겼다 qo'rquv tug'ildi; 무슨 일이 생겼다 bir narsa ro'y berdi; 2) ega bo'lmoq; topmoq; 3) ko'rinmoq; 못 생겼다 chiroyli bo'lmaslik; hunuk bo'lmoq.
생년(生年) tug'ilgan kun (sanasi)
생년월일(生年月日) kun, oy va tug'ilgan yil.
생년월일시(生年月日時) tug'ilgan

soat, kun, oy va yil.
생략 qisqartma; ~한 qisqartirilgan; ~법 ellliptik egilish; ~삼단논법 log. entimema; ~하다 qisqartirmoq; chiqarmoq kupyura qilmoq (matnda).
생리(生利)[-ni] I ~하다 (daromae) olmoq.
생리(生理) [-ni] II 1) fiziologiya; ~적 fiziologik; ~대 gigiyenik prokladka; ~일 xayz ko'rish davri; ~적 식염수 fiziologik eritma; ~통 og'riqni his qilish; ~학 fiziologiya; ~휴가 xayz ko'rish davrida ishdan dam olish; ~적 습차 biol. fiziologik to'ydirish tanqisligi; ~적 식염수 fiziologik eritmalar; 2) qar. 생리학.
생명(生命), 생활(生活) 1) hayot; ~의 위험을 무릅쓰고 hayot uchun havfli; ~을 걸다 hayotini havf ostiga qo'ymoq; 인간에게 가장 값진 것은 ~이다 odam uchun eng qadrli narsa-bu hayot; ~력 yashahsga qodir; yashovchi; ~보험 hayotni sug'urta qilish; ~선 hayot uchun muhim zona (doira); ~체 tirik organizm; 2) ot. hayot uchun muhim (kerakli)
생명의 근원 hayot manbai.
생물(生物) 1) tirik organizmlar; ~체 tirik organizm; 2) bio...; ~학 biologiya; 그는 ~학에 관한 서적을 많이 갖고 있다 unda biologiyaga tegishli kitoblar ko'p; ~학자 biolog; ~물리학 biofizika; ~전기 bioelektr; ~전류 bioelektr toki; ~지리학 biojo'g'rofiya (biogeografiya); ~층위학 biostografiya.
생사(生死) hayot va o'lim; ~존망(존몰) hayot yoki o'lim; mavjudlik yoki mavjud emaslik.
생산(生産) 1) ishlab chiqarish; ~[적] a) ishlab chiqarilgan; b) proguktiv; ~가격 its. ishlab chiqarish narxi; ~가축 mahsuldor chorva va parranda; ~경기(경쟁) ishlab chiqarish musobaqasi; ~구조 ishlab chiqarish tuzilmasi; ~기간 ishlab chiqarish vaqti; ~관계 ishlab chiqarish munosabatlari; ~도구 ishlab chiqarish quroli; ~문화 ishlab chiqarish madaniyati; ~방식[양식] ishlab chiqarish usuli; ~수단 ishlab chiqarish vositasi; ~실습 ishlab chiqarish amaliyoti; ~자본 isyhlab chiqarish mablag'i (kapitali); ~적 축생 mahsuldor chorvachilik; 우리 공장은 공작기계를 ~한다 bizning korxonamiz dastgohlar ishlab chiqarmoqda; ~교환 mahsulot ayiraboshlash; ~량 ishlab chiqarish hajmi; ~력 ishlab chiqarish kuchi; ~물 mahsulot; produkt; ~비 ishlab chiqarish harajatlari; ~성 ishlab chiqaruv-chanlik; ~액 mahsulot hajmi; ~자 ishlab chiqaruvchi; ~재 ishlab chiqarish xom ashyosi; ~지 ishlab chiqarish joyi; ~품 yalpi mahsuloti; ~유격대 ishchi va dehqonlardan tashkil topgan par-tizanlar otryadi; 2) turlari; ~하다 a) ishlab chiqarmoq; b) dunyoga keltirmoq; tug'moq.
생산(生産), 발행(發行) ishlab chiqarish
생산력(生産力) [-nyok] ishlab chiqaruvchi kuch; ~배치 ishlab chiqarish kuchini joylashtirish.
생생 ~하다 a) tirik; yangi; ~한 물고기 yangi baliq; 그것이 머리속에 ~하게 떠오른다 hali ham ko'z oldima turibdi; 지난날의 감격적인 일들이 아직도 기억에 ~하다 o'tgan kunnning hayajonli daqiqalari hali ham oldinda; b) aniq; ravshan.

생하게 aniq; ravshan.
생생하다 tirik; yangi.
생생한 yangi.
생선(生鮮) baliq, yangi baliq; ~국 yangi baliqdan tayyorlangan sho'rva; ~묵 yangi baliqadan tayyorlangan jele; ~회 mayda to'g'- ralgan xom baliq;~값 baliq narxi; ~을 말리다 baliqni quritmoq.
생시(生時) 1) tug'ilgan soat (kun); 2) o'ng; 꿈인지 ~인지 모르겠다 tushimmidi bu o'ngimmidi angalay olmayman; 3) hayot davri; hayot.
생이별 ajralish; ayriliq; ~하다 birov bilan ajrashmoq; birov bilan ayrilmoq; 그 부부는 전쟁으로 ~했다 urush bu er-xotinni bir-biridan ajratdi; 오랜 ~ 끝에 uzoq ayriliqdan so'ng.
생일(生日) tug'ilgan kun; ~을 축하하다 tug'ilgan kun bilan tabriklamoq; ~에 잘 먹으려고 이레를 굶는다 qar. 생일날[에 잘 먹으려고 이레를 굶는다].
생일날(生日-) [-lal] tug'ilgan kun; ~에 잘 먹으려고 이레를 굶는다 maq.≅ so'zma-so'z. tug'ilgan kunida to'yib ovqatlanish uchun yetti kun och qolmoq(ovqat yemaslik).
생존(生存) mavjudlik; ~하다 mavjud bo'lmoq; yashamoq; ~경쟁 yashash uchun kurash; ~권 yashash huquqi; ~자 hozirda yashovchi.
생쥐 sichqon; qar. 새앙쥐; ~볼가심할(입가심할) 것도 없다 hech narsa qolmadi (ovqat haqida).
생포(生捕) asir; ~하다 tutmoq; asir olmoq; ~되다 tutilgan bo'lmoq(asirga olingan bo'lmoq); qar. 사로잡다 1).
생활(生活) turmush; hayot; ~비 turmush harajatlari; ~하다 a) yashamoq; mavjud bo'lmoq; b) arx. qutqarmoq; ~화하다jonlan- moq; kundalikka aylanmoq; 나는 한 달에 백 루블로는 ~할 수가 없다 men bir oyda 100 so'm pul bilan hayot kecxira ololmay- man; 우린 콜호즈를 재건해서 지금은 편안하게 ~하고 있다 biz kolxozimizni oyoqqqa turg'izdik, endi kamchiliklarsiz yashayap- miz; 나는 동료와 함께 한 방에서 사이좋게 ~하고 있다 men xonadoshim bilan ahillikda yashayapman; ~고(苦) hayot mashaqqatlari; ~공간 yashash joyi; ~권 biosfera; ~난 hayot qiyinchiliklari; ~비 turmush harajatlari; oylik maoshi; ~상 turmush tarzi; ~양식 hayot tarzi; ~필수품 eng zarur narsalar; umumiy iste'mol tovarlari; ~화 jonlanish; ~필수품 eng zarur narsalar; umumiy iste'mol tovarlar; ~적 hayotiy.
생활비(生活費) 1) turmush kechirish harajatlari; 2) mehnat haqqi.
샤워(shower) dush; ~를 하고 싶다 dush qabul qilmoqchiman.
샤워실 hammom.
샴페인 shampan sarobi.
샴푸 shampun.
상들리에(ingl. chanlier) qandil.
서(西) I g'arb; ~반구 g'arbiy yarim shar; ~유럽 G'arb; G'arbiy Ovropa; qar. 서쪽.
서(序) II 1) so'z boshi; muqaddima; prolog; 2) qisq. 서문 II; 3) qisq. 서사I
서(署) III muassasa; idora; boshqarma; mahkama; 경찰(지)~ politsiya mahkamasi.
-서 yuklama. 1) 학생으로서 o'quvchi bo'la turib; 2) 다[가] yuklamasi bilan birga qo'- llanilganda so'zning mazmuniga alohida urg'u beradi: 불에 다가서

구워 놓으라 olovga qo'ysangchi; 3) ravisgdoshdan keyin to'xtatib qo'yilgan harakatni bildiradi: 읽다 가서 놓아 둔 책 Hozirgina o'qib chiqqan kitobim; 4) shaxs sonini ko'rsatadi: 열이서 o'ntalamiz; 셋이서 uchalamiz.
서-(庶) I kor. qo'shimcha: nikohsiz tug'ilgan; 서동생 ota haramidagi ayollardan tug'ilgan kichik uka.
서-(西) II qo'sh. g'arbiy; 서반구 g'arbiy yarim shar.
-서(書) I kor. qo'sh. 1) kitob; esdalik; yozma; 비준~ ratifikatsion yorliq; 성명~ yozma ariza; 독습서 mustaqil o'rganish; 인용서 sitata keltirilgan kitob; 2) hujjat; 성명서 yozma ariza.
-서(署) II kor. qo'sh. muasassa; idora; 경찰~ policiya (davlat xavfsizligini ta'minlovchi organ) idorasi.
서 있다 tik turmoq.
서각(犀角) kor. tib. nosorog shoxlari; ~ 소독음 teri kasallik-laridan iste'mol qilinadigan dori; ~승마탕 isitma tushiruvchi dori.
서간(書簡) 1) xat; noma; ~문 epistolyar usulda yozilgan tekst; ~문학 epistolyar adabiyot; ~체 epistolyar usul; 2) kit. qar. 편지.
서글프다(서글프니, 서글퍼) 1) xafa; g'amgin; 2) yolg'iz.
서글피 1) yolg'iz; 2) g'amgin.
서기(書記), 비서(秘書) kotib; ~관 elchixona kotibi; ~장 birinchi (general) kotib.
서기관(-官) kotib (elchixonaning)
서기국(書記局), 비서국 kotiblik; sekretariat.
서너 otdan oldin kelganda uch-to'rt; ~ 집 uch-to'rta uy.
서너너덧 uchdan to'rtgacha.
서넛 taxminan 3-4; 3 yoki 4.
서늘하다 salqin, qo'rqinchli, dahshat.
서늘한 salqin; ~때 salqin vaqt; 서늘합니다 salqin.
서다 1) to'xtamoq; turmoq; turmoq; 시계가 섰다 soatlar to'xtab turibdi; 중매를 ~ vositachilik qilyapti; 2) tashkil qilmoq; tuzmoq; ta'sis qilmoq; joriy qilmoq; 3) to'xtamoq; 4) o'tkir (charxlangan) bo'lmoq; 5) ochilmoq; boshlanmoq; 6) paydo bo'lmoq; 땀방이 섰다 ter donachalari paydo bo'ldi; 7) mantiqiy bo'lmoq; 위신이 ~ obro'sidan foydalanmoq.
서두(書頭) 1) so'z boshi; boshlanish; kirish; ~를 꺼내다 kirish qilmoq; so'z boshini aytmoq; ~를 놓다 kirish qilmoq; so'z boshini aytmoq; 2) yuqori qismi(kitobning, qo'lyozmaning); 3) tikilgan qog'ozning chetlari; 4) ~하다 kesib chiqmoq.
서두르는 sxosholoq, sxoshilinch.
서두르다(서두르니.서둘러) sxoshil-moq; 귀가를~ uyga sxoshilmoq; 기차를 타려고 ~ poyezdga shishilmoq; 어떤 일의 수행을 ~ biror-bir ishni qilishga sxo-shilmoq; 서두르지 말고 천천히 하라 sxoshilmasdan qil.
서러움 g'amginlik, qayg'u; ~을 겪다 xafa bo'lmoq; 그녀는 ~에 잠겨 있다 u xafa bo'lyapti.
서러워하다 xafa bo'lmoq; ranjimoq; 벗과의 이별을 ~ do'sti bilan ajralgani uchun ranjimoq; 지나간 젊음을 ~ o'tib ketgan yoshligini eslab xafa bo'lmoq.
서럽다(서러우니, 서러워) g'amgin, qayg'uli; 서러운 생각 g'amgin o'ylar.
서로(西路) I 1) g'arbiy yo'l; 2) Xvanxedo va Pxyonnando provintsiyalariga olib boradigan yo'l.

서로 II bir biri bilan, o'zaro, bir-birini; ~사랑하다 bir-birini sevmoq; 우리는 ~방문하고 있다 biz bir-birimiznikiga borib turamiz; ~동화 tilsh. o'zaro assimilatsiya.
서로의 의견(意見)을 교환(交換)하다 bir-biri bilan fikr almashish.
서론(序論) 1) qar. 머리말; ~적 boshlang'ich kirish; 그 책에 대한 ~ ana u kitobdagi kirish so'zi; 2) ~적 부분 kirish qismi; kirish; 2) o'zaro.
서류(書類) I hujjat; 그는 ~에 서명을 했다 u hujjatlatga qo'l qo'ydi; 증거 ~ jujjatiy dalil-isbotlar.
서류(書類) II esk. keng tarqalgan turi; keng tarqalgan tur.
서른, 삼십(三十) o'ttiz.
서리 I qirov; ~가 내렸다 qirov tushdi; ~를 맞다 qirov bilan qoplanmoq; ~를 이다 oqarmoq; 나무에 ~가 앉았다 daraxt qirov bilan qoplandi; 유리창에 ~가 내렸다 oyna qirov bilan qoplandi; ~꽃 qirov; ~같은 칼(칼날) yaltiroq tig'; ~를 맞다 sovuqdan qotmoq (o't); 서리 맞은 구렁이 loqayd (ruhsiz) odam.
서리 II ~하다 bosqin uyushtirmoq.
서면(書面) 1) yozib tashlangan varoq; 2) hujjat; ~으로 yozma; ~으로 보고하다 yozma ravishda ma'lumot bermoq.
서명(書名) imzo, qo'l, dasxat; ~하다 qo'l qo'ymoq, imzo chek-moq (qo'ymoq); ~을 받기 imzo qo'yish uchun; 그는 편지에 ~했다 u xatga qo'l qo'ydi; 남의 필적과 비슷하게 ~하다 imzoni qalbakila-shtirmoq; ~운동 imzolarni yig'ish bo'yicha kompaniya; ~자 imzo qo'ygan (chekkan) odam.
서민(庶民) esk. xalq, oddiy insonlar; ~적(的) ochiq kon'gil, soddasil; ~층 quyi qatlam; oddiy xalq; ko'mak.
서비스(ingl. service) xizmat; xizmat qilish; xizmat ko'rsatish; 그녀는 국영 ~에서 근무하고 있나요? U Davlat xizmatidami? 난 ~에 대해불만을 얘기하고 싶다 men xizmat ko'rsatish yuzasidan noroziligimni bildirmoqchiman; 당신은 내게 ~를 해줄 수 있습니까? Menga ozgina yordam ko'rsata olasizmi?
서서히 sekin-asta; ozginadan; qadam-ba qadam; astalik bilan;
서시 I esk. 6 ochko (o'yinda).
서시(薯豉) II esk. achichiq quyuq kartoshkali sous.
서술(敍述) bayon qilish; tasvirlash; hikoya qilish; ~하다 bayon qilmoq; tasvrlamoq; hikoya qilmoq; ~된 bayon qilingan; hikoya qilingan; tasvirlangan; ~형 hikoya qilish usuli; ~문법 tilsh. tasvirlash grammatikasi; ~적 tasviriy, bayoniy.
서식(書式) I hujjat tuzish shakli.
서식(棲息) II ~하다 yashamoq; istiqomad qilmoq; ~에 알맞은 장소 hayot uchun kerakli; ~지 ko'payish joyi; Vatan.
서신(書信) xat, xabarnoma; 바울~ Pavelning nomalari.
서약(誓約) qasam, ont, qasam-yod, ~하다 kimgadir nimadir deb qasam ichmoq; ~을 깨다 qasamni buzmoq; ~을 지키다 qasamga vafo qilmoq; ~서 qasamyod, ont.
서운하다 afsus-nadomatga to'la; xafa; ranjigan; ~한 마음으로 그를 전송했다 biz u bilan achinib ajralishdik; ~해하다 achinmoq; ayamoq; afsuslanmoq; ramjimoq
서운할까 afsus.
서울 Seul shahri. qar. 수도.

서울역 Seul vokzali (bekati).
서점(書店) kitob do'koni.
서정(抒情) 1) lirika; kechinma; boshdan kechirish; ~적 lirik; ~적인 분위기 lirik kayfiyat; ~성 liriklik; ~시 lirika; lirik she'rlar; 2) ~하다 his-tuyg'ularni bayon qilmoq.
서쪽(西-) g'arb; ~에서부터 g'arbdan; ~으로 g'arbga; g'arb tomonga; 모스크바에서 ~으로 Moskva- dan g'arbga.
서창(西窓) I g'arbga kiruvchi oyna
서체(書体) 1) pocherk; husnixat; 그는 훌륭한 ~로 쓴다 u chiroyli yozadi; 그의 ~는 뛰어나다 uning husnixati chiroyli; 아름다운 ~ chiroyli husnixat; 17세기의 ~ 17 asr xati; 2) esk. qar. 글씨체.
서투르다(서투르니, 서툴러) 1) tajribasiz; uquvsiz; beso'naqay; qo'pol; o'ng'aysiz; 무슨 일을 하든지 그가 하는 일은~ u nimaga qo'l urmasin, hech qaysi ishi o'xshamaydi; 글이 ~ yomon yozilgan bo'lmoq; 서투른 무당 장구만 나무란다, 서투른 숙수가 피나무 안반만 나무란다 maq. ≅qozonda bori chomichga chiqadi; 2) begona; yod; o'zga; 3) uyatchan, qo'rqoq, yuraksiz; 4) 서투르게 extiyotsizlik bilan; o'ng'aysiz.
서한(書翰) 1) xat; noma; maktub; ~문 yozma taklif; 공식 ~ rasmiy xat; 사무용 ~ ishga aloqador xat; 2) qar. 편지.
서행(西行) I ~하다 g'arbga bormoq (ketmoq).
서행(徐行) II ~하다 sxoshmasdan(sekin astalik bilan) ketmoq.
석(釋) I 1) Budda; 2) ruhoniylar tomonidan ertalab va kechqurun amalga oshiriladigan Buddaga sajda qilish; 3) ruhoniylarni yog'och qo'ng'iroq yordamida uyg'otish.
석(錫) II qalay (metal).
석(席) III his. so'z. joy; 일천 ~의 관람석 tomoshabinlar uchun 1000 ta joy.
석 V ismlardan oldin uch; 석달 uch oy; 석새 베겻에 열 새 바느질 mat. ≅ a) ustasiga baribir; b) yer bilan osmondek.
-석(石) kor. qo'sh. tosh; o'g'it; 거리에 ~을 깔다 ko'chani tosh bilan terib chiqish; 초 ~을 놓다 birinchi toshni qo'ymoq; ~을 던지다 toshni kimgadir otmoq; ~순(洵) stalagmit; ~실 tosh g'or; ~연 dorivor tosh; ~재 qurilma tosh; ~조 toshdan qilingan; ~주 tosh stol; ~질 o'g'it (tosh) tarkibi; ~탄 tosh ko'mir; ~탄가스 tosh ko'mir gazi; ~탑 tosh minora; ~판(版) litografik tosh; 간장결~ jigardagi tosh; 납~ qumdan qilingan tosh; 묘~ qabr toshi; 방광결~ siydik yo'lidagi tosh; 보~ qammatbaho tosh; 시금~ sinalgan (sinaladigan) tosh; 운~ havo toshi; 유~ moy surtilgan tosh; 주~ vino toshi; 청보~ lazur toshi; 초~ uchli tosh; 경계석 chegara ustuni; 단백석 min. opal.
석가모니(釋迦牟尼) Budda.
석고(石膏) gips; ~상 gipsdan haykalcha; ~조각 gipsdan haykal.
석류(石榴) [con'nyu] 1) anoq; ~나무 anor (daraxti); ~의 열매 anor hosili; 2) kor. tib. anoq po'sti.
석방 ozod qilish (qamoqdan); ~하다 ozod qilmoq; ozodlikka chiqarmoq; qamoqdan chiqarmoq; ~운동 ozodlik harakati.
석사(碩士) magistratura.
석양(夕陽) 1) kunbotar; oqshom;

kechki shafaq; ~별 botayotgan quyosh nurlari; ~빛 quyoshning kechki nurlari; 2) qar. 석양녘.

석연(釋然) ~하다 sif. yengillikni his qilmoq, mamnun; 그의 말만 듣고서는 문제의 본질이 어디 있는지 아직 ~치 않았다 uning so'zini eshitibgina, ish mohiyati nimadaligini bilish qiyin edi; kit. ~[히] yengillik bilan; mamnun.

석유(石油) 1) neft; ~곤로 kerosin; ~등 kerosinli lampa; ~정제 neft-kimyo sanoati; ~제품 kerosin; ~통 neft bochkasi; ~화학공업 neft-kimyo sanoati; ~지질학 neft geologiyasi; ~탕크 neft quyish rezervuari; 2) kerosin.

석탄(石炭) toshko'mir; ~가스 toshko'mir gazi;~가스화 ko'mir-ning gazifikaciyasi; ~타르 toshko'mir arava moyi.

석회(石灰) ohak; ~석 ohakli turi (ohaktosh); ~가성 o'tkir ohak; ~가마 ohakni pishirish uchun pechka; ~광재 세멘트 binokor. ohak-shlakli sement; ~망초 glauberit; ~산호 marjonning ohakli sementi; ~소성 ohak-toshni pishirish; ~질소 siana-mid kaltsiy; ~질암 ohak turi; 2) qar. 생석회.

섞다 biror narsa bilan arala-shtirmoq; qo'shib yubormoq; 밀가루를 반죽에 ~ u aroqni vino bialn aralashtirdi; 시멘트에 모래를 ~ qumni sement bilan aralashtirmoq

섞이다 aralashtirilgan bo'lmoq.

섟 [sok] 1) tuyg'ularning kuchayib ketishi; ~섟이 삭다 tinchlanmoq; 2) temperament; mijoz; jo'shqinlik; 3) ishbilar-monlik xususiyatlari(insonning) 4) texnik ma'lumotlar(mashin-aning)

선(線) I 1) chiziq; chegara; doira; ~을 긋다 chiziq chizmoq; 국경 ~ chegara chizig'i; 도화 ~ fitil; 선 스펙트르 tarmoqli spektr; 2) nur; 3) qar. 철선 I; 4) qar. 선로 I; 5) aloqa; kon- takt; 선을 대다 aloqa qilmoq; aloqada bo'lmoq; 6) predmet- ning shakli (ko'rinishi); 7) tendentsiya; 선이 가늘다 a) nafis; ko'rkam, b) arzimagan; 선이 굵다 a) katta, qo'pol; b) keng (inson tabiati haqida).

선(腺) II 1) anat. temir; 2) idish.

선(先) III 1) kirish (o'yinda); 2) o'yinga kiruvchi (qo'shiluvchi).

선(禪) IV 1) budd. meditaciya; 2) qar. 선종 III; 3) 선학 II; 선을 나다 meditaciya zalidan chiqish; 선[에] 들다 meditatsiya zaliga kirish

선(善) V yaxshilik; 진, 선, 미 haqiqat; yaxshilik va go'zallik.

-선(線) I kor. qo'sh. 1) chiziq; chegara; doira; 국경선 chegara chizig'i; 2) nur; 우주선 kosmetik nurlar.

-선(船) II kor. qo'sh. kema; 병원선 gospital kemasi; 상~ savdo-sotiq kemasi.

-선(腺) III kor. qo'sh. temir; ~편도선 mindal temir.

선-(先) kor. old qo'sh. 1) birinchi; boshlang'ich; 선보름 oyning birinchi yarmi; 2) rahmatli; o'lgan; olamdan o'tgan; 선부형 rahmatli adam va akam.

선거(船車) I kema va arava.

선거(選擧) II saylovlar; ~하다 saylanmoq; tayinlanmoq; 의원을 ~하다 (kimdirni) deputatlikka saylamoq; ~구 saylovokrugi; ~권 saylov huquqi; ~법 saylov qonuni; ~인 saylovchi; ~인단 saylovchilar guruhi; ~일 say-lovlar kuni; ~전 saylov oldi

kurashi; 보궐~ qo'shimcha saylovlar; 총~ umumiy saylovlar, 일반적[평등적, 직접적] umumiy (teng va ochiq) saylovlar; ~분구 saylov uchastkasi; ~제도 saylov tizimi;~하다 saylamoq; tayinlamoq
선결(先決) I ~적 birinchi navbatdagi; birinchi goldagi; ~하다 birinchi o'rinda hal qilmoq; ~과제 birinchi galdagi masala.
선결(鮮潔) II ~하다 yangi va toza.
선고(先考) I esk. rahmatli otam.
선고(宣告) II ~하다 a) e'lon qilmoq; 파산 ~를 내리다 1) kimdirni bankrot bo'ldi deb e'lon qilmoq; ~문 deklaratsiya (hukm) matni; ~장 e'lon; deklaratsiya; hukm; 2) chiqarmoq (hukm).
선구(先驅) ~적 ilg'or; ~하다 oldinda yurmoq; 유리 가가린은 우주여행의~자이다 Yuriy Gagarin kosmik parvozlarning pioneri bo'lgan; ~자 ilg'or chavandoz; pioner; himoyachi.
선구자 1) ilg'or chavandoz; 2) pioner; tashkilotchi; boshlovchi; chiqaruvchi.
선동(煽動) 1) tashviqot; 2) vasvasaga solish, ig'vo g'alamaslik qilish; ~적 a) ig'vogarlik; g'ala-mislik; b) tashviqot; ~하다 ig'vo qilmoq; g'alamislik qilmoq; 세계전쟁을 ~하다 jahon urushini keltirib chiqarish; 총파업을 ~하다 umumiy ish tashlashga tashviq (agitaciya) qilish; 폭동을 일으키도록 ~하다 jonini chiqarish uchun g'alamislik qilmoq; ~가 g'alamis.
선두(先頭) I boshchilik; birinchilik; ~에 boshchiligida; ~에 나서다 boshqalardan oldinda bo'lmoq; ~에서다 boshchilik qilmloq; ~를 ~로하여(한) biror odam boshchilida.
선두(船頭) II yelkan kema kapitani
선로(線路), 레루 I rel's, chiziq; temir yo'li;~공 yo'lovchi ishchi;
선물(膳物) 1) sovg'a, tuhfa; 2) ~하다 sovg'a qilmoq; tuhfa qilmoq; ~로 받다 (biror narsani) sovg'a sifatida olmoq; 그녀는 멋진 생일 ~을 받았다 u tug'ilgan kuniga ajoyib sovg'a oldi; 생일 ~ tug'ilgan kunga sovg'a; 크리스마스 ~ rojdestvo sovg'asi.
선박(船舶), 기선(汽船) kema; ~건조 kemasozlik; ~급수 kemalar darajasi; ~견인 특성 kemani harakatga keltirish kuchi xarakteristikasi;~국적 kemaning davlatga qarashli qismlari; ~이력부 kemaning pasporti (hujjati); ~운행표 kemalarning yo'nalish grafigi.
선반(旋盤) I devordagi tokcha (kitoblar uchun); 2) elektr dastgoh; ~공장 tokarlik ustaxonasi; 금속 ~공 metallar bo'yicha tokar.
선반(旋盤) II tokarlik stanoki; ~공장 tokar ustaxonasi.
선발(選拔) tanlov; saralash; ~하다 tanlamoq; saralamoq; ~되다 tanlangan bo'lmoq; 적당한 사람을 ~하다 mos keladigan odamni tanlamoq; ~대 oldinda ketayotgan otryad; avangard; ~배치 tanlash va saralash; ~시험 saralash imti-honlari.
선배(先輩) ot. 1) tajribaliroq; 2) bilim yurtini (kimdirdan) oldinroq bitirgan.
선별(選別) ~된 tanlangan; saralangan; ~하다 tanlamoq; saralab olmoq; ~된 상품들 saralangan mahsulotlar.
선봉(先鋒) avangard; ilg'or; ~적 avangard; ilg'or; ~에 ilg'orlikda;

~으로 되다 ilg''or bo'lmoqlik; ~대 ilg'or otryad; avangard; ilg'or otryad a'zosi; ~장 ilg'orlar boshlig'i; ~대장 esk. ilg'orlik boshlig'i.
선불 I ~을 맞다 a) sovg'a qilingan bo'lmoq; b) sezirarli zarba olmoq; ~을 걸다(놓다, 지르다) a) yaralamoq (hayvonni); b) ishni buzmoq.
선불(先拂) II ~하다 oldindan to'lamoq.
선생(先生) 1) hurm. o'qituvchi; 2) hurm. Siz. 선생 두 분 ikkita o'qituvchi.
선생님 o'qituvchi, muallima. domla, ustoz.
선서(宣誓) ~하다 qasam ichmoq; ond ichmoq; 재판관 앞에서 ~하다 sud'ya oldida ond ichmoq.
선수(先手) I 1) birinchi yurish (shaxmat, shashka o'yinlarida); ~를 두다 birinchi bo'lib yurish qilmoq; ~하다 birinchi bo'lib yurmoq; 2) qar. 선손; ~를 걸다 qar. 선손 [을 걸다]; ~를 쓰다 qar. 선손[을 쓰다].
선수(船首) II qar. 이물 I; ~곡재 deng. forshteven; ~방위 deng. shteven bo'yicha yo'nalish; ~창구 qar. 선수창 I; ~흘수 quyqa.
선수(選手) IV 1) sport ustasi; 2) sportchi; 농구~ basketbolchi; 축구~ futbolchi; 테니스~ tennischi; 3) qar. 선수 III.
선수권(選手權) [-kkvon] birinchilik; ~대회 birinchilik uchun chenpionat oyini; 세계 ~ jahon chempionati; 전국 ~ mamlakat chempionati.
선어말어미(先語末語尾) qo'shimcha, oxiridan oldingi.
선언(宣言) I deklaratsiya; manifest; ~하다 deklaratsiya qilmoq; e'lon qilmoq; 중립을 ~하다 be'-taraflikni e'lon qilmoq; 검찰관이 나왔을 때, 이 대작을 이해했던 사람들은 고골을 천재적인 작가라고~했다 Lekin "Revizor" asari dunyo yuzini ko'rib, buyuk ijodni tushunadigan odamlar Gogolni ajoyib yozuvchi deb e'lon qilishdi; ~문 deklaraciya; manifest; ~식 nimanidir e'lon qilish marosimi; 인권~ inson huquqlari deklaratsiyasi.
선언(善言) II esk. nasihat; o'rgatish.
선율(旋律) [-yul] kuy; navo; ritm; ~소조 melodik minor; ~음정 melodik intervallar.
선입감(先入感) ogohlantirish; oldini olish; ~을 갖게 하다 biror narsadan ogohlantirmoq.
선입견 ustun qo'yish; ~에 사로잡힌 ustun, baland.
선전(宣傳) I 1) propoganda; ~하다 propoganda qilmoq; ~포고를 하다 urush e'lon qilmoq; ~문 proklamatsiya; siyosiy tashviqot mazmunidagi varaqa; ~자 tashviqotchi; agitator; ~포고 urushning e'lon qilinishi; ~선동부 propoganda va qotchilar bo'limi; 2) qisq. 선전관 I.dan.
선조(宣祖), 조상(祖上) I ajdod; ilgari o'tgan; ajdod boshchisi.
선조(先朝) II ilgari o'tgan shaxsning hukmronlik davri.
선지서 Payg'ambarlar kitobi; 대~ Buyuk Payg'ambarlar kitobi; 소~ kichik payg'ambarlar kitobi.
선진(先陣) I esk. ilg'or otryad.
선진(先進) II ~적 ilg'or; ~국 ilg'or mamlakat.
선진국(先進國) ilg'or mamlakat, rivojlangan mamlakat.
선천(先天) I ~적 tug'ma; tabiiy; ~성 tug'ma xarakter; ~성 심장 판막장애 tug'ma yurak xastaligi; ~적기형 tabiiy anomaliya; ~적 면역 tug'ma immunitet; ~부족 tib. tug'ma loxaslik.

선천(宣薦) II ~하다 shoxninh buyruqlarini yetkazish bo'yicha ishga tavsiya qilmoq.
선출(選出) tanlov; ~하다 tanlamoq; saralab olmoq; ~된 tanlangan; saralangan.
선택(選擇), 선발 saylov; saylash; tanlanish; ~된 saylangan; tayinlangan; ~하다 saylanmoq; tanlanmoq; ~에게 ~을 맡기다 kimgadir saylash huquqini bermoq; 당신의 ~은 잘못되었다 sizning tanlanganingiz yaxshi bo'lmadi; ~된 사람 saylangan kishi; 직업의 ~ kasb tanlash; ~과목 fanlarning tanlanishi(o'qish jarayonida); ~규칙 saylov qonuni; ~능력 saylashga qodirlik; ~부선 selektiv flotatsiya; ~채무 yur. al'ternativ javobgarlik; ~흡수(흡착) xim. selektiv absorbtsiya.
선택성(選擇性) saylovlik; selektivlik.
선택하다 tanlamoq, saylamoq.
선포(宣布) e'lon qilish; xalqqa bildirish; ~하다 e'lon qilmoq; xalqqa bildirmoq; 위원회는 그를 의장으로 ~했다 kengash uni rais deb e'lon qildi.
선포문 deklaratsiya.
선풍(旋風) 1) quyun, bo'ron; ~기 ventilyator; 2) qar. 회오리바람; 3) to'polon; shovqin-suron; qiy-chuv; to's-to'polon; ~을 일으키다 to'polon ko'tarmoq.
선하다(先-) I birinchi bo'lib yurish qilmoq (mas. shaxmat o'yinida).
선하다 II sif. yodga tushmoq; 눈에~ ko'z oldida turmoq.
선행(先行) I oldin yuz berish; ilgari bo'lib o'tish; ~하다 oldin bo'lib o'rmoq; ilgari yuz bermoq; 이 사건 전에 일련의 작은 사건들이 ~되고 있었다 bu hodisadan oldin bir necha mayda hodisalar yuz bergan; ~작물 q.h. ilg'or.
선행(旋行) II esk. ~하다 orqaga qaytmoq.
선행(善行) III yaxshi hulq; oliyjanob hatti-harakat; ~을 쌓다 ko'p yaxshilik qilmoq.
선험(先驗) ~적 fals.
선회(旋回) aylanish; aylantirish; ~하다 aylanmoq; aylantirmoq; 비둘기가 하늘에서 ~하고 있다kaptar osmonda aylanmoqda;~포탑 aylantiruvchi qurol minorasi
설 I 1) yangi yilning birinchi kuni; yil boshi; Yangi yil; ~을 쇠다 Yangi yilni kutmoq; ~날 birinchi yanvar.
설(說) II 1) teoriya; 2) fikr; qarash; 다윈의~ Darvion teoriyasi.
-설(設) kor. qo'sh. 1) -teoriya; ko'pincha "-lik" qo'shimchasiga to'g'ri keladi (rus tilida "lizm"); 신비설 mistitsizm; 파동설 fiz. to'lqin teotiyasi; 2) fikr; 반대설 qarama-qarshi fikr.
설- old qo'sh.; ish harakatining tugallanmaganligini bildiradi: ~설삶다 chala qaynatmoq.
설계(設計) 1) loixalashtirish; rekalashtirish; ~하다 proyektlamoq; rejalashtirmoq; ~도 proyekt; loixa; istiqbolli reja; ~사 ishlab chiqarish rejasini yuzuvchi mutaxassis; konstruktor; loixalash- tiruvchi; ~안 loixa; plan; 2) qar. 설계도.
설교(說敎) ~하다 tushuntirmoq; anglatmoq; izoh bermoq.
설날 [-lal] 1) yangi yilning birinchi kuni; birinchi yanvar; 2) qar. 설.
설다 (서니, 서오) 1) a) yaxshi pishmagan; xom; 선잠으로 pishmagan qovun; b) to'liq tayyor bo'lmaslik; e) chuqur

bo'lmaslik (qattiq bo'lmaslik) (uyqu haqida); 2) a) notanish; b) tajribasiz; uquvsiz; 선무당이 사람 죽인다 matal. ≅ so'zma-so'z. tajribasiz shaman ayol odamlarni o'ldirar; 선바람 쐬다 tushunmasdan, noto'- g'ri fikr yuritmoq; 눈에~ notanish; 손에 ~ 밥이 tajribasiz; 선잠 qattiq bo'lmagan uyqu.

설득(說得) [-ttik] ishintirish; ko'ndirish; ~하다 birovni biror bir narsada ishontirish; 그녀는 나를 오도록 ~했다 u meni kelishga ko'ndirdi; ~력 ishontirish kuchi; ishonuvchanlik.

설득성(說得性) ishonuvchanlik.

설렁탕(-湯) 1) mol go'shtli sho'rva; 2) sho'rva bilan aralashtirilgan guruch.

설레다 1) to'g'ridan-to'g'ri; uzviy; bevosita bo'lmoq; joyida o'tirmaslik (bo'lmaslik); 설레임 beqa- rorlik; sabrsiz; mantiqsizlik; subutsizlik; 2) tebranmoq; qimirlamoq; 3) jo'ng urmoq; qaynamoq; 4) hayajonlanmoq; havotirlanmoq; 놀라서 가슴이~ qalbim (yuragim) notinch.

설레설레 ~흔들다, ~하다 qimirlatmoq (boshini).

설립(設立) tashkil topish; tuzish; ta'sis qilish; ~하다 tashkil qilmoq; ta'sis qilmoq; uyushtirmoq; 국제기구를 ~하다 xalqaro tashkilot tuzmoq; 이 회사는 1970년에 ~되었다 bu korxona 1970 yilda tashkil topgan; ~자 tashkilotchi.

설마 gumon; shubhalik; ehtimoldan uzoq; zo'rg'a arang; ~가 사람 잡는다 ... ga umid qilmq.

설명(說明) tushuntirish; izoh; sharhlash; ma'nosini ochib berish; ~하다 tushuntirmoq; izohlamoq; 너는 그가 학교에 오지 않은 것을 어떻게 ~할래? Uning maktabda yo'qligini qanday izohlaysan? ~서 tushuntirish xati (yozma).

설명문(說明文) tushuntirish xati.

설명하다 tushuntirmoq.

설법[-ppop]bayon qilish uslubi.

설복(說服) I ishontirish; ko'ndirish; ~하다 ishontirmoq; ko'ndirmoq; ~적 ishonarli, ko'ndiradigan.

설복(褻服) II esk. kit. 1) qar. 속옷; 2) har kungi kiyim.

설비(設備) asbob-uskuna; jihoz; uskunlash; jihozlash; ~하다 jihozlamoq; uskunlamoq; ~비 asbob-uskuna harajatlari; ~용량 o'rnatilgan kuch-quvvat; ~투자 jihozlash uchun mablag' yaratish; ~ 이용률 foydalanish koeffisenti.

설사(泄瀉) [-ssa] ish ketish; ~병에 걸리다 oshqozonning ichak faoliyatining buzilishi; ~하다 ich ketmoq; ~병 ich ketish; ~약 ich ketishdan dori; ~에 걸리다 buzilmoq (oshqozon haqida).

설악산 Sorrak tog'i.

설정(設定) [-chchong] I tuzish; ta'sis qilish; uyushtirish; ~하다 tashkil qilmoq; 문제~ muammoning o'rtaga qo'yilishi.

설정(雪程) [-chchong] II esk. kit. qar. 눈길 II.

설치(設置) o'rnatish; tuzatish; ~하다 o'rnatmoq; tuzatmoq (mas. asbob-uskuna); tuzatmoq; tashkil qilmoq; ~안 reja; loixa; ~출력 o'rnatilgan quvvat.

설치다 1) oxirigacha qilmaslik; yarimida to'xtamoq; 아침을 ~ nonushtani oxirigacha yemaslik; ⇒ 설레다; 2) yengil urib olmoq.

설탕(屑糖) shakar; shakar upasi; qand.

섧다(설우니,설워)[solttaa] 1) qayg'-

uli; xafa; g'amgin; 2) qar. 서럽다
섬 I 1) poxol qop; 곡식 섬 dondunli qop; 2) som(180 l); 3) bir necha som.
섬 II tom zinaning zina poyasi.
섬 III orol;~나라 orol mamlakat.
섬(纖) IV esk. 1) bitta o'n millionlik; 2) kichkina; juda kichkina, mayda.
섬광(閃光) birda o't olish; portlasj; fiz. scintillatsiya; ~ 결정체 scintillatsion krisstal; ~스펙트럼 o't olish spektori; ~선량계 scintillatsion dosimetr; ~전구 el. scintillacion lampa;
섬유(纖維) tola; fibra; ~세포 tolali; sertola; kataklar; ~소 kletchatka; sillyuloza; fibrit; ~유리 fiberglas; 인조 ~ sun'iy fibra; ~작물 tolali o'simlik; ~질 sertolali; ~제지림 tekstil va qog'oz sanoati uchun yetishtiriladigan o'rmon.
섭 midiya(dengiz molyuskasi).
섭니다 turmoq.
섭리(攝理) [somni] I 1) o'tkazish; ~하다 a) o'zini nazorat qilmoq (kasallik paytida); b) ishni olib bormoq (kimdirni o'rniga); 2) diniy. o'tkazish; amalga oshirish.
섭리(燮理) [somni] II ~하다 muvofiqlashtirmoq.
섭섭하다 sif. g'amgin; xafa; g'amgin; alamli; 난 무척 섭섭하네요 afsus; 떠나신다니 매우 섭섭합니다 ketayotganligingiz, juda achinarli; 너무 섭섭히 생각 마시오 xafa bo'lmang.
섭섭하네요 xafa, g'amgin.
섭섭해요 afsus.
섭씨(攝氏) Cel'siy; ~20도 20 cel'siy bo'yicha 20 gradus; ~한난계(온도계)Cel'siy termometri.
섭취 o'zlashtirish; ~하다 o'zlashtirmoq; qabul qilmoq; 문화유산을 ~하다 madaniy merosni qayta ishlamoq.
섯! To'xtang!
섰다 koreys kartasini o'ynash.
성 I jahl; g'azab; ~이 나다 jahli chiqmoq; hayajonlanmoq; jalb qilmoq; qo'zg'almoq; ~이 풀리다 tinchlantirmoq; ovutmoq; 그는 순간적으로 ~이 나서 이런 일을 저질렀다 u buni jahl ustida qildi; 그는 곧잘 ~을 낸다 uninh jahlini chiqarish oson; 성 나 바위 차기(성난 끝에 돌차기, 성 내여 바위를 차니 발부리만 아프다) maq. ≅ so'zma-so'z. jahl ustida toshni tepsang, oyog'ing og'riganigina qoladi.
성(省) II vazirlik.
성(城) III 1) qal'a devori; 2) qal'a; qo'rg'on; ~문 qal'a darvozalari; ~벽 qal'a devorlari.
성(姓) IV familiya (sharif).
성(性)(남성, 여성) V 1) jins (erkak, ayol); ~의 jinsiy; ~적인 seksual (jinsiy); ~별에 관계없이 jinsidan qat'iy nazar; 2) tilsh. rod; 3) fe'l-atvor; tabiat; hulq; 감수성이 풍부한 ~질 zehnli; tez o'zlashtiruvchan; ~적인 본능 jinsiy instinkt; ~감 jinsiy tuyg'ular; ~교 jinsiy akt; jinsiy munosabat; ~교육 jinsiy tarbiya; ~기(器) jinsiy organlar; ~별 jinsiy farq; ~병 venerlik kasalliklari; ~욕 seksuallik; 남~ erkak jinsi; 여~ ayol jinsi; ~이 마르다 besabr; betoqat; ~에 차다 mamnun.
성 VI 1) ko'mak. so'z. uchun; 든든할 성으로 butunlay ishonch hosil qilish uchun; 2) 부르다, 싶다 bilan qo'llanilganda, huddi, kabi - so'zlariga to'g'ri keladi; 등짐을 져서 키조차 내리 눌린 성싶은 사람 huddi, og'ir yuki bor insonga o'xshab.

성(城) VII qal'a, saroy (qulf, qasr)
-성(性) I kor. qosh. hulq-atvor; xislat; 계획성 rejali xarakter; rejalilik: 류사성 o'xshashlik.
-성(省) II kor. qo'sh. vazirlik; 내무성 ishki ishlar vazirligi.
성을 쌓다 qo'rg'on qurmoq.
성격(成格) I esk. ~하다 qoida (norma) bo'lib qolmoq.
성격(性格),성질 II xarakter; xulq-atvor; ~적 xarakterli; tabiatan; 나는 그와 ~이 맞지 않는다. 단지 그것뿐이다 u bilan xarakterlarimiz mos kelmadi-bor yo'gi shu xolos; ~묘사 tavsifnoma; xarakteristika; ~배우 xarakterli (o'ziga xos) aktyor.
성공(成功) I omad; muvaffaqiyat; yutuq; ~적 omadli; muvaffaqiyatli; ~하다 muvaffaqiyat qozonmoq; omadga erishmoq; ~을 바라다 omad tilamoq; 진심으로 너의 ~을 빈다! Chin yurakdan senga omad tilayman! 그의 연주회는 커다란 ~을 거두었다 Uning konserti juda muvaffaqiyatli o'tdi.
성공(星空) II yulduzli osmon.
성공을 이룩하다 omadga erishmoq.
성과(成果), 성공 [-kkva] katta yutuq; muvaffaqiyat; ~를 거두다 natijaga erishmoq; ~를 올리다 shuhrat qozonmoq; 그들의 ~는 우리들의 ~에 비하면 빛이 나지 않는다 ularning yutuqlari bizning yutuqlarimiz oldida hech narsa emas; ~적 omadli; ~적으로, ~있게 muvaffaqiyatli.
성냥석(<石硫石) gugurt; ~갑 gugurt qutichasi; ~개비 bitta gugurt cho'pi.
성년(成年) I 1) balog'at yoshi; ~기 balog'at yoshi davri; ~식 o'spirinning balog'at yoshiga o'tishiga bag'ishlangan marosimi; 2) ot. balog'at yoshiga yetgan; 3) balog'atga yetgan yosh; 4) ot. yoshi katta.
성년(盛年) II gullagan davr.
성능(性能) I imkoniyat; iqtidor; ma'lumotlar; asoslar; dalillar; tavsifnoma.
성능 II effektivlik; natija berishlik; ta'sir qilishlik.
성립(成立) [-nip] tuzilish; tarkib topish; tashkil bo'lish; ~하다 tashkil topmoq; tarkib topmoq; tashkil bo'lmoq; ~되다 shartnoma (bitim) tuzmoq.
성명(聲明) I e'lon; deklaratsiya; bayonnoma; ariza; ~하다 bayon qilmoq; bildirmoq; ~서 bayonnoma; deklaratsiya. ⇒ 신청서
성명(成名) II ~하다 esk. mashhur bo'lmoq; shuhrat qozonmoq.
성미(性味) xarakter; fe'l; tabiat; ~가 급하다 o'zini tuta bilmagan; chiniqmagan; betayin; ~부리다 사소한 일에 ~를부리다 arzimagan narsalarga asabiylashmoq; ~가 나다 jahli chiqmoq; achchiqlanmoq; ~가 급하다 o'zini tuta bilmagan; betayin; ~를 부리다 asabiylashmoq.
성별(性別) jinsiy farqlilik; ~이 없이 jinsidan qat'iy nazar.
성분(成分) 1) tarkib; komponent (biror narsaning tarkibiy qismi); 출신~ ijtimoiy tarkib; 사회~ ijtimoiy kelib chiqish; 2) tilsh. gap bo'lagi; ~분석 analiz; bo'lak.
성서(聖書) 1) muqaddas kitoblar; 2) muqaddas kitoblar; Injil.
성숙(成熟) kamolatga yetish; yetuklik; yetilganlik; ~하다 kamolatga yetishmoq; yetilmoq; pishmoq; ~기 yetilish davri; yetuklik davri; ~도 yetuklik darajasi.
성실(誠實) samimiyat; sofdillik;

samimiylik;~하다 sodiq; vafodor; samimiy; 그는 직설적이고 ~한 사람이다 u to'g'ri va samimiy inson; 그는 오랫동안 조국을 위해 ~하게 근무해왔다 u ko'p yillar Vatanga sodiq hizmat qildi; ~성 sodiqlik.
성실하다 sodiq, vafodor, samimiy.
성심(誠心) samimiylik; ochiqlik; ~껏 chin qalbdan; ~으로 ochiqdan-ochiq; ro'y-rost; samimiy sur'atda; chin yurakdan.
-성싶다 ...ga o'xshaydi.
성씨(氏) hurm. sizning (ularning) shariflari.
성장(成長) I o'sish; rivojlanish; ~하다 o'smoq; rivojlanmoq; taraqqiy qilmoq; yetilmoq; 우리들은 시골에서 ~했다 biz qishloq- da katta bo'lganmiz; 당신의 아들은 올해 무척 ~했군요! Bu yil o'g'lingiz ancha katta bo'lib qolibdi! ~기 o'sish davri; yetuklik; 급속한 ~ tez o'sish; ~률 o'sish davri; ~사료 yuqori kalloriyali yem.
성장(盛裝) II ~하다 bashang kiyinmoq; chiroyli kiyinmoq; 상하의를 모두 새 옷으로 ~하다 butunlay yangi kiyimlar kiymoq.
성적(成績) I muvaffaqiyat; natija; yutuq; ~이 좋은 학생 yutuqlari yaxshi talaba; natijalari yaxshi talaba (baholar haqida) ~을 매기다 baho qo'ymoq; 좋은 ~을 얻다 yaxshi yutuqlarga erishmoq; muvaf- faqiyat qozonmoq; ~순 o'zlash- tirish ketma-ketligi; ~표 o'zlashtirish daftari.
성적(成赤) II esk. ~하다 upa surmoq.
성전(聖殿) muqaddas ibodatxona
성직(聖職) ~자 ma'naviy (ruhiy) shaxs.
성질(性質) xarakter; tabiat; xususiyat; 감수성이 풍부한 ~ zehnli; tez o'zlashtiruvchi; 부드러운 ~ yumshoq; 온화한 ~ yuvosh fe'l; 흥부하기 잘 하는 ~ lovullagan fe'l-atvor; 그녀는 쾌활한 ~을 지닌 평범한 사람이다 U oddiy, quvnoq tabiatli odam; 그런 ~의 인간은 악마하고나 친하게 지낼 거야 Bunday tabiatli odam shayton bilan ham chiqisha oladi; 그의 ~좀 봐! 당신은 어떻게 그와 친하게 지낼 수 있지? Shunaqa fe'lli inson ham bo'ladimi?! Siz u bilan qanday chiqishasiz? ~형용사 tilsh. sifat holi.
성취(成就) I tugallash; tamomlash; amalga oshirish; ro'yobga chiqarish; ~하다 tugallamoq; amalga oshirmoq;l erishmoq; qozonmoq; 마침내 나는 내 염원을 ~했다 va nihoyat orzuim ro'yobga chiqdi; 목적은 ~되지 않았다 maqsad amalga oshirilmadi.
성취(成娶) II ~하다 o'ylanmoq.
성하다(盛-) I 1) a) jo'shqin o'smoq; gullab yashnamoq; yuksalmoq; 상업이 ~ savdo-sotiq gullayapti; 2) a) jo'shqin; shiddatli; to'lqinli; b) gullayotgan; yuksalayotgan.
성하다 II 1) butun; buzilmagan; lat yemagan; 2) baquvvat; sog'lom.
성함 hurm. sizning (ularning) ism-shar(fingiz)iflari.
섶 I etak (kiyimning).
섶 II qisq. 섶나무; 섶을 지고 불로 들어 간다 maq. ≅ so'zma-so'z.
세(勢) I 1) kuch; qudrat; ta'sir; obro'; ~살 버릇이 여든까지 간다 qon bilan kirgan jon bilan chiqadi; 2) qar. 세력 3) qar. 세도 I; 4) qar. 형세; 5) ruh.
세(稅) II soliq.
세(貰) III 1) ijaraga berish; ~를 놓다 ijaraga bermoq; ~를 얻다 ijaraga olmoq; ~를 지불하다 ijara

haqqini to'lash; ~를 내다 qarzga olmoq; vaqtincha olib turmoq; 2) ijara haqqi; 하룰~ vaqtinchalik olib turish uchun.
세(世) IV 1) geol. davr; 2) sanoq so'zlardan so'ng. bir hil ismli ruhoniylarning ketma- ketligini ko'rsatadi: 뾰뜨르 일 세 Pyotr birinchi.
세(歲) V sanoq so'zlardan so'ng. yil; 십오 세 o'n besh yil.
세 VI (belg.olm.soni. 셋) uch; 세 사람 uchta odam; 세 살 먹은 아이 말도 귀 담아 들으랬다 maq. ≅ bola yolg'on gapirmaydi; 세 살 적 버릇이 여든까지 간다 maq.≅ so'zma-so'z. qon bilan kirgan, jon bilan chiqadi; 세 살에 도리질 한다 kinoya. kech rivojlanish bolada.
-세 taklif ma'nosini bildiruvchi qo'shimcha: 같이 가세 Birga ketdik!
세계(世界) I dunyo; olam; ~적 dunyoviy; ~를 일주하다 jahon bo'ylab sayohat uyushtirmoq; ~무대에 나서다 jahon maydoniga chiqmoq; 전 ~가 이것을 알고 있다 butun dunyo bu haqida biladi; ~관 dunyoqarash; ~대전(전쟁) jahon urushi; ~무대 jahon maydoni; ~무역 xalqaro savdo-sotiq; ~사 butun dunyo tarixi; ~신기록 yangi dunyoviy rekord; ~주의 kosmopolitizm; ~지도 dunyo xari-tasi; ~혁명 jahon revolusiyasi; 동물 ~ hayvonot olami; ~열강 buyuk derjava; ~시장 qar. 국제 [시장] I.
세계(世系) II nasliy, genealogiya.
세계사(世界史) butun dunyo tarixi.
세공(細工) nozik ish; ~사 pardozchi; ~품 nafis buyumlar.
세공품(細工品) nafis buyumlar; 상아~ fil suyagidan yasalgan buyumlar
세관(稅關) bojxona; ~검사 bojxona tekshiruvi; ~제도 bojxona tizimi.
세균(細菌) bakteriya;~학 bakteriologiya;~경검 bakterioskopiya; ~단백질 bakterioprotein; ~요법 bakterioterapiya; ~무기 bakteriologik qurol; ~전쟁 balteriologik kurash;~폭탄 bakteriologik bomba.
세납(稅納) soliq to'lovi; to'lanadigan pul solig'i; esk.⇒납세.
세다 I 1) o'tirmoq; 2) oqarmoq; sarg'aymoq (yuz haqida); 그는 머리가 셌다 uning sochlari oqarib ketdi.
세다 II 1) sanamoq; hisoblamoq; 돈을 ~ pulni hisoblamoq; 백까지 ~ yuzgacha sanamoq; 손가락을 곱아 ~ barmoqda sanamoq; 2) chiqish kelishigidan so'ng: qaramoq, qarab chiqmoq.
세다 III 1) kuchli; 센바람이 일었다 kuchli shamol turdi; 2) qattiq; qo'pol; 3) qat'iy; mustahkam; 4) o'g'ir; qiyin (ish haqida); 5) etn. baxtsiz.
세다 IV qo'pol; dag'al; qattiq; shafqatsiz; qat'iy; 뻣뻣하고 센 머리털 qattiq sochlar.
세대(世代) 1) avlod; 젊은 ~ yosh avlod; o'sib kelayotgan yoshlar; ~교체 avlodlarning almashinishi; ~교체 biol. metagenez; ~명가 esk. mashhur nasl; 2) qar.시대
세도(勢道) 1) siyosiy hokimiyat; 2) yuqori hizmat mavqei; ~가 o'zining yuqori lavozimida foydalanuvchi inson; ~를 부리다 (쓰다), ~하다 hokimiyatdan foydalanmoq; o'z lavozimidan foydalanmoq; ~정치 shohning o'tniga hukmronlik qilayotgan vazirning qudratli hokimiyati.

세력(勢力) 1) ta'sir; kuch; qudrat; obro'; ~을 떨치다 o'z ta'sirini o'tkazmoq; ~가 obro'li odam; ~권 ta'sir doirasi; ~범위 ta'sir doirasi; 혁명~ revolucion kuchlar; 2) holat, ahvol; 병의~ bemorning holati.

세례(洗禮) 1) din. cho'qintirish; 2) sinov; sinash; tekshirib ko'rish; ~식 cho'qintirish marosimi.

세로 vertikal bo'yicha; tepadan pastga; bo'yiga; uzunasiga; ~쓰다 tepadan pastga yozmoq; ~줄 vertikal chiziq; ~철근 bino. uzunasiga ishlangan armatura.

세멘(<ing. cement) qisq. 세멘트; ~기와 qum-cementli cherepica.

세면(洗面) 1) yuvinish; ~하다 yuvinmoq; ~대 umivalnik (yuz-qo'lni yuvish uchun qo'llaniladigan idish, asbob); ~장 yuvinish xonasi; xojatxona; 2) qar. 세수 I.

세무(稅務) I soliqqa tortish bo'yicha ish; ~관 soliq xizmatchisi; ~관청 soliq apparati; ~사 birovning topshirig'i bilan soliq ishlari bo'yicha shug'ullanuvchi shaxs; ~서 soliq boshqarmasi; ~조사 soliq kuzatuvchi.

세무(細務) II mayda ishlar.

세밀(細密) detal; qism; batafsil; ~하다 batafsil; puzta; sinchiklab; detal bilan; ~히 batafsil; puxta; ~성 puxtalik; sinchkovlik.

세배(歲拜) 1) ta'zim (yangi yil kuni ertalab ota-onaga); ~하다 yangi yil bilan tabriklamoq (o'zidan kattani); 세뱃돈 yangi yil bilan tabrilash uchun kelgan bolalarga beriladigan pul; 2) yangi yil bilan tabriklayotganning ta'zimi.

세부(細部) 1) mayda qismlar; detallar; ~적 detalli; mayda; mufassal; ~ 계획화 rejalashtirish; 2) qar. 세부분.

세상(世上) 1) olam; dunyo; ~없는 o'ziga tengi yo'q; ~없어도 har qanday holatda; ~없이 tengsiz; mislsiz; taqqoslab bo'lmaydigan; ~에 ey, Xudoyim; ~을 등지다 odamlardan holi yashamoq; ~을 모르다 a) hayotni umuman anglamaslik; b) ~ 모르고 자다 qotib uxlamoq; e) sababni bilmaslik; ~이 바뀌다 butunlay (tag-tugi bilan) o'zgarmoq; ~을 떠나다 o'lmoq; hayotdan ko'z yummoq; 나는 결코 자본주의 ~에서 살아본 적이 없었다 men hech qachon kapitalistik dunyoda yashama- ganman; ~만사 olamdagi hamma narsa; ~사 ro'zg'or ishlari; ~살이 hayot; ~일 dunyo ishlari; 2) yer (osmonga teskari ma'noda); 3) esk. tashqi olam; erkinlik; ozodlik; 4) 하나 va 몇 so'zlaridan keyin asr, hayot; 한 ~살다 o'z asrini yashab o'tmoq; 5) keyingi so'zning ma'nosini kuchaytirish uchun ~말을 들어야지 sen aynan shuni eshitishing kerak; 2. tengi yo'q; mislsiz; taqqoslab bo'lmaydigan.

세수(洗手) I yuvinish; ~하다 yuvinmoq; 세숫대야 yuvinish uchun tog'ora (toz); 세숫물 yuvinish uchun suv; 세숫비누 atir sovun; ~수건 sochiq.

세수(世讎) II ashaddiy dushman.

세습(世襲) irsiyat; irsiy; nasldan naslga o'tish; ~적 meros; meros bo'lib qolgan; ~하다 meros qilib olmoq; voris bo'lmoq; ~제도 vorislik (merosiy) tizimi; ~령지 meros yerlar.

세우다 I 1) turishga majburlamoq (ijozat bermoq); 2)

qo'ymoq; tashkil qilmoq; qilmoq; chaqirmoq; chiqarmoq; tiklamoq; qurmoq; 문제를 ~ savol qo'ymoq (bermoq); 공훈을 ~ qahramonlik ko'rsatmoq; 기념비를 ~ haykal qurmoq; 빌딩을 ~ bino qurmoq; 선두에 ~ boshchilikka qo'ymoq; 3) yaratmoq; barpo qilmoq; tashkil qilmoq; turmoq; 기초를 ~ asos solmoq; 4) to'xtatmoq; 5) charxlamoq (pichoq va h.z); 6) botmoq (terga); 7) tashkil qilmoq; 8) o'rnatmoq (tartib); tartibga keltirmoq; 9) saqlamoq; qo'llab-quvvatlamoq; 귀를 ~ quloq tutmoq (gap poylamoq); 공훈을 ~ qahramonlik qilmoq; 피대를 ~ qattiq ranjimoq.
세우다 II o'rnatmoq.
세우셨습니다 asos soldi.
세월(歲月) 1) vaqt; davr; ~은 나는 화살과 같다 vaqt o'qdek uchib o'tmoqda; ~여류 tez o'tadigan vaqt; ~이 없다 a) uzoq; bitmas-tuganmas; b) unchalik katta bo'lmagan (foyda); 2) qar. 철 I; 3) qar. 세상 2).
세율 soliq proportsiyasi.
세일즈맨(ingl. salesman) sotuvchi.
세종대왕 Qirol Sedjon. Cxoson davri qiroli (1397~1450)
세주다 ijaraga bermoq; qarzga topshirib turmoq.
세척(洗滌) yuvish; tozalash; ~하다 yuivmoq; tozalamoq; kir yuvmoq; ~장 davollash (pro-cesura) xonasi; ~제 tozalash vositasi; 관장~ tozalovchi klizma.
세탁(洗濯) tozalovchi; kir yuvish; yuvish; ~하다 yuvilmoq; tozalanmoq; ~기 kir yuvish mashinasi; ~물 yuvish uchun kiyimlar; ~소 kir yuvish joyi; ~비누 kir sovun.
세트(ingl. set) 1) teatr; dekoratsiya; 2) kino oluvchi apparat; 3) soch turmaklash; 4) soch turmaklanganda ishlatiladigan qisqich; 5) qar. 수신기; 6) otdan k-n. komplekt, to'plam, garnitur, yig'im.
세포(細胞) I 1) biol. katak; ~막 katak qobig'i (qatlami, pardasi); ~분열 hujayra bo'linishi; ~생리학 sitofiziologiya; ~학 sitologiya; ~감소증 sitopeniya; ~경검법 sitoskopiya; ~계산기 sitometr; ~료법 sitoterapiya; ~발생 sitogenez; ~변태 sitomorfoz; ~병리학 sitopotologiya; ~호흡 hujayra nafas olishi.
세포(細布) II yupqa kanopli bo'z.
섹시(ingl. sexy) ~한 seksual.
센서(ingl. sensor) sensor.
센세이션(ingliz.sensation) sensaciya
센스(ingliz. sense) his-tuyg'u; hissiyot; sezgi; hayol; fikr; ma'no.
센티미터 santimetr.
셀러(ingl. seller) sotuvchi.
셀룰로이드(ingl. celluloie) selluloid
셀 수 없을 만큼 sanab bo'lmaydigan darajada.
셈 1) hisoblash; hisob; sanoq; 2) hisob; mo'ljal; taxmin; fahm; anglash; idrok qilish; ~하다 hisoblamoq; sanamoq; ~에 넣지 않고 nimanidir hisobga olmasdan; 다음에 ~합시다 biz keyin hisob-kitob qilamiz; 어찌할 ~이냐? Sen nima qilishni o'ylayapsan? ~법 hisoblash qoidasi; arifmetika; ~을 놓다(하다) hisoblamoq; sanamoq ; ~에 넣다 hisobga olmoq; ~을 차리다 hisobga olmoq; e'tiborga olmoq; ~을 치다 a) hisoblamoq; b) sif.dan k-n. taxmin qilmoq 학생인 셈 쳤다 u o'quvchi deb o'yladim; 3) qar. 셈판 1); 4) qar. 셈평; ~이 나다(들다) aql kirmoq.

셈법(-法) [-ppop] 1) hisoblash usuli; 2) arifmetika.
셈속 [-ssok] 1) ishning haqiqiy holati; 2) istak; niyat; ahd; qasd.
셈판 og'z. 1) avom. ishning holati; 2) holat; ahvol; sharoit; 어떻게 된 ~이요 nima bo'ldi?; 3) qar. 셈평 1); 4) qar. 수판 III.
셉니다 hisoblamoq.
셋, 삼 uch.
셋째 uchinchi.
셍기다 1) to'xtovsiz vaysamoq; 2) doimiy ta'minlab turmoq.
셔츠(ingl.shuther) ko'ylak(erkaklar)
셔터(ingl. shutter)
소 I sigir; ho'kiz; ~도 언덕이 있어야 비빈다 bo'sh joyda ko'p ish qilib bo'lmaydi; ~잃고 외양간 고친다 so'ngi pushaymon o'zinga dushman; 전에는 농부들이 ~로 경작을 했다 ilgari dehqonlar yerni ho'kiz yordamida haydaganlar; 소가 크면 왕 노릇 하나 qar. 기운[이 세다고 소가 왕 노릇 할가] I; 소가 웃다가 꾸레미 터질 노릇 matal. ≅ hammaga kulgi bo'lmoq; 소 갈 데 말 갈 데 가리지 않다 dunyo bo'ylab yurmoq; 소 같이 먹다 juda ko'p (bo'kib) ovqat yemoq; 소 같이 벌어서 쥐 같이 먹어라 maq. ≅ so'zma-so'z. ho'kizdek ishlab, sichqondek yegin; 소 멱미레 같다 matal. ≅ juda o'jar; qaysar; 소 잡은 터전은 없어도 밤 벗긴 자리는 있다 maq. ≅ yaxshilik tez unutiladi, yomonlik uzoq vaqtgacha esda bo'ladi; 소 죽은 귀신 같다. o'jar, qaysar; 소 힘도 힘이요 새 힘도 힘이라 matal. ≅ har kimning o'z iqtidori bo'ladi; 소 힘은 소 힘이요 새 힘은 새 힘이라 matal. ≅ har kim qo'lidan kelganini qiladi; 소 옹도리를 우리듯 bitta narsani chaynamoq (gapirmoq); 소 잃고 외양간 고친다 maq. ≅ so'zma-so'z.
소 II nachinka (pishiriqning ichiga solinadigan mahsulotlari).
소(沼) III 1) suvli o'ra; ko'lmak (daryoda); 2) botqoqlik.
소(簫) IV bambukdan yasalgan fleyta.
소(所) V tashkilot; muassasa; joy; punkt; 관측~ kuzatuv punkti, joyi.
소(小) VI eng kichik (kam).
-소(素) I kor.qo'sh. element; 발효소 ferment.
-소(所) II kor. qo'sh. 1) joy, punkt, o'rin; 감시소 kuzatuv punkti; 2) korxona, muassasa; 연구소 ilmiy tekshiruv instituti; 휴양소 dam olish uyi.
소-(小) I kor. old qo'sh. kichik, kichkina; 소규모 kichik masshtab; 소강당 kichik auditoriya.
소-(燒) II kor. old qo'sh. kuydirilgan; ~소석고 kuydirilgan gips.
소각(燒却) I yoqish; yondirish; kuydirish; ~하다 yoqmoq; kuydirmoq; yondirmoq; yoqishga yubormoq; 학생들은 쓰레기를 ~했다 o'quvchilar axlatni yoqishdi; ~장 axlat yoqish joyi.
소각(小角) II mus. rojok.
소감(昭鑑) I esk. ~하다 aniqlamoq, ko'rib chiqmoq.
소감(所感) II taasurot; his-tuyg'u.
소개(紹介), I ⇒ 추천 tanishuv; tanishtirish; ~하다 tavsiya qilmoq; tanishtirmoq; 그는 학생들에게 러시아 문학을 ~했다 u talabalarni rus adabiyoti bilan tanishtirar edi; 당신에게 내 친구를 ~합니다 sizga do'stimni tanishtirishga ijozat bering; 저를 당신의 여자친구에게 ~해 주세요 meni sevgan qizingiz bilan tanishtiring; ~비 dalollik uchun haq; ~소 dalol ofisi; ~업

dalolchilik; o'rtada turish; ~업자 dallol; o'rtada turuvchi; vositachi; ~자 tavsiya qilayotgan; ~장 tavsiya (yozma); tavsiyanoma.

소개(疏開) II ~대형 harb. keltirmoq (suvni dalaga).

소개소(紹介所) vositachi (dallol) idorasi

소개업(紹介業) vositachilik,dalollik

소경 I 1) ot. ko'zi ojiz; ~노릇하다 a) ko'zi ko'r mushukka o'xshab tiqilmoq; b) o'zini ko'zi ojiz qilib ko'rsatmoq; e) paypaslab qidirmoq; ~놀이(장난) ko'z berkitish (o'yini); ~막대 a) ko'rning xas- sasi; b) yo'l ko'rsatib boruvchi, ko'rsatib beruvchi; ~더러 눈 멀었다 하면 노여워한다 maq. ≅ so'zma-so'z. ko'rga sen ko'rsan desang ham, u hafa bo'ladi; ~머루 먹듯 qo'l ostida duch kelgan narsani olish; ~매질하듯(~막대질하듯, ~이 팔매질하듯) a) duch kelgan joyiga urish; b) bekordan- bekor yugur-yugur qilish; e) o'ylamas-dan hal qilish; ~맴돌이 시켜 놓은 것 같다 boshi aylan-moq(hech narsani anglamaslik); ~북자루 쥐듯 qo'ldan chiqar-maslik; ~시집 다녀 오듯 topshiriqni naridan beri bajar-moq; ~잠 자나 마나 maq. ≅ ko'p harakat qildi, lekin foydasi bo'lmadi; ~ 저 죽을 날을 모른다 maq. ≅ so'zma-so'z. hatto ko'zi ojiz (polvin) ham, o'zining olim kuni qachonligini bilmaydi; ~ 제 닭잡아 먹기(~ 제 호박 따기) maq. ≅ so'zma-so'z. ko'r o'zining tovug'ini o'g'irlab yeb qo'ydi (ko'r o'z polizidan qovoq uzib oldi); ~ 파밭 두드리듯 duch kelganicha urish; ~ 아이 낳아 만지듯 eblay olmaslik (biror ishni qilishda); ~이 문걸쇠를 잡다 mat. ≅ kutil-maganda omadi chop-moq (so'-zma-so'z. ko'r eshik qo'lini ushlab oldi); ~의 초하루날 omad, ishi yurishmoq; 2) ot. omi, savodsiz.

소경(蘇莖) II kor. tib. perilla poyasi (dori uchun xom-ashyo).

소계(小計) I taxminiy natija.

소계(小-) II kor. tib.

소괄호(小括弧) dumaloq qavs.

소굴(巢窟) in; ya; makon; hayvonlar uyasi; 도둑의~ o'g'rilar makon.

소극(消極) I ~적 passiv, sust, harakatsiz, bo'shantlik; ~성 harakatsiz, g'ayratsiz (hulqat-vor) passivlik, faoliyatsizlik, sustlik; ~분자 faoliyatsiz jamiyat a'zolari.

소극(小隙) II esk. 1) ingichka (engsiz) yoriq; 2) mayda urush.

소극(笑劇) III teatr. fars

소금 I osh tuzi; ~을 치다 tuz sepmoq; ~에 담그다 tuzlab qo'ymoq; ~에 절인오이 tuzlangan bodring; ~기 tuzlilik; ~물 sho'r suv (nomokop); ~절이 tuzlash; ~대통 tuz idish; ~깍두기 to'rtburchak shaklida to'g'rab tuzlangan turp; ~먹은 놈이 물을 켠다 maq. ≅ so'zma-so'z. tuz yegan, suv ichadi; ~먹은 소 굴우물 들여다보듯 nima qilishni bilmay garang bo'lmoq; ~섬을 불로라도 끌다 boshi oqqan tomonga ketish; ~실은 바만 하다 aloqador bo'lish (kimdir bilan); ~이 쉴 때까지 해 보자 tuyaning dumi yerga tekkanda; ~을 굽다 uyquda sovuq qotib qolmoq; ~이 쉬다 ishonchini oqlamaslik, uyaltirib qo'ymoq; ~이 쉴가? bukilmas, bo'ysunmaydigan, itoatsiz.

소금(銷金) II ~하다 (oltin) tilla bo'yoq bilan bo'yamoq (rasmdagi

kiyimni).
소나기 (qisqa muddatli) jala; ~가 퍼부었다 jala quydi; ~삼형제 jala har doim uch marta yog'ishi kerak deb qabul qilinadi.
소나무 qarag'ay.
소나타(it. sonata) sonata.
소녀(少女) I qiz bola; qiz.
소녀(小女) II esk. hurm. men (ayol kishi o'zi haqida yuqori mansabli inson bilan suhbatlashayotganda).
소년(少年) 1) bola; o'smir yigit; ~당상 a) davlat lavozimiga imtihon topshirish bilanoq 6-rangga ishga qabul qilingan yigitning bajara- digan vazifasi; b) o'ziga qulay holatni egallash (o'yinda); ~등과 erta yoshda davlat xizmatiga imtihon topshirish; 2) bolalar va qizlar; ~시대 yoshlik; 3) esk. yoshlik davri; ~고생은 사서 하랬다 maq. ≅ yoshlikda chekkan azoblar insonni chiniqtiradi; ~녀자 yosh ayol; ~기 yoshlik; ~단 pionerlik tashkiloti; ~법 voyaga yetmaganlar uchun qonun; ~원 voyaga yetmaganlar uchun lager.
소농(小農) kichik yerda dehqonchilik bilan shug'ullanish; ~적 mayda dehqonchilik; ~가 mayda dehqon oilasi.
소다(ingl. soda) soda; ~석회 natronli ohak; ~팔프 natronli selluloza; ~유리 deraza oynasi.
소덕(所德) esk. majburiyalilik hissi.
소독(消毒) dezinfektsiya; sterilizatsiya; degazatsiya; dezaktivizatsiya; ~된 sterillangan, zararsizlantirilgan; ~하다 zararsizlantirmoq, sterillamoq; ~기재 degazatsiya vositasi; ~기 degazator, sterilizator; ~법 sterilizatsiya usuli; ~실 zararsizlantirish kamerasi; ~제 dezinfektsiya qilish vositasi.
소득(所得) foyda, daromad; ~공제 daromad olish; ~세 daromad solig'i; ~액 daromad miqdori; ~하다 foyda olmoq.
소라 I 1) Turbo Cornutus Solander mollyuskasi (spiral rakvinali); 2) koreys xalq musiqiy asbobi.
소라(小鑼) II mus. kichik tarelkalar
소란(騷亂) I ~스럽다 qiy-chuv (shovqin) bo'lib tuyulmoq; ~하다 shovqinli; ~을 피우다 shovqin ko'tarmoq.
소란(小欄) II 1) chuqurlashuv; ~반자 arxit. 2) do'ng; turtib chiqib turgan joy (mas-n. padnisda).
소리, 소음 I 1) shovqin; ovoz tovushi; tovush; ~하다 ashula aytmoq, kuylamoq; ~꾼 xalq qo'shiqlarining ajoyib kuylovchisi; ~문자 fonetik yozuv; 2) ovoz tovushi; qichqiriq (hayvonning); kuy (qushning); ~를 치다 baqirmoq; [아무] ~없이 hech qanday tovush siz; birorta ham so'z aytmasdan; ~없는 벌레가 벽을 뚫는다 maq. ≅ aynan. tovush chiqarmaydigan qush devorni g'ajib tashlar; 3) xalq qo'shig'i.
소리(疏履) II onaning motanida kiyib yuriladigan samom oyoq kiyimi.
소망(所望) xoxish; istak; umid; ~하다 istamoq; tilamoq; 너의 ~이 무엇이냐? Nima istaysan?
소매 I yeng(kiyimning); ~를 걷고 나서다 kimningdir tashabbuskori bo'lmoq; ~의 안감 yengning astari.
소매(小賣) II chakana-chakana savdo; ~의 chakanali; ~하다 chakanalab sotmoq; ~가격

chakana narxi; ~상업 chakana savdo; chakanalab sotuvchi kishi; ~점 do'kon; rasta.
소멸(消滅) I yo'q qilish; qirish; ~하다 a) yo'q bo'lmoq; yashash (mavjudlik)ni to'xtatish; b) yo'q qilmoq; ~사격 yo'q qilishga o't ochish.
소멸(掃滅) II ~하다 yo'q qilmoq; barham bermoq; tugatmoq.
소모(梳毛) I to'q. kamvolli tola; ~방적 jung (yung)ni kamvolli yigirish; ~직물 kamvol mato.
소모(消耗) II sarflash; harajat qilish; eskirtirish; ~하다 sarflamoq; harajat qilmoq; eskirtirmoq; ~량 sarf; harajat; ~전 holdan toydirish uchun jang; ~품 mayda konselyariya mahsulotlari.
소문(所聞) ovoza; mish-mish gap; ~이 나다 tarqalmoq (mish-mish haqida); ~난 잔치에 먹을 것 없다 juda ko'p gapirilgan bazmda yeyishga hech vaqo yo'q; ~을 놓다 mish-mish tarqatmoq; ~이 사납다 yomon mish-mish (ovoza).
소방(消防) I olovni oldini olish va o'chirish; ~하다 olovni o'chirish; ~관 o't o'chirish guruhining jangchisi; ~서 yong'indan saqlash; ~호스 o't o'chirish shlangi; ~계단 o't ochirish narvoni; ~철갑모 o't ochirish kaskasi.
소방(蘇方) II sezalpiniya yog'ochi (bo'yoq sifatida).
소변(小便) qar. siydik; ~의 siydik; ~을 보다 siymoq; yozilmoq; ~보러 가다 yozilishga bormoq; ~검사 siydik tekshiruvi; ~기 tungi tuvak (gorshok); 오줌; ~을 보다 yozilmoq.
소비(消費) I iste'mol; sarf harajat; ~도시 iste'mol shahri; ~폰드 iste'molchi fondi; ~[협동]조합 iste'mol kooperatsiyasi; ~의 iste'mol; ~하다 iste'mol qilmoq; foydalanmoq; sarflamoq; ishlatmoq; ~량 iste'mol miqdori; iste'mol normasi; ~세 iste'mol solig'i; foydalanish solig'i; aksiya; aksiz yig'ilish; ~재 sarflanayotgan materiallar; ~조합 iste'mol (foydalanish) kooperatsiyasi; ~지 iste'mol rayoni; ~품 iste'mol mahsulotlari.
소비(所費) II sarf; harajat.
소비량(消費量) iste'mol miqdori; sarflash normasi.
소비물(消費物) iste'mol predmeti (mahsuloti).
소비자(消費者) xaridor (iste'molchi); ~의 iste'mol; ~조합 iste'molchilar jamiyati.
-소서 iltimos ma'nosini bildiruvchi qo'shimcha: 가시옵소서 iltimos qilaman, boring!
소설(昭雪) I esk. ~하다 oqlamoq; reabilitatsiya qilmoq.
소설(小說) II 1) prozaik asar, balletristika; roman; 단편(短篇)소설 hikoya; 중편소설 qissa; povest'; 장편(長篇)소설 roman; ~가 prozaik; roman yozuvchisi; ~사 roman tarixi; 2) qar. 소설책.
소속 1) ~하다 kimgadir yoki nimagadir tegishli bo'lmoq; nimanidir tarkibiga kirmoq; 2) mansublik; aloqadorlik; 그는 당에 ~되어 있지 않다 u partiyaga mansub emas; ~기관 davlatga qarashli muassasa.
소송(訴訟) 1) jarayon (sue); ~기간 jarayon (sud muhokamasi) muddati; ~관계 jarayonli munosabatlar; ~관계자 jarayon ishtirokchilari; ~단계 jarayon bosqichlari; ~당사자 jarayon tomonlari; ~비용 sud harajatlkari; ~행위 jarayonli hatti-

harakat; ~법 processual kodeks; ~비 sud harajatlari; ~사건 sud ishi; ~인 ariza bergan kishi (shikoyatchi; davogar); ~장 shikoyat arizasi; davo; ~제기 shikoyat bildirish; 사 ~ fuqaro (jinoyat) sud ishi; 2) adl. da'vo; ~가격 da'vo narxi; ~제기 shikoyat bildirish; ~을 걸다, ~하다 ish qo'zg'atmoq; da'vo qilmoq; qo'rquvdan cho'chib tushmoq.

소스라치다 xabar; yangilik.

소식(消息) I xabar, yangilik; ~란 yangiliklar ustuni; ~통 yaxshi axborot olgan kishi; bilimdon; xabardor kishi; 새~ yangilik.

소식(消食) II ~하다 hazm qilmoq.

소식(素食) III 1) ~하다 sabzavotli garnir bilan guruch yemoq; 2) sabzavot garnirli qaynatilghan gurush.

소심(小心) yuraksiz; qo'rqoqlik; jur'atsizlik; ~한 qo'rqoq; yuraksiz; jur'atsiz; ~하다 a) qo'rqoq; yuraksiz; jur'atsiz; b) sinchkov; aniq; e'tiborli; ~한 사람 qo'rqoq odam; ~스럽다 sif. a) qo'rqoq (jur'atsiz, yuraksiz) bo'lib tuyulmoq; b) sinchkov bo'lib tuyulmoq.

소아(小我) I 1) fals. "men" (kishining menligi-idealizmda); 2) budd. jusmoniy men.

소아(小兒) II 1) qar. 어린아이 bola; go'dak; ~마비 bola paralichi (shol); 2) arxeol. bolalar; ~과 pediatriya; ~과 의사 bolalar vrachi; pediatr; ~병 bolalar ichki kasallari.

소아과(小兒科) [-kkva] pediatriya; ~의사 bolalar doktori, pediatr.

소외(疏外) begonalashish; ~하다 uzoqlashmoq; sovimoq.

소요(逍遙) I ~하다 aylanmoq; satr qilmoq.

소요(騷擾) II shovqin; ~를 떨다 shovqin solmoq; tinchlikni buzmoq; ~스럽다 shovqinli; quturgan; kuchli; qattiq; shiddatli; ~하다 shovqin ko'tarmoq; ~죄 jamoat tartibini buzmoq.

소요(所要) III ot. kerakli; talab qilinayotgan; ~하다 kerak bo'lmoq; talab qilinmoq; ~량 kerakli (talab qilinayotgan) miqdor; ~시간 kerakli (zarur) vaqt; ~되다 kerak(zarur) bo'lmoq; lozim(darkor) bo'lmoq.

소용(所用) II 1) foyda; keraklilik; zaruriya; ehtiyoj; ~에 닿다 kerakli; foydali; 2) kerakli narsa; ~되다 kerak (zarur) bo'lmoq; lozim (darkor) bo'lmoq; ~없다 keraksiz; 그것이 무슨 ~이 있는가? Bundan nima foyda? 이 책은 내게 더 이상 ~이 없다 Bu kitob menga ko'proq zarur.

소원(所願) orzu; xohish; istak; kutilgan; istalgan; ~하다 tilamoq; istamoq; xohlamoq; ~을 풀다 istagini qondirmoq; xohishini bajo keltirmoq; ~을 이루다 niyatini (orzusini)amalga oshirmoq; 이것이 그의 유일한 ~이었다 bu uning yagona istagi edi; ~성취 niyatning amalga oshishi; 나는 그와 사이가 ~하다 men undan uzoqman;~성취 niyatning amalga oshishi.

소유(所有) I 1) ~대명사 egalik omoshi; mulk; ~하다 egalik qilmoq; ega bo'lmoq; 2) qar. 소유물; ~권 egalik huquqi; ~물 mulk; ~자 mulkdor; ~지 yer mulki.

소유(所由) II arxit. sabab, asos;

소음(騷音) I shovqin.

소음(嘯音) II esk. guvillash (shamol)

-소이다 esk. darak shakli

predikativining hurmat qo'shimchasi, o'zidan kichiklarga qo'llaniladi: 벌써 갔소이다 ular allaqachon ketishdi.
소작(小作) I ijara (yer); ~하다 ijaraga olmoq; ~을 주다 ijaraga bermoq; ~권 yerni ijaraga olish huquqi; ~농민 ijarachi-dehqon; ~료 yerning ijara haqqi; ~인 yerni ijaraga oluvchi; ~쟁의 ijara kelishmovchiligi; ~제도 ijara tizimi.
소작(所作) II asar; insho; ish; 한국 작가들과 그의 ~ koreys yozuvchilari va ularning asarlari.
소장(消長) I ~하다 kichraymoq va kattalashmoq; tushkunlikka tushmoq va oyoqqa turmoq.
소장(訴狀) [-chchan'] II berilgan da'vo.
소재(所在) I 1) turgan joy; o'rin; makon; turgan manzil; qarorgoh; manzilgoh; 2) ega bo'lgan; 책임 ~를 밝히다 javobgar shaxsni aniqlamoq; ~지 joylashgan o'rni; ~지 chekka o'lkalar (poytaxtdan uzoq yerlar); ~하다 esk. qar. 있다
소재(素材) II xom-ashyo; material; 작품의 ~ mundarija; mazmun; 그가 한 강의 ~는 전혀 새로운 것이 아니었다 Uning ma'ruzasida hech qanday yangilik yo'q edi; ~적 hom-ashyo bo'lmish; ~적 자료 (nimadir uchun) hom-ashyo.
소제(掃除) I tozalash; ~하다 tozalamoq; archmoq; 굴뚝을 ~하다 quvurlarni tozalamoq; ~부 tozalovchi; farrosh; qar. 청소 I.
소제(小弟) II esk. men, o'zim (kattalar bilan suhbatda).
소주(燒酒) kuchli aroq; ~잔 aroq uchun ryumka.
소중(消中) I kor. tib. kuchli chanqov kuzatiladigan qandli diabetga o'xshagan kasallik.
소중(所重) II ~하다 a) qimmatli, qadrli; 2) juda muhim; ~히 aziz, qadrli, qimmatli;~성 qimmatbaho narsa.
소중성(所重性) [-ssong] 1) qimmatbaho narsa; 2) muhim, ahamiyatli.
소지(所持) ~하다 1) bor bo'lmoq (yonida); ko'tarib yurmoq (o'zi bilan); 2) ot. ko'tarib yuradigan (yonida); 여권을 ~하다 o'zi bilan pasporti bo'lmoq; 그 여행자는 많은 돈을 ~ 하고 있었다 Ana u sayyoh o'zi bilan ko' pul olib yurar edi; 그는 호주머니에 나이프를 ~하고 다닌다 U cho'ntagini qalamtarashni olib yurar edi; ~자 ho'jayim; ~품 mulkchilik.
소질(素質) I 1) tug'ma (tabiiy) fazilat; natura; xarakter; 2) tib. moyillik; rag'bat; qobiliyat; 3) qobiliyat alomatlari; 이 아이는 훌륭한 ~을 갖고 있다 Bu bolaning qobiliyati (zehni) juda yaxshi (juda o'tkir).
소질(小姪) II esk. hurm. men, o'zim(jiyan o'zi haqida).
소집(召集) to'planish; yig'ilish, chaqiriq, chaqirish; ~하다 to'plamoq; yig'moq; chaqirmoq; da'vat qilmoq; 사령관은 전 부대를 한 곳에 ~했다 Qo'mondon butun qo'- shinni bitta joyga to'pladi; ~령 chaqiriq haqida farmoq; ~장 terim haqida xabar qilish.
소청(所請) iltimos; ~을 들어주다 iltimosni bajo keltirmoq; 나는 내 친구의 ~에 의하여 당신에게 편지를 씁니다 Me sizga o'rtog'imning iltimosi haqida yozyapman.
소출(所出) hosil; daromad (yerdan); ~의 hosildorli; ~하다 hosil qilmoq; ~이 많다 hosil ko'p; 올해는 작년보다 쌀의 ~이 좋았다 Bu yil o'tgan yilgiga

qaraganda guruch hosildorli bo'ldi
소탈(疎脫) ~하다 oddiy; begona shartlilik.
소탕(掃蕩) tugatish; yo'q qilish; ~하다 tugatmoq; yo'q qilmoq; tugatib tashlamoq; 쥐들을 모두 ~해 버리시오 Sichqon va kalamushlarni yo'q qilib tashlang; ~전 yo'q qilish uchun kurash.
소통(疏通) hamfikrlik; bir-birini tushunish; ~하다 bir-birini tushunmoqa; 그들은 서로 의사가 ~되지 않는다 Ular bir-birlarini tushunmaydilar Ularning fikrlash doiralari har xil.
소파 divan.
소포(小包) posilka, yuborilgan narsa, paketdagi xat, paket; ~로 보내다 yubormoq; 1) ~우편 pochta orqali jo'natmoq; ~판매 pochtali mol; 2) ~우편물 pochta orqali yuborilgan narsa (tovar).
소품(小品) kichik badiiy asar.
소하물(小荷物) qo'l yuki.
소형(小形) ot. kichik, salkam kichik ko'rinishida; kichik o'lchamli; ~자동차 kichik hajmdagi mashina; ~전함 harb. uncha kichik bo'lmagan harbiy kema.
소홀(疏忽) ~하다 e'tiborsiz; parishon; naridan-beri; beparvo; sovuqqon; ~하게 대하다 birornarsaga naridan beri munosabatda bo'lmoq; ~한생각 yuzaki fikr; ~히 diqqatsiz; ahamiyatsiz; palapartish; 직무를 ~히 하다 burchini pala-partish bajarmoq; 이 일은 매우 ~하게 처리되어 있다 Bu ish naridan-beri qilingan.
소화 I 1) hazm qilish; ~과정 hazm qilish jarayoni; ~계수 qar. 소화률; ~불량[증] dispersiya; yomon hazm qilish; ~효소 hazm qilish fermenti; 2) ko'chma. o'zlashtirish, bilib olish; ~하다 a) qaytadan qaynatmoq, hazm qilmoq; b) o'zlashtirmoq; egallamoq; ~하기 쉬운 음식 yengil ovqat; 그는 러시아 발음을 조금씩 ~시키고 있다 U rus tili talaffuzini asta-sekin o'zlash- tirib olmoqda; 음식이 잘 ~ 되었다 ovqat hazm bo'ldi; 읽은 것을 ~시키다 o'qigan narsalarni hazm qilmoq; ~관 hazm qilish a'zosi; ~기 질환 me'da ichak kasalligi; ~력 ovqatni hazm qilish qobiliyati; ~액 hazm qiluvchi ichimlik; ~제 hazm qila oladigan vosita.
소화(消火) II o't o'chirish; olovni o'chirmoq; ~기 o't o'chirgich; ~전 o't o'chiruvchi jo'mrak; ~도구 o't oc'chiruvchi asbob-uskuna; ~하다 o'chirmoq(olov, o't)
소화기(消化器) I hazm qiluvchi a'zolar; ~계통 hazm qiluvchi sistema; ~질환 meda ichak kasallik trakti.
소화기(消火器) II o't o'chirgich.
소화제(消化劑) hazm qilish uchun vosita; ovqat hazm qiluvchi qobiliyat.
소환(召還) I chaqiriq; ~하다 chaqiriq (m-n. deputatlar); 대사의 ~ elchini chaqirib olmoq; ~장 chaqiriq to'g'risidagi dokument.
소환(召喚) II chaqiriq qog'ozi; ~하다 chaqirmoq (m-n. sudga); 당신들을 경찰로 ~한다 Sizni mahkamaga chaqirishyapti; 법정에의 ~ sudga chaqiruv; ~장 chaqiriq xati.
속 I 1. 1) biror-bir narsaning ichki qismi, o'zagi, mag'izi; 나무속 daraxtning o'zagi mag'izi; 호두의 속 yong'oqning mag'izi; 연필 속 toshqalam ichidagi tosh; 속[이] 앉다 bog'lanmoq (m-n.

karam boshini bo'g'lamoq); 속[이] 오르다 o'smoq (karam boshi haqida); 2) mohiyat; asrash; boqish; saqlash; 3) qar. 소 II; 4) qar. 속내; 5) ichki tomon; 속을 앓다 ichi ketmoq; ~이 불편하다 ishdan chiqmoq (oshqozon haqida); 6) qalb; ~으로 ichida; qalbida; ~으로 호박씨를 깐다 es xushi joyida bo'lmoq; ~을 주다(속[을] 터놓다) qalbni ochmoq; o'zining fikridan xabardor qilmoq (kimnidir); ~을 짐작하다 qalbidagi kechayotgan narsa- larni fahmlamoq; ~을 차리다 a) o'zini odobli tutish; b) o'zi bilan mashg'ul bo'lmoq (o'zining ishi bilan); ishni to'g'rilicha qilmoq; ~을 태우다 hafa bo'lmoq; tashvishga solmoq; tushkunlikka tushmoq; ~을 뽑다 qar. 속[을] 빼다 a) 속[을] 빼다 a) gapirishga majbur qilmoq(qalbini ochmoq); b) guruch ekilgan joyni ikkinchi marta haydamoq; ~을 썩이다 hafa qilmoq; ranjitmoq; 속[을] 쓰다 qar. 마음[을 쓰다]; 속이 달다 havotir olmoq, ko'ngli notinch bo'lmoqe; ~이 살다 yo'l ber- maydigan; ~이 뒤집히다 1) g'a- shiga tegmoq; 2) ko'ngli ayni- moq; qayd qilmoq; ~이 보이다 ochilmoq; o'zini-o'zi ko'rsatish; ~이 상하다 qalbni yaralamoq; yurakni siqmoq; ~이 시원하다 qoniqmoq, yurakdan yondash- moq, ~이 타다 qattiq qayg'ur- moq; qalbdan yondashmoq; qalb yorilmoq; ~이 트이다 ochiq qalb bilan; ~이 풀리다 tinglamoq; ko'ngli joyiga tushmoq; ~이 떨린다 qo'rquvni o'ziga olmoq; ~이 썩다 yurak killamoq; qalbdan og'rimoq; qattiq qayg'urmoq; ~이 없다 bo'mbo'sh (odam haqida); ~에 대감이 몇 개 들어앉았다 haddan tashqari uddaburon (aqlli) bo'lmoq; ~에 방망이가 치밀다 qattiq hayajonlanmoq; ~에 있는 망은 하지 않고는 못 견딘다 o'ylaganini gapirmoq; ~을 떠보다 qarmoq tashlamoq; ~이 부글부글 끓다 achchiqlanmoq; ~이 없는 인간 be'mani (quruq, ichi bo'sh) odam; 남의 ~도 모르고 덤벙거린다 Birovlarning maqsadini bilmay turib tipirchilamoq; 2. 속에[서] da, ichida, orasida; 나는 가슴 ~이 아프다 Mening kon'glim achiyapti.

속(贖) II 1) to'lash, o'rnini to'ldirish, haq, badal; to'lov, to'lanadigan pul; 2) buyumlar, pul, xizmat; 속[을] 바치다 esk. badal to'lamoq (olmoq).

속다 aldanmoq; jinni bo'lib olmoq; adashmoq; 속아 넘어 가다 aldangan bo'lmoq.

속담(俗談) maqol; matal.

속도(速度),속력(速力)[-tto] tezlik, tezlik darajasi; ~의 tezlik tempi; ~를 높이다 tezlikni oshirmoq; ~를 낮추다 tezlikni pasaytirmoq; 마구~를 내다 katta tezlikdaoshirmoq; 작업의 ~를 높이다 ish darajasini oshirmoq; 고속도로에서는 시속 100킬로까지 ~를 낼 수 있다 Avtopoygada tezlikni 100km soatga oshirsa bo'ladi; ~계 spidometr; ~곡선 tezlik godografi; ~기호 mus. tezlik ishorasi.

속력(速力) tezlik; ~의 tezkorlik; ~을 내다 tezlikni oshirish; ~을 낮추다 tezlikni pasaytirish; ~이 떨어지고 있다 tezlik pasay- moqda; ~이 빠른 자동차 tezkor mashina; 전 ~으로 tezlik bilan; 전~ tekzil; tezkor; 최대 ~ eng katta tezlik.

속박(束縛) siqib qolish; cheklab qo'yish; ~된 siqib qo'yilgan; cheklangan; ~하다 siqib qo'ymoq; cheklamoq; 나는 내가 해버린 말에 ~되어 있다 Men o'z so'zimda cheklanib qolaman; 이 법령은 행동의 자유를 ~하고 있다 Bu qonun erkin harakatni cheklaydi; ~전자 fiz. birlashti- rilgan elektron; ~운동 fiz. majbur qilingan hatti-harakat.

속보(速步) I tez qadam; ~로 걷다 tez qadam tortish.

속보(速報) II 1) darrov xabar qilmoq; 2) sxoshilinch xabar; ~하다 darrov (tezlikda) xabar qilmoq; ~판 e'lon noma.

속삭거리다 1) shivirlamoq,quloqqa gapirish; 2) sekin shitirlamoq.

속삭이다 shivirlamoq; quloqqa gapirmoq; shitir-shitir qilmoq; sekin shitrlamoq; 갈대가 속삭이는 소리를 내다 Nima deb shivirlayapsiz? qar. 속삭거리다.속삭이듯 shivirlamoq.

속삭임 1) pishirlash; shivirlash; pichir-pichir qilish; 2) shatir-shutur tovush; 시냇물의 ~ irmoqning shivirlashi.

속상하다 achinmoq.

속셈 miyada hisoblash; ~을 잡다, ~하다 a) miyada hisoblamoq; b) miyada hisoblab chiqmoq; 나는 비용을 ~해보고 흠칫 놀랐다! Men harajatlarimmi miyada hisoblab chiqib dahshatga tushdim! ~이 뭐냐? Miyangda nimalarni hisoblayapsan?

속시원하다 qondirilgan bo'lmoq; yengil tortmoq.

속옷 ichki ko'ylak.

속이다 1) aldamoq; 속여 넘기다 kalaka qilmoq; 속여 먹다 avom. aldamoq; 2) aldashga majbur qilmoq; 그는 여간해서 속아 넘어가지 않는다 Uni osonlikcha aldash qiyin.

속죄(贖罪) gunohni yuvish; ~하다 gunohini yuvmoq; to'lamoq, kompensatsiya qilmoq; ~의 선물 gunohini yuvuvchi qurbon; ~자 o'zini oqlovchi.

솎음배추(-<白菜) yosh o'ramli karam.

손 I 1) qo‘l panjasi, qo'l; 2) ishchi qo'l; ~이 넉넉하다 keraksiz bo'lmoq (ishchi qo'l haqida); ~이 모자란다(부족하다) qo'llar yetishmasligi (ishchi qo'llar haqida); 3) qo'lcha; 4) arqon, cho'p(uzum yoki boshqa o'simliklarni o'stiriladigan); 손안에 놓인 듯 qo'l kaftiga qo'ygan kabi (ko'rinib turibdi); ~을 거치다 a) qo'l orasidan o'tmoq; b) ishlab bitirmoq; kimningdir iltifotidan foydalanish; ~을 걸다 a) qo'lda zarba bermoq; b) qo'l ko'tarmoq, musht ko'tamoq; ~을 나누다 a) vidolashmoq; b) ishni yaqsimlamoq; ~을 넘기다 a) hisobda yanishmoq; b) fursatni boy bermoq; ~을 놓다 ishni tashlamoq (qoldirmoq); ~을 늦추다 ishni zaiflashtirmoq; ~을 내밀다 a) so'ramoq; b) aralashmoq, birovning ishiga burnini siqmoq; e) ko'ch. qo'lni uzatmoq (biror bir narsaga); ~을 돕다 yordam bermoq (kimgadir); yordam qo'lini cho'zmoq; ~을 들다 a) qo'l ko'tarmoq; b) taslim bo'lmoqm kapitulyaciya qilmoq; e) ma'qullamoq; ~을 대다 a) qo'l tekismoq; b) kirishmoq (biror ishga); e) aloqador bo'lmoq (biror narsaga); e) aralashmoq; e) choralar ko'rmoq; f) tuzatmoq; yaxshilamoq; remont qilmoq; j) o'zlashtirmoq; h) sarf qilmoq; i) urmoq, do'pposlamoq; ~을 맞잡다 qo'l ushlashmoq; hamkorlik qilmoq; birgalikda ishlamoq; ~을 멈추다 yarim yo'lda to'xtamoq (tashlamoq); 손[을] 맺다 qar. 손끝[을 맺다]; ~을 보다 yaxshilatmoq; tuzatmoq; remont qilmoq; ~을 붙이다 a) qar. 손[을 대다] a) i); b) ishlamoq; ~을 비비다 so'ramoq; ~을 빌다 yordam olmoq; ~을 잠그다 ishtirok etmoq; ~을 잡다 a) birgalikda (hamkorlikda) ishlamoq; b) qaytadan do'stlashmoq (jipslashmoq); e) qar. 야합[하다]; 손[을] 적시다 a) qar. 손[을 잠그다]; b) ishqibozlik kuchaymoq; ~을 젓다 bosh tortmoq; rad etmoq; ~을 주다 a) cha'g'imoq; amal qilmoq (nasihatga); b) cho'p qo'ymoq; arqonni tortmoq (tepaga qarab o'sadigan o'simliklarga); ~을 치다 qo'l siltamoq; ~을 타다 yo'q bo'lib qolmoq, olib ketib qolingan bo'lmoq; ~을 털다 ish tashlamoq; yutkazib qo'ymoq; ~을 펴다 ko'ch. qanot yozmoq; ~을 꼽다 a) qo'llarni buklab sanamoq; b) zo'rlar qatorida bo'lib qolmoq; ~을 끊다 aloqani uzmoq; ~을 떼다 a) ishdan chetlashmoq (o'z xohi- shi bilan); b) ~을 떼라! qo'lingni tort!; javobgarlikni o'zidan soqit qilmoq; e) tugatmoq (ishni); bitirmoq; ~을 뻗치다 a) qattiq turib olib talab qilmoq; b) faollik bilan aralashmoq; e) ko'ch. qo'llarni uzatmoq; ~을 빼다 sekinasta qochmoq; ~을 쓰다 a) vaqtida chora ko'rmoq; b) ochiq qo'llik bilan taqsimlamoq; e) mehmon qilmoq; 손[을] 씻다 a) qar. 손[을 털다]; b) tugatmoq; ~이 가다 qo'l bilan qilingan bo'lmoq; ~이 거칠다 a) qo'l egri bo'lmoq; b) chala-chulpa qilmoq (ishda); ~이 놀다 bekor yurmoq; bekorchilik qilmoq; ~이 닿다(미치다, 자라다) a) yetib bormoq (qo'llar ishga); b) yetishmoq, yetib bormoq; 손[이] 돌다 qar. 손[이 닿다] a) 손[이] 맑다 bahil, ziqna; ~이 맞다 birdam bo'lmoq; ~이 맵다 tajribali, mohir; omadsiz; ~이 발이 되게(되도록) 빌다 yolvormoq; egilmoq; yolvorib so'ramoq; yalinmoq; o'tinib so'ramoq; ~이 부끄럽다(뜨겁다) hijolat tortmoq; uyalmoq; ~이 비다 a) qo'llarni qovushtirib o'tirmoq; b) bo'sh qo'llar bilan; ~이 서투르다 mahoratsiz; epchilmas; ~이 설다 tajribasiz; ~이 새다 o'tkazmoq; ~이 자라다 qar. 힘[이 미치다]; ~이 잡기다 ishga boshi bilan sho'ng'imoq; ~이 크다 a) sahiy, ochiq qo'l; b) mahoratli; ~이 딸리다(째이다) yetishmaslik (ishchi qo'llar); ~이 떨어지다 tugamoq (bitmoq) (ish haqida); ~이 뜨다 hovliq- maydigan, sustkash, imillagan; ~이 싸다 tezkor; tez; ildam; 손이야 발이야[하다] yolvorib kechirim so'ramoq; 손[이] 여물다 qar. 손끝[이 여물다]; 손에 걸리다 qo'lga tushmoq; ~에 넣다 a) egalikka olmoq, ega bo'lmoq; b) egallamoq, qo'lga kiritmoq; ~에 달리다 birovning ihtiyorida bo'lmoq; ~에 들다 birovning qo'liga tushmoq; ~에 붙다(잡히다) ishlamoq; ahil bo'lmoq; ~에 붙은 밥 먹지 아니 할가? bun-day baxtdan foydalanmaslik ahmoq-likku; ~에 설다 beso'naqay; mohirsiz; ko'rimsiz; sovuq; ~에 손을 잡다 hamkorlik qilmoq, qo'lni qo'lga berib ish qilmoq; ~에 쥐인 듯 들여다 보인다 oydek ravshan bo'lib ko'rinmoq; ~에 땀을 쥐다 qattiq qayg'urmoq; dildan og'rimoq; yurak muzla-moqda; ~에 떨어지다 qo'lga tushmoq; ~에 익다 usta bo'lib qolmoq (biror bir ishda); ~을 내젓다 qo'l silkitmoq (siltamoq); ~을 흔들다 qo'l silkitmoq; ~이 크다 sahiy; qo'li ochiq; ~가락질 하다 qo'l bilan ko'rsatmoq; ~가락질 받다 kulib tashlangan bo'lmoq; ~버릇이 나쁘다 o'girlik qilmoq; ~들어! Qo'lingni ko'tar! ~바닥에 장을 지지겠다 Qasam ichamanki, ...; ~이 닿는 곳에 qo'l ostida; 문의 ~잡이 eshik tutqichi; 아이들의 bolalarni qo'li; ~을 잡고 데려가다 bolani qo'lidan ushlab yetaklamoq; 서랍의 ~잡이 javon tutqichi; ~바닥보듯이 분명하다 Oydek ravshan; 이것은 아직 누구도 ~을 대지 않은 문제이다 bu-hali hech kimning qo'li tegmagan muammo; 일이 ~에 잡히지 않는다 ish chappasidan ketmoqda; 찻주전자의 ~잡이 choynak tutqichi; 한국 문제는 자국민 스스로의 ~으로 해결해야 한다 Koreyslar muammosi koreys xalqining tomonidan hal qilinishi kerak; ~가락 qo'l panjasi; ~가방 papka; ~거울 qo'l oynasi (kichkina oynacha); ~끝 barmoq uchi;~동작 ishora; qo'l harakati; ~등 kaftning orqa tomoni; ~때 qo'l kiri; dog'; ~목 시계 qo'l soat; ~바닥 kaft; ~버릇 yomon odat; ~수건 dastro'molcha.

손 II 1) mehmon; 2) tashrif qiluvchi; xaridor; sotib oluvchi; 3) qar. 나그네; 4) qar. 길손.

손 III etn.

손(孫) IV farzandlar va nabiralar; avlodlar.

손(損) V ziyon; zarar; yo'qotish; 1) qar. 손해; 2) qar. 손괘 II.

손가락 [-kka-] qo'l barmog'i; ~을 꼽다 qar. 손 [을 꼽다] I.

손길 [-kkil] 1) cho'zilgan qo'l; 구원의 ~뻗치다 yordam qo'lini bermoq; 구원의 ~이 닿다 yetib kelmoq (yordam haqida); 조국의 ~ Vatanga g'amxo'rlik; 2) ~을 맞잡다 qo'lidan ushlab turmoq.

손녀딸 rkal. nabiraginam.

손님 hurm. mehmon; 손 II 1)-4); ~을 맞이하다 mehmonni kutib olmoq; 차에 탄 ~ yo'lovchi; 이상점에는 ~이 많다 Bu do'konda xaridorlar ko'p; 2) ~마마 qar. 별성[마마].

손발 qo'llar va oyoqlar; ~을 걷다 o'lgan odamning qo'l va oyoqlarini kerakli holatga keltirmoq (badani sovishidan oldin); ~이 말을 듣지 않다 Qo'l oyoqlar ishdan chiqib qolmoq; ~을 묶어놓다 Qo'l oyoqlarni bog'lamoq; ~이 맞다 jon kuydirib ishlamoq.

손발톱 tirnoqlar.

손버릇 [-ppɔ-] 1) yomon odat (m-n. biror bir narsani qo'lida o'ynatmoq); 2) ~이 사납다 a) qo'li egri bo'lmoq; b) mushlashmoq.

손벽 [-ppyok] qar. 손바닥; ~을 치다 qarsak chlamoq; chapak chalmoq.

손상(損傷) 1) mahrum bo'lmoq; shikast; ziyon; 2) zarar(m-n. unvon); ~된 shikastlangan; ~을 입다 shikaslangan bo'lmoq; zarar olmoq; ~하다 a) zarar yetkazmoq; ziyon yetkazmoq; b) ziyon yetkazmoq (m-n. obro'); 권위를~하다 obro'ga zarar yetkazmoq; 명예를 ~하다 kimningdir nomiga dog' tushirmoq; 자존심을 ~하다 izzat-afsiga zarar yetkazmoq.

손실(損失) 1) ~하다 zarar ko'rmoq; 2) zarar; ziyon; yo'qotish; shikast; ~을 입다 talofat ko'rmoq; mag'lubiyatga uchramoq; ~을 주다 zarar yetkazmoq; 화재로 큰 ~을 입었다 Yong'in katta zarar yetkazdi; ~금 yo'qotilgan yetgan pullar.

손아귀 qo'l kuchi; ~에 넣다 qo'lga qo'ymoq; ~에 틀어쥐다 qo'lda ushlamoq; ~힘이 세다 kuchli (qo'llar haqida); 3) ko'ch. qo'llar.

손아래 ot. kenja; kichik; past mavqedagi; ~동생 kichik uka; ~누이 kichik opa; ~동맹자 kichik sherik (ittifoqdosh).

손위 katta; yuqorida turuvchi; 그에겐 누이가 둘인데, 한 사람은 그보다 ~이고, 한 사람은 손아래이다 Uning oilasida ikkita qiz bor bo'lib, bittasi undan katta, ikkinchisi undan kichkina; ~누이 katta opa.

손익(損益) foyda va zarar; foyda ko'rish va yo'qotish; ~계산서 qar. 손익표 rasmiy hujjat.

손자(孫子), 외손자 o'glining o'g'li, nabira; ~밥 떠먹고 천장 쳐다본다 o'zini aybsiz ko'rsatmoq; ~턱에 흰 수염 나겠다 maq. ≅ kutishdan (quvlashdan) yomon narsa yo'q.

손장난 [-chchan'-] 1)qo'llarning doimiy harakatda bo'lishi; 2) manipulyatsiya; 3) qar. 노름; ~하다 a) to'xtovsiz qo'lida aylantirmoq; har vaqt qo'li bilan tegmoq; murakkab va chigal xattiharakatlarni yuzaga keltirmoq; b) ko'z boyligini ko'rsatmoq; e) o'ynamoq (karta, oshiq o'yini).

손질 1) tartib-intizomga qo'ymoq; parvarish qilmoq; 2) qar. 매질 I; ishlab chiqish; tuzatib tamom qilish; ~하다 tuzatib tamom qilmoq; ishlab chiqmoq; ishlov bermoq; a) joy-joyiga keltirmoq; tartibga solmoq; parvarish qilmoq; b) qar. 매질[하다] I a); 집을 ~하다 uyni remont qilmoq; 의복을 ~하다 kostyumni tozalamoq (dazmol qilmoq); 화초의 ~ gullarni barvarish qilish; 밭의 ~ ekinlarni parvarish qilish.

손톱 tirnoqlar (qo'llarda); ~을 깎다 tirnoqni charhlamoq (olmoq); ~을 기르다 tirnoqlarni o'stirmoq; ~만큼도 mutlaqo; batamon; umuman; ~만큼도 달라지지 않았다 umuman o'zgarma- n; ~깎이 manikur qiladigan qaychi; ~탈락 tib. tirnoqlarning tushishi; ~발톱이 젖혀지도록 일을 한다 matal. ≅ holdan toyguncha ishlamoq; ~여물을 썰다 matal. ≅ qo'lidan kelmaydigan ishni o'z zimmasiga olmoq; ~만큼도 inkor gapda. umuman, hech ham.

손해(損害), 손실 ziyon; zarar; yo'qotish; ~되다 ziyon ko'rmoq; ~를 보다 ziyon ko'rmoq (kechirmoq); ~를 끼치다 zarar keltirmoq; 그들은 ~를 보면서까지 가구를 팔 준비가 되어있다 Ular zarar ko'rsalar ham o'zlarioning mebellarini sotishga tayyorlar; ~배상 zararni o'rnini to'ldirish (qoplash); ~보상(배상) zarar o'rnini qoplash (kompensatsiya qilish).

솔 I qarag'ay; ~방울 qarag'ayning bujuri (g'urrasi); ~밭 qarag'ayli o'rmon; ~잎 qarag'ayning nina bargli daraxt shoxchasi; qar. 소나무; 솔 심어 정자 quruq niyat.

솔 II 1) cho'tka; 2) el. cho'tka; ~의 cho'tkali; ~질 하다 toza cho'tka bilan; 구두~ oyoq cho'tkasi; 옷~ kiyim cho'tkasi; 칫~ tish cho'tkasi.

솔 III toshma (badanga toshgan mayda narsalar).

솔개 kalxat. qisq. 소리개; ~는 매편 qar. 가재[는 게 편]; ~도 오래면 꿩 잡는다 maq. ≅sabrning tagi oltin (mehnat qilsang rohat ko'rasan) ~ 어물전 돌 듯 sira ham ko'z uza olmaysan.

솔다(소니, 소오) I yopinmoq (qobiq); tarang qilib bog'lamoq (yarani); 콘크리트가 솔았다 Beton qotdi.

솔다(소니, 소오) II tor; zich; 어깨 폭이~ yelkasi tor.

솔선(率先) [-sson] tashabbus; pochin; ~하다 birinchi bo'lib so'zga chiqmoq; tashabbuskor bo'lmoq; bosh qo'ymoq; tashabbusni bajarmoq; oldinga shaxdam qadam qo'ymoq; ~자 tashabbuskor; boshlab beruvchi.

솔솔 yengil; yumshoq; ~불다 esmoq; muloyim puflamoq; 1) ~새다 oz-ozdan solmoq; ~뿌리다 har yoqqa sochib tashlamoq (sepmoq, ekmoq); 2) ~풀리다 yengil yechilmoq; 3) ~말이 나오다 bir tekisda oqish (suv haqida); 4) ~부는 바람 yengil shamol; 봄바람이 ~분다 Yengil shamol esmoqda.

솔직(率直) -chchik] ochiq ko'ngillik; ro'y-rostlilik; ~히 말하자면 ochiq gapiradigan bo'lsak; ro'y-rost gapirganda; ~한 고백 ochiq ro'yrost iqror bo'lmoq; 당신의 ~한 의견을 말해 주시오 O'z fikringizni ochiq bayon eting; ~하다 vijdonli; samimiy; to'g'ri; to'ppa-to'g'ri.

솜 paxta; momiq; ~을 타다 paxtani titmoq; ~바지 paxtali shim; ~바지저고리 paxtali shim va kurtka; ~옷 paxtali kiyim; ~외투 paxtali pal'to; paxtadan qilingan pal'to; ~털 pat.

솜 같은 눈송이 paxtaga o'xshagan qor parchasi.

솜씨 1) mohirlik; epchillik; mahorat; chaqqonlik; 2) usul; metod; ~있는 mahoratli; ~있게 mohirona ishlangan; mahoratli; ~를 보이다 mahoratni ko'rsatmoq; 그는 일을 처리하는 ~가 훌륭하다 Uning bu ishni qilishda ajoyib mahoratga ega.

솟구치다 1) darhol ko'tarilmoq; 2) kuch (zarb) bilan ko'tarish.

솟다 1) ko'tarilmoq; obro'sini ko'tarmoq; 해가 ~ ko'tarilmoq; chiqmoq (oy, quyosh); 2) kalit bilan urmoq; 3) chiqmoq (ter tomchilari haqida); 4) chiqib turmoq; so'zga chiqmoq; 5) jo'sh urmoq (his tuyg'ular haqida); 이마에 땀이 ~ peshona terga botdi; 땅에서 샘물이 ~ Yer ostidan buloq chiqmoqda.

솟아나다 a) sirg'annib ketmoq, ozod qilmoq; b) paydo bo'lmoq.

솟아오르다 tiklanmoq; portlab chiqmoq.

송곳 bigiz; ~으로 가꾸로 꽂고 발끝으로 차기 maq. ≅ o'zidan jahli chiqsh, g'irt ahmoqlik; ~도 끝부터 들어간다 maq. ≅ ish tartibni yoqtiradi; ~박을 땅도 없다 bir qism tuproq ham yo'q; ~으로 매운재 끌어내듯 maq. ≅ ishda kuchdan tashqari bilim ham zarurdir.

송금(送金) pul bank orqali jo'natish; ~하다 pulni jo'natmoq; pulni bank orqali yubormoq; 어느 우체국의 창구에서나 ~을 취급한다 Pulni jo'natish barcha pochta bo'limlarida qabul qilinadi; ~수수료 pulni jo'natish qiymati.

송별(送別) kuzatish, xayrlashish; ~회를 베풀다 xayrlashuvni tashkil qilmoq; ~회 xayrlashuv kechasi; xayrlashuv; kuzatuv; ~하다 kuzatmoq (ketayotgan odamni).

송유관(送油管) neft quvuri; yoqilg'i quvuri.

송이 I 1. 1) g'uncha; shona;

ko'sak; ko'rak; chanoq (paxtani) bosh; shingil; bir bosh; 2) kashtan po'sti; 2. sanoq s. gullar, mixlar va b.sh.q narsalar uchun; 눈 ~ qor parchalari; 목화 ~ paxta g'ozasining ko'sagi (ko'sak, chanoq); 포도 ~ bir bosh uzum.
송이(松栮) II oq qo'ziqorin.
송전(送電) elektr o'tkazgich; ~하다 elektr quvvatini o'tkazmoq; ~선 elektr quvvati chizig'i; ~탑 elektr quvvatining ustuni tirgak yo'li.
송판(松板) qarag'ayning taxtasi.
송편(松-) qarag'ay bargi asosida guruch unidan tayyor- ngan nachinkali dumaloq shakl- dagi non; ~으로 목을 딸 일 juda achinarli; ~을 물다 g'azablan- moq; jahli chiqmoq.
송풍기(送風機) ventilyator.
송환(送還) repatriatsiya; qaytib kelish; ~하다 a) orqaga yubor- q; qaytarmoq; b) orqaga jo'natmoq (yaradorlarni); e) repatratsiya qilmoq; 포로를 ~하다 asr tushganlarni qaytarmoq; 본국 ~자 repatratsiya qilingan.
솥 qozon; ~뚜껑 qozonni qopqog'i; 솥 씻어 놓고 기다리기 tayyor bo'lib kutmoq; 솥 떼어 고삼 년이라 a) ishlar yurishma- pti; b) cho'zilmoq (ish haqida); 솥은 부엌에 놓고 절구는 헛간에 놓으라고 한다 bilimdonga aql o'rgatma; 솥에 개 누웠다 bir necha kun mobaynida qozon qaynatmadik; 솥에 넣은 팥이라도 익어야 먹지 matal. ≅ sxoshgan qiz erga yolchimas.
쏴 taq. s. shamol guvili.
쏴쏴 ~하다 guvillamoq (shamol, qirg'oqqa urilgan to'lqin).
쏴하다 eshitilmoq, ko'tarilmoq (shamol, to'lqin).
쐴쐴 1) ~흐르다 shildiramoq; anhor bo'lib oqmoq; 2) ~새다 shiqirlab (shivillab) oqmoq (tushmoq); 3) ~빗기다 taramoq.
쇄국(鎖國) shaharni ayirib qo'ymoq (izolyatsa qilmoq); ~정책 izolyatsa (ayirish, chetlatish) siyosati; ~하다 mamlakatni eshiklarini yopmoq (chet- lliklarni).
쇄도(殺到) tezkoq harakar; intiluvchanlik; ~하다 tashlan- moq, intilmoq, otilmoq; 군중이 문으로 ~했다 Olomon eshik tomonga otildi.
쇠, 철 1) temir; metal; 2) qar. 쇠붙이 2); 3) avom. qar. 지남철; 쇠[가] 나다 paydo bo'lmoq (zang haqida); 쇠[가] 돋다 zang bosmoq; 쇠 먹는 줄 a) ko'p pul talab qilinadigan ish; b) behuda sarf qiluvchi; ~고리 metaldan qilingan uzuk; ~도끼 temir bolta; ~돈 tanga; ~망치 temir bolg'a ~물 quyilib qolgan temir; zanglagan suv; ~사슬 temirli zanjir; 쇳덩이 temir bo'lagi; 쇳돌 temir rudasi.
-쇠 "temir" (2-o'g'il bolalarga beriladigan ismning 2-bo'g'ini).
쇠- kor.old.qo'sh. 1) kichik, kichkina (o'simlik, hayvonlar haqida); 쇠고래 kasatka (kitning kichkinasi); 2) mahkam, qattiq; 쇠팥 yeb bo'lmaydigan (qattiq) loviya; 3) qadimgi, eski, uzoq davom etadigan; 쇠기침 eski yo'tal.
쇠고기 mol go'shti; qar. 소고기.
쇠망치 temirli bolg'a.
쇠사슬 1) temirli zanjir; 2) ko'ch. zanjirlar.
쇠약한 bo'sh, kuchsiz.
쇼(ingl. show) teatr; kino; shou.
쇼비니즘 rus. shovinizm.
쇼윈도(ingl. show-window) vitrina,

ko'rgazma; 당신의 ~에 있는 이 붉은 넥타이를 내게 주시오 Menga ko'rgazmada turgan ana u qizil galstukni bering, iltimos.
쇼크(ingl. shock) shok; istak; rag'bat; niyat; ~를 주다 turtki bermoq; 그의 사망은 우리에게 큰 ~였다 Uning o'limi biz uchun og'ir zarba bo'ldi; 이 전구를 만지지 마라, 그러 지 않으면 당신은 전기 ~를 받게 될 것이다 Bu lampochkalarga qo'lingni tegizma, bo'lmasa seni tok uradi; qar. 충동.
쇼킹(ingl. shocking) zarba; turtki; ~한 zarbali; turtkili; kuchli; g'azablanarli; dahshatli; ~하게 하다 zarba bermoq; ~한 일 dahshatli hodisa.
쇼트(short) qirg'oq.
쇼핑(ingl. shopping) harid qilish; ~센터 savdo markazi; 나는 신발을 사러 ~하는 동안에 나의 오랜 친구를 만났다 Do'konga oyoq vaqtdan beri ko'rishmagan do'stimni uchratdim.
숄(ingl. shawl) sharf; qiyiq ro'mol; uchburchak ro'mol.
숍(ingl. shop) magazin; do'kon.
수 I 1) usul; vosita; ~를 쓰다 hiyla ususlidan qo'llamoq; chora ko'rmoq; 갈 ~있다 ketsam bo'ladimi; 나에게 좋은 ~가 있다 menda ajoyib fikr bor; 단 ~가 높다 juda kuchli; 떠나갈 ~밖에 없다 ketishdan boshqa chora yo'q; 수가 익다 o'rganmoq, qo'li kelishmoq; ~ 틀리다 ta'biga tushmaslik; ko'ngliga o'tirmaslik; 2) fe'lning sifatdosh shaklidan keyin kelasi zamonda 있다(없다) bilan qo'llanilganda. haraktning bajara olish (bajara olmasligi)ni ifodalaydi: ~ㄹ 수밖에 없다 ~ dan boshqa chora yo'q; 할 수 있는대로 iloji boricha.
수 II erkak; ~탉 xo'roz.
수(手) III 1) mohirlik; hunar; kasb (m-n. shaxmat o'yinida); 수가 세다 juda kuchli; 수 빠지다 o'zining zaif taraflarini topmoq; 2) sanoq s. yurish (shaxmat o'yinida).
수(壽) IV 1) ko'p yillik; uzoq umrlilik; umr boqiylik; 2) qar. 수명 I 1).
수(水) V 1) suv sharq samosining 5ta tabiiy ofatlaridan biri; 2) qisq. 수요일
수(數),날짜,숫자,량(量) VI 1) miqdor son; ~를 놓다 hisoblamoq; hisoblab chiqmoq; ayirmoq; hisob qilmoq; ~를 채우다 a) olib bormoq, yetkazmoq (yetarli bir miqdorgacha); b) rasman hisoblamoq; 수 없다 behisob; 2) tilsh. son.
수(數) VII 1) omad; qar. 운수 III; ~가 나쁘다 omadim kelmadi; 수가 나다 omadi kelmoq (yurishmoq); 수가 사납다 omadi yurishmaslik; 수를 때우다 etn. eng katta ofatdan qochib qutilmoq, o'zini yengil sinovga duchor qilmoq; 2) baxt; omad.
수(繡) VIII kashta; ~의 tikib gul soladigan; ~놓은 kashta tikib qo'yilgan; ~를 놓다 tikmoq; kashtachilik bilan shug'ullanmoq; 비단에 꽃을 ~놓다 shoyi matoda kashta tikmoq; ~놓는 여자 kashtachi.
-수(水) I kor. qo'sh. suv; eritma; 붕산수 bo'rli kislota qorishmasi; 증류수 disterlangan suv.
-수(數) II kor. qo'sh. son; 유리수 mat. racional son.
수-(數) kor. old qo'sh. bir necha; 수천 bir necha ming.
수감(收監) I xulosa; qibsga olish; ~된 hibsga olingan asr; ~하다 qamoqqa mahkum etilmoq;

qamoqqa olmoq; ~자 mahbus; asrga olingan
수감(隨感) II birinchi (ilk) taasurot
수강(受講) ma'ruza tinglashga borish; ~하다 ma'ruza tinglamoq; ~생 tinglovchi; talaba; ~자 ma'ruza tinglovchi.
수강생(受講生) tinglovchi (kurslarni); talaba.
수강자(受講者) tinglovchi (ma'ruzalarni).
수강증(受講證) [-chchin'] darsga qatnashish uchun [yozma] ruxsatnoma.
수건(手巾) 1) dastro'mol; sochiq; ~으로 얼굴을 닦다 yuzni sochiqqa artish; ~걸이 sochiq uchun veshalka (osgich); 손~ dastro'mol; ~돌리기 dastro'molli o'yin; 2) qar. 머리 수건.
수고(受苦) mehnat, g'am, notinchlik; ~하다 biror narsa ustida mehnat qilmoq; g'amxo'rlik qilmoq; muammolarni o'z bo'yniga olmoq; ~를 끼치다 bezovta qilmoq; 그는 조국의 복지를 위해 많은 ~를 했다 U Vatan shon-shuhrati uchun ko'p ish qildi; 헛 ~ behuda qilingan mehnat; ~스럽다 tashvish keltiruvchi; ~했습니다 rahmat; ~하십니다 Assalomu allaykum.
수고스레 mashshaqatli.
수공(手工) 1) qo'lda qilingan narsa; qo'l ishi; ~노동 qo'l mehnati; 2) nozik ish; ~의 qo'lda yasalgan; ~에 종사하다 qo'l mehnati bilan shug'ullan- moq; ~업 hunar; hunarmand- chilik; ~업자 hunarmand; kosib; ~예품 amaliy san'at hunarmandchiligi.
수교(手交) I taqdimot; ~하다 taqdim qilmoq; bermoq; topshirmoq; 편지를 본인에게 ~해 주시오 Xatni shaxsan u odamning qo'liga topshiring.
수교(手巧) II esk. chaqqonlik; ustalik.
수군거리다 shivirlamoq; pichirlamoq; pichirlashmoq.
수군덕거리다 biladigan ishi pichirlash [ish].
수그러지다 1) egilmoq; bukilmoq; tushmoq; 2) tinchlanmoq, to'xtamoq (shamol); 바람이 수그러졌다 shamol to'xtadi; 3) asta-sekin o'tib boryapti (jahl, nafrat); tushmoq (kayfiyat).
수긍(首肯) rozilik; ma'qullash; tasdiqlash; ~하는 rozi bo'lgan; ~하다 rozi bo'lmoq; ma'qullamoq; 나는 그의 의견에 ~할 수가 없다 men uning fikrini ma'qullay olmayman.
수꽃술 bot. otalik.
수나사, 볼트 bolt.
수난(水難) I suv toshqini (ofat).
수난(受難) II ofat, falokat, azob, uqubat; ~의 azobli, uqubatli; ~을 겪다 azob chekmoq; azoblanmoq; qashshoqlikni boshdan kechirmoq; ~을 이겨내다 falokatni yengmoq; ~당한 민족의 역사 ko'p falokatlatni boshdan kechirgan xalqning tarixi; ~기 falokat davri; ~자 falokat (ofat) dastidan azob chekkan odam.
수납(收納) I qabul; yig'ish (pul); ~하다 qabul qilmoq; yig'moq; to'plamoq.
수납(受納) II ~하다 qabul qilmoq; olmoq.
수녀(修女) rohiba; katolik dinidagi rohiba ayol; ~원 ayollar cherkovi.
수년(數年) bir necha yil; ~간에 걸쳐 bir necha yillar davomida.
수다 I ko'p so'zlilik; vaysaqilik; ezmalik; sergaplilik; ~를 떨다 vaysamoq; gap sotmoq; ~스런 사

람 vaysaqi (sergap) odam; ~를 부리다 sergap bo'lmoq; ~를 떨다 vaysamoq; gap sotmoq; sergap bo'lmoq; ~스럽다 sifat. sergap bo'lib tuyulmoq.

수다(數多) II ~식구(식솔) katta oila; ~하다 ko'p a'zoli; kesim ma'no. ko'p.

수단(手段) I 1) vosita, usul, chora; qurol; ~을 가리지 않고 qanaqa yo'l bo'lmasin...; hamma yo'llar bilan...; ~을 강구하다 chora-tadbirlar qidirib topmoq; 온갖 ~을 다하다 hamma choralarni qo'llamoq; 가능한 ~ ehtimolga yaqin usul; 교양 ~ tarbiya usuli; 방어~ himoya qilish choralari; 생산~ ishlab chiqarish usuli; 통신~ aloqa usuli; 생산~ ishlab chiqarish usuli; 2) usul (harakat).

수단(水團) II guruch xamiridan tayyorlangan zuvala.

수당(手當) nafaqa; yordam pul; ustiga qo'yish; ~을 지급하다 nafaqa pulini bermoq; 실업~ ishsizlarga nafaqa.

수도(水道) I vodoprovod, suv quvuri; ~를 놓다 suv quvurini o'tkazmoq; ~공 suv quvurini o'tkazuvchi; ~관 suv quvuri trubasi; ~꼭지 suv quvuri krani; ~세 suv uchun to'lov; 수돗물 suv quvuridan olingan suv;

수도(首都) II poytaxt; 그들은 ~로 이사했다 ular poytaxtga kelishdi.

수도(受渡) III ~하다 qabul qilib tarqatmoq, ishlab chiqarib tarqatmoq (pul va tovarlar)

수동(手動) ~의 qo'l ...si; ~펌프 qo'l ansosi; ~제동기 qo'l tormozi.

수락(<受諾) qabul qilish; olish; ~하다 qabul qilmoq; olmoq (rozilik, ma'qullik); 나는 당신의 초대를 기꺼이 ~합니다 men taklifingizni qabul qilishdan xursandman.

수레 arava; ~바퀴 arava g'ildiragi; ~운에서 이를 간다 maq. ≅ to'ydan keyin nog'ora chalmaydilar; 역사의 ~바퀴 tarix g'ildiragi.

수력(水力) gidravlik kuch, gidroenergiya; ~ 발전 gidrogeneratsiya; ~발전소 gidroelektrostantaiyasi; ~건설 gidro qurilish; ~공학 gidrotexnika; ~구조물 gidroqurilish; ~기계화 gidormexanizatsiya; ~절점 gidrogeneratsiya; ~측량 gidrometriya; ~탄광 gidroshaxta; ~터널 gidrotexnik tunel.

수련하다 muloyim, yumshoq, yuvosh; nazokatli, xushmuomalali.

수렵(狩獵) 1) ov; ~하다 ov qilmoq; ~하러 가다 ov qilish uchun bormoq; ~지 ov qilsih joyi; 2) qar. 사냥; ~시대 insonlar ov qolish va baliqchilik bilan shug'ullanib kun ko'ri- shgan davri.

수령(受領) olish; qabul qilish; ~하다 olmoq; qabul qilmoq; ~자 qabul qiluvchi; ~증 kvitantsiya.

수로(水路) 1) suv yo'li; farvater; 2) qar. 물길; 3) suzish yo'lakchasi.

수록(收錄) 1) ~하다 a) yozib olmoq; b) yig'moq; to'plamoq; jamlamoq; ~된 ro'yxatga olingan; 2) ro'yxatga olish, yozib olish.

수료(修了) tamomlash, bitiruv; ~하다 (o'quv kurslarini) bitirmoq; 그는 교육 과정을 ~했다 u o'quv kursini bitirdi; ~생 o'quvchi.

수료식(修了式) bitiruv marosimi.

수료증(修了證) [-chchin'] o'quv kurslarini bitirganligi haqida ma'lumotnoma.

수륙(水陸) 1) suv va quruqlik;

~도장 budd. yer va suv egalariga qurbonlik qilinadigan joy; ~양용 자동차 avtomobil-amfibiya; ~양용 전차 harb. tank-amfibiya, suzuvchi tank; ~진미 qar. 산해 [진미] I; ~진찬 yer va daryo noyob hadyalari; ~진품 noyob buyum; 2) suv va quruqlikdagi yo'llar.

수리(水利) I 1) gidromelioratsiya; ~불안전답 sug'orish inshootlarisiz guruch dalalari; ~안전답 sug'orish inshootlari mavjud guruch dalalari; ~학 gidravlika; gidrologiya; ~학자 gidrolog; 2) suv orqali tarnsportirovka qilish(olib o'tish)

수리(受理) II qabul qilish; olish; ~하다 ko'rib chiqish uchun qabul qilmoq; olmoq (ariza, ma'lumotnoma va h.z).

수리(修理) III ta'mirlash; remont; tuzatish; yamash; ~하다 ta'mirlamoq; remont qilmoq; tuzatmoq; yamamoq; ~를 맡기다 remontga bermoq; tuzatishga bermoq; yamashga bermoq; ~를 맡다 tuzatishga olmoq; 지금 집을 ~중이다 Hozir uyim remont qilinyapti; 차를 ~하는 데 일주일이 걸린다 mashinani remontlash (qayta sozlash) ko'p vaqtni talab qiladi; ~공 ta'mirlovchi; ~비 remont uchun sarf-harajat; 대~ katta ta'mirlash ishi; 시계~ soatni ta'mirlash; 주택 ~ uyni qayta ta'mirlash.

수리(數理) IV 1) matematika asoslari (qonunlari); ~물리학 matematik fizikaкa; ~언어학 matematika tilshunosligi; ~통계학 matematik statistika; ~적 matematik; ~논리학 mantiqiy matematika; ~지리학 matematik jo'g'rofiya; ~운영학 programmalash; 2) matematika, fizika va kimyo; aniq fanlar.

수리하다, 고치다 ta'mir qilmoq.

수립(樹立) tashkil topish; tuzish; o'rnatish; tayyorlash; hozirlash; ~하다 tashkil topmoq; tuzmoq; o'rnatmoq; tayyorlamoq; hozirlamoq; 외교관계를 ~하다 diplomatik aloqalarni o'rnatmoq; 그는 신기록을 ~했다 u yangi rekord o'rnatdi.

수많다 ko'p sonli.

수많은 ko'p.

수매(收買) tayyorlash; hozirlab qo'yish; tayyorlab qo'yish; ~의 tayyorlangan; hozirlab qo'yilgan ~상점 harid qiluvchi do'kon; ~하다 a) tayyorlamoq; harid qilmoq; b) hozirlab qo'ymoq sotib olib qo'ymoq.

수면(睡眠) I 1) uyqu; tush; karaxtlik; ~하다 uxlamoq; ~병 uyqu kasalligi; ~부족 uyquga to'ymaslik; chala uyqu; ~제 uxlatadigan dori; 2) qar. 잠 I; ~요법 uyqu bilan davollash; 3) tinchlik holati.

수면(水面) II suvning yuqori qismi.

수명(壽命) I 1) hayot, uzoq umr; inson hayotining davomiyligi; ~을 연장시키다 inson hayotini uzaytirish; ~장수 uzoq umr; 2) umr boqiylik, xizmat muddati; 기계의 ~ mashinaning xizmat muddati.

수명(受命) II esk. 1) ~하다 buyruq olmoq; 2) qar. 수명어천.

수박 tarvuz; ~밭 tarvuz polizi.

수반(首班) 1) rahbar; boshliq (davlatning); 국가의 ~ davlat rahbari; ~으로 하는 boshchiligada; 2) esk. yo'lboshchi.

수북하다 1) chetigacha to'ldirilgan; 그릇에 밥을 수북하게 담다 churuchni idishni to'ldirib solmoq; 2) qavariq, do'ng, do'mboq; 3) qalin va uzun (o'simlik haqida).

수분(水分) I 1) nam, zax; 여름에는 대기에 ~이 많다 yozda havo nam; 토지의 ~ tuproq namligi; 2) qar. 물기.

수분(水粉) II 1) qar. 무리 III; 2) qar.물분수분(受粉) III changlash; changlanish;~하다 changlanmoq

수분(水盆) IV vaza (gullar uchun kichik vaza).

수비(守備) I qo'riqlash; himoya qilish; ~하다 qo'riqlamoq; himoya qilmoq; 국경을 ~하다 mamlakat chegarasini qo'riq- lamoq; ~군 chagara qo'shinlari; ~대 shahar yoki qal'ada joylashgan harbiy qism; 국경 ~ mamlakat chegarasi himoyasi.

수비(水飛) II 1) suv yordamida tozalash; 2) loyni suv yordamida aralashmadan tozalovchi odam.

수사(修辭) I chiroyli gapirish; ~의 ritorik; ~하다 chiroyli gapirmoq; gapirishni bilmoq; ~법 chiroyli gapirish qonuni; ~학 ritorika.

수사(搜査) II tekshirib chiqmoq; tergov qilmoq; tintuv; ~하다 tekshiruv olib bormoq; tergov qilmoq; tintuv qilmoq; 경찰에 의한 화재 원인의 ~ yong'inning sababi policiya (mirshab) tomonidan tergov olib borilishi; 그는 이 사건을 ~하도록 의뢰 받았다 unga bu ishni tekshirish yuklatilgan edi; ~대 tergov guruhi;

수사(數詞) III tilsh. son; 수량 ~ sanoq son; 순서 ~ tartib son.

수산(水産) I 1) baliq ovi; ovchilik; ~법 baliq ovi haqida qonun; ~업 baliq sanoati; ~업 협동조합 baliqchilik qo'shma korxonasi; 2) qar. 수산물.

수산(水疝) II kor. tib. tuxumdonning shishishi.

수색(水色) I qar. 물빛 I.

수색(搜索) II tintuv; qidiruv; harb. qidiruv; ~하다 tintuv qilmoq; qidiruv o'tkazmoq; 가택 ~하다 tintuv qilmoq; 그의 아파트에서 가택 ~이 있었다 uning uyida tintuv o'tkasildi; 새벽에 우리는 ~을 하기 위해 출발했다 erta tongda biz qidiruv (razvedka) o'tkazish uchun yo'lga chiqdik; ~대 qidiruv ishlarini olib boradigan otryad (guruh);

수선 I shovqin; ovoragarchilik; sershovqin; to's-to'polon; ~스럽다 shovqinli; sxoshma-sxoshar; hov-liqma; to'lolonli; janjalkash; ~을 부리다(피우다, 떨다) shovqin qilmoq; hovliqmoq; sxoshma-sxosharlik qilmoq; 아이들이 ~을 피우다 bolalar shovqin surmoqdalar; ~하다 shovqinli; notinch.

수선(修繕) II remont; yamash; tuzatish; ~의 remont ...si; ~하다 remont qilmoq; tuzatmoq; 기계를~하다 mexanizmni sozlamoq; 시계를 ~하러 보내다 soatni tuzatishga bermoq; 신발을 ~하다 oyoq kiyimni tuzatmoq; 옷의 ~ kiyimni yamamoq; 의복을 ~하다 kiyimni yamamoq.

수성(水性) I suvning xusu-siyatlari; ~가스 gaz suvi.

수성(獸性) II 1) qahrli; g'azabli; 2) qar. 야수성; 3) esk. qar. 수욕 III.

수소(水素) vodorod; 결합 vodorodli munosabat; ~첨가 girdrogenizatsiya; ~폭탄 bodorodli bomba; ~부가(반응) gidrogenizatsiya.

수속(手續) I muolaja; rasmiyla-shtirish; ~의 muolajali; ~하다 muolajadan o'tmoq; muolajalani o'tkazmoq; 입학 ~을 하다 oliy o'quv yurtiga kirish uchun

ma'lum rasmiy muolajalardan o'tmoq; 필요한 ~을 하다 kerakli muolajalardan o'tmoq; 세관~ bojxona rasmiychiligi; 소송~ sud rasmiychiligi.
수속(收束) II esk. ~하다 o'ramoq, joylashtirmoq, bog'- lamoq; yig'moq, to'plamoq.
수송(輸送) tashish, tashib keltirish, transport; transportirovka; ~의 olib kelinuvchi; transportirovka qilingan; ~에 편리한 transportabel; ~하다 tashimoq; transportatsiya qilmoq; ~기 transport samolyoti; ~량 tashib chiqariladigan yukning og'irligi; yukning hajmi; ~로 aloqa yo'llari orqali; ~료 tashish uchun to'lov; ~비 tansport xarajatlari (chiqimi); ~선 trasport kemasi; ~수단 transport vositasi; 여객 ~ yo'lovchi tashuvi; ~체계 tashish sistemasi (tizimi); 철도~ temir yo'li orqali yuk tashilishi; 화물~ yukni tashish; ~능력 qar. 수송력; ~원가 tashishning tannarxi.
수수께끼 topishmoq; jumboq; muammo; ~의 jumboqli; ~를 내다 topishmoq aytmoq; ~를 풀다 topishmoqning javobini topmoq; ~같은 인물 sirli inson.
수술(手術) 1) tib. operatsiya; operatsiya qilish; jarrohlik yo'li bilan davollash; ~의 operativ; operatsion; 2) ko'ch. chetlatish; ~하다 a) operatsiya qilmoq; kasalni operatsiya qilmoq; b) yo'qotmoq; ~받다 operatsiya bo'lmoq; 당신은 ~을 받아야만 한다 sizni operatsiya qilish lozim; ~대 operatsion stol; ~비 jarrohlik uchun to'lov; ~실 operatsion xona; 외과~ jarroh- lik operatsiyasi; 정형외과 ~ jarrohlik operatsiyasi.
수습(收拾) I boshqaruv; idora; nazorat; ~하다 a) boshqarmoq; idora qilmoq; nazorat qilmoq; yig'ishtirmoq; tartibga keltirmoq; b) uddasidan chiqmoq; yengib o'tmoq; 시국을 ~하다 vaziyatni uddalamoq; 정신을 ~ o'ziga kelmoq, xushiga kelmoq.
수습(修習) II ~하다 o'rganmoq; qo'lga kiritmoq.
수식(修飾) 1) bezash; bezatish; naqsh; ornament; 2) tilsh. aniqlovchi; ~하다 a) bezatmoq; naqsh qo'ymoq; b) tilsh. aniqlamoq; ~어 chiroyli so'zlar.
수신(受信) I signal (xabar) olish; radio to'lqinlari; ~하다 xabar olmoq; signal qabul qilmoq; ~기 radio to'lqinlarini qabul qiluvchi apparat; ~안테나 (공중선) qabul qiluvchi antena; ~인 adresat; qabul qiluvchi.
수신(受信) II ~업무 sust kredit operatsiyalar.
수심(愁心) g'am; qayg'u; ~에 잠기다 g'amga botmoq; qayg'uga cho'kmoq; ~이 지다 qayg'urmoq; ~하다 g'amgin bo'lmoq; qayg'uli bo'lmoq; 얼굴에 ~이 어렸다 yuzga qayg'u tushdi; ~가 elegiya.
수압(水壓) suv bosimi; ~기 gidravli mashina.
수양(收養) I tarbiya (asrandi farzandni); ~부모 tutingan ota-ona; ~아들 asrandi o'g'il; ~어미 tutingan (o'gay) ona; ~딸로 며느리 삼기 o'zining manfaatini o'ylash.
수양(修養) II tarbiya, mukamallik; ~의 tarbiyaviy; ~하다 tarbiya qilish bilan shug'ullanish; tarbiya qilmoq.
수양버들(垂楊-) majnuntol.
수업(授業) I o'qitish, dars berish, ta'lim, o'qish, ish; ~하다 dars bermoq; o'qitmoq; ~중에 dars vaqtida; darsda; ~시간에 빠지다

darslarni qoldirmoq; ~에 출석하다 darsga qatnashmoq; 누구에게...의 ~을 받다 kimdirdandir dars olmoq (o'rganmoq); 러시아어 ~ rus tili darsi; 오늘은 ~이 없다 bugun darslar yo'q; 이 대학이 ~은 9시에 시작된다 bu oliygohda darslar soat to'qqizda boshlanadi; ~료 ta'lim uchun to'lov; ~시간 dars vaqti; ~시간표 dars jadvali.

수업(修業) II 1) o'rganish; ta'lim; 2) tugatish, bitirish (ta'lim kursini); ~증서 kurslarni tugatganligi haqida guvohnoma; ~하다 a) o'rganmoq; ta'lim olmoq; b) tugatmoq, bitirmoq.

수여(授與) topshirish; taqdimot; o'zlashtirish; ~하다 topshirmoq; taqdim qilmoq; o'zlashtirmoq; 누구에게 일등상이 ~되는가? birinchi mukofot kimga nasib qiladi? ~식 taqdimot marosimi.

수염(鬚髥) soqol; mo'ylov; ~이 났다 mo'ylov paydo bo'ldi; ~을 기르다 mo'ylov o'stirmoq; soqol qo'ymoq; ~을 기른 노인 soqolli qari chol; ~을 쓰다듬다 soqolini silamoq; ~을 내려 쓸다 o'zini jinnilikka solish, o'zini tushunmaganga (bilmaganga) olish; ~에 불끄듯 sxoshib, sxoshilinchda

수영 I nordon shavel (Rumex asetosa).

수영(水泳) II suzish; qar. 헤엄; ~하다 suzmoq; 그는 ~이 매우 익숙하다 u juda zo'r suzadi; ~모 cho'milish bosh kiyimi; ~복 cho'milish kiyimi; plavka; ~장 suzish basseyni; plyaj.

수요(需要)<->공급 I talab, ehtiyoj; <-> taklif; ~를 충족시키다 ehtiyojlarni qondirmoq; 우리에겐 책들에 대한 ~가 많다 bizda kitoblar uchun talab ko'p; ~이 상품은 ~가 많다 bu tovarga talab ko'p; 이 상품은 ~가 없다 bu tovarga ehtiyoj yo'q; 책의 ~ kitobga bo'lgan ehtiyoj; ~와 공급 talab va taklif; ~자 iste'molchi.

수요(壽夭) II uzoq umr va erta (yosh) o'lim.

수요(需要) III zarurat talab ⇒ 요구(要求)

수요일(水曜日) chorshanba; ~마다 har chorshanbada; ~에 chorshanba kuni.

수용(收容) I joylashtirish; o'rnattirish; ~하다 joylashtirmoq; o'rnatmoq; 이 극장은 5천 명을 ~한다 bu teatr 5000ta odamga mo'ljallangan; 이 호텔은 500명을 ~할 수 있다 bu meh- monxonaga 500ta odamni sig'dirsa bo'ladi; ~력 sig'uv- chanlik; ~소 lager; 포로 ~소 harbiy mahbuzlar uchun lager; ~능력 qar. 수용력.

수용(受用) II ~하다 foydalanmoq; foydalanish uchun ishlab chiqarmoq.

수용(收用) III ~하다 a) yig'moq va foydalanmoq; b) esk. haqhuquqidan mahrum qilmoq, musodara qilmoq; e) feod. lavozimga tayinlamoq.

수용하다 foydalanmoq; foydalanish uchun olmoq.

수월하다 1) qiyin emas, oson; oddiy, sodda; 수월하게 oson; yengil; oddiy; 2) qar. 선선하다 3); 3) juda oddiy.

수유(授乳) ~하다 ko'krak suti bilan boqmoq; yenagalik qilmoq; ~기 ko'krak suti bilan boqiladigan davr; laktatsion davr.

수은(水銀) simob; ~기압계 simob barometri; ~주 simob ustuni; ~방전등 qar. 수은등; ~한난계 simobli termometr.

수의(獸醫) mol shifokori; ~과 mol doktori meditsinasi fakulteti;

~사 mol doktori; ~대 mol doktori (meditsina) instituti;

수익(收益) 1) daromad; kirim; yordam; ~이 있는 foydali, daromadli; 이 장사는 큰 ~이 있다 bu savdosotiq katta daromad keltirmoqda; ~금 pullik daromad; ~성 rentabellik, foydalililik; ~자 daromad ko'ruvchi odam; 2) ~하다 daromad olmoq.

수인사(修人事) 1) salomlashish; ~하다 a) salomlashmoq; so'rashmoq; b) esk. qo'lidan kelganini barchasini qilmoq; 2) ~대 청명 esk. imkoni boricha harakat qildik, qolgani Xudoga bog'liq.

수입(收入), 소득(所得) I daromad; kirim; ~의 daromadli, kirimli; ~하다 daromad ko'rmoq; 당신의 개인 ~은 얼마나 되는가? Sizning shaxsiy daromadingiz qancha? ~금 daromad (kirim).

수입(輸入) II import; chetdan mol keltirish; ~의 chet eldan keltirilgan; ~하다 import qilmoq (chet ellardan mol keltirmoq; ~상 import; import bilan shug'ullanuvchi; ~액 import hajmi; ~품 chet eldan keltirilgan mahsulotlar (narsalar).

-수 있다 mumkin; muvaffaqiyatli.

수작(酬酌) 1) bir-birini aroq bilan mehmon qilish; 2) so'zlashishlar; suhbat; 3) so'zlar; hulq; xatti-harakatlar; ~하다 a) bir-birini aroq bilan mehmon qilmoq; b) gaplash- moq; e) gapirmoq; so'zlamoq; bidirlamoq; vaysamoq; muomala qilmoq (kimdir haqida); 나는 그와 오랫동안 ~을 나눴다 biz u bilan uzoq suhbatlashdik; 어리석은 ~ ahmoqona xatti-harakatlar; ahmoqlik.

수재(水災) I 1) suv toshqinidan ko'rilgan zarar (ziyon, jabr); ~민 suv toshqini tufayli zarar ko'rgan odamlar; 2) qar. 수해 I.

수재(秀才) II 1) ko'zga ko'ringan iste'dod; iste'dodli inson; ~교육 iste'dodli insonlarga bilim berish; 2) esk. hurm. bo'ydoq; 3) ishga kirishdan oldin amaldorning topshirishi kerak bo'lgan fanlari.

수정(水晶) I tog'li billur; kristall; ~과 같은 billur qandli; ~같이 맑은 물 billurdek shaffof suv;

수정(修正) II 1) tuzatish; to'g'irlash; tuzatish kiritish; ~할 수 있는 tuzatsa bo'ladigan; 2) siyos. reviziya(taftish, tekshirish); ~하다 a) tuzatmoq; b) siyos. reviziya qilmoq; taftish o'tkamoq; tekshirmoq; 마르크스주의의 ~ marksizm reviziyasi; 법률안을 ~하다 qonun loihasini tuzatmoq; 작문의 ~ inshoni tuzatmoq; ~안 tuzatish loihasi; tuzatishli loiha; ~자 tuzatuvchi; ~주의 revizionizm; ~주의자 revizionist; tekshiruvchi.

수준(水準) 1) to'g'. va ko'ch. daraja; 소년은 자기 반의 평균 ~보다 낮다 bolaning o'zlashtirish darajasi o'zining sinfiga qaraganda o'rta holatdan past; 문화~ madaniyat darajasi; 생활~ hayotiy daraja; 2) qar. 수평 I; 3) qar. 수준기

수줍음 uyalish; tortinchoqlik.

수중(手中) I ~에 qo'lida; qo'liga; ~에 넘어가다 qo'lga o'tmoq; qo'lga tushmoq;~에 있다 qo'lida bo'lmoq.

수중(水中) II ~에 suvda; ~촬영 suv ostida rasmga tushirish; suv osti syomkasi; ~신호 signl beradigan tros (mas. vodolaz); ~전화 suv osti telefon o'rnatkichi.

수증기(水蒸氣) suv bug'i; ~장력

qar. 수증기압; ~증류 distillyatsiya; ~응결 suv bug'i kondensatsiyasi.
수지(收支) I makulatura.
수지(收支) II kirim va chiqim; balans; ~를 맞추다 balanslashtirmoq; balansga keltirmoq; ~가 맞는 kirimli; daromadli; foydali; ~결산 balansni keltirmoq; ~균형 balans.
수지(樹脂) III chaqich; qatron; anifol; ~를 함유한 qatronli; ~의 smolali; qatronli; ~를 바르다 qatron surtmoq; ~품 plastmassali mahsulotlar; ~향 qatron hidi; 합성~ sintetik qatron; ~경고 qatronli malham.
수직(守直) I 1) kechki navbatchilik; 2) kechki qorovul (navbatchi); ~하다 kechasi navbatchilik qilmoq; kechki payt qorovullamoq; ~을 서다 kechasi navbatchilik qilmoq.
수직(垂直) II perpendikulyar; tik; vertikal; ~의 vertikal; ~으로 vertikal holatda; tik holatda; ~선 tik chiziq; vertikal chiziq; ~면 vertikal maydon; ~강하 avia; ~기류 tik chiziq havo oqimi; ~만능 후라이스반 tik chiziqli zo'r frezerli uskuna; ~선회 tik chiziqli viraj (samal- yotda); ~종삭 반(스로타) tik chiziqli teshuvchi uskuna; ~평면 mat. perpendikulyarli tekislik; ~후라이스반 tik chiziq frezali uskuna; ~이등분선 mat. perpen- dikulyarli bissiktrisa.
수집(收集), 집회 I yig'in, terim; ~하다 to'olamoq, yig'moq; tayyorlamoq.
수집(蒐集) II yeg'ish; kolleksiya, yig'im; ~하다 yeg'moq; kollektsiya qilmoq; 우표를 ~하다 markani yig'moq; 정보를 ~하다 ma'lumot yig'moq; ~가 kolleksiyachi; yig'ivchi; ~가 antikvar narsalarni yig'uvchi; 자료~ material yig'ish; 우표~ filateriya; filatelizm; 우표 ~가 filatelist; pochta markalarini yig'uvchi.
수차(水車) I 1) suvli tegirmon; 2) qar. 물레방아; 3) suvli turbinlar.
수차(袖-) II shikoyat.
수첩(手帖) yon daftar, blaknot
수축(收縮) I qisqartirish; siqish; ~하다 siqmoq, qisqartirmoq; ~계수 esk. qisish koeffisiyenti.
수축(修築) II ~하다 remont qilmoq, restavrasiya qilmoq.
수출(輸出) olib ketish, tashib ketish; eksport; ~의 ekportli, olib ketishli ~하다 olib ketmoq, eksport qilmoq; ~난 eksport qiyinchiliklari, eksport to'sig'i; 생산 eksport ishlab chiqarish; ~액 eksport hajmi; ~업자 eksportchi; ~입 chetdan tashib kirgazish va tashib ketish; ~장려금 ekspotr mukofoti; ~초과 eksportni ko'rsatgichi ko'taril- ganda, importninh ko'rsatgichi pasayishi; ~품 eksportli mol; eksportli narsa; ~관세 tashib ketuvchi boj (poshlina).
수출입(輸出入) chetdan olib kelish va ichkaridan tashib ketish, eksport va import.
수치(羞恥) I sharmandagarchilik, uyat; ~스럽다 uyatli; sharmandagarchilik; ~를 당하게 하다 sharmanda qilmoq; ~를 당하다 uyatga qoldirmoq; ~스런 추억 uyatli tarbiya; ~심을 느끼다 nomusini uyatga qoldirmoq; ~심을 잃다 uyatni esdan chiqarmoq; 나는 당신 때문에 ~스럽게 생각한다 Men siz tufayli uyatga qoldim; ~감 sharmandagarchilik tuyg'- usi; ~심 uyat.
수치(數値) II mat. ko'p ma'noli.

수평(水平) 1) daraja; ~거리 yotiq oralig'i; ~면 yotiq tekkislik; ~선 yotiq ko'rinib turgan; ~갱도 yotiqli shtrek; 2) qar. 수준기.

수표(手票) I qo'l qo'yish; ~ 싸인하다 qo'l qo'ymoq, imzolamoq; ~로 지불하다 초다 bo'yicha to'-lamoq; ~로 지불할 수 있나요? CHekda to'lasam maylimi? 내일 아침에 너에게 ~를 보내마 Men senga ertaga chekni yuboro-man; 무기명 ~ chek taqdim etuvchi.

수표(手標) II tilxat; kvitansiya.

수하물(手荷物) qo'l yuk; ~로 보내다 yuk orqali jo'natmoq; yuk topshirmoq; ~인수증 yuk kvi-tansiyasi; ~취급소 yuk bo'limi; 휴대 ~ qo'l yuki.

수학(數學) matematika; ~자(者) matematik; ~적 matematikali; ~적 논리학 matematikali mantiq.

수해(水害) suv toshqinidan ko'-rilgan zarar; ~를 입다 toshq-ndan zarar ko'rmoq; 장마철에 폭우가 내려서 큰~를 입었다 yomg'ir mavsumida kuchli yomg'ir yoqqani tufayli kuchli suv toshqinini keltidi; ~지 mahalliy, toshvinko; rilgan joy.

수행(隨行) 1) kuzatib qo'yish; 2) kuzatib boruvchi shaxs; ~하다 kuzatib bormoq; 차관들이 장관을 ~했다 vazirni uning o'rinbosar-lari kuzatib borishdi; 정부 대표단 ~원 hukumat delegatsiyasini kuzatib boruvchi shaxslar; 3) nimanidir qilinishi, kimninima-nidir izidan.

수험(受驗) ~하다 imtixon top-shirmoq; ~생 imtixon top-shiruvchi (o'quvchi, student); ~장 imtixon topshiruvchi joy; ~표 imtixon topsxiradigan qog'oz.

수험료(受驗料) imtixon uchun to'lov

수혜자(水鞋子) etiklar, yomg'ir yog'ganda kiyiladigan oyoq kiyim.

수호(守護) I yoqlash, muhofaza; ~의 muhofaza qiluvchi; ~하기 위한 muhofaza uchun; ~하다 muhofaza qilmoq, qo'riqlamoq; qo'riqlash uchun turmoq; 두려워하지 마라, 네가 맞기라도 한다면, 그가 너를 ~해 줄 것이다 qo'rqma, agar senga xujum qilishsa, u seni albatta himoya qiladi; ~신 ruhiy himoya; ~자 qoriqlovchi.

수호(修好) II: ~관계 do'stona aloqa; ~조약 do'stona kelishuv; ~하다 do'stlashmoq, yaxshi aloqada bo'lmoq.

수화(水火) 1) suv va olov; ~불통 og'zaki. husumat qilmoq, nodo'stlik qilmoq; ~상극 sabrsiz bo'lmoqdo'stlar orasidagi bir-biriga bo'lgan dushmanlik 2) katta qiyinchiliklar (sinash).

수화기(受話器) [telefon] go'shagi; naushnik.

수화물(手貨物) kimyoviy. gidrat.

수확(收穫), 추수(秋收) 1) yig'im, hosil (o'rim); 2) hosil; 3) hatija; ~의 yig'imli, hosildorli; ~하다 a) yig'moq (o'rim) yig'ishtirishni tashkillashtirish; b) ko'chma. o'rib tamomlamoq; o'rib bo'lmoq ~이 많다 boy hosil; 평년작을 웃돈 ~량 hosil o'rtadan yuqori; 그들은 보리 ~을 마쳤다 Ular bug'- doyni siqishdi; 그는 실제로 아무런 ~도 거두지 못했다 U haqiqatdan ham yuqori darajaga erisha olmadi; ~기 yeg'im- terim; ~량 yeg'im, hosildorlik; ~물 unumdorlik.

숙고(熟考) o'ylab ko'rilgan; ~하다 ikir-chikirlik bilan o'ylab ko'rmoq, chamalab ko'rmoq; ~하여 계획을 세우다 rejani o'ylab ko'rmoq.

숙녀(淑女) [sun'-] minnatdor

honim, ayol; 신사 숙녀 여러분! Honimlar va janoblar/ Xonim va janob.
숙달(熟達) ~하다 1) epchil, uddaburon; mohir; 2) egallab olmoq, o'zlashtirmoq; ~되다 malakani o'zlashtirmoq; 어떤 기술에 ~되다 mohirlikni egallab olmoq; 나는 이 일에 ~되어 있지 않다 Meni bu ishga uquvim yo'q; ~공 malakali xodim.
숙련(熟練) [sun'nyon] ~노동자 malakali ishchi; ~하다 egallamoq (malaka, mohirlik); o'zlashtirmoq.
숙련공(熟練工) usta, master, yuqori malakali ishchi.
숙명(宿命) fatum; ~적 a) fatalli, muqarrar; albatta bo'ladigan; b) fatallashtirilgan; ~론 fatalizm; ~론자 fatalist, oldindan aytishlarga ishonuvchi.
숙박(宿泊) tunash, yotib qolish; ~하다 bir kun yotib qolmoq, tunamoq; tunab qolish uchun to'xtamoq (mexmomhonada); ~하러 가다 tinab qolish uchun jo'nab ketmoq; ~계 qarroq, mehmonxonaga joylashish uchun to'ldiriladigan varroq; ~료 xona uchun to'lov; ~자 tunab qoluvchi; ~등록 propiska (mehmonxonada).
숙식(宿食) 1) tunash joyi va ovqat yedirish; ~하다 a) tunamoq va ovqatlanmoq; b) to'liq panseonda tunab qolish; 2) arx. og'ir ovqat
숙였습니다 bosh egmoq.
숙영(宿營) harb. xonadonlaga joylashtirmoq; ~하다 xonadonlarga joylashtirilmoq
숙이다 egmoq; 고개를~ boshni egmoq (bukmoq, quyi solmoq).
숙제(宿題) 1) uy vazifasi; dars; ~하다 uy vazifasini qilmoq (bajarmoq); ~를 내주다 uy vazifasini bermoq; 2) muammo; 3) esk. berilhan vazifa (insho).
숙직(宿直) 1) tungi navbatchilik; ~하다 tunda (qorovullamoq) navbatchilik qilmoq; ~실 tungi navbatchining xonasi; ~자 navbatchi; 2) esk. qar. 수직 I.
순(巡) I 1) qisq. 순향 I; 2) tartib; 3) tur (kamondan otish bo'yicha musobaqada).
순(純) II arx. eng yuqori ball (kor.xususiy maktabda).
순(筍) III yosh novda (shox); ~이 나오다 kurtak ochmoq; 죽~ bambuk novdasi; 순[을] 지르다 chekanka qilish (mas. g'ozani).
순(旬) IV o'n kunlik (dekada); 상~ birinchi (ikkinchi, uchinchi) o'n kunlik.
순(純) V 1) toza; 순 이론적 문제 toza amaliy savol; 2) umuman, hech ham.
순간(旬間) I 1) oyning 10-chi kuni; 2) dekada (10 kunlik).
순간(瞬間) II daqiqa, fursat, moment; ~속도 darhol bo'-ladigan, darrov bo'ladigan, bir lahzali; ~적 bir lahzali; ~에 결정적인 darrov, darhol, juda tez, birdaniga; 잊을 수 없는 ~ unutilmas daqiqa; ~타격 sport. kutilmagan zarba.
순결(純潔) tozalik, iffatlilik, poklik; ~미 ma'naviy poklik; ~성 tozalik, poklik; 무구 ~하다 toza, haqiqiy.
순교(殉教) ~하다 imon uchun jonidan voz kechmoq; ~자 imon uchun jonini bergan odam
순서(順序) tartib; ~대로 tartib bilan; 자기 ~가 되다 tartibda turmoq; ~를 정하다 tertibni aniqlamoq; ~를 지키다 tartibga rioya qilmoq; ~를 어기다 tertibni buzmoq; ~수사 tartib sonlar; qar. 차례.

순서대로 써 보세요 Tartib bilan yozing
순수(純粹) I tozalik; ~하다 toza, pok, sodda, samimiy, tabiiy; ~성 tozalik; ~이성 fals. toza aql-idrok;~문학 san'at san'at uchun (adabiyot haqida); ~예술 haqiqiy san'at.
순수(巡狩) II ~하다 mamlakat bo'yicha sayohat qilmoq.
순순(諄諄) I ~하다 yumshoq
순순(順順) II ~하다 itoatli, qobil, gapga qo'nadigan; ~하게 말을 잘 듣는다 itoatli bo'lib gapga ko'nmoq; ~하게 타이르다 yumshoq so'zlar bilan ko'ndirmoq.
순식간(瞬息間) daqiqa, fursat, moment; ~에 bir lahzada; bir daqiqada.
순응(順應) 적응(適應) adabtatsiya, sharoitga moslashish (ko'nikish); ~하다 itoat qilmoq; qobil bo'lmoq; moslashmoq; 새로운 상황에 ~하다 yangi sharoitga moslashmoq; 환경에 ~하다 sharoitga moslashmoq; 그녀는 새 직장에 빨리 ~했다 u tezda yangi ishga moslashib oldi; 그는 적의를 감추고 새로운 사태에 ~해 갔다 adovatini yashirgan holda, u yangi tartib-intizomga moslasha oldi.
순이익(純利益) [-ni-] toza daromad (kirim).
순조롭다(順潮-) silliq; normal; mo'tadil; yaxshi; 모든 것이 순조로웠다 hammasi nonga sariyog' surgandek silliq o'tdi.
순종(脣腫) I labdagi yara (chipqon)
순종(順從) II bo'ysunish; itoat qilish; ~하다 kimgadir bo'ysunmoq; itoat qilmoq; 명령에 ~하다 buyruqqa bo'ysumoq; 윗사람들에게 순종하다 kattalarga quloq solmoq
순종하다 kattalarga quloq solmoq.
순하다(順-) 1) itoatli; 2) bo'sh, yengil (shox haqida); 3) bo'sh, kuchsiz, qattiq emas (aroq, tabaka haqida); 4) hamroh shamol; 5) silliq, tinch; 순한 아이 so'zga kiradigan(itoatli) bola; 순한 바람 일이 순하게 진행되고 있다 ish silliq ketyapti;
순환(循環) vaqtincha navbatchilik; sirkulyatsiya; aylanmoq; ~하다 sirkulyatsiya qilmoq; 피는 인체 속에서 ~한다 qon odamning butun tanasi bo'yicha aylanadi; ~계 qon aylanish sistemasi; ~기 aylanma (sikl); 대기 atmosfera sirkulyatsiyasi; 혈액~ qon aylanishi; ~계통 qon aylanish sistemasi; ~논법 log. qora doira; ~치환 mat. aylanma; ~펌프 aylanma nasos.
순회(巡廻) aylanib o'tish; aylanib chiqish; ~하다 aylanib o'tmoq (chiqmoq); 문지기는 온 저택을 ~하고 있다 qorovul butun hovlini aylanib chiqadi; ~공연 gastollar; 2) o'tish (qo'ldan qo'lga); ~우승기 o'tish bayrog'i; ~하다 a) aylanib o'tmoq; b) qo'ldan qo'lga bermoq
숟가락 qoshiq; ~을 놓다 evf. o'lmoq
숟가락질 ~하다 qoshiq bilan yemoq.
술, 보드카 I vodka, aroq; vino; mast qiluvchi ichimliklar; ~김에 mast holda; ~이 깨다 o'ziga kelmoq (ichgandan so'ng); ~을 대접하다 mehmon qilmoq; ~타령을 하다 ichkilikka berilmoq (ruju qo'ymoq); ~판을 벌이다 ichkilikbozlik qilmoq; 독한 ~ kuchli vino; 그는 ~을 입에 대지 않는다 u aroqni og'ziga ham olmaydi; 빈속에 ~을 마시다 aroqni och qoringa

ichmoq; ~한 모금 bir qo'ltim vino; ~고래 mast odam, alkash; ~기운 g'irt mastilik; ~꾼 alkash; ichkilik ishqibozchisi; ~병 vino butilkasi; ~상 aroq va tamaddi uchun salatlar bilan bezatilgan stol; ~주정 ichkilik- bozlik; ~집 aroqxona; ~통 vino bochkasi; ~판 ichimlik; 술 덤벙, 물 덤벙 yengiltaklik; aqlsizlik; 술[이] 길다 bir qadah bersangiz, to'xtataolmaysiz; 술익자 체 장사 간다 tasodifan yuz bermoq; 술에 감기다 o'gudek mast bo'lmoq; 술 먹은 개 mast cho'chqa.

술 II komungoda o'ynash uchun plektr.

술(戌) III 1) 《it》 (o'n ikki siklli burjinijng 11-chisi); 2) qar. 술방; 3) qar. 술시.

술 IV qalinligi (kitobning, qog'-ozning, matoning)

술 V kistochka, cho'tka; popuk; 금실로 ~을 단 우승기 popuk bilan tikilgan turlanuvchi bayroq.

술 VI 1) dial. qar. 숟가락; 2) sanoq son. a) qoshiq; b) bir necha qoshiq.

-술(術) kor. old. san'at; bilish; 비행~ uchuvchilik san'ati; ppilotaj.

술자리 [-chcha-] ichkilikbozlik o'tkadigan (qilinadigan) joy.

술잔(-盞) [-chchan] charka; qadah; ~을 기울이다 bir qadah ichmoq; ~을 노느다 birga vino ichmoq.

술책(術策) maxinatsiya; hiyla; nayrang; makkorlik; hiylagarlik; ~의 nayrangli; ~을 쓰다 nayran ishlatmoq; hiyla ishlatmoq; makkorlik qilmoq.

숨 1) nafas; nafas olish; ~을 죽이고 nafasni ichiga yutib; ~을 거두다(걷다, 넘기다, 모으다, 끊다), **숨**[이] 지다 (넘어 가다, 끊어지다) so'ngi nafasini chiqarmoq; ~이 넘어가다 o'lmoq; ~을 돌리다 a) nafasini rostlab olmoq; b) nafasini roslamoq; kuch yig'moq ~을 쉬다 nafas olmoq; ~을 죽이다 nafasni ichiga yutib; ~이 차다 nafas olish qiyin bo'lmoq; ~이 턱에 닿다 qattiq bo'g'ilmoq; ~가쁨 bo'g'ish; ~구멍 traxeya; ~소리 nafas; 숨 쉴 사이 없다 nafas olishga vaqt yo'q; ~을 고다 bo'g'ilmoq; nafas siqmoq; ~을 모아 쉬다 chuqur nafas olmoq; 숨이 턱에 닿다 qattiq nafas siqmoq; 2) sabzavot- larning yangiligi; ~을 죽이다 a) nafasni ichiga yutib; b) sabzavotlarni tuzlamoq.

숨결 nafas; ~이 고르다 bir tekisda nafas olish.

숨기다, 감추다 1) bekitishga majbur qilmoq (yo'l qo'ymoq); 2) bekitmoq; yashirmoq; 몸을 ~ bekinmoq.

숨다 1) yashirinmoq; bekinmoq; 숨어살다 odamlardan yashirmoq; 2) 숨은 ashirin; 숨은 예비 bekitilhan(yashirilgan) rezervlar.

숨바꼭질 bekinmachoq; ~하다 bekinmachoq o'ynamoq.

숨었습니다 bekinib oldi.

숨이 가쁘다 bo'g'ilmoq.

숨이 차다 hansirab qolmoq.

숨통(-筒) tomoq; ~을 조이다 bo'g'moq; ~을 끊다 ...bilan tugatmoq; ~이 끊어지다 o'lmoq; jon bermoq; joni uzilmoq.

숫- kor.old.qo'sh. 1) birinchi; 2) toza; pok; ~처녀 pok qiz.

숫돌 charxlaydigan tosh; ~에 칼을 갈다 pichoqni og'ochda charxlamoq; ~이 저 닳는 줄 모른다 maq. ≅ kichkina xato, katta xattoga yo'l ochadi.

숭늉 sunnyun (guruch qaynatil- gandan so'ng, qozonchada ilitil- gan suv) ovqatdan so'ng ichi-

ladigan suv kabi ishlatiladi; guruchli ichimlik; guruchli choy.
숱 sochning qalinligi.
숱하다 mo'l; serob; farovon; cheksiz. 숱한 mo'l; serob.
숲 1) o'rmon; 2) qisq. 수풀; 숲도 커야 짐승이 나온다 qar. 덤불[이 커야 도깨비가 난다]
쉬 I pashsha tuxumi; ~를 슬다 ko'payishmoq.
쉬 II 1) oson; qiyin emas; 쉬 덥는 방이 쉬 식는다 maq. ≅ soz'ma-so'z. isishi oson bo'lgan uyning, sovishi ham oson; 2) tez kunda.
쉬 III tovush taqlid. 1) pis-pis; 2) tss; sekinroq.
쉬는 dam olmoq.
쉬다, 휴식하다 I 1) to'xtamoq [to'xtatmoq]; tugamoq [tugatmoq]; 2) dam olmoq; hurm. uxlamoq; 쉴새 없이 to'xtovsiz; beto'xtov; 쉬지 않고 일하다 to'xtovsiz ishlamoq; dam olmasdan ishlamoq; 쉬는 날 dam olish kuni; 쉬지 않고 a) beto'xtov; b) damsiz, dam olmasdan; 3) o'tkazmoq; kirmasdan; qatnamasdan; 학교를 ~ maktabga borib, darslarga kirmaslik; 공장을 ~ ishga chiqmaslik(zavodga); 직장 일을 ~ ishga chiqmaslik; dam olmoq.
쉬다 II achimoq (ovqat haqida); achib qolmoq; 쉰 냄새 achigan hid; 밥이 쉰다 bo'tqa achib qolmqda.
쉬다 III xirillamoq; xirillab qolmoq; 목이 쉰 xirillagan; 쉰 목소리 xirillagan ovoz.
쉬지 않고 dam olishsiz.
쉰, 오십 besh ming.
쉴새없이 damsiz.
쉼표 tinish belgisi.
쉽다(쉬우니, 쉬워) 1) oson; oddiy; sodda; 2) inkor yoki savolda. oddiy, tez-tez; 그는 아마도 도서관에 있기가 쉬운데 그곳으로 찾아가 보시오 menimcha u kutubxonada, u yerga o'ting.
쉽지 않다 oson emas.
슈퍼마켓 supermarket.
슛(<ingl. shoot) dushman darvozasiga urilgan zarba; koptokni savatga tashlamoq (basketbolda).
스냅(ingl. snap) bir lahzali fotosurat; 나무 옆에 서 있어라, 난 네 ~사진을 몇 장 찍고 싶구나 Bu daraxtning yoniga turgin, men seni bir-ikki rasmga olmoqchiman.
스님 budd. 1) murabbiy; rahbar; muallim; ustoz; 2) hurm. monax.
스러지다 1) yo'q bo'lib qolmoq; yo'qilmoq;스러진 꽃 so'ligan gul; 모닥불이 스러진다 Gulxat so'nmoqda; 샛별이 스러지고 동녘 하늘이 훤히 밝아왔다 Tonggi yulduz so'nmoqda va sharqda osmon yorqinlashmoqda; 꽃이 스러진다 Gullar so'limoqda.
스러지며 yo'q bo'lib qolmoq.
-스럽다 otdan sifat yasovchi old.; sifatning sub'yektiv baxosini ifodalaydi.
스레트(ingl. slate) 1) shifer (tom yopish uchun qo'llaniladigan qurilish materiali); 2) plita.
스르르 bildirmay; sekingina; ~풀리다 oson yechilmoqda; 눈을 ~감다 sekin ko'zni yummoq; 문이 ~ 열렸다 Eshik shovqinsiz ochildi.
스무 yigirma; ~집 yigirmatta uy; qar. 스물.
스무 날 yigirmanchi chislo; yigirma kun.
스무째 yigirmanchi.
스물 yigirma.
스미다 kirib bormoq; singimoq; 물이 땅속에 스며들었다 Suv ildizga singidi

스스로 o'z-o'zidan, o'zi; ~할 수 있는 일은 남의 손을 빌리지 말아야 한다 O'zing qila oladigan ishni, boshqalarga yuklama.
스승 ustoz, muallim; 스승과 제자 o'qituvchi va o'quvchi.
스위치(ingl. switch) o'chirgich (mas-n: svet); 자동~ avtomat o'chirgich.
스윙(ingl. swing) sving; zarba; ~하다 siltamoq, silkitmoq (nima bilan).
스웨터(ingl. sweater) sviter.
스치다 I 1) ozgina tegib ketmoq; 총알이 어깨를 스쳤다 O'q ozgina yelkaga tegib o'tdi; 2) kirmoq; kirib ketmoq (yo'ldan); 3) o'tmoq (fikr haqida); 스쳐 보다 a) ko'zning qirrasi bilan qaramoq; b) ko'zni yugurtirib chiqmoq, tez o'qib chiqmoq
스카우트(ingl. scout) razvedkachi; izquvar.
스카트(ingl. skirt) yubka (yevropa usulidagi)
스캔들(ingl. scandal) janjal; janjalli mish-mishlar.
스케치(ingl. scetch) ~하다 tez ko'chirib olmoq; tez rasm chizmoq; qar. 속사 IV; qar. 소품; скетч; qar. 소품곡.
스키(ingl. ski) chang'i; ~를 타다 chang'ida uchmoq; ~어 chang'ichi; 스포츠용 ~ sport chang'isi.
스타트(ingl. start) 1) qar. 출발; 2) qar. 출발점; ~라인 qar. 출발선.
스태미너 chidamlik; matonatlik; toqatlik
스탠드(ingl. stane) tribuna; 화분의 ~ gul tuvagi uchun taglik.
스탬프(ingl. stamp) tamg'a; shtempl; ~를 찍다 shtempel (tamg'a) qo'ymoq; qar. 소인 I; yubiley (qutlov to'yi) tamg'asi.
스터킹(ingl. stocking) paypoq.
스테아린산(nem. Stearin+酸) stearin kislotasi; ~나트륨 xim. stearin kislotasining natriy tuzi.
스테이션(ingl. station) vokzal; bekat; poyezd bekati.
스테이지(ingl. stage) bosqich; sahna; 나는 이곳에서 ~를 볼 수 없다 Bu yerdan sahnani ko'ra olmayapman.
스튜디오(ingl. studio) studiya.
스튜어디스(ingl. stewardess) styuardessa.
스패너(ingl. spanner) gaykali kalit.
스펠링(ingl. spelling) yozmoq; harflab o'qimoq; orfografiya.
스포츠(ingl. sports) sport; ~계 sport dunyosi; ~선수 sportsmen; ~시합 sport musobaqalari; ~용 재킷 sport kurtkasi; ~종목 sport turlari; ~명수 sport ustasi.
스푼(ingl. spoon) qoshiq.
스프(ingl. soup) sho'rva.
스프레이(ingl. 분무기. spray) spray, purkich.
스프링(ingl. spring) 1) ~코트 kuzgi pal'to (demisezon); 2) mayka; setka (erkaklar ko'ylagi).
스피드(ingl. speee) tezlik.
스핀(ingl. spin) aylanish; ~을 걸다 aylanmoq.
슬(瑟) sil' (25 strunadan iborat kayagimga o'xshash, koreyscha mus. instrument).
슬그머니 sekingina, bildirmasdan, asta-sekin; kuch ishlatmasdan; ~나오다 bildirmasdan ketmoq; ~당기다 sekingina tortmoq.
슬금슬금 bildirmay, sekin, asta; qar. 슬그머니.
슬기 I aql; ~롭다 aqlli, mehribon.
슬기(지혜) II dono; oqilona; ~로운 dono; oqilona; ~롭게 판단하다 oqilona fikr yuritmoq.
슬기로운 oqilona; dono.

슬기롭다 oqilona; dono.
슬랭(ingl. slang) sleng.
슬럼프(ingl. slump) turg'unlik; zavol; to'xtab qolish; qotib qolish; ~에 빠지다 tushkunlikka tushib qolmoq.
슬리퍼(ingl. slipper) shippak.
슬사(膝射) [-ssa] tizzadan o'q o'tish; ~하다 tizzadan o'q otmoq.
슬슬 zo'rg'a; ~다가가다 bildirmay, sekingina yoniga kelmoq; 눈이 ~녹고 있다 Qor sekin erimoqda;~어루만지다 asta-sekin silamoq; ~녹다 sekingina erimoq; ~어루만지다 engil silamoq
슬쩍 sekingina; bildirmay; bekinib; ~눈치를 보다 bildirmay qarab chiqmoq; ~보아 넘기다 sekin qaramoq; ~부딪치다 ozgina urilib ketmoq (to'qnashmoq); 문제를 ~스치고 지나가다 bildirmay muammoni tegib o'tmoq.
슬퍼하다 g'amgin bo'lmoq; xafa bo'lmoq; 슬퍼하지 말라! Xafa bo'lma! 죽은 친구를 생각하며 ~ o'lgan o'rtog'i uchun qayg'urmoq
슬프다(슬프니,슬퍼) g'amgin; qayg'uli; 슬픈 소식 yomon yangilik.
슬픔, 수심, 비애 qayg'u.
슬하(膝下) qaramog'ida; 부모의 ~를 떠나다 tug'ilgan uyini tark etmoq.
습(濕) kor.tib. tananing pastki qismiga toshuvchi toshma.
습격(襲擊), 돌격 shturm; ~하다 bostirmoq; bosmoq; hujum qilmoq; 적의 ~은 예상치 못한 것이었다 Dushmanning hujumi kutilmagan hol emas edi.
습관(習慣) odat; urf-odat; rasm; ~적 odatiy; ~에 따라 odatga ko'ra; ~이 되다 odat bo'lib qolmoq; ~이 있다 odatga ega bo'lmoq; 그는 새벽에 일어나는 ~이 있다 U erta tongda uyg'onishga odatlanib qolgan; qar. 버릇 1); ~적 odatiy; ~하다 odat bo'yicha qilmoq (bajarmoq); odatlanib qilmoq.
습관(習慣), 버릇 odat.
습관성(習慣性) [-sson'] 1) ot. odatiy;~구토 odatga ko'ra qayd qilish; ~류산 homilani o'z-o'zidan tushishi; ~변비 odatiy qabziyat (zapor); qar. 관성 I
습기(濕氣) namlik; ~찬 nam; ~차다 namlanmoq; ~찬 공기 nam havo.
-습네 [sim-] kinoya ma'nosini anglatuvchi: 나 혼자도 잘 수 있습네 Men o'zim ham bora olaman.
-습니까 [-sim] fe'l va sif. hurm.shakl.
-습니다 [-sim] fe'l va sif. darak shakl.
습도(濕度) namlik; ~계 gidrometr; gidroskop
습득(習得) o'zlashtirish; ~하다 egallamoq; o'zlashtirmoq; 새 기술을 ~하다 yangi texnikani egallamoq; ~물 topilgan narsa; topildiq.
습성(習性) odatlar; ~적 odatiy; ~화하다 odatga ko'ra qilmoq; ~화되다 odat bo'lib qolmoq.
습식(濕式) tex. xo'l usul (metoe) ~과립기 xo'l granulyatsiya uchun mashina; ~야금 gidrometallurgiya.
습지(濕地) I balchiq joy.
습지(濕紙) II oboylarni tekislashda qo'llaniladigan nam qog'oz.
습하다 I o'lganni yuvintirmoq.
습하다(濕-) II nam, xo'l
승(僧) I budda monaxi; ~가(家) monax uyi; qar.. 중 I;qar.신중 I
승(乘) II daraja; ~3 의 3~ uchinchi darajali; qisq. 승법.
승(乘) III budd. qutqarish krugi (doirasi).

승(勝) IV g'alaba; 2승 1패 ikkita g'alaba, bitta mag'lubiyat.
승강(昇降) ikkilanish; ~하다 ko'tarilib tushmoq; ~구 zina qafasi; ~기 lift; ~대 zina; ~장 vagon ichidagi maydoncha; ~운동 ikkilanish.
승객(乘客) passajir; 무임~ chiptasiz yo'lovchi.
승격(昇格) ishda ko'tarilish; ~하다 ishda ko'tarilmoq; 공사관이 대사관으로 ~하였다 Missiya elchixona darajasiga ko'tarilgan.
승격시키다 rangda (darajada) ko'tarmoq.
승낙(承諾) rozilik; ~하는 rozi bo'lgan; ~하다 biror narsaga rozi bo'lmoq; 나는 가는 것을 ~했다 Men borishga rozi bo'ldim; ~서 yozma rozilik.
승리(勝利) [-ni] g'alaba; yutuq; ~의 g'alaba ..si; ~하다 yutmoq; g'alaba qozonmoq; ~를 거두다 g'alabani tantana qilmoq (bayram qilmoq, nishonlamoq); 정의의 ~ adolat tantanasi; 우리는 빛나는 ~를 이룩했다 Biz zo'r tantana qozondik; 경기는 방문팀의 ~로 끝났다 O'yin kelgan komandaning g'alabasi bilan tugadi; ~감 g'alaba hursandchiligi;~자 g'alaba qozongan odam; ~적 zo'r; g'alabali; yutuqli.
승무원(乘務員) ekipaj, komanda; brigada; ~의 ekipaj.
승산(勝算) g'alaba mo'ljali (taxmini); omad imkoni; ~이 있다 omad imkoni bor; 이것은 ~이 있는 경기이다 Bu match g'alaba bilan tugashi taxmin qilingan.
승용차(乘用車) yengil avtomobil', yengil mashina; qar. 승용[자동차].
승인(承認) tasdiqlash; e'tirof etish; ma'qullash; ~의 ma'qul; ~하다 ma'qullamoq; e'tirof etmoq; ~을 받다 ma'qul ko'rilgan bo'lmoq; 당신은 우리의 계획을 ~합니까? Siz bizning rejalarimizni ma'qullaysizmi? 법안이 의회에서 ~되었다 Qonun proyekti yig'ilishda ma'qullangan; ~서 yozma maqullanish.
승인 ⇒ 찬동
승진(陞進) ish joyida ko'tarilish; ~하다 ishda ko'tarilmoq.
승진하다 ko'tarilmoq (ishda).
승차(乘車) I ~하다 o'tirmoq (poyezdga, avtobusga); ~권 (yo'l haqqi) bileti.
승차(陞差) II arx. ~하다 ishda ko'tarilmoq.
시(詩) I she'r; ~적 she'riy; ~평 sherning kritik taxlil qilish; ~학 she'riyat; she'rning shakliy va qonuniy tuzilishi; ~형 she'r shakli; ~화 she'riyat suhbat.
시(時) II 1) vaqt; 출장 ~에 komandirovka paytida; 2) soat; 12시 45 분 12 dan 45 minut; 시를 매기다 vaqtni chegaralamoq; 시를 찾다 o'lim yoqasida turmoq; 지금 몇 ~입니까? Hozir soat nechi? Soat nechi bo'ldi?
시(是) III to'g'rilik.
시(市) IV shahar; ~가지 shahar ko'chalari; ~가전 ko'cha janjali; 시 인민 위원회 shahr xalq kommiteti; 평양 Pxenyan shahri.
서울시 Seul shahri.
시 V und. Fu! (biror narsadan noroziligini, ko'ngli to'lmaganini, jirkanishini bildiradi).
-시 어디 가십니까? Siz qayerga ketyapsiz?
시각(時刻) I 1) vaqt oralig'i; 2) qar. 시간 1); 3) moment; lahza; daqiqa; ~을 다투다 tez yordamga muhtoj bo'lmoq; 약속된 ~ va'da qilingan daqiqa; ~대변 krizis, xatar (kasallikning eng zo‘rlagan rayti); ~이 위태하다 hatarda

qolmoq(og'ir ahvolda)
시각(時角) II astran.soatli burchak.
시각(視覺) III ko'rish, ko'z, nasar; ~분석기 ko'rish anolizatori; ~신호 ko'rish signali.
시각(視角) IV nuqtai nazar
시간(時間) 1) vaqt, zamon, chog; ~적 vaqtga bog'liq bo'lgan, vaqt bilan belgilanadigan; ~을 내다 vaqt ajratmoq; ~이 급하다 hali vaqt yo'q, vaqt ziq; ~이 많이 걸린다 Bu ko'p vaqt talab etadi; ~을 맞추다 vaqtni solishtirmoq; ~을 보내다 vaqtni o'tkazmoq; ~을 빌려주다 kimgadir nima uchundir vaqt bermoq (sjrat- moq); ~을 소비하다 vaqr sarf- lamoq; vaqt ketkazmoq; ~을 아끼다 vaqrni ayamoq; ~을 빼앗다 vaqtni olmoq; ~은 금이다 Vaqt bu pul; ~은 모든 것을 해결한다 vaqt ko'rsatadi; ~급 soatbay- haq to'lash; ~당 soatlab, soat- bay, soatlik, soat bilan o'lchanadigan; ~성 o'z vaqtida, mavridi bilan; ~표 jadval; 근무 ~ ish vaqti; 내일 ~표 ertangi kun uchun tuzilgan jadval; 수업~ dars soati;수업~표 dars jadvali; 1학기 ~표 birinchi oraliq ha'zorati uchun tuzilgan dars jadvali; ~이 다 되었다 vaqt o'tdi; ~적 여유 bo'sh vaqt, ishdan holi vaqr; 2) soat 3)(공부) dars; 로어~ rus tili dars; 4)qarang.시각 I 1).
시계(時計) I soat; ~가 5분 빠르다 soat 5 daqiqa oldinga ketib qolyapti; ~가 늦다 soat orqada qolyapti; ~가 12시를 쳤다 soat 12 ga bong urdi ~바늘 soat uchun tasmacha; ~줄 (devorga osiladigan) soat, qadoqtoshi; soat tebrang'ichi; ~추 qadoqtoshi; soat tebrang'ichi; ~탑 soatli minora (bashnya).
시계(視界) II nazar doirasi.
시골 provinsiya, viloyat; markaziy shaharlardan uzoq joy; ~풍의 markazdan uzoq, orqada qolgan; ~뜨기 provinsal, mahalliy; ~신사 oq suyak, zodagon; ~집 imorat, bino, uy; ~풍 qishloqa (provinsiya)ga xos bo'lgan odatlar; ~사람 qishloqi; shahar joylardan uzoqda yashaydigan odam.
시공(施工) qurilish, binokorlik, qurilish ishlari; ~의 qurilish, binokorlik; ~하다 turmoq; ~법 qurilish usul (uslub); ~자 quruvchi, binokor; ~속도 qurilish sur'ati, qurilish tezligi; ~의 기계화 qurilish ishlari mexanizatsiyasi.
시국(時局) vaziyat, holat, ahvol; hol; ~강연 zamonaviy ahvoldan ommaviy ma'ruza; ~담 zamonaviy ahvol yuzasidan suhbat; ~적 уст. zamonaviy; 현~ hozirgi payt.
시급(時急) kechiktirmaslik; ~하다 kechiktirib bo'lmaydigan, zarur, tez qilinadigan; ~히 tezda sxoshilinch, shitob bilan, sxoshilinch ravishda; 공장은 ~한 주문으로 3교대로 작업하고 있다 Sxoshilinch buyurtmagabinoan zavod 3 smenada ishlayapti; 그는 ~하게 수술을 받아야했었다 Uni sxoshilinch ravishda operatsiya qilishga to'g'ri keldi; ~한 문제 sxoshilinch (kechiktirib bo'l-maydigan) topshiriq; ~한 용건 zarur ish.
시기(時期), 기간(其間) I davr. vaqt, zamon; 가까운 ~에 qisqa davr ichida; 그때가 그의 생애에서 어려운 ~였다 Bu uninh hayotida eng og'ir damlar bo'idi; ~상조 bar vaqtlik, bemahallik, vaqti- dan

ilgari; ~성 o'z vaqtida bo'lishlik.
시기(時機) II qulay fursat; ~를 놓치다 qulay fursatni qo'ldan boy bermoq.
시기(猜忌) III ko'ra olmaslik, ichi qoralik, bahillik; ~하는 rashk, hasad; ~하다 kimnidir nimagadir rashk qilmoq; kim- gadir nimagadir hasad qilmoq; 그는 자기 아내와 친구와의 사이를 ~하여 질투하고 있다 U o'z xoti- nini do'stlaridan rashk qiladi; ~심 hasad (rashk) hissi; qarang. 새암 I
시기심(猜忌心) hasad (rashk) tuyg'usi.
시끄럽다 1) shovqin, sershov- qin; bezor qiladigan, shilqim; xira; 2) sifat. ilakishmoq, tegishmoq, shilqimlik qilmoq, bezor qilmoq, jong- ga tegmoq; 시끄럽게 질문해대다 kimgadir savollar bera verib joniga tegmoq; 3) noziktabiat, injiq, sirkasi suv ko'tarmaydigan, serzarda, nozik, nazokatli, muloyim, xush muomala.
시나리오(ingliz. scenario) stsenariy (teatrda ishtirok etuvchilarning ro'yxati, sahnaga chiqish tartibi va vaqti ko'rsatilgan yo'l-yo'l yo'riq;~작가 stenarist (kinofil'm stenariysining muallifi).
시내 I soy, ariq, kichkina daryo, anhor; daryocha; ~의 daryoli; ~가 soy, (ariq, anhor) qirg'og'i; ~물 soydagi (anhor- dagi, ariqdagi) suv.
시내(市內) II shahar; ~에 shaharda; shahar chekkasida; ~구경 shaharni ko'zdan kechirib chiqish; ~버스 shahar abtobusi.
시늉 tanqid qilmoq; o'xshatish, ergashish; (immitasiya) o'xshat- ma; yasama (tanqid qilib yasal- gan narsa yoki yozilgan asar). ~의 tanqidiy, o'xshatma; ~하다 nimadir qilishda kimning- dir tanqid qilish; mazah qilmoq; kulgili tanqid qilmoq.
시다 1) achchiq, qimizak, turush; 2) simmillab og'rishni his qilmoq; og;rimoq, zirqirab og'rimoq, sanchib og'riganini his qilmoq, (ko'zda); 시어지다 achimoq, achib (ivib) qolmoq, oshmoq; 발목이 ~ to'piqning sirqirab og'riganini his qilmoq; 신맛이 나다 nordon tabga ega bo'lmoq; 시거든 떫지나 말지 = 얽거든 검지나 말지; qar. 얽다 I.
시달(示達) yuborish, jo'natish; tushish; tushirish; ~하다 yuborish (ko'rsatma yuborish); yubormoq, jo'natmoq; 중앙의 지시를 지방에 ~하다 markazdan priferiya(atrof, o'lka, markazdan uzoq joy) ga farmoyish berish.
시달리다 1) qiynalmoq, azob- lanmoq; 2) ozor bermoq; 고된 노동에 ~ qiyin ishdan toliqmoq (qiynalmoq).
시대(時代) 시기 davr, asr, zamon; ~적 hozirgi davrga (asr, zamoq) ga aloqador; ~상 vaqt bo'sag'asi; ~정신 zamon ruhi; ~착오 anaxra nizm (bir davrda bo'lib o'tgan voqeani boshqa davrda bo'lib o'tgan deb yanglish ko'rsatish; 세익스피어 ~ SHekspir davri (zamoni); ~적 배경에서 zamon fonida.
시도(試圖) urinish, harakat. sinash; niyat, maqsad, qasd, g'araz, ahd; reja; ~하다 urin- moq, harakat qilmoq, tirishmoq. sinab ko'rmoq, niyat qilmoq, naqsad qilmoq; rela tuzmoq; 그는 그녀를 구하기 위해 필사적인 ~를 했다 U uni qutqarish uchun jonjahti bilan harakat qildi; 적군은 포위망을 돌파하려고 ~하고 있다 dushman

qurshab olingan doi- rani yorib kirishga harakat qilmoqda.

시동(始動) ishga solish, ishga tushurish; ~하다 harakatga keltirmoq; qarovsiz qoldirmoq; 모터를 ~시키다 matorni qarovsiz tashlab qo‘ymoq; 기계의 ~ mashinani ishga tushurish; ~기 puskli mexanizm (ishga tushirish mexanizmi); ~장치 puskli mexanizm.

시들다(시드니, 시드오) 1) so'lmoq, shalpaymoq; so'lib (qovlirab) qolmoq; 나뭇잎이 시들고 있다 Barglar so'lib bormoqda; 꽃이 시들었다 Gullar qurib qoldi; 2) hafa bo'lmoq, ranjimoq, gangib qolmoq; (mqyus totmoq, dili xira bolmoq); 기세가 ~ ruhi tushmoq.

시력(視力), 시각 ko'rish, ko'z nazar; ko'zning kuchsizligi; ~이 약하다 ko'zning ko'ra olmasligi (qjizligi); 노인은 오래 전에 ~을 상실했다 Qariya allaqachon ko'ra olmaydigan bo'lib qolgan; ~검사 ko'zni tekshiruvdan otkazish.

시련(詩聯) I she'rdagi qo‘shaloq yozuv (uyning kollonnasi).

시련(試鍊) II sinash, sinov, tekshirib ko'rish, sinovdan o‘tkazish; ~하다 sinamoq, sinab ko'rmoq; ~을 겪다 tekshirib ko'rish, sinovdan o'tkazib ko'rish; 삶에서 가혹한 ~ hayotning qattiq sinovi; ~기 sinov dabri.

시멘트(cement) sement; ~를 바르다 sementlamoq; ~에 모래를 더 섞어라 sementga yana qum qo‘shing, yana qum aralashtiring; ~가루 sementli kukun; ~공장 sement zavodi.

시무룩하다 norozi; qosh-qovog‘i soliq; hafa; arazlagan; 시무룩한 표정 norozilarcha qarash.

시민(市民) shahar aholisi, shaharlik; ~권 fuqorolik huquqi; ~단체 fuqorolik jamiyati; ~혁명 fuqorolik revolyutsiyasi.

시비(是非) I 1) haqiqat va yolg'on; haqiqat va yolg'on yashiq; haqlik, to'g'tilik, haqqoniyat, begunohlik; ~곡직 haqlik(to'g'rilik) va yanglashish; 2) bahs; 3) ~하다 sinchiklab ko'rmoq; haqiqatni (rostlikni) sinchiklab ko'rish (aniqlik kiritish); ~가 났다 bahs boshlandi; ~를 가르다 kim haq ekanligini aniqlamoq (ajratmoq); ~를 걸다 kimdir bilan (muhokama qilmoq, munozara, tortishuv) munozara qilmoq; 그는 사소한 일로 옆 사람에게 ~를 걸었다 U arzimagan narsa uchun qo‘shniga yopishib oldi.

시비(施肥) II ~하다 kirgizmoq, kiritmoq, tashib kirmoq (o'g'it, go'ng)

시사(時事) I hozirgi kunda bo'lib turgan voqea (hodisa) lar; ~문제 (eng) so'nggi yangiliklar; ~를 해설하다 hozirgi kunda bo'lib turgan voqealarga izoh (sharh) bermoq; ~에 밝다 so'nggi yangaliklarni to'g'ri baholay olmoq, hozirgi kunda bo'lib turgan voqealarni to'g'ri tushunib yetmoq; ~에 어둡다 so'nggi voqealardan xabari bo'lmaslik; ~보도 so'nggi axborot (xabar, ma'lumot); ~평론 so'nggi yangaliklar tanqidi; ~해설 so'nggi yangaliklarga sharx.

시사(試射) II 1) sinov otishmasi, otib sinash, otib ko'rish, otishni mashq qilish; ~소이탄 yonuvchi otiluvchi o'q; otiluvchi yonuvchi snaryad; 2) arx. ~하다 otib ko'rib mo'ljalni to'g'rlamoq;

시상(施賞) mukofatlamoq, taqdirlamoq (kimnidir nimagadir); ~식 taqdirlash marosimi; ~위원회 mukofot berishga qaror qilish komis- siyasi.

시선(視線) I 1) qarash, ko'z tashlash, boqish; 2) biror narsa (joyning) liniyasini aniqlash, nishonga olish liniyasi; ~와 ~이 마주치다 kimdir bilan ko'zga-ko'z uchrashmoq; ~을 던지다 nazar tashlamoq; ~을 돌리다 qaramoq, qarash; ~을 피하다 ko'zdan (nazardan) hcetda qolmoq; ~을 향하다 kimgadir nimagadir ko'z (nazar) tashlash.

시선(詩選) II ~하다 imtihon yordamida tanlab olish.

시설(施設) 1) uskunalash, asbobuskuna bilan ta'minlash, jihozlash; asbob-uskuna; tuzish, tasis qilish, yuyshtirish, asoslash; idora, muassasa; ~하다 asbobuskuna bilan ta'minlamoq, jihozlamoq; qilmoq, qurmoq, solmoq, barpo qilmoq; 관개~ irrigatsiya (sug'orish) inshooti; 국가~ davlat idorasi; ~물 asbobuskuna; 2) qarang. 시설물.

시세(時勢) I 1) zamon ruhi, zamon talabi; ~에 뒤떨어지다 zamon bilan hamnafas bo'lmaslik; 2) narx kursi; ~가 닿다 bop, to'g'ri keladigan, arzon; munosib, muofiq (narx haqida); ~도 모르고 값을 놓는다 masalan. kim bilandir muhokama qilmay baho (narx) bermoq (qo'ymoq); ~가 그르다 yomon (noqulay, nomunosib) holat, (vaziyat).

시세(時世) II esk. hayoti, asri, zamoni, o'z davri; ~에 따르다 asr(zamon) bilan hamnafas (asr bilan); ~에 앞서다 zamondan oldinda ketish.

시속(時速) (ma'lum bir) soatdagi tezlik; ~ 100킬로미터 soatiga 100 km tezlikda.

시스템 tizim; sistema.

시시비비(是是非非) 1) ijobiy va salbiy tomonlar; 2) ~하다 tartibga solmoq, saranjom qilmoq; 사소한 점까지 ~를 가리다 suyaklarni tartibga solmoq.

시아버님(媤-) hurmat ma'nosi. qarang. 시아버지.

시아버지(媤-) erning otasi, qaynota.

시아주머니(媤-) erning holasi.

시아주버니(媤-) erning tog'asi (amaki) si.

시앗 esk. kichik o'ynash, kichik ma'shuqa (qonuniy xotin yoki katta o'ynash (mashuqa) ma'nosida);~싸움 yosh ma'shuqa (o'ynash) dastidan uyda (oilada) janjal; ~싸움에 요강 장수 maq. ≅ Ikki kishining janjalidan uchinchisi manfaatdor; ~을 보다 yosh mashuqa olmoq, yosh o'ynashga ega bo'lmoq; ~을 보면 길가의 돌부처도 돌아앉는다 ≅ har qanday ayol agar eri yosh mashuqa (o'ynashga) ega bo'lsa, u holda rashk qiladi; ~죽은 눈물 만큼 namuna. juda kam miqdorda.

시야(視野) 1) nazar doirasi; 2) dunyoqarash, ong bilim darajasi; ~가 넓은 사람 dunyo qarashi (bilim darajasi, ongi) keng odam; ~에 들어오다 nazar doirasiga tushib qolmoq; ~에서 사라지다 ko'zdan qochish (yashirinish); ~밖에 있다 nazar doirasidan chetda bo'lmoq; ~에서 놓치다 ko'zdan qochirmoq.

시어머니(媤-) kuoyvning onasi, (qaynona).

시어머님(媤-) hurmatliroq ma'nosi. qar. ⇒ 시어머니.

시어미(媤-) qar. ⇒ 시어머니; ~가 죽으면 안방이 내 차지 maq. ≅ kattaning o'rnini (tartib bilan) undan keyingisi egallaydi; ~역정

에(미워서) 개 배때기(옆구리) 찬다 maq. ≅ qaynonangdan jaxling chiqsa, alamingni kuchukdan ol.
시옷 siot (koreyscha "ㅅ" harfining nomlanishi).
-시울 xoshiya, chet, che'a, qirra, milk; 눈~ ko'zning shakli; 입~ og'iz shakli.
시원하다 I 1) sifat. o'zini yengil sezish; 마음이 ~ ko'ngilni engil bo'lishi; 좀 몸이 ~ butun tana bo'ylab engillikni his qilish; 2) yupatadigan, ovutadigan, tasalli beradigan, quvonchli; 3) 시원하지 못 하다(시원하지 아니하다) yoqmaydi, yaramaydi; kam bo'-lish, yetmaslik, yetmay qoli-shlik; 4) samimiy, rostgo'y, sofdil, ochiq, ochiqdanochiq, oshkor; oq ko'ngil; 5) tozala-moq, yangilamoq, soflamoq, shamollamoq, salqin bo'lmoq; salqin (masalan shamol haqida); yoqimli, xush yoqadigan; 6) yangi (oziq-ovqatlar haqida); 7) toza, tartibli; 시원하게 청소하다 tozalamoq, saranjom-sarishta qilmoq.
시원하다 II salqin, sobuq.
시원해 salqinroq, sovuqroq.
시작(詩作) I she'riy ijod.
시작(始作) II 1) boshlanish; ~이 반 matal. ≅ boshlanishishning yarimi; ~되다 boshlanmoq; 2) ~하다 boshlamoq; ~이 반이다 yaxshi boshlanish ishning yarimi; 나는 무엇부터 ~해야 좋을지 모르겠다 Men ishni nimadan boshlashni bilmayapman; 날이 밝기 ~하였다 ochilishni boshladi; 일을 ~하다 ishni bosjlamoq, ishga kirishmoq; 우리는 매우 소규모로 이 일을 ~했다 Biz bu ishni juda jiddiy masshtabda boshladik.
시작하다 boshlamoq.
시작합니다 boshlayapti.
시장 I ~이 반찬 maq. agar och bo'lsang quruq guruch ham shirin tuyuladi; ~하다 hurmat-liroq ma'no. och, qorni to'yma-gan; ochiqmoq, och qolmoq; ~한 사람더러 요기시키란다 qar. 배 [고픈 사람보고 요기시키란다] I.; ~기를 느끼다 ochlikni his qilmoq; ~이 반찬이다 Agar och bo'l- sang, u holda hamma narsa shirin tuyuladi; ~기 ochlik hissi.
시장(柴場) II 1) esk. qarang. skanrkt; 2) bozor, yoqilg'i sotiladigan bozor.
시장(市場) III bozob, yarmarka; ~의 vaqti-vaqti bilan bo'ladigan savdo-sotiq bozori;~에서 장사를 하다 bozorda sotmoq (savdo ishi bilan shug'illanmoq); 상품을 ~에 내놓다 tovarni bozorga chiqarmoq; ~가격 bozor baxosi (narxi); ~상인 bozor sotuvchisi; 국내 ~ ichki (tashqi) bozor; 국제 ~ xalqaro bozor; 세계 ~ dunyo bozori; 암 ~ qora bozor; ~폰드 bozor fondi; ~외 폰드 bozorga aloqasi bo'lmagan fond.
시절 I 1) fasl, mavsum; yil fasli; qarang. (철); 2) hayot jarayini; 어린 ~ bolalik, bolalik yillar; bolalik yillari (davri); 나의 젊은 ~ mening yoshlik yillarim; 좋은 ~이 있었다 yaxshi damlar (davrlar) edi; 그때가 그의 생애에서 가장 행복하던 ~이었다 O'sha paytlar uning hayotidagi (eng yaxshi) eng baxtli yillar edi.
시절(詩節) II adabiyot. bayt (she'rning bir bandi).
시중(市中) boqish, qarash, tarbiyalash; parvarish qilish; ~하다, ~을 들다 yordam bermoq, ko'maklashmoq; kimgadir g'am-xo‘rlik qilmoq; kimgadir qara-moq (yordam bermoq); kim-ningdir xizmatini bajarmoq;

mayda topshiriqlarni bajarmoq; ~을 받다 kimningdir qaramog'ida bo'lmoq; 그녀는 환자들을 잘 ~든다 U yaxshi g'amxo'rlik qiladi; 환자 ~ bemorga g'amxo'rlik qilish.
시중들다 mayda topshiriqlar berish (topshirish).
시집(媤-) I oila, erning uyi; ~을 가다 kimgsdir turmushga chiqmoq; ~을 보내다 kimgadir uzatmoq; ~을 오다 erga tegmoq, turmushga chiqmoq, rafiqa bo'lmoq; ~살이 erning uyida yashash; ~살이하다 erning uyida yashamoq; ~갈 때 등창이 난다 maq. ≅ achinarli qiyinchiliklar vujudga keldi,(erga tegishga hozirlanganing zamoa, beliga chipqon chiqadi.
시집(詩集) II she'rlar to'plami.
시집살이(媤-) ~하다 erga tekkan bo'lmoq, erli bo'lmoq.
시청(試聽) I ~하다 eshitmoq, tinglamoq, boshidan ohirigacha eshitmoq (musiqa asari).
시청(視聽) II ko'rish, ko'rib chiqish, ko'zdan kechirish; ~하다 ko'rmoq va eshitmoq; ~각 qarash va eshitish; ~료 xizmat haqqi, xizmat uchun to'lov.
시청(市廳) III shahar maxkamasi.
시추(試錐) sinov uchun parmalamoq, sinov uchun burg'ilash; ~하다 burg'alamoq (sinov qudug'i), ~공 burg'ilangan quduq; ~선 burg'ilangan (parlangan) kema.
시켰습니다 buyurtma qildi.
시키다 1) (nimadir qilishga) majburlamoq (ruxsat, ijozat bermoq); 2) ko'makchi fe'l. 공부를 ~ mashg'ulot o'tkszishga majburlamoq (ruxsat bermoq, ijozat bermoq); 구경을 ~ ko'rishga (ko'rib tekshirishga) ruxsat bermoq (ijozat bermoq).
시퍼렇다(시퍼러니, 시퍼러오) 1) och yashil (och ko'k)' och ko'k; to'q ko'k; 2) 시퍼렇게 살다 g'ayratli, keskin, qizg'in; ruhli, serg'ayrat; 3) 시퍼런 o'tkir, kesgir, uchi o'tkir; 시퍼런 바다 to'q ko'k (rangli) dengiz; 시퍼런 칼 o'tkir pichoq; 4) 시퍼렇게 깊다 juda chuqur; 5) 시퍼렇게 노하다 jahldan ko'karib ketmoq; 6) katta, ulkan, zo'r (obro'- e'tibor haqida); 그는 아직 시퍼렇게 살아 있다 U shu choqqacha ko'rishadi; 시퍼런 칼 o'tkir pichoq.
시할머니(媤-) qaynona onasi, erning buvisi
시할아버지(媤-) qaynona otasi, erning buvasi.
시합(試合), 경기 musobaqa, poyga, match (shahmat va boshqa o'yinlar musobaqasi), turnir; ~하다 musobaqalashmoq, musobaqa (poyga) o'tkazmoq; 그는 마라톤 ~에서 우승을 했다 Umarafon yugurishida (42 km 195m masofaga yugurish) birinchi o'rinni qo'lga kiritdi (birinchi o'rinni egallashga muoffaq bo'ldi; 어느 팀이 이 ~에서 이겼느냐? Bu musobaqada qaysi jamoa g'olib chiqdi? 작년 시즌엔 우리 축구팀이 ~을 모두 이겼다 O'tkan mavsumda bizning futbol jamoamiz g'oliblikni qo'lga kiritgan; 축구 ~은 2대 0으로 끝났다 Futbol matchi (musobaqasi) 2:0 hisobida yakunlandi.
시합장 maydoncha; ~이 경기를 하기엔 너무 젖어 있다 Maydon hali qurilmadi, o'yinni boshlash mumkin emas; 시는 새로운 야구 ~을 건설하고 있다 SHahar beysbol uchun yangi maydon quryapti 테니스 ~ tennis o'ynash maydonchasi.
시험(試驗), 실험 I sinov, imtihon; ~적 tajriba, tajribali; tajri-

ba qiladigan, sinaladigan; ~동물 tajriba qilinadigan hayvonlar; ~포전 *qish.xo'j.* tajriba maydoni, tajriba uchastkasi; ~을 치다(치르다) imtihon topshirmoq; ~하다 sinovdan o'tkazmoq; ~보다 imtihon topshirmoq (bermoq); ~에 통과하다 imtihon topshirmoq; ~에 합격하다 imtihondan o'tmoq; ~에 떨어지다 imtihondan yeqilmoq; 신형 기계를 ~하다 yangi apparat (uskunani) sinovdan o'tkakmoq; ~공부 imtihonga tayyorlanish; ~관 imtihon oluvchi; ~답안 imtihon yozma ishi; ~대 sinov devoriy gazetasi; ~비행 sinov uchishi; ~소 tajriba stantsiyasi; ~장 imtihon o'tkaziladigan loy; ~지 imtihon blankasi; 구두~ og'zaki (yozma) imtihon; 발동기의 ~ dvigatel sinovi; 수학~ matematika fanidan imtihon; 입학~ qabul (kirish) imtihoni; 졸업~ bitiruv imtihoni; 진급~ sinfdan- sinfga o'tish imtihoni; 채용~ kirish imtihoni.

시험(猜險) II ~하다 bahil va yomon.

시험장(試驗場) 1) imtihon(sinov) o'tkaziladigan joy; 2) tajriba stansiyasi; tajriba sexi.

시험지(試驗紙) 1) imtihon blankasi; 2) reaktiv qog'oz; 리트머스~ lakmus (lakmus qog'ozi tayyorlash uchun ishlatiladigan ko'k binafsha rang modda) langan qog'oz.

시효(時效) amal qilish muddati; huquq. muddat huquqi; muddat,m muhlat (bir huquqning kuchga kirish yoki kuchdan qolish muddati); ~정지 muddat huquqining to'xtatilishi; ~중단 huquq. muddat huquqining to'xtab (uzilib) qolishi; ~가 경과했다 Amal qilish muddati o'tdi; ~가 지나서 무효가 되다 muddat huquqi yaroqsiz, deb topilishi, muddati haqiqiy emasligi; ~권 muddat huquqi.

식(式) I 1) tip, nusxa, namuna, xil, uslub, forma, shakl; 2) qar. 의식 II; 3) *mat.* formula (shartli belgilar bilan aytilgan hamma matematik miqdorlar), ifoda; 4) matiq. modus, ko'rinish, tur; 5) *tilsh.* fe'l mayillari; 6) usul, metod; 그런 ~으로 bunday usul bilan(metoe); ~을 올리다 marosim (tantana) uyushtirmoq; 결혼~ nikoh marosimi, to'y; 대수~ algebrik ifoda; 분자~ molekulyar formula; 서양~ g'arb (sharq) uslubi (stili); 졸업~ o'quv yurtini tamomlagani bilan uyushtiriladigan tantana; 화학~ kimyoviy formulasi.

식(息) II men (qiz o'zim haqimda ota-onamga yozilgan xatda).

식(蝕) III *astr.* tutilish; 이중별식 astr. qo'shaloq yulduzning tutilishi.

-식(式) *o'zak. qo'shimcha.* 1) metod, usul, yo'l; 자동식 *ot.* bexosdan (ihtiyorsiz) qilingan; 2) tib, nusxa, namuna, stil, usul, yo'l; 근대식 czamonaviy namuna.

식구(食口) 1) oila a'zolari; lon, oila a'zosi; 2) jamoa a'zosi; 그의 가족은 다섯 ~이다 Uning oilasi besh kishidan iborat; 우리 집은 ~가 많다 Bizning oilamiz katta.

식균(食菌) ~세포 *biolog.* fagosit (yot narsalar va bakteriyalarni yutib hazm qilib yuboradigan hujayra); ~현상 fagositoz; 용해~ fagositoliz; ~하다 bakteriyalarni yutib hazm qilish (fagositlar haqida).

식다 1) *tub va ko'chma ma'no.* sovumoq, sovub qolmoq; 2)

kamaya boshlash; 노을이 ~ o'chmoq, so'nmoq(tong haqida); 국이 식는다 SHo'rva sovib qoldi; 차가 식었다 CHoy sovub qoldi; 방이 식었다 xona sovub ketdi; 음악에 대한 열정이 ~ musiqadan ko'ngli qolmoq.
식당(食堂), 레스토랑 1) ovqatxona, oshxona, restoean; 2) ovqatlar, taomlar (magazini); ~의 oshxonali; restoranli; ~종업원 ofisiant (oshxona va restoranlarda ovqat keltirib beruvchi); ~차 vagon restoran.
식당에 갑시다 Yuringlar oshxonaga boramiz.
식량(食量) iste'mol qilinadigan ovqatlar miqdori; ~이 크다 ishtahasi karnay, ishtahasi yaxshi.
식량(食量),식료품(食料品) II oziq-ovqat, ~을 공급하다 oziq-ovqat bilan ta'minlamoq; ~의 자급자족 o'z-o'zini oziq-ovqat bilan ta'minlay olishlik; ~배급 oziq-ovqat bilan ta'minlash; ~수송 tovar olib o'tish; ~창고 oziq-ovqat saqlanadigan (omborxonasi) ombori; qar. 양식 I.
식량(識量) III o'qimishli va olijanob.
식료(食料) 1) mahsulot (obqat) osiq, ovqat, oziq-ovqat tovarlari, mahsulotlari; ~가공공업 mahsulot ishlab chiqarish sanoati, oziq-ovqat ishlab chiqarish sanoati; 2) arx. qar. 식비.
식료품(食料品) oziq-ovqat tovarlari, mahsulotlari; ~의 oziq-ovqati; ~제조의 lazzati, tami; ~공업 oziq-ovqat sanoati; ~점 oziq-ovqat do'koni; 냉동 ~ muzlatilgan mahsulotlar.
식물(植物) o'simlik; ~구계 flora (biror joy; mamlakat yoki geologik davrning hamma o'simliklari); ~상아 kokos yong'og'ini po'stlog'i; ~지리학 o'simliklar geografiyasi; ~해부학 o'simlik anatomiyasi; ~의 o'sadigan; ~을 연구하다 botanika bo'yicha tekshirish ishlari bilan shug'illanish; ~을 채집하다 o'simliklarni yig'sh; gerbariy (quritilgan o'simliklarning kolleksiyasi); 이것은 어떤 종류의 ~입니까? Bu qanday o'simlik?~계 o'simliklar dunyosi, flora; ~분류학 o'simliklar taksionomiyasi; ~섬유 o'simlik tolasi; ~성 o'simliklar; ~성 섬유 o'simliklar tolasi; ~원 botanika bog'i; ~유 o'simlik yog'i; ~의 분포 o'simliklarning geografik tarqalishi; ~학 botanika; ~학자 botanik; 관상용~ manzarali o'simlik; 다년생~ ko'p yillik o'simlik; 야생 ~열대 tropik o'simliklar; 재배~ madaniy o'simliklar.
식물성(植物性) ot. o'simlik; ~기름 o'simlik yog'i; ~로프 o'simlik tolasidan to'qilgan arqon; ~섬유 o'simlik tolasi; ~염료 o'simlik bo'yoq moddasi, o'simlik rangi.
식민지(植民地) mustamlaka; ~적 mustamlakachilik; ~민족 해방 운동 milliy ozodlik harakati; ~하다 mustamlakaga aylantirmoq, bosib olmoq; 많은 ~들은 독립정부가 되기를 바라고 있다 Ko'pgina mustamlaka ostidagi davlatlar mustaqil davlat bo'lishni hohlaydilar; ~화 mustamlaka qilish, mustamlakaga aylantirish.
식별(識別) ajratish, tanib olish, farqiga yetish; bilish, tanish, aniqlash; ~하는 farq borligini ko'rsatadigan; ~하다 ajratmoq, qyirmoq, tanib olmoq, farqiga etmoq; 그는 어둠 속에서 다가오는

사람을 ~했다 U qorong'uda (tun qorong'usida) ajralib turadigan kishini farqladi (aniqladi, ajratdi); 나는 색깔을 잘 ~하지 못한다 Men ranglarni yomon ajrataman; 진실과 허위를 ~하다 haqiqatni yolg'omdan ajrata olish.

식사(食事), 급양(給養) I 1) ovqat, taom, ttomoq; oziq, ovqatlantirish; 2) ~하다 ovqat eyish; ~요법 parhez bilan davolash; ~의 oziq-ovqat; 나는 집에서 ~한다 Men uyda ovqatlanaman; ~는 어디에서 하고 있습니까? Siz qayerda ovqatlanasiz? ~량 ovqat miqdori; ~예절 stol atrofidagi ahloq qoidalari, stol atrofidagi etiket.

식사(式辭) II so'zga chiqish, kirish so'z (qandaydir marosimda); ~하다 nutq so'zlamoq.

식욕(食慾) ishtaha;~결핍 ishtaha yo'qolishi; ~이 없는 ishtahadan ayrilgan; ~을 돋구다 ishtaha ochadigan; ~을 잃다 ishtaha yo'qotmoq; ~이 생기다 ishtaha ochilishi (yo'qolishi).

식용(食用) ot. shirin, mazali; ~식물 mazali o'simliklar; ~색소 oziq-ovqat bo'yog'i; ~하다 miqdoriy oziqovqatlardan foydalanish, yeyish; ~버섯 yeyish mumkin bo'lgan qo'ziqorin; ~유 yog', ovqatga ishlatiladigan.

식히다 1) sovutishga qo'ymoq, sovutmoq; muzlatmoq; 끓인 물을 ~ qaynatilgan suvni sovutmoq.

신 I 1) oyoq kiyim; poyafzal; botinka; 신 신고 발바닥 긁기 namuna. ostun-ustun qilmoq; 2) koreys milliy oyoq kiyimi; ~을 신다 oyoq kiyimni kiymoq; ~을 신어 보다 oyoq kiyimni o'lchab ko'rish; ~을 벗다 oyoq kiyimni echmoq, yalang oyoq bo'lib olmoq; 이젠 좋은 ~을 얻기가 어렵다 가죽 ~ endi yaxshi oyoq kiyim topish qiyin bo'ladi; 고무~ rezinali oyoq kiyim;

신 II 1) (nimafadir) qiziqish; qiziqtirmoq; 2) ko'tarinki kayfiyat; ilhom, ilhomlanish, ruhlanish, zavq g'ayrat; ~이 나다 (오르다) a) qiziqmoq, qiziqib qolmoq; b) ko'tarinki kayfiyatda bo'lmoq; 신에 붙잖다 norozi bo'lmoq (qoniqmagan, qanoatlanmagan).

신(神) III xudo, tangri, olloh; ~을 믿다 kimgadir, nimagadir ishonmoq; ~에게 기도하다 ollohga, xudoga sig'inmoq; ~의 축복이 있기를! Olloh bilan? ~자 ishonuvchi, sig'inuvchi odam.

신(臣) IV 1) qar. 신하 I; 2) Men (qirol bilan bo'ladigan suhbatta.

신경(伸經) asab, nerv(lar), asabiy; ~각질 boil. nevrokeratin; ~경련 nevrospazm; ~교종 nervoglioma; ~근염 nevromiozit; ~계통 a) netv sistemasi; b) ko'cgma ma'no. sistema, organizatsiya; ~과민 asabiylik, haddan ortiq sezuvchanlik, haddan ortiq sezgirlik; ~독소 nevrotoksin; ~요법 nevroterapiya, ~마비 asab falaji; ~발생 nevrogenez; ~병리학 nevrotop ologiya; ~상피 nevroeriteliy; ~섬유 nerv tolalari; ~섬유종 nevrofibroma; ~손상 nevrotroz; ~세포 nevrosit; ~쇠약 nevrodinamiya; ~쇠약 환자 nevrostenik; ~쇠약증 nevrosteniya(nerv siste-masining buzilishi, buning natijasida kishi qattiq charchaydi, tez jaxli chiqadi, bosh og'riqqa uchraydi; ~절염 nevroganglit; ~점액종 nevromiksoma; ~정신병 nev-ropsixoz; ~조직 nerv to'qimasi; ~조직학 nevrogistologiya; ~종증 nevromatoz; 중추~

nerv markazi; ~척수염 nevromielit; 초종~ nevrinoma; ~초염 nevrilemmit; ~아세포 nevroblast; ~아세포종 nevroblastoma; ~외과학 neyrohirurgiya; ~외과의 neyrohirurg; ~을 쓰다 asabiy-lashmoq; asabiylashish, asabiy-lashgan; ~이 가늘다 asabiy, nervi bo'sh, nervi zaif; ~이 굵다(무디다) baquvvat (asablar haqida); ~질을 부리다 terisi qalin, asabini qo'zg'amoq, asabiylashmoq, diqqat bo'lmoq; ~을 자극하다 asabga o'ynamoq; jahlini chiqarmoq; ~을 쓰다 kuyub-pishmoq, jon kuydirmoq, g'amxo'rlik qilmoq; ~이 무디다 terisi (po'sti) qalin; 그는 몹시 ~이 예민한 사람이다 U juda asabiy odam; 이 소음이 내 ~을 건드린다 Bu shovqin mening asabimga tegadi; ~성 발작 asab tutqanog'i kasali; ~세포 ner- voplast, nervosit; ~쇠약 nervodinamiya; ~염 nevrit (nerv yallig'lanishi); ~외과학 nevrohirurgiya; ~전 ruhiy kurash; ~증 nevrasteniya; nervoz; ~질 asabiylik, diqqatlik; ~통 nevrodiya; nevralgiya (badandagi biron asab kasali bo'lganda paydo bo'ladigan og'riq); 교감~ simpatik nerv; 시~ ko'rish nervi; 운동~ harakatga kelti- ruvchi nervlar; 중추~ nerv markazlari.

신경질(神經質) asabiylik; serjahillik, salga jahli chiqadigan; ~을 부리다 asabiylashmoq; ta'sirlanmoq; ~적 asabiy, serjahil.

신고(申告) I hisobod topshirish; doklad, raport, ma'lumot, axborot; bildirish, ma'lum qilish, bayon qilish; dekloratsiya, bayonnoma, bayon qilish; ~하다 bildirmoq, xabar (darak, ma'lumot) bermoq; ariza bermoq; kimdir nimadir haqida ma'lum qilib qo'ymoq.; ~자 xabar beruvchi, arz qiluvchi, billdirib qo'yuvchi; 세관~ bojxona dekloratsiyasi; 출생~ tug'ilganlik haqida xabar berish, tug'ilganlik haqida (darak) bildirish.

신고(辛苦) II tashvish, mashaqqat; mahrumiyat, muxtojlik, yo'qchilik, qiyinchilik; qora kunlar, musibatlar, (falokat); ~하다 qiynalmoq, azob chekmoq (kimni nimani deb); 그는 이 일로 ~를 겪었다 U bu ishni deb qiynalib ketdi; ~스럽다 og'ir, qiyin, mushkul, mashaqqatli.

신규(新規) 1) yangi qoida, yangi nizom (nizom, qoida); ~등록 qaytadan ro'yxatga olish, yangidan ro'yxatga olish; 2) ~사업 yangi masshtabdagi ish; zamonaviy masshtablar.

신기하다 1) ajab, ajoyib, g'alati, hayratda qoldiradigan, ajablanarli; 2) favqulotda, odatdan tashqari; original; asl nusxa.

신기하였습니다 ajab, ajoyib, g'alati

신기한 ajoyib, hayratga qoldiradigan.

신년 yangi yil; ~사 yangi yil tabrigi; yangi yil nuyqi; 근하~ Yangi Yilingiz Bilan! *qar.* 새해.

신다 [-tta] kiymoq (oyoqqa); 구두를 ~ botinkani kiyish.

신랄(辛辣-) ~하다 a) arx. juda achchiq va sho'r; b) juda kuchli, qattiq, shiddatli, og'ir, eng yomon, eng qattiq, zaharli; o'yuvchi; ~하게 qo'rslik bilan; ~한 비평 achchiq tanqid; ~한 야유를 퍼붓다 ko'p gapirmoq, sergaplik qilmoq; tuhmat qilmoq, bo'xton qilmoq, chaqimchilik qilmoq; 그녀는 자주 ~한 비난을 퍼붓곤 한다 U tez-tez zaharli

tanbehlar berib turadi.
신랑(新郞) [sil-] 1) yangi kuyov; kuyov, qiz unashilgan yigit, qalliq; 2) kuyov; yosh kuyov (yoshga qarab); ~감 mos tushadigan kuyov.
신뢰(迅雷) I momaqaldiroqning kuchli gumburlashi.
신뢰(迅雷) II ishonish, inobat; ~구간 *mat.* ishonch oralig'i; ~확실도 matem. ishonch ehtimolligi; ~하다 kimgadir nima uchundir ishonmoq; kimgadir tegishli bo'lmoq 나는 그녀의 능력에 대해 큰 ~를 갖지 못하고 있다 Uning qobilyatiga judayam ishonmayman; 나는 그를 ~하지 못한다 Men unga ishonmayman; 우정은 서로의 ~를 키운다 Do'stlik o'zaro ishonosh; ~할 만한 사람 ishonsa bo'ladigan odam; ishonsa arziydigan odam; ~감 ishonch hissi; ishonch; ~심 ishonish, inobat.
신망(信望) ishonch, ishonish; ~을 얻다 ishonchni qo'lga kiritmoq; ~을 잃다 ishonchni yo'qotmoq; ~하다 umid qilmoq, umid bog'lamoq, ishonmoq; 2) umid, ishonch, orzu, tilak.
신문(新聞) I gazeta; ~기자 gazeta muxbiri; jurnalist, matb- uot xodimi, gazetachi; ~분전 arx. a) gazetaning tarqalishi, gazetaning kengayishi (yoyi- lishi); b) gazeta tarqatuv- chi; 소설~ badiiy asar (gazetada chop etilayotgan); ~전부 max- sus xabar, maxsus ma'lumot (telegraf buyurtmasiga binoan gazetaga berilgan); ~에서 읽다 gazetada o'qimoq; ~을 통해 알다 gazetadan bilmoq; ~을 집집마다 배달하다 uyma-uy gaze- talarni tarqatib chiqmoq; ~공고 gazeta e'loni; ~광고 gazeta reklamasi; ~기사 gazeta maqo- lasi; ~매점 ro'znomalar sotila- digan do'koncha; ~배달부 gaze- ta tashuvchi, pochtachi; ~사 gazeta nashriyoti; ~지 gazeta qo'ozi; ~철 gazetalarni tilish (mas-n. gazetalarni yig'ib, tikib qo'yilgan sonlari); ~학 jurna- listika; 석간~ kechki gazeta; 일간~ kundalik gazeta; 조간 ~ ertalabki gazeta; 주간~ haftalik (bir haftada bir martta chiqa- digan) gazeta.
신문(訊問) II so'roq; ~하다 so'-roq qilmoq; ~을 받다 so'roqda bo'lmoq, so'roq qilinmoq; ~자 so'roqqa tutilayotgan; ~조서 so'roq akti.
신바람 jonlanish, g'ayratlanish, ruhlanish; zavq-shavq, ilhom, hayajon; g'ayrat, ishtiyoq, tabassum; ~이 나서 일하다 ilhom bilan ishlamoq, ilhomi kelib ishlamoq, g'ayrat bilan ishlamoq; ishtiyoq bilan ishlamoq.
신발 oyoq kiyim, poyafzal; ~을 신다 oyoq kiyimni kiymoq; poyafzalni kiymoq; ~을 벗다 oyoq kiyimni echmoq, poyaf- zalni echmoq; ~이 작다 oyoq kiyimi siqmoq (qismoq); ~장 oyoq kiyimlar uchun shkafcha.
신발 두 켤레 juft oyoq kiyim.
신부(新婦) I 1) yangi kelin, kelin; 2) kelin; ~감 mos keladigan kelin.
신부(神父) II abbat, pader, ruhoniy.
신분(身分) I 1) ijtimoiy holat, ijtimoiy baziyat; ijtimoiy status; ~등록소 Z AGS (grajdanlik aktlarini qayd qilib turuvchi idopa); ~지위 ijtimoiy holat; 2) shaxs, kishi, odam, shaxsiyat, individuallik (bir shaxsni ikkinchi shaxsdan ajratuvchi

xususiyatlar); ~증명서 shaxsiy guvoxnoma; 3) tabaqa; ~제도 tabaqalanish sistemasi; ~적 tabaqa;~을 밝히다 kimningdir shaxsini aniqlamoq; ~을 속이다 o'z mohiyatini berkitmoq; yuzini yopmoq; ~증 shaxsiy guvoh-noma; 농노~ huquqi bilan bog'liq bo'lgan tabaqa.

신분(臣分) sodiq fuqaronong holati.

신비(神秘) haqiqatdan yiroq, aqlga to'g'ri kelmaydigan, sirli narsa; ~스럽다 sifat. sirli tuyulish, haqiqatdan yiroq tuyulish; ~적, ~하다 mistik, mistikaga asoslanganmg; aqlga to'g'ri kelmaydigan, haqiqatdan yiroq, sirli, yashirin, noma'lum; qiziq, g'alati, ko'ngilli; mo'jazdek; mo'jizavor; ~성 mo'jizakorlik; ~주의 mistitizm (tabiatdan tashqari sirli olam borligiga ishonishdan iborat diniy tasavvuf; mistisizm fan dushmanidir, undan reaktsion ideologlar xalq ongini zaharlash uchun foydalanadi); ~주의자 mistik, mistisizm tarafdorlari, mutasavvuf, so'fi.

신사(紳士) oliyjanob, jentelmen; ~적 jentelmenlarga xos; oliy-janob kishilarga xos; ~도 oliyjanob insonning hulq-atvori; ~협정 oliyjanoblarga xos kelishuv, oliyjanoblar bitimi.

신생(新生) I 1) yaqindagina (paydo bo'lgan) tug'ilgan; yangi tug'ilgan, yaqinda tug'ilgan; tiklanish, qaytadan vujudga kelish; ~국가 yangi davlat, yaqindagina vujudga kelgan davlat; ~하다 a) yaqindagina tug'ilmoq (vujudga kelmoq, paydo bo'lmoq); b) tiklanmoq, qayta vujudga kelmoq; ~독립국가들 yosh mustaqil davlat; mustaqil rivojlanayotgan davlat- lar; ~ 대한민국 Yangi Koreya; ~아 yangi tug'ilgan.

신생(申生) II etn. “maymun" yilida tug'ilgan odam.

신설(新設) I 1) Yangi qurilish; ~하다 yangidan qurmoq; 2) yangi qurilish, yangi binokorlik; ~공장 yangi (yaqinda bino qilingan) fabrika; ~학교 yangi maktab.

신설(新說) II esk. yangi eshitilgan (yaqindagina eshitil- gan) yangilik; 2) (nimagadir) yangi nazar, yangi qarash; yangi teoriya.

신세(身世) I 1) hayot sharoiti; hayot holati (vaziyati); ~타령 baxtsiz hayotdan shikoyat qilmoq; ~타령을 하다 baxtsiz hayotdan shikoyat qilmoq; ~를 조지다 nimaningdir holatini (vaziyatini) yomonlashtirmoq; minnatdorchilik, qadriga etish-lik;~를 지다 minnatdor bo'lmoq; ~를 갚다 tashakkur bildirish; minnatdorchilik bildirish, rahmat aytmoq; ~를 끼치다 kimnidir bezovta qilib qo‘ymoq; ~를 갚다 tashakkur bildirmoq, minnat-dorchilik bildirmoq, rahmat ayrmoq; ~를 지다 minnatdor bo'lmoq; 당신에게 많은 ~를 졌습니다 Men sizga judayam minnatdorman; Men sizdan qarzdorman.

신세(新歲) II qar. 새해; ~문안 Yangi yil tabrigi.

신속(迅速) tezlik, chaqqonlik, ildamlik, jadallik; ~히 tez, chaqqon; ~하다 juda tez, juda chaqqon; 그는 ~하게 결정했다 U juda tez qaror qabul qildi; ~성 tezlik, chaqqonlik.

신용(信用) 1) ishonch, ishonish, inobat, burd; ishonch, ishonish; ~하다 ishonmoq, ishonib bermoq, ishonib topshirmoq; 2) ~대부 kredit, qarzm nasiya; ~기관 kredit (qarz beradigan) beradigan idora (muassasa); ~화폐 banknot (bank tomonidan chiqariladigan prosentsiz kredit bileti, muomalada pul o'rnida yuradi); kredit puli ~업무 a) kimningdir ishonchini oqlamoq; b) qarz qabul qilish va berish; ktedit operatsiyasi; ~을 얻다 ishonchga ega bo'lmoq; kim- ningdir ishonchiga kirmoq; ~을 잃다 kimningdir ishonchini yo'qotmoq, kimningdir ishonchi- dan qolmoq; ~이 높다 kim- ningdir ishonchidan foyda- lanmoq; ~이 있다 ishonch qozongan; 그는 ~을 얻지 못하고 있다 U ishonchingni oqlamaydi; ~금고 kredit seyfi; ~자금 kredit vositasi; ~장 akkreditiv; ~카드 kredit kartochkasi; ~협동조합 kreditli kooperativ; 사회적 ~ jamoat krediti.

신용대부 kredit, qarz, nasiya; ~하다 mablag' ratmoq, mablag' chiqarmoq; kimgadir kredit (mablag') bermoq; 물품을 ~로 주다 kreditga tovar bermoq.

신용카드 kredit kartochkasi.

신원(身元) I anketa ma'lumot- lari; ~보증 harakteristika, ta'rif, tavsif, baho, xususiyat; tavsiya etish; tavsiyanoma, dalolat; ~조회하다 kimningdir shaxsini aniqlamoq; kelib chiqish va o'tmish haqida nimanidir aniq- lashtirmoq; ~에게 ~을 보증하다 kimgadir nimagadir kafil bo'- lmoq; 나는 그의 ~을 보증한다 Men unga kafil bo'laman.

신원(伸寃) II yupatish, ovutish, tinchlantirish; ~설치 esk. noro- zilikka barham berish va uyal- tirib ko'yish; ~하다 yupatmoq; ovunmoq, tasalli topmoq, tinch qilmoq; tinchlanmoq.

신음(呻吟) nola, oh-zor, oh- voh, ingrash, inqillash, ixrash; ~하다 a) ingramoq, oh-voy qilmoq; inqillamoq, ixramoq; b) qiynalmoq, azob chekmoq, toliqmoq, charchamoq; qumsa- moq, zoriq-moq; biror narsadan zerikmoq, biror narsadan azob chekmoq, biror narsadan qiynalmoq; 농민들은 농노제도의 속박 아래서 ~해 왔다 dexqonlar krepostnoy huquqi zulmidan zerikishdi (azob chekishdi); 애간장을 끊는~소리 yurakni ezadigan, yurakni achitadigan nola.

신임(新任) I 1) yaqindagina belgilangan, yangi tayillangan; ~교원 yangi tayinlangan o'quvchi; ~하다 yaqinda yangi yayinlangan (lavozimga; 2) ot. yaqinda (yangi) tayinlangan belgilangan lavozimga, mansabga).

신임(信任) II ishonch; ~투표 ishonch bildirish (hukumatning yoki vazirining ishini parla- mentda maqullash); ~하다 kimgadir ishonish; kimgadir nimagadir ishonch bildirish; ishonch bilan yondoshish; ~을 받다 ishonchdan foydalanish; ~을 얻다 ishonchga ega bo'lish; ishonchini oqlash; kimningdir ishoniga kirish; ~을 잃다 ishonchini yo'qotish; ~장 mandat (biror shaxsga berilgan bakolatini tasdiqlovchi rasmiy hujjat).

신장(伸張) I mandat, vakolat, topshirish (boshqarish xuquqi; dipl. ishonch yorlig'i; ~된 ekspansiya (kengaytirish, yoyish) ~에 도움이 되는 o'sishga yordam beruvchi; ~시키다 kengaymoq, oshmoq, ko'pay- moq; ~기

o'sish davri; 경제적 ~ iqtisodiy ekspansiya; ~하다 a) uzaytirmoq; cho'zmoq; b) kengaytirmoq (mas-n. ta'sir doirasi).

신장(腎臟) II anat. buyrak; ~결석 nefrolit; ~고정술 nefro- fektsiya; ~독소 nefrotoksin; ~경변증 nefrosirroz; ~경화증 nefroskleroz; ~동통 nefralgiya; ~마비 nefroparalich; ~방광염 nefrosistsit; ~봉합술 nefrorafiya; ~비대증 nefrogipertrofiya; ~선종 nefradenoma; ~신우염 nefropielit; ~종양 nefroma; ~절제술 nefrektomiya; ~탈출 nefrosele; ~하수증 nefroptoz; ~병 buyrak kasalligi; ~염 nefrit (buyrak shishishi), buyrak yallig'lanishi.

신장병(腎臟病) buyrak kasalligi.

신장염(腎臟炎) tib. nefrit (buyrak shishishi).

신중 I budda monax ayoli, budda rohiba.

신중(愼重) II ~하다 aqilli, dono, farosatli, muloxazali, tadbirli; ehtiyotli, ehtiyotkor, orqa-oldiga qarab ish qiladigan, andishali; xu-shyor, pishiq, o'ylab ish qiladigan; diqqat bilan qaraydigan; jiddiy; ~히 oqilona, donolik bilan, farosat bilan; tarozida tortilgan; avaylab, sekin, ehtiyot qilib, ehtiyotlik bilan; ehtiyotkor; ~한 태도 tortib qo'yilgan daromad; ~하게 행동하다 ehtiyotkorlik bilan harakat qilish; 사진기를 ~하게 취급하지 않으면 안 된다 Fotoaparatga ehtiyotkorlik bilan munosabatda bo'lish kerak; ~성 ehtiyotkorlik.

신청(申請) I bildirish, ma'lum qilish, aytib qo'yish; ariza, iltimosnoma; talabnoma; ~하다 so'rash (nimanidir ariza shaklida nimanidir so'rash); 발명특허를 ~하다 ixtiro uchun talabnoma qilish (berish); ~서 ariza; ~인 arizachi.

신청(新晴) II uzoq yomg'irlardan so'ng havoning ochilishi.

신체(身体) I 1) tana, badan; ~의 badan ... si; ~의 결함 jismoniy nuqson; ~검사를 하다 tibbiy ko'rik o'tkamoq; ~검사 tibbiy ko'rik; 2) murda.

신체(新体) II yangi uslub (stil').

신체를 단련시키다 badanni chiniqtirmoq.

신통(神通) ~스럽다 sif. a) nihoyatda ta'sir o'tkazadigan bo'lib ko'rinmoq (dori haqida); b) omadli (to'g'ri, aniq) bo'lib tuyulmoq (ko'rinmoq); e) ajoyib (oddiy, qoniqarli) bo'lib tuyulmoq; e) yoqimli (ochiq, muloyim) bo'lib ko'rinmoq; ~하다 a) arx. ajoyib qobiliyatga ega inson; b) ta'sir qiluvchi, samarador (dori haqida); e) muvaffaqiyatli; to'g'ri; aniq; e) ajoyib, g'aroyib, alomat, odatdan tashqar; e) xushmuomala; yoqimli, iltifotli; ~한 약 mo'jizakor dori; ~한 대책을 세우다 samarali choralarni ko'rmoq; 날씨가 ~치 않다 Havo yaxshi emas.

신파(新派) 1) yangi yo'nalish; yangi maktab; ~적 yangi; 2) ~연극 "yangi koreys drammasi"; 3) "yangi dramma"

신학(神學) teologiya; ~의 teologik; ~교 ruhiy seminariya; ~자 teolog.

신학기(新學期) yangi semestr; yangi chorak; 언제 ~가 시작됩니까? Qachon yangi chorak boshlanadi?

신호(新戶) I yangi hovli (uy).

신호(信號) II 1) xabar, signal; ~

권총 raketnitsa; 광탄~ signal raketasi; 2) signalizatsiya; signallar berish; 3) semafor; ~기재 signal berish qurilmasi; ~의 signal ~si; ~하다 signal (xabar) bermoq; xabardor qilib qo'ymoq; ogohlantirmoq; ~를 무시하다 signal (xabar)ni e'tibor- siz qoldirmoq; ~기 signal bay-roqchasi; ~등 signal chirog'i; signal lampasi; ~수 signal beruvchi; 약속~ shartli signal; ~음향 tovush signali; 조난 ~ falokat signali; 호출~ chaqiruv signali.

신호등(信號燈) svetofor.

신혼(新婚) I 1) yaqin kunlardagi turmush qurilishi; ~하다 hozirgina turmush qurmoq; 2) yaqinda turmushga chiqish; ~여행 to'y sayohati; ~부부 yaqinda turmush qurganlar; yangi turmush qurganlar; ~의 yaqinda turmush qurgan ..si; ~여행을 떠나다 to'y sayohati (asal oyi munosabati bilan)ga jo'namoq; ~여행은 어디로 가십니까? Asal oyida qayerga boryapsiz? ~생활 yangi turmush qurganlar hayoti.

신혼(神魂) II qalb.

신흥(新興) ot. ko'tarilayotgan; tug'ilayotgan; ~계급 paydo bo'layotgan sinf; ~하다 ko'tarilmoq; tug'ilmoq; ~국가 rivojlanayotgan davlat; ~세력 paydo bo'layotgan kuch.

싣다(실으니, 실어) 1) yuklamoq; yuk ortmoq; 2) o'zi bilan ko'tarib yurmoq; 기차에 짐을 ~ tovarlarni vagonga yuklamoq (ortmoq); 봄바람이 꽃향기를 실어온다 Bahorgi shamol, o'zi bilan yengil gullar hidini olib kelmoqda; 배에 짐을 ~ kemalarga tovarlarni yuklamoq; 3) joylashtirmoq (ro'znomaga, jurnalga); 신문에 광고를 ~ ro'znomada e'lon joylashtirmoq; 잡지에 기사를 ~ maqolani jurnal-ga joylashtirmoq; 4) guruchli dalaga suv solmoq.

실 I ip; 실같다 qar. 실낱 [같다]; 실 얽힌 것은 풀어도 노 얽힌 것은 못 푼다 maq. ≅ katta ishni hal qilish, kichik ishni hal qilgan- chalik oson emas; ~을 감다 ipni o'ramoq; ~을 바늘에 꿰다 ipni ninaga kirgizmoq; ~을 꼬다 ipni o'ramoq; ~을 뽑다 ipni yigir-moq; ~이 엉켰다 iplar chalkas-hib ketdi; 명주~ ipak tola; 털~ ipak tolasi

실(室) II 1) xona; joy; kabinet; 2) bo'lim (muassasa,idora); 기관~ uy zali; 실험~ laborotoriya.

실(失) III arx. yutqizilgan pullar.

-실(室) kor.qo'sh. xona; bino; joy; 목욕실 hammom; 연구실 laborotoriya; ilmiytadqiqot muassasasining bo'limi; 기관실 mashina zali.

실-(實) haqiqiy, yaxshi; ~생활 haqiqiy hayot.

실- old qo'sh. yuqa; kichkina; tor; 실비 mayda yomg'ir.

실 같은 금이 가 있다 ipdek ingichka yorig' (darz).

실속있다 ma'noli; sermazmun; mazmunli.

실감(實感) jonli sezish; jonli qayg'urish; ~이 나게 말하다 jonli tasvirlamoq; 이 그림은 ~나지 않는다 bu manzara jonsiz.

실격(失格) 1) qonuniyatga to'g'ri kelmagan; 2) sport. diskva-lifikatsiya; ~반칙 qo'pol xatosi uchun, sportchining diskvali-fikatsiya qilinishi; ~하다 a) belgilangan miqdor (qonun)ga to'g'ri kelmaslik); b) diskva-lifikatsiya qilmoq.

실내 [-le] 1) ~에 xona ichida; xonada; ~경기장 sport zali; ~극

장 kamerali teatr; ~촬영 pavil'yon syomkasi; ~촬영장 kino s'yomkalar uchun pavil'yon (ayvonsimon bino); ~복 uy kiyimi; 2) esk. hurm. Sizning (ularning) turmush o'rtog'ingiz (o'rtoqlari).

실력(實力) I [haqiqiy] kuch; haqiqiy imkoniyatlar(qobiliyat); ~경기 kuch bo'yicha musobaqa; ~을 기르다 qobiliyatni rivoj-lantirmoq; iste'dodni rivojlan-tirmoq; ~을 행사하다 kuch ishlatmoq; qurol ishlatmoq; 그는 영어 ~이 있다 U ingliz tilini mukammal egallagan; ~가 obro'li (e'tiborli) odam.

실력(實歷) II ot. amalda qo'llanilgan.

실례(失禮) I odobsizlik; andi-shasizlik; ~가 많았습니다 Tashvish keltirganim uchun uzr; 그렇게 하는 건 ~이다, ~하다 a) uzr (kechi-rim) so'ramoq; b) Bu odobsizlik bo'lar edi; 먼저 ~하겠습니다 Uzr, sizlarni yolg'iz qoldirishimga to'g'ri keladi.

실례(實例) II konkret(hayotiy) misol(namuna); ~를 들다 Hayotiy misol keltirmoq.

실례하다 kechirim, aybdor.

실룩 ~하다 qiyshaymoq.

실리다 1) orttirilgan (joylash-tirilgan) bo'lmoq; 배에 짐이 실려 있다 Kemada yuklar orttirilgan; 2) qamrab olingan bo'lmoq; 3) bosilgan bo'lmoq (ro'znomaga, jurnalga); 기사가 신문에 ~ Ro'znomaga maqola bosilgan; 4) suv bilan sepilgan bo'lmoq (guruch yetishtirilayotgan dala haqida); 5) yuklashga ruxsat bermoq(majbur qilmoq); 6) bosishga ruxsat bermoq (ro'znomada, jurnalda).

실리카(ingl. silica) kimyo. kremniy oksidi; ~겔 silikagel'.

실린더(ingl. cylinder) tex. silindr; 증기기관의 ~ bug'li silindr.

실마디 ipdagi tugun.

실마리 1) ipning uchi; ~를 찾다(풀다) ipning chigalini yechmoq; 문제 해결의 ~를 찾다 muammoni hal etishning yo'lini topmoq; 실타래에서 ~를 찾다(풀다) koptok ipning uchini topmoq; 이야기의 ~ gapning mag'zi; 2) 단서 I.

실망(失望) umidsizlik, umidni uzish; ko'ngil qolish; ixlosi qaytish; sovib ketish; ~낙담 umidni uzib tushkunlikka tushmoq; 2) yaxshi nomni yo'qotish; ~하다 a) umidni yo'qotmoq; umidni uzmoq; ko'ngil qolmoq; ixlosi qaytmoq; sovib ketmoq; b) yaxshi nomni yo'qotmoq; ~한 ko'ngli qolgan; 그는 나를 ~시켰다 Undan ko'nglim qoldi; 나는 완전히 그에게 ~했다 Men undan umuman sovib ketdim; 어떤 일이 있더라도 ~하지 마시오 Nima bo'limasin, tushkunikka tushmang; 이 소식은 그를 ~시켰다 Bu yangilik uni ko'nglini qoldirdi.

실무(實務) amaliy ish; ~적 amaliy; ~를 익히다 ishga o'rgatmoq; ~에 밝은 사람 ishning ustasi; ~능력 ishchanlik qobiliyati; kvalifikatsiya; ~자 mutaxasis; ~자 회담 muta-xasislar darajasidagi muzokara.

실상(實狀) [-ssan'] I 1) a) haqiqiy holat; b) haqiqiy(aynan) mazmuni; 2) haqiqiy; aniq; dalilli; asosli; 이것은 ~불가능하다 faktga asoslangan holda umuman mumkin emas.

실상(實像) [-ssan'] II haqiqiy tasvir (surat).

실속(實-) [-ssok] 1) manfaat; foyda; naf; 2) ichki mazmuni; ~

없다 oddiy; mazmunsiz; jiddiy bo'lmagan; ~없는 사람 oddiy odam; ~있다 mazmunli; jiddiy; ~을 차리다 yaxshi manfaat ko'rmoq; 보기는 좋은데 ~은 없다 Usti yaltiroq, ichi qaltiroq.

실수(失手) [-ssu] xato, parvosizlik; yanglish; ~의 xatoli; yanglishli; ~하다 xato qilmoq; xatoga yo'l qo'ymoq; parvosizlik qilmoq; 그는 한 번도 ~하지 않았다 U bittayam xatoga yo'l qo'ymadi.

실습(實習) [-ssip] amaliyot; ~수업 tajriba o'tayotgan odamning darsi; ~하다 biror narsa ustida amaliyot o'tkazmoq; ~의 amaliy; 여름마다 대학생들은 ~하러 농촌에 간다 Har yozda talabalar qishloqqa amaliy mashg'ulotlarni o'tkazishga borishadi; ~공장 tajribali zavod; ~교육 amaliy mashg'ulotlar; ~생 tajriba o'tayotgan odam (praktikant); ~시간 amaliy dars (mashg'ulot); ~실 amaliyot o'tkaziladigan xona (laborotoriya); ~장 amaliyot o'tkazilayotgan joy; 교육~ pedagogik mpraktika.

실신(失神) [-ssin] bexush bo'lish, xushdan ketish; ~하다 xushini yo'qotmoq; xushidan ketmoq; bexush bo'lmoq; ~에서 깨어나다 xushga kelmoq; 그녀는 자주 ~하곤 합니까? U tez-tez xushidan ketadimi? 그녀는 ~했다 U xushidan ketdi.

실업(實業) amaliy faoliyat (ish, harakat); ~학교 professional bilim olish maktabi; ~가 korxona egasi; ishbilarmon; ~계 ishbilarmonlar doirasi.

실업가(實業家) ishbilarmon

실업계(實業界) ishbilarmonlar doirasi.

실업자(失業者) ot. ishsiz.

실없다(實-) 1) haqiqiy bo'lmagan; jiddiy bo'lmagan; oddiy(bo'sh); 실없은 말 hazil; 실없은 말이 송사간다 matal. ≅ hazilni tagi-zil; 실없은 부채손 kovaysaqi; sergap; ezma; og'zi bo'sh; 2) qalbaki; samimiy emas.

실용(實用) 1) amaliyotda qo'llash; ~하다 amaliyotda qo'llamoq; ~적 amaliy; ~적 단위 amaliy birlik; ~성 omillik; ~주의 pragmatizm; ~품 kunda ishlatiladigan narsalar.

실재(實在) [-chche] real mavjudlik, reallik; ~적 haqiqiy; ~하다 real mavjud bo'lmoq; ~론 realizm.

실제(實際) [-chche] haqiqiylik; reallik; haqiqat; ~적 haqiqiy, real; amaliy; ~생활 real (amaliy) hayot; ~소득 haqiqiy daromad.

실증(實證) [-chchin'] 1) faktlarga asoslangan dalillar; ~적 pozitiv; 2) ~하다 faktlarga tayangan holda isbotlamoq; ~주의 pozitivizm; ~주의자 pozitivist; 3) aniq dalillar, fakt.

실질 mohiyat; asl ma'no; ~적인 haqiqiy; ~소득 haqiqiy daromad; ~임금 haqiqiy oylik (pul mablag'i).

실천(實踐) I amaliyotda ro'yobga chiqarilishi; ~궁행 biror narsani o'z qo'li bilan hayotga tadbiq qilmoq (hayotda qo'llamoq); ~하다 amaliyotda qo'llamoq; 2) fals. amaliyot; ~적 praktik; ijroiya; 결의를 ~에 옮기다 ishni amaliyotda qo'llamoq; 계획을 ~하다 rejalarni ro'yobga chiqarmoq; ~가 praktik; ~성 tajribalilik; ~자 ijro.

실천(實薦) II qirol kanselyariyasiga 14chi rangdagi amaldor darajasiga tavsiyanoma.

실패(失敗) II o'pirilish; qulash; barbod bo'lish; ~하다 muvaffaqiyatsizlikka uchramoq, barbod bo'lmoq; ~한 muvaffaqiyatsiz; omadsiz; ~로 끝나다 muvaffaqiyatsizlik bilan tugamoq; ~로 끝난 시도 omadsiz (muvaffaqiyatsiz) urinish (harakat); 선거에서 ~하다 saylovlarda muvaffaqiyatsizllikka uchramoq; ~자 muvaffaqiyatsizlikni boshdan kechirgan; omadsiz; ~작 muvaffaqiyatsiz asar.

실하다(實-) I suvda xo'llamoq.

실하다(實-) II 1) mustahkam; 2) mustaqil; 3) sovlatli; 몸이 실한 젊은이 mahkam bola; 재산이 실한 사람 boy odam; 4) qar. 착실[하다].

실행(實行) I amalga oshirish; ro'yobga chiqarish; ~하다 amalga oshirmoq; ro'yobga chiqarmoq; bajarmoq; 계획을 ~하다 rejani amalga oshirmoq; 계약대로 실행하다 shartnoma bo'yicha amalga oshirmoq; ~자 bajaruvchi.

실행(失行) II ~하다 beboshlik qilmoq (ayol kishi haqida).

실험(實驗) eksperiment; tajriba; ~의 eksperimental; eksperiment o'tkaziladigan; ~된 sinalgan; ~하다 sinamoq; tajriba o'tkaz- moq; sinovdan o'tkazmoq (biror kim, biror narsa ustida); ~중이다 sinov muddatini o'tayotgan bo'lmoq; 여기에선 화학 ~들을 하고 있다 Bu yerda kimyoviy tajriba (eksperiment) o'tkazil- moqda; ~과학 eksperimental fan; ~극장 eksperimental teatr; ~물리학 eksperimental fizika; ~소 tajriba stantsiyasi; ~실 labo- rotoriya (ilmiy-tekshirish tajri- balari o'tkazish uchun maxsus asbob-uskuna bilan jihozlangan xona); ~자 tajriba o'tkazuvchi; 원폭~ atom bombalarining sinovi; 핵~ yadroviy sinovlar; 화학~kim- yoviy sinovlar; ~[적] ekspere- mental; ~학교 eksperimental maktab; ~어음학 tajribaviy fonetika.

실현(實現) amalga oshirish; ro'yobga chiqarish; ~가능한 amalga oshadigan; real; realistik; ~하다 hayotga tadbiq qilmoq; amalga oshirmoq; ro'- yobga chiqarmoq; 희망을 ~하다 fikrni (xohishni) amalga oshirmoq; 결국 나는 나의 진정 어린 염원을 ~했다 Men nihoyat o'z orzuimni ro'yobga chiqardim; ~성 reallik.

실현되다 amalga oshmoq.

실현시키다 amalga oshirmoq.

싫다 1) jirkanch; yoqimsiz; 싫은 약 yoqimsiz dori; 그는 보기도 ~ Uni ko'rish ham jirkanchli; 나는 이것을 보는 것도 ~ Men buni ko'rishni ham xohlamayman; 나는 이것에 대하여 말하기조차도 ~ Bu haqida gapirish ham yoqimsiz; 공짜라도 ~ Tekinga ham olmayman; 보기가 qarash jirkanchli (yoqimsiz); 2) sifat. yoqtirmaslik; yaxshi ko'rmaslik; 3) 싫도록 to'yguncha; istagancha.

싫어하다 xohlamaslik; yoqtirmaslik; 그는 술을 싫어한다 U pivo ichishni yoqtirmaydi (husg ko'rmaydi).

싫증(-症) [-chchin'] nafrat; jirkanch; jirkanish; ~이 나다 joniga tegmoq; qiziqishi yo'qolmoq; sovimoq; ~이 나도록 같은 말을 되풀이하다 joniga tegib bir xil narsani tinmay gapirmoq; 일에 ~이 나다 ishdan sovimoq.

심 I pay (chandir)

심(心) II 1) o'rta qism; 나무줄기의 ~ ustunning o'rta qismi; 배추의~ o'rtasi(mas-n. karamning); 연필의 ~ ichi (qalamning); 2) kostumning biror qismiga qo'shilib tikilgan parcha mato; 3)

pishmagan (ochilmahan) don; 4) dorili salfetka.
-심(心) kor.qo'sh. 1) tuyg'u; 애국심 vatanparvarlik tuyg'usi; 2) markaz; 회전심 aylanish markazi.
심각(深刻) ~히 chuqur; jiddiy; o'tkir; ~한 문제 jiddiy muammo (savol); ~하다 esk. 1) chuqur kesmoq(mas. daraxtni); 2) a) chuqur; jiddiy; o'tkir; mustahkam; b) dag'al(ovoz haqida); e) rahmsiz; shafqatsiz; zolim; ~해지다 chuqurlashmoq; oshmoq; kengaymoq; 한국 경제는 ~한 위기를 겪고있다 Koreya iqtisodiyoti chuqur tanglik(krizis)ni boshdan kechirmoqda; ~화 chuqurlashish; keskinlashish; kuchayish; zo'rayish.
심근(心筋) anat. miokard; ~염 miokardit; ~변성증 miokardoz; ~봉합술 kardiografiya; ~질환 miokardiopatiya; ~위축증 miokardio-distrofiya.
심기다 ekilgan bo'lmoq(o'simlik); ekishga majbur qilmoq.
심다 [-tta] ekmoq; undirmoq; 꽃을 ~ gul ekmoq; 사과를 ~ olma daraxtini ekmoq; 정원에 나무를 ~ bog'da daraxt o'tkazmoq; 음악에 대한 취미를 심어 주다 musiqaga qiziqish havasini tug'dirmoq.
심리(心理) [-ni] I psixika; ruhiy holat; psixologiya; ~의 psixik; ~적 a) moral; b) psixologik; ~묘사 psixologik holatni tasvir- lash; ~소설 psixologik roman; ~언어학 psixolingvistika; ~전 psixologik urush; ruhiy (psixo- logik) hujum; ~주의 psixolo- gizm; ~주의자 psixologist; ~학 psixologiya; ruhshunoslik; ~학자 ruhshunos.
심리(審理) [-ni] II 1) ishni ko'rish, sud muhokamasi; 2) ~하다 a) ishni ko'rmoq; b) shox farmoniga binoan(jinoyatchining ishini) qayta ko'rib chiqish.
심부름 [mayda] topshiriqlar (vazifalar); ~을 들다, ~하다 [mayda] topshiriqlarni bajarmoq; ~꾼 yugurtak odam.
심사(心事) I bebeho fikrlar (o'ylar); ~낙막 esk. umidlar puchga chiqqanidan ruhan cho'kish.
심사(心思) II 1) qar. 마음; 2) tabiat, xarakter; mayl, havas, ishtiyoq; niyati buzuqlik; yovuz niyalilik; ~가 편치 않다 ko'ngli notinch; ~가 나다 paydo bo'lmoq (yomon niyat); ~가 틀리다 o'zgarmoq(birovga munosabati); ~가 꼴리다 niyati buzuq bo'lmoq; ~가 꽁지벌레라 niyati buzuq odam; ~가 궤지다 birdan munosabatini o'zgartirmoq; ~를 부리다 yovuzlik qilmoq.
심사(心思) III 1) ~하다 chuqur o'yga tolmoq(o'ylamoq); 2) chuqur o'y(fikr); ~숙고 a) hayolparastlik; b) chuqur o'ylar; ~숙려 a) g'amxo'rlik; b) notinchlik, g'amxo'rlik.
심술(心術) 1) ichi qoralik; yomon niyatlilik; ~을 놓다(놀다) ataylab halaqit bermoq; 2) qaysarlik; yovuzlik; yomonlik; ~궂다 yovuz niyatli; jahldor; ~을 ~부리다 qaysarlik qilmoq; biror narsani ataylab qilmoq; ~을 피우다 g'azab (adovat) bilan birovga zarar (ziyon) yetkamoq; ~이 나다 rashk qilmoq; ~이 사납다 ichi qora; ~을 피우다 ichi qoralik qilib birovga ziyon yetkazmoq; ~이 왕골 장골대라 a) adovatchi; b) ot. gap qayta- rishni xush ko'ruvchi; ~ 스럽다 sifat. a) ichi qora bo'lib ko'rinmoq; b) qaysar bo'lib ko'rinmoq.
심심하였습니다 zerikarli.

심었습니다 o'tkazdi, ekdi.
심의(審議) muhokama qilish, ko'rib chiqish, muzokara qilish; ~하다 ko'rib chiqmoq; muhokama qilmoq; muzokara qilmoq; ~에 붙이다 muhokamaga qo'ymoq; ~에 착수하다 muhokama qilishga kirishmoq; 문제를 ~하다 masalani muhokama qilmoq (ko'rib chiqmoq); 사건을 ~하다 ishni ko'rib chiqmoq; ~권 muzokarada ishtrok etish huquqi.
심장(心臟) I *to'g'. va ko'chma. ma'no.* yurak; ~이 고동친다 yurak urmoqda; 그녀는 ~이 나쁘다 unin yuragi yomon; ~마비 infarkt; ~병 yurak kasali; kardiopatiya; ~이식 yurak ko'- chirib o'tilishi; ~판막 yurak klapani; ~으로 butun yuragi bilan; butun yuragidan; ~경화증 kardioskleroz; ~요법 kardiote- rapiya; ~발생 kardiogenez; ~비대증 kardiomegaliya; ~신경증 kardionevroz; ~천식 yurak astmasi, ~파혈 yurak yorilishi; ~판막 yurak klapani; ~판막염 kardioval'vulit; ~하수증 kardiooptoz; ~혈관학 kardioangiologiya; ~확장 yurak kengayishi; ~연화증 kardiomalyatsiya; ~용적계 kardiometr; ~이 강하다 *ko'chma.* eti qalin; ~이 약하다 tabiati bo'sh.
심장(心腸) II *arx.* qimatbaho tuyg'u.
심적(心的) [-chchok] qalb ~si; yurak ~si; ~변화 qalb (ko'ngil) dagi o'zgarishlar; ~고통 qalb istiroblari; qalbdagi og'riq.
심정(心情) 1) *ot.* qimmatbaho; 2) qalb holati(ahvoli); 나는 그의 ~을 모르겠다 Men, uning qalbidagini bila olmadim; 자신의 ~을 털어놓다 kimgadir ko'nglini yozmoq (yuragini ochmoq).
심지(心-) I 1) pilik(chiroqniki); fitil; 램프의 ~를 뽑아내다 pillikni chiqarib tashlamoq; 2) salfetka (yaraga); 3) qar. 제비 I.
심지(心志) II iroda, erk; jasorat; jur'at.
심지어(甚至於) hatto, hattoki.
심취(心醉) mast bo'lish; zavq, berilganlik; ishtiyoq, qiziqish; ~하다 zavqlanmoq; mast bo'lmoq; 그는 일에 ~해 있다 U ish ga berilgan; 나는 일에 ~해 있어 극장에 늦어 버렸다 Men shunaqangi ishga berilib ketibmanki, hatto teatrga ham kechikibman.
심통(心-) xunuk tabiat; kek; adovat; g'azab; ~을 부리다 kimdandir jahli chiqmoq.
심판(審判) 1) hukm, hukmnoma; ~관 sudya; 국제~ xalqaro toifadagi sudya; ~을 보다 sudlamoq; sud qilmoq; 판사는 범죄자들에게 준엄한 ~을 내렸다 Sudya janoblari jinoyatchilarga qattiq hukm chiqardi; 2) sport. hakamlik; 3) qar. 심판원; 4) din. oliy sud; ~하다 a) chiqarmoq (hukm); b) sport. sudlamoq; 그는 축구경기에서 ~을 보았다 U futbol matchida hakam bo'ldi; e) din yaxshilik va yomonlik uchun hizmatiga yarasha taqdirlamoq(Xudo haqida).
심하다(甚-) I 1) chuqur; kuchli, qattiq; samarali; 심한 모욕 qattiq xafalik(ranjitish); 심한 추위 qattiq sovuq; 심한 코감기 qattiq tumov; 심한 폭우 kuchli jala; 2) qar. 혹독[하다].
심혈(心血) I butun vujud; ~을 기울이다, ~을 경주하다 butun vujudini bermoq (biror narsaga).
심혈(深穴) II chuqur o'ra.
심호흡(深呼吸) chuqur nafas olish; ~하다 chuqur nafas olmoq.
십(十) I o'n; ~곱하기 ~은 백 o'nta o'n yuz; ~각형 o'n burchak; ~리 o'n li; ~리터 dekalitr; ~분의

1 o'ninchi qism; ~점 o'ntalik; ~진법 o'nlik hisoblash tizimi; 십 년 감수 Xudoga shukur, o'tib ketdi; 십 년 일득 azaliy orzuim ro'yobga chiqdi; 십 년 공부 나무아비타불(도로 아미타불) bir tiyin bo'ldi (ko'p kuch ketkazilgan ish haqida); 십 리가 모래 바닥이라도 눈찌를 가시나무가 있다 maq. ≅ yaqin do'stlar orasida ham, dushman bo'ladi; 십리 반찬 yaxshi garnir (guruch uchun); 십리에 다리 놓았다 silliq bormaslik(ish haqida).

십 리 10 li(4 km).

십자(十字) 1) "十" iyeroglif nomi ; 2) krest (but, salb, bir-birini kesib o'tgan ikki chiziq; ~포화 tutashgan alanga; 3) qar. 십자가 II.

십자가(十字架) krest; 당신은 종 탑 위에 큰 ~가 있는 교회가 보입니까? Siz katta krest osilgan qo'ng'iroqxona cherkovini ko'ryapsizmi? 우리가 있는 곳을 알기 쉽게 지도 위에 ~표시를 하시오 Xarita biz turgan joyni krest bilan belgilab qo'ying.

십장생(十長生) arx. o'nta tirik jonzod va narsalar uzoq hayotni ifodalaydi: quyosh, tog', suv, tosh, bulut, qarag'ay, (abadiylik o'simligi),toshbaqa, turna, kiyik.

십중팔구(十中八九) ehtimol, balki; o'ntadan sakkiztasi; qar. 십상[팔구].

십진(十進) ~기수법 mat. hisoblashning o'nlik tizimi.

싱겁다 1) chuchuk; tuzsiz; ta'msiz; 싱거운 음식 tuzsiz taom; 2) bo'sh, qattiq bo'lmagan (suv, tabaka haqida); 3) ortiqcha; keraksiz; ortiq; 싱거운 소리를 하다 bo'lmagan gaplarni gapirmoq; 4) beodob (qiliqlar); 5) uyatchan.

싱글벙글 jilmayib; ~웃다, ~하다 jilmaymoq.

싱싱(<生生) ~하다 a) yangi uzilgan; 싱싱한 과일 yangi uzilgan meva; b) tirik, g'ayratli; shijoatli; 기운이 ~ juda shijoatli bo'lmoq; e) yaxshi o'sayotgan.

싱싱해 yangi; yangi uzilgan.

싶다 analitik qurilishlarda qo'llaniladi; 1) ravishdoshdan so'ng ~고 qo'shimchasi yordamida, xohish; istak ma'nolarini anglatadi; 가고 싶소 borishni xohlayman; 노래하고 ~ qo'shiq aytishni xohlayman; 2) 가~ predikativ qo'sh.ning so'roq shaklidan so'ng va yordamchi 상~ so'zidan so'ng aftidan, bo'lsa kerak, shekllí; 오후쯤엔 비가 올가 ~ aftidan tushlikdan so'ng yomg'ir yog'sa kerak; 그는 울상 ~ u [hozir] yig'lab yurorsa kerak; 3) shartli ravishdosh qo'sh. ~면 dan so'ng xohlar edimki; 그는 어서 빨리 떠났으면 싶었다 u tezroq yo'lga tushishini xohlar edim; 4) 싶이 ba'zi fe'llardan so'ng ~ganizdek; 보다시피 ko'rib turganingizdek; 너희들 알다 싶이 bilganingizdek; 노래하고 ~ ashula aytmoqchiman; 비가 올까 ~ yomg'ir yog'yapti shekllí; 나는 산책하고 ~ men aylanib kelmoqchiman; 나도 대학생이 돼보았으면 싶었다 Men ham talaba bo'lishni xohlar edim.

싶었습니다 xohlar edim.

싶었어 xohlardim.

ㅆ koreys alifbosining 18chi harfi; ss fonemasini ifodalaydi.

싸개 aylanma qog'oz; qoplama mato; qoplama; chexol(jild, qin)

싸게 arzon; 너는 이 외투를 ~구입했다 Bu pal'toni arzonga sotib oldim.

싸구려 1) undalma. sotib oling, arzonga beraman (olib-sotar-

ning qichqirishi); 2) arzonga sotilayot- gan tovar.
싸늘하다 sovuq; muzdak, sovitilgan.
싸다 I 1) o'ramoq; 모두 함께 싸주세요 Hammasini birga o'rab bering, iltimos; 상품을 신문지로 ~ tovarni ro'znoma qog'oziga o'ramoq; 책을 종이로 ~ kitobni qog'oz bilan o'ramoq; 싸고 싼 사향도 냄새 난다 maq. ≅ so'zma-so'z. muskusni qanchalik o'ramang, baribir hidi chiqadi; 2) o'ramoq; 3) tayyorlamoq (taomni, o'zi bilan olib ketish uchun); 싸고 돌다 (싸돌다) a) aylanib yurmoq (biror narsaning atrofida); b) o'rab olmoq (biror holat haqida); b) kimdirni o'z qaramog'iga olmoq; 싸 주다 a) o'rab bermoq; b) yonini olmoq; pana qilmoq; bekitmoq (kimdirni); 싸 데려 가다 etn. kambag'al qizni kelin qilib olib, bisotini tayyorlab, kiyovning hisobiga to'yni o'tkazmoq.
싸다 II 1) qabihlik qilmoq; razillik qilmoq; 2) dial. qar. 누다 I
싸다 III 1) arzon, o'ramoq; o'rab olmoq; 싸게 arzonga; 이 가방은 무척 ~ Bu portfel juda arzon; 이것은 매우 ~ Bu juda arzon; 2) og'z. jazoga loyiq; 그래 ~ battar bo'l; ajab bo'libdi; 3) dial. qar. 비싸다.
싸매다 o'ramoq, o'rab tashlamoq; o'rab olmoq; 머리를 수건으로 ~ boshni sochiq bilan o'rab olmoq; 붕대로 상처를 ~ yarani bog'lamoq; 수건으로 눈을 ~ ko'zini sochiq bilan bog'lamoq
싸우다 urushmoq; kurashmoq; 권리옹호를 위해 ~ o'zining huquqi uchun kurashmoq; 그의 마음속에는 사랑과 질투가 싸우고 있다 Uning sevgisi rash bilan kurashmoqda; 전염병과 ~ epidemiya (yuqumli kasallikning tez va keng tarqalishi) bilan kurashmoq; 정욕과 ~ ehtiroslari bilan kurashmoq; 아이들이 싸우고 있다 Bolalar urishyaptilar.
싸운 urushmoq.
싸움 urush; kurash; ~하다 kimdir bilan urushmoq; nimadir bilan kurashmoq.; ~질 하다 urushmoq; ~으로 번지다 urush- gacha bormoq; ~을 시작하다 urushni boshlamoq; ~꾼 urush- qoq; ~터 urush maydoni; ~패 urushqoqlar; ~끝에 정이 붙는다 urush tinchlik bilan tugaydi; ~은 말리고 흥정은 붙이랬다 qar. 흥정[은 붙이고 싸움은 말리랬다]; ~하다 urushmoq; olishmoq; kurashmoq.
싸이즈(ingl. size) o'lcham, o'lchov, razmer; kattalik, katta-kichiklik.
싹 I kurtak; ~을 내다 kurtak yozmoq; ~을 밟다fahmlamoq; payqamoq; sezmoq
싹 II 1) butunlay; tamomila; 2) oson, qiyinchiliksiz
싹이 나다 kurtaklar paydo bo'lmoq.
싹이 너무 늦게 튼다 kurtaklar juda kech paydo bo'lmoqda.
싹트다 kurtak yozmoq; o'sib chiqmoq; paydo bo'lmoq; 아직 나무엔 싹이 트지 않았다 Hali daraxtlar kurtak yozmadi.
쌀 guruch; ~의 guruchli; ~가게 guruch shahobchasi; ~값 guruch narxi; ~농사 sholichilik; ~뜨물 guruch yuvilgan suv; ~밥 bug'da qaynatilgan guruch; ~자루 donli qop; ~죽 shirguruch; ~추수 guruch hosili; ~통 donli tog'ora; 보리 ~ arpa yormasi (krupasi); 쌀은 쏟고 주어도 말은 하고 못 줏는다 maq. ≅ so'zma- so'z. sochilgan guruchni terib olsa bo'ladi, lekin gapirilgan gapni qaytarib bo'lmaydi; 2) krupa; 3) qisq. 입쌀; 쌀에뉘[섞이듯] somon

ichida igna qidirish.
쌀쌀하다 bulutli va salqin; sovuq; 그녀는 나를 쌀쌀하게 대했다 U meni sovuq kutib oldi; 쌀쌀맞은 사람 sovuq odam.
쌈 1) golubsi; ~을 싸다 koreyscha golubsi tayyorlamoq; 2) igna bog'lami (24ta dona); 3) mato bo'lagini o'rab qo'ymoq; 4) qisq. 알쌈.
쌓다 taxlamoq, yig'moq; 경험을 ~ tajriba orttirmoq; 장작을 창고에 ~ taxtalarni qoraxonaga taxlamoq; 자루를 차곡차곡~ bitta qopni boshqa qopning ustiga tashlamoq; 울어 ~ yig'lashni to'xtatmasdan.
쌓아올리다 yig'moq.
쌓이다 taxlangan(yig'ilgan) bo'lmoq; to'planmoq; 눈이 무릎까지 쌓였다 Qor tizzagacha yog'di.
쌩쌩하다 tetik; shijoatli.
씽씽하다 ning ozaytirma shakli.
써 yozib.
-써 chiqish kelishigidagi otga bog'lanib keladi: 말로써만 동정하다 faqat og'izdagina achinmoq
써다 1) tushib ketmoq(suv haqida); 2) qurib ketmoq (balchiq haqida).
썩 1) juda aniq(ravshan, yaqqol); ~물러가라! Bor yo'qol!; ~좋다 Juda yaxshi; 그는 노래를 ~잘 부른다 U juda yaxshi ashula aytadi; 2) 썩 좋다 썩 베여지다 yaxshi(oson) kesilmoq; 3) darrov, o'sha zahoti; 4) aniq, yaqqol.
썩다 chirimoq, buzilmoq; 썩은 냄새 chirigan hid; 썩은 물 chirigan suv; 썩은 물건 chirigan narsa; 건초가 비에 젖어 썩고 있다 Hashak yomg'irning tagida chiriydi; 생선이 썩었다 Baliq buzildi; 시체가 썩고 있다 Jasad (o'lik) chirimoqda; 재능을 썩히다 Qobiliyatni yerga ko'mib tashlamoq; 썩은 새끼로 범 잡기 matal. ≅ so'zma-so'z. Arslonni chirigan poxol arqon bilan tutmoq; 마음이~ ko'ngli g'ash bo'lmoq
쏘다 1) sindirmoq; majag'lamoq; 2) otmoq, sanchmoq; 3) chaqmoq (hasharot); 4) tegib ketmoq; otmoq, chaqmoq; 나는 꿀벌에게 심하게 쏘였다 Ari meni qattiq chaqdi; 이가 쏜다 Tishib og'riyapti; ~의 아픈 곳을 쏘다 Kimdirni og'riq joyigategib o'tmoq; 쏘아 보다 쏘아 떨구다 qar. 사격하다.
쏙 ~내밀다 cho'zmoq; tortmoq; ~빠지다 chuqurga tushib ketmoq; ~뽑아내다 tortib olmoq.
쏜살같이 달려가다 o'qdek uchmoq
쏟다 to'kmoq; 눈물을 ~ daryo ko'z yosh to'kmoq; 자루에서 가루를 ~ unni qopdan to'kmoq; 통에서 물을 ~ bochkadan suvni to'kib tashlamoq.
쏠다(쏘니,쏘오) g'ajimoq, kemirmoq, kemirib tashlamoq; 쥐가 널빤지를 쏠았다 sichqon taxtani kemirib tashladi.
쏴 ~하다 esmoq(shamol), guvillay boshlamoq, shovqin ko'tarmoq (o'rmon).
쏴쏴 ~하다 guvillab esmoq (shamol); shovqin solmoq (o'rmon)
쐐기 klin; pona; tig'
쑤다 qaynatmoq; (so'zma-so'z. axir quyuq shirguruch, qaynagan guruch bo'lib qoladimi).
쑥 1) uyatli ish(harakat); 2) ot. uyatli ish qilgan odam.
쒜쒜 tinchlan(odatda bolaning lat yegan yoki urilgan yerini silab aytiladi).
쓰 ssi(koreys alifbosidagi ㅆ harfining nomlanishi).
쓰다(쓰니, 써) I yozmoq; ishlat-

moq, qo'llamoq; kiymoq; 받아 ~ diktant qilib yozmoq; 그녀는 나에게 자주 편지를 쓴다 U menga tez-tez yozib turadi
쓰다(쓰니, 써) II kiymoq; 그녀는 모자를 쓰고 있다 U shlyapani kiymoqda; 쓰고 나다 ikki tomchi suvdek (kimgadir) o'xshamoq.
쓰다(쓰니, 써) III ishlatmoq, ishlatib tashlamoq; 1) qo'llamoq; ishlatmoq; 2) ishlatmoq (pullarni); 3) qo'llamoq (dori); 4) 힘을~ kuch ishlatmoq; 애를~ harakat qilmoq; 5) o'jarlik qilmoq; qaysarlik qilmoq; 6) murojaat qilmoq; majbur bo'lmoq; 꾀를~ ayyorlik qilmoq; ayyorlikni ishlatmoq; 7) harakat qilmoq (qo'llar); 8) qarz bo'lib qolmoq; 9) mehmon qilmoq; 10) familiyaga ega bo'lmoq; 11) yurish qilmoq(shaxmat o'yinida) 12) baqirmoq, qichqirmoq; 13) inkor yoki so'roq gapda: mumkin emas; 그렇게 하면 못 써! Bunday qilma!; 쓸데없다 a) kerak emas, foydasiz, behuda; b) oddiy, ma'nosiz
쓰다(쓰니, 써) IV qabr yasamoq.
쓰다(쓰니, 써) V 1) achchiq, taxir; 입이 ~ og'zi achimoqda; 쓰디쓴 진리 achchiq haqiqat; 쓴 도라지(외, 오이) 보듯 쓴외(오이) 대하듯 qar. 원두쟁[이 쓴외 보듯]; ~달다 말이 없다 qar. 검다 [희다 말이 없다]; 쓴 것이 약 matal. ≅ so'zma-so'z. dori ham achchiq bo'ladi; 쓴 맛 단 맛 다 보다 matal. ≅ so'zma-so'z. shirinni ham, achchiqni ham tatib ko'rmoq; 쓴 배도(외도) 맛들일 탓 matal. ≅ foydasiz narsadan ham, foyda tomonini topish mumkin; 쓴 잔을 들다(마시다) qar. 고배[를 들다] II; 쓴 입(입맛)을 다시다 noto'g'ri deb hisobla- moq; 2) qattiq, mustahkam (mas-n. tabaka); 3) 입맛이 ~ ishtaha yo'q, yegisi kelmaslik.
쓰다듬다 [-tta] erkalamoq.
쓰다듬어주다 silamoq.
쓰라린 상처 qaynoq yara.
쓰라림 qalb kechinmalari.
쓰러뜨리다 yiqitmoq; yiqitib tashlamoq; 바람이 나무를 쓰러뜨린다 Shamol daraxtlarni yiqitib tashlamoqda
쓰러지다 yiqitilmoq; yiqitib tashlanmoq; 기진맥진하여 ~ Charchagandan yiqilmoq; 땅 위에 ~ yerga yiqilib tushmoq; 적은 쓰러졌다 Dushman mag'lub bo'ldi; 쓰러져 가는 나무를 아주 쓰러뜨린다 do'pposlamoq (oxirga- cha), 2) yiqilmoq, ag'darilib tushmoq (kasal haqida); 3) mag'lubiyatni boshdan kechir- moq; mag'lub bo'lmoq; o'lmoq.
쓰러지며 yiqilib tushmoq.
쓰레기 musor; axlat; ~를 어디에 버려야 합니까? Axlatni qayer- ga tashlash kerak?; ~통 axlat idishi; axlat chelagi; 인간~ nodon, maras (odam).
쓰리다 qaynoq; qizg'in; 마음이 ~ yuragidan achinmoq,qayg'urmoq
쓰십니다 yozmoqdalar.
쓰이다 yozilmoq; yozilgan; to'qib chiqarilgan; 이 단어는 어떻게 쓰이는가? Bu so'z qanday yoziladi?
쓰임 chiqimlar.
쓰임새 chiqim summasi.
쓱 yengil.
쓱싹 g'ij-g'ij (arraning kesishi); ~하다 a) arralamoq; b) yaxlit qilmoq(sanashda); e) yashirmoq, yopmoq (kamchilik).
쓱싹거리다 1) g'ichirlamoq; chiyillamoq (arra); 2) yaxlitlamoq; 3) yopmoq; yashirmoq.
쓱쓱 oson, bir zumda; bilintirmay; 일을 ~해 치우다 ishni bir zumda qilib tashlamoq.

쓴 yozilgan.
쓴, 매운 achchiq.
쓴맛 achchiq ta'm.
쓴술 guruchdan tayyorlangan vodka (aroq).
쓴웃음 parishon irjayish; ~을 짓다 qattiq masxaralab irjayish (kulish).
쓸개 jigar pufagi; ~가 빠지다 dovdir; aqlsiz; qar. 담낭; ~가 빠지다 dovdir, ahmoq.
쓸다(쓰니, 쓰오) supurmoq; 먼지를 ~ kirni supurmoq; 그녀는 방을 쓸었다 U xonani supurib chiqdi; 쓸어 모으다 bir joyga to'plamoq.
쓸데없는 짓 foydasiz ish; befoyda ish.
쓸모 yaroqlilik; keraklilik; ~있는 yaroqli; kerakli; foydali; ~가 있다 kerak bo'lmoq; yaramoq; 이것은 언젠가 또다시 네게 ~가 있을지도 모른다 Bu senga qachondir kerak bo'lib qoladi.
쓸모가 있다 foydali bo'lmoq; kerakli bo'lmoq.
씁니다 yozyapman.
쓸어버리다 yer yuzidan supurib tashlamoq.
씁쓰레하다 bir oz achchiq; 쌉싸래(하다)ning kuchaytirma shakli.
씁쓸하다 achchiqroq; 쌉쌀[하다]ning kuchaytirma shakli.
씌우다 bekitmoq; yashirmoq; 죄인에게 족쇄를 ~ jinoyatchiga kishan kiydirmoq.
씌워서 yopib qo'ymoq.
씨 urug'; ~를 말리다 butunlay yo'q qilmoq; ~를 받다 don uchun qoldirmoq; ~를 뿌리다 ekmoq; ~[가] 먹다 izohli; idrokli(so'zlar); ~가 지다 yo'q bo'lib ketmoq (nasl haqida); 씨 도적은 못 한다 ota-onasiga juda o'xshamoq; 씨도 없이 hamma- sini, butunlay; barchasini; oxirigacha.
씨나리오(um. scenario) scenariy.
씨눈 kurtak.
씨를심다 urug' sepmoq.
씨름 Sirim-koreys miliy kurashi; ~하다 urushmoq; kurashmoq; ~꾼 kurashchi; ~판 koreys milliy kurashi maydoni
씨름 선수 kurashchi.
씨름판 koreys milliy kurashi maydoni(joyi).
씨뿌리기 yorug'lik.
씨알 ⇒ 씨앗
씨족(氏族) 1) nasl; ~공동체 nasl birligi 2) qondosh qarindoshlik; qondosh
씩 ~웃다 miyig'ida kulmoq; 쌕ning kuchaytirma shakli.
-씩 sondan keyin "tadan"; 둘 ~ ikkitadan; 세 번 ~ uch martadan; 각자에게서 100원 ~ har bitta odamdan 100won.
씩씩 ~거리다 zo'rg'a nafas olmoq; xansiramoq; 그는 ~거리며 달려왔다 U xansirab yugurib keldi.
씰룩 ~거리다 uchmoq; 눈썹이 ~거린다 qosh ucmoqda; ~하다 ~실룩[하다]ning kuchaytirma shakli.
씰룩거리다 uchmoq; tortishmoq.
씰리콘(ingl. silicon) ~수지 silikonli saqich.
씹다 chaynamoq; 음식을 소리내어 ~ chapilliatib ovqat yemoq; 말을 씹어 뱉듯 하다 zo'rg'a gapirmoq; qiynalib gapirmoq.
씹히다 ⇒ 씹다
씻기 yuvish.
씻다 yuvmoq, yuvib tashlamoq; 손을 ~ qo'llarni yuvmoq; 씻을 수 없는 수치 yuvib bo'lmas isnod (sharmandalik); 씻은 배추 줄기 같다 bodringga o'xshagan; 씻은 팥알 같다 toza, puxta; batartib;tayinli; 씻은듯[이] top-toza; 씻은듯 부신듯 a) hech narsa bo'lmagandek;b) qoldiqsiz hammasi.
씻었습니다 yuvdi.
씽씽하다 shijoatli; tetik.

ㅇ

ㅇ ing (koreys xarfi ㅇ).
ㅏ koreys alifbosining yigirmanchi harfi "a" unli fonemasini bildiradi.
아 I a (kor. t.ning ㅏ harfi).
아 II undalma. o!,voy! 아 해 다르고 어 해 다르다 bir xil narsa har xil bildirilishi mumkin.
아 III undalma. 1) qo'rqib, ajinib - voy! eh!; 2) hey! (murojaat qilganda); 아 이 사람! Hey sen!!
-아 I 아이들아 학교로 가자 hey, bolalar maktabga ketdik!
-아 II 종이가 얇아 yupqa qog'oz.
아기 I erkalab.1) kichkintoy, mittivoy; 2) qizginam; 3) o'gilginam.
아기(牙旗) II qirollik bayrog'i, sarkarda bayrog'i.
아깝다(아까우니, 아까와) sif. rahmi kelmoq, achinmoq, afsus.
아껴 쓰다 < - > 낭비하다 ayab ishlatmoq, tejab ishlatmoq < - > ayamasdan ishlatmoq, isrof qilmoq.
아끼다 ayamoq, asramoq, rahm qilmoq; 아끼면 똥(찌) 된다(아끼는 것이 찌로 된다) maq. ≅ juda ham asrasang, hammasi kulga aylanishi mumkin; 아껴 쓰다 asramoq; avaylamoq.
아나운서(ing.announcer) qar. ~방송원.
아내 xotin, umr yo'ldosh.
아니 1) inkor. yo'q; 아니밴 아이를 자꾸 나라네 = 배지 않은 아이를 낳으랜다; ~배다 II ga qarang; 1) ~땐 굴뚝에서 연기 날까? maqol≅ olov yoqilmagan tandir- dan, tutun chiqishi mumkinmi?; 2) undalma. hayratlanish; cho'chish Voy! O Hudo! Voy dod!; 3) bundan tashqari, xususan; ~할말로 gapirishga jur'at qila ololmayman (qo'rq- moqdaman), lekin...
아니다 <emas> bo'glovchisi; 아니나 다르랴(다를까)? aytgancha; 아닌게 아니라 haqiqatdan; 아닌 밤중에 birdan, kutilmaganda.
-아도 강물이 얕아도 건너기가 어렵다 daryo chuqur bo'lmasa ham, uni o'tish qiyin.
아동(兒童) I bola; ~고음 mus. diskant; ~공원 bolalar parki (shaharcha); ~궁전 pionerlar saroyi; ~문학 yosh bolalar adabiyoti; ~작가 bolalar yozuvchisi; ~판수 육갑 외듯 ola qarag'ayga oxshab chiyillamoq.
아득한 uzoq, tumanli, noaniq.
아들 o'gil.
아들 딸 o'g'il va qiz; farzandlar.
-아라 I buyruq shakli. og'z: 보아라! Qara!
-아라 II undov shaklining qo'sh. 아이, 좋아라! Qanday yaxshi!
아래 1) a) pastki qismi (biror narsaning), past; b) ot. pastda turuvchi, quyi turuvchi, bo'ysunuvchi; e) ~이다 yoshroq bo'lmoq; 2) ostida, yonida; 노동당의 지도~ Ishchi partiyasining yetakchiligida (boshchiligida).
아래쪽 1) past, pastgi tomon, qism; 2) tuman (mamlakat) boshqa bir tumanning (mamlakatning) pastrog'ida joylashgan.
아래층 1) pastki qavat; 2) pastki qatlam.
아뢰다 1) ma'ruza qilmoq; 2) *og'z.* bajarmoq, ijro etmoq, hurmat shaklida.

ㅇ

아름 1) quchoq; 이 나무는 세 아름이 된다 bu uch quchoqli daraxtdir; 2) sanoq son. quchoq (o'tinning)
아름다운 chiroyli, kelishgan, ajoyib
아름답다 chiroyli, ajoyib.
아마(亞麻) I lyon.
아마(兒馬) II 1) imilmagan, bo'yi past ot; 2) feod. davlatning mansabdor shaxsiga sovg'a qilinadigan ot.
아무 1) kimdir, hech kim (inkor gapda); 2) allaqanday, allakim, deb atalmish (ism-sharfdan so'ng); 김~ allaqanday Kim; 3) qandaydir; hech qanday; ~ 의심도 없다 hech qanday shubha yo'q; ~ 말도 하지 않다 bir dona gap ham aytmaslik; ~것도 hech narsa; ~것도 모르다 hech narsa bilmaslik; ~것도 아니다 o'z-o'zicha hech narsni anglatmaslik; ~때 a) qachon; b) bir kun, bir vaqt, bir bor; ~때에도 hech qachon; ~짝에도 쓸모가 없다 umuman keraksiz.
아무래도 qanday bo'lmasa ham, nima qilsang ham, nima bo'lsa-da, hech narsaga qaramasdan.
아무리 qandau bo'lsa ham...; qancha bo'lsa ham...; 눈보라 ~세차게 날려도 .백 bo'roni qancha jahli chiqsa ham (chiqsa-da)...; ~바빠도 바늘허리에 매여 쓰지 못한다 maq. ≅ sxoshib ishni qila olmaysan.
아무쪼록 1) iloji boricha, kuch boricha; 2) nima bo'lsa ham.
아버님 hurm. ota.
아버지 ota, dada.
아비 ada (hurmatsiz); ~없는 후레자식 nasl avlodi yo'q bo'lgan ablah (urish so'z).
아빠 ota; Avva.
아뿔사 mana falokat(balo, ofat)!
-아서 ~어서ga qarang.
아쉽다(아쉬우니, 아쉬워) 1) sif. yetishmaslik (biror bir narsaning yoki kimdirning) yo'qligini sezmoq, yetishmaslik; 아쉰운소리 ko'z yoshli iltimos; 아쉬운 감 장수 유월부터 한다 maq. ≅ a) so'zma-so'z. pishmagan xurmoni ilyul oyida sotishga iltimos qilmoq; b) sxoshirtirsang odamlarni kuldirasan; 2) 아수하다ga qar.
아씨 hurm. xonimlar, janoblar (hizmatkorning yosh xonimga murojaat qilishi.
아예 I ~애초 [에]Iga qar.
아예 II eng boshidan; tezroq.
아예 없애다 eng boshidan boshlab qirmoq, yo'qotmoq.
아우 I 1) uka; 2) singil; 3) uka, singil (yoshi kichiklarga murojaat qilganda); 4) hurm. (yoshi teng bo'lgan odamlar bilan gaplashganda) hurmat bilan men; ~[를] 보다 a) (bola- lari bor ayol to'g'risida) homi- lador bo'lmoq; b) (bolasi, far- zandi bor odam bilan gapla- shganda) tug'moq, dunyoga keltirmoq; ~[를] 타다 (onasi xomilador bo'lganyoki boshqa bolani tug'gan emchak emuvchi bola to'g'risida) ozmoq, ozib ketmoq.
아우(동생) II uka.
아울러 ismdan so'ng, kuzatib borilayotgan ~와(과) birga, ~bilan bir qatorda, ..bilan bir vaqtda.
아이 I 1) bola; ~가진 떡 mun. (birovdan) osongina olib qo'yish mumkin bo'lgan narsa; ~ 는 작게 낳아서 크게 길러라 maq. ≅ so'zma-so'z. bolani kichik qilib tug'ib, katta qilib o'stirish; ~도 낳기 전에 포대기(기저귀) 장만한다

~시집 [도 가기 전에 포대기(기저귀) 장만한다] I ga qarng; ~ 도 사랑하는 데로 붙는다 maq. ≅ so'zma-so'z. bola ham uni yaxshi ko'rganga intiladi; ~들 보는데 찬물(냉수)도 못 먹겠다(어린애 보는 데는 찬물도 마시기 어렵다) maq. ≅ a) bolalarga yomon o'rnak bo'lish mumkin emas; b) maymunga o'xshab birovga ko'rko'rona taqlid qilmoq; ~를 사르고 대를 길렀나 보다 matal ≅ po'kakka o'xshab aqlsiz (beaql); ~말 듣고 배딴다 maq. ≅ nodonning maslahatiga amal qilmoq; ~ 보다 배꼽이 크다 qar. ~배 [보다 배꼽이 크다] I; ~ 보채듯 mun. xammom bargidek yopishib qolgan; ~자라 어른 된다 maq. ≅ daryo bir tomchidan, g'aram bir donadan; ~ 좋다니까 종자 닭을 잡는다 maq. ≅ so'z- ma-so'z. uning bolasini maqta- sang, u so'ngi tovug'ini ham so'yib beradi; ~싸움이 어른 싸움된다 maq. ≅ so'zma-so'z. ~ bolalar janjali kattalar janjaliga aylanar; ~ 초라니 saroydan yovuz ruhni quvishda qizil kiyim va niqobda ishtirok etayotgan o'smir; ~ 아버지(아비) a) o'gli va qizi bor bo'lgan ota; b) mening turmush o'rtog'im (bolasi bor erkak kishi gapirayotganda), mening erim; ~ 어머니(어미) a) o'gli va qizi bor bo'lgan ona; b) mening turmush o'rtog'im (bolasi bor erkak kishi gapirayotganda), mening ayolim; 2) 자식 I*ga qar*; 3) 태아 I *ga qar*; 4) oila qurmagan erkak, o'ylanmagan erkak.

아이 II *undalma.* 1) 아이고 ga qar; 2) (kimdirni ko'ndira-yotganda) azizim, mehribonim, jonginam! 아이고 undalma. *Voy! Ox!*

아저씨 1) amaki(ota bilan yoshi teng bo'lgan kishi); 2) pochcha (katta opasining eri); 3) hurm. amaki (bolalarning yosh erkaklarga gapirayotganda); 아저씨하고 길 짐만 지운다 maq. ≅ yumshoq to'shab, qattiq uxlamoq.

아주 1) juda, g'oyatda, nihoyatda; 2) butunlay, abadiy, umrbod; 2) nafratni ifoda qilish.

아주머니 1) (murojaat) xotin; xola (ota va ona bilan yosh jihatdan teng bo'lganda); ~ 술(떡)도 싸야 사먹지 *maq.* ≅ do'stlik bir yo'lda, pul hisobi esa boshqa yo'lda; hisobli do'st ayrilmas; 2) o'rta yoshli sotuvchi ayol. uy egasiga murojaat; 3) kelin, kelinoyi (katta akasining turmush o'rtog'i); 4) sizning (uning) xotini.

아주머님 hurm. qar.아주머니.

아주버님 1) eri bilan yoshi teng bo'lgan erkak; 2) erkak (ayol erkakka muomala qilganda); 3) qar. 아저씨.

아직 hali; ~까지 haligacha; ~도 hali ham. 아직껏 haligacha, hozirgacha.

아찔하다 ko'zning tinib ketishi.

아침 erta, tong; ~문안 yoshi katta bo'lgan odamdan yaxshi yotib turganligini (qanday uxlab turganligini) so'ramoq; ~상식 *etn.* (dafn etishdan oldin) ertalab yod etish taxtasi oldida amalga oshiriladigan qurbonlik; ~노을 저녁 비요, 저녁노을 ~비다 ertalabki tong yomg'irni kechasi aylantirar, kechqurunni esa ertalab.

아파트(ingl. apartment) ko'p xonali uy.

아프다(아프니, 아파) 1) sif. kasal bo'lmoq; og'rimoq; 머리가~ bosh

og'riyapti; 2) qiyin, og'ir, azob beradigan.
아픔, 고통 og'riq.
아프리카(ingl. africa) Afrika.
아픈 경험(經驗) achchiq, tajriba.
아홉 to'qqiz; ~줄 고누 kataklar soni ko'p bo'lmagan va 9ta shsashka bilan o'ynaladigan koreys shashka o'yini.
아홉, 구 to'qqiz.
아홉째 to'qqizinchi.
아흔 90; ~아홉 섬 가진 사람이 한 섬 가진 사람의 것을 마저 빼앗으려 한다 maq. ≅ so'zma-so'z. 99 qop bug'doyi (doni)bor odam birovdan so'ngi qopni tortib olishga tayyordir. 아흔,구십 to'qson.
악 I 1) 악을 쓰다 juda qattiq tirishmoq, juda qattiq harakat qilmoq; 2) 악이 나다 g'azablanmoq.
악(惡) II yovuzlik, yomonlik; 악[이] 세다 juda qaysar; 악이 오르다(악에 받치다) jahli chiqmoq.
악기 I musiqiy asbob.
악기 II 1) yovuz niyat; 2) yoqimsiz hid, badbo'y hid.
악성(惡性) yomon fe'l atvor (xarakter); gripp (fasllar almashuvi davrida); ~감기(감모) gripp (fasllar almashinuvi davrida); ~ 빈혈 juda havfli anemiya; ~선종 juda havfli adenoma; ~수종 juda havfli adenoma; ~종양 juda havfli shishish.
악센트(ingl. accent) 1) tilsh. urg'u; 2) mus. akcent.
악수 I jala.
악수(握手) II qo'l berish, qo'l berib ko'rishish.
악용(惡用) ~하다 a) (ishlatmoq) noto'g'ri foydalanmoq; b) suiste'mol qilmoq.
악조건(惡條件) yomon (jirkanch) shart-sharoit.
악착(齷齪) 스럽다 a) rahmsiz va pastkash bo'lib ko'rinmoq; b) (titratadigan) qo'rqinchli bo'lib ko'rinmoq; e) qat'iyatli, fikrini o'zgartirmaydigan; qaysar bo'lib ko'rinmoq; e) rahmsiz (shafqatsiz) bo'lib ko'rinmoq; ~하다 a) og'z. pastkash va rahmsiz; b) qo'rqinch (titratish) keltirib chiqaruvchi; e) qaysar, matonatli, qattiq turuvchi, fikrini o'zgartirmaydigan; a) berahm, odammas.
악하다(惡-) 1) yovuz, yovuzkor; 2) yomon, yaramas.
악행(惡行) 1) yovuzlik; 2) yomon ish; harakat, yomon hulq-atvor.
안 I 1) birorbir narsaning ichki qismi, teskari (tomon); 2) ~[에] a) ichida; ~da; 강당 안에 ko'rgazmalar zalida; b) chegarasida, atrofida, davomida; 3) qar. 안방 2); 4) qar.안해 I. 안 인심 이 좋아야 바깥양반 출입이 넓다 maq. ≅ *og'z.* erni mehmonlarni kutgandek kutib olishadi; 5) qar. 안찝 1).
안(案) II 1) reja; 2) qar. 안건(案件); 3) biror narsani to'sib tutuvchi tog' (devor).
안 III 아니 ning qisq.; 안 되면 조상 탓 matal. ≅ afting hunuk bo'lsa, ko'zguga aybni ag'darma (so'zma-so'z) omadsizliklarni aybdori avlod-ajdodlardir); 안 먹는 씨아가 소리만 난다 maq. ≅ bo'sh idish yaxshiroq jaranglaydi; 안 본 용은 그려도 본 범은 못 그린다 *maq.* ≅ gapirishi oson, qilish mushkul (og'z. ko'rmagan ajdarni chizsa-da, ko'rgan yo'lbarsni chiza olmaydi).
안 IV 안[을] 받다 bolalar (farzandlar) mehri bilan qurshab olingan bo'lmoq.

ㅇ

안경(眼鏡) ko'zoynak; ~자국 yuzda (ko'zaynak) izlar.
안과(眼科) 1) oftalmologiya; 2) kasalxonada ko'z bo'limi.
안과의(眼科醫) okulist, oftalmolog.
안근(眼筋) ko'z mushaklari; ~마비 *tib.* oftalmonevrit, oftalmop-legiya; ~절단술 *tib.* oftalmomi-tomiya.
안기다 1) (kimningdir) qo'l ostida bo'lmoq; quchog'ida bo'lmoq; 2) qo'lga olishga (quchoqlashga, bag'riga bosi- shga) majbur qilmoq; 3) peshanani peshana bilan to'qnashtirmoq; 4) tuxum qo'yishga o'tkazmoq; 5) (hissiyotni) javobgarlikni yuklamoq; 6) kimdirga javob-garlikni yuklamoq; 7) zarba bermoq (mas-n. musht bilan).
안내(案內) 1) (mehmonlarni) kuzatmoq, hamrohlik qilmoq; 2) ot. kuzatuvchi, ekskursovod, gid, yo'l ko'rsatuvchi; 3) tanishtirish; ~하다 a) olib yurmoq; ko'rsatmoq; b) tanishtirmoq, ko'rsatmoq.
안내문(案內文) e'lon.
안내서(案內書) yo'l ko'rsatuvchi.
안녕(安寧) ~질서 tartib va tinchlik; ~하다 tinch; muva-faqqiyatli (tinch omon), sog'-lom; ~하십니까? Assalomu alaykum!; ~히 가십시오! Oq yo'l! yaxshi boring!; ~히 계십시오! Yaxshi qoling!; ~히 주무셨습니까? Hayrli tong!; ~히 주무십시오! Hayrli tun! Yaxshi yotib turing!
안다 1) quchmoq, quchoqlamoq; 2) ushlab olmoq (ko'krakni, qornini); 3) yuzni burmoq; 벽을 안고 yuzni devorga qaratib; 바람을 안고 나가다 shamolga qarshi bormoq; 4) tuxum ustida o'tirmoq; 안는 암탉 잡아 먹기 maq. ≅ o'ziga jabr qilmoq; 5) saqlamoq (xotirada, qalbda); 6) o'ziga javobgarlikni olmoq; 7) qabul qilmoq (zarblarni); 8) meva bermoq (masalan, kartoshka haqida); 안고 나다 birovning aybini o'ziga olish; 안아맡다 o'zganing o'rniga javob-garlikni olmoq; 안고지다 o'ziga ziyon yetkazmoq; o'ziga zarar yetkazmoq.
안면(顔面) II 1) *qar.* 낯; ~신경 *anat.* yuz nervi; 2) tanishuv; ~박대 yaxshi tanigan insonlar bilan sovuq gaplashish; ~부지 a) yuziga tanimaslik; b) umuman notanish odam; ~ 치레 yaxshi tanimaydigan, kam taniydigan odamlar bilan muomala qiluv.
안방(-房) 1) (koreys uyida) oshxona bilan qo'shilgan xona yaqinlikda joylashgan xona; 2) uyning ayollar yashovchi xona; ~에 가면 시어미 말이 옳고 부엌에 가면 며느리 말이 옳다 maq.≅ kim to'g'riligini (haqligini) bilish mushkul.
안부(安否) I 1) sog'liq, sog'liq ahvoli; 2) sog'liq va eson-omonlikni tilamoq; ~ 를 전하다, ~하다 sog'liq va esonomonlik tilagini aytib yubormoq.
안전(安全) I xavfsizlik;~기사 xavfsizlik texnikasi; ~ 기술 xavfsizlik texnikasi; ~ 면도 xavfsiz urush, ustara; ~보장 xavsizlikni ta'minlovchi; ~보장이사회 Birlashgan millatlar tashkiloti (BMT) xavfsizlik bo'yicha kengashi; ~ 성냥 go'girt (xavfsiz); ~시거 ko'rinib turadigan xavfsiz masofa; ~시설 xavfsizlik texnikasi (bino- ning, inshootning); ~ 장치 ehtiyot qiluvchi (saqlovchi) moslama; ~

전류 *el.* yo'l qo'yiladigan elektr toki; ~조약 xavfsizlik to'g'risidagi kelishuv; ~통로 minalardan tozalangan yo'l; ~하다 xavfsiz.

안전(案前) II *hurm.* Siz, Siz oliy janoblari (idoraning yozuv-chizuvlar bilan shug'ullanadigan bo'limda ishlovchi xodimning mansabdor shaxsga murojaat etishi).

안절부절 notinchlik; ~을못 하다 o'ziga joy topa olmaslik; ~하다 xavotir olmoq.

안정(安定) I barqarorlik, muvozanat; *tex.* yupatuv, tinchlantiruv; ~ 상태 qat'iy, stabil, holat; ~ 시간 *tex.* tinchlanuv vaqti; ~장치 stabilizator; ~ 화폐 qattiq valuta, o'zgarmas valuta; ~ 원자 radioaktiv bo'lmagan moddaning atomi; ~하다 stabillashmoq; muvozanatli, o'zgarmas bo'lmoq, (stabil); *tex.* tinchlanmoq.

안정(安靜) II tinchlik; ~하다 1) tinch; osoyishta; 2) tinchlanmoq.

안타깝다(안타까우니, 안타까와) sif. 1) xavotir qilmoq (xavotirlanmoq), 2) ayamoq, afsuslanmoq, alam qilmoq, attang, afsus deb aytish ma'nosida.

안팎 1) ichki va tashqi tomonlar; ~곱사등이 a) orqa va oldi tomonida bukuri bor bo'lgan odam; b) *mun.* falokat ustiga falokat; 2) er va xotin, er-xotin; ~ 살림 uy ishlari va uydan tashqarida bo'lgan ishlar; ~ 식구 bir oilada yashovchilar; ~ 심부름 uy egasi va uy egasi bo'lganxotinning topshirig'i; ~중매 er va xotin amalga osxiradigan sovchilik; ~ 노자 borib kelish uchun ketadigan yo'l harajati (chiqimi); ~ 장사 olib 내셤, qayta sotuv.

앉다 [-tta] 1) o'tirmoq (tayyoraga, samolyotga); 앉아서 주고 서서 받는다 matal ≅ qarzga berish oson olish qiyin (so'zma-so'z. o'tirib berib, turib olasan); 2) joylashmoq; 3) (mansabni) egallamoq; 4) o'tirmoq (mas-n., chang); qoplanmoq (kir bilan); 이끼가 ~ mo'g'orlamoq; 5) 통이~ bug'-lanib qolmoq (karam); 6) 앉아[서] ishsiz, qo'lni yig'ib; 앉은벼락 yorqin osmoq bo'lgan paytda birdaniga momaqaldiroqning bo'lishi; 앉을 자리 tub, tag, buyumning pastki qismi.

앉은뱅이 oyoqlari ishlamydigan (paralich) bo'lgan odam; ~ 걸음 o'tirib harakat qilish, o'tirgan holatda harakat qilish; ~저울 platforma tarozlari; ~ 책상 yozuv stoli (koreyscha); ~ 용쓴다 qattiq tirishmoq, puxtalik bilan harakat qilmoq.

앉히다 1) o'tirishga majbur qilmoq; o'tirishga ruxsat bermoq; 2) jabrlashga majbur qilmoq; 3) tayinlamoq (mansab); qo'ymoq, joylashtirmoq; 4) qoqmoq (changni); (haydamoq); 5) o'rnatmoq (moslamalarni); 6) alohida kiritmoq (hisob-kitobga); 7) yomon odatni tashlashga majbur qilmoq.

않다 *qisq.* (아니 하다); 보지 ~ ko'rmaslik; 깊지~chuqur emas.

알 1. 1) tuxum; ikra; 알까기 전에 병아리 세지 말라 *maq.* ≅ jo'jani kuzda sanashadi; 2) katta bo'lmagan dumaloq buyum (ko'zoynak uchun oyna, o'q va hokozo); 3) don; 2. sanoq so'zlar uchun: mayda, dumaloq, yumaloq: 한 알의 물방울 bir

tomchi suv
알- old qo'sh. 1) sharsimon, dumaloq; 알약 dori (pilyulya); 2) o'ralmagan, yopilmagan, yalang'och; 알몸 yolong'och badan, tana; 3) haqiqiy; chinakkam; 알건달 haqiqiy yalqov (dangasa); 4) kichkina; 알항아리 ko'zacha.
알곡, 낟알 don.
알다(아니, 아오) 1) bilmoq; tanish bo'lmoq, tanishmoq; 아는 길도 물어가라 maq.≅ so'raganni aybi yo'q (so'zma-so'z. bilgan yo'lingni ham so'rab surishtirib bor); 아는게 병(탈) matal. ≅ jaranglashni shitgan bo'lsamda, u qayerdan kelishini bilmayman; 아는놈 붙들어 매듯 mun. murojaat (biror bir narsani)yong tushirib qilmoq; 아는 도끼에 발등 찍힌다 matal. ≅ so'zma-so'z. bolta bilan oz oyoqni chopmoq; 안다니 똥파리 hamma narsadan xabardor bo'lgan kishi; 알기는 칠월 귀뚜라미(알기는 태주) maq- tanchoq; 알던 정 모르던 정 없다 mun. sovuq, befarq; 알은 체 하다 o'zini biladigan qilib ko'rsat- moq; 2) tanimoq, anglamoq, anglab yetmoq; 3) eslamoq; 4) ...deb qabul qilmoq, deb hisoblamoq; 5) 알아[서] ...ga qarab; 알아듣다 anglab yetmoq, tushunib eshitmoq; 알아먹다 a) 알아 듣다 ga qarang; b) 알아 보다 ga qarang; 알아보다 a) bilib olmoq; b) tanib olmoq; e) tushunmoq, aniqlamoq, aniqlay omoq; 알아주다 a) (birovning holatini) tushunmoq; b) munosib baholamoq, azizlamoq, qadrla-moq;알아차리다(채다) payqamoq, fahmlamoq, sezmoq
알다가도 모르겠다 tushunish qiyin bo'lmoq.
알뜰살들 ～하다 puxta, rejali.
알뜰하다 1) juda rejali, tejamkor (puxta); 2) to'la, yetarli, to'q, badavlat; 3) insofli, astoydil ishlovchi, puxta.
알루미늄(ingl aluminium) aluminiy
알리다 1) bilgani bermoq, xabardor qilmoq, bildirmoq, xabar qilmoq, xabar bermoq; 2) tushuncha bermoq.
알맞다 to'g'ri keladigan, javob beradigan.
알몸 1) yalang badan, yalang'och badan; 2) eng kambag'al bo'lgan odam.
알선(斡旋) yordam, yordam berish; vositachilik, xavotir.
알송달송 ～하다 a) yalang badan, yalang'och badan; b) noaniq bo'lgan (xabarlar haqida)
알송알송 ～하다 a) (simmetrik dog'lari bor bo'lgan) ola-bula, ola-chinor; b) (hayollar to'g'risida) aniq emas.
알아듣다, 이해하다 tushunmoq.
알아맞히다 o'ylab topmoq, payqab qolmoq.
알아서 하세요 bilganingizdek qiling, bilib qitilsh.
알아채다 ko'rib, sezib (payqab) qolmoq.
알알이 rav. har bir don, har bir yong'oq, har bir tuxum.
알자(謁刺) og'z. tashrif qog'ozi (yoshi kattaning oldida tashrif buyurganda beriladi).
알짜 1) eng aziz, eng qimmatbaho; 2) ot. rostakam, haqiqiy.
알카리(ingl. alkali) 1) *kimyo.* ishqor; ～금속 ishqoriy metal; ～축전지 ishqoriy akumulyator; ～로금속 ishqoriy yerli metallar; 2) 염기ga qarang.
알콜(ingl. alcohol) 1) vodka, aroq; 2) vodka.

알파(grek. alpha) alfa; ~텝자 alfa qismi, alfa qismcha; ~붕괴 alfa bo'linish; ~와 오매가 alfa va omega; alfadan omegagacha.
앎 bilim.
앓다 kasal bo'lmoq, og'riqmoq; 마음을 ~ (qalb to'g'risida) og'rimoq; 앓던 이 빠진 것 같다 mun. yelkamdan tog' ag'darilgandek bo'ldi.
앓아눕다 kasal bo'lib qolmoq, yotib qolmoq.
-앓이 qo'sh. kasal, kasallanish; 배앓이 ichak kasali.
암 I 1) urg'ochi; 2) saraton (rak) kasali.
암 II 1) tib. saraton; 2) ko'chma. og'riydigan joy, yer
암- old. qo'sh. urg'ochi; 암말 urg'ochi ot; 암탉 tovuq.
암모니아(ingl. ammonia) ammiak.
암모니아수(ingl. ammonia + 水) ammiak suvi, nashatir spirti.
암페아(ingl. ampere) el. amper.
암행(暗行) mahfiy safar; ~ 어사 qirolning mahfiy tekshiruvchisi; ~하다 mahfiy tekshiruvchisi.
암흑(暗黑) *to'g'ri va ko'chma.* qorong'ilik, jaholat; ~성운 astr. qorong'ilik, tumanlik, noaniqlik; ~ 천지 a) qorong'ilikka cho'mgan yer va osmon; b) jaholatli (qorong'u) dunyo; ~하다 *to'g'ri va ko'chma.* qorong'u, jaholatli, zulmatli.
압출법(壓出法) tex. siqib chiqaruv.
앗기다 1) tortib olingan bo'lmoq, olib qo'yilgan bo'lmoq; 2) ushlab qolingan bo'lmoq, ushlab olingan bo'lmoq.
앗다 I 1) 빼앗다ga qarang; 2) olib qolmoq, ushlab qolmoq (kimdirda); 3) tozalamoq; chaqmoq (pistani); 4) soya suzmasini tayyorlamoq; 5) qirqmoq, o'tkirlamoq; 앗아넣다 kuch bilan kiritmoq, buramoq; burab kirgizmoq.
-았 o't. zam. qo'sh: 받았느냐 oldingmi?
-았자 보~별 수 없어 ko'rsakda hech qanday o'ziga xos narsa ko'ra olmadik.
앙(盎) og'zi katta baqaloq xum.
앙갚음 qasos, o'ch, qasd; ~하다 qasd olmoq, qasos olmoq, o'ch olmoq.
앙상스럽다 sif. 1) xafa (qayg'uli, ma'yus, bo'sh) bo'lib ko'rinmoq; 2) yalang'och bo'lib ko'rinmoq; 3) ozg'in bo'lib ko'rinmoq.
앙알거리다 vaysamoq, bijillamoq.
앙앙 I ~ 불락하다 (xafa) norozi bo'lmoq; ~하다 1) xafa (norozi, qoniqmagan) bo'lmoq; 2) rozi bo'lmaslik, qoniqmaslik.
앙앙 II ~하다 a) arillamoq (bola haqida); b) injiqlik qilmoq.
앙증스럽다 *sif.* 1) maftunkor bo'lib ko'rinmoq; 2) yoqimli (xushbo'y) bo'lib ko'rinmoq; 3) odatiy holatga nisbatan kichkina bo'lib ko'rinmoq.
앙칼스럽다 sif. 1) qo'pol (jahli chiqqan, o'tkir, jahldor) bo'lib ko'rinmoq; 2) qattiq turuvchi, shiddatli bo'lib ko'rinmoq.
앙칼지다 1) qo'pol, jahli chiqqan, jahldor, o'tkir, badjaxl; 2) qat'iyatli, shiddatli.
앙케트(fr. enquete) anketa.
앙탈 ~[을] 부리다, ~하다 a) o'zi qilgan ishini qilmadim deb qilmadim deb turmoq, o'zini chetga omoq, rad etib turmoq; b) olib qochmoq (o'zini); e) o'jarlik qilmoq, rozi bo'lmaslik, eshitmaslik, quloq solmaslik.
앞 1. 1) old, oldingi tomon; 앞으로 a) oldinga; b) bundan buyon, kelgusida; 앞에서 e) oldinda; e)

avval; 앞의 e) oldingi; 1) kelgusi, kelasi, kelajak; 2) qism, bo'lak, ulush; 3) qorinning pastki qismi; 4) qar.앞대; 6) qar. 앞발 2); 7) arx. *qar.* 망건 앞; 앞을 다투다 bir-birini quvib yetishga hara- kat qilmoq; 앞을 닦다 hamma narsada namuna bo'lmoq; 앞[을] 못보다 to'g.va ko'chma. ko'zi ko'r bo'lmoq; 앞이 벌다 kuch-quvvat yetmaydigan; 앞이 깜깜하다(캄캄하다) umidsizlan-moq, mushkul ahvolda qolmoq, boshni qotirmoq; 김씨 친구 앞 o'rtoq Kimga; 우리 앞에 제기 된 임무 bizning oldimizda turgan masalalar; 앞 뒤 1) ~에 a) oldi va orqa tomonda, oldi va orqasida; b) oldin va keyin, oldinroq va keyinroq, oldin va so'ng; 2) o'tmish va kelajak; 3) oldin va keyin aytilgan so'zlar; ~를 재다 har tomondan yaxshi o'ylab ko'rmoq.

앞가림 1) ish (majburiy); 2) elementar bilimlar; 3) to'skich; ~하다 a) majburiy bo'lgan ishni bajarmoq; b) minimal bo'lgan ilimlarga ega bo'lmoq; e) berkitmoq, yopmoq; yopinmoq.

앞길 oldindagi yo'l; oldinda kutayotgan yo'l; ~이 구 만리 같다 mun. yaltiroq, kelakagi bor, perespektiv.

앞날 1) yaqin kunlarda; 2) kelajak; 3) vaqt (muddatgacha qolgan vaqt haqida); vaqt qoldig'i; 4) umrning qolgan qismi, qolgan umr; 5) 전날 ga qarang.

앞뒤 1) ~에 a) oldinda va orqasida, old tarafda va orqa tarafda; b) oldin va keyin, oldinroq va keyinroq; 2) o'tmish va kelajak; 3) oldin va keyin aytilgan so'zlar; ~를 재다 har tomondan yaxshi o'ylab ko'rmoq, e'tiborlik bilan tarozda tortib ko'rmoq.

앞서거니 뒤서거니 1) bir oshib, bir ortda qolib; 2) boshchilikda bo'lmoq, boshqarmoq; 3) ilgari o'tmoq, oldin o'tmoq; 4) oshmoq, oshib o'tmoq; 5) 앞서서 muddatdan ilgari, muddatdan oldinroq.

앞서다 1) oshib o'tmoq, oldida turmoq; 앞서거니 뒤서거니 bir oshib bir ortda qolmoq; 앞서서 muddatdan ilgari, oldin (oldinroq).

앞서서 muddatdan ilgari.

ㅐ koreys alifbosining 13chi harfi, e undoshi fonemasini bildiradi.

애 I e (koreyscha ㅐ xarfining nomlanishi).

애 II 1) tashvishlanuv; 2) azob, uqubat, harakat; 애를 쓰다 (juda) harakat qilmoq; 3) og'z. 창자ga qarang; 애[가] 나다 jahli chiqmoq; 애[가] 마르다 xavotir bo'lmoq, havotirlangan bo'lmoq; 애가 터지다 qattiq havotir-lanmoq; 애를 먹다 qattiq xavo-tirlanmoq, xavotirni his qilmoq; 애를 먹이다 ranhitmoq(kimdirni).

애- I old. qo'sh. eng; 애초 eng boshi.

애- II old. qosh. yosh, kich-kina, ilk; 애호박 yosh qovoq.

애국(愛國) vatanparvarlik; ~[적] vatanparvarona; ~하다 vatanni sevmoq.

애국가(愛國歌) vatanparvarona qo'shiq, madhiya.

애국자(愛國者) vatanparvar(inson)

애완(愛玩) ~하다 sevmoq, e'zozlamoq (mas-n. kollektsiya qilinadigan narsalarni); havas bilan qaramoq.

애인(艾人) I 1) og'z. 50 yoshlar

chamasidagi odam; 2) etn. qo'g'irchoq.
애인(愛人) II 1) sevimli, qadrli; 2) og'z. ~하다 yaqinini sevmoq.
애틋하다 1) *sifat.* hafa, ranjigan, xavotir olayotgan; 2) ma'yus, xafa; 3) yaqin; do'stona.
액(厄) I baxtsizlik, ofat, omadsizlik.
액(液) II suyuqlik, qorishma.
-액(額) kor. pul; 소비액 chiqimlar puli.
액수(額數) 1) summa; 2) og'z. raqam, odamlar miqdori.
액체(液體) suyuqlik;~공기 suyuq gaz; ~연료 suyuq yoqilg'i; ~열량계 suyuqli kalorimetr; ~온도계 suyuqli termometr.
앵(甇) I arx. og'zi uzunchoq bo'lmagan idish.
앵 II ~하다 g'ing'illamoq (chivin haqida); cho'ng'illamoq (hashorotlar haqida).
앵 III undalma. norozilikni bildiruvchi; ~하다 1) norozilikni bildirmoq; 2) a) norozi; b) achchiq, achinarli.
ㅑ koreys alifbosining 2) xarfi, unli hisoblanmish "ya" fonemasini bildiradi.
야 I ya (ㅑ xarfining nomlanishi).
야 II bir necha tatalarning bir tangaga tegishi ("buzish" deb nomlangan uyida).
야 III undalma. 1) qo'rqqandan hayratda qolish, ajablanish! Voy! Voy dod! a!; 2) chaqirish Hoy! Ey!
야 IV chegaralash qo'sh., faqat, faqatgina; 이제야 왔다 hozirgina keldim.
-야 I chaqirish qo'shimchasi (gaplashganda).
-야 II qo'shimcha.
야간(夜間) kunning qorong'ulik tushadigan vaqti; kechqurun, oqshom, tun; ~대학 kechki institut; ~작업 tungi ish.
야구(野球) beysbol; ~선수 beysbol o'yinchisi.
야구장(野球場) beysbol maydonchasi, beysbol o'ynash uchun maydon.
야단(惹端) 1) shovqin; 누가 이 ~이요? kim bunday shovqin qilmoqda?; ~법석 gvalt; 2) janjal; 3) ofat, ko'ngilsizliklar; ~은 무슨! Qanday ko'ngilsizli! ~을 치다 a) shovqin ko'tarmoq; b) urushmoq, janjallashmoq; ~이 나다 a) shov-qin chiqarmoq; b) urushmoq, janjallashmoq; ~스럽다 sif. a) ~하다 shovqin surmoq; b) urushmoq, janjallashmoq.
야외(野外) 1) ~에 shahar tashqarisida, maydonda, dalada; ~훈련 dala mashqlari; 2) qar.: ~극장 yashil (yozgi teatr).
야위다 ozmoq.
야적장(野積場) (biror narsani) taxlaydigan joy.
야전(野戰) 1) ochiq (joyda) urush, jang; ~하다 ochiq joyda jang olib bormoq; 2) ot. dala, maydon; ~ 병원 dala maydon gospetali.
약 I 1) qal'a (garimdori, tabaka va h.o); 2) yoqimsiz hissiyot, norozilik.
약(藥),의약 II 1) dori, dori-darmoq, vosita; ~ 바르다 dorini surtmoq; 2) ximikalin; 3) 학 약ga qarang; 4) 구두약ga qarang; 약을 og'z. dorixonaga ega bo'lmoq.
약(葯) III bot. changlatkich.
약(籥) IV yak (kor. milliy musiqiy asbobi).
-약(藥) kor.qo'sh. dori; 감기약 shamollashga qarshi dori.

약국(藥局) dorixona; qar. 약방(藥房).
약물(藥-) (yan') I 1) dori ishqori bor bo'lgan suv; 2) 약수ga qarang; 3) foydali qaynatmani tayyorlash uchun suv; qar. ~을 맞다 물을 맞다.
약물(藥物) (yan') II dori moddasi; ~치료 dori bilan davolov.
약바르다(약바르니, 약발라) 1) aqilli, zukko, boshi yaxshi ishlaydigan; 약바른 고양이가 앞을 못 본다(약바른 강아지(고양이) 밤눈이 어둡다) ≅ u aqilli odam bo'lsada o'z burni ostidagi narsani ko'rmaydi; 2) chaqdi.
약방(藥房) 1) apteka; 2) (yanbanning uyida) dori tayyorlanadigan hona; 3) 내의원 ~에 감초 qar. a) hamma joyga o'z burnini suqmoq, suqmoq,tiqmoq; b) havodek zarur bo'lgan narsa.
약속(約束) 의무(義務) 1) va'da, majburiyat; 2) kelishuv; ~하다 kelishmoq; ~의 kelishilgan, va'da berilgan; ~의 땅 1) va'da qilingan, 2) va'da qilingan o'lka, makon.
약효(藥效) dori-darmonning ta'siri; ~가 났다 dori ta'sir qildi.
얄밉다(얄미우니, 얄미워) jirkanch, yoqimsiz.
얇다 (yap) 1) yupqa; 얇디얇다 juda yupqa,eng yupqa; 2) ingichka, cheklangan.
얇다랗다 (yapon) etarlicha yupqa.
얇은, 가는 ingichka.
얌전 ~을 빼다 o'zini yaxshi qilib ko'rsatmoq; ~스럽다 a) yaxshi, nomusli, odobli bo'lib ko'rinmoq; b) yaxshi, mehribon bo'lib ko'rinmoq; ~하다 a) yaxshi, nomusli, odobli, b) yaxshi, mehribon, xushfe'l.
양(洋) I 1) qo'y, qo'zi; 2) kochma. qo'y.
양(陽) II 1) (sharqiy tabiiy falsafa) yorig' (erkaklikning) boshi, boshlanishi; 2) (aktivlik, havas, nafrat, hayajon jargonda) ma'lum bo'lgan simptomlar; 3) ma'lum elektorlik.
양(垟) III murda jasad bilan birga ko'miladigan buyumlar; uy-ro'zg'or buyumlari.
양(胖) IV sigirning oshqozoni, qorni.
양(樣) V 1): 그는 학생들이 일하는 양을 본다 u o'quvchilar qanday ishlayotganligini kuzatyapti; 2) biror bir narsa uchun; 학자인 양으로 말한다 u olimlarga o'xshab gapiradi.
양-(洋) I *kor.old.qo'sh.* g'arbiy, ovro'palik; 양 돼지 ovro'pa hilidagi, turidagi cho'chqa.
양-(養) II *kor.old.qo'sh.* qabul qilingan; 양부모 o'g'il yoki qizni o'z oilasiga qabul qilgan ota-ona.
-양(洋) kor.qo'sh. okean; 태평양 tinch okean.
양극(兩極) ikki qutb; 양극지대 Janubiy va Shimoliy qutb; 전기에서 anod va katod; ~의 ikki qutbli; ~성 qutblik; ~ 지방 Qutb zonalari, Arktika va Antarktida.
양념 1) ovqatga solinadigan ziravorlar; 2) pikant tashkilotlar; ~하다 a) (ovqatga, taomga) ziravorlar qo'shmoq; b) pikantlik bermoq.
양도(讓渡) yon bosuv, uzatuv; ~하다 uzatmoq, yon bosmoq; ~할 수 있는 uzatuvni ruxsat etuvchi; 소유권을 ~하다 mol- mulk huquqini uzatmoq; ~인 shaxs, biror bir narsaga huquq beruvchi (huquqni uzatuvchi); 피~인 biror bir narsa o'tkazi- layotgan, berilayotgan, uzatila- yotgan

ㅇ

shaxs.
양돈(養豚) cho'chqa boqarlik (chorvachilik),cho'chqa o'stiruv; ~하다 cho'chqalarni boqib ko'paytiruv;~가 cho'chqaboqar; ~업 cho'chqa boqarchilik.
양력(陽曆) quyosh taqvimi, quyosh taqvimi.
양로(養老) [-no] I ~하다 qariyalarga qaramoq, qariyalar to'g'risida, haqida g'amho'rlik qilmoq; ~기금 qariyalar fondi; ~연금 qariyalar nafaqasi; ~원 qariyalar uyi.
양로(讓路) [-no] II og'.. ~하다 yo'lni bo'shatib bermoq.
양립(兩立) qarshilik; [공존] bir biriga to'g'ri kelishlik; ~하다 qarshilik ko'rsatmoq, bir-biriga qarshi bo'lib turmoq.
양말(洋襪) (짧은 양말) paypoq, ayollar paypog'i; (긴양말) ~대님 paypog'(ayollar paypog'i uchun) rezinalar (rezina bog'ichlari).
양면(兩面) ikki taraf; ~적 ikki tarafli; ~ 인쇄하다 varraqning ikki tomonida pechatlamoq; ~성 qarama-qarshilik, ziddiyat; ~ 정책 qarama-qarshi bo'lgan siyosat.
양반(兩班) zodagon.
양보(讓步) yon bosuv; ~하다 yon bosmoq, rozi bo'lmoq (yon bosgani).
양복 솔 kiyim tozalash chotkasi.
양복 저고리(상의) pidjak.
양복 (yevropa stiliga mansub) kostyum; ovropa kiyimi; ~점 ovropa kiyimlari atelyesi; (기성복을 파는) tayyor kiyimlar atelyesi; ~지 tikuvchi, (tikuv) ustaxonasi.
양복바지 shim.
양성(養成) tayyorlov, tarbiya, o'stiruv. ~하다 tarbiyalamoq, o'stirmoq, tayyorlamoq; ~반 maxsus kurslar; ~소 (qisqa muddatli) kurslar; 인재 ~kadrlar tayyorlovi.
양심(良心) I insof; ~적 insofli; ~의 가책 insof azoblari; 그는 ~의 가책을 느끼고 있다 Uni insof g'ajimoqda; 선한 양심 insofli odam.
양심(養心) II og'z. ~하다 xarakterni, fe'lni tarbiyalamoq.
양양(羊羊) I ~하다 a) keng miqyosdagi, e'tiborsiz, sovuq-qonlik bilan; b) (바다가~) (앞길이~) ajoyib; 그의 전도가 ~하다 Uning kelajagidagi imkoniyatlari yaxshi.
양양(揚揚) II ~자득 og'z. gerdaygan ko'rinishi bilan; ~하다 rozi, gerdaygan, izzat nafsli; 의기 ~ 하다 zafarli, g'alabali, g'alabadan hursand bo'lgan; 의기 ~ 하다 tantana bilan ko'tarilgan kayfiyatda, o'zi bilan mamnun bo'lgan, gerdaygan holda.
양육(養育) II tarbiya, o'stiruv. ~하다 tarbiyalamoq, o'stirmoq; 어린애의 ~을 도맡다 bolani biror bir kishining tarbiyasiga tashlamoq; ~법 tarbiya usuli; ~비 bolalar tarbiyasiga sarfla-nadigan pul; ~원 yetim bolalar uyi; ~자 tarbiyalovchi.
양자(養子) bola qilib olingan o'g'il; ~로 가다 bola qilib olingan o'g'il sifatida birovning oilasiga kirmoq; ~로 들다 o'g'il qilib olingan o'g'il bo'lmoq; ~를 들이다(세우다) o'g'il bola qilib olingan; ~하다 양자로 삼다 bolani o'g'il qilmoq.
양잠(養蠶) tut ipak qurtini o'stiruv, ko'paytiruv ipakchilik; ~하다 ipak qurtini ko'paytirmoq (o'stirmoq); ~실(室) qurtlar boqib o'stiriladigan joy(xona); ~업 ipakchilik, ipakchilik sanoati; ~업자 ipakchi.

ㅇ

양장(의복) chet el(ayollar) kiyimi; (제본) chet el muqovalovi; ~하다 ovro'pabop kiyimni kiymoq.
양편(兩便) I ikki tomon; ~공사 ogz'. ikki tarafni eshitib adolatli qaror chiqarish.
양편(兩便) II ~하다 a) (ikki taraf to'g'risida) nuqsonsiz, ajoyib; b) o'zaro qoniqqan, bir biridan rozi, qoniqgan
양해(諒解) I kelishuv, rozilik; ~할 수 있는 tushunarli; ~하다 tushunmoq, kelishmoq, kelishuvga erishmoq; ~를 구하다 rozilikni olmoq.
양해(諒解) II ~하다 tushunmoq, vaziyatga kirmoq.
얕다 1) (물이) sayoz, cho'nqir emas, cho'nqir bo'lmagan; 2) (생각이) ustki; 3) (빛깔이) bo'- sh, kuchsiz, rangi o'chgan, oqargan; 4) (관계가) ahamiyat- siz; 5) (높이가) baland bo'lma- gan; 6) (지위가) kamtar, past; 얕은꾀 mayda ayyorliklar, kich- kina ayyorliklar.
얕보다 biror kim yoki biror bir narsaga ahamiyatsizlik qilmoq, iltifotsizlik qilmoq.
얕잡다 iltifotsizlik, mensimaslik bilan munosabatda bo'lmoq.
ㅒ koreys alifbosining 31chi harfi undosh ye fonemasini bildiradi.
얘 I (kor.ㅒ harfining nomlanishi) ye.
얘 II (qisq. 이아이) bu bola.
ㅓ undosh o fonemasini bildiruvchi koreys alifbosihihg 22 harfi
어 I (kor.ㅓharfining nomi).
어 II 1) qo'rquv, ajablanish. 2) afsuslanishni bildiradi.
-어(語) so'z (국어) til <전문어> termin; 법률~ yuridik terminlar; 속~ vulgarizm; 외국~ chet tili; 조선어 koreys tili.
어-(御) eng yuksak, eng baland; 어갑주 qurol aslahalar.
-어 1. *rav.qo'sh,* quyidagi ma'nolarni anglatadi: 1) harakatning oldin bo'lishi: 책을 집어 책상 위에 올려놓았다 Kitobni olib yozuv stoli ustiga qo'ydim. 2) sabab 물이 깊어 못 가오 suv chuqur bo'lganligi uchun, yura olmayman; 3) maqsad: 밥을 빌어 마을로 내려 갔소 ular tog'lardan qishloqqa non so'rash uchun tushdilar; 2. biriktirish uchun: 1) 적어 두다 har xil hol uchun yozib qo'ymoq, har ehtimolga qarshi yozib qo'ymoq; 2) 일어 서다 ko'tarilmoq, turmoq.
어구(語句) jumla, ibora.
어귀 1) kirish; 2) (yo'l) boshi
어긋나다(사물들끼리) to'g'ri kelmaslik; 어깨뼈가 ~ (yelka to'g'risida) lat yegan, shikastlangan bo'lmoq; (길이) tarqalmoq, (yo'l to'g'risida) biror bir narsa bilan qaramaqarshi bormoq, bir narsa yo kimgadir qarshi yo to'g'ri kelmaydigan bo'lmoq, buzmoq; 규칙에 ~ qonunqoidaga to'g'ri kelmaslik; 기대에 어긋나지 않다 ro'yobga chiqmoq (umid to'g'risida)
어기다 buzmoq, rioya qilmaslik; 명령을 ~ buyruqni eshitmaslik, bajarmaslik; 법을 ~ qonunni buzmoq; 약속을 ~ va'dani buzmoq.
어김 buzish, rioya qilmaslik; ~없는 xatosiz, ishonchli; ~없이 xatosiz, ishonarli.
어깨 yelka; ~가 무겁다 yukni uzoq ko'tarib yurmoq; ~가 가볍다 tog' yelkadan ag'darildi; ~가 뻐근하다 yelkalar juda og'ri-

moqda, yig'lamoqdalar; ~를 움추리다 yelkalarni qismoq; ~를 겨누고 qo'lni qo'lga; ~[를] 겯다 a) qo'llarni bir-birlarining yelkalariga qo'ymoq; b) *ko'chma.* yelkama-yelka ishla- moq; ~를 펴다 yelkalarni rostlamoq; ~에 메다 biror bir narsani (kimningdir) yelkasiga ag'darmoq, tashlamoq; ~총하다 miltiqni yelkaga olmoq (yelkaga qo'ymoq) (군대명령) (miltiq) yelkaga; ~걸이 ro'molcha; ~너머글 talabalar (o'rganuvchilar) bilan muloqat qilish natijasida olingan bilimlar; ~동무(친구) tengdosh do'stlar; ~뼈 bel; ~춤 yelkalar qimirlatib o'ynaladi- gan raqs; 어깻바람 qurollanuv, ko'taruv; 어깨죽지 bel sustavi, joyi, belning ustki qismi; 어깨짓 yelka bilan harakat.

어깨동무 1) yoshi teng bo'lgan do'stlar; 2) ~하다 biror bir narsani birgalikda qilmoq.

어농(漁農) baliqchilik va dehqonchilik.

어느 I 1) qanday, qaysi; ~구름에서 비가올지 murojaat.
a) ishning qanday tugashini bilish qiyin; b) qachon va nima bo'lishini bila olmaysan; e) qayerga (u, narsa) ketganligi noaniq; ~귀신 이 잡아가는지 모른다 ≅ maq. qayerga yiqilishimni bilganimda hashakni solar edim; ~ 바람들이 불까? maq. o'z nufuzi(obro'si) va hayotiga kim tajovuz qilishi mumkin?; ~ 바람이 부는 듯이 *muroj.* hech narsa bo'lmaganday; ~장단에 춤을 춰야 옳을지 *muroj.* kimning nayiga o'ynashlikni ham bilmaslik; ~ 천년(세월)에... qachon bo'lishi noaniq, qachonligi noaniq; ~해가에 qachon; ~ 떡이 더 싼지 모른다 *muroj.* nima yaxshiroq ekanligini bilmaslik; 2) qan- daydir, bir oz, bir qancha; 어느 곳 a) qanday joy; b) qayer- dadir; ~때 a) qachon; b) qachonlardir; ~겨를에 qachon- lardir, qandaydir bir zumda.

어느 II (의문사로서) qaysi, qanday; (어느 ~이나) barcha, har bir, biron bir; qandaydir; ~곳(의문) qanday joy; (특정장소) qayerdadir; ~ 겨를에 qachon- lardir, qandaydir bir zumda, biror bir zumda; ~덧 sezilarsiz, bilinmasdan, xohlamagan tarzda, kutilmaganda; ~새 kitilma- ganda, qandaydir, allakim, endi; ~세월에 qachonligi noma'lum; ~장단에 춤을 춰야 옳을지 kim- ning nayiga o'ynashlikni bilma- slik; ~정도 bir tomondan, bir qismdan, biror bir darajagacha, birmuncha, ozmi ko'pmi; ~틈에 tez, bir zumda.

어느 III 1) qaysi, qanday; 2) bir oz, bir qancha, qandaydir; ~ 누구도 kim bo'lsa ham, hamma.

어느새 sezdirmay, qandaydir, qandaydir paytda, biror bir paytda.

-어도 무슨 일이 있어도 내일까지는 오시오 qanday ish bo'lishidan qat'iy nazar ertaga ketilsh.

어두운, 캄캄한 qorong'i, qoramtir, to'q.

어두워지다 qorong'ilashmoq, qoraymoq; 바깥이 어두워진다 tashqari qorong'ilashmoqda.

어둑어둑 ~하다 yetarlicha qora, (juda).

어둑하다 qora, qoramtir, ho'm- raygan.

어둠 qorong'ulik; ~속에서 qorong'ilikda, qorong'ilik ichida; ~을 타고 qorong'ilik qoplami ostida; ~을 타고 지척을 분간 못할

ㅇ

~ to'liq (hech narsa ko'rinmaydigan) qorong'ulik.
어둡다 (어두우니, 어두워) qora, qoramtir, qayg'uli, ma'yus; maq. ≅ so'zma-so'z. (kimdirga) qorong'i tunda kechada ko'z qisib qo'ymoq; (감감이) yomon; (정보에) biror bir narsadan xabarsiz, biror bir narsa to'g'risida yomon xabardor bo'lgan; xabarsiz qolgan; 귀가~ yomon eshitmoq; 눈이 ~ yomon ko'rmoq; 세상일에 ~ malakasiz bo'lmoq; 시국에 ~ hozirgi davr siyosatidan yomon xabardor bo'lmoq; siyosatni yomon bilmoq; 이곳 지리에 ~ bu hudud bilan yomon tanish; 어두운 표정이다 hafa bo'lmoq; 어두운 과거를 가진 사람 o'tmishi qora odam; 어두운 밤 qorong'u tun; 어두운 색 to'q rang; 어두운 전망 yorqin bo'lmagan kelajakka ega bo'lmoq.
-어든 qar. -거든.
어디 I 1. 1) qayerda, qayerga; ~[로] 갈까? qayerga borish kerak?; 2) qayerdadir, qayergadir?; ~개가 짖느냐 한다 maq. ≅ it vovillaydi, shamol esadi; ~라 없이 a) qayer-gadir; qayerdadir; b) hamma yerda; hamma yoqda; 3) 이다 bilan qo'llanilganda shunda ham juda ko'p; 2. *und.* qani; 3. 1) nahotki; ~그럴 수 있어요 shunday bo'lishi mumkinmi?; 2) qanday qilib.
어디(의문사로서) II qayerda, qayerga; (밝힐 필요가 없는 곳) qayerdadir; (정하지 않은 곳) qayerdadir; qayergadir; ~까지 qanchaga; qanchagacha; ~까지나 oxirigacha; ~에서 왔습니까? siz qayerdan keldingiz?
어디 III qani; 한번 이야기해봐 qani, gapiringchi.
어디가 불편합니까? Nima bezovta qilyapti?
어디가 아픕니까? Qayeringiz og'riyapti?
어디서, 어디로부터 qayerdan.
어디서나, 도처에서 hamma yoqda.
어떠하다 1) qanday; 건강이 어떠하십니까? Sizning sog'lig'ingiz qalay? 2) qandaydir; qanday bo'lmasin.
어떤, 어느, 무슨(어떠한) qanday; qaysi; (어떤 ..라도) qaysi biri bo'lmasin; (어느) qandaydir; ~경우에는 gohida, ba'zilarida; ~곳에서 qayerdadir; ~까닭인지 nimagadir; ~때 qachondir; qachonlardir; ~ 용무로 nimaga; nima ish bilan; ~의미로는 ma'lum mashhur ma'noda; ~이유로 nimaga, nima sababdan; ~일이 있더라도 hamma holda ham; ~ 짓을 해서라도 har qanaqasiga; har qanday usul bilan.
어떻게(의문사) qanday; qanday usul bilan; ~해서라도 har qanaqasiga, har qanday usul bilan; 요즘 ~지내십니까? Ishlaringiz qanday? Qandaysiz?
어떻다 qanday, qanaqa; mun. Xudo biladi; 어떤 a) qanday, qaysi; b) qandaydir, qanday bo'lsa ham.
-어라 I buyruq maylining qo'pol qo'sh.: 집어라! ol!
-어라 II sifatning his-hayajon shakli. 아이, 물도 참 깊어라! boy, bu yer chuqur ekanku! 어려운 mushkul.
어려움을 겪다 qiyinchilikni boshdan kechirmoq.
어려워하다 uyalmoq; 어려워하지 않고 ochiq, uyalmasdan, ishonch bilan, qat'iyat bilan; 어려워하지 마세요 uyalmang, cho'zilmaslikni so'rayman.

어렵다(어려우니, 어려워) I1) qiyin, mushkul, og'ir, mushkul deb aytish ma'nosida; 성미가 ~(fe'l to'g'risida) og'ir, mushkul, injiq; 어려운 길을 하다 (kimnidir ziyorat qilish uchun) bormoq, nima bo'lsa ham; 2) noqulay, o'ng'aysiz, nobop, tortinchoq, qo'rqoq; 어렵지만 kechiring aybdorman, lekin...

어렵다(일이) II og'ir, mushkul, qiyin, murakkab; (조심스럽다) noqulay, o'ng'aysiz, nobop; (생활이) talofat tashuvchi, kambag'al; 그 사람 앞에서는 ~ uning oldida (huzurida) o'zini uyalish bilan his etmoq (uyalmoq, tortinmoq); 직장 구하기가 ~ ish topish qiyin, mushkul; 어려운 살림 mushkul vaziyatlar; 대하기 어려운 아버지 qattiq qo'l ota.

어르다(어르니, 얼러) I 1) kimdirni qo'lda allalamoq, qimirlatmoq, (bolani) erkalatmoq; 어르고 뺨치기 qar. 등 [치고 간 내 먹는다] I; 2) o'ynamoq.

어르신네 hurm. Sizning(uning) otangiz (otasi), Siz.

어른 I 1) katta yoshli; ~도 한 그릇 아이도 한 그릇 muroj. hammaga teng, hammaga bab-baravar; 2) balog'atga yetish marosimini bajargan odam; 3) katta, hurmatli; 4) hurm. Sizning (uning) otangiz (otasi).

어른 II yoshi katta, katta; ~을 모시다 butun bir oila bo'lib birgalikda yashamoq.

어리광 ~을 부리다(치다, 피우다, 떨다), ~하다 a) erkalamoq, (bola haqida); 2) erkalamoq.

어리다 I 1) suyuqlik to'g'risida quyulib qolmoq; 2) (ko'zlar to'g'risida) namlanmoq; 3) paydo bo'lmoq, tashqariga chiqmoq.

어리다 II 1) yosh, kichkina; 어린 나무 ekin, yangi ekilgan daraxt; 어린누에 yoshi kichkina bo'lgan tut ipak qurtlari; 어린양 qo'zichoq; 어린 중 젓국 먹이듯 matal. ≅ so'zma-so'z. yosh monaxni go'shtli sho'rva bilan yo'ldan urush bilan bir xil; 2) (daraja haqida) katta bo'lmagan, kichkina, past; 나이가 ~ yosh, kichkina; (미숙) katta bo'lma-gan, kichkina, past; 눈물이 namlanmoqda; ~ 눈에 눈물이 어려 있다 ko'zlar namlanmoqda, ko'zlarda yosh paydo bo'l-moqda; 눈이 juda chiroyli, ko'zni ko'r qiladigan; ~ 기억 (belgi sifatida) paydo bo'lmoq.

어리둥절하다 sarosimaga tush-gan, hijolat tortgan.

어리석다 aqlsiz.

어리석은 aqlsiz, befahm.

어린(魚鱗) baliq po'stlog'i; ~학익 muroj. askarlarning burchak bilan oldinga va burchak bilan orqaga saf tortishi, saflanish

어린시절 yoshlik.

어린아이 bola, yosh bola; ~ 같은 행동 ~도 괴는 데로 간다(~와 개는 괴이는 데로 간다) maq. so'zma-so'z. bola va it ularni yaxshi ko'rganlarga yopishadi-lar; ~떡도 빼어 먹겠다 muroj. qizg'anchiq va yomon (ichi qora).

어린애 qisq. qar. 어린아이; ~매도 많이 맞으면 아프다 maq. ≅ so'zma-so'z. yosh bola bir necha bor ursa ham og'riydi; ~ 보는 데는 찬물도 마시기 어렵다 maq. ≅ yosh bolalar hamma narsada kattalarga taqlid qiladilar.

어림 taxmin, belgi; ~도 없다 a) mumkin bo'lmagan, ilojsiz; b) (kim yoki nimadir) uddalash mumkin emas, aqlsiz yaxshi

bo'lmagan; ~을 잡다(짚다) ko'z bilan chamalab ko'rmoq, taxminan hisoblab ko'rmoq; ~하다 belgilamoq, taxmin qilmoq, taxminan hisoblab ko'rmoq.
어림없다 bo'lishi mumkin bo'lmagan, mumkin bo'lmagan; (능력이) bo'lishi mumkin bo'l- magan.
어림없는 수작 kerak bo'lmagan, noo'rin qiliq, ish; a) 그것은 내 힘으로는 ~ Bu mening imkoniyatlarimdan yuqori.
어림짐작(-斟酌) taxmin, yo'l qo'yuv, taxminiy hisob kitob.
어머니(모친) ona; ~학교 onalar uchun maktab. 어머님 hurmat bilan ko'r. 엄마.
어멈(하인) yosh xizmatkor ayol.
어미(어머니의 낮춤말) I 1) hurmatsiz bilan ko'r. 어머니; 2) bachadon, urg'ochi (동물의); ~닭 tuxum bosuvchi; ~돼지 cho'chqa ayoli; ~식물 bot. ona o'simlik.
어미(魚尾) II 1) baliq dumi; 2) ko'zlarning burchaklaridagi ajinchalar.
어미(語尾) III tugash, bitish, oxir; ~변화 oxirning o'zgarishi.
어색하다 noqulay, nobop, tabiiy bo'lmagan.
어서 iltimos, tez (재촉) (환영); ~ 올라 오게 iltimos kiring!
어서, 제발 Iltimos.
-어서 1) oldingi bo'lib o'tgan ish-harakat: 짐을 덜어서 다른차에 실었다 yukning bir qismini olib boshqa aravaga qo'ydim; 2) harakat bajarilishining usuli: 전화를 걸어서 불러 올리다 (kim- nidir) chaqirmoq, telefon qilmoq; 3) ish harakat bajariladigan holat: 누워서 글을 읽다 yotib o'qimoq; 4) sababni: 병들어서 못 온다 kasal bo'lganligi uchun kela olmaydi; 강이 깊어서 건느기 어렵다 daryo chuqur bo'lganligi uchun o'tish qiyin; ~ 내리십시오 Iltimos chiqing; ~ 들어오십시오 Iltimos kiring; ~ 앉으십시오 Iltimos o'tiring.
어설프다(어설프니,어설피) 1) qattiq, yaxshi o'rniga keltirilmagan; 2) yengil fe'l, yengil hayolli; 3) jahldor, samimiy bo'lmagan; 4) ozoda bo'lmagan, beparvo, chala-chulpa, pala partish; 그물이 yaxshi joyiga tushurilmagan, keltirilmagan; ~ 일하는 것이 ozoda bo'lmagan, qo'pol, pala partish, chala-chulpa, yengil fe'lli, yengil hayolli.
어수룩하다 ochiq ko'ngil (ko'nglida kiri yo'q bo'lgan), ayyor bo'lmagan, sodda; 어수룩한 사람 sodda, ochiq ko'ngilli, (ayyor bo'lmagan) odam.
어수선하다 alkash-chulkash, tartibsiz, yoyib tashlangan.
어업(漁業) baliqchilik; ~권 baliq tutish huquqi; 근해 ~ qirg'oq bo'yidagi suvlarda baliqchilik; 원양 ~ uzoq bo'lgan baliq ovi, ochiq dengizdagi baliq ovi; ~자생 baliqchilik orqasida kun ko'rmoq.
어여쁘다 (어여쁘니, 어여뻐) *og'z. ko'r.* 예쁘다; 어여쁘지 않은 색시 삿갓 쓰고 으스름 달밤에 나선다 *muroj.* yomon odam yomon ish qiladi (yomonlik qiladida)
어용(御用) ~의 sotiluvchan, pulga olingan, (yollangan) hukumat, hukumat yo'nalishidagi hukumat tomonidan to'lanadigan; ~기자 yollangan yozuvchi (jurnalist); ~ 학자 hukumatga hizmat qiluvchi; ~ 상인 qirol saroyining savdogar tayinlab beruvchisi.
어우러지다 qo'shilmoq, birlashmoq, aralashib ketmoq.
어울리다 ko'rinmoq, garmoniyali

bo'lib (조화) biror bir narsa yoki kimdirga yarashmoq, yarashmoq, yuzga mos tushmoq; (교제) kimdir bilan birlashmoq, kimdir bilan suhbatlashmoq; 이 색깔들은 서로 잘 어울린다 bu ranglar bir biriga juda mos tushyapti; 이 옷이 당신에게 잘 어울린다 bu kiyim sizga juda yarashmoqda, bu kiyim sizga juda mos.
어울어지다 qo'shilmoq, birlashmoq.
어음 veksel, vekselli; ~에 이서하다 vekselda o'z haqidagi ma'lumotlarni yozmoq; ~을 발행하다 vekselni bermoq; ~ 교환 kliring; ~ 발행인 veksel beruvchi; ~ 수취인 veksel oluvchi, vekselga ega bo'lgan shaxs; ~ 할인 veksel hisob kitobi, hisob operatsiyasi; 부도 ~ to'lanmagan veksel; 약속 ~ oddiy veksel; 환~ o'tkaziladigan veksel, chiqim, sarf harajat
어이없다 hayratli, ajoyib, ajoyibu g'aroyib; 어이없는 요구 haddan tashqarida bo'lgan talab.
어제 kecha; ~밤 kecha kechasi; ~가 다르고 오늘이 다르다 *muroj.* hamma narsa dunyoda tez o'zgaradi; ~보던 손님 *muroj.* uchrashishga ham ulgurmay do'st bo'lib oldik.
어중간(於中間) ~하다(중간쯤 되다) deyarli o'rtada joylashgan bo'lmoq, deyarli o'rtacha; (알맞지 않다) to'g'ri kelmaydigan, yaramas; ~히 qisman, to'liq emas, o'rtacha; 일을 ~하다 (biror bir ishni) oxiriga yetkazmaslik, tugatmaslik, biror bir narsani alla qanday (unday bunday, poyintar-soyintar) qilmoq.
어지간하다 to'g'ri keluvchi, chidash mumkin, chidasa bo'ladigan
어지럽다(눈, 머리가) aylanmoq; (무질서) tartibsiz, 머리가 ~ bosh aylanishini kechirmoq; 어지러운 세상 yaxshi bo'lmagan, qiyin davrlar, vaqtlar.
어질다(어지니, 어지오) ochiq ko'ngil, xush fe'l, ko'ngli yumshoq, o'zgalarga yordam beruvchi; 어진 혼[이] 나가다 (빠지다) *muroj.* boshda hamma narsa ag'dar to'ntar bo'lib ketdi, adashib ketdi.
어쨌든 har holda.
어쩌다 어쩌다가 (이따금) ba'zida, ba'zan, ba'zi vaqtlarda; (뜻밖에) beihtiyor, tasodifan; ~ 있는 일 o'ziga xos bo'lgan, ajoyib, hodisa; ~ 길에서 그를 만났다 Biz u bilan yo'lda tasodifan uchrashib qoldik.
어쩌면(추측) ehtimol, bo'lishi mumkin (bo'lgan); (감탄) qanday, qaysi; ~ 색시가 그렇게 예쁠까? u qanday (naqadar) go'zal.
어쩐지 nima uchun; (웬일인지) nima uchundir, nimagadir; (그래서) bo'lishi ajablanarli emas, mana nimaga; ~ 그가 기쁜 얼굴을 하고 있더라 Bu uning hursand yuzini (yuz ko'rinishini) tushuntiradi, dalolat beradi.
어쭙잖다 qisq. 어쭙지[않다].
어쭙지 ~않다 a) noo'rin, aqlsiz; b) jirkanch, ma'qul bo'lmaydigan, jirkanchli.
어찌(방법) qanday, qanday usul bilan; (왜) nimaga, nimadan; ~ 할 수 없이 majbur bo'lib; ~ 할 줄 모르다 nima qilish kerakligini bilmaslik; -ㄴ 지(-ㄹ지,-던지) 나는 어찌나 피곤했던지 겨우 집에 돌아왔다 Men shunday qattiq charchadimki uyga zo'rg'a yetib bordim; ~가다(가다가) ko'r. 간혹 ~하면 ehtimol, bo'lishi mumkin;

~하여 nimagadir, nimadandir; ~하였든 har holda, nima desang ham, baribir, unday yoki bunday.
어촌(漁村) baliqchilar qishlog'i.
-어치 da; qiymati; narxi; 만원 ~ 10ming vondagi narxi.
어획(漁獲) (생선의) baliq ovi, baliqchilik; (해산물의) daryo mahsulotlarining olinuvi; ~고(량) baliq ovi, baliqchilik mahsulotlari olinuvining miqdori; ~기 baliq ovi davri; ~물 tutilgan baliq.
어휘(語彙) 낱말, 단어(單語) so'z, leksika; ~가 풍부하다 boy bo'lgan so'z zaxirasi; ~론 leksikologiya; ~적 leksik, leksikologik; ~구성 lug'at tarkibi; ~축적 lug'at, so'z zaxirasi.
어휘론(語彙論) leksikologiya.
억(億) 100 million; ~ 만년 ko'p; ko'p yil, butun mangulik; ~만 장자 millioner.
억류(抑留) ushlab qoluv; ~하다 ushlab qolmoq; ~선 ushlab qolingan, olingan, ushlangan; ~소 ushlab qolinganlar uchun lager; ~자 ushlab qolingan shaxs; ushlangan.
억압(抑壓) bosim, zo'rlash, cheklab qo'yuv, jabrzulum, jabr zulum qilish, ezish, cheklamoq, qiynamoq; ~하다 zo'rlamoq, cheklab qo'ymoq, jabr-zulm o'tkazmoq, ezmoq, siqib qo'ymoq; ~자 jabr-zulm qiluvchi, zulmkor.
억지 qaysarlik; ~를 쓰다 qaysarlik qilmoq, qaysarlikni ko'rsatmoq, o'jarlik qilmoq; ~춘향이로 ~을 이루다 biror bir narsaga qiyinchilik bilan erishmoq; ~ 이론 cho'zgich; ~가 사촌보다 낫다 matal. ≅ yomon bo'lsa ham o'zinikida; ~춘향이 *muroj.* (biror narsaga) qiyinchilik bilan erishmoq.
억지로 zo'rlik qilib, zo'rlab.
언급(言及) eslatuv; ~하다 biror bir narsani tegmoq, biror bir narsaga tegmoq,(biror bir narsa to'g'risida) kimninimadirga eslatmoq, biror bir narsaga tegib o'tmoq, tegmoq, to'g'risida gapirmoq; 위에서 ~한 tepada aytib o'tilgan, ko'rsatilgan.
언니 ayollarning opasiga murojaat etishi, opa.
언뜻 bildirmasdan, sekin, ohista; (우연히) kutilmaganda, birdaniga; ~ 눈에 띄다 tez yonib o'tmoq, o'tib ketmoq; ~ 보다 tez ko'z tashlamoq, tez ko'rib o'tmoq; ~ 생각이 떠오르다 (kimnidir) fikr boshga kelmoq; (무인) ~ 보기에 bir qarashda.
언론(言論) jurnalistika, so'z aytuvi. ~의 자유 so'z erkinligi, ~계 publitistlar doirasi, ~인 publitist; ~하다 (o'z fikrini) gapirmoq, bildirmoq.
언어(言語) til, nutq, so'zlar; ~ 불통 til qiyinchiliklari, tushunish mumkin bo'lmagan gaplar; ~ 예술 til san'ati; ~ 장애 afaziya, nutq buzilishi; ~학 tilshunoslik, lingvistika; ~ 지리학 lingvistik jog'rofiya, geografiya; ~ 수작 suhbat; ~도단 tushuntirib bo'lmaydigan, ifodalay bo'lmaydigan; ~수작 suhbat.
언쟁(言爭) baxs, janjal, nizo; ~하다 kimdir, nima haqidadir bahslashmoq, kimdir bilan urushmoq.
언제(堰堤) I to'g'om.
언제 II qachon; ~나 (든지) har doim, qachon bo'lsa ham; ~부터 qachondan beri, boshlab, ~dan; ~ 까지 qaysi vaqtgacha, qancha vaqt; ~ 인가 qachonlardir; ~ 쓰자는 하늘타리냐 (ishlatmasa,

ishlatilmasa) bor bo'lgandan ne foyda; ~떠나십니까? Qachon siz jo'nab ketasiz? ~ 저녁 식사를 할 수 있습니까? qachon kechki ovqatni qilish munmkin?; ~ 몇 시에 qachon soat nechida? 언제면 되겠습니다? Qachon tayyor bo'ladi?; ~부터 앓았습니까? Nechinchi sanadan beri, boshlab siz kelasiz.

언질(言質) va'da; ~을 받다 va'dasini olmoq; ~을 주다 va'da, so'z bermoq, kafil bo'lmoq; ~을 잡다 (kimdirning) so'zlarini isbot sifatida keltirmoq.

언행(言行) so'zlar va hulq; ~ 상반 so'zlar ish bilan boshqa ajralmoqda; ~이 일치 so'z tarqalmaydi; ~한다 so'zlar boshqa bo'lmasligi, farq qilmasligi, ajralmaslik darajasida(ish) qilmoq; 이 일치하지 않는다 u bir gapni gapirib boshqa ishni qiladi; ~록 hayot va faoliyat (xotiralar); ~일치 so'zlar ishdan ajralmaydi, farq qilmaydi.

얹다(물건을) biror bir narsaga qo'ymoq; (돈을) qo'shmoq, ustiga qo'ymoq.

얹히다(놓이다) qo'yilgan bo'lmoq; (소화불량) qabul qilina olmaslik; (붙어살다) boshqaning hisobiga yashamoq, kimdirning qaramog'ida, yordami ostida bo'lmoq; (좌초) (suv ostida bo'lgan) qoyalarga o'tirmoq; 얹혀 살다 a) kimdirning yordami ostida bo'lmoq.

얻다 I olmoq, qabul qilmoq, sotib olmoq (biror bir narsani) olmoq, chiqarib olmoq, biror narsaga erishmoq; 아내를 ~ kimdirga uylanmoq; 자신을 ~ o'ziga ishonmoq; 남편을 ~ erga tegmoq, chiqmoq; 병을 ~ kasal bo'lmoq; 언어들은 풍원 = 들은 풍월; qar. 듣다 II; 얻으니 타령이냐? hazil. ajralmas juftlik bo'lib yurmoq; 얻은 도끼나 잃은 도끼나 muroj. shunday shundayga; 얻은 잠뱅이 bor bo'lgan narsa yovvoyi emas; 2) (biror bir narsani) topmoq topib olmoq; 얻어걸리다 to'satdan, paydo bo'lib qolmoq(uchratmoq, tutilib qolmoq, ushlab olinmoq); 얻어 들다 tasodifan bilib qolmoq (eshitib qolmoq); 얻어 만나다 tasodifan uchratib qolmoq; 얻어맞다 tasodifan urilgan, do'p-poslangan bo'lmoq; 얻어먹다 a) yemoq, o'zini mehmon qilmoq; b) sharmanda qilingan bo'lmoq; e) birovning hisobiga kun kechirmoq; 얻어터지다 lat yemoq; 얻어듣다 tasodifan bilib qolmoq (eshitib qolmoq); 얻어맞다 do'poslangan bo'lmoq; urib tashlangan bo'lmoq; 얻어먹다(대접받다) mehmon bo'lmoq; 욕을 ~ sharmanda qilingan bo'lmoq.

얻다, 찾다 II topmoq, topib olmoq; qisq. 어디다. qayerga, qayerda.

얼 I ruh, qalb; 얼[을] 먹다 dovdirab qolmoq, o'zini yo'qotib qoymoq; 얼[이] 빠지다. 넋을잃다.

얼 II 1) yoriq, g'ovak; 2) yetishmovchilik, kamchilik; 3) baxtsiz hodisa, avariya; 4) birovning aybi bilan sababli ko'rilgan zarar; 얼[을] 먹다(입다, 쓰다) birovning aybi bilan zarar ko'rmoq.

얼- 1) yarim, kam, kuchsiz, kuchli bo'lmagan. 얼간 kuchsiz, yetarlicha tuzlanmagan, tuzlash; 2) aniq emas; 얼버무리다 aniq gapirmaslik.

얼굴 yuz, tashqi, yuz tarafli, yuzli; 손으로 ~을 가리다 yuzni qo'llar bilan berkitmoq; ~에 ...라

고 쓰여져 있다 yuzda kimdadir deb yozilgan; ~을 붉히다 qizarmoq; ~을 찌푸리다 yuzni qiyshaytirmoq (basharani, aftni); ~을 맞대고 yuzdan yuzga, yuz bilan yuzga, yuzma yuz; ~ 빛(안색) yuz rangi, yuz ko'rinishi qar. 낯; ~가죽이 두껍다 qar. 낯가죽[이 두껍다]; ~보다 코가 더 크다 qar. 배[보다 배꼽이 더 크다] I.

얼다(어니, 어오) (물체가) sovimoq; (몸이) sovuqdan qotib qolmoq; (기가 꺽이다) ruhiy tushkunlikka tushmoq, (uyatli) uyaladigan bo'lib qolmoq; 얼어붙은; 강물이 얼어붙었다 muzli; 내 손은 방안에서도 ~ qo'llarim xona ichida ham muzlayapti; 두려움에 심장이 얼어붙었다 dahshat yurakni muzlatmoqda; 언 발에 오줌 누기 matal. ≅ o'likka isitgichdek. 언 소반 받들 듯 muroj. ehtiyot bilan, hurmat bilan. 얼락 녹을락 a) bir muzlab bir erib; b) (kimdirni) aylantira, ish buyura; 2) ichmoq, ichib olmoq, mast bo'lib qolmoq.

얼룩 dog'cha, holcha, hol; ~이 진 dog'larda; ~을 빼다 dog'ni chiqarmoq, yo'qotmoq; 옷에 묻은 ~ ko'ylakdagi dog'lar; ~이 빠지지 않는다 dog' ketmayapti; ~말 zebra; ~무늬 dog'li, rang barang naqshli; ~ 소 dog'li, har xil dog'li sigir.

얼마(의문사로서) qancha; (정도) ko'p emas; ~간 (다소간) ozmi ko'pmi; (시간) bir necha vaqt, bir qancha vaqt; ~나(수량) qancha; (수량의 비교) qanchaga; (감탄) qanday; ~뒤에 bir qancha vaqtdan so'ng, tezda, tez orada; ~ 전에 yaqinda; 값이 ~입니까? narxi qancha? 먹고 싶으면 ~든지 먹거라 xohlagan- cha egin; 시간이 ~남지 않았다 vaqtdan ko'p qolgani yo'q vaqt oz qoldi; ~든지 xohlagancha, ko'nglingga siqqancha; ~전에 yaqinda.

얼마쯤 1) qancha; 2) bir necha, ko'p emas, ozgina; 3) bir necha vaqt.

얼마큼 1) bir necha, bir qancha, ozgina darajada; 2) qanchaga, qancha, qanday.

얼음 muz; ~의 muzli; ~장 같다 juda sovuq, sovuq, muzdek, muzli; ~ 지치기하다 muzda sirg'anmoq; 강의 ~이 녹았다 daryo muzdan tozalandi; ~물 muz bilan sovuq suv; ~장 muz; ~판 muz bilan qoplangan yer, joy; ~과자 muzqaymoq; ~랭수 muzli sovuq suv; ~사탕 muz parchasi; ~에 박 밀 듯 *muroj.* a) yozilganday (yozilgan narsa) bo'yicha gapirmoq; b) silliq o'qimoq (yaxshi); ~에 소탄격 muroj. o'zini yo'qotuv, sarosima; ~에 자빠진 소눈깔 *muroj.* dahshatdan chiqib ketgan ko'zlar.

얽다 I (엮다) bog'lamoq, chigal qilmoq, adashtirmoq; (꾸며대다) to'qimoq, yozmoq; 얽어내다 a) bog'lamoq va chiqarmoq (olmoq); b) chaqqon chiqartirib olmoq; 얽어매다 *to'gri va ko'chma.* bog'lamoq va o'rab tashlamoq; 얽은 구멍에 슬기 든다 *muroj.* odam to'g'risida faqat ko'rinishiga qarab baho berish mumkin emas.

얽다 II (마마자국) (yara chiqqandan) teshik-teshik bo'lib qolgan yuz.

얽이 1) (biror bir narsani arqonlar bilan) o'rov, bog'lov; 2) umumiy tarzda rejalashtiruv; ~를 치다 a) bog'lamoq, o'ramoq; b) umumiy tarzda rejalashtirmoq.

얽히다 o'ralashmoq, bog'lanib

ㅇ

qolmoq, bog'lanmoq; (일이) murakkab (o'ralashgan, chigallashgan) bo'lgan; (연루) o'ralashmoq, adash moq, biror bir narsaga dahldor bo'lmoq; 얽히고설키다 o'ralashgan, aralashib ketgan, chalkash, murakkab.

엄격(嚴格) talabchanlik, qattiq qo'llik; ~하다 qattiq qo'l, talabchan; ~한 구별 aniq bo'lgan farq (farqlanish); ~한 사람 qattiq qo'l odam; ≅히 말해서 qattiq qo'llik bilan gapsak (talabchanlik ma'nosida).

엄격한 qattiq qo'l.

엄지 I bosh barmoq; ~ 발가락 (oyoqdagi, oyoqning) bosh barmog'i; ~발톱(oyoqdagi) bosh barmoqning tirnog'i; ~ 손가락 qo'ldagi bosh barmoq; ~기둥 (ko'prikning) qirg'oqdagi qirg'oq tayanchig'i; ~벌레 imago dara- jasidagi hashorat; ~보 uyning bosh tayanchig'i; ~손톱 qo'ldagi bosh barmoqning tirnog'i; ~총 koreys poyafzalining paypog'i.

엄지(-紙) II qarz olganligi haqida xat yozadigan qog'oz.

엄청나다 ulkan, katta, o'lchab bo'lmaydigan, qo'rqinchli, tasavvur etib bo'lmaydigan; 엄청나게 dahshatli, qo'rqinchli, juda, juda ham, ortiq darajada, haddan tashqari; 엄청나게 큰 ulkan, gigant, juda katta.

엄포 qo'rqituv, do'q, po'pisa; ~ 놓다 so'zda qo'rqitmoq, do'q qilmoq, kimnidir qo'rqitmoq; ~를 주다, ~하다 do'q qilmoq, so'zda qo'rqitmoq.

업 I etn. uyga baxt keltiruvchi odam, hayvon.

업(業) II 직업 ish, kasb; (불교에서의) taqdir; ~을 업으로 하다(삼다) biror bir narsa bilan ovora bo'lmoq, shug'ullanmoq, kasb bo'yicha kimdir bo'lmoq.

-업(業) ish, sanoat; 가공업 ~ qayta ishlovchi sanoat.

업다 belda ko'tarib yurmoq; 아기를 ~ bolani belda bel orqasida ko'tarib yurmoq; 업어 라도 주고 싶다 qo'lda ko'tarib yurishga tayyor; 업어 온 중 muroj. hisoblanish kerak bo'lgan (hisob- lashishga to'g'ri keluvchi); 업은 아기 삼 이웃 (삼년) 찾는다 *matal.* ≅ *so'zma so'z.* uch yildan beri bolani qidir- sada, bola uning orqasida; 2) (yut o'yinida fishkalarni) birga qo'ymoq; 3) qamrab olmoq; o'zi bilan tortib olmoq, o'z orqa- sidan chorlamoq; 4) ushlab olmoq, egallab olmoq (o'zganing qog'oz varrag'ini); 업어가도 모를 정도로 자다 o'likday uxlamoq, o'lgandek uxlamoq.

업적(業績) muvaffaqiyat; 이 사람은 학문에 ~이 많다 bu odamning ilm-fan oldidagi yutuqlari ko'p.

없다(존재하지 않다) 1) yo'q, yo'q bo'lmoq, ega bo'lmaslik; 2) (죽고없다) o'lik, o'lgan odam, olamdan o'tgan; 둘도 없는 친구도 ~ kamdan kam uchraydigan (noyob) do'st, noyob odam; 없는 사람 kambag'al; 지금은 없는 사람 o'lgan, olamdan o'tgan odam; 천하에 없는 사람 kam uchraydigan, noyob odam; 없는 꼬리를 흔들가? u yo'q bo'lsa faqat dumingni qimirlatasan-a? 없어 비단 so'zma so'z. ≅ qili- shga ish bo'lmaganda hamma narsa ipakdir; 일이 잘 못 되기만 하면 그때 가서 없어! ish muvo- faqqiyatsizlikka uchrasa ko'rasan!

없애다 1) yo'qotmoq, yo'q qilmoq, likvidatsiya, dab qilmoq; 2) (제거) (낭비) ishlatmoq; 해충

ㅇ

을 ~ zararli hashoratlarni yo'qotmoq, dab qilmoq; 돈을 다 써 ~ hamma pulni ishlatmoq.
없어지다(분실) yo'qotmoq, ayrilmoq; (다하다) kuchsiz- langan bo'lmoq; 희망이 ~ umidsiz bo'lib qolmoq.
없이 kimdirsiz, nimadirsiz; 뜻 ~ ma'no, mazmunsiz; 소리 ~ ovozsiz, shovqin suronsiz; 쉴새 ~ 일하다 dam olmasdan ishlamoq; 정신 ~ parishon holda; 틀림이 ~ shubhasiz;힘~ kuchsiz; ~살다(지내다) kambag'al bo'lib yashamoq; ~하다 yo'qotmoq.
엇- old. qo'sh. 1) qiyshiq, g'ilay; 엇나가다 qiyshiq yurmoq; 2) sal kam.
엇갈리다 1) (navbatma-navbat, dam olib dam olib) o'zgarmoq; 2) (도중에) tarqalmoq, tarqalishmoq; (서로 얽히다) o'ralashmoq; 사이가 ~ (bir biridan) uzoqlashmoq;
-었- predikativ qo'sh.ning o'tgan zamon shakli.
-었자 o'g'z. rav. predikativining qarama-qarshi ma'nodagi qo'sh.
엉덩이 orqa qism, dumba; ~가 근질근질하다 ko'tarishga onson; ~가 무겁다 ko'tarish og'ir.
엉뚱하다 noo'rin.
엉망 chalkashuv, anglashilmovchilik; ~이되다 yomonlashmoq, bo'zilmoq
엉터리 aqlsiz, jinni, befahm, aldoqchi, asoslanmagan, be'mani gap; ~ 근거 asos, ishonch; ~ 없는 asossiz; ~없다 asossiz, absurd, ma'nosiz.
엊그제(수일전) bir necha kun oldin; (그저께) avvalgi kun.
엎다 땅을 ~ to'ntarmoq, ag'darmoq; 살림을 ~ ag'darmoq; (쏟다) ag'darmoq; 엎어누르다 a) ag'darib bosib qo'ymoq; b) ezmoq, jabr-zulm qilmoq; 엎어말다 a) (misol uchun kuksuning) ikki portsiyasini solib olmoq; b) garnirni pastdan, (kuksu) guruchini tepaga solmoq.
엎드러지다 1) qar. 엎어지다; 엎드러지며 곱드러지다 muroj. ≅ dumalab ketmoqda; 2) ahil, bir o'zi yashamoq.
엎드리다 qoringa yotmoq, qoringa ag'anamoq; 엎드려 사격 harbiy. a) yotgan holda o'q otuv; b) yot. o'q ot! (buyruq).
엎어지다 oldinga yiqilmoq; (주전자가) ag'darilmoq; 엎어지면 코 닿을 데 qo'l bilan uzatgudek; 운수가 ~ (baxt, omad to'g'risida) o'zgarmoq, o'zgartirmoq; 엎어진 놈 꼭 뒤 치기 ma'tal. ≅ Bechora Makarga hamma toshlar tushadi.
엎지르다(엎지르니, 엎질러) ag'darmoq, ag'darib tashlamoq, to'ntarmoq; 창에서 물을 ~ derazadan tashqariga suvni sepmoq; 엎지른 물 matal. ≅ nima tushgan bo'lsa o'sha narsa yo'qolgandir (so'zma so'z. to'kilgan suv).
엎치다 엎다 엎친데덮치다 Baxtsizlik bir o'zi kelmaydi; a) laganbardorlik qilmoq; b) qar. 절하다; 엎치고 덮치다 muroj. ≅ baxtsizlik bir o'zi kelmaydi; a) bir yondan boshqa bir yonga ag'darmoq; b) bir bunday bir boshqa; 엎치락잦히락 bir oldinga egilib bir orqaga o'zini tashlab, ag'darilib; 엎친 놈 꼭 뒤 치기=엎어진 놈 꼭뒤치기 qar. 엎어지다; 엎친 데 덮치다 muroj. baxtsizlik bir o'zi kel- maydi; 엎친 물 = 엎지른 물; qar. 엎지르다.
ㅔ e undosh fonemasini bildiruvchi, koreys alifbosining 32 chi harfi.
에 I e(ㅔ koreys harfining atalishi, nomi).

ㅇ

에 II 1) (o'ylaganda) ha-a,m-m; 2) mayli endi!; 3) e-e(kerakli gapni qidira); 4) ey,sen!(ta'na qilinganda); 5) voy! (ajablanganda,quvonchda).
-에 jonsiz predmetlar uchun qo'llanilib, o'zbek tilidagi jo'nalish kelishigi vazifasini bajaradi: 1) joylashuv manosi bilan: 도시에 있다 shaharda bo'lmoq (joylashmoq); 2) ish harakat adresatini: 꽃에 물을 주다 gullarga suv quymoq; 3) harakatning yo'nalishini; 학교에 간다 maktabga bormoqda; 4) ish harakatning bajarilishini: 다섯 시에 온다 soat beshda keladi; 5) sababni: 나무가 바람에 넘어졌다 daraxt shamoldan ag'darilib tushdi; 6) 이 비에 어디를 가십니까? bunday yomg'irda qayerga ketyapsiz?; 7) 방이 연기에 가득 차다 xona tutunga to'lgan; 환희에 넘치다 baxtga to'lib toshgan bo'lmoq; 8) kimdir tomonidan egallangan mansabni: 위원장에 누가 당선되었다? kim vakil etib tayinlandi?
-에게 jo'n. kelishigi, jonli predmetlar uchun: 1) narsa buyum egaligini: 그 친구에게 책이 있습니까? unda kitob bor; 2) ish harakat adresatini: 친구에게 편지를 보냈다 do'stimga xatni jo'natdim; 3) 개에게 물렸다 it tomonidan tishlab olindi, itdan tishlandi; 4) ish harakat obyektini: 학생들에게 흥미를 가진다 o'quvchilar, talabalar bilan qiziqdi.
에너지 energiya, kuch, quvvat; 열~ issiqlik energiyasi, quvvati; 전기 ~ elektr energiyasi; 태양~ quyosh energiyasi.
에네르기 fizik energiya
에다 1) qirmoq; 2) og'ritmoq.
-에서 1) aktiv alomat ko'rinishining joyi: 집에서 책을 읽는다 uyda kitob o'qimoq; 2) boshlanuv nuqtasi: 평양에서 남포로 기는 길입니다 Phyonyangdan Namphoga ketmoqdaman; 3) solishtiruv obyektining; 이 건물은 도시에 건물들중에서 제일 높습니다 Bu bino shaharda eng baland; 4) kollektiv sub'ektining ish harakatini: 우리 학교에서 이기였다 bizning maktab g'alaba qozondi.
에이즈 OITS (orttirilgan immunodefetsit sindromi).
에잇 Voy(sen)! (norozilikni ifodalaganda, bildirganda).
엔지니어 injener.
엔진 mashina, dvigitel, qo'zg'atgich, avto motori.
엘레배터 qar. 승강기 lift.
ㅕ YO undosh fonemasini bildiruvchi, koreys alifbosining 23 chi harfi.
여 I (koreys harfining atalishiㅕ) YO.
여 II suv osti qoyasi.
여(餘) III ko'proq,ustidan,ortig'i bilan; 십오년 여의 세월 15 yoshdan ko'proq bo'lgan davr.
-여 I *qar.* -어 II.
-여 II *qar.* -아 II.
-여지이다 esk. predikativning darak shaklidagi hurmat qo'sh.
여간 oddiy; ~하다 oddiy sodda; ~이 아니다 oddiy bo'lmagan, oz uchraydigan, noyob, aziz; ~ 똑똑하지 않다 juda aqlli.
여객(旅客) 1) sayyoh, yo'lovchi; 2) yo'lovchi; passajir; ~보험 yo'lovchi hayotini sug'urta qilish; (여행자) sayyoh; (승객) passajir; ~기 yo'lovchi tayyo- rasi; ~선 passajirlar kemasi
여관(旅館)(호텔) 2 razryadli mehmonhona; ~에 묵다 2chi razryadli mehmonhonada to'xtamoq; ~방 ikkinchi razryadli

mehmonhonaning raqami.
여권(旅券) chet el pasporti; 사증 viza. ~이 여기 있습니다 Mana pasport.
여기 bu yerda, shu yerda, shu joyda; ~까지 bu yergacha, shu yergacha; ~로 bu yerga; ~서(여기에) bu yerda; 여기에서부터 bu yerdan, shu joydan; ~ 저기 bu yer u yerda.
여기, 거기, 저기 mana.
여기, 이곳에서 bu yerda, shu yerda, shu joyda.
여기다 sanamoq, ko'rib chiqmoq, o'ylamoq; 귀중히 ~ azizlamoq, qadrlamoq; 여겨 들다 quloq solmoq; 여겨 보다 nazar tashlamoq, yaxshilab qaramoq; 소중히~qadrlamoq, (bir narsani) azizlamoq.
여기서 그기 까지는 멉니까? Bu yerdan uzoqmi?
여기서 나를 기다려 주십시오 Bu yerda meni kutib turing.
여기서 담배를 피울 수 있습니까? Bu yerda chekish mumkinmi?
여기서 세워주십시오 Iltimos shu yerda to'xtatib yuboring.
여기에 써넣어 주십시오 Bu yerni to'ldiring iltimos.
여기저기 Bu yer u yerda, hamma yerda, har tomonda.
여느 때 odatdagidek, har doimgidek
여덟, 팔 sakkiz; ~번째 sakkizinchi.
여덟째 sakkizinchi. 여드레 날 sakkizinchi sana, raqam.
여동생 kichik singil.
여든, 팔십 sakson; ~에 둥둥이 (dovdir odam to'g'risida) sakson yosh ham yosh bola; ~에 첫아이 비치다 muroj. a) yengib bo'lmaydigan qiyinchiliklarga duch kelmoq; b) o'zini eng zo‘r odam deb hisoblamoq; ~에 이 앓는 소리 muroj. yangi hildagi eski qo'shiq.
여든째 saksoninchi.
여러 ko'p, bir necha, bir qancha; ~ 차례의 bir necha marotaba bo'lgan; ~모로 baribir har holda; ~가지 har xil; ~번 bir necha (ko'p) marotaba; ~사람 bir necha odam; ~분 a) bir necha odam; b) xonimlar va janoblar; azizlar.
여러 번 bir necha bor.
여러모로 ko'p munosabatlarda.
여러분 (호칭) fuqarolar, janoblar; 여러 사람 bir necha odam.
여럿 ko'pchilik, ko'p; ~의 가는 데 섞이면 병 든 다리도 끌려간다 maq. ≅ *so'zma so'z*. hamma bilan birgalikda og'rigan kasal oyoqda ham borasan.
여름, 하기(夏期) yoz; ~의 yozgi; ~내내 butun yoz davomida; ~에 yozda; ~날 yoz kuni; ~방학 yozgi kanikul; ~을 타다 yoz issiqligini yomon boshdan kechirmoq; ~에 하루 놀면 겨울에 열흘 굶는다 maq. ≅ *so'zma so'z*. yozda bir kunni o'tkazsang, qishda o'n kun och qolasan.
여보(아내가 남편에게) jonginam, azizim; (남편이 아내에게) jonginam, sevgilim, asalim.
여보게 hoy,sen! eshit!.
여보세요 1) allo; 2) *muroj.* hoy eshiting.
여보시오 eshiting; (전화에서) allo.
여보십시오 *hurm.* Siz! eshiting! allo,allo!
여부(與否) shundaymi yoki yo'qmi; ~없다 shubhasiz, xatosiz; 가능 ~ilojli yoki ilojsiz, mumkin bo'lgan yoki mumkin bo'lmagan; 성공 ~baxt yoki baxtsizlik.
여섯, 육(6) olti; ~(번)째 oltinchi.
여성(女性) I ayol, ayol jinsi; (언어학에서) ayol jinsi, xili; ~적 ayol, ayolga xos, yumshoq; ~관

ayollarga bo'lgan nigoh; ~미 ayol go'zalligi; ~복 ayol kiyimi; ~해방론 feminizm; 직장~ ishlovchi, ishchi, xizmatchi. 1) ayol jinsi, ayol; ~노동자 ishchi, xizmatchi; ~적 ayolga xos bo'lgan, ayoliy; 2) *tilsh.* ayol jinsi.

여성(女聲) II ayol ovozi; ~고음 soprano; ~고음표 *mus.* soprano kaliti; ~저음 al't; ~저음표 *mus.* al't kaliti; ~중음 metsso-soprano; ~중창 ayollar vokal ansambli; ~합창 ayollar xori; ~적 ayol ovoziga xos bo'lgan.

여왕(女王) 1) qirolicha; 2) urug' ochuvchi, tuxum qiluvchi (arilarda), qirolicha (chumolilarda); 3) buyuk ayol; 3) qirolicha; ~개미 qirolicha (chumolilarda); ~벌 tuxum qo'yuvchi (arilarda).

여우 tulki; (암컷) tulki (urg'ochisi); (새끼여우) tulkiniki; ~ 같은 ayyor; ~ 모피 tulki terisi.

여위다 ozmoq, ozg'in bo'lib qolmoq.

여유 I (여력) ortiqlik; (침착) bag'ri kenglik va muvozanatlik, ruhning tinchligi; ~가 있다; (사람이) sxoshilmaslik, ruh bilan ozod, ruhiy ozod; 일분의 ~도 없다 ortiqcha bir daqiqa ham yo'q; ~없는 생활 hayot (cheklangan imkoniyatli); ~시간 bo'sh vaqt; ~작작하다 ortiqcha, haddan tash-qari bo'lgan.

여유(餘裕) II vaqt ortiqligi, ortiqcha vaqt, moddiy to'kislik.

여자(女子).여성(女性),부인(婦人) ayol; ~같은 ayolsifat; (나쁜 뜻에서) erkakka xos bo'lmagan, erkakka munosib bo'lmagan, nomunosib; ~다운 ayoliy; ~처럼 ayollarcha, ayollarga xos.

여전히 oldingidek.

여쭈다(아뢰다) doklad qilmoq, so'zlab bermoq, so'ramoq, xabardor qilmoq, qarshilamoq; 여쭈어 보다 so'ramoq.

여쭙다(여쭈우니, 여쭈워) so'ramoq, bilmoq.

여행(旅行) I sayohat, safar; ~면장 *arx. qar.* 여권; ~하다 sayohat qilmoq; ~하다 sayohat qilmoq; safar qilmoq, chiqmoq; ~가(자) sayyoh, turist; ~가방 chemodan; ~기 yo'l yozuvlari, yo'l kundaligi, sayohat kun- daligi; ~사 sayohat idorachisi; ~안내소 sayohat idora; ~안내인 gid, yo'l ko'rsatuvchi, yo'l boshlovchi; ~일정 sayyoh marshruti; ~자 수표 yo'l cheki; 수학~ ta'lim ekskursiyasi; 신혼~ to'y sayyohati.

여행(勵行) II ~하다 a) qatiyatlik bilan bajarmoq; b) qo'llab quvvatlamoq.

여호와 Hudo (신명 qar. 주.); ~닛시 Iyegova Hissi = Xudo mening bayrog'im; ~살롬 Iyegova shalom = Xudo dunyodir; ~ 날 Xudoning kuni; ~사자 Xudoning farishtasi; ~의 산 Xudoning tog'i.

역(驛) I stantsiya(temir yo'l), vokzal; ~무원 stantsiya ishchisi, xizmatchisi; ~사 vokzal binosi, stantsiya bekati; ~장 bekat boshlig'i; ~장실 bekat boshlig'ining xonasi; ~전광장 vokzal oldidagi maydon; ~전경주 yugurish bo'yicha musobaqa.

역(役), 배역 II 1) *teatr,* rol (연극에서); 2) mansab; 역(役)을 하다 rol o'ynamoq.

역-(逆-) qaytish, teskari qaytadigan, qarshilovchi, qarshi; ~풍 qarshi bo'lgan (yo'lovchiga qarshi esadigan) shamol; ~효과 qarama-qarshi natija; 역복사 *fiz.*

qarshi bo'lgan, qarshilovchi nurlanish; ~로그 *mat.* antilogarifmi.

역겹다(역겨우니, 역겨워) jirkanch, yoqimsiz, yomon; 역겨운 냄새 jirkanch(yoqimsiz)hid; 역겨운 행동 jirkanch, (yoqimsiz) qiliq; 이것을 보는 것조차 역겹다 Bu narsaga qarashning o'zi ham yoqimsiz.

역경(逆境) og'ir (falokatga duchor bo'lgan)holat, yaxshi bo'lmagan vaziyat, kulfat, baxtsizlik; ~에 처하다 og'ir (mushkul) holatda bo'lmoq; ~을 극복하다 qiyinchiliklarni (qiyin, mushkul holatni) yengib o'tmoq.

역량(力量) 1) kuch, quvvat; ~대비 kuchlar nisbati, o'zaro munosabat; 2) qobiliyatlar, biror bir narsaga qobiliyat; ~있는 biror bir narsaga qobiliyatli, qobiliyati bor; ~껏 butun kuchdan, butun kuch bilan.

역류(逆流) qarama-qarshi oqim, qarshi bo'lgan oqim, teskari oqim; ~하다 a) oqimga qarshi suzmoq (bormoq); b) qarama-qarshi yo'nalishda oqmoq.

역사(歷史) 1) tarix, tarixiy; ~적 tarixiy; ~문법 tarixiy grammatika; ~박물관 tarixiy muzey; ~소설 tarixiy roman; ~순환론 tarixiy charhpalak, teoriyasi, taxmini; ~적 유물론 tarixiy materializm; ~지리학 tarixiy geografiya; ~상 유래가 없다 tarixda o'ziga mos bo'lgan kishiga ega bo'lmaslik; ~적으로 볼 때 tarixan, tarixiy qarashdan; ~적 사건 tarixiy voqea, hodisa; ~가 tarixchi; ~관 tarixiy qarash, nuqtai nazar; ~성 tarixiylik; ~소설 tarixiy roman; ~학 tarixiy fan, tarix; 2) ~과학 tarixiy fan; 3) o'tgan hayot, o'tmish, hayot yo'li.

역설(力說) paradoks; ~하다 qatiyatlik bilan aniqlamoq; ~적으로 들리겠지만 bu paradoksal ko'rinishi mumkin, lekin...

역습(逆襲) ~하다 nazorat qiladigan zarbani bermoq, qarshi hujum qilmoq.

역시(譯詩) I 1) she'rlar tarjimasi; 2) tarjima qilinadigan she'rlar.

역시(亦是) II ham, hamda, oxir oqibat; 역시 ~하다, 또한 hamda.

역할(役割) 1) rol; 2) burch; ~하다 a) rol o'ynamoq; b) burchni bajarmoq, ado etmoq.

역행(逆行) qaytish, (orqa)yurish, orqaga bo'lgan harakat, orqaga harakat; ~하다 orqaga bormoq, oqimga qarshi bormoq, orqaga harakatlanmoq; 시대에 ~하다 oqimga qarshi suzmoq; ~동화 tilsh. regressiv assimilyatsiya; ~운동 qarshi, orqaga bo'lgan harakat.

역효과(逆效果) qarshi (teskari) effekt, natija; ~를 내다 qarama-qarshi ta'sirni olib kelmoq.

엮다 (얽어 만들다) to'qimoq, yozmoq, tuzmoq, hosil qilmoq.

엮음 1) to'qilgan; 2) tuzilgan, o'ylab topilgan, yaratilgan; 3) ashula, tez tempda ijro etiladigan qo'shiq; ~시조 qar. 사슬[시조] I.

연(鳶) I qog'oz iloni, varrak; ~을 날리다 qog'oz ilonni(varrakni) uchirmoq.

연(蓮) II lotosli; ~근 lotosning ildizi; ~꽃 lotos; ~못 lotos ko'li.

연(年) III yil; ~말 yilning oxiri; ~1회 yilda bir marta.

연(連) IV ketma-ket; ~이어 ketma-ket, navbatma-navbat; 바람이 ~사흘째 분다 Shamol ketma-ket 3chi kun esmoqda.

연결(連結) I bog'lanish, aloqa, bog'lam; ~농기계 qishloq xo'-

jalik mashinasining bog'lanish qismlari; ~부분 bog'lovchi qism; ~장치 bog'lovchi mos- lama; ~하다 ulamoq, bog'lamoq, ilmoq, ilib olmoq; ~버스 avtobusni ulamoq, ilib olmoq.
연결(戀結) II og'z. ~하다 sevib qolmoq.
연계(連繫) 1) aloqa, kontakt, bog'lam; 2) og'z. jinoyatda qatnashganlik sababli qamoqda; ~하다 a) bog'lamoq; b) og'z. jinoyatni sodir etishda qatnashganligi sababli qamash.
연구(硏究), 탐사(探査) o'rganuv, izlanuv, tadqiqot; ~하다 o'rganmoq, izlanmoq, tadqiqot qilmoq; ~가 o'rganuvchi, tadqiqotshi, sinovchi; ~비 ilmiy tadqiqot ishiga ketuvchi mablag', sarf harajat; ~소 ilmiy tadqiqot instituti, laboratoriya; ~실 tadqiqot xonasi; ~원 ilmiy tadqiqot institutining xodimi, labarant; ~회 ilmiy tadqiqot jamoasi; ilmiy to'garak.
연구소(硏究所) ilmiy tadqiqot instituti.
연구실(硏究室) tadqiqot xonasi.
연극(演劇) p'esa, spektakl; (무대에서) drama, san'at; (거짓꾸밈) qalbaki, rostakam bo'lmagan; ~적 drammatik; ~하다(무대에서) spektaklni qo'ymoq, teatral tomoshani bermoq; (거짓으로) qalbakilashtirmoq; ~계 teatr dunyosi; ~상 teatral mukofot; ~술 dramma san'ati.
연금(年金), 은급(恩級) (연금 생활로 넘어간다) nafaqa; ~보험 nafaqa sug'urtasi; ~종신 nafaqaho'r.
연기(連記) I ~투표 ro'yhat bo'yicha ovoz beruv; ~하다 ketma-ket yozib olmoq, yozmoq, ro'yhat tuzmoq.
연기(聯騎) II ~하다 ot ustida yonma-yon bormoq.
연기(煙氣) III tutun; ~가 나다 tutatmoq; ~가 자욱하다 tutunga to'lgan bo'lmoq; ~를 내다 biror narsa bilan tutatmoq.
연기(延期) IV muddatni uzatmoq; ~하다 keyinga surmoq; ~되다 keyinga surilgan, (ko'chirilgan bo'lmoq); 돈의 지불기한을 ~ pul to'lovini keyinga qoldirmoq.
연기(演技) V ijro; ~하다 ijro etmoq, namoyish qilmoq,; ~자 ijrochi.
연대(連帶) I ~적 solidar, birdamlik, birdam; ~보증 birdam bo'lgan kafillik, doirali birdamlik; ~수송 bir necha transport, kompaniyalari javob- gar bo'lgan yuk tashuvchilar.
연대(連帶) II ~하다 birdam bo'lmoq
연대(年代) III yillar, davr, zamon; ~순으로 xronik tartib- da,, yillar bo'yicha; ~기 qo'lyozma, xronika; ~표 xrono- logik jadval, xronologik.
연락(連絡) 1) aloqa, kontakt; ~장교 aloqa ofitseri; ~두절 ajralmaydi; 2) sport, uzatuv, aloqa; ~하다 kimdir bilan bog'lanmoq; ~을 취하다 kimdir bilan aloqaga kirishmoq; 전화로 본부와 ~하다 telefon orqali bog'lanmoq; 이 문제는 김씨와 ~하시오 bu ish bo'yicha Kim janoblari (janob Kim) bilan bog'laning; 이 비행기가 출발한지 1시간만에 ~이 두절되었다 Bu samolyot uchib ketganiga bir soat bo'lganidan so'ng u bilan aloqa yo'qoldi.; ~망 aloqa tarmog'i.
연락하다 kimdirga xabar bermoq, kimdir bilan bog'lan- moq.
연령, 나이, 연세 yosh; ~순으로 katta yosh bo'yicha; ~제한 yosh

cheklanishlari; ~차 yoshdagi farq; ~결혼 turmush (qurish) yoshi.

연료(燃料) yoqilg'i; ~비 yoqilg'i uchun sarf, yoqilg'i sarfi, harajati; 고체(액체)!~ suyuq yoqilg'i.

연루 aloqadorlik; ~되다 biror bir narsaga aloqador bo'lmoq, biror narsaga aralashgan bo'l- moq; 범죄 ~ jinoyatga aloqa- dorlik; ~자 qatnashchi (jinoyat- da); ~하다 biror narsaga aloqador,aloqasi bor bo'lmoq.

연립(聯立) 1) ittifoq; ~내각 ittifoqdosh vazirlar mahkamasi; ~방정식 *mat.* tenglamalar sistemasi, qo'shma sistemalar; ~정부 ittifoqdosh hokimiyat; ~주택 ko'p xonali uy.

연마(鍊磨) I takominlashuv; ~하다 qat'iyat bilan mashq qildirmoq, mashq qildirmoq, takomillashtirmoq; 기술을 ~하다 mahoratni yaxshilamoq.

연마(硏磨) II (기계) sayqallash; silliqlash; kam-ko'stini to'g'rilash; (연구) izlanuv, o'rganuv; ~하다(기계) sayqallamoq; silliqlamoq; kam-ko'stini tog'rilamoq; (연구) bir narsani qat'iyat bilan o'rganmoq, shug'ullanmoq (biror narsa bilan), bilimlarni yangilamoq, takomillashtirmoq, biror narsada takomillashmoq.

연맹(聯盟) ittifoq, liga, federatsiya, birlashuv; 세계 직업 ~ xalqaro kasaba uyushmalari federatsiyasi; 국제 ~ *tar.* Millatlar ligasi; ~에 가입하다 Ittifoqqa kirmoq; ~을 조직하다 Ittifoqni tashkil qilmoq, tashkil etmoq; ~국 ittifoqchi; 국제~ Millatlar ligasi.

연발(連發) uzluksiz, ajralmas qator; ~하다 (사고가) ketma-ket, uzilmasdan, ketma-ketiga bo'lmoq, ro'y bermoq; (총을) to'xtatilmagan, uzilmas o't ochmoq, o't ochib bormoq; (소리를) uzluksiz ravishda ishlab chiqarmoq, uzluksiz ravishda jaranglamoq; ~권총 to'pponcha; 6~권총 olti zaryadli to'pponcha; ~총 avtomatik miltiq; 지시문의 ~ ko'rsatmalar oqimi; ~사격 *harb.* uzluksiz ravishda o'q ochish; ~장치 *harb.* o'q otishga qator o'rnatuv, o'rnatiluv; ~하다 a) uzluksiz ravishda chiqarilmoq (bosib chiqarilmoq); b) uzluksiz ravishda chiqarmoq (tovushlarni), uzluksiz ravishda jaranglamoq; e) uzluksiz o't ochmoq.

연방(聯邦) ittifoq, federatsiya, konfederatsiya; ~공화국 federativ respublika; ~의회 federal kengash; ~정부 federativ hokimiyat; ~제 federativ tuzum; ~협정 ittifoq bitimi.

연세(年歲) (나이) yosh.

연속 I davom.

연속(連續) II 1) uzluksizlik; ~적 uzluksiz, ketma-ket; ~공리 *mat.* uzluksizlik aksiomasi; ~기초 ketma-ket fundament; ~도태 *biol.* ketma-ket, uzilmas tanlov; ~부절 davomiylik, uzluksizlik; ~스펙트르 uzluksiz, ketma-ket bo'lgan spektr; ~제강 po'lat quyuv; 2) ketma-ket, uzluksiz holda; ~하다 tugamaslik, to'xtamaslik.

연속선(連續線) uzilmas chiziq.

연속성(連續性) uzluksizlik, tugamaslik.

연쇄(連鎖) 1) zanjir; ~회로 *el.* chiziqli zanjir; 2) ulovchi xalqa; ~하다 ketma-ket (-lik bilan) birlashmoq.

연수(硏修) og'z. ~하다 o'qimoq,

o'rganmoq.
연수생(硏修生) stajor.
연습(練習) I mashq, repetitsiya; ~하다 mashq qilmoq, amaliyot bermoq (biror bir narsada).
연습(沿襲) II ~하다 an'anaga rioya qilmoq.
연습(演習) III ~하다 mashq qilmoq, repetitsiya qilmoq.
연애(戀愛) I sevgi; ~소설 sevgi to'g'risidagi roman, hikoya; ~하다 sevmoq.
연애(涓埃) II *muroj.* juda ham kichkina narsa.
연역(演繹) *log.* (mantiq) deduktsiya; ~적 deduktiv; ~적 논 deduktiv argument, isbot; ~추리 deduktiv xotima; ~하다 xulosa qilmoq.
연예(演藝) ijro etish, chiquv (sahnada); ~공연 tomosha, kontsert; ~써클 tasviriy havaskorlik to'garagi; ~하다 sahnada tomosha ko'rsatmoq, tomosha bermoq.
연일(連日) 1) ~연야 bir necha kun va tunlar (ketma-ket), kechalar, kechayu kunduzi; ~하다 bir necha kun davom etmoq; 2) bir necha kun ketma-ket, kundan kunga.
연작(連作) 1) yagona o'simlik, monokultura; 2) kollektiv ijod, jamoa ijodchiligi, jamoa muallifining asari; ~소설 bir, birgina, yagona adabiy asar; 3) bir mavzuga atab yozilgan rasmlar seriyasi; ~하다 a) yerni qayta ishlamoq; b) tasviriy asarni jamoa bo'lib yozmoq; e) yozmoq, yaratmoq (bir xil mavzudagi rasmlar seriyasini)
연장(延長) 1) uzaytiruv, prolotatsiya; ~기호 *mus.* fermata; 2) *mat.* davom, fiz. cho'zuv; ~하다 uzaytirmoq, prolotatsiya qilmoq, davom etmoq.
연필(鉛筆) qalam; ~철광 min. gematit.
연하다(連-) I 1) uzulmas,ketma ket,uzluksiz bo'lmoq; 2) bog'langan bo'lmoq; 3) bog'lamoq, birlashtirmoq.
연하다(鍊-) II yuvmoq, dazmollamoq (aza kiyimini).
연하다(軟-) III yumshoq, mayin, yorug'.
연합(聯合) birlashuv, ittifoq, koalitsiya, alyans; ~하다 birlashtirmoq, birlashmoq, qo'shmoq, qo'shilmoq, mos kelmoq.
연휴(連休) 1) uzoq dam olish kunlari; 2) uzoq muddatli dam olish kunlari.
열 I qamchining oxiri.
열(熱), **열량** II 1) issiqlik; 2) temperatura, isitma; 3) o'n(10); ~이 나다 isitmalamoq; ~이 식다 sovimoq, sovib qolmoq (bir narsaga).
열, 십 III o'n(10); 열 길 물속은 알아도 한 길 사람 속은 모른다 maq. ≅ o'zganing ichini bilib bo'lmas; 열 번 찍어 안 넘어 가는 나무가 없다 maq. ≅ tomchi toshni ham sindiradi(so'zma so'z. 10 marta bolta bilan urilgandan so'ng qulamaydigan daraxt yo'qdir; 열 벙어리가 말을 해도 가만 있거라 maq. ≅ odam- larning hamma gapini(tanbehini) eshita olmaysan; 사람이 지켜도 한 도적놈을 못 막는다 ikki tarafinga qara; 열 사흘 부스럼을 앓느냐? *maq.* ≅ naqshi bor bo'lgan xalta bilan tentaklarcha yugurib yurish; 열 사위는 밉지 아니 하여도 한 며느리가 밉다 *maq.* ≅ so'zma so'z. 10 kuyovga qaraganda 1 kelin yaxshiroq; 열 소경이 풀어도 아니 듣는다 matal. ≅ qaysarni yo'ldan qaytara ololmaysan; 열 소경에 한

막대 muroj. juda kerak bo'lgan narsa, o'zgartirish mumkin bo'lmagan narsa (so'zma so'z. to'qqiz ko'rga bir xassa); 열 손가락 깨물어 안 아픈 손가락 없다(열 손가락에 한 손가락 깨물어 아프지 않을가?) maq. ≅ *so'zma so'z.* hamma ham barmoqni tishlasa og'riydi; 열 손가락으로 물을 튀긴다 muroj. bekorchilik qilmoq, bekorchi bo'lmoq; 열 손 한 지레 muroj. a) 10 odam o'rniga ishlamoq; b) hohlagan mashina 10 odamni o'rnini bosadi; 열 일 젖히다 muroj. hamma narsadan voz kechmoq (nimadir uchun); 열에 한 술 밥이 한 그릇 푼푼하다 maq. ≅ *so'zma so'z.* o'n odamdan bir qoshiq- dan guruch olsang to'la kosa chiqadi, bo'ladi; 열에 아홉 qar. 십상 [팔구].

열(列) IV 1) qator; 2) ketma-ketlik.

열- yosh, kichkina.

열 넷, 십 사(14) o'n to'r.

열 다섯, 십 오(15) o'n besh.

열 둘, 십 이(12) o'n ikki.

열 셋, 십 삼(13) o'n uch.

열 아홉, 십 구(19) o'n to'qqiz.

열 여덟, 십 팔(18) o'n sakkiz.

열 여섯, 십 육(16) o'n olti.

열 일곱, 십 칠(17) o'n yetti.

열 하나, 십 일(11) o'n bir.

열기(熱氣) 1) issiqlik; 2) issiq havo; ~기관 kalorik mashina, kalorik dvigetel; 3) yuqori harorat, badanning yuqori harorati; 4) hayajon.

열다 I (여니, 여오) meva bermoq, hosil bermoq.

열다 II (여니, 여오) ochmoq; 서랍을 ~ qutichasini ochmoq (yozuv stolining), tortib chiqarmoq, surmoq, surib chiqarmoq; 외교 관계를 ~ diplomatik munosabatlarni o'rnatmoq; 입을 ~ gapirmoq, gap boshlamoq, so'z ochmoq; 연회를 ~ banket bermoq.

열대(熱帶) tropik; ~강우림 nam tropik o'rmon.

열두지파 o'n ikki qabila; 유다~ Iuda; 잇사갈~ Issaxar; 스블론 ~ Zavudoi; 르우벤~ Ruvin; 시므온 ~ Simeon; 갓~ Gad; 에브라임~ Yefraim; 므낫세~ Manassiya; 베냐민~ Veniamin; 단 ~ Dan; 아셀~ Asir; 납달리~ Nefdalim.

열등(劣等) ~하다 yomon, sifati past; ~한 성적 yomon o'qish, o'qishi past, yomon bo'lgan; ~한 상품 yomon tovar, sifati past.

열리다 I 1) mevalar paydo bo'lmoq; 2) ochilgan bo'lmoq.

열리다 II 1) ochilgan bo'lmoq; 2) ochilmoq; 3) rivojlanmoq (jamiyat to'g'risida); 4) yo'qol-moq (jahl, qayg'u to'g'); 가슴이 열렸다 yurakdan tushdi.

열매(熱媒) *to'g'ri va ko'chma ma'no.* meva; ~될 꽃은 첫 삼 월부터 안다 ildizi qanday bo'lsa mevasi ham shundaydir; = 될 성부른 나물은 떡잎부터 알아본다; ~를 맺다 *to'g'ri va ko'chma ma'no.* meva bermoq.

열변(熱辯) zavqli (issiq, qizg'in, otashin); ~을 토하다 otashin nutq bilan so'zga chiqmoq.

열쇠, 키 kalit.

열심(熱心) 1) ~하다 zo'r ishtiyoqni namoyon etmoq; 2) zavq-shavq, ishtiyoq, g'ayrat. 열심히 qat'iyatlik bilan.

열중(熱中) ~하다 qiziqmoq, (biror bir narsaga) berilib ketmoq.

열차(列車) I poyezd; ~사령 dispecher; ~운행표 poyezdlar harakati tartibi.

열차(列次) II navbat, ketma-ketlik, tartib.

열흘 10 kun; ～굶어 군자 없다 *qar.* 사흘 [굶어 도적질 안 할 놈 없다]; ～나그네 하루길 바빠한다 maq. ≅ *so'zma so'z.* 10 kunlik yo'lni bir kunda bosib o'tishga sxoshilmoq; = a) qizishmoq; b) bugun qilish mumkin bo'lgan ishni ertaga qoldirma; ～붉은 (고운) 꽃이 없다 *muroj.* dunyoda hech narsa boqiy emas; 2) 열흘날 oyning o'ninchi sanasi.

엷다 1) ingichka; 2) och(rang to'g'risida), oqimtir; 3) mustahkam bo'lmagan, kuchsiz; 4) siyrak, qalin emas; 5) chuqur bo'lmagan.

염려(念慮) g'amho'rlik, havotir; ～스럽다 havotirlangan; ～하다 havotirlanmoq, g'amho'rlik qilmoq.

염소 echki(여); echki(남); ～새끼 echkini bolasi.

엽기(獵奇) odatiy bo'lmagan narsaga yuqori qiziqish; ～적 odatiy bo'lmagan, noodatiy narsaga qiziqish bildiruvchi.

엿 cho'zg'ich; 엿 먹어라 벼노 sutini hoxlamaysanmi? 엿을 물고 개잘량에 엎드러졌느냐? hazil. tuki ko'p bo'lgan odam.

영감(靈感) I ilhom.

영감(靈鑑) II (budda) ilohiy ruhning panohi.

영감(令監) III 1) hurmat bilan. chol; ～의 상투 muroj. (narsa to'g'risida) juda kichkina; ～의 상투가 커야 맛이냐 maq.≅ kichik narsa bo'lsa ham qadri katta; 2) (xotin qari eri to'g'risida.) mening cholim; 3) (4,5 darajali mansabdorga murojaat) janob.

영광(榮光) shon, shuhrat; ～스럽다 shon sharafli, hurmatli; qar. 영예.

영광스러운 shon sharafli;

영구(永久) ～적 abadiy, doimiy; ～경수 *kimyo.* doimiy qattiqlikka ega bo'lgan suv; ～기관 doimiy dvigetel; ～불멸[의] abadiy, o'limsiz, boqiy; ～장천 abadiyat; ～준행 doimo rioya qilmoq; ～하다 doimiy.

영국말(英國-) ingliz tili.

영농(營農) ～기술 agratexnika; ～방법 qishloq ho'jaligini yurituv usullari;～하다 qishloq ho'jaligi bilan shug'ullanmoq.

영농술(營農術) agrotexnika.

영사(領事) konsul; ～구역 konsul tumani, rayoni, okrugi; ～재판권 konsul yurisdiktsiyasi huquqi; ～위임장 konsul patenti.

영세(零細) I ～농민 kichik mulkdor (dehqon to'g'); ～상품 a) mayda tovarlar; b) sifat darajasi past bo'lgan tovarlar; ～하다 a) mayda, bo'lingan, maydalangan; b) kambag'al, kambag'al bo'lib qolgan, kasodga uchragan.

영세(永世) II doimiy davrlar, zamonlar, abadiyat, abadiylik; ～불망[의] unutib bo'lmaydi- gan, doimiy.

영수증(領收證) kvitantsiyani olganlik to'g'risida yozuv qog'ozi, qar. 인수증.

영양(營養) foydali va to'yimli moddalar; ～[가치] to'yimlilik;～교잡 vegetativ gibritizatsiya; ～기관 vegetativ a'zo; ～단지 torfoperegnoyli tuvakchalar; ～면적 oziq ovqat maydoni; ～번식 vegetativ ko'payuv; ～부족 yetarli bo'lmagan ozuqa; ～상태 semizlik, baquvvatlik; ～잡종 vegetativ gibrit; ～장애 distro-fiya, oziqovqatning, ozuqaning, ovqatlanishning bizilishi.

영업(營業) kirxona, savdo ishi; ～교잡 sanoat qo'shiluvi, birla-shuvi; ～하다 ish olib bormoq; ～하는 시간 ish vaqti (misol

uchun do'kon, magazin).
영업비(營業費) ish olib borish uchun sarf harajat, administrativ sarf harajat.
영업세(營業稅) ish bilarmonlarga (uchun) soliq.
영업소(營業所) og'z. savdo korxonasi, tashkiloti.
영웅(英雄) qahramon; ～적 qahramonlarga xos; ～도시 qahramon (bo'lgan) shahar; ～서사시 qahramoniy emas; ～칭호 qahramon nomi; ～적으로 qahramonlarga xos, qahramonlarcha.
영토(領土) davlat territoriyasi, territoriya, mulk; ～적 territorial; ～완정 territorial butunlik, butunlilik.
영하(零下) noldan past.
영화(榮華) I to'liq sihatsalomatlik, yaxshilik, gullab yashnash, shon-shuhrat.
영화(映畵) II kino film; ～를 찍다 filmni suratga olmoq; ～에 출연하다 ekranda paydo bo'lmoq, kinoda suratga tushmoq; ～ 화하다 ekranizatsiya qilmoq; ～ 각본 kinostsenariy; ～감독 (kino) rejisyor; ～관 kinoteatr; ～계 kino dunyosi; ～배우 kinoaktyor; (여배우) kinoaktrisa; ～사업 kinosanoati; ～상영 kinostsena; ～제 kinofestival; ～제작소 kinostudiya; 기록 ～ dokumental film; 만화 ～ multfilm, multiplikatsion film; 예술 ～ badiiy film; ～적 kinoga aloqador bo'lmoq; ～배우 kinoaktyor; ～축전 kinofestival; ～촬영소 kinostudiya; ～연출가 kinorejisyor; ～시나리오 kinostsenariy.
열다(깊이가) cho'nqir emas, mayda, och, kambag'al; 열은 꾀 *ko'chm.* oq ip bilan o'ralgan.
옆 chet qismi, biqin, chet; ～의 chetki; ～으로 물러서다 chetga qochmoq; ～으로 피하다 qochmoq, o'zini chetga olmoq; ～을 보다 chetga qaramoq; 양 ～에 chetga; ～길 chet yo'lagi, tarmoqlanuv; ～문 chetki, yondagi eshik; ～구리 찔러 절 받기 *muroj.* kimdirni majburlamoq.
옆갈비 qovurg'alar.
옆구리 yon, biqin.
옆길 chetki, yondagi yo'l, yo'lning tarmog'i, tarmoqlanishi.
옆바람 chetki, yonga esuvchi shamol.
옆발치 yotgan odamning yonidan (yoni, biqini).
옆에 yonidan.
ㅖ ye undosh fonemasini bildiruvchi koreys alifbosining 33chi harfi.
예 I ye(kor.ㅖ harfining nomi).
예 II qadim; 예로부터 qadimdan, qadim zamonlardan.
예(濊) III qabila (qad. Koreyadagi).
예(例) IV 1) misol (analogik, o'xshash)voqea, hodisa; ～를 들면 misol uchun; 2) misol; ～의 yuqorida aytib o'tilgan, yuqorida ko'rsatib o'tilgan.～가 없는 misolsiz; ～의 yuqorida aytib o'tilgan, yuqorida ko'rsatib o'tilgan; ～가 되다 na'munali holda xizmat qilmoq; ～를 들다 misol keltirmoq, misol keltirib o'tmoq; ～를 들면(컨대) misol uchun.
예(禮)(예의) V 1) etiket, odob, xushhulqlilik; 2) qar. 경례; 3) qar. 예식 I 2); ～를 이루다 to'y o'tkazmoq.
예고(豫告) ogohlantirish, xabardor qiluv; ～하다 ogohlantirmoq, oldindan xabardor qilmoq, oldindan ogohlantirmoq.
예금(預金) 1) ～하다 pul qo'y-

moq; 2) pul xissasi, pul qo'yuv; 은행~ depozitli bank; ~계좌 pul xissasi, pul; ~액 xissa qiymati; ~자 pul qo'yuvchi shaxs.
예닐곱 6 yoki 7..
예매(豫買) I ~하다 oldindan sotib olmoq.
예매(豫賣) II avvaldan sotuv; ~하다 oldindan (avvaldan)sotmoq.
예물(禮物) 1) sovg'a, armug'on, hadya, tortiq; 2) kelin va kuyov o'zaro almashinadigan sovg'a salomlar; ~반지 nikoh uzugi; 3) kuyovning ota onasi kelinga beradigan sovg'a (kuyovning ota onasi oldiga ilk bor kelin kelganda); 4) sovg'a, tortiq; 5) hadya, sadaqa.
예방(豫防) arx. ~대책 oldini oluvchi choralar, old olish choralari; ~주사 oldini oluvchi emlash, emlov; ~하다 noto'g'ri qilmishlardan qaytarmoq, noto'g'ri bo'lgan qilmishlardan asramoq.
예방점검 profilaktika, oldini oluv.
예배(禮拜) ~하다 a) (Budda) ruhiga ta'zim qilmoq; b) Xudoga xizmat qilishni amalga oshirmoq, ibodatni amalga oshirmoq.
예배당(禮拜堂) nasroniy cherkovi.
예배소(禮拜所) ibodat amalga oshiriladigan xona.
예배일(禮拜日) ibodat amalga oshiriladigan kun.
예보(豫報) oldindan xabar beruv, bashorat (ob-havo); ~하다 oldindan xabar bermoq, bashorat qilmoq.
예비(豫備) 1) ~하다 oldindan tayyorlamoq, tayyorlab qo'ymoq; 2) tayyorlov, tayyorlash, hozirini ko'rmoq; ~시험 dastlabki imtihon; ~조약 dastlabki kelishuv; ~조인 dastlabki imzolash; ~[적] a) dastlabki, tayyorlovchi; b) zaxiradagi; ~부분품 zaxira qismlari(detallari); ~진지 zaxira pozitsiya.
예쁘다(예쁘니, 예뻐) chiroyli, istarasi issiq, yoqimli; 예쁜 자식 매로 키운다 maq. ≅ yaxshi bolalarni ham tayoq bilan tarbiyalash kerak.
예상(豫想) 1) ~하다 taxmin qilmoq, oldindan o'ylab qo'ymoq; 2) taxmin, kutish, intizor bo'lish.
예속(隷屬) 1) bo'yin egdiruv, bo'ysindiruv, qamrab oluv; ~[적] qaram, tobe; ~국가 qaram davlat; ~자본 moliya, kapital; ~하다 tobe qilmoq, bo'ysundurmoq, qamrab olmoq; 2) og'z. xizmatkorlar.
예수 그리스도 Iso payg'ambar.
예순, **육십**(60) oltmish.
예술(藝術) san'at; ~[적] a) san'atga aloqador bo'lgan; b) badiiy, tasviriy, artistik; ~사진 tasviriy fotografiya, rasm; ~ 지상주의 san'at san'at uchun nazariyasi; ~체조 badiiy gimnastika; ~영화 badiiy film.
예습(豫習) (uy ishi) dars tayyorlovi; ~하다 tayyorlamoq.
예식장(禮式場) to'y marosimini o'tkazish joyi.
예약(豫約) 1) ~하다 a) tuzmoq (dastlabki kelishuvni); b) dastlabki (ilk) buyurtmani bermoq; 2) dastlabki kelishuv, dastlabki buyurtma, yoziluv.
예의(禮義) to'g'ri xulq-atvor va odoblilik; ~염치 xush fellik, burch hissi, samimiylik, uyatchanlik; ~바르다 xush fe'l, tarbiyali, yaxshi hulq atvorga ega bo'lgan kishi; ~상 odobdan, etiket uchun.
예인(銳刃) o'tkir (pichoq, hanjar, qilichning).

예절(禮節) 1) etiket; 2) hulq-atvor. *qar.* 예의
예정(豫定) 1) ~하다 oldindan aniqlamoq, mo'ljallamoq; 2) taxmin, plan, dastlabki hisob.
예측(豫測) taxmin, bashorat; ~하다 taxmin qilmoq, bashorat qilmoq, oldindan fahmlamoq.
옛 qadimiy, eski; ~부터 qadimgi davrdan; ~적에 oldin, qadimda; ~날 = 옛날 ~ 모습 qadimgi ko'rinish, eski ko'ri- nish; ~사랑 qadimgi, eski sevgi; ~이야기 ertak; 과거에 관한 이야기 oldingi zamon haqida hikoya.
옛날 uzoq o'tmish, qadimgi davrlar; ~부터 qadimdan, qadimgi davrdan; ~이야기 ertak; ~옛적 uzoq uzoq o'tmishda; ~시어미 범 안 잡은 사람 없다 maq. buyuk ishlarni ham qilgan davrim bo'lgan.
옜다 buyruq shaklida, maylida yemoq.
ㅗ o undosh fonemasini bildiruvchi, koreys alifbosining 24 harfi.
오(伍) I 1) qar. 대오 I; 2) saf, shirenga; 3) 5 nafar jangchidan iborat saf.
오 II (감탄사) voy!; (옳지) to'g'ri; (아랫사람에게) ha, mayli.
오(五) III besh; 오 리[를] 보고 십 리[를] 간다 maq. so'zma-so'z ≅ 5 chaqa uchun 10 liga boradi.
-오- hurm. qo'sh. old.
오백(白) (500) besh yuz. 오천(千) (5,000) besh ming.
오금 1) tizza osti chuqurchasi; 2) qar. 팔오금이 저리다 siqilmoq, qiynalmoq (yo'l qo'yilgan xatoni deb); 3) qar. 한오금; ~아 날 살려라 *qar.* 걸음[아 날 살려라]; ~을 못 쓰다 boshni yo'qotmoq, qul bo'lmoq, poshni ostida bo'lib qolmoq; ~을 박다 so'zda ushlab olmoq; ~을 추지 못 하다 kuchsizlangan, toliqqan bo'lmoq; ~이 저리다 yo'l qo'yilgan xato deb siqilmoq, qiynalmoq; ~이 뜨다 (~에 돌개바람 들다) a) tinib tinchimas; b) yengil hayolli, kaltafahm, befahm; ~이 쑤시다 tinib tinchimas.
오기(傲氣) qat'iyat, qat'iyatlik; ~를 부리다 qat'iyatlilik qilmoq.
오누이 aka-singil.
오늘 bugun; ~따라 huddi shu bugun; ~의 bugungi; ~까지 bugungi kungacha; ~ 밤에 bugun kechasi; ~부터 bugundan boshlab; ~ 날 hozirgi vaqt.
오뉴월 may va iyun oylari; ~감기는 개도 아니 앓는다 *hazil.* hatto it ham yozda shamollamaydi; ~겨불도 쬐다 나면 서운하다 matal. ≅ bor narsani ayamaymiz, lekin yo'qotsak yig'laymiz; ~개가죽 문인가? muroj. nima uchun ketingdan eshikni yopmaysan? ~닭이 오죽하여 지붕에 올라가랴 maq. *so'zma so'z.*≅ may va iyunda (ocharchilik davrida) tovuq don izlab tomga chiqadi; ~더위는 암소 뿔이 물러 빠진다 maq. so'zma-so'z. ≅ may(iyun) issig'idan sigirning shoxi ham erib ketadi; ~두룽다리 muroj. aravadagi beshinchi g'ildirak; ~병아리 하루 볕쬐기가 무섭다 yomg'irdan so'ng zamburug'dek o'smoq, yomg'irdan so'ng o'sadigan zamburug'dek o'smoq; ~소나기는 소 등을 두고 다툰다 muroj. yoz jalalari qisqadir; ~소불알 muroj. issiqdan qorin ustida yotmoq; ~똥파리 muroj. jonga teguvchi pashsha singari.
-오니까 predikativning so'roq shakl qo'sh.
오다 kelmoq; (도착) yetib kelmoq, kelmoq; 잠이~ uxlab

qolmoq; 졸음이~ mizg'ib olmoq, mizg'imoq; 온 데 간 데 없다 o'zi ham yo'q ruhi ham; 전화가 왔다 telefon jiringlab qoldi, sizni telefonga chaqirishmoqda; 오는 정이 있어야 가는 정이 있다 maq. ≅ qanday baqirsang shunday aks sado keladi; 오라는 딸은안 오고 외통 며느리만 온다 maq. so'zma-so'z. chaqirgan qizim kelmasada, kelin keldi; 출장을 ~ ish safariga kelmoq; 와서[는] -ga; 금년에 와서 bu yilga; 기회가 ~ paydo bo'lmoq (yaxshi imkoniyat to'g'risida); 불이 ~ yoqilmoq, yonmoq (chiroq to'g'risida); 세 살이 잡혀 오는 아이 yaqinda uch yoshga to'ladi- gan bola; 붉어~ qizarmoq; 오다 가다 a) yo'lda, yo'l yo'lakay, mening yo'limda; b) tasodifan; 오나가나=가나오나 qar. 가다 I; 오락 가락하다 a) daydimoq, orqa oldinga yurmoq; 온다 간다는 말없이 bildirmasdan, hech kimga aytmasdan.

오라 esk. jinoyatchi bog'lana-digan qizil arqon; ~를 지다 a) arqon bilan bog'langan bo'lmoq (jinoyatchi); b) 오라 질 *og'z. ur.* qurib ketkur,qarg'ish tekkur.

오라버니 katta aka (singil, opa uchun).

오락(娛樂) I istirohat, dam olish, ko'ngil ochish; ~하다 ko'ngilni ochmoq, dam olmoq; ~기 o'yin avtomati; ~실 o'yinlar, dam olish xonasi.

오락(誤落) II esk. 1) dan qisq. 오자[낙서] 2) ~하다 yiqilmoq (og'ib ketib).

오래 ko'p vaqt; ~다 qadimgi, uzoq, ancha vaqt bo'lgan; ~오래 juda uzoq, juda uzoq vaqt, doimo, har doim; 오랜 기간 uzoq muddat, uzoq vaqt; 오랜 우정 uzoq yillar do'stligi, ancha vaqt bo'lgan do'stlik; ~앉으면 새도 살을 맞는다 *maq.*≅ katta mansabda uzoq o'tirma.

오래 전에, 옛날에 oldin, qadimda.

오래간만이다 qancha qishu, qancha yoz.

오랜만에 uzoq vaqt davomida.

오렌지 apelsin; ~나무 apelsin daraxti; ~색 to'q sariq rang.

오로지 faqat, -gina.

오르내리다(층계 따위를) bir ko'tarilib bir tushmoq; 사람들의 입에) tilga tushmoq.

오르다 chiqmoq, ko'tarilmoq (높은 곳으로) ko'tarilmoq; 게재, 기록) yozib qo'yilgan, kiritilgan bo'lmoq; (전염) biror narsa bilan kasallanmoq; (약이) kir- moq, kirib olmoq; 살이 ~ semirmoq; 오를 수 없는 나무는 쳐다보지도 말아라 maq. so'zma- so'z. ≅ chiqish mumkin bo'l- magan, chiqib ololmaydigan daraxtga qarama; 오르락 내리락 bir ko'tarilib bir tushmoq; 살이~ semirmoq; 때가 ~ ifloslan- moq, bulg'alanmoq; 올라가다 a) ko'tarilmoq, chiqmoq; b) oqimga qarshi bormoq, ketmoq; e) bermoq, ketmoq (qishloqdan poytaxtga); e) o'tmoq (katta sinfga); e) ko'tarilmoq (narx); e) yo'qotmoq; f) sodda ko'r. 죽다 올라 오다 a) ko'tarilmoq, chiqmoq; b) kelmoq, (qishloq- dan poytahtga); e) qusmoq, qusib yubormoq (yo'taldan).

오르르 ~하다 a) tez harakat- lanmoq (bo'yi katta bo'lmagan odam); b) to'satdan qaynamoq, biqillab ketmoq; e) birdaniga, hammasi bo'lib, butunligicha qulab ketmoq, buzulib ketmoq; e) shovqin, gumburlash bilan qulamoq.

오르막 ko'tarilish, ko'tariluv; ~길 toqqa olib boruvchi yo'l.
오른 to'g'ri; ~편에서 o'ng tarafdan; ~편으로 o'nga; ~발 o'ng oyoq; ~팔(오른쪽 팔) o'ng qo'l; (심복) yordamchi; ~ 편(쪽) o'ng tomon. ~샅바 kurashchining o'ng oyog'iga kiyiladigan, bog'lanadigan bog'lam; ~씨름 o'ng holatda kurashni olib boruv, kurashuv (kor. xalq kurashida); ~쪽 o'ng taraf; ~쪽으로 o'nga; o'ng tomonga.
오리 o'rdak; ~ 걸음 o'rdak yurish; ~ 고기 o'rdak go'shti; 새끼 ~ o'rdak bolasi, o'rdak- cha; ~알에 제 똥묻은 줄 모른다 maq.≅ birovning ko'zida qilni ko'rib, yog'ochni ko'rmaydi.
오만(傲慢) I ~무도 bezbetlik va shafqatsizlik; ~무례 bezbetlik va beandishalik;~스럽다 bezbet bo'lib ko'rinmoq; ~하다 bezbet, beandisha.
오만(五萬) II 1) 50 ming; 2) limmo lim; ~소리를 다 하다 bemani gaplarni gapirib tashlamoq.
오만(傲慢) III ~하다 kekkaygan, dimog'i baland; ~ 불손하다 dimog'i baland, kekkaygan.
오명 yomon, dog' tushgan obro'; ~을 벗다 nomni tiklamoq (shon, obro', nomus).
오보(誤報) noto'g'ri, noaniq axborot, yolg'on xabar, noto'g'ri ma'lumot; ~하다 yolg'on ma'lumot, axborot, xabar berish, dezinformatsiya qilmoq, noto'g'ri ma'lumotlarni bermoq, xabar qilmoq.
오열(嗚咽) ~하다 birdan o't olmoq.
오염 ifloslanish; (군사적으로) kasallanish; ~되다 ifloslangan bo'lmoq; ~시키다 kir qilmoq, ifloslantirmoq; ~구역 kasallangan rayon; ~물 kasallangan, kasal bo'lgan buyum; 대기~ havoning ifloslanishi; 환경~ atrof-muhitning ifloslanishi.
오월(五月) may.
오이 bodring; ~넝쿨에 가지 열릴가? maq.≅ bodring o'sadigan joyda baqlajon o'sadimi?
-오이다 esk. predikativning darak shakli, hurm qo'sh: 꽃이 피오이다 gullar ochilmoqda.
오전(午前) II peshingacha bo'lgan vaqt; ~에 peshingacha; ~10 시에 kundizgi soat 10 da.
오점(汚點) dog', kir, ifloslanish; (평판에 대한) uyat dog'i, sharmandagarchilik dog'i, nomdagi dog'; ~을 남기다 ifloslantirmoq, kir qilmoq, dog' tushurmoq; ~을 씻다 dog'ni yuvmoq; ~ 하나 없는 bir dog'i yo'q bo'lgan.
오죽 og'z. qanday, qancha; 그것을 들으면 ~ 기뻐할가 buni eshitsa qanday hursand bo'ladi-a, naqadar hursand bo'ladi-a.
오죽이나 qanday.
오줌, 소변 siydik; ~을 누다 (싸다) siyib qo'ymoq; ~이 마렵다 siyishni istamoq, siyishga chorlovchi xisni xis etmoq; ~에도 데겠다 pashsha qanoti bilan qulatadi.
오직 I faqatgina.
오직 II noto'g'ri, yanglish diagnoz, tashxis.
오해(誤解) anglashilmovchilik, noto'g'ri tushunuv; ~하다 noto'g'ri tushunmoq; ~를 초래하다 anglashilmovchilikni yaratmoq; ~를 풀다 anglashilmovchilikni yo'qotmoq, tushuntirmoq; ~ 때문에 anglashilmovchilik sababli.
오후(午後) peshindan keyingi

vaqt; ～에 peshindan keyin bo'lgan vaqt; ～ 2시에 kunduzgi soat ikki; ～ 11시 kechki soat ikki.

오히려 1) teskari, qarshisiga, qaytanga; 2) bari bir.

옥(玉) (구슬보석) I 1) qimmatbaho tosh; 2) (보석의 일종) nefrit, yashma; 옥에 티 (옥에는 티나 있지) maq. ≅ quyoshda ham dog'lar bor.

옥(獄) II qamoq; ～ 바라지하다 qamoqqa uzatuv (narsalarni), yubormoq; ～에 가두다 qamoqqa tiqmoq, qamamoq; ～살이 qamoqda o'tiruv.

옥상(屋上) ～에 tekkis bo'lgan holda; ～ 정원 tomdagi tog'; ～ 집 uyning tomidagi; ～가옥 a) uy tomiga usturma; b) kerak bo'lmagan qaytaruv, qaytarish.

온 I to'la, butun, hamma; ～몸이 떨리다 butun badan bo'lib titramoq; ～몸에 hamma badan bo'ylab; ～힘을 다하여 butun, bor kuch bilan; ～세상 butun dunyo; 그는 ～몸이 먼지투성이다 uning hamma yeri chang; ～거리 butun ko'cha; ～세계 butun jahon.

온 II voy! voy dod! a!

온갖 har xil, har xil turdagi, turli xil; ～ 노력을 다하다 har tomonlama harakat qilmoq; ～ 종류의 har xil (-dagi).

온건 ～하다 mo'tadil, o'rtacha, salomat, sog', sog'lom; ～책 mo'tadil iqlim; ～파 iliq front.

온기(溫氣), 열 I issiqlik.

온기(溫器) II issiqlik.

온난(溫暖) ～하다 iliq, mo'tadil; ～ 한 기후 mo'tadil iqlim; ～ 전선 iliq front; ～기단 iliq havo oqimlari, massalari, vaznlari.

온도(溫度) temperatura, harorat; 열 haroratni o'lchamoq; ～를 재다 haroratni o'lchamoq; ～계 termometr, haroratni o'lchovchi asbob; 연평균 ～ o'rtacha yilgi harorat, temperatura.

온돌(溫突) isitilgan, issiqlashtirilgan pol (koreys uyidagi); ～방 issiqlashtirilgan polli xona.

온실(溫室) issiq xona, teplitsa; ～속의 교육 oranjeyra, teplitsali, issiq xonali tarbiya, o'stiruv; ～에서 자란 사람 issiq xonadagidek tarbiyalangan, etishtirilgan odam, nozik(noziklashib ketgan) odam; ～에서 자란 아이 issiq xona bolasi.

온전 ～하다 to'la.

온천(溫泉) issiq mineral buyog'i, chashmasi; ～에 가다 issiq buloqlarga bormoq; ～수 issiq mineral suvlar; ～장 issiq mineral buloqli, chashmali kurort

온천하다 tegilmagan, to'laligicha saqlanib qolingan (pul va mulk).

온통 hammasini, butunligicha, butunlay.

올 I ip (boshqa bo'lgan, alohida bo'lgan); 올이 곧다 to'g'ri (fe'l to'g'risida); 올이 되다 a) (mato to') qalin va mahkam, mustahkam; b) qaysar va og'uvchan, o'zini tutib turolmas.

올 (올해의 준말) II shu yil; ～여름 shu yilning yozi.

올 bir ip; ～이 곧다 to'g'ri, ikkiyuzlamachi bo'lmagan.

올- old.qo'sh. ilk, erta (o'simliklar); 올벼 erta guruch.

올가미 (짐승을 잡기 위한) qopqon, arqon, tuzoq; ～를 쓰다 kimningdir fisqu-fasodining, hiylasining qurboni bo'lib bormoq; ～를 씌우다 hiyla bilan olmoq, yengmoq, tuzoqqa tushurmoq; ～없는 개장사 muroj. molmu- lksiz, kapitalsiz, pulsiz sav- dogar.

올라가다 ko'tarilmoq, tepaga chiqmoq; (높은 곳으로) ko'tarilmoq, chiqmoq; 거슬러 ~ oqimga qarshi bormoq.

올리다 (높은 곳으로) ko'tarmoq; (거행하다) o'tkazmoq, uyushtirmoq, tashkil qilmoq; (드리다) bermoq, taqdim qilmoq; (얻다) erishmoq; (기재) sig'dirmoq, kiritmoq, yozib kiritmoq; 결혼식을 ~ to'y o'tkazmoq, toy qilmoq; 기도를 ~ sig'inmoq, ibodat qilmoq; 올려 *murak. fe'- llarda* tepaga, yuqoriga; 올려다보다 a) pastdan tepaga qara- moq; b) zavq bilan qaramoq.

올바로 rost, to'g'ri.

올봄 shu yilning bahori; ~에 shu yilning bahorida.

-올시다 이다 bo'g'lovchi fe'lning hurmat shakli.

올해 shu yil.

옭다(잡아매다) to'r bilan tutmoq; (사람을 정신적으로) sheklamoq.

옮기다 harakatlantirmoq, ko'tarib o'tmoq, o'tkazmoq, o'tkazib qo'ymoq, olib o'tmoq; 발을 ~ oyoqni harakatlantirmoq; 시선을~ nazar tashlamoq, nazarni boshqa narsaga ko'chirmoq, nazarni ko'chirmoq; 실행 (실천)에 ~ hayotiy qilmoq, amalga oshirmoq, real qilmoq; 옮겨 앉다 a)joyni o'zgartirmoq, boshqa joyga qayta o'tirmoq; b) ko'chib o'tmoq, o'zgartirmoq (yashash joyini).

옮다 1) ko'chmoq, ko'chib o'tmoq,(olov, yong'in to'g'risida) ko'chib o'tmoq; 2) o'tmoq, yuqmoq (kasal to'g'); 3) bo'yanmoq.

옳 tovon, qayta to'lov; 옳을 내다 pul yoki biror narsa bilan o'rnini bosmoq, javobgarlik tovoni.

옳고 그른 것을 판단하다 nima to'g'ri nima noto'g'riligini aniqlamoq.

옳다 to'g'ri, rost; 옳게 행동하다 to'g'ri ish tutmoq, to'g'ri ish qilmoq; 옳은 해석 to'g'ri tushunish, to'g'ri izoh; 당신 말이 ~ Siz haqsiz. 옳바로 to'g'ri, rost.

옳바르다(옳바르니, 옳발라) to'g'ri, rost. haq.

옳지 to'g'ri, to'ppa-to'g'ri, aniq.

옵세트(ung. offset) poligraf, ofset, ofset muhri, ofset matbuoti, ofset bosmasi.

옵션 tanlov (almashtiruv, o'zgartiruv), tanlov huquqi.

옷 kiyim, ko'ylak; ~을 벗다 yechinmoq; ~을 벗은 kiyim kiymagan, yalang'och; ~을 입히다 kiyimni kiydirtirmoq, kiyinmoq; ~ 치레하다 yasanmoq, yasan-tusan qilmoq; ~가지 kiyim buyumlari, kiyim xillari; ~감 gazlama, gazmol qiytimi; ~걸이 kiyim ilgich; ~ 깃 yoqa; ~맵시 kiyim ko'rinishi, xili (fasoni); ~장 kiyim, ko'ylak jovoni, shkaf; 겉 ~ ustki kiyim; 속 ~ ichki kiyim; ~은 새 옷이 좋고 사람은 옛 사람이 좋다 maq. so'zma-so'z.≅ yangi kiyim eskisidan yaxshi, lekin eski do'st yangisidan yaxshiroqdir; ~을 입다 a) kiyinmoq, kiyim kiymoq; b) paydo bo'lmoq (soya tvorogi suzmasi tayyorlanadigan qirg'ichdan o'tkazilgan soya loviya ustidagi mo'g'ol);

옷두벌 kiyimning ikki komplekti.

옷, 의복 kiyim.

옹 yara, furunkul, yiringli yara.

옹- old.qo'sh. kichkina va ko'rimsiz.

-옹(-翁) hurmatli, nurmatga sazovor bo'lgan, izzatli; 간디~ hurmatli Gandi.

옹달샘 chuqur bo'lmagan chashma, buloq.

옻 1) lak, lak daraxtining chaqichi, sxirasida bo'lgan zahar; ~이 오르다 lak daraxtining zahari bilan zaharlanmoq; 2) lak daraxtining sxirasi, smalasi tufayli terida paydo bo'lgan kuyishlar.
옻나무 lak daraxti.
ㅘ va undosh fonemasini bildiruvchi koreys alfavitining 37nchi harfi.
와 I va(kor. ㅘ harfining nomi).
와 II 1) to'da bilan, olamon bilan; 2) shovqin suron bilan; ~하다 a) to'da bo'lib bostirib kelmoq; b) shovqin suron qilmoq.
-와 qar. -과.
와이셔츠(ingl. white shirt) ko'ylak, erkaklar ko'ylagi, tepa ko'ylak.
완강(頑强) ~하다 qaysar, qat'iyatli, mustahkam, matonatli, qattiq turuvchi, egilmas, bo'ysunmas; ~한 저항 qat'iyatli qarshilik.
완결(完結) tugash, bitish, oxir; ~하다 to'la tamomlamoq, butunlay tugatmoq; ~성 oxiriga yetganlik, tamomlaganlik; ~편 oxirgi qism.
완곡(婉曲) ~하다 to'g'ri bo'lmagan, egiluvchan, yumshatilgan; ~히 말하다 egiluvchan bildirmoq, ifodalamoq, chetga qochuvchan qilib gapirmoq, kesatib gapirmoq; ~ 어법 evfemizm.
완공되다(完工-) qurilish ishlari haqida tugatilgan bo'lmoq.
완납(完納) to'la to'lov; ~하다 to'la to'lamoq, to'la, butun to'lovni kiritmoq.
완벽(完璧) benuqsonsizlik, kamchiliksiz, takomollashganlik, har jihatdan yaxshi, bekami ko'st, eng yuksak; ~ 하다 eng yaxshi, kamchiliksiz, bekami-ko'st; ~을 기하다 yuksaklikka intilmoq, takomollashishga harakat qilmoq; ~한 준비 태세 to'liq tayyorgarlik.
완성(完成) tugallash, oxirlash, tugatish; ~하다 tugatmoq, oxiriga yetkazmoq, yakunlamoq; ~ 작업 ta'mirlash, tuzatish ishlari; ~ 품 tayyor mahsulot; 자기 ~ o'zini takomillashtiruv.
완전(完全) I bekami ko'stlik, benuqsonlik; ~ 하다 to'la, toza, bekami ko'st, kamchiliksiz, har jihatdan yaxshi; ~히 benuqsonlilik, to'la, butunligicha; ~ 한 성공 to'liq muvoffaqiyat; ~을 기하다 har jihatdan yaxshi, kamchiliksiz, benuqson bo'lishga intilmoq; ~ 고용 to'liq bandlik, to'la bandlik; ~ 무결 benuqsonlik, bekami-ko'stlik; ~수 to'liq sana, raqam; ~기체 qar. 이상[기체]; ~권력 to'liq hokimiyat, mutloq hokimiyat; ~단백질 har tomonlama kerakli, muhim(foydali bo'lgan) oqsil (hayvonniki); ~변태 biol. to'liq metomorfoz, to'la, to'liq aylanuv; ~비료 to'liq o'g'it; ~색맹 tib. axrometantsiya.
완충(緩衝) zarbalarni yumshatuv;~하다 amartizatsiya qilmoq; ~기 amartizator; ~작용 amartizatsiya, bufer xatti-harakati; ~장치 amartizatsiyali moslamalar, amartizator; ~지대 bufer maydoni.
완치(緩治) davolanuv; ~가 가능한 davolash mumkin bo'lgan; ~하다 to'liq davolanmoq; ~의 희망이 없다 davolanishga (davolanib ketishga, tuzalib ketishga) ishonch (umie) yo'q.
완쾌(完快) ~되다 to'liq tuzalmoq, tuzalib ketmoq.
완행(緩行) sekin harakat, sekin

yurish; ~하다 sekin yurish bilan harakatlanmoq; ~ 열차 tezligi past bo'lgan poyezd.
왈(曰) kitob. to'g'ri nutq bilan bermoq, uzatmoq, uzatmoqda.
왈-(曰) *kor.old. qo'sh.* deb ataluvchi.
왔다갔다하다 daydimoq, sayr qilmoq.
왕(王) 1) monax, olampanoh, qirol; 백수의 ~ hayvonlar qiroli; 2) qirol; 유대인의 ~ Iudiylar qiroli.
왕-(王-) (아주 큰) katta, yirik; ~개미 katta (gigant) chumoli; ~거미 kattakon o'rgimchak; ~겨 yirik guruch chopmalari; ~고모 otaning opalari; 왕가물 qattiq qurg'oqchilik; ~의 골짜기 qirollar vodiysi; ~의 대로 shohlar yo'lidan; ~의 동산 qirollar bog'i; ~의 못 qirollar hovuzi; ~의 무덤 qirol qabri; ~의 문 qirollar darvozasi.
왕래(往來) 1)muloqot; 2) borish, qatnash (통행) yo'l harakati; (친교) muloqot, aloqa, xat yozib turish;~하다 o'tga-bo'tga borib kelmoq; 서신~ xat yozib turish.
왕복(往復) ikki tomonga yurish, ikki tomonga sayohat; ~ 하다 yurmoq, bormoq (o'tga- bo'tga, old-orqaga); ~ 비행 oldinga va ortga qo'nishsiz uchuvchi samalyot chelnokli uchishlar, parvozlar; ~ 요금 ikki tomonga to'lov haqqi, oldinga va orqaga, o'tga va ortga to'lov, yo'l haqqi; ~ 운동 ikkilamchi kelib ketuv harakati; ~ 차표 ikki tomonga chipta; ~기관 dvigatel (tutun, par, porshenli); ~수송 uchratuvchi olib o'tishlar; ~차표 o'tga va oldinga chipta; ~엽서 to'langan javob xati.
왕성(旺盛) gullab yashnov, ochilish, yashnahsh; ~하다 gullovchi, gullab yashnovchi, yashnashda bo'lmoq; 원기 ~하다 juda yaxshi kayfiyatda bo'lmoq, g'ayratga (kuch-quvvatga) to'lib-toshgan bo'lmoq, kuch kelganligini xis qilmoq; 혈기~하다 qaynab turgan energiyaga, kuchga to'la, jo'shqin kuch, yashnagan, ochilgan davrda bo'lmoq.
ㅙ ve. undosh fonemasini bildiruvchi koreys alifbosining 39nchi harfi.
왜 nimaga, nima uchun; ~ 그런지 nimagadir, nimadandir, qandaydir sababdan; ~ 냐하면 chunki.
왜-(倭) yapon; ~군 yapon armiyasi;~정 yapon boshqaruvi.
왜곡(歪曲) buzulgan, aynaganlik, xiralik, xirillaganlik; ~하다 buzmoq, yo'qilmoq, aynamoq, xiralatmoq.
왜냐하면 nimaga (왜); ~ 때문이다 chunki (uchun, -gauchun, -ga sababli).
왜소(矮小) ~하다 kichkina, qisqa, bo'yi past, pakana, bo'y basti past.
왱왱하다 juda baland o'qimoq.
ㅚ ve. undosh fonemasini bildiruvchi kor. alifbosining 34nchi harfi.
외(外) III ~에 tashqari, boshqa, bo'lak.
외-(外-) I *kor.old.qo'sh.* 1) tashqi, sirtqi; 외저항 *elek. tashqi qarshilik*; 외할머니 2) ona tomonidan, chizig'idan.
외- II *kor.old.qo'sh.* bir yagona, yolg'iz; 외아들 yagona, yolg'iz o'g'il; 외나무 yagona daraxt.
-외(-外) *kor. old.*-dan tashqari; 계획외 rejadan tashqi bo'lgan, reja tashqarisida bo'lgan,

rejalashtirilmagan.
외곡(-曲) buzilish, buzilganlik, aynaganlik, xiralik; ~ 하다 buzmoq, xiralatmoq.
외교(外交) 1) diplomatiya, tashqi aloqalar; ~[적] diplomatik; ~관계 diplomatik munosabatlar, aloqalar; ~내치 esk. tashqi aloqalar, munosabatlar va yurt, davlatni boshqaruv; ~직급 diplomatik rang, diplomatik mansab; ~특권 yur. diplomatik immunitet; 2) sotqinlik; ~하다 a) diplomatik aloqalar, munosabatlarga ega bo'lmoq; b) muloqat qilmoq, etmoq; ~대표 diplomatik vakil.
외국(外國) chet el davlati, chet davlat, chet davlatlar, chet el, chet el mamlakatlari; ~법인 chet davlatining yuridik vakili.
외국어(外國語) chet tili.
외눈 bir(yagona bo'lgan) ko'z; ~하나 깜짝 아니하다 muroj. ko'zini ham yummaydi (qo'rq- mas, dovyurak odam to'g'risida)
외다 1) yoddan o'qimoq, diplomatsiya qilmoq; 2) yodlamoq, eslab qolmoq.
외래(外來) 1) ot. chetdan kelgan; ~성원 shtatdan tash- qari, isbotdan tashqarida bo'l- gan ishchilar; ~환자 ambulator kasal, bemor; 2) ot. chet ellik, o'zga yurtlik; ~상품 import tovarlari; ~자본 chet el kapitali.
외로움 yolg'izlik, yolg'izlik xissi.
외로이 yolg'iz, yakka yolg'iz (man).
외롭다 yolg'iz, yakka; 외로운 마음 yolg'izlik xissi.
외아들 yolg'iz, yakka o'g'il.
외우다 yodlamoq, eslab qolmoq; (암송) yoddan o'qimoq; 시를 ~ she'rni yoddan o'qimoq, she'r yodlamoq.
외출(外出) tashqariga chiqmoq; ~하다 a) chiqmoq, chiqib turmoq (qisqa vaqtga); b) harb. bo'shashga chiqmoq, bo'shamoq.
외침(畏鍼) esk. ~하다 igna sanchig'idan, sanchilishidan qo'rqmoq.
외톨 1) to'la, to'liq meva (bo'limlarga, qismlarga bo'lin- maydigan); ~ 밤이 벌레가 먹었다 maq.≅ a) yakka yagona o'g'il bo'lsada yomon; b) yagona aziz narsa bo'lsa ham keraksiz bo'lib qoldi; 2) qar. 외도토리.
왼 chap; 왼 편(쪽) chap tomon; 왼 고개를 젓다 (치다) bosh bilan qimirlatmoq, boshni qimirlatmoq (norozilik bildirish); 왼 고개를 틀다 o'girilmoq; ~눈도 깜짝 아니하다 xatto ko'zini yummadi; ~발 구르고 침 뱉는다 maq.≅ ish chiqarib o'zi qochib ketdi; ~새끼 내던졌다 muroj. qara- masdan tashlab yubormoq.
왼쪽 chap tomon, chap.
왼편으로 chapga.
윙 ~하다 a) jaranglamoq, jaranglashni keltirib chiqarmoq (cho'zilgan sim); b) havoni shuttak bilan kesmoq.
ㅛ yo unli fonemasini bildi- ruvchi koreys alifbosining 25nchi harfi.
요 I yo.(kor. ㅛ harfining nomi)
요 II bu, shu.
요(要) III eng muhim tomoni, asosiysi; ~하다 talab qilmoq (biror narsani), muhtoj bo'lmoq (biror narsaga); ~는 qisqa qilib aytganda, ish qilib, umuman, umumiy qilib gapirganda; 환자는 절대 안정을 ~한다 bemorga absolyut tinchlik kerak.
-요 I bog'lovchi fe'lning hurm. shakli: 저것이 말이요 ana u otmi?; 이것이 책이요? Bu kitobmi?

-요 II bo'g'lovchi sif.ning qo'sh.
-요 III og'z. hurmat qo'sh.
요금(料金) to'lov, narx; 수도 ~을 내다 suvga to'lamoq; 전기 ~ elektga to'lamoq; 가스 ~ gazga to'lamoq.
요란(擾亂) ~하다 shovqinli, baland; 밖이 ~하다 ko'chada shovqin; ~스럽다 shovqinli, baland.
요령(要領) ma'nosi, negizi. maq; ~있는 ishga aloqador, o'z ichiga qamrab olgan(ko'p nar- sani); ~부득하다 negizni, eng asosiy bo'lgan ma'noni anglab, tushunib yetmaslik; ~을 터득하다 eng kerakli, muhim nuqtaga tegmoq, nuqtaga tekkizmoq.
요리(料理) 1) ovqat tayyorlovi; 2) ovqat, ozuqa, oziq-ovqat, egulik, taom, oshxona (taom); ~정책 kimnidir (ovqat bilan mehmon) qilish yo'li bilan sotib olmoq; 3) mohir, ishbilarmon boshqaruv; ~하다 a) ovqat tayyorlamoq; b) uddaburonlik bilan boshqarmoq, uddalamoq; ~강습소(학원) pazandalik kurs- lari, ~법 ovqat, taom tayyor- lash usuli;~사 oshpaz, pazanda; ~점 restoran; 프랑스 ~ frantsuz taomlari(oshxonasi).
요맘때 aynan shu vaqtda.
요새(要塞) I ('요사이'의 준말) yaqinda, yaqin kunlarda, shu kunlarda, oxirgi vaqtda; ~ 지은 집 yaqinda qurilgan uy.
요새(要塞) II mustahkamlangan qal'a; ~를 구축하다 qal'ani solmoq, qurmoq; 해안~ dengiz qal'asi.
요소(要所) I muhim o'rin, muhim punkt.
요소(要素) II faktor; ~를 이루다 juda muhim bo'lmoq, ajralmas qismni tashkil etmoq.
요술, 손재간 fokus; ~적 sehrli; ~을 부리다 sehr jodu qilmoq, fokus ko'rsatmoq, sehrgarlik bilan shug'ullanmoq, afsungarlik qilmoq;~쟁이 afsungar, jodugar, sehrgar; ~하다 afsungarlik (jodu, sehr) qilmoq, fokus ko'rsatmoq.
요약(要約) qisqa xulosalar, rezyu-me, asosiy tarkibi, asosiy tarkibiy qismi; ~하다 xulosa qilmoq; ~ 해서 말하자면 qisqa qilib aytganda, qisqasini aytganda.
요양(療養) I sanatoriyda davo- lash, tuzaluv, davolanuv; ~하다 davolanmoq, tuzalmoq (sana- toriyda); ~소 kurort, sanatoriy; ~자 patsient, bemor; ~지 kurort (klimatik); 결핵 ~소 tuberkulyoz, sil sanatoriysi, sil bilan kasallan-ganlar sanatori- ysi; ~도시 kurort shahri; ~병원 sanator tipidagi kasalxona; ~탁아소 sanator tipidagi bolalar bog'chasi; ~하다 sanatoriyda tuzalmoq, davolanmoq.
요양(擾攘) II ~미정 esk. a) qat'iyatsizlik; b) irodasizlik; ~하다 esk. vahimaga soluvchi, tashvishlantiruvchi, tahlikali.
요업(窯業) chinni sanoati, chinni, chinni ishlab chiqaruvi; ~가 chinni bo'yicha mutaxassis.
요원(要員) I agent, asosiy, shahsiy tarkib, zarur tarkib, personal; 기술~ texnik perso- nal; 의료~ meditsina personali; 철도~ temir yo'l agenti.
요원(燎原) II o't, olov bilan o'ralgan; ~의 불길 a) cho'l yong'ini; ~하다 uzoq, uzoqla- shgan b) uzoq, uzoqlashgan; ~한 바다 uzoq daryolar.
요원(遼遠) III ~의 불길 dasht yong'ini; ~하다 uzoqlashgan; ~

한 바다 uzoqdagi dengiz.
요인(要因) I 1) asosiy sabab, faktor; 2) javobgar shaxs; 3) 요소 faktor.
요인(要人) II muhim odam, muhim shaxs, ko'ringan, ko'zga tushgan arbobi, yirik shaxs, javobgar shaxs, kishi; 정부~ boshqaruvchilar; 당 및 정부 ~ partiya va hukumat boshqaruvchisi.
요일(曜日) hafta kuni; 오늘은 무슨 ~ 이냐 Bugun haftaning qaysi kuni? 화~ 마다 har seshanba, seshanba kunlari.
요절(腰折) I ~하다 a) kulgida qorinni qitiqlamoq; b) buzilmoq, aynimoq, sinmoq, titilib, ishlatilib ketmoq; e) uzilib qolmoq, amalga oshmaslik; 우리의 계획이 요절났다 bizning rejamiz buzildi (amalga oshmay qoldi).
요절(要節) II *esk.* bosh (eng muhim) punkt.
요절나다 buzilmoq, sinmoq.
요점(要點) bosh eng muhim punkt; ~을 말하다 negizni, negizini gapirmoq, mohiyatini gapirib o'tmoq, negiz bo'yicha gapirmoq, yakuniy xulosani chiqarmoq; ~을 말하자면 umumiy aytganda.
요청(要請) iltimos, talab; ~ 하다 so'ramoq, talab qilmoq (biror narsani); 그의 ~ 으로 uning iltimosi bo'yicha; ~서 yozma talab, yozma ariza.
욕(辱)(욕설) haqorat, so'kish, tahqir; ~되다 so'kilmoq, sharmanda bo'lmoq; ~되게 하다 haqorat qilmoq, labga chaplamoq; ~을 먹다 so'kilgan, urishilgan bo'lmoq; ~을 보다 qiyin sinovlarni boshdan kechirmoq; ~보이다 sharmanda qilmoq; ~하다 urushmoq (kim-dirni), so'kmoq, haqorat qilmoq, haqoratni yog'dirmoq; 뒤에서 ~하다 yomon gapirmoq, yomon gap qilmoq (orqadan); ~설 haqorat, so'kish, tahqir, so'kish so'zlari; ~쟁이 haqoratchi, so'kag'on, og'zi yomon bo'lgan odam, yomon gaplarni gapiruvchi odam.
-욕(-慾) chanqov; 금전~ oltin humori, istagi, chanqog'i, oltin ishtiyoqi, pulga bo'lgan katta ishtiyoq, humor, pulga bo'lgan qizg'anish; 지식~ bilimga bo'lgan ishtiyoq.
욕구(慾求) xohish, istak, ehtiyoj, talab, zarurat; ~하다 xohlamoq, istamoq (nimanidir); ~를 충족시키다 xohishni qondirmoq, talab, istakni qondirmoq; ~불만 qondirilmaganlik, rozi bo'lmaslik.
욕망(慾望) istov, xohish, baland ishtiyoq (nimadirga); ~하다 judayam xohlamoq, istamoq.
욕실(浴室) yuvinish xonasi, vanna xona, hammom.
욕심(욕망) qattiq, kuchli ishtiyoq, istov; ~이 많은 qizg'anchiq, xasis, nokas; ~이 없는 ochiq ko'ngil, qo'li ochiq, xasis bo'l-magan, oliy himmat, sahovatli; ~쟁이 qizg'anchiq, xasis; ~이 사납다 xasis, qizg'anchiq, pulni yaxshi ko'ruvchi.
용(勇) I 1) hamma kuch quvvat, harakat; 용을 빼다 a) katta harakatni sarflamoq, bermoq, qilmoq; b) katta iste'dod, qobiliyatga ega bo'lmoq; 2) qar. 용기 II
용(龍) II 1) ajdar; 용 가는 데 구름 가고, 범 가는데 바람 간다 *maq.*≅ bittasi qayerga borsa, ikkinchisi ham o'sha yerga boradi; 용 못 된 이무기 muroj. yomon, jahldor odam; 용은 용을 낳고 봉황은 봉황

을 낳는다 qar. 왕대 [밭에 왕대 난다]; 용이 물 밖에 나면 개미가 침노를 한다 esk. *maq.*≅ boshigga kulfat tushdimi odamlardan yaxshilik kutma, (odamlar seni ayashini kutma; 용의 알을 얻은 것 같다 tovuq tuxum bilan yugurgandek yugurmoq; 2) muroj. "ajdar" 22chi siklning 5nchi belgisi.
-용(用) ishlatiladigan, qo'llaniladigan (nimadadir); 시험용 ekzaminatsion; 음식용 ozuqa, taomga ketuvchi (ishlatiladigan); 학생용 o'quvchilar, talabalar uchun.
용감(勇敢) jasurlik; ~ 하다 jasur, qo'rqmas, dovyurak, botir; ~ 무쌍하다 juda botir, qo'rqmas, jasur, namunasiz darajada qo'rqmas; ~한 사람 jasur, botir; ~스럽다 sif. dovyurak, botir bo'lib ko'rinmoq.
용광로(鎔鑛爐) cho'yan eritadigan pech (domna); ~계통 dcho'yan eritadigan pech kompleksi; ~밑통 domen pechining pastki qismi, og'zi; ~슬라크 domen shlaki; ~행정 domen jarayoni; ~용해 domen erituvchi.
용구(用具) tegishlilik, qarashlilik; 농업~ qishliq xo'jalik mollari, asboblari, uskunalari; 소방~ yong'in asboblari; 어업~ baliqchilik asbob-uskunalari; 필기 ~ yozuv-chizuv asbob uskunalari.
용납(容納) ruxsat, ijozat; ~ 하다 bardoshni, chidamlilikni namoyon qilmoq; ~ 할 수 없는 kechirib bo'lmas, yo'l qo'yilishi mumkin bo'lmagan, ruxsat, ijozat etilishi mumkin bo'lmagan.
용도(用度) I foydalanish, ishlatish; ~가 넓다 keng ishlatilmoq, foydalanmoq, har xil ehtiyojlar uchun ishlatilmoq.
용도(用道) II esk. ishlatish, foydalanish usuli.
용돈(用-) cho'ntak puli, kichik sarf-harajatlar uchun pul.
용량(容量) I hajm; ~계 farad-metr; ~분석 hajm analizi; ~부하 *el.* hajm bosimi; ~분석 *kimyo.* hajm analizi.
용법(用法) foydalanish (ishlatish) usuli, muomala, murojaat usuli; ~을 모르다 qanday ishlatishni bilmaslik (biror narsani); ~하다 (qonun)ni qo'llamoq, ishlatmoq.
용변(用便) tabiiy ehtiyoj; ~을 보다 tabiiy ehtiyojni bajarmoq; ~하다 tabiiy ehtiyojni qondirmoq.
용서(容恕) uzr, kechirish, avf etish, shafqat; ~할 수 없는 kechirib bo'lmas; ~하다 kechirmoq, avf etmoq, shafqat; ~ 를 빌다 kimdirning oldida kechirim so'ramoq; ~ 없이 shafqatsiz, bo'y egmas; ~ 하십시오 Kechiring; 죄의 ~ gunohlar avfi (kechiruvi).
용서를 빌다 kechirim so'ramoq.
용서하다 kechirmoq.
용서해 주다 kechirmoq, avf etmoq.
용수철 prujina; ~ 의 prujinali; ~을 넣은 매트리스 prujina matratsi, ko'rpasi; 나선형의 ~ ressorning spiral prujinasi; ~완충기 prujinali bufer.
용의(用意) I tayyorgarlik, maqsad, niyat; ~가 있다 niyat qilmoq, tayyorlanmoq; ~주도하다 oldindan ko'rib biluvchi, nazarda tutuvchi; ~하다 maqsad qo'ymoq, niyat qilmoq, tayyorlanmoq.
용의(庸醫) II esk. malakasi past bo'lgan shifokor.
용의자(容疑者) gumonlanuvchi, shubha ostidagi shaxs; 살인사건

~ jinoyatda, odam o'ldirganlikda gumon qilinuvchi, shubha ostidagi shaxs.
용접(鎔接) I erituv; ~하다 qaynatmoq; ~ 공 svarkachi; ~기 svarka qiluvchi uskuna; ~집게 svarka simini ushlovchi.
용접(容接) II ~하다 a) kutmoq, kutib olmoq(mehmonni); b) esk. yaqinlashmoq, do'stlashmoq.
용지(用紙) I blank, forma, shakl; ~에 기입하다 blankni to'ldirmoq; 주문~ buyurtma blanki; 투표~ tanlov, saylov byulleteni.
용지(用地) II yer, maydon cheklov chizig'i; 주택~ uy qurilishi uchun mo'ljallangan; 목장~ o'tlov uchun yer.
용품(用品) I asbob uskunalar; 가정~ uy rozg'or buyumlari; 일상 ~ qo'llanishi keng bo'lgan mahsulotlar; 여행 ~ yo'l buyumlari, asbob buyumlari.
용품(庸品) II og'z. 1) sifati past bo'lgan narsa(mahsulot); 2) past mansab.
용해(溶解) I eruv; ~성의 eruvchi; ~하다 erimoq; 물이 ~하다 suvda erimoq; ~도 eruvchanlik darajasi; ~성 eruvchanlik; ~액 erishma, eritma; ~점 erish nuqtasi.
용해(熔解) II erish, eruv;~강도 eruv, erish intensivligi; ~하다 erimoq.
ㅜ u undosh fonemasini bildiruvchi, koreys alifbosining 26nchi harfi.
우 I kor. ㅜ harfining nomi.
우 II 1) ustki qism; ~에 a) ustida, tepasida; b) teparoq; 2) tepalik; 3) sirt, yuza, yuz; 4) badanning ustki qismi; 5) yuqori qismlar, boshliqlar, boshqaruvchilar; 6) 우이다 a) eng yaxshi bo'lmoq, ustun bo'lmoq; b) kattaroq (yoshi ulug'roq) bo'lmoq; 7) 이(그, 제) 우에 buning ustiga, bunga qo'yib; 8) qar. 웃돈 우가 없다 ko'r; 우를 접다 a) yengadigan ko'pchilikka ega bo'lmoq; b) kattalardan ortiq bo'lmoq, afzal bo'lmoq; 우[를]주다 foyda keltirmoq (savdo to'g'risida); 우를 집다 umuman qilmaslik, mensimaslik, o'zini yuqorida tutib muomalada bo'lmoq.
우(優) III juda yaxshi, (4 balli sistemada) a'lo.
우(右) IV o'ng tomon; 우로 돌앗! o'nga!
-우 ~지다 o'ziga olmoq; -지우다 majburlamoq, o'ziga olishga ruxsat bermoq (kimdirga), yuklamoq, ishonmoq, umidvor bo'lmoq.
우거지다 qalin bo'lib o'smoq, qalinlashmoq; 뜰에 잡초가 ~ bog'da o't qalin o'smoqda.
우그러지다 bosilib kirmoq.
우기(雨氣) yomg'irlar davri (fasli); ~에 접어들었다 yomg'irli davrlar keldi.
우기다 1) biror narsada qattiq turmoq; 자기의 의견이 옳다고 ~ o'z bilganida, o'z fikrida turmoq, qat'iyatlilik qilmoq; 2) qat'iyatlilik bilan maslahat qilmoq.
우등(優等) oliy nav, mansab, sinf; ~으로 대학교를 졸업하다 universitetni a'lo (bahoga) tugatmoq; ~상 a'lo o'qish uchun mukofot, sovrin; ~ 생 a'lochi, eng yaxshi o'quvchi; ~사수 harb. yaxshi, oliy o'qituvchi; ~하다 birinchi (eng) yaxshi bo'lmoq.
우등상(優等賞) a'lo o'qish uchun mukofot, sovrin.
우량(優良) I ~하다 oliy sifatli,

tanlangan, eng yaxshi, a'lo; ～아 jismonan baquvvat bola, yosh bola; ～종(씨앗) tanlangan donlar (urug'); (가축) zotdor qabila; ～주 yaxshi, prespektiv, korxonalar aktsiyalari; ～품 sifati yuqori mahsulot.

우량(雨量) II yomg'ir yog'ishining miqdori; ～계 yomg'ir.

우러나다 qaynatilmoq; 껌에서 단맛이 우러났다 saqich shirin ta'mini yo'qotdi; 이차는 잘 우러난다 Bu choy yaxshi chiqadi (qaynaydi); qar. 우러나오다.

우러나오다 paydo bo'lmoq, tug'ilmoq, boshga, miyaga kelmoq; 진심에서 우러나온 감사 dildan minnatdorchilik.

우려(憂慮) havotir, tashvish, qo'rqinch, vahima; ～하다 havotirlanmoq, qo'rqmoq (kimdir to'g'risida); 감기에 걸릴 ～가 있다 shamollash havfi bor; 그의 건강을 ～하다 uning sog'lig'i to'g'risida havotirlanmoq.

우리 I (가축의) mol uchun og'il xona; 돼지～ cho'chqaxona; 소～ molxona; 닭의～ tovuqxona.

우리 II biz, bizning; ～집에서 bizning uyimizda; ～집 bizning uyimiz, bizning kvarturamiz; ～집 사람 mening erim, mening xotinim.

우물 quduq; ～에서 물을 긷다 Quduqdan suv olmoq; ～가(에) quduq oldida; ～길에서 반살미 받는다 muroj. kutilmaganda yaxshi ovqat yemoq, ovqatni eb qo'ymoq; ～안 개구리 muroj. cheklangan (yzoq bo'lmagan) odam; ～옆에서 말라 죽겠다 maq.≅ so'zma so'z. quduq oldida issiqdan o'ladi (umuman moslashmagan odam to'g'); ～을 파도 한 ～을 파라 matal.≅ ikki quyon ortidan quvsang, ikkisini ham tuta olmaysan, (so'zma so'z. quduq qazisang bitta quduq qazi); ～에 가 숭늉 찾겠다 (달라겠다) qar. 보리밭 [에 가 숭늉 찾겠다]; ～에 든 고기 suvdagi baliqdek; 2) qar. 보조개; ～이 지다 tushgan bo'lmoq (o'girilib ketmoq).

우박(雨雹) do'l, jala; ～처럼 do'ldek, do'l bo'lib; ～피해 do'l urishi, do'l yog'uvi; ～맞은 소똥(재더미) 같다 muroj. juda ham burushib, ajin tushib ketgan yuz; ～치다 a) yog'moq (do'l to'g'); b) do'l bo'lib yog'ilmoq (o'q to'g'risida).

우발(偶發) tasodifiy vujudga kelish, paydo bo'lish; ～적사건 tasodifiy (kutilmagan) hodisa, voqea; ～하다 tasodifan (kutilmagan holda) paydo bo'lmoq.

우산(雨傘), 양산(洋傘) zont, zontik (yomg'irdan); ～을 쓰다 qo'lda zontni ushlamoq, tutmoq; ～을 접다 zontni yopmoq; ～을 펴다 zontni ochmoq; ～꽂이 zont uchun qo'ygich.

우상(偶像) I but; sanam.

우상(羽狀) II garimdorili; ～복엽 bot. garimdori sifat barg.

우선(于先) I avvalam bor.

우선(優先) II (먼저) afzal deb bilmoq, afzallik; ～적 ustun bo'lgan, afzal bo'lgan; ～하다 afzal bo'lmoq; ～권 ustunlik huquqi, ustun bo'lgan huquq.

우세(優勢) I afzallik, ustunlik, ortiqlik; ～하다 ustun bo'lgan; ～를 보이다 ustun bo'lmoq, afzal bo'lmoq, ustunlikni namoish qilmoq; ～를 차지하다 g'alaba qozonmoq, yutmoq (kimdir ustidan); 명백히 ～하다 yaqqol ustunlikka ega bo'lmoq (kimdirning oldida); 병력의 ～

kuchda ustunroq bo'lmoq; 수적~ miqdor, son jihatdan ustunligi, son jihatdan ustunlik.
우세(牛稅) II esk. buqaga soliq.
우송(郵送) pochta jo'natmasi; ~하다 pochtadan, pochta bo'yicha jo'natmoq; ~료 pochta tarifi, to'lovi.
우수(優秀) I ustunlik, afzallik, eng yaxshi, buyuk sifat; ~하다 eng yaxshi, a'lo, oliy; ~한 성적으로 대학을 졸업하다 universi- tetni a'lo baholar bilan tugatmoq.
우수(憂愁) II qayg'u, g'am, xasrat; ~의 g'amgin, qayg'uli, xasratli; ~에 잠기다 chuqur g'amga o'ralgan, cho'mgan bo'-lmoq, chuqur g'amda, qayg'uda bo'lmoq; ~하다 g'amgin, qayg'uli, xasratli bo'lmoq.
우수수: ~ 떨어지다 tushmoq, to'kilmoq; 바람에 나뭇잎이 ~ 떨어진다 shamoldan barglar shitirlab to'kilib tushmoqda; ~하다 a) to'kilmoq, to'kilib tushmoq; b) to'kilmoq, tushmoq (barglar to'g'.); v) shitirlamoq (to‘kilayotgan barglar to'g').
우승(優勝) g'alaba, zafar, yutuq; ~ 하다 g'alaba qozonmoq; ~자 g'olib; ~컵 kubok; ~패 esk. a) eng zo'r g'alaba qozonib, kuchsiz mag'lubiyatga uchraydi; b) kuchli tirik qolib, kuchsiz o'lib ketadi.
우애(友愛) og'aynichilik, do'stlik; ~ 롭다 akalik (yoki ukalik), tug'ishganlik, do'stona, do'st sifat; ~심 do'stlik aka ukalik xissi, akalik (yoki ukalik) mehri, do'stoniy his tuyg'ular; ~하다 do'stlashmoq, aka-uka bo'lmoq.
우여(紆餘) ~곡절 a) esk. zigzaklar; b) qiyinchiliklar; ~하다 esk. a) zigzaklari ko'p bo'l-gan, burilishlari ko'p bo'lgan, ser burilish; b) qobiliyatli va o'ziga ishongan; e) silliq (jumla, gap).
우연(偶然) tasodif; ~하다 tasodifiy, kutilmagan; ~히 tasodifan, kutilmaganda; ~의 일치 tasodifiy to'g'ri kelish; ~ 의 탓으로 돌리다 tasodifga yoymoq, hammasi tasodif deb aytmoq, taso- difga to'nkamoq; ~히 만나다 tasodifan uchrashib qolmoq, uchrashmoq; ~성 tasodif; ~적 tasodifiy; ~분자 tasodifiy elementlar; ~판단 mantiq. aksidental xulosa qiluv; ~스럽다 *ot.* tasodifiy, kutilmagan bo'lib qolmoq.
우열(優劣) ustunlik; ~을 다투다 ustunlik uchun kurashmoq; ~을 따지다 yaxshi fazilatini va kamchiligini muhokama qilmoq, o'z ustunligini (ustun tomonini) boshqaga gapirib yerga urmoq; ~을 가릴 수 없다 teng, baravar.
우울(憂鬱) tushkunlik, xafalik; ~하다 tushkun, xafa; ~ 에 잠기다 tushkunlikka tushmoq, tushkun bo'lib qolmoq; ~한 기분으로 yomon kayfiyatda; ~해지다 tushkunlikka(depressiyaga) tushmoq; ~증 xafaqonlik, ruhiy tushkunlik; g'amginlik, ma'yuslik; melanxoliya; ~ 증 환자 melanxolik.
우월(優越) I afzallik, ustunlik; ~하다 eng zo'r, eng yaxhsi bo'lmoq, ustun bo'lmoq, boshqalarga qaraganda yaxshiroq bo'lmoq; 기술이 ~ 하다 texnikada ustunroq bo'lmoq; ~ 감을 갖다 ustunlik, afzallik xissiga ega bo'lmoq; ~감 o'z afzalligi, ustunligini xissi, ongi, anglashi; ~성 ustunlik, afzallik.
우월(雨月) II muroj. 5nchi (oyning) oyi
우유(牛乳) I sut; ~를 먹여 키우다 sut bilan emizmoq, bolalar

ovqati bilan boqmoq, oziqlantirmoq, yedirmoq; ~병 sut idishi, sut butilkasi; ~분말 kukunli, poroshokli sut.

우유(優遊) II esk. ~도일 bekorchilikka, berilmoq (berilib ketmoq; ~자적 vaqtni (dam olishda, bekorchilikda, bayramona) o'tkazmoq; ~하다 ishsiz daydimoq, tentiramoq, aylanib yurmoq, daydimoq.

우유부단(優柔不斷) qat'iyatsizlik; ~하다 qat'iyatsiz, ikkilanuvchi, jur'at eta olmaslik, ikkilanmoq, ikkilanishda bo'lmoq, ikkilanib turmoq.

우이(牛耳) I esk. 1) molning (sigirning, buqaning) qulog'i; ~독경 (송경) *qar.* 소 [귀에 경 읽기] I; 2) qar. 우두머리; ~를 잡다 boshqarmoq, boshqaruvchi, bosh, sardor bo'lib qolmoq.

우이(偶爾) II ~득중 esk. tasodifiy to'g'ri kelish; ~하다 *esk. qar.* 우연[하다]

우정(友情) do'stlik, do'stlik xissi; ~어린 do'stlik xissi bilan to'lgan, do'stlik xissi bo'lgan; ~을 두텁게 하다 do'stlikni mustahkamlamoq; ~으로 do'stona.

우주(虞主) I qurbonlik qilishda olib kelinadigan eslov, eslab turuv, esda tutuv taxtachasi.

우주(宇宙) II borliq, koinot, kosmos; ~의 fazoviy; ~개발 koinot o'zlashtiruvi; ~과학 kosmologiya;~복 kosmik skafandr; ~비행 kosmik parvoz, koinotga parvoz; ~비행사 uchuvchi kosmonavt; ~ 비행선 kosmik kema; ~정거장 kosmik stantsiya; ~공간 kosmik bo'shliq; ~광선 kosmik nurlar; ~로케트 kosmik raketa; ~먼지 kosmik chang;~복사 kosmik radiatsiya; ~비행학 astronavtika, kosmonavtika; ~시대 kosmik era; ~자기 kosmik magnitizm; ~진화론 kosmogoniya; ~인력 qar. 만유[인력] II.

우중(雨中) ~에 yomg'ir vaqtida, yomg'irda, yomg'ir ostida; ~에도 불구하고 yomg'irga qaramasdan; ~을 무릅쓰고 yomg'irga qaramay.

우즈베키스탄 O'zbekiston. ~ 타슈켄트 O'zbekiston Toshkent.

우쭐거리다 kerilmoq.

우쭐하다 kerilmoq, o'zini zo'r deb bilmoq(ko'rsatmoq), burunni ko'tarmoq.

우체(郵遞) ~국 pochtamt, pochta; ~부 pochtalyon, xat tashuvchi; ~ 통 pochta qutisi; ~사령 arx. pochtalyon, xat tashuvchi.

우측(右側) o'ng tomon; ~에 o'ngda; ~ 통행 o'ng tomondan harakat, o'ng tomondan harakatlanish; ~기발 o'ng burchak bayrog'i; ~공격 sport. o'ng hujum.

우크라이나 끼예브 Ukraina Kiyev.

우편(郵便) pochta, korrespondentsiya, xat; ~으로 보내다 pochta bo'yicha yubormoq; ~물 pochta, pochta jo'natuvi; ~배달 pochta yetkazuvi; ~ 주문 pochta bo'yicha buyurtma; ~함 pochta qutisi; ~ 환 pochta pul jo'natuvi; 항공 ~ aviapochta; ~배달부 pochtalyon, xat tashuvchi; ~엽서 pochta aviaxati.

우표(郵票) marka; ...에 ~를 붙이다 pochta markasini yopishtirmoq; ~수집 pochta markasini yig'uv; ~수집가 filatelist.

우호(友好) do'stlik; ~적 do'stona, do'stlarcha; ~관계 do'stona munosabatlar; ~국 do'stona davlat, mamlakat; ~조약

do'stlik to'g'risida kelishuv.
우회(迂廻) aylanib o'tuv, chetlab o'tuv; ~적 aylanib o'tadigan, o'tuvchi; ~적 방법으로 aylanib, chetlab o'tuvchi usul bilan; ~ 도로 aylanib o'tuvchi yo'l; ~작전 harb. aylanib o'tish, chetlab o'tish bo'yicha operatsiya; ~하다 aylanib, chetlab o'tmoq (bir narsani), chetlab o'tuv, aylana yo'li bilan bormoq.
욱(旭) I (olmaning navi), chiquvchi quyosh.
욱 II qizg'in, otashin, hayajon bilan.
운(運) I taqdir, omad; ~ 나쁜 omadsiz, omadi yo'q bo'lgan; ~ 좋은 omadli; ~이 나쁘다 omadi kelmayapti (kimdirni); ~나쁘게도 omadsizlikka, baxtsizlikka; 에 맡기고 tavakkal qila; 그의 ~ 이 다 했다 uning omadi ketdi, uning yulduzi tushdi.
운(韻) II rifma; ~을 달다 so'zlanganga qo'shmoq; ~을 떼다 hikoyani boshlamoq.
운동(運動), 움직임 harakat, kompaniya sport. ~하다 (물리) harakatlanmoq; ~경기 sport musobaqasi, match, uchrashuv; ~기구 sport asbob uskunalari; ~복 sport formasi, sport kiyimi; ~선수 sportchi; ~신경 harakatlantiruvchi asab; ~요법 davolov gimnastikasi; ~장 sport maydonchasi, stadion; ~화 sport poyafzali, keta; ~회 jismoniy tarbiya(sport) bayrami; 독립 ~ milliy mustaqillik uchun harakat; 독립 ~가 milliy mustaqillik uchun kurashuvchi; 선거~ saylov kompaniyasi; ~곤난 tib. diskineziya; ~기관 zool. harakat mexanizmi; ~요법 tib. kinozeterapiya; ~마비 paralich; ~마찰 fiz. harakat, ishqalanish; ~성단 qar. 성군 II; ~실조 harakat koordinatsiyasining buzulishi; 중추~ markaziy harakat nervi; ~완서증 tib. bradikineziya.
운동량(運動量) fiz. 1) kinetik impuls; 2) harakatlar miqdori.
운명(運命) taqdir, qismat; ~적 qismatli, qochib qutulib bo'lmas; ~에 맡기다 taqdirga tashlab qo'ymoq; ~을 같이하다 taqdir, qismatni bo'lishmoq (kimdir bilan); 실패할 ~이다 omadsizligi, omadsiz bo'lishi muqarrar bo'lgan; ~론 fatalizm; ~론자 fatalist.
운반(運搬) olib o'tuv, olib tashuv, transportirovka; ~하다 olib o'tmoq, olib tashimoq; ~료 yuklarni olib o'tuv uchun to'lovlar; ~비 transport harajatlari; ~선 yuk layneri, transport kemasi; ~업 yuk olib o'tuvi; ~차 yuk mashinasi; ~연층 갱도 tog'. qayta uchuv shtreki.
운송(運送) olib o'tuv, olib tashuv, transportirovka; ~하다 olib o'tmoq, transportirovka qilmoq; ~비 transport harajatlari; ~업 yuk tashuvi; ~업자 yuk tashuvi bilan shug'ullanuvchi odam; ~품 olib o'tiluvchi tovar, mahsulot, tashiluvchi tovar; 화물 ~ yuk tashuvi.
운영(運營) boshqaruv; ~하다 haydamoq, boshqarmoq, eksplutatsiya qilmoq; 기업을 ~하다 korxonani boshqarmoq; ~비 transport harajatlari; ~자금 aylanuv, oborot kapitali;~속도 eksplutatsion tezlik. 운영하는 모습이 달라지다 boshqaruvning ko'rinishi o'zgarib bormoqda.
운용(運用) ishlatiluv, qo'llanuv; ~하다 ishlatmoq, qo'llamoq,

yo'lga solmoq.
운임(運賃) olib o'tuv, yuk tashuv, yuk tashish uchun to'lov, olib o'tuv narxi; ~ 표 tarif.
운전(運轉) haydov, boshqaruv (mashinani); ~면허시험 haydovchilar guvohnomasini olish uchun imtihon; ~면허증 haydovchilar guvohnomasi; ~ 하다 haydamoq, rul oldida o'tirmoq, boshqarmoq; 배를 ~하다 kemani boshqarmoq; 자동차를 ~하다 haydamoq (avtoulov, avtomashinani); 그렇게 ~ 하면 사고 낸다 bunday haydashda (avtotransport) halokati ro'y beradi; ~대 rul; ~ 면허증 haydovchilar guvohnomasi; ~ 석 haydovchining kabinasi; ~ 수 haydovchi, motorist; 시 ~ sinov, sinov haydovi (tek- shiruv); ~하다 a) ishlamoq (stanokda); b) haydamoq, boshqarmoq; ~계통 tex. ish, ishlov tizimi; ~자본 esk.*qar*. 유동[자본].
운전사(運轉士) haydovchi.
운전실(運轉室) haydov kabinasi, xonasi, boshqaruv kabinasi.
운행(運行) yuruv (차의) harakat; (천체의) munosabatda bo'luv, foudalanuv; ~하다 yurmoq; 열차의~ temir yo'l eksplutat- siyasi; 열차 ~ 시간표 poyezdlar jadvali; 자동차 ~ avtomobil; ~강도 harkat jadalligi.
운행표(運行表) transport harakatining jadvali.
울 I (울타리) chet; ~ 밑에 devor ostida.
울 II devor (daraxt shohlaridan ishlangan).
울긋불긋하다 rangbarang.
울다(우니, 우오) (사람이) yig'lamoq; (새, 벌레가) ashula etmoq, chig'illamoq, sayramoq; 울며불며 (울고불고) yig'lab; 기뻐서 ~ quvonchdan yig'lamoq; 흐느껴 ~ yig'lamoq, xo'ngrab yig'lamoq, arillamoq; 울며 겨자 먹기 matal. ≅ biror narsani o'zini majburlagan holda (majbur- langan holda) qilmoq. (so'zma- so'z. yig'lasada garimdorini yemoq); 우는 애기 (아이) 젖 준다 (울지 않는 아이 젖 주랴) maq. *so'zma so'z*≅ yig'lagan bolaga ko'krakni beradilar; 울고 싶자 때린다 (울려는 아이 빰 치기) *maq.*≅ a) biror sabab ostida (biror narsani) qilmoq, bahona qilmoq; b) o'tga yog'in quyib turib; 우는 소리 rost bo'lmagan shikoyatlar, arzlar, xasratlar.
울렁거리다 (두근거리다) urmoq (hayajondan).
울리다 jing'illamoq (소리가) jaranglamoq (tovush to'g'.) chiqmoq, eshitilmoq; 심금을 울리는 이야기 ko'ngilga tegadigan, hayajonlantiradigan hikoya; 종이 울린다 qo'ng'iroq jaranglamoqda; 북을 ~ barabanga urmoq.
울부짖다 yuqori ovoz chiqarib yig'lamoq, ho'ngrab yig'lamoq, akillab yig'lamoq; 울부짖는 소리 yig'i, ho'ngrash; 바람이 울부짖는다 shamol uvillamoqda; 어린아이들이 울부짖는다 bolalar qattiq, yuqori ovoz bilan yig'lamoq- dalar; 짐승이 사납게 울부짖는 hayvon qo'rqinchli uvillamoqda.
울분(鬱憤) hafalik, ozorlik hissi, norozilik; ~을 그치다 jahlni, hafalik hissini ushlab turmoq, chidab turmoq; ~하다 hafa, norozi.
울타리 to'qima, devor; ~에 ~를 치다 biror narsani devor bilan o'ramoq, to'smoq; ~밖을 모르다 maq. ≅ o'z burnudan naridagi narsani ko'ra olmaslik; ~를 틀다 begonalarni qo'ymaslik

(kiritmaslik).
울퉁불퉁하다 tennis bo'lmagan, silliq bo'lmagan.
움 (싹) I kurtak.
움 II 1) yerto'la; 2) podval, yer osti xonasini qazimoq (qilmoq); ~을 묻다 yerto'lani (podvolni, yer osti xonasini) qazimoq; ~안에서 떡 받는다 maq. yerto'ladan non olmoq.
움이 트다 barg chiqmoqda.
움직이다 1) harakatga keltirmoq, harakatlanmoq; 2) harakat qilmoq; 3) ta'sir etmoq.
웃- yuqori, ustki; ~ 마을 ustki qishloq; ~ 사람 yoshi ulug', yoshi katta odam.
웃기다 kuldirmoq; 농담하여 ~ hazillar bilan kuldirmoq.
웃다 kulmoq; 남몰래~ bekingan holda, bildirmay kulmoq; 웃느라 한 말에 초상난다 maq.≅ so'z chumchuq emas, chiqib ketsa tuta olmaysan; 웃는 낯에 침 못 뱉는다 (웃는 낯에 침 뱉으랴?) *maq.*≅ salom qanday bo'lsa, javob ham shundaydir.
웃음, 웃음소리 kulgi, tabassum; 너털 ~ yuqumli, tarqaluvchi kulgi; 억지~ aqlsiz (atiylab qilingan, samimiy bo'lmagan) tabassum; 쓴~ samimiy bo'lmagan tabassum; ~ 을 짓다 tabassum qilmoq; ~을 참다 kulgini bosib turmoq, kulgini ushlab turmoq; ~속에 칼이 있다 (~속에 칼을 품다) maq.≅ bel orqasida pichoqni ushlab turmoq.
웃음거리 mayna; 세상사람들의 ~가 되다 hammaga mayna bo'l-moq, bo'lib qolmoq.
웅변(雄辯) notiqlik, so'zga ustalik, so'zga chenanlik; ~의 so'zga chechan; ~가 arator, notiq; ~술 notiqlik san'ati; ~으로 so'zga chechanlik bilan.
ㅝ vo unli fonemasini bildiruvchi koreys alifbosining 38nchi harfi.
워 I vo. (kor. ㅝ harfining nomi).
워낙(본디) eng boshidan, tabiatan; (아주) juda, juda ham, haddan tashqari.
원(員) I feod. mahalliy hukm-dor.
원(院) II feod. safarda bo'lgan mansabdorlar uchun yashash, to'xtash hovlisi.
원(圓) III 1) von (kor. pul birligi); 2) iena (yapon pul birligi); 3) yuan (hitoy pul birligi).
원(圓), 동그라미 IV doira.
원, 원주 VII yaqin atrof.
원-(元) I *kor. old. qo'sh.* boshlamchi, bosh, tub, asosiy; 원계획 bosh plan, boshlamchi plan.
원-(遠) II *kor. old. qo'sh.* uzoq; 원거리 uzoq masofa, distantsiya.
원-(圓) III *kor. old. qo'sh.* dumaloq.
-원(員) I *kor. old. qo'sh.* 1) (qandaydir kollektiv, jamoaning a'zosi; 노동 당원 Koreya Mehnat partiyasining a'zosi; 2) shaxs, odam (qandaydir faoliyat bilan band bo'lgan, shug'ul-lanuvchi); 청소원 farrosh; 사무원 xizmatkor.
-원(院) II *kor.old.* tashkilot; 과학원 fanlar akademiyasi.
-원(元, 原) III *kor. old.* (bo'lib o'tuv, sodir bo'luv) joyi; 제조원 ishlab chiqarish joyi (biror bir tovar, mahsulot).
-원(園) IV *kor. old.* bog'; 동물원 zoopark, hayvonot bog'i.
원가(原價) 1) qar. 본값; 2) tan narx;~ 계산 kalkulyatsiya.
원격(遠隔) ~하다 uzoqlashgan, olib tashlangan, uzoq ortda qolgan, qoluvchi; ~조정 distant-sion boshqaruv.

원근(遠近) 1) uzoqlik va yaqinlik, masofa; ～화법 qar. 투시[도법]; 2) yaqin va uzoq joylardan (kelgan) odamlar.
원로(元老) 1) eng qari bo'lgan a'zo, veteran; 2) feod. qari bo'lgan a'zolar; ～대신 yoshi katta, qari bo'lgan davlat kengashining raisi va qatnashchilari.
원료(原料) hom-ashyo, hom-ashyo materiallari.
원료비(原料費) hom-ashyo harajatlari.
원료와 자재 hom-ashyo va material.
원산지(原産地) bo'lib o'tuv, sodir bo'luv, ishlab chiqaruv, o'suv, tug'iluv joyi.
원서(原書) I 1) haqiqiy, asl nusxa, original; 2) ariza, so'rov, iltimos.
원서(爰書) II *feod.* jinoyatchining ko'rsatmalari (hujjat).
원소(元素) I element; ～기호 kimyov. simvol. ～분석 *kimyo.* elementar analiz; ～주기률 qar. 주기[법칙] I.
원소(園所) II qirol familiyasi (oilasi) a'zolarining qabrlari.
원수(怨讐) dushman; ～[가(를)]지다 dushman bo'lmoq; ～는 외나무다리에서 만난다 *matal. so'zma so'z.* ≅ daryo bo'ylab qo'yilgan, kesilgan bir daraxtning ustida dushman bilan uchrashib qolmoq; ～를 갚다 dushmandan qasos olmoq.
원시(原始) I ～적 ibtidoiy ～공동체 ibtidoiy jamoa; ～공산제 ibtidoiy kommunizm; ～공통어 *tilsh.* boshqa til, kelib chiqqan til; ～농법 qishloq ho'jaligining qadimgi tizimi; ～동물 qar. 원생[동물] 1); ～석기 시대 *arxeol.* neolit; ～함수 *mat. birlamchi*; ～행성 *astr.* proton sayyora.
원액(原液) I neranasos.
원액(元額) II almashtirilgan suyuqlik.
원액(寃厄) III katta baxtsizlik.
원양(遠洋) ochiq dengiz; ～항로 katta kabotaj; ～항해 ochiq dengizda suzuv; ～어선 uzoq joylarga borib baliq tutuvchi, ovlovchi kema; ～어업 uzoq baliq tutuv, ovlov, ochiq dengizda baliq ovi.
원인(原因), 이유(理由) I ilk sabab, sabab; ～하다 tushuntirmoq, izohlamoq, sabab bo'lmoq.
원인(猿人) II maymunsifat odam, maymun odam.
원자(原字) I atom; ～가마 atom reaktori, o'choq; ～격자 atom panjarasi; ～결합 atom (kovalent, gomeopolyar) aloqasi; ～구조 atom strukturasi; ～무기 atom quroli; ～물리[학] atom fizikasi; ～반응기 atom reaktori; ～번호 atom raqami; ～분자설 atom molekulyar nazariyasi; ～포병 atom artileriyasi; ～폭탄 atom bombasi; ～폭발 atom portlashi; ～에네르기 atom energiyasi; ～외각 atomning ustki qoplami; ～공갈 정책 atom shantaji siyosati.
원자(元子) II qirolning to'ng'ich, katta qonuniy o'g'li.
원자력(原子力) atom energiyasi; ～발전소 atom elektrostantsiyasi; ～쇄빙선 atom muz yorgichi; ～잠수함 atom suv osti kemasi.
원칙(原則) asos; ～적 asosiy, muhim; ～적 동격설 *fals.* printspial koordinatsiya nazariyasi.
원피스 ko'ylak.
원하다(願-) xohlamoq, istamoq.
원하옵건대 iltimos.
원한(怨恨) norozilik, hafalik, ozor, ranj, o'kinch, achchiq.

월(月) *kor.old.* (qo'sh-si) oy.
월간(月間) I 1) oy; 2) oylik.
월간(月刊) II 1) ~하다 har oy nashr qilmoq; 2) har oyda chiquvchi nashr.
월경(月經) menstruatsiya, hayz. ~곤난 dismenorreya. ~과다증 gipermenorreya; ~과소증 oligo-menorreya; ~동통 menor-ralgiya; ~불순 vikar qon oqishi.
월귤 qulupnay, brysnika.
월급쟁이(月給-) jirkanish. oylikka yashovchi odam.
월세(月貰) 1) bino, uyni arendaga olganligi uchun olinadigan har oy to'lovi; 2) har oylik sharti asosida beriladigan to'lov (uy-joy, yashash joyi uchun).
웜(ingl. worm) *tex.* chuvalchang.
ㅞ ve. unli fonemasini bildiruvchi, kor. alifbosining 40nchi harfi.
웨 ve.(kor ㅞ harfining nomi).
웨딩드레스 to'y libosi, ko'ylagi.
웨치다 baqirib aytmoq, baqirmoq, qichqirib aytmoq (shiyor va hok)
웨침 qichqiriq, baqiriq.
웬 1) qanday, qaysi; 2) qandaydir.
웬만큼 *ravish.* me'yorida, kerakli, lozim bo'lgan, tarzda,odatda.
웬만하다 o'rtacha, oddiy, odatiy, qoniqarli, ko'tarib bo'ladigan.
ㅟ vi. unli fonemasini bildiruvchi, kor. alifbosining harfi.
위 I vi.(kor. 위 harfining nomi).
위(胃) II osh qozon, me'da.
위(位) III 1. 1) mavqe, mansab, lavozim; 2) joy, o'rin; 제 1 위를 쟁취하다 birinchi o'rinni egal-lamoq; 2. esda tutuv, eslov taxtachalari va ruhlar uchun sanov so'zi.
위궤양(胃潰瘍) oshqozon yarasi, yazvasi.
위급(危急) hukumat, davlat taqdiri hal etilayotgan kritik payti, oni; ~하다 kritik, havfli.
위력(威力) kuch-quvvat; ~사격 *harb.* bezovta, havotir qiluvchi o't; ~성당 qar. 운력 [성당].
위로하다 tinchlantirmoq.
위문(慰問) 1) tinchlantiruv, ovituv, yupatuv; ~편지 frontga (jo'natilgan) xat; 2) ta'ziya tashrifi bilan kelmoq, bemorni yo'qlab keluv; ~하다 a) tinchlantirmoq, tetiklantirmoq; b) ta'ziya tashrifini qilmoq, bemorni yo'qlamoq.
위범(違犯) ~하다 buzmoq (qonunni), jinoyat qilmoq.
위생(衛生), **위생학** gigiena; ~적 sanitar, gigienik; ~열차 sanitar poyezdi; ~자기 sanitar texnik chinni; ~초소 sonitar post, mansab; ~체조 sog'lomlashtiruvchi gimnastika; ~풍치림 yashil zona.
위안(慰安) 1) ermak; 2) ermak, dam olish, istirohat, tinim; ~하다 a) tinchlantirmoq, ovutmoq, yupatmoq; b) zeriktirmaslik.
위엄(威嚴) fazilat, ishontiruvi; ~스럽다 *sifat.* fazilatga to'la bo'lib ko'rinmoq; ~하다 fazilatga, qadr qimmatga to'la, ishonchli, ishontiruvi.
위원회(委員會) tekshiruvchi guruh, komissiya; 준비 tayyorlov, komiteti.
위임(委任) huquqni beruv, boshqaruvga beruv, ihtiyorga topshiruv; ~대리 *yur.* kelishuv bo'yicha vakillik; ~통치 mandat (davlat boshqaruviga); ~하다 topshirmoq, huquqni taqdim etmoq, ishonib topshirmoq, ihtiyorga topshiruv.
위치 joylashuv joyi; ~적 pozit-

sion; ~감각 *psixol.* vazn tengligi hissi; ~천문학 astro- metriya; ~에네르기 fiz. potent- sial energiya; ~하다 joylash- moq, joylashgan bo'lmoq; 2) *tilsh.* tovush paydo bo'luv joyi; ~적 변화 *tilsh.* tovushlarning pozitsion o'zgarishi.

위탁(委託) buyuruv, topshiruv, yuklov; ~부화 o'zga qushlarning iniga tuxumlarni tashlab qo'yish; ~수매 *ek.* komission tayyorlangan (narsalar); ~판매 *ek.* komission savdo sotuv; ~하다 topshirmoq, yuklamoq, ishonmoq, komissiyaga topshirmoq.

위하다(爲-) xizmat qilmoq, qaramoq (kimdirga), parvarish qilmoq.

위하여(爲-) ...uchun,...ga,...deb.

위험(危險) havf; ~스럽다 sifat. havfli, hatarli bo'lib ko'rinmoq.

윗사람 1) yuqori turuvchi; 2) yuqori, yuqori qo'yilgan.

윙 ~하다 a) uvillamoq (shamol); b) vizillab o'tmoq (o'q); 3) g'o'ng'illamoq(motor), tirillamoq.

윙크 ko'zni qisish, ko'zni yopib ochuv; ~하다 ko'zni yopib ochmoq, ko'zni qismoq, ko'zni pirpiratmoq.

ㅠ yu. unli fonemasini bildiruvchi kor. alifbosining 27nchi harfi.

유 I yu.(kor. ㅠ harfining nomi).

유(酉) II "tovuq", 12nchi siklning 10nchi belgisi.

유(有) III borliq; 무에서 ~를 창조하다 yo'qlikdan borliqni yaratmoq.

유(類) IV (무리) guruh, sinf; 보석 ~ qimmatbaho narsalar, buyumlar.

유-(有) kor. old. qo'sh. bor bo'lgan, ega bo'lgan.

유감(有感) I afsus, achinish, afsuslanish; ~스럽게도 afsuski, baxtga qarshi; ~스럽다 afsusga arzigan, afsuslansa bo'ladigan; ~의 뜻을 표하다 afsuski, achinishni bildirmoq; 재능을 ~ 없이 발휘하다 to'liq o'z imkoniyatlarini namoyon qilmoq; ~이지만 afsuski; ~하다 afsuslantiruvchi, achinish hissini keltiruvchi; ~하게도 afsuski.

유격(遊擊) chiquv; dushman tomonga harbiy yurish; ~하다 harbiy yurishni amalga oshirmoq; ~대 partizan otryadi; ~대원 partizan otryadining jangchisi; ~전 partizanlar to'lqini; ~근거지 partizanlar bazasi; ~투쟁 partizanlar kurashi.

유괴(誘拐) ~하다 aldash yordamida bolani olib ketmoq.

유급(留級) I ikki yil; ~하다 ikkinchi yilga qolmoq; ~생 ikki yilga qolgan odam, ikkinchi yilga qolgan o'quvchi.

유급(有給) II ~의 to'lanuvchi; ~휴가 oylik to'lovi qolgan ta'til, otpuska, to'lanadigan ta'til; ~휴가제 oylik to'lanadigan ta'til tizimi.

유기(有期) I ~적 organik; ~물 organik modda; ~화합물 organik tarkib; ~감각 psixol. organik his-tuyg'u, hissiyot; ~금속 화합물 organo metalik qo'shilma; ~광물 kelib chiqishi organik bo'lgan minerallar; ~광물질 비료 organo-mineral o'g'it; ~물질 a) organik modda; b) *qar.* 유기 화합물; ~비료 organik o'gitlar; ~합성 organik sintez; ~화학 organik kimyo; ~유리 organik oyna, shisha.

유기(遺棄) II ~하다 qoldirmoq, tashlamoq, unutmoq; ~죄 qaramog'i ostida bo'lganlarni nazoratsiz va kerakli yordamsiz qoldirganlik uchun jinoiy javobgarlik.

유난: ~하다 o'ziga xos bo'lgan, oddiy bo'lmagan, odatdan tashqari; ~히 ayniqsa, g'alati, odatdan tashqari; ~스럽다 sifat. o'ziga xos, oddiy emas, maxsus bo'lib ko'rinmoq.

유능(有能) ~하다 qobiliyatli, qobiliyatlarga ega bo'lgan, qo'lidan keladigan.

유니폼(ingl. uniform) sport kiyimi.

유도(留都) I esk. ~대신 qirolning poytaxtdan jo'nab ketganidan so'ng davlat ishlarini olib boruvchi vazir; ~대장 qirol poytaxtdan ketgandan so'ng poytaxtni himoya qiluvchi general; ~하다 poytaxtda qolmoq (to'xtamoq).

유도(乳道) II ~가 좋다 (나쁘다) yetarli (yetarsiz) bo'lmoq (ko'krak suti to'g'risida).

유도(誘導) III boshqaruv, yo'naltiruv, mo'ljalga qo'yuv; ~하다 boshqarmoq, mo'ljalga qo'ymoq; ~미사일 boshqariluvchi raketa; ~ 질문 olib boruvchi savol; ~탄 boshqariluvchi snaryad; ~동기 mus. motiv; ~무기 boshqariluvchi qurol; ~지휘관 boshqaruv va mo'ljalga qaratuv punkitining boshlig'i; ~임무 harb. boshlang'ich masalasi;~발전기 induktsion motor.

유독(流毒) I arx. ~하다 zararli oqibatlarni qoldirmoq, yomon ta'sir etmoq; 2) zararli oqibatlar, biror narsaning zararli ta'siri.

유독(有毒) II ~하다 zaharli; ~가스 zaharli gaz; ~물질 zaharli modda; ~식물 zaharli o'simlik.

유동(流動) I 1) oqim; 2) oquvchanlik; 노동력의 ish kuchining oquvchanligi; ~자금 oborot mablag'lari, vositalari; ~자본 oborot kapitali; ~파라핀 suyuq parafin; ~폰드 oborot fondi; ~한계 oquvchanligining chegarasi; ~적 oquvchan, doimiy bo'lmagan; ~하다 oqmoq (suv to'g'); b) harakat- lanmoq, ko'chmoq, oquvchan bo'lmoq; ~성(형세의) oquvchan- lik; ~식 suyuq ozuqa; ~자본 oborot kapitali, mablagi: ~자산 likvid mablag'lar; ~체 suyuq jism.

유동(遊動) II ~기관총 harb. ko'chib o'tuvchi o'q otar, ko'chma o'q otar; ~병원 harakatlanuvchi, ko'chma, ko'chuvchi; ~하다 erkin harakatlanmoq (ko'chib yurmoq, ko'chmoq).

유람(遊覽) ko'rik, ko'zdan kechirish, turizm, ekskursiya; ~하다 ko'rib chiqmoq, ko'rmoq, ekskursiya qilmoq; ~객 ekskursant, turist; ~선 ekskursion kema; ~버스 ekskursion avtobus.

유랑(流浪) daydichilik, daydilik, tentirab yurish; ~목축 유목; ~하다 daydib yurmoq, tentirab yurmoq, ko'chib yurmoq; ~ 하다 ko'chib yuruvchi; ~민 ko'chmanchi xalq; ~자 daydi, ko'chmanchi.

유료(有料) ~ 의 to'lovli, pulli; ~주차장 pulli avtomashinalarni to'xtash joyi.

유류(遺留) ~하다 qoldirmoq, unutmoq; ~품 yodgorlik.

유리(<琉璃) I lazur, lazurit.

유리(流離) II ~걸식 (개걸) kambag'alchilik; ~방황 (표박) daydilik, el-yurt kezish; ~하다 el-yurt kezmoq, daydimoq.

유리(遊離) III ajratuv, uzub

qo'yish, izolyatsiya; ～하다 ajralmoq, uzilib qolmoq, uzilmoq; ～산소 bo'sh kislorod; ～전자 bo'sh elektron.

유리(琉璃) IV oyna; ～를 끼우다 oyna qo'ymoq; ～섬유 kimyo. oyna to'qimasi.

유리(有理) V (수학) ～수 ratsional raqam; ～방정식 ratsional tenglama; ～분수 ratsional kasr; ～분수식 kasr ratsional tenglama; ～정식 ratsional to'la ifoda; ～함수 mat. ratsional funktsiya.

유리하다 1) ajralmoq, uzulmoq; 2) foydali.

유명(有名) ～하다 mashhur, ma'lum, tanish; ～하게되다 mashhur bo'lmoq; ～한 음악가 mashhur musiqachi; ～세 mashhurlik, taniqli musiqachi; ～무실 faqat ism, nom.

유목(遊牧) ko'chma chorvachilik, mol boqarlik; ～의 ko'chmanchi; ～하다 ko'chib yurmoq; ～민 ko'chma chorvachilar; ～종족 ko'chma chorvachilik qabilasi, ko'chma chorvachi qabila.

유무(有無) borliq va yo'qlik, bor bo'lish, mavjudlik va yo'qlik; ～간 mavjudlik va mavjud emaslikka qat'iy nazar; ～상통 birining yo'qligi ikkinchi bilan to'ldiriladi.

유별(有別) klassifikatsiya, saralash; ～나다 o'ziga xos, odatdan tashqari, farqlanuvchi, xilma-xl; ～난 사람 o'ziga xs bo'lgan odam, boshqalarga o'xshamas odam; ～스럽다 sifat. odatdan tashqari, o'ziga xos, farqlanuvchi bo'lib ko'rinmoq.

유사(有事) I favqulotda vaziyatlar, ～시에 nihoyatda zarur bo'lgan holatda, juda bo'lmasa, nihoyatdagi zarurlik, oldinda ko'rilmagan voqea, hodisa; ～불여 무사 esk. shovqin qancha ko'p bo'lsa, foyda, ma'no shuncha kam bo'ladi; ～하다 sifat. bo'lmoq, bo'lib o'tmoq, ro'y bermoq.

유사(類似) II ～하다 o'xshash, bunday, shunday; ～성 o'xshashlik, anologiya; ～점 o'xshash taraflar, o'xshashlik.

유산(硫酸) I oltingugurt kislotasi; ～나트륨 natriy sulfat, oltingugurt kislot natriysi; ～마그네슘 oltingugurt kislot magniysi, alyuminiy sulfati; ～바륨 oltungugugrt kislot alyuminiysi, alyuminiy sulfati; ～칼륨 oltingugurt kislot kaliysi, kaliy sulfati; ～칼슘 oltingugurt kislot kaltsiysi, kaltsiy sulfati; ～알루미늄 oltingugurt kislot alyuminiysi, alyuminiy sulfati; ～암모늄 oltingugurt kislot ammoniy, ammoniy sulfati; ～연광 anglezit.

유산(遺産) II me'ros; ～을 물려받다 me'rosni olmoq (kimdandir); ～상속인 me'rosxo'r; 문화 ～ ma'naviy me'ros.

유선(有線) kabel, sim; ～방송 kabel televideniyasi; ～기재 harb. simli aloqa vositasi; ～통신 simli aloqa.

유언(遺言) I vasiyat; ～하다 vasiyat qilmoq; ～자 vasiyatchi.

유언(流言) II mish-mish, gap, xabar (aldamchi, noto'g'ri, yolg'on); ～비어 a) yolg'on xabarlar, mish-mishlar; b) ig'vo gaplar.

유예(猶豫) kechiktiruv, sanani o'zgartiruv, keyinga qoldiruv; ～하다 sanani uzaytirmoq, keyinga qoldirmoq; ～미결 ikkilanishda bo'lmoq, qat'iyatsizlikda bo'lmoq, ikkilanmoq.

유용(有用) ～하다 foydali, kerak, foydalanish mumkin bo'lgan,

qo'llash mumkin bo'lgan; ~성 keraklilik, qo'llanishlik, foydalilik, foydalanishlilik; ~가격 iqt. bozor narxi.

유월(<六月) I iyun.

유유(悠悠) I ~하다 tinch, sxoshilinch bo'lmagan, sxoshilmaydigan; ~히 걸어가다 sxoshilmasdan yurmoq, sxoshilmay yurmoq; ~ 자적한 생활을 하다 osoyishta hayot kechirmoq; ~도일 esk. vaqtni xushchaq- chaqlik bilan o'tkazmoq; ~범범 esk. istamay, xohishsiz ishla- moq; ~창천 quchoqlab bo'l- maydigan ko'm-ko'k osmon, havo rang.

유의하다(留意-) e'tibor bermoq, qiziqmoq, e'tiborga olmoq; ~ 해서 듣다 e'tibor bilan eshitmoq.

유익(誘益) ~하다 boshqarmoq, olib bormoq, yo'naltirmoq.

유일(唯一) ~ 하다 yagona, bir; ~ 한 희망 yagona umid; ~ 무이하다 yagona, unikal; ~적 yagona; ~관리제 yagona boshlanuv; 당의 ~사상[체계] partiyaning yagona ideologiyasi; ~조류론 adab. "yagona oqim" nazariyasi.

유일한 yagona.

유전(流傳) I ~하다(keng) tarqatmoq.

유전(遺傳) II nasliylik; ~병 nasliy kasal; ~자 공학 gen injeneriyasi; ~적 nasliylik; ~인자 biol. gen; 2) arx. ~하다 o'tmoq (avloddan avlodga, nasldan naslga).

유전(油田) III neft koni

유지(維持) I quvvatlash, saqlash; ~하다 quvvatlamoq, saqlamoq; 질서를 ~하다 tartib saqlamoq.

유지(油脂) II yog'lar.

유지하다 quvvatlamoq, saqlamoq.

유출(流出) 1) (suyuqlikning) oquvi, oqib tushuvi,(suv) oquvi, oqib tushuvi,(gaz) effuziyasi); ~계수 oquvning koeffitsienti; ~균등도 bab baravarlik va tushuvning (oqib tushuvning) darajasi; 2) (valyutani) oqib ketuvi; ~하다 a) oqmoq, oqib tushmoq, oqib chiqmoq; b) chet elga oqib ketmoq (valyuta to'g').

유치(幼稚) I bolalik, go'daklik; ~하다 sodda, primitiv, pishmagan (shakllanmagan); ~원 bolalar bog'chasi; ~원생 bolalar bog'chasining tarbiyalanuvchisi.

유치(留置) II ushlov, tutuv; ~하다 ushlamoq, hibsga olmoq; ~장 qamoq kamerasi, qamoq xonasi.

유치원(幼稚園) bolalar bog'chasi.

유치원생(幼稚園生) bolalar bog'chasining tarbiyalanuvchisi.

유쾌(愉快-) ~하다 yoqimli, quvonchli, hursand; ~ 하게 시간을 보내다 vaqtni quvnoq, maroqli o'tkazmoq; ~ 감 yoqimli, hursand his tuyg'u, hursandchilik; ~스럽다 sifat. quvonchli (shod, hursand, yoqimli) bo'lib ko'rinmoq.

유통(儒通) I konfutsionist olimlar o'rtasida yozishuv.

유통(流通) II 1) (suv yoki gazning) sirkulyatsiya aylanuvi; 2) muomalasi (misol uchun tovarlarning); ~수단 muomala vosita- lari; ~자금 oborot, pul mablag'lari; ~자본 oborot kapitali; 3) keng qo'llanuv, ishlatiluv; ~하다 a) muomalada bo'lmoq, aylanmoq; b) keng ishlatilmoq; (경제) oborot, tovar aylanuvi, muomala, tarqaluv, taqsimlash; ~량 muo-malada bo'lgan miqdor, son; ~망 (tovarlarning) muomala kanallari; ~비 muomalalarning chiqimlari, sarf-harajatlari; ~화폐 muomalada bo'lgan pul birligi; 자

본 ~ kapital aylanuvi, aylanishi.
유포(流布) I tarqalish; ~ 하다 tarqalmoq; ~ 자 tarqatuvchi.
유포(油布) II yog'langan (yog'li), payta-qog'oz matosi.
유학(留學) chet elda o'qish; ~을 가다 chet elda o'qish uchun bormoq; ~하다 chet eldagi ta'lim; ~하다 chet elda o'qimoq
유학생(留學生) talaba, chet elda o'quvchi (talaba).
유한(有限) I ~하다 chegarasi bor, chegaraga ega bo'lgan, cheklangan; ~소수 so'nggi, oxirgi o'nlik kasri; ~집합 oxirgi so'nggi ko'plik; ~책임회사 mas'uliyati cheklangan jamiyat; ~급수(합렬) mat. so'nggi qator; ~화서 bot. so'nggi, oxirgi rangbaranglik.
유한(有閑) II ~계급 ishlamaydigan (dam oluvchi), boy odamlar; ~ 마담(부인) dam oluvchi, ishlamaydigan ayol.
유해(有害) I zararli, ziyonli; 흡연은 건강에 ~하다 chekish sog'liqqa ziyonli, chekish sog'liq uchun zararli; ~성 zararlilik, zarar; ~노동 zararli ishlab chiqarishdagi ish; ~무익 zarar, keraksizlik; ~하다 zararli.
유해(遺骸) II qoldiqlar, jasad.
유행(流行) 1) moda, rasm, odat; ~의 keng tarqalgan; ~하다 modada bo'lmoq, modaga kirmoq; 최신 ~복 yangi rusmdagi kostyum; ~에 뒤지다 modadan chiqmoq, moda- dan qolmoq, ortda qolmoq; ~가 mashhur ashula, shlyager; ~가수 modali ashulalar ijrochisi; ~이다 modada bo'lmoq; ~을 따르다 moda ortidan quvmoq; 2) (kasalning) tarqalishi, yoyilishi; ~하다 tarqalmoq, yoyilmoq (misol uchun epidemiya to'g'); ~성 감기 gripp.
유형(有形) I shakl; ~의 moterial, konkret, real; ~물 narsalar; ~무적 esk. gumon bo'lsada dalillar yo'q.
유형(流刑) II badarg'a, quvg'in; ~살이 하다 quvg'inlikda yashamoq; ~수 badarg'a qilingan; ~지 badarg'a joyi.
유혹(誘惑) yo'ldan uruv, boshni aylantiruv; ~하다 yo'ldan urmoq, boshni aylantirib qo'ymoq; ~자 yo'ldan uruvchi, boshni aylan-tiruvchi; ~적 yo'ldan uruvchi.
유효(有效) I effekt, loyiqlik, yaroqlik; ~하다 kuch quvvati bor bo'lgan, effektiv, ta'siri bor, ta'sir etuvchi; ~기간 yaroqlilik muddati; ~숫자 ahamiyatli raqam.
유효(有効) II ~면적 foydali maydon; ~수자 mat. ma'noli, ahamiyatli raqam; ~염소 kimyo. aktiv xlor; ~하다 effektiv, ta'sirchan, ta'siri bor bo'lgan.
유휴(遊休) bo'sh, ishlatilmay-digan; ~설비 ishlatilmayotgan asbob uskuna; ~기자재 bo'sh vositalar (materiallar); ~노력 bo'sh bo'lgan ish kuchi; ~자본 ishlatilmayotgan kapital.
유흥(遊興) ermak, hursandchilik; ~하다 hursandchilik qilmoq, o'zini ovutmoq; ~비 hursand-chilik uchun sarf harajatlar
육(六) I olti; ~간 대청 6 kanga daraxt polli xona (qar. 간 II 1).
육(肉) II olti qismi, jism.
육감(肉感) hissiyotlilik, shirin havaslilik; ~적 hissiyotli, shirin zavqli, yo'ldan uruvchi (so'lagini keltiruvchi); ~적인 아름다움 xissiyotli go'zallik.
육교(陸橋) tortiladigan (tashi-ladigan) ko'prik, yo'lovchilar

ko'prikchasi.
육신(六身) (hamma) jism, tana, tananing olti qismi (oyoqlar, qo'llar, bosh va gavda, tana); ~이 튼튼하다 sog'lom, qattiq; ~을 쓰다 (odam) harakatlanmoq; ~의 힘 tana, badan kuchi.
육아(育兒) bolalar tarbiyasi; ~하다 bolani o'stirmoq (tarbiya qilmoq); ~법 bolalarni tarbiyalash usullari; ~식 bolalar ozuqasi, ovqati; ~실 bolalar (xonasi); ~원 bolalar bog'chasi.
육지(陸地) quruqlik, yer; ~수문학 quruqlik gidrologiyasi; ~꽃버들 Shverin ivasi (*Salix Sc'werinii*); ~에 행선이라 matal.≅ humdan qamchi to'qiy ololmaysan.
육친(六親) I qarindoshlar (ona, ota, yoshi katta va kichkina bo'lgan aka-ukalar, xotin, bolalar).
육친(肉親) II qondoshlik; ~의 qondosh, tug'ishgan; ~에 yaqinlar orasidagi sevgi; ~적 qardosh, qondosh; ~배려 ota (ona) qamho'rligi.
윤(輪) tayanch uzugi; ~운동 sport. xalqa bilan mashq qilish.
윤기(潤氣) yaltiroq, losk; ~ 가 있는 머리카락 yaltirib turuvchi sochlar; ~가 흐르다 yaltiramoq, yog'lanib turmoq, yog'lanmoq; ~를 내다 losk surmoq, yaltiratmoq, tonirovka qilmoq.
윤달(潤月) 1) qo'shimcha 13nchi oy; 2) kabisa yilidagi fevral oyi; ~만난 회양목 muroj. a) pakana; b) o'lik, nuqtasida to'xtab qolgan ish.
윤락(淪落) ~하다 a) o'zga yurtda kasodga uchrab, hor bo'lib daydimoq; b) ayolning zinoda botib qolishi; ~의 o'lgan, yiqilgan; ~하다 yiqil- moq; ~녀 zinokor(yomon) ayol, hurmati yo'q, past ayol.
윤리(倫理) ahloq-odob printsiplari; ~적 odob-ahloqli; ~학 etika.
윤전(輪轉) aylanuv; ~인쇄 bosib chiqarmoq; ~인쇄기 *qar.* 윤전기; ~하다 aylanmoq; ~기 rotatsion mashina.
윤택(潤澤) yaltiroq, losk; ~ 하다 boy; pul bilan ta'minlangan.
윤택하다 boy badavlat, serob.
윤활(潤滑) moylash; ~하다 silliq, sirg'anchiq, ~유 mo'ylov yog'i.
율(律) I qonun, qoida; 도덕~ ahloq-odob kodeksi.
율 II 1) ritm; 2) *qar.* 음율; 3) 3 chi,4 chi,5 chi va 6 chi qatorlar 5(7)so'zdan iborat bo'lgan hanmundagi 8 sherli; 5) qar.계율.
율동(律動) maqomli harakatlar, ritm, bir tekis; ~적 maqomli; ~무용 raqs maqomi; ~체조 qar. 예술 [체조]; ~유희 musiqa ostida ritmik harakatlar (o'yin); ~의 ritmik; ~성 maqomiylik; ~체조 ritmik gimnastika.
율법(律法) 1) qonun, ahloq-odob normalari, qoidalari; 2) arx. *qar.* 법율; 3) *qar.* 계율.
융(絨) flanel.
융기(隆起) 1) ko'tarish, ko'tarilish, ishib chiqqanlik, egri-bugrilik, ko'tarilib chiqqanlik; 지각의~ yer qobig'i, yer qobig'ining ko'tarilishi; ~해안 ko'tarilgan qirg'oq; 2) *tib.* egri bugrilik, ko'tarilib chiqib turganlik; ~하다 a) ko'tarilmoq, chiqib turmoq; b) egri-bugri.
융자(融資) moliyalashtiruv, kreditlar; ~하다 moliyalashtirmoq, kredit bermoq; 은행에서 ~를 받다 bankdan kredit olmoq; ~적 moliyaviy.
융통(融通) aylanish, aylanuv,

oborot; ～하다 aylanuvga, aylanishiga qo'ymoq; ～성 moslanuvchanlik; ～자본 aylanuvdagi kapital.
윷 1) yut (bir yoki bir necha o'yinchi suyakchani tashlab, birdan beshgacha ballarni to'playdilar va bunga qarab qog'ozda chizilgan kataklar bo'ylab fishkalar harakatlantiriladigan kor. o'yini); 2) yut o'yinidagi suyakcha; ～진 아비 hazil. shumtaka odam.
윷놀이 yut o'yini; ～하다 yutni o'ynamoq; ～채찍 arx. qirol qasri qoravulining qamchisi.
ㅡ unli i' fonemasini bildiruvchi kor. alifbosining 24 chi harfi.
으 i' (kor. ㅡ harfining nomi).
으깨다 1) maydalamoq (qumaloqlarni), buzmoq; 2) bosmoq, ishqalamoq, ezmoq.
으뜸 bosh, birinchi, boshchilik qiluvchi.
으스러지다 buzilmoq, sinmoq; 손을 ～ 지게 잡다 qo'lni qattiq siqmoq (qo'lga olmoq), qo'lda mahkam ushlamoq, ushlab turmoq.
으쓱 ～하다 qarsillamoq.
은(銀) kumush; ～빛의 kumushrang.
-은 fonet. ajratuvchi qo'sh.ning varianti -는 II.
은근(慇懃) odoblilik, xushmuomalalik, e'tiborlilik; ～하다 xushmuomala, e'tiborli, intim, sirli; ～한 태도 e'tiborli muomala.
은둔(隱遁) g'ariblik; ～하다 dunyo (olam)dan uzoqlashmoq, g'arib bo'lib yashamoq; ～자 g'arib; ～처 g'aribning yashash joyi.
은밀(隱密) ～하다 sirli, mahfiy, yashirin; ～한 장소 mahfiy joy; ～성 mahfiylik.
은빛 kumush nuri.
은사(恩師) hurmatli. o'qituvchi, domla.
-은새려 old. *ismdan so'ng. qanday, qanaqa*; 만년 필 ～ 연필도 없었다 Qanaqa avtoruchka, hatto qalam ham yo'q.
은색(銀色) kumushrang.
은인(恩人) yaxshilik qiluvchi (odam), bag'ri keng odam; 그는 나의 ～이다 men unga qarzdorman, men uning oldida qarzdorman; 그는 나의 생명의 ～이다 men unga hayotim bilan qarzdorman; 생명의 ～ hurm. haloskor, ozod qiluvchi, qutqaruvchi; 해방의 ～ hurm. qutqaruvchi, ozod qiluvchi.
은총(恩寵) yaxshi qarovchi, yaxshilik tilovchi, (yuqorida turuvchining) o'ziga xos bo'lgan munosabati; ～을 받다 yaxshi munosabatga sazovor bo'lmoq; ～을 베풀다 (kimdirga o'ziga xos bo'lgan) munosabatda bo'lmoq.
은폐(隱蔽) bekituv, yashiruv; ～하다 yashirmoq, bekitmoq; 진실을 ～ 하다 haqiqatni bekitmoq, yashirmoq.
은행(銀行) I bank; ～에 예금하다 pulni bank hisobiga qo'ymoq; ～에 구좌를 개설하다 bankda hisobni ochmoq; ～ 가 bankir; ～ 원 bank xizmatchisi; ～ 예금 bank hisobi; ～신용 bank krediti; ～지폐 esk. *qar*. 은행권.
은행(銀杏) II gingko daraxti mevalari; ～따기 (daraxt shohchalarining qismi qoldiriladigan) tut daraxtining yig'imi.
은행 지점(支店) bank filiali.
은혜(恩惠) yaxshilik; ～롭다 yaxshilik qiluvchi; ～를 베풀다 yaxshilik qilmoq (kimdirga); ～를 입다 (kimdirga) qarzdor bo'lmoq.
을(乙) 1) 10 li siklning 2 chi

belgisi; 2) ikkinchi tartib soni, ikkinchi punkt, joy, band, modda, ikkinchi "b" (nomlab o'tuvda, qa'd etuvda, sanab o'tuvda); 3) qar.을방; 4) qar.을시
-을 tushum kelishigi qo'sh. sining fonetik varianti, turi, xili. -를.
읊다 she'r o'qimoq.
음(音) I tovush.
음(陰) II 1) in, qorong'i, qora (ayoliy) bosh; 2) kor. tib. "salbiy kasallik belgilari" (badanning sovib, titrashi, farqsizlik, passivlik); 3) qar. 음전기; 음으로 har qanday vaziyatda.
음극(陰極) salbiy polyus, katod; ~ 관 katod lampasi; 광 katod yorishuvi.
음력(陰曆) oy kalendari.
음료(飮料) ichimlik; ~수 ichimlik suvi.
음모(陰謀) fisqu fasod, ayyor reja, kelishuv; ~를 꾸미다 fisqu fasodni rejalashtirmoq; ~가 fisqu fasodchi, intrigan; ~하다 fisqu fasod, ayyor rejani uyushtirmoq.
음모자(陰謀者) fisqu fasodchi.
음성(音聲) I ovoz; ~기호 tovush belgisi; ~주파수 tovush chastotasi; ~학 fonetika, fonetist.
음성(陰性) II qorong'i, qora (ayol) boshi; ~모음 "qora(to'q) unlilar" (eski kor. fonetikasida); ~교질 kimyo. *salbiy, rad etuvchi kolloid* ; ~원소 kimyo. elektro salbiy, rad etuvchi kolloid; ~식물 soyani yaxshi ko'ruvchi o'simliklar.
음식(飮食) oziq-ovqat, ozuqa, taom; ~ 다 yeb ichmoq, oziqlanmoq; ~물 ozuqa, oziq-ovqat, taom va ichimliklar; ~점 restoran, oshxona; ~싫은 건 개나주지 사람 싫은 건 할 수 없다 maq. ≅ shirin bo'lmagan ovqatni itga ham berish mumkin, lekin, yomon ko'rgan odam bilan yesa bunday qila ololmaysan; ~은 갈수록 줄고 말은 갈수록 는다 = 말[은 보태고 떡은 뗀다] V.
음악(音樂) musiqa; ~가 musiqachi; ~당 kontsert zali; ~원 konservatoriya; ~이론 musiqa nazariyasi; ~회 konsert; 고전~ klassik musiqa; 교회~ ma'naviy musiqa; ~적 musiqiy; ~적 순간 musiqiy on (dam, payt); ~작품 musiqiy asar; ~형상 musiqiy obraz; ~영화 musiqiy kinofilm.
음양(陰痒) ijobiy va salbiy, erkaklar va ayollar boshlanishi, aktiv va passiv, yorug'lik va qorong'ulik, soya, quyosh va oy; ~배합 esk. in va yan orasidagi uyg'unliik; ~ 오행설 (sharqiy naturfalsafadagi) qara- maqarshi boshlanish va besh tabiiy ofat to'g'risidagi ta'limot.
음행(淫行) 1) zino; 2) yarashmagan, yaxshi bo'lmagan ish-harakat; qar. 음란.
읍(邑) (kichkina) shaharcha, qishloqcha; ~내 qishloqcha ichida, kichkina shaharchada.
응 ha, mayli (yoshi kichkina yoki katta bo'lganlar bilan gaplashganda).
응결(凝結) muzlab qoluv, sovib qoluv, qotib qoluv; ~하다 qotib qolmoq, turib qolmoq.
응급(應急) ~의 sxoshilinch, tezda bajariladigan, vaqtincha; ~대책 sxoshilinch choralar; ~수리 sxoshilinch remont, tezda bajarish talab etiladigan remont; ~ 처치 birinchi tibbiy yordam; ~접종 sxoshilinch epidemik emlash, privivka
응모(應募) yoziluv, ariza, kiruv;

~하다 chaqiruvga javob bermoq; ~액 yoziluv narxi, summasi; ~자 yoziluvchi; ~가격 bozor narxi (misol uchun aktsiyaning).

응용(應用) amaliy qo'llanish, qo'llanuv; ~ 할 수 있는 qo'llansa bo'ladigan, qo'llaniladigan, ishlatiladigan; ~하다 amaliyotda qo'llamoq, amaliyotda ishlatmoq; ~과학 amaliy fan; ~문제 amaliy masala.

응원(應援) qo'llab quvvatlov; ~하다 yordam ko'rsatmoq, (quvvatlamoq); ~가 guruhni qo'llab quvvatlovchi madhiya; ~기 qo'llab quvvatlovchilarning bayrog'i; ~단 qo'llab quvvatlovchilar guruhi; ~ 단장 qo'llab quvvatlovchilarning sardori.

응하다(應-) javob bermoq, javob qaytarmoq, muvofiq, mos kelmoq; 초대에 taklifni qabul qilmoq; 시험에 ~ imtihon topshirmoq; 그에 응하여 shunga mos kelgan holda, shunga muvofiq holda kelgan.

ㅢ i'y. unli fonemasini bildiruvchi kor. alifbosining 36 chi harfi.

의(義) I adolat, burch, to'g'rilik; ~로 맺은 형ataladiganlar.

의(議) II muhokama, munozara, diskussiya.

-의(義) I kor. old. qo'sh. ma'no; 제일의 asosiy(birinchi) ma'no.

-의(醫) II kor. old. qo'sh. vrach, doktor, shifokor; 부인[과]의 ginekolog, shifokor gunekolog.

-의 qaratqich kelishigining qo'sh., keyin kelayotgan otga atributiv munosabatni bildiradi; qaratqich ot quyidagilarni bildiradi: 1) ishharakat subyektini: 당의 호소 partiyaning da'vat etishi, chaqirishi; 2) ish-harakat obyektini: 조국의 보위 vatan himoyasi; 3) butun, butunning qismini bildirib keluvchi bilan bildiriladi; 학생들의 대부분 o'quvchilarning ko'pchiligi; 4) sifat(fazilat) yoki xususiyat: 향수의 냄새 atirning hidi; 정의의 투사 adolat uchun kurashuvchi, adolat kurashchisi; 5) tegishlilik: 아저씨의 모자 amakimning qalpog'i; 6) miqdor va daraja: 열 마리의 개 10 ta it; 갑절의 비용 ikkilamchi sarf harajat; 7) joy: 운동장의 모래 sport maydonchasidagi qum; 8) vaqt: 아침의 경치 ertalabki manzara, peyzaj; 9) material: 대리석의 기둥 marmar kolona, marmardan qilingan ustun; 10) buyum, narsaning vazifasini: 재봉침의 기름 tikuv mashinasi uchun moy, yog'.

의견(意見) fikr, qarash, nuqtai nazar; ~을 진술하다 fikrni aytib o'tmoq, aytmoq; ~서 hat tarzida bayon etilgan fikr, qarash.

의결(議決) rezalyutsiya, qaror, hukm; ~하다 qaror qilmoq, hukm qilmoq; ~기관 qonun chiqaruvchi organlar; ~권 ovoz huquqi.

의논(議論) mihokama, baxs, debatlar; ~하다 muhokama qilmoq, baxs olib bormoq, debat o'tkazmoq; ~이 맞다 (debatlar to'g'.) mos kelmoq, mos tushmoq; ~이 맞으면 부처도 앙군다 maq.≅ o'zaro tushunish bo'lganida, Xudo ham yordam beradi.

의뢰(依賴) iltimos, topshiriq, vazifa; ~하다 ishonmoq, suyanmoq, qaram bo'lmoq, bog'liq bolmoq, iltimos qilmoq, so'ramoq (buyum, narsani) topshirmoq, buyurmoq; ~서 yozma iltimos; ~심 (bosh-qalarga) suyanish, ishonish

odati; ~인 (advokatning) mijozi.
의료(醫療) davolash; ~기구 meditsina instrumentlari (asbob uskunalari); ~비 (davolash) sarfharajatlari uchun to'lov; ~시설 meditsina tashkiloti; ~기술 vrach texnikasi, shifokor texnikasi; ~처치 shifokor aralashuvi.
의무(義務) burch, majburiyat; ~의 majburiy; ~감 burchni anglab yetish his tuyg'usi; ~교육 majburiy ta'lim, o'qituv; ~병 역제 majburiy harbiy itoat qiluv, xizmat qiluv tizimi; ~적 majburiy; ~노력 일 majburiy bo'lgan minimum ish, mehnat kunlari; ~병역제 majburiy itoat qiluv, xizmat qiluv tizimi.
의문(疑問) I savol; ~ 스럽다 savol so'roq, savol tarkibida bo'lgan; ~ 시하다 shubhalanmoq, shubhali deb bilmoq; ~대명사 so'roq olmoshi; ~문 so'roq gap; ~사 so'roq so'zi; ~점 shubhali punkt, joy, modda, band.
의문(倚門) II so'roq; ~하다 so'roq olmoshi.
의미(意味) I ma'no, mazmun; ~의 mazmunli, semantik; ~하다 bildirmoq, ma'noga ega bo'lmoq; ~가 없다 ma'nosiz, ma'no mazmuni yo'q bo'lgan; ~론 semasiologiya, semantika; ~적 ma'noli, mazmunli, semantik; ~적 기능 tilsh. singnifikativ funktsiya; ~색채 ma'no mazmun rangi.
의미(依微) II ~하다 noaniq, tumanli (xotira to'g'.) qattiq emas.
의사(醫師) I shifokor; (구어적으로) doktor; (외과의) xirurg; (내과의) terapevt; (개업의) amaliyotchi, amaliyot qiluvchi shifokor.
의사(意思) II fikr; ~가 서로 통하다 bir-birini tushunmoq; ~에 따라 irodaga muvofiq (bo'lgan holda); ~부도처 aqlga sig'maydi; ~표시 xohishini bildirish.
의사(議事) III majlis, muhokama; ~당 parlament binosi; ~ 일정 kun tartibi; ~하다 muhokama qilmoq.
의사(擬似) IV ~호렬자 tib. xolerina; ~하다 yolg'on, noto'g'ri, xato.
의사소통(意思疏通) so'zlashub, kommunikatsiya.
의사전달(意思傳達) fikrni uzatish (berish).
의심(疑心) shubha, ishonchsizlik, gumon; ~스러운 shubhali;~하다 shubhalanmoq, gumon qilmoq; ~쩍다 bir qancha shubhali, (gumonli); ~스럽다 shubhali. *qar.* 의 II.
의약(醫藥) dori; ~분업 dorixona ishining tibbiyot yordamidan bo'linishi; ~품 dori darmonlar. ~복서 davolash va issiq soviq (o'ziga mahliyo qilish).
의외(意外) ~의 tasodifiy; ~로 tasodifan, kutishlarga teskari holda, ajablanarli.
의존(依存) qaramlik; ~하다 suyanmoq (kimdirga); 상호 ~ o'zaro bog'liqlik; ~성 qaramlik, tobelik, mustaqil bo'lmaslik; ~심 qaramlilik, tobelik.
의좋게 ahillik bilan, do'stona.
의혹(疑惑) shubha, ishonchsizlik, gumon; ~을 품다 gumon qilmoq, shubha (gumon) ostiga qo'ymoq; ~을 풀다 shubha (gumonni) yoymoq; ~을 사다 gumon, shubhani o'ziga chaqir- moq, qaratmoq; ~하다 shubha qilmoq, gumon qilmoq.
ㅣ i unli fonemasini bildiruvchi

kor. alifbosining 29 chi harfi.
이 I i (kor ㅣ harfining nomi).
이, 치아 II tish; (톱날의) tish; 낫이 ~가 빠지다 o'roqda tishchalar paydo bo'lib qoldi; ~가 빠지다 tish tushdi; ~가 빠진 그릇 cheti singan (o'tkir joylari bor) idish; 이가 없으면 이몸으로 산다 muroj. bu yong'oqni tishing bilan chaqa olmaysan; 이도 안 났다 ~를 갈다 *muroj.* suti hali og'zidan ketmagan; ~를 갈다(갈아 마시다) (kimdirni) yomon ko'rmoq; ~를 악물다 (깨물다, 물다) tishni bir biriga bosib turmoq; 이 아픈 날 콩밥 한다 *muroj.* ayiq yordamini qilmoq, foydasiz va zararli yordam ko'rsatmoq; 이에서 신물이 나다(돌다) *muroj.* tishda tiqilib qolmoq; ~[가 떨리다] mustahkam, qattiq mos kelmoq, birlashmoq.
이 III ~ 잡듯 berilib, e'tibor bilan, astoyidil qidirmoq; 이가 칼을 쓰겠다 (mato to'g'.) juda nodir, noyob, kam uchraydigan.
이 IV 1) tarifdan so'ng. odam; 그 ~ u; 이 ~ shu odam, bu odam; 2) tarifdan so'ng. o'sha, qaysiki; 모르는 ~ o'sha, men bilmaydigan, tanish bo'lmagan odam.
이 V bu, shu, ushbu; 이에 대하여 shu to'g'risida, bu haqida; 2) shu, bu, ushbu; 이 책 bu kitob.
이 거리는 어디로 갑니까? Bu ko'cha qaerga olib boradi?
이 거리의 이름은 무엇입니까? Bu ko'chaning nomi nima?
이 방 값은 얼마입니까? Bu xonaning narxi qancha? Bu xona qancha turadi?
이 방이 마음에 듭니까? Bu xona sizga yoqdimi?
이 백 200. ikki yuz.
이 약을 몇 번 먹어야 합니까? Bu dorini necha bor qabul qilish kerak?
-이- I o'timli va o'timsiz fe'llarninf qo'sh.
-이- II 높다 yuqori, baland > 높이다 ko'tarmoq.
-이 III arx. shaxsiy munosabatning og'zaki qo'sh.
-이- IV otning o'zagi yoki fe'lning o'zagidan keyin birlashtiruvchi unli.
-이- V predikativning quyidagi ma'nosini anglatadigan modal suffiksi, qo'sh: 1) taxminni: 그가 아마 어제 왔다 간 사람이 u kecha kelib ketgan (kelgan) odamga o'xshaydi (bo'lsa kerak); 2) ish-harakatning majburiyligini: 영원히 대한민국과 함께 나가야 Koreyscha ittifoqi bilan mangulikka, abadiylikka; 내 잠간 갔다오이 men bir ozga borib kelaman.
-이- VI 살이다 qutqarmoq, qaytadan tiriltirmoq; 물이다 tishlab olingan bo'lmoq.
-이까 f. predikativining hurm. qo'sh., tugashi. quyidagi ma'nolar bilan: 1) qarshilovchi savol: 어찌 그들인들 잘 살고 싶지 않으이까? Nimaga ular yaxshi yashashni xohlamaydilar-a? 2) ish-harakatni bajarishga tayyorgarlik: 내가 다시 가서 가져오이까? Nima men qayta borib, olib kelaymi?
-이니 5시면 방안이 훤하이니 그 때 읽을 수 있겠다 soat beshda xonaning ichi yorug' bo'ladi va o'qish mumkin bo'ladi.
-이로다 kitobiy. yuqori daraj. f. qo'shimcha, quyidagi ma'nolar bilan: 1) taxmin: 우리는 내일 다시 모이이로다 ertaga biz yana yig'ilsak kerak; 2) ish-harakatning majburiyligini: 내가 한 번

만나이로다 men u bilan albatta uchrashaman.
이간(離間) adovat tarqatuvi, yoyuvi, uzoqlashuv, nifoqlashuv; ~을 붙이다 nifoq, adovatni yoymoq; ~하다 (kimdirning munosabatida sovuqlashuvni, yomonlashuvni) keltirib chiqarmoq, nifoq, adovatni yoymoq, (kimdirning o'rtasiga) to'sqin qo'ymoq, to'sqin yaratmoq, orani buzmoq.
이거(移去) ko'chuv, ko'chib o'tuv; ~하다 yashash joyini o'zgartirmoq, ko'chmoq; ~이래 *esk.* kelib ketuv, tarqaluv.
이것 bu; ~은 책이다 Bu kitob.
이것은 무슨 건물입니까? Bu qanday bino?
이것은 얼마입니까? Bu qancha turadi? Buning narxi qancha?
이것을 다려주십시오 Iltimos buni dazmollab bering.
이겨내다 yengib o'tmoq.
이국(異國) chet (o'zga, begona) davlat; ~의 chet ellik, o'zga yurtlik; ~살이 하다 o'zga yurtda yashamoq; ~인 chet ellik, o'zga yurtlik; ~정조 ekzotika; ~적 o'zga yurtlik.
이권(利權) kontsession (xususiy yo'l bilan davlat korxonalarini ishlatishga ayrim shaxslar bilan davlat tomonidan tuzilgan shartnoma) huquq; 광산의 ~을 양도하다 konlarni kontsessiyaga bermoq; ~을 언다 kontsessiyani olmoq.
이기(利己) I egoizm, o'zini yaxshi ko'rish; ~적 egoistik, o'zini yaxshi ko'radigan, o'zini sevadigan; ~주의 egoizm; ~ 주의자 egoist.
이기(利器) II qulaylik buyumlari, narsalari, qulayliklar; 문명의 ~ qulayliklar, sivilizatsiya.
이기다, 승리하다 II 1) yutmoq, yengib o'tmoq, g'alaba qozonmoq, yengmoq; 전쟁에서 ~ urushda g'alaba qozonmoq; 2) maydalamoq, uqalamoq; 어려운 시련을 ~ og'ir sinovlarga bardosh bera olmoq, chiday olmoq; 고개를 못 ~ boshni ushlab ololmaslik (misol uchun ko'krak; bola, go'dak to'g'.).
이기심(利己心) egoizm.
이김 g'alaba; 마귀를 ~ shayton, iblis ustidan g'alaba; 죄를 ~ gunoh ustidan g'alaba; 죽음을 ~ o'lim ustidan g'alaba.
이까짓 ahamiyatsiz, arzimas.
이끌다 (이끄니, 이끄오) cho'zmoq, tortmoq, o'z ichiga tortmoq; 서로 돕고 서로 옳은 길로~ olib bormoq, boshqarmoq, tortmoq.
이끗(利-) foyda, foydaliylik.
이날 bugun, shu kun; ~ 이때까지 shu ongacha, hozirgi vaqtgacha, shu kungacha.
이내(以內) (biror narsaning) chegarasida, yuqorisidan emas; 다섯 시 ~에 soat beshdan kech emas; 삼십일 ~ 에 30 kun ichida.
이다 1) boshga qo'ymoq; 2) (biror narsani) boshda olib yurmoq; 3) bosh ustida biror narsa bo'lmoq, narsaga ega bo'lmoq; 달을 이고 가다 oy ostida (oy bor bo'lgan paytda) yurmoq
이달 shu (hozirgi) oy.
이동(以東) I harakatlanish, ko'chib o'tish; ~의 ko'chuvchi, harakatlanuvchi; ~하다 harakatlanmoq, ko'chib o'tmoq; ~ 도서관 ko'chuvchi, ko'chma kutubxona; ~ 전람회 ko'chma ko'rgazma; ~영사대 kinoharakat, kino ko'chuv.
이동(以東) II ~dan sharqqa,

sharqiyroq.
이듬해 kelasi yil.
이러다 (shu, shunday tarzda) gapirilmoq, qilinmoq.
이런 voy! mana senga!
이렇게, 이와 같이 shunday.
이렇다 (이러니, 이러오) shunday, shunday qilib, shunday tarzda; 이러하다. 이러나저러나 dan qisqartma; 이러니 저러니 dan qisqartma. har holda, qanday bo'lmasin; ~저렇다 o'sha va boshqa, shu va o'sha.
이렇듯 shu darajada, shu tarzda.
이렇듯이 shu darajada, shu (shunga o'xshash) tarzda, usulda.
이력(履歷) I 1) biografiya; 2) ~손실 *el.* gisterezisda yo'qolmoq; ~현상 *el.* gisterezis; ~환선 *el.* gisterezisning qiyshig'i, egrisi; ~이 나다 (붙다 잡히다) tajribani olmoq, tajribaga ega bo'lmoq.
이력(履歷) II biografiya; ~ 이 나다 tajribaga ega bo'lmoq; ~서 avtobiografiya, anketa.
이론(異論) I qarshilik, kelishmovchilik (nifoq); ~없이 bir ovozdan; ~을 내다 qarshi bo'lmoq, qarshilik bildirmoq; ~하다 (fikr) tarqalmoq, bo'linmoq, ajralmoq.
이론(理論), 학설(學說) II 1) nazariya; ~적 nazariy; ~전기 공학 nazariy elektrotexnika; ~화학 qar. 물이 [화학] ~가 nazariyotchi; ~화 nazariylashtiruv.
이롭다(利-)(해롭다) 1) foydali, manfaatli; 2) arx. o'tkir (mis. uchun pichoq to'g'.); 이것은 우리에게 ~ bu bizlarga foyda keltirmoqda.
이루 다 헤아릴 수 없다 sanay olish mumkin emas, sanashning imkoni yo'q.
이루다 barpo etmoq, tashkil etmoq, yaratmoq; 낙원을 ~ jannatni yaratmoq; 뜻을 ~ o'z maqsadiga erishmoq; 잠을 ~ uxlab qolmoq.
이룩하다 yetmoq, erishmoq.
이륙(離陸) parvoz, yerdan uzilish; ~활주 (samalyotning) yurib borish.
이르다 I (이르니, 이르러) yetmoq, yetib bormoq, erishmoq; 결론에 ~ xulosaga kelmoq; 높은 수준에 ~ yuqori darajaga etmoq; 목적지에 ~ tayinlangan joyga etib bormoq; 이르는 곳마다 har yerda, har joyda. 열두 시에 이르러서 soat 12 ga; ...에 이르기까지 ...gacha, ...ni tarkibiga olgan holda.
이르다(이르니,일러) II 1) gapirmoq, nomlamoq, atamoq; 2) qar. 타이르다; 3) qar. 고자질[하다]; 4) qo'sh b-n inf. so'ng. 기: 이를 것이 (데) 없다 tengsiz bo'lmoq, tengsiz, betakror bo'lmoq; 이를테면 misol uchun, tasavvur qilaylik.
이를테면 misol uchun, ...deb tasavvur qilaylik, ...deb ataylik, ...deb aytsak.
이름 ism, nom; ~난 작가 taniqli yozuvchi; ~으로 nomidan; ~을 짓다 nom bermoq; ~을 붙이다 nom bermoq, atamoq, nomlamoq; ~성명[이] 없다 og'. *qar.* ~[이] 없다; ~좋은 하눌타리 muroj. bo'sh bo'chka; ~[이] 없다 noma'lum, nomsiz; ~을 두다 *esk.* yozilmoq;~하다 nomlamoq, atamoq; ~있는 (높은) mashhur, ma'lum, taniqli; ~을 걸다 (qandaydir tashkilotning) tarkibiga kirmoq.
이리 I sutlar.
이리 II bu yerga; ~오너라 esk. Kirsam maylimi? Kirish mumkinmi?

이리저리 1) o'tga bo'tga; 2) unday bunday, unday ham, bunday ham.
이마 1) peshona; 넓은(좁은) ~ katta (kichkina) peshona; ~를 찌푸리다 peshonani ajinlashtirmoq, bujmaytirmoq; ~를 뚫어도 진물도 안 나온다 a) uning boshida qoziq qoqsang ham farqi yo'q; b) undan qishda qor so'rab ololmaysan, undan qishda qor so'rasang bermaydi; ~에 부은 물이 발뒤꿈치에 흐른다 maq.≅ peshonaga quyilgan suv tovongacha oqib boradi, oqib yetadi; ~에 피도 마르지 않다 matal. ≅ labida suti ham qurimagan; og'zidan suti ketmagan; 2) qar. 이마 돌; ~에 와 닿다 ro'yobga chiqay deb turgan, amalga oshay deb turgan.
이발(理髮) (sochlarni) oldirish; ~하다 sochlar oldirmoq; ~관 sartaroshxona; ~사 sartarosh, soch oluvchi; ~기계 sochni kesish uchun mashinka.
이별(離別) ajralish, hayrlashuv, vidolashuv, hayrlashib ketish; ~하다 hayrlashib ketmoq, ajralmoq, vidolashmoq.
이불 adyol, ko'rpa; ~을 덮다 odyol, ko'rpa bilan o'ranmoq; ~안 봐 가며 발 편다=누울 자리보고 발 뻗는다; qar. 눕다 I; ~안 (속) 활개 (~안(속)에서 활개를 치다) maq. so'zma so'z. ≅ odyol ostida qo'llarni siltamoq.
이비인후과(耳鼻咽喉科) otornolaringologiya
이쁘다 (이쁘니, 이뻐) chiroyli, muloyim, yoqimli, istarasi issiq, yoqimtoy; 이쁘장하다 anchagina istarasi issiq,(yoqimli, muloyim); 이쁘디 ~ juda chiroyli (istarasi issiq); 이쁜도적 "yoqimtoy o'g'ri" (qadrdon), (o'z uyiga ota-onasining uyidan hamma narsani tashuvchi sevikli, suyukli erga tekkan qiz to'g').
이사(移徙) I ko'chish, ko'chib otish; ~하다 boshqa kvartiraga) ko'chmoq, yashash joyini o'zgartirmoq, ko'chib o'tmoq; ~를 가다(오다) ketmoq(kelmoq); ~할 때 강아지 따라 다니듯 matal. ≅ oyoq ostida o'rmalashib, (kimdirga halaqit qilib).
이사(異事) II g'alati (oddiy bo'lmagan) ish.
이사(二四) III ~분기 ikkinchi kvartal.
이사(理事) IV direktor, idoraning a'zosi; 상임~ boshqaruv (idoraning) doimiy a'zosi; ~로 선출되다 (idora) boshqarishga a'zo etib tanlangan bo'lmoq; ~장 (idora) boshqaruvning raisi; ~회 idora, boshqaruv, direktorat.
이사회(理事會) kengash, komitet, qo'mita; 세계 평화 ~ Dunyo tinchlik kengashi.
이삭 boshoq; ~이 많은 boshoqli, (serboshoq); ~이 나다 boshoqlanmoq.
이상(異狀) o'zgarish, anomaliya, yaxshi bo'lmagan; ~현상 yaxshi bo'lmagan(anomal) voqea, hodisalar; 서부전선 ~ 없다 g'arbiy frontda o'zgarishlar yo'q; ~이 없다 g'alati bo'lgan joyi yo'q, normal; 근무중 ~ 이 없음 navbatchilik davomida hech qanday voqealar ro'y bermadi; ~ 생식 qar. 세대[교체] II.
이상(異常) II ~하다(정상이 아닌) oddiy bo'lmagan, kam uchraydigan, g'alati, hayratlanarli, fenominal; ~광선 fiz. oddiy bo'lmagan nurlar;~스럽다 *sifat.* g'alati, oddiy bo'lmagan, g'alati bo'lib

ko'rinmoq; qar. 의심스럽다.

이상(以上) III ~보다 더 많이 yuqori, ko'proq, ~dan kam emas; ~한 바엔 ~gi sababli, ~gi uchun; 열명 ~ 10 odamdan ko'proq; ~ 과 같이 yuqorida ko'rsatilganidek; 사업이 시작된 ~ 끝까지 해내야 한다 ish boshlanganligi uchun oxiriga yetkazish kerak.

이상(理想) IV 1) ideal, kamchiliksiz; juda soz, juda yaxshi; 2) ideal holat; ~적 ideal; ~기체 fiz. ideal gaz; ~을 세우다 idealni yaratmoq; ~화하다 ideallashuv; ~을 실현하다 ideallashtirmoq; ~과 현실 ideal va haqiqiy; ~가 idealist; ~주의 idealizm; ~향 utopiya.

이성(離城) I esk. ~하다 Seuldan ketmoq (poytaxtdan).

이성(理性) II ong; ~적 ongli; qar. 이지, 분별(分別) 비 ~적인 ongsiz; ~을 잃다 ongni yo'qotmoq; ~적으로 행동하다 ongli harakat qilmoq; ~주의 ratsionalizm; ~주의자 ratsionalist.

이성(異性) III qarama-qarshi jins, boshqa fe'l atvor, boshqa, o'zga familiya; ~ 에 눈을 뜨다 ozini erkak(ayol) deb his etmoq; ~생식 *qar.* 세대 [교체] II; ~에 눈을 뜨다 *muroj.* o'zini erkak (ayol) deb his etmoq.

이슬 shudring, shabnam; 교수대의 ~로 사라지다 o'z hayotini dorda tamomlamoq, yakunla- moq; ~이 내렸다 shudring tushdi; ~에 옷자락을 적시다 kiyimning ostini shudring bilan nam qilmoq, ho'l qilmoq; ~방울 shudring tomchisi; 아침~ ilk sahar; ~이 되다 (~로 사라지다) *muroj.* boshni jang paytida berkitmoq.

이슬비 tomchilab yog'ayotgan yomg'ir; ~가 내렸다 tomchilamoq.

이식(移植) qayta o'tkazish, qayta ko'chirish, transplontat- siya; ~하다 qaytadan o'tkaz- moq, ko'chirib o'tkazmoq, transplontatsiya qilmoq; ~수술 ko'chirish bo'yicha jarrohlik; 각막~ ko'zning pardasini ko'chirib o'tkazish; 피부~ terini ko'chirib o'tkazish.

이십(二十) yigirma; ~사금 toza oltin, yuqori probali oltin, oliy probali oltin; ~사 기[절, 절기, 절후] etn. qishloq xo'jalik yilining 24 mavsumi, davri; ~사 방위 *esk. etn.* 24 yo'nalish; ~사 번 [화신]풍 arx. birinchi oyning 6-7-sanasidan boshlab to'rtinchi oyning 20-21-sanasiga qadar esuvchi shamollar; ~사 시 24 soat ~팔 수 (sharq astronomi-yasida) 28 burj.

이야기 hikoya, voqea; ~하다 gapirmoq, hikoya qilmoq, ma'lumot bermoq; ~를 걸다 gap ochmoq, gaplashib qolmoq, so'zlashib qolmoq; 감동적인 ~ hayajonlantiradigan hikoya; ~ 꽃을 피우다 hikoya qilishga berilib ketmoq, gap so'zga berilib ketmoq, jonli suhbatla- shmoq, gaplashmoq; ~거리 gap so'z mavzusi, so'zlashuv mav- zusi, hikoya mavzusi; ~꾼 hikoyachi; ~책 ertaklar kitobi; ~가 났으니 말이지 aytgancha.

이양(耳痒) I quloqdagi achishib qichishuv.

이양(移讓) II uzatish, yon bosish, ko'nikish, ko'nish, yon berish (siylash); ~하다 uzat- moq, (ko'nmoq, siylamoq, rozi bo'lmoq); 정권 ~ hokimiyatni berish, uzatish.

이어받다 meros olmoq, meros sifatida olmoq (qabul qilmoq).

이어서 keyin, so'ng, davom ettira, -ni izidan, darhol, tezda.
이왕 ～에 oldin, tarixda, bungacha, endi; ～이면 bunday bo'lgan bo'lsa, u holda, har holda.
이용(移用) qo'llanish, foydalanish, ishlatilish; ～하다 ishlatmoq, foydalanmoq, qo'llanmoq; ～가치 qo'llanish narxi, foydalanish narxi, yaroqlilik; ～률 foydalanish koeffitsenti; ～자 foydalanuvchi; ～후생 esk. yashash sharoitini yaxshilash; ～하다 qo'llamoq, ishlatmoq, foydalanmoq.
이웃 qo'shni; ～에 살다 (kimdir bilan) yon qo'shni bo'lib yashamoq; ～간 qo'shnilar orasida; ～집 qo'shni uy, qo'shnining uyi; ～불안 qo'shnilardan norozi bo'lish; ～사촌 matal. yaqin qo'shni, yaqin qarindoshiga o'xshash; ～하다 (qo'shni) yaqin atrofda qo'shni bo'lib yashamoq, qo'shni bo'lib yashamoq.
이웃집 qo'shni uy; ～개도 부르면 온다 maq. (tanbeh) hatto qo'shnining itini chaqirsang keladi; ～며느리 흉도 많다 *matal.* ≅ yaqin odamda har doim kam- chilikni topish osonroq; ～ 무당 영하지 않는다 matal. ≅ eng yaqin odaming to'g'risida ko'p narsani bilib qolsang, unga ham ishonmaysan; ～ 색씨 믿고 장가 못 간다 *maq.* ≅ so'zma so'z. o'zganing keliniga ishonsang o'ylana olmaysan.
이월(移越) kechirish; ～하다 kechirmoq; 다음해로 ～ 하다 biror narsani (kelasi) yilga ko'chirmoq.
이유(離乳) I ～하다 a) ko'krakdan mahrum qilmoq; b) (ko'krak) so'rishni tashlamoq; ～기 ko'krakdan mahrum qilish davri; ko'krakdan ajratish davri; ～식 bolalar ozuqa qorishmasi.
이유(理由) II asos, sabab; 정당한 ～ (asosli) sabab; 아무이유도 없이 hech qanday sababsiz; ～불문하고 so'zsiz, sababga qaramay, so'ramay, (ish nimada ekanligini eshitmay).
이윤(利潤) (sof) daromad; ～을 얻다 daromad olmoq, ko'rmoq, (foyda); ～을 추구하다 foyda (daromae) ortidan quvmoq; ～율 daromad normasi; qar. 소득.
이율(利律) foiz, foiz stavkasi, normasi; ～을 계산하다 foizlarni hisoblamoq.
이윽고 bir qancha vaqtdan so'ng.
이의(異議) e'tiroz, qarshilik; ～를 말하다 (kimdirga) qarshilik qilmoq; ～ 없습니까? Qarshilik qiluvchilar yo'q? ～하다 (o'ziga xos bo'lgan)fikrga ega bo'lmoq.
이익(利益) foyda, daromad, (chaqiriq); ～공제금 foydadan chegirib qolish, ayirib qolish, foyda, daromad; ～이 되는 foydali, daromadli; ～이 적다 kam daromad qilmoq; 사회의 ～에 봉사하다 jamoat manfaatlariga xizmat qilmoq; qar. 유익(有益) 이득(利得).
이자(利子) foiz; 무～로 foizlar qo'shiluvisiz; 연체～ muddati tugagan foizlar.
이전(移轉) I ko'chib o'tish, ko'chish; ～하다 ko'chmoq, ko'chib o'tmoq; 집소유권 ～ uyga egalik huquqini o'tkazish, topshirish.
이전(以前) II 1) oldin, ilgari, burun; ～부터 ilgaridan, oldingi paytdan; ～처럼 ilgarigidek, oldingidek; 2) qar. 예전.
이제 I endi, hozir; ～ 곧 hozir,

shu daqiqada; ~까지 hozirgacha; ~부터 endi, hozirdan boshlab; ~나 저제나 intizorlik bilan (kutmoq).
이제(裡題) II titul, kitobning bosh varog'i.
이제껏 hozirgacha, hozirgi vaqtgacha, shu paytgacha.
이주(移住),이민(移民) emmigratsiya; ko'chirish; ~하다 ko'chmoq; ~민 ko'chgan odam, ko'chib o'tgan odam, (ko'chmanchi), emigrant, immigrant; ~메뚜기 uchib o'tuvchi osiyo chigirtkasi (Locusta migratoriya).
이중(二重) ~의 ikki baravar, ikki hissa; ~으로 ikki marta, ikki baravar, ikki hissa, ikki bor; ~국적 ikki mamlakat fuqaroligi, ikki fuqarochilik; ~인격자 ikki yuzli (ikki yuzla- machi) odam; ~창 qo'shaloq romli, ikki qomli oyna; ~적 ikki hissali, ikkilamchi; ~결합 kimyo. ikkilamchi aloqa; ~과세 ikki hissali soliq; ~모음 tilsh. diftong; ~성격 ikkiyuzlamachi bo'lgan fe'l; ~수소 kimyo. deyteriy; ~생활 ikkilamchi hayot; ~회로 el. ikkil tarfli aloqaning maqsadi; ~화산 qar. 복성[화산] VI; ~영웅 ikki marotaba (bo'lgan) qahramon; ~요음 mus. ikkilamchi mordent.
이쪽 I maydalanib ketgan tishning parchasi.
이쪽 II bu tomon.
이치(理致) I ongli asos, ongli ma'no; 사물의 ~ narsalar mantiqi; ~에 맞지 않다 mantiqsiz, ongli ma'no bilan mos kelmayapti, ma'no bilan mos emas.
이치(吏治) II feod. (ma'muriy faoliyatning) qishloq boshliqlarining, hokimlarining yutuqlari.
이탈(離脫) ajralish, qochish, chiqish; ~하다 a) ajralmoq, uzilmoq, (biror narsadan) qochmoq, qochib turmoq, chiqmoq; b) olmoq, olib chiqmoq (mis. uchun jangdan).
이튿날 ikkinchi raqam, sana, keyingi (boshqa) kun; 칠월 ~ ikkinchi iyul; ~ 아침에 boshqa (kelasi) tong.
이틀 ikki kun.
이하(以下) I 1) quyida, pastda keluvchi, kelasi kamroq, dan ko'p emas, kamroq, pastroq, so'ngra, kelajakda; 수준 ~ darajadan past; 열명 ~ 10 odamdan kam; ~ 생략 qolgani tushib qoldiriladi.
이하(耳下) II ot. 1) quyida keluvchi, pastda keluvchi, keyingi; 2) kamroq, pastroq.
이해(利害) I qiziqish manfaat, foyda va zarar; ~관계 qiziqish, manfaat; ~관계인 manfaatdor shaxs; ~관두 yomonlik va yaxshilikning chegarasi; ~불계 foyda va zararlar bilan hisoblashmaslik; ~상반 foydasi ham ziyoni ham yo'q; ~타산 foyda(manfaatni) tortib ko'rmoq; ~의 충돌 manfaatlar to'qnashuvi; ~[관계]를 같이 하다 umumiy manfaatlarga ega bo'lmoq; ~관계자 manfaatdor shaxs.
이해(理解) II tushunish, anglash; ~가 빠르다 tushunarli, aniq; ~하기 쉬운 tushunish oson bo'lgan, anglash oson; ~하다 tushunmoq, anglamoq, anglab yetmoq; ~ 되다 ongda, boshda joylashmoq; 이것은 도저히 ~ 되지 않는다 bu mening ongimga hech sig'mayapti.
이행(履行) I bajarish, ado etish; ~하다 ijro etmoq, bajarmoq; 약속을 ~하다 va'dani bajarmoq, so'zda turmoq; 계약을 ~하다

kontraktni bajarmoq.
이행(移行) II o'tish, to'ntaruv, to'ntarish; ~하다 burilmoq, o'tmoq; 공산주의에로의 ~ kommunizmga o'tish.
이후(伊後) I esk. *kit.* keyin, so'ng, bundan so'ng.
이후(以後) II bundan so'ng; ~임무 harb. keyingi, kelasi masala.
익다, 여물다 pishmoq, yetishmoq; 눈에 ~ ko'zga tanish bo'lmoq; 손에 ~ qo'lni urib pishirmoq; 낯이 ~ sizning yuzingiz menga juda tanish 익은 밥 먹고 선소리 한다 muroj. bema'ni gaplarni gapirmoq.
익명(匿名) anonim, o'ylab topilgan ism; 1) ~투표 yashirincha ovoz berish; ~의 편지 o'ylab topilgan xat; ~하다 o'z ismini berkitmoq; ~으로 anonim tarzda; 2) o'ylab topilgan ism.
익살 hazil, hazillashuv; ~ 스럽다 hazil sifat, kulgili, komik; ~ 부리다 hazil qilmoq, hazil bilan kuldirmoq; ~ 꾼 hazilkash; ~을 떨다 hazillashmoq, hazillar bilan kuldirmoq.
익살군 hazilkash, hazilkash odam.
익숙하다(능숙하다) tajribali, mohir, uquvli; 그는 익숙한 동작으로 차를 수리하였다 U mashinani mohirlik bilan tuzatayotgan edi; 새 환경에 익숙해지다 yangi muhitga ko'nikmoq, moslashmoq.
익숙해지다 ko'nikmoq.
익히다 I (juftga) pishirmoq; 눈에 ~ tanishtirmoq; 밤을 삶아 ~ juftga kashtanlarni pishirmoq; 손에 ~ qo'lni pishirtirmoq, (mashq qilib pishirtirmoq).
익히다 II pishgan, yetilgan bo'lmoq (ovqat to'g'.)
인(印) I muhr, shtamp.
인(燐) II *kimyo.* fosfor; ~비료 fosforli o'g'itlar.
인-(人) kor. old. qo'sh. odamiy, insoniy;인멀미 odam ko'pligidan (zichligidan) bosh aylanishi.
-인(人) kor. old. qo'sh. odam; 외국~ chet ellik.
인가(人家) I yashash uyi, yashash joyi.
인가(認可) II ruxsat, tan olish, ma'qullash; ~하다 ruxsat etmoq, tan olmoq, ma'qullamoq; ~증 yozma ma'qullash, litsenziya; ~제 litsenzion tizim.
인간(人間) I odam, insoniyat; ~적 insoniy; ~관계 odamlar o'rtasidagi munosabat; ~미 odamiylik, ruhiylik; ~성 odam naturasi, fe'li; ~고해 esk. insoniy azoblar dunyosi; ~대사 odam hayotidagi yirik hodisalar; ~백정 ko'chma. qotil, jallod; ~지옥 yerdagi do'zah; ~쓰레기 urishish. ablahlar.
인간(印簡) II mahalliy hukmdorning yangi yil sovg'asi bilan jo'natiladigan xat.
인격(人格) shaxs, fe'l-atvor; 이중~ ikkilamchi shaxs; ~을 존중하다 shaxsni hurmat qilish; ~자 yuqori insoniy fazilatlarga ega bo'lgan shaxs; ~적 a) insoniy; b) shaxsiy; ~적 권리 *yur.* shaxsiy huquq.
인계(引繼) I topshirish, uzatish; ~하다 topshirmoq, uzatmoq, bermoq; ~자 beruvchi, uzatuvchi.
인공(人工) I insoniy san'at; ~미 sun'y tarzda; ~적으로 sun'iy tarzda, odam qo'li bilan; ~강우 sun'iy tarzda suv bilan sug'orish; ~수정 sun'iy homila- dor qilish; ~위성 yerning sun'iy yo'ldoshi; ~호흡 sun'iy nafas; ~적 sun'iy; ~구개 tilsh. sun'iy ta'lak; ~기흉 tib. sun'iy ponevmotoraks; ~도태 qar.인위 [도태]; ~면역 sun'iy

immunitet; ～방사능 sun'iy radioaktivlik; ～부화 sun'iy inkubatsiya; ～행성 Quyoshning sun'iy yo'ldoshi; ～영양 sun'iy oziqlantirish, (ozuqa); ～지구 위성 Yerning sun'iy yo'ldoshi.

인공(因公) II *esk. kitobiy.* ～하여 xizmat sababli, jamoaviy ishlar sababli.

인과(仁果) sabab va natija; ～관계 sababli aloqa; ～응보 qasos; ～법칙 sababiylik qonuni.

인구(人口) aholi, aholining soni; ～밀도 aholining zichligi; ～조사 aholini umumiy ro'yhatdan o'tkazish;～증가 aholining o'sishi

인기(人氣) I mashhurlik, avtoritet; ～있는 배우 mashhur artist; ～가 있다 mashhur bo'lmoq; ～를 얻다 mashhurlikni qozonmoq; ～를 잃다 mash- hurlikni yo'qotmoq.

인기(人氣) II 1) xalqning kayfiyati, (ruhi); 2) mashhurlik, yutuq.

인내(忍耐) chidam, matonat; ～하다 sabr-toqatli bo'lmoq, chidamli, matonatli bo'lmoq; ～있게 설복하다 sabr-toqat bilan ko'ndirmoq.

인도(人道) I) insonparvarlik; ～적 odamiy, insonparvar, insoniy; ～환생 *bud.* odam bo'lib qayta tug'iluv; 2) esk. qovushish, jinsiy aloqa; 3) tratuar, yo'lka, yo'lovchilar yo'lkasi.

인도(引渡) II (narsa, huquqni) berish, o'tkazish; ～하다 1) bermoq, uzatmoq; 2) o'z ortidan olib bormoq, boshqarmoq, rahbarlik qilmoq.

인류(人類) insoniyat; ～사 insoniyat tarii; ～학 antropologiya.

인물(人物) shaxs, odam, inson; ～평 shaxs tanqidi; ～화 portret, portret rassomligi; 중심～ markaziy shakl; ～차지 ot. shaxsiy tarkib olib boruvchi, boshqaruvchi; ～초인 esk. odamni qiziqtirib jalb etmoq, aldab keltirmoq; ～추심 a) esk. har yerda qochib ketgan odamni qidirmoq; b) arx. (quldor to'g'.) qochib ketgan qulni qidirgani jo'namoq; ～가난 istedodli odamlarning yetishmovchiligi.

인민(人民) xalq; ～적 milliy; ～가요 milliy, xalq qo'shig'i; ～경제 xalq ho'jaligi, milliy xo'jalik; ～공화국 xalq respublikasi; ～교원 xalq o'qituvchisi; ～구두 창작 a) folklor, xalq og'zaki ijodi; b) xalq ijodi; ～군대 milliy armiya, xalq armiyasi; ～민주주의 독재 xalq demokratik diktaturasi; ～병원 xalq gospitali; ～배우 xalq artisti; ～전선 xalq fronti; ～재판 xalq sudi; ～투표 umumxalq ovoz berish; ～학교 bosh (xalq) maktabi; ～육종 xalq selekt- siyasi; ～예술가 xalq rassomi; ～위원회 xalq komiteti; ～적 입장 xalq ommasining fikri, qarashi, nuqtai nazari. ⇒ 국민

인사(人士) I odam, shaxs, arbob; 정계 ～ siyosiy shakl.

인사(人事) II salom, olqish; ～나누다 salomlar bilan almashmoq, o'zini tanishtirmoq, kadrlar bilan almashmoq; ～문제 kadrlar ishi (savollari, muammolari); ～를 나누다 salomlar bilan alma- shmoq; ～를 전하다 salom aytmoq; ～를 시키다 (kimdirni) tanishtirmoq, (kimdirga) tanish- tirmoq; ～를 차리다 hurmat saqlamoq, hulq atvor normalariga rioya qilmoq; ～를 드리다 minnatdorchilik aytmoq, mehrni ifoda etmoq; ～하다 olqishlamoq, salomlashmoq, tanish- moq, (o'zini) tanishtirmoq; ～부

(부장) kadrlar bo'limi boshlig'i; ~성 xushmuomalalik, e'tiborlilik, nazokat; ~행정 kadrlar bilan ishlash, kadrlar tanlovi va joylashtirish; ~치례로 odobdan, xushmuomalalik yuzasidan; ~불성 a) xushdan ketish, bexushlik; b) e'tiborsizlik, xushmuomalasizlik.

인사성(人事性) xushmuomalalik, e'tiborlilik, ~이 밝다(있다) e'tiborli, xushmuomala, etiketga rioya qiluvchi.

인상(人相) I ~학 fizionomika.

인상(引上) II ko'tarilish; ~하다 ko'tarmoq, tepaga tortmoq, oshirmoq; 생활비를 ~하다 oylik maoshni, ish haqqini oshirmoq.

인상(印象) III taassurot; ~적인 taassurotli, kuchli taassurotni keltirib chiqaruvchi; ~을 남기다 taassurot qoldirmoq; 그는 나에게 좋은 인상을 주었다 U menda yaxshi taassurot qoldirdi; ~주의 impressionizm; ~파 impressionizm maktabi; ~비평 impressionistik tanqid; ~을 주다 taassurot qoldirmoq.

인생(人生) I inson hayoti; ~관 hayotga qarash; ~철학 hayot falsafasi; ~행로 hayot yo'li.

인생(寅生) II 1) "yo'lbars yilida" tug'ilish; 2) *ot. "yo'lbars yilida" tug'ilgan.*

인솔(引率) ~하다 o'z ortidan olib bormoq, boshqarmoq, buyruq bermoq, kuzatmoq, (kuzatib bormoq); 견학단을 ~하다 ekskursantlarni kuzatib bormoq; 대표단을 ~하다 deligatsiyani boshqarmoq; 부대를 ~ 하다 otryadga buyruq bermoq; ~자 boshqaruvchi.

인쇄(印刷) bosish; ~하다 bosmoq; 그 책은 아직 ~중에 있다 bu kitob xali ham bosuvda; ~기 bosuv mashinasi, tipografik stanok; ~공 pechatnik, matbuotchi; ~물 bosilgan, nashr etilgan mahsulot; ~소 tipografiya, bosmaxona; ~술 kitob bosish san'ati; ~업 pechat, nashr ishi; ~공장 poligrafik kombinat; ~요소 bosma, nashr chizig'i.

인수(引受) I qabul; ~하다 qabul qilmoq; 사업을 ~하다 ishni qabul qilmoq; 상품을 ~하다 mahsulotni qabul qilmoq.

인수(引水) II ~하다 (suvni dalaga) olib bormoq, o'tkazmoq.

인습(因習) hurofat, bid'at, eski, qadilmiy odatlar, tabiat; 낡은 ~을 버리다 eski odatlardan qutilmoq, qadimiy odatlarni rad etmoq; ~도덕 eski ahloq, odob; ~하다 eski odatlarga rioya etmoq, eski odatlarni qo'llamoq.

인식(認識) 1) anglash; 2) tushunish, anglab yetish; ~적 bilish uchun xizmat qiladigan; ~하다 tushunmoq, bilmoq, anglab yetmoq; ~론(철학) bilish nazariyasi; ~부족 anglashilmovchilik, tushunmovchilik.

인심(人心) I inson qalbi, insof; ~이 좋다 ko'ngilchan, olijanob, yaxshi, bag'rikeng, ko'ngli ochiq; 민심,~을 쓰다 bag'ri keng bo'lmoq, ko'ngli ochiq bo'lmoq; ~을 얻다 hayrihohlikka, yoqtirishga erishmoq, o'zgalarning yoqtirishiga, hayrihohligiga ega bo'lmoq; ~을 잃다 munosabatni buzmoq; ~이 사납다 qo'pol, yuraksiz; ~을 사다 mehribon (samimiy) degan nom chiqarmoq, ~deb mashhur bo'lmoq; ~이 괄리다 qo'pol (yuraksiz) degan nom chiqarmoq

인연(人煙) I aloqa; ~이 깊다 juda yaqin, qalin, zich; ~이 없다

(kimdir bilan) bog'lanmagan; ~을 맺다 aloqa o'rnatmoq; ~을 끊다 aloqani uzmoq, kimdir bilan urushib qolmoq; ~이 멀다 uzoq, (biror narsa bilan) bog'lanmagan; qar. 연분 I ~하다 bog'lanmoq, shart qilmoq, oldindan belgilamoq.

인연(夤緣) II ~하다 esk. a) (o'simlik to'g'.) o'ralmoq, chirmashmoq; b) yuqoriga chiqmoq, ko'tarilmoq; e) xizmat zinasi bo'ylab surilib bormoq, ko'tarilmoq, martaba.

인원(人員), 성원 a'zo; 참가~ ishtirok etuvchilar, (bor bo'lganlar, kelganlar) tarkibi; ~을 보충하다 shaxsiy tarkibni to'ldirmoq; ~점호 yo'qlama.

인위(人爲) insonlar, odamlar qo'lining ishi; ~적 sun'iy; ~적으로 sun'iy (ravishda); ~도태 *biol.* tabiiy tanlash; ~분류 *biol.* sun'iy kalssifikatsiya.

인접(鄰接) I bevosita qo'shnichilik, (qo'shni, tegib turish); ~하다 qo'shni, bevosita tegib turuvchi, chegaradosh; ~하다 chegaradosh bo'lmoq, bevosita qo'shnichilikda joylashmoq, bevosita yonma-yon joylashmoq, yonida turmoq, yondashib turmoq; ~국 qo'shni davlat; ~군부대 qo'shni taqsim qilish, qismga ajratish; ~동화 *tilsh.* yon tovushlarning assimil- yatsiyasi (bir biriga yonma yonlik bo'yicha; ~하다 1) yonma yon bo'lmoq, bevosita qo'shnichilikda, (tegib turishda) joylashmoq; 2) qo'shni, yonma yon, bevosita tegib turuvchi.

인접(引接) II ~하다 a) mehmonni, keluvchini qabul qilmoq; b) *arx.* (katta amaldorlarni) tantanali kutib olmoq; e) (budda Amitaba to'g'.) jannatga yo'llamoq, yubormoq.

인정(人情) I insoniy tuyg'u, insonparvarlik, samimiylik; ~이 많다 samimiy, jonajon, qadrdon; 그는 ~이 없다 uning yuragi yo'q (qalbi); ~이 있다 odamlarga e'tiborli; ~도 품앗이라 = 가는 정이 있어야 오는 정이 있다 qar. 가다; ~스럽다 *sifat.* samimiy (mehribon) bo'lib ko'rinmoq; ~을 쓰다 a) mehribonlik (rahm-shafqat, hamdardlik) ko'rsatmoq; b) tortiq qilmoq, hadya qilmoq.

인정(認定) II tasdiqlash, tan olish; ~ 하다 tasdiqlamoq, tan olmoq, malakani belgilash; 자신의 패배를 ~하다 o'zini yengilgan deb tan olmoq.

인조(人造) sun'iy, odam tomonidan qilingan, yasalgan; ~가죽 sun'iy teri; ~견사 sun'iy ipak, viskoza (sun'iy ipak qilish uchun sellyulyozadan tayyor- langan quyuq yopishqoq modda) ~구개 *qar.* 인공 [구개] I; ~단섬유 *qar.* 스프; ~대리석 sun'iy mramar; ~비료 sun'iy o'g'it; ~석분 esk. sement; ~섬유 sun'iy tola.

인종(人種) irq; 황색~ sariq irq; ~적 편견 irqiy hurofot; ~문제 irqlar muammosi; ~차별 irqiy kamsitish, ho'rlash; ~학 etnologiya; ~적 irqiy, etnik.

인증(認證) I ishontirish, tasdiqlash; ~을 받다(주다) tasdiqni olmoq(bermoq); ~하다 ishontirmoq, tasdiqlamoq, guvohlantirmoq; ~ 서 guvohnoma.

인증(引證) II ~하다 dalil qilmoq, isbot, dalil keltirmoq.

인질(<人質) I garov tariqasida ushlangan odam; ~로 붙잡아놓다 (kimdirni) garov tariqasida olmoq, ushlab turmoq, garovga

olmoq.
인질(姻姪) II *kitobiy.* (otaning katta singlisining eri bilan gaplashganda) men.
인출(引出) I ～하다 chiqarmoq, sug'urib olmoq, tortib chiqarmoq.
인출(印出) II ～하다 *esk.* bosmoq, nashr.
인터내셔날 (ingl. international) Internatsional (tashkilot).
인터뷰 (ingl. interview) intervyu, suhbat.
인테리(lot. intelligentsia) intelligentsiya; ～적 intelligentli.
인플레션(ingl. inflation) inflyatsiya.
인형(人形) I qo'g'irchoq; ～극 qo'g'irchoq tomoshasi, qo'g'irchoq spektakli; ～극장 qo'g'irchoq teatri;～영화 oynaijahonga chiqgan qo'g'irchoq tomoshasi.
인형(仁兄) II *esk. kitobiy.* siz (do'stlararo murojaatda).
인화(引火) alangalanish, o't olish; ～하다 alangalamoq, o't olmoq; ～물 tez o't oluvshi modda, oson alangalanuvchi modda; ～점 alanga olish temperaturasi, harorati, (nuqtasi).
일, 사업(事業) I ish, mashg'ulot, yumush; ～하다 ishlamoq, mehnat qilmoq; ～을 보다 ish olib bormoq, ishlamoq; 무슨 ～이 있으면 알려라 agar biror narsa ro'y bersa menga xabar qil; 뻔한 ～이다 aniq, ayon ish; ～하지 않는 자는 먹지도 말라 kim ishlamasa, o'sha yemaydi, ishlamagan tishlamas, ishla- maydigan tishlamaydi; ～에는 베돌이요, 먹는데는 감돌이 *istehzo.* ishda oxirgi, ovqat yeyishda esa birinchi; ～안하는 가장 *muroj.* (inson to'g') bo'sh joy; ～삼다 (kimdirga)uzatmoq, (nimadir bilan) qiziqmoq, (kimdirga) xizmat qilmoq; ～을 내다 a) baxtsiz hodisani keltirib chiqarmoq; b) fitna, ora buzishni niyat qilmoq, o'ylab chiqarmoq; 이것은 믿을 수 없는 일이다 bu narsa aqlga sig'maydi, haqiqatdan uzoq; ～없다 hech narsa, o'ziga yarasha, o'rta miyona.
일(日) II (oyning) kuni; bir kun.
일(一) III bir, birinchi; ～편 birinchi bo'lim ～년 열 두 달 bir yil; ～분 일 초 bir zum.
일- *old qo'shimcha.* erta; 일깨다 erta uyg'onmoq.
-일(日) *kor. qo'sh.* kun; ～공휴일 umumiy dam olish kuni.
일가(一家) I 1) bir oila, bir qavm, nasl, avlod; ～문중 qarindoshlar, qarindosh-urug'; ～친척 bir avlodning vakillari; ～싸움은 개싸움 a) it va mushukday yashaydilar; b) muloyimlar urisha so'kisha faqat ovunadilar.
일가(一價) II *ot.* 1) mat. bir ma'noli; ～함수 bir ma'noli funktsiya; 2) *kimyo.* bir valentlilik.
일간(日刊) I har kungi nashr; ～신문 har kungi gazeta; ～하다 har kuni nashr qilmoq, chiqarmoq, chop etmoq.
일간(一間) II bir kan (간 II 2); ～두옥 kulba; ～초옥 katta bo'lmagan uycha, poxol bilan berkitilmagan.
일깨우다 uyg'otmoq, xushga keltirmoq, ko'ndirmoq, ishontirmoq.
일곱, 칠 yetti; ～ 째 yettinchi; ～목 가래질 koreys belkuragi bilan yetti odam bo'lib ishlash; ～목 한 가래 koreys belkuragi bilan ishlovchi yetti odam; ～이레 (tug'ilgan kunidan boshlab) 49 chi kun; ～번 재고 천을 째라

matal. ≅ yetti o'lchab bir kes.
일곱째 yettinchi.
일과(日課) I 1) kun ishi, kundizgi topshiriq; 2) (maktabda) kun davomidagi darslar.
일과(一過) II ~하다 a) bir bor (bir gal) o'tmoq; b) nazar tashlamoq, boqib ko'rmoq.
일관성(一慣性) izchillik, muntazamlik, ketma-ketlik.
일괄(一括) ~하다 qamrab olmoq, umumiylashtirmoq, yakunlamoq, jamlamoq; 법안을 ~ 상정하다 bir vaqtning o'zida hamma qonun loihasini muhokamaga qo'ymoq; 여러 토론자들의 의견을 ~ 해서 요약하다 chiqqanlarning fikrlarini umumiylashtirib xulosa qilmoq.
일광(日光) quyosh nurilari; ~소독 quyosh nuri bilan dezinfektsiyalash; ~요법 gelioterapiya, quyosh nurlari orqali davolash.
일급(日給) kunduzgi ish haqi, kunbay to'lash; ~ 노동자 mardikor, kunbay ishlaydigan ishchi.
일기(日記) I kundalik, kundalik tutish, olib borish; ~를 쓰다 kundalik tutmoq, yozmoq; ~장 kundalik.
일기(日氣) II ob-havo; ~ 예보(예측) ob-havo ma'lumoti; ~실황 ob-havo holati, shartlari; ~요소 ob-havo elementlari; ~조건 sinoptik holatlar, shartlari.
일깨우다 uyg'otmoq, xushga keltirmoq, ko'ndirmoq, ishontirmoq.
일깨움 pand nasihat.
일꾼 ishchi.
일년(一年) (bir) yil; ~생 birinchi sinf o'quvchisi; ~생 식물 bir yil o'suvchi o'simlik, (bir yil o'simligi), bir yillik, yoshi teng, yildosh.
일다 I (이니, 이오) 1) paydo bo'lmoq, vujudga kelmoq; 2) mustahkamlanmoq, kuchaymoq; 3) ko'tarilmoq, (xamir to'g'.) oxiriga yetmoq, tugab qolmoq; ~일어나다 a) ko'tarilmoq, (o'rindan oyoqqa) turmoq; b) yuqori ko'tarilmoq; 일어서다 a) ko'tarilmoq, (oyoqqa) turmoq; b) o'smoq, ko'tarilmoq (binolar).
일다 II (이니, 이오) 1) (yuvmoq, yuvib tozalamoq, (guruch, oltin va hokazo); 2) yelpimoq, shopirmoq, (donni) elamoq.
일단(一段) agar, faqat, bir (bor), vaqtincha, omonat, oz vaqtga, ko'pga emas; 그들은 하던 일을 ~ 그만두고 텔레비젼 앞으로 모여들었다 ular bir qancha vaqtga ishni qoldirib televizor oldida yig'ilishib oldilar, to'planib oldilar; ~밥 먹고 하다 avvaliga ovqat yeylik! ~유사시에 hech bo'lmaganda, nari borsa.
일대(一代) V (bir) avlod, (bir, butun) umr; 일생 ~ 에 한번 밖에 없는 일 hayotdagi yagona voqea, hodisa; ~기 biografiya, tarjimai hol.
일동(一同) butun kollektiv; 졸업생 ~을 대표하여 hamma bitiruvchilar nomidan.
일등(一等) birinchi sinf, birinchi o'rin, birinchi daraja, birinchi nav; ~의 a'lo darajali, a'lo navli; ~을 차지하다 birinchi o'rinni egallamoq; ~성 a'lo kattalikdagi yulduz; ~품 oliy navli narsa, oliy navli mahsulot.
일람(一覽) ko'rib chiqish, o'qib chiqish, qisqa bayon qilish; ~하다 ko'rib chiqish, qaramoq, nazar tashlamoq; ~표 jadval, grafik, diagramma.
일러주다 hikoya qilmoq, aytib bermoq, ma'lumot bermoq; 아는데

까지 자세히 ~ 그에게 기다려 달라고 일러주오 unga kutib tur deb ayting.
일련(一連) qator, zanjir; ~ 의사건 voqea, hodisalar zanjiri; ~의 bir necha, qator; ~운동 sport. mashqlar kompleksi; ~의 문제 qator muammolar.
일류(一流) ~의 a'lo darajali; ~대학 obro'li (mashhur) universitet; ~ 작가 a'lo darajali yozuvchi.
일률(一律) ~적 bir xil, o'xshash, shablonli, (shablon sifat), siyqasi chiqqan; 적으로 shablon bo'yicha, bir xil, bir xil darajada, farq qilmay.
일반(一般) I umumiy; ~의 umumiy; ~적으로 umuman olganda; ~적으로 말하여 umuman olganda ~에게 공개하다 e'lon qilmoq, hammaga ma'lum qilmoq; ~교육 umumiy ta'lim; ~교육과정 umumiy ta'lim kursi; ~론 umumiy nazariya; ~성 umumiylik; ~인 oddiy odamlar; ~회계 umumiy hisob; ~적 umumiy; ~경기자 maydon, dala o'yinchisi; ~개념 umumiy tushuncha; ~물리학 umumiy fizika; ~선거권 umumiy (umumxalq) saylov huquqi; ~화학 umumiy kimyo; ~언어학 umumiy tilshunoslik.
일반(一半) II yarim.
일보(日報), 공보 I byulleten, har kungi yangiliklar, qisqacha ma'lumot; ~를 작성하여 제출하다 har kuni hisobni tuzib taqdim etmoq.
일보(一步) II (bir) qadam; ~를 내디디다 qadam bosmoq; ~도 양보하지 않다 (kimgadir) yon bermaslik; ~도 물러서지 않다 (kimdirdan) bir qadam ham yonga jilmaslik.
일본(日本) Yaponiya.
일본어(日本語) Yapon tili.
일부(一夫) I 1) bir erkak; ~다처제 poligamiya, ko'p xotinlilik; ~양처 ikkixotinlilik; ~종사 esk. faqat erni hurmat qilmoq; ~종신 esk. olamdan o'tgan erga umrning oxirigacha sodiq bo'lmoq, sadoqatli bo'lmoq; ~일부제(일처제) monogamiya, birnikohlik.
일부(一部) II bir qism; ~의 qisman bir xildagi, ba'zi (bir); 건물의 ~ bino qismi; ~의 사람들 ba'zi bir odamlar, bir xil odamlar; ~주권국 yarim qaram (bo'lgan) davlat.
일분부(一吩咐) ~거행 (시행) esk. darhol, tezda, (kechiktirmay) bajarmoq.
일상(日常) odatda, har kuni, har doim; ~ 적 har kuni, oddiy, odatdagi, kundalik; ~ 하는 말 kundalik, hayotda ishlatiladigan so'zlar, odatdagi so'zlar; ~사 oddiy ish; ~생활 oddiy, harkungi, kundalik hayot.
일손 ishchi qo'llar; ~을 놓다 ishni to'xtatmoq; ~을 돕다 ishda yordam bermoq; ~이 딸리다 (ishchilarning) qo'llar yetishmasligi; ~을 붙들다 (잡다, 쥐다) ishga kirishmoq, (ishni boshlamoq); ~을 쉬다 ishda tanafus qilmoq, dam olib olmoq; ~을 떼다 a) qar. 일손을 놓다; b) ishdan uzmoq; ~이 오르다 (ishda) ustalikni olmoq, orttirmoq; ~이 세다 tez (chaqqon, epchil) bo'lmoq; ~이 잡히다 (ishlash xohishi to'g'.) paydo bo'lmoq.
일순간(一瞬間) zum, lahza, on, dam; ~에 bir zumda, bir lahzada, ko'z ochib yumguncha.
일시(一時) bir vaqt, ba'zi vaqt; ~적 vaqtincha; ~적인 대책

vaqtinchalik tadbir; ~경수 vaqtinchalik qattiq suv; ~기생 vaqtinchalik parazitlik; ~반때 bir xil, bir vaqtda; ~자석 *fiz.* vaqtinchalik magnit; ~가 바쁘다 juda sxoshilinch.

일신(一身) I bir odam, o'zim; ~의 o'z, shaxsiy; ~ 상의 문제 shaxsiy ish; ~의 안락을 바라지 않다 shaxsiy tinchlikka, eson omonlikka intilmaslik; ~량역 bitta o'zi ikki majburiyatga ega.

일신(日新) II ~하다 kundan kunga yaxshilanmoq.

일심(一心) I bir qalb, bir qalblik, yakdillik; ~으로 butun qalb bilan, butun yurak bilan, chindan; ~단결 to'la yakdillik va mustahkam birlik; ~동체 uzilmas, ajralmas, butun; ~만능 yakdillikda hamma narsaga erishish mumkin; ~불란 butun- lay, to'laligicha (o'zini bag'- ishlamoq); ~정념 *esk.* bir fikr; ~정력 butun, hamma energiya (iroda);~하다 yakdil bo'lmoq.

일심(日心) II ~위도 geliot- sentrik uzunlik; ~좌표 geliot- sentrik koordinatalar.

일어나다 turmoq, ko'tarilmoq; 변혁이 ~ asosiy o'zgarishlar ro'y berdi, tubdan o'zgarishlar ro'y berdi; 소동이 ~janjal ko'tarildi; 잠자리에서 ~ o'rindan turmoq.

일어서다 ko'tarilmoq, (oyoqqa) tirmoq; 다시 일어서 앞으로 가다 turib oldinga bormoq, ko'taril- moq va oldinga bormoq.

일요일(日曜日) yakshanba.

일용(日用) ~의 har kungi, kundalik; ~품 ishlatilishi keng ko'lamli mahsulotlar, eng kerak bo'lgan mahsulotlar; ~필수품 birinchi kerakli (eng kerak bo'lgan) mahsulotlar; ~범백 kundalik iste'mol predmetlari, narsalari.

일원(一元) I yagona boshlanish, bitta boshlanish; ~적 bitta, yagona, unifikatsiya qilingan (bo'lgan), unifikatsiyalashgan, monistik; ~론 monizm; ~론자 monist; ~일차 방정식 bir noma'lumli birinchi darajali tenglama.

일으키다 ko'tarmoq, qo'zg'at- moq, chaqirmoq; 공포심(호기심) ~ qo'rqinchni (qiziqishni) qo'z- g'atmoq (keltirib chiqarmoq); 먼지를 ~ chang ko'tarmoq.

일을 당하다 ko'ngilsizlika duch kelmoq.

일을 한 대가 bajarilgan ish uchun to'lov.

일일(一日) I 1) qar. 하루; 2) ~은 bir kun; ~삼추 uzoq cho'zilmoq, (kutganda vaqt); ~천추 bir kun mangulikka o'xshab cho'zilmoqda.

일일(日日) II har kuni, har kun.

일자리 ish joyi; ~를 구하다 o'ziga ish qidirmoq; ~가 나다 natijalarga ega bo'lmoq (ish).

일정(一定) I ~하다 ma'lum bir, muayyan, belgilangan, regulyar, tartibli; ~하다 aniqlamoq, bel- gilamoq, joylashtirmoq; ~ 한 기한 belgilangan, aniq muddatda; ~한 수입 regulyar, tartibli daromad; ~한 직업 ma'lum bir mashg'ulot.

일정(日程) II programma, tartib; 방문~ tashrif programmasi; ~에 오르다 ish tartibiga turmoq.

일제히 birgalikda, ahillikda, birdan.

일종(一種) hil, nav, nasl, zot; ~의 o'ziga xos, o'ziga xos bo'lgan; 동물(식물)~hayvon- larning (o'simliklarning) bir turi.

일주(一周) I aylanish, aylanti- rish, (bir) doira; ~하다 aylanish

qilmoq, aylanib o'tmoq, (chetlab o'tmoq); 세계를 ~하다 yer shari bo'ylab sayohatni amalga oshirmoq (sayohat qilmoq); ~기 o'limning birinchi yili.
일주(一週) II (bir) hafta; ~일 이내로 bir hafta davomida.
일지(日誌) kundalik, har kungi yozuvlar, kundalik; ~를 기록하다 kundalik tutmoq, yozib bormoq.
일찌기 1) erta; 2) oldin, ertaroq, hali.
일차(一次) bir marta; ~의 birinchi, birlamchi; ~방정식 birinchi darajali tenglama; ~산품 birlamchi mahsulot; ~시험 dastlabki, birinchi imtihon; ~적 birinchi, birlamchi; ~선륜 el. birinchi, birlamchi, boshlang'ich g'altak, katushka; ~전류 birlamchi tok; ~전자 birlamchi, boshlang'ich elektron; ~전지 fiz. birlamchi, boshlang'ich element; ~함수 chiziqli funktsiya.
일체(一切) 1) hamma; 2) ~의 butun; ~력량 hamma kuch, butun kuch; 3) ~[로] inkor gapda. hech qancha, umuman.
일체감(一體感) birlik, birdamlik (yakdillik) hissi.
일출(日出) I ~하다 quyoshning chiqishi.
일출(逸出) II esk. ~하다 a) bekinmoq, qochmoq; b) ajralmoq, ajralib turmoq, ustun turmoq, ustun kelmoq (boshqalardan).
일치(一致) to'g'ri kelish, mos kelish, birlik, kelishuv, rozilik, moslik, uyg'unlik, muvofiqlik; ~하다 to'g'ri kelmoq, mos tushmoq, muvofiq kelmoq; ~ 시키다 moslashtirmoq, koordi- natsiya qilmoq; 말과 행동의 ~ ish va so'z o'rtasidagi muvofiqlik, mos kelishlik; 의견~ fikr (qarashlarning) mos kelishi (birligi); 완전히 ~하다 to'la muvofiqlikda bo'lmoq; ~단결 birlik va birdamlik (yakdillik); ~ 성 birlik, yahlitlilik, aynan o'xshashlik.
일치하다(一致-) mos tushmoq, mos kelmoq.
일탈(逸脫) ~하다 chegaradan, doiradan, ramkadan chiqmoq, (biror narsadan) og'ishmoq; 논의가 주제에서 ~했다 baxs mavzudan chetlashdi.
일터(-攄) ish joyi; qar. 직장 1).
일품(一品) I bir narsa; 천하 ~ 의 dunyoda eng yaxshi; ~요리 delikates.
일품 II 1) (biror narsaga) sarf etiladigan mehnat; ~많이 들다 mehnattalab; 2) dial. *qar.* 품삯.
일하다 ishlamoq; 부지런히 ~ qo'l qo'ymasdan ishlamoq.
일행(一行) I yo'ldosh, guruh, hamroh; 관광단 ~ turistlar guruhi; 대표단 ~ deligatsiyaning hamma a'zolari.
일흔 (칠십) yetmish.
일흔째 yetmishinchi.
잃다 yo'qotmoq; 아들을 전쟁터에서 ~ o'g'ilni urushda yo'qot- moq; 입맛을 잃었다 men ishta- hani yo'qotdim, ishtaham yo'- qoldi; 잃은 도끼는 쇠나 좋거니 matal. ≅ bor narsani ayamay, yo'qolsa yig'laymiz.
잃어버리다 yo'qotmoq.
임관(任官) davlat mansabiga tayinlamoq; ~하다 mansabga tayinlamoq; ~ 되다 tayinlovni olmoq, davlat mansabiga tayinlangan bo'lmoq.
임금(賃金) ish haqi; 최저~ minimal ish haqi; 평균~ o'rta ish haqi; 월~ oylik ish haqi; 노동자~ yollanma ishchi; ~투쟁 ish haqqini oshirish uchun urush; ~노예 *muroj.* yollanma ishchi; ~노

동 yollanma mehnat.
임기응변(臨機應變) ~으로 vaziyatga muvofiq, munosib; ~하다 vaziyatga moslashmoq, vaziyatga qarab ish tutmoq.
임대(賃貸) arendaga berish (ijaraga, kiraga bermoq); ~하다 arendaga bermoq; ~계약 arenda to'g'risidagi kelishuv; ~료 arenda to'lovi; ~인 aren- daga, ijaraga beruvchi.
임면(任免) tayinlash va bo'shatish (tushurish, yechish); ~권 tayinlash va bo'shatish huquqi; ~하다 tayinlamoq va bo'shatmoq.
임명(任命) tayinlash; ~을 받다 tayinlashni olmoq; ~하다 (kimnidir) tayinlamoq; ~장 tayinlash to'g'risidagi qaror (hujjat).
임시(臨時) I 1) ~적 a) vaqtincha; ~변통 vaziyatga moslashuvchanlik, vaqtinchalik choralar; ~변통으로 vaqtincha, vaqtinchaga; ~정부 vaqtinchalik hokimiyat; ~하중 vaqtinchalik ish, vazifa, yuklash; b) navbatdan tashqari, odatdan tashqari, favqulotda; ~기호 qar. 임시표; ~낭패 kutolmagan omadsizlik, qulash; ~졸판 esk. favqulotdagi qaror (ko'rib chiqish), ~회의 favqulotda (navbatdan tashqaridagi) ses-siya, ekstren kengash, majlis; 2) vaqt; 그 ~에 shu vaqtda; 3) ergash gapning oxirida. qachon; ~의 vaqtincha, favqulotda, navbatdan tashqari; ~로 vaqtincha; ~국회 parlamentning navbatdan tashqaridagi sessi-yasi; ~열차 maxsus poyezd; ~총회 favqulotda umumiy yig'ilish, majlis; ~휴업 vaqtinchalik yopilish.
임신(姙娠), 잉태 homiladorlik; ~하다 homilador bo'lib qolmoq, homilador bo'lmoq; ~중에 homiladorlik davrida; 그녀는 ~중이다 u homilador; 그녀는 ~ 7개월이다 u homiladorlikning 7 chi oyidadir; ~중절 abort.
임업(林業) o'rmon ho'jaligi, o'rmon sanoati; ~지구 o'rmon sanoati rayoni.
임의(任意) shaxsiy xohish, ihtiyoriylik; ~의 ihtiyoriy, o'zboshimcha; ~ 로 o'z ihtiyori bo'yicha (xohishiga ko'ra), xohlagancha, har vaqt; ~적 a) ihtiyoriy, ko'ngilli; ~보험 ihtiyoriy sug'urtalash; ~선택 ihtiyoriy tanlov; b) o'zboshimcha.
임차(賃借), 임대 arenda; ~ 하다 arendalamoq, arendaga olmoq; ~료 ijara, arenda to'lovi; ~ 인 ijarachi, arendator.
임하다(任-) I esk. (kimdirni) mansabga tayinlamoq, vakolat bermoq.
임하다 II turmoq, joylashmoq, (biror narsa bilan) to'qnashmoq; 담판에 ~ suhbatga, muzokaraga kirmoq.
임하다(臨-) III 1) (yuqorida turuvchi to'g'.) yarlaqab yo'qlab bormoq; 2) (qandaydir joyga) yetmoq, erishmoq; 3) (bo'ysinuvchilarga) munosabatda bo'lmoq, (bo'ysinuvchilar bilan) muomalada bo'lmoq; 4) kelmoq (qandaydir lahza to'g'.); 5) (biror narsaga) yuz bilan qaratilmoq, chiqmoq; 6) arx. ko'chirmoq (mis. uchun rasmni), husnixatga qarab xat yozmoq.
입 og'iz; ~을 벌리다 og'izni ochmoq; ~이 무겁다 tilga qattiq, tili og'ir; ~이 가볍다 so'zlashuvchan; ~을 맞추다 o'pishmoq; ~을 놀리다 hazillashmoq, hazil gap aytmoq; ~ 밖에 내다 gapirib qo'ymoq, aytib qo'ymoq;

~ 이 짧다 (밭다) ovqatda injiq bo'lmoq; ~에 풀칠을 하다 zo'rg'atdan kun kechirmoq, ayanchli hayot kechirmoq, qashshoqchilikda hayot kechirmoq; ~ 만 살다 faqat til bilan gapirmoq; ~을 모으다 injiq, nozik tabiat (farqiga boradigan) bo'lmoq; ~에 맞다 mazali bo'lmoq; ~가 og'iz cheti; 입만 (입은) 살다 (입만 성하다) a) faqat til bilan gapirmoq; b) injiq bo'lmoq; ~만 까다 faqat gapirib, hech narsa qilmaslik; ~만 아프다 ma'nosiz gaplarni aytmoq, gapirmoq; ~안의 소리 ming'illash, g'uldirash; ~안의 혀 itoat qilish, bo'ysu- nish; ~은 비뚤어도 주라는 바로 불라 (~은 삐뚤어졌어도 말은 바른 대로해라) *maq.* ≘ agar rost gapni aytmoqchi bo'lsang, so'zlashga uyalma; ~을 다물다 a) tilni tish ortida ushlab turmoq; b) tilni tishlab olmoq (turmoq), gapirishni to'xtatmoq; ~을 막다 a) kimdirning og'zini berkitib qo'ymoq, jim bo'lishga majbur etish; b) qorin yoril- guncha qadar (to'ygunga qadar) ovqatlantirmoq; ~을 봉하다 (함봉하다) a) jim bo'lmoq (bo'lib qolmoq), gapirishni xohlamaslik, so'zlashni istamaslik; b) jim bo'lishga majbur etish; ~을 틀어막다 jim bo'lishga majbur etmoq, (urishuvchini); ~을 딱 벌리다 hayratlanishdan og'izni ochmoq; ~을 씻기다 og'izni pora bilan bekitmoq; ~을 열다 (떼다) gapirishni boshlamoq, gapirib qolmoq, so'zlashni boshlamoq, og'iz ochmoq; ~이 걸다 (질다) qo'pol gapirmoq, so'kinmoq; ~이 근질근질하다 (가렵다) tilim qichishyapti; ~이 달다 (ovqat) ishtahali, ishtahani ochadigan; ~이 닳도록 (닳게) har qanday qulay vaziyatda qaytarmoq; ~이 더럽다 qo'pol (so'zlar to'g'.) odobsiz, uyatsiz; ~이 무겁다 kamgap, kamsuhan; ~이 무섭다 oshkor bo'lishidan ko'rqmoq; ~이 바르다 qattiq, qo'pol, to'g'ri; ~이 벌어지다 o'g'izni quloqlargacha cho'zmoq; ~이 사복 개천 같다 odobsiz, qo'pol, ahloqsiz, ochiq, uyatsiz, (so'zlar to'g'.) adabsiz, beadab, uyatsiz; ~이 천근 같다 juda ham kamso'z, kamgap, kamsuhan, jim; ~이 포도청 qar. 목구멍 [이 포도청]; ~이 풍년을 만나다 yaxshi ovqatlanib olish imkoni- yatini olmoq; ~이 함박 만 하다 rozi bo'lgan yuzni qilmoq; ~이 험하다 (suhbat to'g'.) qo'pol; ~이 뜨다 (so'zlarga) xasis; ~이 빠르다 (재다) a) jim turishni bilmaslik, (tilni tishlar ortida ushlashni bilmaslik); b) *qar.* 입[이 바르다]; ~이 싸다 yengiltaklik bilan so'zlamoq, gapirmoq; ~이 쓰다 a) tomoqqa bormaslik, ketmaslik, og'izga kirmaslik, (ovqat to'g'.); b) yoqmaslik, jirkanch bo'lmoq; e) gapirishni xohlamaslik; ~이 여물다 (여무지다) aniq va aqilli, mazmunli, bama'ni,(so'zlar to'g'.) ~이 원쑤 qar. 구복[이 원쑤]; ~에 맞는 떡 *muroj.* didga (ko'ngilga) mos bo'lgan narsalar; ~에 붙은 밥풀 o'z joyida joylashgan; ~에서 신물이 나다 qar. 신물[이 나다] I; ~에서 젖내[가] 나다 qar. 젖내[가 나다]; ~에 침이 마르도록 (~에 침이 없이) 칭찬하다 maqtamoq; ~에 혀 같다 quloq soladigan, itoat qiladigan, bo'ysunadigan; ~에 오르내리다 tillarda masal bo'lmoq; ~에 오르다 a) suhbat mavzusi bo'lmoq; ~에 익다 gapirishga ko'nikmoq.

입교(入敎) esk. ~하다 dinga

qo'shilmoq.
입구(入口)<->**출구**(出口) kirish <-> chiqish.
입국(入國) (mamlakatga) kirish; ~하다 mamlakat chegaralariga kirmoq, (kirib bormoq); ~사증 kirish vizasi; ~허가서 mamlakatga kirishga ruxsat etmoq.
입다 kiymoq; 부상을 ~ yar, jarohat olmoq, yaralangan bo'lmoq; 손해를 ~ talofot ko'rmoq, yo'qotib bormoq, zarar ko'rmoq; 그는 양복을 입었다 U yangi kostyumni kiydi; 구원을 ~ qutqarilgan bo'lmoq.
입맛, 식욕 appetit, ishtaha, qiziqish; ~ 이 좋다 ishtahasi yaxshi; ~ 이 당기다 ishtahani keltirmoq; ~을 잃다 ishtahani yo'qotmoq; ~이 돌다 paydo bo'lmoq (ishtaha to'g'.); ~을 붙이다 (biror narsa bilan) qiziqib qolmoq; ~을 다시다 a) (ishtaha to'g'.) karnay bo'lib ochilmoq; b) afsuslanmoq, afsusni bildirmoq, ta'ziya bildirmoq; ~이 쓰다 qar. 입[이 쓰다].
입문(入聞) II 1) kirish eshigi, kirish; 2) (kimdir) birinchi bor qo'yayotgan yo'l; 3) qandaydir fan kursiga kirgizish; 4) eshik orqali kirish; 5) feod. imtihon bo'layotgan zalga kirish; 6) (biror narsani) o'rganishga kirishmoq; ~하다 a) qandaydir yo'lga ilk bor qadam bosmoq; b) eshik orqali kirmoq; e) imtihon o'tkazilayotgan zalga kirmoq; e) (biror narsani) o'rganishga kirishmoq.
입법(立法) qonunlar chiqarish va nashr etish; ~권 qonun chiqaruvchi hokimiyat; ~기관 qonun chiqaruvchi organ; ~자 qonun chiqaruvchi; ~부 qonun chiqaruvchi organ.
입사(入社) I ~하다 kompaniyaga ishga kirmoq; ~시험 kirish (qabul) imtihoni.
입사(入射) II fiz. tushish; ~광선 tushuvchi nur; ~하다 a) kiritmoq, joriy etmoq; b) kirmoq, kirib bormoq, (chiroq, nur to'g'.).
입상(入賞) mukofot, (sovrin) olish; ~하다 mukofot, (sovrin) olmoq; ~자 laureat, musobaqa g'olibi; ~ 작품 mukofotlangan asar.
입석(立石) 1) ~기공 kimdirning xizmatlarini abadiylashtirib haykal qurmoq, qo'ymoq; ~하다 a) qabr toshini o'rnatmoq; b) haykal, manumentni qurmoq; 2) qar. 선돌.
입술 lab; ~을 깨물다 labni tishlamoq; ~을 핥다 labni yalamoq; ~에 침이나 바르지 *muroj.* yolg'onchi.
입신(立身) *esk.* hayotdagi muvaffaqiyat; ~하다 hayotda yutuqqa erishmoq, pastdan chiqmoq (ko'tarilmoq); ~ 양명 hayotda yutuqqa erishib tanilib ketmoq.
입안(立案) 1) yozma tasdiq; ~하다 loiha tuzmoq; 2) biror bir dalilning yozma tasdig'i; ~ 자 biror bir plan, proyekt, rejaning tuzuvchisi (avtori).
입원(入院) gospitalizatsiya; ~하다 kasalxonaga yotmoq; ~시키다 bemorni kasalxonaga yotqizmoq; ~비 davolash uchun to'lov; ~수속 kasalxonaga yotish tartibi; ~실 qabul bo'limi, qabul xonasi; ~환자 kasalxonaga yotgan bemor.
입장(入場) I kirish; ~하다 kirmoq; 관람실에 ~ tomosha zaliga kirmoq; 축구선수들이 ~ 한다 futbolchilar maydonga chiqmoqdalar; ~객 mehmon,

tamoshabin, keluvchi; ~ 권 kirish chiptasi; ~ 식 ochilish marosimi.

입장(立場) II pozitsiya, (vaziyat, holat), platforma; 딱한~ vaziyat; 자신의 ~을 명확히 하다 o'z holatini belgilab olmoq.

입증하다 isbotlamoq, tasdiqlamoq.

입찰(入札) kim oshdi savdosi; ~하다 kim oshdi savdosida narxni taklif qilmoq; ~자 kim oshdi savdosining ishtirokchisi; ~참가 kim oshdi savdosida qatnashish (ishtirok etish).

입체(立体) 1) geometrik jism; ~적 hajmli, stereometrik; ~교차 marshrutlarni (yo'nalishlarni) har xil darajadagi natijasi; ~구조 hajmli konstruktsiya; ~기하학 stereometriya; ~녹음 stereofonik yozuv; ~촬영 stereofotografiya; ~화학 stereoximiya; ~영화 stereokino; 2) kub; ~감 hajm sezgisi; ~기하학 fazo geometriyasi, steriometriya; ~사진 stereofotografiya; ~영화 stereokino; ~음향 stereofonik tovush, stereotovush; ~파 kubizm; ~효과 stereoeffekt.

입학(入學) maktabga kirish, institutga kirish; ~하다 maktabga kirmoq; ~원서를 내다 qabul qilish haqidagi arizani bermoq; ~시험 kirish, qabul qilish imtihoni; ~생 student (o'quvchi), o'qishga kirgan (odam); ~원서 maktabga qabul qilish haqidagi ariza; ~지원자 o'qishga kirishni xohlovchi, istovchi.

입헌(立憲) ~의 konstitutsion; ~국가 konstitutsion davlat;~군주국 konstitutsion monarxiya; ~군주제 konstitutsion monarxiya tuzumi; ~정치 konstitutsion boshqarish, idora etish shakli; ~정체 konstitutsion tuzum; ~하다 konstitutsiyani qabul qilmoq; ~군주(민주)제 konstitutsion monarxik (demokratik) tuzum.

입후보(立候補) kanditarura, nomzod; 1) ~하다 a) nomzodlikni taklif qilmoq; b) o'zini nomzodligini taklif qilmoq; 2) qar. 입후보자; 그를 ~로 추천하다 uning nomzodligini ko'rsatmoq, taklif qilmoq; ~를 사퇴하다 taklif qilishdan, ko'rsatishdan bosh tortmoq; ~자 kandidat, nomzod.

입히다 kiyintirmoq; 상처를 ~ yaralamoq, yara qilmoq; 손해를 ~ zarar keltirmoq.

잇다(이으니, 이어) 1) birlashtirmoq, bog'lamoq; 2) davom ettirmoq, meros qilib olmoq; 3) bog'lamoq; 끊어진 실을~ uzilgan ipni bog'lamoq; 말을~ gapirishni davom ettirmoq; 이어[서] ketidan, so'ng, bundan so'ng.

있다 1. 1) bo'lmoq, bor bo'lmoq, joylashmoq, qolmoq, turmoq, yashamoq, joyga ega bo'lmoq, kelib chiqmoq; 공장이 멀지 않은 곳에 ~ zavod (yaqin joyda) uzoq bo'lmagan joyda joylashgan; 내가 돌아 올 때까지 여기 있어라 men kelgunimcha shu yerda qol (bo'l); 이 사건은 오래 전에 있었다 bu voqea bir zamonlar, oldin bo'lib o'tgan; 2) mavjud bo'lmoq, yashamoq, kelib chiqmoq, (voqea, hodisa to'g'.) bo'lmoq; 2. 1) oldin kelish ravishdoshidan so'ng: a) (turlovchi qo'sh. ish harakatning davomiyligini ko'rsatadi: 그는 지금 읽고 있다 u hozir o'qiyapti b) (turlovchi qo'sh. 아/어/여) holatga diqqatni jamlaydi, ko'rsatadi: 앉아 있다 o'tirmoq; 2) *jo'nalish kelishigidan keyin* 있어서

shaklida kelsa: da, uchun; 이것은 우리에게 있어서 아주 중요하다 bu biz uchun juda muhim; 3) bo'lish mumkin bo'lgan ish-harakatning konstruktsiyasiga kiradi 갈 수 있다 borish mumkin. 있다가 keyinroq, keyin.

잉 ~하다 jaranglamoq, jarang taratmoq (shamol esishining kuchayishida simlar haqida).

잉여(剩餘) qoldiq, ortiq; ~가치 qo'shimcha narx; ~율 qo'shimcha narx; ~가치 qo'shimcha narx; 년율 qo'shimcha narxning yillik me'yori (normasi); ~가치율 qo'shimcha narxning me'yorlari;~노동 qo'shimcha mehnat; ~부력(to'rning) qo'shimcha ko'tarish kuchi; ~생산물 qo'shimcha mahsulot.

잉태(孕胎) homiladorlik; ~하다 homilador bo'lmoq.

잊다 unutmoq, tashlamoq, qoldirmoq; 근심을 ~ havotirlanmaslik; 잊을 수 없는 추억 unutib bo'lmaydigan xotiralar.

잊어버리다 unutmoq, esdan chiqarmoq, unutib yubormoq; esdan chiqarib yubormoq.

잎 barg.

잎눈 *bot.* barg, kurtak.

잎줄기 bargning tomiri, ingichka payi, bot. asosi, mag'zi, barglar va poya.

잎채소 bargini yesa bo'ladigan sabzavotlar.

ㅈ

ㅈ [ch] undosh fonemasini bildiruvchi koreys alifbosining to'qqizinchi harfi.
자 I (도구) chizg'ich, o'lchagich; 2) qar. 척도; 3) cha (uzunlik o'lchovi ≅ 30,3 sm) 도 모자랄 적이 있고 치에도 넉넉할 적이 있다. maq. ≅ ko'p miqdorligisi yetmay qolib, kamidan (ozidan) ortib qoladigan payt ham bo'ladi. 삼각 ~ chizma uchbur- chak.
자(字) II etn. to'ydan keyin beriladigan ism(laqab).
자(子) III og'. kitob. o'g'il.
자(者) IV aniqlovchidan so'ng shunday. 1) odam, inson; 2) iltifotsiz: odam. 3) arx. narsa, buyum, u, nima; 돈 있는 ~ boy odam.
자-(自) kor.old.qo'sh. o'z (o'zini), avto...; 자의식 o'zini anglash; 자화상 avtoportret;
-자(子) I kor.old. bola.
-자(字) II kor. old. harf; 자모자 tilsh. undoshlar va unlilar.
-자(者) III (kor. suf) otdan otni yasab arbob ismi ma'nosiga ega bolgan koreys. old. 과학자 olim; 노동자 ishchi; 제국주의자 imperialist
-자 I felning taklif shaklidagi turlovchi qosh.si. 이제 가자 hoziroq ketdik.
-자 II ravshdoshning turlovchi qosh.si 1) felning o'zagidan so'ng ish-harakatning bir lahzali xarekterini korsatadi 비가 그치자 해가 났다 yomg'ir yog'ishining to'xtashi bilan, quyosh paydo boldi. 2) sifatdan so'ng va bog'lamli ismlarga teng qiymatligini korsatadi. 국가의 이이자 또 내 이익이라니까 davlatga foydali bolgan narsa, men uchun ham foydalidir.
자가(自家) og'. 1) o'z uyi; 2) o'zi; ~감염 tib. o'z-o'ziga yoqish, o'ziga yoqish. ~ 당착 o'z-o'ziga qarama-qarshi bo'-lmoq. ~성형술 tib. avto plastika. ~소비 shaxsiy iste'mol. ~수정 bot. avtogamiya. ~수혈 avtotransfuziya, avtoinfektsiya. ~ 집종 avtoinokulyatsiya; o'z-o'ziga ishonuvchanlik. ~ 암시 biror narsaga o'zini ishontirish, ihlos qilish. ~이식 avtotransplantatsiya. ~왁찐 avtovaktsina.
자가용(自家用) ot. shaxsiy foydalanish uchun, shaxsiy. ~ 자동차 shaxsiy (individual) mashina. ~전화 shaxsiy (individual) telefon.
자각(自覺) o'zini anglash, o'zini his qilish. ~하다 anglash, anglamoq, tushunmoq, tushunilmoq. ~심 onglilik.~ 존재주의 fals. ekzistentsializim.~ 증상 tib. sub'ektiv simptom. ~적 ongli.
자격(資格) 1) kvalifikatsiya, malakali belgilash (kompetentsiya) omilkorlik, xabardorlik; huquq; kimdirning ma'lumoti; 2) ~으로 kimdirning sifatida.~시험 malakani belgilash uchun imtihon. ~심사 mandat komissiyasi, (hayati) attistatsiya. ~ 증명서 malaka (kvalifikatsiya) tog'risidagi hujjat, attestat. ~지심 to'la qimmatsizlik hissi. (to'linsizlik komilsizlik) vijdon azobi.
자결(自決) 1) o'z joniga qasd

ㅈ

qilish(qiluv). 2)mustaqil echim, o'z mavqeini belgilab olish.~하다 mustaqil ravishda hal qilmoq, o'z joniga qasd qilmol.~권 o'z mavqeini belgilab olish huquqi .

자국, 자취 I iz, chandiq.~을 밟다 izdan bormoq, yurmoq.

자국(自國) II o'z (ona) o'lkasi, eri, vatani, davlati. ~의 ona, jonajon, vatanda ishlap chi-qarilgan. ~어 ona tili.

자궁(子宮) 1) anat. bachadon.~암 bachadon raki. ~외 임신 bacha-dondan tashqari homilalik. ~ 내막염 endometrik. ~발육부전 bachadon gipoplazi- yasi. ~ 절제술 metroektomiya. ~ 절개술 metro-tomiya.~ 에쇄 bachadon kasal-lanishi, yuqishi. ~출혈 metrorra-giya. ~탈출 bachadon dabbasi. ~ 협착증 metrostend. ~하수증 metroptoz

자극(刺戟) impul's, istak, rag'-batlantirish, g'ashiga tegish, qozg'otish, kimdirga ta'sir etuv. ~하다 g'ashiga tegmoq, qozg'-atmoq, ta'sir etmoq, undamoq, rag'batlantirmoq. ~을 받다 stimul olmoq, undalgan bolmoq. 물질적 ~ moliyaviy material stimul. 신경을 ~하다 g'ashiga tegmoq (asabga tegmoq). ~제 qo'zg'atuvchi, rag'batlantiruvchi vosita, stimulyator.

자극성(刺戟性) 1) ot. g'ashiga teguvchi, qozg'atuvch i(mayl, istak keltirib chiqaruvchi) ~ 독해물 g'ashga teguvchi moddalar, zaharlantiruvchi moddalar. 2) tasirlanish qobiliyati.

자금(資金) kapital, moliya, pul fondi, moliyaviy vositalar. ~공급 mablag' bilan ta'minlash.~이 풍부하다 katta mablag'ga ega bo'lmom, katta kapitalga ega bolmoq. ~난 moliyaviy krizis (inqiroz) moliyaviy qiyinchiliklar ~부족 pul mablag'larini etish-masligi. ~ 동결 pulni muzlatish (muzlatuv).

자급(自給) o'z o'zini ta'minlash, ~하다 o'z ehtiyojlarini o'zicha ta'minlash. ~력 o'zini o'zi ta'minlay olish qobiliyat. ~자족 hamma zarur bo'lgan narsalarni o'z kuchi bilan ishlab chiqaruv.~비료 mahalliy o'g'itlar.

자긍심(自矜心) o'z o'zini maq-tash.

자기(自欺) I o'z o'zini aldash. 하다 o'z o'zini aldamoq, o'z o'zini aldash bilan shug'ullanmoq.

자기(磁氣) II fiz.magnetizm.~감응 magnit induktsiyasi. ~기동기 el. magnit jo'natkichi, uzatkichi. ~마당 magnit maydoni. ~ 수위계 limnigraf. ~자오선 magnit meridiani. ~저항 magnit qar-shiligi.~적도 magnit ekvatori. ~ 지력선 magnit kuchlarini chiziqlari. ~폭풍 magnit bo'roni. ~회로 magnit zanjiri. ~이상 magnit anamaliyasi. ~위도 magnit kengligi.

자기(自己), 자신 III 1) o'zi o'ziniki, o'zini. ~의 o'ziniki, shahsiy. ~만족 o'ziga ishonish, o'zidan mag'rurlanish. ~암시 biror narsaga o'zini ishontirish. ~중심주의 egotsentrizm. ~혐오 o'o'zidan jirkanish, xazarlanish hissi.~소개 o'zini o'zi tasavur etish. 2) farfor, chinni. ~계발 shahsiy ishlab chiqish.

자꾸 har vaqt, katma ket, uzluksiz, hadeb, hardoim. ~조르다 har vaqt ilakishmoq, yopishmoq, shilqimlik qilmoq.

자꾸 떠오르다 tez-tez, ko'p eslamoq.

-자꾸나 esk. taklif formasidagi qo'pol qo'shimcha (turlovchi) 같

이 가자꾸나 birga kettik.
자꾸자꾸 ha deb, har doim, (ketmaket) uzluksiz, har vaqt.
자나깨나 uhlayaptimi yo uhlamayaptimi.
자녀(子女) o'g'ilbolalar va qizbolalar, bolalar. ~교육 bolalar tarbiyasi.
자다 1) uhlamoq, tunamoq (tunab qolmoq). 자나 깨나 kunduzgi ham emas, kechasi ham emas har vaqt, har doim. 깊이 ~ qattiq uhlamoq. 잘못 ~ yomon uhlamoq. 한잠 ~ uhlab olmoq, mizg'ib olmoq. 자는 범 고침 주기 자는 범(호랑이)의 코를 쑤시다(찌르다) maq. so'ma so'z uhlab yotgan arislonning burniga barmoq tiqmoq. 자다가 봉장 두드린다 undalma so'z (murojat) bemani gapni so'- lamoq. 자다가 생병 얻는 것 같다 murojat (undalma so'z).자다가 얻은 병 kutulmagan bahtsizlik.자던 중도 떡 다섯 개 maqol ≅ mehnat qilishga usta emas, lekin ovqat eyishga usta. 자던 아이 깨겠다 maqol ≅ gapir- sang ham gap bilan ovora bolib ketmagin, gapirsang ham rost yolg'onni aralashtirib gapirma- gin. 자도 걱정 먹어도 걱정 murojat (undalma so'z) doimiy tashvish (havotir) 2) (ayol va erkak to'g') birga uhlamoq. 3) (shamol, to'- lqinlar to'g'risida) bosilmoq,tinmoq 4) to'g'rilanmoq, yo'lga solinmoq, yo'lga qo'yilmoq, stabinlanmoq. 5) (soat va hokozolar to'g') to'htamoq. 6) harakatsizlik qilmoq, bekor turmoq, ishlamaslik. 7) yotaverib bosilib qolmoq, ezilib (ming'illamoq) qolmoq. yopishib qolmoq. 8) (kartalar to'g') ko'lak bilan tepaga (qarab) yutmoq.
자동(自動) avtomatik ish harakat (yurish, qimirlash) ~의 avtomatik. ~적 sirtqi ta'sir natijasida emas balki ichki sabab natijasida vujudga keladigan (spontan) o'z o'zidan harakatga keladigan. ~화하다 avtomatizatsiya qilmoq. 문이 ~으로 열고 닫긴다 eshik avto- matik tarzda (o'z o'zidan) ochilib yopiladi ~소총 avtomatik miltiq. ~조종 (장치) avtopilot. ~전화 telefonavtomat. ~ 기록기(기록계) the, o'zi yozar. ~ 계산기 arifmometr. ~ 무기 harb. avtomatik qurol.~ 보총 avtomatik miltiq. ~ 식자기(식자주소기, 주소기)poligr. linotip.~저울 avtomatik toroz. ~적재기(적재차) avto ortuvchi avtomatik tarzda ortadigan uskuna. ~직하식 자동차 avtosa-mosvol. ~전화 telefon avtomat. ~정류소 avtomatik (kosmik) stantsiya. ~ 조종학 kibernetika. ~ 판매기 avtomat (savdo-sotiq to'g') ~ 피아노 musiqa. pianola. ~화하다 avtomatik tarzda harakat etmoq. 2) ko'r. 자동사.
자동차(自動車) avtomashina, avtomabil. ~에 타다 mashinaga o'tirmoq. ~를 운전하다 mashinani haydamoq. ~ 경주 avtopoyga. ~ 공업 avtomabil sanoati (avtomabil ishlab chiqarish sanoati). ~공장 avtomobil (larni) ishlab chiqaruvchi zavod. ~ 수리소 avtomobillarni ta'mirlash ustahonasi. ~ 운전수 haydovchi. ~전용도로 avtostrada. ~주차장 avtobaza, avtopark.~열차 avtopoezd. ~ 차고 garaj,avtopark.
자동차 역(정류장) avtovokzal.
자동화(自動化) avtomatizatsiya. ~하다 avtomatizatsiyalashtirmoq.

~ 되다 avtomatizatsiyalashmoq.

자라 1) uzoq sharq tashbaqasi.~ 보고 놀란 가슴 소뚱 보고 노란다 maq. ≅ so'zma so'z. tashbaqadan(qorqgan) vahimaga (qo'qinchga) tushgan odam qozonning qoppog'ini ko'rishi bilan qorqib ketadi. ~ 알 바라듯 murojat (undalma so'z) juda havotirlanib.

자라다 I 1) o'smoq. 잘 자랄 나무는 떡잎부터 알아본다 = 될성부른 나물은 떡잎부터 알아본다; ko'r. 되다 I; 2)ko'paymoq, ortmoq(ortib ketmoq).

자라다 II 1) etarli. 2) a) (ma'lum bir darajaga etmoq) б)etmoq, etarli bo'lmoq. 힘이 자라는데 까지 kuch etguncha, kuch etarli bo'lgan vaqtgacha.

자라라 o'smoq.

자랍니다 o'smoqda.

자랑 iftihor. ~스럽다 iftihorga loyiq bo'lgan, dongdor. ~하다 fahrlanmoq. ~거리 iftihor, fahirlanish narsasi, fahr, iftihor. ~ 끝에 불[이] 붙는다 (~ 끝에 쉬는다) maqol≅ ~에 차다 iftihor, rahrga to'la bo'lgan. ~ 스럽다 iftihor, fahrga loyiq bo'lgan.

자랑스럽게 iftihor bilan, mag'-rur tarzda.

자랑스럽다 mag'rur.

자력(自力) I o'z (shahsiy) kuchlari. ~으로 o'z shahsiy kuchi bilan,o'z mablag'iga. ~갱생 (o'z kuchiga suyangan holda) tashqi boshqa (odamning) yordamisiz (qayta tiklanish)

자력(資力) II material imkoni-yatlari.

자력(磁力) III fiz. magnetizm.~계 magnitometr. ~선광 tog'. magnit boyitish. (sifatini oshirish). ~탐광 geo'l magnit razvetkasi.

자료(自了) I ~하다 o'z kuchi bilan tugatmoq (ohirigs etkazmoq).

자료(資料) II materiallar, ma'lu-motlar. ~집 materiallar to'plami, 건축 ~ qurilish materiallari.

자루 1) band, dasta, tutgich. 도끼 ~ boltaning tutgichi. 2) sanash so'zi. a) uzun va tutkichi, bandi bor bo'lgan buyumlar uchun. 연필 한 ~ bir dona qalam. б) ishlangan kunlarni sanash uchun.

자르다 (자르니, 잘라) 1) kesmoq, chopmoq, aralamoq, qat-tiq bog'lamoq (tortib bog'lab qo'ymoq) 2) dadil aytmoq, dadillik bilan aytmoq, kesmoq, qirqmoq. 3) tez yakunlamoq, tugatmoq. 4) qat'iyyat bilan aytmoq, kesmoq, qirqmoq. 잘라 말하다 qat'iyyat bilan aytmoq. kesmoq, qirqmoq. 잘라 먹다 a) tishlamoq, kesib emoq. б) to'lamaslik, qarzlarni qaytarmaslik, o'zlashtirmoq.

자리 1) joy. 그 ~에 shu erning o'zida, joyda. ~를 차지하다 joyni olmoq, egallamoq. ~를 잡아 놓다 o'zidan keyin qoldirmoq, joyni buyurtma qilmoq. ~를 잡다 a) joyni egallamoq, joylashmoq, o'rnashmoq. б) (biror bir fikr va hol to'g') qattiq ta'sir etmoq, ((qalbda) o'rnashib olmoq. (qol-moq) ~를 뜨다 avvalgi joyni tashlab ketmoq. ~유표 (logori-flik chizg'ichdagi) begunoni. 2) to'shak, ko'rpacha, tsinovka.3) o'rindiq. 4)o'rin to'shak (uhlash o'rni). ~를 보다 a) o'rinni to'shamoq б) o'ringa, to'shakka yotmoq. ~ 불 일다 (o'rindan, to'shakdan) turmoq. ~에 눕다 (kasal to'g'risida) kasal bo'lib qolmoq, yotib qolmoq,kasal bolib yotib qolmoq. 5) mansab, xizmat o'rni. 6) uchrashish (yig'ilish) imkoniyat. 7) mat. razryad. ~(가)나다 iz qoldirmoq, (qilingan, bajarilgan ish to'g'risida) sezilarli bo'lmoq. ~[가] 잡히다 a) biror bir ishga ko'nikib qolmoq, mashiqini olmoq. б) mahkam o'rnashmoq (intizom tartib) to'g'risida o'rnatilgan (qattiq o'rnatilgan) bo'lmoq. в) (hayot to'g') stabil- lashmoq, o'z yo'liga tushmoq.

자립(自立) mustaqillik. ~적 mustaqil, qaram bo'lmagan.~하다 mustaqil bo'lmoq, qaram bo'lmaslik, hech kimga qaram bo'lmaslik. ~적 경제 mustaqil iqtisod. ~적 단어 tilsh. mustaqil ma'noga ega bo'lgan so'z. ~ 민족 경제 건설 노선 mustaqil milliy iqtisodni qurish yo'li.~ 자영 (biror bir narsani) o'z kuchi bilan joriy etish, kirgizish.~ 품사 tilsh. nutqning mustaqil ma'noga ega bo'lgan bo'lagi, qismi.

자매(姉妹) 1) opalar, opa- singil. 2) ot.qorindosh. ~ 신문 gazetalar (m-n, bir partiyaga tegishli). ~도시 opa-singil tutingan shaharlar.

자멸(自滅) o'z-o'zini yo'q qilish, yo'qotish. ~하다 o'zini jonini hazon qilmoq,o'limga mahkum qilmoq.

자모(字母) 1) alifbo, harf (unli va undosh). ~문자 tilsh. alifbo yozuvi. 2) 자모표 ga qarang. 3) initsiyallarni bildiruvchi ierog- liflar (hitiy qad. fonetikasi). 4) poligr. matritsa.

자문(自問) I ~하다 o'ziga savol bermoq. ~ 자답 o'ziga savol berib, o'zi javob bermoq.

자문(諮問) II savolnoma. ~하다 savolnoma bilan murojat qilmoq, savolnoma yubormoq.~국회 davlat kehgashi (man- arhiya tizimidagi davlatlar)~ 기관 konsultativ o'rgan.

자물쇠 quluf. ~를 잠그다 qulufga quluflamoq. 문을 ~로 잠그다 eshikni qulufga quf- lamoq.

자발(自發) ~적 a) o'z hohishi bilan. ~적으로 협력하다 o'z hohishi bilan yordam bermoq. ~적 중지 yur. o'z hohishi bilan 팩 kechish. ~하다 a) o'z hohishiga binoan ish yurut- moq. б) avtomat ravishda ish yuritish.

자백(自白) tan olish, aytib berish. ~하다 tan olmoq,aytib bermoq. ~서 yozma tan olish.

자본(資本) ek. sarmoya, kapi- tal. 금융~ moliyaviy sarmoya. 고정~ asosiy sarmoya. ~가 sarmoyachi, kapitalist. ~금 (pulli) sarmoya. ~주의 kapita- lizm. ~구성 sarmoya tarkibi. ~계급 자본가[계급] ga qarang. ~ 유동 sarmoya ko'- chishi. ~ 수출 sarmoya olib chiqish. ~ 순환 sarmoya ishlatish. ~ 집적 sarmoya kontsentratsiya. ~집중 sarmoya markazlanishi.

자본주의 kapitalizjm. ~적 kapita-lizimli. ~ 기본 경제 법칙 kapita-lizmning asosiy iqtisodiy qonuni. ~ 세계 경제체계 dunyo xo'jaligining kapitalizmli sistemasi ~적 과잉 생산 공황 qayta ishlab chiqarishning kapitalizmli inqirozi.~적 독점 kapitalizmli manapoliya. ~적 생산양식 ishlab chiqarishning kapitalizmli usuli.

자부(自負) I ishonch. ~하다 o'ziga ishongan bo'lmoq, loyiq bolmoq.~심 o'ziga ishonch. o'z g'ururi tuyg'usi. g'ururi.

자부(慈婦) II arx. sevimli ayoli, xotini.

자비(慈悲) I 1) mehribonli.

mehrlilik. ~하다 mehribon. ~롭다 muloyim, yumshoq, oq ko'ngil. ~를 베풀다 sadaqa bermoq,avf etmoq. ~심 achinish tuyg'usi. 2) budd. azoblardan butun borliqni qutqarmoq.

자비(自費) II o'zining chiqimlari. ~로 o'z hisobidan. 그는 이 책을 ~로 출판하였다 u bu kitobni o'z hisobidan bosib chiqardi.

자빠지다 하는 일에서 따로 떨어져 나가다 voz kechmoq; o'z-o'zini chetlashtirmoq; 1) otilib ketmoq; beliga yiqilmoq; 자빠져도 코가 깨여진다(터진다) maq. ≅ so'zma-so'z. orqasiga yiqilib, burnini yordi; 2) yotib qolmoq; yig'ilib qolmoq; 3) voz kechmoq, o'z-o'zini chetlashtirmoq (ishdan); 4) *qar.* 늘다; 5) bir joyga chirmashib qolmoq.

자산(資産) 1) sarmoya; mol-mulk; ~을 동결하다 mol-mulkka egalikni muzlatmoq; ~가 mol-mulkli inson; boy inson; ~ 계급. 자본가 [계급] ga qarang.; 2) ek. aktivlar.

자살(自殺) o'zini-o'zi o'ldirish. ~하다 joniga qasd qilmoq. ~ 미수 joni qasd qilishga urinish. ~자 o'z-o'zini o'ldiradigan inson.

자생(自生) ~[적] 계급 ishchi qatlam qayta tug'ulish davrida. ~적 변화 tilsh.o'zgarish. ~ 자결 boshqalarning yordamisiz xayot yo'lini davom ettirmoq. ~하다 yovoyi holatda o'smoq.

자서전(自敍傳) tarjimayi hol. ~적 tarjimai holli. ~적 작품 tarjimai hol asari.

자선(慈善) filantropiya, hayriya. ~하다 a) o'zi tuzmoq (nimanidir). б) o'zi erishmoq (nimagadir).в) shug'ullanmoq (hayriya ishlari bilan). г) qilmoq (hayirli ish); ~가 hayirli inson (yaxshi inson), filantrop. ~단체 hayirli jamiyat, ~사업 hayirli tashkilot. ~심 sahiylik, qalb mehribonligi. ~ 음악회 hayriya kotserti.

자세(姿勢) vaziyat, holat, figura. ~가 좋다 chiroyli turmoq (o'tirmoq, turmoq). ~를 바로 가지다 kerakli holatni qabul qilmoq, olmoq.

자세히 ipidan ignasigacha. ~ 살펴보다 diqqat bilan ko'rib chiqmoq. ~일러주다 ipidan ignasigacha gapirib bermoq. ~ 상세하게 batafsil.

자수(自首) I yur. ihtiyoriy taslim bo'lish. aybiga iqror bo'lib kelish; ~하다 iqror bo'lib kelmoq, jinoyatni sodir etganligini bo'yniga olmoq. 범인이 경찰에 ~하다 jinoyatchi militsiya bo'limiga iqror bo'lib keldi.

자수(自手) II 1) ~로 o'z qo'li bilan. o'z kuchi bilan.~삭발 a) o'zini sochini olmoq. б) rohiblikni bo'niga olmoq. ~ 삭발은 못한다 중[이 제 머리 못 깎는다] I ; в) o'z bo'yniga olmoq. ~ 성가 o'z qo'li bilan qurmoq. ~ 안맹 제 [손으로 제 눈 찌르기] IX ga qarang; 2) ~하다 o'zini osmoq, o'z bo'yniga pichoq urmoq.

자습(自習) o'z-o'zini o'qitish, o'z o'zini tayyorlash. mustaqil o'rganish.~하다 mustaqil shug'ullanmoq. ~서 mustaqil o'rganuvchilar uchun kitob.

자식(子息) 자녀(子女) 1) o'g'il va qiz. bolalar. 2) mehr bilan. bolam, bolajon, bolalar; maqol: ~도 많으면 천하다 bor narsani qadrigi etmaydilar; ~ 둔 곳에는 호랑이도 두남을 둔다(~둔 골은 범도 돌아본다) hatto yirtqich

ㅈ

hayvon ham bolalarini o'ylay야; 3) haqorat so'zi: it bolasi.
자신(自身) I o'z-o'ziga ishonish. keriklik, o'ziga ishonch; ~의 o'ziga ishongan. ~의 힘으로 ishonch orqali.
자신(自信) II ~ 만만하다 o'ziga ishongan bo'lmoq; o'ziga ishongan. 나는 이길 ~이 있다 men g'olib bo'lishimga ishonaman.
자연(自然) tabiyat. ~하다 tabiiy; ~의 tabiiy, natural, haqiqiy;~적 tabiiy natural, o'z-o'zidan paydo bo'luvchi. ~계 tabiat; tabiat dunyosi; ~과학 tabiiy fanlar. tabiatsh-unoslik. ~과학자 tabiat-shunos olim, tabiat-shunos.~과학적 유물론 tabiiy, tarihiy materializm; ~도태 tabiiy tanlov; ~ 되살이(갱신) tabiiy tiklanish (o'rmon). ~감모 tabiiy kamayish. ~경관 landshaft; ~경제 tabiiy (natural) xo'jalik. ~기념물 qar. 천연 [기념물] I; ~개조 tabiatni o'zgartirish. ~ 로그수 mat. natural lagarifm. ~ 면역 tib. tabiiy imunetet. ~발생성 o'z- o'zidan rivojlanish. ~법칙 tabiat qonuni. ~변증법 fol. tabiat dialektiyasi; ~부원 tabiiy bo'yliklar. ~적 분업 mehnatni tabiiy taqsim lanishi. ~수열 mat. sonlarni tabiiy qatori. ~숭배 tabiat kulti; ~신교 fal. deizm. ~생장론 nazo-ratsizlik. ~생장성 fal. nazora-tsizlik. ~생장적 유물론 tabiiy materializm. ~자원 tabiiy resuslar. ~장애물 harbiy. tabiiy to'siq. ~지도 fizik harita. ~지리[학] fizik jo'g'rofiya. ~지리구 jo'g'rofiya hudud. ~철학 tabiiy falsafa. ~채권 ariza berish huquqisiz debyutorlik qarzi. ~채무 ariza berish huquqisiz kreditorlik qarzi; ~ 취수 suv bilan tabiiy taminlanish. ~피해 tabiiy ofat natijasida etkazilgan ziyon. ~음질 muz. tabiiy tovushlar qatori. ~스럽다 sifat.tabiiy ko'rinmoq; ~발생 o'z-o'zidan tug'ulmoq. paydo bo'lmoq. avtogenez. ~보호 tabiatni muhofaza qilish; ~사 tabiiy o'lim. ~재해 tabiat hodisasi, tabiiy ofat. ~주의 tabiiylik (naturaliz). ~주의자 tabiatchi (naturalist). ~현상 tabiat hodisasi,tabiiy ofat. ~히 tabiiy.
-자오- hamsuhbatga odobni bildiruvchi eskirgan predikativ suffeksi; 듣자오니 sizni eshitaman; 받자옵니다 sizdan olyapman.
-자옵- hurmat bilbiruvchi predikativ suffiksi 듣자옵고... hurmat bilan sizni tinglab...
자원(自願) I o'z hohshi; istagi; ihtiyorliligi; ~하고 istakni bildirmoq. ~적 ihtiyoriy; ~적으로 ihtiyoriy (ravish); ~병 ko'ngilli; ~입대 ihtiyoriy a'zo bo'lish.
자원(資源) II bo'yliklar. rasurslar. 인적~ insoniy resuslar. ~을 개발하다 resurslarni ishlatish;
자위 I 1) og'ir narsa turgan joy; 2) platsenta (kashtanda) 3) himoya hududi (m-n futbo'lda).~[가] 돌다 a) xazm bo'lish boshlanmoq (ovqat haqida). б) q. ...자위를 뜨다; в) ~[를]뜨다 surilgan (ag'darilgan) bo'lmoq, qimirlamoq (xomila haqida). teridan ajralmoq (kashtan haqida). paydo bo'lmoq (himoya buzu- lishi, m-n futbo'lda)
자위 II 검은 ~ ko'z qorachig'i; 누른 ~ tuhum sarig'i. 흰~ tuhum oqi.
자위(自衛) III o'z-o'zini himoya

qilmoq,o'z-o'zini muhofaza qilmoq, ~하다 himoya qilmoq (o'zini);~적 o'z-o'zini himoya qilish uchun; ~ 노선 o'z-o'zini himoya qilish chizig'i; ~조치를 취하다 o'z-o'zini himoya qilish choralarini ko'rmoq; ~권 o'z-o'zini himoya qilish huquqi.

자유(自由) ozodlik, erk; ~의 ozod, erkin; ~롭게 ozod, erkin (ravish); ~결혼 sevgi bilan qurilgan nikoh; ~ 경쟁 erkin raqobat; ~도시 ozod shahar; ~ 낙하 fiz. erkin tushish; ~노동 erkin ish; ~ 선거 erkin saylovlar;~ 자재로 erkin va ozod; ~전자 fiz. erkin elektron; ~전하 el. erkin zaryad; ~주로 q. 공통 [주로]; ~직업 erkin (ozoe) kasb; ~재량 yur. erkin nazorat; ~행로 the. erkin yo'l bosish; ~ 운동 sport. erkin mashq. ~ 애호 인민 erksevar xalq;~분방하다 erkin, ozod, umidlangan. ~스럽다 erkin, ozod; 언론(출판)~ so'z erkinligi (bosma); 경제 liberal iqtisod. 무역 erkin savdo, fritrederlik; ~방임주의 aralashmaslik tamoyili; ~ 사상 erksevarlik; ~시 erkin sher; ~업 erkin kasb; ~의지 erkin iroda; ~ 주의 liberallik; ~ 주의자 liberalist.~형 erkin uslub.

자유화(自由化) 1) liberallashuv; ~하다 liberallashmoq; ~ 되다 liberallashtirmoq; 2) sodda (bolalar) rasm;

자율(自律) [-юл] 1) o'z-o'zini tiyish,o'z-o'zini nazorzt qilish; 2) filos. ma'naviy avto'no'miya; 3) avtonomiya, o'z-o'-zini tartibga solish; ~ 신경계 avtonam nerv tizimi;~ 신경 계통 anat. avtonam (vegetativ) nerv tizimi;

자의(自意) I o'zini fikrlari (o'ylari); ~대로 o'z hohishicha, o'zi bilganidek.

자의(恣意) II o'z hohishi bilan; ~적 o'z hohishi bilan; ~로 o'zi hohlagancha, o'z hohshicha erkin;

자작(自作) I 1) hususiy asar; hususiy mahsulot; o'zi tay-yorlagan narsa;~극 xavaskor spektakl; ~농 hususiy dehqon; ~시 shahsiy sher; 2) o'z qo'li bilan tayyorlash; ~ 자급 ehtiyojlarini o'zi tay-yorlagan mahsulotlar bilan qondirish; ~ 자수 o'zini aybi bilan ziyon ko'rish; ~ 자필 o'z to'qish va yozish; ~ 자활 o'zini o'zi ta'minlash; ~ 자연 sahnada o'z asarini qo'yish; o'z piessasida ro'l o'nash; ~ 일촌 qarindoshlar (fikrdoshlar) bilan yashash joyi barpo etish; 3) erga o'z qo'li bilan ishlov berish; ~하다 o'zi to'qimoq, asar yozmoq, o'zi erga ishlov berish .

자작(子爵) II 1) chachjak (undov); 2) chachjak undovga ega bo'lmoq

자장가 alla

자장자장 undov; alla-alla yo

자재(自在) I fals o'zida; ~[적]; ~[적] 계급 sihf o'zida; ~적 사물 narsa o'zida; hech narsada chegarallanmagan;

자재(資材) II xom-ashyo; ~공급 xomashyo billan ta'mminlash; ~ 계산 homashyo hisobini olish; ~과 ta'minot bo'limi; ~난 homashyo bo'yicha qiyinchiliklar; 건축~ qurilish homashyosi

자전거 velosiped; ~를 타고 가다 velosipedda uchmoq; ~경기 velosiped musobaqalari

자제(子弟) I hurm. 1) siz (u)ning o'g'li; 2) yoshlar (birovning oilasidan)

자제(自制) II o'zini tuta bilish;

ㅈ

o'zini yo'qotmaslik; esankiramaslik; ~하다 o'zini tuta bilmoq; o'zini qo'lda ushlamoq; ~력을 잃다 o'zidan ketmoq; o'zini yo'qotmoq; ~력 o'zini tuta bilish;sabot; bardosh; chidam

자족(自足) o'zidan mamnun bo'lish; o'zidan qoniqish; ~적 o'zidan mamnun; ~하다 o'zidan mamnun bo'lish; o'zidan qoniqmoq

자존심(自尊心) izzati hafs; nafsoniyat; sha'n; ambitsil; g'urur; fahr; iftihor; kibr; ~이 강한 사람 mag'rur odam

자주 1) mustaqil; qaram emaslik; ~적 mustaqil qaram bo'lmagan; ~권 suverenitet; to'liq mustaqillik; ~독립국가 suveren va mustaqil davlat; ~적 평화 통일 mustaqil tinch birlashmq; (vatanning)

자중(自重) ves porojnyaka;

자지러지다 1) qo'rqqandan yig'ilmoq; 2) so'lmoq (o'simlik); 3) baland jaranglamoq;; 4) noziklik; nafislik; hazokat;

자진(自進) I 1) ~하다 o'z hohishi bilan qilmoq; ~하여 o'z hohishi bilan

자진(自盡) II ~하다 ochlikdan o'lmoq; dori ichishdan voz kechib o'lmoq; qurimoq; qurib ketmoq; hamma kuchini ketkazmoq; norozilik bildirib, ovqatdan voz kechish orqali o'lmoq;

자질(子姪) I og'il va jiyan;

자질(資質) II 1) tug'ma sifat; tug'ma xususiyat; tabiat; boy puli; zakolat; mijoz; g'ayfat; tetiklik; jo'shqinlik; qobiliyatlilik; 2) malaka ihtisos;

자책(自責) o'zini ayiblash; ~하다 o'zini ayiblamoq; vijdon azobini his qilmoq; ~감 vijdon azobi; ayib hissi;

자체(自體) o'zi; ~물 o'z-o'zicha; ~의 o'zining; shahsiy; ~ 감응 fiz. o'zinduktsiya; ~ 유통 자금 iqt. shahsiy ayri boshlash vositasi; ~ 자금 o'z vositasi; ~ 제동 avtomatik tormozlanish; ~ 영양식물 avtotraf o'simlik;

자취 I iz; ~를 감추다 i'zini yo'qotish; yo'q bo'lib ketmoq; ~를 남기다 iz qoldirmoq; ~ 없이 사라지다 nomalum yo'nalishda g'oyib bo'lmoq; ~를 밟다 izidan bormoq; ~를 받다 iziga tushmoq

자취(自取) II ~하다 o'ziga (baht-sizlik) ortirmoq

자치(自治) avtonomiya; o'z idora; ~하다 o'z-o'zini bosh-qarish; ~적 o'zini idora qiluvchi; avtonom; ~의 avtonom; ~공화국 avtonom respublika (viloyat); ~권 muhtoriyat huquqi; ~제 o'z-o'zini boshqzrish tizimi; ~행정 muhtorlik ma'muriyati; ~회 muhtorlik kommiteti; ~ 기관 o'z-o'zini boshqarish tashkiloti

자칭(自稱) 1) ikki yuzlamachi; ~하다 o'zini birovning oti bilan atamoq; maqtanmoq; ~의 hayoliy; tagitugi yoq; yolf'ondakam; sohta; mavhum; ~ 천자 kinoya; maqtanchoq; 3) o'zini atash; o'zi uchun saboq.

자타(自他) 1) o'zi va boshqalar; 2) tilsh. o'timli va o'timsiz fa'llar; 3) fals. sub'ekt va ob'ekt;

자택(自宅) o'zini uyi; ~에 o'zini uyida; ~ 요양 o'zini uyida davolanish; ~ 구속 uy qamog'i;

자행(恣行) o'zboshimchilik; o'zboshqaruvlik; keng tarqatish; (yoyilish); ~하다 o'zboshimchalik qilmoq; o'z hohishiga qarab ish tutmoq; keng tarqalmoq; (yoyilmoq)

작(爵) I 1) rang; titul; daraja; 2)

ㅈ

unvon;
작(作) II aniq k-n 1) asar (adabiy) va h.z; 2) muallif nomidan k-n. yozilgan(kim tomonidan)
-작 (old.kor.) kor.qosh. (suf) 1) ish; mehnat; asar; 집체작 jamoa ishi; 2) hosil; 평년작 o'rta hosil;
작가(作歌) 1) yozuvchi; adabiyotchi; ~의 말 muallif so'zi; 2) muallif; ~적 a) ijodiy; b) mualliflik;
작금(昨今) 1) kecha va hozir; ~양일 kecha va bugun; 2) shu kunlarda; yaqinda; ~양년 o'tgan va bu yil;
작년(昨年) [chan'-] o'tgan yili; ~에 o'tgan yil; ~의 유행복 o'tgan yilgi moqa bo'lgan kiyim
작다 1) kichkina; katta bo'lmagan (razmer) 양복이 ~ kastiyum kichik; 작아도 후추 (고추알) maqol: aynan. qalampir kichik lekin azziq; 작은 고추가 더 맵다 maqol: aynan. kichik qalampirning bo'lagi eng achchig'idir; 2) kesim ma'nosida. kam; oz; 구두가 ~ botinka kichkina; 3) past (bo'y haqida); 4) bo'sh(ovoz); 5) tor chegaralangan (dunyoqarash) 6) mayda; arzimas; 7) qisqa (oy); 8) qiyin 작은 kichik; 작은누이 kichik singil; 9) qar. 적다 III; 2) 작은 곰 astr. kichik ayiq ona; 작은 개 astr. kichik it; 작은 론도 mus rondino;; 작은마마 qar. 수두; 작은 말 tilsh. (och) unlili so'zlar; 작은 박쥐 oddiy ko'r shapalak; 작은 사랑 xo'jayin o'g'lining honasi; 작은 사위질빵 bot; lomonos; 작은 설 eski yilning oxirgi kuni; 작은 추석 xalq bayrami davrida 8 oy jadvalining 15 sonoda; 작은 떼새 qar. 알도요.
작도(作圖) 1) mat. tuzilish; 2) ~하다 chizma (shema) chizish (tuzish) ~법 tuzish usuli;
작렬(炸裂) [chan'nyool] portlash yorilish; ~하다 portlamoq; yorilmoq; ~ 류탄 harb. brizontli granata;~작용 brizontli harakat;
작문(作門) [chan'-] arx. kazarma; (xarbiy qismlar joylashgan; mahsus bino) ning qo'riqlanish qarvozalari; ~[을] 잡다 boshqarma (idora) ning markaziy eshiklarini ochmoq; (hurmatli mehmon uchun)
작법(作法) yozish qonuni; esk. ~하다 a) majburiy qonunlarni o'rnatmoq; b) sehrlamoq;
작별(作別) ayrilish; hayirlashish; ~하다 ayrilmoq; hayrlashmoq;~인사를 하다 hayrlashmoq;
작성(作成) tuzish; rasmiylashtirish; tashkil qilmoq; ~하다 tuzmoq; rasmiylashtirmoq; ~자 tuzuvchi; rasmiylashtiruvchi.
작업(作業) ish;~하다 ishlamoq; ~ 중에 ish vaqtida; ~대 ish stoli; ~량 ish hajmi; ~반 ishchilar brigadasi; ~복 ishchi kiyimi; ~ 시간 ish vaqti; ~일 ish kuni; ~장 ish joyi; ~ 기준량 (정량) ish miqdori; ~압력 tek. ishchi bosimi;
작용(作用) 1) ~ 하다 a) amal qilmoq; ish ko'rmoq; ishlamoq; harakat qilmoq; b) ta'sir qilmoq; 2) harakat; amal; 3) ta'sir; ta'sir etish; 화학 ~ kimyoviy jarayon; ~과 반작용 harakat va (qarshilik) qarshi harakat (reaktsiya); 상호 ~하다 o'zarq tasir; bir-biriga ta'sit etish; o'zaro aloqa yoki munosabat;
작은 kichkina; kichik.
작전(作戰) (harbiy) operatsiya; urush harakatlari ~하다 urush harakatlarini olib borish; ~을 변

경하다 harakat rejasini uzgartirish; 공동 ~ birgalikda qilingan urush harakatlari; ~ 계획 harbiy harakat rejasi; ~[적] amaliy(operativ);~대형 operativ tuzulish; ~보도 operativ ma'lumot; ~비행 jangovr uchish; ~지대 harbiy harakatlar teatri; ~예술 qar. 작전술; ~적 종심 operativ chuqurlik;
작정(作定) ahd; niyat; qaror; istak; ~하다 qaror qilmoq; ahd qilmoq; niyat qilmoq; aniqlab quymoq; 문학 ~ badiiy asar; 체홉의 ~ CHexov ijodi ~론 adabiy tanqid; asarga taqriz; ~명 asar nomi; ~집 asarlar tuplami;'
작품권(作品圈) (badiiy); asarlar davri (sikli); 잔 ryumka; fujer; 포도주 한 ~ bir shisha vino; ~을 기울이다 bir qadaq ichmoq; qar. 술잔[을 기울이다]
잔- mayda, kichkina.
잔디 gazo'n; o't; ~밭 kichkina o'tzor, o'tloq; chamanzor gazo'n; ~ 찰방 hazon solmoq; ko'milgan bo'lmoq.
잔업(殘業) ish vaqtidan tashqari qilinadigan ish; ~하다 ko'p ishlab yubormoq; ~수당 ish vaqtidan tashqari.
잔치(殘置) 1) ziyorat; to'y, bazm; ~날 ziyorat (to'y,bazm) kuni; ~상 ziyofat sto'li; ~집 ziyofat o'tkaziladigan uy; ~하다 a) ziyofat(bazm) o'tkazmoq; b) to'y qilmoq; ⇒ 결혼식.
잔털 soch tuk; ~제비꽃 binafsha gunafsha(*Viola Okuboi*) 윤노리나무~ Pourthiaea coreana (daraxt).
잔혹(殘酷) qahr; ~한 qahrli; bemehr; ~한 사람 qahrli odam; ~하다 qahr-g'azabli; qar. 참혹[하다].
잘 1) yaxshi; ~하다 yaxshi qilmoq, yaxshi bajarmoq, yaxshi amalga oshirmoq; ~ 되다 yaxshi chiqmoq, yaxshi bo'lib bormoq; 잘되면 제 탓, 못 되면 조상 탓 *maq.* ≅ aynan. hamma yaxshilik mendandur, barcha yomonlik avlodlardan; 잘 되는 집은 가지에 수박이 달린다 maq. ≅ yaxshi oilada, hammasi yaxshi bo'ladi; 잘 나다 a) yaxshi, chiroyli; b) kinoya. 잘 빠지다 avom, ajralmoq; 2) o'z vaqtida; 3) hech bo'lmaganda; 잘 생기다 ko'rinishi chiroyli bo'lmoq; 잘 가시오 oq yo'l; ~ko'rishguncha; ~(잤니?) yaxshi uxladingmi?;
잘다(자니, 자오) 1) mayda; 자디 ~ eng mayda; 잔 고기 가시 세다 a) kichik bo'lsa ham lekin juda chaqqon; 잔 줄 무늬 거울 oq latundan yasalgan va naqsh bilan yasatilgan dumaloq oyna; 2) paskash.
잘랐습니다 kesdi.
잘못 hato; ~(부사적으로) hatoga yo'l berdi; ~ 듣다 chala eshitish; ~보다tanishvotganda yanglishmoq, hato qilish; ~되다 yaxshi holatda emas; 이것은 모두 나의 ~ 이다 bu menining hatoyim..
잘잘 ~끓다 jo'shqin qaynamoq; ~ 흔들다 qimirlatmoq silkitmoq; ~ 끌다 shovqin bilan sudramoq; ~ 쏘다니다 betoqat bo'lmoq, bezovta bo'lmoq..
잘하다 bajarmoq (ishlamoq, ijro qilmoq) yaxshi (mohirlik bilan; ustalik bilan); muvoffaqiyatli bajarmoq.
잠 I 1) uyqu; karahtlik ~을 자다 uhlamoq; karahtlikda bo'lmoq; 깊이 ~이 들다 a) chuqur uyquda bo'lmoq; chuqur uyquga botmoq; б) jon bermoq; 고이 잠들라!

hotirjam yoting; ~을 자야 꿈을 꾸지 maq.. ≅ uyqu bo'lsatush bo'lar; ~을 청하다 uyquga tayorlanmoq; ~을 깨다 uyg'onmoq; ~을 이루다 uyquga ketmoq; ~이 모자라다 uyquga to'ymaslik;~이 늦어지다 uhlab qolmoq; ~이 달아나다 uyqu yo'qolmoq; 2) yopishmoq birikish.

잠(箴) II arx ogoxlantirish mazmun(xat)

잠결 ~에 uyqusrab; uyquda; ~에 듣다 uyquni yorib eshitmoq; ~에 남의 다리 긁는다 uyquda uyqisrab birovni oyog'ini qashimoq; ≅ a) bilmasdan xato qilib birovga yaxshilikni qilish; б) yanglishib birovni narsasini o'ziniki deb bilish.

잠그다(잠그니, 잠가) 1) bekitib qo'ymoq; qulflab qo'ymoq; 2) yopmoq.

잠기다 qulflanib qo'yilgan bo'lmoq; 2) qismoq, siqmoq; (topmoq).

잠깐 uzoq emas, ko'p emas; biroz vaqt, bir daqiqa,; ~ 기다려 주세요 to'xtab turing.

잠꼬대 to'g'ri va ko'chma. alaxlash,vaysash,valdirash;~하다 alaxlamoq, tishida gapirmoq; bo'lmagan narsalarni valdiramoq; 이것은 ~ 같은 소리다 bu bo'lmagan gaplar.

잠복(潛伏) ~적 yashirin, maxfiyochilmagan, aniqlanmagan; ~하다 yashirinmoq; berkinmoq; ~ 근무 maxfiy xizmat; ~기간 inkubasion (yashirin) davr; ~적 과잉 인구 iqt. mahfiy (yashirin) ko'chish (ko'chirilish); 2) ~[초소] *harb. sir.*

잠수(潛水) 1) suvga cho'kish; ~하다 suvga botmoq (cho'kmoq); ~병 kesson kasalligi; ~복 g'avvoslik kiyimi; ~부 g'avvos; (suv ostida suv o'tmaydigan kiyim ishlovchi odam); ~함 suv osti qayig'i; ~ 모함 suv osti qayiqlarining suzish bazasi; ~작업 suv osti ishlari; ~함대 suv osti floti; 2) ~[어로] baliqlarni chuqurlikda ovlash;

잠식(蠶食) ~하다 asta-sekin bostirib kirish; 시장을 ~하다 sekin-sekin bozorga kirib bormoq.

잠자다 uxlamoq.

잠자리 ~비행기 avom. vertalyot; ~날개 같다 ingichka va chiroyli (mato haqida); ~부접 대듯 a) bitta narsadan ikkinchisiga oson sakrab o'tmoq; б) yopishib shu erning o'zida ko'chib tushmoq.

잠자코 so'zsiz; ovozsiz; ~ 있는 것이 무식을 면한다 maq. ≅ kam gapirsang, aqilli ko'rinasan.

잠잠(潛潛) ~하다 1) tinch bo'lib qolgan, tinchlangan; kamgap; indamas, jimjit; ~히 tinch, osoyishta; 2) ~하다 sukut saqlamoq, jim bo'moq.

잠재(潛在) ~적 yashirin, maxfiy, ~하다 pismiq bo'lmoq; yashirin holatda bo'lmoq; ~의식 ong;

잠정(暫定) ~적 vaqtincha; ~적조치 vaqtinchalik choralar; ~하다 biroz vartga qabul qilmoq (kurslar) (qatnamoq).

-잡- esk. predikativ old qo'shim. hurmat manosini anglatadi; 듣잡더니 extirom bilan sizni eshitaman..

잡곡(雜穀) I g'alla (guruchdan tashqari); ~밥 bugda qaynatilgan, guruch va boshqa yormadan tayyorlangan aralashma,. ~상g'allakor.

잡니다 uxlayapti (yapman, yaptilar)

잡다(雜多) I ~하다 a) tartib-

ㅈ

sizlik; aralash-quralash, chalkashlik; б) turli xil.

잡다 II 1) tutmoq; 2) ushlamoq (qo'lda); 3) ushlab olmoq; tutib olmoq; 4) tanlamoq; tegmoq (o'zini); (kunni tayinlamoq); 시간을 ~ vaqtni aniqlamoq; 5) kerak bo'lmoq; lozim bo'lmoq; dqrkor bo'lmoq; zarur bo'lmoq; qarzga olmoq; 6) holatni qabul qilmoq; 7) olmoq, etib olmoq; ega bo'lmoq; 8)` olmoq(garovga) 9) ishlamoq, boshchilik qilmoq, o'ynamoq; 10) urmoq, kesmoq; 11) ushlab qolmoq; ushlab turmoq, oyib yubormaslik; 12) qidirmoq, bilib qolmoq, topmoq; 13) ko'chm. ilintirmoq (qarmoqga) 14) yeg'ishtirmoq (pishmagan (xom) nonni); 15) yeg'moq, ushlab turmoq suvni); 16) quymoq(suvni); 17) qar. 잡치나; 18) to'irlab qo''ymoq; to'g'irlamoq; 19) o'chirmoq (olovni); 20) qar.잡아끌다;21) hisoblamoq; 마음을 ~ axd qilmoq, qaror qilmoq; 자리를 ~ joy egaiiamoq; o'rnashmoq, joyjashmoq; 주인을 ~ to'xta moq (kimnikida); 잡아당기다 a) o'zinikiga sudramoq; o'tkazib olmoq(o'zining tarafiga) b) yaqinlashtirmoq, qisqartirmoq (muddat); e) yordam bermoq; 잡아 먹다 so'yib yemoq; e) o'limgacha yetkazmoq; e) buzmoq (narsalarni) f) bekor ketkazmoq (vaqtni); g) joy olmoq (egallamoq); 잡아 매다 bog'lab qo''ymoq; 잡아 채다 tortmoq; 잡아 떼다 a) ajratmoq, yirtmoq, olib tashlamoq; b) bo'lmoq, yirtib tashlamoq, tugatmoq (aloqalqrni); e) olib qo'ymoq; e) butunlay rad etmoq; e) o'zini umuman bilmaganga solmoq; 손가락을 ~ qoshiqni ushlamoq; 어린 아이의 손목을 ~ bolani qo''lidan ushlab olmoq; 차를 ~ mashinani to'xtatmoq; 권력을 ~ hokimyatni qo''lga kiritmoq; 불길을 ~ o'chirmoq (olvni); 일정을 ~jadvalni tuzmoq.

잡다하다 guldor, rang-barang, ola-bula,chipor, ola-chipor, xol-xol; turli xil.

잡담(雜談) bekorchi gaplar; ~하다 bekorchi gaplarni qilmoq;

잡수다 yemoq; ichmoq; 1) xurmat.qar. 자시다; 2) arx.. amalga oshirmoq (qurbonlik); 잡수시다 yemoq (xurm.)

잡음(雜音) 1) shobqin; 2) yolg'on, mish-mish, ovoza; 4) bo'lmagan gaplar; ~ 방지기

잡지(雜誌) jurnal; ~를 간행하다 jurnalni taxrir (nashr) qilmoq; ~에 기도하다 jurnalga xat yozmoq; ~사 jurnal taxririyati (nashriyoti); ~책 jurnal shaklidagi kitob; 월간 ~ oylik jurnal; 주간 ~ haftalik jurnal;

잡초(雜草) begona (yovvoyi o't); 밭의 ~를 뽑다 dalada yovvoyi o'tlarni o'tamoq (o'toq qilmoq) qar. 풀.

잡히다 tutmoq..

잣 kedr yong'og'i; (nina bargli daraxtlarning bir turi); ~나무 koreys qarag'ayi; ~죽 maydalangan guruch va kedr yong'og'idan tayyorlangan suyuq bo'tqa; ~나무 복령 koreys qarag'ayining ildizida o'suvchi paxima (dori uchun xom-ashyo sifatida)..

잣- old qo'sh. mayda, kichkina; ~주름 mayda ajinlar.

잣다(자으니, 자아) 1) yigirmoq, ip yigirmoq; 2) chiqarmoq (suvni); 3) aylantirmoq, adashmoq, aldamoq; 잡아내다 a) ip yigirmoq; б) chiqarmoq, chiqarib

tashlamoq (suvni); в) uyg'atmoq (tuyg'uni); 감명을 자아내다 taassurot qoldirmoq.
장(長) I uzunlik.
장(章) II kitobning bobi; 제5~ beshinchi bob.
장(場), 시장(市場) III joy, maydon; xona; ~을 보다 bozorga bormoq; 장마다 망둥이 날 줄 아느냐 jinnimisan ey ?; qar. 시장.
장(腸) IV anat. ichak; ~의 ichak-chavoqli; 대(소)~ qalin (ingichka) ichak.
장(醬) V so'yali so'us; so'yali pasta; 장 단 집에는 가도 말 단 집에는 가지 말라 maq. ≅ aynan. shirin so'z xonadonga bormasdan, shirin bor xonadonga bor. ⇒ 간장
장 VI 장도감 urush, janjal; 장도감[을] 치다 janjal qilish (uyushtirmoq); 장비 군령 na'muna. qo'rqinchli sxoshma-sxosharlik (sxoshish); 장비는 만나면 싸움[이라] na'muna. umumiy qiziqishlar sababli yaqin munosabatda bo'lish; 장비 호롱 dodlash; 장비야 내 배 다칠라 kinoya. maqtanmoq, gerdaymoq, kekkaymoq.
장-(長) old qo'sh. 1) uzun; ~거리 uzoq masofa, uzoq oraliq; 2) uzoq; ~기간 uzoq muddat.
-장(狀) I old qo'sh. hat; hujjat; 감사장 minnatdorchilik hati; 표창장 yorliq.
-장(場) II old qo'sh. joy; maydon; xona; 비행장 aerodrom; 건설장 qurilish maydoni.
-장(丈) III old qo'sh. hurmat ma'nosini ifodalovchi; 주인장 hurmatli ho'jayin.
-장(帳) IV *old qo'sh. daftar;* 학습장 o'quv daftari;
-장(張) V old qo'sh. varroq; plitka; 기와장 cherepisa; 종이장 qog'oz varrog'i.
-장(長) VI old qo'sh. direktor ; mudir; qomondon; boshliq; rais; 사단장 diviziya (yirik xarbiy qo'shilma) qo'mondon; 위원장 rais; 기사장 bosh injiner.
-장(章) VII old qo'sh. belgi, tamg'a; nishon. 기념장 yubiley (qutlov to'yi) belgisi.
장갑(掌甲), 수갑 I qo'lqop;~을 끼다 qo'lqop kiymoq.
장갑(裝甲) II ~하다 oldindan o'rinni egallash uchun bronya qilmoq (olmoq); 2) bro'nya (poezd, samoliyotga oldindan o'rinni berkitib qo'yadigan mahsus hujjatlar;
장거리(長距離) masofa; uzoqroq; uzoq masofa; ~ 경주 uzoq masofaga yugurish; ~ 선수 uguruvchi; ~전화 xalqaro telefon; ~비행 uzoqlikka uchish.
장관(長官) 1) vazir (ba'zi mamlakatlarda); 2) harbiy boshliq; 국무 ~davlat kotibi(AQSHda); 3) idora boshlig'i.
장군(將軍) 1) general; sarkarda; lashkarboshi; askarboshi; qo'shin boshlig'i; 2) namuna. pahlavon, bahodar; 3) shox (kor. shahmat o'yinida); ~[을] 부르다 shox e'lon qilmoq.
장기(長期) I ~적 uzoq; davomiy; uzoq muddatga mo'ljallangan; ~화 되다 cho'zilib ketmoq; ~간 uzoq(davomiy), vaqt (muddat); ~ 계약 uzoq muddatli kontrakt (bitim); ~성 davomiylik, uzoqlik, tabiati tor; ~전 uzoq kurash; davomiy urush; ~협정 uzoq muddatli bitim; ~신용 iqt. uzoq muddatli kredit; ~예보 meteo', uzoq muddatli ob-havo.
장기(臟器) II anat. ichki organ; ~ 요법 organoterapiya; ~ 제제 hayvon a'zolaridan tayyorlana-

digan dorilar.
장난 1) sho'xlik,erkalik, erkalanish; ~하다 a) sho'xlik qilmoq, erkalanmoq; to'polon qilmoq, sho'xlik qilmoq; b) vaqtni o'tkazmoq; ~꾸러기 to'polonchi, sho'x; ~끼 sho'xlik, erkalik; shumlik, to'polon;
장년(長年) voyaga yetgan inson; ~기 voyaga etish davri; ~층 voyaga yetgan insonlar, yoshi katta insonlar.
장님 ko'zi ojiz, ko'zi ko'r;~코끼리 말하듯 namuna. ish bo'yicha bilimi yo'q; ~파밭 매기 ko'zi bog'liq holda qidirmq; ~ 도가 shovqinli joy; ~ 개천 나무란다 qar.. 봉사(개천 나무란다) III; ~ 문고리 잡기 qar. 봉사(문고리 잡기) III; ~북자루 쥐듯 qar. 소경[북자루 쥐듯] I; ~사또구경(은빛 보듯) namuna. sovuqqon, iltifotsizlik bilan, ~ 제 닭 잡아 먹듯 qar. 소경[제 닭 잡아 먹기] I; ~ 코끼리 말하듯 namuna ishga uquvi yo'q. ~ 파밭 매기 namuna. ko'zi bog'langan holda qidirmoq. ~도가 shov-qinsuronli joy.
장래(將來) [-нэ] kelajak; istiqbol; ~에 yaqin kelajak; ~성 kelajakli; istiqbolli.
장려하다(獎勵-) rag'batlantirmoq
장력 zo‘r berish; kuchlanish; cho'zish; yozish; kuch, zo’r berish; tirishish; ⇒ 응력
장례(葬禮) dafn etish; dafn, ko'mish, ko'mish marosimi; ~하다 dafn etmoq; ko'mmoq; ~식 ko'mish marosimi; dafn marosimi.
장례식(葬禮式) ko'mish marosimi, dafn marosimi.
장로(長老) 1) katta, yoshi katta; hurmatli chol; 2) harmat qar.
장마 tinimsiz yomg'irlar; ~가 지다 bir necha kun mobaynida yomgir; boshlanmoq (yomg'irlar fasli; ~철 yomg'irlar fasli.
장만하다 tayyorlamoq; qilmoq; ega bo'lmoq; 집을 ~ uy sotib olmoq.
장미꽃 atir gul;
장부(丈夫) 1) erkak; 2) qarang 대장부; ~ 일언(일락)이 중천금이라 maqol: erkak kishi bir so'zli bo'ladi;
장사,상업(商業) I savdo-sotiq; ~하다 savdo-sotiqlik qilmoq; sotmoq; qarang 장수 I; ~ 웃덮기 faqat tashqi ko'rinishga qaramoq;
장사(葬事) II 1) ko'mmoq; 2) krematsiya; ~하다 a) ko'mmoq; б) yondirmoq;
장사 III botir;pahlavon; ~가 나면 용마가 난다 maqol: botir tug'ulsa, qanotli ot ham paydo bo'ladi;
장소(場所) joy.
장식(裝飾) 1) bezak; ~하다 bezamoq; bo'yamoq; ~ 공예 amaliy san'at; ~ 글자 bezak shrifti; ~ 도안 bezak grafigi; ~ 미술 bezak san'ati; ~ 조각 bezak haykali; ~창법 muz. fioritura; ~악구 mus. o'rnamentika; 2) bezak;
잦다 I 1) qurimoq, parchalanib ketmoq; 2) kirib bormoq; 3) tinchlanmoq;
잦다 II tinimsiz;
재 I 담배; ~를 털다 kulni qoqmoq;
재 II (고개) pereval;
재(齋) III o'lganlar ruhu uchun Buddaga qurbonlik qilmoq;
재(才) IV mahorat; moyillik;
재-(再-) 재무장 qayta qurollanish; 재조직 qayta qurollanish; 재생산 qayta ishlab chiqarmoq;
재거(再擧) ~하다 ikkinchi martta biror narsani qilishga harakat qilmoq;

재건(再建) qayta qurilish; ~하다 qayta qurulmoq; qayta tamirlamoq;
재고(在庫) zaxira; ~량 zaxira miqdori; ~품 zaxira; inventar; ~품 조사 invertarizatsiya;
재교육(再教育) qayta tarbiyalash; qayta o'quv; ~하다 qayta tarbiyalamoq; qayta o'qitmoq; 직업~ malaka oshirish;
재능(才能), 재간(才幹) mahorat; moyillik; ~있는 mahoratli; moyilligi boq;
재량(-裁量) xulosa,qaror; ~껏 o'z hohishiga (qaroriga) ko'ra; ~의 ~에 맞기다 kimnidir ihtiyoriga bermoq;
재물(財物) I boylik, molmulk; ~변작 tadbirkorlik faoliyati;
재물 II 1) shyolok; 2)qarang 양재물; 3) sopol ustini qoplovchi suyuqlik; ~[을]내리다 suzgkchdan o'tkazmoq;
재미 qiziqish; ~있다 qiziqarli; ~가 없다 zerikarli; ~를 보다 muvaffaqiyatga erishmoq; ~있게 qiziqarli; ~있는 qiziqarli; ~있다 qiziqarli; ~있대 qiziqarli;
재발 qayta huruj; ~하다 qayta paydo bo'lmoq;
재빨리 tez; mohirona;
재산(財産) 1) molmulk; mohirona; 2) shahsiy mulk; ~국유 davlat mulki; ~사유 shahsiy mulk; ~가 badavlat odam; ~권 mulkchilik huquqlari; ~몰수 mulkni musodara qilmoq;
재생(再生) qayta tug'ulish; ~하다 qayta tug'ulmoq;~고무 qayta ishlangan rezina; ~타이어 qayta ishlangan shina;
재생산(再生産) qayta ishlov; ~하다 qayta ishlab chiqarmoq; ~ 단순(확대) oddiy (kehg) ishlab chiqarish
재심(再審) huq. qayta ko'rib chiqish; ~하다 qayta ko'rib chiqmoq; ~을 신청하다 sudda ishni qayta ko'rib chiqish haqida iltimos qilmoq;
재외(在外) chet elda bo'lmoq; ~의 chet ellik;
재제염(再製鹽) tozalangan osh tuzi
재주(才-) mohirlik; ~것 bor mahoratini sarflamoq; ~꾼 mohir inson
재촉하다 1) talab qilmoq; 2) sxoshiltirmoq
재판(裁判) sud; sud ishlari; ~하다 sud qilmoq; ~권 yurisdiktsiya; ~소 sud; ~장 bosh sudya; ~정 sud zali;
재품(才品) mahorat va ma'naviy jihatlar;
재해(災害) tabiiy ofatlardan kelgan zarar; ~를 당하다 ofatni boshdan kechirmoq; ~ 대책 tabiiy ofatga qarshi choralar; ~보상 tab.ofatdan kelgan zararni qoplamoq; ~보험 bahtsiz hodisadan sug'urta; ~지 ofat rayoni;zarar ko'rgan rayoni.
재회(再會) ~하다 qayta ko'rishmoq; ~를 약속하다 kimdir bilan ko'rishishga kelishmoq;
쟁(爭) o'n uch torli tsitra (chalg'u asbobi)
쟁의(爭議) kelishmovchilik;~노동 ish bo'yicha kelishmovchilik;
-쟁이 양복쟁이 tikuvchi;
쟁탈(爭奪) ~하다 bosib olish uchun kurashmoq;
장르 janr;
저(著) I (ismdan keyin) tuzuvchi;
저 II 1) men; 2) ana u, men o'zim; 저 잘난 맛에 산다 matal: har qaysi odam o'z uchun yaxshi;
저-(低) past. 저기압 past bosim;
저걸 boshqa;
저것 ana u, ana u narsa;

ㅈ

저금(貯金) jamg'arish; ～하다 pul yig'moq;jamg'armoq; ～을 찾다 omonat kitopchasidan pul olmoq; 은행에 ～하다 bankka pul qo'ymoq; ～통 pul to'playdigan idish; 통장 omonat kitobchasi;
저기 ana u er;
저기압(低氣壓) past atmosfera bosimi; tsiklon
저녁 kechqurun; kechki payt; 다～ kechki paytlar; ～을 같이하다 kechki ovqatni birgalikda tanavvul qilmoq; ～때 kechki payt;
저능(低能) aqli past; ～의 aqli zaif; ～아 aqli zaif bola;
저당(抵當) zakolat; ～하다 zakolatga bermoq; ～되다 zakolatga berilgan bo'lmoq; ～권자 zakolat bo'yicha kredi- dor; ～물 zakolatga qo'yilgan narsa;
저래서 1) qisqar. (저리 하여) qanday bo'lsa ham. 저러다 shunda qilmoq.
저리다 qotib qolmoq; sezuv-chanlikni yo'qotmoq;
저만큼 xuddi shu darajada; huddi;
저명한 ko'rinarli.
저물었습니다 kech tushmoq;
저수(瀦水) I ～량 suv ombo-ridagi suv miqdori; ～지 suv ombori;
저수(貯水) II ～식물 bot. ksero-fitlar; ～조직 bot. suv parenhi-masi
저술(著述) asar; ～하다 kitob yozmoq; ～가 muallif
저승 narigi dunyo; ～길 narigi dunyuga yo'l;
저울 taroz; ～에 달다 tarozda o'lchamoq; tarozga qo'ymoq; ～추 taroz pallasi
저자(著者) muallif; ～ 불명의 책 mashhur bo'lgan muallif kitobi;
저장(貯藏) I saqlash; ～하다 saqlamoq,omborda saqlamoq; ～고 ombor;～품 zaxira;
저장(低張) II ～용액 form. gipetonik eritmalar
저조(低潮) I 1) sayoz suv; 2) ruhiy tushkunlik
저조(低調) II past to'n
저쪽 ana u er (joy)
저축(貯蓄) yig'ish; ～하다 pul yig'moq (to'plamoq); ～심 ehtiyotkorlik;
저택(瀦宅) I ～하다 uyni buzib tashlab , o'rniga ariq qazimoq;
저택(邸宅) II qasr.hashamatli uy;hususiy uy
저항(抵抗) qarshilik; ～하다 qarshilik ko'rsatmoq; qarshi bo'lmoq; ～기 reostat; ～력 qarshilik kuchi;
저희들, 우리 biz.
적 I 1) ko'chib tushgan qism (toshning,daraxt); 2) qobig'ini qoldig'i;
적(敵) II dushman, raqib; ⇒원수
적(籍) III domitsiliy; ～을 두다 a'zo bo'lmoq;～이 있다 yozilgan bo'lmoq;
적 IV o'sha payitlarda; vaqtida; 공부할 적에 o'qish vaqtida; o't.z.fe'li bilan birgalikda ～이 있다(없다) biror ish qilishga to'g'ri keldi; (kelmadi); 한국으로 가 본 적이 없소 koreyaga bora olmadim;
적-(赤) old. q-cha. qizil; 적십자 qizil krest;
-적(的) qosh-ga; 계급～ lavozim;
적격(適格) malaka; ～의 mala-kali; ～자 biror bir malakaga ega bo'lgan shahs;
적그리스도 antikrist;
적극(積極) ～적 ijobiy; aktiv; ～적으로 faol, harakatchan, aktiv; ～적으로 활동하다 biror narsada faol bo'lmoq; faol harakat qilmoq; ～성 ijobiylik; faollik; ～

책 faol harakterlar; ~화 aktivizatsiya; faollashtirish; ~화하다 faollashmoq;
적다, 쓰다 1) kichik; 2) belgilab qo'ymoq;yozmoq; 3) kam (miqdor haqida);
적당(適當) ~하다 mos; kerakli; munosib; muvofiq; qulay; yaroqli; ~하게 munosib; ~하다 munosib bo'lmoq; to'g'ri kelmoq
적당하다 mos; munosib bo'lmoq;
적대(敵對) dushmanlik; adovat; ziddiyat; qarama qarshilik; ~적 zid; qarama qarshi; ~하다 dushmanlarcha munosabatda bo'lmoq; antogonistik pozitsiyani egallamoq; ~시 하다 kimgadir dushmanlarcha (adovat bilan) qaramoq; ~감 adovat; ~행동 antogonistik harakatlar;
적도(赤道) ekvator;~기단 ervatorial havo; ~기후 ekva- torial iqlim; ~반경 geogr. ekvatorial radius; ~좌표계 astr. ekvatorial koordinat sistemasi; ~해류 ekvatorial oqim;
적요(摘要) ~하다 1) konspekt qilmoq;qayd qilmoq; 2) mazmun;
적용(適用) qo'llanish; ishlatish; tadbiq etish; ~하다 qo'llamoq; tadbiq etmoq;
적응(適應) muvofiqlik; moslik; moslama; asbob; ~하다 muvofiq bo'lmoq; moslamoq; muvofiqlamoq; ~에 ~시키다 biron narsaga moslashtirmoq; ~력 moslashishga layoqat; adaptatsiya;
적절하다(適切) mos;
적중률 aniqlik;
적합(適合) ~하다 mos bo'lmoq; to'g'ri kelmoq;
적히다 yozilgan bo'lmoq;
전 I (idishning) cheti.
전 II bir quchoq.
전(前) III 1) qarang ⇒ 앞; 2) qarang 이전 II; 전에 없이 birinchi marotaba; bir marotaba ham bo'magan; 3) gacha; oldida;
전(田) IV qarang; 밭.
전(傳) V 1) qarang; 2) ismdan keyin; qisqa 춘향~ CHhun Hyan haqida qisqa; 3) konf. donishmand mehnati.
전-(前) old.qo'shimcha; old. 전모음 tilish old.qator unlisi.
-전(-戰) I jang;urush; 방위전 mudofa jangi;
-전(殿) II saroy; hram;
-전(廛) III old.do'kon . 피물전 charmdan tayyorlangan narsalarni sotuvchi do'kon;
-전(傳) IV tarjimai hol; 자서전 avtobiografiya; tarjimai hol;
전가(轉嫁) ~하다 yuklamoq, biror kimning zimmasiga yuklamoq; 그에게 책임을 ~하다 unga ma'suliyatni yuklamoq;
전개(展開) avj olish; rivojlanish; tarqatish; yoyish; ~하다 avj olmoq; rivojlanmoq;
전공(全功) I barcha hizmatlar.
전공(專攻) II mutahassislik; ihtisos; ~과목 ihtisoslik fani; ~실습 mutahassislik bo'yicha amaliyat; ~하다 ihtisos olmoq
전국(全國) butun davlat;
전국토 butun davlatni maydoni (chegarasi)
전기(前記) I yuqorida takidlangan;
전기(傳奇) II ~적 ajoyib; ~소설 ajoyibotlar haqida qissa; ~하다 ajoyibotlar haqida gapirib bermoq;
전기(電氣) III elektr, elektr quvvati; ~를 끊다 elektrni o'chirmoq; ~를 끄다 elektr quvvatini o'chirmoq; ~공학 elektr tehnikasi; ~기관차 elektrovoz. ~기구 elektr

moslamalar; ～료 elektr energiyasi uchun olov;
전날(前-) biror harsa arafasidagi kun; ～에 oldin tarihda;
전념(專念)～하다 hamma fikrni jamlamoq;
전능한(全能-) har narsaga qodir;
전달(傳達) I ko'chirish topshirish; ～하다 topshirmoq;
전달(前-) II o'tgan oy;
전달, 방송(放送) peredacha; ko'rsatuv
전도(傳導) I o'tkazish; ～하다 o'tkazmoq; olib o'tmoq; ～체 yo'l ko'rsatib boruvchi; provodnik;
전도(傳道) II bayon; nasihat; ～하다 nasihat qilmoq; ～사 nasihatchi
전동(傳動) I o'tkazish (harakatni); ～ 장치 transmissiya.
전동(轉動) II aylanish; aylantirish; ～하다 aylanmoq;
전라남도 Janubiy CHallado;
전라북도 SHimoliy CHallado;
전람(展覽) ko'rgazmaga qo'yish; ～하다 ko'rgazmaga qo'yib ko'rsatmoq; ～품 eksponat; ～회 ko'rgazma; ～회장 povilon; ko'rgazma;
전래(傳來) meros; ～의 meros; ～하다 meros bilan o'tmoq;
전력(全力) I barcha (hamma) kuchlar;
전력(電力) II elektr energiyasi; ～ 공급 elektr ta'minoti; ～계 vattmetr; ～제한 elektr energiyani ishlatishda chegara;
전례(典例) pretsedent; ～에 따라 o'tgan misoldan kelib chiqqan holda; oldindagid다; ～를 따르다 o'tgan misolga asoslangan;
전류(電流) elektr to'ki; ～ 고압 ko'p quvvatli elektr to'ki;
전망(展望) kuzatish; kechirish; ～하다 qaramoq; ko'zdan kechirmoq; ～정치 siyosiy qarash; ～대 kuzatuv cho'qqisi; ～성 perspektivli
전면(全面) I butun maydon; ～적 hartomonlama; to'liq;
전면(纏綿) II ～하다 1) qattiq bog'langan bo'lmoq; 2) sevgi rishtalari bilan bog'langan bo'lmoq;
전문(專門) I ihtisos; mutahassislik; ～적 ihtisoslashgan; ～하다 ihtisoslashmoq; ～가 mutahassis; ～화 ihtisoslik; mutahassislik;
전문(全文) II bir butun matn;
전반(前半) I birinchi yarim; birinchi tayim; ～기 birinchi vaqt (payt); ～전 o'yinning birinchi yarmi;
전반(全般) II ～적 umumiy;
전방(前方) I old. qismi; front; ～감시소 ilg'or nazorat punkti; ～진지 ilg'or pozitsiya.
전방(前房) II anat. ko'z olmasining old kamerasi;
전보(電報) I telegramma; ～를 치다 telegramma yubormoq; ～료 telegramma tarifi;
전보(戰報) II harbiy harakatlar to'g'risidagi ahborot;
전부(全部) I butun; butunlay; to'liq;
전부(前部) II old qism;
전세(傳貰) I avans to'laydigan ijara; ～방 avans to'lab ijaraga olingan hona;～집 avans to'lab ijaraga olingan uy;
전세(戰勢) II frontdagi nolat; harbiy holat;
전속력(全速力) katta tezlik; ～으로 katta tezlikda; ～을 내다 katta tezlik bermoq; katta tezlikda yurmoq;
전송하다 o'tkazmoq;
전술(戰術) taktika; ～[적] taktik; ～비행대 taktik aviatsiya; ～적 방어지대 chegaraning taktik

yo'li.
전시(展示) I ko'rgazma; ~하다 ko'rgazma qilmoq; ~품 eksponat; ~회 ko'rgazma;
전시(戰時) II harbiy payt; ~ 상태 harbiy holat
전신(全身) I butun badan; ~ 사진 butun bo'yga olingan rasm; ~ [적] umumiy; ~마비 tib. panplegiya; ~ 마취(몽혼 ehs) umumiy narko'z; ~만신 bir butun badan; ~부종 tib. anasarka; ~불수 ko'r. tib. shollik; ~적 질환 umumiy kasallik.
전신(傳信) II telegraf; ~국 telegraf; ~기 telegraf apparati; ~망 telegraf tarmog'i; ~주 telegraf ustuni;
전열(電熱) elektr istgich; ~의 elektr istgichning ~기 elektr isituvchi asbob;
전염(傳染) infektsiya; ~성의 yuqumli; ~하다 yuqumli bo'l-moq; ~균 bakteriya; ~병 infektsiyon (yuqumli; epidemik) kasallik; ~성 infektsiyon xarakter;
전용(專用) I shahsiy ishlatish; mahsus ishlatish; ~하다 biror narsadan shahsan foyda-lanmoq; ~선 mahsus kema; ~차 shahsiy avtomobil;
전용(全用) II ~하다 to'liq ishlatmoq;
전자레인지 mikro elektrli tandir;
전쟁(戰爭) urush; ~하다 urush-moq; jang qilmoq; ~고아 urush etimi; ~마당 jang maydoni; ~모험 harbiy hitla; ~ 발원지 jang o'chog'i; ~ 방화자(도발자) urush olovini yoqib turuchi; ~범죄자 harbiy jinoyatchi; ~상태 urush holati; ~접경에 urush (janr) arafasida; ~상인 urush (jang) olib borish;
전쟁놀이(戰爭-) urush o'yini;
전쟁놀음(戰爭-) 1) urush o'yini; 2) olov bilan o'ylash; ~하다 a)urush o'yinini o'ynamoq; б) olov bilan o'ynamoq;
전제 1) zamin; 2) mustabid hokimiyat;
전지(電池) I (elektr) botareya; galvonik element; 건~ quruq elementlar batareyasi; 축~ akkumulyatorli batareya;
전지(轉地) II ~ 요양 iqlim o'zgarishi bilan davolanish; ~ 사양 asalarichilik; ~하다 iqlimni (yashash joyni) o'zgartirmoq;
전진(前進)**과 후퇴**(後退) taraq-qiyot va tanazzul;
전차(戰車) tank; ~ 공격 tank atakasi; ~ 제대 tank esheloni; ~ 위험 방향 havfli yo'nalish;
전철(前轍) I biror-kim bosib o'tgan yo'l; ~을 밟다 kim-ningdir bosib o'tgan yo'lidan ketmoq; hatolarini qaytarmoq; izdan ketmoq;
전철(轉轍) II boshqa yo'lga o'tkazish; ~통신 korsatkichli aloqa; ~표식기 temir yo'l ko'rsatkichi; ~하다 boshqa yo'lga o'tkazmoq.
전체(全體) butun; to'liq; ~성 butunlik; ~주의 totalitarizm;
전체수(全体需) 1) butunlay pishgan taom; 2) butunlay qovurilgan qush (baliq va b.sh.)
전출(轉出) ~하다 ko'chmoq; ~자 ko'chmanchi;
전통(全通) I ~하다 ochiq bo'lmoq (hamma yo'nalishlar);
전통(傳統) II an'ana; ~적 an'anaviy;
전통미(傳統美) an'anaviy uslub;
전투(戰鬪) jang; ~하다 jang qilmoq; ~기 jangari samalyot; ~[적] jangari; ~경계 jangari himoya; ~규정 jangari qoida; ~

기도 jang maqsadi; ~(기술)기재 (기자재), ~이탈 jangdan chiqish, ~방사성 물질 harbiy radiaktiv moddalar; ~보고 harbiy etkazish; ~보장 harbiy ta'minot; ~비행 harbiy uchish; ~적 단결 jangovor hamkorlik; ~적 사격속도 jangovar tez otish; ~정량 jangovar tekshiruv; ~편성 jangovor hisob; qarang;싸움.
전파(傳播) I elektr to'lqichlar;
전파(全波) II radio' to'lqinlar; ~방해 to'siq; ~탐지기 radar;
전파(電波) III tarqalish; ~하다 tarqamoq; ~되다 tarqamoq;
전표(錢票) talon; chek; ~를 떼다 chek yozib bermoq;
전하다 bermoq; topshirmoq;
전형(全形) namuna; nuhsa; tur; ~성 biror narsaga xoslik; ~화 tipizatsiya.
전화(電化) telefon; 시외~ shaharlararo telefon; 자동~ telefonavtomat; ~를 받다 telefon go'shagini ko'tarmoq; ~를 끊다 telefon go'shagini qo‘ymoq; ~하다 telefonda gaplashmoq; ~국 telefon stantsiyasi; ~료 telefon uchun abonent to'lovi; ~ 번호 telefon nomer; ~선 telefon tarmog'i;
전환(轉換) burilish; o'zgarish; ~하다 burmoq; o'zgartirmoq;
절 I ta'zim; ~하다 ta'zim qilmoq; ~을 맞다 ta'zimga ta'zim qilib javob bermoq;
절 II budda ibodathonasi;
절(節) III paragraf;
절감(節減) kamayish;qisqarish; ~하다 kamaytirmoq; qisqartirmoq; 경비를~하다chiqimni kamaytirmoq
절규(絶叫) dod; faryod; baland; qiyqiriq; ~하다 baland qiyqirmoq; faryoq qilmoq;
절대(絶對) absalyut; mutloq; shubhasih; ~의 absalyut; qat'iy; ~로 shubhasiz; ~ 다수 mutlaq; ko'pchilik; ~량 mutlaq miqdor; ~성 absalyut xususiyat; ~자 absalyut; ~주의 absolyutizm; ~치 mutloq kattalik; ~화 absalyutizatsiya;
절대주의(絶對主義) absalyutizm
절망(絶望) umidsizlik; umidni uzish; ishonchsiz; ~적 umidsiz; umiqni uzgan; ~하다 umid uzmoq;~에 빠지다 umidsizlikka tushmoq;~감 umiqsizlik tuyg'usi
절박(切迫) ~하다 tezkor; kechiktirib bo'lmaydigan.
절세(絶世) ~의 tengsiz; ~의 미녀 tengi yo'q sohibjamol;
절실(切實) ~한 qat'iy; eng zarur; eng muhim; ~히 qat'iy suratda; samimiy;
절약(節約) tejash; ~하다 tejamoq; ~정신 isrof qilmaslik;
절차(節次) tartib; izchillik; muntazamlik; protsedura; 필요한 ~를 밟다 kerakli muolaja qilmoq;
절충(折衝) siljish; joyidan qo‘zg'atish murosa; ~하다 murosaga bormoq; ~안 bitishish; ~주의 eklektizm;
젊다 yosh; 젊음 yoshlik;
젊은 yosh; 젊은 인재 yosh kadrlar;
젊은이 yosh odam; yosh yigit;
점(占) I fol; ~을 치다 fol ochmoq;
점(點) II belgi nishono;
점 III funt;
점검(點檢) ko'rik; tekshirish; nazorat; ~하다 nazorat qilmoq; tekshirmoq;
점령(占領) (강점) okkupatsiya; bosib olish; zabt etish; ~하다 bosib olmoq;zabt etmoq; ~군 bosib oluchi qo'shin; ~지 zabt etilgan territoriya;
점수(點數), 성적 baho; ~제 ball

sistemasi;
점심 tushlik; ~식사 중에 tushlik vaqtida; ~때 tushlik payti;
점유(占有) o'zlashtirish; ber- ish; ~하다 o'zlashtirmoq; ber- moq; ~권 o'zlashtirish huquqi; ~물 o'zlashtirilgan narsa;
점잖다 basavlat; jiddiy; olijanob;
점점(漸漸) asta-sekin; yana va yana; bora-bora.
점진(漸進) asta sekin siljish; ~적 asta sekin; o'rtacha; ~하다 asta sekin rivojlanmoq; harakatlanmoq; ~주의 astasekin rivojlanish asosi;
점차(漸次) asta sekinlik; oz-ozdan; sal-pal; qadam-bahadam
점하다 egallamoq;
점화장치 bobina;
접(接) emlash; ~을 붙이다 emlamoq;
접(接)하다 tegip ketmoq;
접견(接見) qabul; ~하다 qabul qilmoq; uchrashmoq;
접근(接近) yaqinlashish; ~하다 yaqinlashmoq;
접다 berkitmoq; qoldirmoq; 봉투를 ~ konvert qilmoq; 우산을~ soyabonni yig'ib qo'ymoq (berkitmoq)
접대(接待) tortiq; ~하다 tortiq (mehmon) qilomoq; ~부 afitsiantka;
접대원 afitsiant;
접선(接線) tegib o'tadigan; ~하다 o'rnatilmoq; aloqaga kirishmoq;
접속(接續) aloqa; ~하다 qo'shilmoq; aloqada bo'lmoq; ~사 birlashma; ~자 shartnoma
접수(接受) qabul; ~하다 qabulni bajarmoq; ~구 deraza; ~처 qabul punkti;
접시, 보시기 kosa;
접어놓다 yig'ib qo'ymoq;
접착(接着) ~하다 yopishmoq; ~제 elim;
접촉(接觸) tegish; aloqa; ~하다 tegmoq; ~을 가지다 aloqa o'rnatmoq; aloqada bo'lmoq;
접합(接合) qo'shilish; ~하다 qo'shilmoq
젓(갈) zirovorli sho'r baliq
젓가락 ovqatlanish tayoqchalaril; ~질 하다 tayoqchalar yordamida ovqatlanmoq;
젓다 esmoq;
정 I ~하다 harbiy harakat qilmoq;
정(情) II muhabbat; his-tuyg'u; bog'langanlik; ~이 떨어지다 sevgining tugashi; ~이 들다 bir-biriga bog'lanmoq; ~을 쏟다 butun yuragi bilan sevmoq;
정거(停車) transport bekati; ~하다 to'xtamoq; ~장 bekat; stantsiya;
정거장(停車場) vokzal;
정견(政見) siyosiy qarashlar; ~을 발표하다 siyosiy qarashlarni e'lon qilmoq;
정겹다 sevuchan; do'stona; ta'sirli;
정계(定界) I o'rnatilgan chegara; ~하다 chegarani o'rnatmoq;
정계(政界) II siyosiy doira;
정교한 nozik;
정구(庭球) tennis; ~하다 tennis o'ynamoq; ~장 tennis ko'rti; tennis maydoni;
정규(正規) ~의 doimiy; normal; qonuniy; ~국 doimiy qo'shin;
정기적으로 vaqti vaqti bilan;
정다움 iliqlik;
정답게 qo'stona; xushmuomalama
정당(正當) I ~하다 adolatli; ~방위 o'zini o'zi himoya qilish; ~성 to'g'ri adolat;
정당(政黨) II (siyosiy) partiya; ~원 partiya a'zosi;

정당화(正當化) ~하다 oqlamoq;
정돈(整頓) tartibga keltirish; ~하다 tartibga keltirmoq;
정들다 o'rganib qolmoq; bog'lanib qolmoq;
정략(政略) siyosat; siyosiy qadam; ~결혼 hisob kitob bilan oila qurish;
정류 ~하다 to'xtamoq; ~장 bekat;
정리(整理) tartib; ~하다 tartibga keltirmoq; ~교통 yo'l harakatining tartibi;
정리, 공식 formula;
정리하다 tartibga keltirmoq;
정밀(精密) ~하다 aniq; yahshilab; ~ 검사 aniq taqqiqot; ~가계 aniq asbob; ~도 aniqlik;
정밀한 작업 nozik ish;
정보(情報) informatsiya; yangilik; ahborat; ~국 ahborat byurosi; ~기관 ahborat o'rgani; ~망 ahborot tarmog'i; ~원 ahborotchi;
정보사회 ahborotlashgan jamiyat
정보제공 ahborotni berish (taqdim qilish);
정복(征服) I zabt qilish; egallash; ~하다 zabt etmoq; egallamoq; ~욕 zabt qilishga bo'lgan ishtiyoq; ~자 zabt etuvchi; egallovchi;
정복(正服) II forma (kiyim);
정부(政府) hukumat;~ 연립(인사) koallitsion (vaqtincha) hukumat;
정비 ⇒ 조절
정산(定算) aniq hisob; ~하다 aniq hisoblanmoq;
정상(定常) I ~하다 doimiy; normal; ~화하다 normallashtirmoq;
정상(情狀) II holat; ~을 참작하다 aybni yumshatuvchi holatni e'tiborga olmoq;
정성(精誠) ochiqlik; halollik; ~스럽다 ochiq; ochiq kongilli; ~어리다 ohirgacha ochiq bo'lmoq;
정수(淨水) I toza suv; ~기 suv tozaluvchi asbob; ~장 suv tozaluvchi stantsiya; ~지 suv tozalovchi hovuz;
정수(精髓) II mohiyat; tub ma'no; mazmun;
정신(情神) ruh; ko'ngil; ~의 ko'ngilchan; ~력 ruhiy kuchlar; ~분석 psihoanaliz; ~상태 psihika; ~위생 ruhiy gigiena; ~이상 ruhiy hafagarchili
정액(定額) aniq bir summa; ~ 임금 vaqtinchalik to'lov;
정예(精鋭) elita; saralangan; tanlangan; ~의 saralangan; ~부대 saralangan qo'shin;
정오(正午) tush; qiyom vaqti; ~에 tushda;
정월(正月) yanvar.
정의(正義) I haqiqat; adolat; ~의 adolatli; ~감 adolat hissi.
정의(定義) II aniqlash; defenitsiya;
정작 zaruriy; haqiqiy; (부사적으로) haqiqatdan; rostdan;
정전(停戰) jangovar harakatlarni tugatish; yarashish; ~ 담판(회담) yarashish haqidagi suhbat; ~중립 감독 위원회 yarashishni nazorat qiluvchi netral mamlakatlarning komis- siyasi; ~협정 yarashish haqi- dagi bitm; ~하다 tugatmoq; qarang;) 휴전(休電) yarashish;
정전(停電) II ~하다 to'xtatmoq (tok uzatishni);
정중한 muloyim;
정중히 muloyimona;
정직(正直) halollik; to'g'rilik; ~하다 halol; to'g'ri;
정직하구나 to'g'i;
정직한 haqgo'y;
정치(政治) I siyosat; davlat boshqaruvi; ~가 siyosatchi; ~공작 siyosiy o'yin; ~국 siyosiy

byuro; ~범 siyosiy jinoyatchi; ~학 siyosatshunoslik; ~ 학자 siyosatshunos olim; ~활동 siyosiy jarayon;
정통(正統) I eng zarur; qonuniy; ~하다 qonuniy; ~파 ortodoksal maktab;
정통(精通) II ~하다 yaxshi malumotga ega bo'lmoq; yahshi bilmoq;
정형(整形) ~수술 plastik operatsiya; ~외과 ortopediya; ~ 외과의 ortoped;
젖 ona suti; ~을 떼다 ko'krakdan chiqarmoq; ~ 먹이 emizikli bola; ~빛 sutli rang; ~줄 ko'krak temiri;
젖가슴 ayol ko'kragi;
젖다 ho'l bo'lmoq; nam bo'lmoq;
젖산 sutli kislota;
젖소 sigir (sut beruvchi);
젖어드는 그리움 sog'inch;
젖을 짜다 sog'moq;
제 I men; o'zim;
제(祭) II festival; yubeley;
제(題) III mavzu; sarlavha;
제(때) IV vaqt;
제(저의) V mening;
제(第) VI~2부(部) ikkinchi qism;
-제(-製) ishlab chiqarilgan; ~ 금속 metaldan ishlab chiqaril- gan (tayyorlangan);
-제(-制) sistema; tizim;
제가 ~하다 oila boshlig'i bo'l-moq;
제거(提擧) bartaraf qilish; yo'-qotish; ~하다 bartaraf qilmoq; yo'qotmoq
제공 etkazib berish; ta'minlash; ta'minot ~하다 ta'minlamoq; etkazib bermoq;
제대로 1) tegishlicha; yahshilab; 2) to'g'ri;
제대로해내다 tegishlicha bajarmoq
제도(制度) I institut;sistema; tizim;tartib; ~교육 o'quv tizimi;
제도(製圖) II kartografiya; chizmachilik; ~하다 tuzmoq; (harita) chizmoq;
제목(題目) mavzu; sarlavha; ⇒ 표제(標題)
제물(祭物) qurbon kaltirish;
제본(製本) muqova; ~하다 muqovalamoq; ~소 muqovalovchi ustahona;
제분(製粉) tortish; ~업 un tayyorlovchi sanoat; ~소 un tortish tegirmoni;
제비 qaldirg'och;
제사(祭祀) qurbon keltirish; ~하다 qurbon keltimoq; ~ 제삿날 qurbon keltirish kuni; 산~tirik qurbon; 거룩한 ~ ilohiy qurbin;하나님이 기뻐하시는~ hh hudoga keltirilgan qurbon;
제사장(祭司長) ruhoniy;
제시(提示) ~하다 topshirmoq; ko'rsatmoq; taklif qilmoq;
제약(製藥) III farmatsevt; dori tayyorlash; ~(조제)하다 dori tayyorlamoq; ~자(약사) yuqori malakali farmatsevt; ~ 회사 farmatsevtik firma; ~ 처방전 retsept; ~법 farmatseftika;
제어(制御) nazorat; ~하다 nazorat qilmoq; [문제 사안을 조정중재하다] tartibga solmoq; yaxshilamoq; 감정을 ~하다 hissiyotlarni tiymoq; 자기 자신을 ~하다 o'zini tiymoq; ~력을 잃다 boshqaruvni yo'qotmoq;~기 nazoratchi; ~봉 장치 nazorat sterjeni; ~장치 nazorat qiluvchi apparat; 물가~ mahsulot baholarini tartibga solmoq;
제언(提言) taklif; taqdim; ko'rsatish;~하다 taklif qilmoq; taqdim qilmoq; ~을 채택하다 taklifni qabul qilmoq;
제염(製鹽) tuz olish;tuz tayyorlash; ~의 tuz tayyorlovchi;

~하다 tuz tayyorlamoq; ~소 tuz tayyorlovchi korhona; ~업 tuz tayyorlovchi sanoat; ~노동자 tuz konchisi;
제외 o'chirish; chiqarish
제의(提議) I taklif; ~하다 taklif qilmoq; taklif kiritmoq; ~되다 taklif qilingan bo'l- moq; ...의 ~로 taklifi bilan; ~를 받아들이다 taklifni qabul qilmoq;
제의(題意) II mavzuning maz-muni;(sarlavha)
제이(第二) ikkinchi; ~번째로 ikkinchi marta; ~ 역할을 하다 ikkinchi skripkani chalmoq; ~ 간접적으로 ikkinchi qo'ldan; ~기 ikkinchi davr; ~당 ikkinchi partiya; ~차 세계 대전 ikkinchi jahon urushi;
제일(第一) ~의 birinchi; dast-labki; ~을 차지하다 birinchi o'rinni egallamoq; 세계 ~의 부자 dunyodagi eng boy; ~먼저 birinchidan; birinchi o'rinda; ~중요한 hammadan muhim; 한국 ~의 명승지 Koreyadagi eng ko'rkam joy; ~보 birinchi qadam; ~ 보충역 ehtiyot (rezerv) to'ldirish; ~봉 eng balandv cho'qqi; ~부 birinchi qism; ~서기 birinchi kotiba; ~심 birinchi jarayon;~야당 birinchi (dastlabki) appazitsiya; ~위 birinchilik; ~인자 hamma ishga usta; ~중우편 birinchi darajali po'chta; ~차 세계 대전 birinchi jahon urushi; ~착 birinchi bo'lib kelish;
제자(弟子) o'quvchi; shogird; 소크라테스의 ~ Suqrotning shogir- dlari; ~가 되다 shogird bo'lmoq; ~를 두다 shogird qilib olmoq;
제자들 o'quvchilar;
제자리 dastlabki joy; kerakli joy; ~에 두다 biror kimni (narsani) joyga qoymoq; [부적합한 자리] ~에 있지 않다 o'z joyida bo'lmoq; ~ 좌불안석 ko'gil havotirda (joyda emas); ~걸음 joyda turib qadam qo'yish; ~걸음 시작 joyda olg'a qadam tashla; ~ 넓이 뛰기 joyda sakrang;
제작(製作) tayyorlash; ishlab chiqarish; ~하다 tayyorlamoq; ishlab chiqarmoq; ~중이다 ishlab chiqarish jarayonida; ~대충하다 qo'l uchudi qilmoq; tqyyorlamoq; [눈 가리고 아웅] 얼렁뚱땅 ~하다 quymoqdaka pishirmoq; ~물(품) mahsulot; mol; buyum; ashyo; ~법 tayyorlash usuli; ~비 ishlab chiqarish chiqimi;~소 fabrika; ~자 ishlab chiqaruvchi;
제재(題材) I mavzu; fan;adabiy asar uchun ma'lumot;
제재(制裁) II jazo; ~하다 jazolamoq; jazo bermoq; 사회적 ~ ijtimoiy jazo (chegara); 임시 ~ vaqtinchalik jazo; ~를 가하다 jazo qo'llamoq; 법률의 ~를 받다 yuridik jazo olmoq; 위반자에게 ~를 가하다 buzg'unchiga nisbatan jazo qo'llamoq; 꼼짝못할 ~ 속에 있는 qo'loyoqlari bog'langan;
제재(製材) III yog'och tayyorlash va aralash;yog'och materiallar; aralash materiallar; ~하다 daraxt aralamoq; yog'och chopmoq;~공 yog'och tayyorlovchi; ~ 공장 yog'och tayyorlovchi zavod; ~업 yog'och tamerlovchi sanat;
제적(除籍) o'chirish; chetlash-tirish; ~ 시키다 chetlashtirmoq; ~당하다 chetlashtirilgan bo'l-moq;
제정(制定) I o'rnatish; kiri-tish; ...을 하다 o'rnatmoq; kiritmoq;

qabul qilmoq; yo'lga qo'ymoq; 법률을 ~하다 qo- nun chiqarmoq; ~된 법률을 시행하다 qonunni yo'lga qo'- ymoq;
제정(帝政) II monarxiya; monarxiya rejimi; imperiya; ~하에서 imperator himoyasida;~당 manarxiya rejimini qo'llab quv- vatlovchi partiya; 러시아 Rossiya imperiyasi; ~ (제국주의) 열강 buyuk davlatlar;
제제(製劑) dori tayyorlash;~하다 dori mahsulotlarini tayyorlamoq; ishlab chiqarmoq;
제조(製造) ishlab chiqarish; tayyorlash; ~하다 ishlab chiqar- moq; tayyorlamoq; 한국에서 ~된(한국 산의) Koreyada ishlab chiqarilgan; 펄프로 종이를 ~하다 qog'oz to'plamidan qog'oz tayyorlamoq; ~법 ishlab chiqarish usuli; ~수단 ishlab chiqarish vositasi; ~시설 ishlab chiqarish quvvati; ~업 qayta ishlab chiqarish sanoati;~원가 ishlab chiqarish baxosi; ~원 korhona; ~자 ishlab chiqaruv- chi; ~ 주물 buyurtmani ishlab chiqarmoq; ~품 mahsulot;
제주도 CHechudo oroli;
제지(制止) I tiyish; ~하다 tiymoq; yo'l qo'ymaslik; yo'ldan qaytarmoq; [금지] taqiqlamoq;~가 어렵다 tiyish qiyin; ~가 ~하는 것을 ~하다 kimnidir biror narsadan tiymoq; 돈 낭비를 ~하다 pulni ishlatishga yo'l qo'ymaslik; 나의 ~를 뿌리치고 hech qanday ko'ndirishlarga qaramay; 아무런 ~를 받지 않고 to'ntarishlarsiz.
제지(製紙) II qog'oz ishlab chiqarish; ~하다 qog'oz ishlab chiqarmoq; ~공장 qog'oz ish. chiqaruvchi fabrika; ~업 qogo'z sanoati; ~펄프 qog'oz to'plami;
제창(提唱) tashabbus; ~하다 tashabbusni o'z qo'liga olmoq; olg'a surmoq; ...의 ~으로 tashabbus bilan; 평화의 ~ tinchlik taklifi; 주요(안건)들을 ~하다 muhim tashabbus bilan chiqmoq; ~자 tashabbuskor; asoschi;
제철 I mos; (ma'qul) mavsum; ~의 vaqtida; mos mavsumda; ~이 아닌 o'z vaqtida emas; 모든 일에는 ~이(때가) 있다 har bir ishni o'zvaqti bor; ~(계절) 상품 mavsumga mos mahsulot.
제철(製鐵) II po'lat ishlab chiqarish; ~의 po'latdan; ~하다 temir eritmoq; ~공장(수) po'lat ish chiqaruvchi zavod; 종합 ~ metallurgiya;
제쳐놓다 tashlab yubormoq;
제출(提出) ko'rsatish; ~하다 ko'rsatmoq; taklif qilmoq; bermoq; 성명서를 ~하다 ariza bermoq; 통행증을 ~하다 propusk ko'rsatish; ~안 taklif qilgan hujjat;~자 ko'rsatuvchi; taqdim qiluvchi;
제치다 1) oshib o'tmoq; 한국 선수가 일본 선수를 제치고 우승했다 Koreya sportchisi Yaponiya sportchisini oshib o'tib birinchilikni qo'lga kiritdi; 2) oshmoq;
제트 ~의 reaktiv; ~기 reaktiv samalyot; ~ 기류 oqim; ~ 엔진 havo reaktiv dvigateli;
제판(製版) gravirovka; ~하다 bosma shaklni tayyorlamoq; ~술 stereotepiya;
제패(制覇) hukmronlik; gegemo- niya; ~하다 hukmronlik qilmoq; zabt etmoq; boshchilik qilmoq; 누구도 따를 수 없는(타의 추종을 불허하는) ~ birinchi skripkani chalmoq; 세계~ jahon hukum- ronligi

제품(製品) mahsulot; ashyo; 가죽 ~ charm mahsulotlari; 국내 ~ mahalliy mahsulot; 수~ qalbaki mahsulot; 완~ tayyor mahsulot; 외국~ chet el mahsulotlari; ~원가 mahsulotning asl narxi; 한국 ~ Koreya mahsuloti;
제품, 생산물 mahsulot;
제한(制限) chegara; doira; ~하다 chegaralamoq; chegara qo'ymoq; ~내에서 biror narsa chegarasida; ~을 벗어나다 chegaradan chiqib ketmoq; ~없이 chegarasiz; ~을 해제하다 chegarani olib tashlamoq; ~구역 taqiqlangan rayon; ~속도 chegaralangan tezlik; ~송전 chegaralangan elektor ta'minot; ~시간 chegaralangan vaqt; 군비 ~ qurollanishni chegaralash; 산아 ~ homilani ogohlantirish; 수입~ importni chegaralash; ~전력 chegaralangan elektr ta'mi- not; 통행~ harakatni chegara- lash;
제휴(提携) hamkorlik; ~하다 hamkorlik ko'rsatmoq; 동맹)에 가입하다 ittifoq 9koalisiya) ga kirishmoq; ~와 ~하여 (kimdirning) hamkorliogi bilan; hamkorlikni qo'llabquvvatlash;; ~ 가업(합영) qo'shma korxona; ~자 hamkor; ~ 회사 korxona hamkori; 경제 ~(협력) 위원회 iqtisodiy hamkorlik bo'yicha komissya; 기술~ texnik hamkorlik.
졌습니까 yutqizdingmi.
조 I kun.
조(條) II bo'lim; punkt; maqola; modda; 3개 ~로 구성된 계약 uch moddadan iborat bitim; ~가 (항)마다 moddalar bo'yicha; maqola bo'yicha.
조(組) III kichik guruh; kollektiv; ...와 같은 ~가 되다 guruhga kirmoq (kim bilan);
조각(組閣) haykaltoroshlik; vay-anie; gravirivka;o'ymakorlik; naqsh solish; o'yma naqsh; ~의 naqshlangan, haqqoshlik ...-i (-si); ~하다 o'ymakorlik qilish; ~(상)으로 꾸미다 haykallar bilan bezamoq; ~가 haykaltarosh; ~상 haykal; ~술 haykaltoroshlik; 청동상 ~ bronza haykali.
조각(彫刻), 덩어리 bo'lak.
조간(朝刊) ~신문 tonggi nashr; tonggi (ertalabki) ro'znoma.
조갈(燥渴), chanqoq; ~하다 chanqoqdan qurib ketish; ~을 풀다 chanqoqni bosmoq; 폭염으로 ~을 느끼다 chanqamoq.⇒갈증
조개(皁蓋) ~ 껍데기 chig'anoq; ~류 ~살 ikkita chig'anoqli molyuska go'shti; ~젓 ikkita chig'anoqli tuzlangan molyus-kalar
조건(條件) shart, shart-sharoit; eslatma, 놈고; shartlilik;~하에 sharti bilan,... sharti asosida; 일정한 ~으로 ma'lum shart-sharoitlar asosida; ~을 붙이다 so'zda yanglishmoq; ~으로 삼다 birorbir shart qo'ymoq; ...한 ~에 달려 있다 ma'lum bir shart-sharoitga bog'liq (tegishli) bo'-lmoq; ~문 shartli taklif; ~반사 shartli refleks; 고용~ yollash sharti; 기후~ iqlim sharoitlari; 노동~ mehnat sharti; 선적~ yuklash sharti; 수용불가~ qabul qilib bo'lmaydigan (noqabul; to'g'ri kelmaydigan) shartsha-roitlari; 시장~ bozor holati; 인도(공급) ~ maxsulotni ta'minlash sharoiti; 전제~ dastlabki shart-sharoitlar (zamon); dastlabki asos; dastlabki fikr; 주거~ hayot shartsharoitlari; 지불~ to'lash shartlari; 필수~ majburiyat;
조건부(條件附) ~의 shartli; ~로

sharti bilan; ~로 동의하다 shartlar bilan rozi bo'lmoq; ~ 계약 shartnoma; ~ 권리 shartli huquq; ~승인 shartli ma'qullash; ~채용 shartli qabul.

조국(祖國) Vatan; tug'ilib o'sgan joy; ona Vatan; ~을 수호하다 Vatanni himoya qilmoq; ~을 위해 싸우다 Vatan uchun kurashmoq; ~을 위해 생애를 바치다 Vatan uchun jonini fido qilmoq; ~근대화 Vatanni zamonaviylashtirish; ~애 Vatan tuyg'usi; ~ 전쟁 Vatan urushi;

조그만 kichkina.

조그맣다 kichkina; kichik; mayda; pakana; qo''g'irshoq; o'yinchoq; kichkinagina; ~(하찮은)일 arzimas narsa, ahamiyatsiz narsa; onson, yrngil;

조금 kam;

조급 sabrsizlik, betoqatlik, chidamsizlik; ~한 chidab bo'lmaydigan, yo'l qo'yib bo'lmaydigan; sxoshilinch; ~히 sabrsizlik (betoqatlilik, chidam sizlik) bilan; ~할 것 없다 shishilinch emas; 출발을 ~히 서두르다 kimningdir jo'nab ketishida sxoshijtirmoq; 귀가를 ~히 서두르다 uyga shishilmoq.

조기(早期) boshlang'ich bavr; birinchi bosqich; ~발화 bemahal ruxlanish; ~핵사찰 atom obektlarini muddatdan ilgarigi tekshiruvi (NAZORATI). ~치료 oldindan chora ko'rib davolanish; ~시기상조 muddatdan oldin (ilgari);

조끼 nimcha, emgsiz ko'fta; jilet; ~털 ko'fta; ~구명 qutqa- rish kiyimi.

조난(遭難) avariya; halokat; balo; baxtsizlik; ~당하다 halo- katni boshdan kechirmoq; baxtsizlikka uchramoq; ~구조대 avariya hizmati; ~(구제) 기금 yordamchi kapital; ~선 halokatga uchragan kema; ~신호 halokat xabari; ~자(이재민) halokatga uchragan (inson); ~ 현장 halokat joyi; 자연재해 tabiiy ofat; 조는 듯 앉아 있다 o'zini uxlab yotganga solib o'tirmoq;

조달(調達) ta'minot, ta'min qilish; ~하다 ta'minlamoq; biror narsa bilan ta'minlamoq; kim- gagir nimanigir ta'minlab etkaz- moq; qurollantirmoq; topmoq; qidirib topmoq; 자금을 ~하다 vositalarni topmoq; qurollarni topib keimoq; ~과 ta'minot bo'limi; ~기관 ta'minot bo'limi; ~자 ta'minotchi; ~청 uy-xo‘- jaligi bo'yicha ta'minot bo'limi; ~자금 vositalar qidiruvi, 해외~ chet elda sotib olish.

조력(助力) yordam; qo‘llab quvvatlash; yordam berish; tirgak; ko'mak; ~하다 yordam bermoq (qilmoq); qo'llab-uvvatlamoq; ko'maklashmoq, tirgak bo'lmoq; ...의 ~으로 kimdirning yordami bilan; kimnidir yordamida; ~을 청하다 kimdirdan yordam so'ramoq.

조롱(操弄) tahqirlik; ho'rlik; mazah; ~하다 kimnidir ustidan kulmoq; mazah qilmoq; ho'rlamoq; tahqirlamoq; ~거리가 되다 ho'rlikka uchramoq; mazah bo'lish; tahqirlanmoq.

조롱하다 mazah qilmoq; ho'rlamoq; tahqirlamoq.

조르는구나 iltimos qilmoq, so'ramoq.

조르다 qattiq tortmoq; 허리띠를 ~ belbog'ni qattiqroq bog'lamoq; 돈을 꾸어달라고 ~ kimdirdan pul so'ramoq.; 요하게 ~ qattiq turib talab qilmoq; 성가시게 ~ kimnidir tepasida

turmoq.
조리(調理) I ovqat tayyorlash; ~하다 ovqat tayyorlamoq; pishirmoq; 건강을~하다 sog''-lig'iga e'tibor bermoq; ~대 oshxona stoli; ~사 oshpaz.
조리(條理) II mantiqiy; ~있는 aqlli; ma'noli; mantiqiy; ~에 닿지 않은 nojo'ya; obsurd; ma'nosiz, mantiqsiz; ~ 있는 결론을 도출하다 mantiqiy natijaga kelmoq.
조리다 parlamoq; qaynatmoq; 조린 parlangan; 생선을 간장에 ~ baliqni soyali sousda parlamoq; 반쯤 ~ qattiq qaynatmoq.
조립(組立) montaj yig'in; ~하다 montaj qilmoq; yig'moq; remont qilmoq; ~공 yig'imchi; terimchi; montajchi; ~ 공장 yig'im sexi; ~기 yig'n mashinasi; terim agregati; ~부품 terim detallari; ~식 구조 terim konstruksiyasi; ~식 선반 seksiyali kitob shkafi; ~식 집 yig'iladigan uy; ~ 기계 mashina qismlarini yig'ish.
조마조마 hotinch; tashvishli; xavotirli; asabiy; noqulay; ~하게 하다 kimnidir hayajonlantirish; uyaltirmoq; hijolatga solib qo'ymoq; esankiratib qo'ymoq; kimgadir tinchlik bermaslik; kimdadir havf haqida havotir uyg'atmoq; kimnidir tahlikaga solmoq.; ~ 거리다 nimadandir tashvishlanmoq; bezovtalik his qilmoq; havotirlanmoq; tinchlik bilmaslik; o'ziga joy topmaslik; yuragiga yaqin qabul qilish; kimgadir achinmoq; qayg'urmoq.
조만간 tez vaqtda; yaqin vaqtda; yaqin kelajakda ; yo bugun yo erta; shu kunlarda; 그는 ~ 파간할 것이다 yaqin vaqtda u kasod bo'ladi.
조명(照明) yoritish; nurlanish; yorishish; yorug'lik; ~하다 yorishtirmoq; nurlantirmoq; ~기구 yorug'lik asbobi; yoritgich; qora chiroq; moy chiroq; sham chiroq; lampa; ~기사 yoritgich; qora chiroq; yorug'lik o'rnatgich; ~동 yorug'lik lampasi; ~신호 chiroq signali; ~탄 yorug'lik snaryadi (asbobi); ~무대 saxna yorug'ligi.
조명도 yorug'lik
조목(條目) punkt, o'rin, joy; maqola, modda; tekstning, bobning bir bo'lagi va uni ifoda qiluvchi belgi; ~ 조목 modda bo'yicha; punkt bo'yicha; paragrf bo'yicha.
조무라기 past, sayoz.
조무래기 mayda, yuzaki, sayoz.
조밀(稠密) zichlik, tig'izlik; quyuqlik, qalinlik, pishiqlik; ~하다 zich, tig'iz, quyuq, qalin, pishiq; ihcham; quyuq; ~고 밀도 지역 zich axolili rayon.
조바심 tashvish; havotir; hayajon; esankiramoq; ~내다 kimdandir tashvishlanmoq; havotirlanmoq; bezovtalanmoq; havotirga tushmoq; havotirda bo'lmoq; ~에 휩싸이다 havotir ichida qolmoq.
조반(朝飯) nonushta.
조부모(祖父母) buvi va buva (chol va kampir).
조사(調査) I tekshirish, tergov qilish; tergov; ~하다 tekshiruv o'tkakazmoq; tergov qilmoq (o'tkazmoq); aniqlamoq; tekshirmoq; tadqiqot o'tkazmoq; 당국의 ~에 의하면 tadqiqot o'tkazilmoqda; ~ 중이다 fe'l atvorini o'rganmoq; 성격을 ~하다 puxta tergov olib bormoq;sinchiklab tekshirmoq; 엄밀히 ~하다 so'nggi (oxirgi xisobot); ~결과 xokimyatning tergovi (tekshiri-

shi)ga qaraganda; ~관 tergovchi.
조사(助詞) II yuklama.
조상(祖上) ajdod; qadimda o'tgan ajdodlar; qadimgi avlodlar vatandoshi; ~들의 영적 유산을 보전하다 ajdodlarning manaviy merosini aniqlamoq.
조선(朝鮮) I qadimgi Koreyaning nomlanishi; ~어 koreys tili; ~인 koreys; koreyalik.
조선(造船) II kema qurishi; ~의 kamasozlik; ~하다 kema qurmoq; ~계획 kemasozlik rejasi; ~기사 kemasoz; ~산업 kemasozlik sanoati; ~소 kema- verfi; 9kemalar yasaydigan va remont qiladigan korxona;~술 kemasozlik;
조성(助成) I yordam; yordam berish; ko'maklashish; ~하다 yordam bermoq; yotdam qilmoq; ko''maklashmoq; ~금을 지급하다 moliyalashtirmoq; ~금 moliyalashtirish;
조성(造成) II tuzksh; yaratish; tashkil etish; tashkilot; uyushtirish; shakillanish, shakillash, tashkil qilish; qurilish; ~하다 tuzmoq, tashkil qilmoq, shakillantirmoq; uyushtirmoq; 택지를 ~하다 turarjoyni tashkil qilmoq; 녹지를 ~하다 daraxt o'tkazmoq; 사회 불안을 ~하다 ijtimoiy g'alayonni keltirib chiqarmoq; 공포 분위기를 ~ 배 'rqitmoq; qo''rquvni keltirmpq.
조성되다 yaratilmoq;tuzilmoq, tashkil qilinmoq.
조세(租稅) soliq; ~를 납입하다 soliq to'lamoq; ~를 면제 시키다 soliqdan ozod qilinmoq; ~를 공제하다 soliq ushlab qolmoq (oylik maoshidan, moyanadan); ~감명 soliqning pasayishi; ~범 xazina o'g'rksi; ~법 soliq holati haqida; ~법 위반 soliq qonunining buzilishi;
조소(嘲笑) qar. 조롱 masxara, mazax; ~하다 masxara qilmoq, mazax qilmoq; ~받다 mazax (masxara) bo'lmoq; ~거리가 되다 kulgi sababchisi bo'lmoq.
조소, (비웃음) masxara, mazax.
조속히 iloji boricha tez, imkoni boricha tez.
조숙하다 erta pishmoq.
조심(操心) ehtiyotkorlik bilan; ~히 ehtiyotkorona, ehtiyotkorlik bilan; katta ehtiyotkorlik bilan; ~해서 다루다 ehtiyotkorona munosabatda bo'lmoq; ehtiyotkorlik bilan biror ishga kirishmoq; ~하다[경계하다] ehtiyot bo'lmoq, saqlanmoq; kimni nimadan ehtiyot qilmoq (ogohlantirmoq); nimanidir ehtiyotkorlik bilan ushlamoq; ehtiyot bo'lmoq; 개~ Ehtiyot bo'ling, quturgan it!; 불~ Yong'indan ehtiyot bo'ling!
조약(條約) shartnoma, bitim, kelishuv; ~상의 권리 bitimli (kelishuv) qonuniyatlari; ~에 조인하다 bitimni imzolamo; ~을 체결하다 shartnoma tuzmoq; ~을 지키다 shartnomaga rioya qilmoq (amal qilmoq); ~을 위반하다 shartnomani buzmoq; ~을 파기하다 shartnomani bekor qilmoq; qar.. 계약; qar.. 협정.
조언(助言) maslahat; tavsifnoma; buyruq;~하다 maslahat bermoq; tavsiya bermoq (qilmoq); ~을 구하다 maslahat so'ramoq; maslahatlashmoq; ~을 따라 maslahati bo'yicha, maslahatiga qarab; ~을 따르다 maslahatiga amal qilmoq; ~자 maslahatchi;
조업(操業) ishlatish, ishga solish; foydalanish; ~하다 ishlatmoq, ishga solmoq; foydalanmoq;

조용 jimlik, jimjitlik; ～하다 sekin, sekin-sekin; zo'rg'a eshtiladigan; bosib ketilgan, bosib qo''yilgan (ovoz); bo'sh, kuchsiz; tovushsiz, ovozsiz; tovushsiz, ovoz chiqarmasdan, jim ～히 ekin, im; ～한 목소리로 sekin ovoz bilan; yarim ovozda; shivirlash, pichirlash bilan; quloqga; ～하게 들리는 juda past tovush(ovoz) chiqarmoq; yangramoq (kuchsiz); ～한 사람 yuvvosh, beozor (bosiq) inson; ～해지다 jim bo'lmoq; 쥐 죽은 듯이 ～하다 pashsha uchgani ham eshtilyapti ～히 해! jJim bo'ling (Jim)!

조용하다 jim bo'lmoq. sekin, jim;

조율(調律) to'g'irlash, sozlash; ～하다 to'g'irlamoq, sozlamoq; ～사 sozlovchi; 피아노 ～사 pianina sozlovchisi.

조응(照應) tergov; oqibat; natija; ～하다 oqibat (natija) ga ega bo'lmoq; bir narsaga muvofiq (munosib, mos) bo'lmoq; ...에 ～(부합)하여 bir narsaga (nimaga) muvofiq...; (nimagadir) rozi bo'lgan holda.

조의(弔意) ta'ziya; taziya bildirish; hamdard bo'lish; achinish; dardiga 9qaygusiga) o'toqlashish ～를 표하다 ta'ziya bildirmoq.

조인(調印) imzolanish; ～하다 qo'l qo'yib tasdiqlamoq, biror narsaga qo'l qo'ymoq;～국 imzo chekkan davlat; ～장소 imzolash joyi.

조작(造作) falsifikasiya (chin; haqiqiy boqea yoki hodisani buzib, bo'yab ko'rsatish; sohtalashtirish,qalbakilashtirish) sohta; qalbaki; uydirma; yolg'on; ～하다,(날조하다) sohtalashtirish, qalbakilashtirish; 문서를 ～하다 qalbaki xujjatlar tayyorlash; ～된 보도 yolg'on (uydirma) xabar(darak); ～된 소문 yolg'on ovoza; (mishmish);

조장(助長) qo'llash; yordamlashish; quvvatlash; madad; rag'batlantirish; qiziqtirish; mukofot; ko'maklashish; ～하다 ko'maklashmoq; rag'batlantirmoq' rag'bat bo'lmoq.

조절(調節) tartibga solish; to'g'rilash; sozlash; ～하다 tartibga solmoq; to'g'rilamoq; sozlamoq; 물가상승을 ～하다 narxlarni ko'tarilishini nazorat qilmoq; 방의 온도를 ～하다 xonaning haroratini tekshirib turmoq; ～기 nazoratchi; tekshirubchi; ～변압기 transformator; 음식 ～ parxez.

조정(調停) nazorat qilish; tekshirish; to'g'rilash; ～하다 nazorat qilmoq; 가격을 ～하다 narxlarni belgilamoq; 외교 문제를 ～하다 diplamatik kelishmovchiliklarni nazorat qilmoq; ...의 ～으로 kimningdir dallolligi yordamida;. ～에 부치다 abritaj (hakamlar sudi) ga bermoq; (o'tkazmoq); ～을 의뢰하다 kimningdir yordamiga muxtoj bo'lmoq; 파업을 ～하다 ish tashlashda o'rtakashlik qilmoq; ～자 o'rtakash; dallol; ～ 위원회 arbitaj komissiyasi.

조종(操縱) rul bilan boshqarish; boshqarish; haydash; ～하다 boshqarmoq; haydamoq; manevr qilmoq; ustalik bilan harakat qilmoq; ～ 불능이 되다 nimadirni boshqarishni yo'qotmoq. ～간 rul; ～사 uchuvchi; ～실 ekipaj xonasi; ～장치 boshqaruv mexanizmi; 부～사 ikkinchi uchuvchi.

조준(照準) mo'ljalga olish; viza

(imzo) qo‘ymoq; ～하다 mo'ljalga olmoq; viza qo’ymoq; ～기 mo'ljal; ～경 mo'ljal oynasi; ～사격 sinov otish; ～선 mo'ljal chizig'i; ～점 mo'ljal markazi; 과학 ～ optik mo'ljal.

조직(組織) tashkilot; shakillantirish; sistema; tizim ta'lim; ～적으로 tizimga solingan; tizimli; ～하다 tuzmoq; shakillantirmoq; ～적으로 연구하다 tizimga solib o'rganmoq; ～적으로 활동하다 birgalikda harakat qilmoq; ～적 투쟁 birlashgan kurash; 강팀을 ～하다 kuchli jamoani tashkil qilmoq; 내각을 ～하다 kabinet (xonani) tashkil qilmoq; ～을 개편하다 qayta tashkil qilmoq; ～력 tashkiliy qobiliyat (iste'doe); ～망 tashkilot tarmog'i;위원회 tashkiliy qo‘mita; ～자 tashkilotchi; ～학 gistologiya; ～화 tashkilotchilik; 재～ qayta tashkilotchilik.

조직(組織), 단체(團體) tashkilot.

조직하다 tashkil qilmoq.

조차 hatto; 상상～ 못하다 hatto buni tasavvur ham qilolmayman; ...를 쳐다보기～ 하지 않다 hatto hech kimga qaramaslik.; 바스락대는 소리～ 들리지 않을 정도로 매우 조용하다 ajablanarli jim; 따뜻하다 못해 덥기～ 했다 juda iliq bo'ldi; hatto issiq; 이는 아이들～ 다 아는 것이다 bu hatto bola- larga ham ayon; 광채가 나서 눈이 아프기～ 했다 yarqirab ketdi;ax! ko'zlarimda og'riq.

조처(措處) 조치 nazorat; 필요한 ～를 취이다 kerakli (zarur chora tadbirlarni ko'rmoq.

조카(姪女) jiyan, qiz jiyan.

조카딸, 질녀(姪女) qis jiyan.

조퇴(早退) bevaqt (vaqtsiz) ketish (ishdan; o'qishdan; ～하다 vaqtidan ilgari ketmoq; 두 시간 일찍 ～하다 2 soat oldin ketmoq (ishdan).

조폐(造幣) tangani zarb qilish; tangada tamg'a; ～하다 tangaga tamg'a bosish; ～공 tamg'achi; ～국 tangali hovli (uy); ～ 발행 pulli belgilarni ishlab chiqarish.

조합(調合) I tuzish; aralashtirish; qo‘shish; ～하다 tuzmoq; aralashtirmoq; qo’shmoq.; ～물 aralashma.

조합(調合) II uyushma;jamiyat; birlashma; kooperasiya (kollektiv ishlab chiqarish, savdo kabilarning birlashmasi); ～을 만들다 birla-shmani tashkil etmoq; ～에 가입하다 uyushma tarkibiga kiradi (a'zo); ～ 간부 kasaba soyuzi boshqaruvchisi; ～관리 uyushma adminstrasiyasi (ma'muriyati); ～원 bielashma a'zosi; ～장 artel (birlashib, kolleltiv ravishda ishlovchilar birlashmasi) boshlig'u; 노동 ～ ishchilar arteli; 사업별 ～ narsa ishlab chiqarish bo'yicha birlashma; 생산～ ishlab chiqarish uyushmasi; 협동 ～ koorperativ.

조항(條項) maqola; modda; bo'lim; ～을 규정하다 maqolani ko'zda tutmoq; 법으로 규정된 ～ qonun bo'yicha ishlangan modda; 계약 ～을 이행하다 shartnoma shartlarini bajarmoq. ⇒ 조(條)

조화(調和) I ohangdoshlik; uyg'unlik; moslik; garmoniya; ～된 mos; uyg'un; kelishgan; ～시키다 moslashmoq; mos kelmoq; uyg'unlashmoq; ...와(일치)되어 narsaga uyg'un holda; ～가 되지 않는 uyg'unlashmagan; mos kelmagan; 언행은 ～를 이룬다 so'zlar harakatlarga mos kelyapti.

조화(造化) II bunyodkorlik; ijodkorlik;yaratuvchilik; go'zal;

betakror; ajoyib; tabiat o'yini;~로운 ajoyib; go'zal; maftunkor; ~를 부리다 g'aroyibotlarni yaratmoq; ~로운(신비한) 일 dunyoning ettinchi mo'jizasi; ~의 신 bunyodkor; yaratuvchi; ijodkor.

조회(照會) rasmiy suratda so'-rash.; talab qilish; talab; qizkqish; ehtiyojlar; ~하다 kimdandir nimanidir talab qilmoq (so'ramoq); uddalay olmoq; bajara olmoq; narsa haqida xabar olmoq; surishtirib bilmoq. 전화로 ~하다 telefon orqali surishtirib bilmoq; ~가격(시세) ma'lumot berilganlik xizmati uchun to'lov; ~ 사무소 ma'lumot muasssasasi (idorasi).

족(足) oyoq (hayvonning).

족보(族譜) geneologik kitob; ~를 개다 oilasining kelib chiqishini tekshirib ko'rmoq; ~를 편찬하다 geneologiyani tuzmoq

족속(族屬) avlod; nasil..

족하다 ta'minlangan; etarli; kifoya qiladigan; 우리에겐 시간이 ~ bizga baqt etarli; 우리는 한 병으로 ~ bizga bitta shisha etarli (kifoya).

존경(尊敬) hurmat; izzat; ehtirom.; ~의 hurmatli; izzatli; ehtiromli; ~하다 hurmat qilmoq; ehtirom bilan munosabatda bo'lmoq; ~을 표하다 hurmat bilan qaramoq (munosabatda bo'lmoq; ~심에서 kimga (nimaga) dir hurmat bilan qarash sababli.; ~을 받다 hurmat qozonmoq; 스승으로 ~하다 (kimnidir) ustozid다 hurmat qilmoq; ~심 hurmat hissi.

존경하는 hurmatli.

존귀(尊貴) ~하다 oliyjanob; yaxshi fazilatli; muruvvatli; himmatli; ~성 oliyjanoblik.

존대(尊待) xushmuomalali murojat (muomala); ~하다 biron kimga huomalalik bilan murojat (muomala) qilmoq.

존립(存立) mavjudlik; borlik; bor bo'lish; mavjud bo'lish; hozir bo'lish; qatnashish; ~하다 o'zining mavqeini saqlamoq; mavkyd bo'lmoq.

존속(存續) davom ettirish; davom etish; davomlik; davom etishlik; uzayishlik; cho'ziqlik; ~하다 kun kechirishni (yashashni) davom ettirmoq; ~시키다 butunligicha saqlamoq; nimanidir yoqolishiga uo'l qo'maslik.

존엄(尊嚴) qadrqimmat; e'tibor; obro'; buyuklik, ulug'vorlik; yuqori mavqe; ~하다 ulug'vor, mahoratli; sersavlat, avliyo; oliyjanob; ~성을 떨어뜨리다 nimanidir buyukligini buzmoq; qadr-qimmatini toptamoq; ~성 qadr-qimmat, obro', e'tibor; shaxsiy qadrqimmat tuyg'usi; 법의 ~성 qonunning ulug'vorligi.

존재(存在) mavjudlik; bo'lishlik; ~하다 mavjud bo'lmoq; bo'lish; o'rin egallamoq; bo'lmoq; ishtirok etmoq; ~하지 않게 되다 mavjudlikni to'xtatmoq; tugatmoq; 달에 생명체가 ~하는가? Oyda hayot bormikan? 신의 ~를 믿다 Xudoning borligiga ishonish; ...의 ~를 무시하다 kimnidir e'tiborga olmaslik; ...분야에서 중요한 ~ qandaydir yo'nalishda muhim inson bo'lish; ~ 근거[이유] mavjudlik uchun asos; ~론[철학] ontologiya (o'sma kasalliklarni o'rganuvchi yuk); ~물 mavjud narsa; ~ 수단 mavjudlik vositasi.

존폐(存廢) nimanidir mavjudligi va yiqilishi; 시골 학교의 ~ 문제 qishloq maktabining saqlab

qolinish yoki yopilish haqidagi savol; ~의 기로에 서다 hayot va o'lim chegarasida turmoq.
졸다 mudramoq; burun bilan cho'qimoq; 졸면서 운전하다 rulda mudramoq; 책상에 앉아서 ~ stol ustida mudramoq.
졸도(卒倒) xushdan ketish; holsizlik; ~하다 xushdan ketib qolmoq; ...으로 인해 ~하다 nima uchun deb xushdan ketib qolmoq; nimanidir deb xushini yo'qotmoq.
졸렬 beso'naqaylik; ~하다 tajribasiz; beso'naqay; ~한 표현 qo'pol muomala; ~한 필체 qing'-irqiyshiq yozuv; oyog'ida buzmoq; ~한 변명 qo'pol ravishda oqlash.
졸리다 mudramoq; mudragan; 졸려 뵈는 uyquda, uyqusiragan; 졸려 죽겠다 Ko'zlar beihtiyor yumilmoqda; 졸린 사람을 깨우다 uhlaganni uyg'otmoq.
졸음 mudrash; uyqusiramoq; ~이 오다 uhlashni hohlamoq; uyquni engmoq; ~이 달아나다 uyquni betaraf etmoq; uyquni tark etmoq.
좁다 zich; tor; ~통로 tor yo'l; 교제 범위가 ~ yaqin do'stlar davrasida; ~전문성 tor malaka; 소맷부리~ tor eng; 거리가~ tor ko'cha; 집에 비해 복도가 좁다 bu kvartira uchun yo'lak; ~ 의미에서는 tor ma'noda.
좁은 zich, tor.
좁히다 toraytirmoq; tor qilib qo'ymoq.
종(種) har-xillik; ~별 naviga qarab.
종 qo'ng'iroq.
종강(終講) o'quv yilining tugashi; ma'ruzaning tugasi.
종결(終結) tugash; tamomlash; tugatish; bitirish; ~하다 tamom-lamoq; tugallamoq; tugatmoq; ohirigacha olib bormoq.
종교(宗敎) din; imon; e'tiqod; diniy e'tiqod; 세계의 ~ dunyo dinlari (buddaviylik; islom; hristianlik); 고대 슬라브인의 ~ qadimgi slavyanlarning e'tiqodi; ~가 ilohoy din aqidalari haqidagi nazariyalarni aytuvchi; rohib; pop (ruhoniy); ~관 diniy nuqtai nazardan; ~교리 diniy ta'limot, din aqidalari; ~심 dindorlik; taqvodorlik; ~(신앙)인 dinga ishonadigan, dindor; ~학 ilohiyot (biror dinning aqidalari haqidagi hazariya).
종기(終期) I oxirgi muddat (davr; ohir); oxirgi (so'nggi qism); tugallanish davri.
종기(腫氣) II shish, g'urra; ~가 났다 shish paydo bo'ldi; ~ 안성 yiring boylagan shish; ~ 양성 ziyonsiz shish; beozor shish.
종년(終年) hizmatkor, oqsoch; 파출부 uy hizmatchisi.
종놈(-놈) hizmatkor, malay; uy hizmatchisi. ~(야유) 받들어 모시겠나이다 sizning hizmatingizda.
종두(種痘) chechakka qarshi emdori; ~를 놓다 yuqumli kasalliklardan saqlanish uchun emlamoq; chechakka qarshi emlamoq; ~법 emlash usuli (chechakka qarshi); ~ 자국 emlashdan qolgan iz.
종래(從來) ~의(선행하는) oldingi, avvalgi; ilgarigi, oldin bo'lgan; ~와 같이 oldingidagidek.
종료(終了) bitirish; tigatish; tugal- lash; tamomolash; ~하다 nima bilan tugallamoq (bitkaz-moq); ohirigacha etka-zish; 성공적으로 ~되다 muvofaqiyatli bitkazmoq (tamomolamoq); 핵무기 실험을 ~하다 yadroviy qurolni sinashni to'xtatmoq; ~부 so'nggi

qism; qar. 종결

종류(種類) hil; tur; nav, tur; ...와 같은 ~ bir hil nasldan, zotdan (tur, nav); 대체로 이러한 ~의 taxminan shunday; chamasi shunday.

종말론(終末論) eshatologiya.

종목(種目) punkt, joy; bob, modda; ~별로 나누다 bobga bo'lmoq; ~별 punktga joyga; qar. 종류.

종별(種別) turkumlash, klassifikasiyalash; sistemalash; sistemaga(tartibga) solish; qandayfir tartibga qarab tarqatish; sortga(navga) ajratish; ~ (분류)하다 turkumlammoq; xillarga ajratmoq, navlarga ajratmoq; saralamoq; gruppalamoq; guruhlarga ajratmoq; 축척에 따른 지도의 ~ haritalarni masshtabga qarab klassifikasiya qilish, turkumlash yoki katologizasiyalash; ~분류 개요도(시스템) shemasi (tartibi) turkumlashni; turkumlash shemasi(tartibi); ~분류기호 turkumlash bo'yicha belgi; turkumlash belgisi (indeksi) ~분류 평가 turkumlashni aniqlash (belgilash); ~ 식기세트 idishtavoqning hamma turlai.

종사(從事) hizmat qilish; hizmat, ish; ~하다 nimadir bilan shig'ullanmoq; kimgadir hizmat qilmoq; nimagadir (nimadadir); hizmatda bo'lmoq; 평생을 예술에 ~하다 butun umrini san'atga bag'ishlamoq; 유희에 열중하다 ko'ngil xushlikka berilmoq; ~에 전념하다(마음을 쏟다) nimagadir jon dilini berib ishlamoq; 국대에 ~하다 armiyada hizmat qilmoq (harbiy ish bo'yicha); 자신의 시간을 ...일에(...에게) ~하다(바치다) o'z vaqtining yarmini kimgadir bag'ishlamoq.., nimagadir...

종소리 qo'ng'iroq jarangi.

종속(從屬) qarashlik; bo'ysunganlik; ibodat qildirish; qarashlik; tobelik; ~적 qarash; tobe; shart qilish, shartlab qo'yish; mustaqil bo'lmagan; bo'ysundirilgan; birovning ihtiyoridagi, qo'l ostidagi; ~하다 qarashlikda bo'lish;kinganimagadir bo'ysunish (kimnimagadir); ~ 관계에 있다(의 존하다) kinnimagadir qaram bo'lish; ...에게 ~(의존)되다 kimgadir tobe bo'lmoqlik; ~되다 kimganimagadir bo'usunish; qaram bo'lish; kimgadir itoat qilimoq; kimga-nimagadir bo'yin wgmoq; kim-nimanidir oldida egilmoq, bjkilmoq; 주변인들을 자신의 세력하에 ~ 시키다 atrofodagilarni o'zining ta'siriga bo'ysundirmoq; 공공의 이익을 위해 개인의 이익을 ~시키다 o'zining shaxsiy qarashlarini jamiyatga itoat ettirmoq; 상황에 ~되다(달려있다) sharoitga qarab; 운명에 ~되다 taqdirga tan bermoq (o'zining ishtirokida); ~국 qaram davlat; ~령 qaram territiriya; ~적(의존적) 상황 bo'ysundirilgan (qaram) holat.

종식 chora ko'rish; oldini olish; to'xtatish; tugatish; to'xtash, to'xtalish; ~하다 to'xtamoq; tugamoq; nima bilandir tugamoq; bas qilmoq; to'xtatmoq; barham bermoq; oldini olmoq; 정쟁~ jang harakatlarini to'xtatish.

종신(終身) butun umr, hayotga qarab; 결혼은 ~형 1 marta uylanasan, 1 asr azob chekasan; ~연금 umrbot nafaqa; ~직 umurbot qarzdorlik; ~형 umurbot qamash.

종양(腫瘍) naoplazma; shish, g'urra; ~의 shishli; g'urrali; ~을 제거하다 shishni yo'qotmoq, ketkazmoq; ～암 rak shishisshi, rak g'urrasi, qar. 부스럼.

종이 qog'oz; ～끼우개 qog'ozlar uchun papka; ～돈 qog'oz pullar; ～쪽 varroq; 모눈～ chiziq tortilgan qog'oz; millimetrovka (chizma chizish uchun bir kvadrat millimetrdan qilib kataklangan mah넌 qog'oz; ～포장 narsa o'raydigan qog'oz.

종이 두 장 ikki varroq qog'oz.

종일(終日) kun bo'yi, butun kun; kecha-kunduz surunkasiga; ～관광하다 shaharni ekskursiya qilishda butun ishtirok etish; ～일광욕하다 quyoshda kuni bo'yi toblanmoq; 비가 ～봇물 쏟아지듯 내리다 yomg'ir kuni bo'yi chelakdan yog'ayotgandek quydi.

종자(種子) urug', don; urug', tuhum; ～의 urug'lik, urug' ishlab chiqaradigan; ～를 뿌리다 urug' sepmoq (don); 콩심은데 콩나고, 팥심은데 팥난다 urug' va mevaga, nima eksang o'shani o'rasan; ～증식 urug'chilik; ～학자 urug'chi.

종장(終章) she'rning oxirgi bayti

종적 iz; ～없이 izsiz; ～을 남기다 izlar qoldirmoq; iz qoldirmoq; izsiz yo'qolmoq; ～을 남기지 않다 izsiz yo'qolmoq; ～을 뒤쫓다 izidan bormoq; izma-iz topib bormoq; ～을 감추다 g'oyib bo'lmoq; izini yo'qotmoq; ～을 없애다 nimanidir izini yo'q qilmoq; 인간의 odam oyoq izlari bilan; ～고대 도시(문명)의 qadimgi shahar qoldiqlari(izlari) (dastlabki sivilizasiya).

종전(從前) ～의 yaqindan beri, oldinroq, abbal, ilgarilar; ilgarigi, burungi; oldingi; avvalgi, o'tgan oldin bo'lgan, ilgarigi; o'tib ketgan, bo'lib o'tgan; ilgarigi; ～부터 bir zamonlardan beri, allaqachon- lardan beri.

종점(終點) yo'lning ohiri; oxirgi stansiya; yukni tishurish joyi; oxirgi bekat; ～에서의 운임지불 oxirgi stansiyada ortilgan mollar uchun to'lov.

종족(種族) qabila; urug'; qavm; ～적 qabilasi; etnik; milliy; ～발생 (기원) etnogenez (xalqlarning kelib chiqishi) (milliy kelib chiqish); ～장 urug' oqsoqoli; ～(인종) 차별대우 irqiy kamsitish (ho'rlash); ～(인종)차별주의 irqchilik; ～학(인종학) etnografiya (tarix fanining xalqlarning kelib chiqishi, urf-odatlarini ma'naviy, moddiy madaniyatini o'rganadigan bo'lim); ～학자 etnografiya mutahassisi; 백인 ～ oq irq; ～ 소수 milliy yoki irqiy ozchilik, kamchilik.

종종 ba'zan, ba'sida, gohida; ba'zi vaqt, goh-goh; ba'zi (ayrim) paytlari; bir voqeadan 2chi voqeagacha; vaqti vaqti bilan; ～일어나다 ba'zan vujudga kelmoq; 자유는 ～ 불법행위로(방종으로) 변형되곤 한다 ozodlik ba'zan noqonuniylik bilan amalga oshiriladi; 그는 ～ 말씨와 행동거지에서 짐짓 외국태생임을 드러내곤 한다 u o'zining gaplarida va harakatlarida ataylab o'zining chet-ellik ekanligini ta'kidlaydi; ～ 나는 두통을 앓는다 mening boshim ba'zan og'rib turadi; 때로는 바보가 진실을 말해 준다 ba'zi baqtda jinni ham rost gapiradi;～걸음 mayda qadamlar.

종지(終止) ohirlash, tugallash; ohir; yakun; natija; oqibat; final; hotima; ohirlash; hotima; xulosa qismi; apofeoz (biror shahs yoki voqeani maqtash, ko'hlarga ko'tarish). ～의 oxirgi; so'nggi; ～하다 tugatmoq; yakunlamoq; ～되다 tugatmoq; ohiriga etmoq;

ohirlamoq; ~를 찍다 biror nimagadir nuqta qo'ymoq; nimagadir chiziq o'tqazmoq; 이것으로 끝이다 (관용구) bal tugadi; ishga ham yakun; 모든 일은 ~(마무리)가 중요하다 boshida maqtanma, ohirida maqtan; ~부 nuqta; punktuasiya (tinish belgilarini qo'yish qoidasi).

종착 ~하다 oxirgi joyga etib kelmoq (etib bormoq); ~역 oxirgi stansiya; etib kelish stansiyasi; ~지 oxirgi etib kelish joyi.

종창 qar. 종기 chipqon, gazak (yiring boylagan yara); yiring boylagan joy; ~이 생기다(곪다) yiringlamoq, yiring boylamoq; ~을 절개하다(터뜨리다) chipqonni (gazakni) yormoq; 눈이 짓무르다 ko'zlar yiringlayapti; 상처에서 고름이 나온다 jarohat yiringlayapti; 화농성 yiringli shamollash.

종합(綜合) sintez; umumlashtirish, umumiy xulosa chiqarish; ~의 sintez qilingan; ~적 sintezga asoslangan, sintez yo'li bilan olingan; kambinasiya qilingan, kombinasiyalashtirilgan;kompleksli; ~하다 sintezlamoq;umumlashtirmoq, umumiy xulosa chiqarmoq; ~병원 poliklinika; ~ 예술 umumiy san'at; ~체 yig'ihdi, to'plam.

종횡(縱橫) hamma yog'idan, hamma tarifidan; yotgan va tikka tushgan; tepadan pastga va gapdan o'ngga; turli xil yo'naltirishda; ~으로 (거침없이) 쏘다니다 hamma yog'idan; hamma tarafidan yumshoq (bemalol, erkin harakatlanmoq)

좆 erkaklar jinsiy a'zosi .

좇다 kim-nimanidir orasidan bormoq: izma-iz bormoq; 사건들이란 연달아 일어나곤 한다 bir voqea orasidan ikkinchi voqea bo'lib turadi; 예를(유행을) ~ namuna olib ergashmoq (mo'daga) 명예(성공; 이윤)를 ~ maqtovini ketidan quvmoq (muvaffaqiyat, foyda ketidan); 적을 ~ dushmanni ketidan quvmoq; 누군가의 뒤를 ~ kimningdir izidan borish; 퇴각하는 적을 좇다 chekinayotgan dushmanni ta'qib etmoq.

좋다 yaxshi; yomon emas; insofli; andishali; juda yaxshi; juda soz; 기분이 ~ yaxshi kayfiyat; 기분이 좋지 않다 o'zini yaxshi sezmaslik; 좋은 소식을 가져오다 yaxshi (yoqimli) yangilik olib kelish; 좋은 냄새가 난다 yoqimli hid kelyapti; 좋은 평판을 지니다 yaxshi nomga ega bo'lish; 건강에 좋지 않은(해로운) sog'iqqa zarar; 그는 신선한 공기를 쐬는 것이 건강에 더욱 좋다 unga ko'proq toza hovoda bo'lish foydali; 더욱 ~ shuncha yaxshi; 나쁠수록 좋다 qancha yomon bo'lsa, shuncha yaxshi; 더없이 ~ juda ham yaxshi, bundan ortiq bo'lmaydi; 좋다! juda soz, ajoyib! a'lo darajada! juda soz, juda yaxshi! 가장~ hammasidan yaxshi, 좋은 일 yaxshi ish (niyat, maqsae); 좋은 교육 yaxshi tarbiya; 좋은 매너 yaxshi odat, qiliq; 좋은 행동 yaxshi hulq atvor; o'zining majburiyatlarini chin dildan bajarish.

좋습니다 Yaxshi.

좋아져요 yaxshi bo'lmoq .

좋아하다 yaxshi ko'rmoq; biror kim-nimagadir yaxshi yoki ma'qullab munosabatda bo'lish; 애착을 지니다 kimgadir bog'langan bo'lmoq; nimagadir ishtiyoqi bo'lmoq; 유혹을 불러일으키다 biror narsadan o'zini tiya olmasligini his qilmoq; 홀딱 반하다; 푹 빠지다 birovni jon dildan yaxshi ko'rmoq; kimgadir oshiq bo'lmoq; kimnidir deb aqildan ozmoq; ishq o'tida o'rtanmoq; 정말 싫다 kuchuk cho'pni yaxshi ko'rgani kabi yaxshi ko'rmoq; 눈길을 떼지 못하다 kimdandir ko'zini uzolmaslik; 취향은 가지각색 har kimning o'z ta'bi bor; 정부- o'ylash, jamlash (ma'shuqa, o'ynash); 애호가 hirs qo'ygan, o'ch; havaskor, ishqivoz. 좋아합니다 evaman, yaxshi ko'raman.

좋았는데 yaxshi bo'ldi.

좋은 yoqimli.

좌(左) I chap; ~로 chapga; ~경(적경향) so'l og'machilik; co'llik; ~익 왼손잡이 chapaqay.

좌(座) II o'tirish joy; ~성 burch, yulduzlar turkumi; ple-yada (bir davrda yashab biror sohada faoliyat ko'rsatilgan atoqli odamlar guruhi).

좌석(座席) o'tirg'ich, o'tiradigan joy; ~에 앉다 o'tirmoq; ~에서 일어나다 o'rnidan turmoq; ~을...에게 양보하다 ko'nmoq, bo'y bermoq; ...을 보유한 음식점 qo'nish joylaridagi restoran

좌우(左右) chap va o'ng tomonlar; ~에 yonma-yon; yonida; biqinida; biqini tagidagi; ~상칭 ikki tomonlama sim-metriya; ~청촉 har-xil joylarga shikoyat bilan murojat etmoq; ~협공 dushmaning har tomo-nidan zarba bermoq.

좌익(左翼) chap qanot; chap tomon; ~경향의 so'llar; so'llar-gacha; chap tomonlama; ~(우익) chap (o'ng) qanot.

좌측(左側) chap tomon; chap yon, chap biqin; ~공격 chap tarafdan hujum (tashlanish); ~수비수 chap himoyachi; ~윙 chap chetdagi, chekkadagi.

죄(罪) jinoyat; ~의 jinoiy; ~를 행하다 jinoyat sodir etmoq; ~(범행)를 자백하다 jinoyatini bo'yniga olmoq, iqror bo'lmoq; ayibdor bo'lib chiqmoq; ~를 인정하다 kimnidir ayibdir deb tan olmoq; ...에게 ~를 전가시키다 ayibni kimgadir to'nkamoq, nimanidir kimgadir ayib qilib to'nkamoq; ...의 ~로 (죄목으로) nimadadir ayiblab; ~(범죄) 현장에서 jinoyat joyida; ~(범죄율)의 증다 jinoyatchilikning o'sishi; ~명 jinoyatning mahorati; ~목 jinoyatlarning sanog'i, ro'yhati; 유~(무~) 판결 ayiblaydigan, (oqlaydigan) hukm.

죄다 tortib tarang qilmoq; tortib bog'lab qo'ymoq; nima bilandir qattiq bog'lamoq 9kamar bilan, arqon bilan); siqmoq; qismoq; tarang qilib tortmoq; qattiq tortmoq, tarang tortmoq; to'x-tatib qolmoq, ushlab qolmoq; (자리를) ~ siqilmoq; qisilmoq; (마음을) ~ keskinlik, jiddiylik olib kirmoq; tashvishli ahvolda bo'lmoq; 긴장감도는 관계 ~ kim bilandir zo'rma zo'raki muo-mala.

죄송(罪悚) kechirish; ~하다 kimni oldidadir kechirim so'ra-moq; kimdandir kechirim so'ra-moq; ayibdor bo'lib kelmoq; o'zini juda hijolat sezmoq.

죄송하지만 kecxirasiz, lekin ...

주(主) I muhimlik; ahamiyatga ega bo'lish.

주(週) II hafta.

주(註) III (nimagadir) izoh, eslatma; sharh, tushuntirish.

주(州) IV mintaqa, doira; ~의 mahalliy; ~지사 prefekt (qadimgi rimdagi bir qancha ma'muriy va harbiy mansabdorlar unvoni,

Fransiyada-viloyatidagi yuqori hukumat amaldori; ayrim burjua mamlakatlarida- shahar polisiya boshlig'i); ~청(도청) prefektli boshqaruv; 자치~ avtonom oblast (mintaqa, zona).

주 shtat (Amerikadagi federativ respublikalarda-federasiya sostaviga kiradigan har bir ayrim o'lka).

주거(住居) yashash, kun kechirish; ~하다 yashamoq; turmoq, istiqomat qilmoq; 시골에 ~하다 shahar tashqarisida yashamoq; 외국에 ~하다 chet elda yashamoq; ~자 yashovchi, istiqomat qiluvchi; ~지 uy joy, turar joy; yashash joyi; ~지역 kishilar yashaydigan tuman.

주고받다 alishmoq, alishtirmoq; nima-kim bilandir almashmoq; bermoq (qaytarib bermoq) va qaytarib olmoq (olmoq); 도움을~ beg'araz qarashmoq; bir-briga yordam bermoq; 서로 양보를 ~ beg'araz hizmat qilmoq; 타협안을 ~ murosaga kelmoq; kelishmoq; 농담(독설; 경험)을~ hazillar bilan alishmoq; 인사를~ ta'zimlar bilan alishmoq; bir-biriga ta'zim qilmoq; 의견을~ fikrlar bilan ailshmoq; suhbatlashmoq; 시선을~ qarashlar bilan alishmoq; bir-biriga qaramoq.

주관(主觀) I sub'ekt; shaxs, odam; shaxsiy fikr; ~적인 shaxsiy, sub'etiv, ~적 평가(판정) bir taraflama berilgan baxo; ...에 대한 ~적 관계 shaxsiy (sub'ektiv) munosobat kimni- magadir; 사건 평가에 있어서의 ~성 voqeaga baxo berishdagi g'a- razlik; ~론 g'arazlik, taraf- kashlik; ~성 sub'ektivlik; ~적 관념론 sub'ektiv idealizm (faqat sub'ektiv sezgilargina real deb biluvchi, moddiy dunyoning ob'ektiv mavjudligini inkor etuvchi idealizm).

주관(主管) II ~하다 rahbarlik qilmoq, bosh bo'lmoq; ishlarga javob bergan holda nazorat qilmoq va bosh bo'lmoq, foydalanmoq.

주권(主權) suverenitet, oliy huquq; mustaqillik; eng oliy hokimiyat, yuqori hokimiyat; ~을 준수하다 suverenitetga amal qilmoq; ~을 행사하다 suverenitetga kirmoq; ~국 suvern davlat; ~자 rahbar, oliy hokimyatni amalga osxiradigan; ~재민 suverenitet xalqqa tegishli.

주기(週期) davr, vaqt; sikl, ~적 vaqti-vaqti bilan bo'ladigan, davriy; takrorlanadidan; ~성 davriylik, takrorlanib turishlik; sikllilik, davralilik; ~(순환)소수 kasriy davr; ~적 운동 davriy harakat; ~적 현상 davriy hodisa; ~표 (화학) davriy jadval; ~함수 (수학) funksiyaning davri.

주기도문(主祈禱文) toat-ibodat namozi;

주다 bermoq 원조의 손길을 ~ kimgadir yordam qo'lini cho'zmoq; 동냥을~ mehr-shavqat ko'rsatmoq; ...에게 차 잔을 ~ kigadir bir piyola choy bermoq; 본을 대학교에 기증하다 o'zining butun kitoblarini bermoq; (topshirmoq) butun kutubhonasini; 자유를~ ozodlikni ta'minlamoq; ...로부터 온 편지를 전해주다 kimdandir hat berib yubormoq; 공짜로 ~ kimgadir tekin bermoq (bepul); 기회를 ~ imkoniyat bermoq;앙갚음을 해~ huddi o'sha tanga bilan to'lamoq; 이 문제에 대해 생각할 여유를 하루만 주십시오 Bu savolni o'ylab ko'rish uchun kun bering; 묶어갈 곳을 제공해 주

실 수 있습니까? Yotib qolishimni tashkil qilib berol- maysizmi; 새로운 법규에 따르면 여성도 남성과 동일한 노동의 대가를 받는다 Yangi qonunga binoan ayollar ish haqqi erkaklarniki bilan tian tenglashyapti;

주도(主導) tashabbis; tashab-buskorlik; ~하다 boshchilik qilmoq; etakchilik qilmoq; ~권을 쥐다(세력을 쥐다) rahbarlikni nimadir bilan qo'lga olish; ~권 boshchilik, ustunlik; ~력 tashabbuskorlik; tashabbuschi-lik; ~자 tashabbuschi tashkil qiluvchi; ~적 역할 boshqaruvchi rol.

주동(主動) qar 주도 1) ~적 boshlovchi; olib boruvchi; rahbarlik qiluvchi; ~하다 olib boruvchi bo'lmoq (rahbarlik qiluvchi bo'lmoq) 2) ot. bosh-qaruvchi, rahbarlik qiluvchi, tashabbuschi, tashabbuskor.

주력(注力) asosiy kuchlar; ~하다 kuchlarni nimagadir sarf qilmoq; butun kuchini biron nimaga sarflamoq; ~부대 doimiy armiya; ~함 katta harbiy kema; linkor.

주로(主-) asosiy usul bilan; asosan; odatda katta qismi.

주룩주룩 chwlakdan ichayot-gandek; 땀을 ~ 흘리다 butun terda; ter do'lday oqayapti; 눈물을 ~ 흘리다 yoshlar bilan to'kilmoq.

주르르 oqmoq; tomchilab oqib turmoq; tommoq; 코피가 ~흐르다 kimning burnidan qon oqyapti; 상처에서 피가 ~흐른다 jarohatdan qon oqyapti; 얼음위로 ~ 미끄러지다 muzda sirpanmoq.

주름 ajin, burma; ~지다 ajinlar bilan berkilmoq; ~잡다 qat-qat qilib tahlamoq; ~살 ajin (yuzdagi); burma.

주리다 och qolmoq; to'yib ovqat emasdan yurmoq; tishini g'ichirlatmoq; kamchilikni his qilmoq;

주린 och, kimningdir qorni g'o'ldirayapti.

주말학교 yakshanba kuni o'tkaziladigan maktab.

주머니 cho'ntak; katmon, qop; halta; to'rva; ayollar sumo-chkasi; 두둑한~ zich to‘ldirilgan katmon; ~ 얄팍한 oriq katmon; pulsizlik; kambag'allik.

주먹 musht, mushtum; ~을 사용하다 mushtlarni ishga solmoq; ...에게 ~질하다 musht bilan kimgadir havf solmoq; musht bilan tushurmoq; musht bilan qo'rqitmoq; ~구구 barmoq bilan sanash; homaki hisob; qo'pol yo'l tutish; ~구구식 taxminan, chamasi, tartibsiz, besaramjon; ~맛을 보다 musht kuchini o'zida sinamow; ~밥 bir qism qayna-tilgan guruch.

주모(主母) ~하다 kelishuvga sabab bo'lmoq; ~자 to'da boshi, boshliq.

주목(注目) qarash, nazar, boqish; e'tibor; ~하다 e'tibor bermoq (o'zining nazari).

주무르다 ezmoq, bosmoq, (qo'lda); qo'l bilan titmoq (yulmoq).

주무부(主務部) obro'li; nufuzli mutahassis.

주무시다 yhlash.

주무십시오 hayrli tun.

주문(主文) buyurtma; ~하다 buyurtma qilmoq; imzo qo'ymoq; obuna bo'lmoq; ~자 buyurtmachi, obunachi, 주문에 의해 만든 buyurtma.

주물(鑄物) quyish; ~품 metall asboblar quyish.

주민(住民) aholi, ishlovchilar; ~등

록 fuqarolar holati dalolat-nomalarini yozish; ~세 elchi sog'lig'i; to'plash, yig'ish; boj.
주방(廚房) oshxona.
주변(周邊) atrofdagi jihoz, tevarak atrofdagi odamlar; ~인 atrofdagi hamma narsa;~환경 tevarak atrofdagi uy jihozlar, mebel.
주부(主婦) uy egasining hotini; 알뜰한 ~ tejamkor uy bekasi; ~ 빈둥대는 g;am-tashvishsiz uy bekasi; ~들에게 주는 살림의 지혜 uy bekalariga maslahatlar; 훌륭한 ~는 티끌하나 용는다 yaxshi uy bekasi changni ham qoldir-maydi; 계산적인 ~ hisob-kitobli uy bekasi; 검소한~ tejamkor uy bekasi.
주사(酒邪) I mastning adabsiz hulqi; ~가 있는 사람 ichib olganda o'zini yomon, qo'pol tutadigan odam; ~를 부리다 ichkilik deb o'zini adabsiz tutmoq.
주사(注射) II in'eksiya (teri ostiga dori yuborish); ukol; dori yuborish; emlash; 피하~를 놓다 teri ostiga dori yubormoq; 환자에게 캠퍼 ~한 대를 놓다 bemorga kamfora eritmasidan yubormoq; 장티푸스예방 ~를 맞다 biron kimga tifga qarshi emdori yubormoq; 예방접종 ~를 놓다 kimgadir nimagadir qarshi dori yubormoq; ~기 hiha, teri ostiga dori yuboradigan; ~바늘 dori yuboradiganning hihasi; ~약 teri ostiga yuborish uchun dori; 피하~ teri ostiga dori yuborish.
주사위 oshiq; kubik (bolalar o'ynaydigan); ~를 던지다 oshiq otish; ~놀이를 하다 oshiq o'ynamoq; ~ 놀이 oshiq o'yini.
주석(主席) I rahbar, boshliq; yo'lboshchi, peshvo; 중국 ~의 공식방문 HHR prezidentining rasmiy tashrifi; 북한 ~ 김일성의 사망보도 Shimoliy Koreyaning rahbari bo'lish Kim Ir Senning o'limi haqidagi xabar.
주석(朱錫) II qalay; ~으로 만든 qalaydan qilingan; qalaydan tayyorlangan; ~을 입하다 qalay bilan qoplamoq; qaqlay yugurtirib oqartirmoq; ~도금 oqartirish; qalay bilan qoplash; ~박 qalay qog'oz; ~제품 qalayli idish.
주석(註釋) III sharx. izoh; izoh-lash, sharhlash; kitobning qisqa mazmuni; ~하다 sharhlamoq; izohlamoq; ~을 달다 izoh, sharh bilan ta'minlamoq; kitobning qisqa mazmunini yozmoq ...에 ~을 달다 nimagadir izoh bermoq; nimanidir izohlamoq; ~사전 izohli lug'at; ~자 sharhlovchi; izoh beruvchi.
주선 ko'mak, yordam; ~하다 yordam ko'rsatmoq; yordam; ...의 ~으로 kimningdir yordami bilan; kimnidir ishtiroki bilan; ...에게 취직을 ~ 해주다 kimgadir topib bermoq; ish joyi; kimnidir ishga joylashtirmoq.
주세요 berihg.
주소(住所) manzil; yashash joyi; ~를 바꾸다 manzilini 9yashash joyini) o'zgartirmoq; ~를 봉투에 쓰다 konvert ustiga manzilini yozmoq; ~가 분명치 않다(주소불명) noma'lum manzil; 당신의 ~가 어떻게 됩니까? Manzilingiz qanday? 옛날 ~로 편지를 보내다 eski manzil bo'yicha kimgadir hat jo'natmoq; ~록 manzil kitobchasi; ~ 불명자 manzilsiz odam, daydi; ~안내소 adres stoli (katta shaharlardashahar aholisini ro'yxatga olib boradigan va ylarning turar

joylari haqida ma'lumot beradigan idora); 영구~ doimiy manzil, (yashash joyi); 임시~ vaqtinchalik manzil (yashash joyi); 직장~ ishdagi, hizmatdagi manzil; ~집 uy manzili.

주술(呪術) afsun qilish; sehrlash; avrash afsun; ~로 병을 고치다 kasallikni afsunlar bilan davolamoq; ~의 위력을 믿다 sehr kuchiga ishonmoq; ~사 afsungar, jodugar.

주스(juice) sharbat; 과일 ~ mevali sharbat; 오렌지 ~ apelsinli sharbat.

주시 tikilib qarash; ~하다 tikilib kuzatmoq; sinchiklab qaramoq; ...의 얼굴을 ~하다 kimnidir yuziga tikilib qarash.; 세간의 ~ 대상이 되다 hammaning e'tiborida bo'lmoq.

주식(主食) I ovqatlanishning asosiy mahsuloti; asosiy emish.

주식(柱式) II aksiya (ayrim kapitalistlar tomonidan kapitalistik korhonaga to'lanadigan pay, qo'shiladigan hissa); fond, pul mablag'lari; ~을 모집하다 aksiyaga qo'l qo'ymoq ~을 양도하다 aksiyalarni topshirmoq; bormoq. ~을 발행하나 aksiyalarni ishlab chiqarmoq; ~이 하락하다 birjada mablag'lar kamaymoqda; ~이 오르다 aksiylar baxosi ko'tarilayapti; ~거래 aksiyalar bilan savdo qilmoq; ~계약 fondli kelishuv, bitm; ~공개 aksiyalar taqdim etish; ~매매 birja operasiyalari; ~배당 aksiyadan olinadigan foydan ;~시세 aksiya kursi; ~시장 birja fondi; ~ 액면가 aksi- yaning ustiga yozib qo'yilgan qiymati; ~자본 aksiyanerlar kapitali; ~투자 aksiyadagi invistitsiya; (biron ishga mablag' sarflash, kapital solish); ~회사 sksiyanerlik jamiyati; aksiyanerlik shirkati.

주십니다 beryapti.

주야(晝夜) sutka; bir kecha kunduz; hamma vaqt; to'xtamasdan; ~로 염원(念願) 하다 tunu-kun otashinlik bilan o'ylamoq.

주어지다 berilmoq; topshirmoq.

주었습니다 berdi(m).

주역(主役) bosh, asosiy rol; ~을 맡다 bosh rolni ijro etmoq; 어린이는 내일의 ~이다 bolalar ertanggi kunning qaxramoni bo'ladi; ~배우 aktyor, bosh rolni ijro etadigan.

주연(酒宴) I ziyofat, to'y; dabdabali ziyofat, banket (ziyofat); ~에 배석하다 ziyofatda hizmat qilmoq; ~을 배풀다 ziyofat bermoq (o'tkazmoq); 조촐한 ~을 열다 ziyofatcha o'tkazmoq; ...를 위해 ~을 배풀다 kimnidir haqiga ziyofat tashlik etmoq.

주연(主演) II bosh rolni ijro etish; ~을 맡다 bosh rolni o'ynamoq; bosh rolni ijro etadigan; ~배우 artist; bosh rolni ijro etadigan.

주워내다 olib chiqmoq; ko'tarib chiqmoq.

주워담다 yeg'moq, taxlamoq, tanlamoq;

주워대다 haqiqatga o'xshash qilib gapirmoq.

주워듣다 eshitib turmoq, bilmasdan eshitib qolmoq; 주워들은 이야기 bilmasdan eshitib qolingan suhbat.

주워모으다 yeg'moq; 버려진 병들을~ tashlab yuborilgan butilkalarni yeg'moq.

주워서 yeg'ib bo'lib.

주원료(主原料) xom ashyo; maxsulot.

주원인(主原因) asosiy sabab; asosiy faktor, omil; ~이 되다

nimadirning asosiy sababchisi bo'lib xizmat qilmoq.
주위(周圍) atrof-muhit, yon-atrof; ~의 o'rab turga; qo'shni; ~를 둘러시의 shaxarning atrofi; ~의 영향을 받싸다 o'rab turmoq; ~의 사람들 yaqin odamlar; ~도다 atrofmuhitning ta'sirini o'zida his qilmoq; ...의 ~를 둘러보다 biror nimaning yonatrofini kuzatmoq.; ~에는 아무도 없다 yaqin atrofda hech kim yo'q; ~사정 yonatrofdagi holat; ~환경 atrofmuhit. ~ 사람들 atrofdagi odamlar.
주유(注油) yoqilg' quyish shahobchasi; 윤활유 ~ surtish; ~하다 yoqilg'i quymoq; 자동차에 ~를 하다 mashinaga yoqilg'i quymoq; ~ 펌프 yog' nasosi.
주의(注意) e'tibor; ~하다 e'tibor bermoq; ~를 기울이다 biror nimaga (narsaga) e'tibor qaratmoq; biror kim(narsa)ni eee'tiborga qo'ymoq; ...의 ~를 돌리게하다 biror nimaning e'tiborini biror nimaga qaratish.; ~를 끌다 e'tibor qaratmoq; kimningdir e'tiborida bo'lmoq.; ...에 ~를 기울이다 biror nimaga alohida e'tibor bermoq.; ~깊게 e'tibor bilan; ...에게 위험 ~를 경고하다 biror kimni havf-hatar haqida ogohlantirmoq; ~를 기울여 바라보다 diqqat bilan qaramoq; e'tibor bilan qaramoq; ~력 e'tibor; diqqat.
주의 날 qayta tirilish kuni(부활의 날)
주의 사자 Xudo farishtasi.
주의 종 Xudo quli.
주의하다 e'tibor bermoq; ogohlan- tirmoq.
주인(主人) zojayn; ega; ~과 손님 mezbon va mehmon; 정세의 ~(실권자) holatning egasi; ~(당사자)을 제쳐놓고 결정해 버리다 xo'jayinsiz hal qilmoq; 목장의 ~에게 과세하다 er egesiga soliq solmoq; 그는 그자신의 ~이다 U o'ziga-o'zi xo'jayin; ~은 부재중 태'jayinning o'zi uyda yo'q; 여관~ mehmon-xonaning xo'jayini; ~집 uy egasi.
주인공(主人公) qahramon (badiiy); ~역을 하다 qahramon rolini ijro etmoq; ~인체 하다 O"zini qahramonddi ko'rsatmoq; 뚜르게네프 작품의 ~들 Turgenev asarining qahramoni; 강한~ kuchli qahramon; 전설의~ afsona qahramoni; 긍정적 ~ ijobiy qahramon; 서정적 ~ lirik qahramon.
주일(週日) I hafta; 이번 ~에 shu haftada; 다음 ~에 kelasi haftada; 한 ~에 두 번 bir haftada 2 marta; 이 ~후에 2 haftadan so'ng; 이 ~한번 편지를 쓰다 haftada bir marta xat yozmoq; 그는 다음 ~에 도착한다 U keyingi haftada keladi; 그는 삼 ~ 더 머무를 것이다 U yana 2 haftacha qoladi; 그리스도 고난 ~ jo'shqin hafta; 부활절~ pasxa haftasi.
주일(主日) II yakshanba; 부활제 후의 첫째 ~ Fomon yakshanbasi; pasxadan keyingi 1 chi yakshanba; ~마다 xar yakshanba; ~마다 상점은 문을 닫는다 xar yakshanba do'kon berk; ~학교 diniy maktab (yakshanbada); 부활절 ~ Iso Masixning qayta tirilishi;
주임(主任) boshqaruvchi; ~사제 ustoz; nasihat beruvchi inson; 사무~ kanselyariya boshqaruvchisi; 정보~ axborot bo'limi boshqaruvchisi; 회계~ moliya bo'limi boshqaruvchisi.
주입(注入) quyish;~하다 quymoq; qo'shmoqь; 머릿속에 ...을 ~ 시키

다 miyasiga quymoq; 주사기는 약을 ~하기 위한 도구이다 shprks-dori yuborish bositasi; ~기 suyuqlik quyish idishi; ~식 교육 yodlashga asoslangan bilim.
주장(主張) fikr; tasdiq; qat'iylik; ~하다 turib olmoq; talab qilmoq; tasdiqlamoq; 필요성을 ~하다 kerak narsada turib olmoq; 사설을 ~하다 o'zinikida turib olmoq; 자신의 견해를 ~하다 o'zinikida turib olmoq; o'z fikrini ilgari surmoq; 자식의 ~대로 처리하다 o'z chizig'ini o'tkaz- moq; 그는 이것이 진실이라고 ~하고 있다 u bu narsa haqiqatligini tasdiqlayapti; 모두들 그가 옳다고 ~했다 hamma u haqligini tasdiqladi.
주재(主宰) boshqarma; idora; ~의 boshqarmaning; idoraning; ~하다 boshqarmoq; idora qilmoq.; ...을 ~하다 biror nimaning tepasida turmoq.; ...의 ~하에 kimningdir boshchiligida; ~자 boshqaruvchi.
주저 ikkilanish; qat'iyatsizlik; ~하다 ikkilanmoq; qila olmaslik; ~하면서 ishonchsizlik bilan; ~함이 없이 ikkilanmasdan; 오랜 ~ 끝에 uzoq ikkilanishdan so'ng; ~하는 걸음걸이 ishonchsiz qadam.
주저앉다 o'tirmoq; cho'kmoq; 피곤한 모습으로 소파에~ charchab divanga o'tirmoq; 집이 ~ uy qulamoq; 다리가 주저앉았다 ko'prik eqildi.
주정 (vino) spirti; alkagol; ~수준기 spirt darajasi (alkagol); ~음료 spirtli (qizdiruvchi) ichimliklar.
주제(主題) asosiy mavzu; 세계대전을 ~로 한 글 jahon urushi haqida insho mavzusi; ~를 바꾸다 boshqa mavzuga o'tmoq ...에 대한 ~로 글을 쓰다 mavzuda yozmoq; ~의 발전 mavzu (syujet)ning rivoji; ~화 boror mavzuda chizilgan rasm; 영화 ~가 film uchun qo'shiq.
주조(主潮) I asosiy oqim; yo'nalish; ~에 따르다 asosiy oqimga rioya qilmoq; ~에 따라 행동하다 asosiy oqimda oqmoq; ~에 편승하다 biror bir holat ta'siri ostida o'zini tutmoq; ~에 역행하다 oqimga qarshi suzmoq; 아시아 문명의 ~ Osiyo madaniyatining asosiy oqimi.
주조(鑄繰) II quyilish; quyish; ~하다 quymoq; oqizmoq; 모래 거푸집에 의한 ~ qumdan turli shakllar yassamoq; 대포(종)를 ~하다 배'ng'iroq chalmoq; 양초를 ~하다 sham yoqmoq; 탄환을 ~하다 o'q otmoq; ~기 quyish mashinasi; 압착 ~ (다이케스팅) bosim bilan quyish.
주종(主從) asosiy va 2 chi darajali; ~관계 boshliq va xodim o'rtasidagi munosobat.
주차(駐車) avtomobillar to'xtash joyi; ~위반 과태료를 부과하다 jarima solmoq; qoidani buzganligi uchin jarima solmoq; 노상 ko'chadagi (ochiq) avtomobillar to'xtash joyi; ~거리 ko'cha o'rtasidagi avtomo- billar to'xtash joyi; ~금지 to'xtash mumkin emas; ~위반 벌금 통지서 to'xtash qoidasini buzganligi uchun jarima varaqasi; 500대 분량의 500 ta avtomobil uchun to'xtash joyi; ~장 avtomobillar to'xtash joyi; 택시 ~장 taksilar to'xtash joyi. 주차금지 to'xtash mumkin emas.
주차장(駐車場) avtomobillar to'x-tash joyi
주창(主張) tashabbus; ~하다 tashabbusni o'z qo'liga olmoq; ...의 ~에 의해서 kimningdir tashabbusi bilan; 그의 ~덕분에 계획이 실현되었다 uning tashabbusi bilan reja amalga oshdi; ~자

tashabbuskor.
주체(柱體) ~를 못하다 eplay olmaslik; engib o'ta olmaslik; bartaraf qila olmaslik.
주체(主體) sub'ekt(asosiy bo'lim) asosiy; qism.
주최(主催)~하다 tashkillashtirmoq 단기강습회를~하다 qisqa muddatli kursni tashkillashtirmoq; 파티를 ~하다 biror bir kechani tashkillashtirmoq; 전람회를 ~하다 ko'rgazmani tashkillashtirmoq; 음악회를 ~하다 konsert tashkillashtirmoq; 만찬을 ~하다 birorbir shaxs sharafiga tushlik tashkillashtirmoq.; 운동회를 ~하다 musobaqa o'tkazmoq; ...의 ~자가 되다 biror nima tashabbus- kori bo'lmoq; ~자 yashkillashtiruvchi; tashabbuskor; organizator.
주춤 ~하다 birdaniga to'xtatmoq; ishonchsiz harakatlanmoq; ikkilanmoq; 선택에서 ~거리다 tanlashda ikkilanmoq; 결단을 ~거리다 tanlashda ikkilanmoq; 무서워서 ~거리다 qo'rquvdan ishonchsiz harakatlanmoq.
주택(住宅) 아파트 kvartira; uy; honodon; 6층짜리 ~ 6 qavatli uy; ~문제를 논의하다 uy-joy muommosini muhokama qilmoq; ~을 보장하다 kimnidir uy-joy bilan ta'minlamoq; ~가 uylar qurilgan ko'cha; ~난 uy-joy muommosi; ~ 배분과 uy-joy bo'limi; ~은행 uy-joy banki; ~자금 uy-joy fondi; uy-joy uchun mablag; 조합 yashash joy kooperativi; ~지 uy-joy maydoni; ~목조 taxta uy.
죽 I 10 ta xilma-xillik (kiyim; idish); 10 ta(idish; kiyim to'plami.
죽(粥) II suyuq bo'yqa; ~을 끓이다 bo'tqa pishirmoq; 식은 ~먹기 juda onson kechyapti; 메밀~ grechkali bo'tqa; 묽은~ oziq-ovqatli bo'tqa; 보리~ bug'doyli bo'tqa; 우유~ sutli bo'tqa; 좁쌀~ mannali kasha.
죽(竹) III bambuk.
죽다, 사망하다 o'lmoq; hayotdan ko'z yummoq; olamdan o'tmoq; 병으로 ~ kasallikdan vafot etmoq; 부상으로 ~ yaralanib o'tmoq; 늙어 ~ qarilikdan o'lmoq; 굶어 ~ ochlikdan o'lmoq; 콜레라로 ~ xoleradan o'lmoq.
죽음 o'lim; vafot; halok.
죽이다 o'ldirmoq; yo'q qilmoq; hayotdan maxrun bo'lmoq; yo'qotmoq; o'limga mahkum qilmoq; 총으로 ~ quroldan otib o'ldirmoq; 한발에 ~ bittadayoq o'ldirmoq; 시간을 ~ vaqtni o'ldirmoq; 속도를 ~ tezlikni kamaytirmoq; 발소리를 ~ tormoz olmoq; 그는 전쟁에서 죽었다 u urushda halok bo'lgan; 벼락을 맞고 죽다 chaqmoqdan o'lmoq.
죽죽 to'g'ri (bir nechta chiziq o'tkazmoq); qator; ~ 앞으로 나아가다 to'g'riga ketmoq; ~ 잘라내다 bir necha martta kesmoq; ~ 줄을 긋다 uzmay chizmoq; chiziq o'tkazmoq 펌프로 물을 ~ 빨아올리다 nasos suvni tortmoqda.
준결승(準決勝) yarim final; 한국은 ~에 나갔다 Koreya yarim finalga chiqdi; ~전 yarim final bellashuvi; yarim final o'yini.
준공(竣工) qurilishning oxiri (tugashi); qurilish ishlarining tugashi; ~하다 qurilish ishini tugatmoq; ~식 qurilish tugashining marosimi.
준법(遵法) qonunga rioya qilish; ~정신 qonunga rioya qilish ruhiyati; ~하다 qonunga rioya qilmoq; ~성 qonuniy
준비기간(準備期間) tayyorgarlik

muddati.
준비(準備) tayyorgarlik; ~하다 tayyorlanmoq; ~중이다 tayyorgarlik ketmoqda; ...이 ~작업에 몰두하다 biror nima tayyorlashga bosh bilan sho'ng'ib ketmoq.; 그의 실패는 부실한 ~에 기인한 것이다 uning omadsizligi yazshi tayyorlanmaganligida; ~금 ehtiyot fondi; ~실 tayyorgarlik xonasi; ~작업 tayyorgarlik ishi; 전쟁~ urushga tayyorgarlik.
준비하다(準備-) tayyorlamoq.
준비물 tayyorgarlik uchun narsalar.
준수 I rioya qilish; amal qilish; ~하다 rioya (amal) qilmoq; ...에게 비밀을 ~를 요구하다 biror kimdan sir saqlashni talab qilmoq; 요구의 ~ talabni bajar- moq; 의무 ~ vazifani bajarilishi.
준수(俊秀) II ~하다 boshqacha bo'lmoq; ajoyib bo'lmoq; ko'zga ko'ringan bo'lmoq; ~한 청년 ko'zga ko'ringan yigit.
준엄(峻嚴) ~하다 qattiqqo'l bo'lmoq; shiddatli bo'lmoq; beshavqat bo'lmoq; ~하게 처신(행동)하다 qattiqlik qilmoq.; ~한 법률 qattiq (shiddatli) qonun; ~한 검열 qattiq senzura; ~한 얼굴 jiddiy yuz; ~한 교육방법 spartan tarbiyasi.
줄, 선, 금 chiziq.
줄, 열 qator.
줄 arg'amchi; arqon; ip; ~을 서다 qatorga turmoq; qator bo;lib turmoq; ~을 꼬다 arqon eshmoq; ~을 지어가다 qatorlashib yurmoq; ~끝에 가서 서다 orqaga turmoq; ~을 바꾸다 eng chetki qatordan boshlamoq; 소식 몇 ~만 적어주세요 menga bir necha qator yozib bering; ~을 놓다 aloqa o'rnatmoq; 좋은 연~이 있다 yaxshi aloqaga ega bo'lmoq; 세~로 늘어 놓은 의자 ych qator stil; 일반석의 세 번째 ~에 parterning uchinchi qatorida; 제일 앞 ~에서 old qatorida; 연극 표를 사기 위한 ~ teatr bileti uchun navbat; 잘 정렬된 ~ bir tekisdagi qator; 긴~ uzun navbat; 새로운 ~ xat boshi; 푸른 ~ 무늬의 ko'k yo'l-yo'l chiziqli; 고무 ~ rezinka; 노끈 ~ o'rash ucgun arqon; 빨래~ kir yoyish ipi; 전신 ~ telegraf simi; 철사~ temir sim.
줄거리 fitna; ig'vo; ~의 전개 syujetning rivoji.
줄기 poya; tana; band.
줄다 qisqarmoq; kichraymoq.
줄어들다 kichraymoq; kamaymoq.; 체중이 ~ vazni kamaymoq; 용적이 ~ hajmi kamaymoq; 거리가 ~ masofa qiqarmoqda; 낮이 짧아지고 있다 kunlar qisqarmoqda; 도시의 인구가 줄어들었다 shahar aholisi kamaydi.
줄이다(축소하다) I kamaytirmoq.
줄이다 II qisqartirmoq; kichraytirmoq; 위험을 ~ havfni kamaytirmoq; 지출을 ~ chiqimni kamaytirmoq; 중량을 ~ vaznni kamaytirmoq; 예산을 ~ byudjetni qisqartirmoq; 군비를 ~ qurollanishni kamaytirish; 노동 시간을 ~ ish soatini qisqartirmoq; 길이를 ~ uzunlikni qisqartirmoq.; 기한을 ~ muddatni kamaytirmoq; 속도를 ~ tezlikni kamaytirmoq; 소매를 ~ engni shimarmoq; 돛대의 일부를 ~ elkani tushirmoq.
줄줄 jildirab oqmoq; to;xtovsiz oqmoq; 시를 ~ 외우다 she'rni ko'z yugirtirib yodlamoq; 시냇물이 ~ 흐른다 irmoq jildirab oqmoqda.
줄지어 qatorga turib.
줌 hovuch; 한 ~의 모래 bir hovuch tuproq ~을 쥐다 hovuchda olmoq. kaftini hovuch

qilib turmoq
줍다 yig'moq; termoq; 흐트러진 서류를 ~ to'kilgan qog'ozlarni termoq; 모자를 ~ bosh kiyim tanlamoq.
중 I (불교) monax; ~처럼 금욕생활을 하다 monax bo'lib yashamoq; ~이제머리 못 깎는다 ishning o'zini foydasiga qilish qiyin.
중(中) II o'rtasi; ~용 oltin o'rta; ~용을 지키다 me'yorni ushiamoq; 1월 ~순 yanvarning o'rtasi; 도시의 ~심부에 shahar markazida; 대화 ~에 gap o'rtasida; 백중에 kun o'rtasida; 한 밤 ~에 tun o'rtasida; 거리 한 ~에서 ko'cha o'rtasida; 한 겨울에 qish o'rtasida; 러시아 작가들 ~에 견 yozuvchilari o'rtasida; ~거리 o'rtacha oraliq masofa; ~거리 달리기 o'rtacha distansiyaga yugurish.
중간(中間) oraliq; ~의 o'rtacha; ~에 davomida; ...의 중간에 nimanidir o'rtasida.; 일을 ~에 그만두다 ishni o'rtasida tashlab qo'ymoq; 도시간의 직통전화 shaharlararo to'g'ridan-to'g'ri telefon aloqasi; 1920-30년 사이에 1920-30 yillar orasida; 우리를 간에는 그런 관습이 없다 oramizda bunday odat yo'q; 일을 쉬는 사이를 흐르고 있다 ikki daryo o'rtasida daryo oqyapti; 길은 산 사이를 통해 있다 yo'l tog' oralig'ida joylashgan; 서로간에 o'zaro; 서로 간에 나누다 o'zaro bo'lishmoq; 그 사이에 shu orada; 식사 준비가 되었다 shu orada ovqat tayyor bo'ldi; 진퇴양난에 iki o't orasida; 말하는 ~에 gap orasida; 인생의 ~에 hayot o'ryasida; ~검토`joriy nazorat; ~속력 o'rtacha tezlik; ~역 oraliq stansiya; ~층 oraliq qavat; o'rtacha pog'ona; ~파 neytral guruh.
중간지점 o'rtacha joy.
중간시험(보조시험) oraliq imtihon.
중개(仲介) o'rtachilik; dallollik; ~로 o'rtachilik bilan.; ~하다 o'rtachilik (dallollik) qilmoq.; ~자로 나서다 o'rtachi bo'lmoq; ...의 ~를 요청하다 biror kimning dallolligiga murojat qilmoq.; ~료 o'rtachilik uchun haq; ~업 o'rtachilik, dallollik; ~업자 o'rtachi; dallol; 결혼~인 sovchi; ~재판소 hakamlar sudi; ~재판 hakamlar bahsi; 주식 ~인 birja makleri.
중건(重建) rekonstruksiya; qayta qurish; ~하다 rekonstruksiya qilmoq; qayta qurmoq; 국민경제의 ~ xalq ho'jaligining rekonstruksiyasi.
중계(中繼) ~하다 translyasiya qilmoq; orqali uzatmoq; ~만 uzatish (translyasiya) tarmog'i; ~무역 reeksport; ~방송 translyasiya; ~방송국 translyasiya stansiyasi; ~소 retranslyasiya punkti; ~탑 retranslyasiya minorasi; ~항 tranzit port.
중고(中古) eskilik; ~의 eski; qadimgi; eskirgan; ~품 eski narsa.
중공업(重工業) og'ir sanoat; og'ir industriya; 한국의 ~에서 가장 발달한 분야는 무엇입니까? Koreyada og'ir sanoatning qay- si tarmog'i ko'proq rivojlangan?
중국(中國) Xitoy; 화약은 중국에서 발명된 것으로 간주되고 있다 porox Xitoyda yaratilgan deb o'ylash qabul qilingan; ~ 은행가들은 러시아 고객들에게 모든 종류의 금융서비스를 제공할 의사를 비췄다 xittoylik bankirlar rossi- yalik mijozlarga bankning mav- jud barcha hizmatlarini ko'rsa- tishi haqida e'lon qilishdi; ~어 hitoy tili; ~인

hitoy.
중금속(重金屬) og'ir metall; ~ 폐기물 처리 og'ir metall qoldiqlarlni qayta ishlash.
중단(中斷) tanaffus; oraliq; pauza; interval; ~하다 to'xtatmoq; uzmoq; 작업의 ~ ishdagi tanaffus; 자주 ~되는 작업 to'xtab-to'xtab ishlash; 회의~ majlisdagi tanaffus; 전류의 ~ eiektir tokini uzatishdagi uzilish.
중대(重大) ~하다 muhim ahamiyatga ega bo'lmoq; ahamiyatli bo'lmoq; ~한 의의를 지니다 ahamiyat kasb etmoq; ...의 ~성을 과소 평가하다 biron nimaning ahamiyatini susaytirmoq.; ...의 ~성을 인식하다 ...ning ahamiyatini anglamoq.; 내게는 매우 ~하다 men uchun juda muhim; ~한 문제 muhim savol; ~한 사건 tarihiy vorea; 산업의 ~한 부문 sanoatning muhim tarmog'i; 사건의 ~성 ishning muhimligi; ~과제 jiddiy muammo; ~사 muhim ish; ~성 muhimlik.
중도(中途) I ~의 yo'l-yolakay; yo'lda; ~에서 그만두다 (ish) paytida tashlamoq; ~에 돌아오다 yo'ldan qaytmoq.
중도(中道) II oltin o'rta; 생활에 ~가 있는 것 hayotdagi me'yor; ~를 걷다 me'yorni ushlamoq; ~를 지키다 me'yorga rioya qilmoq; ~주의자 me'yor.
중독(中毒) zaharlanish; intoksikasiya; ~되다 zaharlanmoq; 식~에 걸리다 ovqatdan zaharlanmoq; 가스에 ~되다 gazdan zaharlanmoq; 종교는 사람을 ~ 시킨다 din inson ongimi zaharlaydi; 상한 생선에 ~되다 turib qolgan baliqdan zaxarlan- moq; 알코올 ~ alkogolizm; ~성 zaharlilik; ~성 물질 zaharlovchi modda; ~자 berilgan odam.; 마약 ~자 narkoman; 알코올 ~자 alkogolik.
중동(中東) O'rta SHarq; ~ 지역국가들의 평화회담 O'rta SHarq mamlakatlarining tinchlik muloqotlari.
중량(重量) og'irlik; ~을 늘리다 semirmoq; ~을 줄이다 og'irlikni tushurmoq; ~분석 og'irlik analizi; ~증가 og'irlikni qo‘shish; ~자동차 og'ir yuk mashinasi; ~화물 og'ir yuk; ~화차 og'ir yukli tovar vagoni; 기체 장비 ~ uchish og'irligi; ~실 og'irlik; ~정미 sof og'irlik; ~총 umumiy og'irlik.
중력(重力) og'irlik; ~가속도 og'irlik kuchining tezligi; ~중심 og'irlik markazi; ~계 gravimetr.
중립(中立) betaraflik; betaraf pozisiya; aralashmaslik; ~적 어휘 neytral leksika; ~을 지키다 betaraflikni saqlamoq; ~을 고수하다 betaraf bo'lmoq; 정치적 ~ betaraflik siyosati; ~권 betaraflikka huquq; ~국 betaraf davlat; ~선언 betaraflik; neytralizasiya; ~정책 betaraflik siyosati; ~주의 betaraflik; ~(비무장)지대 betaraf zona; 무장~ qurollangan neytralitet; 엄정~ jiddiy betaraflik.
중매(仲買) sovchilik; ~하다 sovchi bo'lmoq; 그는 아름다운 색시 감을 ~ 받았다 uning uchun chiroyli qizga sovchilikka borishdi; ~인 sovchi.
중벌(重罰) og'ir jazo; ~에 처하다 og'ir jazoga tortilmoq; ~을 받다 og'ir jazo olmoq; 그는 살인죄로 ~에 처해졌다 uni qotillik uchun qattiq jazolamoq.
중범(重犯) og'ir jinoyat; havfli jinoyatchi; ~하다 qayta jinoyat qilmoq; ~(상습범)자 residivist; ~자의 경우에는 havfli jinoyatchi holatida.

중병(重病) og'ir kasallik; ~때문에 og'ir kasallik sababli; ~에 걸린 og'ir kasal; og'ir kasalga duchor bo'ldi; ~에 시달린 og'ir kasallangan; ~을 치료하다 og'ir kasallikni davolamoq; ~환자 og'ir bemor.
중복(重複) qaytarish; mos kelish; ikkilanish; ~하다 qaytarmoq; qayta gapirmoq; ko'paytirmoq; 동의어 ~의 tavtologok; ~된 qaytarilgan; ~수정 ikki marta ko'payish; ~은 학습의 어머니 takrorlash, bilimni mustaxkamlaydi; ~을 피하다 (ikkilanish) qaytarishdan qoc 상당부분 ~된다 maqolada qaytarishlar ko'p.
중부(中部) markaziy qism; ~지방 markaziy tuman; ~전선 markaziy front.
중상(中傷) I tuhmat; bo'hton; ~의 tuhmatli; ~하다 tuhmat (bo'pton) qilmoq; qoralamoq; ~자 tuhmatchi; qoralovchi; ~적 보도 tuhmat xabari.
중상(重傷) II og'ir yaralanish; og'ir yara; ~을 입다 og'ir yaralanmoq; ~자에 의한 자국의 손실 og'ir yaradorlari bor qo'shin; 총탄으로 ~을 입은 병사 jangchi; o'qdan og'ir yaralangan; 치명적인 ~을 입다 og'ir yaralanmoq; ~자 og'ir yarador.
중세(重稅) I og'ir soliq; soliq og'irligi; ~ 부담 og'ir soliqlar yuki; ~의 부담하에 soliq og'irligi ostida; ~를 징수하다 og'ir soliq undirmoq; 재산에 대해 ~를 과세하다 mulkka soliq solmoq.
중세(中世) II o'rta asr; ~기 o'rta asrlar; ~사 o'rta asrlar tarixi.
중심(中心) I o'rta; markaz; ~을 잃다 muvozanatni yo'qotmoq; 도시의 ~ shahar markazi; 공업의 ~ ishlab-chiqatish markazi; 사업의 ~지 shaharning ishga aloqador qismi; 그는 보수당의 ~적 인물이다 u konservatorlar partiyasining etakchisi; 우리집은 ~가에 위치하고 있다 bizning uyimiz markazda joylashgan; ~사상 asosiy fikr(o'y); ~인물 markaziy personaj; asosiy shaxs; 상업 ~지 savdo markazi.
중심(重心) II og'irlik markazi.
중앙(中央), 중심 markaz; ~의 markaziy; ~에서 markazda; ~에 모이다 jamlanmoq; to'planmoq; ~공격수 markaziy hujumchi; ~아시아 O'rta Osiyo; ~은행 markaziy bank; ~ 전화국 mar- kaziy telefon stansiyasi; ~ 집권화 markazlashtirish.
중역(重役) boshqarma a'zosi; boshqaruvchi; ..를 ~으로 임명하다 ... ni javobgarlik postiga tayinlamoq; ~으로 부임하다 javobgar martabaga yo'nalmoq; ~회의에 나가다 direktorlar majlisi oldida turmoq; ~에서 밀려나다 boshqarmadan chetlashtirilmoq; 내가 ~과 연락을 취하면, 아마도 도움을 받을 수 있을 것이다 Men direktor bilan bog'lanaman, balki u yordam bera olar; ~회의 direktorlar majlisi.
중요(重要) muhim; ~시 하다 muhim ahamiyat bermoq; ~성 muhimlik; ahamiyatlilik.
중요성 muhimlik.
중요한 muhim.
중위(中位) I O'rtacha joy(holat); me'yoriy holat; standart ko'rinish; ...의 ~ 이상의 o'rtadan (past) baland; ~ (중산층) 정도의 생활수준자 o'rta qatlam; jamiyatning o'rta qatlami; burjuaziya.
중위(中尉) II leytenant; ~에게 대위의 칭호를 부여하다 leytenantga kapitan atamasini bermoq; ~는

직위상 대위보다 아래계급이다 leytenant kapitandan past.

중재(仲裁) hakamlar sudi; ~하다 hakamlar sudida yarashtirmoq; ~로 논쟁을 가라앉히다 hakamlar sudida muammoni echmoq; 논쟁은 ~위원회에 맡겨졌다 baxs hakamlar sudiga ko'rib chiqish uchun berildi; ~국 arbitr; hakam; ~재판 hakamlar sudi; 외환~ valyuta hakami; ~인 arbitr; hakam sudya; yarashtiruvchi.

중점(重點) muhim bo'lim; ahamiyat; asosiy fikr; ~적 birinchi o'rinda; ~적으로 birinchi o'rinda; ~을 두다 alohida ahamiyat bermoq; ~적 사안을 파헤치다 ishning asosiy ahamiyatiga etmoq; ~적 사안으로 돌입하다 ishning ahamiyatiga etmoq; ~을 파악하다 biron nimaning mohiyatini tushunmoq.

중학교(中學校) o'rta maktab.

중화학공업(重化學工業) og'ir kimyo sanoati.

중히여기다 jiddiy qabul qilmoq.

쥐 sichqon.

쥐다 ushlamoq.

쥐어박다 niqtamoq.

즈런즈런 boy.

즈음 o'sha paytda.

즉 ya'ni.

즉각(卽刻) tazda; hoziroq.

즉석(卽席) shu joyning o'zida; eksport bo'lib; tayyorgarliksiz.

즉시(卽時) hoziroq, birdaniga; ~불 vaqtida to'plam.

즉효(卽效) tez ta'sir.

즉흥(卽興) imperovizasiya, ekspromt;; ~적 improvizasiyalashgan; ~곡 improvizasiya; ~시 ekspromtda yozilgan she'r; ~연주 improvizasiya.

즐거운 maroq; raqam; 큰 ~을 찾다 maroqlanmoq; ...에게 ~을 주다 ... gadir rohat bahsh etmoq; ...으로 인해 카다란 ~을 지니다 ... dan maroqlanmoq; mazza qil- moq; ~을 경험하다 rohatlanmoq; ~으로 가득한 삶 rohatga to'la hayot; 감각적 ~ jismoniy rohat; ~주말 rohatbahsh dam olish kunlari. 즐거이 quvnoq.

즐겁다 uvonchli; mamnun; yoqimli.

즐겁게 quvnoq.

즐겁습니다 hursand.

즐기다 ovunmoq; rohatlanmoq; quvnamoq; vaqtni yaxshi o'tkazmoq; 기회가 있는 동안 순간을 ~ imkoniyat borligida rohatlanmoq.

즙(汁) sharbat (mevali); ~을 내다 sharbat siqmoq; ~ 짜는 기계 sharbat siqadigan moslama.

증(症) I simptom (kasallik); tashqi belgi; 병 ~의 완화 remissiya; simptomning susayishi; kasalning tuzalishi.

증(證) II isbot; guvohnoma; ssertifikat; 주민등록 ~ shahsni tasdiqlovchi guvohnoma; 출생증명~ tug'ilganlik haqida guvohnoma.

증가(增加) ko'payish; o'sish; ~하다 ko'paymoq; o'smoq; 인구의 두배 aholi ko'payishi ikki marta; ~강 수위의 daryoda suvning ko'payishi; 인구 ~를 예측하다 10 % ga aholi o'sishini tahlil qilmoq; 현저한 ~ sezilarli; 속도의 대담한 ~ tezlikning tez oshishi; 핵무기보유국의 ~ yadro quroliga ega bo'lgan davlatlar sonining ortishi; 양의 ~가 질의 ~를 반영하는 것은 아니다 miq- dorning ortishi sifatida ko'rin- mayapti; ~량 ko'payishning miqdori.

증거(證據) isbot; guvoh; dalil; ~가 되다 guvohlik bermoq; isbot bo'lmoq; 고고학적 ~ arheologik isbot; 이론을 유리하게 하는 ~

nazariya foydasiga guvohlik beruvchi narsa.

증명(證明) guuvohnoma; tasdiq; ~하다 isbotlamoq; ~해 보이다 isbot ko'rsatmoq; 자기 요구의 정당성을 ~하다 o'z talabining adolatli ekanini isbotlamoq; 허위성을 ~하다 yolg'onni isbotlamoq; ~서류 hullatdagi isbot.

증상(症狀) simptom; tashqi belgi; guvohlik; ...할 ~을 보이다 ...ning belgisi bor; 발병 ~을 보이지 않는 환자(보균자) kasallik belgilari aniqlanmagan bemor; 부차적 ~을 고려한 진단 simp- tomlarni e'tiborga olgan tashhis; 오한 ~이 나다 lihoratka simptomini aniqlamoq; 위협적인 ~ tahdid solayotgan simp- tomlar; 발병의 조기 ~ kasal- likning erta simptomi.

증언(證言) guvoh ko'rsatmasi; ~하다 guvohlik bermoq.; ~대에 서게하다 guvohlikka chaqirmoq; 거짓 ~ yolg'on guvohlik.

증오(憎惡), 증오심 yomon ko'rish; ~하다 yomon ko'rmoq; ~를 품고 있다 ...ni yomon ko'rmoq; ~에 사로잡힌 yomonlikka to'la; ...에 대한 ~감이 야기되다 yomon ko'rdirmoq.

증인(證人) givoh; ~으로 소환하다 ni guvohlikka chaqirmoq; ~으로 법정에 서다 guvoh bo'lib chiqmoq; ~진술을 하다 guvohlik bermoq; ~을 심문하다 guvohni so'roq qilmoq; ~출두를 거부하다 guvoh bo'lishdan bosh tortmoq; ~을 매수하다 guvohni sotib olmoq; ~부재(배석)로 인하여 guvoh yo'qligi uchun; 검사는 ~을 난처하게 만들었다 prokuror guvohni qiyin ahvolga solib qo'ydi; ~ 선서 guvohga ont ichirmoq; 위~ yolg'on guvohlik.

지와 일치하는 행 aqlga to'g'ri kelmaydigan ish.

지각하다 kech qolmoq; anglamoq; sezmoq.

지구(地球) I Yer; biz yashayotgan dunyo; er shari; ~ 표면 er yuzi; ~는 태양의 주위를 공전한다 er quyosh atrofida aylanadi.

지구(地區) II okrug; tuman; uchastok; 선거~ saylov uchastkasi.

지그재그 siniq chiziq; ~로 가다 egri-bugri yo'l bilan kaemoq.

지극하다(至極-) favqulotda; eng so'nggi; katta; 어머니에 대한 효성이 ~ onasiga juda sodiq.

지금 hozir; ~ 몇 시예요 hozir soat necha?; ~ 무엇이 상연되고 있습니까? Hozir teatrda hima ketyapti? 지금~는 사이에 hzircha

지급(至急) sxoshilinch; tezlik;~한 sxoshilinch; ~히 sxoshlinch; tezda; zudlik bilan; 매우 ~한 경우에는 sxoshilinch holatda; ~을 요하는 수리 sxoshilinch tuzatish; ~ 우편으로 전송하다 sxoshilinch pochta orqali jo'natmoq; ~에 대한 추가지불 tezlik uchun to'lov; 그 일은 ~을 요한다 bu sxoshilinch ish.

지긋지긋 ~하다 zerikarli; charchatadigan; ~한 일 zerikarli ish; ~한 날씨 ezadigan havo; 나는 정치싸움이 ~ 해졌다 siyosiy janjallar jonimga tegdi; 그것에 대해 생각만 해도 ~하다 buni o'ylash ham dahshat; 넌덜머리나게 ~하다 juda ham joniga tegib ketmoq; 네 이야기는 정말 ~하다 quloq-miyyamni eb yubordi.

지기(知己) I tanish.

지기(地氣) II erdan bug' ko'tarilishi.

지껄이다 gaplashmoq; valaqlashmoq; 두서없이 ~ bekorchi gaplarni gapirmoq; 쉬지않고 ~

jovramoq; bidirlamoq; labi labiga tegmay gapirmoq; 함부로~ og'izga erk bermoq; ~ 잘 지껄이는 사람 sergap.
지나가다 o'tmoq; 숲을 ~ o'rmondan o'tmoq; 지나간 주일 o'tgan hafta; 시간이 지나면서 vaqt o'tib; 기한이 ~ muddat tugamoqda; 지나가는 말로 o'ta turib; 지나가는 사람 o'tgan-ketgan; 세월이 ~이 지방으로 태풍이 지나갔다 bu erda bo'ron bo'lib o'tdi.
지나갑니다 o'tyapi.
지나다 ...에 지나지 않다 faqatgina; 그것은 변명에 지나지 않는다 oqlanish holos.
지나서 oldidan; yonidan.
지나치다 o'tmoq; 지나칠 정도 haddan tashqari.
지난(持難) o'tgan; ~달에 o'tgan oyda; ~5년간 oxirgi 5 yil; ~날 o'tgan kunlar; ~날의 추억 o'tgan kunlar xotirasi; ~ 날을 그리워하다 o'tganlarni sog'inmoq; ~번 o'tgan safar; ~번에 shu kunlada; o'tgan safar; ~ 번에 받은 편지 oxirgi hat; ~ 해 o'tgan yil. ~ 토요일 o'tgan shanba; ~ 과거의 o'tgan.
지난(至難) katta qiyinchilik; 이 기록을 깨뜨리는 것은 ~ 한 일이다 bu rekordni urish juda qiyin.
지내다 vaqtni o'tkazmoq; yashamoq; 하루를 ~ kunni o'tkazmoq; 독서로 ~ vaqtni o'qish bilan o'tkazmoq; 외투 없이 ~ paltosiz o'tmoq; 형사를 지낸 사람 sobiq izquvar; 그는 도지사를 지냈다 u gubernator o'tgan.
지내보다 tanishmoq; tanish bo'lmoq; boshdan kechirmoq; 사람은 지내봐야 안다 odamni vaqt o'tib bilish mumkin.
지내자 o'tkazmoq.
지내지 o'tkazmoq.
지능 aql; idrok; aqliy qobiliyat; 보통 ~의 사람 o'rtacha aqliy qobilyatli odam; ~이 높은 사람 o'tkir zehnli odam; ~검사 aqliy mashq; ~지수 aqliy qobilyatni ko'rsatuvchi.
지니다 ega bo'lmoq; olib yurmoq; 마음에 ~ ko'ngilda saqlamoq; 장서를 많이 ~ katta kutubxonaga ega bo'lmoq; 무기를 ~ qurollangan bo'lmoq; 몸에 권총을 ~ to'pponcha olib yrmoq; 영광을 ~ obro'dan foydalanmoq.
지다 I yutqazmoq; 지기 싫어하는 qaysar; 지기 싫어하는 성격 bo'ysunmas harakter; 소송에서 ~ sudni yutqazmoq; 감정에 ~ hissiyotga berilib ketmoq; 유혹에 ~ 유혹에 지지 않다 havasga berilmaslik; 그의 재주는 누구에게도 지지 않는다 u iste'dodda hech kimdan bo'sh kelmaydi; 일본은 한국에게 2대 1로 졌다 yaponlar koreyslarga 2:1 ga yutqazdi.
지다 II yiqilmoq; so'lmoq; 꽃이 곧 지겠다 yaqinda gullar so'liydi; 해가 ~ quyosh botmoqda; 해가 질 무렵 g'ira-sxira; 얼룩이 지지 않는다 dog' o'chmayapti.
지다 III belga ortmoq; belda tashmoq; 무거운 짐을 지고 가다 og'ir yukni belda olib yurmoq; 나는 그에게 신세를 졌다 men undan qarzdorman; 그가 이 일에 책임을 지고 있다 u bu ishga javobgar emas.
지대(地帶), 지역(地域) I sona; muhit; pmihtaqa; ~적 sonaviy; 공장 ~ sanoat rayoni; 녹 ~ yashil belbog'; 비무장~ demilitarizon zona; 산악 ~ togg'lik rayon; 주택 ~ yashash rayoni; 중립 ~ betaraf zona.
지대(地代) II er rentasi; er narxi;~가 비싸다 yuqori er rentasi.

지대하다 katta; juda katta; 지대한 관심사 katta qiziqish; 그는 이 나라 부흥에 지대한 공헌을 하였다 u bu mamlakatni oqlashga katta hissa qo'shgan.

지도(地圖) I harita; 지도 한 벌 1 ta karta to'plami; 1 ta karta; 상세한 ~ mukammal kartaa; ~를 그리다 karta tuzmoq (chizmoq); ~를 보다 karta o'qimoq; 백분의 일 ~ karta masshtabi; ~를 따라 가다 karta bo'yicha harakatlanmoq; ~ 제작자 kartograf; 도로~ yo'l haritasi; 세계~ dunyo haritasi; 역사~ tirixiy harita.

지도(指導) II boshqarma; ~적 boshqaruvchi; ~하다 boshqarmoq; ...의 ~아래 ,,,ning boshqaruvida; 김 교수의 ~ 아래서 연구하다 professor Kim boshchiligida tekshirish olib bormoq; 국민교육을 ~하다 xalq ta'limini boshqarmoq; ~적 역할을 하다 asosiy rolni o'ynamoq; ~자의 임무를 맡다 lider majburiyat- larini o'ziga olmoq; ~교수 professorkonsultant; ~권 boshqarishga huquq; ~권을 쥐다 boshqarish huquqiga ega bo'lmoq;~기관 boshqaruvchi organ; ~력 boshqarish qobilyati; ~ 방침 boshqarish prinsipi; ~ 부서 boshqaruv; boshqaruvchi; ~서 ma'lumot-noma; ~원 instruktor; ~층 boshqaruv doirasi; 개인 ~ shahsiy ta'lim; individual konsultasiya; ~자 boshqaruvchi.

지독하다 zaharli; dahshatli; sgavqatsiz; 지독한 말 o'tkir so'z; 지독한 여자 yovuz ayol; 지독한 모욕 qo‘pol haqorat; 지독한 구두쇠 o'ta hasis; 지독한 추위 achchiq sovuq; 지독하게 공부하다 yaxshi o'qimoq; 지독한 감기에 걸리다 qattiq shamollamoq; 지독한 날씨 yomon xavo.

지랄 epilepsik tutqanoq; ~하다 tutqanoq tutmoq; aqldan ozmoq; ~치다 quturmoq; ~버릇 jinnilik; ~병 epilepsiya; ~환자 epilepsik bemor.

지레 I o'ta erta; oldindan; ~ 로 들어올리다 pashang bilan ko'tarmoq; ~ 작용 pashang harakati.

지레 II o'ta erta; oldindan; ~ 알리다 oldindan bildirmoq; ~ 돈을 받다 avans olmoq; ~ 짐작하다 taxmin qilmoq.

지력(智力) aqliy qobiliyat, intellakt; ~이 발달한 intelektual. ⇒ 두뇌(頭腦)

지령(指令) buyruq; farmon; joylashtirish; tartib; ~을 내리다 farmon bermoq; 무전으로 ~을 받다 radio orqali buyruq olmoq; ~체계 dispetcher tizimi; 비밀 ~(sirli) mahfiy buyruq.

지론(持論) hosil bo'lgan fikr; ko'ndirish; ~을 굽히지 않다 o'z fikrini ilgari surmoq; ~ 대로 실행하다 o'zicha qilmoq; 나의 ~은 ...이다 mening fikrim shuki ...

지루하다 jonga tegmoq; zerikib ketmoq; ~한 여행 toliqtirgan sayohat; 지루한 장마 jonga tekkan yomg'ir mavsumi; 이야기가 ~ zerikarli suhbat.

지르다 baqirmoq; qattiq kuylamoq; 고함을 ~ baqirmoq; 발로 정강이를 ~ ... ni oyog'iga urmoq; 빗장을 ~ eshikni tamballamoq; 집에 불을 ~ uyni yoqmoq; 질러가는 길이 돌아가는 길이다 sekin yursang uzoqqa borasan.

지름 diametr; ~이 10미터 diametri 10 metr; 반 ~ radius.

지름길 qisqa yo'l; 성공에의 ~ omad uchun qisqa yo'l; 서울로 빠지는 ~ Seulga olib boradigan eng qisqa yo'l; 우린 ~로 왔다 biz to'g'ri yo'ldan keldik.

지리(地理) joy (er) harakteri; ~

적 환경 gaografik muhit; ~적 경관 geografik landshaft; 그는 그곳~에 밝다 u bu joyning harakteri bilan yaxshi tanish; ~경도 geografik uzunlik; 위도~ geografik kenglik; 정치학 ~ geosiyosat; ~좌표 geografik koordinata; ~학 topografiya; geografiya. 지리다 achchiq; o'tkir.

지리산(智異山) CHirisan tog'i.

지망(志望) intilish; orzu; ~하다 hohlamoq; intilmoq; ariza bermoq; 외교관을 ~하다 diplomat bo'lishni orzu qilmoq; 나는 신문기자를 ~한다 men jurnalist bo'lishni hohlayman; 그녀는 교사직을 ~했다 u o'qituvchi lavozi- miga ariza berdi; 그는 중앙대 학교에 ~했다 U CHun-An universitetiga qabul qilishlari uchun ariza topshidi; ~ 원서 ariza.

지망자(志望-) davogar; 대통령 ~ prezident lavozimiga da'vogar; 문학 ~ bo'lajak yozuvchi; 취직 ~ ishga da'vogar; 여배우 ~ aktrisa bo'lishni orzu qiloyatgan.

지명(指名) I tayinlash; ~하다 tayinlamoq; ~권 oldinga surish huquqi; ~수배 milisiya tomonidan qidirilayotgan.

지명(知名) II reputasiya; obro'; ~의 mashhur; ~인사 mashhur shaxs;~작가 mashhur yozuvchi.

지모(智謀) ixtirochi; ~가 풍부한 사람 o'tkir zexnli odam; ~가 뛰어난 사람 o'ta topqir odam.

지목(指目) ko'rsatish; guvohlik berish; ~하다 aytmoq; ko'rsatmoq; tanimoq; ...를 범인으로 ~하다 ...ni jinoyatchi deb tanimoq.

지문(指紋) I barmoq izlari; ~을 찍다 barmoqni yo'ymoq; ~을 채취하다 barmoq izini olmoq; ~을 남기다 barmoq izini qoldirmoq; ~감정법 daktiloskopiya; ~ 채취 barmoq izini olish.

지문(誌文) II O'lgan odam va u ko'milgan joy haqida ma'lumot.

지반(地盤) er; 단단한 ~ mustahkam asos; ~을 굳히다 asosni mustahkamlamoq; 선거의 ~을 쌓다 saylovchilarga agitasiya qilmoq; ~ 침하 er cho'kishi

지방(地方) 구역(區域) I rayon; joy; tuman; viloyat; region; ~의 shu erlik; ~서북 shimoli-g'arbiy rayon; ~사람 qishloqi; ~적 편견 provinsializm; ~에 가다 qishloqqa bormoq; ~ 공연을 하다 qishloq tumanlarga gastrolga bormoq; ~검사 tuman prokurori; ~검찰청 tuman prokurori; ~공무원 mahalliy posbon; ~단체 regional organ; ~분권 hokimyatni desentrallashtirish; ~ 사투리 mahalliy dialekt; ~산 shu erlik mahsulot; ~색 mahalliy kolorit; ~선거 mahalliy hokimyatga saylov; ~세 mahalliy soliq; ~시간 mahalliy baqt; ~ 신문 mahalliy gazeta; ~어 mahalliy sheva; ~의회 mahalliy parlament; ~자치 mahalliy o'z-o'zini boshqarish; ~주권기관 mahalliy boshqarish organi.

지방(脂肪) II yog'; ~질의 yog'li; ~이 많은 음식 yog'li ovqat; ~ 과다증 lipoz; lipomatoz; ~ 광택 losk; ~ 대사 lipometabolizm; ~도 yog'liliy; ~분 yog'li kompanent; ~분해 lipoliz; ~생성 lipogenez; ~섬유증 lipofibroma; ~성 yog'li asos; ~ 식물성 o'simlik moyi; ~층 yog'li qavat.

지배(支配) boshqarma; egalik; ~적 boshqaruvchi; egalik qiluvchi; ~하다 boshqarmoq; ~를 받다 nazorat ostida bo'lmoq; 여론을 ~하다 jamiyat fikriga ta'sir o'tkazmoq; 감정에 ~되다

hissiyotga berilmoq; 세계를 ~하다 dunyoni boshqarmoq; ~계급 boshqaruvchi sinf; ~권 boshqarish huquqi; ~력 hokimiyat; ~인 boshqaruvchi; ~자 boshqaruvchi.

지병(持病) surunkali kasallik; ~을 앓다 surunkali kasaldan azob chekmoq.

지부(支部) bo'lim; filial; ~장 bo'lim boshqaruvchisi.

지불(支佛) to'lov; ~하다 to'lamoq; 입장료를 ~하다 kirish uchun to'lamoq; 집세를 ~하다 kvartira uchun to'lamoq; 월급을 ~하다 oylik(maosh) to'lamoq; ~서류 to'lov hujjati; ~수단 to'lov vositasi; ~신용 to'lov krediti.

지붕(-崩) tom; ~이는 사람 tom ustini qoplovchi; 기와로 ~을 이다 tomni cherepisa bilan qoplamoq; 기와 cherepisali qoplam; ~ 둥근 kupon.

지사(支社) I kompaniya filiali; ~장 filial boshqaruvchisi.

지사(知事) II mahalliy boshqaruvchi; gubernator.

지상(至上) I eng yuqori; ~권 eng yuqori hokimiyat; ~ 명령 예술 prezident farmoyishi; ~주의 san'at uchun san'at.

지상(地上) II erda; ~의 erning; ~에 erda; ~ 10층 건물 10-qavatli bino; ~에서 모습을 감추다 er yuzidan yo'q bo'lmoq; ...와 ~전을 벌리다 er yuzida urush qilish; ~ 관제센터 er yuzi boshqaruv markazi; ~군 erda (quruqlikda)ga qo'shin; ~ 근무 quruqlikdagi hizmat; ~ 낙원 erdagi jannat; ~ 작전 erdagi urush harakatlari; ~핵실험 er yuzida yadro tajribasi.

지상(紙上) III ...의 ~에 gazeta sahifalarida; hashriyotda; 본 ~에서 bizning maqolamizda; ~에 실리다 gazetada hashr qilinmoq; 다음 호 ~에 발표함 keyingi sonda nashr qilinmoq; ~ 강의 gazetada hashr qilingan ma'- ruza; ~ 공문 bo'sh qog'oz.

지성(至誠) I samimiylik, toza ko'ngilliylik; ~껏 o'ta samimiy; ~스럽다 boshqacha samimiy ko'rinmoq; ~이면 감천이다 mehnat, mehnatning tagi rohat.

지성(知性) II aql farosat, intellekt; ~적인 aqlli; farosatli; ~에 호소하다 o'z bilimiga ishonmoq; ~인 intellekt.

지속(持續) qo'llab quvvatlash; uzluksiz; ~적 uzluksiz; uzoq; ~하다(유지하다) qo'llamoq, saqlamoq, ~되다 davom ettirmoq; ~기간 davomiylik;~력 chidamlilik.

지시(指示) ko'rsatish; joylashtirish; yo'l-yo'riq berish; ~하다 ko'rsatmoq; yo'l-yoriq bermoq; ~에 따라 ko'rsatma bo'yicha; ~에 따르다 ko'rsatmani bajarmoq; ~를 기다리다 buyruqni kutmoq; ~ 대명사 ko'rsatish olmoshi; ~문 yozma ko'rsatma; ~서 instruksiya; ~판 e'lonlar tahtachasi.

지식(知識) bilim; ma'lumot; ~이 있는 ma'lumotli; o'qimishli; bilimli; ~이 없는 ma'lumotsiz; 최신의 ~ oxirgi ma'lumot; 단편적인 ~ to'liq bo'lmagan ma'lumot; 심원한 ~ chuqur bilim; 어학 ~ til bilish; 초보 ~ boshlang'ich bilim; 노어의 ~이 다소 있다 견 tilini ozgina bilmoq; ~을 쌓다 bilim to'ldirmoq; ~을 보급시키다 bilimni yaxshilamoq; ~을 향상시키다 ma'lumot tarqatmoq; ~욕 bilimga chanqoqlik; ~인 ma'lumotli odam; ~층 intellegensiya; ~학 bilimning mantiq va nazariyasi.

지압(指壓) massaj; uqalash; ~하

다 massaj qilmoq; uqalamoq; ~술 massaj olish.

지역(地域) viloyat; tuman, region; ~적 mahalliy; 산업의 ~분포 sanoatni geografik joylashtirmoq;~대표 tuman delegasiyasi; ~방어 zona (tuman) himoyasi; ~ 방언 territorial dialekt; ~선거구 saylov okrugi; ~성 mahalliy harakter; ~ 안보 regional havfsizlik.

지연(地緣) I maxalliy aloqa; ~을 따지다 tug'ilgan joyini e'tiborga olmoq; ~을 배격하다 regionalizmdan bosh tortmoq.

지연(遲延) II cho'zilish; kechikmoq; muddatdan avval; ~하다 ushlab qolmoq; cho'zmoq; 기차의 도착이 10분이 ~ 되었다 poezd 10 minutga kechikvotti; 출발이 ~ 되었다 ketish qoldirildi; ~ 발파 kechikkan portlash; ~ 작전 sun'iy kechikich; ~ 작전을 쓰다 vaqtni yutishga harakat;

지열(地熱) I er iliqligi; er iqlimining mo'tadilligi; ~의 geoterlik; ~ 발전소 geometrik elektrostantsiya;

지열(止熱) II haroratning pasayishi; ~하다 haroratni pasaytirmoq;

지옥(地獄) do'zah; ~같은 do'zahga o'hshash; ~과 극락 do'zah va jannat; ~에 떨어지다 do'zahga tushmoq; ~문 do'zah eshigi; 생~ haqiqiy do'zah; 교통 ~ yomon; dahshatli propkalar; ~ 시험 qiyin imtihonlar.

지우개 o'chirg'ich; latta; rezinka; do'skani o'cxiradigan latta.

지우다 yuklamoq; kimdirni (nimadirni) yuklamoq; (kim nima b-n); 마차에 짐을 ~ aravani yuklamoq; 개인적인 의무를 ~ o'zini javobgarlikka qo'ymoq; 그녀는 아이를 지웠다 u bolasini oldirdi; 나는 그에 대해 눈물을 지우지 않을 것이다 men uni deb yig'lamayman.

지웁니다 o'chiryapman.

지원(志願) I maqsad; intilish; ~하다 xohlamoq; intilmoq; padavat; 입학을 ~하다 kirmoq; ~을 받아들이다 nimanidir qabul qilmoq; qayergadir; ~병 xohlvchi; o'z xohishi bilan biror ishni qoldirgan odam; ~서 ariza; ~자 arizachi; 대학입학 ~자 institutga kiruvchi; abiturent.

지원(支援) II qo'llash; yordam; ~하다 kimnidir qo'llab quvvatlamoq; yordam bermoq; qo'llab turmoq; 정신적인 ~ ma'naviy yordam; 적극적인 ~ aktiv qo'l-lash; ~을 청하다 yordam so'ramoq; ~부대 qo'llab quvbvatlash qismi; yordam qo'shin; ~포병 qo'llab quvvatlash ko'chishi; artilleriya.

지위(地位) o'rni; mansab; ~를 차지하다 mansab egallamoq; ~가 올라가다 mansabda ko'tarilmoq; ~를 얻다 mansabga erishmoq; ~를 잃다 mansabni yo'qotmoq; 여성의 사회적 ~가 향상되었다 xotinlarni jamoat ishlarida o'rni oshdi; ~가 높은 사람 yuqori mansabga ega inson; 사회적 ~ jamiyatdagi o'rni; 책임있는 ~ yuqori mansab; 교수~professor unvoni.

지으셨습니다 tayyorlab qo'ydim

지은이 avtor; yozuvchi.

지장(支障) I to'siq qarshilik; ~을 주다 qarshilik qilmoq; to'sqinlik qilmoq; 일을 하는데 아무런 ~이 없다 ishlarida hech qanday muammolar yo'q.

지장(指章) II qo'l izi; ~(지문)을 찍다 qo'l izini qoldirish.

지저분하다 kir; yag'ir; 방안이 ~ uylar, xonalar kir; 지저분한 셔츠

kir ko'ylak; 지저분한 거리 iflos ko'cha.
지점(支店) bo'lim; fillial; ~을 내다 fillial ochmoq; 그는 지방 ~으로 전근 되었다 uni chetdagi bo'limga olib ketishdi.
지정(指定) ko'rsatma, yo'lantirma; ~하다 ko'rsatma bermoq; belgilamoq; 날짜를 ~하다 kunini (joyini) belgilamoq; 방을 ~하다 xonani kimgadir belgilash; ~된 기간 belgilangan muddat; ~석 zakaz qilingan joy; ~일 belgilangan kun;
지정되다 ko'rsatmoq; belgilamoq.
지조(志操) sodiqlik; 정치적 ~ siyosatga sodiqlik; ~가 고결한 사람 judayam sadoqatli inson; ~가 없는 사람 sadoqatsiz inson;
지지(支持), 지원 I qo'llash; ~하다 qo'llabquvvatlamoq; suyanchig'i bo'lmoq; kuch bermoq; 여론의 ~를 받다 jamiyatda suyan- chig'ga erishmoq; 국민의 ~를 얻다 xalq yordamidan foyda- lanmoq; 정부를 ~하다 hukumatni qo'llamoq; 후보 ~ 연설을 하다 nomzodni qo'llash uchun so'zga chiqish.
지지(遲遲) II sekinlashmoq; ~ 부진하다 judayam sekin yurish.
지지난 ~달 undan oldingi oy; ~밤 undan oldingi oqshom; ~번에 undan oldingi gal; ~해 undan oldingi yil.
지지리 qo'rqinchli, dahshat; ~도 못난 얼굴 judayam qo'rqinchli yuz.
지진(地震) yer qimirlash; ~의 seysmologik; 약한 ~ kuchsiz yer qimirlashi; 진도 3의 ~ 3 balli yer qimirlash; ~ 피해를 보다 yer qimirlashidan zarar ko'rmoq; ...에 강한 ~이 발생하다 nimadandir qattiq yer qimirlashi; 이 건물은 ~이 일어났을 때 아무런 피해도 보지 않았다 zilzilada bu binoga putur yetgan; 지난번 ~으로 100명이 목숨을 잃었다 oxirgi yer qimirlashi 100dan ortiq odamning umrini olib ketti; ~계 seysmograf.
지질(地質) tuproq holati; ~ 공학 geotexnika; ~도 geologik xarita; ~분석 tuproqni tahlil qilish; ~학 geologiya; ~ 학자 geolog.
지참(持參) ~하다 nimanidir o'zi bilan olib yurmoq; ~금을 딸에게 주다 qizining sarpasiga bermoq; ~금 sarpa; og'z. sarpa-surpa; ~인 o'zi bilan nimagadir ega bo'lmoq; ~금 없는 신부 sarposiz.
지출(支出) chiqim; ~하다 to'lamoq, sarflamoq; 수입과 ~ foyda va chiqim; ~이 늘다 chiqimning o'sishi; ~액 chiqim; 공공 ~ davlat chiqimi.
지치다 charchov, toliqqan; ~그는 죽도록 지쳐있다 u o'liy deb charchadi; 나는 시종일관 똑같은 일만 하는데 지쳤다 mani bitta shuni qivurish jonimga tegdi; 나는 서있기에 지쳤다 turish jonimga tegdi;
지키다 saqlamoq; himoya qilmoq; qo'riqlamoq; 내가 수영하고 있는 동안 내 옷을 지켜다오 ch'milib chiqqunimcha kiyimlarimga qarab tur; 도시를 ~ shahariy himoya qilmoq; 자신의 이익을 ~ va'dani ustidan chiqmoq; 법을 ~ qonunga bo'y sunmoq; 약속을 ~va'daga vafo qilmoq; 침묵을 ~ jim turmoq.
지폐(紙幣) qog'oz pullar; 5루블권 ~ 5 so'mlik qog'oz puli; 천원권 ~ 1000 so'mlik qog'oz puli; 지폐 발행 emissiya.
지표(指標) ~가 되다 mo'ljal qilib olmoq;
지프(ingl. jeep) jip mashinasi.
지피다 yoqmoq; yoqvormoq; ezmoq; qizitmoq; 벽난로에 불을

~ toshda olov yoqmoq; 석탄을 ~ ko'mirni yoqmoq; 장작을 ~ o'tinlarni taxlamoq;
지하(地下) yerto'la; ~에서 일하다 yer ostida ishlamoq; ~에 파묻다 yerto'la qazimoq; ~ 50 미터에서 작업하다 50 metr chuqur- likda ishlash; ~에 잠들다 butun umr uxlamoq; ~ 갱도 yer osti yo'li; ~보도 yer osti yo'li; ~수 yer osti suvi; buloq; ~실 pod- val; ~운동 yer osti harakati; ~자원 yer osti resuslari; ~정부 yer osti hukumati; ~조직 ko'- rinmaydigan tashkilot; ~ 주차장 yer osti mashinalar turar joyi; ~ 철로 yer osti temir yo'li; ~ 핵실험 yer osti yadro quroli.
지하철(地下鐵) metro; ~로 가다 metroda yurish.
지향하다 harakat qilmoq; intilmoq;
지혈(止血) qon to'xtashi; ~하다 qon oqishini to'xtatmoq; ~대 turnikat; ~법 qonni tiklash davosi (hom-ashyo); ~제 qon to'xta- tuvchi dori.
지형(地形) yer-joy relefi; ~상의 topografiya; ~측량 topografik syomka.
지혜(智慧) aql; zikr;~로운 aqlli; xushli;
지휘(指揮) guruh; rahbar; bosh- qarma; ~하다 boshqarmoq; rahbarlik qilmoq; ~하에 있다 kimningdir rahbarligi ostida bo'lmoq; boshqarmasi ostida bo'lmoq; ~를 맡다 boshqaruvni olmoq; ~에 따라 buyrug'i bilan; 바이얼리니스트의 ~로 skripka chaladiganni boshqarmasi ostida bo'lmoq; ~계통 qo'l ostidagi tartibi; ~관 boshliq; rahbar; boshliqlar; ~권 buyurishga huquq; ~대 estrada; ~봉 qattiq tayoq; ~자 dirijiyor.
직(職) I ish; ish joyi; ~을 구하다 ish qidirmoq; ishga kirmoq; ~을 잃다 ishni yo'qotmoq; ~에 앉다 mansabga o'tirmoq; ~을 그만두다 ishdan bo'shamoq;
직(直) II qorovulchilik; vaxta.
직(直) III to'g'ri; ~교역 to'g'ridan-to'g'ri almashuv.
직각(直角) to'g'ri burchak; ...와 ~으로 nimanidir burchagi ostida; ~삼각형 to'g'ri burchakli uchburchak; ~원기둥 to'g'ri burchakli silindr.
직계(直系) ~의 kimning to'g'ri vositasi orqali;~자손 avlodlar- ning bolalari; ~혈족 qonli qarindosh.
직관(直觀) intuitsiya; fahm, farosat bila bilib olish; sezish.
직립(直立) ~하다 to'g'ri turmoq; ~원인(猿人) arxantroplar; pitekantroplar.
직무(職務) qarz, majburiyat, majburiyatlar; ~상 mansab bo'yicha; ~를 수행하다 o'zining majburiyatini bajarish; ~를 게을리 하다 o'zining majburiyatlari bilan yuklash; ~에 충실하다 o'zining ishiga vafodor; ~에서 벗어나다 o'zining majburiyatlarini oshirish; ~규정 ishchi ustav; ~수당 oylikning qo'shimcha beri- lishi; ~수행 o'z majburiyatini bajarish ~유기 o'zining majbu- riyatini buzish; ~태만 ishga yengil qarash; ~ 태만자 o'z ishini bajarmaslik.
직물(織物) tekstil, mato, mate- rial; ~ 공업 tekstil ishlab chi- qarish; ~공장 tekstil fabrikasi; ~류 tekstil mahsulotlari; 견~ shoyi mato.
직분(職分) o'zinig qarzi, o'zining majburiyati, ish bo'yicha maj- buriyat; ~을 다하다 o'zining majburiyatini yetarli darajada

bajarmoq; ~을 지키다 o'zining majburiyatlariga vafodor.
직선(直線) to'g'ri chiziq; ~적 to'g'ri, bevosita; ~을 그리다 to'g'ri chiziq chizmoq; ~으로 늘어서다 bitta chiziqqa tizilmoq; ~기선 to'g'ri bazali chiziq; ~미 chiziqli go'zallik; ~코스 to'g'ri yo'l.
직설(直說) ochiqchasiga gaplashish; ~적으로 말하다 ochiqchasiga gapirmoq.
직수입(直輸入) bevosita import; ~하다 mahsulot chiqaruvchi joydan bevosita import qilish; ~품 import mahsulotlari.
직수출(直輸出) bevosita eksport; ~품 eksport mahsulotlari.
직업(職業) mashg'ulot, kasb; 직업을 그대로 물려받다 ajdoddan avlodga kasb o'tmoq; ~교육 mutaxassislik ilmi.
직장(直腸) II to'g'ri ichak; ~암 to'g'ri ichak raki.
직접(直接) I to'g'riga; ~적 to'g'ri, to'g'ridan-to'g'ri; 이것은 문제에 ~ 관계가 있다 bu to'g'ri- danto'g'ri savolga tegishli.
직접(直接) <-> **간접**(間接) II vositali <-> vositasiz.
직종(職種) mashg'ulot turi; 당신의 ~이 무엇입니까? Sizni mashg'ulotingiz qaysi turda?
직진하다 to'g'riga yurmoq.
직책(職責) xizmat mas'uliyati, xizmat burchi.
직통(直通) to'g'ri xabar; ~하다 to'g'ri aloqa qilmoq; ~ 전화 to'g'ridan-to'g'ri telefon.
직행(直行) to'g'ridan-to'g'ri xabar; ~하다 to'g'ri yurmoq, to'xtamasdan yurmoq; ~열차 to'g'ri xabardagi poyezd.
진(眞) haqiqat, rost.
진격(進擊) biror nima qilishga hujum; ~하다 hamla; 후면에서 ~하다 hujumga o'tish, hamla qilmoq.
진공(眞空) vakuum; ~역 과장치 vakuumfilt; ~펌프 vakuum so'rg'ich (nasos); ~관 elektron (vakuum) lampa; ~소제기(청소기) chang yutgich.
진급(進級) xizmatda ko'tarilish; ~하다 mansabi ko'tarilishi; ~ 시험 mansabga ko'tarilish imtihoni.
진달래 azaliya, o'tkir uchli butasimon gul; ~꽃 azaliya guli.
진동(震動) 1) tebranish, titrash, zirillamoq; ~하다 silkinmoq, tebranmoq; 냄새가 ~하다 o'tkir hid tarqatmoq; 폭발이 공기를 ~시킨다 portlash havoni tebra- tadi; 벼락소리가 ~한다 momaqaldiroq gumbirlamoqda; ~수 tebranish to'lqini; ~자 tebratuvchi; 2) tebranmoq, zirillamoq.
진드기 kana;~같은 사람 tegajolik qiladi, "yopishqoq" kishi (jonga teguvchi); ~처럼 요구하다 kimgadir yopishib olmoq.
진로(進路) yo'l; ~를 잡다 yo'l olmoq, yo'nalmoq.
진료(診療) ambulator davolanish; ~하다 ambulator davolamoq; ~권 poliklinikaga kirish ruxsatnomasi; ~소 ambulator xona.
진리(眞理) haqiqat, rost; 적나라한 ~ chin haqiqat; 논쟁의 여지가 없는 ~ so'zsiz (shubhasiz) haqiqat; 영적인 ~ doimiy haqi- qat; ~를 가진자 haqiqatgo'y.
진리란 무엇인가? Haqiqat nimada?
진보(進步) rivojlanish; ~하다 rivojlanmoq, olg'a bormoq, yuqorilamoq; 기술의 ~ texnika rivoji; ~당 rivojlanuvchan partiya.
진술(陳述) bayon, fikr bildirmoq; ~하다 bayon qilmoq, biror nima

haqida gapirmoq; ～서 yozma ko'rsatma, guvohlik.
진실(眞實), 진리 haqiqat, rost; ～하다 haqiqatdan, rostdan, ishonchli; ～로 chindan, rostdan, faktli; 거짓을 ～처럼 말하다 yolg'onni rost qilib ko'rsatmoq; ～임을 확인하다 haqiqatni aniqlamoq; ～성 haqiqatli. 진실하다 ishonchli.
진압(鎭) jazo, bosmoq, tinchitmoq; ～하다 bostirmoq; 폭동을 ～하다 g'alvani bostirmoq.
진열(陳列) ko'rgazma, ekspozitsiya; ～하다 ko'rsatmoq, ko'rgazmali; 상품을 ～하다 mahsulotni joyiga qo'yish joyi; ～관 ko'rgazma maydoni; ～장 ko'rgazma oynasi; ～품 ko'rgazma mahsuloti, eksponat; 도서 ～대 kitob javoni.
진입(進入) kirmoq; ～하다 biror nimaga (joyga) bostirib kirmoq.
진정한 samimiy, asl, haqiqiy.
진주(眞珠) I marvarid; 인조 ～ sun'iy marvarid; ～ 목걸이 marvarid taqinchoq.
진주(珍珠) II Chindju shahri.
진지하다 juda mazali, totli, lazzatli bo'lak, ajoyib; 맛이 ～ g'aroyib, did bilan; 흥미진진한 이야기를 하다 ishtahali so'zlab bermoq.
진짜 haqiqiy; asl; rostdan; ～로 haqiqatdan ham; rostdan ham.
진찰(診察) tibbiy ko'rik; ko'rik; ～하다 tibbiy tekshiruv o'tkazmoq; bemorni tekshirmoq; ～료 tibbiy ko'rik to'lo'vi; ～실 shifokor xonasi.
진출하다 olg'a surilmoq;
진통 og'riq; ...에 ～이 있다 biror kimni biror joyi og'rimoq; ～을달래다 og'riqni tinchlantirmoq; ～제 og'riq qoldiruvchi vosita.
진퇴(進退) olg'a surmoq va ortga chekinmoq; yaqinlashishish va uzoqlashish; ～양난 muam- mo; chorasiz hol; qayoqqa qarama; har joyda muammo; ～ 양난에 놓이다 chorasiz qolmoq; muammoga uchramoq.
진하다 tamom bo'lmoq; holdan toymoq; quyuq; pishiq; o'tkir.
진학(進學) o'qishni oliy ta'lim muassasasida davom ettirmoq; oliy ma'lumot olmoq; ～하다 OTM da o'qishni davom ettirmoq; ～률 oliy ta'lim muassasiga kirganlar foizi.
진행(進行) bormoq; rivojlanmoq; o'tkazmoq; 회의～ majlis o'tkazmoq; ～성 중풍 rivojlanuvchi paralich.
진흙 loy; iflos; 그는 온통 ～투성이다 u butunlay loyda; ～탕 속을 걸어가다 loyda yurmoq.
진흥(振興) ～하다 rivojlanishga yordam bermoq; rivojlantirmoq; ～책 ko'tarilishga imkon berish usuli (tadbiri).
질 I 1) yuqori sifatli oq loy; 2) silliqlovchi modda surtilmagan sopol idish.
질(質) II 1) sifat; 2) natura; fe'l; 3) modda; materiya; 4) garov; garovga qo'yish.
질(膣) III (anaṭomiya) ayollar qini.
질(秩) IV razryad; rangi.
질(帙) V 1) to'plam (ko'p qisimli kitob); 2) qismlar tartibi.
-질 1) takrorlanuvchi harakat hosil qiladi; 달구질 2) qo'chimcha tus bilan; 강도～ to'lab ketmoq; o'g'irlamoq; 3) aniq bir mashg'ulot; kasb turini bildiradi; 교원～ o'qituvchilik;
질겁하다 o'lgudek qo'rqmoq; cho'chimoq; 질겁하게 만들다 qo'rquvga tushmoq; qo'rqitmoq; biror kim uchun vahimali

bo'lmoq; 나는 정말 질겁하여 방에서 뛰쳐나왔다 Men qattiq qo'rqib ketib xonadan otilib chiqdim; 그의 소식에 모두들 질겁했다 uni xabarini eshitib hammamiz dahshatga tushdik.
질 것 sopol.
질그릇 glazurlanmagan sopol idish.
질기다 pishiq; chidamli; qattiq.
질다 suvli; suyuq;
질량(質量), 대중(對中) massa; 1) sifat va miqdor; 2) fizik massa (og'irlik); ~결손 og'irlik kamchiligi; ~적 a) og'irlikka tegishli; og'ir; b) sifatli va miqdorli; ~보존의 법칙 og'irlikning saqlanish qonuni.
질리다 I biror kimni joniga tegmoq; 그 여자에게 질렸다 u meni jonimga tegdi; 무서워서 하얗게 질렸다 qo'rquvdan yuzi oqarib ketdi; 시험에서 imtihonda qo'rqmoq; 질리도록 보다 biror kimni joniga tegmoq; 질리도록 먹다 biror kimdan to'ymoq.
질리다 I 1) zarba yemoq (tepki) 2) qo'yilgan bo'lmoq; yopiq bo'lmoq; 3) oshirib tashlanmoq (doska); 4) tushunmovchilik; 5) jirkanmoq; 6) notekis shimilmoq (bo'yalmoq); 7) turmoq.
질문(質問) savol; so'roq; so'rov; ~하다 biror kimga savol bermoq; so'ramoq; ~에 답하다 savolga javob bermoq.
질박하다 sodda; sofdil; ayyor emas; 질박한 태도 oddiy munosabat.
질병(-甁) I loyli shishasimon katta idish(ko'za); ~에도 감로 loy ko'zadagi nektar. (yashirin fazilatlar haqida).
질병 II kasallik; hastaliklar.
질서(秩序) 순서(順序) tartib; ~를 유지하다 tartib saqlamoq; ~있는 사회 tartibli jamiyat.
질식(窒息) bo'g'ma; ~하다 bo'g'ilib qolmoq; 연기에 ~하다 tutundan bo'g'ilmoq; ~할 것 같다 biror kimni bo'g'moq; ~시키다 bo'g'moq; ~사 bo'g'ilishdan o'lmoq;
질을 향상시키다 sifatni (ko'tarmoq) yaxshilamoq
질의(質疑) I savol; so'rov; ~하다 savol bermoq; so'ramoq; ~응답 savollarga javoblar.
질의(質議) II ~하다 muhokama qilmoq;
질적(質的) sifatli; ~규정성 *fals.* sifatli aniqlov; belgilov; ~문제 sifat muammosi; ~변화 *fals.* sifatli o'zgarish;
질주(疾走) tez yugurmoq; ~하다 yeldek uchmoq; tez yugurmoq.
질주하다 tez yugurmoq; yeldek uchmoq; 전속력으로 ~ bor kuchi bilan yelib yurmoq.
질책(叱責) I tanbeh; koyish; ~하다 urushib bermoq va to'g'irlamoq; tanbeh bermoq.
질책(質責) II ~하다 urushmoq va tarbiyalamoq.
질책(帙冊) III 1) bir necha tom; bir kitob qilib birlashtirilgan; 2) ko'p qismli (tom) asar
질타하다 urushmoq; tanbeh bermoq; 여주인은 가정부에게 수프를 제대로 만들지 못한다고 질타했다 beka oshpaz ayol sho'rva tayyorlay olmagani uchun tanbeh berdi.
질투하다 hasad qilmoq; biror kimga rashk qilmoq; 타인의 성공을 ~ birovni omadiga hasad qilmoq; ~심에사로 잡히다 kimnidirning hasadi kelmoqda; ~심 hasad.
질퍽질퍽 juda ho'l; nam; 도로가 매우 ~하다 yo'l juda ho'l.
짊어지다 o'z zimmasiga olmoq;

등에~ yelkaga olmoq; 숙명을 ~ biror kimga og'irlik ortmoqda; 책임을 ~ ma'suliyatni o'z zimmasiga olmoq.

짐 I buyumlar; yuk; qirolning o'ziga bo'lgan iltimosli munosabati; ~바리 yuk; yuk transportida tashiladigan; ~꾼 yuk tashuvchi; ~짝 qadoqlangan buyum narsa; ~차 yuk poezdi; yuk avtomashinasi; ~을 부리다 yukni tushurmoq; ~을 싣다 yuklamoq; ~이기울다 yomonlashmoq (ish haqida).

짐을 꾸리다 yuklarni yig'ishtirmoq.

짐짝 qadoqlangan buyum.

집 1) uy; ~구석 uyning ichida; uyda; 집에서 새던(새는) 바가지들에 나가도(가도) 샌다 begizni qopga bekitib bo'lmaydi; 집을 가시다 yovuz ruhni uydan haydash odati; udumi; 집을 나다 uydan uzoqga ketmoq; 2) uya; 3) qar.; 가정 I; 4) jild; 5) bo'sh katak; bo'sh maydon (shash- kada); ~이 나다 paydo bo'l- moq; 6) tomon; partiya (o'yin- da); 7) 집에서 mening rafiqam; mening turmush o'rtog'im (erim);

-집(集) to'plam; 논문집 maqolalar to'plami.

-집 familyadan so'ng ayolni turmushga chiqib ketgan qizlik uyini bildiradi; 김씨의 집 KIM (oilasi) uyi ayoli; 2) ishqiy dugona (o'ynash); 부산집 Busan shahrida yashovchi yengiltak ayol.

집 두 채 ikkita uy.

집결(集結) 1) yig'im; fikrni jamlash; ~구역 harbiy yig'im hududi; ~하다 yig'moq; ~지 yig'in joyi; 2) integratsiya;

집권(執權) I hokimiyatni qo'lga olmoq; ~하다 hokimiyatni qo'lga olmoq; ~당 boshqaruv partiya; ~자 boshqaruvchi.

집권(集權) II markazlashuv; ~하다 e'tiborni yig'moq; ~제 markazlashgan boshqaruv.

집념(執念) ajoyib fikr; qat'iylik.

집다 1) olmoq; ushlamoq; ko'tarmoq; 손가락으로 ~ barmoq bilan ushlamoq; 2) ko'tarmoq; ko'tarib olmoq; 3) ko'rsatmoq; (biror nimani); 집어넣다 a) solmoq (cho'ntakka); b) joylashtirmoq; e) qo'ymoq;(o'rnatmoq); 집어내다 a) chiqarmoq; chiqarib tashlamoq; b) hal qilmoq; aniqlamoq; 집어먹다 a) olmoq va yemoq; b) egallamoq; egallab olmoq; o'z mulkiga aylantirmoq; 집어삼키다 a) o'zlashtirmoq; b) qattiq koyi- moq; e) hamma narsani arala- shtirib yemoq; 집어치우다 a) olib tashlamoq; b) olib qo'y- moq; qoldirmoq; tashlab qo'y- moq; 집어뜯다 a) yechmoq; yulib (shilib) olmoq; b) yulib tashlamoq; e) zahar sochmoq.

집단(集團) guruh; to'plam; to'da; jamoa; ~적 jamoaviy; guruhiy; ommaviy; ~화하다 jamoalashtirmoq; ~검진 ommaviy ko'rik; ~군 harbiy xizmat;~농장 jamoa ho'jaligi; ~생활 jamoaviy; jamoadagi hayot; ~안보 jamoa havfsizligi; ~적 소비 umumiy iste'mol; ~조치 jamoaviy goya; ~주의 jamoalashuv; ~학살 guruhni yo'q qilmoq; ~행동 jamoa ishi; ~화 jamoalashuv.

집대성(集大成) umumlashuv; integratsiya; ~하다 umumlashtirmoq; 연구원은 다년간의 관찰을 ~하였다 tadqiqotchi ko'p yillik kuzatuvlarni umumlashtirdi.

집돼지 cho'chqa (uy hayvoni).

집들이 uy ko'di; yangi uyga

ko'chmoq; ~하다 yangi uyga ko'chib o'tmoq; uy ko'rdi qilmoq.

집무(執務) xizmat majburiyatlarini bajarish; ~하다 burchni bajarmoq;(hukumat; majburiyat) xizmat qilmoq; ishlamoq; ~중이다 xizmatdagi majburiyatlarini bajarmoq; ~시간 ish soatlari.

집세 uy ijarasi haqqi; uy haqqi; arenda to'lovi; ~를 내다 kvartiraga pul to'lamoq; ~를 올리다 ijara haqini oshirmoq; 서울은 ~가 매우 비싸다 Seulda uyning ijara haqqi juda yuqori; 당신의 ~는 얼마나 됩니까? Sizning ijara to'lovingiz qancha?

집안 oila; uy ichida uy; oila azolari; ~의 화목 oilaviy baxt; 좋은 ~출신 oliy janob inson; 그는 굉장한 ~출신이다 uni zoti ulug'; ~을 이끌어가다 uy ishlarini yuritmoq; ~사람 oila a'zosi; ~싸움 oiladagi kelishmovchiliklar; 오랜 ~ qadimiy urug'; ~일 uy ishlari; uy muammolari;

집을 옮기다 kelmoq (mashina, poyezd, va boshqalarda).

집약(集約) jadallik; ~적 영농법 qishloq ho'jaligining jadal tizimi; ~하다 jadallashtirmoq.

집어내다 sug'urib olmoq; chiqarib tashlamoq; 편지를 봉투에 ~ xatni konvertga solmoq; 휴지통에 ~ axlat idishga tashlamoq; 감옥에 ~ biror kimni olmoq (tiqmoq);

집어삼키다 yutmoq; oson yutib yubormoq; yeb qo'ymoq; o'zlashtirmoq; bosib olmoq; o'z mulkiga aylantirmoq; 남의 재산을 ~ birovning mulkini o'zlashtirib olmoq; 눈물을 ~ yoshini yutmoq.

집어치우다 tashlamoq; yo'ldan olib tashlamoq; 생각을 ~ fikr tashlamoq; 일을 ~ ish tashlamoq; 쓸데없는 생각을 ~ boshdan turli ahmoqona fikrlarni chiqarib tashlamoq.

집요(執拗) qat'iy; ~하다 qattiq turib oladigan; qat'iy; ~하게 고집을 부리다 qat'iylik qilmoq; biror nimada qat'iy turib olmoq; ~하게 요구하다 qat'iy talab qilmoq; 그는 ~하게 자신의 의견을 고수한다 u o'zinikida qat'iy turib oladi; 집요한 qattiq turib oluvchi.

집중(集中) I to'plamoq; markazlashmoq; ~적 jamlangan; markazlashgan; ommalashgan; ~하다 jalb qilmoq; to'plamoq; markazlashtirmoq; ~화하다 yig'ilmoq markazlashmoq; 주의를 ~하다 e'tiborni biror nimaga qaratmoq; ..에게 기대가 ~되다 biror kimdan umid qilmoq; ~강의 jadal kurslar.

집중(集中) II ~하다 me'yoriy bo'lmoq; oltin o'rtada turmoq.

집집 har bir uy; barcha uylar;~마다 har bir uyda; ~마다 방문하다 har bir uyga kirib chiqmoq.

집착(執着) ~하다 o'rganib qolmoq, bog'lanib qolmoq; qat'iy turib olmoq; ~력 bog'lanmoq; qiziqmoq; qat'iylik.

집체(集體) 1) buyumlar guruhi; buyumlar to'plami; 2) inson guruhi; ~적 jamoaviy; guruhiy; ~ 토의 jamoaviy muhokama; ~적 영도 jamoaviy boshqaruv; ~적 협의체 kasbdoshlik tizimi.

집필(執筆) ~하다 to'qimoq; yozmoq; 작품의 서문을 ~하다 kirish qismini yozmoq; ~료 mualliflik to'lovi; ~자 tuzuvchi.

집합(集合) yig'in; yig'ilish; ~하다 yig'ilmoq; ~명사 yig'ma tushuncha; ~이론 ko'plik nazariyasi; ~지 yig'uv hududi;

~체 aralash to'plam.
집행(執行) bajarmoq; ijro etmoq; ~하다 amalga oshirmoq; bajarmoq; musodara qilmoq; ~권 ijro etuvchi hokimiyat; ~기관 ijro etuvchi organ; ~력 qonun kuchi; amaliylik; ~부 ishchi organlar; ~유예 hukm ijrosini qoldirmoq; keyinga surmoq; shartli muhokama; ~위원회 ijro etuvchi qo'mita; ~자 ijro etuvchi; 판결 ~자 hukmni ijro etuvchi; ~처분 majburlovchi chora; ⇒ 수행(修行)
집회(集會) to'plam; to'p; ~하다 to'planmoq; yig'ilish o'tkazmoq; ~소 yig'ilish joyi; ~장 majlislar joyi; 군중 ~ miting; chiqish.
집히다 olingan bo'lmoq (barmoq; qisqich bilan) ushlab olinmoq; ko'tarib olinmoq (yerdan ko'tarmoq).
짓 I harakat; imo; xattiharakat; hulq-atvor; 바보같은 ~을 하다 ahmoqlik qilmoq; 위험한 ~을 하다 qaltis o'yin o'ynamoq; 고개~ bosh harakati.
짓 II dialekt; qar.; 깃 III.
짓- 1) kuch bilan; 2) to'g'ri kelgancha.
-짓 harakat; imo-ishora; 고개짓 boshni harakatlantirmoq;
짓거리 1) ~하다 hursandchilikda (kulgi uchun) biror nima qilmoq;
짓궂다 urushqoq; tortishadigan.
짓누르다 bostirmoq; ezmoq; ezilgan; tushkun; kuchli bostirmoq; 빈곤이 그를 짓눌렀다 pulsizlik uni ezardi.
짓눌리다 ezilgan; tushkun; o'ta tushkun holatda bo'lmoq; 근심걱정에 ~ kimnidir bezovtalik ezmoqda;
짓다 qilmoq; vujudga keltirmoq; tayyorlamoq; qurmoq; 옷을 ~ kiyim tikmoq; 집을 ~ uy qurmoq; 밥을 ~ guruch pishirmoq (bug'da); 시를 ~ she'r to'qimoq; 이름을 ~ ism bermoq; 한숨을 ~ ho'rsinmoq; 웃음을 ~ jilmaymoq; 눈물을 ~ yig'lab yubormoq; 무리를 ~ olomon yig'moq;(to'da) 대오를 ~ qatorlarga saflanmoq; 죄를 ~ jinoyat qilmoq.
짓뭉개다 kuchli bog'lamoq; qattiq bog'lamoq;
짓밟다 biror nima kimni bosib olmoq; 잔디를~ maysani bosmoq; 남의감정을~ birovning hissiyotiga tegish; 국토를 ~ mamlakatga hujum qilmoq; 사람을 ~ biror kimga ta'na qilmoq.
짓밟히다 bosib tashlanmoq; ezilmoq; 개가 말에 짓밟혀 죽다 ot itni bosib tashladi.
짓이기다 biror-nima qayerga aralashtirmoq; 꽃봉오리를 ~ g'unchani sindirmoq; 곡물을 ~ donni sindirmoq; 점토를 ~ loy qorimoq (aralashtirmoq).
징 I gorn (cholg'u asbobi); ~잡이 gorn chalayotgan kishi; ~채 gorn chaladigan yog'och.
징(<鉦) II taqa; mix (tovonni saqlaydigan).
징검다리 o'tish uchun toshdan qurildan ko'prik; ~를 따라 가로지르다 toshli ko'prikdan o'tmoq; ~를 놓다 toshdan ko'prik yasamoq.
징계(懲戒) tanbeh; jazo; ~하다 biror nima uchun tanbeh bermoq; ~처분을 받다 jazolamoq; ~권 jazolash (o'ldirish)haqqi; ~처분 tarbiyaviy jazo (undirma).
징그럽다 yoqimsiz; noxush; jirkanch; 보기만 해도 ~ hech kimni ko'zim ko'rmasa edi; 징글맞게 바라보다 jirkanchli.
징글맞다 jirkanchli.
징병(徵兵) harbiy xizmatga

chaqiriq; ～하다 harbiy xizmatga chaqirmoq; ～제 harbiy xizmatga chaqiriq tizimi.
징세(徵稅) soliq undirmoq; biror kimga soliq yuklamoq; ～하다 soliq boshqarmasi; ～과 soliq qo'mitasi; ～기관 soliq og'irligi; ～원 soliq tushum manbalari.
징수(徵收) I undirmoq; yig'moq; olmoq; 교통위반에 대한벌금을 ～하다 ko'cha harakati qoidalari buzilgani uchun jarima soliq; 과태료를 ～하다 jarima to'lamoq.
징수(鉦手) II saroy qo'rig'i.
징역(懲役) majburiy og'ir mehnat; surgun mehnati; ～을 살다 surgunda bo'lmoq; ～살이를 보내다 surgun qilmoq; ～자 og'ir mehnatga majburlovchi; 무기 ～ butun umrlik majburiy mehnat,
징조(徵兆), 표식(標識) belgi; simptom; ishora; ...의 ～가 되다 biror nima belgisi bo'lib qolmoq; ...의 ～를 보이다 biror nimaga ishora qilmoq; . 비가 올 ～가 보인다 ehtimol yomg'ir yog'adi; 불길한 ～ noxush belgi.
짓궂다 zeriktiruvchi; jonga teguvchi.
짙다 I yetarli miqdorda qilmoq.
짙다 II yorqin; ser suv.
짙푸르다 yorqin-ko'k; yorqin-yashil.
짚 pohol; ～단 pahol bog'lami; ～바리 uyum; don uyumi.
짚다 biror nimaga suyanmoq.
짚단 pohol uyumi.
짚신 koptok o'yini (rus. lapti); ～도 제 짝이 있다 har kimni o'z yarimi (sherigi) bor; ～감발 oyoqqa etik ostidan o'raladigan buyum (poytava).
짚이다 qarab chiqmoq; hisoblashmoq; biror kim tomonidan tan olinmoq.
ㅉ koreys alfaviti 19chi harifi bo'lib chch fonemasini bildiradi;
짜개지다 bo'linmoq; sinmoq; 반으로 ～ bo'lakka bo'linmoq;
짜개다 bo'lmoq, chaqmoq
짜다 I 1) sho'r; tayyorlamoq (mebel); 2) to'qimoq; 3) vujudga keltirmoq; tashkil etmoq; shakillantirmoq; tuzmoq; 4) yashirin kelishib olmoq; 5) to'plam qilmoq.
짜다 II siqmoq; ezmoq; qidirmoq; 장래에 계획을 ～ kelajakka reja tuzmoq; 화환을 ～ chambarak to'qimoq; 빨래를 ～ kir siqmoq; 가구를 ～ mebel tayyorlamoq; 머리를 쥐어 ～ bosh qotirmoq; ～ 말을 짜내어 하다 qiynalib gapirmoq; o'zidan siqib chiqarmoq; 눈물을 억지로 쥐어 ～ yoshni siqib chiqarmoq; 포도를 ～ uzum ezmoq.
짜리 rus. qirol; podshoh.
-짜리 1) qadr-qimmatli pul birliklari nomidagi so'm ishlatiladi; 일원짜리 물품 narxi bir vonlik buyum; 2) otdan so'ng. kiyim kechak buyumlarini bildiruvchi (biror nima kiygan); 양복짜리 ovropa kiymidagi odam.
짜릿하다 o'tkir, kesuvchi (og'riq haqida).
짜요 tuzlangan.
짜임 tuzilma; rejalashtirmoq; tuzmoq; qurulma; struktura.
짜임새 tashqi ko'rinish; (mahsulot) ～ 있는 보고 ma'noli va mantiqli doklad; ～ 있는 연설 teran nutq.
짜증 g'am qilmoq; norozilik; ～내다 g'ashi kelmoq; asabiylashmoq; 하찮은 일로 ～ 내다 arzimagan narsaga g'ashi kelmoq; ～나게 하다 biror kimni asabiga tegmoq; ～ 스럽게 머리를 젓다 boshini norozi chayqatmoq; silkitmoq.

짝 I biror nimaning jufti; juft buyumlar; ~을 맞추다 juftlikni tashkil qilmoq; ~이 잘 맞다 juftiga to'g'ri kelmoq; 짚신도 ~이 있다 har bir erkak kaptarni, ayol kaptari bor; 신발 한 ~ 은 찾았지만 다른 한 ~ 은 잃어버렸다 bir poy oyoq kiyimimni topdim, ikkinchisi qayergadir g'oyib bo'libdi; 장갑 한 ~ bir poy qo'lqop; 양말 한 ~ bir juft paypoq; 그게 무슨~이냐! allamli! qanday bemanigarchilik; 아무 ~에도 소용이 없다 hech qayerga yaramaydi; 편지를 ~ 찢다 xatni yirtmoq; 문을 ~ 열다 eshikni lang ochmoq; ~ 갈라지다 shovqin bilan yirtilmoq (yorilmoq); 줄을 ~ 긋다 chiziq chiqmoq; ~ 소리나게 후려치다 biror kimga bekorchi gap aytmoq; ~신 bepoy oyoq kiyim; 얼굴 ~ aft; bashara.

짝 II ~하다 a) ingichka oqim sinish (suyuqlik); b) guldurash chiqarmoq; e) sirpanmoq; e) chiziq chizib chiqmoq; e) chirkillatmoq; f) shovqin bilan (qirsillab) yirtilmoq.

짝 III 1) 짝붙다 shovqin bilan yopishib qolmoq; 2) 혀를 짝차다 til bilan cho'lpillatmoq; 3) 짝 갈라지다 shovqin bilan yorilmoq.

짝- poy emas; 짝신 bepoy oyoq kiyim.

-짝 얼굴짝 aft; bashara;

짝사랑 javobsiz sevgi; bir taraflama sevgi; ~ 하다 javobsiz sevmoq; ~에 외기러기 bir yurak azoblanadi, boshqasi esa bilmaydi.

짝수(-數) juft son.

짝짓다 nikoh qurmoq; biror kimga uylanmoq; biror kimga turmushga chiqmoq.

짝짝 chalpillatmoq; 젖은 옷이 몸에 ~달라붙는다 ho'l kiyim badanga yopishmoqda; 껌을 ~씹다saqichni chalpillatib chaynamoq.

짠 tuzlangan; sho'r.

짤막짤막 ~ 나누다 uncha katta bo'lmagan qismlarga bo'lmoq; ~하다 qisqa; uncha katta emas biror nima.

짠하다 ezilgan tushkun, homush.

짧다 qisqa; qisqacha; 짧은 영어로 말하다 ingliz tilida tiniq gapirmoq; 인생은 짧고 예술은 길다 hayot qisqa, san'at esa abadiy; 돈 밑천이 ~ pul yetishmovchiligini his qilmoq; 짧은 기간 qisqa muddatli vaqt; 짧은 인생 qisqa hayot; 짧은 머리 qisqa soch turmagi.

짧아지다 kaltalatmoq; qisqarmoq.

짧은 qisqa.

짬 1) tirqish; oraliq; 2) bo'sh vaqt; 3) belgi chiziq (qiyishda qilinadigan).

짬 ishdan holi; bo'sh vaqt; ~짬짬이 uzilish bilan; ish orasidagi talaffuz; ~이 있다 kim ishdan holi; bo'sh; ~이 없다 band; kimnidir ishdan holi vaqti yo'q; ~ 아버지는 짬만 있으면 독서하신다 otam kitob uzulishlar bilan o'qimoqda.

짭짤하다 1) ancha sho'r; daromadli; 2) qadrli; ma'noli; qiziq; 3) 짭짤하게 되다 keli- shuvga bormoq.

째각거리다 chiqillamoq; taraq- lamoq; 시계추가 ~ soat mayatnigi chiqqillamoqda.

째다 kesmoq; kesib olmoq; kesib ko'rmoq; 손이 ~ yor- damga muhtoj bo'lmoq; 외투 ~ palto tor.

째졌다 benzin tugadi; 째는 신발 kichkina poyafzal.

짹 chiq-chiriq; ~하다 chirqil-

lamoq; ~ 소리 chirqillash.
쨍 jarang; jiring; ~하다 jaranglamoq; jiringlamoq; jarang chiqarmoq; 쥐구멍에도 ~ 하고 볕들 날 있다 hamma narsani o'z vaqti bor bizni ko'chada ham bayram bo'ladi.
쩌렁쩌렁 yangrayotgan; eshitalayotgan; jarangli.
쩌쩌 1) 혀를 ~차다 til bilan chiqillatmoq; 2) chcho-chcho.
쩍 qarsillamoq; ~ 소리가 나다 yorilmoq; yirtilmoq; 나무가 ~ 소리를 내며 넘어갔다 daraxt qarsillab yiqildi; 컵이 ~ 하고 갈라졌다 stakan qarsilladi.
절름발이 cho'loq; ~되다 qolib ketmoq; cho'loqlanmoq.
쩔쩔매다 nimaga kirishishni bilmaslik; nima qilishni bilmaslik; boshi berk ko'chaga kirib qolmoq; aqlim etmaydi; 돈이 없어 ~ pulga katta ehtiyoj sezmoq; 바빠서 ~ biror kimni ishi ko'p; bo'g'zigacha band.
쩡쩡 1) baland; 2) hurmatli; ta'sirli; ~하다 a) baland ovozli; b) hurmatli; ta'sirchan.
쩨쩨하다 xasis; pastkash.
쪼가리 kichkina buloq; qism; qiyqim.
쪼개다 bo'lmoq; chaqmoq; sindirmoq; yirtmoq; 장작을 ~ o'tin yormoq; 손도끼로 ~ bolta bilan urmoq.
쪼그라들다(쪼그라드니, 쪼그라드오) 1) tirishmoq; 2) qisqarmoq; kichraymoq; 3) yomonlashmoq.
쪼글쪼글 ~하다 g'ijim; tirish moq; ~하게 만들다 g'ijimlamoq.
쪼다 cho'qimoq; tumshuq bilan urmoq; 새들이 빵을 ~ qushlar non eydi; 돌에서 여자의 모습을 쪼아내다 toshdan ayol qomatini yasamoq.
쪼들리다 biror nimadan qiynalmoq; charchamoq; aziyat chekmoq; 돈에 ~ pul yetmaydi; 자금이~ vositalarga ehtiyoj sezmoq; 빚에 ~ qarzga botmoq.
쪼르르 sokin oqmoq; jildiramoq; 지붕에서 물 ~ 흘러내리다 suv tomdan oqib tushmoqda; 수도에서 물이 ~흐른다 suv o'tkaz- gichdan suv oqmoqda; ~달려가다 mayda qadamlar bilan yugurmoq; ~앉다 bir qatorga o'tirmoq;
쪽 I 1. bo'lak; siniq; qism; 2 qism' bo'lak (meva).
쪽 II soch; sochni orqaga turmaklamoq.
쪽 III tomon; 빵 한~ non bo'lagi; 동 ~ sharq; 오른 ~ o'ng tomon; 양~ sizniki va bizniki; ikkala tomon; 어느 ~도 아닌 hech qaysi tarafdan; ~을 못쓰다 harakatsiz bo'lmoq; 누구든지 ~ 도 못쓰게 만들다 hech kimga un chiqarishga bermaslik.
쪽문(-門) darvozadaggi eshik.
쪽지 xat; qog'ozcha; qog'oz bo'lagi; ~를 건네다 xat berib yubormoq; ~에 몇 자 적다 qog'ozda bir necha qator yozmoq.
쫏다(쪼오니, 쪼아) 1) teshmoq; 2) ishlov bermoq; silliqlamoq; 3) g'ajimoq; 4) qar. 조아리다; 5) qar. ⇒ 찧다
쫑그리다 1) ...를 ~ quloqni ding qilmoq; 주둥이를~ havotirlanmoq; (hayvonlar) 입을~ lab cho'zmoq; 2) burish(moq); qisl(moq).
쫑긋 ~거리다 quloq solmoq; quloqni ding qilmoq; 개가 귀를 ~세웠다 kuchuk sergak bo'ldi.
쫑알쫑알 ~대다 tez gapirmoq; jovramoq.
쫓**다** o'rmoq qilmoq.
쫓겨나다 haydalgan bo'lmoq.
쫓기다 1) haydalgan bo'lmoq; 2)

poylamoq; izidan yurmoq; yetib olmoq.
쫓다 haydamoq; haydab yubormoq; haydab chiqarmoq; 그는 개를 쫓아내며 지팡이를 휘둘렀다 tayoqni aylantirib itlarni haydamoq; 학교에서 학생을 쫓아내다 talaba maktabdan haydalsin; 여우를 ~ tulkini quvlamoq; 충고를 ~ biror kimni maslahatiga amal qilmoq; 도망자를 ~ qochoqqa yetib olmoq.
쫙 kuchaytirilgan 쫙 dan. ingichka oqim sepmoq; 얼음위로 ~ 미끌어지다 muzda sirpanib ketdi; ~ 휘갈겨쓰다 chizmoq; 파도가 해안가로 ~ 밀어닥쳤다 to'lqin qirg'oqqa urildi.
쫙 펴졌습니다 kengaymoq;
쬐다 yoritmoq; yopmoq; yoqmoq, 햇볕을 ~ quyosh ta'siriga tutmoq; quyosh ostida bo'lmoq; 해가 쬐인 땅 quyosh bilan yoritilgan; 이불을 햇볕에 ~ yopinchiqni quyosh nuri tasiriga tutmoq.
쭈구렁 qisqartirilgan; ~밤송이가 삼년 간다 maq. chirigan daraxt uzoq qirsillaydi; ⇒ 쭈구렁이.
쭈글쭈글하다 ajinli; ~ 하게 만들다 tirishmoq; 옷이 ~ ko'ylak g'ijimlanmoqda; 쭈글쭈글한 얼굴 ajin tushgan yuz.
쭉 I ~ 펴다 tortib chiqarmoq; ~ 늘리다 cho'zmoq; ~ 들이키다 ichib tugatmoq; 하품하며 기지개를 ~ 켜다 esnab cho'zilmoq; 장난감에 손을 ~뻗치다 o'yinchoqqa cho'zilmoq.
쭉 II bo'ylab; yonda; qattiq; toza; butunlay.
쭉정이 1) puch yong'oq; 2) ahmoq.
찌 qisq. 낚시찌 dan: sizgich; ~ 낚시하다 sizgichda baliq tutmoq.
찌걱거리다 qirsillamoq; tirsillamoq.
찌개 quyuq sho'rva; dimlangan go'sht; ~가 보글보글 끓다 sho'rva qaynamoqda; ~그릇 quyuq sho'rva uchun no'xot; 된장 ~ soya pastali quyuq sho'rva.
찌그러지다 qiyshaygan; urilgan; singan; 찌그러진 얼굴 qiyshaygan yuz; 문짝이 찌그러졌다 eshik qiyshaydi; 핀이~ to'nog'- ich bukilmoqda.
찌꺼기 qoldiq; tashlandiq; cho'kma; 타고남은 찌꺼기 kul; 음식 찌꺼기 ovqat qoldig'i; 커피 찌꺼기 qahva qulog'i.
찌는 듯하다 huddi bug'xona.
찌다 I semirmoq; semiz bo'lmoq; 살이 찐 semiz; to'la; do'mboq; 찌는 듯한 더위 chidab bo'lmas issiq.
찌다 II 1) qaytmoq; tushmoq (suv); 2) qurimoq; bug'lanmoq.
찌다 III 1) bug'da kirishmoq; bug'lanmoq; 찐붕어가 되었다 qaynatilgan; 2) o't yoqmoq; kuydirmoq(quyosh).
찌르다 chaqmoq; yormoq; 의심장을 ~ biror kimning yuragiga sonchmoq; 손가락으로 가슴을 ~ ko'kragiga barmoq tiramoq; 호주머니에 손을 ~ qo'llarni cho'ntakka solmoq; 모자에 핀을 ~ bosh kiyimni to'nogich bilan teshmoq.
찌푸리다 ho'mraymoq; tirishmoq; 찌푸린 하늘 bulutli osmon; 그는 눈쌀을 찌 푸리며 이야기 했다 u qoshini chimirib gapirdi; 찌푸린 날씨 havo aynigan.
찌프리다 1) chimirmoq(qosh); tirishmoq(yuz); qismoq(ko'z); 얼굴을 ~ nordon ko'rinish qilmoq; 2) aynimoq(ob-havo).
찌프차(inglizcha jeep) jip; villis.
찍 chirk; ~ 하는 소리를 내다 biror nima chaqmoq (gugurt); ~

미끌어지다 sirpanib ketmoq; 성냥을 ~긋다 gugurt chaqmoq; 선을 ~긋다 biror nimada chiziq chizmoq.
찍다 muhr qo'ymoq; pechatlamoq; 서류에 도장을 ~ hujjatga muhr qo'ymoq; 편지에 소인을 ~ xatni bostirmoq; 펜을 잉크에~ pero(qalam) ni siyohga botirmoq; 설탕을 찍어 먹다 shakar bilan yemoq; ...에 점을 ~ biror narsaga nuqta qo'ymoq; 찍자찍자 하여도 차마 못 찍는다 gapirishga gapiradiku, bajari- shga qurbi yetmaydi.
찍소리 chirqillagan tovush; bir so'z; ~ 못하다 ovoz chiqarishga ham botinmaslik; 그는 찍소리도 못했다 u umuman dovdirab qolgan edi.
찍혔습니다 muxrlangan bo'lmoq.
찍히다 rasmga tushmoq.
찐하다 tushkun kayfiyatda bo'lmoq.
찔레 1) na'matak (shipovnik); 2) ~ 나무 na'matak (daraxti).
찔레나무 na'ma'tak butasi; pushti rangli buta.
찔리다 양심이 ~ kimnidir vijdon azobi qiynamoqda.
찔찔 질질ning kuchaygan shakli; ~울다 ko'z yosh to'kmoq.
찜 I 1) dimlangan go'sht; dimlangan baliq; dimlangan sabzavotlar; 2) qisq. ⇒ 찜질.
찜 II qaynatilgan ovqat; qaynatma.
찜질 ~하다 kampres qilmoq; shifoli vanna qabul qilmoq.
찜찜하다 noqulay; noqulaylikni his qilayotgan; qattiyatsiz.
찡 ~하다 yurak og'rigiga bo'ysunmoq.
찡찡하다 1) noqulay; beso'naqay; o'ng'ayiz; qiyin; 2) sifat. qiyin (nafas olish kasal bo'lganda).
찢다 yirtmoq; yormoq; yechintirmoq; qiynamoq; 종이를 ~ qog'ozni yirtmoq. ...을 절반으로 ~ biror-narsani ikkiga bo'lib tashlamoq; 조각조각 ~ parchalab tashlamoq.
찢어지다 yirtmoq (ko'ylakni).
찧다 urmoq; 이마를 벽에 ~ peshanasini yormoq; 엉덩방아를 ~ qo'pol ravishda qoqilmoq; 코방아를 ~ burnini sindirmoq.

ㅊ

ㅊ koreys alifbosi bo'yicha 9 nchi harf; unli fonemani anglatadi.
차(茶) I 1) choy; ~를 끓이다 choy damlash; ~를 따르다 choy quyish; ~나무 choy daraxti; ~잎 choy bargi; 녹~ ko'k choy; 홍~ qora choy.
차(車) II 1, g'ildurakli transport, poyezd, tramvay, avtomabil va h. k. 2, quruqlikda harakat qiluvchi transport vositasi, g'ildirakli transport; ~를 타고 가다 mashinaga chiqib ketmoq; ~고 garaj; ~량 vagon; ~사고 avtohalokat; ~ 트렁크 bagaj; ~표 tarnsport vositasi chiptasi; 급행열~ tez yurar poyezd; 식당 ~ vagonli restoran; 왕복 ~표 borib qaytish uchun yo'l chiptasi.
차(差) III farq; ~가 나다 farqlanish; 성격~ fe'l-atvordagi farq; 연령~ yoshdagi farq; 임금 ~ maoshdagi farq; 이것과 저것의 ~ u bilan bundagi farq.
차(次) IV 1. sanoq sonlaridan so'ng; 1) 하루에 수십 차에 걸쳐 kuniga bir necha o'nlab; 2) tartib sonlaridan so'ng, qaytariladigan harakatlarni sanash uchun ishlatiladi; 3) mat. ketma-ketlik; 4) mat. daraja; 2. 1): 차[로] atoqli otlardan keyin, biror maqsad sari; 구경 차[로] ko'zdan kechirish uchun; 2) sabab ravishidan keyin. ejs vaqtni ifodalovchi qo'sh. bilan; 내가 지금 그리로 가려던 차였다 aynan, huddi, onda; 사업~ 만나다 ish yuzasidan uchrashmoq; 우리가 떠나려던~에 그가 왔다 biz ayni ketmoqchi bo'lib turgani- mizda u keldi; 하루에 수십 ~에 걸쳐 bir kunda bir necha o'nlab; 제 2~ 세계대전 ikkinchi jahon urushi.
-차(車) I *kor. old. qo'sh.* poyezd, vagon; 자동~avtomobil; 침대차 yotoqli vagon; 급행차 tez yurar poyezd.
-차(次) II *kor. old. qo'sh.* kiyimlik bo'lak; 의복차 kiyim uchun bo'lak.
차갑다 sovuq, muzdek; 차가워지다 sovimoq,yahlamoq, muzlamoq 차가운 눈으로 쳐다보다 kimgadir sovuq nigoh bilan qaramoq; 차갑게 말하다 kimgadir sovuq muomalada bo'lmoq; 손발이 차가워지다 kimdirning. qo'l-oyog'i muzlashi, sovushi; 차가운 사람 sovuqqon inson; 찬물 sovuq suv; 찬바람 sovuq shamol.
차곡차곡 1) orasta, ozoda, sekin, asta; 가방에 속옷을 ~ 넣다 chamadonga ichki kiyimlarni solmoq; ~ 문제를 풀다 muammoni tizimli hal qilmoq; 2) qar. 차근차근.
차관(借款) I kredit.
차관(次官) II o'rinbosar; ~보 davlat kotibi o'rinbosari; 외무부 ~ tashqi aloqalar bo'yicha vazir o'rinbosari.
차광(遮光) ~하다 o'tkazmaslik, (nur, yorug'likni); ~성 yorug'lik o'tkazmaslik.
차남(次男) ikkinchi (kenja) o'g'il.
차녀(次女) ikkinchi (kenja) qiz.
차다 I 1. 1) to'la bo'lmoq, tepmoq, kiymoq, ilinmoq; 사람이 ~ odam bilan to'lmoq; 차면 넘친다 har narsaning gullashi va

ㅊ

qurishi bo'ladi; oyning 15 yorug', 15 qorong'u; 2) (hissiyotlarga) to'la bo'lmoq; 3) yetib bormoq (nimadirgacha); 무릎까지 차는 눈길 tizzagacha yetadigan qorli yo'l; 4) tugash (muddatning); 5) 찬 aynan; 찬 10년이 지났다 aynan 10 yil o'tdi; 마음에~ ko'ngli to'lmoq; 2. otdan sifat yasaydi: 자랑차다 fahrlanmoq.
차다 II oyoq bilan tepmoq;
차다 III ushlab olmoq, ilmoq, tirmashmoq.
차단(遮斷) ~선륜 karantin, izolyatsiya; ~하다 to'smoq, o'chirmoq, bir narsani kesib tashlamoq, uzmoq; ~기 avtomatik o'chirgish.
차라리 yaxshisi, undan ko'ra; 이 것은 ~ 그에게 물어보는 편이 나았을 것이다 Buni yaxshisi undan so'raganingiz afzal bo'lsa kerak; 수치를 당하느니 차리리 죽는 것이 낫다 sharmandali hayot kechirgandan ko'ra, o'lgan afzaldir.
차량(車輛) quruqlikda harakat qiluvchi yoki tashuvchi vosita; ~번호판 ro'yhatga olish raqami; ~등록 mashinani ro'yhatga olish; ~세 transport uchun soliq;~연결 vagonlarni bog'lash; ~통행금지 yo'l yo'q.
차렸습니다 stolni yozdim.
차례(<次例) tartib, ketmaketlik, qator; ~로 tartib bo'yicha, ketma-ket; ~를 기다리다 o'z navbatini kutish; ~가 돌아오다 navbatda turish; ~가 뒤바뀌다 tartibsizlik, navbatning buzilishi; 나의 뒷 ~다 navbat mendan keyin; 서두에 있는 ~ kirish kitobning boshida joylashgan. 차례로 navbatma navbat.
차례차례(<次隸次隸) birma-bir, navbatma-navbat, tartib bilan, ketma-ket; ~손님들과 악수하다 mehmonlar bilan ketma-ket qo'l berishish.
차리다 1) tayyorlamoq, bezatmoq (uyni); 밥상을 ~ dasturhon yozish; 2) ega bo'lish, ushlash, (do'kon va h.k); 3) bezanmoq; 남복을 ~ erkaklar kostyumini kiymoq (ayol kishi haqida); 4) amalga oshirmoq (istak va h.k.); 5) yig'ib olmoq (kuchini, ruhini); 정신을 ~ o'zini yig'ib olmoq; 6) ishga solmoq; 7) 눈치를 ~ anglamoq; 회사를 ~ kompaniyaga asos solmoq; 아침을 ~ nonushta tayyorlamoq; 인사를 ~ juda mulozamatli va odobli bo'lmoq; 정신을 ~ o'zini idora qilmoq, o'zini yig'ib olmoq; 로 떠날 차비를 ~ biror joyga borishni mo'ljallamoq.
차별(差別) farq; ~적인 farqli, farqiga boradigan; ~하다 biror narsaning farqini topmoq; ~대우 kamsitish; xo'rlash, past nazar bilan qarash.
차분하다 tinchlanmoq; ~한 tinch, jim.
차비(差備) I tayyorlamoq, tayyorgarlik;~하다 tayyorlamoq, mo'ljallamoq; 아무런 ~도 없이 hech qanday tayyorgarliksiz.
차비(車費) II yo'l kira haqi, avtobus chiptasi haqi; ~는 얼마입니까? Yo'l kira haqi qancha?; 떠날 ~이다 yo'lga tushmoq.
차액(差額) farq, balans, qoldiq, foyda; 큰 ~ katta foyda.
차용(借用) ~하다 qarzga olmoq; 그는 10파운드를 ~해 달라고 부탁했다 u 10 funt qarz berishimni so'radi.
차이(差異) farq; 연령의 ~ yoshdagi farq.
차익(差益) (toza)foyda, daromad.
차일피일 kundan-kunga.

ㅊ

차입(借入) qarz; ~하다 qarz olmoq, kimdirdan qarz bo'lmoq, ijaraga bermoq.
차지(借地) ~하다 ijaraga bermoq (yerni); ~권 ijara huquqi; ~료 ijara haqi.
차지하다 1) olmoq, o'z mulkiga aylantirmoq, (ega bo'lmoq); 2) olmoq (joy va h.k.).
차차(次次) sekin-asta, oz-ozdan, qadam ba qadam; ~ 일에 익숙해지다 asta-sekin ishga ko'nikmoq; ~ 나아지다 asta-sekin yaxshilanmoq; ~로 sekin-asta, oz-ozdan.
차축(車軸) o'q; ~의 o'qli; ~간격 o'qlar orasidagi masofa; ~의 하중 o'qlarning muvozanati; 대칭~ simmetriya o'qi; 세로~ ordinat o'q; 회전~ aylanma o'q.
차출(差出) esk. ~하다 tanlamoq, belgilamoq.
차츰차츰 sekin asta, oz-ozdan; qadam ba qadam; ~ 거북스러움이 사라지다 sekin-asta noqulayliklar yo'qoladi; 그녀는 ~ 분위기에 익숙해졌다 u sekin asta sharoitga ko'nikadi.
차치(且置),물론 ~하고 chetda qolmoq; ~하다 (nimadandir) chetda qoldirmoq, ishdan chetda qoldirmoq; 농담은 ~하고 hazilni chetga surib.
차폐(遮蔽) 1) ~ 목표 yopiq maqsad; 2 el. jo'mrak; ~하다 esk. yopmoq, berkitmoq.
차표(車票) (yo'l) chiptasi; ~를 예약하다 chipta buyurmoq; ~를 조사하다 chiptani tekshirmoq; 이 ~는 3일간 유효하다 bu chiptaning amal qilish muddati 3 kun; 왕복~ borib qaytish uchun chipta.
차후(此後) shundan so'ng, shundan keyin, keyinchalik, bir ozdan keyin; ~임무 keyingi vazifa; ~[에] shundan so'ng; ~임무 keyingi vazifa.
착(着) I belgilangan joy, kelish; 서울~ 비행기 ~ Seuldan kelgan tayyora.
착 II 1) qattiq, mahkam; 2) tezda.
착 III tinch, sovuqqonlik bilan.
-착 mahkam, zich; ~ 감기다 mahkam qilib o'ramoq.
착공(着工) ~하다 qurilishni boshlamoq; ~식 qurilishni boshlash marosimi.
착념(着念) ~하다 o'ylamoq, fikrlamoq.
착륙(着陸) qo'nish; ~하다 yerga qo'nish; 달에 ~하다 oyga qo'nish; 물에 ~속도 qo'nish tezligi; ~신호 qo'nish uchun tovush belgisi; ~장 aerodrom, tayyora qo'nishi va uchishi uchun mo'ljallangan joy; ~점 qo'nish nuqtasi; ~지 qo'nish maydoni; 강제~ majburiy qo'nish.
착복(着服) birovning mulkiga egalik qilish, umumxalq pulini ishlatib qo'yish; ~하다 (nimadirga) egalik qilish, o'ziniki qilib olish, ega bo'lish; 거액의 공금을 ~하다 ombordagi katta pullarni o'zlashtirmoq; 공금~ ombor o'g'riligi; ~자 g'azna o'g'risi.
착실(着實) ~하다 a) mustahkam, ishonchli; b) yetarli.
착실하다 ishonchli, insofli.
착오점(錯誤點) xato, anglashilmovchilik, ayb; ~로 anglashilmovchilik bilan, xato sababli; ~하다 adashmoq, xato qilmoq; 커다란~ katta xato; 철자 법~ orfografik xato; ~를 시인하다 xatoni tan olmoq; 무언가 ~가 일어났음이 틀림없다 qandaydir xatoga yo'l qo'yilganligi aniq; 시대~ anarxonizm, hronologik xato. 시행~ harakat va xato.

착용(着用) kiyim kiyish; ~하다 kiyim kiymoq; 내가 ~하고 다니는 외투 men kiyadigan palto; 누더기가 될 때까지~하다 (nimadirni) chirib ketguncha kiymoq; 양복을 ~하고 오시오 kastyum kiyib ketilsh.
착유(搾油) I ~의 yog' haydash; ~하다 yog'ini chiqarmoq; ~공 ishchi, yog'ni chiqarish bilan shug'ullanuvchi; ~공장 yog' zavodi; ~기 yog' chiqaradigan moslama; ~량 chiqqan yog' hajmi.
착유(搾乳) II sog'ish (sutni); ~하다 sog'moq; ~공 sog'uvchi; ~관 sog'ish moslamasi; ~기 sog'ish go'shagi; ~기간 laktatsion payt.
착취(搾取) eksplutatsiya (ishlab chiqarish vositalariga ega bo'l-gan xususiy mulkchilarning boshqalar mehnatidan foyda-lanishi); ishlatish; ishga solish; foydalanish; ~하다 a) foyda-lanish; b) esk. siqmoq (sok va h.k.) e) eksplutatsiyaga duchor bo'lmoq; 무자비한 ~ shafqatsiz ekspluatatsiya; ~자 ekspluata-tor; 노동~ mehnatni ekspluatat-siya; 노동계급의 ~ ishchi kuchini ekspluatatsiya qilish.
착하다 mehribon, yaxshi; 마음씨가 착한 사람 mehribon inson, qalbi mehribon odam; 착하게 행동하다 kimgadir mehribonlik ko'rsatmoq. 행동이 ~ mehribon-lik qilmoq. 착한 mehribon.
찬(讚,贊) I maqtash; ~하다 kimnidir nimadir uchun maqtamoq.
찬(贊,讚) II guruch uchun garnir, qo'shimcha ovqat, navbatchi ovqat
찬(囋) III kit. qayiq.
찬란(燦爛) jilva, yaltiroq; ~한 yaltiroq, ko'zni qamashtiruvchi; 나는 그녀의 ~한 아름다움에 눈이 부셨다 u meni o'zining ko'zni qamashtiruvchi go'zalligi bilan rom etdi; 별이 ~히 빛난다 yulduzlar yaltiramoqda.
찬물 sovuq suv; ~을 끼얹다 sovuq suvni quymoq; ~로 샤워하다 sovuq dush qabul qilmoq.
찬사(讚辭) maqtov, ijobiy fikr; 아낌없는 ~ betinim maqtovlar; ~를 아끼지않고 보내다 maqtovga ko'mib tashlamoq.
찬석(鑽石) olmos.
찬성(贊成) rozilik, qo'shilish, qo'llab quvvatlash; ~하다 kimnidir gapiga qo'shilmoq; 계획에 ~하다 rejaga qo'shilmoq; 제안에 ~하다 taklifga qo'shilmoq; 만장일치로 ~하다 bir to'xtamga kelmoq; ~하는 측에 서다 kim-nidir tarafida bo'lmoq, kimgadir yon bosmoq; ~의 의견을 말하다 kimnidir qo'llab gapirmoq; 손을 들어 ~의 뜻을 표하다 qo'l ko'tarib qo'llab-quvvatlamoq; ~을 얻다 rozilikni olmoq; ~연설 kimgadir yon bosmoq; ~자 tarafdor; 투표를 ~하다 kim uchundir ovoz bermoq.
찬조(贊助) qo'llash, yordam; ~하다 yordam bermoq, qo'llamoq; 그녀의 ~하에 uning yordami bilan; 재정적 ~를 얻다 moliyaviy yordam olmoq; ~연설을 하다 kimnidir, nimanidir foydasiga nutq so'zlash; ~출연하다 mehmon sifatida; ~금 moddiy yordam, pulli yordam.
찰- 1) yopishqoq, mustahkam; 2) juda qattiq.
찰 것 yopishqoq guruchdan qilingan ovqat.
찰떡 yopishqoq guruchning kukunidan pishirilgan bug' noni; ~같다 a) yopishqoq; b) mustahkam (sevgi, do'slik va

ㅊ

h.k); ~근원 uzilmas aloqalar; ~같은 애정 chuqur ko'nikish.

찰흙 loy; ~의 loydan yasamoq; ~으로 만들다 nimanidir loydan yasamoq.

참 I 1) haqiqat, ochiq, rost; ~으로 rostdan, haqiqatan, ochiq, aniq haqiqat; ~뜻에 있어서 g'alamis niyatda; 오늘은 ~덥다! Bugun haqiqatan juda issiq!

참(站) II pochta, bekat; ~하는 ~에 mo'jallamoq, otlanmoq; 나는 백화점에 들른 ~에 책을 구입하였다 men univermagga kirganimda kitob ham sotib oldim; 나도 점심 이후에 떠날 ~이다 men ham tushlikdan so'ng ketishni mo'ljallayapman.

참- old. qo'sh. 1) madaniyatli; 참벌 uy arisi; 2) juda yaxshi, a'lo darajadagi; 참먹 a'lo sifatli tush.

참가(參加) ishtirok; ~하다 nimadadir ishtirok etmoq; ~를 신청하다 ishtirok etish uchun ariza bermoq; 경기에 ~하다 musobaqada ishtirok etmoq; 회의에 ~하다 majlisda ishtirok etmoq; ~국 ishtirok etuvchi shahar (mamlakat); ~자 ishtirokchi; ~권 nimadadir ishtirok huquqi.

참견(參見) aralashuv; ~하다 aralashmoq, suqulmoq, bevosita ishtirok etmoq; 남의 일에 ~하다 birovning ishiga aralashmoq (suqulmoq); 외주의 ~없이 tashqi aralashuvlarsiz; 외부의 ~ begonalarning aralashuvi; 무의미한 참견 asossiz aralashuv; 이것은 너가 ~할 일이 아니다 bu sening ishing emas.

참고(參考) 1) ~하다 so'roq, asoslanmoq;~하다 surishtirmoq, so'rov bilan murojaat qilmoq, so'rov materiallari bilan ishlamoq; ~문헌 ma'lumotnoma; ~서 ma'lumotni o'quv qo'llanmasi; ~인 shohid.

참관(參觀) 1) tashrif, kuzatuv; 2) nazorat, tekshiruv; ~하다 a) tekshirmoq; b) tekshirish uchun tashrif buyurmoq; ~기 nazorat natijalari haqidagi ma'lumot; ~인 biror narsaning kuzatuvchisi.

참깨 kunjut; ~가 짜르냐 기냐 한다 *muroj. a)* mayda ish; b) mayda gap odam; ~ 들깨 노는데 아주까리 못 놀가? *muroj.* birovdan kam joyim bormi?; ~를 빻다 kunjutni yanchmoq.

참다 chidamoq, bardosh bermoq, sabr qilmoq; 고통을 ~ qiyinchiliklarga chidamoq; 굴욕을 ~ kamsitishlarga chidamoq; 열기를 ~ issiqqa bardosh ber- moq; 모욕을 ~ haqoratlarga chidamoq; 졸음을 ~ uyqu kelganda chidamoq; 치통을 참을수 없는 chidab bo'lmaydigan darajada, bardoshsiz; 아파서 도저히 참을 수가 없다 og'riqqa bardosh bera olmaslik.

참을성(-性) chidam, bardosh; ~이 있는 chidamli, bardoshli; ~이 없는 chidamsiz, bardoshsiz; ~있게 기다리다 sabr ila kutmoq; 운동선수의 자질은 ~이다 yaxshi sport o'yinchisiga sabrlilik xos; 대단한 ~을 소유하다 avliyolar sabriga ega bo'lmoq.

참작(參酌) e'tibor, fahm; ~하다 inobatga olmoq,e'tiborga olmoq, hisobga olmoq; 미성년인 점을 ~하여 balog'atga yetmaganligini hisobga olib.

참정(參政) 1) ~하다 davlat ishlarini boshqarishda qatnashmoq, davlat boshqaruvida qatnashmoq; 2) davlat maslahatchisi (Li sulolasi tugayotgan davrda); ~권 ovoz berish huquqi, saylash huquqi; ~

하다 davlat siyosiy hayotida ishtirok etmoq, ovoz berishda qatnashmoq; ~권을 행사하다 ovoz berish huquqini olmoq; 여성권 ayollarning saylash huquqi.
참정권(參政權) davlat boshqaruvida ishtirok etish huquqi.
참조(參照) kimdirga, nimadirga izoh bermoq; ~하다 1) kuzatmoq (kitob va h.k); 2) tushuntirish bermoq; ~주석을 달다 satrlararo izoh bermoq; 저자는 인용한 ~문헌을 밝히지 않았다 muallif qo'llanmalarga ko'rsatma bermaydi; ~문헌 ma'lumotnoma, ko'rgazmali qurol; ~서 ma'lumotnoma; ~문헌 리스트 adabiyotlar ro'yxati; 전후~ qarshi izoh.
참패(慘敗) 1) ayanchli mag'lubiyat; 2) qiyin ahvol, mag'lubiyat; ~하다 ayanchli mag'lubiyatga uchramoq; 그는 자신의 낙선한 ~감을 어렵사리 이겨내었다 u saylovdagi o'z mag'lubiyatini og'ir kechirdi; ~시키다 mag'lubiyatga uchramoq, kimnidir inqirozga uchratmoq.
참혹(慘酷) qahr, g'azab; ~하다 ayanchli; 부랑인은 ~한 모습을 하고 있었다 darbadar juda ayanchli axvolda edi.
찹쌀 yopishqoq guruch; ~떡 yopishqoq guruch kukunidan tayyorlangan bug' noni.
찻길 yo'lning qatnov qismi.
찻집 choyxona, kafe, tamaddixona.
창 I 1) poshna; 이중 ~ ikkilamchi poshna; 구두 ~을 대다 poshnani qoqmoq.
창(槍) II yoy; ~을 던지다 yoy otmoq.
창(唱) III koreys qo'shig'i, baland ovoz bilan kuylanuvchi.
창(窓) IV deraza; ~가에 서다 deraza yonida turmoq; ~을 열어두다 derazani ochiq qoldirmoq; ~밖을 내다보다 derazadan qaramoq; ~턱 tokcha; ~틀 deraza romi; 미닫이 ~ harakatlanuvchi deraza.
-창(廠) I harbiy zavod, arsenal; 피복창 harbiy kiyimlar fabrikasi.
-창(瘡) II kor. qo'sh. qiyin da'volanadigan.
창간(創刊) yaratmoq, paydo qilmoq; ~하다 asos solmoq, paydo bo'lmoq; 그 잡지는 ~된지 10년이 된다 bu oynoma paydo bo'lganiga 10 yil bo'ldi; ~기념호 yubiley soni; ~사 yangi oynomaning yoki ro'znomaning birinchi sonidagi kirish so'zi; ~호를 내다 birinchi raqamning (oynoma, ro'znomaning) nashr qilinishi.
창건(創建) ~하다 yaratmoq; ~하다 asos solmoq, tashkil qilmoq, yaratmoq; ~자 asoschi; ~일 asos solingan kun; 런던의 ~년도는 확실 치않다 Londonga asos solingan kun noma'lum; ~위원회를 건립하다 tashkiliy hay'at a'zolarini yaratmoq.
창고(倉庫) ombor, hujra; ~에 보관하다 omborda saqlamoq; ~료 ombor ijarasi uchun haq; ~업 omborni ijaraga bermoq; ~업자 tadbirkor; ~지기 omborxo- nada ishlovchi odam.
창녀(娼女) fohisha; ~출신 sobiq fohisha; ~가 되다 fohishaga aylanmoq; ~와 놀다 fohisha bilan o'ynashmoq.
창달(暢達) rivoj, ildamlik, yuksalish; ~하다 rivojlanmoq, yaxshilanmoq, yuksalmoq; 문화 ~을 위해 공헌하다 madaniyat uchun o'z hissasini qo'shmoq.
창립(創立,-) asos solmoq, paydo

ㅊ

bo'lmoq, barpo qilmoq, tashkil qilmoq; ~50주년을 축하하다 asos solinganiga 50 yil to'lgani munosabati bilan tabriklayman; 이 학교는 1950년도에 ~되었다 Bu maktabga 1950 yilda asos solingan; 이 회사는 얼마전에 ~되었다 Bu firma yaqinda tashkil topdi; ~자 asoschi; ~총회 tashkilot majlisi.

창밖 deraza tashqarisida, ko'chada; ~으로 고개를 내밀다 derazadan tashqariga boshini chiqarmoq; ~으로 내던지다 derazadan tashlab yubormoq; ~을 내다보다 derazadan qaramoq.

창백(蒼白) rangsizlik; ~한 rangsiz, qonsiz, xira; ~해지다 rangi qochmoq, rangi o'chmoq; 죽을듯이 ~한 o'lik kabi rangsiz; 그녀는 나쁜소식을 듣고나서 ~해졌다 u qiz yomon yangilikni eshitishi bilanoq rangi qochib ketdi; 그녀의 ~함은 그녀가 심한 동요감을 경험했다는 것을 나타내주었다 uning rangsizligi uni kuchli hayajonni boshidan o'tkazgan- ligidan dalolat barardi; 공포감으로 인해 ~해지다 dahshatdan rangi o'chib ketishi; ~하다 a) rangsiz, xira; b) toza, tiniq.

창살(窓-) 1) deraza to'sig'i; 2) panjara; 창문에는 ~이 드리워져 있다 deraza temir panjaralar bilan ishlangan.

창설(創設) asos, ong; ⇒창립(創立)

창업(創業) firmaning tashkil topishi; ~하다 biznesni bosh- lash, firmaning tashkil topishi; ~이래 firmani tashkil qilingan kunidan boshlab.

창의(創意) ijod, ilhom; ~고안 ijodiy taklif; ~창발성 ijod; ~적인 original, ijodiy; ~력이 풍부한 사람 ijodiy qobiliyati ko'p odam; ~력이 부족한 사람 ijodiy qobiliyati kam odam; ~성 tashabbuskorlik.

창의(倡義) II ~하다 partizanlik harakatini boshlash.

창자 ichak; ~의 ichakli; 생선의 ~를 빼내다 baliqning ichaklarini olib tashlash; ~가 뒤틀리다 ichakchovoqni ag'darilib ketishi.

창작(創作) ijod; ~하다 ijod qilmoq, yaratmoq; ~적인 ijodiy; ~에 종사하다 ijod bilan shug'ullanmoq; ~을 그만두다 ijodni tashlamoq; 소설을 ~하다 roman yaratish; ~가 yaratuvchi, ijodkor; ~력 ijodiy kuch, ilhom; ~성 ijodiy xarakter; ~집 ijodiy asarlar to'plami; ~품 san'at asari.

창조(創造) ijod, yaratuvchanlik; ~상상 *psixol.* ijodiy tafakkur; ~하다 yaratmoq, ijod qilmoq; ~적 asl, ijodiy; ~적 예술 asl san'at; ~물 ijod, asar; ~력 ijodiy qobiliyat (kuch); ~성 ijodiy qobiliyat; 천지~ dunyoning yaratilishi, bunyodga kelishi; 인간의 ~ insonning yaratilishi.

창창하다(蒼蒼-) to'q ko'k; katta muvaffaqiyatlar bilan; qalin; ~한 바다 moviy dengiz; 장래가 창창한 청년 istiqboli porloq yigit; 갈길이 ~ uzoq yo'l.

창포(菖蒲) bot. xushboy igir; ~비녀 xushbo'y igirning yo'nilgan ildizi, "Tano" koreys bayramida ayollar bezagi.

창피(猖披) sharmandalik, uyat; ~하다 sharmanda qiladigan, uyatga qoldiradigan, isnod keltiradigan, obro'sizlantiradigan ~스럽게 uyatli, sharmandali; ~를 주다 sharmanda qilmoq, uyaltirmoq; ~를 무릅쓰다 o'zini uyatga qo'yish; ~를 당하다 sharmanda bo'lmoq, haqoratlan- moq, uyalmoq; 아이구 ~해! Essiz! Qanday maynavozchilik!

ㅊ

Uyat!
찾다 qidirmoq, izlamoq, axtarib ko'rmoq, topmoq; 전화로 ~ kimdirni telefonga chaqirmoq; 은행에서 돈을 ~ bankdan pul olmoq; 전당포에서 시계를 ~ soatni garovxonadan olmoq; 그녀는 사무실로 그를 찾아갔지만 그는 자리에 없었다 u uning ish joyiga bordi, lekin u joyida yo'q ekan; 나는 이씨를 찾아갔었다 Men janob Lini yo'qlab bordim.
찾아내다 topmoq, bilmoq, aniqlamoq.
찾아오다 kelmoq, tashrif buyurmoq, yo'qlamoq, qayta olmoq; 작업상의 일로 ~ ishdan topmoq.
채 I 1) do'mbira tayoqchasi; ~를 휘두르다 qamchi bilan urmoq, qamchi bilan savalamoq; 2) qar. 채찍; 채[를] 치다 urmoq, savalamoq.
채 II po'stlog'idan tozalangan novda.
채 III arava shotisi, zambil dastasi, ikki kishi ko'tarishi uchun mo'ljallangan tayoqning yelkada turadigan qismi; 채를 잡다 a) yelkaga qo'ymoq (zambil dastasini); b) boshqar- moq.
채 IV halimas, unchalik emas; 사과가 ~ 익지 않았다 olmalar hali unchalik pishmadi; 눈을 뜬 ~ 로 밤을 지새다 kechani mijja qoqmay o'tkazmoq.
채(단위) V dona, bino va uylarning sanoq birligi; 집 두 ~ ikkita bino; 큰~ asosiy bino.
-채(-菜) salat; 무~ turp salat.
채광(採光) I yorug'lik; ~하다 yorug'lik bermoq, yoritmoq; ~ 좋은 방 yorug' xona.
채광(採鑛) II tog' ishi, tog' ishlarini olib borish; ~의 qazilmalarni qazib oladigan, tog'-kon sanoati; ~하다 tog'-kon ishlarini yo'lga qo'yish, kon qazimoq; ~공학 tog'-kon texnikasi; ~권 foydali qazilmalarni qazib olish huquqi; ~업 tog'-kon sanoati; ~업자 tog'-kon sanoati ishchi- si, kon qazuvchi; ~지대 tog'- kon sanoati hududlari, kon; ~기사 kon ishini boshqaruvchi mutaxassis.
채굴(採掘) qazilma, ko'mir qazib chiqarish; ~하다 qazib chiqar- moq, qazimoq, qayta ishlamoq; ~권 foydali qazilmalar qazish huquqi; ~량 qazilma hajmi; ~공간 qazib bo'lingan, ishlatilib bo'lingan hudud; ~공업 ⇒ 채취[공업];~하다 qazib chiqarmoq (ko'mir va h.k), foydali qazil- malarni qayta ishlash.
채권(債券) I [-khvon] obligat- siya, qimmatli qog'oz, majburi- yat; ~을 발행하다 obligatsiya chiqarmoq; ~발행 zayom chi- qarish; ~소유자 obligatsiyani ushlamoq; ~시장 obligatsiya bozori; 국가 ~ davlat obligatsi- yasi; 장기 ~ 5 yildan 15 yil muddatgacha bo'lgan davlat obligatsiyasi.
채권(債權) II [-khvon] qarz huquqi, qarz beruvchi(kreditor) huquqi; ~국 davlat krediti; ~법 qarz huquqi; ~자 kreditor; ~압류 uchinchi kishida turuvchi qarzdorning pullarini hatlamoq.
채납(採納) ~하다 qabul qilmoq (taklif, talab va h.k).
채널(ingl.channel) kanal (ko'r- satuv); ~을 바꾸다 boshqa kanalga qo'ymoq.
채무(債務) qarzdorlik majburi- yatlari, qarz, qarzdorlik; ~를 이행하다 qarz to'lamoq; ~국 davlat qarzdor; ~면제 qarz- dorlik majburiyatlaridan chiqa- rish; ~

ㅊ

상환 qarzdorlikni ado etmoq; ~자 debitor, qarzdor.
채소(菜蔬) sabzavotlar; ~를 가꾸다 sabzavot yetishtirmoq; ~가게 sabzavotlar bilan savdo qiladigan do'kon; ~밭 tomorqa, ogorod; ~재배 sabzavotchilik; ~저장소 ombor (sabzavot saqlanadigan).
채용(債用) qabul qilish, qabul; ~하다 qo'llamoq, qabul qilmoq; ~시험 qabul imtihoni.
채우다 I (채우니,채워) qulflamoq, o'tkazmoq (tugmalar, qadamoq, yopmoq); 문을 ~ eshikni qulflamoq; 단추를 ~ tugma qadamoq.
채우다 II (채우니, 채워) sovuq suvga solmoq (oziq-ovqat mahsulotlari).
채점(採點) I belgilamoq; ~하다 baholamoq (baho qo'ymoq, ball qo'ymoq); ~법 o'zlashtirishni hisoblash tizimi, 5 ballik sistema.
채점(採點) [-chchom] II ~하다 qo'ymoq (belgi, ball).
채집(採集) to'plab tartibga solish; kollektsia, ~하다 to'plamoq.
채택(採擇) qabul qilish (qonun, qaror); ~하다 qabul qilmoq, tanlamoq.
책(冊) 서적 I kitob, albom; ~가방 portfel; ~꽂이 kitob javoni.
책(柵) II damba, to'siq, qoziq devor.
-책(策) islohatlar, siyosat; 대항책 qarshi chora; 무역~ savdo siyosati.
책값(冊-)[-kap] narx (kitob, albom).
책략(策略) [chxenyam] hiyla, nayrang; ~을 꾸미다 makr ishlatmoq; ~가 makkor.
책망(責望) so'kish, haqorat; ~하다 so'kmoq (uyatli so'zlar bilan), urushmoq, tanbeh bermoq, haqoratga ko'mib tashlamoq, kimnidir nimagadir ta'zirini bermoq.
책상(柵狀) I parta, yozuv stoli; 양소매~ ikki javonli yozuv stoli; ~양반 *muroj.* o'zini bilimi bilan va hulqi tufayli yanban bo'lgan odam.
책상(冊床) II ~모자리 (앙판) to'g'ri burchakli sholi-poya; ~조직 biol. uchli parenxima.
책임(責任) burch, majburiyat; ~을 지다 nima uchundir javob bermoq, javobgar bo'lmoq; ~을 지우다 kimgadir ma'suliyat yuklamoq; ~감 majburiyatni his qila bilish tuyg'usi; ~량 ishlab chiqarish me'yori; ~자 mas'ul shaxs.
챔피언(ingl. champion) chempion, g'olib; qar. ⇒ 선수권 보유자.
챙 soyabon.
챙기다 yig'ishtirmoq, tartibga keltirmoq; 여행짐을 ~ yo'l hozirligini ko'rmoq.
처(妻) I xotin, umr-yo'ldosh; ~를 얻다 kimgadir uylanmoq; ~가 xotinning qarindoshlari, xotin ota-onasining uyi.
처(處) II boshqarma, bo'lim; 과학기술 ~ fan va texnika ishlari boshqarmasi; 환경~ atrof-muhit ishlari boshqarmasi.
처 III tartibsiz, kuchli; ~담다 yuklamoq, ortmoq; ~박다 kuch bilan kirgizmoq.
-처 kor.qo'sh. 1) joy; 피난처 boshpana; 2) boshqarma, bo'lim
처갓집 xotinning qarindoshlari, xotinning qizlik uyi; ~살이 xotinning ota-onasinikida yashashi.
처남(妻娚) 1) qaynag'a; 2) qayni; ~남매 qayni va pochcha (opaning eri); ~의 댁네 병 보듯

muroj. rasmiy, yuzaki, ko'ngildanmas.
처내다 buruqsamoq, burqusib chiqmoq(tutun).
처넣다 kuch bilan turtib itarib kirgazmoq, to'ldirmoq; 책을 상자에 ~ qutini kitoblar bilan to'ldirib tashlash; 돈을 증권에 ~ pulni to'xtovsiz aksiayaga qo'yish.
처녀(處女) qiz, bokira; erga tegmagan, beva; ~의 qizlik, qizlik davridagi; ~다운 kamtar, uyatchang; ~작을 발표하다 birinchi marta chiqmoq, boshlamoq; ~가 아이를 낳아도 할말은 있다 har bir narsaning bir hikmati bor; ~공연 debyut (birinchi urinish); ~생식 qizlik davri; ~성 iffat, bokiralik; ~시절 qizlik davri; ~작 ilk asar; ~작가 debyutant boshlovchi; ~장가 bokira qizga uylanish; 노~ qari qiz; 숫~ bokira qiz; ~가 아이를 낳아도 제 할 말은 있다 maq. ≅ gap ta'sir qilmaydi, surbet; ~면 다 확실인가? muroj. hamma narsa ham aytilganidek bo'lmaydi
처대다 1) o'ngga va chapga tarqatmoq; 2) pala-partish sug'armoq; 2) avaylamasdan to'latmoq, tiqishtirmoq; 4) noto'g'ri ko'rsatmoq.
처럼 og'z. "go'yo, singari" bo'lak; 수정~ 맑다 tog' billuridek musaffo.
처리(處理) murojaat, boshqarish; ~하다 murojaat qilmoq (nimanidir), boshqarmoq (nimanidir), uddalamoq; ~되다 hal qilingan; 사무를 ~하다 ish olib bormoq.
처방(處方) retsept, yo'riqnoma; ~을 내리다 dori-darmon yozib bermoq, chora ko'rmoq; ~전 retsept; ~[부전] dorini qabul qilishga oid ko'rsatma.
처벌(處罰) jazo, ta'zir; ~하다 jazolamoq, ta'zirini bermoq. ⇒ 징벌(懲罰)
처분(處分) buyruq, farmoyish; ~하다 idora qilmoq, boshqarmoq, bir yoqlik qilmoq, qutulmoq; 관대한 ~을 내리다 kimgadir iltifotli bo'lish; 적을 ~하다 dushmanni bir yoqlik qilmoq; 음식을 ~하다 ovqatni bir yoqlik qilmoq; 상품을 ~하다 mahsu- lotlarni sotib bo'lmoq; 재고~ qoldiqlarni chegirmali sotish.
처세(處世) ~하다 o'zini tutish; 그는 ~가다 u o'zini yaxshi tutadi; ~술 hayotda orttirilgan donolik.
처소(處所) turar joy, joy; 임시 ~ vaqtinchalik turar joy.
처신(處身) hulq; ~하다 o'zini tutish; ~이 사납다 o'zini juda yomon tutmoq; ~이 없다 yomon, odobsizlarcha; 변덕스럽게 ~하다 burni ko'tarilgan, kekkaymoq.
처음 boshlanish, ilk; ~에 avvaliga, boshlanishiga; ~으로 birinchi marta, ilk bor; ~의 ilk, boshlang'ich, dastlabki.
처지다 madorsiz pasaymoq, osilib turmoq, osilmoq, osmoq, orqada qolmoq, pasaymoq, yiqilmoq, qirol bilan pozitsiyaga chiqish.
처하다 bo'lmoq, turmoq; 벌금에 ~ jarima solmoq; 곤란한 상황에 ~ qiyin ahvolga tushib qolmoq.
척(尺) I o'lchov birligi (uzunlik), chizg'ich; ~으로 재다 o'lchov olmoq, o'lchamoq; 자기 ~으로 남을 재다 o'z qarichi bilan o'lchamoq.
척(戚) II qarindoshlik aloqalari.
-척 ~하다 o'zini biror ko'yga solmoq, mug'ombirlik qilmoq; 읽는 ~하다 o'zini o'qigan qilib ko'rsatmoq; 아픈 ~하다 o'zini kasalga solmoq; 바보인 ~하다

jinnilikka solmoq.
척결(剔抉) yo'qotish, qirish; ~하다 yo'qotmoq, qirib tashlamoq; 모조리 ~하다 o'z yo'lidagi hamma narsani yo'q qilmoq; ~자 qiruvchi.
척박(瘠薄) samarasizlik; ~하다 unumsiz, bepusht, kamhosil; ~한 토양 kamhosil yer, unumsiz.
천 [직물(織物)] I materiya, mato.
천(薦) II *esk. qar.* 추천 III; ~을 트다 a) tafsiyanoma olmoq; b) yangi ish boshlamoq, ishga kirishmoq.
천(千) III ming; 이 ~명의 학생 ikki ming talaba; ~분의 일 mingdan bir; ~년의 ming yillik; 천 일 기도; etn. 10 kun davomida ibodat qilmoq; 천일 행자 budd. 10 kun tarki dunyochilikka berilgan odam; 천일일수 10 kun davomida qismlab to'lanadigan qarz; 천갈래만 갈래 ko'plab tarmoqlar; 천 근 같다 juda og'ir; 천 냥 빚도 말로 갚는다 maq. ≅ jon ozig'i ham, bosh qozig'i ham-so'z; 천 냥에 활인이 있고 한푼에 살인이 있다 maq.≅ hisobli do'st ayrilmas.
천국(天國) qar. 천당; falak, jannatmakon, jannat, bog'i eram; 지상 ~jannatmakon yer, yerdagi jannat.
천대(賤待) kamsitish, ta'minot, boqish, mensimaslik; ~하다 kamsitish, iltifotsizlik qilish, mensimaslik, nafrat bilan qarash.
천둥(우뢰:又賴) momaqaldiroq; ~치다 gumburlamoq, taraqlamoq; ~벌거숭이 *muroj.* beg'am odam; ~같이 성을 내다 *muroj.* momaqaldiroq va chaqmoq chaqish; ~인지 지둥인지 모르겠다 maq. ≅ o'ta chalkash, miyani qotiradigan, shayton ham tushunmaydi; ~에 개 뛰어 들 듯 seni ishing bo'lmasin; ~에 떠는 잠 충이 같이 *muroj.* uyqusirab; ~하다 guldiramoq (momaqaldiroq)
천리(千里) [chhol] ulkan masofa; ~건곤 esk. borliq; ~만리 katta masofa; ~비린 esk. uzoq ham yaqin ko'rinadi; ~백총마 afsonaviy ko'kimtir ot; ~진운 esk. chozilgan bulut; ~행용 a) tog' tizmasining uzunligi) esk. tarixni hikoya qilmoq, biror ish tarixini boshdan oyoq gapirib bermoq.
천만(千萬) 1) 10 million; 2) ulkan miqdor; 3) ulkan, bahaybat (otlardan oldin); ~다행 katta baxt; 4) otdan keyin. bo'lmagan, uchramagan; ~부당 mutlaqo aqlga sig'maydigan (adolatsizlik); 위험~ katta havf; 5) ~에 nima siz, mana yana; ~뜻(꿈)밖 umuman kutilmagan; ~의말[씀]입니다 minnatdorchilikka arzimaydi; 6) mutlaqo, juda; ~부당 mutloq adolatsizlik; ~불가 umuman noto'g'ri.
천문(天文) samoviy hodisa va qonunlar; ~관 planetariy; ~년감 astronomik yil; ~단위 astronomik birlik; ~대 observatoriya; ~역학 qar. 천체[역학]; ~시계 astronomik soat; ~학 astronomiya; ~학자 astronom olim; ~천정 zenit osmonning eng baland nuqtasi; ~항법 astronavigatsiya.
천사(天使) farishta (xristian dinida oliy martabali farishta); ~같은 사람 farishtadek beozor; 수호 ~ qo'riqlovchi farishta.
천생(天生) hudo tomonidan berilgan; hudo bergan; qobiliyatli ~배필 belgilangan nikoh; ~연분 osmondan o'rnatilgan rishtalar.
천애(天涯) dunyoning chekkasi, juda uzoq joy, butunlay yolg'iz,

yetim; ~지각 bir-biridan uzoqda bo'lish; ~이역 uzoq-uzoq yurt; 3) ~[의] butunlay yolg'iz; ~의 고아 g'irt yetim, yetimlik.

천연(天然) tabiat, tabiiylik; ~적 tabiiy; ~가스 tabiiy gaz; ~견사 tabiiy ipak; ~기념물 tabiiy reliktlar; ~림 tabiiy o'rmon xo'jaligi; ~비료 tabiiy(mahalliy) o'g'it; ~색 tabiiy rang; ~자원 tabiiy boyliklar; ~섬유 tabiiy tola; ~수지 tabiiy smol (yelimsimon modda); ~스레트 slanets (tog'jinsi); ~생활 ibtidoiy hayot; ~작석 magnit; ~조림 tabiiy o'rmon xo'jaligi; ~영양 tabiiy mahsulotlar bilan ovqatlanish; ~스럽다 tabiiy bo'lib ko'rinmoq; ~하다 tabiiy; ~[스레] tabiiy.

천연색(天然色) ~사진 rangli rasm (foto); ~영화 rangli film.

천재(天才) uquvlilik, daho; ~적 iste'dodli, qobiliyatli, uquvli; 어학의 ~ qobiliyatli tilshunos; ~성 iste'dodlilik; ~아 qobiliyatli bola; ~교육 tarbiya, qobiliyatni rivojlantirish. ⇒ 재능(才能)

천정(天井) tom, shift; ~에 매달려 있다 shiftda osilib turmoq; ~그물 baliq to'ri; ~기중기 ko'tarma kran; ~부지 o'sayotgan (narxga nisbatan).

천주교(天主教) katolikchilik.

천지(天地) yer va osmon; ~이다 sonsiz, sanoqsiz, beadad; ~를 진동시키다 butun dunyoni ostinustun qilmoq; ~가 뒤집혀도 hattoki butun dunyo (ag'darto'ntar) o'zgarsa ham, har qanday holatda ham; ~개벽 dunyoning yaratilishi; ~만물 hamma narsalar (predmetlar); 별~ sehrli (afsonaviy) o'lka; ~가 진동하다 yeru-ko'kni zirillatmoq(larzaga keltirmoq); ~개벽 a) dunyoni yaratilishi; b) buyuk o'zgarish (o'zgartirish); ~분격 muroj. yer osmonday farqlanish; ~신명 yer va osmon parilari; ~이다 sanoqsiz; 2) ~에 e -voh, hay-hot, afsus; e, eh, o, oh; kulfat, ofat!!

천천히, ⇒ 서서히 asta-sekin, sekingina, ohista; ~하십시오 sxoshilmasdan qiling(bajaring).

천체(天體) ~관측 astronomik kuzatishlar; ~망원경 teleskop, reflektor, astronomik truba; ~물리학 astrofizika; ~학 uranografiya; ~역학 yorqin mexanika; ~물리학 astrofizika; ~분광학 astrospektroskopiya; ~측광학 astrofotometriya; ~측량학 astrometriya.

천하(天下) 1) butun dunyo; ~대세 dunyo(jahon) dagi holat; ~무적 yengilmaslik, kuchlilik; ~를 얻은듯 muroj. g'oyat baxtiyorlik, rohat-farog'atda yashamoqlik; ~없는 qar. [세상] I; 2) esk. [~에] osmon osti (tagi) da; 3) mislsiz, misli ko'rilmagan, hech ko'rilmagan, tengi yo'q, qaytarilmas; ~무비하다 taqqoslab bo'lmaydigan, ajoyib, yakkayagona; 4) [~에] eng, hamma(si)dan ko'ra, eng ko'p; ~를 호령하다 dunyoda hukmronlik qilmoq;

천하다(賤-) 1) past, razil; 2) ho'rlaydigan.

천한 말(속어) jargon.

철 I fasl, mavsum; ~늦다 kech paydo bo'lmoq; 철 그른 동남풍 maq. ≅xristos kunida tuxumcha ham qimmat bo'ladi; 철 묵은 색시 muroj. qaynonasining uyiga ko'chib o'tishga sxoshilmaydigan yosh xotin; 철 묵은 색시 승교 안에서 장옷 고름 단다 maq. ≅ ovga borishitni to'yg'azish; 철 [을] 놓치다 vaqtni ketkazmoq; 철

[을] 찾아[서] mavsumga ko'ra, mavsumiy;⇒ 무쇠

철 II zehn, tafakkur; ~이 들다 aqlli bo'lmoq; ~이 없다 beaql, kaltafahm; 철나자 망녕 난다 maq. ≅ a) temirni issig'ida bos; b) har to'kisda bir ayb; 철[을] 모르다 aqlsiz; 철[이] 나다(들다) aql kirmoq.

철(鐵) III temir, metal; ~의 temirdan; ~의 장막 temir darparda.

철(綴) IV adip; ~하다 tikib qo'ymoq; 신문을 ~하다 gazetlarni tikib qo'ymoq; 서류 ~ hujjatlar to'plami; 신문~ gazetlarni tikish.

철-(鐵) temir; 철박테리야 temir bakteriya.

-철(鐵) temir, metal; 압연철 chig'irlangan temir.

철갑(鐵甲) temir qoplamasi, zirh;~의 zirhli; ~하다 zirhlamoq; ~상어 soxalin osyotri; ~선 zirhli kema.

철거(撤去) evakuatsiya, chiqarish, olib ketish (qo'shin); 2) yo'qotmoq, bartaraf etmoq; ~하다 qo'shinni chiqarmoq; b) yo'qotmoq, bartaraf etmoq.

철공(鐵工) chilamgar.

철공소(鐵工所) temirchi ustaxonasi.

철교(鐵橋) metal (temir) ko'prik; 를 놓다 temir ko'prik qurmoq.

철근(鐵筋) armatura, temirbeton; ~골조 temir karkas; ~콘크리트 temirbeton; ~앙카 anker, ankerli bog'lama; ~을 넣다 armaturalamoq.

철길(鐵-) [-kkil] temir yo'l; ~을 놓다 temir yo'l o'tkazish; ~건널목 temir yo'l kesishmasi.

철도(鐵道) temir yo'l, temir yo'l chizig'i; ~를 부설하다 temir yo'l yotqizmoq; ~편으로 poyezdda, poyezd bilan, poyezd orqali; ~망 temir yo'llar tarmog'i; ~선로 temir yo'l chizig'i; ~승무원 o'tkazgich; 광궤 ~ keng temir yo'li; ~기중기 temir yo'l ko'tarma krani.

-철염(撤廉) ~하다 regentlikni bekor qilish.

철로(鐵路) 1) temir yo'l; ~바탕 temir yo'l ko'tarmasi; ~횡단로 temir yo'lni kesib o'tiladigan joy; 2) rel's yo'li.

철봉(鐵棒) turnik; ~을 하다 turnikda mashq qilmoq.

철수(撤收) [-ssu] xulosa, rad qilish; ~자산 ek. mavhum narsalar; ~하다 a) yig'ishtirmoq; b) chiqarilmoq, chaqirilmoq; e) qismlarga ajratmoq; 군대를 ~시키다 chiqarib olib ketmoq, qo'shinlarni olib ketmoq.

철야(徹夜) uyqusiz tun; ~하다 tunda bedor bo'lmoq, uyqusiz tun o'tkazmoq; ~작업 tungi ish.

철없다 zehni past, kaltafahm; 철없이 굴다 bolalik qilmoq; 철없는 행동 bolalarcha (go'daklarcha) harakat.

철저(徹底) [-chcho] ~하다 1. a) ketma-ket; b) to'la-to'kis; v) qat'iy, radikal; 2. a) ketma-ket bo'lmoq; b) to'la-to'kis bo'lmoq; e) qat'iy bo'lmoq; e) ichiga kirmoq.

철조망(鐵條網) [-chcho-] sim tarmoq, sim to'siq (tikanli), tikanli sim; ~에 걸리다 sim to'siqqa urilmoq, tikanli simga o'ralmoq; ~을 치다 sim to'siq o'rnatmoq.

철통(鐵桶) temir yombi (bochka) ~같은 dahlsiz; ~같은 방위진 mudofaning dahlsiz chizig'i.

철폐(撤廢) bekor qilish; ~하다 bekor qilmoq; 차별대우를 ~하다 diskriminatsiyani bekor qilmoq; 악법 ~ shafqatsiz qonunlarni

ㅊ

bekor qilmoq.
철하다(綴-) I (gazetalarga nisb.) tikib qo'ymoq.
철하다(撤-) II esk. bekor qilmoq, yo'q qilmoq.
철학(哲學) falsafa, falsafiy dunyoqarash; ~적 falsafiy; ~개론 falsafaga kirish; ~사 falsafa tarixi; ~자 faylasuf; 자연 ~ tabiat falsafasi.
첨가(添加) qo'shimcha, ilova; ~하다 to'ldirmoq, qo'shmoq; ~량 qo'shiladigan miqdor; ~물 qo'shimcha, ilova, ziravor; ~어 agglyutinativ tillar.
첨부(添附) ilova, qo'shimcha; ~하다 qo'shmoq, qo'ymoq; 서류를 ~하다 hujjatlarni ilova qilmoq; ~서류 qo'shiladigan hujjatlar.
첩 I ~[을] 박다 eshikni qoqib qo'ymoq.
첩(妾) II o'ynash, jazman ayol.
첩(貼) III dorivorlar uchun paketcha.
-첩(帖) albom; 사진~ fotoalbom; 우표수집~ markalar uchun albom.
첩보(捷報) sirli ma'lumot, agentlik ma'lumotlari; ~기관 kontrrazvetka organi; ~망 agentlik tarmog'i; ~하다 sirli ma'lumotlarni yetkazmoq.
첫 birinchi; ~걸음을 떼다 birinchi qadam tashlamoq, boshlamoq; ~걸음 birinchi qadam; 첫 가물 qurg'oqchilikning boshlanishi; 첫 무대 sahnadagi birinchi chiqish; 첫 삽을 들다 (뜨다) *muroj.* yer qurilish ishlariga kirishmoq; 첫 상봉 birinchi uchrashuv; 첫 술에 배 부르랴? *matal.* ≅ omad osonlikcha kelmaydi; 첫 차 birinchi poyezd (tramvay va h.k.); 첫 출발 birinchi qadam (nimagadir); 첫 출사를 하다 mansabdor bo'lmoq; 첫 페지 birinchi bet.
지를 열다(떼다) boshlamoq, birinchi qadamni boshlamoq.
첫날 [chhon-] 1) birinchi kun; 2) nikoh kuni; ~저녁 qar. 첫날밤.
첫눈 I [chhon-] 1) birinchi nigoh; ~에 들다 qaramoq, qiyo boqmoq; ~에 알아보다 bir qarashdayoq tanimoq; ~에 반하다 bir ko'rishdayoq sevib qolmoq.
첫눈 II [chhon-] birinchi qor.
첫딸 birinchisi (qiz farzandga nisb.); ~은 세간 밑천이다 birinchi qiz oyisiga yordamchi.
첫마디 birinchi so'z; ~에 이해하다 gapga og'iz ochgandan tushunish.
청 I 1) *qar.* 목청I; 청[을]놓아 (놓고) bor ovozi bilan; 2) musiqadagi 8-ton.
청 II 1) parda; 2) diafragma, membrana; ◇ ~[이] 떨어지다 yorilmoq, darz ketmoq (qovun, tarvuz v.h.k.).
청(請) III 1) iltimos; ~하다 iltimos qilmoq, so'ramoq; 원조를 ~하다 yordam so'ramoq; ~을 들어주다 foydaga hal qilmoq, talabni qondirmoq; 간절한 ~ o'tinib so'rash; 청[을] 넣다 (들다) iltimos qilish, yalinish; 2) taklifnoma.
-청(廳) 1) joy; 초례청 to'y bo'ladigan joy; 2) *esk. muassasa.*
청결(清潔) 1) ~하다 1. toza; ~하게 하다 tozalamoq; 2. qar. 청소[하다] I; 2) qar. 청소 I.
청구(請求) talab, ariza; ~하다 nimanidir talab qilmoq, ariza qilmoq; ~권 talab qilish huquqi; ~서 talab; ~인 talab qiluvchi, so'rovchi; 손해 ~ yetkazilgan zararni qoplashni talab qilish; 지불 ~ tolov talabi.
청년, 젊은이 o'smir.

청년들 yosh, yoshlar; ~기 yoshlik; ~운동 yoshlar harakati; ~회 yoshlar jamiyati; ~회관 yoshlar saroyi; ~자제 esk. yosh avlod; ~학생 o'qiyotgan (ta'lim olayotgan) yosh.

청렴하다(清廉-) haqqoniy, haqgo'y, beg'araz, holis.

청바지 djinsi.

청부(請負) pudrat, shartnoma; ~하다 baylab(pudratga) olmoq; ~맡다 pudtarga olmoq, baylashib olmoq, baholab olmoq; ~공사 shartnoma bo'yicha ish; ~업 pudrat ishlari; ~업자 pudratchi.

청산(清算) tugatish, yo'qotish, bitirish, barham berish, tamomlash, uzish; ~하다 o'chirmoq, so'ndirmoq, tugatmoq, bitirmoq, barham bermoq, yo'qotmoq; 회사를 ~하다 savdo jamiyatiga barham berish; 과거를 ~하고 새 생활을 시작하다 eski bo'lib o'tganlarni unutib, yangi hayotga qadam qo'ymoq; ~제도 kliring (tashqi savdoda naqd pulsiz hisob-kitob yurgizish) tizimi; ~협정 kliring bitimi.

청소(清掃) tozalash, yig'ishtirish, tartibga solish; ~하다 tozalamoq, supirib-sidirmoq, pokizalamoq, artmoq; ~기 chang yutgich; ~부 yig'ishtiruvchi, qoravul; ~차 axlatlarni yig'ibterib ketadigan mashina; 대 ~ butun uyni supurib-sidirish.

청소년(青少年) (g'o'r) yosh.

청원(請願) I so'ramoq; ~하다 yordam haqida so'ramoq, yordam bilan murojaat qilmoq; ~서 (yozma) so'rovnoma.

청원(請援) II ~하다 yordam so'ramoq.

청중(聽衆) auditoriya, tinglovchilar; ~에게 깊은 인상을 주다 auditoriyada chuqur tassurot paydo qilmoq.

청첩장(請牒狀) bayram tantanasiga taklifnoma(yozma).

청취(聽取) eshitish, quloq solish, tinglash; ~하다 eshitmoq, oxirigacha quloq solmoq, tinglamoq; 라디오를 ~하다 radio eshitmoq; ~율 조사 radiodasturlarni mashhurligini aniqlash maqsadida radio eshituvchi(tinglovchi)ni so'roq qilmoq; ~자 tinglovchi.

청하다 so'ramoq.

청혼 taklif qilmoq, taqdim qilmoq; ~하다 taklif qilmoq, qo'lini so'ramoq.

체 I ~하다 huddi..., go'yo...; 읽은 체하다 huddi o'qiganday qilmoq, 본 체 만 체하고 yoqtir- masdan.

체(滯) II oshqozonda hazm bo'lmaslik.

체(体) III 1) uslub; 체[를] 받다 uslubdan nusxa olish, kimningdir uslubiga taqlid qilmoq; 2) ko'rinish.

-체(体) kor. qo'sh. 1) jism; 다면체 ko'pyoqli (geometrik shakl); 2) tuzulish; 결정체 kristal; 3) uslub, usul, tarz; 말체 og'zaki usul.

체감(遞減) ~하다 asta-sekin pasaymoq (kamaymoq).

체격(體格) qaddi-qomat, jussa, bichim, bo'y.

체결(締結) tuzish (bitim); ~하다 bitm tuzmoq.

체계화(體系化) tizimlash, tartibga solish; ~하다 tartibga solmoq.

체납(滯納) kechiktirish, muddatidan o'tkazib yuborish; ~하다 to'lovni kechiktirmoq; ~액 boqimandalik, kechiktirilgan summa; ~자 boqimandachi (soliqni o'z vaqtida batamom to'lamagan kishi).

체념하다 puxta o'ylamoq, ho'p fikr qilmoq, o'ylab ko'rmoq,

mulohaza qilmoq, yaxshilab o'ylamoq.
체육(體育) jismoniy tarbiya; ~계 sport doirasi; ~관 sport zali; ~인 sportchi.
체육관(體育館) sport saroyi, sport zali.
체육대회(體育大會) musobaqalari sport, musobaqa, poyga.
체중(体重) I (tana) vazminlik.
체중(体重) II ~하다 a) og'ir (tana haqida); b) esk. mahkam, mustahkam, puxta, pishiq, asosli, ishonchli; basavlat, savlatli, ko'rkam, jiddiy (jamoat holati haqida).
체험(體驗) sinov, shaxsiy tajriba; ~하다 shaxsan sinab ko'rmoq, shaxsan o'z tajribasiga ko'ra bilmoq; ~담 shaxsiy tajriba haqida hikoya.
쳇바퀴 elak gardishi (chambaragi, halqasi).
쳐다보다 hurmat bilan qaramoq.
쳐다보이다 tepadan ko'zga ko'rinmoq, yuqoridan ko'zga ko'rinmoq.
쳐들다(쳐드니, 쳐드오) ko'tarmoq; 고개를 ~ boshni ko'tarmoq.
쳤습니다(물장난도) chayqalmoq, to'lqinlanib urilmoq, shapillamoq, qalqib sachramoq.
초 I sham.
초(醋) II sirka; 초친놈 a) umidsiz odam; b) ozod qilingan odam.
초(草) III homaki yozilgan (chizilgan) narsa, dastlabki tahrir; 초[를] 잡다(내다) homaki yozilganini tashlab yubormoq (xat v.h.k.); *qar.* 초서 I.
초(楚) IV qirol.
초(初) V 1) *otdan keyin.* bosh 학년~ o'quv yilining boshi; 2) *otdan oldin.* erta, birinchi; 초가을 erta kuz, kuzning boshla- nishi; 3) oyning birinchi deka- dasi (o'nligi); 초아흐레 oyning 9-kuni.
초-(超) -dan tashqari, -dan boshqa; super..., ultra... 초자연적 g'ayritabiiy, mo'jizaviy; 초단파 ultraqisqa to'lqin.
-초(哨) I kor.qo'sh. post, kuzatish joyi; 감시초 kuzatish joyi.
-초(礁) II kor. qo'sh. rif; 산호초 marjon rifi.
초과(超過) orttirish, oshirib borish, ortiq, oshiq; ~이윤 a) qo'shimcha foyda, ustama foyda; b) plandan tashqari foyda(kirim); ~실행 oshirib bajarish, oshig'i bilan bajarish; ~잉여 가치 ko'p oshirilgan qiymat; ~하다 (nimanidir) orttirmoq, oshirib yubormoq.
초급(初級) I ot. boshlang'ich, dastlabki, avvalgi; ~의 boshlang'ich, dastlabki, avvalgi; ~단체 boshlang'ich tashkilot.
초급(峭急) II ~하다 tez va qaynoq (fe'l-atvor haqida).
초대(招待) taklif, taklif qilish, chaqirtish, taklifnoma, chaqiruv qog'ozi; ~하다 a) taklif qilmoq (kimnidir mehmonga); b) qabul qilmoq (mehmonlarni); e) qirol buyrug'iga binoan chaqirmoq; ~권 taklifnoma chiptasi; ~장 taklifnoma (xati), (yozma) taklifnoma.
초등(初等) I ot. boshlang'ich, dastlabki, avvalgi, elementar; ~교육 boshlang'ich ta'lim; ~대수학 elementar algebra; ~수학 arifmetika; ~학원 maktab yoshidagi bolalar uchun bolalar uyi, maxsus bilim yurti; ~의무교육 majburiy boshlang'ich ta'lim; ~의 boshlang'ich, dastlabki, avvalgi, elementar; ~학교 boshlang'ich maktab.
초등(超等) II ~하다 o'rta

darajadan o'tib (o'zib, oshib) ketmoq.
초라하다 1) kulrang, bo'z; siyqa, suyuq, qizig'i yo'q, g'o'r, hom; madaniyatdan orqada qolgan; bulutli, havo buzuq; 2) ahamiyatsiz, yaxshi emas, bir oz, ozgina kam.
초래(招來) ~하다 a) nimagadir, kimgadir ta'sir ko'rsatmoq, ta'sir qilmoq, aks etmoq, ko'rinmoq (nimadadir), olib kelmoq (nimagadir), nimanidir o'ziga jalb qilmoq; b) esk. chaqirmoq, taklif qilmoq.
초벌(初-) qar. 애벌; ~목 vinonig birinchi qultumi; ~목을 축이다 tomoqni chayqamoq; ~의 birinchi, boshlang'ich, dastlabki, birlamchi.
초보(初步) ilk qadam, bosh, boshlanish, boshlash; ~적 boshlang'ich, elementar.
초원(草原) cho'l, dasht, o'tzor, o'tloq, chamanzor; geog. ~기후 dashtli iqlim.
초월(超越) ~하다 1. ustun chiqmoq, o'tib (o'zib,oshib) ketmoq, orttirmoq, oshirib (orttirib) yubormoq; 2. esk. yuqori (balane) bo'lmoq (kimdir, nimadandir), ko'zga koringan, mashhur, atoqli (mas. olim); juda zo'r, misli ko'rilmagan (g'alaba).
초점(焦點) [-chchom] fiz. mat. fokus (ko'zguning markaziy nuqtasi); markaz, o'shoq; ~거리 fokusli masofa; ~심도 tezlik chuqurligi.
초청(招請), 초대(招待) taklif, taklif qilish, chaqirish; ~으로 taklifga binoan; ~하다 taklif qilmoq, chaqirmoq; ~장 rasmiy taklif, rasmiy taklif qilish(chaqirish), takliflnoma(bilet).
초콜렛 shokolad.
초토화(焦土化) ~하다 atrofdagi hamma narsani kuydirib kul qilmoq, atrof-muhitni butkul kuydirib bitirmoq; ~작전 "kuydirilgan yer" taktikasida qo'llaniladigan jang operatsiyasi.
촉(觸) I 1) uch, tig', dam, uch (biror narsaning uchi, o'tkir tomoni); 2) do'ng joy, turtib chiqib turgan joy, tikan, tikanak.
촉 II ~늘어지다 tushmoq, pasaymoq, cho'kmoq, o'tirmoq.
-촉 uch; 철필촉 pe'ro (konselyariya).
촉박(促迫) ~하다 bosmoq, bosib olmoq; yaqin (muddat haqida); 시간이 ~하다 payt, fursat, vaqt (masalan ketmoq).
촉진(促進) tezlatish, tezlashtirish, oshirish; rag'batlantirish, yengillashtirish, yengillik, yengil tortish; ~하다 biror narsani taraqqiy etishiga ko'mak bermoq, oldinga qarab intilmoq (harakat qilmoq).
촉촉하다 nam, ho'l, biroz nam.
촌(村) I qishloq; 촌 닭 관청에 잡아다 놓은 것 같다 maq. qishloq tovug'i, poytaxt boshqarmasiga tushib qolibdi; 촌 닭이 관청 닭 눈 빼여 먹는다 maq. qishloq tovug'i shahar tovug'iga ko'z qisibdi 촌적 a) qishloq, qishloqdagi, qishloqli; b) qo'pol, dag'al, beo'xshov, hunuk, oddiy.
촌(寸) II 1) esk. qar. 치 III; 2) qarindoshlik darajasi.
촌-(村) qishloqdagi, qishloqlik; 촌남자 qishloqli aholi.
-촌(村) kor. qo'sh. qishloq; 문화촌 madaniyatli qishloq.
촛대 shamdon. 촛불 sham.
총 I ot yoli.
총(總) II (kor. poxoldan qilingan oyoq kiyim).
총(銃) III miltiq, qurol; 총[을]

놓다 miltiqdan otmoq; 총[을] 잡다 qurol bilan qo'lga ushlanmoq.
총-(總) umumiy, bosh, asosiy; 총공격 asosiy hujum; 총선거 umumiy saylov.
-총(銃) kor. qo'sh. qurol; 공기총 pnevmatik qurol.
총계(總計) jami; ~하다 1) umumiy natija qilmoq, summalashtirmoq; 2) umumiy natija, jami; qar. ⇒ 결과(結果).
총괄(總括) umumlashtirish, yakunlashtirish, yakun; ~적으로 butunligicha; ~하다 umumiylashtirmoq, yakunlashtirmoq.
총량(總量) [-nyan] umumiy miqdor, umumiy og'irlik, summali miqdor (kattalik); ~적으로 butunligicha.
총리(總理)[-ni]~하다 bosh vazir; ~대신 esk. vazir o'rinbosari (Yaponiya hokimiyatida); asosiy boshqarma, bosh direktor; lider.
총명(聰明) yaxshi xotira; ~이 불여둔필이라 yaxshi xotirali inson ham har esda saqlab qola olmaydi; ~호학 esk. fanga bo'lgan katta qiziqish va qobiliyat, donishmandlik; ~에지 donolik (odatda qirol); ~하다 a) aqlli; b) yaxshi (xotira haqida).
총애(寵愛) maxsus mehr (muhabbat haqida); ~하다 kimgadir homiylik ko'rsatmoq.
총지휘(總指揮) umumiy rahbarlik; ~하다 umumiy rahbarlikni amalga oshirmoq (yuzaga chiqarmoq); ~권 umumiy rahbarlikdagi vakolat; ~자 umumiy boshqaruvni yuzaga chiqaruvchi.
촬영(撮影) fotosyomka; ~하다 rasmga (suratga) tushmoq, olmoq, syomkaga tayyorlamoq; ~기 fotoapparat; ~기사 kooperator; ~소 kinostudiya; ~장 syomka maydoni; 야외 ~ tabiiy syomka, ochiq havo (tabiat qo'yni) dagi syomka; 야외~ (biror) joyga chiqib (olinadigan) syomka.
쵸콜레트(ingl. chocolate) shokolad.
쵸크(ingl. chalk) qar. ⇒ 백묵
최-(最) eng, ayniqsa; ~하등의 eng yomon, juda yomon, eng yaramas; ~적의 ayniqsa mos keladigan (yaroqli, kerakli, foydali); 최신식 eng yangi namuna.
최고(最高) eng yuqori, maksimum, oliy; ~의 eng yuqori, eng maksimal, oliy; ~회의 oliy kengash.
최근(最近) 1. ~에(so'nggi) oxirgi paytlarda, oxirgi kunlarda, yaqinda; 2. ~의 eng oxirgi, yaqinlashayotgan; ~역사 eng yangi tarix; ~임무 yaqinlashayotgan topshiriq; ~삼 년간에 keyingi (oxirgi) uch yilda; ~까지 oxirgi paytgacha.
최대(最大) maksimum; ~의 eng ko'p, eng katta, maksimal; ~공약수 eng ko'p umumiy bo'luvchi; ~공척도 mat. eng katta umumiy o'lchov; ~이격 astr. elongatsiya; ~속도 maksimal tezlik, mor. maksimal yurish imkoniyati; ~치 eng katta ahamiyat (mohiyat); ~한 maksimum; ~하다 maksimal, eng katta, eng yirik, eng yuqori.
최선(最善) ~의 eng zo'r; ~의 노력 barcha imkoniyatlarga ega bo'lgan kuch, maksimal harakat qilish; ~을 다하다 barcha imkoniyatlarini ishga solish.
최소(最小) minimum; ~의 eng kichik, eng mayda, minimal; ~공분모 *mat.* eng kichik umumiy mahraj; ~한 minimum; ~하다 eng kam, eng oz, eng kichik, eng qisqa, minimal.
최신(最新) ot. eng yangi; ~의

eng yangi, eng so'nggi, eng yangi tur.
최악(最惡) ~하다 a) esk. yomon, jahli yomon, battol; b) eng yomon, eng yaramas, eng past; ~의 eng yomon, o'ta yomon; ~의 상황이다 bu hammadan yo- mon; ~의 경우에 eng yomon holatda; ~의 상황을 대비하다 eng yomon holatga tayyorlanish.
최우수(最優秀) eng yaxshi, eng soz, a'lo; ~하다 eng zo'r, eng yaxshi, eng ajoyib.
최저(最低) minimum; ~의 eng kam, eng oz, eng past; ~강령 minimum programmasi; ~생활비 kun kechirishga zaril bo'lgan narsalarning eng oz miqdori; ~온도계 meteor. minimal termo-metr.; ~임금 kun kechirishga zarur bo'lgan narsalarning eng oz miqdori, eng oz ish haqqi; ~한 minimum; ~하다 eng past, minimal.
최종(最終) 1) esk. eng oxirgi; 2) oxir; ~의 eng oxirgi, eng so'nggi, oxirgi; ~결정 qat'iy qaror; ~목적 eng so'nggi maq-sad; ~일 oxirgi kun; ~적 oxirgi, so'nggi, xulosaviy (eng); ~속도 xulosaviy (eng) oxirgi tezlik; ~질주 sport. yugurishdagi finish.
최초(最初) eng boshi, boshi, avvali; ~자극 el. bosh impuls; ~에 eng avvalida, eng boshida, avval; ~의 birinchi, eng boshidagi, dastlabki, avvalgi, boshlang'ich; 그가 ~로 그것을 발견하였다 u eng birinchi bo'lib (buni) sezdi.
최후(最後) 1) eng oxirgi (so'nggi) qism, oxiri; ~적 eng oxirgi, eng so'nggi, xulosaviy; ~의 피 한 방울까지 eng oxirgi qonigacha; ~변론 yur. sudda so'zga chiqish (gapirish); ~통첩 ultimatum, qat'iy (keskin) talab; ~임무 eng oxirgi masala, vazifa; 2) hayotning eng oxirgi (so'nggi) daqiqalari, o'tmish, oxirida, oxirgi (so'nggi) marta; ~의 oxirgi, so'nggi; ~로 oxirida, va nihoyat, xulosasida; ~까지 oxirigacha, oxirgi(so'nggi) sigacha; ~결과 oxirgi natija; ~수단 yagona vosita; ~만찬 kechki sirlar; ~통첩 ultimatum, qat'iy (keskin) talab.
최후의 심판 날 Qo'rqinchi qiyomat kuni.
추(錘) I tarozi uchun tosh; 낚시~를 달다 og'ir toshni tortib (osib) ko'rmoq; 1) qar. 저울추; 2) og'irlik, og'ir narsa, qarmoq tosh(qarmoqqa,to'rga osiladigan og'ir tosh); 3) tebrangich (soatning).
추(醜) II esk. pastlik, razillik, qabihlik, pastkashlik, mal'unlik, yaramaslik.
-추 I kesim bo'lib keladigan sifatlardan ravish yasash: 곧추 to'g'ri; 늦추 kech.
-추 II 낮추다 pasaytirmoq, kamaytirmoq.
추가(追加) to'ldirish, qo'shish; ~적 qo'shimcha; ~하다 to'ldirmoq, qo'shmoq; ~계산 byudjetdan ajratilgan qo'shimcha pul; ~량 qo'shimcha (son) miqdor, o'sish, ko'payish, ortish; ~분 qo'-shimcha haq, qism; ~예산 qo'shimcha byudjet.
추격(追擊) 1) ta'qib qilish, quvg'in qilish, intilish, ko'zlash; 적을 ~하다 dushman ortidan quvish; ~기 qiruvchi-tutuvchi samalyot; ~자 ta'qib qilmoq;~전 ta'qib (kuzatish, quvg'in) ostidagi kurash; ~비행 av. tutib olish, quvish; 2) *qar.* 습진 II; ~을 붙이다 esk. *a)* yo'l-yo'rig'ini

o'rgatish; b) o'zaro urushtirib qo'ymoq, bir-birini urushtirib qo'ymoq; ~하다 a) ta'qib qilmoq, kuzatmoq; b) qar. 습진[하다] II.
추구하다(追求-) harakat qilmoq, intilmoq, maqsadga erishishga harakat qilmoq, olib bormoq, yurgizmoq (siyosat).
추다 1) jonlantirmoq, qiziqtirmoq, kuzatmoq; 몸을 못~ qiziqish holatidan tashqari bo'lish; 원기를~ (kayfiyat) ruhiyatni ko'tarmoq; 2) yaxshilab qaramoq, axtarib chiqmoq, kovlashtirmoq, titkilamoq; 3) izlab(qidirib, kovlab, kovlashtirib) topmoq, qidira-qidira topib olmoq; 4) to'plamoq, to'dalamoq, to'plab qo'ymoq, uymoq (axlat); 추어 주다 a) ko'tarib ortib qo'ymoq (masalan, yukni kimdirning yelkasiga); b) haddan tashqari maqtab yubormoq, ko'klarga ko'tarmoq, maqtovni oshirib yubormoq; 추어올리다 a) ko'tarmoq, yerdan ko'tarmoq, engashib ko'tarmoq; b) juda (rosa) maqtamoq, maqtab (maqtovni) oshirib yubormoq.
추도(追悼) aza tutib yig'lamoq, ko'z yoshi to'kmoq; ~하다 qattiq qayg'urib, (marhumga) aza tutib yig'lamoq (ko'z yoshi to'kmoq); 친구의 죽음을 ~하다 do'stining vafotiga aza tutib yig'lamoq; ~문 nekrolog, taziy- anoma; ~식 janoza, janoza marosimi; ~식을 행하다 janoza marosimini ado etmoq (o'tkaz- moq); ~회 motam marosimi, dafn marosimi.
추돌(追突) esk. ~하다 orqadagi (nimadir bilan) to'qnashib (urushib) ketmoq, orqadagi (nimadir bilan) urushib ketmoq, kuzatmoq va orqadan hujum qilmoq;
추락(墜落) pasayish, kamayish, tushish, ag'darilish, qulash; ~하다 a)tushish(qulash) (yuqoridan); b) yo'qotmoq (avtoritet, ishonch va h. k.); e) esk. o'zini tashlab yubormoq(o'zidan ketib qolmoq) (biror nersani yoqtirib qolgandan); 비행기를 ~시키다 samalyotni urib yiqitmoq; ~사 yuqoridan yiqilish natijasida halok bo'lmoq.
추리(推理) 1) xulosa, yakun; 2) mantiq. xulosa chiqarish, muayyan fikrga kelish, xulosa, natija, yakunlovchi fikr; ~하다 xulosaga kelmoq; ~소설 detektiv qissa, hikoya.
추모(追慕) ~하다 xotirlamoq, eslamoq, esga olmoq, yodda saqlamoq (vafot etgan haqida).
추상(抽象) 1) mantiq. abstraktsiya, abstraktlash(narsani uning konkret xususiyatlari va alomatlaridan fikran ayirib qarash); ~[적] abstrakt, umumiy, nazariy, mavhum; ~개념 abstrakt tushuncha; ~력 abstrakt fikirlash qobiliyati; ~[적]명사 obstrakt (mavhum) ot; ~미 abstrakt (umumiy) go'zallik; ~성 abstraktlilik, umumiylik, mavhum(li); ~주의 abstraksionizm; ~파 abstraktsionist; ~화 abstraktsiya qilish; ~화하다 abstraktlashtirmoq; ~적노동 ek. abstrakt mehnat; 2) ~하다 chalg'imoq, alahsimoq, fikri boshqa tomonga ketmoq, boshqa narsa bilan ovora bo'lib qolmoq.
추석(秋夕) (한가위,중추절) Chusok (oy taqvimi bo'yicha 15 avgust xotira(lash kuni) Koreys milliy bayrami; ~빔 koreys hosil bayramida kiyiladigan yangi kiyim.
추악(醜惡) qabihlik, razillik, jirkanchlik, yaramaslik, ifloslik,

pastlik, tubanlik; ~하다 juda yomon, jirkanch, qabih, hunuk, manfur, iflos, razil, juda hunuk, badbashara, beo'hshov, nomaqbul, yaramas, be'mani, bemaza, adabsiz; ~한 행동 be'mani harakat; ~성 qabihlik, razillik, jirkanchlik.

추억(追億) eslash, esga olish, hotirlash, es; ~하다 eslamoq; ~담 o'tmish haqida hikoya.

추월(追越) o'zish, o'zib ketish, quvib o'tib ketish, quvib o'zib ketmoq, ilgari o'tib ketmoq; ~하다 o'zib ketmoq, oldinga o'tib ketmoq, quvib etib ilgari o'tib ketmoq; ~금지 quvib o'tish ta'qiqlanadi.

추위 sovuq, ayoz, salqin; ~를 타다 sovuqqa toqat qila olmaslik (qo'rqmoq).

추정(推定) gumon, taxmin, faraz, ehtimol; ~의 taxminiy, mo'ljallangan, chamalangan; ~하다 niyat bo'lmoq, ko'zlamoq, cho'rtlamoq, chamalamoq, taxmin qilmoq, faraz qilmoq, gumon qilmoq, hayol qilmoq, o'ylamoq.

추종(追從) ~국가 satellit (davlat), satellit qadimda o'z ho'jayinini kuzatib yurish uchun yollangan soqchi; ~하다 gapiga kirmoq, qarshiliksiz (kimgadir bo'ysunish); ~자 satellit.

추진(推進) yuborish, jo'natish, siljitish, ilgarilatish, ilgari surish, oldinga siljitish, olg'a surish; ~하다 surmoq, surib qo'ymoq, siljitmoq, oldinga surmoq, tezlatmoq, tezlashtir- moq, jadallatmoq; ~기 pro- peller, samolyot parragi; ~력 harakatga keltiruvchi kuch, aylantiradigan val; ~ 장치 kon. mexanizmni o'tkazish.

추징(追徵) qo'shimcha tushum; ~하다 a) keyinchalik undurilmoq (to'lattirmoq) (etishmagan kam miqdorni), b)qo'shimcha yig'moq (soliq va h.k.); ~금 qo'shimcha tushum.

추징금(追徵金) penya, o'sim.

추천(推薦) tavsiya etish, ~하다 pastdan yuqoriga ko'tarish, tavsiyanoma bermoq (kimgadir); ~서 tavsiya etilgan adabiyot (kitob) ~자 tavsiya etuvchi; ~장 tavsiyanoma.

추첨(抽籤) qur'a tashlash, chek tashlash, lotoreya; ~하다 tortmoq (qur'a, lotoreya bileti); ~권 lotoreya bileti; ~제 qur'a tashlash tizimi, qur'a tashlash.

추출(抽出) chiqarish, tortib chiqarish, kavlab chiqarish, sug'urib olish; ~하다 chiqarmoq, tortib chiqarmoq, kavlab chiqarmoq, sug'irib olmoq, tortmoq;

추키다 1) bir oz ko'tarmoq, andak ko'tarib qo'ymoq; 2) tez ko'tarilish(oshish)(narx va h.k.); 3) yuqoriga (nasos bilan tortib) chiqarmoq, yuqoriga ko'tarmoq; 4) qar. 부추기다; ‖

추켜들다 tepaga ko'tarmoq, tortmoq;

추켜세우다 a) tepaga tortmoq; b) ko'tarmoq, oshirmoq; e) me'yoridan ortiq maqtamoq, maqtamoq; 추켜올리다 a) qar. 추켜들다; b) qar. 추켜세우다.

추후(追後) 1) ~마련 esk. navbatdagi tayyorgarlik; ~하다 rioya (amal) qilmoq; ~하여 keyin, natijasida; 2) ~[에, 로] keyinroq; ~ 통지가 있을 때까지 keyingi instruktsiyani olgunga qadar.

축(築) I fundament, asos.

축(軸) II 1) qar. 굴대; 2) material (qog'oz)larni o'rashda

foydalanadigan kaltak (tayoqcha) 3) o'q, val, markaziy o'q (sterjen).
축(縮) III 축이 가다 a) hurpaymoq, burushmoq, qurushmoq, g'ujanak bo'lmoq; b) ozib ketmoq, oriqlamoq, o'zini oldirmoq, yuzlari cho'kishmoq; 축[이] 나다 yetmaslik, kam bo'lish; 축[이] 지다 a) obro' (nufuz)ni yo'qotmoq; b) holsizlik, kuchsizlanmoq, bequvvat bo'lmoq, madorsiz qolmoq; e) ozmoq; 축[을] 삽히다 nozik joylarni qidirib topmoq (kamchilik).
축(軸) IV hisob so'z. 1) 20 kalendar; 2) 10 varaq javoblar to'plami (davlat lavozimida bo'ladigan imtihonlarda); 3) rulon, o'ram, o'ralgan qog'oz(material) 4) 200(varaq)koreyscha qog'oz.
축늘어지다 qo'li ishga bormaslik.
축구(蹴球) futbol; ~선수 futbolist; ~경기 futbol bo'yicha musobaqa.
축도(縮圖) 1) ~하다 mayda (kichkina) masshtabda nusxa olish, qilmoq (kichraytirilgan nusxa); 2)kichraytirilgan nusxa, qisqa nashr(karta, plan).
축산(畜産) chorvachilik, chorvachilik ilmi; ~기술자 chorvachi, chorvador, chorvachilik mutaxassisi; ~물 chorvachilik mahsulotlari; ~업 chorvachilik, chorvadorlik; ~업자 chorvachi, chorvador, mol olib sotuvchi, molfurush, jallod; ~학 zootexnika; ~기사 zootexnik; ~지구 chorvachilik rayoni.
축소(縮小) kichraytirish, qisqartirish; ~하다 kichraytirmoq, qisqartirmoq; 군비 ~ mudofaani qisqartirish; ~강조법 tilsh. litota, litotes.
축전(祝電) qutlov (tabrik) telegrammasi; ~을 치다 (kimnidir) telefon orqali tabriklamoq, tabrik telagrammasini bermoq; ~기 kondensator(elektr quvva- tini to'playdigan asbob); ~지 akkumulyator batareyasi.
축전지(蓄電池) akkumulyator batareyasi, akkumulyator; ~전차 *qar.* 축전기차
축제(祝祭) festival; ~일 bayram.
축조물(築造物) inshoat, imorat, qurilish, bino.
축축하다 nam, ho'l.
축출(逐出) haydash, surgun: ~경외 esk. haydash, surgun qilish, badarg'a qilish; ~하다 haydamoq, surgun qilmoq, badarg'a qilmoq.
축하(祝賀) 1) tabrik, qutlov; 2) ~하다 (kimnidir) tabriklamoq, qutlamoq (kimnidir nimadir bilan); ~단 qutlovchilar guruhi; ~문 tabrik (yozma), adres, manzil; ~식 qutlov marosimi; ~연 (kimdirning) munosabati bilan banket; ~엽서 qutlov yozish uchun maxsus pochta kartochkasi; ~주 qutlash uchun ko'tarilgan vino.
춘궁(春窮) bahor mavsumida oziq-ovqat(masalasida)qiynalish (qishloqda); ~기 oziq-ovqat masalalari bilan bog'liq bahorgi mavsum qiyinchiliklari.
춘분(春分) bahorgi (kun bilan tunning) tenglashishi (24 mavsumning birida, 21-22 mart kunlari).
춘추(春秋) 1) bahor va kuz; 2) hurm. sizning(uning) yoshi, yili; 3) yil; 4) "Bahor va Kuz" (Lu knyazligining solnomasi, konfutsiyning 5 kitobi); ~복 bahorda va kuzda kiyish mumkin bo'lgan kiyim (yengil palto).
춘추관(春秋館) feod. tarixiy sarlarni tuzuvchilar idorasi.
춘하추동(春夏秋冬) yilning 4 fasli.

출가(出嫁) I turmushga chiqmoq, erga tegmoq; ~하다 turmushga chiqmoq; ~외인 erga berilgan qiz-kesilgan (ajralgan) qism yoki begona.
출가(出家) II ~하다 a) uydan ketib qolish, oila bilan aloqani uzmoq; b) monastirga monax bo'lish uchun ketish; ~수행 esk. uyni tark etib o'qish bilan shug'ullanish.
출결(出缺) 1) (ishga) chiqish va chiqmaslik; qar. 출결근; 2) qar.출결석
출고(出庫) ~하다 ombordan berish.
출고량(出庫量) ombordan berilgan narsalar miqdori.
출구(出口) 1) chiqish; 비상~ yong'in (zaxira) chiqish yo'li; ~변압기 el. chiqish transformatori; 2) *qar.* 출로; 3): ~하다 dengiz orqali eksport qilish; 3) qar. ⇒ 입구(入口) chiqish⇒ kirish.
출근(出勤) chiqish(ishga chiqish, xizmatga chiqish);~하다 bo'lmoq (ishda, xizmatda); ~시간 ish soati (ishda bo'lgan vaqt).
출납(出納) [-lap] 1) kirik (daromae) va chiqim; 2) esk. qabul qilish va topshirish; ~하다 qabul qilmoq va topshirmoq; 3) *qar.* 출납원.
출동(出動) [-ttong] 1) chiqish (sayrga), jo'nash (frontga); 2) safarbarlik, jangga kirish; ~하다 a) sayohatga chiqish, frontga jo'nab ketish; b) safarbar etmoq, jalb qilmoq.
출력(出力) ~하다 1) qo'shmoq vosita (mehnat); 2) chiqish quvvqti.
출발(出發) start, jo'natish, ketish, boshlanish, qaytish; ~의 chiquvchi, boshlang'ich; ~하다 chiqib ketmoq, chiqmoq (nimadandir); ~신호 chiquvchi (boshlang'ich) signal (belgi); ~재료 chiqadigan mahsulot; ~질주 sport. boshlang'ich tezlanish.
출산(出産) [-ssan] *esk.* ~하다 tug'uruq, (tug'moq (chaqaloq); ~률 tug'ilish darajasi.
출생(出生) [-sseng] tug'ilish, tug'uriq; ~하다 tug'ilmoq.
출석(出席) [-ssok] bor bo'lmoq, bo'lmoq, davomat; ~하다 kelmoq, qatnashmoq; 회의에 ~하다 majlisga kelmoq; ~을 부르다 yo'qlama qilmoq.
출세(出世) [-sse] karyera, hayotdagi yutuq; ~하다 a) muvaffaqiyat qozonmoq; b) arx. dunyoga kelmoq, tug'ilmoq; e) budd. dunyodan voz kechmoq; e) bor mavjudotni qutqarish uchun dunyoga qayta kelmoq (buddaviylikda budda haqida).
출신(出身) [-ssin] 1) ijtimoiy kelib chiqish; ~성분 ijtimoiy mansublik, ijtimoiy holat; 그는 프롤레타리아 ~이다 u proletariat nasabidan; 2) falon joylik, falon joyda tug'ilgan kishi; 그는 서울 ~이다 U asli Seuldan (Seullik); 3) maorif, o'qish o'qitish, bilim olish, kasb, ishlar tajribasi; ~교 bitirlilgan(tamomlangan) maktab; 그는 대학 ~이다 u universitetni bitirganlardan; 4) ~하다 a) esk. qar. 출세[하다] I a); b) birinchi davlat lavozimini egallash; c) davlat lavozimini egallash uchun harbiy daraja (razryad) bo'yicha imtihonlar topshirmoq; 5) ot. davlat lavozimini egallash uchun harbiy daraja bo'yicha imtihonlarni topshiruvchi.
출아(出芽) 1) ~하다 nish urmoq, kurtak chiqarmoq, unmoq, unib ko'karib chiqmoq; 2)nish, kurtak;

3)kurtaklanish, kurtaklar vositasida urchish (ko'payish).
출원(出願) ariza berish (iltimos-noma); ~하다 iltimos bilan murojaat qilmoq; 특허 ~중 patent topshirilgan; ~기간 ariza berish muddati; ~인 so'rovchi, iltimos qiluvchi.
출입(出入) 1) yurish, harakat; 2) sayr; 3) kirish va chiqish; 4) davomat; ~하다 a) kirmoq va chiqmoq; b) sayr qilmoq, o't-moq, aylanmoq; c) yo'qlamoq, kelmoq; ~금지 kirish mumkin emas, kirish taqiqlanadi; ~금지하다 kirish va chiqishni taqiqla-moq; ~구 kirish, chiqish; ~국법 mamlakatdan chiqish qonun-qoidalari; ~문 kirish eshigi; ~자 mehmon, tashrif buyuruvchi; ~증 ruxsatnoma, (tekshiruv) nazorat qog'ozi.
출자(出資) kapitallashtirish, moliyalashtirish; ~액 qo'yilgan kapital miqdori; ~자 investr, qo'yiladigan kapital egasi.
출장(出張) komandirovka; ~가다 komandirovkaga chiqish, borish; ~보내다 komandirovkada bo'-lmoq, ~비 komandirovka hara-jatlari; ~소 bo'lim (firma); ~지 komandirovka joyi; ~하다 komandirovkada bo'lmoq.
출장비(出張費) [-chchang-] komandirovka harajatlari.
출제(出題) [-chche] mavzu tashlamoq (o'rtaga); ~하다 mavzu tashlamoq (qo'ymoq), savol tashlamoq (o'rtaga).
출판(出板,出版) nashr; ~하다 nashr qilmoq; ~의 자유 nashr erkinligi; ~부수 adad; ~계 nashriyot doiralari; ~권 mualliflik huquqi, nashr qilish huquqi; ~물 nash, bosib chiqarish; ~법 nashr qilish haqidagi qonun; ~사 nashriyot; ~소 nashriyot; ~업 nashr ishi; ~자 nashr etuvchi; ~기관 nashriyot organlari.
출판사(出板社,出版社) nashriyot.
출품(出品) 1) ko'rgazma; ~하다 namoyish etmoq; 2) ~작 eksponat.
출하(出荷) yukni jo'natish; ~하다 yuk jo'natmoq; ~안내 avizo (jo'natilgan yuk, pul, mol v.h.k.)
출하하다(出荷-) jo'natmoq.
출현(出現) paydo bo'lish, namoyon bo'lish, ko'rinish; ~하다 ko'rinmoq, paydo bo'lmoq; ~목표 harb. ko'ringan nishon.
출혈(出血) qon ketish, qon to'kish, qonash; ~하다 qon oqmoqda; ~을 멈추게 하다 qon ketishini to'xtatmoq; ~량 qon yo'qotish; ~성 gemorragik; ~성 소인 gemorragik diatez; ~성 폐혈증 pasterelyoz.
춤 I raqs, o'yinga tushish; 춤[을] 추다 a) o'yinga tishmoq, o'ynamoq; b) sakramoq, irg'i-moq; c) quvonchdan sakramoq; d) birovning nog'arasiga o'yna-moq; ~판이 벌어졌다 raqslar boshlandi; ~꾼 raqqos, o'yinchi; ~판 raqslar; 춤 운동 *sport. raqsga oid harakat*; 춤이 나다 tez harakat qilmoq, oyoq tepib o'ynamoq, dik-dik qilmoq, dikillamoq.
춤 II ozgina, bir oz, zig'irday, bir siqim.
춥다(추우니, 추워) soviq; 몸이 춥다 sovqotmoq, sovuq yemoq, junjikmoq, muzlamoq, yaxlamoq; juda sovuq.
춥습니다 beparvo (sovuqqina) raqsga tushmoq.
충격(衝激) 1) to'qnashish, (bir-biriga to'qnashib) urishib ketish, urilish, zarb, zarba, tepish,

orqaga urish (otish qurollari haqida); 2) turtish, itarish, urish, zarba; ~[적] impuls, ichki turtki, impulsli; ~하다 a) to'qnashmoq, urilmoq, bermoq (qurol); b) itarmoq, turtki bo'lmoq; ~을 받다 zarbani o'tkazmoq, hayajonga (larzaga) tushmoq; 그의 죽음은 모두에게 ~을 주었다 uning o'limi hammani larzaga soldi; ~적인 사건 hayratlanadigan voqealar; ~성 impulslilik.

충고(忠告) maslahat; ~하다 maslahat bermoq; ~자 maslahatchi.

충돌(衝突) 1) to'qnashuv, nizo; ~전리(이온화) el. zarbli ionlanish; 2) *esk. hujum, zarba*; ~하다 a) to'qnashmoq, urilmoq; b) esk. hujum qilmoq, zarba bermoq.

충동(衝動) 1) ~하다 a) to'lqinlantirmoq; b) undamoq, majburlamoq; 2) impuls, ichki turtki, qo'zg'alish, turtki; ~적이다 qo'zg'atuvchi; ~을 받다 larzga tushmoq; 일시적인 ~에 못 이겨 o'tkinchi hissiyot ta'sirida; ~을 자아내다 odamlar yuragini egallamoq.

충렬(忠烈)[-nyol] to'g'ri(sadoqatli) odam; ~하다 a) fidokor; b) sadoqatli odam; ~묘 sadoqatlilar xotirasiga qurilgan ibodatxona; ~문 ark (sadoqatlilar xotirasiga qurilgan ark).

충만(充滿) ~하다 1. to'la bo'lmoq (nima bilandir); 2. a) to'ldirilgan; b) qayta bajarilgan; ~계수 str. to'lish koefitsienti; ~성 to'lalik.

충성(忠誠) 1) vafodorlik, sadoqat; 2) konf. monarxga sadoqatlik; ~스럽다 a) chin, sadoqatli; b) monarxga sodiq; ~을 다하다 sodiq bo'lmoq (oxirigacha); ~심 sadoqat; ~하다 a) sodiq bo'lmoq; b) monarxga sodiq bo'lmoq.

충수, 충양돌기(맹장) appendiks (ko'richak).

충신(忠臣) I sadoqatli xizmatkor, sadoqatlilik, sadoqat; < – > 간신(姦臣) yaxshi xizmatkor < – > yomon xizmatkor.

충신(忠信) II esk. sadoqatlilik va ishonchlilik.

충실(充實) ~하다 a) to'la, liq, to'ldirilgan; 내용이~ mazmundor, ma'nodor, sermazmun; b) sog'lom, baquvvat(bola haqida); ~하다 bama'ni, sermazmun.

충전(充電) I zaryadlash (akkumulyator v. h.k.); ~하다 zaryadka qilmoq (akkumulyator va h.k.); ~전류 zaryadlash toki.

충전(充塡) II konchilik. solmoq, qo'ymoq;

충족(充足) to'la qoniqish; ~하다 yetarli, yetadigan; ~시키다 to'la qoniqmoq, rad etguncha to'ldirish; 요구를 ~시키다 talabnoma (so'rovnoma) ga javob bermoq; ~이유 법칙 mantiq.

충족시키다 qoniqish, qoniqmoq.

충청남도(忠淸南道) Janubiy Chunchxondo provintsiyasi.

충청북도(忠淸北道) Shimoliy Chunchxondo.

충치(蟲齒) chirigan (qurt yegan) tishlar, karies.

췌장(膵臟) oshqozon bezi; ~염 pankreatit, oshqozon osti bezining yallig'lanishi.

취객(醉客) mast.

취급(取扱) murojaat (muomala, mulozamat) (kimgadir, nimagadir); ~하다 murojaat qilmoq (muomalada bo'lmoq); 기계를 ~하다 mexanizmni boshqarmoq; 전보를 ~하다 telegramma qabul qilmoq; 문제를 ~하다 savolni ko'rib chiqmoq, masalani tahlil qilmoq; ~주의 Ehtiyot bo'ling! ~자 mudir.

취득(取得) olish (olmoq); ~하다 olmoq; ~물 olish, olingan narsa; ~세 olingan narsa uchun soliq.

취미(趣味) xobbi, qiziqish, did, mayl, havas, qiziqish; 책 읽기에 ~를 붙이다 o'qishga bo'lgan qiziqishni; ...에 ~를 가지다 did (mayl) ga ega bo'lmoq (nimagadir); 이것은 나의 ~에 맞지 않는다 bu mening didimga xos emas; 그는 연극에 ~가 없다 u teatrga qiziqmaydi; 사람들은 ~가 제각각이다 har kimning o'z didi bor.

취사(取捨) I ~하다 tanlamoq, tanlab olmoq; ~선택 tanlash; ~선택하다 saylamoq.

취사(炊事) II ovqat tayyorlanishi (pishirilishi); ~하다 ovqat tayyorlamoq; ~당번 oshhona navbatchisi; ~도구 oshxona idishi; ~병 oshpaz; ~실 oshxona; ~원 oshpaz; ~장 oshxona, ovqat pishirish joyi; ~차 avtomashinadagi ko'chma oshxona, avtooshxona.

취소(取消) bekor qilish, yo'qotish; ~하다 bekor qilmoq, yo'q qilmoq,; 결정을 ~하다 qarorni bekor qilmoq; 약속을 ~하다 so'zini qaytarib olmoq; 자신의 제의를 ~하다 o'z gapidan qaytmoq; ~권 bekor qilish huquqi.

취약(脆弱) ~하다 kuchsiz, bo'sh, nimjon, mo'rt, sinuvchi, tez sinadigan, chidamsiz, uqalanib ketadigan; ~성 kuchsizlik, holsizlik.

취업(就業) ishning(dars) boshlanishi; ~하다 ishga kirishmoq, ish boshlamoq; ~난 ish topishdagi qiyinchilik; ~시간 ish vaqti; ~자 ishga kirishayotgan odam.

취임(就任) vazifaga kirishish; ~하다 vazifaga kirishmoq; ~사 lavozimga kirishdagi nutq; ~식 vazifaga kirishish marosimi.

취재(取材) materiallar to'plami (ma'lumotlar); reportajga tayyorlanmoq; ~하다 ma'lumotlar yig'ish (ajratish); matbuotda yoritmoq; ~길에 오르다 reportaj tayyorlash uchun hozirlanmoq (otlanmoq); ~기자 reportyor, muhbir (mahalliy); ~반 matbuot guruh; ~차 reportyor mashinasi; ~활동 jurnalistik faoliyati; nashrda yoritilganlik darajasi.

취직(就職) ishga joylashish (yoki joylanish); ~시험 ishga joylashish (qabul qilinishdagi) test; ~하다 ishga joylashish, kirish; ~하다 ishga joylashmoq, kirmoq; ~난 ishga ega bo'lishdagi qiyinchilik.

취침(就寢)~하다 uyquga yotmoq.

취하다 I mast bo'lmoq, kayfi oshmoq,xiralashmoq, g'ovlamoq, aynimoq; 한 잔에 ~ bir ryumkadan (keyin) kayfi oshib (mast bo'lib) qolmoq; 취한 mast odam, kayfi oshgan odam.

취하다 II olmoq; 대책을 ~ qo'llamoq, tadbiq etmoq, ishlatmoq, iste'mol qilmoq, ishga kirishmoq, ish boshlamoq, tashabbus qilmoq.

튜브(<ingl. tube) 1) kamera (havo damlanadigan rezina xaltacha); 2) tuba, tyubik, moy, bo'yoq, yelim va shu kabi narsalar solinadigan yumshoq g'ilof.

츠 chxi(kor ㅊ harfining nomi).

측(側) taraf, tomon; 우리 ~에서 볼 때 bizning tarafdan; 국민측에 있다 xalq tarafida bo'lmoq.

-측(側) kor. qo'sh. taraf, tomon.

측근(側近) 1) yaqinlik; 2) ~하다 1.taqribiy,yaqinlashgan bo'lmoq; 2. a) yaqindagi, eng yaqin, yaqin oradagi; b) taqribiy,

yaqinlashgan.
측량(測量) [chxinnyang] me'yot, o'lchov, katta-kichiklik.
측면(側面) [chxin] taraf, tomon, yon bag'r, ton beri, yon tomon, flang, yon tomon; ~공격 a) yondan hujum qilish; b) flangli hujum, tajovvuz; ~굴착 *gorn.* yon tomon o'tish joyi; ~도 yon ko'rinish; ~적 yon tomon tepa-likdagi maydon.
측은(測隱) rahm, rahm qilish, rahmi kelish; ~하다 achinmoq, qayg'usiga o'rtoqlashmoq; ~지심 rahm shafqat, achinish, ham-dardlik.
측정(測定) 1) o'lchov o'lchash; ~단위 o'lchov birligi; 2) aniq-lovchi, chamalab ko'rish; ~하다 a) o'lchab ko'rmoq, o'lchamoq, o'lchamoq, chamalamoq; b) aniqlamoq, o'rnatmoq, chama-lamoq; ~기 o'tilgan masofani o'lchash anjomi(asbobi), spido-metr; ~단위 o'lchov birligi; ~치 o'lchov vaqtida olingan son.
측후소(測候所) meteorologik stantsiya.
층(層) 1. 1) qatlam, qavat, qavatlash, qatlamlash; 2) qavat, etaj; 3) har-xil razryad, sort, xil, nav, farq, tafovut, ayrimlik, har-xillik; 층[이] 나다(지나다) a) teng(qavat-qavat bo'lmaslik); b) farq qilmoq; 4) qar. 계층; 5) qar. 층계 2. his. so'z. qatlam, qavat; ~을 이루다 yalpayib yotmoq, cho'zilib yotmoq; ~수 qavatlar miqdori; 지식 madaniy qatlam.
-층(-層) qatlam, qavat, qatlam-lash; 석탄층 toshko'mirli qatlam; 지배층 hukmron doiralar.
층계(層階) narvon, shoti, zina.
층층(層層) qatlam, qavat, bir nechta qatlam(qavat); ~이 bir nechta qavatda, bir nechta qavat; ~석대 bir nechta qavat qilib yotqizilgan toshlar; ~시하에 ota-ona, buva-buvilar hayot bo'lganda; ~하다 ko'p qatlamli, ko'p qavatli.
치 **I** oyoq kiyimi, poyafzal (saroy ahli haqida).
치(値) II mat. ma'no; 평균~ o'rtacha.
치(徵) III gammaning 4-bosqichi (musk).
치(齒) IV tishlar; ~[가] 떨리다 titramoq, dirillamoq, zirillamoq (qahrdan va h.k.); 치를 떨다 titramoq(xasislik, qahrdan va h.k.)
치- yuqoriga, tepaga yuqori tomonga, ustiga; 치올리다 ko'tarmoq.
-치(-値) ma'no-mazmun, ma'ni; 평균치 mat. o'rtacha.
-치 I otdan keyin, ismdan keyin 1) bulutli havo; 2) tutilgan baliq; 보름치 a) 15- sana bulutli havo; b) 15-sanada tutilgan baliq.
-치 II o'zakka qo'shilib ma'no kuchaytiradi: 밀치다 qatiq urilib (turtinib)ketmoq.
-치 III 1) asli...li...lik; 서울치 seullik; 시골치 qishloqlik; 2) narsa; 서양치 evropada paydo bo'lgan narsa; 3) hissa, ulush, portsiya.
치과(齒科) [kkva] tib. odentologik (tish kasalliklari va shu kasalliklarni davolash ilmi); ~의, ~의사 tish shifokori, stomotolog.
치국(治國) *esk.* ~평천하 davlatni boshqarish va dunyoni himoya qilish; saqlash, quvvatlash); ~하다 davlatni (mamlakatni) boshqarmoq.
치근(齒根) tish ildizi (tomiri); 1) qar. 이뿌리; 2) esk. tish (lar); ~골막 tish suyak pardasi; ~막염

tish ildizi pardalarining yallig'lanishi.

치다 I 1) tushirmoq (parda v.h.k.); 2) ust-ustiga tashlamoq, tashlayvermoq; 3) ikki tomonga surmoq, kermoq, yirmoq, ochmoq; 4) tarang qilib tortmoq (pashshadan himoya to'ri); 5) qurmoq, yuqori ko'tarmoq (devor); 6)uskunalamoq, asbob-uskuna bilan ta'minlamoq, jihozlamoq; 7) ilmoq, osmoq, tortmoq; 8) o'rmoq, to'qimoq; 9) o'ramoq, kalava qilmoq, tang'imoq, chulg'amoq; 붕대를 ~ bintlab qo'ymoq, bint o'rab qo'ymoq.

치다 II 1) sharillamoq, sharillab oqmoq, urib yog'moq, chayqalmoq (yomg'ir haqida), gupillab yog'moq(qor haqida), qattiq esmoq (shamol haqida), uchurmoq, ko'tarmoq (qor bo'roni haqida), tushmoq(qirov haqida); 파도가 ~ to'lqinlanmoq, chayqalmoq (dengiz haqida); 부시를 ~ kremnyadan (iskra) uchqun chiqarmoq; 타자기를 ~ yozuv mashinasida pechat qilmoq; 전보를 ~ telegramma jo'natmoq; 3) urmoq, urib olmoq, urib tushurmoq (qush); 4) qoqmoq, taqillatmoq; 손벽을 ~ qarsak chalmoq, chapak urmoq; 5) hujum qilmoq; 6) fosh qilmoq, aybini ochib fosh qilmoq; 7): 집을 ~ taklifsiz mehmonga kelmoq, chaqirilmagan joyga mehmonga kelmoq; 8) urmoq, tepmoq (soat haqida); 9) o'ynamoq (urib chalinadigan musiqa asbobi, karta, to'p va h.k.); 10) qoqmoq(mix va h.k.); 11) qo'ymoq (nuqta, pechat (muhr), qo'l (imzo); 12) chizmoq, o'tqizmoq (liniya, chiziq); 묵화를 ~ tush bilan rasm chizmoq; 13) aralashtirmoq chillamoq, aralashtirmoq(kartalarni); 14) urmoq (kartani); 15) silkimoq, silkitmoq; 꼬리를 ~ dumni likillatmoq; 16) elamoq, g'alvirdan o'tkazmoq (un va h.k.); 17) qirqmoq, kesmoq, qiymoq, qirqib (qiyib) olmoq; 18) olmoq, olib qo'ymoq (teri haqida), tozalamoq (kashtan); 19) etn. oldini olmoq, saqlab qolmoq, ehtiyot chorasini ko'rmoq, oldindan bartaraf qilmoq (kasallikni); 20) toblab (cho'- kichlab) yasamoq (qurol, instrument); 21) tayyorlamoq; 22) yigirmoq, pishitmoq, eshmoq (arqon va h.k.); 23) to'qimoq, o'rmoq; 24) mayda- lamoq, to'g'ramoq (sabzavot- larni); 25) sepmoq, to'kmoq, sochmoq, solmoq (tuproq va h.k.), quymoq (suv); 26) qormoq, ustiga qo'shib qormoq (aralashtirmoq) (ovqat, taom, osh, yegulik); 27) quymoq (vinoni ryumkaga); 28) otmoq; 29) ustiga yana tashlamoq, ustiga yana qo'shmoq; 30) hisob qabul qilmoq; 31) 건달~ yalqovlanmoq, dangasa bo'lmoq; 도망을 ~ yugurmoq, chopmoq, tez yurmoq, qochib qutilmoq; 장난을~ sho'xlik qilmoq, to'polon qilmoq; 32) ovoz bermoq; 큰소리를 ~ qattiq baqirmoq; 33) ravishdan keyingi fe'l (아,어,여) ma'noni kuchay-tiradi:돌아~ tez burulmoq(qayrilmoq, o'girilmoq); 34) 우리 한국사람 치고 ... biz koreyslarga keladigan bo'lsak, u holda...; 휘갑을 ~ a) tugatmoq, bitirmoq, xulosaga kelmoq, oxiriga kelmoq; b) xoshiya solmoq, xoshiyalamoq;

치료(治療) [의료] davolash,

dori-darmon, davo, terapiya; ~관장 davo klizmasi; ~식사 diyeta; ~원조 tibbiy yordam; ~하다 davolamoq; ~법 davolash usuli; ~비 davolanish(chiqimlari) harajatlari; ~제 davolash (vositasi) asbobi.

치르다(치르니, 치러) 1) to'lamoq; 2) azob-uqubatga chidamoq, chidamoq, hamma jabr jafoga toqat qilmoq, sabr-toqat bilan boshdan kechirmoq; 시험을 ~ imtihon topshirmoq; 3) bajarmoq, tuzatmoq, yo'lga qo'ymoq; 4) ovqatlanmoq, yemoq; 점심을 ~ tushlik qilmoq.

치리권(治理權) [-kkvon] esk. boshqarish huquqi, hokimlik (kimningdir ustidan).

치마 1) (koreyscha) yubka; ~자락 yubka etagi; ~가 열 두 폭인가 matal. ≅ birovning ishiga burningni suqma; 2) esk. amaldorning formali xalati.

치명(致命) 1) ~적 o'ladigan darajada; ~적 타격 mash'um (o'ladigan darajadagi) zarba; ~상 pishiqlik, qalinlik, mahkamlik, zichlik, quyuqlik; 2) arx. o'zini o'zi qurbon qilish; ~하다 arx. o'zini o'zi qurbon qilmoq, hayotini bermoq (vatan uchun, shoh uchun).

치밀(緻密) ⇒ 정밀

치밀다 ⇒ 솟아오르다

치밀하다 zich, tig'iz, mahkam, quyuq, puhta, sinchiklab, diqqat bilan.

치사(恥事) ~스럽다 uyatli tuyulmoq ~하다 uyat, sharmanda, nomus, ayb, rasvo; ~하게 uyat.

치산(治産) esk. ~하다 mol-mulkka yaxshi ho'jayinlik qilmoq; 금~ mol-mulkka ho'- jayinlik qilish huquqiga ega emaslik; 금~자 o'z mol-mulkiga ho'jayinlik qilish huquqidan mahrum etilish.

치세(治世) esk. 1) tinch paytlar, tinch vaqtlar; 2) podshohlik qilish, podshohlik, idora qilish, boshqarish; 3) ~하다 odil boshqarish; ...의 ~에 boshqarish (kimnidir kimningdir qo'l ostida).

치아(齒牙) tishlar (odamniki); ~동통 tib. dentinalgiya; ~발생 (teshib o'tmoq, kesib o'tmoq) tish o'sib chiqmoq (aql tish).

치안(治安) 1) jamoat hotirjamligi, jamoat havfsizligi; 2) esk. tinchlik o'rnatish; ~하다 a) saqlamoq (jamoat tinchligini); b) esk. o'rnatmoq (tinchlik); ~을 유지하다 jamoat tinchligini saqlamoq; ~을 방해하다 jamoat tinchligini buzmoq; ~대 jamoat tinchligini saqlash bo'yicha marosim (tartib).

치약(齒藥) tish pastasi, tish kukuni (poroshogi).

치여죽다 o'lmoq,

치열하다(治熱-) qattiq,qo'rs, qo'pol

치욕(恥辱) uyat va sharmandalik, haqoratlash, beobro' qilish, badnom qilish, sharmanda qilish, rasvogarlik, sharmandagarchilik; ~적 uyatli, sharmandali; ~스럽다 uaytli, sharmandali tuyulmoq; ~을 안기다 sharmanda qilmoq.

치우다 1) tozalamoq, tartibga keltirmoq; 2) yeb tamom qilmoq, oxirigacha yeb tamom qilmoq; 3) tashlab qo'ymoq (ishni o'rtasiga kelganda); 4) erga bermoq; 5) ravishdan keyin ma'noli fe'l (아, 어, 여) ish-harakatining tugaganligini ko'rsatadi: 먹어 ~ yeb qo'ymoq; 보아 ~ o'qib bo'lmoq.

치유(治癒) davolanish, davolash; ~하다 sog'aymoq, tuzalmoq; ~할

수 있는 tuzaladigan, sog'aya-digan, davolab bo'ladigan.
치읓 (ㅊ) chhii't (koreyscha ㅊ harfining nomlanishi).
치이다 turmoq (baho, narx haqida); 한 개에 얼마씩 치이는 셈 인가요? Har bir donasi qancha turadi?
치장(治粧) I yasanish, bezanish, o'ziga oro berish; ~하다 yasanmoq, bezanmoq, o'ziga oro bermoq, bezatmoq (honani); ~거리 bezash predmeti, taqinchoq; ~술 bezash, yasatish san'ati.
치즈(ingliz. cheese) pishloq.
치통(齒痛) qar. 이앓이; tish og'rig'i; 그는 ~을 앓고 있다 uning tishlari og'riyapti.
친-(親-) 1) do'stona, do'stlar-cha; 2) shaxsiy; 3) tug'ishgan; 친누이 tug'ishgan(qondosh) opa.
친교(親交) do'stona munosabat, do'stlik ~를 맺다 do'stlikni bog'lamoq; ~가 있다 (kimdir bilan) do'st bo'lmoq; ~를 끊다 do'stlik aloqalarini buzmoq (uzmoq).
친구(親舊) qar. 벗; 1) do'st, o'rtoq, dugona, oshna; ~가 되다 do'stlashmoq (kimdir bilan); ~따라 강남간다 do'st bilan dunyoning chekkasiga bo'lsa ham boraman; 어려울 때 ~가 진정한 ~다 do'st kulfatda bilinadi; ~간 do'stona aloqa(munosabat); 2) o'rtoq, oshna (murojat); 3) arx. qar. 친고 II.
친근(親近) ~하다 yaqin sirdosh, samimiy; ~한 사이 yaqin (samimiy) munosabatlar; ~감 yaqinlik hissi.
친목(親睦) do'stlik, oshnalik, ahillik; ~하다 totuv, do'stona munosabatdagi, do'stona, sami-miy; ~회 do'stona uchrashuv, do'stlik jamiyati.
친밀(親密) ~하다 yaqin, do'stona, sirdosh, samimiy; ~감 qalin do'stlik hissi; ~성 do'stlik, ahillik.
친선(親善) do'stlik, do'stona munosabat (aloqa); ~적 ahil, inoq; ~조약을 맺다 (kimdir bilan do'st bo'lmoq); ~하다 1. do'stona; 2. do'stlashmoq; qar. 우정(友情).
친절(親切) iltifot, mehribonlik, marhamat; ~하다 samimiylik; ~을 베풀다 kimgadir mehribonlik (marhamat) qilmoq; ~스럽다 sifat. iltifotli tuyulish (ko'rinmoq)
친하다 1. yaqin, ahil, inoq, totuv. 2. do'stlashmoq.
친화(親和) 1) do'stlik, yaqinlik, ahillik, samimiylik, inoqlik; ~하다 do'stlashmoq; ~력 do'stlik kuchi; 2) kimyo. dori-darmon, davo, vosita.
칠(漆) I 1) *qar.* 옻칠 I; 2) bo'yoq; 3) bo'yoq, rang; ~하다 bo'yamoq, bo'yoq bermoq, pardozlamoq, surmoq, surka-moq, laklamoq; 물감으로 벽을 칠하다 devorni bo'yoq bilan bo'yamoq; ~쟁이 laklovchi; 구두약~ poyafzalni moylamoq.
칠(七) II yetti; 칠 흡 송장 tentak tentak bilan.
-칠(漆) kor. qo'sh. bo'yoq.
칠 백(百) yetti yuz.
칠 천(阡) yetti ming.
칠판(漆板) sinf taxta(doska)si; ~지우개 sinf taxtasini artish uchun latta.
칠하다(漆-) 1) bo'yamoq; 2) surmoq, surkamoq.
칠했습니다 bo'yadi.
칡 [chhik] bot. puerariya (Pueraria hirsuta); ~덩굴 pue-rariya palagi (novdasi); ~뿌리 puerariya ildizi (asosi).
침, 군침 I tufuk, so'lak; ~을 뱉다

tuflamoq (nimagadir, kimgadir); 입에서 군침이 돈다 og'zidan tufuk oqmoq; 군침을 삼키다 tufukni yutmoq.

침(鍼) II igna (iglaterapiya uchun); ~을 맞다 ukol olmoq; 환자에게 ~을 놓다 bemorga ukol qilmoq; ~술 igloterapiya bilan davolamoq, iglaterapiya.

침(針) III tikan, tikanak, igna (o'simlikniki), yantoq; 주사 ~ shprits; 지남~ kompas strelkasi.

-침(針) I kor. qo'sh. igna, nina, strelka; 주사침 shprits; 지남침 kompas strelkasi.

-침(枕) II kor. qo'sh. yostiq, yostiqcha; 공기침 ishirilgan yostiq.

침공(侵攻) bostirib(bosib) kirish, zo'rlik(hujum) qilib kirish, agressiya, bosqinchilik, tajovuzkorlik;~하다 bostirib kirmoq, hujum qilmoq (kimgadir, nimagadir); 강도가 통행인을 습격(침공)하다 qaroqchi yo'lovchiga hujum qildi; ~자 agressor, bosqinchi, talonchi.

침구(鍼灸) va kuydirish; ~요법 va kuydirish yo'li bilan davolash; ~술 igloterapiya va kuydirish yo'li bilan davolash.

침략(侵略) [-nyak] agressiya, bosqinchilik, talonchilik, bosib (zo'rlab) olish, zabt etish, ishg'ol qilish, qo'lga olish, egallash; ~[적] agressiv, bos- qinchilik, bosqinchi;~하다 hujum qilmoq, zabt etmoq, qo'lga olmoq, ishg'ol qilmoq, egal- lamoq;~전쟁 bosqinchilik urushi; ~군 bosqinchilik armiyasi; ~주의 bosqinchilik siyosati, agres- sivlik; ~자 bosqinchi, zabt etuvchi.

침범(侵犯) 1) buzish, buzilish (chegara, had, chekni); bostirib (bosib) kirish, zo'rlik (hujum) qilib kirish; 2) qasd (suyuqasd, tajovuz) qilish; ~하다 a) buzmoq (chegarani), buzish; 국경을 ~하다 chegarani buzmoq; 이웃나라를 ~하다 qo'shni tomonga hujum qilmoq.

침수(沈愁) to'lish, to'lg'izish, to'ldirish; ~하다 to'lmoq; 매년 봄마다 이 강둑은 ~된다 har bahor bu ko'l qirg'og'igacha to'ladi.

침술(鍼術) nina sanchish usuli bilan davolash, igloterapiya.

침울(沈鬱) ma'yuslik, g'amginlik, umidsizlanish, hafalik; ~하다 a) qovog'i soliq, ma'yus, g'amgin, qayg'uli; b) bulutli (ob-havo haqida); ~한 기분 tushkun kayfiyat; 얼굴이 ~해졌다 yuzi g'amgin bo'ldi.

침입(侵入) I hujum, hujum qilish, yopirilish, zabt etish, qo'lga olish, ishg'ol qilish, egallash; ~하다 kirmoq, ichiga kirmoq, bostirib kirmoq, zo'rlik (hujum) qilib kirmoq, okku- patsiya qilmoq, bosib olmoq; ~자 okkupant, bosib oluvchi, zabt etuvchi.

침입(浸入) II ~하다 asta-sekin (ichiga) kirib olmoq.

침착(沈着) sovuqqonlik,vazminlik, og'irlik, o'zini tuta bilish, o'zini yo'qotmaslik, esankiramaslik; ~하다 1) sovuqqon, vazmin, og'ir, pinagini buzmaydigan; 2) vaz- min bo'lmoq, tinchlanmoq; ~성 og'irlik, vazminlik, pinagini buz- maslik, o'zini tuta bilishlik, sipolik.

침체(沈滯) to'xtab qolish, turg'unlik; ~하다 1) a) turg'un holatda bo'lmoq; b) esk. xizmatda siljish bo'lmaslik; 2) turg'un; ~기 turg'unlik (to'xtab qolishlik) davri.

침체기(沈滯期) turg'unlik davri.
침체성(沈滯性) [-ssong] turg'un (o'zgarmas) xarakter (fe'l-atvor), turg'unlik.
침통(鍼筒) I igna uchun quti (cha) (nina sanchishda qo'llaniladigan).
침통(沈痛) II ma'yuslik, g'amginlik, umidsizlik; ~하다 g'amgin, ma'yus, umidsiz; ~한 기분 g'amgin kayfiyat.
침투(浸透) kirish, ichiga kirish; ~하다 sizib ketmoq (o'tmoq) (suyuqlik haqida), tushunmoq, anglamoq, tushunib olmoq (fikr, g'oya va h. k.); ~시키다 joriy qilmoq, qo'llamoq, o'rnatmoq, kirgizmoq, odatlantirmoq, ko'niktirmoq, havas tug'dirmoq, o'rgatmoq; 물이 지하실로 ~했다 suv yerto'laga sizib o'tdi; ~성 ichiga kirish qobiliyati.
침투성(浸透性) [-ssong] ichiga kirish qobiliyati.
침해(侵害) qasd qilish, buzish; ~하다 qasd qilmoq (nimagadir), buzmoq.
칩(ingliz. chip) chips.
칩뜨다(칩뜨다, 칩떠) 1) irg'ib chiqmoq, sakrab chiqmoq; 칩떠보다 ko'tarmoq (ko'zni); 칩떠치다 tepadan pastga urmoq.
칫솔(齒率) tish chyotkasi; ~질하다 tish chyotkasi bilan yuvmoq.
칭(秤) chhin(o'lchov birligi = 60 kg).
칭송(稱頌) I ⇒ 칭찬
칭송(稱誦) II esk. ~하다 mashhur bo'lmoq, dong (nom) chiqarmoq, shuhrat qozonmoq.
칭의(稱義) oqlash, vaj, sabab, dalil.
칭찬(稱讚) qoyil qolish, zavq, maftun, maqtov; ~하다 maqtamoq; 학생의 솔직함을 ~하다 haqqoniyligi uchun o'quvchini maqtamoq; ~을 퍼붓다 maqtovga ko'mib tashlamoq.
칭찬하다 maqtamoq.
칭하다(稱-) atamoq, nom qo'ymoq; 그녀를 미인이라고 ~할 수는 없었다 uni go'zal deb atash mumkin emas edi.
칭호(稱號) titul, unvon; 영웅~ qahramon unvoni; 학위 ~ ilmiy unvon; 군사 ~ qo'shin unvoni.

ㅋ

ㅋ koreys alifbosining o'n birinchi harfi, undosh <kx>. fonemasini anglatadi
카 1) taqlidiy ovoz. hurrak otish; 2) juda achchiq narsani yeganda chiqadigan ovoz.
카드(ingl. care) kartochka; 식량 공급~ mahsulot (oziq-ovqat) kartochkasi.
카렌다(〈ingl. calendar) 1) taqvim 2) tex. kalandr, katok;
카리스마(ingl. charisma) ilohiy tuhfa, dohiylik, harizmatik.
카메라(ingl. camera) 1) fotoapparat, suratga oluvchi kamera; ~기자 fotojurnalist, fotomuxbir; ~맨 fotorasm oluvchi, operator, fotograf; 2) qar. ~ 촬영기; 3) fotoapparat kamerasi.
카바(ingl.cover) 1) choyshab, jild; 2) paypoq; 3) sport. blok tuzish.
카바이드(ingl. carbide) karbid.
카본(ingl. carbon) 1) qar. 탄소봉; 2) qar. 탄소; ~사진 karbroprotsess yordamida pigment qog'ozga tushirilgan fotosur'at.
카브(〈ingl. curve) 1) yoy, egri chiziq; 2) qar. 굽이돌이; 3) burama to'p (beysbol va h.k).
카세트 kasseta; ~플레이어 kassetali pleyer.
카운슬러(ingl. counselor) maslahatchi, konsultant, advokat.
카테고리(ingl. Kategorie) daraja, turkum; ~별로 나누다 turkum bo'yicha ajratish.
카텐(〈ingl. curtain) parda.
카톨릭(ingl. catholie) katolotsizm; ~신자 katolik.
카페(ingl. cafe) qahvaxona, kafe.
카페인(ingl. caffeine) qahvain.
칵 mahkam, kuchli.
칵테일(ingl. cocktail) kokteyl.
칸(〈間) I xona, imorat, kupe, katak; 세 ~짜리 집 uch xonali uy; qar. 간 II.
칼(刀) 1. pichoq, qilich, hanjar; ~을 맞다 kesuvchi quroldan jarohatlanish; ~로 물 베기 pichoq bilan suvni kesish; ~물고 뜀뛰기 maq. ≅ qil ustida turmoq (so'zma-so'z. pichoq bilan og'izga sakramoq); ~을 먹이다 ~을 허리에 차고 belida pichoq bilan; ~날 pichoq tig'i, tig'; ~자루 pichoq sopi; ~집 2. sanoq son. pichoq bilan kesilgan go'sht bo'lagi.
칼국수 ugra.
칼날 pichoq tig'i
칼라(ingl. color) yoqa, yoqacha, yoqalik; 더블~ qaytarma yoqa; 스탠드~ turma yoqa.
칼로리(ingl. calorie) 1) kaloriya, kaloriyali; 2) kaloriyalilik.
칼륨[칼리움](nem. kalium) kaliy; 칼리 비누 kaliy sovun; 칼리염 kaliy tuz; ~비누 ~비료 kaliy o'g'it.
캄차드카 반도 Kamchatka yarim oroli.
캄캄하다 1) juda qora; 2) qorong'i, zim-ziyo, nozik; 3) bilmas, bilmaydigan; 4) johil, qo'pol; 날이 캄캄해졌다 kun qorong'ilashdi; 소식이 ~ xabarga ega bo'lmaslik; 세상일에 ~ olamda nima bo'layotganidan bexabar bo'lmoq; 그는 눈앞이 캄캄해졌다 uning ko'z oldi qorong'ilashdi.

캄캄한 qorong'u.
캐다 kavlamoq, qazimoq, qazib olmoq; 석탄을 ~ ko'mir qazib olmoq; 나물을 ~ ildizni qazib olmoq; 그는 필요한 자료를 찾기 위해 책을 캤다 u kerakli materiallarni topish uchun kitobdan qidirdi; 캐어내다 aniqlik kiritmoq; 캐어묻다 surishtirmoq.
캐디(ingl. caddie) golf o'yinida koptok va chavganlarni olib yuruvchi inson.
캐묻다 so'ramoq, surushtirmoq; 길을 ~ yo'lniso'ramoq.
캐비닛(ingl. cabinet) harakatlanuvchi tortma, shkaf, kabinet; 그는 가장 좋은 접시를 이 ~에 보관한다 u eng yaxshi idishlarnishu shkafda saqlaydi; 내각이 어제 대통령과 회의를 했다 kecha prezident bilan vazirlar mahkamasining yig'ilishi bo'ldi.
캔버스(ingl. canvas) bo'z, rasm; ~의 parusinali; 나는 결코 ~만든 구두를 신지 않았다 men hech qachon bo'zdan qilingan oyoq kiyim kiymaganman; 누가 ~에 그림을 그렸는가? kim bu rasmni chizdi?
캠퍼스(ingl. campus) kampus, oliygoh maydoni.
캠페인(ingl. campaign) jamoa.
캠프(ingl. camp) oromgoh; qar. 야영; ~를 치다 oromgoh qurmoq.
캡(ingl. cap) kepka, furajka (bosh kiyimi).
캡슐(ingl. capsule) kapsula.
캥거루(ingl. kangaroo) kenguru.
-커녕 infinitivdan so'ng. 기 qo'sh. bilan yasaladi; nafaqat, va hattoki; 나무는 ~ 풀도 없다 nafaqat daraxt, balki o't ham yo'q; 비는 ~ 안개도 안 내린다 qanday yomg'ir bo'lsin, hatto bulut ham yo'q; 이 책은 유익하기는 ~매우 해롭다 bu kitob nafaqat foydali, balki zararlihamdir
커다란 ulkan.
커다란 보람 ulkan mamnuniyat (natija).
커다랗다(커다라니, 커다라오) 1) katta, ulkan, hashamatli; 커다란 보따리 katta tugun (kiyimlar); 커다란 책임 yuqori javobgarlik; 커다란 실수 katta hato; 2) juda baland (ovoz).
커리큘럼(ingl. curriculum) o'quv kursi, o'quv rejasi, dars jadvali; 일학기 ~ birinchi semestr uchun dars jadvali.
커미션(ingl. commission) vakolat, ishonch, komissiya, buyurtma; 나는 월권행위는 할 수 없다 men o'z vakolatlarimni osxira olmayman 5% 의 ~을 받다 5% komission undirildi; 에이전트~ vositachi, dallol.
커버(ingl. cover) muqova, jild; ~하다 jildlamoq, muqovalamoq, o'ramoq, yopmoq; 이 책은 모든 주제를 ~한다 bu kitob barcha fanlardan to'liq ma'lumot beradi.
커트(ingl. cut) kesmoq.
커플 ikki, juft (erva xotin); 결혼한 ~ turmush o'rtoqlar.
커피(ingl. coffe) qahva; ~나무 qahva darxti; 블랙 ~ qora qahva; ~폿 qahva qaynatadigan choynak.
컨닝(ingl. cunning) imtihondagi noloyiq harakat.
컨디션(ingl. condition) 1) shart; 2) holat; 3) qalb holati, salomatlik holati; 그는 좋은 ~이다 uning sog'lig'i yaxshi.
컨테이너 konteyner, ombor, idish; ~에 짐을 싣다 konteynerda yuk tashish ishlarini bajarish.
컬러 rang, bo'yoq, rangli, bo'yoqdor; ~TV rangli televizor; ~필름 rangli film.
컴백(ingl. comeback) qaytish,

sog'ayish; ~하다 qaytmoq; 그는 십 년 전에 은퇴했지만 지금 다시 ~하고자 한다 u o'n yil avval ishdan ketgandi, lekin hozir ishga qaytmoqchi.

컴컴하다 1) juda qora; 2) qorong'u, zimziyo; 3) qar. 캄캄하다

컴퓨터(ingl.computer) kompyuter, hisoblash mashinasi; ~로 계산하다 kompyuterda hisoblash; ~화 kompyuterlashtirish.

컵(ingl. cup) chashka, kubok; 커피 한 ~할래요? qahva ichasizmi? 오늘 오후에 은제 ~쟁탈 레이스가 있다 bugun tushlikdan so'ng kumush kubok uchun poyga bo'ladi; 종이 ~ qog'oz stakan

케블선(ingl. cable+線) kabel simi, kabel.

케이블(ingl. cable) arqon, tros, kabel; 해저 ~ suv osti kabeli; 그들은 시간 내에 ~을 설치하려고 노력하고 있다 ular kabelni muddatgacha qo'yishmoqchi.

케이스(ingl. case) idish, quti, quticha, muqova, kelishik, holat, vaziyat; ~속에 병들을 놓아라 butulkalarni qutiga sol; 그런 ~내 계획을 변경해야만 한다 bunday vaziyatda o'z rejalarimni o'zgartirishga to'g'ri keladi; 그는 ~서 졌다 u o'yinda yutqazdi; 올바른 ~사용하다 to'g'ri kelishikni qo'llash;

케이스, 카세트 kasseta.

케이크(ingl. cake) tort, pirog; 사과 ~한 조각과 커피를 먹을 수 있을까요? bita bo'lak olmali pirog va qahva mumkinmi? 네 시에 차와 ~가 나온다 soat to'rtda choy bilan pechenye beriladi.

케케묵다 1) juda eskirgan, ezilgan; 2) o'lansa, sasigan; ~은 냄새가 밀가루 buzilgan un; 케케묵은 표현 eskirib ketgan ifoda

켕기다 taranglamoq, havfsiramoq, qarshilik ko'rsatmoq, ehtiyot bo'lmoq; 배창자가 켕기도록 웃다 kulgidan qorinning taranglashishi; 남이 듣는 것을 켕겨하다 boshqalarning eshitib qolishidan havfsiramoq.

켜 1. qatlam, qavat, tabaqa; 한 ~의 점토 tuproq qatlami; 2. 1) o'yinning bir qismi; 2) bir necha partiya.

켜다 1) arralamoq, kesmoq; 2) o'ynamoq, chiroq yoqmoq; 물을 들이 ~ birdaniga ichmoq; 기지개를 ~ kerishmoq, yozilmoq; 단단한 나무를 ~ qattiq daraxtni arralamoq; 바이올린을~ skripka chalish; 성냥을 ~ gugurt yoqmoq; 물 한 사발을 단숨에 들이 ~ bir chashka suvni birdaniga ichmoq;

켰습니다 yoqdi.

켠 taraf, tomon; 저 ~서라 ana u yerda tur; 아래 ~에 앉다 pastga o'tirmoq; 아버지 ~의 친척 ota tarafdan qarindoshlar.

켤레 juft; 한 ~의 신발 bir juft poyafzal; 여러 ~의 장갑 bir qancha qo'lqop. tok

코 I 1) burun, mishiq, paypoq, tugunchak; ~가 막혔다 burun to'lib qoldi; ~를 찌르다 burunga urmoq; 아이의 ~를 닦아주다 bolaning burnini tozalamoq; ~가 뾰족한 단화 ingichka tugunli poyafzal; ~를 내다 tugun bog'lamoq; 낙지 두 ~주세요 ikki bog'lam karakatitsdan berib yuboring; ~끝 burun uchi; ~담배 hidlovchi tamaki; ~허리 qanshar (burunning ikki ko'z o'rtasidagi yuqori qismi); ~가 땅에 닿다 boshini quyi tushirmoq; ~를 맞대다 yuzma-yuz turish; ~를 박듯 절하다 yergacha engashish; ~먹은 소리 burun ovozi; ~아래 입 burun ostida; ~가 납작해지다

tushib ketmoq (obro'); ~가 높다 burni ko'tarilmoq; ~가 세다 o'jar, qaysar; ~가 빠지다 burnini osmoq; ~를 불다 pishqirmoq (hayvon); ~를 떼우다 uyalib qolmoq; ~에 걸다 a) faxrlanmoq; b) ishonmoq; ~에서 단내가 나다 so'nggi kuchigacha mehnat qilmoq; 2) mishiq; ~를 풀다 burun qoqmoq; ~묻은 돈 pulning kichik qismi; ~묻은 떡이라도 빼앗아 먹겠다 hunuk harakat;
코 II tuguncha; ~를 내다 tugun tugish.
코골다 hurrak otish.
콧김 sovuqda burundan chiqadigan par;
콧구멍 burun teshigi.
콧날 burun chizig'i.
콧등 burunning o'rta qismi.
코끼리 fil; 새끼 ~ fil bolasi.
코너(ingl. corner) 1) burchak; ~킥 qar. 우측 2)~ 아우트 sport. burchak to'pi.
코드(ingl. core) 1) el. bog'lama shnur; 2) kordli ip; 3) kordli gazlama.
코란 Qur'on.
코르크(nem. Kork) bot. po'kak, probka; ~피층 felloderma; ~형성층 fellogen.
코리언 koreyalik, koreys tili.
코메디(ingl. comedy) 1) qar. 희극 I; 2) esk. g'aroyib hodisa.
코멘트 sharh, izoh; ~하다 sharhlamoq, izohlamoq; 이 책에 관한 ~를 듣다 kitobga berilgan fikrni eshitmoq.
코미디 komediya, hajviya, g'aroyib hodisa, ajoyib voqea, kulgili; ~를 하다 kuldirmoq qilmoq; ~언 hajviy aktyor; 풍자~ satirik komediya.
코스(ingl. course) guruh.
코스모스(lot. cosmos) 1) fazo, borliq; 2) bot. kosmeya.
코스트(ingl. cost) boj; 운송 ~가 너무 높다 ko'chirish boji juda yuqori; 시장 ~로 bozor boji bilan; 잉여~ qo'shimcha qiymat.
코트(ingl. coat) kurtka, palto.
코피 burindan qon oqish, nusxa; ~가 흐르다 qon oqmoqda; ~가 터졌다 burindan qon oqishni boshlamoq.
콕 to'satdan, birdan; 콕 찌르다 sanchmoq.
콕콕 juda tez, to'satdan; ~찌르다 to'satdan sanchmoq.
콘도미니엄 (ingl. condominium) kondominium (dam oluvchilar uchun mehmonxona).
콘베아(ingl. conveyor) konveyer.
콘사이스(ingl. concise) qisqa lug'at.
콘서트(ingl. concert) konsert.
콘크리트(concrete) beton.
콘트라베이스 kontrabas.
콜드(ingl. cole) ~크림 koldkrem.
콜레라(nem. Chollera) vabo; ~균 vabo vibrioni; 소아~ bolalar vabosi.
콜콜 ~하다 a) qulqullamoq; b) hurillamoq; v) hid tarqatmoq.
콜호즈(kolkhoz) kolxoz.
콤마(ingl. comma) 1) vergul, tinish belgisi (,); 2) mat. o'nlik belgisi.
콤비(ingl. combination) bog'lash, uyg'unlik, kombinatsiya, moslik; ~가 맞다 uyg'unlashmoq, moslashmoq.
콧물 mishiq; 코를 풀다 burun qoqmoq; ~을 흘리다 burun oqizmoq; 감기에 걸려 ~이 나온다 men shamollab burnim oqyapti.
콩 I dukkak, dukkakli, no'xot, no'xotli; ~심은 데 ~나고 팥 심은 데 팥 난다(콩날 때 콩나고 팥날 때 팥난다, 콩 날 데 콩 나고 팥 날데 팥 난다) maq. ≅ arpa eksang arpa o'rasan; 콩도 닷 말 팥 도 닷 말 bari bir, hammasi bir; ~과

ㅋ

dukkakli; ~과식물 dukkakdoshlar; 완두~ no'xotcha.
콩크리트(ingl. concrete); beton; ~타입기 beton yotqizuvchi; ~혼합기 beton qiluvchi mashina; ~를 치다(타입하다) beton qilmoq.
콱 1) qattiq; 2) zich, mahkam.
콸콸거리다 shovqin qilmoq, qulqullamoq (qaynayotgan suv haqida).
쾅 guldirash ovozi.
쾌 sanoq so'z.
쾌락 quvonch, zavq; ~주의 gedonizm, epikureizm; ~주의자 gedonist, epikurchi.
쾌속(快速)~하다 juda tez, tezkor.
쾌차(快差) ~하다 butunlay sog'ayish.
쾌활(快活) ~하다 quvnoq, tirik.
쾌히(快-) 1) bajonidil, bosh ustiga; 2) esk. qar. 빨리.
쿠데타 davlat to'ntarishi.
쿠숀(ingl. cushion) divan yostiqchasi.
쿵쾅 ~하다 guldiramoq; ~하고 소리를 내다 guldirlamoq, gursillamoq; ~하고 울리는 소리 g'ovurguvir, gurillash; ~거리다 gumbirlamoq.
큐(ingl. cue) kiy (bilyard tayog'i).
큐빗 tirsak.
큐피드(ingl. Cupie) mif. Kupidon.
크 kxi (kor. tili ㅋ harfi).
크게 keng.
크기 hajm, yuza, bo'y, kattalik; ~가 다르다 hajmiga ko'ra farqlash; ~의 -ning kattaligi bilan.
크다(크니,커) I 1) katta; 몸집이 ~ katta gavdali; 가치가 ~ yuqori narx; 범죄가 ~ og'ir jinoyat; 마음이 ~ bag'ri keng; 달이 ~ uzun oy; 큰 사람 a) katta odam; b) baland bo'yli odam; c) barcha vazifalarni qila oladigan odam; 큰 사랑 chollar xonasi (koreya oilalarida); 큰 손님 hurmatli mehmon; 큰 톱 barcha tarafdan yaxshi; 크고 단 참외 muroj. barcha tarafdan yaxshi; 큰 손[을] 쓰다 muroj. quloch ochmoq; 신이 ~ katta poyafzal; 3) baland, kuchli (ovoz); 4): 크면, 큰즉 yaxshi vaziyatda; 5): 크게는 undanda (ko'proq); 6): 큰 katta; 큰아들 katta o'g'il; ‖ 크나 크다, 크디 크다 juda katta, ulkan; 크나 큰 배려 katta g'am.
크다 II katta, baland, ulkan, buyuk, yirik, ommaviy, o'lchovsiz, kuchli, kerakli, kattalashtirish; 그는 키가 ~ uning bo'yi baland; 이 모임에 서는 큰 인물이 말할 것이다 bu yig'ilishda kerakli insonlar ishtirok etadi.
크라운 toj, qoplama tish, bosh kiyimning tepa qismi; 이에 ~을 씌우다 tishga tilla qoplama qo'yish.
크레용(ingl. crauon) rangli qalam
크레파스(<ingl. crayon pastel) rangli qalam, o'rin.
크로스(ingl. cross) kesishmoq, kesib o'tmoq.
크롬(nem. Chrome) xrom, xromli; ~도금을 포함한 xromli; ~도금하다 xromlamoq; ~강 xromli po'lat; ~녹 xromli oksit; ~산 xrom kislotasi.
크리스마스(ingl. Christmas) rojdestvo bayrami; ~이브 rojdestvo arafasi; ~트리 rojdestvo archasi.
크리스찬(ingl. Christian) nasroniy, nasroniylik.
크림(ingl. cream) krem, qaymoq; 얼굴에 ~을 바르다 yuzga krem surtmoq.
큰소리 1) baland ovoz; 2) qichqirish; 3) maqtanchoqlik; ~로 baland ovoz bilan, ovozi

ㅋ

boricha; ~를 치다 qichqirmoq, baqirmoq, maqtanmoq; 그는 문제를 모두 풀겠다고 ~를 쳤다 u hamma ishni qila olishidan maqtandi; ~를 내다 ovozni ko'tarish.
큰일 1) katta ish, kerakli ish, jiddiy ish; ~을 치르다 jiddiy ishni amalga oshirmoq; ~나다 Falokat! ~나겠다 falokat bo'ladi; 이것은 ~아니다 hechqisi yo'q; ~이 일어나지 않았다 hech narsa bo'lmadi; ~을 치다 kerakli ish qilmoq; ~이 나다 a) katta ish bo'lmoq; b) qar. 야단이 나다; 2) qiyin ish.
클라이막스(ingl. climax) yuqori nuqta, kulminatsion nuqta.
클락숀(ingl. klaxon) klakson.
키 I bo'y, balandlik; 키가 구척 같다 juda baland bo'yli.
키 II don sovuradigan mashina.
키 III rul; 키[를] 잡다 muroj. ish yuritish.
키(ingl. key) IV 1) qar. 건 IV; 2) el. kalit, tugma; 3) tex. pona, qiyiq; 4) tugmacha (klaviatura).
키값 [kkap] ~하다 o'zini munosib tutmoq; ~못 하다 o'zini nomunosib tutmoq.
키꺽다리 novcha, beso'naqay.
키나(ingl. guinguina) ~나무 xin daraxti; ~껍질 xin daraxtining po'stlog'i.
키내림 ~하다 don sovuradigan mashinada don sovurish.
키논(ingl. guinone) xinon.
키닌(ingl. guinine) xinin.
키다리 novcha, beso'naqay.
키다리란(-蘭) [-nan] bot. liparis (Liparis japonica).
키대기 bo'y o'lchab solishtirish.
키돋움 ~을 하다 bir oz ko'tarilishi.
키드득 ~하다 chiday olmay kulmoq .
키드득거리다 chiday olmay kulmoq.
키들거리다 chiday olmay kulmoq.
키르키즈스탄 **비스케크** Qirg'iziston Bishkek.
키틴절(ingl. chitine + 質) hitin.
키스(ingl. kiss) bo'sa; ~하다 bo'sa olmoq, o'pishmoq; 입술에 ~하다 labidan o'pmoq.
키우다 ta'lim bermoq, tarbiyalamoq, o'smoq, ovqatlantirmoq.
키읔 kxi'k (koreys harfi) ㅋ).
키잡이 1) boshqarish (kema); 2) rullik; 3) ~를 하다 yubormoq (ish); 4) bohsqaruvchi.
키장다리 1) novcha; 2) juda baland daraxt, juda baland o't.
키질 ~하다 a) don sovuradigan mashinada don sovurish; b) ishirmoq, uflamoq.
킥 ~웃다 hihilamoq. (hihilab kulmoq) **킥킥거리다** hihilamoq.
킥킥거리며 to'xtab-to'xtab gapirish.

킥하다 hihilamoq.
킬러 qotillik, qotil.
킬로(ingl. kilo) 1) kilo; ~그램 kilogramm(kg); ~미터 kilometr (km); ~그람 메터 fiz. kilogrometr; ~블트 kilovol't; ~ 와트시 kilovat-soat; 2): ~[그람] kilogramm; ~[메터] kilometr.
킷줄 rul (배의 키를 조정하는 줄).
킹(王 ingl. king) I shoh, shoh (shoh-mot).
킹 II hiqillamoq; inqillamoq.
킹킹거리다 hiqillamoq; shiqillamoq.
킹하다 1) hiqillamoq; 2) tomoq qirmoq.

ㅋ

ㅌ

ㅌ koreys tili alifbosining o'n ikkinchi harfi; "tx" fonemasini ifodalaydi
타(他) I kit. qar. 타인 I.
타(朶) II og'zaki sanoq son. gul, g'uncha.
타-(他) kor.old qo'sh. 1) boshqa [명] (관계가 없는 사람) begona [명]; (극외자) begona kishi [명] (낯선 사람) notanish, tanish bo'lmagan; 타의 추종을 불허하다 o'ziga teng ko'rmaslik; 2) tilsh. o'timli; 타동사 o'timli fe'l.
타개(打開) ~하다 bardosh bermoq (qiyinchilikka), chiqmoq (tanglikdan); 난경을 타개하다 qiyi nchilikdan chiqishning yo'lini topmoq; ~책 bardosh berishning chegarasi (qiyinshilikning).
타격(打擊) zarb; ~ 하다 zarba bermoq; ~을 받다 zarbga chidamoq; ~주다 kimgadir zarb bermoq; 아버지의 사망은 나로서는 큰 ~이었다 Otamning o'limi menga katta zarb bo'lgan; 대 ~ zarb kuchi, kuchli zarb; ~을 가하다 (주다) zarb bermoq.
타결(妥結) kelishish; ~하다 kelishishga erishmoq, kelishishga kelmoq.
타고 다니다 yurmoq, bormoq (transportda).
타고나다 tug'ma bo'lmoq, qobiliyatli bo'lmoq.
타고난 tug'ma, tabiiy, tug'ilganidan; ~팔자 taqdir.
타다 I 1) yonmoq; 2) qoraytirmoq; 3) qorayib qolmoq; 해볕에 ~ quyoshda qoraymoq; 4) qurimoq, yonib ketmoq (qurg'oqchilikdan); 목이 ~ qurib qolmoq (tomoq haqida); 5) yonmoq (qalb haqida).
타다 II 1) o'tirmoq (transportga, poyezdga, otga va h.k.); 기차를 타고 poyezdga o'tirib kelmoq (poyezd orqali); 2) 타고 orqali, orasidan, orqasidan; 3) yengib o'tmoq (dovon va shunga o'xshash narsalardan); 4) uchmoq (chang'ida, arg'imchoqda va h.k.); 5) ishlatmoq (nimadir), ishlatib qolmoq, o'ynamoq (nimadirda), tilamoq (nimanidir, nimadir orqali), his qilmoq, duchor bo'lmoq, qiynalmoq.
타다 III 1) kesib tashlamoq, bo'lmoq;
타다 IV 1) his qilmoq, duchoq bo'lmoq, qiynalmoq; 간지럼을 ~ qichimani sezmoq; 부끄러움을 ~ uyatni his etmoq; 더위를 ~ issiqlikni yomon his etmoq, yozda yomon his qilmoq; 2) qar. 탄하다 2).
타다 V 1) olmoq (oylikni, pensiyani, yutuqni va h.k.); 2) bo'lmoq (baxt, omad); 타고 나다 tug'ma bo'lmoq; 타고 난 재간 tug'ma talant, tug'ma qobiliyat.
타다 VI eritmoq, aralashtirmoq, suyultirmoq; 물에~ suvda suyultirmoq.
타당(妥當) ~한 o'rinli, kerakli, munosib, maqsadga muvofiq; ~하다 kimgadir kerakli bo'lmoq; ~하지 않다 o'rinli emas, kerakli emas, maqsadga muvofiq emas; ~성 o'rinlidir.
타도(打倒) ag'darish, ag'darib tashlash; ~하다 yiqitmoq, tashlamoq.

ㅌ

타동사(他動詞) *gram.* o'timli fe'l
타락(墮落) ahloqsizlik.
타령 ((koreyscha) milliy musiqa (ashula), mehnatli qo'shiq, shilqimli qaytarish; ~하다 milliy qo'shiqni ijro etish; 방아 ~ musiqa; 신세 ~ baxtsiz hayotga nolish.
타박상(打撲傷) lat yegan joy, jarohat, kontuziya, qontalash; ~을 입다 lat yemoq, kontuziyalanmoq; 그는 ~을 입었다 U kontuziya bo'lib qoldi.
타산(打算) hisob, hisoblash; ~적인 tejab sarflaydigan; ~적인 생각으로 mo'ljalimcha; ~하다 hisob olmoq.
타성(他姓) inertsiya; 습관의 ~ odat kuchi; ~적으로 inertsiyali; ~에 의한 inertsiya orqali.
타오르다 qizib ketmoq, qoraymoq.
타원(橢圓) ellips, oval.
타의(他意) begona fikr, boshqa istak, yomon niyat; 그에 대하여 ~는 없다 Menda unga umuman yomon niyatim yo'q.
타이밍 vaqt hisobi ~이 맞게 o'z o'rnida; ~이 맞지 않게 o'z o'rnida emas; ~이 나쁜 o'z vaqtida emas, o'rinli emas.
타이어 shina (g'ildirakka kiydiriladigan rezina yoki temit shambar), pokrishka (ustiga qoplagich); ~에 바람을 넣다 shinani ishtirmoq; ~의 바람이 빠졌다 shina tushurildi; ~공기 pnevmatli shina, pnevmatika; 솔리드~ massivli shina, gruzoshina.
타인(他人) begona, notanish; ~은 어떻게 되었건 모르고 boshqalarni bilmadimu men bilmayman; ~의 결점은 눈에 잘 띈다 birovning kamchiligi ko'zga ko'rinadi; ~의 이름으로 서명하다 birovning ismi bilan yozilmoq.
타자(打字) ~하다 pechat qiladigan mashinada pechatlamoq; ~기 pechatlanadigan mashina; ~수 pechatlaydign odam; ~지 pechat qilish uchun kerakli qog'oz.
타자기(打字機) pechat qiladigan mashina; ~를 치다 pechat mashinada pechatlamoq; ~로 친 pechatlangan; ~인쇄물 pechatlangan narsa.
타진(打診) tib. perkussiya.
타파(他派) harob qilish, vayron qilish, haroba qilish; ~하다 harob qilmoq, vayron qilmoq.
타향(他鄕) chet yer, yot yurt, g'urbat.
타협(妥協) o'zaro bitimga kelish, sulhga kelish, bitishish ~적 o'zaro bitimga kelishuv, sulhga kelishuv; ~하다 o'zaro bitimga kelmoq, sulhga kelmoq; ~안을 짜다 kelishuvga tayyorlamoq; ~점을 찾아내다 kelishuvga kel- moq, bir so'zga kelmoq, sulhga kelmoq; ~안 kelishuv rejasi; ~점 kelishuv punkti; ~주의 yarashuv.
탁(託) 1) baland, tarsillash bilan; 2) birdan, kutilmaganda; 3) keng, yoriq; ~하고 소리가 나다 taq etmoq, shaq etmoq; 자루가 ~터지다 qop taq etib yorildi; 줄이 ~끊어지다 arqon tarsillab uzildi; ~치다 qattiq tarsillamoq (urilmoq); 맥이 ~풀리다 birdaniga holsiz his etmoq; 웃음이 ~터지다 birdaniga kulib yubormoq; 숨이 ~막히다 birdaniga kayfiyat tushmoq; ~쓰러지다 birdaniga yiqilmoq; ~부딪치다 biror narsaga urilmoq, qoqilib ketmoq; 사방이 ~트였다 (oldimizga) ko'rinish chiqib keldi; 침을 ~뱉다 tuflamoq.
탁구(卓球) stol tennisi, ping-pong; ~공 stol tennisi uchun koptok; ~대 stol tennisi uchun stol; ~를 치다 ping-pong

ㅌ

o'ynamoq; ~장 stol tennisi uchun maydoncha; ~채 stol tennisi uchun raketka.
탁월(卓越) afzallik, ustunlik; ~하다 kimdandir ustun chiqmoq, buyuk bo'lmoq; ~한 buyuk, maxsus.
탁자(卓子) stol.
탄광(炭鑛) (ko'mir) shaxta; ~노동자 shaxtyor; ~업 ko'mir ishlab chiqarish; ~촌 ko'mir qishlog'i.
탄력(彈力) egiluvchanlik, qayishqoqlik; ~성 있는 egiluvchan, qayishqoq; ~성 elastiklik, taranglik.
탄복하다(坦腹-) zavqlanmoq.
탄산가스(炭酸-) uglekisliy gaz.
탄생(誕生) tug'ilish; ~되다 tug'ilmoq; ~일 tug'ilgan kun; ~지 tug'ilgan joy; ~을 축하하다 tug'ilgan kuningiz bilan tabriklayman.
탄성(彈性) egiluvchanlik, qayishqoqlik; ~있는 egiluvchan, qayishqoq; ~력 egiluvchan kuch; ~률 qayishqoqlik modeli.
탄소(炭素) uglerod, uglerodli.
탄수화물 uglevod.
탄식(歎息) xo'rsinish; ~하다 achinish bilan xo'rsinish.
탄압(彈壓) bostirish, ezgulik, repressiya, ezish, jabr-zulm; ~하다 bostirmoq, ezilmoq, jabrlanmoq; ~을 당하다 jabr- zulmga duchor bo'lmoq.
탄일 tug'ilgan kun. qar. 생일.
탄탄하다 qattiq, ishonarli, sifatli, asl, to'g'ri, tekis; 탄탄히 to'g'ri, tekis; 길이 탄탄히 나 있다 yo'l keng va tekis; 탄탄대로 keng va to'g'ri yo'l.
탈(奪) niqob, singan joy, kasallik; ~의 kimningdir niqobi ostida. ~을 쓰다 niqobni taq- moq;~을 벗다 niqobni yechmoq.
탈것 transport vositasi.
탈락(脫落) tushish, to'kilish; ~하다 o'tib ketgan bo'lmoq, nimadandir o'zini olib qochmoq, qatordan chiqib ketmoq, yo'qolib ketmoq;
탈모(脫毛) soch to'kilmoq, depilyatsiya, sochni yulmoq (yo'qotmoq). ~하다 to'kilmoq, rangi o'chmoq; ~제 depilyator.
탈무드 yevrit, Talmud.
탈바꿈 metamorfoz (-foza), aylantirish, anamorfoz ~하다 o'zgartirmoq, aylantirmoq; 그는 크게 ~했다 u bilan metomorfoz bo'ldi; 모충이 나비로 ~했다 g'oz kapalakka aylandi.
탈법(脫法) qonundan uzoqlashish, qonunni buzish; ~행위 qonunsiz akt.
탈선(脫線) halokat, relsdan chiqib ketish, chekinish, chetga burilish, buzish; ~하다 relsdan chiqib ketmoq, to'g'ri yo'ldan yurmaslik, chekinmoq, normadan chiqib ketmoq, qonunni buzmoq.
탈세(脫稅) soliqni to'lashdan qochish; ~하다 soliqni to'lashdan qochmoq.
탈수(脫水) suvini chiqarish, degidratsiya; ~하다 subini chiqarmoq, degidratsiya qilmoq, suvdan mahrum qilmoq; ~기 degitrator; ~제 degidratorli vosita.
탈의실(脫衣室) yechinish xonasi.
탈의실, 옷보관실 garderob.
탈주(脫走) qochish; ~하다 nimadandir qochmoq, nimadandir qurilmoq; ~병 dezertir; ~자 qochoq.
탈진(脫塵) xotira zaiflashishi; ~하다 xotira zaiflashmoq.
탈출(脫出) qochish, qochib ketish, qutilish; ~하다 qochishdan qutilmoq, qutilmoq, nimadandir

qutilmoq, nimadandir qochmoq, nimadandir chiqmoq; ~소식 qochish to'g'risida xabar.
탈춤 niqob bilan o'yin.
탈취(奪取) bosib olish, zabt etish, ishg'ol qilish, olib qoch- ish; ~하다 bosib olmoq, zabt etmoq, ishg'ol qilmoq, olib qochmoq.
탈퇴(脫退) chiqish, tushub qol- ish; ~하다 chiqmoq, ajralmoq, tushub qolmoq (nimadandir).
탈피(脫皮) chiqish, tushub qolish.
탈환(奪還) ~하다 nimanidir o'ziga qaytarmoq, qaytarib olmoq; 실지를 ~하다 yerni qaytarib olmoq.
탐(貪) ⇒ 욕심, 탐심
탐구(探究) tekshirish, tadqiqot o'tkazish ~하다 tekshirmoq, tadqiqot o'tkazmoq; ~자 tekshi- ruvchi, tadqiqot o'tkazuvchi.
탐나다 intilmoq (nimadirga).
탐닉(耽溺) yeb to'ymas, och ko'z.
탐독(耽讀) ~하다 qiziqish bilan o'qimoq, o'qishga kirishib ketmoq.
탐방(探訪) ~하다 nimanidir bilib olmoq, intervyu olmoq; ~기자 reportyor.
탐사(探查) ekspeditsiya, qidiruv, tadqiqot ~하다 qidirmoq, tadqi- qot qilmoq ⇒ 여행(旅行)
탐색(探索) qidiruv, izlanuv, axtaruv, razvedka; ~하다 qidir- moq, izlanmoq, axtarmoq; ~기 qidiruv samolyoti; ~등 qidiruv fonari.
탐스럽다(貪-) go'zal, jozibali, juda ko'rkam.
탐욕(貪慾) yeb to'ymas, och ko'z; ~스러운 so'h, xasis.
탐지(探知) razvedka; ~하다 razvedka qilmoq, izlanmoq;
탐험(探險) ekspeditsiya, qidiruv, izlanish ~가 qidiruvchi, izlanuvchi; ~대 ekspeditsiya; ~하다 ekspeditsiya uyushtirmoq; 극지 ~ qutbda ishlaydigan xodimning qidiruvi.
탑(塔) minora, yodgorlik; 오층 ~ besh qavatli minora.
탑승(搭乘) yurish (kemada, poyezdda va h.k.); ~하다 o'tirmoq (poyezdga, kemaga va h.k.); ~객 yo'lovchi.
탓 sabab, ayb, bahona, vaj; ~으로 kimningdir aybi bilan, nimadirning bahonasi bilan;
탓하다 ayblamoq, to'nkamoq, kimgadir ayb qo'ymoq, kimgadir to'nkamoq; 누구를 탓하랴? Men kimni ayblay?
탔습니다 o'tirdi (o'tirdim).
탔어 o'tirdi.
탕(soup) sho'rva.
탕진(蕩盡) sarf qilish, harajatlash; ~하다 butunlay sarf qilmoq, harakatlamoq.
태고(太古) chuqur qadriyat.
태권도(跆拳道) txekvondo (sport turi).
태극(太極) ~기 koreys davlat bayrog'i; ~선 (yorug'lik va qorong'ulikni anglatuvchi) qizilko'k aylana.
태도(態度) (견지) munosabat, mavqe, tutgan o'rin, istehkom; ~를 취하다 mavqeni o'rnatmoq, kim bilandir munosabat o'rnatmoq; 의기 양양한 ~로 tantanali ko'rinish; 거만한 ~를 취하다 burni ko'tarilgan holda holatni olib turmoq.
태동(胎動) natijaning harakati; ~하다 harakatlanmoq, harakat paydo qilmoq.
태만(怠慢) dangasalik, erinchoqlik ~한 dangasa, chala-chulpa qiladigan kishi; ~하다 erinmoq, o'zining majburiyatlariga ahami- yatsiz bo'lmoq, farzlarini bajarmaslik; 직무 ~ ishida xato qilmoq.

태반(太半) katta bo'lak, katta burchak, kattalik; ~은 katta bo'laklik bilan, katta burchaklik bilan.
태부족(太不足) 인력이 ~하다 ish kuchi yetmaydi.
태산(泰山) baland tog', ko'pchilik, juda baland tog'; ~같다 katta, mashhur, ko'pchiliklar; 일이 ~같다 ish bilan band bo'lish; ishim toshib ketmoqda; ~명동에 서일필 tog' sichqon tug'di; ovozasi ko'p, ishi kam; ~준령 baland tog' va pereval.
태생(胎生) tug'ulish, dunyoga kelish 그는 서울 ~이다 U Seuldan; ~동물 bola tug'adigan (tuhum ochmay bolalaydigan); ~지 tug'ilgan joy.
태세(太歲) tayyorgarlik, holat, tayyor bo'lish; ~를 갖추다 nimagadir tayyor bo'lish; 반격 ~ kontr hujumga tayyor bo'lish.
태아(胎兒) pusht, homila.
태양(太陽) quyosh-kun; ~이 떠오르다 quyosh chiqdi (turdi); ~이 지다 quyosh botdi; ~계 quyosh tizimi; ~광선 quyosh nuri; ~전지 quyosh batareyasi.
태어나다 tug'ilish, dunyoga kelish; 부자로 ~ boy oilada tug'ilish. 태어났습니다 tug'ildi.
태연(泰然) ~한 og'ir, vazmin, yuragi keng; ~자약하게 hovliqmasdan, sovuqqonlik bilan.
태우다 I yuritish, yurish, olib borish, olib bormoq, vagonga o'tqizish.
태우다 II 햇볕에 등을 ~ yelkani quyoshga qo'yish; 마을을 깡그리 ~ qishloqni yondirish; 애를 ~ qalb (kimnidir deb) og'rimoq.
태클 asbob, jihoz; ~하다 olmoq, tutmoq, olishmoq, urushmoq;
태평(太平) tinchlik, totuvlik; ~한 yuvosh, beozor; ~가 tinchlik haqida ashula, tinch hayot haqida ashula; ~세월 tinch- totuv zamon.
태평양(太平洋) tinch okenani.
태풍(颱風) tayfun; ~권 tayfun doirasi; ~의 눈 taifun markazi.
택시(ingl taxi) taksi; ~운전수 taksi haydovxhisi; ~로 가다 taksida yurish, borish; ~를 잡다 tutish (taksini) ~를 불러 주십시오 taksini chaqiring iltimos; ~정류소가 어디입니까? taksi turish joyi qayerda?; ~주차장 taksi turish joyi.
택일 I ~하다 bir nimani tanlash.
택일(擇日) II o'ziga mos tanlash; ~하다 o'ziga mos kun tanlash.
택하다 tanlash, saylash.
탤런트 talant, televideniye artisti.
탬버린 doira, childirma.
탭 otuvchi, tashlovchi.
탱고 tango.
탱자 uch bargli ponsirus nasli; ~나무 uch bargli ponsirus.
탱크 tank, suyuqlik, sisterna, rezervuar ~차 mashina sisternasi; 가스 ~차 gaz balonli avtomobil, gaz tashish avtomobili; 석유~ yog'li suyuqlik.
터 I yer hovli, joy, fundament, baza; 낚시 ~ baliq tutish joyi; 싸움 ~ urush joyi.
터 II 우리와 잘 아는 ~이다 biz u bilan yaxshi tanishmiz; ...하려던 ~에 u shu paytda , zamonda...; ...할 ~이다 niyat qilmoq, qasd qilmoq; 지금 나는 떠날 ~이다 hozir ketmoqchi bo'lmoq.
터널 tunel.
터놓다 ochish, ochilmoq, ishonch, ishonmoq, qalbini ochish; 자기 의향을 ~ o'zini maqsadlarini aytmoq; 사랑을 고백하다 ochiq gaplashmoq, muhabbat ishor qilmoq.
터득(攄得) ~하다 tushunmoq,

ㅌ

ma'nosini tushunmoq.
터뜨리다 portlatmoq, otishmoq.
터를 닦다 joyni tuzatish.
터무니 asos; ~없는 umumiy asos; ~없는 값 baland narxlar, yuqori baholar; ~없는 비난 ayblash, qoralash; ~없는 입안(立案) asoslanmagan loiha; ~없다 dalilsiz, noo'rin. 터밭, 남새밭 poliz.
터벅거리다 sudramoq, sudralib bormoq.
터벅터벅 ergashib (ilakishib yurmoq)
터전 uy tagidagi yer, fundament; ~을 닦다 fundament yurgazish.
터지다 sinmoq, yorilmoq, porlamoq; 울음이 ~ ho'ngrab; 전쟁이 ~ to'satdan; 폭탄이 ~ bomba portlashi; 웃음이~ kulgi taralmoq.
터치(ingl.touch) suyanish; ushlash; ~하다 kiymoq, ushlamoq; ~하지 않다 aralashmaslik, bir chetta turish.
턱 I jag', yuqori va pastki jag'; 문~ eshikning turtib chiqqan joyi; ~을 악물다 jag'ni tishlamoq; ~수염을 기르다 soqol qo'ymoq; ~수염 soqol; 위 ~ yuqoridagi jag'; 아래~ pastdagi jag'.
턱 II turtib chiqqan joy; ~이 지다 turtib chiqqan joy bo'lishi.
턱 III mehmon qilish, kutish 한~내다 hursandchilikda mehmon kutish.
턱 IV asosiy mavzu, dalil, bahona; 이런 일을 할 ~있나 isbotlash (quvvatlash) uchun dalil yo'q.
턱 V to'satdan, birdan, qattiq, bexosdan; ~멎다 to'satdan to'xtash; ...이 ~쓰러지다 to'satdan qulamoq; 마음을 ~놓다 tinchlanish, tinchitish; 숨이 ~막혔다 qattiq ruhimni oldi; ...을 ~잡다 qattiq olish; 문앞에 ~버티고 서다 tinchgina eshikni yopish, eshikda turish.
턱없다 asossiz, dalilsiz.
턱없이 maqsadsiz.
털 sochlar, soch, soch tolasi; ~가죽 yung; 모피 ~끝도 못 건드리게 하다 hatto tegish mumkin bo'lmagan; ~모자 yung telpak (shapka); ~목도리 yung sharf; ~보 soqolli, chayir; ~복숭이 soqolli odam; ~실 yungli ip; ~옷 yungli kiyim, teri kiyim; ~외투 yungli pal'to; ~장갑 yung qo'lqop.
털, 모직물(毛織物) yung.
털다 qoqmoq(changni); supurmoq; og'irlab qo'ymoq; 옷의 먼지를 ~ kiyimdagi changni qoqib qo'ymoq; 지붕에서 눈을 털어 내다 tomdagi qorni supurmoq; 도둑이 빈집을 ~ bo'sh uyni o'g'ri urib ketmoq.
털리다 pulni o'yinda yutqazib qo'ymoq;
털모자 qalpoq, telpak.
털석 shovqin.
털썩 birdan, birdan shovqin; 그 자리에 ~주저앉다 o'sha joyida qulab ketmoq; 벽이 ~무너지다 devor birdan qulamoq; 보따리를 ~내려놓았다 shovqin bilan tugunni yerga tashlamoq; ~넘어지다 qulamoq, yotmoq, tushmoq.
털어놓다 ko'ngil chiqarmoq, ochmoq, yozmoq; 털어놓고 말하면 chin qalbimdan aytganda; 털어놓고 말하다 chin dildan gaplashmoq; 비밀을 ~ sir, fitna (sirni ochmoq).
텃밭 yer, hovli, joy, uy yonidagi bog'; ~을 갈다 yer-hovlini qazish.
텃세(貰) I ijara pulini to'lash.
텃세(勢) II ~하다 yangi odamga sovuqqonlik bilan qarash.

텅 juda juda ham; 집은 ~비어 있다 juda juda ham bo'sh hovli; 속이 ~빈 무 ichi bo'sh sholg'om.
텅 비다 butunlay bo'sh.
테 jiyak, gardish, chambarak; 손수건에 ~를 두르다 ro'molni jiyak qilish; ~를 메우다 gardish (chambarak, qoqish kiygizmoq); 철사 한 테 sim o'rog'i.
테니스(ingl. tenise) tennis, tennisli; ~코트 tennis korti; ~를 치다 tennis o'ynash; ~공 tennis kopto'pi.
테두리 buyumning(narsaning) qiyigi, chizig'i, ramkasi; 유엔의 ~안에서 BMT chizig'ida; ~를 벗어나다 chizig'dan chiqish.
테라스(inglz. terrace) terrassa, ayvon, tom; 사방으로 유리를 끼운 ~ oynali ayvon.
테러(ingl. terror) terror, qo'rquv, vahima, dahshat; ~하다 terrorchilik, vahima solmoq; ~단 terrorist uyushmasi; ~리스트 terrorist.
테마(ingl. theme) buyum, narsa, mashq; ~음악 musiqa dasturi, bir mashq musiqasi.
테스트(ingl. test) sinov, tekshiruv, test; ~하다 sinovdan o'tkazish; ~를 이겨내다 sinovga chidash; 한국어 ~ test(yozma ish) koreys tilidan.
테이블(ingl. table) stol; ~에 앉아 있다 stol atrofida o'tirish; ~냅킨 sochiq; ~보 dasturxon; ~스피치 stol atrofidagi suhbat; ~테니스 stol tennisi.
테이프(ingl.tape) lenta, tasma; ~를 끊다 tasmani kesmoq, marraga birinchi kelmoq; ~ 리코더 magnitafon; 녹음~ magnitafon tasmasi; 절연~ izolyutsion tasma.
테크닉(ingl. technie) texnika, texnika usuli, metod, usul; 테크니션 o'z ishini bilgan odam, spetsiolist.
텍스트(ingl text) matn, haqiqiy matn, original; ~북 o'quv kitobi, rahbariyat.
텐션(ingl.tension) kuchlanish, uzaytirmoq, taranglik; ~을 완화하다 kuchlanishni bo'shash- tirmoq.
텐트(ingl. tent) chodir; ~를 치다 chodirni yig'ib tashlamoq; ~생활을 하다 chodir ichida yashamoq; ~야영 chodirli oromgoh; ⇒ 천막.
텔레비전(ingl. television) televizor, oynai jahon; ~을 보다 televizorni qo'ymoq; ~에 나오다 ekran yuzida ko'rinmoq; oynai jahonga chiqmoq; ~기자 tele-jurnalist; ~방송 teleko'rsatuv, televideniye, telexabar; ~영상 teleko'rsatuv; ~영화 telefil'm; ~탑 teleminora; ~해설가 telebo-shovchi.
텔렉스(ingl. telex) teleks; ~로 송신하다 teleks orqali uzatmoq.
템포(ingl. tempo) tezlik, temp. ritm; 속력을 내다 tezlikni oshirish; 빠른 ~ tezkor(asta-sekin) temp; 급 ~로 tezkor temp bilan(tezlik bilan).
토 I bo'lak, xizmat so'z.
토(土) II yer.
토기(土器) loydan qilingan narsa, loydan qilingan idish, shakar-qiyom bilan qoplanmagan, kulolchilik buyumlari, keramika ~공 kulol; ~가마 kulolchilik pechkasi; ~점 kulolchilik (ustaxona).
토끼 uy quyoni, quyon, quyonga oid, uy quyoniga oid; ~가 제 방귀에 놀란다 quyon o'z o'zidan qo'rqadi; 일석이조 bitta o'q bilan ikki quyonni urish; ~가죽 quyon po'sti; ~잠 unchalik (chuqur) bo'lmagan tush; ~장 uy quyonlari uchun qafas; ~치기 ~털 quyonning (uy quyoni- ning)

mo'ynasi.
토대(土臺) asoslanmoq; ~하다 u bu narsaga asoslanmoq; ~를 닦다 fundament qo'ymoq; 물질 기술적 ~를 튼튼히 놓다 u bu narsaga moddiy jihatdan asos solish.⇒바탕
토대(土臺), 기초(基礎) asos.
토라지다 qiyshaymoq, qiyshayib qolmoq, buzilib ketmoq, me'daning sustligi, yomon ishlamoq; 아침 먹은 것이 토라져 속이 좋지 않다 ertalab men u bu yomon narsa yeb qo'yibman, shunig uchun qornim og'riyapti.
토론(討論) chiqish, muhokama, munozara, munozarali; ~하다 turtib chiqmoq, muhokama qilmoq; ~에 붙이다 munozaraga qo'ymoq, savolni muhokamaga qo'yish; ~문 chiqish matni; ~자 munozara ishtirokchisi; ~회 seminar, munozara.
토마토 pomidor, tomat; ~소스 tomat sousi; ~주스 pomidor sharbati.
토막(土幕) bo'lak, parcha, gap, kuplet; ~내다 kesish, bo'laklarga kesish; 아버지는 ~토막 끊어지는 말을 간신히 이어 나갔다 ota zo'rg'a gaplashishini davom ettirib, gapini bo'lardi.
토목(土木) yer va daraxt; ~건축 qurilish ishlari; ~공사 qurilish ishlari, muhandislik ishlari; ~공학 muhandis-qurilish ilmi, qirilish injeneriyasi; ~기사 muhandis ishchi.
토박이 말 mahhalliy til.
토벌(討伐) jazolashga oid operatsiya; ~하다 jazolamoq, jazolashga oid operatsiyalar o'tkazmoq; ~군 jazolash uchun tuzilgan qo'shinlar; ~대 jazolash otryadi.
토사(土砂) I yer va qum; ~류 suv, yer va qum bilan aralash; ~붕괴 o'pirilish.
토사(吐瀉) II ~하다 ich ketish bilan azob chekish, qayd qilish bilan birga.
토산물(土産物) mahalliy sanoat ishlab chiqarsish, mahalliy oziqovqat.
토스 uvuldiriq, otish; ~하다 otmoq, tashlamoq, qimor o'ynamoq.
토실토실 ~하다 to'la, semiz ~한 아이 to'la (semiz) bola.
토양(土壤) tuproq; ~보호 tuproqni himoya qilish; ~산도 tuproq kislotasi; ~층 tuproqning ustki qismi; ~침식 tuproqning eroziyasi; ~학 tuproqshunoslik; ~학자 tuproqqa qaraydigan odam.
토요일(土曜日) shanba; 안식일교 shanbalik.
토의(討議) muhokama; ~하다 muhokama qilmoq; ~에 붙이다 muhokamaga qo'ymoq; ~대상 muhokama mavzusi.
토종(土鐘) kultivatsiya navi, mahalliy nav; 잡종 gibrid; ~닭 mahalliy tovuqlar zoti(turi).
토지(土地) yer, yerga oid; ~개량 melioratsiya; ~개혁 yer islohoti; ~국유화 yerni natsionalizatsiya qilish; ~대장 yer kadastri; ~법 yer huquqi; ~이용 yerdan foydalanish; ~조사 yerni tekshirmoq.
토착(土着) ~하다 tub joyda yashovchi; ~민 aborigenlar.
토코페롤(ingl. tocophtrol) vitaminga boy.
토하다 yulib olmoq, uzib olmoq; 그는 토했다 u yulib oldi; 피를 ~ qon bilan tuflash; 불을 ~ o't ochish.
톡 to'satdan ~끊어지다 to'satdan yorilish; ~치다 sag'al urmoq; 말

을 ~쏘다 qattiq gapirish; ~불거지다 sag'al turtib chiqmoq.
톡 쏘아붙이는 말 qattiq aytilgan so'zlar.
톡톡하다 baquvvat va semiz, mo'l, badavlat 톡톡히 qattiqroq, kuchliroq; 그를 톡톡히 혼내주자 keling uni bir amallab joyiga qo'yamiz.
톡톡히 yetarli, mamnun.
톤 I ohang, xarakter; 흥분된 ~으로 baland ohangda.
톤(ingl. ton) II tonna; ~수 tonnaj.
톱 arra, juft so'z yong'oqlar uchun.
톱 I arra, tarroq, tepa qism, cho'qqi; ~을 갈다 arrani charhlamoq; ~날 arra tishlari; ~밥 qipiq; ~질 arralamoq.
톱니 arra tishlari.
톱으로 켜내다 arralamoq.
통 I aylana; 다리 ~이 굵다 semiz oyoqlar; ~이 크다 muruvvatli, olijanob.
통 II guruh, to'da; 한 ~이 되다 birlashmoq, guruhlarga ajralmoq.
통 III ~에 sababga ko'ra, u bu natijaga ko'ra; 너무 떠드는 ~에 잘 들리지 않는다 shovqindan yomon eshitilyapti.
통 IV aslo, butunlay, jiqqa; 나는 그의 소식을 ~모른다 u haqida menga hech narsa ma'lum emas; ~말이 없다 hech qanday so'z aytmaslik; ~알 길이 없다 bilib olishni imkoni yo'q.
통 V bilag'on, bilimdon odam, shoh ko'cha, ko'cha; 러시아어 정통한 사람 rus tilini yaxshi biladigan odam; 해안 ~ qirg'oq.
통(단위) VI sarimsoqning juft so'zi, butun; ~마늘 sarimsoqning butuni; ~나무 butun yog'och.
통(痛) VII bosh, boshiga oid; 배추 몇 ~ bir qancha karamning boshi.
통(通) VIII bochka; ~을 짜다 bochkani termoq (yasamoq).
통(筒) IX ~풍관 havo o'tkazuvchi truba, ventelyatsion truba.
통(統) X beshta hovli.
통, 병(炳) XI ballon.
통계(統計) statistika, jami, hisobot; ~를 내다 jamini hisoblash, statistikani yuritish, hisobga olish; ~국 statistika byurosi; ~원 statistika byuro- sining ishchisi, statistikachi; 인구 동태 ~ tug'ilish va o'lim statistikasi; ~표 statistika jadvali; ~학 statistika; ~학자 statistik.
통고(通告) e'lon qilish, axborot, ogohlantirish, xabar; ~하다 xabar qilmoq, ma'lum qilmoq, me'yoriga yetkazmoq, ma'ruza qilmoq, xabarlash; 편지로 ~하다 xat orqali xabar bermoq; ~장 yozma doklad.
통곡(通谷) yig'lamoq, achchiq yig'i ~하다 yig'lash, achchiq yig'lash; ~해도슬픔을 달랠 수 없다 yosh bilan qayg'uga yordam berolmaysan.
통과(通過) o'tish orqali, ma'qullash, qaytim; ~하다 ma'qullamoq, diplomni himoya qilmoq, to'xtamasdan o'tish, o'tib ketmoq, ma'qullash; 기차가 역을 ~했다 poyezd stansiyadan to'xtamay o'tib ketdi; 시험에 ~하다 imtihonni topshirish; 결의안을 ~시키다 rezolyutsiya proektini ma'qullamoq; ~무역 uchinchi mamlakatdan savdo-sotiq; ~세 tranzit uchun pul; ~화물 tranzit yuklari.
통관(通關) ~하다 bojxona tekshiruvidan o'tmoq, bojxonada yuklarni nazoratdan qilmoq ~세 bojxona solig'i va terimi; ~업 bojxona orqali yuklarni o'tka-

zishda yordam berish.

통근(通勤) ~하다 uydan ishga bormoq; ~권 yo'l chiptasi; ~열차 ishchi poyezd, ishga bora- digan poyezd; ~자 ishga keta- yotgan.

통근버스(通勤-) ishchi avtobus.

통금(通禁) chiqish man etiladi; ~시간 komendant soati; ~위반 komendant soatini buzish.

통나무 butun yog'och ~집 yog'- ochdan yasalgan uy, yog'och uy; ~배 zarb bilan o'yib ishlangan qayiq; ~집 yog'och uy.

통달(通達) ~하다 u bu narsadan yaxshi xabardor bo'lish, mufas- sal o'rganmoq, yod olmoq; 그는 화학에 ~한 사람이다 u odam ximiyani yaxshi biladi.

통달하다(通達-) hamma narsani bilmoq.

통독(通讀) ~하다 boshidan oxirigacha o'qimoq; 밤새 소설을 ~하다 butun kecha roman o'qimoq.

통로(通路) yo'lak, yo'l, kommu- nikatsiya, kanal, kiradigan joy; ~없음 yo'l yo'q.

통문(通文) e'lon qilish, sirkulyar; ~을 띄우다 xabar yubormoq.

통보(通報) xabarchi, xabar, xabar yubormoq, svodka ~하다 xabar berish, xabarlash; ~서 xabar byulletini; ~신호 signal to'g'risida xabar berish; ~체계 axborot tizimi.

통상(通常) I ~의 oddiy, odat- dagi, o'rtacha, sodda; ~복 har kungi kiyim; ~회의 navbatdagi topshiriq.

통상(通商) II savdo-sotiq, tijorat ~권 chet el bilan savdo qilish huquqi; ~대표부 savdo vakili; ~조약 savdo shartnomasi.

통성명(通姓名) ~하다 bir-birini tanishtirmoq.

통속 I sirli majlis, sirli bitim.

통속(通俗) II keng tarqalgan odat ~적 shuhratli, hammabop; ~화하다 shon-shuhratni qilish; ~가요 shon-shuhratli ashula; ~성 kundalik shuhrat; ~철학 shon-shuhratli faylasuf savol- larini bayon qilmoq; ~화 mashhurlik.

통솔(統率) rahbariyat, buyruq berish; ~하다 rahbarlik qilish, u bu kimga buyruq berish; ~력 yakka rahbarlik; ~자 rahbar, lider, boshliq, komandir.

통신(通信) aloqa, kommuni- katsiya, axborot ko'rsatuvi, bir biriga xat yozish; ~하다 xabar bermoq; ~교육 uzatmoq; ~대학 sirtqi o'qish;~망 aloqa tarmog'i; ~문 matn xabari; ~사(社) telegraf agentlik bo'limi; ~사(士) aloqachi; ~원 korrespon- dent; ~위성 aloqa yo'ldoshi.

통신위성(通信衛星) informatsiya yo'ldoshi.

통역(通譯) tarjima(og'zaki); ~하다 og'zaki tarjima qilish; ~관 rasmiy tarjimon; ~원 og'zaki tarjimon.

통역하다(通譯-) tarjima qilmoq.

통용(通用) keng qo'llanish ~하다 keng qo'llash; ~어 tarqalgan so'z, jargon.

통용되다 muomulada bo'lmoq

통일(統一) birlik, birlashish, yagona, birlashgan 국가~ yagona davlat; ~하다 birlash- tirish; 남북한의 평화적 ~ Janubiy va Shimoliy Koreya; ~강령 birlashish dasturi(mamla- kat); ~국가 birlashgan mam- lakat; ~성 yagonalik; ~안 loyiha(reja) birlashish; ~정부 birlashgan hokimiyat.

통장(通帳) I kartochka; ~에 1000 원이 있다 kitobni ustida 1000 von yotibdi; 배급 ~으로 빵을 받다 nonni kartochka orqali

olish; 예금 ~ pul saqlash kartochkasi.
통장(統長) II bir qishloqning boshlig'i.
통장번호(-番號) pul saqlash kartochkasining raqami.
통정(通情) 1) hiyonat, erxotinlik vafolikni buzish, sevgi aloqasi; 2) insonparvarlik, odamgarchilik; ~하다 a) bir-birini tushunish, dardni bir biriga to'kish; b) er-xotinlik ishonchini yo'qotish, ketidan nazorat qilib turish.
통제(統制) nazorat, nazorat qilib turadigan, nazorat qiladigan; ~하다 tekshirmoq, biror kimsa yoki narsa ustidan nazorat qilmoq; ~경제 nazorat qilina- digan iqtisod;~권 nazorat qilish huquqi; ~력 nazorat kuchi; ~사 uch qishloqning dengiz floti qo'mondoni.
통증(痛症) kasallikning og'ir ahvoli, og'riq, azob; ~을 느끼다 og'riqni his qilmoq.
통지(通知) 통보(通報) xabarlash, xabar, informatsiya; ~하다 xabar berish, informatsiya bermoq, xabar qilmoq; 사건을 참석자에게 ~하다 kelganlarni xabardor qilish; 해고를 ~하다 bo'shash haqida xabar berish; ~서 xat ko'rinishida e'lon qilish; ~표 o'zlashtirish tabeli.
통째 ~로 butunlay, butkul; ~로 삼켜 버리다 butunlay yutish.
통찰(通察) ko'rib turmoq; ~하다 chuqur intilish bilan, muhimlikni ko'rish;
통첩(通牒) maktub, report; ~하다 xat orqali xabarlash; 최후 ~ ultimatum; 최후 ~을 띄우다 ultimatum(shart) qo'yish; ~장 xat orqali xabarlash, nota.
통치(統治) idora, rejim, hokimlik; ~하다 hokimlik qilmoq ~권 suverenitet(mustaqillik); 국가를 ~하다 davlatni boshqarish; ~계급 hokim sinf; ~권 davlat hokimiyati; ~자 hokim.
통치제도(統治制度) rejim.
통쾌(痛快) ~하다 juda mamnun, mamnun, hursand, xushchaq-chaq; 우리는 축구 시합에서 ~하게 이겼다 biz juda katta hursandchilik bilan futbolda yutdik; ~감 katta qoniqtirish tuyg'usi; katta hursandchilik; ~미 katta qoniqtirish, katta hursandchilik.
통통 I ~하다 to'liq, semiz, yirik, katta, yog'li; 몸집이 ~한 아이 tanasi to'la farzand; ~한 볼 to'liq yuz; ~한 팔 semiz(to'liq) qo'l.
통통 II ~거리다 shovqin solmoq, guvillamoq, tapillashmoq; 트랙터가 ~ 거렸다 traktor guvilladi; 공이 ~튀었다 koptok tong-tong etib sakrab ketdi; ~걸음 qattiq va tez qadamlar.
통통배 motorli qayiq, harakatlanuvchi kater.
통풍(通風) shamollamoq, ventilyatsiya, havoga to'yintirish; ~하다 shamollash; ~구 tuynuk, ventilyatsion teshik; ~기 ventilyator, deflektor; ~실 ventelyatsion buyumli xona; ~창 fortochka; ~통 ventelyatsion truba.
통하다(通-) o'tib ketmoq, yurishga ega bo'lmoq, ochiq bo'lmoq, tokni yoqmoq, ishlamoq, harakat qilmoq, tushunarli bo'lmoq, yurish, qatnamoq, bir-birini tushunish; 말은 몰라도 서로 뜻이 통했다 ular tilni bilishmasa ham bir birilarini tushunishardi; 전화가 ~ telefon ishlamayapti; 통하여 orqali; 일생을 통하여 butun umr; 자유 선거를 통하여 정부를 수립해야만 한다 hokimlik saylovlarini yaratish lozim; 신문

을 통하여 알다 gazetadan bilib olish.

통학(通學) ~하다 yurmoq(bormoq) maktabga(yoki institutga); ~생 o'qiydiganlar, maktabga har doim boradiganlar(yoki institutga); ~거리 uydan maktabgacha bo'lgan masofa; ~버스 avtobus(poeze) o'qiydiganlar uchun; ~생 o'qiy- digan, uyda yashaydigan

통합(統合) birlashish, sintez; ~하다 birlashmoq; 힘을 ~하다 kuchni birlashtirmoq; ~군 bir- lashgan qo'shin; ~체 birlash- moq.

통행(通行) harakat, yurmoq; ~하다 o'tmoq, o'tib ketmoq; ~금지 yo'ldan o'tish ta'qiqlanadi; ~료(세) yo'l haqi; ~증 ruxsatnoma.

통화(通話) I telefon suhbati, aloqa; ~하다 telefonda gaplashmoq; ~중이다 telefon band; ~료 telefonda gaplashish uchun to'lov; ~신청 telefonda gaplashish uchun buyurtma bermoq.

통화(通貨) II pul, valyuta; ~량 pul miqdori, aylanishda bo'lgan; ~수축 deflyatsiya(inflyatsiya); ~정책 pul siyosati; ~조절 pul aylanishini nazorat qilish; ~유통 pul muomilasi; ~제도 pul tizimi.

통화팽창(通貨膨脹) inflyatsiya.

퇴거(退去) ko'chmoq, ko'chish, chetga chiqsh, ketmoq; ~하다 ko'chishni tashkillashtirish, ko'chib ketmoq, o'zini orqaga olmoq; 다른 도시로 ~하다 boshqa shaharga ko'chmoq; ~령 ko'chish to'g'risida buyruq.

퇴근(退勤) ishdan uyga qaytmoq; ~하다 ishdan ketish; ~길 ishdan qaytish; ~시간 ishdan ketish soati.

퇴로(退路) jo'nash yo'li; ~를 차단하다 yo'l jo'nashning qo'zg'ashi.

퇴보(退步) regress, regressiya, degradatsiya, regressiv; ~하다 orqaga yurmoq, orqaga harakatlanmoq, qolib ketish.

퇴비(堆肥) kompost(har xil chiqindilarnilardan tuproq yoki torfda chiritib tayyorlangan organik o'g'it); ~하다 kompost tayyorlash; 썩어서 ~가 되다 kompostga aylanish; ~장 kompost to'dasi.

퇴사(退社) ~하다 xizmatdan ketish, jamiyatdan chiqish, bo'shamoq, ulfatchilikni tashamoq.

퇴색(退色) aynimoq ~하다 ranggi o'zgarmoq, rangsiz bo'lib qolmoq, rangni yo'qotmoq, so'lmoq, aynimoq; ~한 rangi o'chmoq; 옷감이 ~되었다 gazlama aynidi.

퇴소(退所) ~하다 xizmatni tashlash, ishdan ketish.

퇴원(退院) ~하다 kasalxonadan chiqmoq; ~증 kasallik varaqasi (byulleten).

퇴임(退任) ishdan bo'shash, ishdan bo'shash uchun chiqish; ~의 iste'foga chiqqan; ~하다 ishdan bo'shash uchun chiqish, xizmatni tark etish, ishdan ketish.

퇴장(退場) majlisdan ketish, sahnadan; ~하다 tark etmoq (majlisni, musobaqani va h.k); 회의장에서 ~하다 yig'ilish zalini tark etish.

퇴적(堆積) to'plamoq, to'ldirib yuborish, akkumulyatsiya, to'p, to'planish; ~하다 o'yib tashlamoq; ~물 to'p, uyum, cho'kishga oid; ~층 akkumulyatsiyaga oid bilim olish.

퇴직(退職) iste'foga chiqish; ~금 xizmatdan ketgandan keyin beriladigan pul.

퇴진(退陣) ~하다 jo'namoq, o'zini orqaga olmoq, olib bormoq; ~시

키다 ishdan bo'shatish; 전투를 계속하면서 ~하다 jangdan o'zini olib qochmoq.

퇴짜 ~를 놓다 qa'bil qilinmaslik, qaytarib bermoq, rad qilmoq; ~를 맞다 qabul qilinmaslik, rad etilmoq, rad javobini olmoq.

퇴치(退治) tugatish, qirmoq, barham berish; ~하다 tugatmoq, barham bermoq, qirish; 악폐를 ~하다 yomonlikni tugatish; 문맹을 ~하다 savodsizlikka barham berish.

퇴폐(頹廢) tushkunlik; ~문학 erotik adabiyoti; ~적 inqirozlik; ~주의 inqirozlik og'ma, dekadentlik; ~하다 inqirozga yuz tutmoq; ~주의 ~자 inqirozchi.

퇴학(退學) ~하다 o'qish joyidan ketish; ~시키다 maktabdan haydalmoq; ~생 o'qiydigan, o'quv markazidan ketgan.

퇴행(退行)~하다 jo'namoq, o'zini orqaga olmoq, olib qo'ymoq, ishni boshqa kunga ko'chirmoq.

퇴화(堆花) degradatsiya, regress, inqiroz, degeneratsiyalanish, aylanish; ~하다 regressiyalanmoq, inqirozga yuz tutish; 남방곡식은 북방의 기후에서 ~하였다 janubiy o'tlar shimoliy iqlimga o'rgana olmadi.

투(套) odat, xulq, usul; 이런 ~로 shu usul bilan; 엄한 ~로 말하다 jiddiy gapirmoq; 말하는 ~ gapirish hulqi.

투고(投稿) maqolani, xatni tanishtirish; ~란 u bu narsa uchun ustun; ~하다 gazetaga yozish va yuborish; 논문을 학술지에 ~하다 ilmiy jurnalga maqola yozmoq va yubormoq; ~자 har doimgi gazetaning xodimi.

투과(透過) ~하다 o'tkazish; ~력 u bu joydan o'tish layoqati; ~성 o'tkazmoq.

투기(投機) I aldam-qaldam ish, avantyura, avantyuradan iborat bo'lgan; ~하다 tavakkaliga boshlangan oxiri voy ishga tushish; ~업에 종사하다 chayqovchilik bilan shug'ullanish; ~성 avantyurizm; ~업 olib- sotarlik, chayqovchilik; ~업자 chayqovchi.

투기(妬忌) II rashk, shubha, hasad; ~하다 kimnidir kimgadir rashk qilish; 그는 자기 아내와 친구와의 관계를 ~하고 있다 u o'z xotinini o'rtog'iga rashk qiladi; ~심 rashk.

투덜거리다 ming'illamoq, valdiramoq, burnini tagiga do'ng'illamoq; 그는 일이 제대로 되지 않는다고 투덜거렸다 u ishni o'z joyida bo'lmaganligi haqida jovradi; 잘 투덜거리는 사람 jovraqi odam.

투명(透明) tozalik, zilollik; ~하다 zilol; ~성 ziloloik, zilollik darajasi; ~체 zilol badan; ~한 zilol.

투박하다 qo'pol, kelishmagan;~한 말 qo'pol gap; ~함 qo'pollik.

투병(鬪病) ~하다 kasallik bilan kurashmoq; 그는 오랫동안 음주벽과 투병하여 완쾌되었다 u ichkibozlik bilan uzoq kurashdi va davollandi.

투서(投書) yumaloq xat(anonim); ~하다 yumaloq xatni yozmoq va yubormoq.

투석(投石) otadigan tosh; ~하다 tosh otmoq, toshlar bilan otishmoq; ~전 bir-biriga tosh otish jangi.

투성이 hamma yeri yog'; 피 ~ hammayog'i qon; 온통 사람 ~이다 gavjum bolish(odamlar bilan).

투숙(投宿) ~하다 mehmonxonada to'xtash; ~객 mehmonxonada yashovchi.

투시(透視) zilollik, bir yog'idan

ikkinchi yog'igacha hissiyoti; ~하다 zilollik; 환자를 X광선으로 ~하다 kasalni tozalash; ~도 taniqli rasm.
투신(投身) ~하다 butunlay o'zini u bu narsaga bag'ishlash, cho'-kish, cho'ktirish, berilish; 일생을 학문에 ~ butun umrini iim- fanga bag'ishlash.
투약(投藥) ~하다 dori tayyor-lash; ~구 dorini dorixona oyna-sidan buyurtma berish.
투어 sayohat, sarguzasht, tur, ekskursiya, sayr; 한국을 두루 ~하다 Koreya bo'ylab sayohat.
투여(投與) ~하다 dori bermoq.
투영(投映) soya, loyihalash; ~하다 qaytarmoq, otmoq; ~도 chizma, aksonometriyaka, usul bilan qabul qilingan.
투옥(投獄) ~하다 qamoqxonaga qamamoq(otmoq), qamoqqa tiqib qo'ymoq (o'tqazib qo'ymoq); ~된 사람 hibsga olingan.
투입(投入) ko'rsatuv, ish bilan ta'minlanganlik; ~하다 olib ber-moq, yuk ortmoq, otmoq, u bu narsani u bu joyga tashlab to'ldirmoq, solmoq, qo'shimcha odamlarni o'tqazish; ~공 yuklovchi.
투자(投資) kapital qurilishga ajratilgan, biror ishga kapital solmoq; ~하다 kapitalni solmoq; ~가 pul qo'ygan kishi; ~권 kapital qo'yish huquqi; ~액 qo'yilgan kapital summasi.
투쟁(鬪爭) kurash, jang, jang qilish, to'qnashuv; ~적 jangovor (baquvvat, serg'ayrat); ~하다 kurashmoq, u bu kim bilan to'qnashuv; ~력 urush kuchlari; ~사 jang tarixi; ~심 jang ruhi, jang kayfiyati; 계급 ~ kurash klassi.
투정(妬情) ~하다 tilanmoq, so'ramoq ~을 부리다 injiqlik; 그는 내게 돈을 달라고 ~을 부렸다 u mendan pularni tilab olardi.
투지(鬪志) jang ruhi, kurash irodasi; ~만만하다 to'la qarorlik.
투척(投擲) otish; ~하다 otmow; ~경기 otish bellashuvlari(disk); ~력 otish kuchi(zarbi).
투철(透徹)~하다 zilol, tushunarli, musaffo, o'tkir; ~한 사람 yaxshi kallali(fikrlovchi) inson.
투표(投票) ovoz berish; ~권 ovoz berish huquqi; ~자 say- lovchi; ~하다 ovoz berish (saylash); 찬성 ~하다 u bu kimga ovoz berish; 반대 ~하다 kimdirga qarshi ovoz berish; ~에 부치다 ovoz berishga qo'yish; ~소 ovoz berish xonasi, ovoz berish joyi; ~일 saylov kuni; ~지 saylovchilar byulletini; ~함 ovoz berish qutisi.
투항(投降) kapitulyatsiya; ~하다 kapitulyatsiya qilmoq, yengil-moq; 적에게 ~하다 dushmanga taslim bo'lmoq; ~자 qo'rqoq.
툭 tasodifan, birdaniga (tez); ~끊어지다 birdaniga yorilib ketish; ~털어놓고 말하다 to'g'ri gapirish (ochiq-oydin); 그의 어깨를 ~쳤다 sag'al uni yelkasiga urib qo'ydi; 말을 ~쏘다 birda- niga gapirish; ~불거지다 sag'al olg'a chiqmoq.
툭하면 kichkina sababga ko'ra; 그는 ~화를 낸다 sal narsaga jahli chiqadi.
퉁퉁 ~거리다 guvillamoq, 울어서 눈이 ~부었다 yoshdan ko'zi shishib ketmoq; ~하다 semiz.
튀기다 qovurmoq; 물을 ~ suv bilan sachratmoq; 수판을 ~ hisoblarda shiqirlatmoq; 물고기를 ~ baliq qovurmoq.
튀김 baliq (qovurilgan) ~새우 krivetkalar (qovurilgan).
튀다 yorilmoq, sochilib ketmoq,

engashib joyidan siljimoq, qochmoq, sachratmoq.
트다 kurtak chiqarmoq, o'stirmoq, shug'ullanmoq, ochmoq, do'st bo'lmoq, u bu kim bilan yaqin bo'lmoq; 찬바람에 얼굴이 텄다 sovuq shamol bilan yuzni kuydirdi; 그는 운이 텄다 unga baxt kulib boqdi; 추위에 손이 튼다 qo'llar sovuqdan yorilib ketyapti; 먼동이 트기 시작했다 ertalabki tong o'rnashib oldi.
트랙(ingl. track) yugurish yo'li; ~경기 yengil otletika.
트랙터(ingl. tracktor) traktor; ~운 전수 traktorchi.
트랜스(transformer) transformator.
트랩(*ingl.* trap) qopqon; ~을 놓다 qopqon qo'ymoq; ~에 걸리다 qopqonga tushmoq.
트러블(*ingl.* trouble) nohotirjamlik, bezovtalik, qiyinchilik; ~을 일으키다 kimnidir bezovta qilmoq; ~메이커 hotirjamlikni buzuvchi.
트럭 yuk mashinasi; ~운전사 yuk tashish mashinasi haydov- chisi.
트럼펫(ingl. trumpet) truba; ~을 부는 사람 trubachi.
트럼프(ingl. trump) o'ynaladigan karta.
트렁크(ingl. trunk) jamadon, yo'lov sumakasi; ~를 풀지 않은 채로 살다 jamadonda yashash (hayoti yo'lda o'tish).
트레이너(ingl. trainer) trener, instruktor.
트레이닝(ingl. training) tarbiya, o'rgatish, trenirovka, trenirovkali uchish; 현장 ~ ish joyidan o'qitmoq; ~비행 sinov uchun uchish; 정구 선수들을 ~하다 tennischilarni trenirovka qilish.
트레이드(ingl. trade) savdo-sotiq, almashish; ~하다 savdo qilish, alishish; 칼을 강아지와 ~하다 pichoqni kuchukka almashtirish; ~마크 fabrika markasi.
트레일러(ingl. trailer) treyler, shatak, pritsep.
트이다 ochiq bo'lmoq, toza, ongli bo'lish, u bu narsadan bo'shamoq; 마음이 트였다 yurak yengil tortdi; 숨이 ~ bemalol nafas olish; 마음이 트인 사람 ochiq ko'ngilli odam, dovyurak odam.
트집(-集) tegijon; ~잡다 tegijonlik qilish, joniga tegmoq; ~쟁이 hammani joniga tegaveradigan; 말마다 ~을 잡다 har bitta so'zga yopishmoq; ~을 걸다 tegajonlik qilish.
특강(特講) maxsus lektsiya, maxsus kurs; ~하다 maxsus lektsiyani o'tmoq(maxsus kurs).
특공대(特攻隊) maxsus otryad uchun hujum, kommandos, maxsus otryad tayinlash; ~원 komandos jangchisi.
특근(特勤) ishdan tashqari ish; ~하다 ishdan tashqari ishlash; ~수당 ishdan tashqari ish uchun to'lanadigan ish haqi.
특급(特級) maxsus razryad, sinf; ~으로 졸업하다 kursni a'loga bitirish; ~와인 maxsus razryadli vino.
특기(特技) I maxsus san'at, maxsus talant, maxsus imkoniyatlar.
특기(特記) II maxsus belgilar; ~하다 maxsus nishonlamoq; ~할만한 mehnat orqali maxsus ro'yhatga olingan.
특등(特等) oliy razryadli; ~실 raqam(lyuks).
특례(特例) noyob misol, maxsus voqea. ~를 제정하다 ro'yhatdan chiqarishni o'rnatmoq; ~법 maxsus huquq.
특별(特別) ~하다 maxsus; ~히

asosan; ~계좌 maxsus o'tayotgan hisob; ~법 maxsus qonun; ~상 maxsus mukofot; ~시 shahar markaziga xizmat qilish.
특별시(特別市) maxsus shahar tayinlamoq.
특별하다 maxsus, o'zgacha;
특별한 maxsus.
특사(特使) I favqulotdagi yuborilgan odam; ~를 보내다 favqulotdagi odamni yuborish.
특사(特赦) II ~하다 jazoni kamaytirish, kimnidir kechirish; 죄인을 ~하다 jinoyatchini kechirmoq; ~권 avf etmoq.
특산품(特産品) yalpi ichki maxsulot.
특색(特色) o'ziga xos xususiyat, xarakter chizig'i, kolorit; ~없는 사람 rangsiz shaxs; 민족적 ~ milliy kolorit.
특선(特選) maxsus terib olingan; ~하다 maxsus tanlash; ~품 maxsus tanlangan mol.
특설(特設) ~하다 alohida ta'kidlash; ~반 maxsus guruh (o'quv yurtlarida).
특성(特性) o'ziga xos xususiyat, xarakter chizig'i, maxsus, xarakterli.
특수(特殊) I ~하다 maxsus, o'ziga xos; ~강 maxsus po'lat; ~성 o'ziga xos xususiyat.
특수(特秀) II ~하다 mashhur, atoqli; ~한 학생 yaxshi o'qidigan o'quvchi.
특유(特有) farq, spetsifika; ~하다 farqlanmoq, xarakterli; ~성 xarakterga oid ; 한국 ~의 풍경 Koreyaga xos peyzaj.
특이(特異) xarakterga oid;~하다 o'ziga xos; ~성 o'ziga xoslik, xarakter; ~점 farqli tomon.
특전(特典),특혜(特惠) maxsus iltifot.
특정(特定) ~하다 maxsus aniqlash; ~인 ishonchli shaxs.
특종(特種) maxsus ryad, maxsus poroda, sensatsiya yangiligi; ~으로 다른 신문을 앞지르다 sensatsion xabarni hamma gazetalardan oldin chop etish.
특집(特輯) ~호 maxsus nomer (bosma).
특징(特徵) o'ziga xos xususiyat, xarakterli belgi; ~짓다 xarakterlanmoq; 이것은 우리 공장의 ~적인 제품들이다 bu buyumlar bizning zavodimizga xarakterli.
특출(特出) ~하다 maxsus mashhur, odatdan tashqari; ~한 공로 mashhur tanqidga loyiq ish.
특파(特派) ~하다 maxsus yubormoq; ~원 maxsus korrespondent, maxsus yuborilgan.
특허(特許) patent, maxsus ruxsat; ~를 소유한 patentli; ~의 patentga oid; ~하다 maxsus ruxsat bermoq, u bu narsaga patent bermoq; ~권 patent huquqi; ~약 patent vosita; ~청 patent byurosi; ~품 patentli mol.
특허장(特許狀) patent.
특혜(特惠) ayrim muruvvat, ayrim iltifot; ~관세 chegirmali (kamaytirilgan) soliq.
특효(特效) maxsus xarakat, maxsus effekt; ~약 dori(vosita) kasallik uchun kerakli.
특히 ayniqsa, alohida; ~이 표현이 쓰이다 bu ifoda ishlatilishi.
튼튼하게 sog'.
튼튼하다 kuchli, qattiq, sog'liq; 튼튼히, juda kuchli, qattiq; 환자가 몸이 튼튼해진다 kasal sog'aymoqda; 한국의 미래는 ~ Koreya kelajagi ishonchli.
튼튼한 sog'lom, baquvvat.
튼튼히 mustahkam, ishonchli, qattiq.
틀 rom, romka, tayanch; ~에 박힌 an'anaviy; 낡은 ~에서 벗어나다 eski tartibdan qutulmoq; ~을

잡다 ma'lum bir romkaga qo'yish; ~에 맞추다 shaklga asoslanmoq.
틀니 tish protezi.
틀다 aylantirmoq, buramoq, yig'moq, yoqmoq, halaqit bermoq; 수도꼭지를 ~ jo'mrakni buramoq; 라디오를 ~ radioni yoqmoq; 머리채를 ~ sochni o'rmoq; 시계의 태엽을 ~ soatni yurgazish.
틀리다 to'g'ri kelmaslik, cho'kib ketmoq, hato bo'lish; 편지의 주소가 틀렸다 xatning ustida noto'g'ri manzil berilgan; 그들의 의견은 서로 틀린다 ularning fikrlari to'g'ri kelmayapti.
틀리면 bu noto'g'ri bo'lsa.
틀린곳 noto'g'ri joy, o'rin.
틀림 nomuvofiqlik, xato; ~없이 shubxa; ~없다 shubxa tug'dirmaydigan, xatosiz.
틀어막다 tiqib bekitmoq, u bu narsani buramoq, 수도꼭지를 ~ kranni buramoq; 입을 ~ u bu kimga og'zini yopmoq; 귀를 솜으로 ~ quloqni paxta bilan bekitmoq.
틀어박히다 alohida bo'lish, mahbus bo'lish 방안에 ~ xonadan chiqmaslik; 수도원에 ~ cherkovda mahbus bo'lish.
틀어지다 egilmoq, muvofaqiyatsizlikka uchramoq, berilmaslik, yiqilmoq, egilmoq, qiyshaymoq; 그들의 일이 틀어졌다 ularning ishi buzildi.
틀이 잡히다 romkalar yasaladi.
틈 teshik, uzoqlashib ketganlik, bo'sh vaqt, qulay fursat, imkon; ~나다 bo'sh vaqt topish; ~을 내다 bo'sh vaqt topish; 그들 사이에 ~이 생겼다 ularning orasidan qora mushuk o'tdi; ~을 이용하다 imkoniyatdan foydalanmoq.
틈타다 qulay fursatdan foydalanish; 기회를 틈타서 fursatdan foydalanish.
틈틈이 har teshikka, vaqti bilan, bo'sh vaqt, har bo'sh daqiqa.
틈틈히 vaqti-vaqti bilan.
틈입 ~하다 kutilmaganda kirish.
티 I uncha ko'p bo'lmagan defekt, belgi, ko'rinish; ~를 보다 nuqson qidirish; ~없어 toza, tiniq, nuqsonsiz; ~를 내다 ko'rinish qilmoq; 학자~를 내다 o'zini o'qimishli qilib ko'rsatmoq.
티(ingl. tea) II choy; ~룸 kafe; ~스푼 choyqoshiq.
티격태격 ~하다 bahslashmoq; 시시한 것을 가지고 ~하다 mayda-chuyda gaplarga bahslashmoq.
티끌 chang va cho'pcha; ~모아 태산 chang-to'zondan yasalgan baland tog', kichikdan katta yasaldi;~만하다 arzimagan, juda kichkina.
티끌모아 태산 chang-to'zondan yasalgan baland tog'.
티눈(-嫩) qadoq.
티없이 hech qanday defektsiz, toza; 티없이 살 고 싶습니다 gunohsiz yashashni hohlayman.
팁(ingl. tip) choy puli, pul sovg'asi; 여종업원에게 ~을 주다 choy pulini ofitsiantga berish.

ㅍ

파 I 〖植〗 yashil piyoz; a leek; sakramoq piyoz.
파 II 〖音〗 F; f.
파(派) III (그룹. 패거리) guruh; (파벌) guruh; gala; to'da; (당파) ayrilmoq. (학파·유파) maktab; (종파) sekta; (족벌) butoq.
파(破) VI zarar; ziyon; shikast; ziyon keltirmoq; zarar yetkazish. ⇒ 파나다.
파격(破格) istisno, mustasno; noto'gri, tartibsiz. ～하다 yasamoq; ishlab chiqmoq.
파견(派遣) yuborish, jo'natish; yubormoq, jo'natmoq. ～하다 tartibsiz; jo'natmoq; ajratmoq chegralamoq; vakolat bermoq.
파경(破鏡) singan ko'zgu; 『이혼』 ajralish.
파고다 pagoda.
파고들다 (조사.검토하다) tadqiq qilmoq; sinchiklab tekshirmoq; ishlab chiqmoq; (침식·침투하다) yemoq; ovqatlanmoq; tanovul qilmoq; totmoq; totib ko'rmoq; iste'mol qilmoq.
파괴(破壞) qirg'in; qirish; yo'q qilish; buzish; mustasno.
파국(破局) buzish; buzilmoq; buzilish; ⇒ 파멸.
파기(破棄) (폐기) qirg'in; qirish; yo'q qilish; buzish; (무효화) bekor (yo'q) qilish; bekor qilish (조약의). ～하다 uloqtirib tashlamoq.
파나마 『나라 이름』 Panama Respublikasi. ～ 모자 Panama (bosh kiyimi).
파내다 kovlamoq; ochilmoq; qazimoq; qazib olimoq.
파노라마(panorama) manzara, ko'rinish, panorama.
파다 『땅·구멍을』 kovlamoq; teshmoq; (바위를) g'or 「qoya」; (파서 뚫다) qazimoq; qazib olimoq; kavlamoq; (이치. 문제 등을) yasamoq; ishlab chiqmoq; tadqiq qilmoq; sinchiklab tekshirmoq.
파도(波濤) to'lqin, yuksalish; katta to'lqin(큰 물결); teshik (부서지는).
파동(波動) yuksalish (an undulatory) xarakat.
파라과이 Paragvay Respublikasi.
파라다이스 jannan o'ka; baxtli o'lka.
파라슈트 parashut. ⇒ 낙하산(落下傘).
파라핀 kimyo. parafin.
파란(波蘭) (물결) to'lqin, yuksalish.
파랑 ko'k rang.
파랑(波浪) (물결) to'lqin, yuksalish; (큰 파도) katta to'lqin.
파랑새 〖조류〗 ko'k qush.
파랗다 『색깔이』 ko'k; moviy; havo rang; (녹색의).
파렴치(破廉恥) surbetlik; bezbetlik; beorlik; uyatsizlik; yuzsizlik. ～ 하다 surbet (bezbet; beor; uyatsiz; yuzsiz) bo'lmoq.
파르테논(그리스의 신전) Partenon.
파리 I 〖昆蟲〗 uchish, parvoz; ～를 쫓다 yelpimoq; ～채 paravoz qanoti.
파리 II 『프랑스 수도』 Parij.
파리하다 (창백하다) rangi o'chgan; 『여위다』 ingichka, yupqa.
파마(permanent) uzluksiz; doimiy, o'zgarmaydigan (to'lqin), uzoq muddatli; ⇒ 퍼머(넌트). ～하다

uzoq muddatli [o'zgarmay- digan yuksalish].
파면(罷免) bo'shatish, yukni tushirish; bo'shattirmoq; yukni tushirmoq. ～하다 yukni tushirmoq.
파멸(破滅) xaroba; vayrona; qirg'in; qirish; yo'q qilish; buzish.
파문(破紋) ～하다 cherkovdan ajratmoq(chiqarmoq, haydamoq).
파묻다 I 『..속에』 ko'mish; dafn etish.
파묻다 II (꼬치꼬치묻다) so'ramoq, iltimos qilmoq.
파미르 Pomir.
파벌(派閥) guruh; gala; to'da.
파산(破産) (insolvency) bankrot; singan; to'lashga qodir bo'l-maslik. ～하다 to'lashga qodir emaslik; ～자 bankrot odam.
파상(波狀) yuksalish.
파상공격(波狀攻擊) vaqti-vaqti bilan qilinadigan hujum.
파생(派生) kelib chiqish; ～하다 kelib chiqmoq; tashkil topmoq.
파선(波線) yuksalish; katta to'lqin.
파선(破船) 『조난』 kema halokati; g'arq bo'lish; 『배』 kemaning g'arq bo'lishi; halokatga uchrashi. ～하다 kema halo- katga uchramoq.
파손(破損) zarar, ziyon, shikast, buzilish; ziyon keltirmoq. ～하다 ziyon keltirmoq; yo'q qilmoq; 『...을』 ziyon keltirmoq; qirmoq; yo'q qilmoq; buzmoq.
파쇄(破碎) maydalash; yanchib tashlash. ～하다 bo'lak-bo'laklarga bo'lib tashlamoq; yanchib tashlamoq; ～기 maydalagich.
파쇼 Fashizm; 『사람』 fashist.
파수(把守) qorovullik; ～보다 qorovulda bo'lmoq; qorovulla-moq. ～꾼 qorovul; kuzatuvchi.
파시스트 fashist.
파시즘 fashizm.
파악(把握) 『잡아 쥠』 ega bo'lish; ushlash; tutish;『이해』 tushuncha; ong; fahm. ～하다 tushunmoq; anglamoq; fahm-lamoq.
파업(罷業) 『폐업』 ish tashlash. ～하다 ish tashlamoq.
파열(破裂) portlash, avjolish, tez o'sish. ～하다 portlatmoq; portlamoq.
파우더 『가루· 분· 화약』 quch; quvvat.
파운데이션 『화장품』 asos solinish.
파운드 『화폐 단위』 funt (기호 £); funt sterling.
파울 o'yin shartlarining buzilishi.
파워 quvvat.
파이 bo'lak.
파이프(pipe) 『관』 quvur; truba; trubka. 『담뱃대』 tamaki quvur (대담배용); 수도～ suv quvuri.
파인더 『망원경의』 qidiruvchi; yordamchi teleskop.
파인애플 〖植〗 ananas.
파일 I to'ldirish, ijro etish, bajarish; egovlash; 분열행진하다 qator bo'lib ketmoq.
파일 II 1) tikilgan qog'ozlar; 2) egov; 3) qator; 4) navbat.
파일럿 uchuvchi; 테스트 ～ imtihondan o'tuvchi uchuvchi.
파자마 pijama (uxlash vaqtida kiyiladigan ko'ylak).
파장(波長) to'lqin uzunligi.
파종(播種) ekin; ekish; ～하다 ko'chat o'tkazmoq; ekmoq; urug' sepmoq.
파지(破紙) yirtiq qog'oz.
파찰음(破擦音) 〖음성〗 tilsh. affrikata.
파출(派出) yuborish, jo'natish. ～하다 jo'natmoq; yubormoq; ～부(婦) uy tozalaydigan ayol.

ㅍ

파충류(爬蟲類) zool. sudralib yuruvchilar guruhi.
파키스탄 Pokiston Respublikasi.
파탄(破綻) muvaffaqiyatsizlik; (결렬) ziyon; ～하다 pand ber-moq; ziyon keltirmoq. 『파산』 bankrotlik; hech narsasiz. ～하다 bankrot bo'lmoq; kasodga uchramoq; to'lashga qurbi yetmaslik.
파트너 sherik, ulfat.
파티(party) partiya, bo'lim, jamoa; majlis; yig'ilish.
파파야 〖植〗 bot. papaya.
파편(破片) sigan bo'lak.
파피루스 〖植〗 papiros.
파헤치다 (땅을) kovlamoq, qazimoq; (깊이 생각. 검토하다) chuqur o'ylamoq.
파혼(破婚) nikoh fotihasini bekor qilish. ～하다 fotihani bekor qilmoq, fotihani buzmoq.
판 I (벌어진 곳) joy, o'rin; holat; o'yin; tur.
판(板) II taxta; panel. ⇒ 원반.
판(版·判) III bosma; matbuot; nashr; bosma taxta.
판가름 ～하다 hakamlik qilmoq; ma'qullamoq; quvvatlamoq; manzur ko'rmoq; ahd qilmoq.
판결(判決) aniqlash; ahd; kelishuv; hukm; hukmnoma. ～하다 hukm chiqarmoq; qaror qilmoq; hal qilmoq.
판공비(辦公費) qo'shimcha harajat; mahfiy pul.
판국(一局) holat; hol; vaziyat.
판권(版權) mualliflik huquqi.
판단(判斷) hukum; qaror; 『결론』 xotima; yakun; xulosa; intiho. ～하다 qaror qilmoq; xulosaga kelmoq; ahd qilmoq; hal qilmoq; muayyan bir fikrga kelmoq; xulosaga kelmoq; yakunlamoq; tamomlamoq; (이해) tushunmoq; anglamoq; fahmlamoq.
판도(版圖) mamlakat hududi.
판독(判讀) tushuntirish; tushunib olish; rasshifrovka qilish (shartli belgilar bilan yozilgan xatni o'qimoq). ～하다 topib o'qimoq; o'qimoq; ishlab chiqmoq.
판돈 garov pul (o'yinda).
판막(瓣膜) yurak klapani.
판매(販賣) sotuv; savdo qilish. ～하다 savdo qilmoq, sotmoq. ～정책 savdo-sotiq siyosati; ～ 조건 savdo shartlari.
판명(判明) aniqlah; oydinlastirish.
판별(判別) farq, tafovut. ～하다 ajratmoq; oydinlik kiritmoq.
판사(判事) adolat, haqqoniyat; sudya, hakam; qaror.
판상(辦償) badal.
판서(板書) ～ 하다 bo'r bilan doskaga yozmoq.
판연(判然) ～하다 aniq bo'lmoq; ravshan bo'lmoq.
판유리(板琉璃) shisha plastinka.
판자(板子) taxta.
판정(判定) aniqlash; ma'qullash; qaror qilish. ～하다 qaror qilmoq; xulosaga kelmoq; ahd qilmoq; hal qilmoq; muayyan bir fikrga kelmoq.
판지(板紙) karton(qattiq qog'oz).
판타스틱 (멋진·공상적인) fantastik.
판타지(fantasy) 〖音〗 (환상곡(幻想曲)) fantasia; hayolot; fantastika.
판탈롱 『여성 바지』 pantalon (ayollar shimi).
판형(判型) format.
팔 I qo'l.
팔(八: eight) II sakkiz
팔각(八角) sakkiz burchak.
팔걸이 tirsak bilan itarish.
팔꿈치 tirsak; ～를 펴다 tirsak bilan itarmoq.
팔다 『판매하다』 savdo qilmoq, sotmoq.
팔다리 qo'l va oyoq.
팔라듐 〖kimyo〗 palladium (기호

Pe).
팔레스타인 Palestin.
팔리다 (상품이) sotilmoq; sotilgan bo'lmoq; yo'naltirilmoq; ishlatilmoq; mashhur bo'lmoq.
팔면(八面) sakkiz tomon; 『여러 방면』 esk. hamma tomon; [형용사적] 8-mavqe.
팔미틴 〖化〗 kimyo. palmitin.
팔세토 〖音〗 yolg'on; noto'g'ri; soxta.
팔심 qo'l kuchi (qudrati).
팔씨름 qo'l kurashi (kimning qo'li kuchli va baqquvatligini aniqlash o'yini).
팔아치우다 sotib tashlamoq; sotib yubormoq.
팔월(八月) Avgust oyi(생략 Av.).
팔일오(八一五. 해방) 15-Avgust (1945 yil 15 avgust - Koreyaning ozodlik kuni).
팔자(八字) I taqdir.
팔자(八字) II a) 8 raqamini anglatadigan iyeroglif; b) qadam tashlash.
팔재간(一才幹i) 〖씨름〗 koreys miliy kurashida qo'l bilan ushlab olish texnikasi.
팔죽지 qo'l (yelkadan tirsak-kacha bo'lgan qismi).
팔짱 ~을 끼다(자신의) qo'llarni qo'ltig'i ostiga tiqmoq; qo'llarini bir-birini ustiga qo'ymoq; qo'llarni qovushtirib o'tirmoq.
팔찌 『팔가락지』 bilak uzuk.
팔팔하다 ehtirosli; jo'shqin; otashin; issiq qon; kurashuv-chan (fe'l-atvor haqida).
팥(red-bean) qizil-loviya.
패(牌) I 『명판』 vizit kartoch-kasi (shaxsning nomi; mansabi, kasbi yozilgan kartochka).
패(覇) II 〖바둑〗 manfaatli vaziyat (koreys shashka o'yinida).
패각(貝殼) rakushka.
패거리(牌—) kompaniya; to'da.
패권(覇權) (지배권) boshchilik, rahbarlik; liderlik; birinchilik; (타국에 대한) gegemoniya.
패기(覇氣) g'urur; g'ayrat; ambitsiya.
패다 I 『쪼개다』 yanchmoq; maydalamoq; qattiq zarb bilan urmoq.
패다 II 『파게 하다』 kovlangan bo'lmoq; kovlanib chiqarilmoq; tozalangan bo'lmoq; archilgan bo'lmoq.
패다 III ovozning do'rillab qolishi (o'smirlarning o'tish davrida).
패랭이꽃 〖植〗 amur chinniguli (gvozdika).
패러그래프 paragraf.
패러독스 『모순』 paradoks.
패류(貝類) chig'anoq baliq.
패륜(悖倫) odob-axloqsizlik.
패망(敗亡) mag'lubiyat, shikast, zarba; xaroba, vayrona. ~ 하다 mag'lubiyatga uchramoq.
패배(敗北) xaroba, vayrona; talafot (패주). ~ 하다 mag'lub bo'lmoq; talafot ko'rmoq.
패보(敗報) mag'lubiyatlik haqi-dagi yangilik.
패션 『유행』 urf; 최신 ~ so'nggi paytlarda urf bo'lgan; ~을 따르다 modaning ortidan bormoq; ~ 모델 model; ~ 쇼 urf bo'lgan narsalarni taqdim etuvchi shou.
패소 ishni yutkazish. ~하다 ishni yutkazmoq.
패스(무료 입장권·승차권) o'tish joyi.
패스트푸드 『햄버거·프라이드 치킨 따위』 fast food (tamaddi qilib olishga mo'ljallangan joy).
패자(敗者) mag'lub bo'lgan odam.
패전(敗戰) mag'lubiyat. ~ 하다 yo'qotmoq; mag'lub bo'lmoq.
패주(敗走) mag'lub bo'lib qochish. ~ 하다 tor-mor qilinib qochmoq.

ㅍ

패킹 『포장』 joylash; o'rash.
패하다(敗—) 1) mag'lub bo'lmoq; mag'lubiyatga uchramoq; 2) bankrot bo'lmoq; pulsiz (hech narsasiz) qolmoq; 3) bo'shashib qolmoq; kuchsizlanmoq.
패혈증(敗血症) 〖醫〗 tib. sepsis (qonning zararlanishi).
팩시밀리 『전송사진』 faks; faksimile.
팬 I (애호자) yelpig'ich; jonboz; tashabbuskor.
팬 II (선풍기·송풍기의) xavaskor; ishqiboz; fanat.
팬츠(pants) ishton; shim.
팬터마임 『무언극』 pantamimo.
팬텀 『도깨비』 sharpa; ko'lanka; hayolot.
팬티(panties) ishton; shim.
팸플릿(pamphlet) kitobcha, varaqa; risola.
팽개치다 『내던지다』 『물건을』 uloqtirib tashlamoq; tashlab yubormoq; (버려두다) e'tiborsiz qoldirmoq; mensimaslik; beparvolik bilan qaramoq.
팽만(膨滿) inflyatsiya.
팽압(膨壓) 〖植〗 turgor bosim; siquv.
팽창(膨脹)(부풀어 오름) kengaytirish, espansiya; shishish; ~ 하다 kengaymoq; shishmoq.
팽팽하다 『켕기다』 qalin, zich; tig'iz.
팽팽하다 shishgan; ishgan.
팽하다 ayni muddao bo'lmoq.
퍼내다 yuqoriga tortmoq.
퍼덕거리다 (새·돛·깃발 등이) 1) qanot qoqmoq (qush); 2) silktmoq, urmoq (baliq dumni suvga), 3) xilpillamoq (bayroq).
퍼뜨리다(종교·사상 등을) keng tarqalmoq; mashhur bo'lmoq; 소문을 ~ mish-mish tarqalmoq; 불교를 ~ Buddhizmni propaganda qilmoq.
퍼렇다 ⇒ 파랗다. to'q yashil; to'q ko'k rang
퍼레이드 parad.
퍼머(permanent) uzluksiz; doimiy, o'zgarmaydigan (to'lqin), uzoq muddatli; ⇒ 파마; ~하다 uzoq muddatli (o'zgarmaydigan yuksalish)
퍼붓다 『퍼서 붓다』 botirmoq, cho'ktirmoq, pishmoq.
퍼센트(percent) foiz; (기호 %).
퍼스널 컴퓨터 shaxsiy kompyuter (생략 Pe)
퍼즐 savol; topishmoq; boshqotirma.
퍼지다 『벌어지다』 kengaytirmoq; keng qilmoq; enli qilmoq.
펀치(punch) musht bilan urish.
펄럭거리다 xilpillamoq; miltillamoq; miltillab ko'rinmoq.
펄스 〖電〗 puls; tomir urushi.
펌프(pump) nasos
페널티(penalty) 〖스포츠〗 「반칙에 대한 벌」 jazo, tanbeh, jarima; ~골(축구) jarima bermoq; ~ 에어리어 jarima maydoni.
페놀프탈레인 〖化〗 penolptalein.
페니스 〖解〗 penis.
페니실린 〖藥〗 penisillin.
페니키아 Penikiya.
페달 pedal. ~을 밟다 pedalni bosmoq.
페더급(—級) 〖拳〗 yarim to'la vazn; ~ 선수 yarim to'la vazndagi kurashchi (boksyor).
페디큐어 『발톱 손질』 pedikyur (qo'llarni tozalab bo'yoq surtish jarayoni).
페루 『남미의 공화국』 Peru (Respublikasi)
페르미 〖物〗 fermi (10조분의 1sm)
페르시아 Persiya.
페미니즘 feminizm.(여성의 사회적·정치적·법률적 권리 확장을 주장하는 주의)
페미컨 『말린 쇠고기』 qurutilgan mol go'shti.

페소 『중남미·필리핀 등지의 화폐 단위』 peso (pul birligi) (기호 P).
페스트(pest) 〖醫〗 tib. o'lat; toun (limfa bezlarining shishuvi).
페스티벌 『축제』 festival.
페시미스트(pessimist) 『비관론자』 umidsizlik bilan yashovchi odam.
페시미즘(pessimizm) ⇒ 염세주의. 비관론. ↔옵티미즘 (optimizm).
페이스 (보조·속도) qadam, odim.
페이지(page) sahifa, bet.
페이퍼(paper)(종이) qog'oz, gazeta.
페인트(paint) 『도료』 bo'yoq.
펜(pen) ruchka; 볼펜 avto ruchka; 샤프펜(슬) mexanik ruchka.
펜실베이니아 Pennsilvaniya (미국의 주)
펜싱 qilichbozlik; ~칼 qilich; ~교습소[도장] qilichbozlik maktabi.
펜타곤 Pentagon.(미국 국방부)
펠리컨 〖鳥〗 velikan (사다새).
펭귄 〖鳥〗 pingvin.
펴내다 『발행하다』 nashr qilmoq; chiqarmoq.
펴낸이 nashr qilingan.
펴다 (접힌 것 등을) tarqatmoq, yoymoq, cho'zmoq 「gazeta」; ochilmoq 「kitob」; (굽은 것 등을) to'g'ri; rostgo'y; dangal; (재능을) ishlov bermoq; rivojlanmoq; tarraqiy etmoq; yuksalimoq 「mahorat」; 『뜻을』 anglamoq. (세력을) tashkil qilmoq. 『법률·정치를』 e'lon qilmoq; ma'lum qilmoq; xabar qilmoq.
펴지다 1) tarqalmoq; ochilmoq; 2) keng tarqalmoq; 3) aniq bo'lmoq; 4) dazmollangan bo'lmoq; 5) tekislangan bo'lmoq; 6) rivojlanib bormoq (ish); 7) yaxshilanmoq (hayot).
편(便) 『쪽』 tomon, taraf; mavqe; 『방향』 yo'nalish; 『한패』 partiya; guruh, bo'lim; qism, bo'lim; xissa, ulush. ⇒ 인편. 『편의』 qulay; 『우편』 vazifa, lavozim.
편견(偏見) oldindan aytish; oldindan taxmin qilish.
편곡(編曲) 〖音〗 qayta ishlov. ~하다 tartibga solmoq; qayta ishlov bermoq.
편년사(編年史) xronika; voqealarni xronologik tartibda, ketma-ket yozib borish; ro'znoma yoki jurnalda kundalik voqealarni yoritib boruvchi bo'lim.
편년체(編年體) xronologik shakl.
편달(鞭撻) 『때림』 xipchin bilan urish; urish, savalash, qamchilash; ~하다 xipchin bilan urmoq; urmoq, savalamoq, qamchilamoq.
편대(編隊)(formation) tuzish, yaratish, shakllanish, tashkil etish.
편도(片道) I qulay yo'l.
편도(扁桃) 〖植〗 II bodom daraxti; 『열매』 bodom.
편도선(扁桃腺) 〖解〗 bodo temiri; bodom danagi.
편두통(偏頭痛) 〖醫〗 bosh og'rig'i; migren.
편람(便覽) ma'lumotnoma.
편력(遍歷) (이곳저곳의) sayohat qilish.
편류(偏流) 〖航〗 oqim, yo'nalish.
편리(便利) qulaylik (다루기). ~하다 qulay, munosib, muvofiq.
편마암(片麻岩) 〖地〗 geol. gneys.
편법(便法) oson usul.
편성(編成) tuzilish; tashkil topish; organizatsiya; tuzish; tashkilot; muassasa. ~하다 tashkil topmoq.
편수(編修) tahrir; ~하다 tahrir qilmoq; tuzmoq (*lug'at va h.k.*); ~관 tahririy zobit; (rasmiy) muharrir.
편승하다(便乘—) yo'lma- yo'lakay ketayotgan mashinaga o'tirmoq.
편안(便安)(무사) xavfsizlik;

ㅍ

hotirjamlik; 『평온』 tinchlik; sulh; murosa; tinch; sokin; osuda; 『편함』 qulay; 『건강』 sog'lom. ～하다 tinch; sokin; muvaffaqiyatli; ～한 생활 osoyishta hayot.
편애(偏愛) o'ziga xos muhabbat; ishqibozlik; qiriqish; ishtiyoq; havas. ～하다 ishqiboz bo'lmoq.
편의(便宜) qulaylik; xizmat ko'rsatish vositalari. ～점 qulay do'kon.
편익(便益) 『편리』 qulaylik; 『이익』 foyda.
편입(編入) ～ 하다 qo'shmoq; kiritilmoq; qabul qilmoq.
편자 『말굽의』 ot taqasi.
편자(編者) compozitor; tuzuvchi.
편재(偏在) boylanish; boylanganlik. ～하다 boylanmoq; biror joyga boylangan bo'lmoq.
편저(編著) quramachilik (bosh-qalarning ishlaridan ulabqutab asar yozish); kitobni tuzim bosmadan chiqarish. ～ 하다 tuzmoq (lug'at va h.k.).
편중(偏重) ～하다 ortiqcha baho bermoq; oshirib yubormoq.
편지(片紙·便紙) xat, noma, maktub; xabar; [총칭] pochta; korrespondentsiya. ～ 하다 xat yozmoq.
편집(編輯) nashr, bosma asar; quramachilik; ～하다 tahrir qilmoq; tuzmoq (*lug'at va h.k.*)
편차(偏差) rad qilish; qaytarish.
편차 ma'lum bir tartibda tuzish.
편찬(編纂) nashr; bosma; ～하다 tuzib redaktsiya qilmoq (tuzatish kiritmoq); ～위원 quramachilik komiteti.
편찮다(便―) og'riqni sezmoq; holsiz bo'lmoq.
편충(鞭蟲) (기생충의하나) zool. vlagoslav, xlistovik.
편취(騙取) aldash yo'li bilan qo'lga kiritish. ～하다 yolg'on (bo'qton) orasidan narsaga ega bo'lmoq.
편측(片側) bir tomon.
편파(偏頗) ～하다 adolatsiz bo'lmoq; nohaq bo'lmoq.
편평족(扁平足) 〚病理〛 tib. plaskostopiye.
편향(偏向) qiyalik; og'ish; qing'ayish; ～하다 uzoqlashmoq; chetga chiqmoq.
편협하다(偏狹―) chegaralangan; uzoq bo'lmagan; tor.
펼치다 tarqatmoq, yoymoq, cho'zmoq; ochmoq. ⇒ 펴다. 주목을 ～ mushtni ozmoq; 날개를 ～ qanotlarni yozmoq.
평(坪) I p'yŏng. 『지적의』 yer o'lchov birligi (＝3.3 kv.m)
평(評) II (비평) tanqid (*qilish*); siyosiy ocherk (*kichil adabiy asar*); 『논평』 comentariy; izoh. ⇒ 평하다.
평가(評價) bahlash. ～하다 baholamoq; narh qo'ymoq.
평균(平均) o'rtacha.
평년(平年) o'rtacha hosildorlik yili.
평등(平等) tenglik. ～하다 teng bo'lmoq; tenglashmoq; tenglik.
평론(評論) 『비평』 tanqid (*qilish*); tanqidiy; 『시사평』 mulohaza; ～하다 tanqid qilmoq.
평맥(平脈) me'yordagi puls.
평민(平民) oddiy odam; xalq odami; [총칭] oddiy odam.
평방(平方) kvadrat. ⇒ 제곱
평범(平凡) umumiylik; bir xillik; birlik; hammaga oidlik; ～하다 o'rtamiyona; o'tracha; oddiy bo'lmoq.
평상(平常) oddiy vaqtdataxtadan qilingan koreys karavoti⇒ 평상시; ～복 ⇒ 평복(平服).
평상시(平常時) me'yordagi vaqt; 『평화시』 tinchlik; sulh; murosa

ㅍ

vaqt; [부사적] odatda.
평생(平生) butun hayot.⇒일생.
평소(平素**)** odatiy vaqt.
평시(平時**)** me'yordagi vaqt.
평안(平安) tinch; osoyishta; ～하다 tinch bo'lmoq; hotirjam bo'lmoq.
평영(平泳) brass. ～하다 brass usulida suzmoq.
평온(平穩) hotirjamlik; ～하다 hotirjam bo'lmoq; hotirjamlik sezmoq.
평원(平原) tekislik; cho'l, dasht (대초원).
평의(評議) konsultatsiya (*biror masala yuzasidan mutaxassis maslahati*) kengash, maslahat majlisi; baxs; ～하다 maslahatlashmoq.
평이(平易) sodda; oddiy. ～하다 yetishish oson bo'lgan.
평일(平日) (일요일이 아닌) bozor kunidan (yakshanbadan) tashqari bo'lgan kunlar; ish kunlari.
평작 oddiy kamon
평전 tekis maydon (tog'da).
평점(評點) 『학력의』 ko'rsatkich belgi, nishona; (점수) baho; ball.
평정(平靜) I hotirjamlik, tinchlik; sokinlik. ～하다 hotirjam bo'lmoq; tinch bo'lmoq; 마음의 ～ qalbim hotirjam.
평정(評定) II baholash, narx qo'yish; baho berish. ～하다 baholamoq, narx qo'ymoq; baho bermoq.
평지(平地) tekis joy; tekislik.
평탄(平坦)(지면이) silliq; tekis va keng; to'sqinliklarsiz. ～하다 silliq bo'lmoq; g'adir-budiri yo'q.
평판(評判) 『명성』 shon-sharaf; obro'; e'tibor; mashhurlik.
평평하다(平平—) (판판함) yassi, yalpoq; gorizontal.
평행(平行) 〖數〗 parallel, o'xshash; parallelizm. ～하다 barobar chopmoq.
평형(平衡) tarozi; muvozanat; ～하다 tortmoq; muvozanatga keltirmoq.
평화(平和) tinchlik; sulh; murosa; 『화합』 garmoniya. ～스럽다; ～롭다 tinch; murosali.
폐(弊) I 『폐단』 notinchlik, bezovtkalik; noqulaylik.
폐(肺) II o'pka.
폐가(廢家) 『낡은 집』 xaroba uy.
폐간(廢刊) ro'znomani chop etilishini to'xtatish. ～하다 chop etishni to'xtatmoq.
폐결핵(肺結核) 〖醫〗 sil; sil kasaligi; tuberkulyoz;(생략 T.B.).
폐경기(閉經期) 〖生〗 klimaks davr; menopauza.
폐기물(廢棄物) keraksiz narsalar.
폐동맥(肺動脈) anat. o'pka arteriyasi.
폐문(肺門) 〖解〗 anat. o'pka darvozasi.
폐물(廢物) keraksiz narsalar; foydasi yo'q odam.
폐병(肺病) ⇒ 폐결핵; 〖醫〗 o'pka tuberkulyozi; sil kasalligi; (생략 T.B.).
폐사(廢寺) tashlandiq budda qo'rg'oni.
폐쇄(閉鎖) (닫음) tugatish(*dars*), yopish; ～하다 yopmoq; quluflamoq.
폐수(廢水) chiqindi suv.
폐습(弊習) yomon odat.
폐업(廢業) tashkilotni yopmoq; do'konni yopmoq; amaliyotni tugatmoq (yurist va shifokor haqida). ～하다 『장사를 그만두다』 daromadli ishni tugatmoq.
폐점(閉店) ～하다 do'konni yopmoq.
폐정 I esk. yomon hokimiyat; yomon boshqaruv.
폐정 II sud majlisini tugatish.
폐정 III tashlandiq quduq.

ㅍ

폐정맥 anat. o'pka venasi.
폐제 I pul sistemasi.
폐제 II chetlashtirmoq.
폐지(閉止) I to'xtash, to'xtatish; to'xtatish joyi; ~하다 to'xtamoq, to'xtatmoq; yopmoq.
폐지(廢止) II (풍속·제도의) bekor qilish, yo'q qilish, tugatish (*shartnoma, qonun va h.k.*); (법률·조약의) bekor qilish, kuchhini yo'qotish. ~하다 bekor qilmoq, yo'q qilmoq, tugatmoq;『법령 등을』 o'zgartirmoq (*qonun va h.k.*).
폐지 bet; sahifa.
폐첨(肺尖) o'pkaning yuqori qismi.
폐하(陛下**)** janobi oliylari.
폐하다 I tugatmoq; to'xtatmoq; bekor qilmoq.
폐하다 II haydamoq; haydab yubormoq.
폐하다 III tashlamoq (ishni).
폐학하다 o'qishni tashlamoq.
폐해(弊害) zarar; ziyon; shikast.
폐허(廢墟) xaroba, vayrona.
폐활량(肺活量) o'pka hajmi.
폐회(閉會) majlisni yopish (tugatish); ~하다 uchrashuv (majlis; yig'ilish)ni tugatmoq.
포(砲) I artilleriya quroli (vositasi); artilleriya; ~격 artilleriya otishmasi; ~수 soqchi; qorovul; ~신 qurolning stvoli(otish qurolining asosiy qismi).
포(包) II shaxmatdagi jism.
포(脯) III taxminan; 달 ~ taxminan bir oy; bir oy chamasi.
포(包) IV bir qancha jen'shen ildizidan bog'lam; 열 ~의 인삼 junshenning 10ta ildizidan bog'lam; qar. 초가지.
-포 vaqtni ifodalovchi qo'sh. taxminan, taxminiy; 해포 taxminan bir yil; 달포 taxminan 1 oy.
포개다 bir-birini ustiga qo'ymoq; taxlamoq (o'tinni); 장작을 창고에 포개어 쌓다 saroyga o'tin taxlamoq.
포고(布告) rasmiy e'lon; xabar qilmoq; e'lon qilmoq; ~하다 rasmiy ravishda e'lon qilmoq; xabar qilmoq; ~령 e'lon qilingan buyruq; ~문 dekla- ratsiya; manifest.
포괄(包括) ~적 qamrab olingan; hammasini o'z ichiga olgan; ~하다 o'z ichiga olmoq; qamrab olmoq.
포근하다 yumshoq; mayin; iliq; 포근히 yumshoq; mayin; iliq; 포근한 겨울 iliq qish.
포기(抛棄) I ~불고 inkor; bekor; tashlandiq; qarovsiz qolgan; ~하다 tashlamoq; tashlab ketmoq; qoldirmoq; voz kechmoq; 그는 만사를 ~하고 이 일에 착수했다 U hamma narsani tashlab (qo'yib), shu ish bilan band bo'ldi.
포기(단위) II alohida o'simlik; ildiz; asos; buta; 풀 한 ~를 소중히 여기다 har bir o'tni asramoq
포기하다 voz kechmoq; inkor qilmoq; bekor qilmoq; tashlab ketmoq; yarim yo'lda tashlab ketmoq.
포대(布袋) ip-gazlamadan tay- yorlangan qop(xalta); bo'z matodan tayyorlangan qop; 쌀 세 ~ uchta bo'z qopdagi guruch.
포대기 bolalar ko'rpasi(adyoli).
포도(葡萄) uzum; uzumli; ~나무 uzum; ~당 uzumli shakar; glu- koza; ~밭 uzumzor; tokzor; ~주 uzumli sharob; ~재배 uzum- chilik; ~구균 tib. botriokok; ~원 uzumchi.
포도주(葡萄酒) sharob, vino.
포로(捕虜) tutqin; asir; asira; ~로 잡다 asrga olmoq; tutqin qilmoq;

~가 되다 asrga tush- moq; tutqin bo'lmoq; 정욕의 ~가 되다 o'z ehtiyorlarining tutquni bo'lmoq; ~병 harbiy tutqun.
포르말린(ingl. formalin) formalin; formalinli; ~소독 formalinli dizinfektsiya.
포말(泡沫) ko'pik; pufak; 작은 ~처럼 부서지다 huddi, sovun ko'piklaridek yorilmoq; 물거품: ~부유 선광 ko'pikli flotatsiya.
포목(布木) bo'z va ipak gazla- madan tayyorlangan gazlama; ~상 bo'z va ipgazlama savdosi
포부(匏部) istak; xohish; kelajakka mo'ljallangan rejalar; ~를 이야기하다 o'z niyat(istak) lari haqida gapirmoq.
포상(褒賞) mukofot; mukofot tarzida berilgan; ~하다 kimnidir nimadir bilan mukofotlamoq (taqdirlamoq); 전공에 대하여 높은 훈장으로 ~하다 harbiy xizmatlari uchun yuqori darajali ordeni bilan mukofotlanmoq.
포섭(包攝) ~하다 jalb qilmoq; tortmoq; o'zi tarafga tortmoq; o'ziga jalb qilmoq; ~력 o'ziga jalb qilish qobiliyatiga ega bo'lmoq.
포스터(ingl. poster) plakat (rasm solingan, shior yozilgan varaqa); afisha; ~의 plakat ...si; ~를 게시하다 plakatni osib qo'ymoq; 벽에 ~를 붙이다 devorga plakatlarni yopishtirib tashlamoq.
포스트카라(ingl. poster colour) guash.
포악(暴惡) ~하다 pahmsiz; shafqatsiz; zolim; ~무도하다 o'ta shafqatsiz; ~성 shafqat- sizlik; berahmlik; ~무도 o'ta shafqatsizlik; ~스럽다 *sifat.* shafqatsiz bo'lib ko'rinmoq; ~하다 rahmsiz; shafqatsiz; zolim.
포옹(抱擁) quchoq; bag'ir; ~하다 quchoqlamoq; bag'riga bosmoq; 그들은 서로 열렬히 ~했다 ular qaynoq quchoqlashdilar.
포용(包容) ~하다 birovning ko'ngliga qarab munosabatda bo'lmoq; ~력 shafqatlilik; muruvvatlilik.
포위(包圍) atrof-muhit; ~하다 qurshab olmoq; o'rab olmoq; 사방에서 ~당한 군대 har tarafdan o'rab olingan qo'shin; ~망 doira xalqasi; ~작전 atrof-muhit operatsiyasi; ~섬멸 o'rab olib yo'q qilish.
포인트(ingl. point) punkt, joy, nuqta; bosh; asosiy; ish; mohiyat; asl ma'no; fursat; mahal; payt; vaqt; mavrid; moment, hisob, sanash; ~는 이것에 있다 gap aynan shundada; 출발 ~ jo'natish punkti; 1) qar. 전철기; 2) qar. 소수점; 3) *qar.* 득점; 4) poligr. punkt (o'lchov birligi=*0,35146 mm*); ~활자 aniq keglya shrifti.
포자(胞子) biol. spora; ~번식 sporalar sonini ko'payishi; ~생식 sporogoniya.
포장(包裝) I o'rash; joylash; ~하다 o'ramoq; ~하는 사람 o'rovchi; upakovka qiluvchi; ~지 narsani o'rash uchun qog'oz.
포장(鋪裝) II ~공사 yopish; qoplash; qoplanish; ~하다 yop- moq; qoplamoq; tosh yotqizmoq (termoq); 콘크리트 ~ beton qoplama; beton yo'l; ~길 tosh yo'l; ~도로 asfal'tlangan yo'l.
포장되다 upakovka qilmoq.
포장지(包裝紙) o'raydigan qog'oz; upakovka qiladigan qog'oz.
포즈(ingl. pose) holat; turish; ~를 취하다 biror holatda turmoq.
포지션(ingl. position) joy; pozit- siya; holat; turish; munosabat; nuqtai nazar; 강경한 ~을 취하다

qattiq holatni egallamoq.
포착(捕捉) ~하다 ushlab qolmoq; yetmoq; qoplab olmoq; tutmoq; 좋은 기회를 ~하다 qulay fursatni topmoq.
포크(ingl. fork) vilka; sanchqich.
포탈(逋脫) esk. ~하다 a) qochib yashirinmoq; b) soliq to'lashdan bosh tortmoq.
포함(包含) ~하다 o'z ichiga olmoq; ...을 ~하여 jumladan o'z ichiga olib; shunngdek; 나도 그 속에 ~되어 있다 shuningdek men ham; ~량 tarkibi; nimaningdir miqdori.
포함하다 o'z ichiga olmoq.
폭군(暴君) zolim; tiran; shafqatsiz; zulmkor; ~같은 beayov; shafqatsiz; ~같이 다루다 birovga zulm qilmoq; zulm o'tkazmoq; kimningdir ustidan shafqatsizlarcha ish ko'rmoq.
폭넓다 keng; har taraflama.
폭넓은 keng; katta.
폭동(暴動) 봉기(蜂起) qo'zg'olon; isyon; ~을 일으키다 qo'zg'olon ko'tarmoq; ~자 qo'zg'olonchi; isyonchi; isyonkor; ~하다 qo'zg'olon ko'tarmoq.
폭등(暴騰) ~하다 sakramoq; ko'tarilib ketmoq; ~하는 물가 narxning tez suratda "o'sishi".
폭락(暴落) [pxon'nak] ~하다 tez suratda tushib ketmoq (narx haqida); b) tushib ketmoq (obro', e'tibor haqida); 석유 가격의 ~ neft narxining birdan tushib ketishi.
폭력(暴力),강요(强要) zo'rlash; kuch ishlatish; zo'rlash; ~적 zo'rlik bilan; kuch ishlatish bilan; ~을 행사하다 zo'rlamoq; kuch ishlatmoq; ~단 terroristlar; ~배 bezorilar; ~투쟁 majburiy kurash; ~수단 zo'rlik vositasi (quroli); (~적) 혁명 zo'rlash yo'li bilan olib borilgan, revolutsiya.
폭로(暴露) [pxon'no] 1) ochish; fosh qilish; oshkor qilish; ~하다 ochmoq; qilmoq; fosh qilmoq; ochib ko'rsatmoq; oshkor qilmoq; 허위를 ~하다 yolg'onni fosh qilmoq; ~문학 oshkor qiluvchi adabiyot.
폭리(暴利) ~를 얻다 katta daromad qilmoq
폭발(暴發) I portlash; o'pirilib tushish; detonatsiya; ~적인 ulkan; hayajonlanuvchi; iztirobli; ~적인 인기 iztirobga soluvchi mashhurlik; ~하다 portlamoq; portlashni keltirib chiqarmoq; ~시키다 portlamoq; portlashni keltirib chiqarmoq; 휘발유가 든 병이 ~했다 bak benzin portlab ketdi; 혁명이 ~하였다 revolyutsiya boshlanib ketdi; 화산의 ~ vulkandan lava otilib ketishi; ~력 portlash kuchi; ~물 portlash(portlatish) moddasi; ~성 portlovchanlik; ~음 portlash ovozi; 혁명의 ~ revolutsion portlash; ~적 bo'ronli; jo'shqin; to'lqinli.
폭발(爆發) II portlash; o'pirilib tushish; ~반응 kimyo. portlash reaktsiyasi; ~작용 portlash harakati; ~하다 portlamoq (bomba)
폭설(暴雪) kuchli qor yog'ishlar; 갑자기 ~이 내렸다 kutilmaganda kuchli qor yog'a boshladi.
폭소(爆笑) kuchli kulgu; (xoxolash); ~하다 kuchli kulib yubormoq; xoxolamoq; ~가 일어났다 qattiq kulgi ovozi eshitildi.
폭약(爆藥) portlash moddasi; zaryad; 대포에 ~을 장전하다 zaryadni pushkaga tiqmoq; qar. 폭발약.
폭언(暴言) keskin so'z (fikr); dag'al(hunuk) nutq; haqorat; ~하

다 juda qo'pol gapirmoq; urushmoq.
폭염(暴炎) kuchli jazirama issiq; issiq jazirama; 한 여름의 ~ yoz jaziramasi
폭우(暴雨) jala; ~가 쏟아진다 jala quymoqda; chelakdan quyayotgandek, yomg'ir yog'moqda.
폭탄(爆彈) aviatsion bomba; 300 킬로 짜리 ~을 투하하다 300kg og'irlikdagi bombani tashlab yubormoq (biror narsaning ustiga); ~선언을 하다 kimgadir qarshi hal qiluvchi harakat haqidagi ariza bilan chiqmoq.
폭파(爆破) portlash; o'pirish; ~하다 portlatmoq; o'pirmoq; portlamoq; ~수 portlatuvchi; ~약 portlovchi modda; ~장치 portlatuvchi vosita.
폭포(瀑布) sharshara; shalola; 이애가라 ~ niagar sharsharasi; ~수 sharshara suvi.
폭풍(暴風) bo'ron; dovul; qattiq bo'ron; dovul; shtorm; ~의 shiddatli; bo'ronli; ~이 일다 bo'ronli bo'lmoq; ~ 때문에 우리는 밤새 눈을 붙이지 못했다 bo'ron sababli, biz kechasi bilan mijja qoqolmadik; 찻잔 속의 ~ stakan suvda bo'ron; ~경보를 내리다 bo'ron haqida ogohlantirmoq; ~우 bo'ron va jala; 환호의~ toshqin shodlik.
폭행(暴行) zo'rlash harakati; zo'rlash; ~하다 zo'rlamoq; kuch ishlatmoq; majburlamoq; ~을 가하다 kimgadir tajovuz qilmoq; zo'rlamoq; nomusiga tegmoq (ayolni); ~자 zo'rlovchi.
폰드(ingl. pone) *rus.* 1) fond; 2) shtatlar.
폴리에틸렌(ingl. polyethylene) polietilen.
표(票) I 1) bilet; chipta; billyuten; yorliq; imtihon bileti; 2) ovoz; 극장~ teatrga bilet; ~를 찍다 biletga komposter bos- moq (urdirmoq); ~를 붙이다 yorliqni yopishtirmoq; 찬성 ~를 던지다 maqullab(qarshilab) ovoz bermoq.
표(標) II belgi; metka; sanoat korxonasi markasi (tamg'asi); simvol; belgilar; ~를 하다 belgilamoq; belgi qo'ymoq; ~가 나다 ajralib turmoq; o'ziga xos xususiyatga ega bo'lmoq.
표(表) III 1) qar. 표적 II; 2) qirol(shox)ga tabrik xati; 시간~ jadval; grafik; 연대~ xronologik jadval.
표, 일람표(一覽表) tabel.
-표(-表) kor.qo'sh. *jadval*; 시간표 jadval; dars jadvali; 연도표 xronologik jadval. 표 파는 곳이 어디입니까? bilet (sotiladigan) kassa qayerda? 표를 사십시오 chiptani sotib olinglar.
표결(表決) ovoz berish; ~에 붙이다 ovoz berishga qo'yish; ~하다 ovoz bermoq; ovoz berish yo'li bilan hal qilmoq; ~권 ovoz berish huquqi.
표기(表記) 1) belgilab qo'yish; ko'rsatish; xatda ifodlash; ~하다 razmetka qilmoq; belgi qo'y- moq; belgi qo'yib chiqarmoq; 지도에 점선으로 경계를 ~하다 xaritada chegaralarni punktir (nuqtalardan iborat belgi) bilan ajratib ko'rsatmoq; ~법 yozish usuli (maktubda ifodalash); yozish qoidasi.
표기되다 ma'noni ifodalamoq; yozilmoq.
표기법(表記法) [-ppop] yozish usuli; yozish qoidasi.
표독(慓毒) yovuzlik,badg'arazlik; fitnachilik; ~스럽다 sifat. yovuz (jahldor) bo'lib ko'rinmoq; ~하다 jahldor; yovuz.
표류(漂流) dreyf(kemaning

shamol yoki oqim kuchi ta'siri ostida o'z yo'lidan og'ishi); ~하다 yo'ldan og'moq; dreyfga tushib turmoq; ~선 ko'chib yuradigan qayiq; ~자 kema halokatiga uchragan(odam); qar. 유랑.

표리(表裏) 1) usti(yuzasi) va teskari(ich) tomoni; ichki va tashqi tomonlar; 2)so'z (o'y, fikr) va ish; ~부동 ikkiyuzlamachilik; munofiqlik; makr; hiyla; makkorlik; ayyor; ~상응 butunlay moslik(uyg'unlik); ~가 없다 oq ko'ngil bo'lmoq; ochiq ko'ngil bo'lmoq; 3) arx. ko'ylak va astar uchun mato.

표면(表面) yuza; tashqi tomon; ~적 tashqi, sirtqi; ustki; tashqaridagi; ~적으로 sirtdan; tashqi ko'rinishdan; ~만으로는 사물의 진상을 알 수 없다 narsalarni tashqi ko'rinishiga qarab bilib bo'lmaydi; ~장력 ustki tomondan bitish; ~층 ustki (tashqi) qatlam; ~생활 hayotning tashqi ko'rinishi.

표면화(表面化) ko'rsatish, namoyon qilish; yuzaga chiqarish; ko'rinish; namoyon bo'lish; ~하다 namoyon bo'lmoq; paydo bo'lmoq; aniqlanmoq; 비밀이 세상에 ~ 되었다 sir aniqlandi(fosh bo'ldi).

표명(表明) bildirish; bayon qilish; ~하다 bildirmoq; bayon qilmoq; 동의를 ~하다 roziligini aytmoq; xohishni aytmoq.

표방(標榜) ~하다 o'zini biror narsaning tarafdori deb aytmoq; himoya qilmoq; saqlab qolmoq; mudofaa qilmoq; qo'llab quvvatlamoq; 자유와 평등을 ~하다 o'zini tinchlik va tenglik tarafdori deb bilmoq.

표백(表白) oqartirish; oqqa bo'yash; ~하다 oqartirmoq; oqqa bo'yamoq; ~분 xlorli ohak; ~제 oqartirmoq; oqqa bo'yamoq; oqartiruvchi vosita.

표본(標本) namuna; nusxa; eksponat; model; preparat; misol; 학자의 ~ o'ziga (tipik) xos olim; 상품 ~ tovar modeli; ~이 되다 namuna bo'lmoq; ...의 ~을 따라서 biror narsaning namunasiga binoan; ~실 ko'rgazma zali.

표시(表示) I ifoda; ifoda qilish; bildirish; izhor etish; ~하다 izhor qilmoq; ifoda etmoq; 사의를 ~하다 o'z minnatdorchiligini bildirmoq; 그녀는 우정의 ~로 내게 사진을 선물했다 do'stlik belgisi sifatida menga o'z rasmini sovg'a qildi; ~기 ko'rsatgich; indikator; ~등 signal lampochkasi; bort fonari.

표시(標示) II belgilash; belgi qo'yish; ko'rsatish; belgi alomati; ishora; ~하다 belgilamoq; ko'rsatmoq; belgi qo'ymoq; 가격~ mahsulotga belgilangan narx.

표식(標識) belgi,alomat; nishona; ishora; simvol; 찬성의 ~으로 ma'qullash ishorasi sifatida; ~원자 kimnyo. belgilangan atom; ~하다 nishonga olmoq, mo'ljallamoq; mo'ljalga olmoq

표어(標語) shior; shior ...si; ~를 내걸다 shior tashlamoq; ~판 shior yozilgan taxta.

표적(標的) nishon; mo'ljal; belgi; nishon; metka; 과녁의 ~ mo'ljalga olingan olma; ~이 되다 nishon bo'lmoq; ~에 맞다 nishonga tushmoq;

표절(剽竊) plagiat, adabiy o'g'rilik, ~하다 birovning asarini o'g'irlamoq; ~자 plagiator.

표정(表情) 1) yuz ifodasi; ~하다 mimika; yuz ifodasi; ~이 풍부한 얼굴 ma'noli yuz; 얼굴에 쓴 ~을

짓다 yuzni tirishtirmoq; ~술 mimik san'at.
표제(標題), 비문(碑文) I nom; sarlavha; imtihondagi insho mavzusi; ...라는 ~의 소설 ... nomli roman;.. ~를 붙이다 noma bermoq; nomlamoq; ~어 maqola; bosh so'z; ~음악 biror tadbirga (narsaga) atalgan musiqiy asar.
표제, 제목(題目) II rubrika; sarlavha.
표준(標準) standart; norma; etalon; ~의 bir qolipdagi; bir xilda bo'lgan; standart; ~에 따라 제작하다 standart bo'yicha tayyorlamoq; ~가격 standart narx; ~액 etalon suyuqligi; ~어 standart til; ~형 standart tur; ~기압 standart atmosfera (gaz bosimi birligi); ~발음법 orfoepiya; ~상태 kimyo. standart holat; ~설계도 tipli proekt; ~전지 el. normadagi element.
표준어(標準語) adabiy til, normaga tushirilgan til.
표준화(標準化) normallashtirish; standartlashtirish;~하다 normallashtirmoq,standartlashtirmoq.
표지(表紙) I kitob usti(jildi); jildli; muqava; 책의 겉~ supermuqava; 2) qar. 서표.
표지(標識) II biror narsani ifoda qilish ususli; ~등 xabar berish olovi; ~판 doska; ko'rsatgich taxtasi.
표창(表彰), 상(償) rag'batlantirish; qiziqtirish; mukofot; ~하다 mukofotlamoq; taqdirlamoq; rag'batlantirmoq; ~을 내신하다 mukofotga taqdim etmoq; 전공에 의해 높은 훈장을 ~하다 harbiy xizmatlari uchun yuqori orden bilan taqdirlanmoq; ~식 mukofotlash marosimi; taqdimot marosimi; ~자 mukofotlangan; ~장 maqtov yorlig'i.
표출 ~하다 ajratib ko'rsatmoq; ajratmoq; ajratib chiqarmoq; chiqarmoq; 이탤릭체로 ~하다 chiroyli shrift bilan ajratmoq.
표피(表皮) tashqi qatlam; biol. kutikula; epiderma; epidermis; ~작용 yuzaki effekt(ta'sir, zo'r ta'sir); ~조직 epitelial mato; ~효과 yuzaki effekt(ta'sir); skineffekt.
표현(表現) ifoda; ifoda qilish; paydo bo'lish; namoyon bo'lish; ~적 ma'noli; ekspressiv; ~하다 ifoda qilmoq; tasvirlanmoq; 이것은 말과 글로 ~할 수 없다 buni so'z bilan ham, qalam bilan ham ifoda etib bo'lmaydi; ~력 ifoda qilishlilik; ma'nodorlik; o'tkirlik; aniqlik; burrolik; ~법 ifoda qilish usuli; ~성 ifoda qilishlilik; ~주의 ekspressio- nizm; ~파 ekspressionistik oqim; ~적 기능 tilsh. ekspressiv funktsiya.
푯말 yo'l ko'rsatuvchi ustun (simyog'och); ~을 세우다 ustunni o'rnatmoq; 경계 ~ chegara ustuni; 이정 ~ chaqirim (kilometr)li ustun.
푸 tovush taqlidi. nafas chiqarish.
푸념(-念) ~하다 o'zining bebaxtligi haqida hammaga tarqatmoq; biror narsadan norozi bo'lmoq; shikoyat qilmoq.
푸르다(푸르니,푸르러) yashil; ko'k; havo rang; o'tkir; uchi uchli-zangori; to'q; och ko'k; pishmagan; tetik; yangi; 푸르디 ~ ko'm-ko'k; yam-yashil. *qar.* 붉다; 2) tetik; yangi; 3) ko'kimtir; pishmagan; xom.
푸른, 새파란 ko'k. 하늘색 havo rang.
푸른한 havo rang; zangori.
푸릅니다 yashil.
푸릇푸릇 ~하다 *sifat.* *ko'k*

(yashil) dog'larda.
푸주간(<庖廚間) [-kkan] go'sht do'koni;
푸짐하다 yetarlich serob; mo'l; ko'l; qo'li ochiq qo'l; sahiy; 푸짐히 mo'l; mo'l-ko'l; sahiylik bilan; qo'li ochiqlik bilan; qo'li ochiqlik bilan; 푸짐한 음식 mo'l-ko'l mehmondorchilik; 푸짐히 나누어주다 sahiylik bilan tarqatmoq.
푹 butunlay; butunligicha; ko'p; yetarli.
푹하다 iliq (havo haqida).
푼(<分) ozgina pul; kam pul; arzimagan pul; 나는 한 ~도 남기지 않고 모두 써버렸다 men bir tiyin ham qoldirmasdan ham- masini ishlatib yubordim; 나는 한 ~도 없다 menda bir tiyin ham yo'q; pxuna, 1/10ga teng, eski pul birligi; qar. 돈 I; b) uzunlik o'lchovi ≅3 mm.; eski o'girlik o'lchovi ≅ 0,375 g).
푼내기(<分-) 1) kichik stavkalardan iborat qizg'in o'yin; 2) qar. 푼거리; ~흥정 arzimagan bitishuv (bitim).
푼돈(<分-:작은 돈) mayda pul; arzimagan pul; 거스름돈을 ~으로 주다 qaytimiga mayda pul bermoq; 2) qar. 잔돈.
풀 I o't; ~을 베다 o't o'rmoq; ~대 o't-o'lan; ~밭 o'tzor; o'tloq; chamanzor; ~섶 butazor; chan-galakzor; ~잎 o't barglari; ~베기 싫은 놈이 단수만 센다 maq. ≅ o't o'rishga erinmoq; ~ 끝에 앉은 새 몸이라 maq. *so'zma-so'z.*≅ o't uchida o'tirgan qushdek; ~을 꺾다 yashil o'g'itlarga o't o'rmoq.
풀 II yelim; kleyster; kley; ~로 붙이다 kleylamoq; yopishtirmoq; kleyster bilan yopishtirmoq; ~을 먹이다 kraxmai qilmoq; ~가루 kraxmal; ~이 서다 kraxmal-langan bo'lmoq; ~이 죽다(꺾이다) so'limoq; holsiz bo'lib qolmoq; achimoq; 풀이 없다 so'ligan.
풀(ingl. pool) III suzish basseyni; hovuz; ko'l; qar.수영장
풀기 [-kki] 1) yopishqoqlik; kraxmallanganlik;~없다 so'limoq; holsizlanmoq; ~죽다 so'lib qolmoq; qurib qolmoq.
풀다(푸니,푸오) 1) yechmoq; ochmoq; bo'shatmoq; 2) yechmoq; 3) ishlab chiqarmoq; chiqarmoq; bo'shatmoq; 코를 ~ burnini qoqmoq; 4) tarqatib yubormoq; haydab yubormoq; tumtaraqay qilib quvmoq; uzmoq; yulmoq; uzib olmoq; ta'min qilmoq; yetkazib bermoq; qondirmoq; qanoatlantirmoq; ruxsat bermoq; yo'l qo'ymoq; o'ylab topmoq; yechmoq; rasshifrovka qilmoq; qurolsizlantirmoq; tuzatmoq; to'g'rilamoq; tartibga solmoq; 매듭을 ~ tugunni yechmoq; 화를 ~ jahldan tushmoq.
풀리다 1) yechilmoq; ochilmoq; shaklini o'zgartirilmoq; bo'lak-larga bo'lib yuborilmoq; ochil-moq; tuzilmoq; tarqalmoq; erimoq; yo'q bo'lib ketmoq; 2) bekor qilinmoq; 3) boshatilgan bo'lmoq; bo'shamoq; 4) erigan bo'lmoq (suvda); 6) sochilgan (yoyilgan) bo'lmoq (g'azab); 7) o'tib ketmoq; tarqalib ketmoq (charchoq haqida); 8) neytral-langan bo'lmoq (zaharning ta'siri haqida); 9) qoniqtirilgan bo'lmoq (istak haqida); 10) yechilgan(topilgan) bo'lmoq; 11) joyiga tushmoq (ish haqida); 12) tushuntirilgan bo'lmoq; 13) ko'tarilgan bo'lmoq; 14) ustiga yaxna sardak solingan bo'lmoq; 15): 힘이~ bo'shashmoq; 16) erimoq (muz); 17) yumshamoq;

ilimoq(havo); 18) qorong'ulash-moq (ko'z).
풀벌레 ·o't o'lanlarda yashovchi qurt-qumursqalar (hasharotlar).
풀베기 pichan o'rish; ~하다 o't o'rmoq
풀뿌리 o't negizi (ildizi).
풀색, 녹색(綠色) yashil, ko'k.
풀숲 butazor, chakalakzor.
풀썩 yengil bulutli; kuchsiz; quvvatsiz; zaif, darmonsiz; 연기가 ~피어오른다 tutun yengil bulutdek ko'tarilmoqda; 땅에 ~주저앉다 kuchsiz yerga tushmoq (o'tirmoq).
풀이 1) ~하다 a) hal qilmoq; topmoq; b) haydamoq (g'am-g'ussani); c) qondirmoq(istakni) *d*) tarqatib yubormoq (shubhani) 2) mat. hal etish; bajarish.
풀이 죽다 sust (bo'shang, shalpaygan) bo'lib qolmoq.
풀잎 [-lip] o't bargi.
풀칠 ~하다 yopishtirmoq; kley surtmoq (surkamoq); 간신히 입에 ~하다 tugatmoqmuhtojlikda azob bilan kun kechirmoq
품 I 1) ko'krak hajmi (ustki ko'ylakda); qo'yin; quchoq; 윗도리의 품이 좁다 pidjak tor; ~에 넣다 quchog'iga olmoq; 2) qo'yin; 3) quchoq.
품 II 1) kuch(mehnat)ni sarflash; ~을 갚다 ko'rsatilgan xizmat uchun ishlab bermoq; ~이 들다 mehnatsevar bo'lmoq; 품을 들이다 mehnat(kuch) ketkazmoq; 품을 메다 ishni keyinga qoldirmoq; ~[을] 앗다 ko'rsatilgan xizmat uchun ishlab bermoq; 2) 품을 사다 yollamoq (ishchini); ~을 팔다 ishga yollamoq; ~삯 mehnat uchun to'lash; ~앗이 o'zaro yordam .
품 III belgi; holat; vaziyat; 일이 되어 가는 ~이 시원치 않은 것 같다 ishning borishi qoniqarli emasga o'xshaydi.
품(品) IV 1) sifat; 2) tovar; narsa; predmet.
품(品) V tovar; predmet; 전시~ eksponat; 창작~ asar; 수출~ eksport qilinuvchi tovarlar.
-품(-品) *kor.qo'sh.* tovar; predmet; 수출품 eksport qilinuvchi tovarlar.
품격(品格) qadr-qimmat; fazilat (odamning); ~을 떨어뜨리다 o'z qimmatini yo'qotmoq
품귀(品貴) nuqson; kamchilik; yetishmovchilik; defisit; ~의 yeyetarli emas; kam; qoniqarsiz; 설탕이 ~상태다 shakari kam; ~상품 defisit tovar.
품다 [-tta] 1) qo'ynida olib yurmoq; 2) quchoqlamoq; ko'-kragiga bosmoq; qalbida erimoq; tuyg'ularni xis qilmoq; tuxum qo'ymoq; 3) qanotlari bilan qush bolasini bekitmoq (yopmoq); 희망을 ~ umid qilib yurmoq; 애정을 ~ sevmoq.
품목(品目) 1) tovar(predmetlar) ro'yxati; tovar nomlari; ~별로 세다 predmetlarni sanab chiqmoq; 주요 수출 ~ asosiy eksport qilinuvchi tovarlar; 2) esk. *qar.* 품명.
품사(品詞) gap bo'lagi; ~전환 konversiya.
품삯 [-ssak] mehnat uchun haq.
품안(品案) feod. daraja ketma-ketligida amaldorlarning ismlari yozilgan kitob.
품앗이 o'zro yordam.
품위(品位) 1) holat(jmiyatda); qadr-qimmat; fazilat; ~를 유지하다 o'zini qo'lda ushlab turmoq; ~가 60%인 철광 tarkibida 60% temir bo'lgan temir rudasi.
품종(品種) 1) assortiment; 2) biol. tur; nav; xil; ~교배(교잡)

qar. 품질(品質).
품질(品質) tovar sifati; ~이 좋은 상품 yaxshi(yomon) sifatli tovar.
품행(品行) axloq; xulq; fe'l-atvor; qar. 행위(行爲)
품니다 hal qilmoq.
풋 pishmagan; xom; yangi; ustki; chuqur bo'lmagan; yetarli emas; ~감 xom xurmo; ~것 xom (pishmagan) mevalar; ~고추 yetilmagan qizil garimdori; ~내기 usta ko'rmagan shogird; tajribasiz odam; ~나물 yangi bahorda o'rilgan o'tlar; ~사랑 paydo bo'layotgan sevgi; ~콩 yetilmagan soyali boblar.
풋것 1) pishmagan mevalar (sabzavotlar); 2) birinchi urug'; yangi mevalar (sabzavotlar) (bu faslda).
풋나물 [pxun-] yangi bahorda terilga o'tlar; ~먹듯 ayamasdan, tejamasdan.
풋내기 [pxun-] 1) tajribasiz odam; 2) tirrancha.
풍(風) 1) qar. 허풍 2) tortib qo'yilgan mato (shamoldan asraydigan); 3) kor.tib. paralich; 4) ko'rinish; usti; odat; urf-odat; shamol; stil; 외국인 ~ chet-ellik odamning tashqi ko'rinishi; 그는 학자 ~의 사람이다 uning qatidir olimga o'xshaydi; 서북 ~이 분다 shimoliy-g'arb shamoli esmoqda.
-풍(-風) I kor.qo'sh. 1) urfodat; 2) ko'rinish, tashqi ko'rinish; 외국인풍 chet ellikning tashqi ko'rinishi.
-풍(-風) II kor.qo'sh. shamol; 서북풍 shimoliy-g'arbiy shamol.
풍경(風景) I ko'rinish; peyzaj; landshaft; 산악 ~ tog' peyzaji; 그림 같은 ~ ko'rkam landshaft; ~화 peyzaj; ~화가 peyzajchi; ~서정시 peyzajli lirika.
풍경, 경치(景致) II peyzaj.
풍경화(風景畵) peysaj(surat).
풍기다 tarqalmoq; chiqarmoq; hid chiqarmoq; sasimoq; 냄새를 ~ hid chiqarmoq (tarqatmoq); 향기로운 라일락 냄새가 방으로 풍겨왔다 xonaga siren(xushbo'y gulli buta o'simlik); 차에서 비린내가 ~ choydan baliq hidi kelyapti.
풍년(豊年) mo'l hosil; hosildor yil; biror narsaning mo'l-ko'l bo'lishi; 올해는 ~이 들 것 같다 bu yil hosil mo'l bo'ladi; ~가 hosildor yil haqida ashula; ~거지 omadsiz; 2) mo'l-ko'lchilik.
풍랑(風浪) shamol va to'lqin; shamol chaqirgan katta to'lqin; hayot qiyinchiliklari; ~을 겪다 hayot qiyinchiliklaridan qiynalmoq.
풍류(風流) nafislik; nafosat; noziklik; ~의 nafis; nafosatli; nozik; ~스럽다 nozik bo'lib ko'rinmoq; ~객 musiqa shinavandasi; ~남자 kelishgan erkak; ~풍악 다재 esk. musiqaga qobiliyati bor va iste'dotli odam; ~하다 a) nafosatli bo'lmoq; b) musiqiy asbobni chalmoq.
풍만하다(豊滿-) boy; mo'l; to'la; semiz; ishgan; dumaloq; 풍만한 고장 mo'l-ko'l o'lka; 가슴이 풍만한 여인 ko'kragi to'la ayol.
풍모(風貌) tashqi ko'rinish; chiziqlar; ko'rinish; qiyifa; 아름다운 ~ nafosatli yuz tuzilishi.
풍부(豊富) ~하다 boy; mo'l-ko'l; kuchli; 돈이 ~한 oltinga serob; ~한 경험 boy tajriba; ~화 boyitish.
풍성(豊盛) boylik; seroblik; ~하다 boy; serob; ~한 음식 to'yimli taom; ~하게 준비하다 serob qilib tayyorlamoq.
풍성하다 mo'l-ko'l.
풍속(風俗) urf-odatlar; 시골 ~ qishloq urf-odatlati; 나는 이땅의 ~을 모른다 bu yerdagi urf-

odatlatini bilmayman; ~도 janrli surat; ~소설 janrli roman.
풍습(風習) urf-odatlar; odatlar; qiliqlar; ~에 따르다 odatlarga rioya qilish.
풍요(豊饒) ~하다 to'q; badavlat; boy; serob; ~로운 인생 badavlat(boy) hayot; ~로운 대지 badavlat o'lka.
풍요롭다(豊饒-) boy; mo'l-ko'l.
풍운(風雲) 1) shamol va bulutlar; notinch davrlar; ~아 sargo'zashtlar ishqibozi; ~어수 arx. qirol va vassal o'rtasida do'stlik munosabatlari; 2) notinch davrlar; ~조화 kutilma- gan hodisa.
풍유(諷諭) allegoriya; ~적 allegorik; ~하다 allegoriya yordamida tushuntirib bermoq; b) allegoriyadan foydalangan holda, ustidan kulmoq.
풍자(諷刺) satira; hajviya; ~적 hajviy; ~하다 yomonlikning ustidan kulmoq; ~가 satirik; satira yozuvchisi; hajviya yozuvchi; ~극 hajviy p'esa; sahna asari; ~성 satirik xarakter; ~화 hajviy surat (karikatura); ~문학 hajviy adabiyot; ~소평 satirik xabar; ~소품 satirik(hajviy) ocherk (ertak).
풍작(豊作) serhosil hosil; ~기근 hosildor yilda don narxining tushishi natijasida qishloqdagi qiyinchiliklar
풍족(豊足), 유족(裕足) ~하다 to'q; badavlat; boy; ~하게 살다 boy bo'lib yashamoq; badavlat bo'lib yashamoq; to'qlikda yashamoq; ~한 삶 to'q hayot.
풍족한 생활 badavlat hayot.
풍토(風土) rayondagi iqlimiy va tuproqli shart-sharoitlar; joyning tabiiy shart-sharoitlari; ~병 endemiya; ~순화(순응) akklimatizatsiya
풍파(風波) 1) to'lqin (mavj) shtormi (po'rtanasi); qora kun; falokat; musibat; baxtsizlik; tashvish; ~를 겪다 qora kunlarni yengib o'tmoq; 인생의 ~ hayot tashvishlari; 세상~ dunyo musibatlari.
프라이드(ingl. pride) mag'rurlik; mag'rurlik hissi; ~가 센 mag'rurli.
프랑카드(<*ingl.* placare) plakat; shior yozilgan transparant.
프레스(ingl. press) press; pechatli stanok; pechat; pressa; bosmaxona; ~로 찍다 press qilmoq; ~복스 pechat vakillari uchun joy; ~공 matbuotchi.
프로그램(ingl. program) reja; programma; dastur; ~을 짜다 dasturni tuzmoq; ~에 따라 biror bir dasturga binoan; 정책~ siyosiy dastur; 뮤직~ biror narsaga atab aytilgan ashula; TV ~ televizion dastur; 프로그래머 dasturchi; programist.
프로레타리아트(<nem. Proletariat) 1) proletariat; ~의 상대적 빈궁화 iqt. proletariatning nisbiy qashshoqlashishi; ~의 절대적 빈궁화 iqt. proletariatning butunlay qashshoqlanishi.
프로젝트(ingl. project) loiha; proekt; reja; ~를 짜다 loiha tuzmoq; loihalamoq; loiha ishlab chiqarmoq; ~법 loiha metodlari.
프로판(ingl.propane)*kimyo.* propan.
프로펠라(ingl.propeller) propeller.
프롤로그(ingl. prologue) prolog.
프리미엄(ingl. premium) mukofot; premiya; qo'shimcha haq; ustama; ~을 유발하다 qo'shimcha haq bilan mukofotlamoq; ~시스템 mukofot sistemasi.
프리즘(ingl. prism) fiz. prizma.

프린트(ingl. print) bosib chiqarish; iz; tamg'a; belgi; muhr; ~하다 bosib chiqarmoq; jmatbuotda chiqmoq; ~공 bosmachi; ~물 bosma material; qar. 등사; qar. 등사물

플라스틱(ingl. plastie) plastmassa (plastik massa); plastmassali; ~제품 plastmassadan ishlab chiqarilgan buyum(ashyo, mol, mahsulot).

플래시(ingl. flash) birdan o't olish; yonib ketish; portlash; lampa fonar; ~를 터뜨리다 lampani yoqmoq.

플랜(ingl. plan) reja; loiha; niyat; maqsad; ~을 짜다 reja tuzmoq; rejalashtirmoq; loihalashtirmoq.

플랫폼(ingl. platform) perron.

플러스(ingl. plus) qo'shuv; plyus; 2 + 3은 5 ikkiga uchni qo'shsa besh; +8도 plyus 8 daraja.

플레이(ingl. play) o'yin; tomosha; ermak; ~하다 o'yin qilmoq; o'ynamoq; tomosha qilmoq; ovunmoq; ko'ngil ochmoq; xursand bo'lmoq; 페어 ~ haqqoniy o'yin; ~어 sportchi; o'yinchi; pleyer.

플롯(ingl. plot) fabula; syujet; fitna; ig'vo; biriktirish; suiqasd; ~을 짜다 fitna uyushtirmoq; fitna solmoq; ig'vo qilmoq; g'alamislik qilmoq; qiziqtirmoq.

플루토니움(ingl. plutonium-) xim. plutoniy.

피, 혈액(血液) I qon; ~가 끓다 qon qaynamoqda; ~가 난다 qon oqyapti; qon chiqyapti; qon ketish boshlanmoqda; qon ketmoqda; ~를 멈추다 qonni (qon ketishni) to'xtatmoq; ~가 묻다 qonga belanmoq; ~검사 qon tahlili(analizi); ~눈물 achchiq yoshlar; ~순환 qon aylanishi; ~를 빨다 qonni ichmoq; ekspluatatsiya qilmoq; ~묻은 발톱 qonga belangan qo'llar; ~와 살로 만들다 egallamoq, o'zlash- tirmoq (bilimni);

피 II chumchuq tarig'i (*Echinochloo crussgall*).

피(皮) III tara(qop, yashik, bochka); o'rama.

피-(皮-) I kor. qo'sh. passiv ma'nosi bilan.: ~선거권 tanlangan bo'lish huquqi; 피해자 jabrlangan; qurbon.

피-(皮-) kor. qo'sh. teri; po'st' po'stloq; qobiq; po'choq; 피밤 tozalanmagan kashtan.

-피(-皮) kor. qo'sh. teri; po'st; 양피 qo'y terisi.

피격(被擊) ~되다 hujumga yo'liqmoq (duchor bo'lmoq); 그는 두 명의 강도에게 ~당했다 u ikkita yo'lto'sar(bosmachi)ga duchor bo'ldi; ~하다 hujumga yo'liqmoq.

피고(被告) javobgar; aybdor; ayblanuvchi; ~측 변호인 ayblanuvchining himoyachisi (oqlovchisi)

피곤(疲困) 피로(疲勞) charchoq; toliqish; ~하다 charchagan; holdan toygan; toliqqan; ~을 풀다 charchorni olmoq; ~한 모습 charchagan qiyofa(aft)

피난(避難) boshpana; pana; ~하다 qochmoq; bekinmoq; boshpana qidirmoq; ~살이하다 boshpana topmoq; ~민 qochqoq; ~처 pana joy.

피날레(ingl. finale) final; so'ngi (uchrashuv); 찬란한 ~ ajoyib final; ajoyib yakun; ~출전자 finalist.

피다 1) gullamoq; ochilmoq; 2) yona boshlamoq; 3) to'lishmoq; yaxshilashib bormoq; 4) changimoq; 5) erib ketmoq; oqib ketmoq; 6) dial. qar. 번지다 I 1); 7) dial. qar. 패다 I; 피어나다 a)

yonib ketmoq; b) ochmoq (kurtak); ochilmoq(gul); c) yaxshilanmoq (hayot); d) o'ziga kelmoq; hayotga qaytmoq; 사과 꽃이 피어 있다 olma daraxti gullamoqda; 그녀는 날이 갈수록 얼굴이 피어난다 u kun sayin ochilmoqda

피동(被動) passivlik; passiv harakat; bo'shang; harakatsiz; ~적 passiv; harakatsiz; ~적 역할을 하다 passiv o'yinni o'ynamoq; 2) qar. 피동상 tilsh. ~형동사 tilsh.

피동사(被動詞) tilsh. majhul nisbat 피동태 majhul nisbat; 피동문 majhul nisbatli gap ; 피동사와 사동사 majhul va orttirma nisbat

피라미드(< lotin. pyramie) piramida (Yegipee).

피력(披瀝) ~하다 ko'nglini yozmoq; 소감을 ~하다 o'z taasurotlari bilan bo'lishmoq; o'z fikri bilan o'rtoqlashmoq.

피로(披露) ~하다 a) tanishtirmoq (hujjatlar bilan); b) e'lon qilmoq

피막(皮膜) qobiq; qatlam; parda; kapsula; ~부유선광 tog'. plyonkali plantatsiya.

피발 [-ppal] qon quyilishi (badanning biror bir qismiga); 눈에 ~이 서다 qon talashmoq (ko'z haqida)

피복(被服) I kiyim; formali ust-bosh bilan ta'min etish; ~을 공급하다 formali ust-bosh bilan ta'minlamoq; ~공장 tikish korxonasi; ~상 kiyim savdosi.

피복(被覆) II qoplam; qobiq; ~하다 qoplamoq; ~선 kebel; ~식물 bot. qatlamli o'simliklar; ~상피 anat. qobiqli epiteliy; ~을 한 전선 o'ralgan sim.

피부(皮膚) qar. 살가죽; teri; ~과 dermotologiya; ~과 의사 dermatolog; ~병 teri kasalligi; dermotoz; ~색 teri rangi; ~암 teri raki; ~염 dermatit; ~호흡 terining nafas olishi; ~감각 terining sezuvchanligi; ~괴사 tib. nekrodermiya; ~동맥 teri arteriyasi; ~비후 tib. omozolelost; ~반사 teri refleksi; ~수종 suv chechagi.

피(핏)빛 [-ppit] qon rangi.

피사체(被射體) II maqsad; rejadagi badan.

피살(被殺) ~하다,~되다 o'ldirilgan bo'lmoq; ~자 o'ldirilgan; qurbon; ~자 가족 o'lganning oilasi.

피상(皮相) tashqi taraf; ustki qismi; ~적 usti; tashqi; ~적인 견해 yuqoridan qarash; ~적으로 관찰하다 ustki qismidan sirpanmoq.

피선(被選) ~하다 tanlangan (saralangan, saylangan) bo'lmoq; ~되다 tanlanmoq; ~거권 tanlangan bo'lish huquqi; ~거인 saylanadigan (odam); ~자 tanlangan; saylangan.

피스톤(ingl. piston) 1) tex. porshen; ~링 porshenli doira; ~펌프 porshenli nasos; 2) klapan.

피습(被襲) ~하다 hujum qilingan bo'lmoq.

피신(避身) ~하다 bekinmoq; pana topmoq; ko'zdan bekinmoq; ~처 boshpana; pana.

피아노(ingl. piano) piannino; fortepiano; royal; ~를 치다 pianinoda o'tnamoq; ~곡 fortepianoda o'ynalgan musiqiy asar; ~연주자 pianist.

피어라 gullamoq.

피었다 gulladi.

피우다 1) 꽃을 ~ olov yoqmoq; ketkazmoq(kuch), tarqalmoq(hie) gullamoq; chiqarmoq; tarqamoq; 재주를 ~ ayyorlikni ishlatmoq; 부지런을 ~ kuch-g'ayrat ketkazmoq.

피읖 pxiip (ㅍ kor. harfining nomlanishi).

피의자(被疑者) shubhali odam; shunha qilinayotgan odam; 혐의를 받고 있다 shubha ostida bo'lmoq.
피임(避妊) I homiladorlikni ogohlantirish (oldini olish); ~하다 homiladorlikni oldini olmoq; ~법 homiladorlikni oldini olishning usullari; ~약 homiladorlikka qarshi dori (vosita).
피차(彼此) u ham bu ham; ~의 ikki tomonning bir-biriga munosabati; ~간 o'zaro; bir-biri bilan; ~에 u tarafdan ham, bu tarafdan ham; ~일반이다 bir-xil bo'lmoq.
피치(ingl. pitch) ovoz balandligi; qadam; 급~로 katta tezlik bilan; ~를 올리다 tezlikni oshirmoq; qadamni tezlashtirmoq.
피크닉(ingl. picnie) piknik; bog' sayri; ~에 참여하다 piknikda qatnashmoq; 그들은 호수에서 ~을 열려고 한다 ular ko'lda piknik uyushtirishni mo'ljallashmoqda.
피트(ingl. feet) fut(= *30,48 sm*).
피폐(疲弊) ~하다 tugamoq; madori ketmoq; kambag'allashmoq; charchamoq; 토지가 완전히 ~해 버렸다 ildizi qurib ketdi; 전쟁으로~해진 나라 urush sababli holdan toygan mamlakat; ~상 holdan toygan ko'rinish.
피하(皮下) ~의 teri osti ... si; ~주사 in'ektsiya; ~조직 teri osti kletchatkasi; ~지방 teri osti yog'i; ~지방조직 teri osti yog' to'qimasi; ~일혈 teri osti qon quyilishi.
피하다(避-) qochmoq; bekinmoq; 피할 수 없는 qochib bo'lmas; 위험으로부터 ~havf (qiyinchiliklar) dan qochmoq; 교제를 ~ kimdir bilan tanishishdan qochmoq.
피해(被害) 1) ~하다 zarar; ziyon; shikast;~를 끼치다 birovga zarar yetkazmoq; ziyon keltirmoq; shikast yetkamoq; ~를 입다 qiynalmoq; zara ko'rmoq; ziyon ko'rmoq; ~자 ziyon ko'rgan odam; ~지 tabiiy ofatdan zarar ko'rgan rayon.
피혁(皮革) charm; charmli; charmdan qilingan; ~을 무두질하다 charm ishlab chiqarmoq; ~공장 charm zavodi; ~산업 charm ishlab chiqarish; ~제품 charm mahsulotlari.
픽 1) ~끊어지다 uzilishi oson; oson uzilmoq; tez uzilmoq; 2) ~쓰러지다 holsiz yiqilmoq; bexush yiqilmoq; 3) ~터지다; 4) ~돌아서다 qattiq qayrilmoq.
픽업(ingl. pickup) adapter; tovush pasaytiruvchi; tanlash; ~하다 kimdirni oldiga kirib ketmoq; 나는 당신을 5시에 ~하러 갈 것이다 men sizni oldingizga soat bechda kirib ketaman; ~트럭 pikap.
핀센트(ingl. pincette) pinset.
핀잔 1) ta'na; gina; ginaqudrat; yozg'iriq; malomat;2) masxara; mazax; ~을 먹다 ~을 주다, ~하다 ta'na qilmoq; gina qilmoq; masxara qilmoq; ~먹다 ta'na eshitmoq; masxara bo'lmoq; 호되게 ~하다 kimdirni ta'na qilmoq; ~스럽다 sifat. masxa- radek tuyulmoq.
핀치(ingl. pinch) o'ta nochorlik; yetishmovchilik; kambag'allik; ~에 몰리다 nochor ahvolda bo'lmoq.
핀트(ingl. pint) fokus; markaz; o'choq; asosiy mazmun;~를 맞추다 markazga joylashmoq (yig'ilmoq); 이야기 ~를 놓치다 ertak mazmunini tushunmaslik
필(疋) I rulon, o'ram.
필(筆) II pxil (maydon o'lchovi = *11,62 m.kv*).
필(必) III bitirish; tamomlash; 불~ to'langan.

필(匹,疋) IV bosh; 말 다섯 ~ beshta ot.
필기(筆記) ~하다 yozmoq; yozib olmoq; ~시험 yozma imtihon; ~장 yozish uchun daftarcha.
필답(筆答) [-ttap] yozma javob; ~(필기)시험 yozma imtihon; ~하다 bermoq(yozma javob).
필독(必讀) [-ttok] ~참고서 majburiy adabiyot (semenar uchun);~하다 majburiy o'qimoq.
필두(筆頭) kichkina cho'tka uchi; ro'yhatda birinchi; ~로 ...dan boshlab; ... boshchiligida; 대통령을 ~로 prezident boshchi- ligida; 1) qar. 붓끝; 2) ~로 ...boshlab; ... boshchiligida.
필라멘트(ingl. filament) el. lampochka simi.
필름(림)(ingl. film) plyonka; film; 그녀는 ~을 잘 받는다 u suratga juda yaxshi tushadi; 영화 ~ kinoplyonka; 흑백 ~ oq-qora plyonka
필법(筆法) adabiy uslub; 그의 ~은 유명하다 uning yozuvi(xati) hammaga ma'lum.
필생(畢生) butun umr;~의 abadiy; ~의 사업 butun umrlik ishi; ~의 작품 eng yaxshi asar; shedevr.
필수(必須) [-ssu] zarurlik; majburiyat; ~의 majburiy; hoziroq; ~조건 majburiy shart-sharoitlar; ~과목 majburiy predmetlar (hulqatvorning); ~[적] majburiy.
필수품(必需品) zarur; birinchi yordam predmetlari; 생활 ~ har kuni kerakli narsalar; ~만을 가져가시오 o'zingiz bilan eng kerakli narsani otilsh.
필승(必勝) ~하다 albatta g'alab qozonmoq; ~불패 yengilmas; yengib bo'lmaydigan; ~의 신념 o'chmas ishonch.
필시(必是) [-ssi] albatta; ~그는 늦을 것이다 u albatta kechikib keladi.
필연(必然) zaruriyat; ~적 majburiy; zarurat; ~코 albatta; 당시 그들은 전쟁이 ~적이라고 이해했다 ular shunda urush muqarrar ekanligini tushundilar; ~성 zaruriyat.
필요(必要) keraklilik; zarurlik; ~하다 kerakli; zarur; ~하다면 kerak bo'lsa; ~에 따라 zarurligiga qarab; 말할 ~가 없다 shuni aytish kerakki; 서두를 ~는 없다 sxoshilishning keragi yo'q; ~량 ehtiyoj; hojat; zarurat; ~성 zarurat.
필자(筆者) avtor; tuzuvchi; ~원고료 avtorning qalam haqi (gonorari); 논설~maqola muallifi (avtori)
필적(筆跡) I husnixat; 그는 ~이 좋다 uning husnixati chiroyli; u chiroyli yozadi; 알아보기 어려운 ~ chunatsiz yozuv.
필적(匹敵) II [-chchok] ~하다 teng kelmoq; 그에게는 ~할 만한 사람이 없다 unga teng keladigani yo'q; 그 여자는 당신에게 ~할 만 한 사람이 아니다 u sizga teng kelmaydi.
필터(ingl. filter) fil'tr; ~담배 fil'trli sigaret.
필하다(畢-) tugatmoq; 검사를 ~ tekshiruvni tugatmoq.
핍박(逼迫) ~하다 zor bo'lmoq; qiynalmoq; tazyiq o'tkazmoq; majburlamoq; siqmoq; ezmoq; jabrlamoq; 그녀는 의붓아들을 몹시 ~한다 u o'gay o'g'lini juda qattiq siqadi.
핏기 qon rangi; 이 소식을 듣자 그녀의 얼굴에서 ~가 가셨다 u bu yangilikni eshitgach, rangi oqarib ketdi
핏덩이 ozgina quyulgan qon;

yangi tug'ilgan chaqaloq.
핏발 qon quyulishi; ~이 서다 qon bo'lib quyulmoq.
핏줄 rod; nasl; nasllik; kelib chiqish; ~관계 qarindoshlik aloqalari;
핑 juda tez; kutilmaganda; birdan; 감격해서 눈물이 ~돌다 birdan ko'zlari ko'zyoshga to'lmoq; 눈앞이 ~돌았다 ko'z oldida hamma narsa suza boshladi; 머리가 ~돌았다 birdan boshi aylanib ketdi.
핑계 1) bahona; vaj; sabab; ~가 좋아서 사돈네 집에 간다 biror narsani bahona qilib vaqtincha ketmoq(qayergadir); 2) oqlash; ~하다 a) bahona topmoq (qidirmoq); b) oqlanmoq.
핑계 bahona; vaj; sabab; oqlanish; ~하다 bahona topmoq (qidirmoq); biror narsani bahona qilmoq ~없는 무덤 없다 ma'sullik (javobgarlik)dan qochmoq.
핑그르르 1) ~돌다 tez qayiltirmoq (biror narsani) 2): 눈물이 ~돌다 kutilmaganda ko'zi ko'zyoshlarga to'lmoq; 3) 눈앞이 ~돌았다 ko'z oldida hamma narsa suza boshlamoq.
핑크(ingl. pink) oushti rang; ~색의 pushti rangli; ~무드 oshiqlik kayfiyati.
핑퐁(ingl. pink-pong) stol tennisi; pingpong.
핑핑 1) ovoz. taqlid. o'q ovozi: 총알이 ~귀를 스쳐 지나간다 quloq tagida jaranglab o'tmoq (o'q ovozi haqida); 2) o'q bilan.

ㅎ

ㅎ koreys alfavitining 14 chi harfi <x>.
하 I 1) pastlik; pasy; 2) oxirgi qism; 3) ~하에[서] 하의 ichida; tagida; 사회주의 하에 sotsializm bo'lganida.
하 II juda; 하 많다 juda ko'p.
하 III vo'h!
하계(夏季) yoz; yoz fasli; yoz vaqti; ~방학 yozgi ta'til.
하고(何故) 그는 종이~ 연필을 가져왔다 u qog'oz bilan qalamni olib keldi.
하권(下卷) 2chi to'm; 3chi to'm.
하급(下級) pastki sinf (razryae).
하나 bir; ~같다 bir xil; ~같이 xuddi shunday; 하나~ birin-ketin; birma bir.하나, 일 (一) bir.
하나 같다 bir xil.
하나님 Xudo; Parvardigor; ~을 아는 것 Xudogo'ylik; ~의 Xudoning; ~의 뜻 Parvardigor amri bilan; ~께서 내리신 축복 Xudoning yordami; amri; ~의 사람 Xudoning odami; ~의 사자 Parvardigor farishtalari; ~의 산 Parvardigor tog'i; ~의 아들 Parvardigor (xudo) ning o'g'li; ~의 임재 Parvardigor doim yoninmizda (qalbimizda); ~의 현현 Parvardigorning kelishi (ko'rinishi; paydo bo'lishi); ~의 형상 Xudoning ko'rinishi (obrazi). 하나요 iltimos; 하나하나 bitta-bittadan.
하늘 osmon; ~의 별 따기 murakkab (og'ir) ish; ~빛의 yorug'lik; ~같다 osmonni barmoq bilan ushlamoq; 갠(흐린)~ oq (oppoq); ~높은줄 안다 yer bilan osmonni farqi; ~을 보아야 별을 따지 yulduzni olishdan avval osmonni ko'rish kerak; ~이 무너져도 솟아날 구멍이 있다 turli xil vaziyatlardan chiqib ketish mumkin; ~여신 osmon mabudasi.
하늘나라 Xudo saltanati.
하늘빛 ko'k; havo-rang (osmon rang).
하다(하여, 해) qilmoq; 할 수 없다 qila olmaslik; ~하다 yugurdak bo'lmoq; 전화를 ~ telefonda gaplashmoq; 운동을 ~ jismoniy tarbiya(sport) bilan shug'ullanmoq; 나무를 ~ yonilg'i tayyorlamoq (o'tin).
하단(下壇) 1) u-bu narsaning pastki qismi; 2) payon; tuman; hudud; pastki qismda joylashgan.
하달(下達) ~하다 buyruq bermoq, buyruqni topshirmoq.
하답(下答) esk. 1) ~하다 yozmoq (javob); 2) xur yozma javob (yuqori tashkilotdan).
하대(下待) ~하다 a) tomon muomalada bo'lmoq; b) qo'pol muomalada bo'lmoq; betakalluflik qilmoq.
하도(下道) og'z. uzoqlashgan hudud (pravintsiya).
하등(下等) pastki sinf (razryad; so'rt); ~을 맞다 yomon baholanmoq; ~동물 kichik hayvonlar; ~식물 kichik (past) o'simliklar.
하락(下落) tushish; kamaytirish; ~하다 yiqilmoq (tushmoq).
하루 1) kun; 24 soat; ~건너 bir kundan so'ng; ~바삐 iloji boricha tezroq; ~아침 qisqa muddat (vaqt); 2) bir kun; har kuni

(kunora); kundan kunga; har doim; ~ 아침에 qisqa muddat (vaqt). 하루가 다르게 급변하고 있다 kundan kunga o'zgaradi. 하루가 다르게 성장하다 kuniga emas, soatiga o'smoq (etishmoq).
하루갈이 yer *maydoni.*
하루거리 o'tib yuruvchi lixoradka.
하루길 bir kunda yetib olinadigan masofa;
하루바삐 tezkorlik bilan; qanchalik tez bo'lsa.
하루살이 ~하다 bir kunni faqat o'ylab; ertangi kunni o'ylamasdan yashamoq.
하루 종일 kuni bo'yi; butun kun.
하류(河流) I daryo oqimi.
하류(下流) II pastki oqim; pastki daryolar;
하마트면 sal qoldi; ozgina qolganida.
하물며 aytmasa bo'lganda ham.
하반기(下半期) bir qandaydir vaqtning ikkinchi yarmi; ikkinchi yarim yillik.
하반부(下半部) odam tanasining ikkinchi yarmi.
하반신(下半身) odam tanasining ikkinchi yarmi.
하부(下部) 1) nimaningdir pastki qismi; pastlik; 2) pastda turuvchi muassasa.
하산(下山) tog'dan tushish;~하다 tog'dan tushmoq.
하세요 qiling;
하셨습니다 qildilar.
하소연하다 ~하다 taqdirga shikoyat qilmoq.
하수(河水) ~관 daryo suvi; ~도 kanalizatsiya.
하수(下水) iflos suvlar; ~공사 kanalizatsiya ishlari.
하숙(下宿) pansiyon; ~하다 pansionatda yashamoq; ~방 pansionatdagi xonalar; ~비 pansion uchun sarf xarajatlar; to'lovlar; ~생 pansionatchi; ~집 pansionli uy.
하순(下旬) oyning oxirgi (yakuniy) dekadasi (kunlari).
하얀 oq rang; oppoq pang; oq bo'yoq.
하얗다(하야니, 하야오) oppoq rang; haqiqiy oq rang.
하여간(何如間) har holda..; nimaki bo'lsa ham; ~나는 올 것이다 nima bo'lsa ham boraman.
하여간(에) har qanday vaziyatda.
하여금 그 사람으로 ~가게 하시오 bu odamni borishga majburlang; 나로 ~ 기다리게 하지 마시오 meni kutmang.
하염없다 yo'qotilgan; bo'sh; yo'liqmas bo'lmoq.
하염없이 yo'qotilgan; to'liqmas.
하우스(ing. house) uy.
하위(下位) pastki tabaqa; ~개념 qar. 저급[개념]; ~지방 bot. jamoatda pastki o'rinni egallamoq.
하의(下衣) shim; yubka; ichki kiyim; va. h. k.z.
하이힐(ing.high heel) baland poshnali ayollar oyoq kiyimi.
하인(下人) og'. qul.
하자(瑕疵) dog'; kamchilik; ~없는 kamchiliksiz; 이 빌딩은 ~가 많다 bu binoning soni ko'p.
하잘 것 ~없다 ozgina kam; ahamiyatsiz.
하지(夏至) yozgi quyosh turishi;
하차(下車) ~하다 o'tirmoq; vagondan tushmoq; narsalarni ortmoq (aravadan vagonga).
하찮다 yaxshi emas; keraksiz; bilinarsiz; mayda.
하천(河川) daryo va soy; daryolar; ~부지 daryo egallagan yer maydoni.
하체(下体) tananing pastki qismi.
하키(ing.hockey) xokkey.

하편(下篇) asarning ikkinchi (uchinchi) qismi, ikki qisimdan iborat.
하품 esnash; ～하다 esnamoq.
하프 arfa.
하필(何必) ～너냐? nega aynan shunaqa?
하행(下行) ～하다 chet shaharga kelmoq (ketmoq); chet shahardan uchib ketmoq (uchib kelmoq).
하향(下向) ～하다 qishloq tomonlar (-ga kelmoq); (-dan ketmoq).
하혈(下血) ～하다 qon oqmoq (gemorroy paytida).
학(鶴)(두루미) turna.
-학(-學) ta'limot; -logiya; fan; shunoslik; 언어～ tilshunoslik; 철～falsafa.
학감(學監) esk. maktab inspektori.
학과(學科) o'quv jarayoni; ～시간표 o'quv jadvali.
학과장(學科長) 강좌장 kafedra boshlig'i.
학교(學校) maktab; o'quv muassasasi; ～교육 maktabda ta'lim berish; ～위생학 maktab gigienasi.
학교장(學校長) maktab rahbari.
학교전(學校前) maktabgacha; ～교육학 maktabgacha pedagogika; ～[교양] 기관 maktabgacha bo'lgan bolalar muassasasi; ～위생학 maktab yoshigacha bo'lgan bolalar gigienasi.
학급(學級) sinf (maktabda); ～담임 sinf rahbari.
학기말(學期末) semestr ohiri.
학년(學年) sinf; o'quv yili; ～말시험 yil ohiridagi imtihon; 제 1 ～ birinchi kurs.
학력(學歷) ma'lumot; ma'lumotli.
학문(學問) fan, o'qish, bilim.
학문을(學問-) ～익히다 fanda qatnashmoq.
학부(學部) fakultet; kulliyot.
학비(學費) bilim olish uchun pul to'lamoq.
학사(學士) fan nomzodi.
학생(學生) o'quvchi; talaba.
학설(學說) ta'limot.
학수(鶴首) bo'yni uzun; ～고대하다 sabr toqatsiz poylamoq.
학술(學術) ilm va texnika; ～적 ilmiy va texnik.
학업(學業) ta'lim; dars.
학원(學院) I o'quv muassasasi.
학원(學院) II maxsus maktab.
학위(學位) o'quv darajasi; ～논문 dissertatsiya; bitiruv malakaviy ishi.
학자(學者) olim; ～금(학비) ta'lim olish uchun harajat.
학장(學長) oliygoh(institut) rahbari.
학회(學會) 1) ilmiy jamoa; 2) ilmiy birlashma; (uyushma).
한(恨) I norozilik, xafagarchilik; ko'ra olmaslik.
한(限) II chegara; ～이 없다 chegarasiz; 가능한 한～ iloji borica; kuchi etkanicha.
한(一) III bir; yagona; ～두어 시간 지나서 bir, ikki soatdan keyin; ～일 kun; ～시 soat.
한(漢) IV podshoh.
한- katta; ～한더위 eng issiq; 한가운데에 eng o'rtasida.
한가롭다(閑暇-) bo'sh; bayram.
한가운데 eng o'rtasi; eng markazi.
한가위 중추절(仲秋節); qar. 추석(秋夕) Chusok (kuz bayrami).
한강(漢江) Xangan (Xan dengizi).
한걸음 birinchi qadam; ～에 birinchi qadamga.
한겨울 qish o'rtasi.
한결 juda, yetarlicha; ～같이 hammasi umumiy.
한국(韓國) Koreya;～어 koreys tili.
한국말 koreys tili.

ㅎ

한글 xangil (koreys xalqining milliy alifbosining nomi); ~전용 ~학교 kattalar uchun maktab.
한글 맞춤법(-法) orfografiya.
한글날 Xangil kuni.
한글학교 koreys tili maktabi.
한꺼번에 bir vaqtning o'zida; darrov; tezkorlik bilan.
한낮 peshin; ~에 peshinda.
한돌 bir aylana.
한동안 biror bir vaqt mobaynida.
한두(一 二) bir-ikki; ~번 bir marta emas.
한 두 가지가 아니다 bitta emas, ikkita (ko'rinish yoki ish).
한둘 bitta-ikkita; ~이 아니다 kop.
한라산(-山) Xallasan (Xalla tog'i).
한마디 bitta gap; bir so'z, bitta holos.
한마음 bir yurak bilan; bitta qalb.
한문(漢文) Xitoy yozuvi.
한민족(韓民族) Koreys millati.
한바탕 yetarli.
한반도(韓半島) Koreya yarim oroli
한반도 지도(韓半島 地圖) Koreya yarim oroli xaritasi.
한밤 I uzun kecha; ~에 uzun kechada.
한밤중 uzun kecha; 한밤
한방(漢方) Koreya tibbiyoti.
한번 [bir] marta.
한복(韓服) Koreys milliy kiyimi.
한산하다 jim-jit bayramona.
한세상(-世上) butun hayoti davomida; hayotining eng chiroyli damlarida.
한숨 oz vaqt, og'ir xo'rsinish; ~을 짓다 og'ir xo'rsinmoq.
한식(韓食) koreys ovqati; ⇒ 한국음식).
한식집(韓食-) koreyscha restoran.
한심(閒心) ~하다 og'ir; mukammal.
한심하다(閒心-) rahmli.
한 쌍 *esk.* juftlik.
한없다(끝이없다) doimiy; yakunsiz bo'lmoq.
한의사(韓醫師) sharq tibbiyoti shifokori.
한 입 베물다 bir marta tishlamoq.
한 자루 bitta hazl.
한잠 juda qattiq uyqu; ~자다 qattiq uhlamoq; 한 장 bitta varaq.
한정(限定) cheklangan; ~하다 cheklamoq; limitlamoq.
한정되다(限定-) cheklanmoq; limitlanmoq.
한쪽 bir tomon.
한참 uzoq; ba'zi paytda; ~동안 ko'p vaqt mobaynida.
한창(寒瘡) I eng qizigan vaqtda; ayni paytida; ~나이 gullash vaqti; ~때 oltin vaqt.
한창(寒脹) II qo'l-oyoq muzlab, qorin shishib; ich ketish va ko'ngli aynash asoratlarini chaqiruvchi kasallik.
한창때 inson umrida gullaydigan vaqt.
한층(-層) [yana] ziyodi.
한 치 3sm bo'lgan kam masofa; ~앞을 못 보다 burnini tagida nima bo'layotganini ko'rmaslik.
한치의 착오(錯誤) kichik bir xato.
한칼 ~에 bir zarba bilan.
한탄(恨歎) afsus; ~하다 afsuslanmoq.
한턱 shirinliklar; ~내다 mehmon qilmoq.
한통속 bir hilda fikrlaydiganlar; tanlab olingan.
한파(寒波) to'lqin; sovuqlik.
한판(-判) taym; raund; partiya; 장기 ~두다 shahmatda bir partiya o'ynamoq.
한편으로는 bir tomondan.
한평생(-平生) butun umr; hamma

payt.
한 포기의 배추 karamning bir bo'lagi.
한풀 ~죽다 ruhan tushkunlikka tushmoq; 더위가 ~ 꺾였다 singan bo'lmoq (ruxan).
할(割) I o'ninchi qisim.
할 II ~할 무렵 biror bir vaqt davomida; qachon?
할까 qilmoq.
할당(割當) ~하다 joylashtirmoq.
할례 kesish.
할말 aytmoqchi bolgan narsa, suhbat; ~ 없다 suhbatsiz; ~이 있어요 meni sizda gapim bor.
할머니 Buvi.
할부(割賦) kredit; qarz.
할아버지 Buva.
할인(割引) skidka; ~하다 skidka qilmoq.
할증(割增) ~하다 qilmoq.
할퀴다 tilmoq; qichimoq.
할 텐데 qilsa yaxshi bo'lar edi.
핥다 yalamoq.
함 I loydan yasalgan idish.
함(緘) II (konvert ustidagi yozuv) "yopilgan".
함(銜) III o'zgartirilgan iyeroglif; ~[을] 두다 yozilmoq.
함(函) IV 1) sandiq; ~진 아비 kelin uyiga kuyov tomonidan sovg'a-salomlar bilan boradigan odam.
함구령(緘口令) 1) harbiy kemaning ekspluatatsiya kunidan boshlab suvga tushirilgan vaqti; 2) harbiy kemaning ishlash muddati;
함께 birga (bilan); qar.. 같이.
함락(陷落) qulash, toju-taxtdan tushmoq; ~하다 qulab tushmoq; buzilib ketmoq; ~지진 zilzila.
함빡 boshidan oyoqqacha ho'l bo'lib ketmoq.
함정(陷穽) qopqon.
함축(含蓄) ~하다 o'zida saqlamoq.
함축된 의미 qisqartirilgan ma'no.
합(盒) I qopqoqli keng bir idish.
합(合) II hammasi bo'lib.
합격(合格) o'tish joyi.
합계(合計) yakun; ~하다 yakunlamoq.
합니다 qilmoq.
합당 ~하다 birlashtirmoq (partiyalarni).
합동(合同) I birlashish; ~소유 qo'shma egalik; ~행동 birgalikdagi harakatlar; ~접속사 birlashtiruvchi qo'shimcha; ~공리 ko'ngruent aksiomasi; ~기호 kongruent belgisi; ~하다 birlashmoq.
합동(合洞) II~하다 birlashtirmoq.
합력(合力) birlashgan kuchlar; hamkorlik qilmoq;~하다 kuchlarni birlashtirmoq; hamkorlik qilmoq.
합류(合流) ~하다 birlashmoq.
합리(合理) ~적; ~하다 aqlli.
합리화(合理化) rasionalizasiya.
합명(合名) ~회사 javobgar jamiyat; ~하다 qo'shma imzolash.
합방(合邦) ~하다 birlashtirmoq.
합법(合法) qonuniy; ~적 투쟁 qonun qoidali urush;
합병(合併) birlashmoq, qo'shilmoq; ~하다 birlashtirmoq; ~증상 ko'mplikatsiya simpto'mi.
합산(合算) ~하다 taxlamoq, qo‘shmoq.
합성(合成) sintez, birlashmoq, ~국가 federatsiya; ~약어 abbreviatura; ~사료 konsentrat; ~섬유 sintetik vo'lo'kno; ~하다 birlashtirmoq; sintezlashtirmoq; ~고무 sintetik kauchik; ~수지 sintetik smola; ~약품 sintetik dori moddalar; ~염료 sintetik bo'yoq;
합세(合勢) ~하다 kuchlarni birlashtirmoq;

합숙(合宿) ~하다 yotoqxonada turish, yotoqxona;
합의(合議) ~재판 sud; ~하다 hukm etmoq;
합작(合作) biron-bir ishni birgalikda o'tkazmoq; ~하다 birga ishlamoq; birga yaratmoq.
합창(合唱) jo'rlikdagi qo'shiq; ~하다 xo'r bo'lib ashula aytish; ~곡(曲) xo'r uchun musiqa asari; ~단 xo'r ansambli; ~대 xo'r.
합치다 birlashmoq;
합하다 1) qo'shmoq; 2) birlashmoq; 힘을 합하여 birlikdagi kuchlar bilan;합해서 birgalikda.
합환주(合歡酒) vinoga to'la ryumka, kuyovlar bu ryumka-larni bir-birlari bilan almashadilar.
핫- old qo'sh. 1) paxta (da); 핫바지 paxtali shim; 핫아비 uylangan erkak kishi; 핫어미 turmushga chiqqan ayol.
항(港) I port.
항(項) II punkt, paragraf; qism.
항(項) III 항 우 qahramon, botir.
항간(巷間) ~에 oddiy odamlar orasida, xalq orasida; odamlar orasida.
항거하다 qarshilik qilmoq; qarshilik ko'rsatmoq.
항공(航空) havoda suzish; ~경보 havo trevogasi; ~기상학 aviatsion meteorologiya; ~기지 aviabaza; ~력학 aerodinamika; ~연락소 havo aloqalari bo'limi;~육전대 havo desant kuchlari; ~모함 avianoses; ~방어 proti-vovozdushnaya oborona (PVO); ~사진 aerofoto surat; ~천문학 aviatsiya astronomiyasi; ~초소 ob-havoni tekshirish posti; ~우편 aviyapochta; ~하다 uchmoq;
항구(港口) port; ~도시 portli shahar.
항구도시(港口都市) portli shahar;
항법(航法) kema boshqaruvi; samalyot boshqaruvi; ~근무 shturman ishi.
항복(降伏), kapituliyatsiya;~하다 kapitulizatsiyalashmoq; ⇒ 투항
항속(航續) uchish vaqti; ~비행 uchish; ~하다 cho'zilmoq (uchish haqida);
항원(抗原) antigen; ~구조 antigen strukturasi; ~료법 antigenoterapiya;
항의(抗議), 반항(反抗) qarshilik; ~하다 qarshi chiqmoq;
항쟁(抗爭) qarshilik; ~하다 qarshi chiqmoq, kurashmoq;.
해 I 태양 quyosh; ~가 지다 quyosh o'tirdi; ~질 녘에 quyoshning botishi;; ~질 무렵에 quyosh botayotganda; ~가 뜬다 quyosh chiqayapti; ~가 진다 quyosh botyapti; ~가 길어 진다 kunlar uzaydi; ~가 짧아졌다 kunlar qisqardi
해(年) II yil; 열 ~만에 10 yilda; ~와 달이 바뀌어졌다 ko'p suvlar oqib ketdi;
해 III narsa-buyum;이것이 네 ~다 bu narsa seniki.
해 IV ~놓다 qilmoq; ~주다 kim uchundir qilmoq;
해(害) V zarba; ziyon; ~를 주다 kimgadir yomonlik qilmoq;; ~를 입다 yomonlikni boshdan o'tkazmoq;.
해(海) VI dengiz; 동~ SHarq dengizi; 지중~ O'rtayer dengizi;
해-(該) bu yilning yangi tug'ilgan chaqalog'i;
-해(海) SHarq dengizi;
해갈(解渴) ~하다 chanqoqni bosmoq; yerni suvga to'ldirmoq;
해결(解決) ruxsat; qaror; ~하다 hal etmoq; ~책 choralar; tadbirlar.
해고(解詁) bo'shatish; ~하다 bo'shatmoq;~되다 bo'shatilmoq;

ㅎ

해고하다 ishdan bo'shatmoq
해괴(駭怪) ~망측하다 juda g'alati; dahshatli.
해군(海軍) harbiy-dengiz floti; ~의 harbiy-dengiz flotining; ~기지 harbiy-dengiz bazasi; ~력 harbiy dengiz kuchlari.
해난(海難) kema halokati; ~신호 SOS halokat signali.
해내다 (ishni) qilmoq.
해넘이 quyosh (oftob) botishi;
해녀(海女) durni qidirib yuruvchi.
해답(解答) javob; misol yechimi; ~하다 bir-nimani yechmoq; bir-nimaga javob bermoq;
해당(該當) ~하다 berilgan; quyidagi; to'g'ri keladigan; ~하다 kim-nimaga to'g'ri kelmoq; ~액 to'g'ri keladigan; mos (narx); ~자 mos odam;
해독(解毒) rasshifrofka, deshifrofka, ~하다 deshifrofka qilmoq; ~자 rasshifrovka qiluvchi odam.
해돋이 quyosh chiqishi;
해득(解得) tushunish, ~하다 tushunmoq; etib tushunmoq;
해라 체(-體) buyruqona gap.
해롭다 yaramas, (zaharli); 알콜은 건강에 ~ Alkagol sog'likga yomon tasir qiladi.
해류(海流) dengiz oqimi.
해륙[연]풍(海陸[軟]風) briz.
해리(海里) dengiz o'lchovi (mil).
해마다 har yili.
해말갛다 oppoq;
해말개지다 oppoqqina bo'lib qolayapti;
해말쑥하다 oppoq va toza.
해맑다 juda oq va top-toza;
해면(海面) dengizning yuqori qismi; dengiz satxi; ~으로부터 1000 미터 높이 1000 metr balandlikda;
해박(該博) ~하다 keng, chuqur;
해박한(該博-) 지식(知識) keng; keng bilimlar; chuqur bilimlar;
해발(海拔) dengiz sathining balandligi; 이산은 ~2000미터이다 Ushbu tog'ning balandligi dengiz sathidan 2000 metr balandlikda.
해방(解放) emonsipatiya, bo'shatish; ~의 bo'shatishli; ~하다 bo'shatmoq; ~구 bo'shatilgan tuman; ~군 bo'shatilgan armiya; ~자 bo'shatuvchi.
해볕에 타다 toblanmoq.
해보다 tekshirib ko'rmoq.
해부(解剖) disseksiya; yorish, anatomirovanie, analiz; muhokama; ~학 anatomiya; ~의 anatomik; ~하다 buzib (yig'ib) ochmoq; analiz qilmoq; anatomirovat; ~도 skalpel; ~실 anatomik teatr;
해빙(解氷) muz erishi; ~하다 erimoq; ~기 muz erish paytlari;
해산(解産) I bola tug'ilishi; ~구완(구원) qar.. 해산바라지; ~미역 tug'ayotgan ayol uchun dengiz karami; ~쌀 tugayotgan ayol uchun guruch; ~미역 같다 bikur; ~하다 (bola) tug'moq;
해산 II ~하다 ajramoq; tarqalib ketmoq;
해상(海上) I dengizda; ~무역 dengiz savdosi;
해상(海商) II 1) dengiz savdosi; 2) dengiz mollarining oldi-sotdisi; 3) oluvchi; 4) sotuvchi, dengiz mollarining sotuvchisi;
해석(解釋) analiz, interprettsiya; tushunish; kommentariya; ~하다 tushuntirmoq; kommentariya qilmoq, interpritasiya qilmoq; ~자 tushuntirib beruvchi, kommentator; ~학 analiz teoriyasi; analitik matematika.
해석법(解釋法) analitik metod;
해석자(解釋者) kommentator, tushuntiruvchi, interpretator;
해석학(解析學) 1) analiz teoriyasi; 2) analitik matematika.

ㅎ

해설(解說) tushuntiruv, kommentariy; ~하다 tushuntirmoq; ~자 tushuntiruvchi, kommentator
해소(-消) I yo'q qilish, likvidatsiya; annulyasiya; ~하다 yo'q qilmoq.
해소(解訴) II ~하다 yo'q demoq;
해수(海水) dengiz (tuzli) suvi; ~욕 dengizdagi cho'milish; ~욕복 cho'milish kiyimi; ~욕장 dengiz kurorti;, plyaj; ~욕을 하다 dengizda suzmoq;
해(바다) 수영(水泳) dengizda suzmoq, dengiz kurorti; ~장 dengiz plyaji.
해수욕장(海水浴場) dengiz plyaji.
해안(海岸) dengiz qirg'og'i; ~경비 qirg'oqdagi qo'riqlovchilar; ~선 dengiz chizig'i; ~을 따라 dengiz bo'ylab; ~지방 dengiz yaqinidagi tuman.
해약(解約) shartnomaning buzilishi; ~하다 shartnomani buzmoq
해양(海洋) dengiz; okean; ~의 dengiz (okean) ning; ~학 okeanografiya;
해엄(解嚴) esk. ~하다 rad etmoq;
해열(解熱) temperaturaning tushishi; ~하다 issiqlik (temperatura) ni tushurmoq; ~제 isitmani tushuruvchi dori moddalar;
해외(海外) chet el; ~의 chet ellik; ~에 나가다 chet elga bormoq; chet elga chiqmoq; ~로부터 chet eldan; ~에서 chet elda; ~방송 chet el radio (tele) eshittirishi; ~파병 shahar (chetiga) tashqarisiga harbiylarni yubormoq; ~ 지점을 설치하다 chet elda o'z filialini ochmoq; ~로 진출하다 chet elga ko'z tashlamoq; ~로 눈을 돌리다 dengizdagi transportirofka;
해운(海運) dengizdagi transportirovka; dengizdagi olibtashish ishlari; ~업 dengizdagi olibtashish.
해임(解任) bo'shatish; ~하다 ishdan bo'shatmoq; ishdan olib tashlamoq; mansabidan bo'shatmoq; ~장 bo'shatish haqidagi buyruqnoma.
해저(海底) dengiz tubi; ~의 suv osti; ~전선 suv osti telegraf aloqalari; ~전신 suv osti telegrafi.
해적(害敵) dengiz yaramaslari, qaroqchilari; ~선 dengiz qaroqchilarining kemalari; ~행위 dengiz qaroqchilarining ishlari.
해제(解除) demontaj; bo'shatish; yoq qilish; rad etish; ~하다 yoq qilmoq, bekor qilmoq; annulirovat;
해조류(海藻類) suv o'tlari.
해주다 kimgadir nimadir qilmoq.
해직(解職) ishdan bo'shatilish; ~의 bo'shatish; ~하다 mansabdan bo'shatmoq; ishdan chetlatmoq.
해질녁 quyosh botishi; ~에 quyosh botayotganda.
해질 무렵 quyosh botayotgan vaqtda (paytda).
해체(解體) demontaj; tahlil; ~하다 tahlil qilish; ko'rib chiqish.
해충(害蟲) zararkunanda; zararkunanda qurt-qumrsqalar.
해치다 zarar etkazmoq; yomonlik keltirmoq;
해치우다 bir-nimani muvafaqiyatli bajarmoq; butun qilmoq; bir ishni botirlik bilan hal etmoq; kimnidir yo'q qilmoq;
해학(諧謔) I kulgu; ~극 kulgu spektakli; ~적인 kulgili; ~을 하다 hazillashmoq; ~문학 kulgu adabiyoti;
해학(海壑) II 1) dengiz va tubsizlik (jarlik); 2) namuna. yakunsizlik;

핵(核) yadro; ~가족 kichik oila; ~무기 yader qurollari; ~무장 yader qurollanishi; ~무장금지지대 atomi yo'q qurol; ~물리학 yader fizikasi; ~반응 yadroli reaksiya; ~분열물질 eritilgan materiallar; ~연료 yadro issiqligi; ~열의 termoyaderli; ~열무기 termoyaderli qurollar; ~에너지 yadro energiyasi;~의 yadroli; ~잠수함 suv osti yadro kemasi; ~탄두 yadroviy portlash; ~폭발 yadroviy reaksiya; 원자~ yadro-atom.
핵반응(核反應) yadroviy reaksiya.
핵산(核酸) nuklein kislotasi.
핵심(核心) yadro; sersevina; borliq; ~적 asosiy; markaziy; ~체 yadro.
핵탄(核彈) bomba.
핸드(ingliz. hane) qo'l; ~북 kichik boshqaruv; ma'lumotnoma.
핸드백(ingliz. handbag) ayollar sumkasi.
핸드볼(ingliz. handbol) gandbol.
핸들 (ingliz. handle) ~을 잡다 rulni ushlamoq. ~을 돌리다 rulni boshqarmoq.
핸디캡(ingliz. handicap) ziddiyat.
핼쑥하다 notanish (yuz haqida).
햄(ingliz. ham) I vetchina;
햅쌀 yangi hosilning guruchi; ~밥 pishirilgan guruch.
햇볕 quyosh nuri; ~을 쬐다 quyoshda toblanmoq (isinmoq).
햇빛 quyosh nuri; quyosh yorug'i.
햇살 quyosh nuri.
했습니다 qildi.
행(行) I qator; harflar qatori; asketizm asketizm 15쪽 6~ oltinchi qator o'n beshinchi bet; 위에서 6째 ~ beshinchi qator tepadan.
행(-行) II 서울~ Seulda.
행군(行軍) yurish; marsh; ~하다 yurish (safar)ga bormoq; ~대형 marshning to'planilishi; ~로 transport harakati; ~가 safar qo'shig'i.
행글라이딩 deltaplan.
행동(行動) qiliq; harakat; qilmish; akt; hulq-atvor; ~적 harakatli; ~하다 harakat qilmoq; o'zini tutmoq; ~에 옮기다 amalga oshirmoq; ~을 취하다 bir ishni amalga oshirmoq; ~거지 hulq-atvor; o'zini tutish, ~력 harakatchanlik; chaqqonlik; operativlik, ildamlik, chaqqonlik.
행락(行樂) lazzat; ~의 ko'ngil ochadigan, vaqtni chog' qiladigan; ~하다 lazzatlanmoq kimnima bilandir; ~주의 epikureizm.
행려(行旅) sayohat; ~하다 sayohat qilmoq; ~병사자 yo'lda vafot etgan odam.
행렬(行列) 행진(行進) yeg'im; to'da; kolonna; navbat; ~하다 yig'ilmoq.
행방(行方) joylashgan o'rin; yo'llanma; ~을 감추다 o'z izlarini ketkazmoq; yo'q bo'lib qolmoq;~을 알아맞추다 kimnidir topmoq; ~불명되다 umuman yo'qolib ketmoq; ~불명자 umuman yo'qolib ketmoq.
행복(幸福) baxt; ~한 baxtli; ~하게 살다 baxtli-saodatli yashamoq; ~감 baxtni his qilmoq;
행복하세요 baxtli bo'tilsh.
행사(行事) bayram, tantana; parad; ~하다 bayramni nishon-lamoq; tantanani o'tkazmoq.
행상(行商) uyoq buyoqda savdosotiq; ~하다 oldi-sotdi qilmoq; ~인 sotuvchi.
행선지(行先地) uchrashuv joyi; maqsad.
행성(行星) 유성(流星) planeta; ~계 planeta sistemasi; ~상 성운 planetar bulutlar; ~운동

planetalar harakati.
행세(行勢) I hokimyatni suiste'mol qilish; ~하다 hokimyatni suiste'mol qilish; o'zini o'z uyidagiday tutmoq.
행세(行世) II manera; hulq-atvor; ~가 못 되다 yomon hulq-atvor; 주인 ~ xo'jayinlik qilmoq; ~를 하다 o'zini tutmoq.
행실(行實) hulq-atvor.
행운(幸運) baxtli hayot; baxt-saodat; ~아 baxtli odam; ~을 타고난 baxt-saodatli odam.
행위(行爲) harakat; akt. qar. 행동(行動)
행위의 주체 harakatlar sub'ekti.
행음하다 daydimoq.
행인(行人) yo'lovchi; yo'lda ketayotgan odam.
행적(行績) qolgan ishlar.
행정(行政) I boshqaruv; ma'muriyat; boshqarma; ~의 bosgqarmaning; ~관(官) ma'mur; ~ 구역(區域) ma'muriy tuman; ~ 기관(機關) ma'muriy organ; ~권(權) ma'muriy hokimyat; ~부(府) ma'muriy hokimiyatning oliy organi; boshqaruv; ~비(費) ma'muriy boshqaruv to'lovlari; ~학(學) ma'muriy fanlar.
행정(行程) II 1) masofa; 2) uzoq yo'l; 3) jarayon; borish; harakat
행진(行進) marsh; paxod; oldinga yurish; ~하다 marsh qilmoq; ~곡 marsh; 장송 ~곡 janozadagi (ruh haqida)marsh.
행차(行次) sayohat; chet elga ketish; ~하다 ketmoq; yo'lga ketmoq.
행하다 qilmoq; amalga oshirmoq; ishlab chiqarmoq; bajarmoq; yubormoq; nishonlamoq; muzokara olib borish.
행해지다 yuz bermoq; sodir bo'lmoq;amalga oshmoq; ro'y bermoq; yoyilgan; tarqatilgan.
향(香) I aramat; yaxshi hidlarni tarqatuvchi narsa;
향 II hushbo'y hid.
향긋하다 hushbo'y hid bilan.
향기(香氣) hushbo'y hid; ~롭다 yaxshi hidni taratuvchi; ~로이 hushbo'y hid bilan.
향기로운 yaxshi hidli.
향도(香徒) boshqarish (avtobus); yo'llovchi; oboruvchi; ~하다 oborish; boshchilik qilish;
향락(享樂), 기쁨 lazzat; ~하다 lazzatlanmoq nimadandir;
향료(香料) yaxshi hidli narsalar.
향상(向上) ko'tarilish; bo'y; yuqoriga siljish; o'sish. ~하다 o'smoq, ko'tarilmoq; chiqmoq.
향상시키다 yaxshilamoq; ko'tarmoq.
향상되다 yaxshilash; yaxshilangan.
향수(香水) I atir; odekalon; ~를 뿌리다 kimgadir atirni sepib qo'ymoq.; 자기 몸에 ~를 뿌리다 atir sepib olmoq.
향수(鄕愁) II (uy) Vatanni qumsamoq; sog'inmoq; ~를 느끼다 Vatanni sog'inmoq.
향연(饗宴) tantana; ~을 벌리다 tantanani o'tkazmoq; ~장 tantana zali.
향유하다(享有-) ega bo'lmoq; lazzatlanmoq.
향토(鄕土) Vatan; Ona Vatan; Ona yerlar; Ona joy; ~적 milliy; ~사 Ona Vatan tarixi; ~지 Ona yer yozuvlari.
향하다 kimga yoki nimaga e'tibor qilmoq;(qaysidir tarafga); otlanmoq (qayerqadir); kimga yoki nimaga murojat etmoq; ...을(로) 향하여 (tarafga nisbatan) kimga yoki nimaga yuzma-yuz; 그 집은 바다 쪽을 향하고 있다 Uy dengiz bo'yida turibdi; 거울을 향하여 앉다 oyna to'g'risida

o'tirmoq;
향하였습니다 murojat qildi.
향학열(向學熱) o'qishga chanqoqlik.
허 Oh!; Voh!
허가(許可) kirish ijozati, ruxsati; sanksiya; ruxsatnoma; ~장 yozma ruxsatnoma; litsenziya; ~하다 ruxsat bermoq; ijozat bermoq; yo'l qo'ymoq kimgadir nimanidir; ..의 ~를 얻어 kimningdir ruxsati bilan; ~제 litsenziya sistemasi; lisenziyali sistema; litsenziyalashtirilgan tizim; ~증 yozma ruxsatnoma; ruxsat; kirish ijozati.
허가품(許可品) litsenziyaga ega mahsulot.
허겁(虛怯) ~[을] 떨다 qo'rqmoq; qo'rqoq bo'lmoq; ~스럽다 qo'rqoq bo'lib ko'rinmoq; ~하다 1) qo'rqoq; 2) qo'rqmoq.
허겁지겁(虛怯-) sxosha-pisha; tez hayojonli; sxosha; ~하다 sxoshmoq; hayojonlanmoq.
허공(虛空) bo'shliq; ~에 bo'shliqda.
허구(虛構) 1) yolg'on; 2) afsona; ~적 yolg'onli; ~하다 o'ylab topmoq.
허기(虛飢) qorin ochlik hissiyoti; ochlik; ~지다 qorin ochmoq.
허다(許多) ko'plik; ko'pchilik; ~하다 ko'p sonli; ~히 juda ko'p.
허덕이다 uyoq buyoqga o'zini urmoq.
허둥거리다 jahli chiqmoq; liqillamoq; liqillab yurmoq; hayajonlanmoq.
허둥지둥하다 jahli chiqmoq; bir tomondan ikkinchi tomonga o'zini otmoq.
허드렛일 oddiy bir ish; oddiy bir narsa.
허락(許諾) ruxsatnoma; rozilik; ~하다 rozilik bermoq; rozi bo'lmoq; ruxsat bermoq; 누구의 ~을 받고 당신은 이방에 들어왔습니까? kim sizga ruxsat berdi ushbu xonaga kirishga?
허름하다 eski-tuski, kiyilgan, tutilgan.
허리(虛痢) I bel; boldir; ~가 굽은 bukilgan; ~를 구부리다 bukirlanmoq; engashmoq;~를 펴다 tik turib olmoq; tekkislanib olmoq; ~띠 belbog'; kamar.
허리(虛痢) II kuchli padnis.
허리띠 kamar; belbog; ~를 매다 kamarni taqmoq; ~를 졸라매다 butun kuchlarini to'plamoq; ~를 차고 있다 kamarni taqib yurmoq; ~를 풀다 kamarni yechib olmoq.
허무(虛無) hech narsa; yo'qchilik; yo'qlik; ~하다 mavjud emas; bo'sh; behuda, natijasiz; ~감 yo'qchilik hissiyoti; ~주의 nigilizm; ~적 bo'sh; ~맹랑 falsh: ~하다 a) bo'm bo'sh; b) yolg'iz; e) zerikarli.
허물(虛物) I yetishmovchilik; defekt; xato; ~을 벗다 uyatni yuvmoq.
허물 II ter; ~[을] 벗다 1) terning tushishi; 2) ter almashinishi.
허물없다 toza bo'lmoq; uyalmaslik; ochiq.
허비(虛費) bekorchi sarfharajatlar; ~하다 bekorga harajat qilmoq.
허세(虛勢) o'zidan ketib qolmoq; ~를 부리다 o'zini ko'rsatmoq; qo'rqitmoq.
허송(虛送) bekorchi bo'lib vaqtni o'tkazmoq; ~하다 vaqtni ish qilmasdan o'tkazmoq; dangasalik qilmoq.
허술하다 tutilgan; eski-tuski.
허약(虛弱) ~하다 kuchsiz; ~성 kuchsizlik; ~자 kuchsiz odam.
허용(許容) ruxsat; ~하다 ruxsat etmoq;; ~오차 xato.

허울 manzara; chehra; yuz tuzilishi; ~좋다 yuz tuzilishi chiroyli.
허위(虛僞) yolg'on; ~날조 yolg'-on yetkazish; ~보고 yolg'on yetkazish; ~신고 yolg'on signal; ~진술 yolg'on tushuntirish.
허전(虛傳) esk. ~장령 harbiy boshliqning buyrug'ini noto'g'ri talqin etib yetkazish; ~하다 etkazmoq, noto'g'ri yetkazmoq.
허탈(虛脫) ochlik; kuchsizlik; ~한 kuchsiz; holsiz; ~감 holsizlik, hissiyotli; ~상태 holsizlik.
허탕(虛-) natijasizlik;~을 치다 hech narsa olmaslik; ~을 치고 돌아서다 bo'sh qo'l bilan ketish.
허풍(虛風) maqtanmoq; ko'pir-tirib gapirmoq; ~떨다 bir nima bilan maqtanmoq.; ~치다 pash-shadan fil yasamoq; ~선이 maqtanchoq.
허황하다 rostga o'xshamay-digan; qaytarilmas.
허황된(誇張-) 과장(誇張) asossiz oshirib gapirish.
헉 ~하다 a) holsizlikdan yiqilmoq; b) qimirlamoq; c) tashlanmoq.
헌 eski narsa; latta-puttalar.
헌 것 eski narsa.
헌금(獻金) pulni bag'ishlamoq; ~하다 biron nimaga(pulni) qurbon qilmoq.
헌납(獻納) ~하다 kimgadir nimadir olib kelmoq; kimgadir nimadir sovg'a qilmoq.; ~품 sovg'a.
헌법(憲法) konstitutsiya; ~의 konstitutsiaviy; ~개정 konstitu-siyaviy o'zgarish.
헌신(獻身) o'zidan voz kechish; ~적으로 voz kechgan holda; ...에 헌신하다 o'zini bir nimaga bag'i-shlamoq; o'zini qurbon qilmoq.
헐값 past narx; arzon narx; ~으로 사다 arzonga sotib olmoq.
헐다 eski bo'lib qolmoq.
헐떡거리다 nafasi qisilmoq; havo yetishmaslik.
헐레벌떡 ~하다 nafas olish qiyin; nafasi qisilmoq; ~뛰어오다 nafasi qisilgan holda yugurib kelmoq.
헐리다 buzilmoq; sinmoq; to'kilmoq; urilmoq.
헐벗다 echingan holda bo'lmoq; kanbag'allikdan qiynalmoq.
험난(險難) qiyinchilik va havfliylik; zo'rlilik; ~하다 zo'r; qiyin; havfli.
험담(險談) jahldor; havfli; o'tkir, yomon, yaxshi emas; og'ir; xatarli; ~하다 jaxldor bo'moq; kimnidir masxara qilmoq.
험악(險惡) ~하다 yovuz; havfli; o'tkir; yomon; yoqimsiz; jiddiy; og'ir; taxdid soluvchi; shavqatsiz; daxshatli.
험하다 qatiy; tikka ko'tarilgan; shiddatli, dahshatli; yovuz; havfli; razil; qo'pol; qora;olib bo'lmaydigan.
헛- old qo'sh. 1) bo'sh; 헛자랑 bekorchi gap; 2) yolg'onli; 헛말 yolg'on; 3) keraksiz; foydasiz; behuda; 헛일 keraksiz ish; tayini yo'q ish.
헛갈리다 farqlanmaydigan bo'lib qolmoq; qo'shilib ketmoq; aralashib ketmoq.
헛걸음 chayqalma yurish; ~하다 bekorga yurmoq.
헛고생 ~하다 bekorga qiynalmoq.
헛기침 aldamli yo'tal; yo'talib turmoq; ~하다 yo'talmoq.
헛소리 tayinsiz gap-so'z; yolg'on; ~하다 yolg'on gapirmoq.
헛소리군 sergap; yolg'onchi.
헛소문 yolg'on mish-mish.
헛수고 tayinsiz mehnat; bekorchi harakatlar; ~하다 bekorga

ishlamoq; bekorga mehnat qilmoq; bekorga harakat qilmoq.
헛일 yordamsiz; bekorchi ish, tayinsiz ish, ～하다 tayini yo'q ishni qilmoq.
헝겊 matodan bir parcha;
헝클어지다 adashtirmoq; og'irlashtirmoq; aralashtirmoq.
헤 salgina (kulish).
헤게모니 yo'lboshchilik.
헤드(ingliz. heae) bosh; kalla; boshqaruvchi; nachalnik; aql.
헤드라인(ingliz. headline) sarlavha.
헤드라이트(ingliz. head-light) avtomobilning oldingi chiroqlari.
헤딩(ingliz. heading) bosh bilan urish.
헤르쯔(nem. Hernia) gers.
헤매다 1) daydib yurmoq; 2) bir fikrdan ikkinchi fikrga o'tmoq; 3) u yoqdan bu yoqqa o'tmoq; 4) darbadar kezmoq.
헤비(ingliz. heavy) og'ir; mukammal; to'la; baland; ～급 og'ir; og'irlik.
헤비다, 할퀴다 tirnoqlar bilan o'ymoq.
헤아리다 hisoblamoq; farqlamoq anglamoq; ajratmoq; solmoq; anglab yetmoq; javobini topmoq; tasavvur qilmoq.
헤어나다 o'tib ketmoq.
헤어벤드 lenta (sochga taqadigan).
헤어브러시 taroq.
헤어스타일 soch turmagi.
헤어졌습니다 ajraldi (o't. zomon f.)
헤어지다 ajralmoq; ajrashmoq; hayrlashmoq.
헤어핀 shpilka. 헤엄 suzish.
헤엄치고 suzmoq; cho'milmoq.
헤여지다 1) bo'linib ketmoq; 2) ajralmoq; 3) yorilib ketmoq (lablar sovuq va issiqdan yorilishi).
헤집다 kavlamoq; o'ymoq; tirnamoq; kavlanmoq; 땅을 ～ yer qazimoq.
헤치다 yoymoq; otmoq; har qaerga tashlamoq.
헤프다 tejamkor emas; sifatsiz; ko'p gapiruvchi; yumshoq ko'ngil.
헥타르(ingliz. hectare) gektar.
헬레니즘(ingliz. hellenism) hellinizm.
헬륨(ingliz. helium) geliy.
헬리콥터(ingliz. helicopter) vertalyo't.
헬멧(ingliz. helmet) shlem.
헷갈리다 yo'qolib qolmoq; aloqador bo'lmoq; yoqolmoq; 셈이 ～ adashib ketmoq.
헹가래 tashlab turish.
헹구다 chaymoq.
혀 til; tilchi; tilli; ～끝 tilning yakuniy qismi; ～를 내밀다 tilni ko'rsatmoq; tilni chiqarmoq; ～를 차다 til bilan chapillatmoq; ..를 ～로 핥다 bir nimani til bilan yalamoq; ～꼬부라진 소리 tushunarsiz gaplar; ～끝 til uchi; ～짧은소리 tushunarsiz talaffuz.
혀바닥 [-ppa-] 1) tanglay; ～에 침이나 묻혀라 menga ertaklarni gapirma! 혀뿌리 til ildizi.
혁명(革命) revolyutsiya; to'ntarilish; ～가 revolyutsioner; ～적 revolyutsion; ～하다 to'ntarish qilmoq; ～군 revolyutsion armiya;～사 revolyutsiya haqida tarix.
혁신(革新) yahgilanish; ～적 yangi; ～하다 yangilamoq; ～을 일으키다 revolyutsiyani qilmoq; ～정당 yangilar partiyasi.
현(弦) to'rtlik.
현-(現-) hozirgi; zamonaviy; ～국경 mavjud bo'lgan chegara; ～정권 hozirgi hokimiyat; ～정부 hozirgi davlat boshqaruvi; ～정세

zamonaviy ahvol; hozirgi davr sharoiti.
현(舷) I og'iz.
현(絃) II tor (struna).
현-(現) hozirgi; mavjud; zamonaviy.
현관(玄關) vestibyul, pod'ezd; ~문 kirishdagi eshik.
현금(現金) naqd pullar; naqd; endi; ~으로 지불하다 naqd pullar bilan to'lash; ~을 받고 팔다 naqd hisobda to'lash;~거래 kassaviy bitm; naqd hisobga bitm; ~판매가격 naqd to'lashdagi baxosi.
현금 자동 지급기 pulni topshirib beruvchi avtomat.
현기(眩氣) bosh aylanishi; ~가 나다 bosh aylanmoq; ~를 일으키다 boshni aylantirib tashlamoq
현대(現代) bizning vaqtimiz; hozirgi davr; ~극(劇) zamonaviy dramma, zamonaviy hayotdan; ~문학(文學) zamonaviy adabiyot; 의 zamonaviy; ~에 있어서 xozirgi davr (payt)da; ~문 zamonaviy stilda yozilgan matn; ~성 zamonaviylik; zamonaviy xususiyatlar(belgilar); ~식 zamonaviy uslub; ~식의 zamonaviy uslubda; ~인 zamondosh; ~전 zamonaviy urush; ~화 zamonalashtirish; ~화하다 zamonalashtirmoq; ~사회 zamonaviy jamiyat; ~어 zamonaviy til; ~인 zamonaviy odam;
현란하다 ko'zni qamashtiradigan.
현명(賢明) ~하다 aqlli; oql.
현모(賢母) aqlli ona;~양처 aqlli ona va yaxshi xotin.
현물(現物) natura; naxt mahsulot; ~의 tabiiy; asl; naxt; ~거래 naxt mahsulot kelishuvi; ~시장 naxt mahsulot bozori.
현미경(顯微鏡) mikroskop;~적 mikroskopli; ~사진 mikrograf; mikrosur'at; 전자 ~ elektron mikroskop.
현상(現象) 1) nodir xodisa; xodisa, voqea; ~계 haqiqiy hayot; ~론 nodir hodisali; ~학 fenomonologiya; 2) yuz berish; ~하다 ko'rsatmoq; ~액 ko'rsatadigan; ~지 foto qog'oz; 3) mukofot; sovg'a; ~하다 rag'batlantirmoq; ~에 당선하다 sovg'a olmoq; yutib olmoq (sovg'a, mukofot); ~금 pul mukofoti (sovg'asi); ~당선자 mukofotga sazovor bo'lgan kishi.
현세(現世) zamonaviy dunyo; ~에서 bu dunyo; ~적 dunyoviy.
현수(懸垂) turnikda osilish (sport); ~의 osma; ~교 ko'prik; ~막 osma ko'prik.
현실(現實) haqiqiylik; bor haqiqat; ~적 haqiqiy; ~화하다 hayotga tatbiq qlilmoq; ~감 haqiqiylik hissyoti; ~성 haqiqat; ~주의 realizm; ~화 amalga oshirmoq.
현실성(現實性) haqiqiylik; haqiqiylik hissiyoti.
현안(懸案) javobsiz savol; ko'rib chiqilmagan savol(proekt); ~으로 남겨두다 savolni ochiq qoldirmoq; ~을 토의에 붙이다 loyihani muhokamaga qoldirmoq.
현장(現場) ish joyi; turar joy; ~에서 joyida; 범행의 ~을 덮치다 jinoiyat joyida tutib olmoq; 건설~ qurilish ishlari maydoni; 건설 ~감독 qurilish ishlarining boshlig'i; 사건~ jinoyat ishlari joyi.
현장부재증명(alibi: 알리바이. 부재증명) izsizlik.
현재(現在) hozirgi payt; ~의 hozirgi; ~의 시점에서는 ayni paytda; hozirda; ~까지 hozirgacha; 일을 ~대로 놓아두다 ishni shundayligicha qoldirmoq; ~완료 hozirgitugallanmagan

zamon.
현저(顯著) ~하다 ma'noli; bilinarli; ko'rinarli; ~히 ko'ringan darajada; oliy darajada.
현존하다 hozirda yashamoq; saqlanib qolingan.
현지(現地) joy; ~의 joyning; ~조사 joydagi izlanish ishlari.
현직(現職) mansab hozirgi paytdagi.
현행(現行) ~의 [hozirda] amal qiluvchi; bor; ~범으로 붙잡히다 joyida tutilgan; ~범 jinoyatchi; ~법 amaldagi qonun-qoida; ~제도 amal qiluvchi tizum.
현행범(現行犯) 1) jinoyat; biron nima ishtirokida sodir bo'lgan; 2) jinoyatchi; jinoyat ustida ushlangan.
현행법(現行法) [-ppop] amalga oshadigan qonun; amaldagi qonunlar to'plami.
현혹(眩惑) maftun bo'lib qolish; ~적인 maftunkor; ~하다 maftun etmoq; ~되다 maftun bo'lib qolmoq.
현황(現況) yuzaga kelgan sharoit; hozirgi ahvol.
혈(穴) nina qo'yiladigan joy va kuydiriladigan joy; qabr uchun yaxshi joy.
혈관(血管) qon tomir; ~계 qon-tomir sistemasi; ~주사 qontomirga quyish.
혈기(血氣) qizuvchanlik; ~의 qizishgan, ehtirosli; 젊은 ~로 yoshlarning qiziqqonligi; ~왕성하다 kuch (energiya)ga to'la.
혈로(血路) o'rab turuvchi muhitdan chiqish qiyin (mukammal) vaziyatdan chiqib ketish; ~를 뚫다 muhitdan ajralib chiqmoq; ~를 뚫고 나가다 dushmanni yo'lidan olg'a surmoq.
혈루병(血淚病) qon oqishi.
혈색(血色) yuzning rangi; qizarilganlik; qon rangi; 그는 ~이 나쁘다 u oqarib ketgan; 그는 ~이 좋다 uning yuzini rangi sog'lom.
혈압(血壓) qon bosim; 그는 ~이 높다 unda qon bosim yuqori; ~을 재다 qon bosimin o'lcha- moq; ~계 sfigmomanometr; tonometr.
혈액(血液) qon; ~검사 qon analizi; ~순환 qon aylanishi; ~은행 qonni saqlaydigan joy; ~형 qon guruhi.
혈육(血肉) qarindosh, urug'-aymoq.
혈족(血族) qarindosh; ~결혼 qarindoshlar orasidagi to'y; ~관계 qon qarindosh.
혈청(血淸) sivorotka ~요법 sivorotkali davolanish; 디프테리아~ difteriyaga qarshi sivorotka
혈통(血統) kelib chiqish; ~이 좋은 yaxshi oiladan kelib chiqqan.
혈혈단신(孑孑單身血型) yolg'iz.
혐오(嫌惡) yomon ko'rish; yoqtirmaslik. ~하다 yomon ko'rmoq;~의 감정을 품다 kimnidir (nimagadir) yoqtirmaslik.; ~할(스러운) yomon; jirkanch; ~감(느낌) yoqtirmaslik hissiyoti; ~하다 yomon ko'rmoq.
혐의(嫌疑) gumon; ~자 gumonsiragan; ~가 있는 gumonsirovchi;...의 ~로 nimadandir gumonsiramoq; ~를 두다 kimnidir nimadandir gumon qilmoq.; ~를 받다 gumon ostida bo'lmoq.
협공(挾攻) zabt etmoq; ~하다 zabt etmoq.
협공전(挾攻戰) dushmanni zabt etmoq.
협궤(挾軌) tor yo'l; ~의 y toraytirilgan; ~철도 toraytirilgan temir yo'li.
협동(協同) birgalikda ishlamoq; do'stlashmoq; ~적 birgalikdagi; ~하다 kim bilandir hamkorlik qilmoq;~하여 hamkorlik qila; ~자

ish bo'yicha hamkorlik; ~조합 kooperatsiya; artel; ~체 hamkorlik; ~화 nusxa olish.
협력(協力) birlashgan; hamkorlik; ~하다 hamkorlik qilmoq; ~자 xizmatchi.
협박(脅迫) shantaj; qo'rqitish; havf; tahdid; ~적 tahdid soluvchi; ~하다 qo'rqitmoq; tahdid solmoq; ~장 havf soluvchi; xat; tahdid soluvchi maktub.
협상(協商) muzokara; konventsiya. ~하다 muzokaralarni olib bormoq; ~조약 rozilik; kelishuv; ~회 muzokaralarni olib boruvchi majlis.
협소(狹小) ~하다 tor; chegaralangan; ~한 방 tor va kichik bir xona.
협약(協約) muzokara; konventsiya; kelishuv; ~하다 muzokaralarni yakunlamoq.
협의(協議) majlis, yig'in, konsultatsiya. ~하다 muzokaralashmoq; birgalikda hal etmoq; ~진단 og'ir kasalni aniqlash va uni davolash yo'llarini axtarish uchun vrachning maslahat majlisi; ~회 majlis; ~안 majlisning kun tartibi.
협잡(挾雜) ko'z bo'yamachilik; yolg'onchilik; ayyorlik; ~하다 aldamoq yolg'onchilik bilan shug'ullanmoq; ~꾼 ko'z bo'yamachi; ~배 ko'z bo'yamachilar; ayyorlar.
협정(協定) muzokara; pakt; ~하다 rozi bo'lmoq; (kim bilandir); kelishvolmoq; ~가격 kelishilgan narx; 신사 ~ djentelmentlar muzokarasi; 어업 ~ baliqchilik haqidagi muzokara; 한.러 무역~ Rossiya va Koreyaning tovar ayirboshlashi haqidagi muzokara; 항공 ~ havo xabarlari haqidagi muzokara.
협조(協助) yordam; hamkorlik;~하다 kimgadir yordamlashnoq; ~자 yordamchi.
협회(協會) assotsiyatsiya; jamiyat; ~원 jamiyat a'zosi. 혓바늘 tilning yaralari. ⇒ 연맹(聯盟)
혓바닥 tilning suyanchig'i; ~을 놀리다 tilda chayqatmoq.
형(兄) I o'g'il bolalarga aka; 형만한 아우 없다 Akam hamma narsada birinchi.
형(形) II forma; tuzilish; obraz.
형(型) III forma, xil, obraz.
형광(螢光) flyuresseniya;~에 의한(~성의) foresrntli; ~을 내다 flyuorestsirobalash; ~도료 flyuorestent lampasi; ~등 flyuorestentli bo'yoq; ~염료 flyuorestentli bo'yoq; ~체 flyuorestentlovchi moddalar.
형광색(螢光色) flyuorestentli rang.
형기(刑期) jazo muddati; ~를 복역하다 jazo muddatini o'tash muddatni o'tash.
형님(兄-) aka (hurmat ma'nosi).
형벌(刑罰) jazo; ~하다 jazolamoq; ~을 받다 jazolanmoq; ~권 jazolash huquqiga ega bo'lmoq.
형법(刑法) kodeks; huquq.
형사(刑事) jinoiy qidiruv ishlarini olib boruvchi; ~재판 suddagi tekshirish ishlari; ~사건 jinoiy ish; ~소송 jinoiy protsessual huquq; ~범인 jino- yatchi; ~범죄 jinoiy ish; ~부 jinoiy qidiruv; ~재판 linoiy jarayon.
형상(形狀) I figura; uslub; shakl.
형상(形象) II obraz; forma, konfigurasiya; ko'rinish, tus; ~적 obrazli; ~하다(~화하다) tasir qilmoq; ~력 obrazlilik; ~성 obrazli harakter.
형설(螢雪) o'rishdagi harakatlar; ~지공 yaxshi oshning mevasi.
형성(形成) paydo bo'lish; bilim; tuzilish;~하다 paydo etmoq;

tashlik etmoq; ~기 o'qish; yillari; ~층 kambiy; 성격~ harakatning paydo bo'lishi; ~되다 paydo bo'lmoq.
형세(形勢) ahvol; sharoit; 나쁜 ~ yomon ahvol; 좋은~ yaxshi ahvol; ~를 보다 shartsharoitlarga qarab yurmoq.
형수(兄嫂) katta akaning xotini.
형식(形式) forma; formula; tuzilish; ~주의 formalizm; ~적 formal; ~에 얽매이다 formada o'zini saqlamoq; ~을 없애다 hamma formalnostlarni unutmoq; ~을 차리다 formalnostga rioya etmoq; ~미 uslub chiroyi; ~주의 formalizm; ~화 formalizasiya; ~화하다 tizmoq.
형언(形言) ~하다 so'z bilan aytmoq; ~할 수 없는 tasavvur qilib bo'lmaydigan.
형용(形容) tasavvur etmoq; tasvirlab berish; shakl; ~하다 tassavur etmoq; tasvirlab bermoq.
형용사(形容詞) sifat; epitet.
형이상(形而上) ~의 metafizikaviy; mavhum; ~학 metafizika.
형제(弟兄) aka; opa; ~의 akaning; opaning; ~간 akaopaday munosabatlar; ~애 akalik sevgisi; ~자매 opalar; ~의 aka deb ataluvchi; 이복 ~ o'zining akasi emas; 친~ bir qorindan talashib tushgan aka.
형체(形體) forma; shakl; tuzilish.
형태(形態) 형식(形式) forma; obraz; tuzilish; ~론 morfologiya; ~론적 morfologik; ~소 morfema.
형통(亨通) ~하다 amalga oshmoq; bajarilmoq.
형틀 qiynoqlar uchun joy;
형편(形便) ahvol, sharoit; ~없다 amalga oshmaydigan, chidab bo'lmaydigan, yo'l qo'yib bo'lmaydigan mahzun; ~이 펴이다 yaxshilanmoq; ~이 좋으면 sharoitlar yaxshilansa; 지금 ~으로는 bunday sharoitlarda.
형평(衡平) tinchlik; muvozanat; qa'tiylik; ~을 잃다 muvozanatni yoqotmoq; ~을 지키다 muvozanatni saqlab turmoq; ~을 취하다 muvozanatni o'rnatmoq.
형형색색(形形色色) turli-tuman; rang-barang; har xil; ~의 har xil; obrazsiz; rang-barang; turlituman; turli xil.
혜존(惠存) kit. "estalikka" estalik yozuvlari.
혜택(惠澤) yaxshilik; yumshoq ko'ngillilik; g'amxo'rlik; ~받은 baxtli; foydalanadigan; ~을 주다 yaxshilik qilmoq; 우리들은 자연의 ~을 만끽하고 있다 biz tabiat chiroyidan lazzatlanamiz; 우리들은 좋은 기후의 ~을 받았다 Havo biz uchun yaxshi bo'ldi.
호 I 1. ravish. ux (masalan achchiq narsa yeyilganda) 2. undov so'z. OX!
호(弧) II duga.
호(湖) III ko'l; qar. 호수.
호(壕) IV chuqurlik; teshik.
호(濠) V suvga to'la chuqurlik.
호(毫) VI (qo'lning) barmoqlarning yakun qismi.
호(號) VII 1) taxallus; 2) hurmatli ism; 3) raqam.
호(戶) VIII 1) hovli; 2) uy; ~농가 dehqonlarning 20 ta hovlisi.
호(毫) IX bitta mingtalik.
호-(好) yaxshi; qulay; baland.
-호(號) qo'sh. 1) hurmatli nom; 천리마호 chzolima nomi; 2) raqam; 창간호 birinchi raqam.
호각(互角) ~의 bir xil; teng; ~으로 durrang bilan; ~지세 kuchlarning tengligi.
호감(好感) yoqtirish; simpatiya; ~이 가는 yoqimtoy; chiroylikkina; ...에게 ~을 주다 yaxshi

ta'surot qoldirmoq; ...의 ~을 사다 yoqtirishga sazovor bo'lmoq; ...에게 ~이 가다 kimnidir yoqtir-moq.; 그는 신입생에게 ~을 주었다 U o'ziga yangilarni yaqin tutdi.
호강하다(豪强) boylikda yashamoq
호격(呼格) [-kkiyok] tilsh. chaqiruvchi kelishik; ~조사 chaqiruv kelishigining qo'shim-chasi.
호구(戶口) hovlilar soni va yashovchilar soni; ~조사 hovli va yashovchilarning yozilish jarayoni.
호구지책(糊口之策) yashash uchun harakat.
호국(護國) vatan himoyasi; ~하다 Vatanni himoya qilmoq.
호기(豪氣) 1) qo'rqmaslik; botirlik; qahramonlik; ~남아 qahramon yigit, botir, qo'rqmas yigit; ~만발 botirlikning paydo bo'lishi; ~만장 katta jasorat; ~[를] 부리다(피우다) o'zini botir tutmoq; ~스럽다 botir, qahra-monday ko'rinmoq; 2) minnatdorchilik.
호기심(好奇心) qiziquvchanlik; ~으로 qiziquvchanlikdan.
호남[아](好男[兒]) q'o'rqmas qahramon.
호되다 juda kuchli; og'ir, qiyin.
호두(<胡桃) grek yong'ogi; ~강정 grek yong'og'idan tayyor- langan pirog; ~나무 grek yong'og'i (daraxt); ~튀김 grets yong'ogi; unga botirilgan va kunjut yog'ida tuz bilan qovurilgan; ~속 같다 qiyin; chalkash.
호들갑 yengiltak; ~스럽다 yengiltak; tor fikrlovchi; ~을 떨다 yengiltaklik bilan o'zini tutmoqь; ~[을] 부르다(떨다) o'zini sxoshqoloq qilib tutmoq; mulohazasiz tutmoq.
호떡 shirin fasolli pishiriqchalar.
호락호락 ~하다 a) kuchsiz (odam haqida); b) yengil (ish haqida).
호랑이(虎狼狸) 1) qar. 범; yo'lbars ~눈썹(범) osilib ketgan qoshlar; ~날고기 먹는줄 누가 모르랴 maq. ≅ Hech narsani berkitib bo'lmaydi; ~이 담배 먹을적 Garo'x podishohi davrida; ~더러(~에게) 고기를 달란다 maq. ≅ Boydan qishda qor ham so'rab bo'lmaydi; ~이도 제말하면 온다 matal: Eshakni gapirsang qulog'i ko'rinadi; ~이보고 창구멍 막기 o'limi oldidan har narsaga tayyor; ~에게 물려가도 정신만 차리면 산다 matal.so'zma-so'z. tegirmondan ham butun chiqadi;
호령(號令) 1) ~하다 a) bermoq (kimgadir buyruq); b) qattiq baqirmoq (urushmoq); 2) buyruq; 3) baqiriq; 4) qar. 구령.
호리 yengil omoch.
호리호리하다 kichik va ozg'in.
호명(呼名) ~하다 ismi bilan atamoq.
호밀(胡-) javdari bug'doy; ~밭 javdari bug'doy maydoni.
호박 1) qovoq; ~잎 qovoq (pistasi) urug'i; ~씨 qovoq barglari; ~쓰고 돼지(돝의) 굴로 들어간다 = 섶[을 지고 불로 들어간다] III; ~이 굴다(떨어지다) mas. omadi kelib qolmoq; ~에 말뚝박기 namuna. shumlik; sho'xlik; ~에 청개구리 뛰어 오르듯 matal. hali yoshlik qilasan.
호반(湖畔) qirg'oq bo'yi.
호별(戶別) har bir uy (hovli); ~방문 하다 har bir uyni ziyorat qilmoq. ~로 uyma-uy; ~방문 har bir uyning ziyorat qilinishi; ~세 hovli solig'i.
호사(豪奢) 1) ~스럽다 juda ham dabdabali. ~하다 (dabdabada) yashamoq; 2) dabdaba.
호색(好色) ~하다 sezgirlik; ~의

hissiyotli; ehtirosli; ~가 xush ko'ruvchi. ~한 xotinboz.
호선(互選) tanlash; ~하다 o'z muhitidan tanlamoq.
호소(呼訴) I ~하다 arz qilmoq.
호소(號召) II chaqiruv; ~적 chaqiruvchi; ~하다 chaqirmoq; murojaat etmoq; ~문 murojaat.
호송(護送) eksport;~하다 eksport qilmoq; ~대 eksport; ~선 eksport qiluvchi kema; ~선단 soqchilar; soqchilar na'zorati-dagi kemalar karvoni; ~원 hamroh bo'lib borayotgan; ~비행 qo'riqlab boriladigan uchish. ~사격 olovli qo'riqlab borish; ~하다 qo'riqlab bormoq.
호수(湖水) I ko'l.
호수(號數) II [-ssu] raqam;~를 매기다 raqam qo'ymoq
호스(ingl. xose) shlang.
호스텔(ingl. xostel) yotoqxona.
호시(虎視) ov qiluvchi arslon-ning qarashi; ~탐탐하다 har daqiqada tashlanishga tayyor bo'lmoq.
호신(護身) o'zini himoya qilmoq; ~하다 himoya qilmoq; ~술 himoya qilish madaniyati; ~책 o'zini himoya qilish uchun tayyorlangan maxsus kitob
호언(豪言) baland so'zlar; ~장담 bekorchi gaplar; ~하다 baland-parvoz gaplarni gapirmoq; maqtanmoq.
호연(浩然) kitobiy ~하다 ochiq ko'ngil; ~히 keng; ko'ngli ochiq; ~지기 dunyo energiyasi; ~지기를 기르다 kayfiyatni ko'tarmoq.
호우(豪雨) jala; ~가 내리다 (jala) quymoq; ~경보 metiomarkazning jala haqidagi ogohlantirishi.
호위(護衛) qo'‘riqchi; qo'riqlash; ~하다 qo’riqlamoq; ~대 qo'riq eksport; ~병 qo'riqlash; borish; ~함 qo'riqlab boruvchi kema.
호응(呼應) chaqiruv; rezonans; birbiriga to'g'ri kelish; ~한 gaplashilgan; ~하다 kim bilandir kelishmoq; ~시키다 birgalikda echmoq; ~하여 gaplashilingan (kim bilandir); ~판매 davlat meyorlariga to'g'ri keladigan mollarning sotilishi.
호의(好意) 1) o'z hoxhshi; 2) yaxshi kayfiyato'z hohishining bo'lishi munosabat; ~적인 do'stona,mehmondo'st muloyim; ~적으로 mehmondo'stlik bilan; ~를 가지다 do'stona munosa-batda bo'lmoq; ~를 보이다 do'stona munosabatni ko'rsat-moq; ~를 보이다 ~호식 yaxshi kiyim va yaxshi ovqat- lanish.
호의호식(好衣好食) yaxshi kiyim va yaxshi oziq-ovqat; ~하다 yaxshi kiyinish va yaxshi ovqatlanish.
호적(戶籍) setli yozuv aholi va uylarni hisobga oladigan kitob; ~에 넣다 yozuv daftariga yozib olmoq; ~계 to'yxatdan o'tka-zuvchi; oila yozuvlarini olib boradigan; ~등본 oila yozuv-larining nusxasi; ~법 oila yozuvlari haqidagi qonun; ~부 oila yozuv-chizuv kitobi; ~초본 yozib (ko'chirib) olingan ro‘yxat.
호전(好轉) yaxshilikka burilish yaxshilanish; ~하다 yaxshi burilishga siljimoq; ~되다 yaxshi tomonga og'moq.
호젓이 yagona; yolg'iz.
호젓하다 yolg'iz; tashlab ketilgan; 호젓한 감정 o'zini yolg'iz qolganligi hissiyoti.
호주(戶主) oila boshlig'i; ~권 oila boshlig'ining huquqlari.
호주머니 cho'ntak; ~에 넣다 cho'ntakka solmoq; ~에서 꺼내다 cho'ntakdan chiqarmoq; ~안 ichki cho'ntak.

호출(呼出) 1) chaqiruv; rozilik (talab); ~하다 chaqirmoq; chaqirtirmoq; ~번호 chaqiruv raqami; ~신호 chaqiruv signali; ~대호 kodga ega bo'lgan nom; ~선택기 selektorli jihozlash; ~신호건 chaqiruv posilkasi uchun telegraf kaliti; 2) chaqiruv; ~하다 a) chaqirmoq; b) chaqirtir- moq.
호치케스 (ingliz. hotchkiss) qog'ozlarni siqadigan skrepka.
호칭(互稱) 1) nomlanish; nom; ~하다 nomi bilan chaqirmoq; 2) chaqirmoq.
호탕(浩蕩) ~하다 a) cheksiz; bepayon; b) kuchli; botir; c) xursandchilikka to'la; e) go'zal; ~분방 ekstravagantlik.
호텔(ingliz. hotel) mehmonxona.
호통(號筒) 1) ~하다 jahli chiqib baqirmoq; 2) jahldor; ◇ ~[을] 치다 a) qattiq baland ovoz bilan; b) baland ovoz bilan urushmoq.
호통을 치다 baland urushmoq.
호평(好評) 1) ~하다 ijobiy baholamoq; 2) ijobiy baho; ~을 받다 yaxshi baholanmoq.
호프(ingliz. hop) chirmashib o'sadigan o'simlik.
호호(晧晧) I ~백발 a) oq sochlar; b) sochi oqargan chol; ~하다 a) oppoq (gina); b) juda yaltiroq.
호호(呼號) II ~하다 a) baland ovoz bilan baqirmoq; b) baland ovoz bilan chaqirmoq.
호화(豪華) ~자체 boy oiladan chiqqan yosh yigit; ~찬란하다 juda zo'r; dabdabali; ~스럽다 qar. 호화롭다; ~하다 ajoyib; g'aroyib juda zo'r; chiroyli; ~로이 zo'r; ajoyibgina; ~판 dabdabali nashr; ~으로 dabdaba; hashamatli.
호환(互換) 1) ~하다 kraxmalda tayyorlamoq; 2) kraxmaldagi pilyulyarlar; 3) o'zaro almashuv; ~하다 birgalikdagi munosabat; ~성 ikki tomonning munosabati; 4) transpozitsiya.
호황(好況) yuqori konyuktura.
호흡(呼吸) nafas; gaz almashinuv; ~하다 nafas olmoq; nafas olib chiqarmoq; ~이 맞다 mos kelmoq; 인공 ~ sun'iy nafas; ~곤란nafas; ~기 nafas olish organlari; ~운동 nafas yo'llari uchun mashq; ~수 nafas olishning sonlari; ~강도 nafas olishning intensivligi; ~기관 nafas olish yo'llari; ~중추 nafas olish markazi; ~을 같이 하다 (kim bilandir) so'nggi nafasigacha yashamoq; ~이 맞다(통하다) to'g'ri kelmoq.
혹 I puffakcha; do'ndiqcha; shish; ~부리 g'urrasi bor odam;
혹 II 1) fu (nafas chiqarganda); 2) 혹 마시다 (ichimlikni) ovoz chiqarib o'ziga tortmoq.
혹간(或間) gohida; vaqt o'tishi bilan.
혹독(酷毒) qat'iylik; ~하다 jahldor; raxmsiz.
혹사(酷使) I ~하다 a) dam olmasdan ishlashga majburlamoq; b) ayamaslik.
혹사(酷似) II ~하다 juda o'xshash; bir xil.
혹시(或是) 1) bo'lishi mumkin; 2) agarda; ~를 몰라서 har ehtimolga qarshi.
혹은(或-) yoki.
혹자(或者) ayni; aynan; ~는 ... ~는 bittasi boshqasichi.
혹평(酷評) qattiq baho; qattiq tanqid; ~하다 tanqid qilmoq.
혼(魂) ruh; qar. 넋; 혼[이] 나다 a) qattiq qo'rqib ketmoq; cho'chimoq; b) qiyin sinov; e) jazolamoq; 혼[이] 뜨다 qattiq cho'chib ketmoq.
혼구멍(魂-) [-kku-] ~을 만나다

a) cho'chib ketmoq; b) qattiq sinovni o'tamoq.
혼기(婚期) to'y oldi yoshi; ~를 놓치다 qari qiz bo'lib qolmoq.
혼나다 qattiq qo'rqmoq.
혼내다 jazolanmoq.
혼담(婚談) sovchilik.
혼돈(渾沌,混沌) xaos; ~하다 a) aralashuv; b) noaniq.
혼동(混同) aralashuv; ~하다 a) aralashmoq; b) tushunmaslik; ajrata olmaslik.
혼란(混亂) inqiroz; besaramjon-lik; xaos; ~되다 sarosimada bo'lish; sarosimaga tushib qolish; ~을 일으키다 bessaramjon- lik qilmoq; ~일어났다 besaram-jonlik boshlandi; ~기 tushu-narsiz vaqtlar; ~상태 tushun-movchilik.
혼란성(混亂性) inqiroz.
혼령(魂靈) *qar.* 영혼(靈魂).
혼례(婚禮) [xol-] to'y;; ~식 to'y marosimi; ~를 올리다 to'y marosimini o'tkazmoq; ~식 to'y maro- simi; ~상 to'y stoli.
혼미(混迷) uyatchanlik; ~하다 uyaltirib qo'ymoq; ~에 빠지다 uyalib qolmoq.
혼비백산(魂飛魄散) *esk.* 1) kapalagi uchib ketdi; 2) cho'chish; ~하다 cho'chimoq; ~하여 달아나다 cho'chib yugurib qochmoq.
혼사(婚事) to'y marosimi; ~를 정하다 unashtirmoq; ~를 치르다 to'yni o'tkazish; ~말 하는데 장사말한다 maq. ≅ to'g'ri kelmas-dan; ~하다 to'y ishlari bilan shug'ullanmoq.
혼선(混線) simlarning aralashib ketishi; ~하다 aralashib ketmoq. ~되다 chalg'ib ketmoq; chal-kashib ketmoq.
혼성(混-) I aralashuv; ~의 aralashgan; ~체 aralashma; ~경기 aralashgan musobaqa.
혼성(混成) II ~대대 xarb. batalyon; ~방어 sport. himoya; ~지뢰원 aralashgan dala; ~편대 harbiy somolyotlarning aralash turishi; ~언제 har xil xomtabiy ashyolardan qurilgan to'g'on (tosh va yer); ~하다 aralashib ketmoq.
혼성(混聲) III ~중창 vokal duet; ~합창 aralash xor.
혼수(昏睡) ~상태 tib. koma; uzoq uyqu; trans; ~하다 a) qotib uxlab qolmoq; b) o'zini tik tuta ololmaslik; ~에 빠지다 transga tushib qolmoq; ~의 상태에 있다 xushsizlik holiga tushib qolish.
혼용(混用) ~의 aralash iste'mol; ~하다 a) arashtirmoq; b) aralashtirmoq; iste'mol qilmoq.
혼인(婚姻) to'y; ~하다 turmushga chiqmoq; uylanmoq; ~신고 zaksdan o'tmoq; to'y regestratsiyasi; ~를 내다 regestrasiyadan o'tmoq.
혼인날(婚姻-) to'y kuni.
혼인집(婚姻-) [-chchip] to'y o'tadigan xonadon (joy); ~에서 신랑 잃어버린다 maq. ≅ *to'yda kuyovni yoqotib qo'ymoq.*
혼자 o'zi; yagona o'zi; ~의 yagona; ~있다 yolg'izlanib qolmoq; ~서 bir o'zi; ~되다 a) bo'ydoq bo'lib qolmoq; b) qar. 홀로 되다; 그녀는 혼자되었다 U (ayol) bir o'zi qolib ketdi; ~씨름 fikrlash.
혼잡(混雜) tiqilinch; notinchlik; besaromjonlik; ~하다 notinch; ~하다 besaramjon bo'lmoq; ~을 이루다 notinchlik bo'layapti; ~스럽다 a) besaramjon bo'lib ko'rinmoq; b)qar. 혼란[스럽다] II; ~하다 a) besaramjon; b) *qar.* 혼란[하다] II.
혼쭐(魂-) ~[이] 나다(빠지다) o'lib

qolgunga qadar qo'rqib ketmoq.
혼탁(混濁) loyqalanish; xiralanish; ~하다 loyqa; iflos; to'q; ~하다 xira tortmoq; ~하게 하다 loyqalashmoq; ~해지다 xiralashmoq.
혼합(混合) aralashma; ~경고 aralashgan plastir; ~연결 el. aralashgan birikma; ~열차 yuk tashuvchi poezd; ~박자 mus. taktlar arashmasi; ~물 qorishma; ~한 qorishgan; ~하다 qorishtirmoq; ~기 qorishtiruvchi.
혼혈(混血) aralashgan qon; ~아 metis, millatlar birlashuvidan bunyod bo'lgan bola.
홀(笏) I amaldor shaxsning mansabi va familiyasi ko'rsatilgan tahtacha.
홀(ingliz. hall) II 1) katta zal, xoll; 2) qar. 회관; 3) *qar.* 식당.
홀(忽) III yuz minglikning bittasi.
홀- yakkayu yagona; 홀몸 yolg'iz oda; bo'ydoq.
홀가분하다 1) yengillikni his etmoq; 2) oddiy; qulay; 3) jiddiy emas.
홀대(忽待) [-tte] 1) ~하다 hech bir hurmatsizlik bilan qabul qilish; yomon (qo'pol) munosabatda bo'lmoq; 2) diqqatsiz qabul.
홀딩(ingliz. holding) beyzboll o'yinidagi koptokni ushlab olish.
홀딱 1) butunlay; ~반하다 tentaklarcha sevib qolmoq; ~벗다 yalang'ochlikkacha yechinib olmoq; 2) ~삼키다 darrov yutib yubormoq; 3) yengil; bo'sh; ~거리다 1) yechinmoq; 2) otilmoq; 3) darrov yutmoq; 4) yo'ldan ozmoq.
홀랑 1) top-toza; 2) yengil; bo'shgina; ~ 벗어진 대머리 butunlay kalbosh; 3) qar. 홀딱 1), 3); ~하다 juda keng; juda mustaqil; 2. oson tushib ketmoq.
홀로 o'zi; yolg'iz o'zi; ~ 쓰이다 yolg'izlikda ishlatilmoq.
홀몸 yolg'iz inson; bo'ydoq; tul.
홀몸이 아니다 qorinda bolani saqlamoq.
홀수 toq son.
홀연(히) to'satdan, kutilmaganda.
홀짝 ~하다 toq va juft; suyuq ovqatni qabul qilish obrazi; ~거리다 bittada ichib yubormoq.
홀쪽 살이 ~빠지다 qattiq ozib ketmoq; ~하다 a) juda yupqa; b) tor cho'zinchoq; c) yopirilgan; d) ozg'in; qurigan.
훑어보다 obdon ko'rib chiqmoq.
홈 I ariq; zovur; tarnov; nov;
홈(ingliz. form) II qisqa. dan 플래트홈.
홈끌 kesmoq; qirqmoq; shtixel.
홈파다 1) ozgina chuqurlashtirmoq; 2) paz qilmoq.
홉(<合) xop (suyuqlik va to'kiluvchan moddalar o'lchami = 0,18 l)
홍건(紅巾) arx.1) qizil dastro'mol; 2) o'limlikda taqiladigan qizil ro'mol.
홍동백서(紅東白西) etn. qurbonlik uchun qo'yiladigan mevalar tartibi va shu asosda qizil rangli mevalar sharqga, oq ranglilari esa g'arb tomonga qaragan bo'ladi.
홍두깨 kirni aylantirish uchun tayoqcha; ~로 소를 몬다 nam. o'zini ahmoqona tutish; ahmoqona ish qilish;
홍보(弘報) 1) keng axborot; ~하다 keyingi axborotni etkazmoq; 2) qizil ro'mol.
홍삼(紅蔘) qizil o'stirilgan jenshen bug'latilgan va quritilgan).
홍수(洪水) 1) qar. 큰물; ~조절지 toshqinlik paytida suv me'yorini

belgilash uchun yaratilgan suv ombori; 2) nam. odamlar cho'milishi; 3) nam. ko'chki, suv toshqini; ~나다 suvning toshishi; ~가 일다 to'la bo'lmoq; to'ldirilmoq; ~기 suv toshqini payti; 노아의 대 홍수 dunyoviy.
홍시(紅柿) pishgan hurmo; qar. 연감; ~먹다 이 빠진다 ≅ nam. to'g'ri kelmaslik.
홍익(弘益) katta foyda; ~사업 jamoat tashkiloti.
홍익인간(弘益人間) millatning turmush sharoiti.
홍조(紅潮) 1) yonoqlarning qizil rangi; ~되다 qizarmoq; 2) yuzdagi bo'yoqlar; 3) tonggi nur jilosi (dengiz); ~를 띤 qizil; qizartirilgan; ~를 띠다 bo'yamoq.
홍합(紅蛤) 1) qar. 섭조개; 2) midiya; dengiz midiyasi(*Mitilus crassitesta*).
홑 1) bir qatlam 2) 홑으로 kichik miqdorda; 홑으로 보다 ahamiyati yo'q deb hisoblamoq.
홑- yolg'iz; yolg'iz o'zi; 홑몸 yolg'iz odam; 홑이불 bir qavatdan iborat bo'lgan ko'rpa.
홑것 bir qavat matodan iborat bo'lgan kiyim-kechak.
홑겹 bir qatlam; bir qavat.
홑이불 [honni-] 1) yengil (yupqa) ko'rpa; 2) choyshablar.
화(和) I kitob. tinchlik; osoyishtalik.
화(火) II 1) olov; 2) qisq. dan 화요일.
화(火) III g'azab; ~나다 jahldor; badjaxl; serjahl; ~가 가라앉다 jahldan tushmoq; ~가 끓다 jahlning qaynab chiqishi; ~가 나게하다 jahlni chiqarmoq; ~가 나다 jahli chiqmoq; ~가 나 있다 jahlda bo'lmoq; ~를 내다 g'azabiga erk bermoq; ~를 누그뜨리다 g'azabni yumshatmoq; 화가 홀아비 동심하듯 qari qizga o'hshagan jahldor; 화를 끓이다 jahldan qaynamoq.
화(禍) IV balo, baxtsizlik, falokat; ~를 당하다 baloga yo'liqmoq; ~를 면하다 falokatdan qutqarilmoq; ~를 부르다 baloni chaqirmoq (keltirmoq); ~를 자초하다 o'ziga falokatni ergashtirmoq.
화(化) V ~하다 kimningdir ta'siriga tushib qolmoq. 중대 ~ ahamiyatga ega bo'lmoq. 협동 ~하다 kooperativlashtirmoq.
화(花) VI gul.
화(畵) VII rasm, surat; ⇒ 그림
-화(花) I gul.
-화(畵) II rasm, surat; 초상화 odam surati; 역사화 tarix ifodalangan rasm.
-화(貨) III tanga; 백동화 nikeldan qilingan tanga.
-화(火) IV olov; 십자화 chorraxa olovi.
-화(靴) V oyoq kiyimi; 방한화 valenka.
화강(花崗) ~반암 granit-porfir;
화강석(花崗石) granit.
화공(化工) kimyoviy sanoat; ~품 kimyoviy modda.
화관(花冠) gulchambar; gul o'rimi; 들꽃으로 ~을 만들다 dala gullaridan gulchambar yasamoq; ~족두리 har xil qimmatbaho buyumlar bilan o'ralgan soch o'rami; qar. 꽃부리.
화근(禍根) falokatning boshi; ~을 없애다 yomonlik ildizini yo'qotmoq.
화급(火急) jiddiy holat; ~하다 zarur; qoldirib bo'lmaydigan; ~히 tezkorlik bilan.
화기(和氣) I 1) tinch va sof ob-havo; 2) tinchlik; osoyishtalik; ~애애 tinchlik va osoyishtalik.

화기(火氣) II 1) olov; ~엄금 "yong'in havfi bor"; 소~ olovni o'chiruvchi narsa; 2) kuyish; 3) qar. 화증.
화끈거리다 qizarib ketmoq (uyatdan, jahldan).
화농(化膿) yiring; ~성의 yiringlovchi; ~하다 yiringlamoq; ~시키다 yiringlamoq; ~균 yiringdagi bakteriyalar; ~구균 yiringdagi kokklar (bakteriya nomi).
화다닥 to'satdan; birdan; ~하다 hovliqib qilmoq; ~뛰어나가다 sxoshapisha yugirib chiqmoq; ~ 뛰어 일어나다 sakrab turmoq.
화단(花壇) gulzorning bir bo'lagi.
화답(和答) ~하다 she'r tarzda javob qaytarmoq.
화랑(花郎) kvaranlar konferent-siyasi; yosh artistlarning birlashmasi; 2) kvaranlar konferentsiyasining magistri; ~도 kvaranlar konfederatsiya- sining ma'naviy prinsiplari; ~제도 kvaranlar konfederatsiyasi orqali harbiy va oddiy grajdanlik nomzodligiga tanlov sistemasi; 3) qar. 화랑이.
화력(火力)1) yong'in kuchi, olov kuchi; ~기재 yong'in moddalari; ~계선 yong'in marrasi; ~밀도 yong'in kuchi; ~전투 olov orqali bo'ladigan urush, jang; ~지대 harb. yong'in yo'li; ~포위 harb. 2) ot. issiqlik; ~발전 issiqlik elektro stansiyasining issiqlikni etkazib berishi; ~발전소 issiqlik elektros-tansiyasi(TES); ~의 우세 yonuvchi vositalardagi afsallik; ~전 olovli urush, olovli otishma; ~전기 elektroenergiya. issiqlik energiyasini ishlab chiqaradigan.
화로(火爐) ⇒ 화마.
화류(花柳) 1) kitob. gullar va tol; 2) engiltak ayol; ~계 engiltak ayollarning(ayshuishrat qiluvchilarning) uylari; ~병 venerika kasalligi; ~동풍 gullar va bahorgi shabada.
화면(畵面) 1) rasmning old tomoni; 2) rasm; 3) kino ekran; ko'rinish; 텔레비 ~ televizion ekran.
화목(和睦) yarashib; 1) ~하다 do'stlashmoq; do'stona; 2) ~하게 tushunib; do'stona; baxtli.
화목제(和睦祭) tinch qurbon.
화문(花紋) gullar bezagi; naqshi; ⇒ 꽃무늬.
화물(貨物) yuk. ~의 yuk ortiladigan; mahsulotli; ~선 yuk tashuvchi kema; ~열차 yuk tashuvchi poyezd; ~자동차 yuk tashuvchi mashina; ~차 tovar tashuvchi vagon; 경 ~자동차 yuk tashuvchi yengil avtomobil.
화산(火山) vulqon; ~의 vulqonli; ~암 vulqon ko'chkilari; ~재 vulqon kuli; 사~ o'chgan vulqon; 활~ doimo ishlovchi vulqon; 휴~ vaqtinchalik o'chgan (tingan) vulqon; ~대 vulqonli mintaqa;~도 vulqonli orol.
화살 o'q; yoy; ~표 belgi; ~을 쏘다 o'q otmoq; ~대 o'q; ~표 "o'q" belgisi; ~에 맞다 o'qdan mag'lub bo'lish.
화상(火傷) kuyish; ~의 kuygan; ~을 입다 kuyib qolmoq; ~환자 kuygan kasalvon odam.
화성(化成) aylanish; o'zgarish. ~의 sintetik; ~하다 aylanmoq; o'zgarmoq; ~공업 kimyobiy sanoat;sintetik uskunalar sanoati.
화술(話術) so'zlashuv san'ati
화실(畵室) ustaxona; studiya.
화약(火藥) porox; portlovchi moddalar; ~의 portlovchi moddalarning; ~고 portlovchi moddalar ombori.

화염(火焰) alanga; o't; olov; ~에 싸이다 alanga olib lovullab ketmoq; ~병 yonuvchi butilka.
화요일(火曜日) seshanba; ~에 seshanba kunida.
화원(花園) gul bog'i.
화의(和議) tinch muzokaralar; yarashish; kelishish murosa; o'zaro bitimga kelish; ~하다 tinchlik haqidagi muzokaralarni olib bormoq; ~를 맺다 tinchlikka kelishish; ~를 신청하다 o'zaro bitimga kelishni so'rash.
화이트(ingliz. white) oq; oppoq; oqarib ketgan.
화장(化粧) pardoz; pardozlanish; pardoz buyumlari;~의 kosmetik; pardoz-andoz (buyumlari); ~하다 upa surtmoq; pardoz ishlari bilan shug'illanmoq; ~기 grimdan qolgan izlar; ~대 pardoz-andoz stoli; ~도구 pardoz-andoz buyumlari; ~수 kosmetik suv; ~실 hojatxona; ~품 pardoz; ~품점 pardoz-andoz magazini.
화장지(化粧紙) hojatxona uchun qog'oz; maklatura; kerakmas qog'ozlar; ~통 axlat chelak.
화재(火災) yong'in; ~가 일어나다 birdaniga alanga olib ketmoq; ~를 끄다 yong'inni o'chirmoq; ~를 당하다 kuyish; yong'indan jabr ko'rmoq; ~를 일으키다 yong'inni chaqirmoq; ~다! Yong'in! ~가 커져가고 있다 yong'in kuchayyapti; ~보험 yong'indan mol-mulkni saqlash.
화전(火田) ~을 일구다 dehqonchilik bilan shug'illanmoq; ~농사 dehqonchilik; ~민 qora dehqon; qaram dehqon.
화제(話題) 1) suhbat mavzusi; ~를 돌리다 bir mavzudan boshqasiga o'tib ketmoq; 2) so'zlashuv predmeti; ~에 오르다 suhbatning asosiy qahramoni bo'lmoq; ~에 올랐을 때 (kimningdir) haqida gap ketganda; ~를 바꾸다 suhbat mavzusini o'zgartirmoq; ~에 오르다 suhbatning mavzusi bo'lmoq.
화창(和暢) ~하다 a) iliq va sof (shamol haqida); b) tinch; osoyishta.
화초(花草) 1) manzarali o'simliklar; 2) nomlar oldida; ~밭 gul maydoni; ~재배 gul o'stirish; ~밭 gulzor; ~밭에 괴석 har bir arzimas narsa o'z joyida kerak.
화촉(樺燭) rangli (mumli) shag'am; to'y rasm-rusumi; ~동방 (to'y kunidagi) yosh kelin-kuyovlarning yotoqxonasi.
화평(和平) yarashuv; tinchlik; ~하다 kim bilandir yarashmoq.
화폐(貨幣) pul; mablag'; ~거래 pul oboroti; ~의 교역 pul operatsiyasi; ~개혁 pul islohati; ~계산 pulli hisob yurgizish; ~단위 pul birligi; ~유통 pul murojati; ~시장 pul bozori; ~자본 pul kapitali (mablag'i); ~주조권 zarb qilish huquqi; ~지대 pul rentasi; ~퇴장 muomaladan pulni (olib qo'yish) musodara qilish; ~포장 pul belgisi; ~위조자 qalbakilashtiruvchi shaxs; ~가치 pulning qadri; ~교환 pul (valyuta) almashtirish; ~제도 pul murojat tizimi.
화포(火砲) 1) eski o'q otar buyum; 2) porox (o'q-dori) li qurol.
화학(化學) kimyo; ~공학(工學) kimyoviy mexanika(texnologiya) ~섬유(纖柔) sun'iy va sintetik tolalar; ~자 kimyogar; ~적 kimyoviy; ~공업 kimyoviy sanoat; ~계 kimyogarlar davrasi; ~기호 kimyoviy belgi; ~무기 kimyoviy qurol; ~방정식 kimyoviy tenglik; ~분해 kimyoviy bo'linish; ~섬유

kimyoviy o'g'it; ~수지 sintetik qatron; ~식 kimyoviy formula; ~요법 ximiyaterapiya; ~원소 kimyoviy element; ~자 ximik; ~작용 kimyoviy harakat; ~전 kimyoviy urush; ~제품 kimyoviy usulda tayyorlangan preparatlar; ~펄프 sun'iy tselyuioza; ~화 ximiyalash; 무기 ~ neorganik kimyo; 생~ biokimyo; 유기~ organik kimyo.

화합(化合) I birlashuv, uyg'unlik; hamohanglik; ~하다 birlashmoq; ~물 birlashuv; ~열 birlashuv iliqligi.

화합(和合) II rozilik; ruxsat; ~하다 ahil bo'lib yashamoq (ishlamoq); ~하여 ahil.

화해(和解) namuna bo'ladigan hal qilish; sulhga kelishish; ~하다 kim bilandir yarashmoq; ko'nikmoq..

화형(火刑) olovda yondirilish; ; ~하다 olovda yondirmoq; ~당하다 olovda yondirilgan bo'lmoq; ~식 olovda kuydirish marosimi; ~장 olovda yondirish joyi.

확 I chuqurlik.

확 II ~하다 a) kelib chiqmoq (shamol haqida); b) burunga urish; c) to'satdan qizarib ketmoq; d) lovullab ketmoq; e) tez ochilib ketmoq (eshik haqida); kutilmaganda o'tib ketish (hissiyot haqida); e) kutilmaganda (tez) bajarilish (ish haqida).

확(確) III darrov; tez; kutilmaganda; ~일어나다 to'satdan o'tib ketmoq (날아와)...에 ~부딪히다 to'satdan o'tib ketmoq; 코를 ~찌르다 burunga qarab urmoq; ~열다 ochib yubormoq; ~열리다 birdaniga ochilmoq; ~붉어지다 kutilmaganda qizarmoq.

확고(確固) ~부동 og'ishmaydigan; mustahkam; ~하다 qattiq; mustahkam; qat'iy; dadil; ~부동하다 mustaxkam.

확답(確答) 1) ~하다 aniq (qat'iy) javob bermoq; 2) aniq (qat'iy) javob.

확대(擴大) kattalashtirmoq; kengaytirmoq; ~재생산 keng qayta ishlab chiqarish; ~하다 kengaytirmoq; ~경 lupa (kattalashtiradigan oyna) ~기 kattalashtiruvchi; ~율 daraja; ~회의 keng majlis.

확률(確率) ehtimollik; mumkinlik; ~공간 tasodifiy joy; ~론 ehtimolik nazariyasi.

확립(確立) o'rnatish; ~하다 tasdiqlamoq .

확보(確保) ta'minot kafolat; ~하다 ta'minlamoq; kafolat bermoq;

확산(擴散) diffuziya; kengayish; ~하다 kengaymoq;

확신(確信) ishontirish, ko'ndirish; ~있게 ishontira olib..., dadil; ~하다 dadil bo'lmoq;

확실(確實) ~무의 aniqlik; ~하다 ishonchlik; ~히 aniq; ~히 하다 kafolat bermoq; ishontirmoq; ~하다고 생각하다 u bu narsada ishonchli bo'lmoq; ~성 aniqlik; ~시 하다 (kimnidir) nimanidir ishonchli deb hisoblamoq;

확언(確言) tasdiq; ~하다 aniq gapirmoq; tasdiqlamoq.

환(環) I xalqa; zanjir.

환(換) II o'tkazish veksel orqali pulni jo'natish;

환(圜) III hvan(eski pul birligi).

환각(幻覺) ~하다 qayta yubormoq; qaytarmoq; ~제 giyohvand modda.

환갑(還甲) 60 yosh; 60yoshga to'lganligi sababli tabriknoma; ~잔치(殘置) 60 yoshga to'lganligi sababli mehmon qilmoq. ~날 kun. ~상 60 yoshga to'lganligi sababli

tuzalgan stol; ~상을 차리다 60 yoshga to'lganligi sababli nozne'matlar bilan siylamoq; ~잔치 60 yoshga to'lganligi sababli mehmon qilmoq;
환경(還京) I Seulga qaytmoq;
환경(環境) II atrof-muhit; uy jihozi; sharoyit; 배기가스에 의한 ~오염 atrof muhitni iflos havo bilan zararlanishi; 산업폐기물에 의한 ~오염 atrof-muhitni zavod qoldiqlari bilan ifloslanishi; ~상태 감시반 atrof-muhitni muhofaza qiluvchi xizmat; ~개선 atrof-muhitning yaxshilanish darajasi; ~보호 atrof muhitni muhofaza qilish; ~보호단체 atrof-muhitni muhofaza qiluvchilarning birlashmasi; ~보호 활동 atrofmuhitni muhofaza qilish faoliyati; ~악화 atrof-muhitning yomonlashib ketishi; ~위생 atrof-muhitni muhofaza qilish gigenasi; 도시 ~ shahar muhiti; 생태학적 ~ ekologik muhit; 서식~ yashash muhiti; 자연 ~ tabiyat (tabiiy) muhit.
환골탈태(換骨奪胎) namuna. 1) yaxshi tomonga o'zgarmoq; 2) chiroyli bo'lib qolmoq; 3) yaxshilab qo'ymoq.
환금(換金) pulga aylanish, reolizatsiya; ~하다 reolizatsiyalashtirmoq.
환기(喚起) I diqqatni jalb etish; ~하다 diqqatni jalb etmoq, hissiyotni uyg'otmoq; biron narsani oshirmoq.
환기(換氣) II ventsilyatsiya (havoning tozalanishi); ~하다 shamollatmoq; ~가 좋은 yaxshi shamollashishi; ~장치 ventilyatsiyon qurilma; ~창 ventilyatsion oyna.
환난(患難) baxtsizlik, tashvish, havotir, hayajon; ~상구 yomon kunda bir-biriga yordam qilmoq (baxtsizlikda).
환도뼈(還刀-) anat. 1) suyak; 2) boldir;
환락(歡樂) vaqtinchalik; o'yin-kulgu; rohatlanish;
환류(還流) suvning qaytishi; ~하다 qaytmoq.
환멸(幻滅) ko'ngil qolishi; ixlos qaytish; sovib ketish; ~적 ixlosi qaytgan; ~을 느끼다 kimdandir sovib ketmoq.
환불(換拂) pul gaytimi; ~하다 pulni qaytarish.
환산(換算) o'tkazmoq'; hisob-kitob, ~하다 o'tkazmoq; hisob-kitob qilmoq; 원을 루불로 ~하다 vonni rublga o'tkazmoq; 루불로 ~하여 rublga (dollarga) o'tkazishda, ~률 valyuta kursi.
환상(環狀) I ot. doirasifat; ~성운 aster. doirasifat sayyoraviy tumanlik.
환상(幻想) II ko'lanka; hayol; timsol; fantaziya; ~곡 fantaziya; ~적 fantastik; ~하다 hayol qilmoq.
환생(還生) reinkarnatsiya; qayta tug'ilish; ~하다 a) hayotga qaytmoq; b) tirilmoq.
환송(歡送) (tantanali) kuzatish; ~회 hayrlashuv ommaviy yig'ilish; ~하다 tantanali kuzatmoq; ~연 tantanali mehmondorchilik.
환심(歡心) yaxshi kayfiyat; ~을 사다 yaxshilikka jalb etmoq.
환영(歡迎) miraj; yaxshi kutib olish; ~하다 xush kelibsiz!; ~을 받다 kutib olmoq; ~회를 베풀다 uchrashuvni uyushtirmoq; ~사 tabrik so'zi; ~연 uchrashganlik munosabati bilan uyushtirilgan mehmondorchilik; ~회 uchrashuv; ~합니다! xush kelibsiz!; ...을(를) ~하여 kimningdir munosabati bilan).

환율(換率) valyuta kursi; 공정 ~ o'rnatilgan kurs.
환자(患者) kasal odam; bemor; ~ 명부 bemorlar ro‘yxati.
환전(換錢) pul o'tkazish; konvertatsiya; ~하다 mayda-lamoq; pulni maydalamoq.
환절(換節) fasl almashinishi; ~기 yilning almashinish vaqti; ~하다 almashinmoq.
환치(換置) o'rinni almashtirish; almashinuv; ~하다 keyinga qoldirmoq; almashtirish; bo'sh vazifani egallamoq; aralashtirib yubormoq; o'zgartirmoq; joy bilan almashish; ~구좌 galdagi hisob (pul o'tkazish uchun); ~하다 o'tkazmoq.
환하게(煥-) yorug'.
환하다 1) yorug'; (chiroq haqida); 2) aniq; ochiq-oydin; sof; ko'rinuvchan; 3) ochiq; 4) yangi; 5) muzlatuvchi; 6) tanish
환호(歡呼) shod-xurramlik; quvonch; ~하다 xursandchilik bilan baqirib yubormoq; ~성 baqiroq ovozlar (xursandchi-likdan).
환희(歡喜) zavq; ~에 찬 zavq-langan; hursand; shod- xurram; ~하다 nimadandir hursand bo'lmoq.
환희의 미소(微笑) quvonchli kulgu.
활(弓) 1) o'q-yoy; 활과 과녁이 서로 맞았다 mas. vaqtida kelmoq 활을 메우다 yangi o'q (yoy)ni yasamoq; 활이야 살이야 mas. qattiq urushmoq; ~을 쏘다 yoy-dan o'q otmoq; 2) kamoncha.
활강(滑降) tushish; ~하다 tush-moq; pastlikka qarab dumalab tushmoq; ~경기 tez tushish bo'yicha poyga; ~경주 tez tushish bo'yicha poyga.
활개(闊-) (kerishgan) qo‘l-oyoq; ~치다 qo'l bilan silkitmoq (siltamoq); shijoatli harakatlan-moq; ~를 펴다 qanotlarni tekislab olmoq.
활개똥 ichning qattiq ketishi.
활개짓 [-chchit] ~하다 a) silkit-moq (qanotlarni); b) silkitmoq (qo‘llarini).
활기(活氣) tirilish; yangi hayot; ~ 있는 jonli; tirik; harakatchan; ~가 없다 jonsiz; ~가 붙다 jonlanmoq; ~차다 harakatchan.
활달(豁達) ~하다 tirik; energi-yaga to'la; bag'ri keng.
활동(活動) faoliyat; ~적(的) o'tadigan; o'tar; ~적인 harakat-chan; ~하다 harakat qilmoq; ~가 faol; ~력 ishlash qobilyati; ~분자 faol; ~성 faoliyat; ~의 자유 harakat erkinligi.
활력(活力) yashashga moyillik; ~소 tetiklashtiruvchi vosita.
활로(活路) sharoitdan chiqib ketish; yashash uchun choralar; ~를 개척하다 yo'lni topmoq.
활발(活潑) faollik; harakat; ~하다 tirik; tetik; jonli; ~해지다 jonlanmoq; ~함 tiriklik.
활보(闊步) ~하다 katta qadam-larni tashlab yurmoq.
활성(活性) faollik; harakatchanlik; ~제 jonlantiruvchi vosita; ~탄 faollashtirilgan ko'mir; ~화 faollashtirish; ~화하다 jonlantir-moq; ~도금 faol yopilg'ich.
활약(活躍) faoliyat. ~하다 faol rol o'ynamoq; faol bo'lmoq.
활어(活魚) tirik baliq.
활엽수(闊葉樹) bargli daraxtlar; ~림 bargli o'rmon.
활용(活用) fe'lning tuslanishi; ~하다 amaliyotda qo‘llash; ~되다 amaliyotni o'tamoq; foydalanil-moq
활자(活字) shrift; ~를 맞추어 판을 짜다 yig'moq; ~를 줍다 yig'moq;

~체 pechat qilinadigan shrift; ~화 bosmadan chiqar- moq; ~화하다 bosma turidan foydalanib chiqarmoq; ~체계 standart shrift; ~호수 kegl.
활주(滑走) rejalashtirish; sirpanish; ~하다 sirpanmoq; rejalashtirmoq; ~로 uchib ketish uchun yo'l (samolyotlarga).
활짝 피다 butunlay tarqatmoq (bo'shatmoq).
활활 ⇒ **훨훨;** ~날다 bir tekis parvoz qilmoq; ~타오르다 lovullab yonmoq; ~부치다 shiddatli yelpinmoq; ~벗다 sochib tashlamoq.
황(黃) I 1) ot. sariq; 2) qar. 석류황; 3) sariq muchka (masalan. bug'doy poyasida); 황이 내리다 a) paydo bo'lmoq; b) shakillanmoq; 4) 황이 끼다 paydo bo'lmoq; qar. 황색(黃色).
황(凰) II qaqnus qushining urg'ochisi.
황갈색(黃褐色) to'q-sariq rang.
황금(黃金) oltin; ~색 oltin rang; ~의 oltinli; ~만능 hukumat; ~만능의 pul kuchi; ~만능주의 pulning hamma narsaga qodirlik tamoyili; ~빛 tilla; ~시대 oltin davr; ~정책 pulga sotib olina- digan siyosat; ~예복 qirolning bayramona kiyimi; tilladan tikilgan; ~나락 sholining tillarang boshog'i.
황달(黃疸) sariq kasallik
황당(荒唐) ~무계 asossiz; dalilsiz; ~하다 yolg'onli; bo'sh; ~무계하다 asossiz.
황무(荒蕪) ~하다 qarovsiz; tashlab qo'yilgan; ~지 bo'z erlar.
황색(黃色) 1) sariq rang; ~루싼 sariq beda; 2) sariq; ~노조 sariq kasaba uyushmasi; ~신문 sariq matbuot; ~의 sariq.
황색종(黃色種) sariq nav (masalan, meva) ~담배 sariq tamaki.
황소(黃牛) buqa; ho'kiz; ~걸음 dangasalik bilan yurmoq; ~고집 dangasa; ~바람 nam. shamol; ~울음 nam. qattiq yug'i; ~같다 buqaga o'hshagan kuchli.
황소(黃牛)↔**암소** buqa ↔ sigir.
황옥(석)(黃玉石) topaz
황인종(黃人種) sariq irq.
황천(黃泉) o'zga dunyo; ~으로 가다 narigi dunyoga ravona bo'lmoq; ~객 o'lgan; ~길 narigi dunyoga yo'l; 2) qar. 저승; ~의 나그네를 짓다 nam. o'zga dunyoga ravona bo'lmoq.
황토(黃土) ~물 sariq suv.
황폐(荒廢) xonavayron; xarob bo'lish; ~하다 tashlandigan; ~하다 tashlandi; ~화 harob bo'lganlik; ~화 시키다 xonavayron bo'lishga olib kelish; ~화하다 tashlab ketmoq; qarovsiz qoldirmoq.
황혼(黃昏) oqshom; ~의 oqshomgi; 대지는 ~이 찾아들었다; oqshom payti boshlandi; ~이 깃들다 qorong'ilashmoq.
황홀(恍惚) jozibadorlik; maftunkorlik; ~하다 jozibador; ~하게 하는 maftunkor; ~하게 하다 maftun qilmoq; ~해 하다 maftun bo'lmoq; zavqlanmoq; ~경 maftunkorlik.
황후(皇后) xoqon xotini.
홰 tovuqlar o'tiradigan tayoq; ~에 앉다 tovuqlar o'tiradigan tayoqda o'tirmoq.
홰 tovuqlar; ~를 치다 qanotlarni qoqmoq.
홱 keskin ravishda; birdan; to'satdan; tez.
횃불 mash'al; ~놀이 mash'al yorug'ida o'tadigan musobaqa;
회(會) I jamiyat.
회(膾) II xve, qovurilmasdan nayda to'g'ralgan baliq go'shti.

회(回) III marta (marotaba).
회갑(回甲) 60 yoshga yubiley = 환갑 60-yoshga yubiley.
회개(悔改) 1) xato qilgani uchun afsuslanmoq va xatolarni tuzatishga harakat qilmoq; ~하다 afsuslanmoq va xatoni tuzatishga harakat qilmoq; 2) tavba qilmoq; ~기도 tavba qilish duosi; ~로의 부름 tavba qilishga, pushaymon bo'lishga chaqirmoq.
회견(會見) muzokaralar; uchrashuv; qabul; ~하다 interviyu bermoq; qabul qilmoq; 기자~ matbuot konferentsiyasi. ⇒ 회담(會談)
회계(會計) hisob; hisobot; to'lov; ~원 hisobchi; ~하다 hisob-kitobni olib borish; ~감사 hisob-kitob tekshiruvi; ~과 hisobot qiluvchi bo'lim; ~보고 moliyaviy hisobot; ~부 hisob-kitob kitobchasi; ~사 buxgalter; ~연도 moliyaviv (hisobkitob) yili; ~원 kassir; ~학 hisobotli; buxgalteriya
회고(懷古) reprospeksiya; xotira; eslash; ~적인 repros- pektli; ~하다 o'tmishga ko'z tashlamoq (xotiralamoq); ~담 xotira; ~록 memuarlar.
회관(會館) zal; bino; uy; 문화 ~ madaniyat saroyi.
회교(回敎) islom dini; ~국 islom mamlakati; ~권 musulmon (yurt) davlatlar; ~도 musulmon odam.
회귀(回歸) oborot,qaytish; reys; ~하다 aylanmoq; qaytmoq; ~의 oborotli; qaytishli; vaqti-vaqti bilan; ~선 tropik; ~열 qaytuvchi tif, terlama; 남북 ~선 tropik qisqichbaqa.
회담(會談) suhbat; muzokaralar; ~하다 suhbatlashmoq; muzokaralarni olib bormoq; ~을 결렬시키다 muzokaralarni to'xtatmoq; 국교정상화 비공식 ~ norasmiy majlis; 수뇌(首腦)~ oliy muzokaralar; yuqori qatlamdagi majlis (muzokara) lar.
회람(回覽) sirkulyar; ~하다 o'qimoq va boshqalarga uzatmoq; ~되다 sirkullashtirish; ~장 sirkulyar xat; ~판 axborot uchun taxta.
회복(回復) shakillanish; tiklanish; tuzalish; ~기 tuzalish davri; ~기에 있다 tuzalib ketmoq; ~하다 tiklamoq.
회부(回附) jo'natish; yo'llash; ~하다 jo'natmoq; yo'llamoq; ko'rib chiqish uchun yo'llamoq; 인쇄에 ~하다 nashrga topshirmoq; ~안 ko'rib chiqish uchun yuborilgan; qonuniy loyiha.
회분(灰分) kul.
회비(會費) a'zoning to'lovi.
회사(會社)상사(商社) kompaniya; firma; ~원(員) firma (kompaniya) da ishlovchi.
회상(回想) xotira; ~록 xotiralar; memuarlar; ~하다 eslamoq; ~기 o'tmish haqidagi yozuvlar; ~록 xotira.
회색(灰色) kulrang; ~의 kulrangli; kulrangsifat; ~분자 nomustahkam elementlar.
회생(回生) hayotga qaytish; tirilish; ~하다 tirilmoq.
회선(回旋) aylanish; o'ram. ~상의 buramali; ~교 birlashib; ikki tomonga ajraladigan ko'prik ~기중기 aylanma bashnyali kran; ~운동 nutaciya.
회수(回收) I qaytish; qaytarish; ~하다 qayta olib qoʻymoq; ~품 musodara etilgan narsa-buyumlar; 우주선 ~ kosmik kemaning erga qaytishi.
회수(回數) II xususiylik; shaxsiylik; ~를 거듭하다 ko'p marotabalab takrorlamoq; ~가 많

아지다 ko'paymoq; ~권 bilet kitobchasi.
회식(會食) xodimlarning birgalikda tanovvul qiladigan taomi; ~하다 birgalikda bir stolda ovqatlanmoq,
회신(回信) javobli xat; javobli telegramma.
회심(回心) I ~하다 fikrni o'zgartirmoq; boshqa dinga e'tiqod qilmoq.
회심(會心) II yaqinlik; ~의 결무 yaqin; ~의 미소를 띄고 zavqli kulgu bilan; ~작 yurakka yoqadigan ish; ~지우 jonajon; sirdosh do'st.
회오리 quyun; bo'ron; ~치다 bo'ronning aylanishi; bo'ron bo'lib aylanmoq; ~바람 quyun; uyurma.
회원(會員) jamiyat a'zosi; ~명부 a'zolar ro'yxati; ~국 assotsiyasiyada qatnashuvchi mamlakat; ~증 a'zolik chiptasi; a'zolik guvohnomasi; 정~ doimiy a'zo; 준~ korrespondent a'zo.
회유(誨諭) yarashish; ~하다 ko'ndirmoq;
회의(會議) I majlis; yig'ilish; sessiya; konferentsiya; ~장 majlis o'tkazziladigan joy; ~중이다 majlis (yeg'ilish)da bo'lmoq; ~록 protokol; ~사항 kun tartibi; ~소 majlis (yig'in, o'tirish) lar o'tkaziladigan inshoot (bino); ~실 konferensiyalar o'tkaziladi- gan zal; ~장 majlislar o'tkaziladigan joy; 국무~ ministrlar yeg'ilishi; 최고~ oliy majlis.
회의(懷疑) II ishonchsizlik; shubha; ~적 ishonchsiz; ~하다 shubhalanmoq; shubhaga tushib qolmoq; ~론 ishonmovchilik; ~론자 ishonmovchi; ~심 ishonchsizlik.
회임(懷妊) homila; homiladorlik; ~하다 homilador bo'lib qolmoq.
회장(會長) majlis raisi; jamiyat prizidenti; ~직 raislik.
회전(回傳) aylanma; ~목마 karusel; ~의자 aylanib turuvchi kreslo; ~식 aylanma; ~하다 aylanmoq; ~시키다 buralmoq; aylanmoq; ~기 aylanib turadigan fonar (projektor); ~무대 aylanadigan sahna; ~문 aylanadigan eshik; ~속도 minutiga aylanuvchi raqamlar (tezlik); ~수 aylanishlar soni; ~운동 aylanish harakati; ~의자 aylanadigan stul; ~자금 aylanadigan vosita (fone); ~장치 burilishli mexanizm; burulishli qurilma; ~주기 davriy aylanish; ~축 o'q.
회진하다 aylanib chiqmoq; bemor(kasal)larni ko'rib chiqish.
회충(蛔蟲) askarida; ~약 gijjalarni ketkazuvchi dori vositasi; ~증 askaridoz.
회칙(會則) jamoat ustavi.
회피(回避) qochib qutulish; ~적 qochqoq; ~하다 qochib qutulmoq.; ~성 tulki sifat.
회화(會話) I rasm, surat; so'zlashuv; ~체 so'zlashuv uslubi; ~하다 gaplashmoq; so'zlashmoq.
회화(繪畵) II rasm, surat; ~적 rasimli, grafikli; ~를 하다 rassomchilik bilan shug'ullanmoq; ~기술 rasm texnikasi; qar. 그림.
획 I darrov; galma-gal; 고개를 ~돌리다 boshni darhol qayiltirmoq; 바람이 ~불다 vaqti- vaqti bilan shamol esishi; ~던지다 otib yubormoq; ~뿌리치다 yulib olmoq.
획(劃) II chiziqcha.
획득(獲得) olish; ega bo'lish; ~하다 olmoq; ega bo'lmoq; ushlab

olmoq; ~물 olish; ega bo'lish; ~표수 to'plangan ovoz- lar soni; ~형질 ega bo'lganlik belgisi (alomati).
획일(劃一) ~적 bir xillik; o'xshashlik; ~주의 unifikatsiyalash prinsipi; ~화 nusxalangan; ~화하다 nusxalashtirmoq.
횡(橫) kenglik; en; ~적 gorizontal (yotiq); ~으로 eniga; gorizontal holatiga.
횡단(橫斷) o'tish; kesib o'tish; ~보도 piyodalar o'tadigan yo'l; ~철도 temir yollarning bir-biri bilan kesishadigan yo'li; ~의 kesib o'tuvchi; ~하다 kesib o'tmoq; ~하여 kimdandir o'tib olmoq; ~로 biron nimani kesib o'tadigan yo'l; ~면 yondan ko'rinish; vertikal kesilgan yuza; 태평양~비행 tinch okeanni samolyotda kesib o'tish.
횡령(橫領), 절취(截取) o'g'irlik; talon-taroj; bosib (zo'rlab) olmoq; o'ziniki qilib olmoq; ~하다 bosib olmoq; zabt etmoq; ~자 bosqinchi; ~죄 zabt etilganlik.
횡사(橫死) qiynoqli o'lim; ~하다 qiynoq bilan o'lmoq.
횡선(橫線) yonlama chiziq; ~을 긋다 chizib tashlamoq; chizib qo'ymoq.
횡설수설(橫說竪說) noaloqador gap; aloqasi yo'q gap; ~하다 har baloni gapirmoq.
횡액(橫厄) tasodifiy baxtsizlik; tasodifiy balo (falokat).
횡재(橫財) tasodifiy boylik; ~하다 tasodifan boyib ketmoq.
횡포(橫暴) zolimlik; zulmchilik; zo'ravonlik; ~하다 zo'ravonlik bilan; zolimlik bilan; ~하게 굴다 zolimlik qilmoq; zulum o'tkazmoq; ~성 zolimliylik.
효(爻) I Iczin (kor.so'z) uch gramm massadagi oltita yonlama chiziqlar.
효(孝) II ota-ona hurmati; ~경 o'g'il va qizning ota-onaga bo'lgan hurmat va izzat kitobchasi; ~녀 qadrlovchi qiz; ~도 ota-onaga hurmat; ~도하다 ota-onaga hurmat va izzatda bo'lmoq; ~부 hurmat-izzat qiluvchi kelin; ~성 ota-onaga hurmat; ~성스럽다 ota-onaga hurmat, ehtirom ko'rsatmoq; ~심 ota-onaga hurmatda bo'- lmoq; ~자 hurmat qiluvchi o'g'il; ota-onani izzat qiluvchi o'g'il; ~친하다 ota-onani hurmat qilmoq (ezozlamoq); ~행 ota- onaga hurmat bilan murojaat qilmoq; ~행스럽다 o'g'il (qiz) lik burchini ado etmoq; ~행하다 yaxshi o'g'il(qiz) farzandi bo'lmoq
효과(效果) ta'sir, taassurot; ~적 ta'sirli; ~가 없는 natijasiz; amal qilmaydigan; ~가 오르다 natijasini ko'rsatmoq.
효능(效能) ta'sir; taasssurot; ~이 있는 haqiqiy; ~이 잃다 kuchini sarflamoq; ~을 낳다 ta'sirini ko'rsatmoq.
효도(孝道) ota-onaga hurmat.
효력(效力) harakat, ta'sir; kuch; ~반경 harb. zararlanish radiusi; ~사격 otishma; mo'ljalga otish; nishonga urish.
효률(效率) [-yul] foydali ish koeffitsenti FIK.
효부(孝婦) hurmat; izzat qiluvchi kelin; ~없는 효자 없다 maq. ≅ erni er qilovchi xotin.
효성(孝誠) ota-onaga hurmat; = 효도(孝道), 효심(孝心) ota-onaga hurmatda bo'lmoq.
효자 ota-onani ezozlovchi o'g'il farzand.
효험(效驗) yaxshi natija; ta'sir.
후(後) I kim-nimadan so'ng; 그~ so'ng, keyin; 전~ urushdan so'ng; urushdan keyin; 한 시간 ~

에 bir soatdan so'ng; 현지도착 ~에 loyga etib kelgandan so'ng.
후(候) II besh kun; besh kunlik;
후 III ~ 불다 tuflamoq; uf! ~하고 한숨을 내쉬다 yengallik bilan nafas olmoq.
후-(後-) ortdagi; keyingi; ~시대 keyingi davr.
후견(後見) vasiylik; panohiga olmoq; ~하다 vasiylik qilmoq; ~인 vasiylik qiluvchi.
후계(後繼) ustunlik; ~의 keyingi
후기(後期) oxitgi davr; yakuniy davr; ikkinchi semestr; ikkkinchi yarim yillik.
후끈하다 qaynoq; issiq; (jahldan) qizarib ketmoq.
후닥닥 tasodifiy; tezda; ~거리다 tezda sakrab turmoq; ~하다 birdaniga sakrab turmoq.
후려치다 urmoq.
후련하다 yengillikni his etmoq.
후리다 1) *qar.* 훌치다 I; 2) urmoq; 3) egilgan (bukilgan) bo'lmoq; 4) quvlamoq;
후반(後半) ikkinchi yillik; ikkinchi taym; ~기 ikkinchi yarim yillik; ~부 ikkinchi qism; ~전 ikkinchi qism.
후방(後方) orqa qism; orqa tomon; ~근무 mamlakat ichkarisidagi xizmat; ~근무를 하다 mamlakar ichkarisida xizmat qilmoq; ~병원 orqa tomondagi kasalxona; ~부대 orqa tomondagi qism.
후보(候補) I nomzotlik; ...를 대통령 ~자로 추천하다 kimningdir nomzodligini surmoq; ~자로서 입후보하다 o'zini nomzodini oldinga surmoq; ~선수 zaxiradagi o'yinchi; ~자 nomzod; 입~하다 nomzod bo'lib chiqmoq; 당원 ~자 partiya azosiga nomzod bo'lmoq; ~생 eshituvchi; kadet; ~지 u bu narsaga mo'ljallangan tuman.
후비다 kavlamoq; qazimoq; 이쑤시개로 이를~ tishlarni tish kavlagich bilan kavlamoq (tozalamoq).
후생비(厚生費) uy yumushlariga bo'lgan harajatlar.
후속(後續) ~의 keyingi; kechki; ~부대 qo'shimcha yordam beruvchi otryad.
후송(後送) mamlakat ichkarisiga yuborish; evakuatsiya; ~하다 evakuatsiya qilmoq; ~소 evakuatsion punkt; ~자 evakuatsiya qilingan; ~차 evakuatsiya qilinganlar bilan poyezd (avtomashina).
후예(後裔)(후손) < − > **조상**(祖上) avlod-ajdod < − > ajdod.
후원(後援) yordam; homiylik; himoya; qo'llash; ~하다 yordamlashmoq; qo'llabquvvatlamoq; homiylik qilmoq; himoya qilmoq; ~단체 o'z himoyasiga olgan tashkilot(uyushma); ~부대 yordam; ~자 homiy; yordam beruvchi; ~회 kimnidir qo'llab-quvvatlash uchun tuzilgan jamiyat.
후원회(後援會) jamiyat.
후유증(後遺症) kasallikdan keyin qolgan asoratlar; oqibat; natija.
후일(後日) keyingi kunlar; kelajak; ~담 kelajakda bo'ladigan ishlar.
후진(後進) regress; orqaga siljish; ~하다 orqaga siljimoq; qolib ketmoq; rivojlanmaslik; ~국 rivojlanmagan mamlakat; ~성 qolib ketish.
후천(後天) ~적 olingan; ~병 orttirilgan kasallik;
후천성(後天性) orttirib olingan xususiyat; ~면역결핍증 OITS (orttirilgan immunitet tanqisligi sindromi).
후추 qora muruchning doni; qora

muruch.
후퇴(後退) chekinish; orqaga ketish; qaytarish; ~의 chekinadigan; ~하다 chekinmoq; orqaga ketmoq; ~로 chekinish yo'li; ~작전 chekinish xiylasi.
후편(後便) orqa tomon; keyingi jo'natilgan narsa; ~에 보내다 keyingi safarga jo'natmoq.
후회(後悔) afsuslanish; pushaymon; achinish; ~하다 afsuslanmoq; achinmoq; pushaymon qilmoq; ~막급하다 kechikib afsuslanmoq; ~막심하다 juda achinarli.
훅 ~ 들이마시다 suyuqlikni sho'rillatib ichmoq; 등잔불을 ~ 불어 끄다 tutatgichni puflab o'chirmoq; 집을 ~ 떠나다 kutilmaganda uyni tark etmoq; 담을 ~뛰어넘다 devordan muvaffaqiyatli oshib, sakrab tushmoq.
훅(*hook*) ilmoq.
훈(暈) I yarqirash; nur sochish; yog'du; shu'la; 2) qizarganlik; 3) tarqalib ketgan dog'lar.
훈(壎) II koreys idishi.
훈(熏) III tib. 1) dori moddalar; nafas olish yo'llari uchun; 2) chekish.
훈(訓) IV iyerogliflarning mazmunini tishunish.
훈계(訓戒)(타이름) ogoh; ogohlantirish; ~하다 ogohlantirmoq.
훈련(訓練) **연습**(演習) o'qish; tayyorgarlik; mashg'ulot; ~하다 o'qitmoq; shug'ullantirmoq; ~비 o'qish uchun to'lanadigan pul; ~생 o'qish bo'limining talabasi; ~소 o'quv joyi; ~원 o'quv markazi; ~장 o'quv dalasi; 군사 ~ harbiy tayyorlov; 직업~ ishga o'rgatish.
훈련원(訓鍊院) [xul] harbiy tayyorlovning markaziy boshqarmasi.
훈령(訓令) qo‘llanma; ko’rsatma; yozilma; yo'l-yo'riq; ~을 내리다 qo‘llanma bermoq
훈민정음(訓民正音) koreys alfaviti; Sechjon qiroli tomonidan 1442 yilda "Xunminch-jonim" - birinchi koreys alifbosi yaratgan. (한글의 최초 이름) 1444 yildan "xunmin-chjonim" - birinchi koreys alifbosi koreys milliy afifbosi hisoblana boshlagan.
훈시(訓示) ko'rsatma; qo‘llanma; ~하다 o'rgatmoq; ko'rsatmoq.
훈장(勳章) nishon; yorliq; ~을 수여하다 kimnidir nishon bilan mukofotlamor; ~수여식 nishon topshirish marosimi.
훈하다 yonuvchi dori-moddalar bilan nafas olmoq (o'tdan tayyorlangan dorilar).
훌라후프 *Xula-Xop*
훌륭하다 mashhur; buyuk; ulkan; ulug'; katta; ajoyib; Balli ! 훌륭한 일을 하다 ajoyib ish (ni) qilmoq.
훌쩍 ~들이마시다 bir damda ichmoq; ~뛰다 sakrab turmoq; ~뛰어오르다 sakrab turib ketmoq.
훌쩍거리다 (yig'layotgan paytda) burunning piqillashi.
훑다 yulmoq; olib qo‘ymoq; tozalab yuvib qo’ymoq.
훑어보다 ko'rib chiqmoq.
훗날 keyingi kun; keyinchalik.
훗달 keyingi kun.
훤칠하다 uzun va silliq; juda toza va salqin (yangi).
훤하다 yorug'; aniq; keng; oq va oliyjanob (yuz to'g'risida).
훤히 yorug'.
훨씬 ancha; xiyla; juda; go'yat; nihoyat; birtalay; ~전에 ancha oldin; burungi paytdan oldin.
훼방(毁謗) tuhmat; bo'hton; halaqin, to'sqin; yo'sqinlik;~놓다 kim-nimagadir tuhmat qilmoq;

kim-nimagadir zarar (ziyon) etkazmoq; kim-nimagadir halaqit bermoq; kimgadir nima- gadir to'sqinlik qilmoq; ~꾼 tuhmatchi; zarar (ziyon) yetkazuvchi; qar. 참람.

훼손(毁損) obro'sizlantirish; ziyon (shikast), buzilish; ~하다 shikast erkazmoq; zarar(ziyon) etkazmoq.

휑하다 bo'sh; bildirilgan; qar. 휑뎅그렁하다.

휘 I don uchun o'lchash birligi(*15-20 molga teng; qar.* 말).

휘 II devorga solingan naqsh gul.

휘(諱) III hayot davomidagi ism.

휘(麾) IV drakon rasmi bilan chizilgan sariq bayroq.

휘 V 1) xushtak bilan; ~몰아치다 shamolning uvillashi; ~부리다 hushtak chalmoq; ~몰아쉬다 xushtak bilan nafas chiqarmoq; 2) doirasimon; ~돌아보다 atrofni qarab chiqmoq.

휘갈기다 urmoq; tarsaki tushurmoq.

휘날리다 aylanmoq; buyuk bo'lmoq.

휘다 bukilmoq; qiyshanlanmoq.

휘두르다 siltamoq; silkitmoq.

휘딱 tes(da); bir zumda;qar.후딱

휘발(揮發) ~하다 parlanmoq; havoda yo'q bo'lib ketmoq; ~성 parlanish; ~성의 parlanayotgan-ning; ~유 benzin.

휘발유(揮發油) benzin, gazolin; ~펌프 benzin nasos; ~유면계 benzin miqdorini ko'rsatkichi, ko'rsatkich.

휘젓다 aralashtirmoq; silkitmoq; hilpillatmoq; qoqmoq.

휩쓸다 supurib yubormoq; atrofdagi hamma narsalarni uchirib yubormoq; olib ketmoq.

휴가(休暇) ta'til; dam; 일개월의 ~를 취하다 bir oyga ta'til olmoq; ~를 얻다 ta'til olmoq; ~를 주다 ta'til bermoq;그는 지금 ~중이다 U hozir ta'tilda; ~비 ta'til uchun to'langan pul; 무급 ~ muddatsiz ta'til; 산전산후 ~ dekret ta'tili; homiladorlik vaqtidagi ta'til; 여름 ~ yozgi ta'til; 유급 ~ pul to'lanadigan ta'til; 일개월 ~ oylik ta'til.

휴간(休刊) ~하다 vaqtincha to'xtatib qo'ymoq.

휴강(休講) lektsiyada qatnash-maslik ~하다 lektsiyalarga kirmaslik; lektsiyadan ozod bo;lmoq.

휴게(休憩) dam; tanaffus; ~하다 dam olmoq; tanaffus qilmoq; ~소 dam olish joyi; ~시간 dam; antrakt; ~실 dam olish xonasi.

휴교(休校) (vaqtinchalik) mak-tabning bekitilishi; ~하다 yop-moq (maktabni; o'quv dargohni; o'quv maskanni); yopiq dargoh bo'lmoq; ~령 maktabni berkiti-lishini buyrug'i; vaqtincha darslarni to'xtatib qo'ymoq.

휴대(携帶) olib yurish (o'z oldida); ~하다 o'zi bilan olib yurmoq; (olib ketmoq); ~용 qo'lda ko'tarib yuradigan; ~용 녹음기 o'zi bilan olib yuradigan magnitafon; ~용 전화기 qo'lda olib yuradigan telefon aparati; ~품 o'z yonida olib yuriladigan narsa-buyumlar; ~품 보관소 garderob; saqlash kamerasi.

휴면(休眠) anabioz; uyqulik; ~하다 uyquda bo'lmoq; ~에 들어가다 uyquga ketib qolmoq; ~기 anabioz davri.

휴무(休務) (vaqtincha) dam; ~하다 ishda tanaffus qilib turmoq; vaqtincha yopilmoq; vaqtincha ishni to'xtatmoq; ~일 dam olish kuni; 금일 ~ Bugun yopiq!

휴식(休息) dam;~하다 dam olmoq;

~처 dam ilish joyi; ~일 dam olish kuni.
휴업(休業) tashkilotning vaqtincha bekitilishi; ~하다 tashkilotni vaqtincha yopmoq; ~령 tashkilotning vaqtincha bekitilishi haqidagi buyruq.
휴일(休日) dam olish kuni; bayram kuni.
휴전(休戰) yarashib olish; harbiy ishlarning to'xtatilishi; ~하다 harbiy ishlarni tugatmoq; ~감시위원회 yarashish shartla- rining bajarilishini kuzatuvchi komissiya; ~선 yarashish paytidagi front chizig'i; ~협정 yarashib olish haqidagi rozilik.
휴정(休廷) ~하다 majlis (kengash) larda tanaffus qilib olmoq; ~일 qabul qilinmaydigan kun.
휴즈(<ingliz. fuse)
휴지(休紙) 1) xojatxona qoʻozi; maklatura; kerak bo'lmagan qo'ozlar; ~통 axlat chelagi; 2) qayd etilishi;
휴지통(休紙桶) qogʻozlar uchun chelak, saylov qog'ozi.
휴직(休職) vaqtinchalik chetlanish; ~하다 vaqtincha ishlamaslik; ~자 vaqtinchalik ishsiz.
휴진(休診) ~하다 kasallarni vaqtincha qabul qilmaslik
휴학(休學) maktabga vaqtinchalik kelmaslik; akadem ta'til; vaqtinchalik darslarni qoldirmoq ~하다 vaqtincha maktabdagi o'qishga kelmaslik.
흉(凶) sxiram; tirtiq; defekt; dog'.
흉금(胸襟) ko'ngil; ~을 울리다 yurakkacha yetib bormoq; ~을 털어놓다 ko'ngil ochib bermoq; ~을 털어놓고 말하다 bekitmasdan gapirmoq.
흉기(凶器) qurol; urush quroli.
흉내(㕵-) o'xshatmoq; masxara qilmoq; ~내다 masxara gilmoq; ~내어 kimgadir taqlid qilib; nimagadir o'xshatish.
흉년(凶年) I yomon yil; ~들다 hosilsiz.
흉년(凶年) II < - > **풍년**(豊年) hosilsiz yil < - > hosilli yer.
흉물(凶物) maxluq; dahshatli odam; ~스럽다 dahshatli.
흉보다 kamchiliklarni aniqlamoq; begonalarning kamchiliklari haqida gapirmoq.
흉부(胸部) ko'krak; ~질환 ko'krak qafasi kasali.
흉악(凶惡) ~하다 yomon; jahldor.
흉중(胸中) yurak; fikr; xohish; iroda; ~에 사무치다 yurak bag'riga kirmoq; ~을 떠보다 kimnin- gdir xohishi haqida fikrlamoq; ~을 밝히다 yurakdagi narsalarni to'kib solmoq.; ~을 토로하다 yuragini kimgadir to'kib solmoq.
흉측(凶测) ~하다 yomon; tajovvuzkor.
흉터 shram, tirtiq, jarohat izlari.
흉하다 yoqimsiz; yomon; o'zidan itaradigan; urushmoq; bezorilik qilmoq; baxtsiz.
흉허물 nuqson; kamchilik; ~없다 do'stona; ochiq.
흐느끼다 yig'la
흐느끼며 yig'lamoq.
흐느적거리다 oson hilpillamoq.
흐렸어요 qovog'ini solmoq.
흐르다 I oqmoq; oqib ketmoq; o'tmoq; ag'anab; biron nimaga moyil bo'lmoq; biron nimaga sotilmoq; kengayib ketmoq; cho'zilmoq; paydo bo'lmoq; ko'rinadigan b'lmoq; yaltiramoq; 감정으로~ ko'ngilga oro bermoq; 구름이 하늘을 흘러간다 Bulutlar osmon bo'ylab suzyapti; 눈물이 볼을 타고 흘러내렸다 Ko'z yoshi yuzidan oqib ketdi; 산기슭에 안개

다 흐르고 있다 Tog' etagida bulutlar suzib ketyapti; 상처에서 피가 뚝뚝 흐른다 Yaradan qon oqib ketyapti; 상처에서 피가 펑펑 흘러나온다 Qon yaradan oqib tushyapti; 세월이 빨리 흘러간다 Vaqt tez o'tib ketyapti; 아름다운 멜로디의 음악이 흐르고 있다 Go'zal musiqa taralyapti; 이상주의로 ~ yuksak maqsadga yo'liqmoq; 이 전선을 타고 전류가 흐르고 있다 Ushbu simdan tok o'tyapti; 흘러나가다 oqib chiq- moq; 흘러내리다 tushib ketmoq; sirpanmoq; 흘러들다 nimagadir quyilib qolmoq; qo'shilmoq.

흐름 oqim; maktab (ilm sohasi bo'yicha yo'nalish; ~을 거슬러 oqimga qarshi; 사람의 ~ odamlar oqimi; 사상의 ~ fikriy yo'nalishlar.

흐리다 noaniq; nomalum; tushunarsiz; engil, kuchsiz; loyqa; loyqalatmoq; iflos; bulutli; bulut bilan qoplangan; ifloslantirmoq; bo'yab iflos qilmoq; qoralamoq; g'amgin bo'lmoq; noaniq qilmoq.

흐리하다 1) kirroq; xiraroq; 2) biroz loyqaroq; 3) biroz tashvishli; 4) ko'rroq; 5) juda xirillagan; 6) juda besaramjon.

흐린 qovog'i solig'liq.

흐림 xo'mraygan.

흐립니다 xo'mraygan; bulutli.

흐릿하다 biroz loyqalangan (ifloslangan); ozgina kuchsiz.

흐물거리다 juda yumshoq bo'lmoq; chaynamoq;

흐뭇하다 mamnun; qanoatlantiradigan; butunlay; tugatilgan.

흐지부지(-之) xira; noaniq; noma'lum; ~하다 1) xira qilmoq; 2) xira, noma'lum.

흐트리다 adashtirmoq; aralashtirib yubormoq; tartibsizlikka olib kelish; kayfiyatini buzmoq.

흑(黑) I 1) ot. qora; 2) qar. 흑지 I

흑 II ~하다 a) oh tortmoq; b) voh demoq (sovuq suvga tushganda)

흑-(黑-) *qora; to'q qora*; 흑포도 qora uzum;

흑갈색 to'q-jigarrang

흑막(黑幕) qora parda; 정계의 ~ siyosiy g'alamislik.

흑백(黑白) qora va oq; yomon va yaxshi; rost va yolg'on ; ~ 을 가리다 kim haqligini aniqlamoq; ~영화 oq-qora ko'rsatadigan kino; ~사진 oq-qora rasm.

흑색(黑色) qora rang; qorong'-ulik; ~의 qora; ~으로 보이다 qora bo'lmoq; ~ 인종 qora irq; qar. 흑인종, 흑인

흑심(黑心) qora fikrlar; ichi qora; ~을 품다 (qora) yomon fikrlarni o'zida saqlab yurmoq.

흑인(黑人) negr; ~의 negroid; negrcha; ~종 negr irqidan kelib chiqqan.

흑해(黑海) Qora dengiz.

흔들거리다 titramoq; qoqilmoq; qaltiramoq; bir xilda chayqalmoq; qimirlamoq; silkinmoq; o'chmoq; 발을 ~ oyoqlarini silkitmoq.

흔들다 qimirlatmoq; silkitmoq; qoqmoq; likillatmoq; buzmoq; hilpillamoq; irg'itmoq; itarmoq; uyg'atmoq; qoqiltirmoq; 권위를 ~ obroy'ini ketkazmoq; obro'iga putur etkazmoq.

흔적(痕迹) iz; eski maydoncha; 수레바퀴의 ~ g'ldirak izi; ~을 좇아 ketidan; izidan; ~도 없이 사라지다 izsiz yo'q bo'lib ketmoq; ~을 감추다 o'z izlarini yo'q qilmoq.

흔쾌(欣快) ~하다 xursand; baxtli; yoqimli; ~히 baxt ila; xursandchilik bilan; darhol; xohish (istak) bilan.

흔하다 ko'p; juda ko'p; to'la.
흔히 ko'p marotaba; tez-tez.
흘러가다 soya; oqib ketmoq.
흘러나오다 oqib chiqib ketmoq.
흘리다 oqtirmoq; to'kib yubormoq; to'kvormoq; sepmoq jarohatlamoq; yo'qotmoq; biron nimadan ayrilmoq; ozginadan bo'lmoq; tushunarsiz yozmoq; zo'rg'a bilinadigan belgilar qilmoq; xurmat bilan qo'yib yubormoq; sotmoq; aytib qo'ymoq; biron kimni biron nimadan xabardor qilmoq
흘연(屹然) kit. ~[히] tepalikka; ~독립 nam. tepalikka chiqmoq; ~하다 katta.
흙 yer; loy; tuproq; ~더미 yerlik; ~덩이 loy; kesak; ~먼지 chang; ~바닥 tuproqdan qilingan pol; ~벽 yopishtirib tugatil- magan devor; loy-suvoq devor; ~벽돌 xom g'ish, somon; ~빛 yer rangi; ~장난 loydan qilingan lepka; ~장난하다 loydan yasamoq; ~집 loydan qurilgan uy; ~칠하다 iflos qilmoq; loy bilan chaplamoq; ~탕 loyqa (iflos) suvlar; ~탕길 iflos yo'l; ~투성이다 loydan ifloslanmoq; 흙을 메워 넣다 loy bilan qoplamoq.
흙탕물 loyqa (iflos) suv.
흠(欠) I qar. 흉 darz ketgan; defekt; dog'; yetishmovchilik; ziyon etish; ~나다 paydo bo'lmoq (yoriq; darz); ~내다 tirnamoq.
흠 (상처, 흉터) II jarohatdan qolgan iz; chandiq; III gm! xm!
흠모(欽慕) sevgi; ~하다 yoqtirmoq va sevmoq.
흠뻑 butunlay; xo'l bo'lib ketmoq; qattiq;~젖다 (butunlay) xo'l bo'lib ketmoq; 땀에 ~젖다 qattiq terlamoq; 나는 땀에 ~젖었다 Meni butunlay ter bosdi; 물을 ~주다 ko'p suvdan quymoq.
흠칫 qo'rqinchdan; kutilmaganlikdan; ~하다 qo'rqqanidan g'alati bo'lib ketmoq.
흠칫거리다 qo'rqqanidan qaltirab ketmoq.
흡기(吸氣) 1) qar. 들숨; 2) nafas olish; ~하다 nafas olmoq.
흡사(恰似) o'xshashlik; ~하다 deyarli bir xil; kim bilandir juda o'xshamoq; ~히 bir xil; huddi quyub qo'ygandek.
흡수(吸收) yutib olish; so'rib olish; absorbsiya; tortib olish; ~하다 yutib (so'rib, tortib) olmoq; ~량 so'rilishning hajmi; ~력 so'rilishning kuchi; ~성 yutib oluvchi (shimib oluvchi) moddalar; ~율 yutib olish (so'rib, shimib, tortib olish) koeffisenti;
흡연(吸煙) chekish; ~하다 chekmoq; ~실 chekish xonasi; ~장 chekish uchun joy; ~찻간 che- kuvchilar uchun vagonlar.
흡연하다(吸煙--) chekmoq.
흡인(吸引) apiratsiya; yutib (tortib, so'rib, shimib) olish; ~하다 yutib(tortib, so'rib, shimib) olmoq; ~력 yutib (tortib, so'rib, shimib) olish kuchi.
흡입(吸入) ingalyasiya; so'rilish; singdirish, nafas olish; ~하다 so'rmoq; nafas olmoq; ingalatsiya qilmoq.
흡족(洽足) mamnuniyat; qondirish; ta'minlash; ~하다 yetarli; mamnun; mamnun bo'lmoq; qanoatlangan bo'lmoq.
흥 I ~하고 코를 풀다 qattiq ovoz chiqarib burunni qoqmoq.
흥 II oh! eh sen!
흥(興) III qiziqish;lazzat; ~을 돋구다 kayfiyatni ko'tarmoq; ~이 나다 hursand kayfiyatda bo'lmoq; biron nima bilan qiziqmoq; xursandchilik qilmoq;

vaqtixushlik qilmoq.
흥겹다(興--) ko'tarinki rux; mamnun; xursand; qiziqarli.
흥망(興亡) ko'tarilish va tushish; ~성쇠 ishning rivojlanishi va inqirozga uchrashi.
흥미(興味) qiziqish; shug'ullanganlik; biron nimaga zavq; ~가 있는 qiziq; egallanganlik; ~를 가지다 biron nimaga qiziqmoq; qiziqmoq (zavqlanmoq).; 나는 이 것에 ~를 가지고 있다 Bu meni qiziqtiryapti; ~진진하다 juda qiziq; 진진 qiziqish.
흥분(興奮) xavotir; hayajon; achchiqlanish; ~하다 xavotirlanmoq; hayajonlanmoq; achchiqlanmoq; ~시키다 xavotirga qo'ymoq; hayajonga solmoq; achchiqlantirmoq; ~하여 xavotirda; hayajonda; achchiqda; 나는 커피로 ~했다 Qahva meni hayajonga soldi; ~성 qo'zg'aluvchanlik; ~제 qo'zg'altiruvchi vosita.
흥업(興業) sanoatning rivojlanishi; ~의 sanoatlashtirilgan; ~하다 sanoatni ko'tarmoq.
흥정 oldi-sotti; savdo-sotiq; ~하다 savdo-sotiq shartnomasini vositachilik yordamida tuzish; ~거리 oldi-sotti narsalari (oldi-sotti shartnomasi); ~꾼 vositachi; dallol.
흥청망청(興淸亡淸) hursandchilik bilan; ~하다 hursandchilik bilan sayr qilmoq.
흥취(興趣) qar. 흥; qiziqish; ishtiyoq
흥하다 gullamoq; yashnamoq.
흥행(興行) tomosha; saxna ko'rinishi; ~하다 saxnada ijro etmoq; ~계 teatr hayoti; ~권 sahnani tashkillashtirish huquqi; ~물 tomo놈; namoyish;
흩날리다 shamoldan hilpillamoq.
흩뜨리다 sochmoq; qochirib yubormoq; adashtirmoq; chalg'itmoq,chalkashtirmoq; adashtirib yubormoq.
흩어지다 tarqatmoq; ajrashmoq; uchib ketmoq (narsa); sochilmoq; tashlanmoq; parchalanib ketmoq.
흩어짐(ingliz.diaspora) afsuslanish.
흩어뜨리다 tashlab yubormoq; sfsuslanmoq; tarqatmoq; haydamoq.
흩이다 sochilgan bo'lmoq; ⇒ 흩어지다
희-(稀) 1) suyuq; kuchsiz; suyultirilgan; 희류산 oltingugurt kislotasining kuchsiz eritmasi; 2) kamdan-kam; 희금속 kamdan-kam uchraydigan metallar.
희귀(稀貴) ~하다 kamdan-kam uchraydigan; ~본 nodir kitob; ~성 kamdan-kamlik.
희귀하다 kamdan-kam uchraydigan; qimmatbaho.
희극(喜劇) hajviya; hajviyaviy; ~적 kulguli; g'alati; ~배우 kuldiruvchi; masxaraboz;
희끗거리다 oqarmoq; oqlamoq; 어둠 속에서 그녀의 원피스가 희끗거렸다 Qorong'uda uning ko'ylagi yarqiraydi.
희나리 to'l o'tinlar.
희년(稀年) 70yosh; qutlov bayrami.
희다 oppoq; oq; toza; top-toza; aniq.
희락(喜樂) hursandchilik.
희랍(希臘) Gresiya; ~의 grekcha; ~어 grek tili; ~인 grek odami.
희망(希望), 소원(所願), 기대(期待) xohish; ishonch; umid;~하다 xolamoq; istamoq; umid qilmoq;...에 ~을 걸다 kimgadir ishonmoq;~에 찬 ishontiruvchi va'da beruvchi; ~이 없는

ishinchini yo'qotmoq; ~적으로 umid (iroda) bilan; optimistik; ~자 xohlovchilar.

희멀겋다(희멀거니, 희멀거오) 1) yorug' (chiroq haqida); tiniq (oy haqida); 2) chiroyli (yuz, chehra haqida).

희미(稀微) ~하다 kuchsiz; noaniq; tiniq emas; ~하게 kuchsizlarcha; zo'rg'a bilinadigan

희박(稀薄) ~하다 suyuq; kuchsiz; yupqa; chuqur emas; suyultirilgan; ~하게 하다 aralashtirmoq; eritmoq; 인구가 ~한 kam ta'minlangan; odami kam

희비(喜悲) xursandchilik va hafagarchilik; ~극 fojea va hajviya; hursandchilik va kulfat.

희생(犧牲) qurbon; ~적 qurbon qilingan; qaxramonona fidokorlik bilan qilingan; ~하다 qurbonlik qilmoq (kimni, nimanidir) ~을 치르다 qurbonlikka keltirmoq; 어떠한 ~을 치르더라도 nimaiki bo'lsa ham; ...을 ~하여 nimanidir hisobidan; ~자 qurbon bo'ladigan narsa; ~자를 내다 qurbonlik keltirish; ~정신 o'zini qutbon qilish ruxi; ~타 (beyzbol)dagi qurbon; ~물 qurbon; yo'qotish;

희석(稀釋) qo'shish; ~하다 qo'shmoq; ~도 qo'shish darajasi; ~액 suyuq eritma.

희소하다 kam hisobga olish.

희열(喜悅) hayratlanmoq; hayratlanish.

희한(稀罕)~스럽다 kamdan-kam uchraydigan bo'lib ko'rinmoq; ~하다 kamdan-kam uchrash; kamdan-kam uchraydigan.

희희낙낙(喜喜樂樂) ~하다 juda ham mamnun bo'lmoq; kimga (nimaga) dir hursand bo'lmoq.

흰, 새하얀, 백색(白色) oq rang.

흰머리 oq soch.

힁하다 jinnilik; bosh ayianishi.

히 ravish. ifodalaydi 1) kulgu; 2) mamnuniyat.

-히- I qo'sh. fe'lni sifatdan keltirib chiqaradi; ~더럽히다 kir qilmoq.

-히- II qo'shim. tashkil etadi; 먹히다 yoyilgan bo'lmoq; 앉히다 o'tirishga majbur etmoq; o'tqazmoq.

히브리 사람 yaxudiy odam.

히스테리(ingliz. Hysterie) asabiy tutqanoqlik; asabiy kasal; ~적 asabiy kasalli; 그녀는 ~를 일으켰다 u asabiylashdi; ~성 asabiylashmoq; ~환자 asabiy.

히죽 ~하다 kulib tashlamoq; ~웃다 tirjaymoq.

히터(ingl. heater) isituvchi asbob; radiator; ~를 달다 radiatorni qo'ymoq.

히트(ingliz. hit) muvaffaqiyat; ~하다 muvaffaqiyatga erishmoq.

히히거리다 xingillamoq.

힌놈의 골짜기 Ennom vodiylari.

힌트(ingliz. hint) aldov; qopqon; ~를 주다 ishora qilmoq (kimgadir nimadir haqida kinoya qilmoq).

힐금거리다 yomon qarash qilmoq.

힐긋 ~하다 yomon qarab qo'ymoq.

힐끔 ~보다 qiyshayib yomon qarash.

힐끗 ~보다 qiyshayib yomon qaramoq.

힐난(詰難) hayfsan; tanbeh. qar. 비난; ~하다 yomon gap bilan chaqib olmoq; kimgadir nima uchundir ta'na qilmoq; ~조 yomon ovozda gapirmoq.

힐문(詰問) tushuntirib berish uchun tayyorlangan savollar; 1) ~하다 kimdandir tushintirish talab qilish; 2) ~하다 so'rab bilib olmoq.

힐책(詰責) urush gaplar; qarg'ish; qoralash; yomonlash; ~하다 urushmoq; qarg'amoq; qoralamoq; tanbeh bermoq.

힘(力) kuch; jismoniy kuch; mehnat; qobiliyat; iste'dod; muvaffaqiyatlar; ~겹다 juda og'ir; ~내다 kuchini yig'ib olmoq; ~들다 kerak; shart; ~겹게 katta qiyinchilik bilan; ~껏 bor kuchi bilan; ~세다 buyuk; kuchli; qudratli; baquvvat; ~차다 kuchga to'la; ~없다 kuchsiz; kuchi yo'q; himoyasiz; ~있다 kuchi bor; ~에 알맞게 kuchi boricha; ...의 ~으로 kimningdir yordami (kuchi) bilan.; ~이 닿는 데 까지 kuchi yetgunga qadar; ~주어 kuchi boricha; energiya bilan; ~차게 kuch bilan; ~나다 kuchni to'plab olmoq; ~나게하다 ruhlantirmoq, g'ayratlantir- moq; qo'llabquvvatlamoq; ~들다 qiyin (og'ir) bo'lmoq; ~들이다 ko'p energiyasini ketqazmoq; nimadir bilan qiziquvchi bo'lmoq; ~에 부치다 kuchning etishmasligi; ~쓰다 harakat qilmoq; kimganimagadir yordam bermoq; kimgadir yordam qilmoq; harakat qilmoq; ...에 ~을 얻다 nimadandir ruhlanmoq; ~을 겨루다 kuch bilan va biron kim bilandir yarashmoq; ~을 다하다 hamma kuchlarni jalb etmoq; hamma kuchlarni ishlat- moq; ~을 떨치다 kuchlarning namoyon bo'lishi; ~을 믿다 kimga nimagadir ishonmoq; ~을 합쳐 돕다 kimga nimagadir ko'maklashmoq.; ~을 합치다 kuchlarni birlashtirmoq; ~이 빠지다 ko'ngli qolmoq; ruxi tushib ketmoq; qo'l siltamoq; ~이 없다 kuchsiz bo'lmoq; kuchsizlan- moq; ~주다 kuchlarni yig'moq; ta'kidlamoq; ~살 muskul; mu- shak; ~살의 muskulli; mushaki; ~장사 bahodir; polvon; ~줄 pay; chandir; vena; tola.

힘, 체력(體力) kuch.

힘겨룸~하다 kuchlarni sinamoq.

힘겹다 juda og'ir.

힘껏 kuchli.

힘내기 ~하다 kim kuchli ekanliligiga baxslashmoq.

힘들다 og'ir; qiyin.

힘들고 괴롭다 juda og'ir (qiyin) va qiynoqli.

힘살 mushak.

힘세다 buyuk; katta.

힘써 kuchi bilan.

힘쓰다 harakat qilmoq.

힘없이 zerikarli; qiziqarsiz.

힘에 의해 좌우되다 kuchiga bog'liq bo'lmoq

힘이 더 커지기 전에 손을 쓰다 kuchli bo'lgunuga qadar chora tadbirlar ko'rmoq.

힘입다 qo'llab-quvvatlanmoq.

힘있다 kuchli; to'g'ri.

힘자랑 maqtanish.

힘장사(-壯士) polvon; bahodir.

힘주다 kuch bermoq.

힘줄 pay; chandiq; qon tomirlar;

힘차다 kuchga to'la; g'ayratli.

힝 1) istehzo (kinoya)ni ko'rsatuvchi; 2) burun qoqqanda ovoz chiqarib qoqish.

부 록

경제 용어

법률 용어

한국어문법 (요약)

경제용어
Iqtisodiy so'z va iboralar

가격 등락 허용범위 narxlar limiti
가격 변화에 따른 조정 narxlar o'zgarishiga tuzatish
가격 산정 위원회 baho belgilovchi komissiya
가격 우위 narxga oid ustunlik
가격 플레임 narxga oid davo
가격 할인 dekort
가격 협상 narxlar bo'yicha muzokaralar
가격(價格), 가치(價值) baho, narx, qiymat
가격관리(價格管理) narxlarning-nazorati
가격등락 narxning o'zgarib turishi
가격변동 허용 범위 narxning o'zgarib turish meyori
가격인하 arzon qilish
가격파괴 narxning tushishi, qulashi
가격표, 견적서 baholash, kotirovka
가격하락 narxlar arzonlashuvi, narxni tushirish, skidka, arzonlashuv
가격한계선narx chegarasi
가계 경영uy-ro'zg'or
가공 ishlov berish
가공업(加工業) qayta ishlash sanoati
가내 수공업자 uyda ishlovchi
가내수공업 kosiblik
가뭄, 가물음, 천한(天旱), 한발(旱魃) qurg'oqchilik
가솔린 스탠드, avtomashinalarga yoqilg'i quyush shahobchasi
가스 산지 개발 gaz konlarini qazish ishlari
가스(gas), 와사(瓦斯) gaz
가스공급gaz ta'minoti
가시적 진보 sezilarli taraqqiyot
가입자, 예약자 abonent (a'zo)
가장 바쁜 시간 eng tig'iz vaqt
가정및 산업 폐기물 재활용 maishiy va sanoat chiqindilarini yo'qotish
가정용 가전제품(家電製品) maishiy-texnika
가정용품 maishiy anjom
가족 크기 oila soni
가족법(家族法) nikoh va oila kodeksi
가족상황, 결혼 상태 oilaviy ahvol
가치 축적 boylik, hazina
가치(價值) qiymat,qadriyat
가치, 가격 baho, narx, qiymat
가치가 늘 급하게 변하는 유가 yuqori darajali o'zgaruvchan
가치하락, 가치 손실 qadrsizlanish
가해 행위로 인한 책임 biror ziyon yetkazilganda yuzaga keladigan majburiyatlar
각서, 송장,정관 bayonnoma
간섭, 관여 interventsiya, aralashuv, bosqin
간접 비용 bilvosita xarajat
간접비, 제반경비, 잡비(雜費) qo'shimcha harajat
간접비용 bilvosita chiqimlar
간접세 bilvosita soliq
간접수입 bilvosita import
간행물(刊行物) muhr, matbuot
감가상각 예비비 eskirish va amortizatsiyaga qarshi zahira
감가상각(減價 償却), 분할 상환(分割償還) amortizatsiya
감소 kamaytirish, pasaytirish
감소, 단축 qisqartirish
감시, 감독 nazorat
감자mablag' kamayishi
감채기금(減債基金: sinking fune) sotibol ish fondi
값싼인력 arzon ish kuchi
강도, 세기,율 jadallik
강도세기 qizg'inlik
강제 노동 majburiy mehnat
강제휴업, 조업중단 ishga sababli kelmaslik
강철(鋼鐵) po'lat
강화 mustahkamlash
강화(强化), 엄격화 keskinlashuv, qat'iylashuv
개당가격 donasining baxosi
개발도상국 rivojlanayotgan mamlakatlar
개발, 설계, 계획 ishlab chiqarish
개방시장정책 ochiq bozor siyosati
개방형 주식회사 ochiq turdagi aktsiyadorlar jamiyati
개선, 개량, 발전 takomillashtirish
개선, 회복(回復), 건실화, 정상화 sog'lomlashtirish yaxshilash
개선 yerlarni tubdan yaxshilash, melioratsiya
개요, 시안 xomaki yozilgan narsa
개인 대상으로 한 소액 대부 maxsus zayom
개인 마케팅 alohida shaxslar marketingi
개인 상해보험(傷害保險) baxtsiz hodisalardan shaxsiy sug'urta
개인 소득세 jismoniy shaxslardan daromad solig'i
개인 자본 투자 xususiy mablag' ajratish
개인수표 지불 정지 yozib bergan kishilarga chek bo'yicha to'lovni to'xtatib qo'yish
개인의 주택 건설 individual turar joy qurilishi
개인적 기호(취향) shaxsiy did
개인적인 사용 shaxsiy foydalanish
개혁 o'zgartirish
개혁, 개선 islohot
갱신, 재개 qaytadan boshlash, tiklash
거간군(居間-) vostachi, komissioner
거대화 yiriklashish
거래 계약 kelishuv

거래 시장에 증권상장 (↔상장폐지) listing(<->delisting)
거래 시점 이전에 환율이 정해져 있는 외환 거래"autrayt" operatsiyasi
거래 시점에 완불하는 조건에서의 환율 혹은 주가 tezkor to'lanadigan
거래 완료와 동시에 대금 결제가 이루어지는 거래 tezkor to'lovli operatsiya
거래 중개인 operatorlar
거래관행 savdo urfi
거래단위, 상품판매단위 partiya (lot)
거래등록 savdo-sotiq registri
거래량 birja oboroti (takroriy aylanishi)
거래를 위임한 사람 tamoyil jihatidan
거래상품 birja tovari
거래소 내 선물 거래장소 birja sinish darajasi
거래소내 증권거래장소 birja aylanasi
거래소분석 birja tahlili
거래소의 출입증 birjadagi joy
거래위험 savdo-sotiq tavakkalchiligi
거래의 자유 optsiyonlar sotish
거래의 자유 savdo erkinligi
거시 경제 상황 makroiqtisodiy vaziyat
거절, 편차, 차이 chetga chiqish, qaytarmoq
거절, 포기, 사퇴 rad qilish
거주지, 아파트, 사용 공간 bino, imorat, uy, xona
거지 qashshoq
거품 sovun ko'pigi
건립(설치)기간 montaj ishlarining davom etishi
건설, 건축 qurilish
건설계약 qurilish pudrati
건축, 시설 inshoot
건축부지 조성 qurilish maydonini tayyorlash
건축업(建築業) qurilish sanoati
검사 tekshiruv
검사, 점검 ko'rik
검사, 조사 tekshiruv
검사, 조사 tekshiruv, taftish
게임이론 o'yinlar nazariyasi
격납고 aviatsiya ombori
견본(見本), 비매품(非賣品) narxi ko'rsatilmagan namuna
견인, 예인 shataklash, yordamlashish
견인선 shatak, ko'mak, yordam
견인차 shatakchi traktor
견적서 raqobat qog'ozi
견직물 ipak mato
결과, 총계, 총액 yakun
결근, 무단부재 ishga sababsiz kelmaslik
결산,정산, 계산, 어음할인 hisoblash
결산하다 hisob-kitob qilish
결정적 결함 sezilarli darajadagi kamomad, etishmaslik, kamchilik
결제 계좌 to'lash hisobi
결제 연기 report
결제(지불)지연 to'lov muddatini o'tishi
결제, 청산, 계산, 평가 to'lov, haq to'lash
결제계좌 to'lov hisobi
결함 nuqson, illat (defect)
결함, 부족 kamomad
결함, 부족 nuqson (defect)
결함, 오류 buzilganlik
결합 재무재표 작성 to'planish, mustahkamlanish, konsolidatsiya
겸업, 겸직 o'rindoshlik
겸임으로 일하다 o'rindoshlik asosida ishlash
경계 ostona, chegara
경공업 공장 fabrika, korxona
경공업(輕工業) engil sanoat
경기 침체 ahvol yomonlashuvi
경기 회복 konyukturani jonlantirish
경기(景氣) ahvol, vaziyat, konyuktura (jamiyat hayotida biror sohada yuz bergan vaziyat) fara
경기분석 전문가 konyuktura tahlili bo'yicha mutaxassis
경기지표 birja konyukturasi indeksi
경기회복(景氣回復) ahvolning yaxshilanishi
경력(經歷), 이력 erishilgan mavqe
경로, 채널 kanal
경리, 회계사 hisobchi
경매 참가자 kim oshdi savdosi ishtirokchisi, auktsioner
경매 auktsion, kim oshdi savdosi, ochiq savdo (auction)
경매 kimoshdi savdosi
경매, 공매 savdo
경매인 ochiq savdoni olib boruvchi vakolatli kishi, auktsionist
경매참여비 kim oshdi savdosi tushimi
경상 지출 ma'muriy chiqimlar
경신, 최신정보 razryad, daraja oshishi
경영(운영)의 어려움 majburiy mehnat mashaqqatlari
경영, 관청 boshqaruv
경영권행사가 불가능한 정도의 지분 aktsiya paketi nazorati
경영자,관리자 ma'mur
경영진 보유주 ma'murlar harakati aktsiyasi
경영진, 주주총회 대표진에 주는 이익배당 tant'em
경영책임 ma'muriy javobgarlik
경우, 상황 vaziyat, tomon, ahvol, holat
경작 곡물, 곡류 don ekinlari
경작 ishlov berish
경쟁(競爭) raqobat
경쟁, 싸움, 논쟁 bahs, tortishuv, talashish
경쟁, 컨테스트 tanlov, konkurs
경쟁상대 raqib
경제 관계 당사자들 사이의 이견 xo'jalik bahslari
경제 구조 iqtisodiy tuzum

경제 기적 iqtisodiy mo'jiza
경제 봉사 iqtisodiy blokada
경제 성장률 iqtisodiy o'sish tezligi
경제 주체 xo'jayinlik qilayotgan kishilar
경제 회복 ho'jaligni tiklash
경제 회복 iqtisodiyotni yaxshilash
경제 iqtisod
경제, 경영, 농경 xo'jalik
경제구조 개혁 xo'jalik mexanizmini o'zgartirish
경제부 Iqtisodiyot vazirligi
경제붕괴 iqtisodiyotning, inqirozi, qulashi
경제성장의 선결조건 iqtisodiy rivoj uchun sharoit
경제자립달성 iqtisodiy mustaqillika erishuv
경제적 권리 의무에 대한 합의 xo'jalik shartnomasi
경제적 제재 iqtisodiy jarimalar
경제적지지 iqtisodiy tayanchlar
경제침체, 경기부진 iqtisodiy turg'unlik
경제활동에 따른 결산 xo'jalik turlari faoliyati bo'yicha hisoblash
경제회복 전망 iqtisodni sog'lomlashtirish istiqboli
경향, 추이 tendentsiya, rag'bat, yo'nalish
경험 tajriba
경험많은, 숙련된 tajribali
경화 qat'iy, ishonchli, barqaror valyuta (hard currency)
계량기, 계기, 카운터 hisobchi, hisoblagich
계류장 kemalar bog'lab qo'yiladigan joy
계산, 정산 hisob
계산단위 hisob birligi
계산서, 청구서, 어음 bill, qonun loyihasi
계수, 비율,요소 ko'rsatgich, koeffitsient
계약 갱신 shartnomani qaytadan tiklash
계약 내용 준수 shartoma intizomi
계약 당사자, 일방 tomon, taraf
계약 유효 기간 shartnoma haqiqiyligi muddati
계약 입찰 shartnomalar savdosi
계약 조건 위배 shartnoma shartlariga nomuvofiqlik
계약 조건 shartnoma asosi
계약 pudrat
계약(契約) shartnoma
계약가격 kelishilgan narx
계약기간 만료 shartnoma muddatining o'tib ketishi
계약상 불이익에 따른 제재 shartnoma majburiyatlarini bajarmaslikka solingan jarima
계약상대방 kontragent
계약서 작성 qarshi harakat, kontraktatsiya
계약시점에 수량이 정 해지지 않은 담보 shartli-belgilangan garov
계약에 의한 제재 kelishilgan jarimalar
계약을 둘러싼 분쟁 shartnoma bo'yicha munozara
계약의 보증 관련 부분 kafolat haqidagi shartnoma moddasi
계약의 일방 당사자 shartnomadagi tomonlar
계약의 통화 조건 shartnomaning valyuta sharti
계약이 미치는 지역적 범위 shartli hudud
계약이행지연 ushlanish
계약조건으로 인한 벌금 shartnoma shartlarini buzganlik uchun jarima
계약조항 shartnoma moddasi
계약파기 shartnomadan voz kechish
계절상품 sinxromarketing
계절할인 mavsumiy skidka
계좌 개설 신청서 양식 hisobni ochish formulyari
계좌 결제, 비현금결제naqd pulsiz to'lash
계좌 자동이체 장치 distribyuter (distributor)
계좌 현금 인출 hisobdan naqd pul olish
계좌, 계정, 청구서 hisob
계좌의 현금에 대해 은행이 부과하는 이자, 은행 예탁이자 manfiy foiz
계좌이체 ko'chirish
계좌주에 대한 정보, 게좌번호 등을 나타내는 은행의 고개 증명서 bank mijozining guvohnomasi
계획 공급 rejali ta'minot
계획 수립기간 rejalashtirish gorizonti, sharoiti
계획 reja
계획(計劃),설계, 레이아웃(lay-out) reja tuzish
계획수정 rejani tuzatish
계획실현 dasturni amalga oshirish
계획안 xomaki reja
고가주(高價株) og'ir aktsiya
고객, 사건 의뢰인 mijoz
고도로 숙련된 인력 yuqori malakali kadrlar
고도로 숙련된 yuqori malakali
고리 대금업 sudxo'rlik
고립경제(孤立經濟) alohidalash iqtisodi
고용 직원 수를 기준으로 한 회사 순위 firmalarni xodimlari soniga ko'ra tartibga solish
고용 bandlik
고용 ishga qabul qilish
고용, 임대 yollash
고용담당 매니저 yollash bo'limining mudiri
고용보장 ish bilan bandlik ta'minoti
고용비용 ishchi kuchi yollash bo'yicha to'lov hisobi

고용주qarz beruvchi
고용지수(雇傭指數) bandlik ko'rsatgichi
고장, 파손, 해체 qismlarga ajratish
고정 환율과 자유 환율이 모두 존재하는 시장 ikki tartibli valyuta bozori
고정자본투자 asosiy mablag'ga sarf qilish
고정자산asosiy mablag'lar
고정환율(固定換率) tasdiqlangan, o'rnatilgankurs
고지, 통고 notifikatsiya
고체연료 qattiq yoqilg'i
고품질 제품 yuqori sifatli mahsulot
고품질의 yuqori sifatli
곡물, 곡식 don
곤란, 어려움 mashaqqat
골동품 상점(骨董品商店) antikvar do'kon
골드러시 oltin shov-shuvi
공개 예비비ochiq zaxiralar
공개, 데몬스트레이션, namoyish
공개경쟁(公開競爭) ochiqraqobatchilik
공개펀드ochiq fond
공고한지명도nufuzli
공공 사업jamoat ishlari
공공 채무, 공공 부채 jamoat burchi
공금, 국고, 재산, g'azna, xazina
공급 ta'minot, ta'minlash
공급, 주식매도 요청가 taklif
공급,배달 yetkazib berish, ta'minot
공급간격 yetkazish oralig'i
공급이 수요를 초과하는 상태에서의 시장가격 xaridor aytgan narx
공급자, 납품업자 ta'minlovchi, yetkazib beruvchi
공급초과 시장가격 sotuvchi bahosi
공급합의 yetkazib berish roziligi
공동계좌 qo'shma hisob
공동구매 qo'shma xarid
공동소유(共同所有) umumiy mulk
공매 qisqa muddatli savdo
공무원 노조 davlat xizmatchilari kasaba uyushmasi
공식 formula
공식통로를 거쳐 xizmat tartibida
공업) 기술(技術: technology) texnologiya,uslub
공연 계약 sahnalashtirish shartnomasi
공작기계(工作機械) stanok, astgoh
공장 zavod
공정 시장 가치 qiyosiy qiymat
공정과세 adolatli soliqqa tortish
공정한 거래 adolatli bitim
공제 chegirma
공제, 차감 chegirma
공중전화 telefon-avtomat
공증 거래 notarial kelishuv
공증 사무소 notarial idora, kontora
공증 notarius
공직자의 부패 amaldor shaxs poraxo'rligi, korruptsiyasi
공해물질 배출 ifloslantiruvchi moddalarni tashlab yuborish
과대평가 (↔ 과소평가) oshirish↔tushirish
과세 대상 소득 soliq solinadigan daromad
과세 soliqqa tortish, soliq solish
과소비 ortiqcha iste'mol
과실(過失) xato, nojo'ya ish
과잉 생산 ortiqcha ishlab chiqarish
과잉, 풍부 mo'lchilik, ortiqchalik
과점(寡占) oligopoliya
관개 영농 sug'oriladigan xo'jalik
관개 sug'orish sohasi
관개수로(灌漑水路) irrigatsiya kanali
관계, 태도 munosabat
관광(觀光), 유람(遊覽), 시찰, 구경turizm, sayyohlik sohasi
관람객 이동 방향 harakat yo'nalishi
관료, 공무원, 임원 majbur shaxs
관료적 태도 byurokratik rasmiyatchilik munosabat
관료주의(官 僚主義: bureaucratism) byurokratizm, rasmiyatchilik, qog'ozbozlik
관리 대상예금 ma'muriy depozitga qo'ymoq
관리, 관리기관, 경영진 ma'muriyat. likvidlar(naqdpullar)
관리경험활용 boshqaruv tajribasidan foydalanish
관리자 boshqaruvchi, boshliq
관리직 rahbariyat tarkibi
관세 약 bojxona bitimi
관세 bojxonadan o'tish boji
관세법 위반 bojxona qoidalarining buzilishi
관세수입 bojxona daromadi
관세율 bojxona tarifi
관세정책(關稅政策)bojxona siyosati
관세특혜 tarif imtiyozi
관행 amaliyot urf-odat
광고 전단지 reklama varaqasi
광고 pablik releyshenz, reklama
광고기사 reklama maqola
광고담당 reklama bo'limi boshlig'i
광고서비스 reklama xizmati
광고지, 안내문,설명서(說明書) katta, keng ko'cha; qisqa bayon
광물 자원 yer osti
광물자원 qazilma boyliklar zaxirasi
광산(鑛山), 탄광 shaxta, kon
광산대장 qazilma boyliklarining kadastri
광산업(鑛産業) tog'-kon sanoati
광역시장 keng bozor
교류발전기 o'zgaruvchan tok generatori
교부, 발행, 지급,공급 topshirish
교역 파트너 쉽 savdo uyushmasi
교역, 유통 tovar aylanishi
교역활동 tashqi savdo faoliyati
교육 훈련 o'qitish
교육제도 개선 ta'lim tizimi islohoti

교통, 보도,보고서 xabar, yo'l, aloqa
교통량 증가 yuk tashishning oshishi
교통비(交通費) yuktashishhisobi
교통상해보험 transport xavfiga qarshi sug'urta
교통수단 보유세 trasport egalaridan soliq
교통정리 harakat boshqaruvi
교통체증 yo'l harakati tirbandligi
교통표지 yo'l belgisi
교환, 거래소 birja
교환, 교역, 바터 mena, pul maydalash
교환가능 통화 o'zgaruvchan, aylanishdagi valyuta
교환가능성 almashuv (convertability)
교환불가능 통화, 역내통화 yopiq, o'zgarmaydigan, aylanmaydigan, muomalada bo'lmagan valyuta
구독, 가입, 이용권 (subscription) abonementmijoz
구두확인og'zaki tasdiq
구매 물품 대금 청구서sotib olingan mollar hisobi
구매(↔ 판매) xarid-sotuv
구매, 사들임. 구입 xarid
구매력(購買力) iste'molchilik quvvati
구매자 중심시장 xaridorlar bozori
구매자(購買者) xaridor
구성(構成) tarkib
구성원, 조직원 a'zo
구조 sruktura, tuzilish
구조적 개혁 struktur islohot
구조적모순(불균형) strukturaviy-nomutanosiblik
구조조정 struktur qayta qurish
구직과 구인관계 mehnat bilan ta'minlash
구직수요 ish o'rinlariga talab
구체적인 목표 수립과 공략targetlash
국가 간 지불 xalqaro to'lovlar
국가 경제 발전의 일차적과제 milliy sanoat taraqqiyotining eng muhim xususiyatlari
국가 예산 davlat byudjeti
국가간 차관 davlatlararo krediti
국가간의 결제 절차 합의 to'lov bitimi
국가고용기금 bandlik davlat fondi
국가부과 범칙금 davlat boji
국고 davlat g'aznasi
국고채권(國庫債券) obligatsiya,davlatzayomi
국공사채의 차환, 발행조건의 변경 o'zgartirish, konversiya
국구간 협약 davlatlararo bitim
국내 소비 ichki iste'mol
국내산 vatanda ishlab chiqarilgan
국내시장 ichki bozor
국내총생산 (GDP: gross domestic product) yalpi ichki mahsuloti
국민총생산(GNP: gross national product) yalpi milliy mahsuloti
국세 davlat solig'i
국영 혹은 시영 기업의 민영화 davlat va munitsipal korxonalarni xususiylashtirish
국영기업 davlat korxonasi
국영은행(國營銀行) davlatbanki
국제기구(國際機構) xalqaro tashkilotlar
국제노동기구(國際勞動機構) (ILO: International Labor Organization)
국제상품경매 xalqaro tovarlar kim oshdi savdosi
국제수지 to'lov balansi
국제통화기금(國際通貨基金: IMF: International Monetary Fune)
국제통화기금특별인출금(SDR: Special Drawing Rights (IMF의 특별 인출권)
국채(國債) g'aznachilik majburiyatlari
군수산업전환 mudofa sanoatini o'zgartirish
군수산업체 harbiy-sanoat majmuasi
군수품(軍需品) harbiy maqsadda foydalaniladigan mahsulot
권리 남용 huquqni suiste'mol qilish
권리(權利), 법(法) huquq
권리양도자 sedent
권위 obro'-e'tibor, nufuz
귀금속 및 금강석 채굴 qimmatbaho metallar va olmoslarni qazib chiqarish
귀금속 qimmatbaho metall
귀중품 보관실(소) saqlash bo'limi
규격화 제품 ta'msiz, didsiz mahsulot
규모 범위 ko'lam, masshtab
규율, 규정 intizom
규정외 노동 vaqti belgilanmagan ish kuni
규제, 제한 cheklash
규제완화, deregulyarizatsiya
규제폐지 deregulyarizatsiya
규준, 율 norma, me'yor
규칙, 법, 관습원칙 qoida
규칙, 스케줄,시한 ish tartibi, belgilangan vaqt
균일가 bir xil narx
균형 발전 muvozanatli rivojlanish
균형가격(均衡價格: book value) balansnarxi,baxosi
그래픽 광고, 디스플레이 광고tasviriy reklama
극도의 빈곤 o'ta kambag'allik
극빈 kambag'allik chegarasi
근거 없는 요구 asossiz talab
근무년수 ish yili
근무시간표 taymshit
근무일 ish kuni
근본적 변화 tub o'zgarishlar
근본적 차이 muhim farq
근사값 taxminiy son
근속연수, 연공 belgili xizmat muddatini o'tash
글로벌 네트워크 global tarmoq
금 보유고 oltin zaxirasi
금 옵션 oltin optsion
금고 pul saqlanadigan maxsus joy

금고(金庫) temir quti, po'lat sandiq
금속(金屬) metall
금속가공 metall, mahsulot, buyum
금속공업 metall sanoati
금융, 팩토링 faktor operatsiyasi
금융리스 moliyaviy lizing (financial leasing)
금융부문 moliyaviy sektor
금융비용, 장기 채무에 대한 이자식비 moliyaviy chiqim; oziq-ovqatga harajat
금융시장 pul bozori
금융어음 moliyaviy veksel (finance bill)
금융정책 pul-kredit siyosati
금융컨소시움 moliyaviy konsortsium
금융홀딩 컴퍼니 moliya xolding uyushmasi
금이나 금에 상응하는 가치로 변제한다는 계약조건 "oltin" shart
금이나 외환이 한국가에서 다른 국가로 옮겨지는 것, 혹은 기명 유가증권에 대한 권리이전 ko'chirilgan, ko'chiruvchi
금전적 도움 moddiy yordam
금지 taqiq
금평가 oltin paritet, tingligi
급(給), 비행기의 좌석 toifa, daraja
급격한 증가 keskin ko'payish
급수 시스템 suv ta'minoti tizimi
급여에서 세금공제 maoshdan olingan soliqlar
급유소(給油所), avtomashinalarga yoqilg'i quyush shahobchasi
기간 davomiylik, uzoqlik
기간(期間) davr, muddat
기간연장 대출 kredit rollover
기간연장 muddatni uzaytirish
기계부품 mashina qismi
기계장비의 단기임대 tekin daromad
기계제조업mashinasozlik sanoati
기관 투자자 institutsion investorlar
기관 muassasa
기금, 자금, 펀드 fond, zaxira, jamg'arma
기능, 임무 funktsiya, vazifa, xizmat
기대 수익률 kutilgan daromadlilik
기대, 예상 kutish
기록 qaror, bayonnoma (protocol)
기록 ta'riflash
기록적으로 낮은 수준까지 하락 eng past darajaga tushishi
기명주 nominativ aktsiya
기반, 기초, 바탕, 밑 bazis, asos
기반시설, 인프라스트럭처 infrastruktura
기본 자본 asos mablag' (core equity)
기부 xayr-ehson
기사(技師) muxandis
기술 내역, 스펙 texnik tasnif
기술 설명서 texnik ko'rsatma
기술 집약제품 ilm-fan mahsuloti
기술규격 texnik me'yor
기술이전 계약 texnologiyalarni yetkazish haqida shartnoma
기술적 어려움 texnik muammolar
기술적 우위 texnik ustunlik
기술적 진보 mehnatni tejovchi texnik taraqqiyot
기업 대표 korxona rahbari
기업 등록부 tijoriy ko'rsatgich
기업 유동성 firma likvidi
기업 uyushma, korporatsiya
기업(企業), 사업 tadbirkorlik
기업감사 korxona iqtisodiy faoliyatini tekshirish
기업구조 조정 uyushmani qayta tuzish
기업소득세 korporatsiya daromadiga soliq, korxonalardan daromad solig'i
기업연합, 신디케이트(syndicate) sindikat, yirik birlashma
기업의 국가등록 davlat korxonalari ro'yxati
기업의 법무 담당직원 maslahatchi-huquqshunos
기업의 외환계정 muassasaning valyuta hisobi
기업의 주주에 대한 책임 aktsiyadorlar oldidagi ma'suliyat
기업이나 단체의 금융 경제 활동에 대한 조사 taftish
기업인 대표단 ishbilarmonlik doiralari raislari
기업인 tadbirkor
기업자산 korxona daromadlari, aktivi
기업자산세 korxonalar mol-mulkiga soliq
기업파산 상태 korxonaning inqirozi, kasodi, nochorligi
기업합동, 트러스트 trast
기업합병(企業合竝) korxonalarning birlashishi; kompaniyalar qo'shilishi
기업활동 주기 korxona faoliyati davri
기업회계의 투명성 korxonalar moliyaviy faoliyati ravshanligi
기입, 공식문서 yozuv
기입, 등록, 등기 ro'yxatdan o'tkazish, qayd qilish
기준 수익률 asosiy foyda qobiliyati
기준(基準: criteria) mezon
기준가격 asosiy, bazis narxi
기초, 창고, 베이스 baza
기타소득 mustahkam daromad
기한 초과 kechiktirish
기한어음 blank vekseli
기항(寄港) tranzit port
기회균등의 법칙 teng imkoniyatlar tamoyili
기획, 계획 rejalashtirmoq
기획국 reja tuzadigan palata
긴급 서비스 tezkor, muddatli xizmat ko'rsatish
긴급 필요품 qat'iy zaruriyat
긴축 정책 tejash tartibi
긴축 통화 정책 qat'iy tanga siyosati
길(도로) yo'l

길, 루트, 경로(經路) yo'l, katta yo'l
나이 제한 yoshiga ko'ra cheklash; yoshga nisbatan cheklov
낙후기술(落後技術) eskirgantexnika
난방 isitish
난방연결망 isitish tarmog'i
난외계정 balansdan tashqari hisoblar
납기 연장 molni yetkazib berish muddatini kechiktirilishi
납세자 번호 soliq to'lovchining maxsus raqami
납세자 soliq to'lovchi
납품지연 etkazib berishning kechiktirilishi
낭비(浪費) isrofgarona iste'mol
낮은 지명도 yomon nom qozonish
낱장 인쇄물 qog'oz
내구성 chidamlilik, uzoq umr ko'rish
내구성(耐久性) pishiqlik, chidamlilik
내구재(耐久財) uzoq muddat foydalanaladigan mollar
내부자 insayder
냉각실 muzlatgich kamerasi, bo'lmasi
냉동제품(식품) muzlatilgan oziq-ovqat mahsulotlari
냉장 보관 설비 sovutib saqlash vositalari
냉장 보관 sovutgichga saqlash
넌 달러 가치 하락을 막기 위해 정부가 발행한 채권 AQShning moliya vazirligi obligatsiyalari
노년 연금 보장제도 keksalikda nafaqa bilan ta'minlash dasturi
노동 강도 ish ko'pligi
노동 능력 mehnatga layoqat
노동 분쟁 mehnat musobaqasi
노동 생산성 mehnat unumdorligi
노동 조합 kasaba uyushmasi
노동(勞動), 일, 근무 ish, faoliyat, ishlash
노동, 근로, 직업 mehnat
노동계약, 고용계약 stsenariyga oid shartnoma
노동계약을 바탕으로한 노동자들의 관계 korxonadagi mehnat munosabatlari
노동력의 질 ish sifati
노동법(勞動法) mehnat haqida qonunlar kodeksi
노동보호 mehnatni muhofaza qilish
노동부(勞動部) MehnatVazirligi
노동수첩 mehnat daftarchasi
노동시간 감축 ish vaqtining qisqargan davomiyligi
노동시간 ish vaqti
노동이 불가능한 건강 상태 mehnatga layoqatsiz
노동자 사용에 관한 의무 준수intizom mas'uliyat
노동자 ishchi, xodim, xizmatkor
노동자의 능력 alohida ishchilar malakasi, ixtisosligi
노동직 ishchi kasbi
노력의 이동성 ishchi kuchi harakatchanligi
노사관계 ma'muriyat va kasaba yushmasi o'rtasidagi munosabat
노숙자 일자리 마련 qochoqlarni mehnat bilan ta'minlash
노예계약 og'ir shartli bitim
노점 chodir, do'kon
노조운동 kasaba uyushmasi harakati
노조원 kasaba uyushmasi a'zosi
노하우(know-how), nou-xau, yangilik
노하우에 대한 로열티 yangilik uchun royyalti
노후화로 인한 손실 eskirish oqibatida olingan zarar
논거 이유 dalil
논의 muzokara
놀이 공원 attraktsion (o'yin-kulgu qurilmalari) bog'i
농가 부채조정 agrar qarzlar qayta ko'rilishi
농업 생산물 agrar mahsulot
농업 agrosanoat qishloq xo'jaligi
농촌경제 dehqon ho'jaligi
높은 지명도 yuqori e'tiborga ega
뇌물 pora
뇌물수수행위 poraxo'rlik
뇌물을 받다↔ 뇌물을 주다 pora olmoq - bermoq
누진세 progressiv soliq
능력, 용량 qobiliyat, layoqat, qudrat, quvvat
다각화된 영농 ko'p tarmoqli qishloq xo'jaligi
다국적기업(多國籍 企業) transmilliy korxona
다량(多量), 다수(多數), 질량, 크기 hajm, miqdor, og'irlik
다목적 시스템 ko'p maqsadli tizim
다수의 은행 업무를 한꺼번에 의뢰하는 고객의 주문 jamlangan ko'rsatma
다우-존스 지수 Dou-Djons indeksi
단 하루동안 유효 bir kungagina haqiqiy
단계 bosqich, davr, stadiya
단골 고객할인 doimiy xaridorlar uchun skidka
단골손님 azaliy xaridor
단기거래(3년 이하의) qisqa muddatli operatsiya
단기프로젝트 qisqa muddatli loyiha
단독책임제 yakkaboshchilik
단리 oddiy foizlar
단순화 모델 soddalashtirilgan model
단위 birlik
단일경제권 유지 yagona iqtisodiy hududni saqlash
단절, 격차 uzish, uzilish, darz, nomuvofiqlik
단체 계약 jamoa shartnomasi
단체상 표 jamoa belgisi (collective trademark)
달성, 완수 erishuv
담배 전매 tamaki monopoliyasi, yakka

hukmronligi
담보 가치와 대부의 차이 kafolatli marja
담보 어음 saqlashga topshirilgan veksel
담보 채무 ipoteka zayomi
담보 현실화 garovni amalga oshirish
담보계약 garov haqida shartnoma
담보등급 martaba, daraja, unvon (rank)
담보로 잡히지 않은 대상물(對象物) ipotekadan holi bo'lgan obyekt
담보증명ipoteka sertifikati
당좌대월(當座貸越) overdraft
당좌예금(當座預金) muddatsiz depozit
당좌예금, 당좌계정 joriy hisob
대강의 계획안 xomaki loyiha
대강의 예산 taxminiy smeta
대금 청구서 to'lov hujjatlari
대기시간, 지수 kutish vaqti ko'rsatgichi
대기실(待機室) kutish xonasi
대기업 yirik shirkat
대내부채 ichki zayom
대량생산(大量生産) yalpi ishlab chiqarish
대량화물 운송, 비포장 화물 운송qalashtirib yuk o'tkazmoq
대륙붕(大陸棚) shelf
대리인(代理人), 피위탁인 ishonchli vakil
대리점(代理店), 에이전시(agency), 중개 vositachilik
대부 자본 시장 ssudali mablag'lar bozori
대부(貸付) ssuda, qarz
대부계좌 ssuda hisobi
대부은행 ipoteka banki
대부의 최대한계 yuqori nuqta, shift
대부한계 ssuda me'yori
대상 물건 narsa, buyum, predmet
대안(代案) alternativa, muqobil ikki yo'ldan biri (alternative) konstruktiv alternativ
대여, 임대(賃貸) ijara
대여료 ijaraga
대외 부채 tashqi zayom
대외경제 관계부 Tashqi Aloqa Vazirligi
대외무역 중개회사 vositachilik bilan shug'ullanuvchi tashqi savdo firmalari
대외무역세 tashqi savdo boji
대외무역적자 tashqi savdo defitsiti
대외무역활동수지 tashqi iqtisodiy faoliyat balansi
대외적 요인으로 인한 채산성 악화 tejamkorlikning tashqi ta'sirotida yomonlashuvi
대응무역 qarshi savdo
대중 마케팅 ommaviy marketingi
대중급식, 공동급식 umumiy ovqatlanish
대중매체 광고(廣告) matbuot vositalaridagi reklama
대차대조표 작성 balans chiqarish
대차대조표(貸借對照表: balance sheet) balanshisoboti
대차대조표, 균형(均衡) balans
대체 almashtirish
대체연료 muqobil yoqilg'i
대체품, 대용물 o'rindosh
대출 이자율 ssuda shaklidagi mablag'ga stavka
대출 정책 kredit siyosati
대출 중개인 kreditdagi vositachi
대출 한도qarz berish chegarasi
대출거절, 대부거절 qarz berish rad javobi
대출한도 kredit yo'nalishi, liniyasi
대표, 사장rais
대표단(代表團) delegatsiya
대합실,대기실 kutish zali
대형화물운반선 ommaviy yuklar tashish uchun kema
덤프트럭 avtomobil-samosval, ag'darma mashina
덤핑 molni arzon sotish (dumping)
덤핑가격 demping narx
데이터 베이스 ma'lumotlar bazasi
데이터 처리센터 ma'lumotlarni qayta ishlash markazi
도구, 장비 asbob, jihoz, anjom
도덕적해이 ma'naviy eskirish
도로 교통(량) ko'cha harakati
도로 교통수칙 yo'l harakati qoidasi
도로 통행료 yo'l boji
도로세 avtomobil haydovchilarning yo'l solig'i
도로이용료 yo'l solig'i
도매거래센터 ulgurji markaz
도매상(都賣商) ulgurjisavdogar
도매점 ulgurji do'kon
도서 박람회, 도서 전시회 kitob bozori
도움, 지원, 원조 yordam, ko'mak
도착점 kirish joyi
도크, 선착장 kemalar to'xtash joyi
독립채산제 o'z harajatlarini o'zi qoplash
독점가격 monopol qiymat
독점권, 독점 monopoliya, tanho egalik
독점기업의 소기업 합병(合併) monopoliyalar tomonidan kichik korxonalarning yutilishi
독점적 거래 관행 maxsus amalga oshirish
돈 혹은 수료의 수령인(受領人: remitee) remitent
돈, 주식, 증권 등의 전달, 송금 송부 reminlash
돈, 화폐 pul
돈불입,(서류)기입 haq to'lash
동결 muzlatish, to'xtatish
동결자본 muzlatilgan mablag'lar
동기 분석 motivatsion (asoslangan, dalilli) tahlil (motiveation analysis)
동력 필요량 quvvat ko'lami

동료, 도당 klika
동맹, 연합 alyans, birlashma ittifoq (alliance)
동봉물, 투자, 예금 mablag', pul qo'yish
동산 담보물 harakatlanuvchi mol-mulk garovi
동산 mol-mulk
동전(銅錢) tanga
되돌릴 수 없는 변화 qaytarib bo'lmaydigan o'zgarishlar
두 은행간의거래에 제 3의 은행이 개입될 경우 "loro" hisobi
두뇌 센터, 싱크 탱크 aqliy markaz (think tank)
두뇌유출 aql egalarining chetga ketishi
들어감, 수입, 소득 tushim
등가(等價) ekvivalent, muqobil
등가교환(等價交換)muqobil almashtiruv
등가액 kurs bo'yicha hisoblangan ekvivalent to'lash kuniga
등급, 순위 reyting
등기 우편 buyurtmali jo'natma yuborish
등기우편 buyurtma pochta
등록, 등록부 ro'yxat, ro'yxat daftari
디자인 시안 tanlash loyihasi
디자인, 엔지니어링, 설계(設計) loyihalashtirish
디프레이션, 경기후퇴, 경기불황 ruhiy turg'unlik, azoblanish holati
디플레이션 muomaladagi pul miqdorini kamaytirish, deflyatsiya
딜러 dallol, makler
딜러(dealer), 무역업자 diler
딜레이, 정지 to'xtatib qo'yish, vaqtincha to'xtash
땅 투기 yer maydonlari chayqovchiligi
뜨내기 손님 tasodifiy xaridor
라디오 방신 radio orqali eshittirish
라벨, 스티커, 태그 yorliq
라벨, 태그, 가격표 birka, yorliq
라이센스 계약 litsenzion bitim
라이프 사이클 hayotiy davriylik, umr (life cycle)
러시아 중앙은행 Rossiya Federatsiyasi Markaziy Banki
러시아워(rush hour), 출퇴근 혼잡시간 tig'iz payt
러시아의 WTO 가입 Rossiyaning Butun Jahon Savdo Tashkilotiga a'zo bo'lishi
로고 (logo, logotype)logotip
로봇 robot (robot)
로비(lobby), 원외단 lobbi
로비활동 lobbi harakati
로열티(royalty), 인세(印稅), 저작권 사용료 royyalti
로열티, 사용권 보상 litsenzion mukofot
로영티 계산 royalti hisobi
롬바르드 대출(lombard credit), 금융업자 대출 kredit-lombard
루트, 경로 yo'nalish
리노베이션, 재계발 tiklash ta'miri
리보금리, 은행간의 대부금리(London Inter-Bank Offered Rate LIBOR:(런던 은행간 거래 금리; 국제 금융 거래의 기준이 되는 금리임)
리볼빙 펀드 yangilashuvchi fond
리셉션 초대, 환영회 초대 qabulga taklif
리스, 장기장비 대여 lizing
리스회사 ijaraga olingan korxona
리콜 chaqirib olish
마감, 영업종료 yopilish
마력(馬力) ot kuchi
마모 속도가 빠른 설비 tez eskiradigan jihoz
마모(磨耗),마멸(摩滅) eskirish
마모율(磨耗率) ishdan chiqish, eskirish jadalligi
마약(痲藥) 밀수(密輸) giyohvand moddalar kontrabandasi
마이크로 마케팅(micromarketing) mikromarketing
마진(margin), 판매 수익, 이문(利文) marja
마케팅 개념 marketing kontseptsiyasi, nazariyasi
마케팅 기능 marketing funktsiyasi
마케팅 부서 marketing xizmati
마케팅 비용 marketing harajati
마케팅 원칙 marketing tamoyili
마케팅 전략 marketing strategiyasi
마케팅 조사 marketing tadqiqotlari
마케팅 회의 marketing bo'yicha yig'lish
마케팅 marketing
막다른 길, 교착상태 boshi berk ko'cha, muammo
막후 협상, 비밀 협상 mahfiy parda ortidagi muzokaralar
막후거래 mahfiy kelishuv
만료(기한) o'tish
만성적 실업 doimiy ishsizlik
만족, 충족 qoniqish
만회 가능한 소실 qoplasa bo'ladigan zarar
맞구매 muqobil xaridlar
매뉴얼, 설명서 yo'riqnoma
매뉴얼, 설명서(說明書), 인덱서 ko'rsatgich, ma'lumotnoma
매니저 boshliq, ish boshqaruvchi
매니저, 관리자 menedjer
매니지먼트, 관리 menejment
매도측에서 본 주식 가격 so'ralgan narx
매매(賣買) oldi-sotdi
매상, 판매 sotish
매수, 뇌물 주기 pora berib og'dirish
매월 말 선물 계약 청산 기한 qat'iy shart

매입외상대금 kreditor qarzdorlik
매장위치 do'kon joylashuvi
매점(賣店), korner corner.
매점, 재구매, 매수 tovon, pul to'lab qaytarib olish
매점매석(買占賣惜) molni chayqovchidan sotib olish
매출, 매상 kirim, daromad
매출, 예측 savdoni bashorat qilish
매크로 마케팅 (macromarketing) makromarketing
매트릭스, 구성. matritsa,qolip
매표구 chipta kassasi
머천다이징 merchadayzing
멀티미디어 프로그램 multimediya dasturi
멤버십 a'zolik
면세수입 허가 yukni bojsiz olib kirishga ruxsat
면세점(免稅點) boj to'lamaydigan do'kon
면직 해고 ishdan bo'shatilish
면직물(綿織物) paxtalik mato
면허 등록 litsenziyani ro'yxatdan o'tkazish
면허 발급자 litsenziar
면허취득 litsenziyaga ega bo'lish
명령서, 위임장, 위탁 guvohnoma, mandat
명목 이자율 nominal foiz
명목상 참여, 대리 참여 nominal ishtirok
명목이자 nominal foiz
명성, 지명도 obro', e'tibor
명세 ta'riflash
명세서(明細書) ro'yxat
명세서, 내역서 tasniflash
명함 tashrifnoma
모나토리움, 유예(猶豫)(moratorium) moratoriy, to'lov muddatini uzaytirish
모니터링 monitoring, ahvol nazorati
모델, 안, 본보기 model, andaza, qolip, nusxa
모델, 형태 namuna
모라토리움 연장 moratoriyni uzaytirish
모성휴가(출산휴가) dekret (homilador ayollarga beriladigan ta'til)
모습, 모양(模樣) shakl
모임, 미팅 yig'ilish
모임, 회(會), yig'lish
모직물 jun mato
모집, 한 벌, 세트 qabul qilish
모터쇼 avtosalon (motorshow)
목록(目錄), 리스트 varaqa
목록(目錄: inventory) ta'riflash
목록, 명단 ro'yxat
목표수형도 maqsadlar daraxti
몫, 지분 ulush
몫, 지분, 분배량 pay,badal,hissa
무 기명 어음 daromadga veksel
무게(중량) 기준 판매 tarozida tortib sotish
무게를 기준으로 한 량 og'irlik miqdori
무게측정 기구 o'lchash uchun asbob
무급노동 haqi to'lanmagan mehnat
무기명 수표 da'vogar cheki
무기명 주식, 소지인 주식 davogarga bo'lgan aktsiya
무기한 사용 muddatsiz foydalanish
무단 사용 ruxsatsiz foydalanish
무담보 채권(naked bone) ta'minlamagan obligatsiya
무료사용 bepul foydalanish
무면허 주식 중개인 kulisye
무보증 대출, 무담보 대출 kafolatlanmagan kredit
무상 지원 beg'araz yordam
무상의 beg'araz, bepul
무상지원 beg'araz yordam
무액면 주식 nominal baxosiz aktsiya
무역 발전 촉진 savdo rivojiga yordam
무역수지(貿易收支) tashqi savdo-sotiqbalansi
무역적자 passiv savdo qoldig'i
무역조건의 해석에 대한 규칙 inkoterms
무역흑자 faol savdo qoldig'i
무제한 파트너 쉽 to'liq hamkorlik
무조건 승낙(承諾) (unconditioned acceptance) shartsizveksel
무조건 융자(融資) shartsiz moliyalashtirish
무형자산(無形財産: 저작권. 특허권. 광업권. 상표권. 어업권 등) moddiybo'lmagan/ nomoddiydaromadlar
무효화, 취소 bekor qilish
문서위조(文書僞造) hujjatlarni qalbakilashtirish
문안 광고 matnli reklama
문제 해결, 조정 tartibga solish, hal qilish
물가 안정책, 상품가격 혹은 유가증권시가 인상(valorization) valorizatsiya
물류 material oqimi
물류 tovar oqimi
물류, 로지스틱스 logistika
물물 교환t ovar almashuvi
물물교환 바터 barter, ayirboshlash
물물교환 barter almashinuv
물적 책임자 moliyaviy javobgar shaxs
물질적 책임 계약 moddiy javobgarlik haqida shartnoma
물질적 책임 moliyaviy mas'uliyat
미국의 3~5년 저축 채권 jamg'arma obligatsiyasi
미국의 연방 준비위(FRB, Federal Reserve Board.) Federal Zaxira Tizimi
미사일 기지 raketa bazasi
미팅(meeting) yig'lish
민간 항공 fuqaro aviatsiyasi (Civil Aviation)
민간부문 거래량 fuqaro oboroti

민수품(民需品) fuqarolar uchun mo'ljallangan mahsulot
밀매(密賣) yashirincha mol o'tkazish, kontrabanda
밀수(密輸: contrabane), yashirincha mol o'tkazish, kontrabanda
바터 거래 barter bitimi
박탈 mahrum qilish
반덤핑 관세 antidemping boji
반덤핑 규제 dempingga qarshi tartib
반덤핑 절차 도입 dempingga qarshi qo'llangan tartiblar
반덤핑 정책 dempingga qarshi siyosat
반덩핑 관세 적용 antidempingli bojlar joriy qilish
반덩핑 조치 antidemping choralari
반도체(半導體: semiconductor) yarim o'tkazgich
반독점 기관 davlat monopoliyaga qarshi tashkilotlar
반독점 정책 monopoliyaga qarshi siyosat
반독점 조치에 대한대항 행위 monopol faoliyat, tanho boshqaruv
반제품 yarimfabrikat
반환 보장 서류(세관에서 발행하는) molmulkni qayta olib chiqsih majburiyati
반환, 상환 restitutsiya
받을어음 olishga qarz tilxati
발권은행 emissionniy, qog'oz pul chiqaradigan bank
발기인주 ta'sischilar aktsiyasi
발매 savdoga chiqarish
발명 ixtiro
발명특허 ixtiro patenti
발신인 adresant, yuboruvchi
발전 마케팅 rivojlanishni taminlovchi marketing
발전 rivojlanish
발전기 generator
발주 buyurtma berish
발주부서 buyurtma bo'limi
발췌, 요약(要約) ko'chirma
발행(發行) elektr quvvati qog'oz pul chiqarish, emissiya
발행가격 emissiya qiymati
방, 실 kamera, xona, bo'lma
방문판매 ko'chama-ko'cha tashib yurib sotish
방법(方法) yo'l
방법, 수단 usul, yo'l, ravish, tarz
방송(放送) efir
방송에 출연하다 efirga chiqish
방수 포장 suv o'tkazmaydigan upakovka
방수재 suv o'tkazmaydigan material
방직공장 to'qimachilik fabrikasi
방출, 배출 tashlab yuborish
방해, 고장 xalal, to'siq, muammo
배(비행기) 처녀출항 birinchi safar
배달, 운송 yetkazib berish
배달주문 to'lov orderi
배당 거취 주 himoyalangan aktsiya
배당금 분배 daromadni taqsimlash
배당금 지불개시일 referentsion kun
배당금 divident
배당략 avvalgi dividend
배상(할인)할증 bonifikatsiya
배상협약 kompensatsion badal bitimi
배서 양수인 indossat
배치 배분 joylashtirish, o'rnashish
백지 위임(白紙委任) blankdagi ishonch qog'ozi
백지 위임장 cheklangan vakolat, kart-blansh (carte blanche)
백지수표 to'ldirilmagan chek
백지어음 blanko-veksel
백지어음 dato-veksel
백화점(百貨店) univermag
버스 노선 avtobus yo'nalishi
버스 터미널 avtovokzal
번들상품 bog'lama tovar
번역(飜譯), 수역(修譯), 트랜슬레이션boshqatilga tarjima qilish(o'tkazish)
번영하는 경제 gullab-yashnayotgan
벌금 jarima, jazo tarifi
벌금감면 narxni hisobdan chiqarish
벌금부과 jarima solish
벌이, 임금(賃金), 삯, 삯돈, 삯전, 보수(報酬), 노임(勞賃), 공임(工賃) daromad
범용 창고 umumiy-foydalanish ombori
범위, 영역 sfera, soha, doirasi
범죄화 jinoiylashuv, kriminalizatsiya
법규화 tartibga solish, aniq belgilash
법률 kodeks
법률의 모순 qonunlar qarama-qarshiligi, kollizitsiyasi
법인 yuridik shaxs
법인소득세(法人所得稅) korxona-vatashkilotdaromadigasoliq
법정 예비비 qonuniy zaxiralar
법정상속재산 majburiy ulush
법정이자율 qonun tomonidan o'rnatilgan foizli me'yor
벤처 캐피탈(capital-risk), 회수 실패 가능성이 높은 채권 tavakkal mablag', kapital-risk
벤처 프로젝트 tavakkalchilikka asoslangan loyiha
벤처기업 융자 venchurli moliyalashtirish
벤처기업 venchur firmasi
벤처자본 venchur kapitali
벼락경기 ajiotaj, narxlarga sun'iy ta'sir = 붐(boom) ot.
변동 이율 tebranuvchi foiz
변동 환율제 o'zgaruvchan valyuta kursi tizimi
변리사(辨理士) patentshunoshuquq-shunos
변수, 파라미터 parametr
변제, 상환, 배상 ramburs

변화(變化) o'zgarish
병 kasallanish
병가 sog'lig'iga ko'ra ta'til
병원 진료카드 kasallik varaqasi
보간증 ombor qaydnomasi
보고서(報告書) hisobot
보관, 저장(貯藏) saqlash
보관방법 saqlash qoidasi(tartibi)
보관비 saqlash harajati
보너스 주식 bepul aktsiya
보너스, 상여금 mukofot
보따리장수 savdogarlar, chayqovchilar
보상 거래 zararni qoplash bitimi
보상 방법, 변제 방법 qoplash usuli
보상(배상) badal, tovon, o'rnini to'ldirish, kompensatsiya
보상, 보전, 배상 o'rnini to'ldirish
보상, 사례금 taqdirlash
보상적 조치 zarar o'rnini to'ldiruvchi chora
보수, 사례 gonorar, qalam haqi
보유 시점부터 청산일까지의 주식이익 muvaqqat foiz
보유가능성 mavjudlik
보유량 비축 zaxiralar to'lishi
보유자(保有者) qimmatli qog'oz egasi
보장 제공 ta'minot
보전유지 saqlash
보조 yordam
보조금(補助金) yordam puli, subsidiya
보조금, 조성금 yordam puli
보조자본 dotatsiya mablag'
보존기간 saqlanish muddati
보좌역 yordamchi
보증 계약(保證契約) kafolatli shartnoma
보증 기간 kafolat davri
보증 서비스 kafolatli xizmat ko'rsatish
보증 수리 kafolatlangan ta'mir
보증 채권 (guarantee credit) kafolatli kredit
보증(保證) kafil, kafolat
보증, 보장, 담보 kafolat
보증기간 만료 kafolat, muddatining o'tib ketishi
보증기간(保證期間) kafolat haqiqiyligi muddati
보증대출, 담보대출 kafolat krediti
보증보험(保證保險) kreditlarni sug'urta qilish
보증서(保證書), 창하증권, 배당금 지불증서 varrant
보증서류 (guarantee obligation) kafolatli majburiyat
보증인(保證人) kafil
보증인(保證人: guarantor) kafil
보증인에게 채무 상환을 요구할 채권자의 권리 rekurs
보충(補充) to'ldirish, boyish
보통주 oddiy aktsiya
보험 계약자, 피보험자(被保險者) sug'urtachi
보험 담보 대부 sug'urta asosida beriladigan qarz
보험 인수인, 보험업자 sug'urta qiluvchi
보험(保險) sug'urta
보험금 충당 sug'urtali to'lash
보험금을 지불해야 할 사고 sug'urta holati
보험납입금 sug'urta tarifi, miqdori
보험료 sug'urta miqdori
보험료(保險料) sug'urta, ehtiyot qilish
보험리스크 일부를 재보험자에게 전가 retrotsessiya
보험마진 sug'urta to'lovi
보험설계사 sug'urta agenti
보험영업수입세 sug'urta qilish faoliyati daromadiga soliq
보험의 면책률 franshiza
보험중개인 sug'urta dalloli
보험증권(保險證券) sug'urta hujjati (policy)
보험증서 sug'urta hujjati
보험해손 정산서 dispasha
보호, 방어 himoya
보호관세 homiylik boji
보호정책 chet el raqobatiga qarshi siyosat
복권 당 첨액 lotoreyadan yutish
복권(福券: lottery) lotoreya
복리이자 murakkab foizlar
복사본 namuna
복사본 nusxa, kopiya
복식부기에 따른 회계시스템 ikki marotaba qayd uslubiga ko'ra hisob tizimi
복잡한 담보 murakkab garov
복지 기능 jamoat farovonligi funktsiyasi
복합 마케팅 qurama, marketing miks
복합 이자 kompozitsion foiz
본격 접안에 앞서 이루어지는 일부 하역 lixtovka
본선인도조건(FOB: free on board.) kemadaerkin
봉급 maosh, oylik, oklad
봉급수당 oylik maosh
봉쇄,엠바고 blokada, qamal, uzib qo'yish
봉쇄하다 blokadani boshqarmoq
부가가치세(附加價值稅)(VAT: value-added tax) qo'shimcha qiymat solig'i
부과 solmoq, yuklamoq
부담 yuklov, yuklama
부대비용 baravar to'lovlar
부대표 direktor, boshliq yordamchisi
부동산 거래 중개인 ko'chmas mulk savdosi bo'yicha agent
부동산 담보 대부 ipoteka qarzi
부동산 담보 대출 ipoteka krediti
부동산 담보 ipoteka garovi
부동산 등록 ko'chmas mulk ro'yxati
부동산 ko'chmas mulk

부동자본 suzuvchi kapital
부록 addendum (supplement)
부류, 등급, 종류 razryad, tur, turkum, daraja
부메랑 효과(效果) bumerang hodisasi
부문, 분야 sektor, maydon, soha
부본 ildiz
부분 qism
부분, 역할 bo'lim
부서 bo'lim
부수, 도서 판수 tiraj, adad
부수입 qo'shimcha ish haqi
부수적인 효과, 부작용(副作用) salbiy tomoni
부업 yordamchi sanoat
부여, 위임 berish, taqdim qilish
부적합 nomuvofiqlik
부족 yetishmovchilik, tanqislik
부족분(不足分) kamomad
부지, 용지 hudud
부채 부담 qarz yuki (tashvishi)
부채 정산 예비비 qarzni qoplash uchun zaxira
부채(負債:debt) debt (=qarz) biror korxonaning qarzlari, passiv
부채, (부 기의) 차변(↔ 채권, 대변) kirim, debet (<=> kredit)
부채계정 debet moddasi
부채비율 qarzdorlik ko'rsatgichi
부채의 자기자본 충당 비율(cover ratio) o'z mablag'i bilan chiqimni qoplash
부패 척결 수단 poraxo'rlikka qarshi kurash chorasi
부패(腐敗) poraxo'rlik, korruptsiya
부품, 부속 tovar zaxirasi
부품목록 mufassal ro'yxat
부합, 수렴 ba'zi xossalar bo'yicha o'xshashliklar, konvergentsiya
분류(分類) saralash
분류, 유형화 tasniflash
분배(分配), 분포(分布), 할당(割當) taqsimlash, bo'lish
분산(分散), 다각화 diversifikatsiya (diversification)
분석, 분해 tahlil (analysis)
분석가 tahliliy, tahlilchi
분업 mehnat taqsimoti
분위기, 기류 muhit, sharoit, vaziyat
분쟁 해결 규칙 kollizitsiya me'yori
분쟁 해결 ziddiyatni hal qilish
분쟁 해결방법 ruxsat berish tartibi
분할 지불 badal puli bilan to'lash
분할, 구분 bo'g'imbo'g'im tuzilish
분할, 분담 taqsimot
분할납부, 기간 연장 bo'lib-bo'lib to'lash
불가항력(不可抗力) yengib bo'lmas kuch
불경기(不景氣)turg'unlik
불공정 경쟁, 부당 경쟁 insofsiz raqobat
불공정 무역 관행 insofsiz savdo amaliyoti
불균형 nomutanosiblik
불균형(不均衡), nomuvofiqlik
불량품(不良品) nuqsonli mahsulot, mahsulot yaroqsizligi
불량품질 재료 sifatsiz material
불량품질 qoniqarsiz, yomon sifat
불만족스러운 공급 qoniqarsiz yetkazish
불매운동 boykot, aloqani uzmoq (boycott)
불법복제 soxta nusxa
불법적 사용 soxtalashtirish, kontrafaktsiya
불안정성 omonatlilik, beqarorlik
불완전 경쟁(不完全 競爭) nomukammal raqobatchilik
불우 이웃을 위한 기부 kambag'allarga xayriya
불이행 bajarmaslik
불일치(不一致) nomuvofiqlik
불입, 납부 badal puli
불충분한 노동 시간 to'liq bo'lmagan ish vaqti
붐, 벼락 경기 bum, sun'iy shov- shuv (boom),
붕괴(崩壞) qulash, tushish
브랜드, 라벨, 모델 marka
브레인스토밍 aqliy hujum
브로커(broker), vostachi, komissioner, dallol, makler
비결 nou-xau, yangilik
비교우위 nisbiy ustunlik
비교표(가격, 제작, 조건등) raqobat qog'ozi
비료(肥料) o'git
비매품(非賣品) sotilmaydi
비번, 휴가 dam olish
비상계획 favqulodda dastur
비상구 falokat vaqtidagi chiqish .
비상시를 대비한 저축 qora kunga jamg'arma
비상장주(非上場株) baxosi belgilanmagan aktsiya
비숙련 노동자 malakasiz ishchi, xizmatchi
비영리 기업 notijorat korxona
비용 과대평가 chegirmalarni qayta baholash
비용 최소화 모델 kamchiqimlilik modeli
비용(費用), 경비 xarajat
비용감축 harajatlar kamayishi
비용계산 harajatlar hisobi
비용명세 harajatlar ro'yxat
비용분담 harajatlar taqsimoti
비용이 잠재적 수익을 넘어서는 증권거래, 성가신 물건, 무용지물 oq fil (whíte e´lephant)
비용지출 xarajat
비용회수 기간 chiqimni qoplay olish davri
비율(比率) stavka, me'yor

비율, 율, 단계 ko'rsatgich
비자 발급 거부 viza berishni rad qilish
비정규 직원 shtatsiz ishchilar
비즈니스 관행 ish amaliyoti
비즈니스 클래스 ishbilarmonlar toifa bo'lmasi, biznes daraja
비즈니스 토론 ish bo'yicha muhokama
비즈니스경험 ishdagi tajriba
비철금 속rangli metall
비토(veto), 거부권 veto, taqiqlash
비포장 상태의 대량화물 ustama-ust ortish, uyum
빈곤 kambag'allik
빈곤(貧困) qashshoqlik
빈곤가구 보조금 kam ta'minlangan oilalarga moddiy yordam
빈곤선 이하의 생활을 하다 muhtojlikda yashamoq
빈곤선 qashshoqlik chegarasi
빈민, 저소득자 kambag'al
빌려서, 빌려줘서 qarz
빌리다 qarz olmoq
빌리다(↔ 빌려주다) olmoq (<-> topshirmoq)
빚, 부채 burch
빠른우편 shoshilinch jo'natma
사기, 협잡 firibgarlik
사기업 xususiy korxona
사내 노동조합 korxona mehnat jamoasi
사람, 개인(個人) shaxs
사망 선고 o'lgan deb e'lon qilsih
사망률 o'lim holatlari ko'rsatgichi
사무 집기 ofis jihozlari
사무, 업무, 거래 operatsiya
사무라이 본드 "samuray" obligatsiyasi
사무소 idora, kontora
사무시설 xizmat binosi, xonasi
사무실, 사무소 idora, tashkilot, muassasa
사무원, 행정근무자, 직원, 사원 xizmatchi, xodim
사무직 xizmatchi kasbi
사본, 부본(副本) nusxa, dublikat
사분기, 1/4년 kvartal
사설 bosh maqola
사업상 논의 ish yuzasidagi muzokaralar
사업상 장애 요인, 무역 장벽savdodagi to'siqlar
사용, 유인,전용 jalb qilish, tortish
사용, 이용 foydalanish
사용권 거래 litsenzion savdo-sotiq
사용권 계약, litsenzion bitim
사유재산(私有財産) hususiy mol- mulk
사유화 xususiylashtirish
사재기, 매점 sotib olish
사전 고지 없는 권리 위임 bildirishsiz ishonch qog'ozi
사전 통고 oldindan ogohlantirish
사직서 iste'foga chiqish haqida ariza-maktub
사치품 zeb-ziynat buyumlari
사회 경제 상황 ijtimoiy-iqtisodiy vaziyat
사회구조 ijtimoiy tuzum
사회단체의 자산 jamoat birlashmalari mulki
사회보장(社會保障) ijtimoiyta'minot
사회보험(社會保險) ijtimoiy sug'urta
사회적 특혜 ijtimoiy imtiyoz
사회적지지, 사회적 바탕 ijtimoiy vositalar
삭제, 상각 처리 hisobdan chiqarish
산업 모델 sanoat namunasi
산업규모 sanoat ko'lami, masshtabi
산업로비 ishlab chiqarish lobbisi
산업안전 및 위생 원칙 havfsizlik texnikasi va ishlab chiqarish sanitariyasi bo'yicha qoidalar
산업용 로봇 sanoat roboti
산업재산권 sanoat mulki
산업합리화 sanoatni tashkil qilish
산업sanoat
삼림대장 o'rmon kadastri
삼림자원이용 o'rmondan foydalanish
삼품품질 tovar sifati
상거래 중 화폐가 바뀔 경우 이를 감당해내는 능력 konversiyaga moyillik
상계, 상쇄 산입 sinov, hisobga olmoq
상계거래 tovar ayirboshlash sinovi
상공회의소 savdo-sanoat palatasi
상관관계 munosabatdorlik, korrelyatsiya
상대 가치 ostimativ baho
상설 스탠드 doimiy stend
상세목록 detallar ro'yxati
상속 포기 rad vasiyatnomasi
상속세(相續稅) merosbo'libqolgan mol-mulk solig'i
상속재산(相續財産) vasiyat qilingan mol-mulk
상쇄거래, 상계거래 “ofset” kelishuv
상승, 향상, 고양 ko'tarish, ko'tarilish
상실, 손실, 낭비 zarar, yo'qotish, talofat
상실이익 foydani qo'ldan boy bermoq
상업 서비스 tijoriy xizmatlar
상업 코드, 거래코드 savdo-sotiq kodi
상업 통상 거래 savdo-sotiq, tijorat
savdo-sotiq qog'ozi CP (commercial papers)
상업, 무역 savdo, sotish
상업대출(商業貸出) savdo-sotiq krediti
상업은행 tijorat banki
상업의 ishga aloqador, ishbilarmon
상업적 판매가 불가한 량 savdo uchun yaroqsiz miqdor
상업지구 savdo hududi
상업화 savdo-sotiq bilan shug'ullanish
상여금,보너스 bonus, rag'bat(bonus)
상장 차액 kursdagi farq

상장 희망 기업에 대한 안내문 joylashish bayonoti
상장위원회 birjada baho belgilovchi komissiyasi
상점(商店) do'kon
상점의 공간설계 do'kon rejasini tuzish
상태(常態) ahvol, holat, boylik, mol-dunyo
상표 tovar belgisi
상표(商標: trademark)savdomarkasi
상표, 브랜드 brend, korxona belgisi
상표등록(商標登錄) mol belgisini qayd qilish
상품 소개, 제품 소개 mahsulot taqdimoti
상품 유통 경로 tovar taqsimoti tarmog'i
상품 차별화 mahsulotni individuallashtirish
상품 차익 거래 tovar arbitraji
상품 xaridorgir mahsulot
상품(商品) tovar, mol
상품거래소 tovar birjasi
상품경쟁력 raqobatbardoshlilik
상품권 sovg'a qilinadigan talon
상품덤핑 tovar denpingi
상품부족 tovarlar defitsiti
상품어음, 진성어음 tovar vekseli (trade bill)
상품의 국경 통과 시첨 chegaradan mol o'tkazish vaqti
상품재고 ishlab chiqarish zaxirasi
상품펀드 tovar-mol fondi
상향조정(↔ 하향 조정) ko'payish tomonga harakat ↔ kamayish tomonga harakat
상호 신뢰(양해) o'zaroishonch
상호 이익이 되는 거래 o'zaro foydali kelishuv
상호교환가치 o'zaro almashadigan qadriyatlar
상호무역 투자 활성화 o'zaro oldi-sotdi va investitsiya faollashuvi
상호양보 o'zaro yon bosish
상호은행 mutualli bank
상호작용 o'zaro ta'sir
상환 주식(償還株式) qo'llab-quvvatlanuvchi aktsiya
상환까지 일정 수익을 보장하는 유가증권 qayd etilgan daromad
상환시 이자 지불 qarzni to'lash
상환액, 환매액 sotib olish baxosi
상황(狀況: situation) vaziyat, holat ahvol
새로운 경영방식 도입 boshqaruvning yangi uslubiga o'tish
샘플 namuna va tajriba
생명보험(生命保險) umrni sug'urta qilish
생방송 to'g'ridan-to'g'ri efir
생산 다각화 ishlab chiqarishning diversifikatsiyasi
생산 비용 상승으로 인한 인플레이션 ishlab chiqarish harajatlari keltirib chiqargan pulning qadrsizlanishi
생산(生産) ishlab-chiqarish
생산, 신제품 출시, 산출(産出), 화폐발행, 출판 ishlab chiqarish
생산공정 개선 ishlab chiqarishni jarayonini takomillashtirish
생산과정관리 ishlab-chiqarish jarayonini boshqarish
생산관리 buyumlar nazorati
생산기술(生産技術) tayyorlash texnologiyasi
생산능력가동정도 ishlab chiqarish imkoniyatlarini ishga solish
생산능력범위 ishlab chiqarish hajmi
생산력(生産力) ishlab-chiqarish kuchlari
생산력감소 ishlab chiqarish quvvatining qisqarishi
생산물 재고 extiyot qism
생산물 제품 mahsulot
생산범위 ishlab chiqarish ko'lami, masshtabi
생산비(生産費) ishlab chiqarish harajati
생산성 평가 기준 ishlab chiqarishni baholash mezoni
생산성 mahsuldorlik, hosildorlik
생산원가 mahsulot tannarxi
생산자 브랜드 ishlab chiqarish markasi
생산재(生産財) ishlabchiqarishmollari
생산품 구성 mahsulot ishlab chiqarish matritsasi
생산품(生産品) mahsulot
생산품질(生産品質) mahsulot sifati
생태계 보호지구 qo'riqxona
생활 소음 측정 maishiy shovqin o'lchovi
생활 수준 향상 hayot darajasining oshishi
생활비 tirikchilik hisobi
생활서비스점 maishiy xizmat ustaxonasi
생활수준 개선 turmush sharoitining yaxshilanishi
서류 위조 hujjatlarni qalbakila-shtirish
서류 접수증 hujjatlarni olishda tilxat
서류 hujjat
서류의 필수 기재사항 hujjatlar rekvizitlari
서명 imzo, obuna
서명위조 imzoni qalbakilashtirish
서비스 "asl baho" sharti
서비스 기간 연장 xizmat muddatini uzaytirish
서비스 마크 hizmat ko'rsatish belgisi
서비스 범위 xizmatlar nomenklaturasi
서비스 스테이션(service station) avtomashinalarga yoqilg'i quyush shahobchasi
서비스, 봉사(奉仕) servis, xizmat

서비스부 xizmat ko'rsatish bo'limi
서식, 양식 formulyar, dartar
서열화 tartibga solish
서점,책방 kitob do'koni
석유(石油) neft,yoqilg'i
석유(石油) tosh moyi
석유가스 개발 입찰 neft-gaz konlari qazish tenderi
석유업(石油業) neft sanoati
석유업계의 범죄화 neft savdosi jinoiylashuvi
석탄(石炭) toshko'mir
석탄광 ko'mir koni
선 투자금 avans bilan ta'minlangan mablag'
선(線), 줄, 금. chiziq, chegara
선, 노선(line) yo'nalish
선공제 세금, 선불금 형식의 세금 oldindan olingan soliq
선금, 선불금 bo'nak to'lovi
선금, 예치금 bay puli, bo'ynak
선두기업이 정한 일정 수준의 가격유지 narxlar soyaboni
선례 o'rnak bo'ladigan hodisa
선물 거래 fyuchers operatsiyasi
선물 계약 fyuchers shartnomasi
선물 옵션 f'yucherli optsion
선물(先物: futures) f'yucher
선물거래 커브링 tenglik kafolati
선물거래 f'yucher bitimi
선물거래 hujum bitimi
선물매도 muddatli sotish
선물시장 f'yuchersli bozor
선박 운송 협약 dengizdan olib o'tish shartnomasi
선박, 화물선 kema
선반기 tokarlik stanogi
선별복합세트 assortiment, navlar
선불 지급 bo'nak (avans) to'lovi
선불 oldindan to'lash
선불, 선불금 bo'nak, avans
선불임금 maosh hisobidan bo'nak, avans
선서진술 affidevit
선언, 선포 deklaratsiya
선입 선출법(FIFO) ishga kirish-birinchi ta'til
선적 작업장 yuklar ortiladigan joy
선적 yuklash uchun ruxsat
선적, 도는 하역을 위한 정박 시간staliy davri
선적비용, 하역비용 stividor harajatlar
선적오차 yuklashdagi kamchiliklar
선진 8개국(미,영,프,독,이,일,캐,러) kattasakkizlik G8,
선진경제 rivojlangan iqtisod
선진국 rivojlangan mamlakatlar
선착장(船着場), 도크, kemalar bog'lab qo'yiladigan joy
선측인도조건(F.A.S., FAS, f.a.s.: free alongside ship) kema-daerkinharakat
선택, 선별 tanlash, saralash
선택권(選擇權), 일정량의 주식구매의사를 나타내는 쿠폰 optsion
선하증권(船荷證券), 선적증권(B/L) konosament
선호 afzal ko'rish
설계 사무소 loyiha idorasi
설계 의뢰 loyihalash uchun ruxsat
설득력있는 선례 ishonarli hodisa
설립(設立), 확립(確立), 결정(決定) o'rnatish, baholash
설명, 표시 ko'rsatma
설문조사 so'rovnoma
설문지 anketa, ma'lumotnoma, so'rovnoma
설문지를 작성하다 so'rovnoma varaqasini to'ldirmoq
설비(設備), 장치(裝置), 기계 jihoz
성과가 많은 논의 samarali muhokama
성수기 가격 인상 mavsumiy ustama xaq
성장(成長), 증가(↔ 하락, 감소) oshish↔tushish
성장단계 경제 rivojlanayotgan iqtisod
성장률 감소 o'sish suratining pasayishi
성장률 하락 o'sish darajasining pasayishi
성장잠재력 rivojlanish imkoniyatlari
세계 박람회 butunjahon bozori
세계 시장에서 거래되는 상품가격jahon bozoridagi narx
세계무역기구(World Trade Organization) Butun Jahon Savdo Tashkiloti
세계시장 tinch bozor
세계화(世界化) globallashuv
세관 지불금 bojxona tushimlari
세관 bojxona
세관창고 bojxona ombori
세금 폐지 soliqni bekor qilish
세금 boj to'lovi
세금(稅金) soliq
세금면제 remissiya, vaqtincha zaiflashuv
세금징수 soliqlarni undirish
세금특혜 bojxona imtiyozi
세금피난 soliq himoyasi
세목, 부품 qism
세무관련 규정 엄격화 soliq tartibining keskinlashuvi
세부담 경감 soliq yukini kamaytirish
세부담 soliq yuki
세분, 소구분, 부서 bo'lish, bo'linma
세수입 soliq tushimi
세원(稅源) soliq tushimi manbayi
세율, 요금 tarif, qat'iy baholar majmui
세일 sotib bitirish, arzon sotib tugatish
세일즈 맨. gumashta, buyurtma to'plovchi vakil, kommivoyajor
세전에 계산되는 이자율 brutto foizi
세제, 임대, 관세, 환, 비자, 근로

조건등으로 특혜가 주어지는 자유기업활동지역 erkin tadbirkorlik doirasi
세후 이자 netto foizi
센터 markaz (center)
셀프 서비스 상점 o'ziga xizmat ko'rsatish do'koni
셔틀 서비스 노선 qayiq ulov yo'nalishi
셔틀운행 tijorat safari
소기업 kichik korxona
소득 세율 daromad solig'ining me'yori
소득 재분배 daromadlarni qayta taqsimlash
소득 차이 daromaddagi tafovutlar
소득공제(所得控除) soliq solingan daromaddan chegirma
소득지표 daromadlilik ko'rsatgichi
소매 chakana
소매가와 도매가의 차이 chakana va ko'tara narx orasidagi farq
소매로 chakana savdo
소매점 chakana do'kon
소모, 고갈 kamayish
소비 수요 진작 xarid talabini rag'batlantirish
소비 시장 iste'mol bozori
소비(消費) iste'mol qilish
소비계획 iste'mol rejasi
소비세, 간접세 aktsiz (excise)
소비자 가격 모니터링 iste'mol narxlari monitoringi
소비자 가치 iste'molchilik qiymati
소비자 단체 iste'molchilar jamiyati
소비자 대출 iste'molchi krediti
소비자 보호 운동 iste'molchilarni himoya qilishga qaratilgan harakat
소비자 중심주의 konsyumerizm
소비자(消費者) iste'molchi
소비자보호운동 konsyumerizm
소비자연합 iste'molchilar uyushmasi
소비재(消費財) kengiste'molmollari
소비조합 iste'molchilar uyushmasi
소비주의 konsyumerizm
소송 절차 없는 청구 qarzni munozarasiz undirish
소유 egalik qilish
소유권 분쟁 mol-mulk talashish
소유권 이전 begonalashuv
소유권 지분 ulushiy mol-mulk
소유권보호 mulkchilik huquqi himoyasi
소유자, 주인 xo'jayin
소재지 turar joy
소지인에게 지불 avista (avista)
소형 아파트 kichik metrajli uy
속달우편 sholilinch pochta
속도(速度), 율 temp, tezlik, jadallik
손실(損失) zarar,ziyon
손실, 결핍(缺乏) yo'qotish, ayrilish
손익 분기점 ziyonsizlik, zarar ko'rmaslik
손익 분기표 ziyonsizlik jadvali
손익계산서, 손익계정 kirim-chiqim hisobi
손해 배상, 비용보전 yetkazilgan zarar to'lovi
손해, 손실, 결손 zarar, ziyon
손해를 보전하다, 보상하다 zararni qoplash
손해배상 요구, 클레임(claim), 구상(求償) shikoyat, norozilik
손해배상 yetkazilgan ziyon to'lovi
송금 의뢰 pul o'tkazmasi uchun hujjat
송금 pulni o'tkazish
송료(送料), 우편세 porto
송유관 neft o'tkazish, quvur
송장, 화물 인도서 yukka qo'shib yuborilgan hujjat
쇄빙선(碎氷船) muzyorar toifasidagi kema
수, 값 raqam, son
수공품 hunarmandchilk mahsuloti
수권자본(授權資本) tasdiqlangan kapital
수금 vakolat qog'ozi bilan pul olish, inkasso
수금활동을 제외하고 inkassali operatsiyalardan tashqari
수납, 고용, 가입 qabul
수단, 조치 chora
수도(受渡) 유예(금·날변), 역일변(逆日邊), deport (<=> kontango) (back wardation, deport)
수도세 suv uchun foiz
수량 표시 miqdor ko'rsatmasi
수량 miqdor
수력 발전소 gidroelektrstantsiya
수력에너지 suv quvvati
수렵, 어로업, 채취 ov qilish, kosiblik
수령 olish, qabul qilish
수령인 oluvchi
수리, 수선 ta'mir
수리비 견적 ta'mir harajatlari
수리점 ta'mir ustaxonasi
수명(壽命) umrning uzoqligi
수상교통 suv yo'li
수수료, 수집 tushim, to'plash, to'planish, majlis, yig'in
수신인 adresat, oluvchi
수요 억제 마케팅 qarama-qarshi marketing
수요 유지 마케팅 qo'llovchi marketing
수요 조사 talabni o'rganish
수요 회복 마케팅(remarketing) remarketing
수요 talab, so'rov, ehtiyoj
수요감소 talabning pasayishi
수요공급 taklif va talab
수요과점 oligopsoniya
수요독점(monopsony) monopsoniya
수요와 공급의 불일치(不一致) talab va taklif orasidagi tafovut
수용 가능한 조건 mumkin bo'lgan sharoitlar

수용, 승인 qabul qilish
수익, 이자 foyda
수익성(收益性) daromadlilik
수익성(收益性), 채산성 foydalilik
수익자, 수령인 benefitsiar
수익활동, 매수 가격한 가격보다 비싸게 주식을 파는 시장행동 daromadli operatsiya
수입 구성 daromad matritsasi
수입 규제 철폐 import ustidan nazoratni bekor qilish
수입 억제 수단 importni to'xtatish bo'yicha choralar
수입 daromad
수입(收入) chetdan mol keltirish, import
수입, 수입품 chetdan (mol) keltirish
수입관세(輸入關稅) chetdan mol keltirishga boj to'lovi
수입의 수출초과 importning exportdan oshishi
수입인지 davlat tushimi
수입쿼터 import kvotasi, hissasi, ulushi
수자원 suv manbalari zaxiralari
수정 tahrir, tuzatish
수정, 개량, 교정 tuzatish
수정, 조정 tuzatish, yaxshilanish
수정제안 qarshi ibora
수주 관리 흐름도 buyurtmalar hisoblash nazorati sxemasi
수주 buyurtma olish, buyurtma qabul qilish
수주목록 olingan buyurtmalar ro'yxati
수주수준 buyurmalar tushishi darajasi
수준 daraja, saviya
수질개선 suv melioratsiyasi
수출 다각화, 다변화(多變化) eksport diversifikatsiyasi
수출 상품 공급의 일반 조건mahsulot yetkazib berishning umumiy shartlari
수출 채권매매 export faktoringi
수출(輸出) eksport
수출, 반출 chetga mol chiqarish
수출과 수입의 불균형 import va eksport o'rtasidagi nomuvofiqlik
수출업체, 수출국 eksport qiluvchi
수출위험보증 eksport tavakkalchiligining kafolati
수출은행 eksport banki
수출입 계약가격 shartnomadagi qiymat
수출입 savdo uyi
수출쿼터 chetga mol sotish hissasi, eksport kvotasi
수탁자(受託者), 예탁 결제원 depozitariy
수표, 영수증, 인수증, 토큰, 쿠폰talon
수표, 전표(錢票) chek
수표책 chek daftarchasi
수행 관리 idora qilish, boshqarish
수확 과정에서의 농작물 손실 yig'im vaqtida hosilning nobud bo'lishi
수확 hosil
수확, 소득, 소출 tozalash, yig'ishtirish
순(純: net) netto
순가치 asl baxosi
순매출 savdo sof miqdori
순서(順序), 서열, 방법, 절차(節次) tartib
순서상 첫 번째라는 표시 yetakchi (First Bill of Exchange)
순손실, 회계상 손실 balansdagi zararlar (balance loss)
순수입 netto daromadi
순수입 netto-daromad
순수지, 잔고 이월금 saldo, qoldiq
순자산 netto-aktivlar
순자산 sof og'irlik aktivi
순환, 처리능력, 일정기간 내 상업 활동의 총량 oborot, aylanish, muamala
순환, 회전 aylanib turish
숲, 삼림(森林) o'rmon
쉽게 변질되는 제품 tez buziladigan mahsulotlar
슈퍼마켓 universam
스마트 머니 voz kechishga oid bay puli (smart money)
스마트카드 smart-kart
스왑(swap) 거래 "svop" operatsiyasi
스왑(swap), 환포지션 커버 거래, 교환 svop
스케줄, 시간표 jadval
스타일, 품질, 등급 nav, tur
스태그플레이션(stagflation: 불황 중에도 물가가 계속 오르는 현상, 생산저하와 실업) turg'unlik+infilatsiya
스탠드 주차장 to'xtash joyi
스탠드바이 그레디트 zaxiraviy kredit "stend-bay"(=rezerv krediti)
스텐드, 부스 maxsus taxta
스포츠 시설 sport inshootlari
스폰서 homiy (sponsor)
슬로건 shior
습기로 인한 손실 namlik etkazgan zarar
승인 기준 tasdiqlangan o'lchov
승인 ma'qullash
시가하락 bessa
시간 평가치 muvaqqat qadriyatlar
시간(時間) soat, vaqt
시간외 근무, 초과노동, 잔업(殘業) ish vaqtidan tashqari ishlash
시계, 사태, 수준 ufq, imkoniyat
시멘트 가루 sement kukuni
시멘트 산업 sement sanoati
시멘트 sement
시범운행 sinov qatnovi
시설, 기지 bekat, stantsiya, shahobcha
시식용 샘플 bepul sinov
시안 reja loyihasi
시영회사 o'z-o'zini boshqaruvchi korxona
시유 재산 munitsipal mulk

시작, 개시, 개막 ochilish
시작가, 주식시장 개장시 주가 boshlang'ich kurs
시장 경기 예측 bozor ahvolini bashorat qilish
시장 규모 bozor ko'lami
시장 균형 bozor muvozanati
시장 노점상 bozordagi do'kon, chodiri
시장 독점 지위, 시장 지배 상황 bozordagi ustunlik holati
시장 유동성 bozor likvidi
시장 쟁탈전 bozorlar uchun kurash
시장 조사 bozor tadqiqoti
시장(교환이 일어나는 사회경제적 관계의 총칭) bozor
시장강화 bozorni mustahkamlash
시장경제로의 건환 bozor iqtisodiga o'tish
시장규제(市場規制) bozorni boshqarish
시장변화에 따른 자본조정 kapitalning bozordagi o'zgarishlarga adaptatiyasi, moslashuvi
시장분할 bozor segmentatsiyasi
시장에서 유통되는 주식가치 solig' bahosi
시장의 기본구조 bozor infrastrukturasi
시장의 뒷받침 bozor vositalari
시장의 수용능력 bozorning hazm qilish qudrati
시장의 열광상태 bozor sarosimasi
시장의 요구나 계약 조건을 충족시키는 공급 qoniqarli darajada yetkazib berish
시장의 투명성 bozor shaffofligi
시장현실 화가 어려운 담보 bozorga oid bo'lmagan garov
시장현실화가 쉬운 담보 bozorga oid garov
시제품 yangi mol namunasi
시중가격, 시세(時勢) ma'lumot uchun qiymat
시차 vaqtdagi uzilish
시행착오를 통한 가격결정을 시행 sinov va hatolar yo'li bilan narx belgilash
시험 생산 sinash uchun ishlab-chiqarish
시험 테스트 testli sinov (proof test)
시험, 분석, 시도, 테스터 sinab ko'rish, namuna olish
시황 보고서 birja byulleteni
식료품 oziq-ovqat
식품산업 oziq-ovqat sohasi tarmog'i
식품산업(食品産業) oziq-ovqat sanoati
신규 고객 유인 yangi mijozlar jalb qilish
신규 발행 주식 청약 기간, 구독기간obuna vaqti
신규 인력유입 yangi kadrlar kelishi
신기술 도입 yangi texnologiyalardan foydalanish
신기술 투자, 혁신 yangilik, innovatsiya
신뢰 ishonch
신문 구독자 gazeta obunachisi
신문, muhr, matbuot
신문구독 gazetaga obuna bo'lish
신문부수 gazeta tiraji
신문의 금융면 gazetadagi moliya bo'limi
신사협정 jentelmentlarcha kelishuv
신속배달 tezkor yetkazish
신용 대부 승인을 위해 필요한 정보qarz haqida qaror
신용, 대출, 신용대부 qarz, kredit
신용거래 봉사 kreditni to'xtatib qo'yish
신용능력(信用能力), 지불능력 qarzni to'lay olish
신용대부 한계(credit line) kredit limiti
신용대부개설통지 kredit ochilishi haqida xabarnoma
신용등급 kreditni to'lay olish reytingi
신용보증(信用保證) kredit kafolati
신용장,엘시(L/e) akkreditiv
신용조사 담당 kreditlarni boshqaruvchi
신용카드 kredit kartochkasi
신임장 ishonch yorlig'i
신제품 개발 yangi mahsulotni ishlab chiqish
신제품 고가 정책 qaymog'ini olish
신제품(新製品), 최신 발전 동향 yangilik, yangi
신주 발행 공고 emission prospekt
신청서 talabnoma
실 근무시간 ishlab bo'lingan vaqt
실물 시장 real tovar bozori
실물상품 real tovar
실소유자 haqiqiy ho'jayin
실업 ishsizlik
실업보험(失業保險) ishsizlikka sug'urta
실업수당(失業手當) ishsizlarga moddiy yordam
실제가치 haqiqiy qiymati
실제가치 tahrir qilingan qiymat
실질임금 감소 real ish haqini kamaytirish
실행, 집행,완성 bajarish
실험, 시험, 테스트 sinov
실험실 설비 laborotoriya jihozi
실현 가능성 amalga osxiraolishning tasdig'i
쓰레기 처리 시스템 chiqindilarni qayta ishlash tizimi
쓰레기 처리, 쓰레기 재활용 kundalik axlatlarni qayta ishlash
쓰레기 하치장 chiqindilar ko'milgan hudud
쓰레기차 axlat tashuvchi mashina
아파트, 공동 주택한 채 uy
악화(惡化)yomonlashish
안내서 ma'lumotnoma
안내소 ma'lumot beruvchi idora
안전기준(安全基準)xavsizlik mezoni
암시장 qora, yashirin, noqonuniy bozor

압박, 압착, 압력 bosim
압수수색 taftish va musodara
압연공장 prokat, chig'irlash zavodi
압연기 yoyish stanogi
애프터 서비스, 구매후 서비스sotuvdan keyingi xizmat
액면가 이하 nominaldan past
액면가, 정가 nominal, baho
액면가가 없고 다만 이윤이나(회사 청산시) 자본을 받도록 해주는 주식 daromadlarga sertifikat
액면가로 nominal bo'yicha
액면가와 반환가의 차이 emission yetakchi
액세서리, 부속품 aksessuar, juz'iy qism
액체 화물 탱크 운송 suyuq holda tashish
액체화물을 대량으로, 탱크상태로 suyuq holda
야금술, 야금학 metallurgiya
야외 보관 ochiq maydonda saqlash
약정 명단 obuna varaqasi
약정, 서약 obuna
양도 가능 신용장 akkreditiv bo'yicha pul o'tkazish
양도, 증여 aliyenatsiya
양면 광고 ikki sahifada reklama
양보, 감가, 양도 yon bosish
양식 제출 talabnoma berish
양키본드 "yanki" obligatsiyasi
양해각서(諒解覺書: MOU) kelishuv bayonnomasi
양허 계약, 이권계약 kontsession shartnoma
어업(漁業) baliqchilik
어음 교환, 청산 kliring
어음 발행인 trassant
어음 배서인 indossant
어음 보증 aval
어음 보증인 avalist
어음 부도 veksel norozilik
어음 소지 자, 어음 소지인 vekseldor, veksel oluvchi
어음 양도절차 indossatsiya
어음 지불인 trassat
어음 지불장소 to'lov domilitsiysi
어음 파기, 수표 발행 취소 revokatsiya
어음 할인 정책(은행 의) diskont siyosat
어음 할인 hisoblash foizi, veksel hisobi, veksellarni qayta hisoblash
어음 할인율 tijoratga oid hisob me'yori
어음 회전율 veksel oboroti
어음 veksel, qarz tilxati
어음, 수표 등에 대한 지불 거부 norozilik, e'tiroz (protest)
어음, 채무인정 서류 kambio
어음배서, 보증 indosamment
어음보증인 veksel bo'yicha avalist
어음부도 vekselning qabul qilinmasligi
어음으로 대금 수납 vekselni to'lash uchun qabul qilish
어음지불 장소(주소) domilitsiy (domicile)
어음할인 diskont (=arzonlashtirish)
어장보호 baliqchilik melioratsiyasi
어획, 수렵 baliq tutish, ov
어획제한 baliq oviga cheklash
억압적인 분위기 keskin muhit
언론보도 matbuot xabari
엄격통제 qat'iy nazorat
업데이트(새롭게하기) rozilik berish
업데이트(updating) razryad, daraja oshishi
업무 경력 mehnat staji
업무 능력 ish qobiliyati, ishga layoqat
업무 능력, 직무상 필요 능력 mehnat ixtisosligi
업무 순서 ish tartibi
업무 진행협약 ish olib borishga doir shartnoma
업무 초빙 ishga taklif
업무 출장 xizmat safari,
업무, 부서, 서비스 xizmat
업무공간 ish-xona
업무범위 faoliyat sohasi
업무상 재해 ish yuzasidan sodir bo'lgan baxtsiz hodisa
업무상 재해 mehnatda olingan jarohat
업무순서 ish ketma-ketligi
업무시설 xizmat binosi, xonasi
업적주 mukofot aktsiyasi (performance share)
에너지 가격 elektr tashuvchilar baxosi
에너지 quvvat
에너지원, 연료(燃料) quvvat tashuvchi
에어쇼 aviasalon (-aerosalon) (air show)
에어졸 포장 suyuqlik upakovkasi
에이전시, 대리점 agentlik, vakolatxona
에이전트 계약 agentlik shartnomasi
에이전트 활동 agentlik operatiyasi
에이전트, 대리인 agent, vakil
엔지니어링 서비스 muhandislik xizmati
엔지니어링 muxandislik
엔진, 모터 dvigatel
엠바고, 무역제재 ta'qiqlash
엑스(X_-레이 검사 rentgen nuri yordamida yuklarni tekshirish
여객 수화물 yuk
여러 나라 시장에의 주식 분산 투자mablag'ni xalqaro bozorda joylashtirish
여분, 과잉, 초과 ortiqcha
여유 부품 ehtiyot qismlari
여행 허가 safarga chiqishga ruxsat
여행 safar
여행안내 telefon ma'lumotnomasi
여행자 수표 yo'l cheklari
역(逆)환어음 retratta
역수입, 재수입 reimport
역순(逆順)으로 teskari tartibda

역조시장 teskari bozor (inverted market)
연간 결산 yillik hisobot, ma'lumot
연간 결산작성 yillik balansni tuzish
연간 대차 대조표 yillik balans
연간 매출 yillik tovar aylanishi
연간 보고서 yillik hisobot
연간 행사 har yillik tadbir
연결 대차대조표 to'plangan balans
연결망, 네트워크 tarmoq
연결부채 birlashgan burch
연공 승진 lavozim oshishi
연구 개발 담당 ilmiy tadqiqot ishlari rahbari
연구 개발 프로젝트 fan-texnika jihatidan ishlash yer osti qazish ishlari
연구센터 tadqiqot markazi
연근해 어업 qirg'orboyi baliq ovi
연금 산정에서 인정되는 근무경력nafaqa hisoblashda mehnat staji
연금 annuitet (annuity)
연금 nafaqa
연금기금 nafaqa fondi
연금보험(年金保險) keksalik sug'urtasi
연기, 연장 olib o'tkazish
연대 보증인 birdamlik kafolati
연대 책임, 공동 책임 birdamlik, hamjihatlik mas'uliyati
연대채무 birdamlik burchi
연령 구조 yoshga oid tuzilish
연령별 인구 분포 aholi yoshiga ko'ra guruhlarga bo'lish
연료(燃料) yoqilg'i
연말결산 yillik hisoblash
연매출을 기준으로 한 회사 순위 firmalarni yillik daromadiga ko'ra muayyan tartibga solish
연방기금 federal fond
연봉 yillik to'lov
연장, 유예 cho'zish, muddatini uzaytirish
연체 이자, 연체료(延滯料), 추가금jarima
연합 협회 ittifoq, uyushma
연합(협회) birlashma, uyushma
연화 kuchsiz, ishonchsiz valyuta (soft currency)
열에너지 issiqlik quvvati
열풍, 광기 bezgak
염가, 물가하락 arzonchilik
영리분야 tijorat sektori
영수증 kvitantsiya (pul yoki biror boshqa qimmatbaho narsa qabul qilinganligi to'g'risida berilgan rasmiy hujjat
영양 부족(營養不足) oziq-ovqat yetishmasligi, oz ovqatlanish
영양, 식사 oziq-ovqat, ozuqa
영양적 가치 ozuqa qiymati
영업 비밀, nou-xau, yangilik
영업비밀 savdo-sotiq siri
영업사원, gumashta, buyurtma to'plovchi vakil, kommivoyajor
영업세 ovchilikka oid, hunarmandchilik solig'i
영업허가 shartnoma, kontsessiya
영화대여 filmlar ijarasi
예금 기관 depozit muassasasi
예금 수령인 omonatni oluvchi
예금 이자 지불 omonatlar bo'yicha foizlarni to'lash
예금 자(預金者), 기탁자 depozitor (=deponent), pul qo'ygan shaxs
예금 통장 omonat daftarchasi
예금, 기탁 saqlash uchun topshirmoq
예금, 예치금 depozit
예금, 자산 avuar
예금보험(預金保險) depozitlarni sug'urta qilish
예금액 재평가 omonatlarni qayta baholash
예금은행 depozit bamki
예금 수납 omonatni qabul qilish
예비비(豫備費)zaxira
예비펀드 zaxira fondi
예산 기구(豫算機構) byudjet tizimi
예산 부담률(예산과 GDP의 비율) byudjet yuklamasi
예산 사용 byudjet mablag'dan foydalanish
예산 수립과정 byudjet jarayoni
예산 수입 byudjet tushumlari
예산 적자 byudjet defitsiti
예산 정책(豫算政策) byudjetsiyosati
예산, 예산안 byudjet (budget),
예산, 추정치 smeta, harajatlar
예산년도 budjetyili
예산의 수입부분 byudjetning daromadli qismi
예산적자충당 byudjet kamchiligini qoplash
예산제도(豫算制度) byutjetsistemasi
예상 소비 mo'ljallangan iste'mol
예상 수입 daromadlar smetasi
예술 공예품 hunarmandchilik mahsuloti
예술인 협회, 창작자 협회 ijodiy uyushma
예인선 shatak kema
예입 증명 depozitli sertifikat
예입 증명 omonat guvohnomasi
예입, 예금, 출자 omonat, pul qo'yish
예입외화 depozitli valyuta
예입자, 출자자 pul qo'yuvchi, omonatchi
예측 기간 taxmin imkoniyati
예측 모델 bashorat qilish modeli
예측(豫測) antitsipatsiya (oldindan aytish)
예측, 예보 bashorat, tashhis
오차, 오류,과실 nuqson, kamchilik
오퍼(offer) shartnoma tuzish haqidagi taklif, oferta
오퍼상, 무역상 dallol

오프쇼어 금융센터 ofshor moliya markazi
오해, 기만 yanglishish
온실 oranjereya
옵션 거래 optsionga oid birja, yirik miqdorda savdo qilish
옵션 채권 optatsiya qilingan obligatsiya
와해, 파산, 실패, 파탄 barbod bo'lish, inqiroz, kasod (крах)
완불 시에만 유가증권이 매입자에게 넘어간다는 조건 naqd to'lash sharti
완전 경쟁(完全競爭) sof raqobatchilik
완전고용 butunlay bandlik
완전선 하증권(clean B/L) sof konosament
완제품 tayyor mahsulot
왕복운송 kemani borib-kelishga kiralash
외교통상부 Savdo vazirligi
외국 투자자 chet el investori
외국산(外國產) chet eldan kelgan
외국인 투자 chet el investitsiyalari
외국환 chet el valyutasi pul birligi
외근직원 safarga chiqadigan xodimlar
외자부채 chet el zayom
외판사원, gumashta, buyurtma to'plovchi vakil, kommivoyajor
외화 거래제한 valyutaga oid cheklov
외화 유입 valyuta oqib kelishi
외화 환전 통제 pul almashinish ustida davlat nazorati
외화, 단위화폐 valyuta, pul birligi
외환 가치 결정, 가격사정 val'vatsiya
외환 계좌 valyuta hisobi
외환 보유고 valyuta zaxirasi
외환 시장 valyuta bozori
외환 시장개입 valyuta intervent-siyasi, bosqini
외환 클리어링, 외환부채청산 valyuta kliringi
외환 포지션 o'rin, vaziyat, holat
외환거래 전략중 하나, 환(換)이론(업무:cambism) kambizm
외환거래 deviza
외환거래 pul operatsiyasi
외환거래소 valyuta birjasi
외환결제chet el valyutasida to'lash
외환덤핑 valyuta dempingi
외환딜러 valyuta dileri
외환매도 muddatida qoplash sharti bo'lmagan savdo
외환보유고 valyuta zaxirasi
외환선물 valyuta f'yucherlari
외환시장 valyuta bozori
요구 talab
요구, 필요 ehtiyoj, zarurat, talab
요구나 기준을 충족하는 mos↔mos emas
요구불 yo'qlab olinguncha
요약(要約) qisqa xulosa, qisqa mazmun
요약, 정리 ma'lumot, hisobot
요양지세, 휴가지세 kurortga oid tushim
요율 구조 tariflar srukturasi
요율 산정 기준 tariflarni hisoblash bazasi
용돈 cho'ntak puli
용량, 수용력, 적재량 hajm
용선 계약에서 화물을 맡기는 측kemani ijaraga oluvchi
용선(傭船) kemaniijaragaolish
용선계약에서 하물 운송을 책임을 지는 측 kemani ijaraga beradigan kishi
용지 blank
우대 이율 imtiyozli stavka
우량주, 블루칩 moviy fishkalar, soqqalar (bluechip)
우발 채무 shartli majburiyatlar
우선순위 birinchilik, ustunlik, eng muhim
우선순위, 순서 ketma-ketlik, izchillik
우선주(優先株) imtiyozliaktsiya
우수품질, 우량품질 qoniqarli sifat
우월성, 우위 ustunlik
우위, 이점 afzallik, ustunlik
우편 pochta, aloqa bo'limi
우편발송 pochta jo'natmasi, yuborish, jo'natma
우편주문 거래 posilka savdosi
우호적 접객 do'stona qabul
우회로 aylanma yo'l
운동, 흐름 harakat
운송 처리 시스템 자동화 avtomatika
운송대금 청구서 tashish uchun hisob-kitob
운송비 보전을 감안한 도매가격qimmatli qog'ozlar
운송이전 대금 선납조건 belgilangan to'lov
운송인(運送人: carrier) olibo'tuvchi, tashuvchi
운수, 운송, 수송 olib o'tish
운영예산 operativ smeta
운용리스(금융외의 리스) operativlizing
운임 포함 가격(略: C. A.F., C. & F., CF: cost & freight)
운임 yuk tashish uchun foiz
운임(보험료 포함)인도조건, CIF (cost, insurance and freight) NSY narx, sug'urta, yollash
운전 자금에서 일시적으로 빼낸 자금 hisobdagi vositalar
운전면허(運轉免許) haydovchilik guvohnomasi
운전사 avtomobil haydovchisi
운전자, avtomobil haydovchisi
운하처리능력 aloqa yo'llarining o'tkazuvchanlik quvvati
원가(原價) tannarx
원거리운송 masofaga haq to'lash
원격조정 masofaviy boshqaruv
원료 재고 moddiy zaxira
원료(原料) xom-ashyo
원료나 반제품을 근거로 발행된 유가

증권 omborxona varranti
원리금 foizli kapital
원산지 증명 kelib chiqishi haqida guvohnoma, kelib chiqish sertifikati
원예 bog'dorchilik
원유 소송항 neft quyish porti
원유(原油) xomneft
원재료 asos material
원천, 산지 kelib chiqishi, asli
원칙, 법칙 tamoyil
월급지불계좌 maosh hisobi
월별 지급 har oylik to'lash
월평균 필요량o'rtacha oylik ehtiyoj
위력, 용력, 출력 (capacity)quvvat
위성 지상관제 센터 yer usti bekati
위성도시 건설 shahar yo'ldoshlar qurilishi
위약금, jarima
위약금을 지불하면 거래 파기가 가능한 조건 ma'qul kelmaslik sharti bilan kelishuv
위원회, 중개비(comission), komissiya, tashkilot
위임, 의뢰 topshiriq, hujjat
위임받은 전권 제3자에게 넘김(assignment) boshqaga ishonmoq
위임장 ishonch qog'ozi
위임판매, 위탁판매 konsignatsiyali savdo
위조, 모조, 위조품 qalbakilashtirish, soxta narsa
위조수표 qalbaki chek
위탁 판매 vositachilik savdo
위탁, 위탁판매 konsignatsiya
위탁계약 komissiya, tashkilot
위탁은행 bankning vositachilik haqqi
위탁자 komitent konsignant
위탁판매인 konsignator
위험부담, 리스크 tavakkalchilik, xavf (risk)
유가 증권 시장 qimmatli qog'ozlar bozori
유가 증권 위탁 fidutsial operatsiya
유가 증권 포트폴리오 qimmat qog'ozlar portfeli
유가 증권관리 qimmatbaho qog'ozlar ma'muriyati
유가종금 franko-narx
유가증권 관리위임 ma'muriyatga ishonch qog'ozi
유가증권 담보 대출 garov krediti
유가증권 대장 qimmatbaho qog'ozlar kitobi
유가증권 등록 qimmat qog'ozlar ro'yxati
유가증권 발행 수익 qog'oz pul chiqarish daromadi
유가증권 발행 qimmat qog'ozlar chiqarish
유가증권 수입으로 사는 사람 sudxo'r
유가증권보유자 zayom chiptasiga ega kishi
유가증권에 쓰인 수혜자 표시kimnidir foydasiga ko'rsatma
유급 노동 haqi to'langan mehnat
유기 비료 mineral o'gitlar
유능한 전문가 bilimdon mutaxassis
유동 자산(流動資産) aktiv, oson qo'lga kiritiladigan daromadlar
유동성 거래의 황금율, 부채와 자산의 조화 원칙 likvid operatsiyalarini o'tkazishning oltin qoidasi
유동성 관리 ma'muriyati fondlar ma'muriyati
유동성 부족 likvid yetishmovchiligi
유동성 선호 likvidlikni afzal ko'rish
유동성 예비비(豫備費) zaxira likvidi
유동성(流動性) qadrlilik, likvidlik
유동자본 aylanma mablag', kapital
유로 자본시장 mablag'larning ovropa bozorlari
유로시장 yevrobozor
유로주식 yevroharakat
유명 브렌드 yuqori marka
유사화폐 kvazi-pullar
유서, 유언 vasiyatnoma
유엔 국제재판소 BMT Xalqaro Sudi
유연성 elastiklik, egiluvchanlik
유연성, 이동성 harakatchanlik
유용성 극대화 foydalilik maksimumlashuvi
유입 oqim
유입(流入) ko'tarilish, oqib kelishi
유전(油田) neftkoni
유전적 차이 genetik farq
유제품 sut mahsulotlari
유지 보수 texnik tarkib
유지, 내역, 봉급, 할당 mazmun, tarkib, miqdor
유출(流出) kamayish, chiqib ketish
유통 동전 muomaladagi tangalar
유통 자금 aylanishdagi, muomaladagi mablag'
유통기간 muomala davri
유통되는 총화폐량 numeriko
유통비 muomala xarajatlari
유한책임 파트너 쉽 ma'suliyati cheklangan uyushma↔ ma'suliyati cheklanmagan uyushma
유형, 종류 nomenklatura, nomlar
유효, 효력 haqiqiylik
유효기간, saqlanish muddati
유효성, 적합성 yaroqlilik
육상교통 yerdagi aloqa
육체노동 jismoniy mehnat
윤작, 돌려짓기 o'z-o'zida aylanish
융통어음 do'stlik vekseli
은행 대부 bank qarzi, zayomi
은행 무인 인출기 bank avtomati
은행 신용도 bank krediti
은행 영업세 bank faoliyatiga soliq
은행 예치금 bank dipoziti
은행 주소 bank domitsiliysi
은행 지불 준비금 bank zaxira
은행 합병 banklar yiriklashuvi
은행(銀行: bank) bank

은행간 교류 협정 gumashtariy shartnoma
은행거래 bank operatsiyalari va kelishuvlari
은행거래비밀 보호 협약 bank siri bo'yicha bitim
은행권, 지폐 banknotlar, qog'oz pullar
은행권, 지폐 qog'oz pul
은행대부 bank ssudasi
은행대부금 bank ssudasi, bank beradigan qarz
은행로고 bank logotipi
은행보증 bank kafolati
은행송금 bank pul o'tkazuvi
은행수표 bank cheki
은행어음 bank vekseli
은행원 bank xizmatchisi
은행의 대여금고 qimmatbaho buyumlar saqlash uchun bankdagi temir quti
은행의 야간 현금 보관 금고 tungi saqlash
은행의 예대 마진 hisob me'yori marjasi
은행의 채무자와 채권자에 대한 이율 차이 netto foizlar qoldig'i
은행의 현금 자산 상태, 은행 준비금에 대한 지출 준비 mablag' holati
은행이 거래 상대 은행에 개설한 계좌 loro (loro)
은행이 정기적으로 계좌의 일정 금액을 제3자에게 지불해 달라는 고객의 지시(임대료, 집세 등) uzoq muddatli to'lov ko'rsatmasi
은행이나 기업이 중앙은행에 개설한 계좌 markaziy bankdagi hisob
은행정관 bank nizomi
은행지점 bank bo'limi
은행채권의 한 형태 kassa boni, kredit qarzdorlari
은행컨소시엄의 대표은행 birinchi(oliy, katta) bank
음울한 전망 mush'um istiqbol
응급 서비스 falokatda yordam xizmati
응급구조 tez yordam
응급처치 tez, birinchi yordam
의료 기관 tibbiy muassasa
의료보험(醫療保險)tibbiyotsug'urtasi
의료보험카드 tibbiy sug'urta hujjati
의무 불이행 majburiyatni bajarmaslik
의무, 채무 majburiyat
의무불이행으로 인한 손실 majburiyatlar bajarilmaganligi oqibatida yetkazilgan ziyon
의무이행 majburiyatlarni bajarish
의사결정 모델 ijozatni tanlash modeli
의향 각서 maqsad haqida bayonot
이동성 harakatchanlik
이득 avantaj
이력서(履歷書) kasbiy xulosa
이론(理論) teoriya,nazariya
이름이 감춰지고 번호로 소유자를 표시하는 계좌 raqamlangan hisob
이백(200)해리 어업수역 200 millik baliqchilik hududi
이성적(합리적) 사용 aaqliy, ratsional foydalanish
이월금o'tkazish qoldig'i
이윤 공유시스템 daromadda ishtirok etish tizimi
이윤 극대화 daromad maksimizatsiyasi
이윤 추구 daromad ortidan quvish
이의를 제기한 당사자 shikoyat qilgan tomon
이익 실현 daromadni amalga oshirish
이익 daromad
이자 ~% 조건의 대부 foizli qarz krediti ~%
이자소득 manfaatlar kelishi
이자율 계산 공식 foizlar hisoblash formulasi
이자율 차익 거래 foizli arbitraj
이자율 하락 foizli me'yorning kamayishi
이자율, 금리(金利) belgilangan foiz
이자foiz
이전, 명의개서 o'tkazish
이전, 양도, 기부 tortiq qilish
이전가격, 사내대체 가격 firma ichidagi transfert narxlar
이중과세(二重過歲) ikki baravar soliqqa tortish
이중옵션 ikki baravar optsion
이코노미 클래스 iqtisodiy toifa bo'lmasi
이해관계의 일치 manfaatlar mos kelishi
익명, 필명 taxallus
인 수불 to'lovning aktsept shakli (payment by acceptance)
인가 ma'qullash
인구구성 aholi tarkibi
인구밀도(人口密度)aholi jinsligi ko'rsatgichi
인구밀집지역(↔인구희박지역) aholi zich joylashgan hudud ↔ aholi siyrak joylashgan hudud
인구분포 demografik segmentatsiya
인구의자연 성장 비율 aholining tabiiy o'sish ko'rsatgichi
인구학(人口學) demografiya, aholishunoslik
인기 ommaboplik
인기있는 ommabop
인도, 대여(貸與) topshirish, berish
인두세 jon boshidan olinadigan o'lpon
인력 선발 kadrlar tanlovi
인력(人力) ishchi kuchi
인력, 견인력 tortish kuchi
인력, 스테프 kadrlar
인력보충 kadrlar to'lishi
인력부족 kadrlar yetishmovchiligi
인력수요 insoniy ehtiyojlar, ishchi kuchiga ehtiyoj
인력채용 kadrlarni qabul qilish

인력축소kadrlarni qisqartirish
인사과, 인사팀 kadrlar bo'limi
인사부kadrlar bo'limi
인상, 상승(↔하락, 하강) oshish, ko'tarilish - tushish
인세 수령인 qalam haqi oluvchi
인세 지불인 qalam haqi beruvchi
인쇄(印刷) muhr, matbuot
인쇄기 bosma dastgoh
인수 신용장 aktsept krediti
인수 aktsept, rozilik
인수신용장(印綬信用狀), 신용장애에 의한 기한부 어음 atsept krediti
인수증(引受證), 허가증, 영수증(領收證) tilxat, qayd qilish
인수합병, M & A(mergers and acquisitions)qo'shilish va egallash
인적자원 kadrlar zaxirasi
인지세 davlat boji
인출계좌 ochiq hisob
인터뷰 intervyu
인플레이션 억제 정책 infilyatsiyaga qarshi siyosat
인플레율 infilyatsiya tempi
인플레이션 가능성 inflyatsiya imkoniyatlari
인플레이션 inflyatsiya (qog'oz pullarning ortiq darajada chiqarilishi natijasida qadrsizlanishi)
인플레이션으로 인한 가치 하락을 방지하기 위한 금괴, 금화, 귀금속 등의 형태로 금을 축적하는 것 oltin hazinasi
일(1)사분기 irinchi kvartal
일기예보 ob-havoni aytish
일당 kunbay haq to'lash
일류제품 ajoyib mahsulot
일반 사이즈 ommabop o'lcham
일반적 질병 (업무와 무관한) umumiy kasallanish
일반주식 oddiy obligatsiya
일반화물처리항구 asosiy yuklar porti
일시적 노동 불가능상태 vaqtincha mehnatga layoqatsizlik
일시적 노동 상실에 대한 수당, 보조금 vaqtinchalik mehnatga layoqatsizlikka beriladigan moddiy yordam
일시적 부족 vaqtincha yetishmovchilik, tanqislik
일시적 선박 임대계약 tijorat
일시적 조업 중단 ishni vaqtincha to'xtatish
일시적으로 한도 늘어난 당좌 대월 ruxsat etilgan overdraft
일시적인 면직 ishdan chetlatish
일용품 keng iste'mol buyumlari
일용품(日用品) keng iste'mol mollari
일용품의 대대적인 판매/현실화 jadal amalga oshirish
일자순 taqvimiy izchillik
일정 계획 jadval tuzish
일정 기준을 충족하는 기업에 세금 납부기한 연기 investitsion soliq krediti
일정계획(scheduling) taqvimiy rejalashtirish
일정기간 동안 상품이나 유가증권의 가격을 정해두는 계약 tezkor moliyalashtirish
일주 여행 aylanma qatnov
일체형 액세서리 ajratilmas juz'iy qismlar
일치 tasodif, mos kelish
일회용 쿠폰 bir marotabalik kupon
일회용 포장 bir martalik upakovka
임금 산정 단계 ish haqqi miqdori
임금 상승으로 인한 인플레이션 oylik haqining oshishi natijasida pulning qadrsizlanishi
임금 인상 동결 maosh miqdorining oshishini vaqtincha to'xtash
임금격차(차이) maoshdagi farq
임금등급, 요율체계 ta'rif darajasi
임금인상, 보너스 ustama haq
임대 ijara
임대거주 ijaraga olingan bino
임대계약 ijara pudrati
임대료, 이자, daromad, renta
임대료징수 ijarani undirish
임대비 daromad bo'yicha harajat
임대인 ijaraga beruvchi
임대인, 고용주 yollovchi
임대조건 불이행, 비용미납 qarz shartlarini bajarmaslik
임대차,임대료 ijara haqqi
임대차로 ijaraga
임대창고 공간의 용적 ombor mehmonxona
임대하다 ↔ 임차하다 ijaraga olmoq / bermoq
임대하다 ijaraga bermoq, topshirmoq
임대회사 ijara muassasasi
임시 증명 muvaqqat sertifikat
임시 직원 muvaqqat xodimlar
임시(잠정) 대차대조표 oraliq balans
임시계좌 oraliq hisob, muvaqqat hisob
임시직원 vaqtli ishchilar
임업 및 제지업 생산품 yog'och-qog'oz mahsulot
임원회의 direktorlar kengashi
임차인 ijarachi
임차하다 ijaraga olmoq
입간판 광고 stendlardagi reklama
입사(入社) uyushmaga tushimlar
입장 허가, 통행허가 qo'yim, kirish ruxsatnomasi
입장료 kirish uchun to'lov
입찰, 매긴 값 bid (bie).
입찰, 입찰신청 tender
입찰규정 savdo tartibi
입찰기회 제공 savdoga taklif
입출금 계좌 bank hisobi
입항세 port tushimlari
잉여, mo'lchilik, ortiqchalik
자격 증명 tasnifiy guvohnoma
자격, 능력 malaka, ixtisos
자격증명 malaka haqida hujjat

자극 마케팅 rag'batlantiruvchi marketing
자극, 동기, 인센티브 stimul, rag'batlantiruvchi omil
자금 보유 mablag' mavjudligi
자금 설비 vosita, mablag'
자금 융통(융자) moliyalashtirish
자금할당, 배분 mablag' ajratish
자급자족 경제 o'z-o'zini ta'minlay oladigan iqtisod
자기자본 증가 hususiy mablag' ko'payishi
자동 로밍 avtomatlashgan rouming
자동차 대여, 렌트카 avtomobillar ijarasi
자동차 도로 avtostrada, katta yo'l, avtomobil yo'li
자동차 리콜 수리 avtomashinani ta'mirga chaqirib olish
자동차 산업 avtomobil sanoati
자동차 산업 avtomobilsozlik sanoati
자동차 생산공장 avtomobil zavodi, avtozavod, yonilg'i quyish shahobchasi
자동차 성능 검사 texnik ko'rik
자동차 소유자 avtobaza avtomobil egasi
자동차 수입 허가증 avtomobilni kiritish uchun litsenziya avtomobil kiritilishi
자동차 승용차 yengil avtomobil
자동통제 시스템 avtomatik boshqaruv tizimi
자동판매기 avtomat
자동화 기술 avtomobil
자동화 설비 avtomatlashtirilgan jihoz
자동화 avtomatizatsiyalash yo'l harakatini avtomatlashtirilgan boshqarish tizimi
자동화된 생산 avtomatlashtirilgan ishlab-chiqarish
자렛대 효과(效果) leveraj ta'siri
자문활동 maslahatchilik faoliyati
자발적 예비비 ko'ngilli zaxiralar
자본 비율 kapitalning aktivlarga munosabati
자본 집중 프로젝트 mablag'ga oid loyiha
자본 형성 mablag' shakllanishi
자본 kapital, mablag', boylik
자본과 주식 관계조정 aktsiyalarni qayta guruhlarga ajratish
자본수출 mablag' eksporti
자본시장 mablag'lar bozori
자본유입 mablag' oqib kelishi
자본유출 mablag' kamayishi
자본자산 asosiy fondlar
자본주의 경제 kapitalistik iqtisod
자본주의(資本主義: capitalism) kapitalizm
자본투입(self-financing) o'z-o'zini moliyalashtirish
자본투자 mablag' ajratish, mablag' kirimlariga sarf qilish
자본투자자극 mablag' sarflash uchun sabab
자본화 가치 mablag'langan baho
자본화, 시가평가 kapitallashuv (capitalization)
자본화율 kapitalizatsiya me'yori
자본회전 kapitalning aylanib turishi
자산 ↔부채 aktiv, faol (balansning daromad yoziladgan qismi)
자산 소유형태 mol-mulk shakli
자산 차압 mol-mulkni hisobga olish
자산 합병 mulkchilar tomonidan mulkning qo'shilishi
자산목록 mol-mulk ro'yxati
자선 사업 xayriya
자선 센터 xayriya markazi
자선활동 xayriya faoliyati
자연 독점 tabiiy monopoliya
자연인 jismoniy shaxs
자연재해 tabiiy ofat
자원 재활용 ikkilamchi mablag'lardan foydalanish
자원(資源: (natural) resources) manba,boylik,resurs
자유 무역지대 erkin savdo doirasi
자유 무역항 porto-franko
자유 환율, 시장 환율 erkin kurs
자유경쟁시장 erkin bozor
자유화 murosasozlik, liberalizatsiya
자행계정 "nostro" hisobi
자회사 shu'ba firma
자회사(子會社) shu'ba korxona
작가, 저자, 작성자 muallif
작성, 수립 tuzish, tashkil qilish
작업규칙, 근무규칙 ish tartibi
작업실 ustaxona
작업중 휴식 ishdagi tanaffus
잔돈 mayda pullar
잔액 이월 qoldiqni yangi raqamga o'tkazish
잠재력, 가능성 imkoniyat
잠재수요(潛在需要) potentsial talab
장기로 보장되는 주가 혹은 환율uzoq muddatli hisob stavkasi
장기펀드 uzoq muddatli fond
장기화, (단기채의) to'planish, mustahkamlanish, konsolidatsiya
장미빛 전망 yuqori samarali istiqbol
장벽 bar'yer, to'siq (barrier)
장부상 이익 hisobga oid daromad
장식재, 보조재 yordamchi materiallar
장애 nogironlik, majruhlik
장애, 장벽,곤란 to'siq, g'ov
장애인 nogiron, majruh
장외거래 시장 birjadan tashqari bozor
재건 qayta qurish
재고 떨이 판매 eskirgan mollarni sotib tugatish
재고 보유 zaxiralar mavjudligi
재고 보충 사이클 zaxiralar to'ldirilishi davriyligi
재고 유지 zaxira miqdori

재고 최소화를 특징으로 하는 생산 원료 공급 및 관리 체계 "aniq muddatda" tizimi
재고량, 저장물 zaxira, g'amlab olmoq
재고로 인한 자금 경색 zaxiradagi mablag'larni to'xtatish
재고조사 tovar-molni hisoblash
재고확보 ehtiyot shart xarid
재구조화(再構造化) qaytatuzish
재료(材料) material
재무제표 요약 joriy hisobdan ko'chirma
재무제표, 대차대조표(貸借對照表) hisob, buxgalter balansi
재배, 경작 yetishtirish
재벌 birlashma, konglomerat
재분배 qayta taqsimlash
재산 부족 mol-mulk kamomadi
재산(財産) xususiy mol-mulk
재산(財産), 자산, 소유물(所有物) mol-mulk
재산권 mol-mulk huquqi
재산권포기 abandon
재산보험(財産保險) mol-mulkni sug'urta qilish
재산부당취득 mol-mulkka asossiz ega bo'lish
재산분할 mol-mulkni bo'lish
재산세(財産稅) shaxslarningmol-mulkigasoliq
재산손실 mol-mulkka etkazilgan zarar
재산의 일시임대 mol-mulk ijarasi
재산피해 mol-mulkni yo'q qilish yoki unga ziyon yetkazish
재수출(再輸出)qayta, takroriy export
재원 마련의 어려움 moliyalashtirish manbalarini topishdagi qiyinchiliklar
재임대 subijara
재정 개선 moliyani yaxshilash
재정 규율 moliyaviy intizom
재정 진술서 qo'shimcha affidevit
재정(금융)상황 건실화 moliyaviy ahvolni yaxshilash
재정부 Moliya vazirligi
재정분석 moliyaviy tahlil
재정상태 moliyaviy ahvol
재조정, 재평가 qayta ko'rib chiqish
재투자 할인 reinvestitsion skidka
재투자(再投資) reinvestitsiya
재평가, 과대평가 yangidan baholash, ortiqcha baholash
재활용 chiqindidan foydalanish, yo'qotish
저가의 노동력 유입 arzon ishchi kuchi
저금리 정책(↔ 고금리 정책) qimmati past pullar siyosati ↔ qimmati baland pullar siyosati
저당, 담보 garov
저당, 담보, 증거, 증표 garov
저당권 계약 ipoteka haqida shartnoma
저당권 ipoteka
저당증서,담보증서 garov xati
저소득층, 빈민층(貧民層) bechora hollar, yo'qsillar
저숙련 노동자 malakasi oz ishchi
저임 노동자 kam haq to'lanadigan ishchi
저작권 계약 mualliflik shartnomasi
저작권 보호협약 mualliflik huquqini himoya qilish bo'yicha kelishuv
저작권 양도 mualliflik huquqini topshirish
저작권 mualliflik huquqi
저작권(著作權) kopirayt
저작권료, 인지세 mualliflik qalam haqi
저장 식품 konservalangan mahsulotlar
저축 jamg'arma
저축, 검약 tejamkorlik, iqtisod qilish
저축계좌 omonat hisob
저축은행 omonat banki
저품질 연료 past sifatli yoqilg'i
적극성(積極性) faollik
적당함, 타당 adekvatlik, aynanlik, tenglik, moslik
적시성 o'z vaqtida bajarilishi
적자 예산 harajatli byudjet
적자 zarar, etishmaslik, kamyob, defitsit (deficit)
적정수요 effekli talab
적합성 증명 muvofiqlik sertifikati
적합성 muvofiqlik, loyiqlik, mos kelish
적합성, 가용성 yaroqlik
전광판광고 nurli reklama
전권 은행 vakolatli bank
전기요금 elektr quvvatiga belgilangan narx
전달 topshirish
전대 subarendaga topshirish
전대(轉貸), 재임대 qo'shimcha qarz olish
전망, 가능성 istiqbol
전매(금지)법 monopoliya qonunchiligi
전매국 monopoliyaga asoslangan byuro
전무(專務: executive director) betakror direktor
전문가 mutaxassis
전문기술(技術: technique) texnika
전세계 대량 도매 tovar birjasi
전세기(傳貰機) tijoriy samolyot
전시 스탠드 ko'rgazma stendi
전시, 데모 demonstratsiya, namoyish (demonstration)
전시관, 진열관 maxsus jihozlangan bino
전시장 입장 카드 ko'rgazmaga ruxsatnoma
전시장(展示場), 쇼룸(showroom) ko'rgazma binosi
전시회, 진열 ko'rgazma
전압 elektr quvvati
전자 계기 elektron hisoblagich
전자계산기(電子計算機), 컴퓨터 EHM elektron hisoblash mashinasi
전자기술(電子技術) electrontexnika

전자우편 elektron pochta
전제, 선결조건 shart-sharoit
전체크기 hajm, tashqi o'lcham
전표(錢票), 거래내용의 지시문서 order, yozma buyruq, farmon
전화(電話) telefon
전화번호부 sayohatchi ma'lumotnomasi
전환 마케팅 shartlari o'zgartirilgan marketing
전환 o'tish
전환 svitch (switch)
전환가격(轉換價格) almashinadigan qiymat
전환기 경제 o'tuvchi iqtisod
절대 우위(絶對優位) mutlaq ustunlik
절차, 가정 bajarilgan ish tartibi, jarayon
절취, 절도 o'g'irlik
점심시간 tushlikka tanaffus
접객담당,리셉셔니스트(receptionist) mehmonxona eshik egasi
접경교역 chegaradagi savdo, = qirg'oq boyi savdo
정관 nizom
정관이 정한 예비비 nizomli zaxira
정기 간행물 davriy matbuot
정기예금 muddatli omonat
정기운항선 muntazam qatnovchi kema
정기적으로 열리는 박람회, 전시회 yarmarka, bozor
정년 ishlashga ruxsat berilgan yosh chegarasi
정례모임, 정규모임 muntazam yig'ilish
정박지, kemalar bog'lab qo'yiladigan joy
정보 수집 시스템 ma'lumot to'plash tizimi
정보 수집 ma'lumot to'plash
정보 ma'lumot (imformation)
정보교환(情報交換) ma'lumot almashinuvi
정보제공 서비스 ma'lumot berish xizmatlari
정부 발행 채권, 불환지폐 g'azna chiptasi
정부 보조금 수령인 davlat nafaqasi oluvchi
정상 판매가 venial narxi
정상근무시간 me'yordagi ish vaqti
정상시장 normal bozor (normal market)
정신노동 aqliy mehnat
정신적 가치 ma'naviy qadriyatlar
정유 neftni qayta ishlash
정책(政策) siyosat
정체, 침체, 부진 turg'unlik
정확성, 면밀함 saranjomlik, batartiblik
제 1순위저당 birinchi ipoteka
제 3자 uchinchi shaxs
제 3자에게 유리한 합의 uchinchi shaxs foydasiga shartnoma
제2 금융권 ikkilamchi bank sektori
제로 성장 nolli oshish
제로 프리미엄 옵션 nolli rag'batga ega optsion
제시, 프레젠테이션 tasavvur, taqdimoq
제약업 dori-darmon sanoati
제재 rozilik, ruxsat, tasdiq, jarima (sanction)
제정, 계약서 조항 maqola, modda
제제공장 qog'oz fabrikasi
제조, 제품, 수공품 mahsulot
제조물 배상책임 ishlab chiqarilayotgan mahsulot sifatiga javobgarlik
제조업체 ishlab-chiqaruvchi shirkat
제출, 제시 uzatish, berish
제품 결함 tovardagi nuqson, kamchilik
제품 범위 buyum- mahsulot nomlari, nomenklaturasi
제품 브랜드 mahsulot markasi
제품 생산 중단 mahsulot ishlab chiqarishni to'xtatish
제품 수명 주기 tovar umri
제품 수명 주기의 상승 단계 tovar hayotiy o'sish bosqichi
제품 한 벌 일체, 세트 mahsulot bekamu-ko'stligi
제품가격 결정 mahsulot narxini belgilash
제품수명의 하강 단계 tovar hayotiy kamayishi bosqichi
제품정보 tovar haqida ma'lumot
조건 shart, sharoit
조건, 상황 sharoit, ahvol
조건, 조항 klauzuala
조기 중단 muddatidan oldin to'xtatish
조력 책임 subsidar mas'uliyat
조력, 공조, 도움 yordam
조립 라인 yig'ish yo'nalishi
조립(組立) terish,yig'ish
조사, 연구 tadqiqot, tekshirish
조사, 인터뷰 so'rov
조선(造船) kemasozlik
조선소(造船所) kemasozlik korxonasi
조선소(造船所), 선박을 건조·개조, 수리 kemasozlik zavodi
조선업(造船業) kemasozlik sanoati
조세 부담률(조세와 GDP의비율) soliq yuklamasi
조세기관 davlat soliq xizmati
조세제도 soliq tizimi
조작, 조종, 농간 nayrang, manipulyatsiya
조정 가치 adolatli bozor bahosi
조정 adaptatsiya, moslashuv, ko'nikuv
조정 boshqarish, tartibga solish
조직 마케팅 tashkilotlar marketingi
조폐국 zarbxona
조합 uyushma
종가, 폐장시 주가 qabul qilingan kurs
종신보험증서(終身保險證書) o'lim holatiga sug'urta
종신연금 umrbodlik daromad

종신염금 abadiy annuitet
종합 조달, 종합 공급 kompleks yetkazib berish
좌측통행 chap tomonli harakat
주, 주식(株式) aktsiya (daromaddan hissa olish huquqini beruvchi qimmatbaho qog'oz)harakati.
주가 조작 birja kurslari manipulyatsiyasi
주가 지표 aktsiya indeksi
주가 하락 birjadagi kursning tushishi
주가와 주식 수익의 비율 aktsiya daromadliligi
주가하락으로 인한 매매 차손 kurs bo'yicha zarar
주거, 거주, 주택 turar-joy
주거비 지원 uy-joy uchun yordam puli
주거용 건축물 uy-joy inshootlari
주거용 집 혹은 방 turar joy
주거환경 개선 uy-joy komunal islohot
주기, 순환, 사이클 davr, davriylik, turkum
주기적 감소 davriy tushish
주기적 상승 turkumiy ko'tarilish
주기적 실업 davriy ishsizlik
주당 이익 희석 foyda dilyutsiyasi
주문 buyruq
주문(注文), 맞춤 buyurtma
주문의 요구사항 buyurtmani talab qilish
주문자(注文者) buyurtmachi
주물공장 metal quyish zavodi
주식 거래 시가 birja muomalasi
주식 거래 유동성 birjadagi likvidlik
주식 거래량 aktsiya oboroti
주식 거래정지 birjadagi savdoni to'xtatish
주식 중개인, operatorlar
주식 포트폴리오 aktsiyalar portfeli
주식가격회복 rekuperatsiya
주식거래(株式去來) birja operatsiyasi
주식거래가 birja narxi
주식거래의 지불기간 medio
주식공모 한도 초과 obuna me'yordan oshib ketishi
주식매매 차익 birja mukofoti
주식매수 혹은 매입의 적기 tayming
주식목록 aktsiya ro'yxati
주식발행시 매입을 약정한 자 obuna
주식보유량 aktsiya paketi
주식분할 aktsiyalarni bo'lish
주식분할 alohida guruh
주식시장 붐 birja shov-shuvi
주식시장가격 birja narxi
주식시장공황 birja sarosimasi, (vahimasi) birja sinishi
주식시황표시기 tiker
주식액면가 자본 aktsiyadagi kapitali
주식액면가와 시장가의 비율 aktsiya daromadi me'yori
주식을 통한 회사 부채청산 firma qarzlarini daromad bilan uzish
주식자본(株式資本) aktsiyadorlilik mablag'i
주식청약 aktsiyaga obuna bo'lish
주식투기 aktsiyalar chayqovchiligi
주식회사 경영 aktsiyadorlik uyushmasini boshqarish
주식회사 등록부 aktsiyadorlik jamiyati ro'yxati
주식회사(株式會社) aktsiyadorlik (hissadorlik) jamiyati
주식회사의 정책 방향을 결정하고 실현하는데 통제력을 행사할 정도의 주식보유 doimiy, barqaror xolding
주식회사이사 aktsiyadorlar jamiyati boshqaruvi a'zosi
주식희석(dilution) dilyutsiya
주요 고객 asosiy xaridor
주요도로, 파이프라인 asosiy yo'l, magistral
주유소 yoqilg'i shahobchasi
주제에서 벗어남 mavzudan chetga chiqish
주주 총회에서 선임된 은행 혹은 금융기관 to'lash agenti
주주(株主) aktsioner, aktsiyador (hissador)
주주의 권리 aktsiyador huquqi
주주총회 aktsiyadorlar yig'ilishi
주주총회(株主總會) aktsiyadorlar majlisi
주차금지 구역 tasdiqlangan to'xtash joyi
주차장 avtomobil to'xtash joyi, mashinalar to'xtash joyi
주택 건설 투자 uy-joy qurish uchun mablag' ajratish
주택 임대인 uy-joyni ijaraga oluvchi
주택 제공 uy-joy ta'minoti
주택건설 감소 uy-joy qurilishini qisqartirish
주택부족 uy-joy yetishmovchiligi
주택소유 uy-joyga egalik
주택임대차 계약 turar-joyni ijaraga olish shartnomasi
준비, 훈련, 양성 tayyorgarlik, tayyorlash
중간 정도 기간에 걸친 자산 임대 yollash, ijaraga olish
중간 정산 이익 oraliq daromad
중개 서비스 vositachilik xizmati
중개망 agentlar
중개상인(仲介商人), vostachi, komissioner
중개업, 거간 brokeridj
중개은행 bank-korrespondent
중개인 수수료 dalollik haqqi, kurtaj
중개인(仲介人) vostachi, komissioner
중개인, 브로커 broker, birja dalloli
중계항 tranzit porti
중공업(重工業) og'ir sanoat
중기(3~5년의 상환기간) 대출거래 o'rta muddatli kredit operatsiyasi
중단, 취소 to'xtatish, bas qilish

중등품 o'rta nav
중량내역 og'irlik tasnifi
중량미달, 결산부족분 manko
중매상(仲買商) vostachi, komissioner
중소기업(中小企業) o'rta-kichik korxona o'rta-kichik shirkat
중앙은행 markaziy bank
중앙은행의 공식어음 할인율 rasmiy hisob me'yori
중앙은행의 단기 채권(3개월~4년) yorliq
중앙은행의 통화 규제 행동 ochiq bozor operatsiyasi
중앙은행이 정하는 환율 qayd qilingan almashuv kursi
즉각적 조치 keyinga qoldirilmaydigan choralar
증가(增加) oshiash, ko'payish
증권 거래세 qimmatli qog'ozlar operatsiyasiga soliq
증권 obligatsiya,davlatzayomi
증권거래 위원회 birja kengashi, maslahati
증권거래소 fond birjasi
증권의 결제 보증 및 관리 기관 hisoblash palatasi
증권인수인 anderrayter
증권회사 birja firmasi
증명, 증명서 guvohlik, guvohnoma
증명서(證明書)sertifikat, guvohnoma
증명서, 법규(규정) 행동 akt (harakat, voqea, hodisa)
지급 기한이 지난어음, 비불어음 muddatidan o'tib ketgan veksel
지급보증 delkredere
지대 yer rentasi
지렛대, 추진 수단 dastak, tayanch, vosita
지로 거래 jiro (giro)
지로결제 jiro hisob-kitobi
지방정부에 대한 정부 보조금 subventsiya
지불 to'lash
지불(요금) 임금 to'lov
지불, 청산 uzish, tolash
지불금액 to'lov
지불기한 to'lov muddati
지불능력(支拂能力) to'lashga qodirlik
지불방법 to'lash usuli
지불유예 to'lovlarga moratoriy
지불의뢰 to'lashga oid topshiriq
지불절차 to'lov tartibi
지수 결정 메커니즘, 지수연동 indeksatsiya
지역 시장 mintaqaviy bozor
지역, 지구 tuman, hudud
지역간 경제 협력 강화 mintaqalararo iqtisodiy hamkorlik faollashuvi
지역보건상황 개선 mahallani sog'lomlashtirish, yaxshilash
지역시장 mahalliy bozor
지연(遲延) to'xtatib qo'yish, vaqtincha to'xtash
지연, 지체 vaqtincha to'xtatish
지연, 지체 shartnoma bajarilishini kechiktirilishi
지연배달 muddati o'tgan yetkazish
지연에 따른 제재 kechiktirish uchun jarima
지연지불 muddati kechiktirilgan to'lovlar
지원, 원조 yordam
지원부서 yordamchi bo'lim
지적 소유권 aqliy mulk
지적 재산권 보호 aqliy mulk huquqini ta'minlash
지점 bo'lim
지점, 산업, 영역 tarmoq, soha
지점, 조항 punkt, nuqta, joy, modda
지점, 지사(支社) filial, bo'lim
지점망 bo'limlar, filiallar tarmog'i
지정 가격 이상으로 거래해 달라는(브로커에 대한) 주문 dallolga ko'rsatilgan yoki yaxshiroq narx bo'yicha kelishuvga buyruq berish
지정한 수준과 비슷한 금액으로 유가증권 거래를 해달라는 고객의 주문taxminiy ko'rsatma
지주회사(持株會社) 소유의 회사(holding) xolding
지출 계정 (disbursenebt account)
지출 예산 harajatlar smetasi
지출, 경비 chiqim ↔ kirim
지폐 pul belgisi
지표 연동부채 indekslangan zayom
지표, 지수 indeks
지표, 지수, 수치, 율, 비율(比率) ko'rsatgich
지하경제 noqonuniy iqtisod
직류 발전기 ochiq tok generatori
직무 변경, 전근 boshqa ishga o'tkazish
직무 적합성 egallangan lavozimiga loyiqlik
직무 평가 mansab attestatsiyasi
직무내용 소개 kasblar ro'yxati
직물(織物) mato
직업 유형 ish turi
직업 이동성 kasbiy harakatchanlik
직업 적합성 kasbiy layoqat
직업(職業) kasb
직업교육 kasbiy ma'lumot
직업병 kasbiy kasal
직업상 비밀 유지 mahfiylik
직업센터 mehnat birjasi
직원 고용 ishchi yollash
직원 교육(간부양성) kadrlarni tayyorlash
직원, 인력(人力) xodimlar
직원, 일꾼, 사원 ishchi
직접비용 bevosita harajatlar
직접생산 비용 bevosita harajat
직접판매 bevosita sotish
진공포장 vakumli upakovka
진동, 변동 o'zgarib turish, tebranish
진보 taraqqiyot

진보를 위한 자극 rivojlanish omili
진본, 진짜, 진품(眞品) asliyat
진열장, 쇼윈도우 ko'rgazma
질, 성질, 품질 sifat
질서 위반에 대한 책임 tartibbuzarlik uchun javobgarlik
짐 검사 yuk tekshiruvi
짐, 부담 og'ir yuk, tashvish, og'ir vazifa
집회(集會) yig'lish
징수 undirish
짝수 juft son
차감, 공제 ushlab qolish, chegirma
차량 취득세 avtotransport vositalariga ega bo'lish solig'i
차별(差別) diskriminatsiya
차별적 관행 kamsituvchi amaliyot
차이, 마진 farq
차이, 차별점 farqlar, tafovut
차익거래 hakamlar sudi (arbitrage trading)
차익을 취하는 거래업자 arbitrajchi
차입자금 zayomdagi mablag'lar
참여 거부 ishtrok etishdan voz kechish
참여자 수가 제한된 펀드 yopiq fond
창고 보관료 omborxonada saqlaganlik uchun soliq
창고 보관소 saqlash joyi, omborxona
창고, 저장소 depo (paravoz va vagonlar turadigan va remont qilinadigan joy)
창고 omborxona
채굴, 채광 qazib chiqarish, o'lja
채굴산업 xom ashyo tayyorlovchi sanoat
채권 가격, 주가 qimmatbaho qog'ozlar kursi
채권 obligatsiya, davlat zayomi
채권매매 취급업무 faktoring
채권유통시장; 채권발행시장 ikkilamchi bozor = birlamchi bozor
채권이나 증권 1매 qimmatli qog'oz, kupyura
채권자 등록 qarzdorlar ro'yxati
채권자 재산에 대한 압류 및 매각 qarzdor mulkiga jazo belgilash
채권자(債權者) qarzberuvchi, kreditor
채권자가 받는 이자 kreditor foizi
채권자들의 순위 qarzdorlar reytingi
채권전환 zayom konversiyasi, almashtirish
채무 입증문서 qarzni to'lash majburiyati
채무 청산 qarzlarni hal qilish qarzni to'lash
채무(債務) qarz
채무(債務) zayom
채무를 변제하다 qarzni yopish
채무상환 조건 재조정 qarz shartlarini qayta ko'rish
채무의 분할 청산 qarzni bo'lib- bo'lib to'lash
채무자 대체 qarzni o'tkazish
채무자(債務者) qarzdor zayomshik
채무자가 다수인 경우 채무 분할 몫 ulushdagi mas'uliyat
채무자가 지불하는 이자 debitor foizi
채무자의 변재 능력 상실로 인한 채권자의 손해 kredit bo'yicha zarar
채무자의 청산 준비 상황을 뜻하는 국제용어 or-nomus, vijdon so'zi
채용시험 ishga qabul qilishdagi sinov
책임 보험 ma'suliyat sug'urtasi
책임, 의무 mas'uliyat
책임범위 javobgarlik sohasi
책임자 mudir
책임자, 대표자, 관리자 rahbar, boshliq
차트, 표, 계획, 안 sxema
처리 가공 qayta ishlash
처리 ishlov berish
천연가스 tabiiy gaz
천연자원(天然資源) tabiiy boyliklar
천재지변 상황 favqulodda holat
철금속 qora metallar
철도청 Aloqa yo'llari vazirligi
철폐, 자율화, 인출 olib tashlash, bekor qilish
청구, 징수 qarzni undirish
청구가격 fakturaga oid narxi
청사진(青寫眞), loyiha
청산 위원회 tugatish komissiyasi
청산(淸算) tugatish, likvidatsiya
청산인(淸算人) tugatuvchi, likvidator
체계(體系), 시스템 sistema, tizim
체계, 제도, 구조 saf, qator, tuzum, tuzilish
체선료(滯船料:demurrage) ushlanib qolish
체크 리스트 tekshiruv varaqasi
초과 매입 포지션 uzun, uzoq holat
초과 배당금 super dividend
초과 oshib ketishi
초과매도 포지션 qisqa, yaqin holat
초과중량 ortiqcha og'irlik
초기 투자 boshlang'ich mablag'
초단기대부 onkol qarz
초대 권유 taklifnoma, taklif qilish
초안(草案) loyiha
총 자산액 aktivlar umumiy miqdori
총괄위임, 변호사에 전권위임 umumiy ishonch qog'ozi
총매출 savdo yalpi miqdori
총부채액 passivlar umumiy miqdori
총비용 yalpi xarajatlar
총생산량 yalpi mahsulot
총생산량, 총산출량 yalpi
총수요억제 umumiy talabni to'xtatib turish
총수익, 매출 이익 yalpi daromad
총수입(總收入) yalpi tushimlar, brutto daromadi
총액(總額) miqdor, jami, mablag', summa
총체, 총계, 총액 brutto, idish bilan birgalikdagi og'irlik

최고가 정해져 있는 유가 증권(capped notes) kapednot
최고급품 oily nav
최단 경로 eng qisqa yo'l
최단거리 qisqa yo'l
최대로 유리한 조건 yuqori darajada qulay shart-sharoitlar
최대화,극대화 maksimizatsiya
최소 예비비 minimal zahiralar
최소(最小) minimum
최소보장 임금 kafolatlangan maosh minimumi
최소비용 원칙 minimum harajatlar tamoyili
최신 제품 eng yangi mahsulot
최신기술 eng yangi texnika
최저 생계비 tinchlik uchun etarli mablag'
최저 임금 mehnat haqqining minimum miqdori
최종 생산물 eng so'nggi mahsulot
최혜국 대우 eng qulay munosabat
추가 가격 인상 ustama to'lov
추가 예산 qo'shimcha byudjet
추가비용 qo'shimcha to'lov
추가지불, 추가비용 qo'shimcha to'lov
추가할인 qo'shimcha skidka
축산업 chorvachilik
축산업, 목축 chorvachilik
출구, 해고, 퇴직 chiqish
출금, 투자금 회수 olib tashlash
출발점 jo'nash joyi
출발항구(도착항구) jo'natish porti ↔ qabul qiluvchi port
출생률 하락 tug'ilishning qisqarishi
출생지, 광물의 산지 tug'ilgan joy
출자참여증명 ulushiy ishtirok sertifikati
출판, 발행 nashriyot, nashr
충격(衝擊) shok, ruhiy kuchli ta'sir
충격요법 shok bilan davolash
충당, 지출 qoplash, to'lash
충당, 포괄, 커버링 kavering
충돌, 분쟁(忿爭) kollizitsiya, to'qnashuv
충분, 풍족 daromad, yetarlilik, to'qchilik
충전 elektr zaryadi
취득, 획득 egallash
취소, 파기 bekor qilish
취소불능 신용장 chaqriqsiz akkreditiv
취약한 경제 beqaror iqtisod
취직 ishga kirish
측정, 측량(測量), 계측(計測), 측도(測度) o'lchov
침엽수림 ninabargli o'rmon
카고, 수송화물 kargo
카드보드지 상자, 카톤팩 karton quti
카르텔 협약 birlashma bitimi (Kartell 協約)
카르텔, 기업연합 kartel, birlashma
카톤 팩 포장 karton idish
커미션 서비스 vositachilik xizmatlari
컨설팅 서비스 제공 maslahat xizmatlarini taqdim qilish
컨설팅 서비스 maslahat berish xizmatlari
컨설팅(consulting), 전문적 조언을 주는 konsalting
컨설팅, 자문 maslahat, konsul'tatsiya
컨소시움 대부 bitim krediti
컨소시움 muvaqqat bitim, konsortsium
컨슈머리즘 konsyumerizm
컨테이너 기지(창고) konteyner bazasi
컨테이너 크기, 용량 konteynerlarning o'lchami
컨테이너 항 konteyner porti
컨테이너 maxsus quti, konteyner
컨퍼런스, 회의(會議: conference), 회담, 협의 anjuman, konferentsiya
컴퓨터 데이터 처리 kompyuterdagi ma'lumotlarni ishlab tayyorlash
컴퓨터 조립 oq yig'ish
컴퓨터 프로그램 및 데이터 베이스 권리보호 EHM dasturlar va ma'lumotlar bazasi uchun huquq himoyasi
컴퓨터네트워크 kompyuter tarmog'i
컴퓨터를 사용한 설계(CAD: computer-aided design) kompyuterda loyihalashtirish
케이블TV televideniya abonenti
콘체른, 기업 그룹 birlashma, kontsern
콘탱코 (contango), 지급 유예금 kontango
콜 koll (call)
쾌속선 tez yurar kema
쿠폰(coupon) kupon
쿼터 할당 kvotalash
쿼터, 취소 kvotani bekor qilsh
크기, 사이즈(size), 크기. 치수. 척도(尺度) hajm, o'lcham, miqdor
타행계정 "vostro" hisobi
탄력 근무제 qat'iy bo'lmagan ish jadvali
탱크로리 avtomobil-sisterna avtonomiya
터미널 vogzal
턴키(turn key), (건설.플랜트 수출 계약 등에서) 완성품 인도[턴키] 방식 kalitini berishgacha
턴키방식 공사 qurib bitkazish sharti
토론 muhokama
토론 muzokara
토지 생산성 yer hosildorligi
토지 소유권 yer mulki
토지 임대(賃貸) yerni ijaragaberish
토지 평가표 biror narsaning ro'yxati, kadastr
토지대장(土地臺帳), biror narsaning ro'yxati, kadastr, yer kadastri yer ro'yxati.
토지법 yer kodeksi.
토지비용(토지세, 임대비용, 매입비용등) yerga haq to'lash
토지소유지 yer egaligi

토지이용 yerdan foydalanish
토지임대증명 renta sertifikati
통과(通過) tranzit, birjoydan
통과, 입장, 접근 ijozat, kirish imkoniyati
통과, 통과증 o'tkazish
통과여객 tranzit yo'lovchi
통신망 aloqa tarmog'i
통신원,거래처 muxbir, gumashta
통장 bank daftarchasi
통제, 감독, 관리 nazorat
통제경제(統制經濟) ma'muriy iqtisod
통지, 고지 xabarnoma, xabar qilish, ogohlantirish
통지, 통지문서 xabarnoma, avizo
통지서, 계산서 idora qilish hujjatlari, axborotnoma
통지서, 통고 xabarnoma qilish
통화 단위의 액면 절하(denomination) pul qiymatini o'zgartirish, denominatsiya
통화 바스켓(currency basket) valyuta"savati"
통화(通貨) pul muomalasi
통화가치 valyutadagi boylik qimmati
통화량 증가 pul miqdorining oshishi
통화변경 pul o'zgartirish, almashtirish, pul konversiyasi
통화조항 valyuta izohi
퇴직(退職) iste'foga chiqish
퇴직금(退職金), 해직수당 ishdan bo'shatilganda beriladigan nafaqa
퇴직정산 xizmat muddati tugashiga ko'ra haq to'lash
투기 열풍 olib-sotish kasalligi
투기꾼 chayqovchi
투기성 수요 shov-shuvli talab
투기적 거래 chayqovchilik
투기행동 chayqovchilik faoliyati (olib sotarlik)
투명성 shaffoflik, tiniqlik
투입, 도입, 실시 kirgizish
투자 기금 investitsiya fondi
투자 기대 investitsion kutish
투자 다각화 qo'yilgan pullarni diversifikatsiyasi
투자 안내서 investitsion ma'lumotnoma
투자 은행 investitsion banki
투자 재단 정관 investitsiya fondining nizomi
투자 펀드 qo'yilgan mablag' fondi
투자 회수 기간 investitsiyalar o'z-o'zini qoplash muddati
투자 investitsiya
투자가치(投資價値) investitsion boyliklar
투자기관(投資機關) investitsiya instituti
투자위험보증 tavakkalchilik va investitsiya kafolati
투자의 효율성 mablag' sarflash samarasi
투자자 증명 investorlar guvohnomasi
투자자 클럽 investrlar klubi
투자자(投資者) investor
투자자문 investsitsiya bo'yicha maslahat
투자정책 investitsion siyosat
투자행동 investition faoliyat
투자활동 급감 investitsiya faolligining kamayishi
투자활동 investitsion faoliyat
트러스트, 기업합동 trest, idora
트레이딩(trading) savdo operatsiyasi (=treding)
특권박탈 imtiyozlardan mahrum qilish
특별세(特別稅) maxsus boj
특송 서비스 yuqori tezlikda olib o'tish
특정재화나 서비스의 판매자 및 소비자가 활동하는 독립적인 시장 relevantli bozor.
특허 침해 우려 없이 사용이 가능한 상태 patent haqiqiyligi, sofligi.
특허 ixtiro huquqini tasdiqlovchi hujjat, patent
특허권 효력 유지 patentni o'z kuchiga saqlamoq
특허권(特許權) patent huquqi
특허등록 가능성 himoya layoqati
특허사무소 patent idorasi, muassasasi
특혜(特惠) imtiyoz
특혜수준 imtiyozli daraja
특혜파기 imtiyozlarni bekor qilish
틈새 joy, o'rin
틈새시장 bozor o'rni, mavqei
틈새전략 o'rin strategiyasi
파견, 출장 용무, 출장 명령서 xizmat safari, komandirovka
파괴(破壞) qulash, tushish
파발꾼, 문서전달담당 xabarchi, kuryer
파산 선고를 하다 bankrot e'lon qilmoq
파산(破散) iqtisodiy sinish
파산(破散), 무능력(無能力) nochorlik, qarz to'lashga qurbi yetmaydigan
파산자(破産者) bankrot, sinish, kasod (bankrupt)
파산절차 kasodga uchrash jarayoni
파손, 조난, 사고 falokat, buzilish, avariya
파업 ish tashlash
파이낸싱 moliyalashtirish
파트타임 직원 to'liqsiz ish kunida band ishchi
파트타임, 아르바이트 to'liqsiz ish haftasi ishlaydigan xodim
판매 담당 sotish bo'limi boshlig'i
판매 순 수익 savdodan tushgan xususiy daromad
판매 적합성 savdo uchun yaroqlik
판매(販賣) savdo, sotish
판매가의 일정 비율로 지불하는 로열티 sotuv narxidan foizlarda royyalti
판매시점에 미보유 상태 주식 muddatida qoplash sharti bo'lmagan savdo

판매와 재고의 비율관계 zaxira hajmi
판매외상대금 debitor qarzdorlik
판매자 중심시장 sotuvchi bozori
패키지 제안서 kompleks taklif
팩스 통신 faks orqali axborot yuborish
편도여행 bir tomonlama qatnov
평가, 증명서 attestatsiya, baho berish, tavsiya etmoq
평가가치, 환율 tomonlar tengligi, paritet
평가절상(平價切上), 통화가치 재평가 revalvatsiya↔devalvatsiya.
평가절하 devalvatsiya (qog'oz pulning bekor qilinishi va qiymati tushishi)
평균 환율, 매매 평균가 o'rtacha kurs
평균임금 o'rtacha daromad
평형, 균형 muvozanat
평형상태 muvozanat holati
폐쇄 경제(閉鎖 經濟) yopiq turdagi iqtisod
폐쇄 시스템 yopiq tizim
폐쇄형 기명주 yopiq turdagi nominativ aktsiya
폐쇄형 주식회사 yopiq turdagi aktsiyadorlar jamiyati
폐업 세일 korxona yopilishi munosabati bilan sotib tugatish
폐열 재활용 foydalanilgan issiqlikni yo'q qilish
폐화조치 demonetizatsiya
포괄 예정 보험계약 ochiq shartnoma
포스터 광고 plakatli reklama
포장 o'ram, quti, upakovka
포장(包裝), 싸개 tara, o'raladigan qog'oz, quti, qop, idish
포장상자 quti
포트폴리오 portfel (portfolio)
폴리에틸렌 포장 용기 polietilen idish
표, 차트, 스케줄 jadval
표시, 부호 belgi
표적 마케팅 maqsadli marketing
표준 충족 standartga mos kelish
표준, 기준(基準) standart, o'lchov, mezon
표준금괴 (12.5kg) oltin lingot
표준화된 설문지 standartlashtirilgan so'rovnoma
품질 관리 담당 sifat uchun javobgar rahbar
품질 관리부 sifatni tekshirish bo'limi
품질 불만 클레임 sifatsizlik bilan bog'liq shikoyat
품질 승인 sifatini ma'qullash
품질 저하 sifatning pasayishi
품질 클레임 sifatga oid davo
품질관리 전문가 sifat nazorati bo'yicha mutaxassis
품질불량으로 인한 가격 인하(할인) refaksiya
품질에 따른 분류 sifatiga ko'ra molni saralash
품질의 표준 미달 sifatning standartdan chetga chiqishi
품질하자 sifatdagi nuqson
풍작 mo'l hosil
프랜차이즈기업 franchayzingli korxona
프랜차이징 franchayzing
프로그램, 계획 dastur
프로모션, 동기부여(動機賦與) rag'batlantirish
프로젝트 실현 loyihani amalga oshirish
프로젝트, 계획, loyiha
프리랜서 erkin kasb egasi bo'lgan ishchi
프리미엄, 차익(差益) mukofot, rag'bat
프리미엄만 지불하고 가격은 나중에 결정되는 거래 keyinchalik narxni soxtalashtirish bilan bog'liq kelishuv
피면허인 litsenziya oluvchi
필수 기재 사항 rekvizitlar
필수 생산 요소 ishlab chiqarishdagi zaruriyat
필수 인력, 핵심 인력 ajoyib ishchi
필수적 요구, 절박한 필요 eng muhim ehtiyojlar
필수품 birinchi zaruriy buyumlar
필수품, 필요품 zaruriyat
하락 pasayish, tushish
하락, 감소 tushish, kamayish, pasayish
하락, 슬럼프, 감소 pasayish, tushish
하역, 부담 경감 yukni tushirish
하역, 짐내림 yuk tushirish
하역절차 yukni tushirish tartibi
하이테크 제품 yuqori texnologiyali mahsulot
하청회사 subpudratchi firma
한 묶음, 한 다발 paket
한 주식을 매도한 돈으로 다른 주식을 매입하는 등 두 가지 거래 활동을 하루 동안에 하도록 하는 지시 bog'langan ko'rsatma
한계 수익 foydalilik chegarasi
한계(限界) me'yor, chegara, limit
한계수익의 법칙 yuqori foydalilik tamoyili
한도, 상한선 chegara
한정 책임, 유한 책임 chegaralangan ma'suliyatli
할당량, 쿼터 hissa, ulush, kvota (quota)
할부 지불 bo'lib-bo'lib to'lash
할인 판매 arzonlashtirib sotish
할인 혜택 부여 skidka, kamaytirilgan narx berish
할인가 skidka, arzon narx
할인계수 diskontirovka koeffitsienti
할인점 narxi arzonlashgan tovarlar do'koni
할인주 arzonlashgan aktsiya
할증금(割增金), 추가지불 qo'shimcha to'lov
함부르크 방식(이자계산법) gamburg

uslubi
합당한 배려 yetarli darajada qoniqish hissi
합당한 이행 talab darajasida bajarish
합리화 tashkil qilish
합목적성 maqsadlik
합법화, 공인 qonuniylik
합병 qo'shilish
합의 각서 bitim bayonnomasi
합의 konsensus.
합의, 계약, 협정 shartnoma
합작기업 qo'shma korxona
항공 산업 aviasozlik sanoati, samolyotsozlik
항공 aviatsiya.
항공교통 havo yo'li
항공기 운항 시간표 samolyotlar qatnovining jadvali
항공기생산 avia ishlab chiqarish
항공노선 네트워크 avia yo'nalishlar tarmog'i
항공노선 havo yo'nalishi
항공로 aviamagistral, aviayo'nalish
항공사 havo yo'llari kompaniyasi
항공운송, 항공 교통 aviatashish
항공화물 운송장 (air bill, freight bill) havo yo'llari yuk hujjati /avianakladnoy
항공화물 aviayuk, havo transporti yuktashish
항구 kema to'xtatish joyi, port
항구의 처리 능력 port oboroti
항의, 클레임 davo, shikoyat
항해, 비행, 여행 qatnov, safar
해고 통지 ishdan bo'shatilganlik haqida xabar
해고 ishdan bo'shatilish
해안선 qirg'oq yo'nalishi
해약금 jarima
해양터미널 dengiz kemalari uchun to'xtash joyi
해외기업의 주식 인수증명 aktsiya olishga sertifikat
해외무역 계약 tashqisavdo shartnomasi
해외무역거래 tashqi savdo kelishuvi
해외부동산 취득 boshqa davlatlarda ko'chmas mulkka ega bo'lish
해외시장 수요조사 chet el bozorlarini o'rganish, tekshirish
해외시장 tashqi bozor
해외자본의 본국 송환repatratsiya
해외지점 chet el bo'limi
해외채권자에 대한 채무 chet el majburiyati
해지거래 xejali bitim
핵심부분 muhim qism
행사, 이벤트 tadbir
행위능력 yaroqlik
행정적 장벽 ma'muriy to'siq
행정적 지원 ma'muriy yordam
행정직원 ma'muriy xodimlar
향상, 개선 yaxshilanish
허가 보유자 kontsessiyachi
허가, 허가서 ruxsat, ijozat, hal qilish
허가증, 면허, 인가, 라이센스 litsenziya
허용 가능성, 수용 가능성 ma'qullik, muvofiqlik
헤지 거래를 하자는 것 xejerlash
헤지(hedge), 연계 매매 xej
현금 구매 naqd pulga xarid qilish
현금 보유 pul mavjudligi
현금 보유량 naqd pullar, likvidlar
현금 보조 pul shaklidagi yordam
현금 수요 naqd pulga ehtiyoj
현금 자동 지급기 bankomat, qog'oz pul olinadigan avtomat
현금 자산비율 naqd pul ko'rsatgichi
현금 포트 폴리오 likvidar portfeli
현금 흐름 pul oqimi
현금 naqdlik, naqdina
현금거래 kassaga oid bitim
현금거래 (spot), 현물로 spot
현금결제 naqd pul bilan to'lash
현금결제할인 naqd to'lov uchun skidka
현금지불 naqd pul bilan (to'lov)
현금지불거래 "kash" uslubida kelishuv
현금출납소, 금고 kassa
현금화가 안되는 bozorga oid bo'lmagan
현금흐름, 캐시플로우 kashflou (cashflow)
현대기술 zamonaviy texnika
현대화 프로젝트, 재개발 프로젝트 zamonaviylashtirish loyihasi
현물 계약 real tovar uchun shartnoma
현실화, 판매,소비 amalga oshirish
현장 작업 dala ishlari
현장교육(OJT: on-the-job training, 직장내 훈련) ish joyida o'qitish
현장보고, 1차보고 guvohlar xabari, axboroti
현장시험 dala sinovi
현지화 cheklamoq, lokallashtirish
협력관계, 파트너 쉽 uyushma
협력행동 mushtarak faoliyat
협상 muzokara
협약(協約) kelishuv, konventsiya
형체(形體) shakl
형태(形態), 생김새, shakl
호의적인 분위기 yaxshi, qulay muhit
호출기, 삐삐 peydjer
호황(好況) yuqoridarajada qulay vaziyat
혼합비료(混合肥料) tarkibiy o'gitlar
혼합펀드 miks-fond (moxed fune)
홀딩 컴퍼니 ega shirkat
홀딩 컴퍼니 xolding uyushmasi
홀딩 트러스트 boshqaruv tresti
홀수 toq raqam, son
홍보 프로그램 reklama faoliyati dasturi
화물 발송인(發送人) yuk yuboruvchisi

화물 수령증 yuk kvitantsiyasi
화물 수취인 yuk qabul qiluvchi
화물 위탁증서 transport hujjati
화물 이동량 yuk aylanishi, oboroti
화물 최대중량 yukning maksimal og'irligi
화물 통관 yukni berishga bojxona ijozati
화물내역 yuk miqdori
화물선적, 발송 yukni ortib bo'lmoq
화물수송, 수송비용 kemani kiraga olish
화물의 세관 통과 yukni bojxonadan o'tkazish
화물적재 용량 yuk ko'tara olishlik imkoniyati
화물주가 항구에 지불하는 사례금(신속한 운송, 하역을 이유로) dispach.
화물중량 yuk og'irligi
화물중량초과로인한 초과 비용 og'ir yuk uchun qo'shimcha to'lov
화재보험(火災保險) yong'indan sug'urta qilish
화재피해 yong'indan yetgan zarar
화폐 안전성(currency security) valyuta ta'minoti
화폐 총액 pul miqdori
화폐, 동전, 주식 등의 위조품 soxtalashtirish
화폐의 가치 하락 pulning qadrsizlanishi
화폐의 구매력(購買力) xarid qilish qobiliyati
화폐의 태환성 valyuta alamshinuvi
화폐학 tanga-chaqa va medalar haqidagi fan, ularni yig'ish, numizmatika
화학비료(化學肥料) kimyoviy o'gitlar
화학산업 kimyoviy sanoat
확률, 가능성 ehtimollik
확인 신용장 tasdiqlangan akkreditiv
확인, 검증 verifikatsiya
확인, 진위확인 ishonchnoma
확인, 확증 tasdiq
확인서 tasdiqxati
확인서, 권리의 법적확인 huquqni tasdiqlash, legitimatsiya
확인서, 증명서(證明書) guvohnoma, ruxsatnoma
환 평가 valyuta tengligi
환거래 valyuta operatsiyasi
환경 부담금 tabiatdan foydalannish to'lovi
환경 친화적 디자인 tabiatni muhofaza qilish loyihasi
환경 친화적 생산 ekologik toza ishlab-chiqarish
환경친화적기술 ekologik toza texnologiya
환급 qaytarish
환매가격 olib-sotish narxi
환불요구 pulni qaytarish talabi
환산가치 (conversion parity) pul birliklarining qiymat tengligi, konvertatsiya pariteti.
환어음 서식 veksel blanki.
환어음, 수표 sarf, xarajat
환옵션 valyuta optsiyasi
환율(換率) kurs
환율(換率) valyutakursi
환율, 교환 시세, 시가 valyuta kotirovkasi, aylanishi
환율변동 tasodifiy o'zgarish
환율변화로 인한 손실 kurs o'zgarishi yetkazgan zarar
환율하락 kursning pasayishi
환전, 상호교환 almashinuv
환조작(換操作) valyuta manipulyatsiyasi
환차 kursdagi farq
환차손을 피하기 위해 상거래 계약에서 두 화폐의 환율을 정해두는 조건 devalvatsiyaga qarshi sharoit
환차익 거래 valyuta arbitraji
환차익 kursga oid kirim
환투기 pul chayqovchiligi
환포지션 valyuta pozitsiyasi, o'rni, vasiyati
활동, 행동 faoliyat
활성화 faollashuv
활엽수림 bargli o'rmon
활황 랠리 jonlantirish
황금(黃金) oltin
회계 감사, 결산서 audit
회계 감사인 auditor (auditor)
회계 계정 hisobga oid yozuvi
회계 장부상의 이익 hisobxona daromadi
회계(결산)방식 hisoblash shakli
회계, 경리 hisobxona
회계감리회사 inaudit
회계감사(會計監査) auditorlik tekshiruvi
회계년도(會計年度) budjetyili
회계법인, 회계사 사무소 auditorlik firmalari
회계사, 출납계원 g'aznachi
회계장부(會計帳簿) ro'yxat, ko'rsatgich
회복, 부흥 qaytadan qurish, tiklash
회사 설립이익 ta'sis daromadi
회사 소개, 기업 이미지 firma haqida tasavvur
회사 중역 direktor
회사(會社) korxona
회사(會社), 기업(企業: company (생략 Co.)) firma, korxona, uyushma
회사, 기업 shirkat
회사부채 korxona passivi
회사설립 서류 korxonaning ta'sis hujjatlari
회사원 firma xodimi
회사의 외환자금 muassasaning valyuta fondi
회사채, 본드 bond, davlat zayomi

chiptasi (bone)
회사청산 및 재조직 korxonaning tugatilishi va qayta tuzilishi
회의 모임 yig'lish, majlis, kengash
회전 신용 보증 kredit-revolver
회전 신용장 revolver akkreditiv
회취(會聚), yig'lish
회합(會合), yig'lish
효용체감이론 foydalilik kamayishi nazariyasi
후견(後見) vasiylik
후견, 보호(保護) vasiylik
후견인(後見人) vasiy
후배주, 후취주 kechiktirilgan, ikkinchi darajali aktsiya
후속순위저당 navbatdagi ipoteka (= kichik ipoteka)
후취저당 ikkilamchi ipoteka
휘발유, 벤진 yoqilg'i, benzin
휴가(休暇) ta'til
휴대전화 uyali telefon
휴대전화로밍 rouming
휴식(休息) tanaffus
휴일(休日) damolishkunlari
흉작 oz hosil
흐름 oqim
흡수, 합병 yutish
히제 거래 담당자 xejer
힘, 파워 kuch
~를 대상으로 취하다 biror narsaga qarshi jarima joriy qilish.

법률용어
Yuridik terminlar

가명 taxallus
가분물 bo'linadigan narsa, buyumlar
가석방 jazo muddatini o'tashdan muddatdan oldin shartli ozod etish
가석방 muddatdan oldin ozod etish
가압류, 체포 hibs
가족법전 oilaviy kodeks
가족법 oilaviy huquq
가처분 oldindan ta'minlash choralari
가치, 존엄 qadr-qimmat, baho, obro'-e'tibor
가해자 zarar etkazuvchi
간음 jinsiy aloqa
간접세 qo'shimcha soliqlar
간접소득 qo'shimcha daromad
간접수입 qo'shimcha import
간접심리주의 sud muhokamasining bevositaligi
간접의 bilvosita, qo'shimcha
간접증거 qo'shimcha dalillar
감가상각 amortizatsiya, yumshatish
감가상각기간 amortizatsiya muddati
감가 상각된 재산 amortizatsiyalangan mulk
감사 audit, auditorlik tekshiruvi
감사보고서 auditorlik hisoboti
감사업무 auditorlik faoliyati
감사의 선임 taftish komissiyasi- ning saylanishi
감사의견서 auditorlik xulosasi
감사인 auditor
감사 taftish komissiyasi (taftishchi)
감수보존(선박 등이 압류 되었을때 압류 기간 동안 선박의 유지 및 보존 업무를 말함) vachmanlik xizmati
강간죄 zo'rlash, nomusiga tegish
강도 talonchilik
강재노역 majburiy mehnat
강제인증서 sertifikatlash sharti
강제집행명령문 majburiy ijro uchun ijro varaqasi
강제집행 majburiy bajarish
강행규정 qat'iy talab qilingan me'yorlar
개명 ismni o'zgartirish
개인기업(회사가 개인 또는한 가족의 소유에 있는 회사) yakka boshqaruvli korxona
개인소득세 jismoniy shaxslar daromad solig'i
개인시입자 yakka tadbirkor
개인의 존엄 shaxs obro'si, qadr-qimmati
개인재산세 jismoniy shaxslar mulkiga soliq
개입, 간섭 interventsiya, bosqinchilik, aralashish
거절, 포기 rad etish, voz kechish
거주지, 법인 소재지 domitsil
거주지 fuqaro yashash joyi
건물대장 imorat pasporti (hujjati)
건축업자 yakka tartibda imorat soluvchi
검사(검찰) ayblovchi, prokuror
검열 tsenzura, nazorat
검정보고서 ekspertiza dalolatno- masi
검정보고서 tekshiruv haqida hisobot
검찰 prokuratura
검찰총장 bosh prokuror
견적 harajatlar ro'yxati, smeta
결사권qo'shilish huquqi
결정(법원이 원칙적으로 절차상의 문제에 대하여 구두변론에 의거하지 않고 이유를 명하여 하는 재판이며 종국전 재판의 원칙적 형식이다. 명령은 법관이행하는재판이며 법원이 행하는 재판이 아니다.그 예로는 보석을 허가 또는 기각하는 결정, 구석의 취소에 관한 결정 등이 있다. 결정에 대한 불복신청은 항고에 의하는 것이 원칙이다) aniqlash, ta'riflash, tavsif
결정 sud aniqlovi
결제형태 hisob shakli
경개 (채무의 중요한 부분을 변경함으로

써 신채무를 성립시킴과 동시에 구채무를 소멸 시키는 계약) yangilik
경고표시 ogohlantiruvchi belgi
경락인 kim oshdi savdosi g'olibi
경락인 savdoda yutgan shaxs
경매 및 입찰의 총칭 savdo-sotiq
경매 kim oshdi savdo
경매가 kim oshdi savdosidagi baho
경매규칙 kim oshdi savdo tadbirlari
경매물건 kim oshdi savdo mollari
경매인 kim oshdi savdosini o'tkazuvchi kishi
경매 konkurs, tanlov
경쟁법(독과점 금지법) raqobat haqida qonun
경쟁비용(지나친 광고 등으로 인한 비용) raqobat chiqimlari
경쟁의 제한 raqobatni cheklash
계약의 폐기 bekor deb e'lon qilish
계약 shartnoma
계약가 shartnomada ko'rsatilgan narx
계약금, 보증금 bo'nak, bay puli
계약불이행 shartnomaning bajarilmasligi
계약상대방 kontragent
계약위반 shartnomaning buzilishi
계약의 변경 또는 소면 shartnomani o'zgartirish yoki bekor qilish
계약의 변경 shartnomani o'zgartirish
계약의 보충 shartnomaga qo'shimcha, ilova
계약의 해제 shartnomani bekor qilish
계약의 해지 shartnomani tugatish
계약의 shartnoma kuchi
계약이 행책임 shartnomaga oid ma'suliyat
계약이행지법 shartnoma bajarilgan hudud qonuni
계약자유의 원칙 bitim erkinligi tamoyili
계약자유의 원칙 kelishuv erkinligi
계약자체의 효력 shartnomaning haqiqiyligi
계약직 노동자 muvaqqat ishchilar
계약채결 지법 shartnoma tuzilgan hudud qonuni
계약해제권 shartnomani bekor qilish haqida aytish huquqi
계약해제의 의사표시 shartnomani bekor qilish haqidagi ariza, bayonot
계엄 harbiy holat tartibi
계쟁물 bahs sababi
고객설문조사 mijozlar talablarini yig'ish
고소, 기소 ayblov
고소인 (검사) davlat qoralovchisi, ayblovchisi
고소인 ayblovchi, qoralovchi
고의 부도 qasddan kasodga uchrash
고의 niyat, qasd, g'araz
고의부도 qasddan kasodga uchrash
고의의 공동 atayin ishtirok etish
고의행위 qasddan qilingan harakatlar
곤증위임장 notarius tasdiqlagan ishonch qog'ozi
공개경매 ochiq savdo
공개사건 ochiq sud majlisidagi ish
공개실시권 ochiq litsenziya
공개심리 ishni sudda ochiqcha ko'rilish
공개의 ochiq
공개입찰 ochiq tanlov
공개재판의 원칙 oshkoralik tamoyili
소송에서 공격방어의 실기 e'tirozga javob qaytarish muddatining kechiktirilishi
공공의 이익 jamiyat manfaatlari
공급계약 etkazib berish shartnomasi
공동보험 sug'urta qilish
공동소송인 sherik
공동소송 sud ishlaridagi ishtirok
공동소유 qo'shma mulk
공동소유 umumiy mulk
공동정범 qamoqqa saqlash
공매 oshkora savdo
공무원 amaldor, mansabdor
공무원 davlat xizmatchisi
공무원이 행한 범죄(권력 남용, 뇌물 공여 및 수뢰 등의) mansabni suiste'mol qilish, mansabga oid jinoyat
공무주주(일반모집을 통해 주주가 된 자) obunachi-aktsiyador
공범자 jinoyatga sheriklar
공범 jinoyatga aralashish
공용어 rasmiy til
공유(공동소유의 한 형태로 소유자들이 지분이 정해져 있는 것) ulushiy mulk
공저 hammualliflik
공정성 xolislik
공증사무소 공탁 notarius depoziti
공증사무소 notariat
공증사본 tasdiqlangan nusxa
공증위임장 notarius tasdiqlagan ishonch qog'ozi
공증의 부당한 회피 notarial guvohnomadan asosiz bosh tortish
공증인 notarius
공증 notarial tasdiq
공탁 depozit
공탁금, 담보 garovga qo'yilgan narsa, pul
공탁금가압류 garov pulini hibsga olish
공탁에 의한 채무이행 depozitga qarzni to'lash bilan majburiyatlarni bajarish
공포(법령 등의) rasmiy chop etish
공항세, 공항이용료 aeroportga oid tushimlar
공해 ochiq dengiz
공휴일 dam olish kuni, ish kuni emas
과새대상 soliq solish ob'ekti

과세대상 소득 soliq solinadigan daromad
과세표준 soliq asosi
과세 soliq solish
과실 ayb, xato
과실, 부주의 ehtiyotsizlik
과실상계 원칙 aralash ayb tamoyili
과실 mahsulot, samara, natija
과잉방위 zaruriy himoyaning oshirib yuborilishi
과잉피난 o'ta zarurlikning oshib ketishi
관세구역내 상품가공 자격증 bojxona hududida tovarni qayta ishlash litsenziyasi
관세구역외 상품가공 자격증 bojxona hududidan tashqarida molni qayta ishlash litsenziyasi
관세단위 soliq solish birligi
관세미지급 인도조건 boji to'lanmay yetkazildi (DDU)
관세법전 bojxona kodeksi
관세운송업자 자격증 bojxona yuk tashovchisi sifatida faoliyat ko'rsatish uchun litsenziya
관세율 bojxona tarifi
관세장벽 bojxona to'sig'i
관세정책 bojxona siyosati
관세지급 인도조건 boji to'lab yetkazildi (DDP)
관세지역 bojxona nazorati hududi
관세통관업자 자격증 bojxona dalloli sifatida faoliyat yuritish uchun litsenziya
관세협정 bojxona konventsiyasi
관세 bojxona to'lovi
관습법 odatiy huquq
관습 odat
관할중 재법원 idora ixtiyoridagi hakamlar sudi
관행 amaliyot
광고 대행사 reklama agentligi
광고세 reklama solig'i
광고 reklama
교사범 g'alamis, ig'vogar
교사 ig'vogarlik, fitna
교환 almashtirish, pul maydalash
교환계약 almashuv shartnomasi
교회결혼(혁명 이전 러시아는 공회에서 하는 결혼만 법적효력이 있었으나, 1917 년 10월 혁명으로 폐지되었고, 현재에는 загс에서 한 결혼만이 인정된다.) cherkov tasdiqlangan nikoh
구가주권 davlat mustaqilligi
구금 (도만 또는 증거인멸을 방지할 목적에서 피고인, 피의자를 교도소 또는 구치소에 구속하는 것) bajarishdagi sherik
구두심리 og'zaki muhokama
구두청약 og'zaki taklif
구류(수형자의 신체적 자유를 박탈하는 자유형 중 가장 경한 형발 1 일 이상 30 일미만으로 한다. 주로 경범죄에 과함) qamoqqa olmoq
구상권 teskari talab huquqi
구상 regress, orqaga ketish, inqiroz
구채권자(채권양도인)dastlabki kreditor
국가 davlat madhiyasi
국가두마 davlat Dumasi
국가의회의원 불체포특권 deputatlar daxlsizligi
국가소유권 davlat mulki huquqi
국가수호의무 mamlakatni himoyalash burchi
국가연금보험 davlat nafaqa sug'urtasi
국가의 권리승계 davlatlar qonuniy vorisligi
국가의 대내 부채(국내의 기업 및 민간인들에게 진 국가의 부채) davlatning ichki qarzi
국가의 대외부채 davlatning tashqi qarzi
국가의 영토 완전성의 원칙 davlat huquqiy butunligi tamoyili
국가의 재산 강제수용 mulkni davlat ehtiyojlari uchun majburiy musodara qilish
국가의 지불유예 davlatning kasodga uchrashi
국가의 형태계약의 davlat tuzumi
국가의 davlat, davlatga oid
국가주권 평등의 원칙 davlatlar mustaqillikdagi tengligi tamoyili
국가주권존중의 원칙 davlat mustaqilligini hurmat qilish tamoyili
국가표준 davlat standart
국적의 취득 및 상실 fuqarolikni olish va tugatilishi
국경 davlat chegarasi
국경불가침의 원칙 davlat chegarasining daxlsizligi tamoyili
국경선 davlat chegarasi chizig'i
국경인도조건 chegaraga yetkazildi
국경일 davlat bayrami
국교 davlat dini
국기 davlat bayrog'i
국무총리 hukumat raisi
국민연금 davlat nafaqasi
국민의 의무 fuqaro majburiyatlari
국민의 헌법상 의무 fuqaro konstitutsiyaviy burchlari, vazifalari
국석회복 fuqarolik huquni tiklash
국세청 davlat soliq xizmati
국어 davlat tili
국영기업 (국가기관이 직접 관할하는 기업) davlat korxonasi
국영기업 davlat korxonasi
국영보험 davlat sug'urtasi
국유 davlat mulki
국유화 milliylashtirish
국장 davlat gerbi

국적 fuqarolik (biror davlatning)
국적 milliy tegishlilik
국적법 fuqarolik haqida qonun
국적상실 fuqarolikni bekor qilish
국적소속국법 ob'ektlar qayd etilgan mamlakat qonuni
국정운영 davlat ishlari boshqaruvi
국제 재판소 xalqaro tribunal
국제결제 xalqaro hisoblar
국제결제의 형태 xalqaro hisoblash tartibi
국제경 제법 xalqaro iqtisodiy huquq
국제계약의 경개 xalqaro shartnoma yangiligi
국제계약의 무효 xalqaro bitimning haqiqiy emasligi
국제계약의 체결 xalqaro shartnoma tuzmoq
국제관행 xalqaro odat
국제기구 직원 xalqaro xizmatchilar
국제다 자간계약 xalqaro ko'ptomonlama kelishuv
국제무역증서(수입허가서와유사) xalqaro savdo sertifikati
국제물품매매계약 xalqaro tovar oldi-sotdisi (savdo) shartnomasi
국제물품협정 xalqaro tovar bitimlari
국제민사소송 xalqaro fuqarolik sudi
국제법 xalqaro huquq
국제법상 강행규정 xalqaro huquqning qat'iy talab qilingan me'yori
국제법상 제재 xalqaro sanktsiyalar
국제법의 기본원칙 xalqaro huquq nazariyasi
국제법의 법원 xalqaro huquq asoslari
국제법죄 xalqaro jinoyat
국제분쟁 xalqaro tortishuv, munozara, bahs
국제분쟁의 평화적 해결의 원칙 xalqaro bahslarni tinch yo'l bilan hal qilish tamoyili
국제사법 xalqaro xususiy huquq
국제상 사중재 xalqaro savdo sudi
국제해상법 재판소 dengiz huquqlari bo'yicha xalqaro tribunal
국제상사중재법원 xalqaro tijorat hakamlar sudi
국제상사중재 xalqaro tijorat arbitraji
국제양자간계약 xalqaro ikkitomonlama bitim
국제의 xalqaro
국제입찰 xalqaro savdolar
국제적 보호 xalqaro vasiylik
국제조약의 비준 xalqaro shartnoma tasdiqlanishi
국제조약의 폐기 xalqaro bitimni bekor deb e'lon qilish
국제항 공법 xalqaro havo huquqi
국제항공보험자협회 aviatsiya sug'urtachilarning xalqaro ittifoqi
국제협상 xalqaro muzokaralar
국제형법 xalqaro jinoyat huquqi
국제형사 재판 xalqaro jinoyat adliyasi
국제형사재판소 xalqaro jinoiy tribunal
국채 davlat obligatsiyasi
국회의 대통령 소추 Davlat Dumasi tomonidan prezidentga ayblov e'lon qilish
국회의원 불체포특권 deputatlik daxlsizligi
국회의원면책특권 parlamentga oid immunitet
국회인권위원 inson huquqlari bo'yicha parlament vakili
국회청문회 parlamentda ko'rib chiqish
권력분립이론 hokimiyat bo'linishi nazariyasi
권리 양도 talabdan voz kechish
권리, 법 huquq (huquqlar)
권리, 의무의 발생, 변경 및 소멸을 의식하고 한 행동은 아니지만 결과적으로 법률변동을 가져온 행위 huquqiy asoslangan ish
권리계승자 huquqiy voris
권리계승 huquqiy vorislik
권리남용 huquqni suiiste'mol qilish
권리남용의 방지 huquqni suiiste'mol qilish holatlariga yo'l qo'ymaslik
권리능력 huquqdorlik
권리와 의무발생,변경 및 소멸의 fuqarolik huquqlari va burchlarining yuzaga kelishi, o'zgartirilishi hamda barham berilishi
권리의 객체 fuqarolik huquqi ob'ektlari
권리의 포괄승계 universal qonuniy vorisligi
권리의 소멸 huquqni bekor qilish
권리침해의 예방qonunbuzarlikning oldini olish
권한남용 vakolatni suiiste'mol qilish
권한 vakolat
궐석재판(구속 피고인니 출정을 거부할 경우 피고인의 출석 없이 재판을 하는 것, 러시아 연방헌법제 123 조 제 2 항에 의거 형사사건의 궐석재판은 영방 법률에 규정된 경우를 제외하고는 허용되지 아니한다) jinoiy ishlarning sirtdan ko'rib chiqilishi
극제법 위반 xalqaro huquqbuzarlik
근로계약의 해지mehnat shartnomasini bekor qilish
근로계약mehnat shartnomasi
근로시간ish vaqtining davomiyligi
근로자, 종업원ishchi, xodim xizmatchi
근로자의 파업 및 지나친 임금요구에 맞서 대량해고 또는 직장 폐쇄 또는 조직변경 등의 조치를 사업주가 취하는 것 lokaut, ishchilarni ommaviy ishdan bo'shatish
근로자평정서mehnat daftarchasi

근원,원천 manbaa, asos
근친상간 intsest
근친상간yaqin qarindoshlarning jinsiy aloqada bo'lishi
금전보상 pul mukofot
금전채무 pul ma'suliyati
금전채무변제순위pul majburiyati bo'yicha talablarni qoplash izchilligi
금전채무불이행 책임pul majburiyatini bajarmaslik uchun javobgarlik
금지규정 huquqning ta'qiq me'yorlari
금치산선고fuqaroni ishga layoqasiz deb tan olish xulosasi -
금치산선고fuqaroni ishga layoqatsiz deb tan olish
금치산자, 행위무능력자layoqatsiz
기간(노동계약을 체결하기에 앞서 갖는 일정기간 회사에서 일을 하는 것, 러시아 노동법에 견습 기간을 3 개월을 넘을 수 없다) sinov muddati
기간의 산입 muddatni hisoblash
기관(사회, 문화 활동 등을 위해 설립된 비영리 기관) ta'sis etish, muassasa
기명수표 oluvchining nomi yozilgan chek
기명의 ismi yozilgan, birovga atalgan
기명주 oluvchining nomi yozilgan aktsiya
기명증권 oluvchining nomi yozilgan qimmat qog'oz
기명채권 oluvchining nomi yozilgan obligatsiya
기밀 maxfiy ma'lumot
기산 muddat hisobining boshlanishi
기소 ayb qo'yish
기수 nihoyasiga yetkazilgan jinoyat
기술장벽 texnik to'siqlar
기업매각계약 korxonani sotish shartnomasi
기재사항 rekvizit, anjomlar
기피 신청 e'tirozlar haqida bayonot
기피인물 ishonchsiz vakil
긴급 피난 juda ham keraklik
나용선 berbout-charter
나용선류 berbout-charterli to'lov
나폴레옹 법전 Napoleon kodeksi
낙성계약(누구에 상관없이 계약을 맺어야 하는 계약(소매 등) oshkora bitim
남녀평등 erkak va ayollar teng huquqligi
남용,악용 suiiste'mol
납세의무자 soliq egasi
납세자 soliq to'lovchi
납입 badal to'lovi
납품업자 ta'minlovchi, yetkazib beruvchi
내각 cabinet, xona, vazirlar kabineti
내각 vazirlik
내수 ichki suvlar (davlat chegarasidagi)
내정 불간섭의 원칙 ichki ishlarga aralashmaslik tamoyili
노동력이동 ishchi kuchi ko'chishi
노동법의 법원 mehnatga oid huquq manbasi
노동법 mehnat huquqi
노동분 쟁위원회 mehnatga oid bahslar bo'yicha komissiya
노동시간 ish vaqti
노동의, 근로의 mehnatga oid
노동의무 mehnat majburiyati
노동쟁의권 mehnat musobaqalari huquqi
노동중재 mehnat arbitraji
노동최 저임금 mehnat haqining eng kam miqdori
노인 연금 keksalik nafaqasi
노조 kasbiy ittifoq
노하우, 기술 및 특허권에 관한 국제무역 litsenziyali savdo
논거 dalillar
뇌물공여 pora berish
누범 ko'p sonli jinoyatlar
누적적우선주(우선주식에 대하여 당해 연도의 이익으로써 소정의 배당을 살 수 없는 경우에는 그 부족액을 차기 영업연도의 이익으로써 누적적으로 배당하는 주식) to'planadigan aktsiya
누진과세 ilg'or soliq belgilash
다국적 ko'p fuqarolilik
다수결 ko'pchilik ovoz
다수당사자 소송 ishda bir necha da'vogarlar yoki javobgarlar ishtiroki
다수대표제(한 선거구에서 다수 득표자 만을 당선자로 하는 제도) major tanlash tizimi
다자간 계약 ko'p tomonli shartnoma
다자간 국제계약 ko'p tomonlama xalqaro bitim
다자간의 ko'p tomonli
다툼 없는 사실 shubhasiz dalil
다툼 있는 권리 bahsli huquqlar
단기어음 qisqa muddatli veksel
단기의 qisqa muddatli
단기채무 qisqa muddatli majburiyatlar
단독 심리 yakka tartibda ko'rib chiqish
단독판사 yakka tartibda ishni ko'rib chiquvchi sudya
단독행위, 일방적 의사표시 bir tomonlama kelishuv
단수감가상각 muntazam ustama uslubi
단일경제구역 yagona iqtisodiy hudud
단일국적 yakka, tanho fuqarolik
단일국적의 원칙 bir fuqarolik tamoyili
단체표장권 jamoa belgisi huquqi
단체표장 jamoa belgisi
담보 ipoteka (ko'chmas mulk garovga qo'yiladigan qarz)
담보 qarshi ta'minot

담보계약 garov puli haqida shartnoma
담보권 garov huquqi
담보권자 garovni ushlab turuvchi
담보권 badal to'lovi huquqi
담보물 garovga qo'yilgan mulk
담보물의 매각 garovga qo'yilgan mulkni pullash
담보물 badal predmeti, garovga qo'yilgan narsa
담보제공 qarshi ta'minotni taqdim qilish
담합 maxfiy kelishuv
당사자 tomonlar
당사자능력 sud ishlarini yuritish qonuniyligi
당사자주의(형사재판은 검사가 처벌을 요구한 사실이 과연 증거에 의하여 증명되는가 아닌가를 법원이 판단하는 과정이다. 그러기 위해서는 가능한 모든증거를 수집하고 때에 따라서는 증거사를 하여야 한다. 이런한 역할을 검사와 피고인 각자가 부담하는 원칙을 당사자주의라 하고, 이 당사자주의는 법원이증거를수집 하고증거조사하는 직권주의와 대립한다. 한국과 러시아의 현행법은 당사자주의를 원칙으로하고 있다) musobaqa printsipi
당사자평등 tomonlar teng huquqligi
대금지급 연체 narxni to'lashni kechiktirish
대금지급 narxni to'lash
대금지급의무 bahosini to'lash majburiyati
대륙법 kontinent huquq
대리,대표사무소 vakolat, vakolatxona
대리권의 소멸 ishonch qog'ozining bekor qilinishi
대리인, 대표자 vakil
대리제도 vakolat tartibi
대물변제 voz kechishga oid, voz kechish
대상, 객채 ob'ekt
대상 predmet, narsa buyum
대주 qarz beruvchi
대주 rentani oluvchi
대차대조표 hisob balansi
대체복무 muqobil fuqarolik xizmati
대통령 불체포특권 prezident daxlsizligi
대통령 탄핵 prezidentning lavozimidan voz kechishi
대통령령 및 포고 prezident farmonlari va ko'rsatmalari
대통령령 prezident farmoni
대표 사무소 소장 vakolatxona boshlig'i
대표의 적법성을 증명하는 문서, 위임장 guvohnoma, vakolat
대표이사 bosh direktor
대표 rahbar, boshliq
덤핑 demping
도급계약 pudrat shartnomasi
도급인 pudratchi
도급 pudrat
도로세 yo'l solig'i
독과점금지 정책 antimonopol siyosat
독과점금지에 관한 법령 tanho egalikka qarshi qonun
독립된 재산 alohida mol-mulk
독립출원 alohida talabnoma
독립 mustaqillik
독점금지의 antimopnopol, tanho egalikka qarshi
독점적 권리, 배타적 권리 alohida huquq
동사무소(주민등록을작성하는것) fuqarolik holati aktlarini ro'yxat qilish tashkiloti
동사무소에있는 개인신상에 관한기록부 (출생, 혼인,입안,개명, 사망 등의 내용이 기록되어있음) dalolatnoma daftarlari
동산 ko'chirib bo'ladigan mol- mulk
동산및 은행에 저당된 유가증권을 담보로 금전을 빌리는 것 lombard qarzi
동시 이행 majburiyatlarni qarshi bajarish
동종물 bir xil molar
등기 davlat ro'yxatidan o'tish
등가보상 teng qiymatli qoplash
등기, 등록 qayd qilish, rasmiylashtirish
등기를 요하는 재산권 davlat ro'yxatidagi mol-mulkka egalik huquqi
등기번허 davlat ro'yxatidagi raqam
등기소 rasmiylashtiruvchi tashkilot
등록세 rasmiylashtirish tushimi
라이센스 계약 litsenziya asosida kelishuv
라이센스 관련서류 litsenziyali passport
라이센스 규부 litsenziyalash
라이센스 이용료 litsenziyali to'lovlar
라이센스, 면허 ruxsatnoma, litsenziya
라이센스의, 실시권의 ruxsat berilgan, litsenziyalangan
러시아 연방 백서qizil kitob
러시아 연방 국세청soliq va jamg'armalar vazirligi
러시아 연방 대법원 특허부 Oliy patent palatasi
러시아 연방 대법원oily sud
러시아 연방 발명기금 ixtirolar federal fondi
러시아 연방 특별법ijtimoiy qonunchilik
러시아 연방 특허청 davlat patent muassasasi
러시아 영방 노동법전 mehnat haqidagi qonunlar kodeksi
로열티litsenziyali mukofot
리스 moliyaviy ijara (lizing)
리스계약 moliyaviy ijara (lizing) shartnomasi
마약밀매giyohvand moddalar savdosi
마약밀무역giyohvand moddalar

noqonuniy savdosi -
마케팅 비용 marketing harajatlari
만장일치의 원칙hamjihatlik tamoyili
매년의 har yillik
매도인 sotuvchi
매도인 및 매수인을 모두 만족 시키는 가격 (적정가) qizil narx, eng baland narx
매도인의 면책sotuvchini ma'suliyatdan ozod qilish
매매계약 oldi-sotdi shartnomasi
매매savdo-sotiq
매수인xaridor
매입 garov puli, tovon
매장물 xazina, dafina
면세기간(법우로 정해진 기업 및 단체들이 세금 납부 면제 기간) soliq ta'tillari
면세점bojsiz savdo do'koni
면세soliqlarga chap berish
면책사유ma'suliyatdan xalos qiluvchi holatlar
면책특권 immunitet
면책ma'suliyatdan ozod qilish
면허의 취소(사냥, 무기소지, 운송수단에 대한 면허) maxsus huquqlardan mahrum bo'lish
명예 izzat, obro', nomus, shon
명예시민권faxriy fuqarolik
명예영사shtatsiz, faxriy konsul
모든 납세자가 단일 세금을 납부하는 것 teng soliq solish
모회사, 에이전시 계약에서 에이전시를 고용한 자boshliq, xo'jayin, sardor 상속의 승인merosni qabul qilish
목적지법 mulk jo'natilgan joy qonuni
무과실책임 aybsiz javobgarlik
무관세 반입 boj to'lovisiz yuk olib kirish
무국적자fuqaroligi bo'lmagan shaxs
무국적자fuqaroligi bo'lmagan shaxslar
무기명증권t alab qiluvchiga qimmat qog'ozlar
무기징역ozodlikdan umrbod mahrum etish
무능력자(16세 이하의 미성년자가 부모, 후견인의 동의 또는 법원의 결정으로 행위능력자로 인정되는 것) ozodlik, emansipatsiya
무력불사용의 원칙kuch ishlatmaslik qoidasi
무력사용금지의 원칙kuch va kuch bilan tahdid qilishni ta'qiqlash tamoyili
무력시위 kuch namoyishi
무비자 입국 vizasiz kirish (mamlakat hududiga)
무역장벽savdo to'siqlari
무유보선적선하증권sof bortga oid konosament
무작위 harakatsizlik, chora ko'rmaslik
무죄추정의 원칙aybsizlik prezuptsiyasi
무주물 egasiz narsalar
무주부동산 egasiz ko'chmas buyum
무주재산 egasiz mol-mulk
무한책임cheklanmagan ma'suliyat
무허가 건축물o'zboshimcha qurilish
무효인 거래arzimagan bitim
무효인 거래haqiqiy bo'lmagan bitim
무효haqiqiy emas
물건소재지법 buyum, narsa joylashgan joy qonuni
물건의 압류 narsani olib qolish
물권 mulkdorlik huquqi
물수, 범죄위와 관계 있는일정한 물건을 박탈하여 국고에 귀속시키는 처분 mol-mulk musodarasi
물적담보대 mulkiy qarz
물적증거,물증 ashyoviy dalillar
물적책임moddiy ma'suliyat
물품관 세결정방식tovarning bojxona qimmatini belgilash uslubi
물품반환의 소 tovar musodarasi haqidagi da'vo
물품비용의 지불tovar to'lovi, haqi
물품수출입의 국가허가 제도litsenziya asosidagi tizim
물품에 첨부된 기재사하늘 바탕우로 품질을 정하는 계약조건 bayon bo'yicha sifat
물품운송비tovarni transportirovka qilish chiqimlari
물품의 견본을 선정해서 물품의 품질을 정하는 계약조건 namuna bo'yicha sifat
물품의 멸실 tovardan judo bo'lish
물품의 무상하자보수 tovar nuqsonlarini beg'araz tuzatish
물품의 불완전인도 tovarni noraso yetkazish
물품의 의무보존tovarni ma'suliyatli saqlash
물품의 인도tovarni topshirish
물품의 하자moldagi kamomad
물품의 훼손tovarning zarar ko'rishi
물 품 의 경 쟁 력 평 가 t o v a r raqobatdoshligini baholash
물 품 의 수 량 부 족 및 인 도 지 체 t o v a r n i yetkazib bermaslik
물품인도기간tovar yetkazib berish davriyligi
물품하자 보수비용 tovar nuqsonlarini yo'qotishga ketgan harajatlar -
미성년 부부voyaga yetmagan eru-xotin
미성년자(14 세 미만의 청소년) voyaga yetmagan, 14 yoshga to'lmagan
미성년자(14세 이하) voyaga etmagan
미성년자의 노동과 건강의 보호voyaga etmaganlar mehnati va sog'liqni muhofaza qilish
미성년자의 형사상 책임 voyaga

yetmaganlar jinoiy javobgarligi
미성년자voyaga yetmagan
미수nihoyasiga yetmagan jinoyat
미필적 고의jinoiy ehtiyotsizlik
미효 notavon, e'tibori yo'q odam
민법의준용 (유추적용)muqobil bo'yicha fuqaro qonunlarini tadbiq etish
민법전 fuqarolik kodeksi, qununlar majmuasi
민법fuqarolik huquqi
민사관계당사자간의 평등의 원칙 fuqaroviy munosabatlar ishtirokchilar tengligi tamoyili
민사법의 기본원칙fuqarolik qonunlarining asosiy tamoyillari
민사법fuqarolikka oid qonunchilik
민사사건fuqarolik ishi, (sudda)
민사상 권리능력fuqaroviy huquqdorlik
민사상 권리와의무의발생 fuqarolik huquqlari va burchlarining yuzaga kelishi
민사상 권리의 법적 보호의 원칙 fuqarolik huquqlarini sudda himoyalash tamoyili
민사상 권리의 보호 fuqarolik huquqlari himoyasi
민사상권리의 남용 fuqarolik huquqlarini suiiste'mol qilish
민사상권리의 자유로운 실현 원칙 fuqarolik huquqlarini to'liqsiz amalga oshirish tamoyili
민사상의 강행규정 fuqarolik qonunlarining qat'iy talab qilingan me'yorlari
민사상의 권리(인간의 가장 기본적이고 중요한 권리) fuqaro huquqlari
민사상의 fuqarolik, fuqarolikka oid
민사소송법fuqarolik sudi huquqi
민사소송상 행위능력 fuqaroviy sud jarayoniga layoqat
민사소송상권리능려fuqaroviy sud huquqdorligi
민사소송fuqarolik sud jarayoni
민사소송fuqarolik sudi
민사주체의 평등fuqaroviy munosabatlar ishtirokchilarining tengligi -
민사책임 fuqarolik ma'suliyati
민족국가milliy davlat
민족자결의 원칙xalqlar o'zligini anglash tamoyili
민족평등milliy teng huquqlik
밀렵 noqonuniy ovchilik
밀렵noqonuniy ov qilish
밀무역yashirincha, boj to'lamasdan mol o'tkazish
밀약maxfiy kelishuv
바터barter, ayirboshlash
바토무역 ayirboshlash bitimi
반대청약 qarshi taklif
반덤핑관세 dempingga qarshi bojxona boj to'lovi
반사회질서의 법률행위 huquqiy tartib va axloq asoslariga zid kelishuvlar
반소 qarshi da'vo
반역 davlatga xiyonat
반역죄davlatga hiyonatda ayblash
발기인 jamiyat ta'sischilari
발명 ixtiro, kashfiyot
발명의 특허성 판단기준 ixtiro patentga loyiqligi shartlari
발명자권 kashfiyot mualliflígi
발명출원심사 ixtiro qilinganlik haqidagi ariza tekshiruvi
발명특허 ixtiro uchun patent
발명특허출원 ixtiro uchun patentga ariza berish
발생 yuzaga kelish
발송인yuboruvchi
발신인 yoboruvchi
발행 chiqarish
발행, 부여, 인도 topshirish
발행가(1주당) bir aktsiyaning sotuv qiymati
발행일 chiqarilgan sana
방식심사 (특허출원심사 방식 중 하나) rasmiy tekshiruv
방해제거청구har qanday huquqbuzarliklarga barham berish talabi
방화o't qo'yish, yong'in
배달, 송달 yetkazib berish
배서o'tkaziladigan yozuv
배수양수인 indossat
배심원sud maslahatchilari
배타적 경제수역 alohida iqtisodiy hudud
배타적인, 특별한 maxsus, alohida, favqulodda
버전처분기각결정da'voni ta'minlashdan voz kechishni aniqlash
번호인신청인, 출원인 (특허) himoyachi
벌금 jarima
벌금(행정상 부과되는) ma'muriy jarima
벌금형sud jarimasi
범죄 jinoyat, 2년 이하의 징역에 처하는
범죄 uncha og'ir bo'lmagan jinoyat, 5년 이하의 징역에 처하는 범죄 o'rta og'irlikdagi jinoyat
범죄기도jinoiy tajovuz
범죄예방jinoyatlar oldini olish
범죄의 성립jinoyatchilik
범죄인 인도 jinoyatchini topshirish
법 앞의 평등qonun va sud oldida barchaning tengligi
법관의 독립의 원칙sudyalar mustaqilligi tamoyili
법관의 자유심증에 의한 증거력 평가 sudyaning o'z muhofazasiga ko'ra dalillarni baholash

법관의 제척sudyani rad qilish
법관의 회피 sudyaning o'z-o'ziga e'tiroz bildirishi -
법규, 규정, 문서 akt, harakat, dalolatnoma
법규명령 huquqiy akt
법령(법 보다 더 넓은 개념) qonunchilik
법령huquqiy harakat, akt
법령huquqiy-me'yoriy harakat
법률 qonun
법률관계qonuniy munosabat
법률구조를 받을 권리malakali huquqshunos yordamini olish huquqi
법률안 qonun loyihasi
법률안제출 qonun chiqarish tashabbusi
법률안제출권qonuniy tashabbus huquqi
법률용어 huquqga oid atama
법률용어 Yuridik terminlar
법률의 저촉 (형식상 혹은 사실상 다른 몇 개의 법이 동시에 동일한 법률관 계를 지배하는 것과 같은 외관을 보이는 것으로 시간적인 저촉과 장소적 저촉이 있다. 전자를 해결하는 방법이 국제법이고, 후자를 해결하는 법칙 중 가장 주요한 것이 국제사법이다. 법률의 저촉이란 말은 주로 국제 사법상에서 쓰이며, 국제 사법의 별칭으로 쓰이는 경우가 적지않다. 영미에서는 이 명칭이 보편적이다.qoidalar to'qnashuvi
법률행위 huquqiy harakatlar
법률행위, 의사표시, 거래bitimlar
법률행위의 공증bitimlar notarial tasdig'i
법률행위의 등기 bitimlarni davlat ro'yxatiga kiritmoq
법률행위의 무효bitimlar haqiqiy emasligi
법률행위의 일부무효bitim bir qismining haqiqiy emasligi
법무부Yustitsiya vazirligi, Adliya vazirligi
법안심의 parlamentda o'qib chiqish
법안심의 qonun loyihasini o'qish
법원 공탁 sud depozit
법원 huquq asosi
법원결정의 강제성sud qarorining bajarilishi shartligi
법원결정sud qarori
법원공탁제 sud depozit hisobi
법원명령sud buyrug'i
법원의 결정(선고)에 대한 불복권sud qarorini qayta ko'rish huquqi
법원의 통시 및 소환sud chaqiruv qog'ozlari va xabarnomalari
법원정신감정sud ruhiy tekshiruvi
법원조직법 sud organlari tizimi haqidagi qonunlar
법원출석 sudga kelish
법원sud
법으로 보호 받는 이익, 법정이익 qonuniy manfaatlar
법의 흠결 (공백)qonunchilikdagi kamchilik
법인 huquqiy shaxs
법인기관yuridik shaxs a'zosi
법인등기부 yuridik shaxslar yagona davlat ro'yxati
법인세 uyushmalar daromad solig'i
법인소재지yuridik shaxs makoni
법인의 등기부상의 주소지 huquqiy manzil
법인의 행위능력 yuridik shaxs ishga yaroqliligi
법인재산세tashkilotlar mulkiga soliq
법인해산 yuridik shaxsni yo'q qilish
법적 효력 qonun kuchi
법적권리 huquq qonunchiligi
법적보호huquqiy muhofaza
법적의무 huquqiy majburiyat
법적인 huquqshunos
법적인 yuridik, huquqiy
법적인huquqiy
법적조력 huquqiy ko'mak
법적지위huquqiy holat
법적책임 huquqiy ma'suliyat
법적해결방식huquqni boshqarish uslubi
법적효력 huquqiy kuch
법전 kodeks, qonunlar majmui
법정 대리인 qonuniy vakil
법정관리 tashqi boshqaruv
법정위약금 qonuniy jarima
법정준비금 (회사가 순재산액으로 부터 자본액을 공제한 금액 중 일부를 장래 생길지도 모르는 필요에 대비하기 위하여 회사에 적립해 주는 금액)zahira fondi
법정통역사sud tarjimoni
법존중 qonun va sudga hurmat bilan munosabatda bo'lish
법죄기술kriminalistik texnika
법죄의 구성요건jinoyat tarkibi
법죄인jazoga hukm etilgan
법죄자 인도mahkumlarni topshirish
법죄학jinoyatshunoslik
법질서huquqiy tartib
법철학 huquq falsafasi
법학 yurisprudentsiya, huquqshunoslik
법행동기jinoyat asosiy sababi
법행장소jinoyat sodir etilgan joy
벤처기업 venchur firmasi
변강chet, chekka
변경 o'zgartirish, o'zgarish
변론종결og'zaki ko'rib chiqish yakuni
변리사법 시행령patentli ishonchli vakillar haqidagi nizom
변리사patentli vakil
변호사 협회 advokatlar uyushmasi
변호사 협회advokatlar kollegiyasi (guruhi)
변호사 advokat, oqlovchi

변호사 advokatura
변호사의 법률서비스 advokat xizmatlari
변호인의 조력을 받을권리advokat xizmatidan foydalanish huquqi
별론기일 ishni ko'rish (sudda) kuni
별리사 자격요건patentga oid ishonchli vakilga qo'yilgan talablar
병역의무 harbiy xizmat
보고서oshkora hisobot
보동산매매계약 ko'chmas mulkni sotish shartnomasi
보복관세 (수입품이 수출국에서 보조금을 받았을 경우,동종의 자국 상품의 경쟁력 저하가 우려될때 수업품에 부과하는 관세) bojxona badal boji
보복제한 (대응 제한)javob cheklovlar
보상권mukofot olish huquqi
보수 qalam haqi
보수, 보상 mukofot, mukofotlash
보전처분결정da'voni ta'minlashni aniqlash
보전처분신청 da'vo ta'minoti haqida ariza
보전처분취소신청 ta'min choralarini bekor qilish haqida ariza berish
보전처분ta'minlash choralari
보전ta'minlash
보정서 tuzatilgan materiallar
보증기간 kafolat muddati
보증어음 avallashtirilgan veksel
보증인 kafillik
보증 kafolat
보증계약 kafolat shartnomasi
보증보험 kafolatli sug'urta
보증서 kafolat xati
보증인kafil
보증kafillik, kafolat
보충 검정 qo'shimcha tekshiruv
보통재 판적sudda ko'rishga tegishli
보통주 (의결주)oddiy aktsiya
보통주odatiy aktsiyalar
보험 손해가 발생했을 때 사고 발생 이유 및 손해액을 평가하는 사람 tugatuvchi
보험가액sug'urta qiymati
보험계약 sug'urta shartnomasi
보험계약자sug'urta qiluvchi
보험계약sug'urta shartnomasi
보험금액sug'urta miqdori
보험대리상sug'urta agent
보험료납입sug'urta badal puli
보험료sug'urta mukofoti
보험류 일시납입 bir muddatli sug'urta badali
보험류 전기납입 davriy sug'urta badali
보험상 사고sug'urtaga oid hodisa
보험상 위험sug'urta xavfi
보험수익자 foydali egalik qilish
보험요율sug'urta tarifi
보험의sug'urtaga oid
보험자sug'urta qiluvchi shaxs
보험중개인sug'urta daloli
보험증서sug'urta dalolati
보험증서sug'urta sertifikati
보험증서sug'urtalash hujjati
보험회사sug'urta kompaniyasi
보험sug'urta, sug'urta qilish
보호, 수호 himoya, muhofaza
보호관세bojxona himoyasi
보호조항 (계약서를 작성할 때 상호 위험을 줄이기 위해 개별 규정이 나 조항 등을 변경할 수 있게 해 놓은 조항) himoyaviy izoh
보홈증권 sug'urta kompaniyasi bondlari
복대리ishonib topshirish
복수감가상각amortizatsiyani nomuntazam hisoblash uslubi
복직 ishda tiklanish
본국법shaxsiy qonun
본국송환 boshqa davlatga topshirish
본선인도조건 (FOB) FOB
본원수취증 shturmanlik tilxati
본경을 가한 승낙 o'zga sharoitga taklif aktsepti
부가가치세qo'shimcha narxga soliq
부가형(물수 등과 같이 주형에 부가 하여서만 선고 할 수 있는 것) jazoning qo'shimcha turlari
부검murdani ko'zdan kechirish
부당이득asossiz boyish
부동산담보대출 ipoteka qarzi
부동산등기법 ko'chmas mulkni rasmiylashtirish haqida qonun
부동산세ko'chmas mulk solig'i
부동산ko'chmas buyumlar
부두이용료 dok (port)dagi yig'ishlar
부두인도조건 bandargohga yetkazildi, boj to'landi(DEQ)
부령 vazirlik harakatlari
부부간의 거래er-xotinlar kelishuvi
부부공동 재산분할소송 to'plangan mol-mulkning eru-xotin o'rtasida bo'lish haqidagi ish
부부공동 재상er-xotin qo'shma mulki
부부공동소유er-xotin umumiy mulki
부부의 재산상 권리와 의무 er-xotinlarning mol-mulkka oid huquq va majburiyatlari
부실채권chiqindi obligatsiyalar
부양의무 aliment majburiyatlari
부양자상실연금boquvchisini yo'qotgan holatiga ko'ra nafaqa
부영사 vitse-konsul
부채의 충당qarzlarni qoplash, to'lash
부함계약, 보통거래약관 qo'shilish shartnomasi
분배, 분담taqsimlash, taqsimot
분쟁당사자bahslashuvchi tomonlar
분할이행계약 molni alohida-alohida

yetkazish
불가분물bo'linmas narsalar
불가침의 원칙hujum qilmaslik tamoyili
불가침daxlsizlik
불가항력 favqulodda holat
불가항력yengib bo'lmas kuch
불간섭의 원칙aralashmaslik tamoyili
불공전 광고xalol bo'lmagan reklama
불공정 경쟁vijdonsiz raqobat
불기소처분jinoiy ish qo'zg'ashni rad etish
불량품의 반품 sifati past molning qaytishi
불법대출kreditni noqonuniy olish
불법반출noqonuniy mol chiqarish
불법억류noqonuniy hibsga olish
불법영업noqonuniy tadbirkorlik
불법의료행위noqonuniy davolash
불법의noqonuniy
불법자금의 합법화jinoiy daromadlarni qonunlashtirish
불법점유물 반화청구 vindiktsiya
불법점유물 반환청구의소 vindiktsiyali da'vo
불법행위noqonuniy xatti-harakatlar
불법행위qonunga to'g'ri kelmaydigan faoliyat, qonunbuzarlik
불특정물identifikatsiyalangan mol
불화정적 고의noaniq niyat, fikr
브로커 (통상 에이전시 계약을 맺고 활동함) dallol
비공개경매 yopiq kim oshdi savdosi
비공개사건 yopiq sud majlisidagi ish
비공개심리yopiq sud majlislarida muhokama qilish
비공개의 yopiq
비공개입찰 yopiq tanlov
비공개재판 yopiq sud majlisi
비공개회사 yopiq aktsiyadorlik jamiyati
비누젖적 배당 (우선주식에 대하여 당해 연도의 이익으로서 배당을 할 수 없는 경우 그 부족액을 차기 영업연도의 이익으로서 누적적으로 배당을 하지 않는 것임) o'smaydigan, to'planmaydigan dividend
비례과세mutanosib soliq belgilash
비례대표제 (당의존재를 전제로하고, 정당의 득표수에 비례하여의원을 선출하는 선거제도. 다수 대표제와 소수대표제의 결점을 보완하기 위한 장치로서 자유주의적 대의제로부터 정당 국가적 장치로 발달하면서 비례대표제가 많이 채용되고 있다) mutanosib saylov tizimi
비밀투표yopiq ovoz berish
비배타적 강제실 식권majburiy alohida bo'lmagan litsenziya
비상사태 favqulodda holat
비상환경재해지역 favqulodda ekologik vaziyat hududi
비설정증권 hujjatsiz qimmatli qog'ozlar
비영리단체notijorat tashkilot
비영리목적의 물품(세관을 통과할 때 관세를 물지 않는 물품) notijorat mollari
비용 chiqim harajat
비용to'lov, to'lash
비재산권 mol-mulkka oid bo'lmagan huquq
비정규직 근로자 shtatsiz ishchi, xodim
비정규직근로자shtatsiz ishchi
비준서tasdiqlovchi yorliq
비진의 의사표시soxta kelishuv
비행 금지 구역 parvozlar ta'qiqlangan hudud
사건심리ishni muhokama qilish
사건의 이송ishni boshqa sudga o'tkazish
사고 falokat
사기, 강박에 의한 하자있는 의사 표시 og'ir shartli bitim
사기, 기만yolg'on, aldov, aldash
사기,강박에 의한 의사표시aldov, zo'ravonlik va tahdid ta'sirida tuzilgan bitim
사기광고qasddan soxta reklama
사내감사 ichki audit
사망선고fuqaroni o'lgan deb e'lon qilish
사망o'lim
사면 제도 avf etish tartibi
사무관리 topshiriqsiz o'zga manfaati uchun harakat, faoliyat yuritish
사법의, 재판의sudga oid, suddagi
사법제도sud tizimi
사보험shaxsiy sug'urta
사상과 양심의 자유fikr va vijdon erkinligi
사생활불 가침shaxsiy daxlsizlik
사생활의자의적인 간섭 방지 원칙 xususiy ishlarga o'z boshimcha aralashuvga yo'l qo'ymaslik tamoyili, qoidasi
사신 faol, daromad, aktiv
사실행위 aniq harakatlar
사실혼 fuqarolik nikohi, qonuniy nikoh
사업을 할 의도없이 조세 횔피, 대출 및 물질적 이익을 목석으로 영리단체를 설립하는 행위 soxta tadbirkorlik
사업자등록 tadbirkor sifatida davlat ro'yxatidan o'tish
사업적 명성 ishbilarmonlik obro'si
사외 이사 tashqi boshqaruvchi
사용대차계약 renta shartnomasi
사용료, 수수료, 수집tushim, yig'im, yig'ish
사용설명시 qo'llash bo'yicha yo'riqnoma
사용자ish beruvchi,ishga oluvchi
사원, 유한회사의 사원 ishtirokchi
사원총회ishtirokchilar umumiy

yig'ilishi
사위검사인 tashqi ayditor
사유화 milliy xususiyatni yo'qotmoq
사죄광고qarshi reklama
사행활 불가침shaxsiy hayot daxlsizligi
사형o'lim jazosi
사회보장ijtimoiy ta'minot
사회보조금ijtimoiy nafaqalar
사회연금ijtimoiy nafaqa
산림이용료o'rmon zahiralaridan foydalanish to'lovlari
산업재산권 객체sanoat mulki ob'ektlari -
산업재산권보호에 관한 파리협약 sanoat mulkini muhofaza qilish bo'yicha Parij konventsiyasi
산업재산권sanoat mulki
산업재산권sanoat mulki huquqi
살인의 고의 qasddan o'ldirish
상계에 의한 채무소멸majburiyatlarni hisob qilish bilan tugatish
상계 qarshi talab hisobi
상계가 허용되지 않는 경우hisobga olinmaslik hodisasi
상고 kassatsiya arizasi, shikoyat
상고법원kassatsiya sudi
상고심 kassatsiya bosqichi
상고의 kassatsiyaga oid, shikoyatga oid
상공회의소savdo-sanoat palatasi
상관습ish muomalasi odati
상급법원yuqori sud
상당한 이유 uzrli sabab
상대방opponent, muholif
상대적 권리nisbiy huquq
상대적 다수대표제nisbatan ko'pchilik
상속개시일 vasiyatnomani ochish vaqti
상속개시지merosni e'lon qilish joyi
상속권meros huquqi
상속권merosxo'rlik huquqi
상속순위meros olish izchilligi
상속의 포기 vasiyatning rad etilishi
상속의 포기merosdan voz kechish
상속인merosxo'r
상속재산merosiy mol-mulk
상속증여세meros va tortiq qilingan mulkka solinadigan soliq
상속meros
상속merosxo'rlik, meros olish
상실, 취소mahrum bo'lish
상실이익 boy berilgan daromad
상업어음tijorat vekseli
상위법령katta huquqiy kuchga ega huquqiy-me'yoriy harakat
상표권자 tovar belgisi sohibi
상표등록출원 tovar belgisini rasmiylashtirishga ariza
상표등록취소 tovar rasmiylashtirilishning bekor qilinishi belgisi
상표등록tovar belgisini qayd etish
상표법 tovar belgilari haqidagi qonun
상표의 양도 tovar belgisidan voz kechish
상표의 우선일tovar belgisi ahamiyati
상표증tovar belgisi dalolati
상표출원심사 tovar belgisi arizasiga ko'ra tekshiruv
상표tovar belgisi
상품,서비스 및 자본 이동의 자유 tovarlar, xizmatlar va moliyaviy vositalar erkin harakati
상품교환 시 차액의 보상 tovarni almashtirganda narxidagi farqni qoplash
상품시장tovar birjasi
상호 firma nomlanishi
상호보험o'zaro sug'urta
상호합의 ikki taraflama kelishish
생명권yashash huquqi
생명보험hayotni sug'urta qilish
생명에 대한 중범죄 hayotga qarshi og'ir jinoyatlar
생산물분할협정mahsulotni bo'lish bitimi
생산비 ishlab chiqarish harajatlari
서기관sud majlisi kotibi
서면동의yozma kelishuv
서면신청yozma iltimosnoma
서면의yozma
서비스표 xizmat ko'rsatish darajasi
서비스표법 xizmat ko'rsatish me'yorlari haqida qonun
서증yozma dalillar
선거권tanlash huquqi
선거법, 선거권 saylash huquqi
선거운동 saylov kompaniyasi
선거의 saylovga oid
선고hukm, hukmnoma
선동 targ'ibot
선물 거래f'yuchers operatsiyasi
선물 계약 f'yuchers shartnomasi
선물 시장 f'yuchers birjasi
선물 시장f'yuchers bozori
선물거래 f'yuchers
선박 국적dengiz kemasining milliy tegishliligi
선박 불법가압류kemaning noqonuniy manzili
선박가압류 kemani hibsga olish
선박등기kemalarni rasmiylashtirish
선박보험kemalar sug'urtasi
선박용선계약 확인 예비서류 fikschyur-not
선박의 도착지kema yuborilgan joy
선박의 적재통수yuk ko'tarish qobiliyati, tonnaj
선박의 출발지kema jo'nagan joy
선박의국적kema millati
선박증명서 kema identifikatsiyasi
선사용권oldin foydalanish huquqi

선서qasam, qasamyod
선의점유자 vijdonli ega, sohib
선의취득자 insofli xaridor
선임, 선출 saylanish, saylash
선장 kema kapitani
선적항yuk ortish porti
선전 targ'ibot
선주의 책임kema egasining ma'suliyati
선주kema egasi
선지급tovarga oldinda to'lov
선출원ertaroq berilgan ariza
선택의, 대체의 muqobil
선택채무 muqobil majburiyatlar
선하증권 발행 kinosamentni topshirish
선하증권konosament
설대적 다수대표제 (프랑스 등 채택) mutlaq ko'pchilik
설립계약서 ta'sis bitimi
설립목적 nizomdagi maqsad
설립문서 ta'sis hujjatlari
설립의 ta'sis etuvchi
성년인 권리능력자가 자신의 건강 산의 이유로 자신의 권리와 의무를 수행할 수 없을 때 후견인을 두는 행위patronaj, yordam ko'rsatish
성명권ism huquqi
성폭력jinsiy xususiyatga ega zo'ravonlik harakatlari
세계인권선언 inson huquqlari umumiy deklaratsiyasi
세관검사bojxona ko'rigi
세관신고bojxona deklaratsiyasi
세관에서 물품의 소유자 또는 매수인 등을 말함tovarni o'tkazadigan shaxslar
세관의 물품 및 운송수단 검사 tovar va transport vositalarining tekshiruvi
세관의, 관세의bojxonaning
세관이용류bojxona yig'inlari
세관창고bojxona ombori
세관화물신고서 yuk uchun bojxona deklaratsiyasi (hujjatlari)
세관bojxona
세금soliq
세무공무원soliq politsiyasi
세무신고서soliq deklaratsiyasi
세무조사soliq inspektsiyasi
세원 soliq manbai
세율soliq qiymati
세제혜택soliq imtiyozlari
소가 da'vo qiymati
소권(법원에 소를 제 기하여 심판을 구하는 당자자의 권능으로 민사분쟁이 있을 때 누구나 법원에 대하여 심판을 청구할 수 잇는 것은 국민의 중요한 기본권의 하나이다) sudga murojaat qilish huquqi
소급효teskari kuch
소년원 tarbiya koloniyasi
소득세 daromad solig'i
소득세 tashkilotlar daromadiga solinadigan soliq
소를 취하한 경우의 소송비용 분담 da'vodan voz kechishda sud harajatlarining taqsimlanishi
소매계약 chakana savdo shartnomasi
소멸시효 정지da'vo muddati o'tishini to'xtatish
소멸시효기간da'vo muddatini o'tganligi
소멸시효중단da'vo muddati mobaynidagi uzilish
소비대차계약 qarz olish shartnomasi
소비세 대상품목aktsiz ostidagi molar
소비세 alohida turdagi molar (xizmatlar)ga aktsiz markalar
소비세iste'mol solig'i
소비자 기만iste'molchilarni aldash
소비자계약 iste'molchi ishtirokidagi shartnoma
소비자권리보호 iste'molchilar huquqlarni himoya qilish
소비자권리보호iste'molchilar huquqini muhofaza qilish
소비자보호법 iste'molchilar huquqini himoya qilish haqida qonun
소손인수sud ishlariga oid huquqdorlik
소송경제의 원칙protsessual iqtisod tamoyili
소송구조davlat boji to'lashdan ozod bo'lish
소송권남용 qonuniy huquqlarni suiiste'mol qilish
소송권sud ishlarini yuritish huquqi
소송기간의 도과sud muddatlarini o'tkazib yuborish
소송기간sud ishlari yuritish muddatlari
소송능력sud ishlarini yuritish layoqati
소송대리인sud vakili
소송대리인suddagi vakil
소송대리sud vakolati
소송대리suddagi vakolat
소송물da'vo predmeti
소송비 용의 분담sud harajatlari taqsimoti
소송비용 (인기대, 재판비용)sud chiqimlari
소송비용액의 확정결정sud harajatlari bilan bog'liq masalalar bo'yicha aniqlik kiritish
소송상의 권리와 의무sud ishlari yuritish huquqlari va majburiyatlari
소송의, 소송상의sud ishiga oid
소송절차sud jarayoni tartibi
소송지휘sud jarayoni rahbari
소송kemasozlik
소유권 불가침mol-mulk daxlsizligi
소유권 취득egalik huquqini olish
소유권불가침의 원칙mulk daxlsizligi tartibi
소유권양도mulk huquqini topshirish
소유권의 소멸mulkdorlik huquqi

tugatilishi
소유권의 포기mulkka egalik huquqidan voz kechish
소유권이전mulk huquqining o'zgaga o'tishi
소유권자mulkdor
소유권mol-mulk huquqi
소의 변경 (청구원인의 변경) da'vo asosini o'zgartirish
소의 변경 (청구취의 변경)da'vo predmetini o'zgartirish
소의 제기da'vo qilish
소의취하da'vogar tomonidan da'vo arizasini ishni sudda ko'rilguncha chaqirib olishi
소장 da'vo arizasi
소장각하 da'vo arizasining qaytarilishi
소제기일 da'vo qilish kuni
소환장chaqiruv yorlig'i
속인주의 "qon huquqi" tamoyili
속지주의"tuproq huquqi" tamoyili
손익계산서kirim-chiqim hisobi
손해 zarar, ziyon
손해발행지법 zarar etkazilgan joy qonuni
손해배상 청구권zararni qoplashni talab qilish huquqi
손해배상 yetkazilgan zararni qoplash
손해배상책임qarzdorning zararni qoplashga majburligi
송하인 yuk jo'natuvchi
수색tintuv
수악자,수취인 benefitsiar
수임자 vakolatli shaxs, ishonchli shaxs
수입 인플레이선 (외화가 지나치게 많이 유입되거나, 수입물품에 대한 가격이 높아짐으로써 생기는 인플레이션) import qilingan infilyatsiya
수입관세 import boji
수입관세 yukni olib kirish uchun boj to'lovi
수입보증금 import depoziti
수입의 import qilingan
수입쿼터 import kvotasi (me'yori)
수입허가증 import litsenziyasi
수증자tortiq qilinadigan
수출 및 수업세 eksport va import solig'i
수출관세 olib chiqish boj to'lovi
수출보조금 eksport subsidiyasi
수출보조금 olib chiqiladigan mukofot
수출위험보증(수출시 발생하는 위험을 국가 또는 은행이 보증 하는 것) export xavfi kafolati
수출입은행 eksport-import banki
수출입허가증(통상 1년 기간으로 주어짐) bosh, asosiy litsenziya
수취인oluvchi, qabul qiluvchi
수탁자, 위탁관리인 ishonchli boshqaruvchi
수탁자vakolatnoma
수표 chek
수하인 yukni qabul qiluvchi
순준량 idishsiz, sof og'irligi
습득(유실물) topilma
승객운송계약 yo'lovchi tashish haqida shartnoma
승낙 aktsept
승낙기간을 정한 계약의청약 aktsept muddatini belgilovchi taklif
승낙의 거절aktseptdan voz kechish
승낙의 통지 aktsenp haqida xabarnoma
승낙의철회aktseptni chaqirib olish
승난기간을 정하지 아니한 계약의 청약 aktsept uchun muddat belgilamaydigan taklif
시가joriy narx
시군법원 (법원 중 가장 낮은등급의 법원)jahon sudi, tinchlantiruvchi sud
시군법원 판사murosaga keltiruvchi sud'ya
시민 fuqaro
시위 namoyish
시의회 shahar dumasi
시장분할bozorni taqsimlash
시장에서 지배적인 지위의 남용 bozordagi hukmron vaziyatdan foydalanish
시장에서의 지배적 지위 bozorda hukmron holat
시장에서의 지배적 지위 bozordagi hukmron vaziyat
시장접근 제한bozorga kirishni cheklash
시장조사 sotish bozorlarining tadqiqi, tovar bozorini o'rganish
시정부허가수수료mahalliy litsenzion yig'inlar
시중은행tijorat banki
시효 (일정한 사실상태가 일전 기간 계속되어 온 경우에, 그 사실상태가 진정한 권리관계와 합치하는가 여부를 불문하고 법률상 그 사실 상태에 대응하는법류놔를 인정하여 주는 제도) da'vo muddati o'tganligi
시효 o'tgan vaqt uzoqligi, muddat
시효의 원용da'vo muddati o'tganligini qo'llash
시효의불원용vaqt o'tganlikni hisobga olmaslik
식원남용 amaldan foydalanish
신법yangi qonun, qoida
신사협정 jentelmenlik kelishuvi
신앙의 자유e'tiqod erkinligi
신용기간 (러시아 연방 중앙은 행의 허가를 받아 은랭업무 등을 행히는 법인)qarz beruvchi tashkilot
신용도qarzni to'lay olish

신용의kreditga oid
신용장 akkreditiv
신용판매tovarni kreditga sotish
신의성실 halollik, vijdonlik
신임장 ishonch yorlig'i
신주의 발행 qo'shimcha aktsiyalar chiqarilishi
신주yangi aktsiya
신채권자 (채권양수인)yangi kreditor
신청 ariza, bayonot
신청 rasmiy iltimos
신청, 출원 ariza, talabnoma, da'vo
신청인, 출원인 (특허) da'vo qiluvchi, arizachi
신체적 강압 jismoniy majburlash
신체적 고통 jismoniy mashaqqatlar
신탁계약 mol-mulkni ishonchli boshqaruv shartnomasi
신탁재산 ishonchli mulk
실거래가 haqiqiy narx, baho
실리권 합의, 라이센스 계약litsenziyaga oid shartnoma
실시권자litsenziya beruvchi
실시권허여자litsenziya oluvchi
실시료의 시장가격litsenziyaning bozor narxi
실용신안 발명자 foydali model muallifi
실용신안의 특허성 판단기준 foydali model patentga loyiqligi shartlari
실용신안증foydali modelga dalolat
실용신안출원 foydali modellarga talabnoma
실용신안foydali model, foydali nusxa
실정법ijobiy huquq
실종 noma'lum sababga ko'ra kelmaslik
실종선고sababsiz kelmaganlikni e'tirof etish qarori
실종자 noma'lum sababga ko'ra kelmagan
실직band emaslik
실질손실real zarar
심리종결, 결심sudda ko'rinishning to'xtatilishi
심리muhokama qilish
심리muhokama qilish, sudda ishni ko'rish
심문 so'roq, so'rov
심신상실ruhiy xastalik
쌍방과실 ikki tomonning aybi
쌍방과실 qarshi ayblov
아파트 세입자 xona ijaraga oluvchi
아파트소유자조합uy-joy mulkdorlar shirkati
악의의 점유자insofsiz sohib
악의의,불공정한vijdonsiz, insofsiz, noxalol
암묵의indamas, kamgap
암묵적 동의so'zsiz rozilik
압류 musodara, talab
압류금액의 완전변제talab qilingan miqdorni to'liq to'lash
압류재산목록mol-mulk ro'yxati
애이전시savdo agenti
약속어음 oddiy veksel
약속어음solo-veksel
약정일 belgilangan sana
양도(매매에 의한 소유권 이전 또는 증여 등)begonalashish, musodara qilish
양도증서(권리의무) o'tkazish dalolati
양도할 수 없는 권리ajratilmaydigan huquq
양부모 bolalikka oluvchi
양원제 bikameralizm
양원제 ikki palatali tizim
양육비 alimentlar
양자간 국제계약 ikki tomonlama xalqaro bitim
양하항yuk tushirish porti
어업의 자유baliqchilik erkinligi
어음 veksel
어음발행인 veksel beruvchi
어음발행인trassant
어음법 o'tkaziluvchi va oddiy veksel haqida qonun
어음소지인 vekseldor
어음수취인trassat
어음의 배서 indossament
어음의 배서인 indossant
어음할인 veksellar hisobi
언론매체의 자유ommaviy axborot erkinligi
언어검열 tilga oid tsenz
에산년도 byudjet yili
에이전시 계약 agentlik bitimi
에이전시 수수료 agentlik mukofoti
에이전시(통상 브로커, 딜러, 중개인 및 위탁 매매인 등이 에이전시로 불린다) agent
에이전시계약 agentlik shartnomasi
여성노동의 보호ayollar mehnati muhofazasi
여행자수표 yo'l cheki
여행자수표sayohat cheki
여행자수표sayyohlik cheki
역사법학파 huquq tarixiy maktabi
역사학적 법해석 tarixiy talqin
역진과세regressive soliq solish
연금보장nafaqa ta'minoti
연금pensiya, nafaqa
연기어음 longlashgan veksel
연대채무(수인의 채무자가 채무전부를 각자 이행할 의무가 있고 채무자 1 인의 이행으로 다른 채 무자도 그 채무를 면하게 되는 다수당사자의 채무이다.각 채무자의 채무가 독립되어 있고 주종의 차이가 없다는 점에서 보증채무와 다르며 그 점이 보증채무보다 유력한 담보제도가 되는 원인의 하나이다) birgalikdagi javobgarlik

연대채무자birgalikdagi qarzdorlik
연대책임, 보증채무 (주채무외 동일 한 용을 지난 종속한 채 무로서 주채무를 담보하는 작용을 하는 것이다. 채권자가 보중인에게 청구를 할 때는 보증인은 먼저 주채무자에게 청구하라고 항변할 수 있고 또한, 보증인은 주채무자의 별제 자력이 있는 사실 및 그 집행이 용이함을 증명하여 먼저 주채무자의 재산에 대하여 집행할 것을 항변할 수 있다) pul bilan ta'minlash ma'suliyati
연말결산 yillik hisobot
연말결산 yillik moliyaviy hisobot
연방 예산 federal byudjet
연방 정부세 federal soliqlar
연방법률 federal qonun
연방소베트 의원 (상원의원) federatsiya kengashi a'zosi
연방의 federal
연방의회 federal kengash
연방저촉법 federal kolliziya huquqi
연방주체의 평등sub'ektlar teng huquqligi
연방차원에서 노사관계를 규율하는 협정서 asosiy bitim
연방특별시 federal ahamiyatli shahar
연방헌법적 법률 (연방헌법적 법률 러시아 연방 헌법이 정한 사항에 관하여 제정이 되어 있고, 연방법률 보다 상위법이다) federal konstitutsiyaga asoslangan qonun
연안국qirg'oq bo'yidagi davlat
연차휴가 har yillik asosiy ta'til
연착된 승낙 kechiktirib olingan aktsept
연체이자kechiktirilgan foizlar
영공ochiq havo bo'shlig'i
영리단체tijorat tashkiloti
영리의, 영업상의 tijoriy, savdo-sotiqqa oid
영미법 anglosakson huquqi
영사 인증 qonunlashtirmoq
영업비밀tijoriy sir
영업비용savdo harajatlari
영업외수익 sotishdan tashqari operatsiyalardan tushgan daromad
영토 davlat hududi
영토고권hududiy ustunlik
영해기선 hududiy dengizning boshlanish joyi
영해dengizning davlat qirg'og'iga yaqin qismi
예금가압류 hisobdagi mablag'ni hibsga olish
예금가압류 omonatni hibsga olish
예금은행 depozitli bank
예금증서 depozitli sertifikat
예비qidirib topish
예산 byudjet
오락사업세o'yinlardan keladigan daromad solig'i
옴부즈맨 ombudsmen
외교관 diplomat, ustomon kishi
외교관의 국제적 보호diplomatlarning xalqaro muhofazasi
외교대표부 diplomatik vakolatxona
외교사절 diplomatik agent
외국국적 xorijiy davlat fuqaroligi
외국법인 및 외국인 chet ellik shaxslar
외국의 xorijiy, chet elga oid
외국인 투자 chet el investitsiyalari
외국인 투자가 chet ellik investorlar
외국인 chet el fuqarolari
외상 또는 물품대금 변제요구 qarzni talab qilish
외상장부 (특히 소매상 qarz kitobi
외판원gumashta, buyurtma to'plovchi vakil
외환시장 valyuta birjasi - валютная биржа
외환업무chet el valyutasi bilan operatsiya
요약서referat
용병yollovchi, yollagan
용선 kemada yuk tashish
용선계약 charter
용선계약 kemada yuk tashish bitimi
용선계약 yollash shartnomasi
용선료 kemada yuk tashish narxi
용선시장 kemada yuk tashish bozori
용선자 kemani kiraga oladigan shaxs
용익물권birovning mulkidan foydalanish huquqi
용익물권xo'jalik yuritish huquqi
우선권imtiyozli huquq
우선매수청구권xarid qilish imtiyozli huquqi
우영한사고voqea, hodisa
운송계약 transport tatshish haqida shartnoma
운송세 transport solig'i
운송업자 ekspeditor, molni keltirish va jo'natish bilan shug'ullanuvchi
운송업자 ekspeditorlik firmasi
운송인의 책임yuk tashuvchi ma'suliyati
운송인tashuvchi
운영비 boshqaruv xarajatlari
원고 da'vogar
원고 fuqarolik da'vogari
원보험계약자original sug'urtachi
원본이 하나 밖에 없는 경우 만들어 지는 것 копия 와 달리 법적 효력이 있음 dublikat, asl bilan teng nusxa
원산지 표시tovarlar kelib chiqish joylarini nomlash
원산지표시법 tovar yasalgan joylarni nomlash haqidagi qonun
원상복귀명령majburiyatlarni mahsulotlar bilan bajarishga hukm qilinish

원상의무이행 majburiyatlarni mahsulot bilan bajarish
원칙printsip, tamoyil
위교관 면책특권 diplomatik shaxsiy daxlsizligi
위교적 보호 diplomatik muhofaza
위약금의 지불 jarimani to'lash
위약금jarima
위임계약(당사자의 일방이 법률 행위나 그 밖의 사무의 처리를 상대방에게 위탁하고 상대방이 이를 승낙함으로써 성립하는 계약) topshirish shartnomasi
위임자(위임의 경우), 위탁자 (신탁의 경우) ishonch qog'ozi beruvchi shaxs
위임장 ishonch qog'ozi
위장파산 soxta kasod, inqiroz
위조soxtalashtirish, qalbaki narsa
위탁계약(법률행위 또는 사실행위를 타인에게 의뢰하는 것, 위임, 준위임, 주선, 운송, 신탁, 어음 등 여러 가지 법률관계의 기초를 이룬다) komissiya kelishuvi
위탁관리 ishonchli boshqaruv
위탁매매인 (위탁자에게 위임을 반아 자기의 이름으로, 그러나 위탁 자의 이익과 위탁자의 비용으로 업무를 처리) vositachi
위탁자 komitet, qo'mita
위탁자vakolat beruvchi
위험, 냉대 및 인간적 존엄을 떨어 o'z joniga qasd qilishgacha olib boorish
위험부담tovarning tasodifiy halokati xavfi
위험성 화물xavfli yuk
위험의 이전tavakkalchilikning o'tishi
유가증권 발행 qimmat qog'ozlar chiqarilishi
유가증권법 qimmat qog'ozlar bozori haqidagi qonun
유급휴가 o'rtacha maosh saqlanish sharti bilan har yillik ta'til
유급연차휴가haqi to'lanadigan har yillik ta'til
유기 징역ma'lum muddatga ozodlikdan mahrum bo'lish
유류분 (일정한 상속인을 위하여 법률상 마땅히 유보해 두지 않으면 안되는 유산의 일정 부분)merosdagi lozim bo'lgan ulush
유신물 습득자에 대한 보상 narsani topganda mukofot
유실물에 대한소유권취득toopilmaga egalik qilish huquqini olish
유언 vasiyat
유언의 집행 vasiyat ijrosi
유언의 철화vasiyatnomani bekor qilish
유언의 형태 vasiyatnoma turi
유언자 vasiyat qilgan kishi
유언집행인 meros olishdagi vasiy
유엔 사무총장 BMT bosh kotibi
유죄판결ayblov hukmi
유죄판결ayblov hukmini chiqarish
유죄팔결sudlanganlik
유추 qonun muqobili
유추해석muqobilni tadbiq etish
유통비 muomala harajatlari
유한책임사원 omonatchi
유한책임시원 kommandachilar
유효기간yaroqlik muddati
은행 bank
은행계좌bank hisobi
은행법 banklar haqida qonun
은행법bank huquqi
은행의 불법행위noqonuniy bank faoliyati
은행의 신탁업무 banklar vakolatli operatsiyasi
은행이율 bank foizining hisob me'yori
음모til biriktirish
음선박담보어 bodmereyli veksel
의결권주 ovoz beradigan aktsiyalar
의무보증 kafolatli majburiyatlar
의무보험majburiy sug'urta
의무의 이행 majburiyatlar ijrosi
의무이행 청구권majburiyatni bajarishni talab qilish huquqi
의무이행의 거절majburiyatlarni bajarmaslik haqida rad javobi
의무majburiyat
의사록bayonnoma, bayonot
의사표시 iroda, istak ifodasi - выражение воли
의장 sanoat namunasi, andazasi
의장 발명자 sanoat namunasining muallifi
의장등록출원 sanoat namunasiga patent berish da'vosi
의장출원 sanost namunasiga ariza
의장특허sanoat namunasiga patent
의정서 (위교), 의향서 (무역)memorandum, bayonnoma
의향서 rejalar haqida shartlashish
이권약도계약 (국가가 외국자본을 끌들이기 위해 천원 등의 개발권을 유상으로 넘겨주는 계약)davlat bilan tuziladigan shartnoma
이사 boshqaruv organlari
이사 nazorat kengashi, direktorlar kengashi
이슬람법musulmon huquqlari
이윤세 tashkilotlar daromadiga solinadigan soliq
이의, 민법상 타인의 행위에 대하여 반대 또는 불복의 의사를 표시하는 뜻으로 사용된다 shikoyat, arz
이의신청권iltimos huquqi
이의신청shikoyat qilish, arz qilish
이익배당청구권daromadni taqsimlashda ishtirok etish huquqi
이익분배daromad taqsimoti
이자foizlar

이주migratsiya, ko'chish
이중과세 ikki kara soliq solish
이중관세요율 ikki baravar boj tarifi
이중국적 ikki davlat fuqarosi bo'lish
이중기입 ikkitalik yozuv, qayd etish
이중담보 (하나의 부동산에 담보가 2 개 있는 것) ikkilamchi ipoteka
이중의 ikki baravar
이중장부 hisobning ikkitalik tizimi
이중제소 ikkilamchi shikoyat
이해당사자 manfaatdor shaxs
이행, 집행 ijro etish, bajarish
이행기전 계약위반oldindan taxmin qilingan bitim buzilishi
이행불능bajarib bo'lmaslik
이행에 의한 재무소멸majburiyatlarni bajarish orqali tugatish
이행지 체손해배상 청구권bajaruvdagi kichiktirish uchun badal to'lashni talab qilish huquqi
인간의 존엄성inson qadrini kamsitish
인간이 문화를 향유할 권리 (창착 활동 포함). 1948 년 인권선언 제 27 조에 규정되어 있다.insonning madaniy huquqlari
인격권 nomoddiy boyliklar
인권보호 inson huquqlari himoyasi
인권위원회 inson huquqlari bo'yicha komitet
인권의 헌법적 보장inson huquqlarining konstitutsiyaga asoslangan kafolati
인권존중의 원칙inson huquqlarini hurmat qilish tamoyili
인권존중의 원칙inson huquqlarini umum qadrlash tamoyili
인권inson huquqlari
인도니 행의 일방적 거절yetkazib berish shartnomasini bajarishga bir tomon bosh tortishi
인도불이행yetkazib bermaslik
인도의 수령yetkazilgan yukni olish
인도의 장소 및 시기yukni yetkazib berish joyi va muddati
인도일 변경 yetkazish muddatining o'zgarishi
인도일 연기 yetkazib berish muddatini uzaytirish
인도일 etkazib berish sanasi
인도지체yetkazishni kechiktirishi
인도yetkazib berish
인수어음 aktseptli veksel
인수qo'shiluv, birlashish
인존적, 민족적 우월성irqiy va milliy ustunlik
인지대 반환 davlat bojining qaytarilishi
인지대 분할납입davlat bojini bo'lib-bo'lib to'lash
인지대 지급유예davlat bojini to'lashni kechiktirish
인지대 추가납입 davlat bojining qo'shimcha to'lovi
인지세davlat yig'imi
인코텀스 (incoterms, 국제무역 용어집) inkoterms
인턴(형법) 유예기간, (노동법) 실습 ishga qabul qilishdagi sinash
인플레이션 약정 (인플레이션의 경우 임금 및 가격을 조정한다는 약정) interventsiyaga oid izoh
일반 체권자(담보권을 갖지 못한) tanlovga oid kreditor
일반법원 umumiy yurisdiktsiya federal sudi
일반법원umumiy yuridiktsiya sudi
일반사면 avfi umumiy
일부승소 da'voni qisman qondirish
일부용선kemaning bo'linmalaridan bir qismini yollash -
일부인도 qisman yetkazib berish
일부재산의 압류 mulk qismiga chegirma
일심(지방법원판결)의 파기 birinchi bosqich sudlari qarorini bekor qilish
일심법원(지방법원) birinchi bosqich sudi
일자, 날짜 sana
임금 ish haqi, maosh
임금압류 ish haqidan chegirma
임대 ijara
임대료 ijara haqqi
임대인 ijaraga beruvchi
임대인qarz beruvchi
임대차계약 ijara shartnomasi
임신, 출산및 육아 보조금homiladorlik, tug'ish, bola parvarishi bo'yicha nafaqa
임신휴가homiladorlikka ko'ra ta'til
임의규정 huquqning depozitiv me'yorlari
임증 책임 isbotlash tashvishi
임차인 ijarachi
임차인yollovchi
임치계약 saqlash shartnomasi
임치료, 보관료saqlash harajatlari
입법기관 qonun chiqaruvchi organlar
입법부 qonun chiqaruvchi hokimiyat
입법절차 qonun chiqarish jarayoni
입양 farzandlikka olish
입양아의 권리asrab olingan bola huquqlari
입증 isbotlash
입증책임면제 isbotdan ozod qilish
입증쳇임isbot majburiyligi
입찰tender
입헌군주제konstitutsiyaga asoslangan monarxiya
자격부여 attestatsiya
자격정지ma'lum mansabga ega bo'lish huquqidan mahrum qilish
자구행위 (사사력구제) fuqaro

muhofazasi
자녀의 권리와 의무farzandlar huquqlari va burchlari -
자발적 보험 (의무보험의 반대)ko'ngilli sug'urta
자본 yig'ma mablag'
자본금 yig'ma mablag'
자본금납입 jamg'arma mablag'ga badal
자본세mablag'dan daromadga soliq
자본의 감소(감자) nizomdagi mablag' kamayishi
자본의 변경 nizomdagi mablag' hajmining o'zgarishi
자본의 증가 (증자)nizomdagi mablag' oshishi
자본이동mablag' ko'chib o'tishi
자본출자의무jamiyat nizomidagi mablag'ga hissa qo'shish majburiyati
자선단체 xayriya uyushmasi
자선활동 xayriya faoliyati
자연법 tabiiy, joriy huquqlar
자연인 jismoniy shaxs
자원법 yerosti boyliklari haqida qonun
자원이용료yer osti boyliklaridan foydalanish to'lovi
자유관세지역 bojxona nazoratidan xolis hudud
자유관세지역erkin boj hududi
자유기업지대 erkin tadbirkorlik hududi
자유로운 거주이전권erkin harakatlanish huquqi
자유무역지역 erkin savdo hududi
자유의 제한erkinlik cheklovi
자유ozodlik, erkinlik
자치 avtonomiya, muxtoriyat
자치관구 avtonom hudud
자치주 muxtor viloyat, hudud
잔여재산분배청구권yo'q qilish kvotasi huquqi
장, 수장rais
장기 계약 (통상 2년 이상) uzoq muddatli shartnoma
장기 저축 uzoq muddatli omonat
장기 채무 uzoq muddatli majburiyat
장소joy
장애인연금nogironlik nafaqasi
재단 Fond
재무 제표의 승인 yillikhisobot va hisob balanslarini tasdiqlash
재벌, 컨글로메릿monopolistic birlashma
재범jinoyatlar takroriyligi
재보험계약 qayta sug'urtalash haqida shartnoma
재보험qayta sug'urta qilish
재산 mol-mulk
재산가압류 mol-mulkni hibsga olish
재산권 mol-mulkka oid huquqlar
재산목록 mol-mulkni hisobga olib, ro'yxat qilish
재산보험 mol-mulk sug'urtasi
재산상 손실 mol-mulkka etkazilgan zarar
재산세 mol-mulk solig'i
재산의 국고귀속 (=몰수)mulkni davlat hisobiga musodara qilish
재산의 매각mol-mulkni pullash
재산의 분할mol-mulkni bo'lish
재산의 양도mol-mulkni davlat hisobiga o'tishi
재산의 mol-mulkka oid
재산출자의무mulkiy badalni to'lash majburiyati
재산평가mol-mulkni baholash
재심nazorat
재원 moliyalashtirish manbai
재판관권 sud qilish huquqi
재판관할idora qaramog'idagi -
재판기일출석권sud jarayonida ishtirok etish huquqi
재판비용 (재판비용에는 인지대도 포함된다) ishni ko'rib chiqish bilan bog'liq chiqimlar
재판비용sud xarajatlari
재판의 공개 sud muhokamasi oshkorligi
재판장sud tarkibi raisi
재판절차sud majlisi tartibi
재판준비절차ishni sudda muhokama qilishga tayyorlash
재판통지서 송달 sud xabarnomalarining yetkazilishi
재판adliya
재판sud majlisi
재판sud muhokanasi
재할인율qayta moliyalashtirish miqdori
쟁점정리bahsli huquq munosabati tabiatini aniqlash
저자, 발명자 muallif
저작권 보호기간이 종료됨으로써 사회적으로 자유롭게 이용할 수 있는 저작물 jamiyat mulki
저작권, 발명자권mualliflik huquqi
저작권계약 mualliflik shartnomasi
저작권법 mualliflik haqidagi qonun
저작권mualliflik huquqi
저작인 접권o'zaro bog'liq huquqlar
저작인겨권mualliflarning shaxsiy nomulkiy huquqlari
저작인격권muallif axloqiy huquqlari
저작재산권 mualliflar mulkiy huquqi
저촉법 (국제사법의 별칭)to'qnashish huquqi
적법행위huquqiy harakat
적자예상 byudjet yetishmasligi
적재미달yetarli darajada yuk ortmaslik
적하보험yuklarni sug'urtalash
적합한 계약이행 shartnomaga oid intizom
전권대표vakolatli vakil

전당포에서 자금을 빌릴 때 러시아 은행에서 담보로 받는 국채의 종류lombard ro'yxati
전당포의lombardga oid
전당포lombard, garovxona
전대차subarenda
전문(계약서 등의) xalqaro bitim kirish qismi
전문가 감정, (특허 등의) 심사 ekspertiza, tekshiruv
전문가감정신청 tekshiruv belgilash haqida rasmiy iltimos
전범 harbiy jinoyatchi
전부용선butun kemani yollash
전용실시권 maxsus litsenziya
전용실시권자alohida litsenziya egasi
전자화폐 elektron pullar
전쟁범죄 harbiy jinoyatlar
전채적인, 총채적인 bosh, asosiy
전형 계약shartnomaning taxminiy shartlari
전형계약namunaviy bitim
전환사채konversiyalanadigan obligatsiyalar
전환주식konversiyalanadigan aktsiyalar
절대군주정 mutlaq hukumronlik
절대적 권리mutlaq huquq
절대적 기재사항zaruriy narsalar
절대적인 mutlaq
절도죄 o'g'irlash, talash, talonchilik
절도o'g'rilik, talonchilik, o'g'irlash
절세 (합법적인 방법으로 세금의무를 줄이는 것) soliqlar o'zini olib qochmoq
절차tartib
점유 egalik
정관 nizom
정관의 변경 nizomning o'zgarishi
정기불어음 muddatli veksel
정당방위 zaruriy muhofaza
정당제도partiya tizimi
정당행위 (사회상규에 위배되지 아니하여 국가적, 사회적으로 정당시되는 행위) buyruq yoki farmoyish ijrosi
정리해고 ishchilar soni qisqarishiga ko'ra ishdan bo'shatilish
정박oddiy
정범 jinoyatni qilgan kishi
정부간 차관hukumatlararo qarzlar
정부간의hukumatlararo
정부간회의hukumatlararo konferentsiya
정부령hukumat qarori
정부불 신임hukumatga ishonmaslik
정부의 해산hukumat iste'fosi
정신적 손해배상 청구권axloqiy zararni qoplash huquqi
정신적 손해ma'naviy zarar
정신지체ruhiy rivojlanishda orqada qolish
정신직 손해배상, 위자료axloqiy zarar to'lovi
정치적 망명siyosiy boshpana
정치집회miting, namoyish
정통성qonuniylik
제 1 심birinchi bosqich
제 1 운송인dastlabki tashuvchi
제 3 자를 위한계약 uchinchi shaxs foydasiga bo'lgan shartnoma
제 3 자의 이익 uchinchi shaxslar manfaatlari
제 3 자uchinchi shaxs
제도 institute, tartib
제조물 안전 mahsulot havsizligi
제한물권cheklangan mulkiy huquq
제한책임 (에를들어 주주가 출자금에 한해 책임을 지는 것)cheklangan ma'suliyat
제한cheklov, cheklash
조기해임 vakolatga muddatdan oldin barham berish
조례 mahalliy o'z-o'zini boshqaruv harakatlari
조리 huquq muqobili
조세면책특권soliqdan saqlanish
조세목적상 거주인soliq vakili
조세부담soliq tashvishi
조세의soliqqa oid
조세적상 비거주인soliq vakili emas
조세정책 soliq siyosati
조세제도 soliq tizimi
조세주권soliqdan ozodlik
조세특혜지역soliq boshpanalari
조전절차murosaga keltirish choralari
조함계약 (법인 설립 없이 각 조합원들이 출자를 해서 성립) oddiy shirkat shartnomasi
조합원o'rtoq
조합oddiy birlashma
종물, 부속물jihoz, ashyo, mansublik, tegishlilik
종범jinoyatda sherik
종영사 bosh konsul
죄형법정주의qonuniylik tartibi
주 guberniya
주거권uy-joy huquqi
주거불가침권uy-joy daxlsizligi
주권미발행증서aktsiyalar sertifikati chiqarilmayotgani haqida dalolat
주권선언 davlat mustaqilligi haqida deklaratsiya
주권적 권리mustaqillik huquqi
주권mustaqillik
주류 전매권 sharob monopoliyasi
주문자 buyurtmachi
주물 asosiy, muhim buyum, narsa
주물과 종물 mihim narsa va buyum
주민등록fuqarolik holatlari aktlarini qayd etish
주민투표mahalliy referendum
주식공모chiqarilayotgan aktsiyalarga ochiq obuna o'tkazish

주식교환aktsiyalarni almashtirish
주식매매 aktsiyalar savdosi
주식모집aktsiyalarga obuna
주식비공개모집yopiq obuna o'tkazilishi
주식상속aktsiyalarni meros olish
주식양도aktsiyalarni davlat hisobiga o'tkazish
주식의 병합(주식의분할관 반대로 수 개의 주식을 합하여 종래보다소수의 주식으로 함으로써 발행 주식 총수를 감소시키는 것) aktsiyalar to'planishi
주식의 종류 aktsiya toifasi
주식전환aktsiyadorlar konversiyasi
주식증여 aktsiyalar tortiq qilish
주식증서aktsiyalar sertifikati
주식취득aktsiyalarga ega bo'lish
주식회사 aktsiodorlar jamiyati
주식회사법 aktsiyadorlik jamiyatlari haqidagi qonun
주심판사raislik qiluvchi sudya
주요한asosiy, bosh, eng muhim
주인 없는 동물 qarovsiz hayvonlar
주정부세mintaqaviy soliqlar
주정부허가수수료mintaqaviy litsenziyali jamg'armalar
주주 aktsiodor, hissador
주주명부 aktsiodorlar ro'yxati
주주소집절차aktsiyadorlarni chaqirish tartibi
주주총회 의사록aktsiyadorlar umumiy yig'ilishi bayoni
주주총회 투표 aktsiyadorlar umumiy yig'ilishda ovozga qo'yish
주주총회aktsiyadorlar umumiy yig'ilishi
주지사 gubernator
주채무자asosiy qarzdor
주택기금 uy-joy fondi
주택임대차계약 uy-joy ijarasi shartnomasi
주택전대차계약 uy-joy ijarasi bo'yicha shartnoma
주형 (독립하여 그 형만을 선고할 수 있는 것)jazoning asosiy turlari
준거법qo'llaniladigan huquq
중 재수수료uchlamchi yig'in
중 재원uchlamchi sud
중 재합의uch karra qayd etish
중간청산계산서oraliq tugatish balansi
중개 수수료vositachilik haqi
중개인(거래를 중개해 주고 매도인 및 매수인으로부터 중개료를 받는자) dallol
중권거래세 qimmat qog'ozlar solig'i
중권소지인 qimmat qog'ozlar egasi
중대한 계약위반 shartnomani jiddiy buzilishi
중대한 하자jiddiy kamchilik
중복보험 ikki kara sug'urta qilish
중앙은 행이 시중은행에 유가증권을 담보로 돈을 빌려줄 때 적용되는 공식이율lombard bahosi
중앙은행총재markaziy bank raisi
중재 hakamlar sudi
중재배심원 arbitraj hakamlari
중재법원 arbitraj sudi
중재법원이지정한 파산관재인 arbitraj boshqaruvchisi
중재법원장hakamlar sudi raisi
중재비용 arbitraj chiqimlari
중재소송법 arbitraj sud huquqi
중재위원회 arbitraj komissiyasi
중재위원회 arbitraj qo'mitasi
중재인 hakam
중재조항 arbitraj bitimi
중재판정 arbitraj qarori
중재협정 arbitraj kelishuvi
중죄 (10년 이상의 징역)o'ta og'ir jinoyat
중지법 jinoyatdan ko'ngilli voz kechish
증거 isbot, dalil
증거력평가dalillarni baholash
증거보전신청 dalillar ta'minoti haqida bayonot
증거보전절차dalillar ta'minoti tartibi
증거보전dalillarni ta'minlash
증거불충분dalillar etishmasligi
증거신청 dalillarni talab qilib olish
증거제출dalillarni taqdim etish
증거조사의 촉탁sud topshiriqlari
증거조사dalillar tadqiqi va ularni ko'zdan kechirish
증권거래소법 birjalar haqida qonun
증권회사 등과가티선문 적 지식을 가지고 제 3 자를 위해 거래를 하는 법인 또는 개인 사업자 tijorat vakili
증명, 증명서guvohlik
증언의무면제 guvohlik ko'rsatmalarini berish majburiyatidan ozod bo'lish
증언guvohlik ko'rsatmasi
증여 sovg'a qilish, tortiq qilish
증여계약 tortiq qilish shartnomasi
증여자 sovg'a qiluvchi
증인 심문 guvohlarni so'roq qilish
증인신청 guvohlarni chaqirish haqida ariza berish
증인guvoh
지대, 지역 hudud
지방세 및 징수금mahalliy soliq va yig'inlar
지방세munitsipal mahalliy jamg'arma
지방예산mahalliy byudjet
지방의mahalliy
지방의o'z-o'zini boshqarish
지방자치단체 기업munitsipal korxona
지방자치단체 소유munitsipalitetga qarashli mulk
지방자치mahalliy boshqaruv
지방채munitsipal obligatsiyalar
지배주aktsiyalar control paketi

지분 ulush, hissa
지분양도ulushni musodara qilish
지불기일 to'lash sanani
지불불능to'lay olmaslik
지사 filial
지사장filial rahbari
지연된 승낙 kechikkan aktsept
지적 재산권 aqliy mulk
지적재산권aqliy mulk huquqi
지주회사 xolding kompaniyasi
지체kechiktirish
지폐 qog'oz pullar
직권남용 xizmat lavozimini suiiste'mol qilish
직무상 비밀xizmat siri
직무저작xizmat bajarish
직업병kasbiy kasallik
직접세to'g'ri soliq
진술거부ko'rsatma berishni rad etish
진술서(증인이 법원에 출석할 수 없을 경우 어떤 사실관계에 대해공증사무소에서 공증을받은 서 면진술) affidavit
진의 haqiqiy umumiy istak, iroda
집단안보jamoa havfsizligi
집행관sud ijrochisi
집행명령문 ijro varaqasi
집행명령서 교부신청 ijro qog'ozini berishga ariza
집행문 ijro hujjati
집행법 ijroiy ishlab chiqarish haqidagi qonun
집행보전sudakti ijrosini ta'minlash
집행유예 shartli ayblov
징발 (국적 비상상황에서 사회의 이익을 위해 필요하다고 판단된시 국거기관의 결정에 의해 재산에 대한 비용을 지불하고 소유자로부터 재산을 징발하는 것)mol-mulkni qiymatini to'lash sharti bilan davlat ixtiyoriga olish
징역ozodlikdan mahrum etish
차등요육 darajalangan tariff
차산절차kasodga uchrash jarayoni
차주 qarzdor
차주rentani to'lovchi
착선인도조건 kemadan yetkazildi (DES)
착수의 실행jinoyatga tayyorgarlik
착오에 의한 의사표시anglashilmovchilik ta'sirida tuzilgan bitimlar
창고임치계약 omborda saqlash shartnomasi
창립총회 ta'sis majlisi
채권법majburiyat huquqi
채권변제 kreditorlarga pul to'lash
채권의 양도가능성 talablarda yon bosish chegarasi
채권자 만족, 채무변제 kreditorlar talablarini qondirish
채권자 지체kreditor kechiktirishi
채권자회의kreditorlar yig'ilishi
채권자qarz beruvchi
채권증서obligatsiyaga oid sertifikat
채권총칙majburiyat huquqining umumiy qismi
채권추심 debitor qarzni talab qilish
채무 debitorlik qarzi
채무면제qarzni kechirish
채무불완적이행majburijatni etarli darajada bajarmaslik
채무불이 행에 기한 손해배상 ma'suliyatsizlik tufayli yetkazilgan ziyonni qoplash
채무불이행 책임majburiyatni bajarmaslik javobgarligi
채무불이행majburiyatning bajarilmasligi

채무소멸majburiyatlar to'xtatilishi
채무승인qarzni tan olish
채무의 불ㅇ완전이행 qisman bajarish
채무의 불완전이행 majburiyatlarni bo'lib-bo'lib bajarish
채무의 소멸majburiyatlarni tugatish
채무의 이행 majburiyatlarni bajarish, ijro etish
채무이전qarzni boshqa shaxsga ko'chirish
채무이행보전majburiyatlar ijrosini ta'minlash
채무자 지체qarzdor to'lovni kechiktirishi
채무자 debitor, qarzdor
채무자 qarzdor
채무조기이행 majburiyatning muddatdan oldin bajarilishi
채무majburiyat, va'da
채분의 압류 jamg'arma mablag'idan ulush talab qilish
책임능력 anglash
책임무능력anglashilmovchilik, anglamaslik
책임보험ma'suliyat sug'urtasi
책임ma'suliyat, javobgarlik
처벌jazo
철거bo'zish
청구 da'vo talablari
청구금액의 변경 da'vo talablari hajmini o'zgartirish
청구금액talablar yig'indisi
청구범위da'vo talablari miqdori
청구의 감축 da'vo talablari hajmining kamayishi
청구의 인낙da'voni tan olish
청구의 포기da'vodan voz kechish
청구의 확장 da'vo talablari hajmining oshishi
청산 tugatish, barham berish
청산계산서 likvidatsiya balansi
청산배당 likvidatsiya dividentlari
청산배당액 oxirgi bahosi
청산의 tugatishga oid

청산인 tugatuvchi
청산인, 청산위원회tugatish komissiyasi
청산절차tanlovga oid ishlab chiqarish
청약에 대한 거절taklifni ard etish
청약의 구속력taklif javobsizligi
청약의 상대방taklif etuvchi
청약의 유인oferta taklif
청약자oferenta
청약철회의 통지ofertani bekor qilish haqidagi xabar
청약shartnoma tuzish taklifi
체결, 결정 (서) xulosa
초인플레이션 o'ta kuchli infilyatsiya
총중량 idishi bilan og'irlik
총칙umumiy holat
총회umumiy yig'ilish
최고가eng yuqori narx
최고중재법원 Oily arbitraj sudi
최저가(경매의) dastlabki narx
최저소득(소득세 면제대상의) soliq solinmaydigan minimum
최혜국대우juda qulay tuzum
최후진술권so'nggi so'z huquqi
최후통첩 ultimatum, qat'iy talab
추가수입관세 qo'shimcha olib kirish boji
추가할인, 보험류 할증 qo'shimcha mukofot
추인ma'qullash, quvvatlash
추정taxminga asoslangan faraz
출마공탁금 (선거에 출마하기 의해 일정 금액을 공탁하는 것) saylash garovi
출산휴가tug'ish uchun ta'til
출생tug'ilish
출원변경talablar o'zgarishi, arizani o'zgartirish
출원서류의 보정 da'vo hujjatlarini o'zgartirish, tuzatish
출원의취하talabnomani chaqirib olish
출자 badal, hissa
출자금, 납입금 badal puli
출자액 badal puli qiymati
출자지분 yig'ma mablag'dagi ulush
취득 egallash, olish
취득시효sotib olish muddati
취득주식수qo'lga kiritilgan aktsiyalar soni
취소의 통지chaqirib olish haqidagi xabar
취업ishga joylashtirish
치료감호기관ahloq tuzatish, davolash muassasasi
친권상실ota-onalik huquqidan mahrum bo'lish
친권의 제한ota-onalik huquqlarining cheklanishi
침묵sukut saqlash
침해된 권리의 원상 회복 buzilgan huquqni mahsulot bilan tiklash
침해된 권리의 원상회복 보장원칙 buzilgan huquqlarni tiklashni ta'minlash tartibi
침해된 권리의 원상회복 원칙buzilgan huquqni tiklash tamoyili
침해된 권리huquq buzilishi
침해qasd qilish, tajovuz
카르텔 artel
카르텔 kartel, birlashma
케이스(건) ish
콘도미니엄 등과 같은 집합건물의 공동 소유자 uy egasi
클레임shikoyat, (tovar sifatsizligiga)
타인의 불법점유에대한 반환청구 begona noqonuniy egadan mulkni talab qilib olish
타회사가 대주주로 되어 있어 그 지배를 받는 회사 nazoratdagi uyushma
탄력세(수입품과 국산품의 가격을 비슷하게 맞추기 위해 적용 되는 관세율) egiluvchan, o'zgaruvchan tarif
탄핵 impichment
태러범 은닉t erroristni yashirish
택일적 고의 muqobil
턴키계약 qurib, kalitini topshirish shartnomasi
토지관할hududiy sudga tegishlilik
토지법 yer haqidagi huquq
토지법전 yer haqidagi kodeks
토지세 yer solig'i
토지소유권yerga egalik huquqi
토지수용 davlat ehtiyoji uchun yerni musodara qilish
토지영구사용권 (개인)yer maydonini umrbod meros olish huquqi
토지의 yerga oid
토지이용권yer maydonidan foydalanish huquqi
토지임차료 yer rentasi
토지항구이용권 (법인 및 개인)yer maydonidan doimiy foydalanish huquqi
통관대행업자bojxona dalloli
통관서류bojxona ilova hujjati
통관bojxona tavtishi
통신 전달상의 지연 또는 오류 xabarni etkazishda kechiktirilish yoki xato qilish
통신의 비밀 (헌법상 보장되는 권리 중 하나) aloqa mahfiyligi
통지 bildirish, xabarnoma
통치형태 boshqaruv shakli
통합사회보장세yagona ijtimoiy soliq
통행세 yo'l boji
통화관리법 valyuta nazorati haqida qonun
퇴사 shirkatdan chiqish
퇴직금 dam olish puli
투자 mablag' sarflash
투자가 mablag' sarflovchi
투자분쟁 investitsiyaga oid bahslar, tortishuvlar

투자위 위험보증 (국가부분의 해위 투자의 위험을 국가가 보증해 주는 것) investitsiyalar xavfi kafolati
투자회사 investitsiya qilayotgan kompaniyasi
특별 사면 (사면의 일종. 특사라고도 함. 형의 선고를 받은 자에 대해 국무회의의 심의를거쳐 대통령이 행한다. 법령에 특별한 규정이 있는 경우를 제외하고는 유죄선고를 받은 자에 대하여 그 선고는 효력을 잃는다. 특별 사면은 정변이 생겼을 때 정치범 등을 구재하는 방법으로 예한 여졌고 또는 국가의 경사에 즈음하여 국민에게 그 기쁨을 나누어주기 위하여 행하는 일도 있다. 후자에 대하여는 형사정책상의 관점에서 비난이 많다.)avf qilish, kechirish
특별 재판적 alohida sudda ko'rishga tegishli
특별관할maxsus idoraga mansublik
특정물 individual (shaxsiy) narsa
특허권자patent egasi
특허권patent huquqi
특허료patent boji
특허발명 발명자 ixtirochi
특허법patent qonuni
특허부여 patent topshirish
특허성 판단기준 patentga qodirlik shartlari
특허양도계약 patentni yon bosish haqida shartnoma
특허의 무효patent ta'sirini tugatish
특허청 항소위원회 patent boshqarmasi apelyatsiya palatasi
특허출원 거절patent berishda rad javobi
특허출원 patent berishga talabnoma
특허출원공고patent berish haqidagi ma'lumotlarni chop etish
특허출원patent olishga ariza berish
특허취득patent olish
특허침해patentning buzilishi
특혜imtiyoz
파산관재인kasodga uchraganda tanlangan boshqaruvchi
파산법 kasodga uchrash haqida qonun
파산자bechorahol, singan
파산bankrot, kasod, sinish
파산bechorahollik, sinish
파업권norozilik huquqi
판결의 독립chiqarilayotgan qarorlar mustaqilligi
판결의 독립sudyalar mustaqilligi
판결의 집행 qaror ijrosi
판결일 qaror chiqarish kuni
판결qaror
판례sud hodisasi
판매세 savdo solig'i
판사 sudya, qozi
팔결sud qarori chiqarilishi
팔결sud xulosasi
팔레sud amaliyoti
페이퍼컴퍼니 qog'oz kompaniya
편무 계약 beg'araz kelishuv
편무계약 bir tomonlama shartnoma
평균임금o'rtacha ish haqi
평등한 국적의 헌법적 원칙fuqarolikning konstitutsiyaviy tamoyillari
평등teng huquqlilik
평등tenglik
평화계약sulh tuzish haqida bitim
포장 joylash, o'rash, upakovka
품질검사tovar sifatini tekshirish
품질보증서sifat sertifikati
프렌차이즈 franchayzing
피고 fuqaroviy javobgar, aybdor
피고의 경정 tegishli bo'lmagan javobgarni almashtirish
피고인ayblanuvchi
피고인sudlanuvchi
피고javobgar
피담보권자 garovga qo'yuvchi
피담보채권 kafolatli kredit
피상속인meros qoldiruvchi
피선거권saylanish huquqi
피의 복수 (현재 러시아 연방의 북카프카스인들 사이에는 아직 이런 관습이 남아있다. 살해된 자의 친척은 살해자 또는 그 칭척에 복수를 할 의무가 있다.)qonli qasos
피의자gumondor, shubha ostiga olingan
피케팅 (스트라이크를 할 때에 쟁의 중인 근로자가 스트라이크믈 중단시키기 위하여 다른 근로지들이 대신 취업한다거나 동료 근로자가 중 탈락자가 생겨 스보라이크 중 취업하는 것을 말고, 또 한, 고객 및 거래처의 출입을 저지하기 위하여 공장, 사업장및 상점 등의 입구부근에 감사신 (피케팅 라인)을 치는 것을 말한다)qo'riqlash
피해자jabrlanuvchi
피후견인vasiylikdagi shaxs
필요적 기재사항 zaruriy narsalar
하부법령qonunga tegishli harakat
하자보수 nuqsonlarni yo'q qilish
하자있는 의사표시bahsli kelishuvlar
학문의 자유akademik erkinliklar
한거불능의 상태 ojiz holat, ojizlik
한공보험havoga oid sug'urta
한정치산선고fuqaroni ishga layoqati cheklangani haqidagi xulosa
한정치산자 yaroqliligi cheklangan
할부지불tovar haqini bo'lib-bo'lib to'lash
할부bo'lib-bo'lib to'lash
합동행위ko'p tomonlama kelishuv
합명회사to'la ma'nodagi birlashma
합법 qonuniylik, qonunga muvofiylik
합법화 tasdiqlovchi hujjat

합법화(영사) 인증 qonunlashtirmoq
합의 shartlashuv, bitim, kelishuv
합의관세 kelishilgan boj
합의관세요율 kelishilgan tarif
합의관할 shartnomaga oid sudda ko'rishishi
합의체 심리ishni bamaslahat ko'rib chiqish
합의체 심리kollegial tarkibda ishni ko'rib chiqish
합자회사 kommand birlashmasi
합자회사ishonch asosidagi shirkat
합작계약 qo'shma faoliyat haqida shartnoma
핫머니 issiq pullar
항공기 국적havo transportining milliy tegishliligi
항공운송 계약서 havo yo'lidan tashish shartnomasi
항공운송 havodan yuk tashish
항구이용료portdagi jamg'arishlar
항구port
항복 taslim bo'lish, kapitulyatsiya
항소 shikoyatga oid ariza; shikoyat arizasini berish
항소법원 apelyatsiya sudi
항소심 apelyatsion bosqich
항소인 shikoyat etuvchi
항해의 자유kema harakati erkinligi
해고 ishdan bo'shash, ishdan bo'shatilish
해난구조계약 qutqaruv shartnomasi
해방, 면제ozod bo'lish
해방공탁 depozitni qaytarish
해산 tugatish, barham berish
해상법dengizga oid huquq
해상보험계약 dengiz sug'urtasi shartnomasi -
해상보험dengiz hodisalaridan sug'urta
해상운송계약의 조건 중 하나로서 선주는 항구에서 선적 또는 운송할시 얼음 또는 빙하로 항행이 안 좋을 경우 용선계약을 해제할 수 있는 권한을 표시한 증서조항 qat'iy izoh
해상운송dengizda yuk tashish
해상의, 해양의dengizga oid
해상중 재위원회dengiz komissiyasi va hakamlik sudi
해상화물운송계약 dengizda yuk tashish shartnomasi
해외여행 safar sayyohligi
해저이용료dengiz osti hududlaridan foydalanish to'lovi
해제권bekor qilish huquqi
해지, 소멸to'xtatish, tugatish, bekor qilish
행위 지법bitim tuzilgan joy huquqlari
행위 ish, hatti-harakat, faoliyat
행위능력 ishga layoqatlilik
행위능력자 yaroqli, ishga layoqatli
행위능력자(14세미만 미성년자의 행위능력) voyaga yetmaganlarning ishga yaroqliligi
행정구역 ma'muriy hudud
행정명령 ma'muriy akt
행정법규 위반 ma'muriy huquqbuzarlik
행정법규위반행위, 경범죄 mayda bezorilik
행정법원ma'muriy sud
행정법ma'muriy huquq
행정부 ijro etuvchi hokimiyat
행정상 책임 ma'muriy ma'suliyat
행정소송 ma'muriy
행정의 ma'muriy
행정재판관할권 ma'muriy huquq
행정절차 ma'muriy jarayon
행정처분 davlat organlari garovi
행진 namoyish, olg'a yursh
허용어획량 ehtimolli ov miqdori
허위광고ishonchsiz reklama
허위진술yolg'on ko'rsatma
허위표시yasama, soxta kelishuv
헌법 체제konstitutsiyaga asoslangan tuzum
헌법상 권리와 의무의 제한 konstitutsiyaviy huquq va erkinlikning cheklanishi
헌법상책임 (헌법위반에 관해 국가 고위 공무원이나 국가기관이 책임을 지는 것)konstitutsiya belgilangan ma'suliyat
헌법소원 konstitutsion huquq va erkinlikka daxl qilish ustidan shikoyat
근로자가 입사 시 노조에 가입하지 않겠다는 것을 회사와 약속하는 계약서,동계약서를 작성하는 것은 불법행위로 무효임 sariq majburiyat, kelishilgan majburiyat
헌법소원konstitutsiyaga asoslangan shikoyat
헌법위반konstitutsiya qoidalarini buzish
헌법의, 헌법상의konstitutsiyaga oid
헌법재판소konstitutsiyaga asoslangan sud
헌법재판konstitutsiyaga asoslangan adliya
헌법체제의 수호 konstitutsiya tuzumining himoyasi
현문출자계약 mulkka oid omonatlar haqida shartnoma
현물 mahsulotlardan iborat mulk
현물세mahsulotli soliq
현물출자 mulk tarzidagi omonat
현장검증voqea joyini ko'zdan kechirish
협약국 shartlashayotgan dalillar
협정가 kelishilgan narx, baho
협정요율shartnoma asosida belgilangan tarif
협정shartnoma, bitim, kelishuv

형벌가중사유jazoni og'irlashtiruchi holatlar
형벌감경사유jazoni yumshatuvchi holatlar
형법전 jinoyat kodeksi
형사사건 jinoiy ish
형사상 책임 jinoiy javobgarlik
형사상의 jinoiy
형사소송 jinoiy sud jarayoni
형사criminal militsiya
형의 경감사유gunohni engillatuvchi omillar
형의 경감jazoni yumshatish
형의 적용jazoni belgilash
형태 bitim shakli
형태, 방식 shakl
호적부 (출생, 사망, 홍인, 이혼, 개명등 기입) fuqarolik holatiga oid harakatlar
혼동 (서로대립하고있는 두개의법률적 지위나권리,의무가 동일인에게 귀속하는것 qarzdorlar va qarz beruvchining bir shaxsligi
혼인 nikoh
혼인 nikohdan o'tish
혼인계약서 (혼인 당사자들이 혼인 과 이혼 시 부부의 재산상의 권리와의무를 규정한 문서) nikoh shartnomasi
화물 yuk
화물발송yukni tushirish
화물수취증 yuk kvitantsiyasi, hujjati
화물신고서 yuk deklaratsiyasi
화물운송 계약 yukni atshish haqida shartnoma
화폐위조 qalbaki pul yasovchi
화해한 경우의 소송비용 분담murosaga keltiruvchi kelishuvda sud harajatlarining taqsimlanishi
화해tinch kelishuv
확정적 고의ma'lum niyat
환, 어음의 인수인 aktseptchi
환각상태mastlik holati
환경재해지역 ekologik halokat hududi
환매tovarni olib sotish
환어음 ilg'or veksel
환어음tratta
회계감사원Hisob palatasi
회계보고서 hisob-kitob
회계영도 moliyaviy yil
회계의 hisobga oid
회계장부 hisob
회계장부열람권hisob-kitoblar bilan tanishib chiqish huquqi -
회복 tiklash
회사(영리단체인 주식회사, 유한책임회사 및 무한책임회사 등이 이에 해당된다.) xo'jalik jamoalari, tashkilotlari
회사법uyushma huquqi
회사이사의 권한jamiyatni boshqaruv organlari vakolati
회피 신청 o'z nomzodiga e'tiroz bildirish haqidagi bayonot
횡선수표kroslangan chek .
후견 (금치산자 및 14 세 미만의 미성년자에 대한)vasiylik
후견인 (한정 치산자 및 14 세 이상18 세 미만의 미성년자에 대한)vasiy
후견인vasiy
후견vasiylik
후진국(국민 1인당 연평균소득이 미화 1000달러 이하의 나라) eng kam rivojlangan mamlakatlar

한국문법

Mustaqil so'z turkumlari. Ot 명사

Otlar atoqli va turdosh otlarga bo'linadi. Gapda bosh va ikkkinchi darajali bo'lak hamda undalma vazifasida keladi: 선생님, 오늘 일찍 집에 가면 되요?
Bir turdagi predmetlarning umumiy nomini bildirgan otlar turdosh ot deb ataladi:
예: **사랑** muhabbat, **사람** odam, **책** kitob, **나무** daraxt, **학생** talaba.
공원에는 나무가 많습니다. Bog'da daraxt ko'p.
학생들이 운동장에서 축구를 하고 있습니다.
Talabalar maydonchada futbol o'ynayapti.
Ayrim shaxs yoki predmetlarga atab qo'yilgan nomlar atoqli ot deyiladi, kishilarning ismi, familiyasi, geografik nomlar, tarixiy voqealar, kitob, gazeta, jurnal, kinofilim nomlari atoqli otlardirdir.
Ko'pgina tillarda atoqli otlar katta xarflar bilan yozilsa-da, koreys tilida bosh xarflar yo'q. 타슈켄트는 우즈베키스탄의 수도입니다. Toshkent O'zbekistonning poytaxti. 무하밧이라는 이름의 뜻이 사랑입니다. Muhabbat degan ismning ma'nosi sevgi.

Otlarning xususiyatlari 명사의 특징
Koreys tilida otlar kelishik qo'shimchalarini olib gap bo'laklari bo'lib keladi. Koreys tili agglyutenativ til bo'lgani uchun, har qanday so'z yasovchi, so'z o'zgartiruvchi qo'shimchalarni olsa-da, so'z o'zagi o'zgarmay qoladi. Bu uning o'ziga xos xususiyatidir. Koreys tilida rod qo'shimchasi yo'q. Otlar ko'plik qo'simchasi ~들 undan keyin egalik qo'shimchasi ~이 ni oladi. Shuningdek, ot kesim bo'lib keladigan holatda o'zbek tiliga tarjima qilinmaydigan -이다 qo'shimchsi va uning turli zamondagi shakllarini oladi.
-이다 qo'shimchasi bizda mavjud kesimlilik qo'shimchasi -dir ga yaqin tursada, doimo tarjima qilinavermaydi:
안바르는 학생입니다. Anvar talaba.
산 림에서 동물들이 많이 있다. Tog' o'rmonida hayvonlar ko'p.
Agar gap I shaxs haqida borayotgan bo'lsa, otga qo'shuluvchi -이다 qo'shimchasi Ishaxs birlik va ko'plikda -man, -miz, deb tarjima qilinadi:
나는 후르얏이라는 신문 기자입니다.
Men "Huriyat" gazetasining muxbiriman.
둘이 친한 친구입니다. Biz qalin do'stlarmiz.

Koreys tilida ham birlikda qo'llaniladigan va mavhum ot turlari mavjud.
예: 물, 기름, 사랑, 운, 생활.

Koreys tilida otlar yasalishi 파생명사
Koreys tilida ot yasovchi qo'shimchalar.
예:
아름답다 guzal - 아름다움 go'zallik, 느끼다 his qilmoq - 느낌 hissiyot.
-ㄴ/는 것 va -기 yasovchilari fe'l va sifatdan ot emas, harakt nomi yasaydi. Ot yasash usullari:
1. -이: 넓이, 길이, 높이, 깊이, 놀이, 먹이, 개구리, 빼꾸기.
2. -ㅁ/음: 웃음, 울음, 믿음, 기쁨, 슬픔, 삶.
3. -개/게: 덮개, 지우개, 찌개, 지개, 집개.
4. -질: 가위질, 톱질, 부채질, 이간질, 도둑질.

5. -보: 잠보, 겁보, 꾀보, 털보, 울보, 느림보.
6. -꾸러기: 잠꾸러기, 심술꾸러기, 욕심꾸러기.
7. -쟁이: 멋쟁이, 거짓말쟁이, 욕심쟁이.
8. -자(者): 기술자, 과학자, 학자, 지휘자.
9. -사(師): 이발사, 미용사, 교사, 목사.
10. -수(手): 가수, 기수, 나팔수, 목수, 조수.

Koreys tilida otlarning asosiy qo'llanilishi 명사의 특별한 쓰임

Quyidagi kelishik qo'shimchalini olib, fe'l va atributiv so'zlardan keyin keladi. Bu otlar ko'pincha tarjima qilinmaydi, tarjima qilinganda ravish, modal so'z, fe'l, sifat tarzida bo'ladi.

1. 모양 shekilli, aftidan, chamasi

Bu ot ro'y berayotgan ish va voqeani holat yoki tasvirni ifodalaydi. Biroq quyidagi otlarning qo'llanilishida so'zlovchi yoki kimningdir holati yoki ahvolini tasdiqlashda ishlatiladi.

*F. O' <동사어간> ㄴ/ㄹ/은/는/을 모양이다 *F. O'. Fe'l o'zagi.

예: 집에 아무도 없는 모양입니다. Uyda hech kim yo'qqa o'hshaydi
밖에 비가 오는 모양입니다. Ko'chada yomg'ir yog'ayapti, shekilli.
안바르는 방에 자는 모양입니다.
Anvar xonasida uxlayotganga o'xshaydi.
학생들이 시험을 잘 본 모양입니다.
Talabalr imtihonni yaxshi topshirganga o'xshaydi.
그녀가 자기 결혼도 늦는 모양입니다.
U o'zini to'yiga ham kechikadiganga o'xshaydi.

2. 일 Ba'zida, gohida, qachonlardir

Bu so'z aslida "ish, yumush, mashg'ulot" ma'nosini beradi, ammo quyidagi shakllar bilan qo'llanganda aytgan fikrni o'tgan zamonda bo'lib o'tganini anglatadi.va "bir vaqtlar, -gan vaqtim, -gan joyim, qachonlrdir," yoki uzoq o'tgan zamon qo'shimchasi tarzida tarjima qilinadi.

F, O' <동작동사어간> ㄴ/은/는 일이 있다/ 없다

저는 사마르칸트에 가 본 일이 있습니다.
Men bir vaqtlar Samarqandga borganman.
언젠가 그 그림을 본 일이 있습니다.
Qachonlardir bu rasmni ko'rganman.
그 분은 담배를 피우는 일이 없습니다.
U kishi sigaret chakmasdi.
저는 그 친구와 싸운 일이 없습니다.
Men u do'stim bilan sira urushmaganman.

3. 길 yo'l

Bu otning asl ma'nosi yo'l, yo'nalish bo'lsa-da, fe'l bilan qo'shilib kelganda qandaydir ish harakatning ma'lum vaqtda ro'y berishini anglatadi. O'zbek tiliga tarjima qilinganda zamoniga qarab -ganda, (-ganimda, -gandim)deyish mumkin, yoki umuman tarjima qilinmaydi. Bu gapning mazmunidan aniqlanadi.

F, O' < 동작동사어간> 는 길이다

예: 어디 가시는 길이세요? Qaerga borayapsiz?
잉을 끝내고 집으로 가는 길입니다. Ishni tugatib uyga qaytayapman.

학교에 가는 길에 선생님을 만났어요.
Maktabga borayotganimda o'qituvchini uchratdim.
지금 나가는 길이니까 밖에서 만나요.
Hozir ko'chaga chiqib ketayotgandim, ko'chada uchrashaman.
지금 극장에 가는 길인데 같이 가시겠어요?
Hozir teatrga boryotgan edim birga borasizmi.

4. 셈 Hisob

셈 so'zining ma'nosi hisob bo'lib quyidagi tuzulmalarda so'zlovchining biror bir ish harakatga fikrini bildiradi. Shuningdek taxmin va xohishni bildiradi. Tarjima qilinganda -deb hisoblamoq, xohlamoq, o'hshamoq degan ma'nolarni beradi. Kesim o'rnida keluvchi so'z o'zagiga qo'shiladi.

K ㄴ/ㄹ/은/는/을 세밉니다

예: 이제 이 학기는 거의 끝난 셈입니다.
Endi bu semester deyarli tugadi hisob.
그 시장은 비교적 싼 셈입니다.
Bu bozorni taqqoslaganda arzonga o'xshaydi.
올해는 별로 춥지 않은 셈입니다.
Bu yil unchalik sovuq emasga o'xshaydi.
서울은 텔레비전으로도 보고 사진으로도 가 본 셈입니다.
Seulni televizorda ham, rasmda ham ko'rib, borib ko'rdim hisobi.

5. 때 vaqt

Bu ot vaqt ma'nosini bildiradi, ba'zan quyida yozilgandek qo‘llanadi. Tarjimasi, vaqtda, ~da, bo'lganida.

F, O' <동사어간> (으)ㄹ때

예: 아플 때는 집에서 쉬세요.
Kasal bo'lganingizda uyingizda dam otilsh.
무슨 일을 할 때는 시작이 가장 중요합니다.
Har qanday ishni qilayotganda ibtido eng muhimidir.
시간이 있을 때 우리 집에 오세요.
Vaqtingiz bo'lganida bizning uyga boring.
어려울 때 도와주는 친구가 가장 진정한 친구입니다.
Qiyinchilikda yordam bergan do'st haqiqiy do'stdir.

Olmosh 대명사

Ot, sifat, son, ravish kabi so'z turkumlari o'rnida qo'llanilib, ularni ko'rsatishga xizmat qiluvchi va ularning ko'rsatishga xizmat qiluvchi va ularning vazifasini bajaruvchi so'z turkumi olmosh deyiladi. Olmoshlarning ko'pchiligi alohida olinganda juda umuiy mavhum ma'noga ega bo'ladi. Koreys tilida kishilik (인칭대명사), ko'rsatish (지시대명사), so'roq (의문대명사), egalik (소유대명사) olmoshlari mavjud.

① Kishilik olmoshlari (인칭대명사)

Kishilik olmoshi faqat shaxs o'rnida qo'llaniladi. Uning ko'plik va birlik shakllari o'zaro farqlanadi. Koreys tilida kishilik olmoshlarining eng muhim xususiyati xurmat shakllari quyidagi jadvalda ko'rsatilgan.
7-jadval,

shaxs 인칭	daraja 계층	birlik 단수	ko'plik 복수
I shaxs	oddiy shakl	나 men	우리(들)Bizlar

1 인칭	예사말		
	oddiy va kamtarona shakl 낮춤말	저 men	저희(들)bizlar
II shaxs 2 인칭	oddiy shakl 예사말	너 sen, siz	너희(들) sizlar
	ehtirom(hurmat) shakli 높임말	당신 siz	당신(들) sizlar
III shaxs 3 인칭	oddiy shakl 예사말	이/그/저 사람	이/그/저 사람들 ular
	높임말	이/그/저 분 u kishi	이/그/저 사람들 u kishilar

I shaxsda hurmat shakli 높임말, II-III shaxslarda 낮춤말 (kamtarona shakl bo'lmaydi).

Eslatma: 1

나 + 가 = 내가　　저 + 가 = 제가　　너 + 가 = 네가
나 + 의 = 내　　저 + 의 = 제　　너 + 의 = 네
나 + 에게= 내개　　저 + 저게= 제게　　너 + 에게 = 네게

예:

너는 내 시계가 어디에 있는지 아니?
Sen meni soatimni qayerda ekanligini bilasanmi?
제가 다시 말씀드리겠습니다.
Men sizga qayta aytib beraman.
가족 모두는 저에게 소중한 사람들입니다.
Barcha oila a'zolarim menga qadrli kishilar.
그 분에게 다시 전화하십시오.
U kishiga yana telefon qitilsh.

② Ko'rsatish olmoshi 지시대명사

이, 그, 저 ko'rsatish olmoshlari qandaydir bir elementga qo'shilib keladi. 이 ko'rsatish olmoshi so'zlovchiga yaqin bo'lgan buyum, joy va hokazolarni ko'rsatsa, 그 olmoshi esa so'zlovchi va tinglovchiga yaqin joylashgan narsani, 저 olmoshi esa so'zlovchiga ham, tinglobchiga ham uzoq bo'lgan narsa, joy va hokozalarni ko'rsatadi. Ko'rsatish olmoshi ob'ektga qaramligiga qarab, ya'ni ko'rsatishiga ko'ra yana guruhlarga bo'linadi.

1) Buyum-narsalarni ko'rsatish olmoshlari 사물지시대명사

8-jadval.

tur 종류		근칭 yaqin joy	중칭 o'rta masofa	원칭 uzoq joy
형태 shakl	단수 birlik	이 것 (bu narsa)	그 것 (u narsa)	저것 (ana u narsa)
	복수 ko'plik	이것들 (bu narsalar)	그것들 (u narsalar)	저것들 (ana u narsalar)

Eslatma: 2

Ushbu olmosh kelishik qo'shimchalari bilan qo'shilganda qisqargan shaklda bo'lishi mumkin:

이것이 → 이게　　이것은 → 이건　　이것을 → 이걸

그것이 → 그게 그것은 → 그건 그것을 → 그걸
저것이 → 저게 저것은 → 저건 저것을 → 저걸
예:
바로 그것이 (그게) 제가 찾던 사진입니다.
Aynan mana shu men izlayotgan rasm.
그것은 (그건) 새로 나온 잡지입니다.
Bu yangi chiqqan jurnal.
이것들은 모두 제가 좋아하는 노래들입니다.
Bularning hammasi men yoqtiradigan qo'shiqlar.

2. Joyni ko'rsatish olmoshi 장소지시대명사

Bu olmoshlar joyni ko'rsatadi.
9-jadval.

종 류 tur	근칭 yaqin joy	중칭 o'rta masofa	원칭 uzoq joy
형태 shakl	여기 bu yer	거기 u yer	저기 ana u yer
	이곳 bu joy	그곳 u joy	저곳 ana u joy

Eslatma 3: Ushbu olmoshga qo'shimchalar qo'shilganda qisqargan shaklda kelishi mumkin:
여기는 →여긴 거기는 → 거긴
여기를 →여길 거기를 → 거길
저기는 →저긴 저기를 → 저길
예:
여기는 (여긴) 우리의 세계 언어 대학교입니다.
Bu bizning Jahon tillari universiteti.
저기는 (저긴) 제가 어릴 때 살았던 집입니다.
Anavi men yoshligimda yashagan uy.
거기에 무엇이 있습니까? U yerda nima bor?

③ So'roq olmoshlari 의문대명사

So'roq olmoshlari predmet, uning belgisi va miqdori ish harakatning o'rni, payti va boshqa xususiyatlari haqida so'roqni bildiradi.
10-jadval.

의문의 대상 so'roq ob'ekti	사람 odam	장소 son	양 son	사물 narsa
shakl 형태	누구	어디	얼마	무엇

! 누구 va 아무 kishilik olmoshlari ravish ham bo'la oladi. 아무 olmoshi bo'lishsiz kishilik olmoshdir.

Eslatma 4: Ushbu olmoshlarga qo'shimchalar qo'shilganda qisqargan shaklda kelishi mumkin.
누구 + 가 = 누가 무엇 + 이 / 가 = 뭐가
누구 + 를 = 누굴 무엇 + 을 = 뭘
예:
얼마나 더 기다리면 표를 살 수 있습니까?
Yana qancvhalar kutsam bilet sotib olishim mumkin?
공원에 누굴 만났습니까? Parkda kimni uchratding.
어디에서 전시회가 열립니까? Ko'rgazma qayerda ochildi.
당신에게 무엇이 필요합니까? Sizga nima kerak?

그 집에는 아무도 살지 않아요. U uyda hech kim yashamaydi.

Son 수사

Sonlar mustaqil ma'noli tobe so'zlardan iborat bo'lib, predmetning miqdorini va tartibini ko'rsatadi. Qancha, necha, nechanchi? kabi so'roqlarga javob bo'ladi. Koreys tilida sonlar qadimdan koreys va xitoy tilidan o'zlashgan sonlariga bo'linadi. Ularning qo'llanish usullari turlichadir. M-n: soatni aytganda koreyscha sonda, daqiqani aytganda xitoy sonlaridan foydalaniladi, yoshni aytganda koreyscha sonda, yil, oy, kun sanalarni aytganda xitoy sonlari ishlatiladi. Narsa, buyumlarni donlab aytganda 100gacha koreys sonida, 100 dan oshgach xitoy sonidan foydalaniladi.

Sonlar ma'no xususiyatiga va grammatik belgilariga ko'ra ikkiga bo'linadi: 1-miqdor son (기수사), 2-tartib son (서수사) tuzilishiga ko'ra sodda va qo'shma sonlarga ajratiladi. Sodda sonlar bir o'zakdan iborat bo'ladi: 하나, 둘, 셋, 넷 (일, 이, 삼, 사). Qo'shma sonlar ikki va undan ortiq o'zakdan iborat bo'ladi. 이십, 삼십, 사백.

① Miqdor son 기수사

Qadimgi koreys sonlari 순 한국어 기수사
1. Miqdor sonlar narsani miqdorini sanash yo'li bilan aniqlaydi. Miqdor sonlar sanalishi mumkin bo'lgan har qanday narsani miqdorini ko'rsatadi.

1)

1	하나	8	여덟	60	예순
2	둘	9	아홉	70	일흔
3	셋	10	열	80	여든
4	넷	20	스물	90	아흔
5	다섯	30	서른	99	아흔 아홉
6	여섯	40	백	100	백
7	일곱	50	쉰		

100gacha koreys sonida, 100 dan narsalar hisobida xitoy sonlaridan foydalaniladi.
2) Biror bir narsani sanaganda ishlatiladi, sanoq so'z bo'lib kelgan o'zlashma so'zlardan foydalaniladi. Bunday vaqtda to'rtta raqam 하나, 둘, 셋, 넷 - 한, 두, 세, 네 deya o'zgaradi.
! Koreys tilida son va sanoq so'z va sanoq so'zlar aniqlanmishdan keyin qo'yiladi.
예:
우유 한 잔 bir stakan sut,
물 두 컵 ikki stakan suv,
국 여섯 그릇 olti kosa sho'rva.
꽃 다섯 송이 besh dona gul.

Bir vaqtning o'zida ikki va undan ortiq sonlar o'zgarib qo'llaniladi.
예: 양복 한 두 벌 ikki juft kostyum,
강아지 서 너 마리 uch-to'rtta kuchukcha.

---

2. Xitoy tilidan o'zlashgan miqdor sonlar. 한자어 기수사

Quyidagi sonlar xitoy tilidan o'zlashgan, alohida o'qiladi.

1	일	3	삼	5	오	7	칠	9	구	20	이십	1000	천	1000000	백만
2	이	4	사	6	육	8	팔	10	십	100	백	10000	만	1000000000	억

Koreys va xitoy sonlari o'zining turlicha qo'llanilishiga ega. M: ular yil, oy, kun, bo'lak ma'nosini bildirgan son va sanoq so'zlar bilan qo'llanadi.
예: 2005년 3월 15일 이천 오년 삼월 십오일,
20쪽 이십 쪽 20 bo'lak, 600g 육백 그램 600 gramm,
15km 십오 킬로미터 15 kilometr 3 인분=삼 인분 3 portsiya Eslatma 2: vaqtni aytish soat, yosh, narsalarning hisobi koreys sonlarida, minut, yil, oy, kun sanalar xitoy sonlarida aytiladi.
2 시 15 분 - 두 시 십오 분
7 시 30 분 - 일곱 시 삼십 분(반)
12 시 45 분 열 두 시 사십오 분
Bu vaqtda
하나 → 한 시, 둘 → 두 시, 열 한 시
셋 → 세 시, 넷 → 네 시. tarzida qisqartirib ishlatiladi.

---

② Tartib sonlar 서수사

1. Qadimgi koreys tarib sonlari tuzilmasiga ko'ra tartib son + (번)째 qo'shiladi. Bunda 하나(한) raqami 첫 bilan almashadi. to'rtta raqam esa o'zgaradi.
예:

첫(번)째	birinchi,	두(번)째	ikkinchi,
세(번)째	uchinchi,	네(번)째	to'rtinchi,
다섯(번)째	beshinchi,	여섯(번)째	oltinchi,
스무(번)째	yigirmanchi,	마흔(번)째	qirqinchi.

---

2. Xitoy tilidan o'zlashgan tartib sonlar 한자어 서수사

제일 birinchi, 제사 to'rtinchi
제이 ikkinchi, 제십 o'ninchi
제삼 uchinchi, 제백십이 bir yuz o'n ikkinchi
예:
저희 집은 골목 첫 번째 집입니다.
Bizning uyimiz tor ko'chaning 1-uyi.
이 책은 세 번째 읽는 책입니다.
Bu kitob uchinchi o'qiyotgan kitobim.
오늘은 제 7 과를 공부하겠습니다.
Bugun 7-darsni o'rganamiz.
저기 앞에서 여섯 번째 자리가 내 자리입니다.
Anavi oldindagi 6-joy meniki.

---

3) Koreys sonlarida oy-kunlari quyidagicha bo'ladi:

1일 하루	11일 열하루
2일 이틀	12일 열이틀
3일 사흘	21일 스무하루
4일 나흘	22일 스무이틀
5일 닷새	23일 스무사흘
6일 엿새	27일 스무이레
7일 이레	29일 스무아흐레
8일여드레	30일 그믐
9일 아흐레	! 초하루 va 그믐 oyning 1 va oxirgi kunini bildiradi.
10일 열흘	Shuningdek, oyning 15-kunini 보름 deb aytiladir.

---

③ Koreys tilida sanoq so'zlar ko'p uchraydi:

1. 나무- 그루 -ta,
2. 개, 고양이(동물)- 마리 bosh,
3. 파, 꽃- 묶음 bog'lam, dasta
4. 종이- 장 qog'oz - varaq,
5. 커피, 물- 잔 suyuqlikka (stakan),
6. 자동차- 대 (og'ir narsaga),
7. 책- 권 kitob dona,
8. 양말 - 켤레 paypoq juft,
9. 연필, 볼펜- 자루 qalam-dona,
10. 양복 (옷)-벌 kiyim komplekt,
11. 투입- 송이 gullar uchun dona,
12. 음식- 분 quyuq ovqatlar uchun,
13. 음식- 그릇 chuqur idishli ovqat uchun,
14. 집 - 채 uy bitta,
15. 배 - 척 kema bitta,
16. 편지- 통 xat - bitta,
17. 포도- 근 uzum - bosh,
18. 꽃 - 다발 gul-buket,
19. 연필- 다스 12 dona qalam- to'plam,
20. 방 - 칸 xona - bitta.

예:
- 소 두 ~ ikki bosh mol.
- 꽃[열쇠] 한 ~bir dasta gul [kalit].
- 물을 두 잔 마시다 ikki stakan suv ichmoq,
- 책 한 권 bitta kitob.
- 양복 두 벌 ikki juft kostyum,
- 배 한 척 bitta kema.
- 꽃 ~ bir beket gul,
- 맥주 두 ~ bir qutti pivo.

Sifat (형용사)

①Sifat deb predmetning belgisini bildirib qanday, qanaqa so'roqlariga javob bo'ladigan so'z turkumiga aytiladi.

1) Sifatning ma'nosi va grammatik belgilari.
Sifat so'zlar predmetning belgisi va xususiyati, sifatini anglatadi.

2) Sifatning yasalishi.
Sifatlar ikki xil usul bilan yasaladi: qo'shma sifatlar (복합형용사), yasalgan sifatlar (파생형용사).

<u>Qo'shma sifat 복합형용사:</u>
1. 명사+ 형용사(주어+ 서술어): 값싸다, 배부르다, 맛나다, 입바르다, 올곧다.
2. 명사+ 형용사(부사어+ 서술어): 눈설다, 남부끄럽다, 남다르다, 번개같다.
3. 형용사 어간+ 형용사: 굳세다, 검붉다, 검푸르다, 희멀겋다.
4. 반복어: 크나크다, 머나멀다, 붉디붉다, 검디검다.

Ko'rib chiqqanimizday qo'shma sifatlar ot va sifatning yoki sifat va sifat, takror so'zlarni qo'shish yo'li bilan yasaladi.

<u>Yasama sifatlar. 파생형용사</u>
1. -롭-: 향기롭다, 해롭다, 슬기롭다, 지혜롭다.
2. -답-: 정답다, 꽃답다.
3. -스럽-: 복스럽다, 탐스럽다, 어른스럽다, 창피스럽다.
4. -하-: 깨끗하다, 부지런하다, 조용하다, 튼튼하다.
5. -지-: 값지다, 멋지다, 그늘지다, 기름지다, 살지다.

6. -다랗-: 굵다랗다, 좁다랗다, 커다랗다.
Yasama sifat so'zlar asosan yuqorida ko'rsatilgan yasovchilar yordamida yasaladi.

② Sifatlovchi so'zlar 관형사
Sifatlovchi so'zlar ot so'z turkumi oldidan kelib, uning mazmunini aniqlaydi. Ular qo'shimcha olmaydi va turlanmaydi. Sifatlovchi so'zlar doirasiga otdan sifat yasovchi ba'zi qo'shimchalarni kirirtish mumkin.

ko'rsatuvchi sifat so'zlar 지시관형사	이/그/저(런), 어느, 아무
hisoblovchi sifat so'zlar 수관형사	한, 두... 모든, 여러, 몇, 첫째, 둘째
xusuyatli sifat so'zlar 성질관형사	새, 헌, 옛, 윗, 어느, 아무, -적

1. Ko'rsatuvchi sifatlovchi so'zlar 지시관형사
Bu so'zlar predmetning holati va xarakterini ko'rsatadi.
예:
이런 일은 하지 않은 것이 좋겠습니다.
Bu ishni qilmasang yaxshi bo'ladi.
어느 쪽으로 가야 우체국이 나옵니까?
Qaysi tomonga borsa pochta chiqadi.
아무 사람에게나 문을 열어 주지 마세요.
Har kimga ham eshikni ochmang.

---

2. Xisoblovchi sifatlovchi so'zlar 수관형사
Asosan ot oldidan keladi, predmetning tartibi va hisobini ifodalaganda qo'llaniladi.
예:
모든 사람이 회의에 참석하셨습니다. Hamma odam majlisga qatnashdimi?
첫째 언니는 의사입니다. Birinchi opam vrach.

---

3. Xususiyatli sifatlovchi so'zlar 성질관형사
Xususiyatli sifatlovchi so'zlar ot oldidan kelib uning xususiyati haqida so'raydi.
예:
요즘 어떤 일을 하십니까? Hozirda qanday ish qilayapsiz?
저 새 책은 누구의 것입니까? Anavi yangi kitob kimniki?
요즘 경제적 문제가 심각합니다. Keyingi vaqtda iqtisodiy muammolar jiddiy bo'lib turibdi.

/Eslatma! 1/ Sifatlovchi so'zlarning bosh so'z turkumlaridan farqi
관형사와 다른 품사와의 구별
Sifatlovchi so'zlarning boshqa so'z turkumlari bilan oson adashtirib qo'yish mumkin. Sifatlovchi so'zlar farqli xususiyatiga ko'ra qo'shimchalar olmaydi.
1) Oldingi so'z qo'shimcha bilan kelsa bu ot so'z turkumiga oid qo'shimcha mavjud bo'lmasa bu sifatlovchi so'z hisoblanadi.
예:
이것은 자동차입니다. Bu mashina. (olmosh 대명사).
이 자동차는 내 것입니다. Bu mashina meniki. (sifatlovchi so'z 관형사).
아무 사람에게나 물어보세요. Biror odamdan so'rab ko'ring. (관형사).
제 집에는 아무도 없어요. Meni uyimda hech kim yo'q. (대명사).

Sifatlovchini farqlashning eng oson usuli shu so'zdan keyin

sifatlanmishning kelishidir.

2) Agar sifatlovchi so'z fe'l oldidan kelsa u ravish bo'ladi, agar ot so'z turkumlarini aniqlab kelsa, sifalovchi so'z hisoblanadi.
예:
가급적 빨리 가세요. Iloji boricha tezroq boring. (ravish 부사)
사회적 문제가 많아요. Ijtimoiy muammolar ko'p. (sifatlovchi so'z 관형사)

/Eslatma 2/ Sifatlovchi so'zlarning tartibli joylashuvi. 관형사의 순서
Agar ketma-ket 3ta sifatlovchi so'z kelsa ular quyidagicha joylashtiriladi: ko'rsatuvchi sif. so'z+hisoblovchi sif. so'z+xususiyatli sif. so'z.
예: 이 새 책은 누구의 것입니까? Bu yangi kitob kimniki?
저 두 사람은 우리 학교 학생입니다.
Anavi ikkita kishi bizning maktab o'quvchilari.
저 한 외딴집에 누가 살까?
Anavi bitta yolg'iz uyda kim yashaydi.

Fe'l (동사)

1) Fe'lning ma'nosi va grammatik belgilari

Predmetning ish-harakatini jarayon tarzidagi holatini anglatuvchi so'zlar fe'l deyiladi. Ular gapda ko'pincha kesim vazifasida kelib turli zamonlarni oladi. Koreys tillida ham fe'llar (동사) tuslanishiga ko'ra to'g'ri tuslanuvchi va noto'g'ri tuslanuvchi fe'llarga bo'linadi. Ma'no xususiyatiga ko'ra asosiy va yordamchi fe'llarga bo'linadi. Asosiy fe'llar faqat o'z ma'nosida keladi, ko'makchi fe'llar esa odatda asosiy fe'lga qo'shilib qo'shimcha grammatik ma'no beradi. Ular "bajarilish yusuli, takroriylik, davomiylik, boshlanish" kabilardir. Bunday analitik shakllar 2ga bo'linadi: 1) ko'makchi fe'lli analitik shakl; 2) to'liqsiz fe'lli analitik shakl.

Fe'lning noaniq shakli infinitivda fe'l o'zagiga -다 qo'shilgan bo'ladi.

① Faol fe'llar

1) Faol fe'llar 동작동사 predmet yo shaxsning harakatini bildiradi.
예:
아이들이 과자를 먹는다. Bolalar pechene yeyapti.
난 그녀를 사랑합니다. Men uni yaxshi ko'raman.
그 아기는 잠을 잡니다. U bola uxlayapti.
지금 집에 갈 겁니다. Hozir uyga ketaman.

2) "있다, 없다" 동사 to'liqsiz fe'l
있다 fe'li mavjudlik, borlikni va egalik ma'nosini beradi. 있다 fe'li gap mazmuniga qarab sof fe'l sifatida kelib, buyruq va darak shaklida kelishi mumkin. Lekin ba'zan 있다 va 없다 shakli sifat bo'lib kelishi mumkin. Ushbu ikkala fe'l o'zaro antonim.
계시다 fe'li 있다 ning hurmat shakli hisoblanadi.
예:
식탁에 그릇이 놓여져 있다. Stolda tovoq turibdi.
그는 영화를 보고 있습니다. U kinoni ko'rib turibdi.
부모님이 집에 계십니다. Ota-onam uydalar.
저는 오빠가 없습니다. Meni akam yo'q.

② Fe'llarning tuslanishi 동사의 활용

Fe'l o'zagi + qo'shimcha, bunda o'zgarmas tuslanuvchi qism - o'zak, o'zgarivchi qism - qo'shimcha. Qo'shimcha o'zakka qo'shilib grammatik munosabatni aniqlashni ifodalaydi. Bu tuslanish deyiladi.

Fe'llarning tuslanishi o'z xususiyatiga ko'ra quyidagi ko'rinishlarga bo'linishi mumkin.

1) Kesimning tugallanuvchi shaklining tuslanishi. Kesimning tugallanuvchi shakli gap turiga qarab aniqlanadi.

과자를 먹는다. Olma eyapman. (darak gap 평서문)
과자를 먹니? Olma yeysanmi? (so'roq gap 의무문)
과자를 먹어라. Olma ye. (buyruq gap 명령문)
과자를 먹자. Olma yeymiz. (taklif gap 청유문)
과자를 먹는구나! Olma yeyman! (his-hayajon gap 감탄문).

2) Bog'lovchi qo'shimchalarning tuslanishi.
Bog'lovchi qo'shimchalar keyingi gap yo so'zni bog'lab keladi.
봄이 오면 꽃이 핀다. Bahor kelsa gullar gullaydi.
가수는 노래를 부르고 춤을 준다.
Qo'shiqchi qo'shiq kuylab, raqs tushayapti.

3) Ot shakl qo'shimchalarining o'zgargan turlanishi, boshqa so'z turkumlaridan yasalgan otlarning turlanishi.
예;

과자 먹기를 싫어하는 아이도 있다.
Shirinlik yeyishni yoqtirmaydigan bola ham bor.
행복은 결코 풍족함이 아니다.
Baxt hech qachon yetarli bo'lmaydi.
사람 사귀가 쉽지 않다.
Odam bilan do'stlashish osonmas.

4) Sifatdosh qo'shimchasi boshqa so'z turkumlaridan tarkib topgan aniqlovchi vazifasida kelgan so'zlarning tuslanishi.
예:

이것은 제가 읽을 책입니다. Bu men o'qimoqchi bo'lgan kitob.
내가 먹던 사과 못 봤니? Men tishlagan olmani ko'rmadingmi?
오늘은 할 일이 많아. Bugun qiladigan ishim ko'p.

5) Ot-kesim kelishigi qo'shimchasi. 서술격조사 -이다
Bu qo'shimcha gap tugallanishida keladigan ot-kesimga qo'shiladi va fe'lning har uchala zamonni olib tuslanadi.
예:

이것은 나의 피아노입니다. Bu mening pianinam.
이것은 누구의 만년필입니까? Bu kimning avtoruchkasi?
이 집은 2 년 살았던 집이었어요. Bu men 2 yil yashagan uy.

6) Fe'l o'zak va qo'shimchadan tashkil topadi. Fe'l o'zagi va oxirgi qo'shimcha orasida gapda turlicha grammatik funktsiyalarni bajaruvchi 선어말어미 (oraliq qo'shimcha) mavjud. So'zning oxirgi qo'shimchasi 어말어미 dan oldin keluvchi 선어말어미ni so'zning kategorial shakl yasovchi deb ataymiz. Bu shakl yasovchilar hurmat darajalari, vaqt kabilarni ifodalaydi. Quyidagi jadvalda shunday o'rin egallaydi.
! Eslatma. Koreys tilidagi 선어말어미 suffiks emas o'zak va qo'shimcha orasidagi morfemadir.
Qo'shimcha turlari -11 jadval.

종류 tur	형태 shakl	기능 xususiyat	동사 fe'lga misollar

시제선어말어미 vaqt qo'shimchalari	-는-/-ㄴ-	현제 hozirgi zamon	먹는다, 잔다.
	-았-/-었-	과거 o'tgan zamon	먹었다, 잤다
	-더-	과거 회상 o'tgan zamon hikoya fe'li	먹더라, 자더라,
	-겠	미래 kelasi zamon	먹겠다, 자겠다,
높임선어말어미 hurmat qo'shimchasi	-(으)시	주제높임 sub'ektga hurmat	보시다, 가시다
	-옵-	공손 ehtirom va kamtarlik	보시옵고, 가시옵고

예: 선생님께서 부르신다. O'qituvchi chaqirayaptilar. 12-jadval

부르	시	ㄴ	다
어간 o'zak	높임선어말어미	현재시제선어말어미	어말어미 oxirgi qo'shimcha

내일 다시 오겠습니다. Ertaga yana kelaman.

13-jadval

오	겠	습니다
어간	미래시제 선어말어미	어말어미

③ To'gri va noto'g'ri fe'llar 규칙동사와 불규칙동사

Noto'g'ri fe'llar turli qo'shimchalar olib tuslanishda o'zgarishi mumkin. Umumiy fonologiya qonunlariga ko'ra tushuntirish mumkin bo'lgan to'g'ri fe'llar va noto'g'ri fe'llar.

1) to'g'ri fe'llar 규칙동사

14-jadval

Fe'l tuslanishi	먹다	보다	밟다	읽다
-고	먹고	보고	밟고	읽고
-게	먹게	보게	밟게	읽게
-지	먹지	보지	밟지	읽지
-어/-아	먹어	보아/ 봐	밟아	읽어

To'g'ri fe'llarning yasalishi

To'g'ri fe'llar ikki xil usulda yasaladi. 1-qo'shma so'z, 2-yasama so'z orqali.

Qo'shma fe'llar (복합어) quyidagicha yasaladi:
1. 명사+동사(주어+서술어): 힘들다, 빛나다, 겁나다, 멍들다.
2. 명사+동사(목적어+서술어): 본받다, 힘쓰다, 등지다, 선보다, 아우보다.
3. 명사+동사(부사어+서술어): 앞서다, 뒤서다, 마을가다, 거울삼다.
4. 동사의 활용형+동사: 돌아가다, 갈아입다, 알아듣다, 파고들다, 타고나다.
5. 동사 어간+동사: 굶주리다, 뛰놀다, 부르짖다.
6. 부사+동사: 가로막다, 잘되다, 그만두다.

Yasama fe'llar 파생동사
1. -이/히/리/기/-: 쓰이다, 막히다, 잘리다, 빼앗기다.
2. -이/히/리/기/애/우/구/추-: 먹이다, 굳히다, 울리다, 웃기다, 없애다, 지우다, 세우다, 돋구다, 낮추다.
3. -거리-(-대-): 덜렁거리다(덜렁대다), 덤벙거리다(덤벙대다), 구물대다.
4. -이- 끄덕이다, 깜박이다, 뒤척이다, 서성이다, 들먹이다.

To'g'ri fe'llar tuslanishi 규칙동사로 간주되는 활용

① Tuslanishda o'zak yoki qo'shimchalar o'zgaradi. Buni umumiy qoidalar bilan ta'riflaydigan bo'lsak, bu – 르 va 으 harflarini tushish hodisasi. Biroq bu hodisa ularni noto'g'ri fe'l deya talqin qilishga asos bo'la olmaydi.

1) ㄹ harfi tushishi ㄹ 탈락
Qaysi fe'l o'zagi ㄹ bilan tugasa ㄴ, ㅂ, ㅅ oldidan ㄹ tushib qoladi.
15-jadval

동사 / 어미	-ㅂ니다	-세요	-는
만들다	만듭니다	만드세요	만드는
놀다	놉니다	노세요	노는
알다	압니다	아세요	아는
팔다	팝니다	파세요	파는
들다	듭니다	드세요	드는
살다	삽니다	사세요	사는
열다	엽니다	여세요	여는

예:
이 명은 제 아는 사람입니다. Bu kishi mening tanishim.
음식 만드는 걸 좋아해요. Ovqat tayyorlashni yaxshi ko'raman.

2) o'zakdagi 으 harfini tushishi 으 탈락
16-jadval

동사	어미 어/아
쓰다	써

뜨다	떠
치르다	치러
들르다	들러

예:

어제는 친구에게 편지를 썼어요. Kecha o'rtog'imga xat yozdim.
내일은 내 집에 들러주세요. Ertaga mening uyimga kirib o'ting.

3) Bog'lovchi 으 unlisi ortishi '으' 삽입

Agar fe'l (ㄹ dan boshqa) undosh bilan tugagan bo'lsa, o'zakdan keyin qo'shiladigan -ㄴ, -ㄹ, -며, -시 va boshqa qo'shimchalar oldidan 으 harfi qo'shiladi.

17-jadval

동사 \ 어미	-ㄴ	-ㄹ	-며	- 시
먹다	먹은	먹을	먹으며	먹으시며
잡다	잡은	잡을	잡으며	잡으시며
받다	받은	받을	받으며	받으시며
막다	막은	막을	막으며	막으시며

예:

어제 먹은 김밥이 아주 맛이 있어요.
Kecha yegan kimpap juda shirin ekan.
내일 받을 걸 저에게 가져 와.
Ertaga oladigan narsangni menga olib kel.

2) noto'g'ri fe'llar 불규칙동사

18-jadval

Fe'l tuslanishi	걷다	짓다	덥다	푸르다	이르다
-고	걷고	짓고	덥고	푸르고	이르고
-게	걷게	짓게	덥게	푸르게	이르게
-지	걷지	짓지	덥지	푸르지	이르지
-어/아	걸어	지어	더워	푸르러	이르러

④ Asosiy va yordamchi fe'llar 본동사와 조동사

Asosiy fe'l alohida holda mustaqil ma'no bera oladigan (predikativ kuch bor) fe'ldir. Yetarli mustaqillikka ega bo'lmagan asosiy fe'lga yordamchi ma'no beradigan fe'l yordamchi fe'l deb ataladi.

예:

주소를 적어두다. Manzilgohni yozib qo'ymoq. (두다 yordamchi, 적다 asosiy fe'l)

빵을 먹고 싶다. Non yemoqchiman. (싶다 yordamchi fe'l)

그는 밖으로 나가버렸다. U ko'chaga chiqib ketdi. (버리다 yordamchi fe'l)

---

⑤ Fe'llarning tuzilishi 동사의 형성

Yasalmaydigan tarixiy fe'llar mavjud. Shuningdek, affiksiatsiya va kompozitsiya yoxud qo'shish usuli bilan yasaladigan fe'llar ham bor.

1) Old yasovchili fe'llar 파생동사

※ 드 + 높다 →드높다 드 (old qo'shimcha-juda)+ baland = bahaybat.
들 + 끓다 →들끓다 들 (old qo'sh.- kuchli)+ qaynamoq= kuchli qaynamoq.
얕 + 보다 →얕보다 얕 (old qo'sh.- yo'qoridan)+ qaramoq= yo'qoridan qaramoq.
엿 + 듣다 →엿듣다 엿 (old qo'sh.- ostida)+ tinglamoq=yashirincha echitmoq.
짓 + 밟다 →짓밟다 짓 (old qo'sh.-kuchli)+ bosmoq=oyoq osti qilmoq.
빗 + 나가다→빗나가다 (old qo'sh. -qiya, egri) + chiqmoq = qiyalab chiqmoq.

예:
드높은 가을 하늘에 기러기가 날아간다. Baland kuz osmonida turnalar uchib ketmoqda.
시장은 많은 사람들로 들끓는다. Bozor ko'p odamlar bilan qaynamoqda.
어린애라고 얕보지 마세요. Yosh bola deb yuqoridan qaramang.
낮말을 새가 엿듣고 밤말을 쥐가 엿듣는다. Kunduzgi gapni qush eshitsa, tunnikini sichqon. (Ehtiyot bo'l devorni ham qulog'i bor).
잔디를 짓밟지 맙시다. Maysalarni toptab tashlamaylik.

---

2) Qo'shma fe'l 합성동사

57-betga qarang

Qo'shma fe'l deb ikki va undan ortiq fe'llarning qo'shilishi orqali yangi yo shu so'zlarga yaqin ma'noli bir so'z yasashga aytiladi.

예:
오다 + 가다= 오가다 kelib-ketmoq,
오르다+ 내리다=오르내리다 ko'tarilib tushmoq,
열다 + 닫다 = 여닫다 ochib yopmoq,
기다 + 가다 = 기어가다 sekin bormoq,
뛰다 + 가다 = 뛰어가다 sakrab bormoq.

⑥ Fe'lning tugallovchi shakllari. 동사의 활용

1. Kesimning oxirgi (tugallovchi) shakllari. 종결어미

Kesimning oddiy shakldagi tugallovchiq qo'shimchalar gapning turiga ko'ra beshga bo'linadi. Shuningdek gapdagi tobe kesimning oxirgi qo'shimchasi ham 5 ga bo'linadi.

19-jadval

유형 gap turi	동사어간+종결어미 F, O'+kesim tug. qo'sh.	misollar
평서문 darak gap	F,O' (동사어간)+ㄴ다	먹는다, 잔다
의문문 so'roq gap	F,O' (동사어간)+니	먹니? 자니?

명령문 Buyruq gap	F,O' (동사어간)+아라/어라	먹어라. 자라
청유문 taklif gap	F,O' (동사어간)+자	먹자, 자자
감탄문 his-hayajon gap	F,O' (동사어간)+ㄴ(는)구나	먹는구나, 자는구나.

매일 아침 운동을 한다. Har kuni ertalab sport bilan shug'ullanaman.
화실에서 그림을 그린다. Rassomchilik xonasida rasm chizilayapti.
노래 부르니? Qo'shiq kuylaysanmi?
노래 불어라. Qo'shiq kuyla.
노래 부르자. Qo'shiq kuylaylik.
노래 부르는구나! Qo'shiq kuylaymiz!

Bu shakllarning barchasi oddiy shakl bo'lib bunda yosh bolalar, tengdoshlar, ba'zan yoshi kattalar ham kishkinalarga nisbatan foydalaniladi.

Kesimning tugalovchi qo'shimchalari gapning turiga qarab turlicha tuslanadi va ikki xil uslubda (격식체, 비격식체) bo'ladi.
20-jadval

담화계층 nutq uslubi	종결어미	평서문	의문문	명령문	청유문	감탄문
격식체 idoraviy uslub	높임말	습니다/ ㅂ니다 합니다	-습니까, ㅂ니까, 합니까	-(으)습시오 보시오. -세요.	-ㅂ시다, 합시다.	
	예사말	-네	-나, -는가	-게	-세	-구나
	낮춤말	-는다, -다	-니, -(하)느, 하니,-지	-어라, 아라	-자	-구먼
비격식체 noidoraviy uslub	높임말	-아 (어, 여)요				
	낮춤말	-아 (어, 여)				

Hurmat shaklidan ko'proq rasmiy, kitobiy va badiiy uslublarda foydalaniladi.
예:

저는 사랑하는 사람과 함께 있는 것을 좋아합니다.
Men sevadigan odamim bilan birga bo'lishni yaxshi ko'raman.
전 어려운 걸 잊어버리지 않아요. Men qiyinchilikni unutmayman.
오늘 수업에 몇 시에 끝나? Bugun dars nechada tugaydi.
지갑을 두고 왔는데 어떻게 하지요? Kartmonimni unutib kelaveribman.
아트 박물관에 가 보세요. San'at muzeyiga borib ko'ring.
수업 후에 식당에 갑시다. Darsdan keyin oshxonaga boramiz.
금수강산 얼마나 아름답군요. Kimsukang tog'i qanchalar go'zal!

⑦ Fe'lning vazifadosh va modal shakllari

1) Fe'llarning sifatdosh shakllari 관형사형전성어미

Sifatdosh fe'lning vazifadosh shakllaridan biri bo'lib narsaning harakat va holat belgisini ko'rsatadi, odatda sifatlovchi vazifasida keladi.

8 Noto'g'ri fe'llar 불규칙 동사

Tuslanish vaqtida o'zagi o'zgarmay qoladigan fe'llar to'g'ri fe'llar deyiladi. Biroq ba'zi fe'l o'zaklari tuslanganda o'zgaradi yoki tovushlar tushib qoladi. Koreys tilida umumiy qoidalarga bo'ysinadigan fe'llarni to'g'ri fe'llar, umumiy fonologik qoidalar bilan tushuntirib bo'lmaydigan fe'llarni noto'g'ri fe'llar deyiladi.

Bog'lovchi ravishlar 접속부사

Bu ravishlar so'z bilan so'zni, yoki gaplarni bir-biriga bog'lash uchun ishlatiladi.

/Eslatma! 3/ Ba'zi Koreys tili grammatika kitoblarida 그리고, 그러나, 그래서, 그래도 kabi sof bog'lovchilar ravishga kiritilgan bo'lsa-da, o'zbek grammatikasi bilan tanish bo'lganlar uchun oson bo'lsin, deb o'zbek tili grammatikasi kabi bu bog'lovchilarni yordamchi so'z turkumlari toifasiga qo'shdik. Batafsilroq "Bog'lovchi" '접속사' bo'limidan o'qishingiz mumkin.

---

1) 즉

Bu ravish huddi, ayni, naq, chunonchi, masalan, ya'ni, aynan kabi ma'nolarni beradi.

예:

시간은 즉, 금이다. Vaqt bu oltin.

그것이 즉 내가 바라는 바다. Bu men aynan orzu qilgan narsam.

---

2) 또 (또한)

Yana, yana qaytadan, shuningdek, shu bilan birga kabi ma'nolarni beradi.

예:

그 밖에 또 다른 비용이 있을 것도 생각해야 한다.

Bundan boshqa yana chiqim bo'lishi mumkinligi haqida ham o'ylash kerak.

비 오는데 또 바람까지 분다.

Yomg'ir yog'ayapti, shuningdek shamol ham esayapti.

---

3) 도리어

Aksiga, aksincha, boshqacha, kutilmagan, aksicha kabi ma'nolarni beradi.

예:

도와주려고 한 일이 도리어 폐가 되었다.

Yordam bermoqchi edim aksiga halaqit qildim.

도리어 아우가 형보다도 크다. Aksincha, ukasi akasidan baland.

---

4) 오히려

Aksiga, aksincha, qarama-qarshi, o'ylagandan boshqacha.

예:

이것이 저것보다 오히려 낫다.

Bu unga qaraganda aksincha yaxshi bo'lmoqda.

그는 시인이라기보다 오히려 소설가다.

U shoirdan ko'ra aksincha yozuvchi.

---

5) 더구나 (더군다나)

Buning ustiga, qo'shimcha ravishda, -ga qaraganda kuchliroq.

비가 오는데 더구나 바람까지 분다.

Yomg'ir yog'ayapti buning ustiga shamol ham esayapti.
그는 부모도 없고 더군다나 나이도 어리다.
Uning ota-onasi ham yo'q buning ustiga yoshi ham kichkina.

---

6) 하물며
Inchunin, ayniqsa, buning ustiga, xususan.
예:
쌀 살 돈도 없는데 하물며 옷 살 돈이 있으랴
Guruchga pulim yo'q, inchunin kiyimga pul qayerda bo'lsin.
그는 영어도 모르거늘 하물며 불어를 할 수 있으랴.
U ingliz tilini bilmaydi, buning ustiga fransuz tilini qayerda gapira olsin.
새도 은혜를 안다. 하물며 인간에 있어 서랴!
Qush ham minnatdorchilikni biladi. inchunin odamzod nega

---

③ Ravishlarning gapdagi o'rni 부사의 위치

Koreys tilida oddatda ravishlar so'z, so'z birikmasi holida gapning boshida keladi. Ravishlarning noto'gri joylashuvi gapdagi ma'noni buzib ko'rsatishi mumkin. Bir gapda bir necha ravish ketma-ket keladigan bo'lsa, ular quyidagi tartibda joylashtiriladi: gap ravish+ payt ravish/ o'rin+ umumiy ravish+ inkor ravish:
저렇게 잘 못 달리는 자동차를 처음 본다.
Bunchalik yaxshi yurolmaydigan mashinani birinchi ko'rishim.
아마, 내일 아주 많은 눈이 내릴 거예요.
Chamasi ertaga juda ko'p qor yog'sa kerak.

Ravishlarning yasalishi

3. Qo'shma ravishlar 복합부사.
1. 명사+ 형용사: 밤낮, 오늘날, 여기저기.
2. 관형사+ 명사: 한바탕, 한층, 요즈음.
3. 동사의 관형사형+ 의존명사: 이른바, 된통.
4. 부사+ 부사: 곧잘, 잘못, 좀더.
5. 반복어: 오래오래, 소곤소곤, 반짝반짝.

4. Yasama ravishlar 파생부사.
1. -이: 같이, 굳이, 많이, 높이, 길이, 고이, 바삐, 깨끗이.
2. -히: 천천히, 쓸쓸히, 넉넉히, 조용히 ,부지런히, 무던히.
3. -로: 진실로, 참으로, 대대로, 주로.
4. -오/우: 너무, 자주, 도로, 바투.

Ravishlar turli so'z turkumalri fe'l, ot, sifatdan taqlid sozlardan yasovchi qo'shimchalar bilan ravish yasaydi. Bular:
-이/히/리/, -오/우, -고/코, -로, -게, -스롭게

XIII Bob Qo'shimchalar

Qo'shimchalar asosan ot so'z turkumlari bilan bog'lanib qo'shimcha ma'noi beradi yoki boshqa so'z bilan grammatik aloqani ifodalaydi. o'z xususiyatiga ko'ra ularni kelishik, yordamchi qo'shimchalar va bog'lovchi qo'shimchalrga bo'linadi.
Qo'shimchalar.
34-jadval

Qo'shimcha turlari (분류)			Shakli (형태)
Kelishik qo'shim chalari 격조사	Bosh kelishik 주격조사		-이/가, 께서
	tushum kelishigi 목적격조사		-을/를
	predikativ kelishik 서술격조사		-이다
	qaratqich kelishigi 관형격조사		-의
	to'ldiruvchi kelishik 보격조사		-이/가
	atash kelishigi 호격조사		-아/야, (이)여
	Holat kelishigi 격조사	jo'nalish kelishigi 여격조사	-에, -에게, -한테, 께
		chiqish kelishigi 처격조사	-에서, -에게서, -한테서
		vosita kelishigi 조격조사	-으로
Yordamchi qo'shimchalar 보조사			-은/는, -만, -도, -부터, -까지, -부터~까지,-밖에, -든지, -조차, -마저, 마다, -(이)나, -(이)야, -보다, -처럼
bog'lovchi qo'shimchalar 접속조사			-와/과, -하고, (이)랑, -(이)며

2. Yordamchi qo'shimchalar. 보조사
Yordamchi qo'shimchalar kelishikni emas ot va unga bog'lanib kelgan so'zga asosiy ma'no beradi va aniqlaudi. Bundan tashqari yordamchi qo‘shimchalr nafaqat ot bilan balki boshqa qo'shimchalarga,so'z turkumlari ravish hamda fe'l bilan ham keladi. Yordamchi qo'shimchalar boshqa kelishik qo'shimchalari bilan birga qo'llanganda kuchaytirilgan ma'no beradi.

1) -은/는
Bu qo'shimcha suhbat mavzusini ajratishda qarama-qarshi ifoda kabi qo'llaniladi. Ot bilan qo'llanganda ega va to'ldiruvchi vazifasini bajarib, bosh va tushum kelishigi qo'shimchalari -은/는ga almashadi.
예:
저분은 화가입니다. Anavi kishi rassom.
바빠서 일찍은 못 가요. Band bo'lganim uchun ertachi borolmayman.
그 일만은 할 수 없어요. Bu ishni qila olmayman.

2) -만 faqat, -gina
Aynan mana shu ob'ektni tanlash ma'nosini kuchaytiradi va cheklangan farqni beradi. Otdan keyin keluvchi -만 qo'shimchasi 1-o'rinda ega va to'ldiruvchi bilan qo'shilib keladi. Shu tufayli deyarli barcha bosh va tushum kelishiklar tushib qoladi.
듣기만 하고는 알 수 없다. Faqat eshitish bilan bilib bo'lmaydi.
빵으로만 살 수 없다. Faqat non bilan yashab bo'lmaydi.
그 편지를 저한테만 보여 주세요. Bu xatni mengagina ko'rsating.

3) -도 ham; ham...ham
-도 qo'shimchasi birini boshqasiga o'xshashligini bildiradi yoki bog'lovchilik ma'nosiga ega bo'lishligi mumkin.
저도 학생 이에요. Men ham talabaman.
바람도 불고 비도 와요. Shamol ham esayapti yomg'ir ham yog'ayapti.

4) -부터
Bu qo'shimcha vaqtni yoki dastlabki nuqtadan junab ketish, boshlanishni ifodalaydi.
오늘 새벽부터 음식을 준비했어요.
Bugun ertalabdan boshlab ovqatni tayyorladim.
손부터 씻고 먹어. Qo'ldan boshlab yuvinib ovqanlaning.

---

5) -까지
1. -까지 qo'shimchasi mavjud muayyan cheklangan vaqt va joy o'rtasidagi qandaydir oxirgi nuqtani bildiradi. Ot yoki ravish va ularning so'roq so'ziga qo'shiladi. O'zidan oldin turli qo'shimchalarni olishi mumkin.
어제 밤늦게까지 책을 봤어요. Kecha kechquungacha kitob o'qidim.
다시 만날 때까지 안녕히 계십시오. Yana uchrashguncha xayr.

---

2. buning ustiga, bilan birga, xattoki ma'nosini beradi.
비가 오고 바람까지 불어요.
Yomg'ir yog'ayapti buning ustiga shamol ham esayapti.
밥에다 커피까지 마셨어요. Ovqatni hattoki qahvani ham ichib qo'ydi.
/Eslatma! 8/ 부터~까지 juft qo'shimchasi bir vaqtning o'zida boshlanish nuqtadan keyingisiga qadar bo'lgan belgilangan vaqt va joyni, jo'nab ketish va yetib kelishni anglatadi.
예:
집에서부터 지하철역까지 걸어 다녀요.
Uydan metrogacha piyoda qatnaydi.
12시부터 2시까지가 점심시간입니다. Soat 12dan 2gacha tushlik vaqti.

---

6) 밖에
밖에 Bu qo'shimcha doimo inkor so'zlar bilan qo'llanadi.

1. Ot so'z turkumi va sifat bilan qo'llanilib boshqa, faqat, yolg'iz, atigi, xolos, kabi ma'nolarni beradi.
너 밖에 없다. Sendan boshqa hech kim yo'q.
저 사람은 자기 밖에 몰라요. U odam o'zidan boshqani bilmaydi.

---

2. -수밖에 ibora singari qo'llanilib qilingan ishdan boshqa hech narsa qolmagan holatni ifodalaydi. O'zbek tiliga "boshqa iloj yo'q"deya tarjima qilinadi.
내가 짐을 수밖에 없다. Sabr qilishdan boshqa iloj yo'q.
밖에서 기다리는 수밖에는 다른 방법이 없어요.
Kuchada kutishdan boshqa iloj yo'q.
다른 방법을 찾는 수밖에 없어요.
Boshqa chorasini qidirishdan o'zga iloj qolmadi.

7) -(이)든지
So'zlovchi aniq tanlamagan, xali o'ylab ko'rmagan holat haqida gapiriladi. Ba'zan -(이)든지~(이)든지tuzilmasi hamda -(이)든 shakli ham qo'llaniladi. O'zbek tiliga "nima bo'sa ham", deya tarjima qilnadi.
예:
책이면 무엇이든지 읽겠다. Kitob bo'lsa har qandayini o'qiyveraman.
밥이든지 빵이든지 무엇이라도 먹어야 힘아 나지요.
Ovqatmi nonmi nima bo'sa ham yeb kuch to'plash kerak.
누구든지 우리 집으로 오세요.
Kim bo'lsangiz ham bizning uyga ketilsh.
모르는 것이 있으면 뭐든 물어보세요.

Bilmagan narsangiz bo'lsa nima bo'lsa ham so'rayvering.

8) -조차

-조차 qo'shimchasi biror bir fakt bilan birlashib mos bo'lmagan va kutilmagan faktni ko'rsatib xatto(ki), shunday bo'lsa ham, deb tarjima qilinadi. Buyruq gap va undov gapda bu shakl ishlatilmaydi.

예:

어린이조차 다 아는 사실이에요.
Xatto yosh bola hamma biladigan fakt.
너조차 나를 못 믿겠다. Xatto sen ham menga ishona olmaysanmi?
그는 제 이름~ 못 쓴다 U o'z ismini ham yozolmaydi.

9) -마저

Ushbu qo'shimcha biror-bir narsani qo'shish yoki uni jalb etishni ifodalash uchun qo'llaniladi. Shuningdek,"hammasi oxirigacha qoldirilishi" ma'nosini ham beradi. Xatto(ki), ham, deya tarjima qilinadi.

예:

너마저 그런 말을 해? Xatto(ki) sen ham shu gapni gapirayapsanmi?
동물마저 사랑을 알아요. Xatto xayvonlar ham sevgini bilishadi.
그는 집~ 팔았다. U (xatto) uyini sotdi.

10) -마다

Otga qo'shilib "har.., har bir" degan ma'noni beradi, matnga qarab ba'zi ma'nolarni ham beradi.

예:

날마다 운동을 합니다. Har kun sport bilan shug'ullanaman.
사람마다 성격이 달라요. Har bir odamning xarakteri turlicha.
나라마다 문화가 달라요. Har bir davlatning madaniyati turlicha.

11) -(이)나

Tanlash ma'nosini beradi. Matnga qarab katta bo'lmagan farq va ma'no beradi.

1)

Ikki ot orasida qo'llanilib ikkisisdan birini tanlashni ifodalaydi va bo'linganlik ma'nosini beradi, o'zbek tiliga "yo, yoki"deb tarjima qilinadi.

예:

커피나 홍차를 주십시오. qahva yoki qorachoy bering, iltimos.
일본이나 한국에 가고 싶어요.
Yaponiyaga yoki Koreyaga borishni xohlayman.

---

2. Agar -(이)나 qo'shimchasi otga qo'shilsa undan keyin keladigan fe'l asosiy farqni olib, biror bir predmetni chegarlangan tanlashni ifodalaydi.

예:

주말인데 극장에나 갑시다. Bugun yakshanba teatrgami boramiz.
놀지만 말고 책이나 읽으세요. Uynamasdan kitobmi o'qing.

---

3. -(이)나 qo'shimchasi so'roq gaplarga qo'shilganda ot va otlashgan so'zlarga qo'shilib, asosan, hisobni bildiradi. O'zbek tiliga -lar deya tarjima qilinadi.

손님이 몇 명이나 오세요. Mehmon necha kishilar keladi?
그 아기가 몇 살이나 되었어요. Bu bola necha yoshlarga to'ldi.

---

4. -(이)나 qo'shimchasi umumiy sanoqni ifodalaydi. Kutligandan ortiq sondan ajablanishni ifodalaydi. O'zbekchada -lab, deya tarjima qilish mumkkin.

저는 어제 열 시간이나 잤어요. Men kecha un soatlab uxlabman.

하루에 커피를 일곱 잔이나 마셔야?
Bir kunda yetti chashkalab qahva ichasanmi?

---

5. -(이)나 qo'shimchasi so'roq olmoshlari bilan qo'llanganda aniqlanmagan nimanidir tanlashni ko'rsatadi va o'zbekchaga o'zi qo'shilgan olmoshga qarab "har kim, har nima, har qanday, har qachon, har qancha", deb tarjima qilinadi.
예:
누구나 그 도서관에서 공부할 수 있어요.
Har kim u kutubxonada o'qishi mumkin.
그 사람은 무엇이나 할 줄 알아요. U odam har narsani qila oladi.

12) -(이)야
Bu qo'shimcha chegaralangan taqqoslash mazmuniga ega bo'lib, "albatta, shubhasiz" yoki "tabiiuki, shunday" ma'nolarini ta'kidlaydi. O'zbek tiliga nihoyat, faqat, -gina, deb tarjima qilinadi.
예:
그가 떠난 지 한 달이 지나서야 연락이 왔다.
Uning junab ketganiga bir oy o'tibgina xabar keldi.
꼭 시험이 합격하고야 말겠어요.
Albatta imtihondan o'tibgina hotirjam bo'laman.

13) -보다
-보다 qo'shimchasi ikkidan ortiq ma'noni taqqoslaganda qo'llaniladi.
예:
수학보다 역사가 더 재미있어요. Matematikaga qaraganda tarix qiziqroq.
겨울보다 봄에 비가 많이 와요.
Qishga qaraganda bahorda yomg'ir yog'adi.
오늘 날씨가 어제보다 떠 따뜻합니다. Bugun havo kechagidan iliq.

14) -처럼
Qo'shimchasi ikki narsani taqqoslaganda o'xshashlikni ko'rsatadi, va "kabi, singari, o'xshash"degan ma'nolarni beradi.
예:
이 물건은 쇠처럼 무거워요. Bu buyum temirga o'xshab og'ir.
나처럼 따라해 보세요. Menga o'xshab takrorlang.

Bog'lovchi 접속사

Gap bo'laklarini yoki qo'shma gapning qismlarini bog'lash uchun xizmat qiladigan yordamchi so'zlar bog'lovchi deyiladi. Koreys tilida bog'lovchilar 그러하다 va 그리하다 fe'llarining turlangan va yangi tarkib topgan so'z ko'rinishidir.

1. Bog'lovchi so'zlar
1. 그리고 va, hamda, shuningdek
1) Bu teng bog'lovchilar teng huquqli gap bo'lakalarini va gaplarni bir-biriga bog'lashga xizmat qiladi. Bu bog'lovchilar bir vaqtlilik, munosabati, ketma-ketlik, natija, zidlik munosabati ma'nolarini beradi. Gapda va, hamda, bilan, ham deya tarjima qilinishi yoki umuman tarjima qilinmasligi mumkin.
방을 먼저 치우고 그리고 공부를 시작했다.
Avval xonani tozalaymiz va darsni boshlaymiz.

---

2. 그렇지만 Ammo, biroq
Ikkinchi gapdagi harakat, birinchisiga zid bo'ladi.

예:
나는 노래를 잘 불립니다. 그렇지만 부채춤은 출 수 없습니다.
Men qo'shiqni yaxshi kuylayman, ammo puchechum raqsiga tusha olmayman.
그렇지만 bog'lovchisidan keyingi ot 은/는 yordamchi qo'shimchasini oladi.

---

3. 그러나 Ammo, biroq
Mazmunan bir-biriga qarama-qarshi qo'yilgan bo'laklarni yoki gaplarni bog'lash uchun xizmat qiladi. Biroq, ammo, lekin, deb tarjima qilinadi.
예:
제 여자 친구는 예쁘지 않습니다. 그러나 성격이 좋습니다.
Mening yaxshi ko'rgan qizim chiroyli emas, ammo fe'l-atvori ajoyib.

---

4. 그래서 shuning uchun, shu sababli,
Bosh gapdagi asosiy fikrni yuzaga chiqishi uchun amalga oshirilish sababini ifodalaydi. Chunki, shuning uchun, negaki, zeroki, nainki, deya tarjima qilinadi.
예:
감기에 걸렸습니다. 그래서 학교에 갈 수 없습니다.
Shamollab qoldim, shuning uchun maktabga bora olmayapman.

---

5. 그러면 unda, unday bo'lsa
Oldingi gapga izoh berish, xulosa qilish, tushuntirish kabi qo'llaniladi. Bu bog'lovchideyarli barcha hollarda dialoglarda foydalanilib, unday bo'lsa, unda, u holda, deya tarjima qilinadi.
예:

자 그러면 안녕히들 계시오. Bo'pti unda yaxshi qolinlar.
그러면 곧 그에게 전화를 하지요. Unday bo'lsa tezda unga telefon qilaman.
그러면 내일 오죠. U holda ertaga kelaman.

---

6. 그런데
1) Keyingi gap o'zidan keyingi gapga nisbatan mazmun jihatdan qarama-qarshi bo'lsa yoki gap tarkibida ziddiyat bo'lsa, ushbu bog'lovchi ishlatiladi.
예:
날씨가 추워요. 그런데 외투가 없어요. Havo sovuq, biroq paltoyim yo'q.
인물은 좋아, 그런데 키가 좀 작구나. Ko'rinishi yaxshi, biroq bo'yi kaltaroq ekan.

---

2) Oldingi gapga qo'shimcha izoh, tushuntirish berganda qo'llaniladi.
예:
어제는 수박을 먹었다. 그런데 그것이 배탈이 원인이 되었다.
Kecha tarvuz yegandim o'sha ichimni buzgan bo'lsa kerak.
어제 친구 말릭을 만났다. 그런데 그 친구는 벌써 결혼을 해 있었다.
Kecha Mallik o'rtog'imni uchratgandim, allaqachon uylanibdi.

---

7. 그러니까
Bosh gapda sabab, ergash gapda uning natjasini ifodalaganda foydalaniladi.
예:
그 사람은 화가 나면 무서워요, 그러니까 조심하세요.
U odamni jahli chiqsa qo'rqinchli bo'lib ketadi. shu sababdan ehtiyot

bo'ling
영어를 빨리 배우고 싶지요. 그러니까 매일 공부하세요.
Ingliz tilini tez o'rganmoqchi bo'lsangiz har kuni o'qing.

---

8. 그러면서

Bosh va ergash gapdagi ish-harakat bir vaqtda ro'y berayotganligini ifodalash ushun foydalaniladi.
예:
이 반지는 남자친구가 주었습니다, 그러면서 날 좋아한다고 조용히 속삭였습니다.
Bu uzukni yigitim berdi va meni sevasanmi, deb sekin so'radi.
내일은 우즈벡의 명철이라 했습니다, 그러면서 우리를 초대한다고 했습니다.
Ertaga o'zbeklarning bayrami deb aytdi va bizni taklif qildi.

---

9. 그래도
Asosan suhbatlarda qo'llaniladi, so'zlovchining savoliga javob tariqasida ma'lumot berishni yoki bosh gapdagi holatga zid ravishda ergash gap kelganda ishlatiladi. O'zbek tilida bu to'siqsiz ergash gapli qo'shma gap deyiladi va shunda ham, shunday bo'lsada, shunga qaramay, deb tarjima qilinadi.
예: 배가 고프지만 그래도 기다릴 거예요.
Qornim ochqadi, shunga qaramay kutaman.
한국말이 어렵습니다. 그래도 열심히 공부하겠습니다.
Koreys tili qiyin shunday bo'lsa-da, jiddiy o'qiyman.

---

10. 그러므로
Bu bog'lovchi o'zbek tiliga demak, bas, shunday ekan, shuning uchun, deb tarjima qilinadi.
예:
나는 생각한다. 그러므로 나는 존재한다.
Men o'ylayapman, demak men mavjudman.
그러므로 이번에는 그놈이 무슨 짓을 할지 모른다.
Demak bu safar u bizga nima tayyorlaganini bila olmaymiz.

---

11. 그렇지않으면
예:
열심히 공부해라, 그렇지 않으면 낙제할 거야
Qattiq o'qing, bo'lmasa imtihondan yiqilasiz.

---

12. 그러다가
Shunda, shundan keyin, oqibatda, deya tarjima qilinadi.
예:
딜도라는 수업시간이 장난을 쳤습니다. 그러다가 선생님께 혼났습니다.
Dars vaqtida Dildora hazillashgani uchun o'qituvchining achichig'i chiqdi.

Bog'lovchi qo'shimchalar 연결어미

Bog'lovchi qo'shimchalar (연결어미) ikki gapni yoki murakkab (bog'lovchili) gap gapdagi bo'laklarni o'zaro bog'lashda ishtirok etadi.
Ikki gap yo murakkab gap bo'laklarini bog'laydi va turli ma'nolarni ifodalaydi. Har bir bog'lovchi qo'shimchalar o'z xususiyati va ma'nosiga

ko'ra farqlanadi.
So'z va gap qaysi bog'lovchi qo'shimchalar olishiga ko'ra quyidagicha jadval tuzish mumkin.
36-jadval

Turkum 구분	ma'no 의미	qo'shimcha 어미
Teng bog'lovchi 대등적연결어미	biriktiruv 나열	-고, -(으)며, 과/와, (이)랑, -하고
	zidlov 상반	-지만
	ayiruv 분리	-이나, -거나, -든(지)든(지), -ㄴ/는데, -든지 말든지, -거나, 아니면
Ergashtiruvchi bog'lovchilar 종속연결 어미	bir vaqtlilik 동시 연속히	-자 (마자), -(이)면서,
	sabab 이유/원인	-(으)니까, 어/아서, 고서, 느라고
	to'siqsizlik 양보	-(어)(여)도,
	gumon, taxmin 가정	-ㄹ 테니까(ㄹ테니), ㄹ(을)텐데
	holat 계기	-어/아서, 고 나서
	shart-sharoit 조건	-거든, (으)면
	maqsad 목적/의도	-(으)러, -(으)려고, -(으)려면, -고자
	yutuq, erishish 미침	-도록
	zarurlik 필연/당위	-어야, 여야
	ko'chish 전환	-다가
	chog'ishtiruv 비유	-(듯)이
	ko'proq 더욱	-(으)ㄹ 수록
	natija 양보	아무리 A/V-아/어도, 더니
	izoh 설명	다니, 도록
yordamchi bog'lovchi 보조적연결어미	yordam 보조	-고

Bob Undov 감탄사(감동사)

1) Undovning xususiyatlari. 감탄사의 특징

Undovlarning his-hayajon, hitobni bildirishga xizmat qiladi. Undovlar mustaqil so'z turkumlari kabi mustaqil ma'noga ega emas, ular tuyg'u va his-hayajonni bevosita ifodalydi. Undov gap bo'lagi vazifasida qo'llanmaydi va boshqa bo'laklar bilan grammatik bog'lanmaydi. Undov ma'lum bir ohang bilan aytilmasa, u his-hayajonni ifodalay olmaydi.

Ohangni turlicha bo'lishiga qarab undov turlari:

37-jadval

turlilik 갈래	ma'no 의미	undov 감탄사
tuyg'u 감정	sevinch, qahr, qayg'u, qarshi bo'lish	허허, 에, 아이고, 히, 애코, 어, 아뿔사, 아차
maqsadni ifodalash 의지	rad etish, chaqirish, rozilik, inkor etish	아서라, 자, 여보, 예, 오냐, 암, 아무렴, 응, 그래
so'zlashdagi odat 입버릇	ma'nosiz so'zlar gap boshida keladi.	머, 뭐, 그래, 어에, 거시기, 에, 저, 음, '그게 말이지'

1) Orttirma nisbat 사동사

사동사 o'zbek tilidagi orttirma nisbat bo'lib so'zma-so'z ma'nosi 시키다 = buyurmoq, degani. Bu nisbat (사동사) qo'shimchalari majhul nisbat (피동사) qo'shimchalari bilan bir xil: -이, -히, -리, -기.

Quyida ko'p uchraydigan fe'llarning orttirma nisbat shakllari:
39-jadval

tur 유형	nisbat qo'shimchalari 접미사	misollar
orttirma nisbatning oddiy shakllari 단형사동	-이-	죽이다, 먹이다, 속이다, 높이다, 보이다, 줄이다, 붙이다, 녹이다
	-히-	익히다, 앉히다, 좁히다, 넓히다, 밝히다, 읽히다, 잡히다, 입히다, 업히다.
	-리-	날리다, 돌리다, 울리다, 살리다, 얼리다, 놀리다, 알리다, 물리다, 들리다.
	-기-	웃기다, 남기다, 숨기다, 감기다, 벗기다, 맡기다, 안기다, 뜯기다.
	-우-	지우다, 깨우다, 재우다, 채우다, 비우다, 세우다, 새우다.
	-구-	떶구다, 돋구다, 이구다, 솟구다.
	-추-	낮추다, 늦추다, 맞추다.
orttirma nisbatning birikma shakli 장형사동	-게 하다	먹게 하다, 가게 하다, 오게 하다, 푸르게 하다, 밝게 하다, 보게 하다, 슬프게 하다.

예:
아이를 왜 울렸어요? Bolani nega yig'latayapsan?
이제 좀 자게 해 주세요. Endi biroz uhlashga ruhsat bering.
어제 어떤 살인자가 서울 사장을 죽였습니다.
Kecha noma'lum yollanma qotil Seul hokimini o'ldirib ketibdi.

---

2) Majhul nisbat 피동사

Majhul nisbat shaklida harakatning sub'ektiga emas, balki, harakatning o'ziga va uning ob'ektiga ko'p e'tibor beriladi. Harakat ob'ekti (faol tuzulmadagi vositasiz to'ldiruvchi) bosh kelishik shaklida kelib, gapda ega vazifasini bajaradi. Majhul nisbat qo'shimchalari asosan -이-, -히-, -리-, -기- lar va birikma tarzidagi -아/어/여지다 shakllaridir.

Majhul nisbat shakllari: 40-jadval

tur 유형	nisbatlar 접미사	fe'l misollari
majhul nisbatlarning oddiy shakllari 단형피동	-이-	놓이다, 바뀌다, 보이다, 쓰이다, 꺾이다, 섞이다, 쌓이다, 파이다
	-히-	닫히다, 읽히다, 막히다, 잡히다, 먹히다, 업히다, 뽑히다, 얹히다, 묻히다
	-리-	걸리다, 들리다, 열리다, 팔리다, 물리다, 풀리다, 놀리다, 밀리다, 눌리다
	-기-	끊기다, 감기다, 안기다, 빼앗기다, 쫓기다, 씻기다, 찢기다
birikma shakli 장형피동	아/어/여지다	써지다, 깨어지다, 풀어지다, 이루어지다, 넘어지다, 떨어지다, 어두워지다, 예뻐지다, 슬퍼지다, 쓰러지다, 커지다

Inkor gap 부정문

Inkor gap inkorni ko'rsatuvchi '아니(안)' yoki '못' ravishlari, inkor ma'nosini beruvchi '아니다, 아니하다 (않다)'; 못하다, 말다 gaplardan tashkil topgan. '아니다, 아니하다 (않다)' inkorlarini '안' inkori deyiladi. 못, 못하다 larni 못 inkori deyiladi. 말다 inkori ham mustaqil inkor hisoblanadi.

1. '안' 부정문

Kesim - ot so'z turkumlari + kesimlilik qo'shimchasi (체언+ 이다) tarzidagi gapning inkori kesim vazifasida kelayotgan otga to'ldiruvchi kelishik (보격조사) ni qo'shib predikativ kelishik '이다' o'rniga '아니다' yoziladi.

① 가. 철수는 학생회장이다. Cholsu talabalar rahbari.
   나. 철수는 학생회장이 아니다. Cholsu talabalar rahbari emas.

! Bu inkor shakl o'zi inkor qilib kelayotgan otda doimo -이/가 kelshigini talab qiladi. Shu sababli -이/가 아니다 ajralmas birikmadir.

② 가. 오늘의 안내원은 여자다. Bugun kuzatuvchi ayol kishi.
   나. 오늘의 안내원은 여자가 아니다. Bugun kuzatuvchi ayol emas.

Yuqoridagi 1-2 가 si tasdiq gap, 나 si inkor gap

! '아니다' so'zi egani inkor qilishi bilan birga kesimni ham inkor qilishi mumkinligini 2-gapdan bildik.

2. '못' 부정문

Inkorning bu shakli birikma (장형부정) tarzida va oddiy (단형부정) inkordan tashkil topgan. Oddiy inkor '못' doimo fe'l oldidan keladi, agar 공부하다, 지불하다, 설거지하다 kabi yasalgan fe'llarda 하다 fe'lidan oldin keladi.

3. 말다

Koreys tilida inkorlar gap turlari va kesim ko'rinishiga qarab

qo'llaniladi. Buyruq va taklif gap (명령문과 청유문) kelganda yuqorida ko'rib chiqqan inkorlar ishlatilmaydi. Ular faqat darak va so'roq gaplarda ishlatiladi. Buyruq gap va taklif gaplar uchun -지 말- inkori ishlatiladi. Ma'nosi inkor qo'shilgan fe'ldan anglashilgan ish-harakatni bajarmaslikka buyruq, yoki taklif qilinadi.
1) 떠들지 말아라. Shovqin qilma (buyruq)
2) 오늘 공부하지 말자. Bugun o'qimaymiz.(taklif)
말다 inkori buyruq va taklif gapning tugallovchi turli shakllari (ehtirom, betaraf oddiy) olib qo'llanilishi mumkin.
41-jadval

ehtirom turi	명령문 buyruq gap	청유문 taklif gap
높임말	-지 마십시오.	-지 마세요.
o'rta	말게요	마세요.
oddiy	말아라.	말자

3)* 네가 착하지 말아라. Sen oqko'ngil bo'lma. (✘)
4)* 우리가 친절하지 말자. Biz qadrdon bo'lmaylik (✘)
Biroq sifatlar ham quyidagi misollarga o'xshab 말다 inkorini olishi mumkin. Bunda gap taklif ham buyruq gap ham bo'lmaydi, balki ma'lum vaziyatning ro'y berishi, jarayon, bo'lib o'tish kabi ma'nolarni beradi.
5) 오늘 춥지만 말아라.
6) 집이 너무 작지만 말아라.
5-gapda bugun sovuq bo'lmasligini tilash, 6-da uyni judayam kichkina bo'lmasligini so'rash ma'nosi mavjud.

---

4. So'z almashtirish bilan inkor 단어에 의한 부정
Inkor so'zlar so'zlar mustaqil inkor ma'nosini beradi. Ular ko'p emas: 있다-없다, 알다-모르다.
예:
영어를 잘 알지만 한국어를 잘 몰라요.
Ingliz tilini yaxshi bilaman ammo koreys tilini yaxshi bilmayman.
지금 나에게 돈이 없는데 친구에게 있어요.
Hozir menda pul yo'gu, do'stimda bor.
나는 그것을 전혀 모릅니다. Men uni mutloqo bilmayman

Zamonlar 시간표현

1. Zamon turlari. 시제의 종류

Zamon qo'zimchalari kesimni ifodalagan ish-harakatning nutq momentiga munosabatini ifodalaydi. Kesimdan anglashilganish-harakat yo vaziyatning bo'lib o'tish vaqti bilan nutq payti orasidagi munosabatiga qarab kesimning uch: o'tgan (과거), hozirgi (현제) va kelasi (미래) zamoni mavjud.

Har bir zamon shakli ma'lum grammatik ko'rsatgichga ega.

① O'tgan zamon 과거 시제

Fe'lning o'tgan zamon shakllari nutq paytidan ilgari bajarilganini bildiradi.
1) Aniq o'tgan zamon shaklining -았(었/였) qo'shimchasi yordamida yasaladi.
그 명은 회의에 늦게 왔어요. U kishi majlisga kechikib keldi.
저도 어렸을 땐 무척 귀여웠습니다.

Men ham yoshligimda juda yoqimtoy edim.

---

2) O'tgan zamon davom fe'li
Qandaydir hodisa bo'lib o'tdi, biroq bu hola hozirgacha davom etdi.
지금 막 집에 들어왔어요. Hozirgina uyga kirib keldim.

---

3) Uzoq o'tgan zamon
-았(었/였)었 shakli uzoq o'tgan zamonda sodir bo'lgan biror hodisani ifodalsh uchun qo'llaniladi, biroq natija ko'rinmasdan sub'ektning o'tgan tajribasini ifodalaydi.
어제 전화 왔었어요. Kecha telefon qilingan edi.

---

4) O'tgan zamon hikoya shakli
Gap o'tgan zamon eslash haqida ketayotgan bo'lsa, -더 qo'shimchasi o'zidan keyin '-라, -군' chegaralangan tugallovchi qo'shimchalarini olib keladi.
둘이서 이제 공원에 가더라. Ikkovimiz kecha parkka bordik.
이제는 날씨가 꽤차더군요. Kecha ob-havo juda sovuq edi.

---

② Hozirgi zamon 현재 시제
1) Odatda hozirgi zamon shakli -는/ㄴ bilan ifodalanadi. Biroq sifat va predikativ kelishik qo'shimchasi -이다 bilan tugagan kesimlarning har qanday qo'shimchasi hozirgi zamonni ifodalashi mumkin.
학생이 학교에 간다. O'quvchi maktabga borayapti.
동생이 사과를 먹는다. Ukam olma yeyapti.
사람은 생각하는 동물이다. Odam - fikrlaydigan jonzot
나뭇잎 노랗게 물들다. Barg sarg'aydi.

---

2) Hozirgi zamon yordamida shubhasiz haqiqat, buyumlarning xarakteristkasi, haqiqiy holati, voqeani takrorlashi va boshqalarni ifodalydi.
달은 지구 주위를 돈다. Oy yer atrofida aylanadi.
하늘이 푸르다. Osmon ko'm-ko'k.

Hozirga zamon shakli ㅂ니다/습니다 qo'shimchasi bilan ham ifodalanadi.
제가 가끔 고향 친구에게 편지를 씁니다.
/Diqqat-1/ Agar kelasi zamonni ifodalaydigan ravish bor bo'lsa, hozirgi zamon shaklini olgan kesim kelasi zamonni bildiradi.
내일 나는 타슈켄트에 간다. Ertaga men Toshkentga ketaman.
나는 내일 집에서 쉰다. Ertaga men uyda dam olaman.

---

③ Kelasi zamon 미래 시제
Kelasi zamon shakli -겠, yoki -(으)ㄹ 것, -(으)ㄹ거 fe'l va sifatga qo'shilib kelasi zamonni hosil qiladi.
-겠 qo'shimchasi so'zlovchining holis, his-tuyg'usini ifodalamaydi, yni paytda uni tortinchoqligini ifodalaydi. -(으)ㄹ 것 shakli esa so'zlovchining sub'ektiv (bir taraflama) hissiyotlarini, fikrini bildiradi.
한 시간 후면 일이 다 끝나겠군요.
Bir soatdan keyin ish butunlay tugaydi.

Kelasi zamonning asosan so'zlashuv shakli hisoblangan -(으)ㄹ 것 deyarli barcha hollarda ishlatiladi.
오후에 숙제를 할 거예요. Tushdan keyin uyga vazifani qilaman.
이것을 내가 먹을 거예요. Buni men yeyman

---

2. **Harakat holati 동작상**
1. Harakatning holatini ifodalaydi. Harakatni to'xtamasdan bo'lib turganini ifodalaydi.
1. 현제진행형

-고 있다

예:
친구가 지금 기다리고 있습니다. Do'stim hozir kutib o'tiribdi.
나는 학교로 가고 있습니다. Men maktabga borayapman.
2. 과거진행형
-고 있었다
여자 친구를 기다리고 있었어요. Yaxshi ko'rgan qizimni kutib o'tirardim.
저녁 내내 음악을 듣고 있었어요. Har oqshom musiqa tinglardim.
3. 미래진행형
-고 있겠다
주말 아침에는 잠을 자고 있겠다. Dam olish kuni ertalab uxlab yotgan bo'laman.
먼저 밥을 먹고 있겠다. Avval ovqat yeb o'tirgan bo'aman

---

2. Tugallanish shakli 완료형
1. Hozirgi zamon tagallanish shakli 현재완료형
Bu shakl hozirgi zamonda bo'lib o'tgan hodisani tugaganini bildiradi.
-어/아 있다 ,
-어/아 버렸다
예: 단풍이 물들어 있다. Barglar qizaribdi.
동생이 작은 의자에 앉아 있다. Ukam kishik kursiga o'tiribdi.
2. O'tgan zamon tugallanish shakli 과거완료형
Tugallangan hodisani o'tgan zamonda ekanligini bildiradi.
그의 말에 웃어 버렸다. Uni gapiga kulib qo'ydi.
나무에 열매가 열려 있었다. Daraxt meva solibdi.
3. Kelasi zamon tugallanish shakli. 미래완료형
Kelgusidagi harakatni tugallanishini bildiradi.
-어/아 있겠다
-어/아 버리겠다
예:
그 사람은 모든 음식을 먹어 버리겠다.
U odam hamma ovqatni yeb qo'ydi.
내일은 눈이 많이 쌓여 있겠다.
Ertaga qor ko'p yog'adi.

---

3. Taxminni ifodalaydigan shakl 예시형
1. Hozirgi zamon taxmin shakli 현재예시형.
Hozirgi zamonda bo'lishi kerak ishni taxmin qiladi. Yaqin kelasi zamonni ifodalaydi.
-게 된다.
예:
비행기가 이륙하게 된다. Samolyot qo'nayotgan bo'lsa kerak.
그녀를 사랑하게 됩니다. U qizni yaxshi ko'rib qoldimov.
벌레들이 없어지게 된다. Hashoratlar yo'qolgan bo'lsa kerak.
2. O'tgan zamon taxmin shakli 과거예시형
Bo'lib o'tgan bu hodisani oldindan nazarda tutilganini ifodalaydi.
저는 유학을 하게 되었습니다.
Menam chet elga o'qishga ketadigan bo'ldim.
그들은 서로 사랑하게 되었다. Ular bir-birni sevib qolishgandi.
3. Kelasi zamon taxmin shakli 미래예시형

Kelajakda bo'lib o'tadigan hodisani oldindan taxmin qiladi.
-게 되겠다
나도 곧 한국에 가게 되겠다.
Men ham tez orada koreyaga ketsam kerak.
이렇게 헤어지면 오랫동안 못 보게 되겠다.
Shunday ajrashsak uzoq vaqt ko'risha olmasak kerak.
곧 영화가 시작하게 되겠다. Tezda kino boshlansa kerak.
